명품
평생환급반

★★★★★

가장 많은 학생들이 랜드하나 명품 환급 보장반을
선택하는 데에는 이유가 있습니다!

왜 명품환급인가?

합격할 때까지 모든 강의 **무제한 수강 가능**	언제든지 합격하면 환급 → **합격시까지 환급 보장**	업계최초! **1차도 환급,** **2차도 환급!**

모든 특강도 **전부 포함**	모든 교재 + 특강 교재 **모두 제공**	월간모의고사 **전회차 제공**

월간 모두패스

POINT 01		POINT 02		POINT 03
25년 신규강의 모두	+	24년 모든강의로 선행학습	+	전강좌 특강도 모두

월 3만원 01		원클릭 해지 02	 Click
선행학습 03		1타 교수진 04	

학습관리 05

매일 문제 제공	매일 Q&A 영상 라이브 답변	교수님이 직접 학습코칭

월간 모두패스는

월단위 수강등록 후 랜드하나 모든 강의를
수강기간동안 무제한 들을 수 있는 인터넷 수강권입니다!

EBS ◖◌◗ 방송교재

★ ★ ★ ★ ★
공인중개사 신뢰도 1위

공인중개사
답은 하나
랜드하나

2025

랜드하나 공인중개사 기본서

1차 민법 및 민사특별법

랜드하나 수험연구소

H 랜드하나

머리말 PREFACE

항상 교재를 집필하면서 이 교재로 공부하시는 분들에게 어떻게 해야 도움이 될 수 있을까를 고민하게 되고, 이번에도 여전히 그러한 고민과 함께 원고작업을 진행하였습니다. 결국은 "수험서"로써의 역할이 가장 중요하므로 기출문제를 철저히 분석하고, 또한 출제될 부분을 정확히 예상하여 빠짐없이 내용을 수록하되, 분량은 너무 방대해지지 않도록 주의하였습니다.

최근의 민법 및 민사특별법의 출제경향은 단편적인 문제보다는 종합적이고 다양한 형태의 문제를 출제하여(긍정형, 박스형, 사례형 등) 난이도를 높혀가고 있는 경향입니다.
본서는 이러한 출제경향에 맞추어 2025년에 시행하는 제36회 공인중개사 자격시험에 완벽하게 대비할 수 있도록 구성되었습니다.

본서의 내용과 특징은 다음과 같습니다.

첫째, 본서는 수험서이므로 출제비율이 높은 부분과 낮은 부분을 구별하여 출제비율이 높은 부분은 어떠한 문제에도 대비할 수 있도록 충분한 설명을 하였지만, 출제비율이 낮은 부분은 비교적 간략하게 서술하였고, 시험과 관계없는 부분은 과감히 삭제하였습니다.

둘째, 최근 10년간의 출제된 부분을 표시하여 수험생들께서 공부하실 때에 강약조절이 될 수 있도록 구성하였습니다.

셋째, 객관식 시험은 문장으로 보는 시험입니다. 따라서 본문을 서술할 때에는 기출지문을 그대로 수록하여 수험생 분들이 평소 공부하시면서 기출지문에 익숙해질 수 있도록 하였습니다.

넷째, 민법시험의 80~85%가 판례문제입니다. 따라서 시험에 자주 나오는 판례들의 주요 내용들을 원문 그대로 본문에 함께 수록하였고, 특히 중요한 판례는 해당 본문 아래 전문을 수록하여 전체적인 내용을 숙지할 수 있도록 하였습니다.

다섯째, 기본서를 많이 보아도 문제를 풀어내는 실전능력이 없다면 합격하는 것은 거의 불가능합니다. 따라서 각 장의 마지막에 기출문제나 예상문제를 수록하여 해당 부분의 문제적 응력을 높일 수 있도록 정리하였습니다.

"시험"이라는 냉성한 상대와 싸우게 되실 수험생 여러분! 그 길이 아주 편하거나 쉽지만은 않은 길이지만, 충분히 가치 있고 보람있는 일임에는 확실합니다. 시작하셨으면 끝내 이루셔야 하고, 그 길에 저희가 끝까지 함께 하겠습니다.

아무쪼록 본서가 제36회 공인중개사 시험을 준비하시는 분들의 좋은 반려자가 되어 여러분들이 합격하시는 데 큰 도움이 되었으면 하는 바람과 함께 수험생 여러분들의 합격을 간절히 기원합니다.

끝으로 본서가 출간되도록 애써주신 공인중개사 명문 '랜드하나'와 '한국교육방송공사(EBS)' 임직원 여러분께 감사의 말씀을 드립니다.

편저자 배상

시험안내 GUIDE

1. 공인중개사 기본정보

1 공인중개사 개요

부동산 중개업을 건전하게 지도, 육성하고 공정하고 투명한 부동산 거래질서를 확립함으로써 국민경제에 이바지함을 목적으로 함(관계법령 : 공인중개사법)

2 수행직무

중개업의 공신력을 높이기 위해 도입된 자격증으로 부동산 중개업무, 관리대행, 컨설팅, 중개업 경영정보 제공, 상가분양 대행, 경매 매수신청 대리 업무 등을 수행

3 실시기관 홈페이지 : 한국산업인력공단 국가자격시험 홈페이지(www.Q-net.or.kr)

4 소관부처명 : 국토교통부(부동산산업과)

2. 시험정보

1 응시자격

- **제한없음(학력, 나이, 내외국인 불문)**
- ※ 단, 「① 공인중개사법 제4조 3에 따라 시험부정행위로 처분 받은 자의 그 제한기간이 시험 시행일 전일까지 경과되지 않은 자 ② 제6조에 따라 자격이 취소된 자 ③ 시행규칙 제2조에 따른 기자격취득자」는 응시할 수 없음

- **결격사유**
1. 부정한 방법으로 공인중개사의 자격을 취득한 경우
2. 제7조 제1항의 규정을 위반하여 다른 사람에게 자기의 성명을 사용하여 중개업무를 하게 하거나 공인중개사 자격증을 양도 또는 대여한 경우
3. 제36조의 규정에 의한 자격정지처분을 받고 그 자격정지기간 중에 중개업무를 행한 경우(다른 개업공인중개사의 소속공인중개사, 중개보조원 또는 법인인 개업공인중개사의 사원, 임원이 되는 경우를 포함)
4. 이 법을 위반하여 징역형의 선고를 받은 경우
5. 시험에서 부정한 행위를 한 응시자로 그 시험시행일로부터 5년간 시험응시자격을 정지 받은자

② 시험과목 및 배점

구분	시험 과목	문항수	시험시간	시험방법
제1차시험 1교시(2과목)	① 부동산학개론(부동산감정평가론 포함) ② 민법 및 민사특별법 중 부동산 중개에 관련되는 규정	과목당 40문항 (1번~80번)	100분 (09:30~11:10)	객관식 5지 선택형
제2차시험 1교시(2과목)	① 공인중개사의 업무 및 부동산 거래신고 등에 관한 법령 및 중개실무 ② 부동산공법 중 부동산중개에 관련되는 규정	과목당 40문항 (1번~80번)	100분 (13:00~14:40)	
제2차시험 2교시(1과목)	① 부동산공시에 관한 법령(부동산등기법, 공간정보의 구축 및 관리 등에 관한 법률) 및 부동산 관련 세법	40문항 (1번~40번)	50분 (15:10~16:00)	

※ 답안작성 시 법령이 필요한 경우는 시험시행일 현재 시행되고 있는 법령을 기준으로 작성

3. 시험과목별 시험범위 및 출제비율

구분	시험과목	시험 범위	출제비율
1차 시험 (2과목)	■ 부동산학개론 (부동산감정평가론 포함)	① 부동산학개론	85% 내외
		② 부동산 감정평가론	15% 내외

	■ 민법 및 민사특별법 중
	  부동산 중개에 관련되는
	  규정
		① 민법의 범위
		  1) 총칙 중 법률행위
		  2) 질권을 제외한 물권법
		  3) 계약법 중 총칙·매매·교환·임대차
			85% 내외

		② 민사특별법의 범위
		  1) 주택임대차보호법
		  2) 상가건물임대차보호법
		  3) 가등기담보 등에 관한 법률
		  4) 집합건물의 소유 및 관리에 관한 법률
		  5) 부동산 실권리자 명의등기에 관한 법률
			15% 내외

2차 시험
(3과목)
	■ 공인중개사의 업무 및
	  부동산 거래신고에 관한
	  법령 및 중개실무
		① 공인중개사의 업무 및 부동산 거래신고에 관한 법령	70% 내외

		② 중개실무	30% 내외

	■ 부동산공법 중
	  부동산중개에
	  관련 되는 규정
		① 국토의 계획 및 이용에 관한 법률	30% 내외

		② 도시개발법 ③ 도시 및 주거환경정비법	30% 내외
		④ 주택법 ⑤ 건축법 ⑥ 농지법	40% 내외
	■ 부동산공시에 관한 법령 및 부동산 관련 세법	① 부동산등기법	30% 내외
		② 공간정보의 구축 및 관리 등에 관한 법률	30% 내외
		③ 부동산 관련 세법(상속세, 증여세, 법인세, 부가가치세 제외)	40% 내외

4. 합격기준

① 합격기준

구분	합격결정기준
1,2차시험 공통	매 과목 100점을 만점으로 하여 매 과목 40점 이상, 전 과목 평균 60점 이상 득점한 자

※ 제1차 시험에 불합격한 자의 제2차 시험에 대해여는 「공인중개사법」 시행령 제5조 제3항에 따라 이를 무효로 함

② 응시수수료(공인중개사법 제8조)

- 1차 : 13,700원
- 2차 : 14,300원
- 1, 2차 동시 응시자 : 28,000원

③ 취득방법

- **원서접수방법**

Q-net을 통해 하거나 공단 지역본부 및 지사에서 인터넷접수 도우미서비스를 제공받을 수 있음

※ 내방시 준비물 : 사진(3.5*4.5) 1매, 전자결재 수단(신용카드, 계좌이체, 가상계좌)

※ 수험자는 응시원서에 반드시 본인 사진을 첨부하여야 하며, 타인의 사진 첨부 등으로 인하여 신분확인이 불가능할 경우 시험에 응시할 수 없음

- **자격증발급**

응시원서접수일 현재 주민등록상 주소지의 시, 도지사명의로 시, 도지사가 교부
(사진(여권용 사진) 3.5*4.5cm 2매, 신분증, 도장 지참, 시·도별로 준비물이 다를 수 있음)

출제경향 빈도표 및 수험대책

1. 출제경향 빈도표

내용별		회별 1회~19회	20회	21회	22회	23회	24회	25회	26회	27회	28회	29회	30회	31회	32회	33회	34회	35회
민법총칙	권리의 변동	12				1					1				1	1	1	
	법률행위	35	2	2	3	1	5	3	3	2	3	1	1	1	2	1	2	1
	의사표시	45	1	1	2	3	1	2	2	4	1	2	2	2	1	1	1	4
	법률행위의 대리	42	2	2	3	2	2	3	2	2	2	3	4	3	3	4	3	2
	무효와 취소	31	2	3	1	2	2	2	2	1	2	3	2	3	2	2	2	2
	법률행위의 부관	18	2	1	1	1		1			1	1	1	1	1	1	1	1
물권법	물권법서론	21			1				1	2		2	1	1	2	1	2	2
	물권변동	48	1	3	5	1	2	2	2	1	1	1	3	3	2		2	2
	점유권	19	2	1	1	3	2	1	1	1	2	2	1	1	1	2	1	1
	소유권	48	5	2	2	4	3	3	3	3	3	2	3	2	3	4	2	2
	용익물권	56	2	3	1	2	3	3	4	2	4	3	3	3	3	3	3	3
	담보물권	65	4	5	5	4	5	5	4	6	4	4	3	4	3	4	4	4
계약법	계약법총론	87	6	4	6	5	4	4	5	5	4	5	4	7	5	5	3	8
	계약법각론	96	4	6	4	3	6	5	5	5	6	5	7	3	5	5	7	2
민사특별법	주택임대차보호법	45	1	2	2	2	1	1	1	1	2	1	1	2	2	1	1	1
	상가임대차보호법	7	1	2	1	1		1	1	1	1	1	1	1	1	1	1	2
	가등기담보법	32	1	1	1	1	2	1	1	1		1	1	1	1	1	1	1
	집합건물법	33	2	1	1	1	2	1	1	1	1	1	1	1	1	2	1	1
	부동산실명법	10	2	1	1	2	1	2	2	2	1	2	1	1	1	1	2	1
합 계		750	40	40	40	40	40	40	40	40	40	40	40	40	40	40	40	40

2. 수험대책

'민법 및 민사특별법' 과목은 전체 내용이 그 자체로서 하나의 논리 정연한 체계를 형성하고 있습니다. 즉, 법률관계의 당사자인 甲·乙의 권리의무를 공평하게 규율하고, 이들의 법률관계를 기초로 새로운 법률상의 이해관계를 맺은 제3자 丙이 甲·乙간의 사정으로 인하여 권리를 침해당하지 않도록 보호하려는 것이 가장 간단한 법률관계의 형태입니다.

이와 같은 당사자 甲·乙과 제3자 丙간의 3자간의 법적 이해관계를 "의의 - 요건 - 효과"의 순서로 체계적으로 설명하여 공평·타당한 결과를 가져오는 것이 '법적 사고방식 내지 법적 논리체계'인 것입니다. 따라서 이러한 법적 사고방식을 염두에 두고, 이에 입각하여 학습하는 것이 보다 쉽고 확실하게 '민법 및 민사특별법' 과목을 정복하는 길이 될 것입니다.

'민법 및 민사특별법' 과목을 효과적으로 학습하기 위한 구체적 방법을 살펴보면 다음과 같습니다.

첫째, 전체적인 체계의 파악과 법률용어에 익숙해지기 위하여 '핵심정리'나 '보충학습' 또는 '판례·사례' 등의 세부적 사항은 일단 제외하고, 본문 위주로 개략적으로 학습할 필요가 있습니다. 이때에는 예습하는 기분으로 부담 없이 교재를 읽어 나가되, 스스로 이해되는 부분만큼만 받아들이면 됩니다. 그리고 신속히 기초를 다지기 위해서는 강의를 반드시 그리고 잘 활용하여야 합니다.

둘째, 2회독 할 때부터는 기본적인 문장의 의미와 내용을 하나씩 곱씹으며 제대로 이해하도록 노력하여야 합니다. 단순한 결론의 암기보다는, 항상 "왜"라는 의문을 가지고 그 제도적 취지나 배경 등을 제대로 학습하여야 합니다. '민법 및 민사특별법'의 방대한 내용을 모두 암기할 수는 없을 것이므로 이해가 되면 암기할 양이 상당히 줄어들고, 또한 용용문제에 충분히 대응할 수가 있기 때문입니다.

셋째, 민법 전공하시는 것이 아닌 시험공부를 하는 것이므로 어느 정도 전체적인 체계가 잡힌 후에는 시험에 자주 나오는 테마 중심으로 좀더 깊게 정리하고 반복 학습하셔야 합니다.

넷째, 시험에 나오는 지문의 약 70%~75%는 이미 출제된 지문들입니다. 따라서 기출문제를 완벽히 숙지하시고 새로운 최근판례들을 정리숙지하실 필요가 있습니다.

"충분한 이해 없이는 정리와 암기가 불가능하고, 정리와 암기 없이 이해만으로는 실제시험에서 고득점을 할 수가 없다"는 점을 유의하여 꾸준히 그리고 집중하여 학습하다 보면 어느 순간에 고득점 합격에 충분한 실력을 갖추게 될 것입니다.

CONTENTS 차례

차례 CONTENTS

PART ② 물권법

차례 CONTENTS

부록 ─
민법조문집

2025 랜드하나 공인중개사 기본서

PART 1
민법총칙

01 권리의 변동
CHAPTER

단원별 학습포인트

▫ 직접적인 출제비중은 낮지만 「민법」 전반에서 사용되는 기본적인 용어들을 익혀두는 단원이므로 소홀히 학습하지 않도록 한다.

제1절 | 민법의 의의

민법은 사인(私人)들 사이의 권리·의무관계에 일반적으로 적용되는 일반사법(= 사법의 일반법)을 말하며 이를 실질적 의미의 민법이라고 한다.

(1) 법(법규범)

민법은 도덕, 종교, 관습 등 사회규범과 구별되는 법규범으로서, 사인의 행위규범임과 동시에 법원의 재판규범에 해당한다.

(2) 사법(私法)

민법은 사인 상호간의 생활관계를 규율하는 사법에 속한다(예 민법, 상법 등). 사람의 사회생활관계는 재산관계와 가족관계로 나눌 수 있는데, 민법은 재산관계를 규율하는 재산법과 가족관계를 규율하는 가족법으로 구성되어 있다.

> 비교 | 공법(公法) - 국가 기타의 공공단체와 개인과의 관계를 규율하는 법(예 헌법, 행정법, 형법 등)

(3) 일반법

일반법은 모든 사람, 장소, 사항 등에 적용되는 법을 말한다. 이에 반해 특별법은 일정한 사람, 장소. 사항에 대해서만 적용되는 법을 말한다.
일반법과 특별법의 구별은 특별법이 일반법에 우선하여 적용된다는데 의미가 있다(특별법 우선의 원칙).

(4) 실체법

법은 그 규정내용이나 적용방법에 따라 직접적으로 권리·의무에 관하여 정하는 실체법(예 헌법, 민법, 형법 등)과 절차상의 권리를 실현시키거나 이행시키기 위한 절차를 정하는 절차법(예 민사소송법, 형사소송법, 민사집행법 등)으로 나눌 수 있다.

민법은 직접적으로 사법상의 권리·의무의 내용과 그 발생·변경·소멸 등의 법률관계를 규율하는 실체법이다.

제2절 │ 권리변동의 의의와 형태

1 의의

(1) 사람이 공동생활관계를 유지하기 위해서는 일정한 규범이 요구된다. 이러한 규범 중 강제력을 띠지 않으며 법이 아닌 도덕이나 종교·관습 등에 의하여 규율되는 관계를 인간관계라 한다.

(2) 그러나 복잡한 생활관계를 유지하기 위해서는 강제력이 없는 '비법률관계'인 도덕·윤리관계와는 달리 법률에 의하여 규율되어 국가에 의하여 강제되는 관계가 존재할 수밖에 없는데 이를 '법률관계'라고 한다.

(3) 이러한 법률관계는 권리·의무관계이며, 법률관계의 변동은 결국 권리·의무관계의 변동을 초래한다.

2 권리변동의 형태 제34회

법률효과는 보통 권리의 발생·변경·소멸의 형태로 나타나고, 이를 권리주체의 입장에서 본다면 권리의 취득·변경·상실이 된다.

1. 권리의 발생(취득)

(1) 원시취득(절대적 발생)

원시취득이란 어떤 권리가 타인의 권리에 기초함이 없이 특정인에게 새로 발생하는 것을 말한다. 선점(제252조)·습득(제253조)·시효취득(제245조 이하)·선의취득(제249조 이하)이나 건물을 신축하는 경우의 건물소유권 취득 또는 매매계약을 통한 채권 취득 등이 이에 속한다.

(2) 승계취득(상대적 발생)

승계취득이란 타인의 권리에 기하여 취득하는 것을 말한다.

① **이전적 승계**: 구 권리자의 권리가 동일성을 유지하면서 신 권리자에게 이전되는 경우로서 권리의 주체만 바뀌는 것을 말한다. 특정승계와 포괄승계로 구분된다.

특정승계	개개의 권리가 개개의 취득원인에 의하여 취득되는 경우를 말한다. **예** 매매, 교환, 증여 등
포괄승계	하나의 취득원인에 의하여 다수의 권리가 일괄적으로 취득되는 경우를 말한다. **예** 상속, 포괄유증, 회사의 합병 등

② **설정적 승계**: 구 권리자의 권리는 그대로 존속하면서 그 권리의 내용 일부에 새로운 권리를 취득하는 경우이다. 예를 들어 지상권·전세권·저당권 등의 설정이 이에 해당한다.

> **참고학습** | 원시취득과 승계취득의 차이점
>
> 1. 원시취득: 원칙적으로 종전의 제한적 권리는 모두 소멸
> 2. 승계취득: 원칙적으로 전주(前主)의 권리에 제한이나 하자를 승계

2. 권리의 변경

권리가 그 동일성을 잃지 않고서 주체·내용·작용이 변하는 것을 말한다.

(1) 주체의 변경

권리의 주체가 변경되는 것으로서 권리의 승계에 해당한다.

(2) 내용의 변경

① **질적 변경**: 권리가 질적으로 변하는 것을 말한다. 물건의 인도를 목적으로 하는 채권이 손해배상채권으로 변하는 것, 물상대위 등이 이에 해당한다.

② **양적 변경**: 권리가 양적으로 변하는 것을 말한다. 물건의 부합 또는 소유권의 객체에 제한물권(**예** 지상권·전세권·저당권 등)이 설정되거나 이미 설정되어 있는 제한물권이 소멸하여 소유권이 원만한 상태로 회복되는 것 등이 이에 해당한다.

(3) 작용의 변경

권리의 효력변경을 말한다. 임차권이 대항력을 갖춘 경우 또는 저당권의 순위가 승진하는 경우를 말한다.

3. 권리의 소멸(상실)

권리주체로부터 권리가 이탈하는 것을 말한다. 권리의 소멸 또는 상실에는 절대적(객관적) 소멸과 상대적(주관적) 소멸이 있다.

절대적 소멸	권리 자체가 완전히 없어지는 것으로서 목적물의 멸실에 의한 권리의 소멸, 혼동, 소멸시효 등이 그 예이다.
상대적 소멸	권리 자체가 소멸하지 않고 권리의 주체만이 변경되는 것으로서 매매로 매도인이 권리를 상실하는 경우가 그 예이다.

제3절 | 권리변동의 원인

1 법률요건과 법률사실

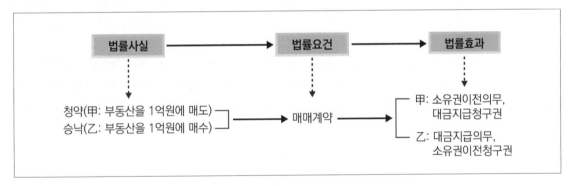

(1) 법률관계의 변동의 원인이 되는 것을 '법률요건(法律要件)'이라고 하며, 그 결과로서 나타나는 효과, 즉 권리·의무관계의 변동을 '법률효과(法律效果)'라고 한다. 그리고 법률요건을 구성하는 개개의 사실을 '법률사실'이라고 한다.

(2) 즉, 법률요건이 갖추어지면 이에 따른 법률효과가 발생하게 되는데 이러한 법률요건은 법률사실을 구성요소로 한다. 예를 들어 甲이 자기소유의 부동산을 乙에게 1억원에 팔겠다는 의사표시(청약)를 하고, 乙이 이를 매수하겠다는 의사표시(승낙)를 하였다면 매매계약이 성립하게 되며, 이에 따른 효과로 甲은 乙에게 소유권이전의무(대금지급청구권)가 발생하고, 乙은 甲에게 대금지급의무(소유권이전청구권)가 발생한다.

(3) 이러한 법률효과를 발생시키는 법률요건은 1개 이상의 법률사실로 구성되어 있으며, 법률행위뿐만 아니라 준법률행위·불법행위·부당이득·사무관리·사건 등도 포함된다.

2 법률사실

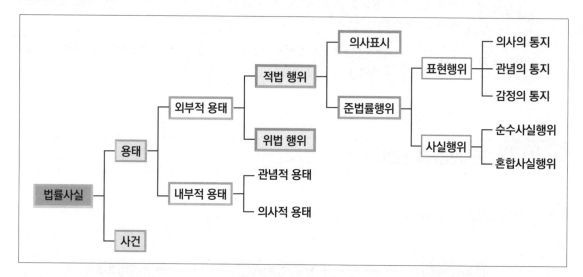

법률요건을 구성하는 개개의 사실이 법률사실이다. 법률요건은 보통 다수의 법률사실(剛 계약)로 성립하나, 1개의 법률사실(剛 단독행위)로 구성되는 경우도 있다. 법률사실은 크게 사람의 정신작용에 기초하는 용태(容態)와 그렇지 않은 사건(事件)으로 나누어지며, 용태는 다시 외부적 용태와 내부적 용태로 나누어진다.

1. 용태 제34회

(1) 외부적 용태

사람의 정신작용이 외부에 표출된 것을 말한다.

① 적법행위
ㄱ 의사표시: 의사표시는 일정한 법률효과의 발생을 지향하는 효과의사(效果意思)를 표시하는 행위이며, 법률행위의 불가결의 요소가 된다.
ㄴ 준법률행위: 준법률행위는 법률행위를 제외한 인간의 행위 또는 행위의 결과로서 법률의 규정에 의하여 일정한 법률효과를 발생하게 하는 것을 말한다. 즉, 법률행위와의 차이점은 그 효과가 당사자가 원하는 대로 발생하는 것이 아니라 법률규정에 의하여 발생한다는 점에 있다.

	의사의 통지	자신의 의사를 상대방에게 통지하여 법률이 부여한 효과를 발생시키는 것을 말한다. 각종 최고와 거절이 이에 해당한다.
표현행위	관념의 통지	상대방에게 과거 또는 현재의 사실을 알려서 법률이 규정한 효과를 발생시키는 것을 말한다. 각종 통지와 승인(승낙)이 이에 해당한다.
	감정의 표시	행위자의 감정을 표시함으로써 법률규정에 의한 효과를 발생시키는 것을 말한다. 용서(제841조)가 이에 해당한다.
사실행위 (비표현행위)	순수사실 행위	매장물 발견, 주소의 설정, 가공 등이 이에 해당한다.
	혼합사실 행위	사무관리, 부부의 동거, 무주물선점, 물건의 인도, 변제 등이 이에 해당한다.

② **위법행위**: 법률이 가치 없는 것으로 평가하여 허용하지 않는 행위로서 일반적으로 채무불이행과 불법행위가 이에 해당한다.

(2) 내부적 용태

내부적 의사 또는 관념을 말하는 것으로서 원래는 법적 의미를 가지지 않으나 법이 예외적으로 일정한 경우에 법률효과를 부여하는 것이다.

관념적 용태	선의·악의(제107조 제2항), 정당한 대리인이라는 신뢰(제126조)가 이에 해당한다.
의사적 용태	소유의 의사(제197조), 사무관리에 있어서 본인의 의사(제734조)가 이에 해당한다.

2. 사건

사람의 출생·사망, 시간의 경과, 부당이득, 혼동과 같이 사람의 정신작용과 관계없는 사실을 말한다.

01 다음 중 서로 <u>잘못</u> 짝지어진 것은? (제28회)

① 저당권의 설정 – 이전적 승계

② 소유권의 포기 – 상대방 없는 단독행위

③ 청약자가 하는 승낙연착의 통지 – 관념의 통지

④ 무주물의 선점 – 원시취득

⑤ 무권대리에서 추인 여부에 대한 확답의 최고 – 의사의 통지

해설 ① 저당권의 설정은 이전적 승계가 아니라 설정적 승계에 해당한다.

정답 ①

02 CHAPTER 법률행위

☐ 법률행위의 성립요건과 효력요건을 파악하고, 반사회적 법률행위에 대한 판례의 입장과 부동산 이중매매에 대한 사례를 징리하여아 한다.

제1절 법률행위의 의의

(1) 사적 자치의 실현수단

현행 사법제도는 개인 상호간 법률관계의 경우 원칙적으로 국가의 관여 없이 개인 스스로가 자기결정에 의하여 자기의 의사에 따라 법률관계를 형성할 수 있도록 하고 있고 이를 사적 자치의 원칙이라 한다. 그런데 개인의 의사를 요소로 하여 효과를 발생시키는 것이 바로 법률행위이므로 결국 법률행위는 사적 자치를 실현하는 수단이 된다.

(2) 법률행위와 의사표시

① 법률행위는 의사표시를 필수요소로 하는 법률요건이다. 또한 의사표시는 법률행위라는 법률요건에 있어서 반드시 필요한 법률사실이다. 즉, 의사표시 없는 법률행위란 존재할 수 없다.

② 법률행위는 의사표시를 본체 내지 구성부분으로 하고 있으나 법률행위와 의사표시는 반드시 동일한 것이 아니다. 예를 들어 매도인이 청약을 하였다면 이 청약은 의사표시에는 해당하나 이것만으로 법률효과가 생기지는 않는다. 매수인의 승낙의 의사표시가 있어야만 비로소 법률행위가 성립하는 것이다.

③ 의사표시는 법률행위의 필수요소이지만 법률행위가 의사표시만으로 구성되는 것은 아니다. 법률행위가 의사표시 이외의 다른 요소, 즉 관청의 행위(허가나 신고) 또는 사실행위(인도) 등을 구성요소로 하는 경우도 있기 때문이다.

(3) 준법률행위와의 구별

① 준법률행위란 사람의 행위 중 당사자의 의사와는 상관없이 법률의 규정에 의하여 일정한 법률효과가 발생하는 행위를 말한다.

② 예를 들어 甲의 토지에 대하여 대리권 없이 乙이 丙과 매매계약을 하였을 때 상대방 丙이 본인 甲에 대한 추인 여부의 확답을 최고한 것은 '의사의 통지'로서 준법률행위에 해당하는데, 본인 甲이 최고기간 내에 확답을 발하지 않으면 추인을 거절한 것으로 보게 된다.

③ 이때 추인 거절의 효과가 생기는 이유는 당사자가 원해서가 아니라 「민법」 제131조의 법률규정에 의해서이다.

④ 다만, 준법률행위 중 '의사의 통지'와 '관념의 통지'에 대해서는 의사표시에 관한 규정을 대체로 유추적용할 수 있다고 보는 것이 다수설이다. 따라서 준법률행위에도 대리가 적용되며 도달주의도 적용된다.

제2절 법률행위의 종류

1 단독행위·계약·합동행위 제32회, 제33회

법률행위의 요소인 의사표시의 수와 방향에 따른 분류로서 가장 기본적인 구분이다.

(1) 단독행위(單獨行爲)

① 의의: 행위자의 1개의 의사표시만으로 성립하는 법률행위이다.

② 종류: 상대방에게 의사표시의 도달이 필요한지 여부에 따라 상대방 없는 단독행위와 상대방 있는 단독행위로 구분된다.

상대방 없는 단독행위	유언(유증), 재단법인의 설립행위, 소유권(점유권)의 포기 등은 의사표시를 수령할 특정한 상대방이 없는 단독행위로서 의사표시의 도달이 필요하지 않고, 상대방에게 도달하지 않아도 효력이 발생한다(주의 공유지분의 포기, 취득시효 이익의 포기는 상대방 있는 단독행위에 해당한다).
상대방 있는 단독행위	취소·철회·동의·추인·해제·해지·채무면제·상계 등은 의사표시가 상대방에게 도달함으로써 상대방의 의사에 관계없이 일방적으로 그 효력이 발생하는 단독행위이다.

③ 특징

㉠ 단독행위는 일방적 의사표시만으로 법률효과가 발생하므로 법률에 규정이 있을 때에 한하여 허용된다. 예를 들어 당사자가 원하지 않는 법률행위를 하였다고 해서 임의로 취소할 수 있는 것이 아니라 법률에 규정된 사유(예 제한능력·착오·사기·강박)가 있을 때에만 취소할 수 있다.

㉡ 단독행위에는 원칙적으로 조건·기한을 붙일 수 없다.

(2) 계약(契約)

① 계약이란 두 개의 대립하는 의사표시(청약과 승낙)가 서로 합치됨으로써 성립하는 법률행위이다.

② 「민법」은 채권편에서 증여·매매·교환·임대차·소비대차·사용대차·고용·위임·도급·임치·현상 광고·조합·종신정기금·화해·여행계약 등 15가지의 계약을 정하고 있는데, 이를 전형계약(典型 契約) 또는 유명계약(有名契約)이라고 한다.

③ 다만, 계약자유의 원칙상 「민법」상의 전형계약 이외에도 다른 계약을 창설할 수 있는데(예 리스 계약 등) 이를 비전형계약 또는 무명계약이라고 한다.

(3) 합동행위(合同行爲)

합동행위란 서로 대립하지 않고 공동목적을 위하여 평행적·구심적으로 그 내용과 방향을 같이하는 2개 이상 의사표시의 합치로써 성립하는 법률행위이다. 사단법인의 설립행위가 대표적인 합동행위 에 해당한다.

2 채권행위·처분행위 제34회

법률행위를 이행의 문제가 남는지 여부에 따라 분류한 것이다.

(1) 채권행위

채권행위란 채권·채무를 발생시키는 법률행위로서 '이행'이라는 문제를 남기는 점에서 처분행위(물 권행위·준물권행위)와 구별된다. 증여·매매·임대차 등 채권계약은 모두 채권행위에 해당한다.

(2) 처분행위

① **물권행위**: 물권행위는 직접 물권변동을 초래하고 더 이상 '이행'이라는 문제를 남기지 않는 데에 그 특색이 있다. 소유권이전행위·저당권설정행위 등이 이에 해당한다.

② **준물권행위**: 준물권행위는 채권·지식재산권(예 특허권·상표권·저작권) 등 물권 이외의 권리를 종국 적으로 변동시키고 '이행'이라는 문제를 남기지 않는 법률행위이다. 채권양도, 채무면제, 지식재 산권의 양도 등이 이에 해당한다.

> 주의 무권리자의 채권행위는 유효하나 무권리자의 처분행위는 무효이다. 즉, 처분행위는 처분권이 있는 자만이 유효하게 할 수 있다.

3 요식행위·불요식행위

계약자유의 원칙에는 방식의 자유가 포함되기 때문에 법률행위는 불요식행위(不要式行爲)가 원칙이다. 다만, 행위자로 하여금 신중하게 행위를 하게 하거나 또는 법률관계를 명확하게 하기 위하여 법률이 일정한 방식(예 서면·신고 등)을 요구하는 경우, 즉 요식행위(要式行爲)인 경우가 있다. 법인의 설립행위, 혼인, 유언, 파양 등이 요식행위에 해당한다.

4 출연행위·비출연행위

재산행위 중 자신의 재산을 감소시키고 타인의 재산을 증가시키는 행위를 출연행위라 한다(예 매매·교환·증여). 반면에 자신의 재산이 감소되지 않거나 감소되더라도 타인의 재산을 증가시키지 않는 행위를 비출연행위라 한다(예 대리권의 수여, 소유권의 포기).

5 주된 행위·종된 행위

법률행위가 유효하게 성립하기 위하여 다른 법률행위의 존재를 전제로 하는 법률행위를 종된 법률행위라 하고, 그 전제가 되는 행위를 주된 법률행위라 한다. 예를 들어 소비대차계약이 존재하여 이에 기한 대여금채권을 담보하는 저당권설정계약이 가능한데, 여기서 저당권설정계약은 종된 행위이고 소비대차계약은 주된 법률행위이다. 종된 행위는 원칙적으로 주된 행위와 법률적 운명을 함께한다.

제3절 | 법률행위의 요건

법률행위가 당사자가 원하는 대로 법률효과를 완전히 발생시키기 위해서는 성립요건과 유효요건을 갖추어야 한다. 주의할 점은 법률행위가 성립하였다고 모두 효력이 발생하는 것이 아니라 별도의 유효요건을 구비하여야 효력이 발생한다는 점이다.

1 성립요건

(1) 일반적 성립요건

모든 법률행위에 요구되는 요건으로 ① 당사자, ② 목적, ③ 의사표시 세 가지를 드는 것이 보통이다. 예를 들어 매매계약이 성립하기 위해서는 당사자가 존재하여야 하며, 법률효과의 목적이 있어야 하고, 이를 외부에 표시하여야 한다.

(2) 특별 성립요건

개개의 법률행위에 관하여 그의 성립에 필요한 요건을 말하며, 법률의 규정에 의하여 정해진다. 예를 들어 요물계약에 있어서 물건의 인도(제466조), 혼인에 있어서 신고(제812조), 유언에 있어서 방식(제1060조) 등이다.

2 효력발생요건

(1) 일반적 효력발생요건

① 당사자가 능력을 가지고 있을 것: 의사무능력자의 법률행위는 무효이며, 제한능력자(예 미성년자·피한정후견인·피성년후견인)가 한 법률행위는 취소할 수 있다. 취소하면 소급하여 처음부터 무효가 된다.

② 법률행위의 목적에 확정성·가능성·적법성·사회적 타당성이 있을 것

③ 의사표시에 관하여 의사와 표시가 일치하고, 의사표시에 하자(瑕疵)가 없을 것: 비정상적인 의사표시(예 비진의표시, 허위표시, 착오에 의한 의사표시, 사기·강박에 의한 의사표시)는 무효 또는 취소가 될 수 있다.

> **보충학습** | 권리능력·의사능력·행위능력
>
> 1. 권리능력(權利能力)
>   권리·의무의 주체가 될 수 있는 능력으로 자연인과 법인은 권리능력을 갖는다. 즉, 사람은 모두 권리능력의 주체가 된다.
>
> 2. 의사능력(意思能力)
>   ① 사리를 판단하여 의사결정을 할 수 있는 능력을 말한다. 술에 몹시 취한 자나 미친 사람 또는 유아 등은 이러한 능력이 없기 때문에 거래행위 등을 해도 그것이 의사에 의한 행위라고 할 수 없어 무효이다.
>   ② 「민법」은 의사무능력자의 행위에 관하여 규정하지 않고 있지만 의사무능력자의 법률행위는 무효라는 것이 일반적이다(절대적 무효).
>
> 3. 행위능력(行爲能力)
>   단독으로 확정적인 유효한 법률행위를 할 수 있는 능력이다. 행위능력이 제한되는 대표적인 사람들은 다음과 같으며, 제한능력자는 법률행위를 취소할 수 있다(절대적 취소).
>   ① 미성년자: 만 19세 미만의 자를 말한다(제4조).
>   ② 피한정후견인(종전의 한정치산자): 질병·장애·노령, 그 밖의 사유로 인한 정신적 제약으로 사무를 처리할 능력이 부족한 사람으로서 일정한 자의 청구에 의하여 가정법원이 한정후견개시의 심판을 한 자를 말한다(제12조).
>   ③ 피성년후견인(종전의 금치산자): 질병·장애·노령, 그 밖의 사유로 인한 정신적 제약으로 사무를 처리할 능력이 지속적으로 결여된 사람으로서 일정한 자의 청구에 의하여 가정법원이 성년후견개시의 심판을 한 자를 말한다(제9조).

(2) 특별 효력발생요건

개개의 법률행위에 특유한 유효요건으로서 대리행위에 있어서 대리권의 존재, 조건부 법률행위에 있어서 조건의 성취, 기한부 법률행위에서 기한의 도래, 토지거래허가구역에서의 허가, 유언에서 유언자의 사망 등이 이에 해당한다.

판례보기

「농지법」상 농지취득자격증명의 법률행위의 효력발생요건 해당 여부(소극)

「농지법」 소정의 농지취득자격증명은 농지를 취득하는 자가 그 소유권에 관한 등기를 신청할 때에 첨부하여야 할 서류로서 농지를 취득하는 자에게 농지취득의 자격이 있다는 것을 증명하는 것일 뿐 농지취득의 원인이 되는 매매 등 법률행위의 효력을 발생시키는 요건은 아니며, 농지에 관한 경매절차에서 이러한 농지취득자격증명 없이 낙찰허가결정 및 대금납부가 이루어지고 그에 따른 소유권이전등기까지 경료되었다 하더라도 농지취득자격증명은 그 후에 추완하여도 무방하다 할 것이다(대판 2006다27451).

제4절 **법률행위의 목적**

법률행위의 목적이란 법률행위를 하는 자가 그 법률행위에 의하여 발생시키려고 하는 법률효과를 말하며, 법률행위의 내용이라고도 한다.

1 목적의 확정

법률행위의 목적은 확정할 수 있어야 하는바, 법률행위 성립 당시에 이미 확정되어 있어야 하는 것은 아니고 늦어도 법률행위의 내용을 실현할 당시(이행시)까지 확정할 수 있으면 된다. 그러나 법률행위의 목적을 확정하는 것이 반드시 용이하지는 않으므로 내용의 확정성은 법률행위의 해석의 문제와 직결된다.

2 목적의 실현 가능성

1. 의의

법률행위의 목적(내용)은 실현 가능한 것이어야 한다. 목적이 실현 불가능한 경우에 그 법률행위는 무효이며, 실현의 가능 여부는 사회통념에 의하여 정해진다. 예를 들어 죽은 사람을 다시 살린다는 계약과 같이 물리적으로 절대 불가능한 것은 물론이며, 비록 물리적으로는 가능하더라도 사회통념상 불가능하다고 보는 것도 불능에 해당한다.

2. 불능의 유형

(1) 원시적 불능과 후발적 불능

① 개념: 법률행위의 성립 당시부터 이미 법률행위의 목적이 실현 불가능한 것이면 원시적 불능이고, 법률행위 성립 당시에는 가능하였으나 이행 전에 실현 불가능하게 되었다면 후발적 불능이된다.

② 원시적 불능의 효과: 원시적 불능이 있으면 법률행위는 무효가 된다(원시적·객관적·전부불능). 다만, 채무자가 그 불능을 알았거나 또는 알 수 있었을 때에는 그 상대방이 계약의 유효를 믿었기 때문에 받은 손해(신뢰이익)를 배상하여야 한다(제535조, 계약 체결상의 과실).

③ 후발적 불능의 효과

  ㉠ 후발적 불능은 원시적 불능과는 달리 무효가 되지 않는다.

  ㉡ 불능의 원인에 채무자의 고의·과실이 있으면 채무불이행(제390조)이 문제가 되고, 채무자의 고의·과실이 없으면 위험부담(제537조, 제538조)이 문제된다(계약법에서 상술한다).

(2) 전부불능과 일부불능

① 매매목적물인 가옥이 전소한 경우처럼 법률행위 목적의 전부가 불능인 것이 전부불능이고, 그 일부만이 탄 경우처럼 일부만이 불능인 것이 일부불능이다.

② 전부불능이면 법률행위 전체에 대하여 원시적 불능, 후발적 불능인지에 따라 법률효과가 발생하고, 일부불능이면 일부무효의 법리(제137조)에 따라 원칙적으로 법률행위 전부를 불능으로 하여야 하나, 불능인 부분이 없었더라도 법률행위를 하였으리라고 인정될 때에는 불능인 부분을 제외한 나머지 부분은 가능한 것으로 취급한다.

(3) 객관적 불능과 주관적 불능

① 객관적 불능이란 당사자뿐만 아니라 어느 누구도 이행을 할 수 없는 것을 말한다. 예를 들어 매매목적물이 멸실된 경우이다.

② 주관적 불능이란 객관적으로 불가능한 것은 아니지만 그 계약의 당사자가 이행할 수 없는 경우이다. 예를 들어 매매목적물이 타인 권리에 속하여 매도인이 이를 이전할 수 없는 경우이다.

---

3 **목적의 적법성** 제32회, 제33회, 제35회

1. 의의

법률행위의 내용은 적법하여야 한다. 따라서 사회질서에 관계있는 규정, 즉 강행법규(강행규정)에 반하는 내용의 법률행위는 무효라고 할 것이다. 이와는 달리 사회질서에 관계없는 규정을 임의법규라고 하는데, 이는 당사자의 의사에 의하여 그 적용을 배제할 수 있는 규정이다.

2. 강행법규

강행법규는 효력규정과 단속규정으로 나누어진다.

(1) 효력규정

강행법규 중 효력규정은 사법(私法)상 효력을 무효화시키는 규정을 말한다. 예를 들어 「민법」상 모든 강행규정, 「부동산 거래신고 등에 관한 법률」 제11조에 의한 토지거래허가제, 「부동산 실권리자 명의 등기에 관한 법률」의 규정, 광업권·어업권·약사면허 등의 명의를 대여하는 계약, 관할관청의 허가 없이 한 학교법인의 기본재산 처분은 모두 무효이다.

판례보기

강행규정(효력규정)

1. 중개보수에 관한 규정이 효력규정이라는 사례

   부동산 중개보수 제한에 관한 위 규정들은 중개보수 약정 중 소정의 한도를 초과하는 부분에 대한 사법상의 효력을 제한하는 이른바 강행법규에 해당한다. 따라서 「공인중개사법」 등 관련 법령에서 정한 한도를 초과하는 부동산 중개보수 약정은 한도를 초과하는 범위 내에서 무효이다(대판 2017다243723).

2. 공인중개사 자격이 없는 자가 중개사무소 개설등록을 하지 아니한 채 부동산중개업을 하면서 체결한 중개수수료(현 중개보수) 지급약정의 효력(무효)

   중개사무소 개설등록에 관한 구 부동산중개업법 관련규정들은 공인중개사 자격이 없는 자가 중개사무소 개설등록을 하지 아니한 채 부동산중개업을 하면서 체결한 중개수수료 지급약정의 효력을 제한하는 이른바 강행법규에 해당한다(대판 2008다75119).

   > [비교판례] 공인중개사 자격이 없는 자가 우연한 기회에 단 1회 타인 간의 거래행위를 중개한 경우 등과 같이 '중개를 업으로' 한 것이 아니라면 그에 따른 중개수수료 지급약정이 강행법규에 위배되어 무효라고 할 것은 아니고, 다만 중개수수료 약정이 부당하게 과다하여 「민법」상 신의성실원칙이나 형평원칙에 반한다고 볼 만한 사정이 있는 경우에는 상당하다고 인정되는 범위 내로 감액된 보수액만을 청구할 수 있다(대판 2010다86525).

---

(2) 단속규정

① 단속규정이란 국가가 일정한 행위를 단속할 목적으로 그것을 금지하거나 제한하는 데 지나지 않는 규정으로, 이를 위반할 경우 처벌은 받지만 법률행위 그 자체의 사법(私法)상의 효과에는 영향을 미치지 않는다.

② 무허가음식점의 영업행위, 허가 없이 숙박업을 하는 행위, 미등기 전매행위, 「주택법」의 전매행위 제한을 위반하여 한 전매약정 등을 예로 들 수 있다.

판례보기

개업공인중개사 등이 중개의뢰인과 직접 거래를 하는 행위를 금지하는 규정의 법적 성질 – 단속규정

개업공인중개사 등이 중개의뢰인과 직접 거래를 하는 행위를 금지하는 「공인중개사법」 제33조 제6호의 규정은 사법상의 효력까지도 부인하지 않으면 안 될 정도로 현저히 반사회성, 반도덕성을 지닌 것이라고 할 수 없으므로 단속규정이라는 것이 판례의 입장이다(대판 2016다259677).

핵심정리 | 강행법규와 임의법규

1. **강행법규(사적 자치의 한계)**
   ① 효력규정(무효): 이미 이행한 것은 불법원인급여가 아니라면 부당이득반환청구의 대상이 된다(제741조).
   ② 단속규정(유효): 각종 행정법규, 「부동산등기 특별조치법」(중간생략등기금지)
2. **임의법규**: 계약자유의 원칙(당사자의 의사가 우선)

4 사회적 타당성 제29회, 제30회, 제31회, 제32회, 제33회, 제34회, 제35회

1. 반사회적 법률행위

제103조 【반사회질서의 법률행위】 선량한 풍속 기타 사회질서에 위반한 사항을 내용으로 하는 법률행위는 무효로 한다.

제746조 【불법원인급여】 불법의 원인으로 인하여 재산을 급여하거나 노무를 제공한 때에는 그 이익의 반환을 청구하지 못한다. 그러나 그 불법원인이 수익자에게만 있는 때에는 그러하지 아니하다.

(1) 의의

① 확정된 법률행위의 내용이 실현 가능하고 개별적인 강행법규에 위반하지 않더라도 선량한 풍속 기타 사회질서에 위반되는 경우에는 무효이다. 이는 절대적 무효로서 선의의 제3자라 하더라도 보호될 수 없다.

② 선량한 풍속 기타 사회질서는 부단히 변천하는 가치관념으로서 어느 법률행위가 이에 위반되어 「민법」 제103조에 의하여 무효인지 여부는 그 법률행위가 이루어진 때를 기준으로 판단하여야 한다(대판 전합 2015다200111).

③ 다만, 법률행위의 성립과정에 강박이라는 불법적 방법이 사용된 데에 불과한 때에는 강박에 의한 의사표시의 하자나 의사의 흠결을 이유로 효력을 논의할 수는 있을지언정 반사회질서의 법률행위로서 무효라고 할 수는 없다(대판 97다38152).

(2) 사회질서 위반인 법률행위의 모습

① 인륜(윤리질서)에 반하는 행위

㉠ 첩계약: 첩계약은 처(妻)의 동의 여부와 상관없이 무효이다. 다만, 첩관계(妾關係)를 그만두는 것을 조건으로 금전을 지급하는 계약이나 자녀의 양육비에 대한 지급약정은 유효하다.

㉡ 자녀가 부모를 상대로 불법행위 손해배상을 청구하는 행위

㉢ 처 있는 남자가 다른 여자와 맺은 혼인예약

② 정의 관념에 반하는 행위

㉠ 밀수입을 위한 소비대차 또는 출자행위

㉡ 경매나 입찰에 있어서 부정한 약속을 하는 담합행위

㉢ 범죄의 포기를 대가로 금전을 주는 계약

㉣ 증인이 증언의 대가로 승소시에 통상적으로 용인되는 수준을 넘는 대가를 받기로 하는 약정

③ 개인의 자유를 심하게 제한하는 행위

㉠ 절대로 이혼 또는 혼인을 하지 않겠다는 약정

㉡ 직원을 채용하면서 근무기간 중 혼인하지 않겠다는 약정(독신약관)

㉢ 경제적 자유를 극도로 구속하는 행위[예 기간과 구역의 정함이 없는 경업(競業)금지약정 등]

④ 생존의 기초를 처분하는 행위

㉠ 장래 취득하게 될 모든 재산을 양도하는 계약

㉡ 사찰에 있어서 꼭 필요한 재산인 임야를 증여한 행위(대판 75다2234)

심화학습 | **부동산 이중매매의 문제**

1. 원칙

이미 매매계약을 통하여 소유권이전의무를 지는 자가 그 목적물을 다시 다른 자에게 처분하여도 계약자유의 원칙상 이를 무효라 할 수는 없다. 따라서 이중매매는 원칙적으로 유효하며, 제2매수인은 선·악을 불문하고 소유권을 취득할 수 있다.

2. 무효가 되는 경우

① 제2매수인이 매도인의 배임행위에 적극 가담을 한 경우에는 반사회적 행위에 해당하여 무효가 된다.

② 적극가담하는 행위는 매수인이 다른 사람에게 매매목적물이 매도된 것을 안다는 것만으로는 부족하고, 적어도 그 매도사실을 알고도 매도를 요청하여 매매계약에 이르는 정도가 되어야 한다(대판 93다55289).

③ 또한 이때의 무효는 절대적 무효로서 제2매수인으로부터 다시 취득한 제3자는 선의라 하더라도 권리를 취득할 수 없다(대판 96다29151).

④ 무효임을 알고 추인하더라도 새로운 행위로 인정되지 않는다.

3. 이중매매가 무효인 경우에 제1매수인의 권리

① 제1매수인은 매도인을 대위하여 등기의 말소를 청구할 수는 있으나 제2매수인에게 직접 등기의 말소를 청구할 수는 없다(대판 83다카57).

② 채권자취소권은 금전채권을 보전하기 위하여 행사하는 것이므로, 부동산의 제1매수인은 금전채권이 아닌 소유권이전등기청구권 보전을 위하여 양도인과 제2매수인 사이에 이루어진 이중양도행위에 대하여 채권자 취소권을 행사할 수 없다(대판 98다56690).

③ 제1매수인은 제2매수인에게 불법행위 손해배상을 청구할 수 있다.

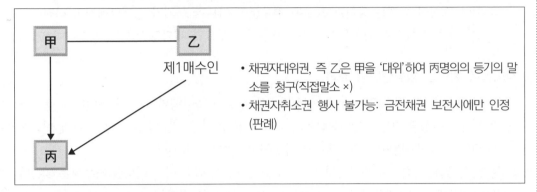

4. 부동산 이중매매 법리의 확대적용

① 점유취득시효가 완성된 토지임을 알면서 적극 가담하여 매수한 경우 무효가 된다(대판 92다47892).

② 명의신탁받은 부동산을 수탁자가 타인에게 매도한 경우 매수인은 악의라도 소유권을 취득하나, 매수인이 적극 가담한 경우에는 무효가 된다(대판 91다6221).

③ 매매한 토지를 배임행위에 적극 가담하여 증여받은 경우 증여는 무효가 된다(대판 81다1134).

④ 매도된 부동산을 적극 가담하여 저당권을 설정받거나 가등기를 하는 경우에도 무효가 된다(대판 97다 26524). 이외에도 부동산 이중매매의 법리는 이중으로 부동산임대차계약이 체결되는 경우에도 적용될 수 있다.

⑤ 사행성이 심한 행위: 도박으로 부담하게 된 채무가 무효임은 물론 도박채무의 변제를 위하여 부동산을 양도하기로 하는 계약도 무효이다.

판례보기

도박채무의 변제를 위하여 부동산의 처분을 위임받은 채권자가 그 부동산을 제3자에게 매도한 경우, 그 처분행위가 무효로 되는 범위

도박채무의 변제를 위하여 채무자로부터 부동산의 처분을 위임받은 채권자가 그 부동산을 제3자에게 매도한 경우, 도박채무 부담행위 및 그 변제약정이 「민법」 제103조의 선량한 풍속 기타 사회질서에 위반되어 무효라 하더라도, 그 무효는 변제약정의 이행행위에 해당하는 위 부동산을 제3자에게 처분한 대금으로 도박채무의 변제에 충당한 부분에 한정되고, 위 변제약정의 이행행위에 직접 해당하지 아니하는 부동산 처분에 관한 대리권을 도박채권자에 게 수여한 행위부분까지 무효라고 볼 수는 없으므로, 위와 같은 사정을 알지 못하는 거래상대방인 제3자가 도박채무자로부터 그 대리인인 도박채권자를 통하여 위 부동산을 매수한 행위까지 무효가 된다고 할 수는 없다(대 판 94다40147).

⑥ 동기의 불법
- ㉠ 법률행위는 정상적이나 그 법률행위의 동기가 반사회적인 경우의 문제이다. 예를 들어 칼을 정상적으로 구입하였으나 그 칼을 구입하게 된 동기가 범죄에 쓰기 위한 것이었다면, 이 칼에 대한 매매계약의 효력을 어떻게 볼 것인가 하는 문제가 된다.
- ㉡ 이에 대하여 판례는 동기가 표시된 경우뿐만 아니라 동기가 상대방에게 알려진 경우에도 법률행위의 동기가 반사회질서적인 경우에는 무효가 된다고 한다(대판 2000다49343).

(3) 사회질서 위반인 법률행위의 효과

① **반사회적 법률행위의 효과는 무효**: 원칙적으로 무효인 법률행위는 이행 전이면 이행할 필요가 없고 이미 이행된 것은 부당이득반환의 대상이 된다. 다만, 법률행위가 제103조에 반하여 무효가 되면 부당이득반환의 특칙으로서 불법원인급여가 적용된다.

② **불법원인급여**: 사회질서 위반행위로서 무효임에도 불구하고 이미 이행한 경우에는 이른바 불법원인급여(不法原因給與)로서 그 반환청구가 인정되지 아니한다.
- ㉠ 여기서 말하는 '불법'이 있다고 하려면, 급부의 원인이 된 행위가 그 내용이나 성격 또는 목적이나 연유 등으로 볼 때 선량한 풍속 기타 사회질서에 위반될 뿐 아니라 반사회성·반윤리성·반도덕성이 현저하거나, 급부가 강행법규를 위반하여 이루어졌지만 이를 반환하게 하는 것이 오히려 규범목적에 부합하지 아니하는 경우 등에 해당하여야 한다(대판 2013다79887).
- ㉡ 강제집행을 면할 목적으로 부동산의 소유자 명의를 신탁하는 것이 불법원인급여에 해당한다고 볼 수 없다(대판 93다61307).
- ㉢ 제103조에 위반된 법률행위에 기하여 무효임에도 불구하고 이미 이행한 경우에는 채권적으로 부당이득반환을 청구할 수 없을 뿐 아니라, 소유권에 기한 물권적 청구권으로 말소등기를 청구하는 것도 허용되지 않는다.

판례보기

불법원인급여에 대한 물권적 청구권 행사 여부(소극)

「민법」제746조는 단지 부당이득제도만을 제한하는 것이 아니라 동법 제103조와 함께 사법의 기본이념으로서, 결국 사회적 타당성이 없는 행위를 한 사람은 스스로 불법한 행위를 주장하여 복구를 그 형식 여하에 불구하고 소구할 수 없다는 이상을 표현한 것이므로, 급여를 한 사람은 그 원인행위가 법률상 무효라 하여 상대방에게 부당이득반환청구를 할 수 없음은 물론 급여한 물건의 소유권은 여전히 자기에게 있다고 하여 소유권에 기한 반환청구도 할 수 없고 따라서 급여한 물건의 소유권은 급여를 받은 상대방에게 귀속된다(대판 전합 79다483).

- ㉣ 수익자의 불법성이 급여자의 불법성보다 현저히 큰 경우, 급여자는 반환청구를 할 수 있다.

판례보기

제103조(반사회질서의 법률행위) 관련 판례 정리

1. 제103조에 해당하지 않는 경우
   ① 전통사찰의 주지직을 거액의 금품을 대가로 양수하기로 하는 약정이 있음을 알고 이를 묵인 혹은 방조한 상태에서 한 종교법인의 주지임명행위(대판 99다38613)
   ② 부정행위를 용서받는 대가로 손해를 배상함과 아울러 가정에 충실하겠다는 서약의 취지에서 처에게 부동산을 양도하되, 부부관계가 유지되는 동안에는 처가 임의로 처분할 수 없다는 제한을 붙인 약정(대판 92므204)
   ③ 해외 파견된 근로자가 귀국일로부터 일정 기간 소속회사에 근무하여야 한다는 사규나 약정(대판 82다카90)
   ④ 법정지상권을 건물의 소유권과 분리하여 양도하는 행위(대판 2000다1976)
   ⑤ 강제집행을 면할 목적으로 부동산에 허위의 근저당권설정등기를 경료한 행위(대판 2003다70041)
   ⑥ 반사회적 행위에 의하여 조성된 비자금을 소극적으로 은닉하기 위하여 임치한 행위(대판 2000다49343)
   ⑦ 매매계약체결 후 그 목적물이 범죄행위로 취득된 것임을 알게 된 경우 그 계약의 이행을 구하는 행위(대판 2001다44987)
   ⑧ 양도소득세를 회피할 목적으로 실제 거래대금보다 낮은 금액으로 계약서를 작성하여 매매계약을 체결한 행위(대판 2007다3285)
   ⑨ 매도인이 부담할 공과금을 매수인이 전액 부담하기로 하는 약정(대판 93다296)
   ⑩ 민사사건에서 변호사의 성공보수약정(대판 2015다200111)
   ⑪ 투기의 목적으로 세입자입주권 15매를 매수한 행위(대판 90다19770)
   ⑫ 무허가건물의 임대행위

2. 제103조에 해당하는 경우
   ① 공무원의 직무에 관한 청탁과 그에 대한 보수지급의 약정(대판 71다1645)
   ② 수사기관에서 허위진술을 해 주는 대가로 작성된 각서의 효력(대판 2000다71999)
   ③ 증권회사 또는 그 임직원이 고객에 대하여 증권거래와 관련하여 발생한 손실을 보전하여 주기로 약속을 한 경우(대판 99다30718)
   ④ 행정기관에 진정서를 제출하여 상대방을 궁지에 빠뜨린 다음 이를 취하하는 조건으로 거액의 급부를 제공받기로 약정한 경우(대판 99다56833)
   ⑤ 피보험자를 살해하여 보험금을 편취할 목적으로 체결한 생명보험계약(대판 99다49064), 보험계약자가 다수의 보험계약을 통하여 보험금을 부정취득할 목적으로 체결한 보험계약(대판 2005다23858)
   ⑥ 변호사 아닌 자가 승소를 조건으로 하여 그 대가로 소송당사자로부터 소송물 일부를 양도받기로 하는 약정(대판 89다카10514)
   ⑦ 사회통념상 허용되는 한도를 초과하여 현저하게 고율로 정한 이자약정(대판 2007다23807)
   ⑧ 피상속인이 제3자에게 토지를 매각한 사실을 알고 있는 자가 그 사정을 모르는 상속인을 적극적으로 기망하여 그 토지를 자신이 매수한 행위(대판 94다37349)
   ⑨ 각종 첩계약 및 자유권 제한행위(예 절대 이혼하지 않는다는 약정, 독신약관 등)
   ⑩ 윤락행위를 할 자를 고용함에 있어서 선불금약정(대판 2004다27488)
   ⑪ 형사사건에서 변호사의 성공보수약정(대판 2015다200111)
   ⑫ 과도한 위약벌의 약정(대판 92다46905)

2. 불공정한 법률행위(폭리행위)

> **제104조【불공정한 법률행위】** 당사자의 궁박·경솔 또는 무경험으로 인하여 현저하게 공정을 잃은 법률행위는 무효로 한다.
>
> **제746조【불법원인급여】** 불법의 원인으로 인하여 재산을 급여하거나 노무를 제공한 때에는 그 이익의 반환을 청구하지 못한다. 그러나 그 불법원인이 수익자에게만 있는 때에는 그러하지 아니하다.

(1) 의의

제104조(불공정한 법률행위)는 자기의 급부에 비하여 현저하게 균형을 잃은 반대급부를 하게 함으로써 부당한 재산적 이익을 얻는 행위를 무효로 하는 것이다. 통설과 판례는 제104조는 제103조(반사회질서의 법률행위)와 독립적인 것이 아니고 제103조의 하나의 예시에 지나지 않는다고 본다.

(2) 불공정행위 성립요건

① 객관적 요건
   ㉠ 급부와 반대급부 사이에 현저한 불균형이 있어야 한다. 급부와 반대급부 사이의 현저한 불균형은 단순히 시가와의 차액 또는 시가와의 배율로 판단할 수 있는 것은 아니고 구체적·개별적 사안에 있어서 일반인의 사회통념에 따라 결정하여야 한다.
   ㉡ 판단할 때에는 피해당사자의 궁박·경솔·무경험의 정도가 아울러 고려되어야 하고, 당사자의 주관적 가치가 아닌 거래상의 객관적 가치에 의하여야 한다. 불균형을 판단하는 시기는 법률행위시를 표준으로 한다.

판례보기

불공정법률행위에 해당하는지 판단하는 기준 – 법률행위시

불공정법률행위에 해당하는지는 법률행위가 이루어진 시점을 기준으로 약속된 급부와 반대급부 사이의 객관적 가치를 비교 평가하여 판단하여야 할 문제이고, 당초의 약정대로 계약이 이행되지 아니할 경우에 발생할 수 있는 문제는 달리 특별한 사정이 없는 한 채무의 불이행에 따른 효과로서 다루어지는 것이 원칙이다(대판 2010다42075).

---

② 주관적 요건: 급여자의 궁박·경솔·무경험을 알고 이를 적극적으로 이용하려는 의사, 즉 악의가 필요하다.
   ㉠ 궁박·경솔·무경험은 모두 구비되어야 하는 것이 아니고 그중 하나만 갖추어져도 충분하다(대판 93다19924).

궁박	경제적 원인에 국한하는 것이 아니고, 정신적 또는 심리적 원인에 기인할 수도 있다. 따라서 명예의 침해와 같은 경우에도 궁박에 포함하는 것으로 본다.
무경험	일반적인 생활체험의 부족을 의미하는 것으로서 어느 특정영역에 있어서의 경험부족이 아니라 거래 일반에 대한 경험부족을 뜻한다(대판 2002다38927).

ⓒ 매도인의 대리인이 매매계약을 한 경우에 그 계약이 불공정한 법률행위인지 여부를 판단할 때, 매도인 측의 경솔·무경험은 그 대리인을 기준으로 하고, 궁박상태는 매도인 본인을 기준으로 하여 판단되어야 한다(대판 71다2255).

판례보기

불공정행위에서의 폭리의도 및 정당한 권리행사가 위법한 강박행위가 되는 기준

지역사회에서 상당한 사회적 지위와 명망을 가지고 있는 자가 유부녀와 통정한 후 상간자의 배우자로부터 고소를 당하게 되면 자신의 사회적 명예가 실추되고 구속될 여지도 있어 다소 궁박한 상태에 있었다고 볼 수는 있으나 상간자의 배우자가 상대방의 그와 같은 처지를 적극적으로 이용하여 폭리를 취하려 하였다고 볼 수 없는 경우, 고소를 하지 않기로 합의하면서 금 170,000,000원의 약속어음공정증서를 작성한 행위가 불공정한 법률행위에 해당한다고 볼 수 없다. 또한 일반적으로 부정행위에 대한 고소·고발은 그것이 부정한 이익을 목적으로 하는 것이 아닌 때에는 정당한 권리행사가 되어 위법하다고 할 수 없는 것이다(대판 96다47951).

---

(3) 입증책임

법률행위가 현저하게 공정을 잃었다 하여 곧 그것이 경솔하게 이루어졌다고 추정하거나 궁박한 사정이 인정되는 것이 아니다. 따라서 불공정한 법률행위를 주장하는 자(무효를 주장하는 자)는 스스로 궁박·경솔·무경험으로 인하였음을 증명하여야 한다(대판 69다594).

(4) 적용범위

불공정한 법률행위에 관한 제104조는 구속된 남편을 구하기 위한 궁박한 상태에서 외상대금채권을 포기하는 경우와 같은 단독행위에 적용되나, 증여와 같은 무상행위와 경매에는 적용되지 아니한다.

(5) 효과

① 객관적 요건과 주관적 요건을 모두 갖춘 불공정한 법률행위(폭리행위)는 무효이다. 따라서 무효로 된 채권행위가 이행되지 않고 있다면 이행할 필요가 없다.

② 급부가 이행된 경우: 폭리행위의 피해자는 불법원인이 없으므로 급부한 것의 반환을 청구할 수 있으나(제746조 단서), 폭리행위자는 불법원인에 의하여 급부한 것이므로 반환을 청구할 수 없다(제746조 본문)는 것이 다수설의 입장이다. 따라서 결과적으로 피해자가 오히려 이득을 취하게 된다.

③ 제104조는 제103조의 예시적 규정이므로 그 성질은 제103조와 같다. 따라서 불공정행위에 해당하면 절대적 무효가 되어 제3자가 선의라 하더라도 권리를 취득할 수 없다.

④ 불공정행위는 무효행위의 추인이 인정되지 않으므로 당사자가 무효임을 알고 추인하더라도 아무런 효력이 인정되지 않는다.

⑤ 무효행위의 전환에 관한 「민법」 제138조가 적용될 수 있다.

판례보기

불공정행위에 무효행위 전환이 적용되는지 여부와 부제소합의의 효력

1. 매매계약이 약정된 매매대금의 과다로 말미암아 '불공정한 법률행위'에 해당하여 무효인 경우에도 무효행위의 전환에 관한 「민법」 제138조가 적용될 수 있는지 여부(적극)

   매매계약이 약정된 매매대금의 과다로 말미암아 「민법」 제104조에서 정하는 '불공정한 법률행위'에 해당하여 무효인 경우에도 무효행위의 전환에 관한 「민법」 제138조가 적용될 수 있다(대판 2009다50308).

2. 매매계약 등 쌍무계약이 '불공정한 법률행위'에 해당하여 무효인 경우, 그 계약에 관한 부제소합의의 효력(무효)

   매매계약과 같은 쌍무계약이 급부와 반대급부와의 불균형으로 말미암아 「민법」 제104조에서 정하는 '불공정한 법률행위'에 해당하여 무효라고 한다면, 그 계약으로 인하여 불이익을 입는 당사자로 하여금 위와 같은 불공정성을 소송 등 사법적 구제수단을 통하여 주장하지 못하도록 하는 부제소합의 역시 다른 특별한 사정이 없는 한 무효이다(대판 2009다50308).

제5절 법률행위의 해석

1 법률행위 해석의 의의

법률행위의 해석이란 법률행위의 내용(목적)을 명확하게 확정하는 것을 말한다. 법률행위는 의사표시를 필수적인 요소로 하고 있으므로 법률행위의 해석은 결국 의사표시의 해석으로 귀결된다.

(1) 법률행위의 해석은 당사자가 그 표시행위에 부여한 객관적인 의미를 명백하게 확정하는 것으로서, 사용된 문언에만 구애받는 것은 아니지만, 어디까지나 당사자의 내심의 의사가 어떤지에 관계없이 그 문언의 내용에 의하여 당사자가 그 표시행위에 부여한 객관적 의미를 합리적으로 해석하여야 하는 것이다(대판 2000다40858).

(2) 법률행위의 해석은 사실문제가 아니라 법률적인 가치판단이 필요한 법률문제이므로 상고심(上告審)의 심판대상이 된다는 것이 다수설의 입장이다.

> **판례보기**
>
> **표의자의 진정한 의사를 알 수 없는 경우, 의사표시의 요소가 되는 효과의사 – 표시상의 효과의사**
>
> 의사표시 해석에 있어서 당사자의 진정한 의사를 알 수 없다면, 의사표시의 요소가 되는 것은 표시행위로부터 추단되는 효과의사, 즉 표시상의 효과의사이고 표의자가 가지고 있던 내심적 효과의사가 아니므로, 당사자의 내심의 의사보다는 외부로 표시된 행위에 의하여 추단된 의사를 가지고 해석함이 상당하다(대판 2000다48265).

2 법률행위 해석의 주체

법률행위 해석의 주체는 법원이다. 당사자의 약정에 의해서도 법관의 해석권은 제한되지 않는다는 것이 판례의 입장이다.

> **판례보기**
>
> **매매계약사항에 이의가 생겼을 때에는 매도인의 해석에 따른다는 매매조항이 법원의 법률행위 해석권을 구속하는지 여부(소극)**
>
> 매매계약서에 계약사항에 대한 이의가 생겼을 때에는 매도인의 해석에 따른다는 조항은 법원의 법률행위 해석권을 구속하는 조항이라고 볼 수 없다(대판 74다1057).

3 법률행위 해석의 방법 제35회

(1) 자연적 해석

① 표의자의 시각에서 하는 해석방법으로 법률행위의 해석에 있어 표현의 문자적·언어적 의미에 구속되지 아니하고 표의자의 실제 의사, 즉 내심적 효과의사를 추구하는 것이다. 상대방 없는 단독행위는 자연적 해석이 쓰이는 전형적인 예이다.

② 오표시무해(誤表示無害)의 원칙(falsa demonstratio non nocet): 표의자 및 그 상대방이 표시행위를 원래의 의미대로 이해하지 않고 이와 다른 의미로 이해한 때에 법률행위는 표의자와 상대방이 실제 이해한 의미대로 성립한다는 원칙이다. 즉, "거짓표시는 아무 효력이 없다."라는 원리가 적용되는 경우에, 표시행위가 객관적으로 아무리 명료하더라도 표시행위와 그 외에 존재하는 모든 사정을 고려하여 내심적 효과의사를 추구하여야 한다(◙ 당사자가 은어로써 계약한 경우).

판례보기

매매계약의 당사자가 목적물의 지번에 관하여 착오를 일으켜 계약서상 목적물을 잘못 표시한 경우 그 매매계약의 목적물

부동산의 매매계약에 있어 쌍방 당사자가 모두 특정의 甲토지를 계약의 목적물로 삼았으나 그 목적물의 지번 등에 관하여 착오를 일으켜 계약을 체결함에 있어서는 계약서상 그 목적물을 甲토지와는 별개인 乙토지로 표시하였다 하여도, 甲토지에 관하여 이를 매매이 목적물로 한다는 쌍방 당사자의 의사합치가 있은 이상 그 매매계약은 甲토지에 관하여 성립한 것으로 보아야 하고 乙토지에 관하여 매매계약이 체결된 것으로 보아서는 안 될 것이며, 만일 乙토지에 관하여 그 매매계약을 원인으로 하여 매수인 명의로 소유권이전등기가 경료되었다면 이는 원인 없이 경료된 것으로서 무효이다(대판 96다19581).

---

③ 상대방이 없는 행위, 가족법상 행위(신분행위), 상대방이 표의자의 내심의 의사를 알고 있는 경우에는 규범적 해석이 아닌 자연적 해석을 하게 된다.

(2) 규범적 해석

① 내심적 효과의사와 표시행위가 일치하지 않는 경우 상대방의 시각에서 표시행위에 따라 법률행위의 성립을 인정하는 해석을 말한다. 즉, 일정한 경우에 의사표시는 표의자의 내심적 효과의사에 따라 성립하지 않고 이와는 다른 표시행위의 내용에 따라 성립하는 경우가 있는데 이는 규범적 해석을 통하여 이루어지는 것이다.

② 자기결정의 원칙과 자기책임의 원칙은 사적 자치의 원칙의 내용을 이룬다. 여기서 자기결정의 원칙으로부터 자연적 해석이, 자기책임의 원칙으로부터 규범적 해석이 도출된다.

> **판례보기**
>
> **규범적 해석의 사례**
> 1. 더 받을 금액이 있는데도 불구하고 영수증에 '총완결'이라고 표시한 경우에는 더 받을 금액을 탕감한 것으로 보아야 한다(대판 69다563).
> 2. 임대차계약에 있어서 '모든 경우의 화재'에 대하여 임차인이 그 손해를 부담한다는 특약을 맺은 경우 '모든 경우의 화재'에는 불가항력에 의한 화재도 포함하는 것으로 보아야 한다(대판 79다508).
> 3. "최대한 노력하겠습니다.", "책임지고 해결하겠으니 걱정하지 말고 기다리라.", '대출관계서류에 회수책임'이라고 한 경우에는 모두 특별한 사정이 없는 한 그러한 의무를 법적으로 부담한 것으로는 볼 수 없다(대판 93다32668; 대판 99다43486; 대판 91다35571).

(3) 보충적 해석

① 보충적 해석이란 법률행위의 내용에 간극(틈 또는 공백)이 있는 경우, 이를 제3자의 시각에 의하여 보충하는 것으로서 특히 계약에 있어서 큰 기능을 발휘한다. 보충적 해석은 법률행위 당시 및 보충적 해석을 할 당시에 있어서의 사정, 신의성실의 원칙과 거래실행에 의하여 인정되는 양 당사자의 '가상적 의사'를 확정하게 된다.

② 보충적 해석에 의하여 법률행위의 대상을 변경하거나 확대할 수는 없으며, 간극에 적용될 임의규정이 있다면 보충적 해석에 우선하여 적용한다.

4 법률행위 해석의 기준

법률행위의 해석에 대해서는 일반적 기준을 두고 있는 외국의 입법례가 많으나, 우리 「민법」에는 법률행위 해석에 대한 일반적 규정은 없고, 다만 임의규정(제105조)과 사실인 관습(제106조)에 관한 규정을 두고 있을 뿐이다. 그러나 학설과 판례는 여러 입법례와 마찬가지로 다음과 같은 기준을 인정하고 있다. 즉, ① 당사자가 의도하는 목적 등 법률행위 당시의 제반사정, ② 사실인 관습, ③ 임의규정(임의법규), ④ 신의성실의 원칙 등에 따라 합리적으로 해석한다는 것이다.

(1) 당사자가 의도하는 목적

법률행위는 표시행위에 있어서 사용된 문자·언어에 반드시 형식적으로 구애될 것 없이 당사자가 그 행위에 의하여 달성하고자 하는 목적에 적합하게 해석하여야 한다.

(2) 사실인 관습

> **제106조【사실인 관습】** 법령 중의 선량한 풍속 기타 사회질서에 관계없는 규정과 다른 관습이 있는 경우에 당사자의 의사가 명확하지 아니한 때에는 그 관습에 의한다.

① 제106조는 법령 중의 선량한 풍속 기타 사회질서에 관계없는 규정(임의규정)과 다른 '관습'이 있는 경우에 '당사자의 의사가 명확하지 아니한 때에는' 그 관습에 의할 것을 규정하고 있다.

② 관습법과 사실인 관습의 비교: 관습법이란 사회의 거듭된 관행으로 생성한 사회생활규범이 사회의 법적 확신과 인식에 의하여 법적 규범으로 승인·강행되기에 이른 것을 말하며, 사실인 관습은 사회공동체의 법적 확신의 단계에 이르지 못한 것을 말한다.

(3) 임의규정

> **제105조【임의규정】** 법률행위의 당사자가 법령 중의 선량한 풍속 기타 사회질서에 관계없는 규정과 다른 의사를 표시한 때에는 그 의사에 의한다.

법령 중 선량한 풍속 기타 사회질서에 관계없는 규정을 임의규정이라 한다. 임의규정은 특별한 의사의 표시가 없는 경우 또는 의사표시가 분명하지 않은 경우에 있어서 법률행위 해석의 기준이 된다.

(4) 신의성실의 원칙[조리(條理)]

당사자의 목적, 사실인 관습, 임의규정 등에 의하여 법률행위의 목적을 확정할 수 없는 경우에는 '신의성실의 원칙' 내지는 '조리(사물의 근본이치)'에 따라 법률행위를 해석하게 된다.

02 CHAPTER

기출 및 예상문제

01 상대방 없는 단독행위에 해당하는 것은? 제33회

① 착오로 인한 계약의 취소

② 무권대리로 체결된 계약에 대한 본인의 추인

③ 미성년자의 법률행위에 대한 법정대리인의 동의

④ 손자에 대한 부동산의 유증

⑤ 이행불능으로 인한 계약의 해제

해설 ①②③⑤ 취소, 추인, 동의, 해제는 상대방 있는 단독행위에 해당한다.
④ 유증은 상대방 없는 단독행위에 해당한다.

상대방 있는 단독행위	취소, 취소, 철회, 동의, 추인, 해제, 해지, 채무면제, 상계 공유지분의 포기, 취득시효이익의 포기, 제한물권의 포기
상대방 없는 단독행위	유언(유증), 재단법인의 설립행위, 소유권(점유권)의 포기

정답 ④

---

02 甲은 자신의 X토지를 乙에게 매도하고 중도금을 수령한 후, 다시 丙에게 매도하고 소유권이전 등기까지 경료해 주었다. 다음 설명 중 **틀린** 것은? (다툼이 있으면 판례에 따름) 제26회

① 특별한 사정이 없는 한 丙은 X토지의 소유권을 취득한다.

② 특별한 사정이 없는 한 乙은 최고 없이도 甲과의 계약을 해제할 수 있다.

③ 丙이 甲의 乙에 대한 배임행위에 적극 가담한 경우, 乙은 丙을 상대로 직접 등기의 말소를 청구할 수 없다.

④ 甲과 丙의 계약이 사회질서 위반으로 무효인 경우, 丙으로부터 X토지를 전득한 丁은 선의이더라도 그 소유권을 취득하지 못한다.

⑤ 만약 丙의 대리인 戊가 丙을 대리하여 X토지를 매수하면서 甲의 배임행위에 적극 가담하였다면, 그러한 사정을 모르는 丙은 그 소유권을 취득한다.

해설

⑤ 대리인이 본인을 대리하여 매매계약을 체결함에 있어서 매매대상 토지에 관한 저간의 사정을 잘 알고 그 배임행위에 가담하였다면, 대리행위의 하자 유무는 대리인을 표준으로 판단하여야 하므로, 설사 본인이 미리 그러한 사정을 몰랐거나 반사회성을 야기한 것이 아니라고 할지라도 그로 인하여 매매계약이 가지는 사회질서에 반한다는 장애사유가 부정되는 것은 아니다(대판 97다45532).

① 부동산의 이중매매는 원칙적으로 유효하므로 丙은 X토지의 소유권을 취득한다.

② 丙에게 소유권이전등기가 경료되면 甲의 乙에 대한 소유권이전의무는 이행불능이 된다. 따라서 乙은 이행불능을 이유로 최고 없이도 甲과의 계약을 해제할 수 있다.

③ 乙은 甲을 대위하여 丙명의 등기의 말소를 청구할 수는 있으나 직접 등기의 말소를 청구할 수는 없다(대판 83다카57).

④ 사회질서 위반으로 무효인 경우는 절대적 무효로서 丙으로부터 다시 취득한 丁이 선의라 하더라도 권리를 취득할 수 없다(대판 96다29151).

정답 ⑤

03 불공정한 법률행위에 관한 설명으로 옳은 것은? (다툼이 있으면 판례에 따름) (제34회)

① 불공정한 법률행위에도 무효행위의 전환에 관한 법리가 적용될 수 있다.

② 경락대금과 목적물의 시가에 현저한 차이가 있는 경우에도 불공정한 법률행위가 성립할 수 있다.

③ 급부와 반대급부 사이에 현저한 불균형이 있는 경우, 원칙적으로 그 불균형 부분에 한하여 무효가 된다.

④ 대리인에 의한 법률행위에서 궁박과 무경험은 대리인을 기준으로 판단한다.

⑤ 계약의 피해당사자가 급박한 곤궁 상태에 있었다면 그 상대방에게 폭리행위의 악의가 없었더라도 불공정한 법률행위는 성립한다.

해설

① 매매계약이 약정된 매매대금의 과다로 말미암아 「민법」 제104조에서 정하는 '불공정한 법률행위'에 해당하여 무효인 경우에도 무효행위의 전환에 관한 「민법」 제138조가 적용될 수 있다(대판 2010.7.15., 2009다50308).

② 강제경매는 집행법원에 의하여 법적 절차에 따라 집행되는 매각행위로 법률행위인 일반매매와는 달라서 사법적 자치를 규제하는 제104조는 적용될 여지가 없다(대판 1968.1.16., 66마1189).

③ 법률행위의 무효는 전부무효가 원칙이므로(제137조) 다른 특별한 사정이 없는 한 계약전체가 무효로 된다.

④ 매도인의 대리인이 매매한 경우에 있어서 그 매매가 「민법」 제104조의 불공정한 법률행위인가를 판단함에는 매도인의 경솔, 무경험은 그 대리인을 기준으로 하여 판단하여야 하고 궁박상태에 있었는지의 여부는 매도인 본인의 입장에서 판단되어야 한다(대판 1972.4.25., 71다2255).

⑤ 민법 제104조에 규정된 불공정한 법률행위는 객관적으로 급부와 반대급부 사이에 현저한 불균형이 존재하고, 주관적으로 그와 같이 균형을 잃은 거래가 피해 당사자의 궁박, 경솔 또는 무경험을 이용하여 이루어진 경우에 성립하는 것으로서, 약자적 지위에 있는 자의 궁박, 경솔 또는 무경험을 이용한

폭리행위를 규제하려는 데 그 목적이 있는바, 피해 당사자가 궁박, 경솔 또는 무경험의 상태에 있었다고 하더라도 그 상대방 당사자에게 위와 같은 피해 당사자 측의 사정을 알면서 이를 이용하려는 의사, 즉 폭리행위의 악의가 없었다면 불공정 법률행위는 성립하지 않는다(대판 2011. 1. 13. 2009다21058).

정답 ①

04 甲은 乙소유의 X토지를 임차하여 사용하던 중 이를 매수하기로 乙과 합의하였으나, 계약서에는 Y토지로 잘못 기재하였다. 다음 설명 중 옳은 것은? (다툼이 있으면 판례에 따름) 〔제27회〕

① 매매계약은 X토지에 대하여 유효하게 성립한다.
② 매매계약은 Y토지에 대하여 유효하게 성립한다.
③ X토지에 대하여 매매계약이 성립하지만, 당사자는 착오를 이유로 취소할 수 있다.
④ Y토지에 대하여 매매계약이 성립하지만, 당사자는 착오를 이유로 취소할 수 있다.
⑤ X와 Y 어느 토지에 대해서도 매매계약이 성립하지 않는다.

해설

①②⑤ 부동산의 매매계약에 있어 쌍방 당사자가 모두 특정의 X토지를 계약의 목적물로 삼았으나 그 목적물의 지번 등에 관하여 착오를 일으켜 계약을 체결함에 있어서는 계약서상 그 목적물을 X토지와는 별개인 Y토지로 표시하였다 하여도, X토지에 관하여 이를 매매의 목적물로 한다는 쌍방 당사자의 의사합치가 있은 이상 그 매매계약은 X토지에 관하여 성립한 것으로 보아야 하고 Y토지에 관하여 매매계약이 체결된 것으로 보아서는 아니 될 것이며, 만일 Y토지에 관하여 그 매매계약을 원인으로 하여 매수인 명의로 소유권이전등기가 경료되었다면 이는 원인 없이 경료된 것으로서 무효이다(대판 96다19581).

③④ 이른바 오표시무해의 원칙과 관련해서는 착오 취소가 인정되지 않는다. X토지에 대해서는 당사자의 완전한 의사합치가 있었으므로 착오의 문제가 생기지 않으며, Y토지에 대해서는 애초부터 계약 자체가 성립하지 않았으므로 취소의 문제가 생길 여지가 없다.

정답 ①

03 의사표시

□ 법률행위의 핵심이 되는 의사표시에 관한 단원으로서 비정상적 의사표시를 중심으로 이해해야 하며, 사례문제를 대비하여 깊이 있는 정리를 하여야 한다.

제1절 의사표시 서설

1 의사표시의 의의

(1) 의사표시란 법률행위 불가결의 구성요소를 말하며, 일정한 법률효과의 발생을 의욕하는 의사의 표시로써 원하는 법률효과가 발생하도록 하는 법률사실이다.

(2) 의사표시가 성립하는 심리적 과정은 일반적으로 개인이 먼저 어떤 동기에 의하여 일정한 법률효과의 발생을 목적으로 하는 의사를 결정하고(효과의사), 다음에 이 의사를 외부(타인)에 알리기 위하여 발표하려는 의사에 매개되어서(표시의사), 일정한 행위가 외부에 나타나게 된다(표시행위).

2 의사표시의 구성요소

(1) 효과의사

일정한 법률효과의 발생을 불러일으키는 의사이다. 효과의사를 '표시상 효과의사'와 '내심적 효과의사'로 구분하여 표시행위로부터 추단되는 효과의사를 표시상 효과의사라고 하며, 표의자가 가지고 있었던 실제의 의사(진의·내심의 의사)를 내심적 효과의사라고 한다. 다수설은 '표시상 효과의사'를 효과의사의 본체로 본다.

(2) 표시의사

효과의사를 외부에 대하여 발표하려는 의사, 즉 효과의사와 표시행위를 심리적으로 매개하는 의사를 가리킨다. 통설은 표시의사를 의사표시의 구성요소로 보지 않는다. 예를 들어 계약청약서를 초대장으로 잘못 알고 서명한 경우 통설에 의하면 의사표시는 성립하고, 다만 착오에 의한 의사표시로서 취소의 대상이 될 뿐이나, 반대설에 의하면 표시의사가 없으므로 의사표시가 아니라고 보게 된다.

(3) 표시행위

효과의사를 외부에 표현하는 행위를 말한다. 표시행위는 명시적으로 이루어지기도 하고, 묵시적으로 이루어지기도 한다.

3 의사표시의 본질

(1) 의사주의

의사주의 이론은 의사표시의 핵심은 표의자의 의사이고 표시는 그 수단에 불과하다는 이론으로, 개인주의 법사상에 입각하고 있다. 이 이론에 의하면 의사형성 과정 중의 하자는 그러한 의사표시를 전부무효 내지 불성립으로 취급한다. 상대방 또는 거래의 안전보다는 표의자를 보호하는 이론이다.

(2) 표시주의

표시행위에 대응하는 표의자의 의사가 없는 경우에도 표시행위로부터 추단되는 의사가 존재하는 것으로 의제하여 표시행위대로 법률효과가 생긴다는 이론으로, 단체주의 법사상에 입각하고 있다. 이 이론에 의하면 일단 표시되었다면 표의자는 효과의사가 없음을 주장할 수 없으므로 효과의사 없는 의사표시라도 유효하게 성립한다. 거래의 안전과 신속을 중요시하는 이론이다.

(3) 우리 「민법」의 입장 – 절충주의

우리 「민법」은 의사와 표시의 불일치가 있는 경우에 절충주의를 취함으로써 거래의 안전을 해치지 않는 범위에서 표의자의 진의를 존중하고 있다. 일반적으로 재산법관계는 표시주의에 가까운 절충주의 이론으로 해석하고, 신분행위는 의사주의에 가까운 절충주의 이론으로 해석한다.

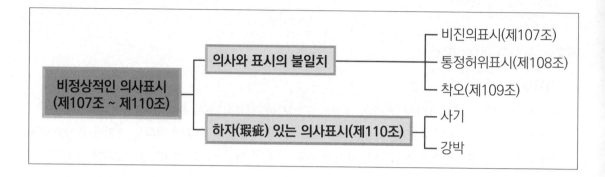

---

1 진의 아닌 의사표시(비진의표시) 제32회

> **제107조【진의 아닌 의사표시】** ① 의사표시는 표의자가 진의 아님을 알고 한 것이라도 그 효력이 있다. 그러나 상대방이 표의자의 진의 아님을 알았거나 이를 알 수 있었을 경우에는 무효로 한다.
> ② 전항의 의사표시의 무효는 선의의 제3자에게 대항하지 못한다.

1. 의의

표의자가 진의 아님을 알고 한 의사표시, 즉 표시행위가 표의자의 진의와 다른 의미로 이해된다는 것을 표의자 스스로 알면서 하는 의사표시를 진의 아닌 의사표시(비진의표시) 또는 심리유보라고 한다. 상대방이 있는 경우에도 상대방과 통정하지 않는다는 점에서 통정허위표시와 구별되며, 이런 점에서 비진의표시를 '단독허위표시'라고도 부른다.

판례보기

비진의표시에서 '진의'의 의미

1. 비진의의사표시에 있어서 진의란 특정한 내용의 의사표시를 하고자 하는 표의자의 생각을 말하는 것이지 표의자가 진정으로 마음속에서 바라는 사항을 뜻하는 것은 아니라고 할 것이므로, 비록 재산을 강제로 뺏긴다는 것이 표의자의 본심으로 잠재되어 있었다 하여도 표의자가 강박에 의하여서나마 증여를 하기로 하고 그에 따른 증여의 의사표시를 한 이상 증여의 내심의 효과의사가 결여된 것이라고 할 수는 없다(대판 92다41528).
2. 표의자가 의사표시의 내용을 진정으로 마음속에서 바라지는 아니하였다고 하더라도 당시의 상황에서는 그것이 최선이라고 판단하여 그 의사표시를 하였을 경우에는 이를 내심의 효과의사가 결여된 진의 아닌 의사표시라고 할 수 없다(대판 2000다51919, 51926).

---

2. 요건

(1) 의사표시가 있을 것

법률효과의 발생을 의욕하는 의사표시가 있어야 한다.

① 배우가 무대 위에서 하는 대사나 명백한 사교적 농담은 법률효과와 관계가 없으므로 의사표시가 아니다. 따라서 비진의표시가 성립될 여지가 없다.

② 의사표시를 하는 이유나 동기는 문제되지 않는다. 그러므로 상대방이나 제3자를 속이려고 하였거나, 죽어가는 사람을 진정시키기 위하여 하였더라도 그 비진의표시는 원칙적으로 유효하다.

(2) 의사와 표시가 불일치할 것

진의(眞意)와 표시(表示)가 일치하지 않아야 한다. 즉, 내심상 효과의사가 표시상 효과의사와 객관적으로 부합하지 않아야 한다.

> **판례보기**
>
> **대출절차상 편의를 위하여 명의를 빌려준 행위가 비진의표시에 해당하지 아니한다고 본 사례**
> 법률상 또는 사실상의 장애로 자기명의로 대출받을 수 없는 자를 위하여 대출금채무자로서의 명의를 빌려준 자에게 그와 같은 채무부담의 의사가 없는 것이라고는 할 수 없으므로 그 의사표시를 비진의표시에 해당한다고 볼 수 없다(대판 96다18182).

(3) 표의자가 불일치를 알고 할 것

표의자가 스스로 그 불일치를 알고 있어야 한다. 불일치 사실을 모르고 있다면 착오의 문제가 될 뿐이다.

3. 효과

(1) 원칙 – 유효

비진의표시는 표시된 대로 그 효과가 발생한다(제107조 제1항). 즉, 표시주의를 취한다. 가령 사직할 의사가 없으면서 고용주에 대한 자신의 신임도를 알아보기 위하여 사직서를 제출하는 경우 원칙적으로 사직의 의사로서 효과가 발생하며, 임대인이 차임을 인상할 의도로 명도를 청구하는 경우에는 명도청구로서의 효과가 발생한다.

> **판례보기**
>
> **비진의표시의 효력**
> 물의를 일으킨 사립대학교 조교수가 사직원이 수리되지 않을 것이라고 믿고 사태수습을 위하여 형식상 이사장 앞으로 사직원을 제출하였던바, 의외로 사직원이 수리된 경우에 사직원 제출이 비진의표시라 하더라도 학교법인

이나 이사회에서 그러한 사실을 알았거나 알 수 있었던 경우가 아니라면 그 의사표시에 따라 효력을 발생하는 것이다(대판 79다2168).

(2) 예외 – 무효

① 상대방이 표의자의 진의 아님을 알았거나 이를 알 수 있었을 경우에 그 비진의표시는 무효로 한다(제107조 제1항 단서). 이는 의사주의 입장에서 고려한 것으로 상대방의 악의 또는 과실 유무에 대한 입증책임은 무효를 주장하는 표의자에게 있다.

판례보기

비진의표시가 무효에 해당하는 사례

근로자가 회사의 경영방침에 따라 사직원을 제출하고 회사가 이를 받아들여 퇴직처리를 하였다가 즉시 재입사하는 형식을 취한 경우 사직원제출은 근로자의 비진의표시에 해당하지만, 회사는 사직원 제출이 근로자의 진의 아님을 알고 있었다고 보아야 하므로 퇴직의 효과는 발생하지 않는다(대판 87다카2578).

---

② 비진의표시가 유추적용되는 경우: 대리인이 자신이나 제3자를 위하여 배임적 대리행위를 하는 것(즉, 대리권의 남용)이라는 사실을 상대방이 알았거나 알 수 있었을 때는 「민법」 제107조 제1항 단서를 유추적용하여 본인에게 효력이 없게 된다(대판 86다카1004).

(3) 제3자에 대한 관계

① 비진의표시가 예외적으로 무효로 되는 경우에, 그 무효는 '선의의 제3자'에 대항하지 못한다(제107조 제2항). 이는 거래의 안전을 위한 규정으로서, 등기에 공신력을 인정하지 않는 우리 「민법」 체계에서는 사실상 등기에 공신력을 부여하는 기능을 하고 있다.

② 제3자의 선의
  ㉠ 선의란 진의 아닌 의사표시임을 모르는 것을 말하고 이때 과실의 유무는 묻지 않는다.
  ㉡ 제3자의 선의는 추정되므로 제3자가 악의라는 사실의 주장·입증책임은 무효를 주장하는 자가 부담한다.

4. 적용범위

(1) 단독행위

① 계약상의 의사표시뿐만 아니라 상대방 있는 단독행위(예 취소·추인·해제)에도 적용되며, 상대방 있는 의사표시에 한하지 않고 상대방 없는 단독행위(예 유언, 재단법인 설립행위)에도 적용된다(통설).

② 상대방 없는 의사표시의 경우에는 제107조 제1항의 단서가 적용될 여지가 없으므로 언제나 유효가 된다.

(2) 가족법상 행위(신분행위)

신분행위(예 혼인·입양 등)는 당사자의 진의가 절대적으로 존중되어 제107조가 적용되지 않으므로 언제나 무효이다.

(3) 주식인수의 청약

「상법」상 주식인수와 같은 단체적·정형적 거래행위에는 그 획일성을 위하여 제107조가 적용되지 아니한다. 즉, 주식인수에 대한 청약은 비진의표시라도 언제나 유효하다.

(4) 공법행위

비진의표시에 관한 규정은 형식성을 강조하는 공법행위에는 적용되지 않는다. 즉, 표시된 대로 효력이 발생한다.

> **보충** 강행법규에 위반한 계약은 무효이므로 계약상대방이 선의·무과실이더라도 비진의표시의 법리가 적용될 여지는 없다(대판 2013다 49381).

판례보기

공무원이 사직의 의사표시를 하여 의원면직된 경우, 그 사직의 의사표시에 「민법」제107조가 준용되는지 여부 (소극)

공무원이 사직의 의사표시를 하여 의원면직처분을 하는 경우 그 사직의 의사표시는 그 법률관계의 특수성에 비추어 외부적·객관적으로 표시된 바를 존중하여야 할 것이므로, 비록 사직원 제출자의 내심의 의사가 사직할 뜻이 아니었다고 하더라도 진의 아닌 의사표시에 관한 「민법」제107조는 그 성질상 사직의 의사표시와 같은 사인의 공법행위에는 준용되지 아니하므로 그 의사가 외부에 표시된 이상 그 의사는 표시된 대로 효력을 발한다.
◻ 같은 이유로 군인의 진의 아닌 전역지원서 제출에도 「민법」제107조가 준용되지 않는다(대판 97누13962).

---

2   통정허위표시 제29회, 제30회, 제31회, 제32회, 제33회, 제34회, 제35회

> **제108조【통정한 허위의 의사표시】** ① 상대방과 통정한 허위의 의사표시는 무효로 한다.
> ② 전항의 의사표시의 무효는 선의의 제3자에게 대항하지 못한다.

(1) 의의

통정허위표시란 상대방과 통정함으로써 하는 진의 아닌 허위의 의사표시를 말한다. 이러한 허위표시를 요소로 하는 법률행위를 가리켜 '가장(假裝)행위'라고 한다. 예를 들어 채권자의 강제집행을 면탈하기 위하여 친구와 짜고 진정한 의사 없이 소유권만 이전해 두는 경우이다.

(2) 요건

① 의사표시가 있을 것

② 의사와 표시가 불일치할 것

③ 표의자가 의사와 표시의 불일치를 알고 할 것

④ 상대방과 통정(합의)할 것

⑤ 허위의 표시를 한 이유나 동기는 묻지 않는다. 남을 속이기 위한 목적이 요구되는 것도 아니다.

(3) 효과

① 당사자 사이의 효과

㉠ 무효: 당사자 사이에서는 언제나 무효이다(제108조 제1항). 아직 이행 전이라면 이행할 필요가 없고 허위표시 자체가 불법은 아니므로 불법원인급여(제746조)에 관한 규정은 적용되지 않는 다. 따라서 이미 급부한 것은 반환을 청구할 수 있다.

판례보기

통정허위표시에 해당하여 무효인 경우

1. 동일인에 대한 대출액 한도를 제한한 법령이나 금융기관 내부규정의 적용을 회피하기 위하여 실질적인 주채무 자가 실제 대출받고자 하는 채무액에 대하여 제3자를 형식상의 주채무자로 내세우고, 금융기관도 이를 양해하 여 제3자에 대하여는 채무자로서의 책임을 지우지 않을 의도하에 제3자 명의로 대출관계 서류를 작성받은 경우, 제3자는 형식상의 명의만을 빌려 준 자에 불과하고 그 대출계약의 실질적인 당사자는 금융기관과 실질적 주채무자이므로, 제3자 명의로 되어 있는 대출약정은 그 금융기관의 양해하에 그에 따른 채무부담의 의사 없이 형식적으로 이루어진 것에 불과하여 통정허위표시에 해당하는 무효의 법률행위이다(대판 2001다 11765).

> **비교판례** 법률상 또는 사실상의 장애로 자기 명의로 대출받을 수 없는 자를 위하여 대출금채무자로서의 명의를 빌려준 자에게 그와 같은 채무부담의 의사가 없는 것이라고는 할 수 없으므로 그 의사표시를 비진의표시에 해당한다고 볼 수 없고, 설령 명의대여자의 의사표시가 비진의표시에 해당한다고 하더라도 그 의사표시의 상대방인 상호신용금고로서는 명의대여자가 전혀 채무를 부담할 의사 없이 진의에 반한 의사표시를 하였다는 것까지 알았다거나 알 수 있었다고 볼 수도 없다고 보아, 그 명의대여자는 표시행위 에 나타난 대로 대출금채무를 부담한다(대판 96다18182).

2. 임대차는 임차인으로 하여금 목적물을 사용·수익하게 하는 것이 계약의 기본내용이므로, 채권자가 「주택임대 차보호법」상의 대항력을 취득하는 방법으로 기존 채권을 우선변제받을 목적으로 주택임대차계약의 형식을 빌려 기존 채권을 임대차보증금으로 하기로 하고 주택의 인도와 주민등록을 마침으로써 주택임대차로서의 대항력을 취득한 것처럼 외관을 만들었을 뿐 실제 주택을 주거용으로 사용·수익할 목적을 갖지 아니한 계약은 주택임대차계약으로서는 통정허위표시에 해당되어 무효라고 할 것이므로 이에 「주택임대차보호법」이 정하고 있는 대항력을 부여할 수는 없다(대판 2000다24184).

     ⓛ 채권자취소권의 대상 여부: 허위표시는 무효이지만 제406조의 요건에 해당하면 사해행위(詐害行爲)로서 채권자취소권의 대상이 될 수 있다(대판 97다50985). 예를 들어 채무자가 유일한 재산인 아파트를 수익자에게 증여한 경우에 채권자는 증여계약을 취소할 수 있다. 즉, 아파트 증여계약이 통정허위표시에 의한 가장행위로서 무효일지라도 제406조의 사해행위로서 요건을 갖추었으면 채권자가 취소할 수 있다.

② **제3자에 대한 효력**: 통정허위표시의 무효를 가지고 그 누구도 선의의 제3자에게 대항하지 못한다(제108조 제2항). 따라서 선의의 제3자로부터 다시 권리를 취득한 자는 선의·악의를 불문하고 당연히 보호된다.

     ㉠ 선의: 선의란 허위표시임을 알지 못한 경우이다. 제3자의 선·악에 대한 입증책임은 악의를 주장하는 자가 이를 입증하여야 한다(대판 70다466).

     ㉡ 무과실 – 불요(不要): 「민법」 제108조 제2항에 규정된 통정허위표시에 있어서의 제3자는 그 선의 여부가 문제이지 이에 관한 과실 유무를 따질 것이 아니다(대판 2002다1321).

     ㉢ 제3자의 범위: 통정허위표시에서 무효로 대항할 수 없는 제3자란 당사자와 그의 포괄승계인 이외의 자 중에서 허위표시행위를 기초로 하여 별개의 법률원인에 의하여 새로운 법률상의 이해관계를 맺은 자를 말한다.

> **주의** 선의의 제3자가 보호될 수 있는 법률상 이해관계는 계약의 당사자를 상대로 하여 직접 법률상 이해관계를 가지는 경우 외에도, 그 법률상 이해관계를 바탕으로 하여 다시 새로이 법률상 이해관계를 가지게 되는 경우도 포함된다(대판 2012다49292). 즉, 전득자도 제3자에 해당한다.

     ㉣ '대항하지 못한다.'의 의미: 대항하지 못한다는 것은 허위표시의 무효를 선의의 제3자에게 주장할 수 없다는 것을 말한다. 그러나 선의의 제3자가 스스로 무효를 주장하는 것은 무방하다(통설).

심화학습 | 통정허위표시에 대항할 수 있는 제3자 해당 여부

1. 제3자에 해당하는 경우
  ① 가장매매의 매수인으로부터 목적물을 매수한 자
  ② 가장매매의 매수인으로부터 저당권을 취득하거나 가등기를 한 자
  ③ 가장매매에 기한 대금채권의 양수인
  ④ 가장소비대차에 기한 채권의 양수인
  ⑤ 가장저당권의 설정행위에 기한 저당권의 실행으로 경락을 받은 자
  ⑥ 가장소비대차의 대주가 파산선고를 받은 경우 그 파산관재인
      ☐ 이 경우 선·악의 기준은 파산관재인 개인이 아니라 총파산채권자를 기준으로 하여 파산채권자 모두가 악의로 되지 않는 한 파산관재인은 선의의 제3자라고 할 수밖에 없다.

2. 제3자에 해당하지 않는 경우
  ① 가장매매에서 매도인의 채권자
  ② 채권의 가장양도에서 변제 전의 채무자

③ 제3자를 위한 계약에서 수익자, 대리행위에서 대리인
④ 가장저당권 포기에서 기존의 후순위 권리자
⑤ 가장매매의 매수인으로부터 그 지위를 상속받은 자(포괄승계인)
⑥ 당사자의 지위를 승계한 자, 계약을 인수한 자

(4) 적용범위

① **단독행위·계약**: 계약이나 상대방 있는 단독행위(**예** 채무면제)에 적용된다. 다만, 상대방 없는 단독행위의 경우에는 통정할 상대방이 존재하지 않으므로 제108조가 적용되지 않는다(학설의 대립 있음).

② **신분행위(가족법상 행위)**: 신분행위는 당사자의 진의가 절대적으로 존중되므로 제108조가 적용되지 않는다.

(5) 허위표시와의 구별개념 - 은닉행위

① 감추어진 특정의 행위를 위하여 진의가 없는 의사표시를 하는 경우, 그 이면의 진실한 행위를 말한다.

② 예를 들어 세금을 적게 낼 목적으로 증여를 숨기기 위하여 외부에는 매매를 한 것으로 가장하는 경우이다. 이 경우 매매는 통정허위표시로 무효이지만 증여는 은닉행위로서 실체관계가 존재하므로 유효가 된다.

---

3 착오로 인한 의사표시 제31회, 제32회, 제35회

> **제109조 【착오로 인한 의사표시】** ① 의사표시는 법률행위의 내용의 중요부분에 착오가 있는 때에는 취소할 수 있다. 그러나 그 착오가 표의자의 중대한 과실로 인한 때에는 취소하지 못한다.
> ② 전항의 의사표시의 취소는 선의의 제3자에게 대항하지 못한다.

1. 의의

(1) 일반적으로 '착오'란 표시행위와 내심적인 효과의사(진의)가 일치하지 않는 경우로서 그 불일치를 표의자 스스로 알지 못하는 것을 말한다. 이러한 착오는 표시와 진의의 불일치를 표의자가 알지 못한다는 점에서 비진의표시나 통정허위표시와 구별된다.

(2) 착오로 인한 취소는 표의자의 의사의 중요부분에 착오가 있는가 없는가에 의하여 결정되는 것이고 법률행위의 상대자가 착오를 알았는가 알지 못하였는가를 묻지 않는다(대판 4286민상149).

(3) 당사자 사이에 착오를 이유로 취소하지 않기로 하는 약정이 있었다면 취소할 수 없다(대판 94다36919).

(4) 착오가 미필적인 장래의 불확실한 사실에 관한 것이라도 「민법」 제109조 소정의 착오에서 제외되는 것은 아니다(대판 93다24810). 다만 장래에 발생할 막연한 사정을 예측하거나 기대하고 법률행위를 하였으나 그러한 예측이나 기대와 다른 사정이 발생한 경우, 착오를 이유로 법률행위를 취소할 수 없다(대판 2017다220058).

2. 착오의 유형

(1) 표시의 착오

표의자가 표시된 내용의 의사표시를 하고자 의욕하지 아니한 경우에 표시상의 착오가 생기게 된다. 즉, 표시행위 자체를 잘못하는 것을 말한다. 예를 들어 100만원이라고 쓰려는 것을 1,000만원으로 잘못 쓴 경우와 같이 오기(誤記)·오담(誤談) 등이 이에 속한다.

(2) 내용의 착오

표시행위 자체에는 착오가 없으나 표시행위가 가지는 의미를 잘못 이해한 경우이다. 예를 들어 매도인은 $100m^2$를 1억원에 팔겠다고 청약하였으나 매수인은 $100m^2$와 100평(坪)이 동일한 것으로 알고 승낙한 경우가 이에 해당한다.

(3) 표시기관의 착오

① 표시기관인 사자(使者)에게 의사표시를 전하게 한 경우 그의 잘못으로 의사표시가 잘못 전달된 때에는 표시상의 착오로 다룬다

② 전달기관인 사자(使者)가 상대방 아닌 제3자에게 서면을 전달한 경우에는 의사표시 부도달의 문제가 생길 뿐이지 착오의 문제는 생기지 않는다.

③ 표시기관으로서의 사자가 위임내용과 다른 표시행위를 하는 경우에는 제126조의 표현대리를 유추적용 할 수 있다.

(4) 법률의 착오

법률의 규정 또는 그 의의에 관하여 잘못 인식한 경우이다. 제109조는 법률의 착오를 착오에서 제외하고 있지 않으므로 착오의 일반이론에 따라 취소할 수 있다.

판례보기

법률에 관한 착오도 중요부분에 해당한다면 취소가 가능한지 여부(적극)

법률에 관한 착오(양도소득세가 부과될 것인데도 부과되지 아니하는 것으로 오인)라도 그것이 법률행위의 내용의 중요부분에 관한 것인 때에는 표의자는 그 의사표시를 취소할 수 있고, 또 매도인에 대한 양도소득세의 부과를 회피할 목적으로 매수인이 주택건설을 목적으로 하는 주식회사를 설립하여 여기에 출자하는 형식을 취하면

> 양도소득세가 부과되지 않을 것이라고 말하면서 그러한 형식에 의한 매매를 제의하여 매도인이 이를 믿고 매매계약을 체결한 것이라 하더라도 그것이 곧 사회질서에 반하는 것이라고 단정할 수 없으므로 이러한 경우에 역시 의사표시의 착오의 이론을 적용할 수 있다(대판 80다2475).

(5) 동기의 착오

법률행위의 동기에 착오가 있는 경우를 말한다. 예를 들어 지하철역이 들어설 것으로 오신하고 토지를 고가로 매수한 경우, 이 매매계약을 취소할 수 있겠는가 하는 문제이다.

① 원칙: 의사표시의 내용에 해당하지 않는 동기의 착오를 이유로는 취소할 수 없다. 일반거래의 안전을 고려하여야 하고, 동기의 착오로 인하여 발생한 위험 내지 불이익은 표의자가 감수하는 것이 타당하기 때문이다.

② 예외
  ㉠ 동기의 착오를 이유로 의사표시를 취소하기 위해서는 그 동기가 상대방에게 표시되어 동기가 법률행위의 내용으로 되어야 한다. 다만, 당사자들 사이에 별도로 그 동기를 의사표시의 내용으로 삼기로 하는 합의까지 이루어질 필요는 없다(대판 97다44737).
  ㉡ 동기의 착오가 상대방에 의하여 유발된 때에는 표시 여부를 불문하고 취소할 수 있다.

판례보기

상대방으로부터 유발된 동기의 착오로 인한 취소를 긍정한 판례
1. 공무원의 말을 믿고 귀속해제된 토지인데도 귀속재산인 줄 잘못 알고 국가에 증여를 한 경우(대판 78다719)
2. 담당공무원의 법령오해로 휴게소 부지로 증여하여야 할 토지의 16배를 증여한 경우(대판 90다카7460)

---

3. 취소를 위한 착오의 요건

착오를 이유로 취소하려면 ① 법률행위의 내용에 착오가 있어야 하고(동기의 착오가 아니어야 하고), ② 중요부분의 착오이어야 하며, ③ 표의자에게 중과실이 없어야 한다.

(1) 중요부분의 착오일 것

중요부분의 착오가 되기 위해서는 주관적 요건으로 표의자가 그러한 착오가 없었더라면 그러한 의사표시를 하지 않았을 것이라고 생각될 정도로 중요한 것이어야 하고, 객관적 요건으로 보통의 일반인도 표의자의 입장에 있었다면 그러한 의사표시를 하지 않았을 것이라고 생각될 정도로 중요한 것이어야 한다는 두 가지를 모두 충족하여야 한다.

판례보기

착오를 이유로 의사표시를 취소하는 자가 증명하여야 할 사항

착오를 이유로 의사표시를 취소하는 자는 법률행위의 내용에 착오가 있었다는 사실과 함께 그 착오가 의사표시에 결정적인 영향을 미쳤다는 점, 즉 만약 그 착오가 없었더라면 의사표시를 하지 않았을 것이라는 점을 증명하여야 한다(대판 2007다74188).

판례보기

착오로 인한 취소에 관한 판례의 입장

1. 착오를 이유로 취소할 수 있는 경우
    ① 토지의 현황의 착오: 농지인 줄 알고 1,389평을 매입하였으나 600평이 하천인 경우(대판 67다2160)
    ② 경계의 착오: 외형적인 경계(담장)를 기준으로 하여 甲·乙 사이에 인접토지에 관한 교환계약이 이루어졌으나 그 경계가 실제의 경계와 일치하지 아니함으로써, 결국 乙이 그 소유대지와 교환으로 제공받은 甲의 대지 또한 그 대부분이 乙의 소유인 것으로 판명되었다면, 이는 토지의 경계(소유권의 귀속)에 관한 착오로서 특단의 사정이 없는 한 법률행위의 중요부분에 관한 착오라 봄이 상당하다(대판 93다31634).
    ③ 채무자의 동일성에 관한 물상보증인의 착오
    ④ 매매에서 목적물의 동일성에 관한 착오

2. 착오를 이유로 취소할 수 없는 경우
    ① 토지의 시가나 면적(지적)에 관한 착오
    ② 법령상 제한으로 목적대로 토지를 이용하지 못하는 경우(매수 토지가 시설녹지에 편입되어 우사를 짓고 비육우를 키울 수 없게 된 사건) ⇨ 동기의 착오에 지나지 않는다.
    ③ 경제적 불이익이 없는 경우
        가압류의 존재에 관하여 착오가 있었다고 하더라도 가압류가 부당하게 집행된 것이라면(즉, 무효인 가압류) 그로 인하여 무슨 경제적 불이익을 입은 것은 아니라고 할 것이므로, 기술신용보증기금이 위 가압류가 없는 것으로 표시된 금융기관의 기업실태조사서의 기재를 믿고 위 신용보증을 하였다고 하여 그와 같은 착오가 위 신용보증행위의 중요부분에 관한 것이라고 볼 수 없다(대판 98다23706).
    ④ 주택을 매수하면서 그 주택을 담보로 대출을 받아 잔금을 지급하려고 하였으나 은행에서 담보대출이 거부된 경우, 매수인은 착오를 이유로 매매계약을 취소할 수 없다(대판 93다55487).

(2) 중과실이 없을 것

① 여기서 중대한 과실이란 표의자의 직업, 법률행위의 종류·목적에 비추어 주의의무를 현저히 결여한 것을 말한다. 자신을 과신한 나머지 전문가의 감정 없이 위품을 고려청자로 알고 매수한 경우에는 중과실이 없다고 판시한다(대판 96다26657).

② 중대한 과실이 있다는 입증책임은 표의자로 하여금 그 의사표시를 취소하게 하지 않으려는 상대방이 부담한다.

③ 상대방이 표의자의 착오를 알고 이를 이용한 경우에는 착오가 표의자의 중대한 과실로 인한 것이라고 하더라도 표의자는 의사표시를 취소할 수 있다(대판 2013다49794).

판례보기

중과실 인정 판례

1. 공장을 경영하는 자가 공장이 협소하여 새로운 공장을 설립할 목적으로 토지를 매수함에 있어 토지상에 공장을 건축할 수 있는지 여부를 관할 관청에 알아보지 아니한 과실은 착오에 있어서 중대한 과실에 해당한다(대판 92다38881).
2. 신용보증기금의 신용보증서를 담보로 자금을 대출해 준 금융기관이 위 대출자금이 모두 회수되지 않았음에도 착오로 신용보증기금에게 신용보증서 담보설정 해지를 통지한 경우 그 해지의 의사표시는 중대한 과실로 인한 것이므로 취소할 수 없다(대판 99다64995).
3. 공인된 중개사나 신뢰성 있는 중개기관을 통하지 않고 개인적으로 토지거래를 하는 경우, 매매계약 목적물의 특정에 대하여는 스스로의 책임으로 토지대장, 임야도 등의 공적인 자료 기타 공신력 있는 객관적인 자료에 의하여 그 토지가 과연 그가 매수하기 원하는 토지인지를 확인하여야 할 최소한의 주의의무가 있다. 따라서 그러한 조치를 전혀 취하지 않아 매매목적물의 동일성에 관한 착오에 빠진 매수인은 중대한 과실이 있다(대판 2009다40356, 40363).

---

4. 착오의 효과

(1) 표의자는 착오에 의한 의사표시의 요건을 갖추면 법률행위를 취소할 수 있다.

(2) 착오에 의한 의사표시의 취소는 선의의 제3자에게 대항하지 못한다.

(3) 표의자의 배상책임문제

불법행위로 인한 손해배상책임이 성립하려면 가해자의 고의 또는 과실 외에 행위의 위법성이 요구되는바, 「민법」 제109조가 중과실이 없는 착오자의 착오를 이유로 한 의사표시의 취소를 허용하고 있는 이상 표의자가 과실로 인하여 착오에 빠져 의사표시를 한 것이나 그 착오를 이유로 의사표시를 취소한 것이 위법하다고 할 수는 없으므로, 착오를 이유로 의사표시를 취소한 자는 불법행위책임을 지지 않는다(대판 97다13023).

5. 착오의 적용범위

(1) 가족법상 행위와 단체법적 행위

당사자의 진의를 절대적으로 존중하는 가족법상의 행위에는 적용되지 않는다. 또한 주식의 인수(「상법」 제320조 제1항) 등과 같은 단체법적 행위에도 적용되지 않는다.

(2) 공법상 행위와 소송행위

공법상의 행위, 소송행위에 대하여는 제109조가 적용되지 않는다.

> 보충 │ 소취하는 취소할 수 없으나 소취하합의는 중요부분의 착오가 있는 경우라면 취소할 수 있다.

6. 다른 제도와의 관계

(1) 착오와 사기

표의자가 상대방이나 제3자의 기망행위(속임수)로 착오에 빠졌다면 표의자는 선택적으로 사기를 이유로 취소하거나 착오를 이유로 취소할 수도 있다.

(2) 착오와 해제

매도인이 매수인의 중도금 지급채무불이행을 이유로 매매계약을 적법하게 해제한 후라도 매수인으로서는 상대방이 한 계약해제의 효과로서 발생하는 손해배상책임을 지거나 매매계약에 따른 계약금의 반환을 받을 수 없는 불이익을 면하기 위하여 착오를 이유로 한 취소권을 행사하여 위 매매계약 전체를 무효로 돌리게 할 수 있다(대판 91다11308).

(3) 착오와 담보책임

착오로 인한 취소제도와 매도인의 하자담보책임제도는 취지가 서로 다르고, 요건과 효과도 구별된다. 따라서 매매계약 내용의 중요부분에 착오가 있는 경우 매수인은 매도인의 하자담보책임이 성립하는지와 상관없이 착오를 이유로 매매계약을 취소할 수 있다(대판 2015다78703).

4 하자 있는 의사표시 제35회

> 제110조 【사기·강박에 의한 의사표시】 ① 사기나 강박에 의한 의사표시는 취소할 수 있다.
> ② 상대방 있는 의사표시에 관하여 제3자가 사기나 강박을 행한 경우에는 상대방이 그 사실을 알았거나 알 수 있었을 경우에 한하여 그 의사표시를 취소할 수 있다.
> ③ 전 2항의 의사표시의 취소는 선의의 제3자에게 대항하지 못한다.

1. 의의

의사표시가 완전하게 유효하기 위해서는 그것이 자유로이 결정된 효과의사에 기하는 것이어야 한다. 이와 같이 자유롭게 결정되어야 할 의사가 타인의 위법한 간섭으로 말미암아 자유롭지 못한 상태에서 행해질 때 이를 가리켜 '하자(瑕疵) 있는 의사표시'라고 하는바, 사기(詐欺)에 의한 의사표시와 강박(强迫)에 의한 의사표시가 있다.

2. 사기에 의한 의사표시의 성립요건

(1) 사기자의 (2단의) 고의가 있을 것

① 사기자에게 고의가 있어야 한다. 따라서 과실에 의한 행위로는 사기가 성립할 수 없다.
② 이 고의에는 표의자를 기망하여 착오에 빠지게 하려는 고의와 그 착오에 기하여 표의자로 하여금 의사표시를 하게 하려는 고의인 '2단계의 고의(故意)'가 있어야 한다.

(2) 기망행위가 있을 것

① 기망행위가 있어야 한다. 적극적으로 허위의 사실을 날조하는 것뿐 아니라 소극적으로 진실한 사실을 숨기는 것도 기망행위이다.
② 다만, 이러한 부작위(不作爲)에 의한 기망이 인정되기 위해서는 신의칙 및 거래관념에 비추어 어떤 상황을 고지할 법률상 의무가 있는 경우여야 한다(대판 97다26098).
③ 아파트분양자는 아파트단지 인근에 공동묘지가 조성되어 있는 사실을 수분양자에게 고지할 신의칙상의 의무를 부담하므로 분양자가 이를 고지하지 않았다면 부작위에 의한 사기에 해당한다(대판 2005다5812).

(3) 위법성이 있을 것

① 기망행위가 위법한 것이어야 한다. 신의칙과 거래관념, 구체적인 사안에 따라 위법성의 유무를 따져야 한다.
② 예를 들어 노점상이 좋지 않은 물건을 좋은 물건이라고 속인 정도는 상술에 해당한다고 볼 수 있지만, 백화점에서 변칙세일을 한 것은 상술의 정도를 벗어난 것으로 위법한 사기가 된다(대판 92다52665).

판례보기

기망이 아니라고 본 사례

1. 시가에 대한 묵비·허위고지가 기망에 해당하지 않는다고 본 사례
   당사자 일방이 알고 있는 정보를 상대방에게 사실대로 고지하여야 할 신의칙상의 주의의무가 인정된다고 볼 만한 특별한 사정이 없는 한, 어느 일방이 교환목적물의 시가나 그 가액결정의 기초가 되는 사항에 관하여 상대방에게 설명 내지 고지를 할 주의의무를 부담한다고 할 수 없고, 일방 당사자가 자기가 소유하는 목적물의 시가를 묵비하여 상대방에게 고지하지 아니하거나 혹은 허위로 시가보다 높은 가액을 시가라고 고지하였다 하더라도 이는 상대방의 의사결정에 불법적인 간섭을 한 것이라고 볼 수 없다(대판 2000다54406, 54413).

2. 상가분양시 다소의 허위·과장광고가 수반되었더라도 기망이 아니라고 본 사례
   선전광고에 다소의 과장·허위가 수반되는 것은 그것이 일반 상거래의 관행과 신의칙에 비추어 시인될 수 있는 한 기망성이 결여된다고 할 것이고, 또한 용도가 특정된 특수시설을 분양받을 경우 그 운영을 어떻게 하고, 그 수익은 얼마나 될 것인지와 같은 사항은 투자자들의 책임과 판단하에 결정될 성질의 것이므로 위와 같은 경우 사기나 착오를 이유로 취소할 수 없다(대판 99다55601, 55618).

(4) (주관적) 인과관계가 존재할 것

① 사기와 의사표시 사이에 인과관계가 있어야 한다. 즉, 표의자가 기망에 의하여 착오에 빠지고, 그 착오에 기하여 의사표시를 하였어야 한다.

② 여기서 주의할 점은 인과관계는 표의자의 주관적인 것에 지나지 않아도 무방하다는 것이다. 인과관계는 통상인을 기준으로 하는 것이 아니고 표의자를 기준으로 결정한다.

3. 강박에 의한 의사표시의 성립요건

(1) 강박자의 (2단의) 고의가 있을 것

강박자에게 고의가 있어야 한다. 즉, 표의자로 하여금 공포심을 일으키려는 고의와 그 공포심에 기하여 의사표시를 하게 하려는 고의인 '2단계의 고의'가 있어야 한다.

(2) 강박행위가 있을 것

① 강박에 의한 의사표시라고 하려면 상대방이 불법으로 어떤 해악을 고지함으로 말미암아 공포를 느끼고 의사표시를 한 것이어야 한다.

② 따라서 채무자에게 채권자들이 각서에 서명·날인할 것을 강력히 요구하여 이를 받은 것만으로는 위법한 강박이라고 볼 수 없으며(대판 78다1968) 마찬가지로 계약을 해제하여 손해배상을 청구하겠다고 말한 것은 해악의 고지로 볼 수 없으므로 위법한 강박이 될 수 없다(대판 2009다72643).

③ 강박행위의 방법이나 해악의 종류에는 아무런 제한이 없으며, 강박의 정도는 표의자가 완전히 자유를 잃을 정도는 아니어야 한다. 표의자로 하여금 의사결정을 스스로 할 수 있는 여지를 완전히 박탈한 상태로 만들었다면 이는 무효에 해당한다(대판 2002다73708).

(3) 위법성이 있을 것

① 강박행위가 위법한 것이어야 한다. 여기서 어떤 해악을 고지하는 강박행위가 위법하다고 하기 위하여는, 강박행위 당시의 거래관념과 제반 사정에 비추어 해악의 고지로써 추구하는 이익이 정당하지 아니하거나 강박의 수단으로 상대방에게 고지하는 해악의 내용이 법질서에 위배된 경우 또는 어떤 해악의 고지가 거래관념상 그 해악의 고지로써 추구하는 이익의 달성을 위한 수단으로 부적당한 경우 등에 해당하여야 한다(대판 99다64049).

② 또한 정당한 권리의 행사로서의 고소·고발은 비록 표의자에게 공포심을 생기게 하더라도 강박이 되지는 않는다. 다만, 정당한 권리의 행사라 하더라도 부정한 이익을 목적으로 하는 경우에는 위법한 강박이 될 수 있다(대판 96다47951).

(4) (주관적) 인과관계가 존재할 것

강박의 결과로 표의자가 공포심을 가지게 되고 그 공포심으로 인하여 의사표시를 하였어야 한다. 이때 강박과 의사표시 사이의 인과관계는 표의자를 기준으로 한 주관적 인과관계를 말한다.

4. 하자 있는 의사표시의 효과

(1) 상대방의 사기·강박이 있는 경우

표의자는 상대방의 사기 또는 강박으로 인하여 한 의사표시를 취소할 수 있다(제110조 제1항).

(2) 제3자의 사기·강박이 있는 경우

① 상대방 없는 법률행위: 제3자의 사기 또는 강박으로 상대방 없는 의사표시(예 유언, 재단법인 설립행위, 소유권의 포기)를 한 때에는 보호하여야 하는 상대방이 없고 표의자만 고려하면 되므로 언제든지 그 의사표시를 취소할 수 있다.

② 상대방 있는 법률행위: 제3자의 사기·강박으로 인하여 법률행위를 하였을 때에 표의자는 법률행위의 상대방이 그 법률행위가 사기나 강박으로 인한 법률행위임을 알았거나 알 수 있었을 경우에 한하여 취소할 수 있다(제110조 제2항).

판례보기

대리인과 단순한(상대방과 동일시할 수 없는) 피용인의 제3자 해당 여부

1. 대리인의 사기·강박은 제3자의 사기·강박이 아니라는 사례

상대방 있는 의사표시에 관하여 제3자가 사기나 강박을 한 경우에는 상대방이 그 사실을 알았거나 알 수 있었을 경우에 한하여 그 의사표시를 취소할 수 있으나, 상대방의 대리인 등 상대방과 동일시할 수 있는 자의 사기나 강박은 제3자의 사기·강박에 해당하지 아니한다(대판 98다60828, 60835).

⇨ 따라서 본인의 선·악 여부와 상관없이 언제든지 취소할 수 있다.

2. 단순 피용인의 사기·강박은 제3자의 사기·강박에 해당한다는 사례

의사표시의 상대방이 아닌 자로서 기망행위를 하였으나 「민법」 제110조 제2항에서 정한 제3자에 해당되지 아니한다고 볼 수 있는 자란 그 의사표시에 관한 상대방의 대리인 등 상대방과 동일시할 수 있는 자만을 의미하고, 단순히 상대방의 피용자이거나 상대방이 사용자책임을 져야 할 관계에 있는 피용자에 지나지 않는 자는 상대방과 동일시할 수는 없어 이 규정에서 말하는 제3자에 해당한다(대판 96다41496).

---

(3) 제3자와의 관계

사기·강박에 의한 의사표시의 취소는 선의의 제3자에게 대항하지 못한다(제110조 제3항). 이때 보호되는 제3자는 취소 이전에 법률관계를 가졌던 자는 물론이고 취소 이후라도 그 사실을 모르고 법률관계를 가졌던 자도 포함한다(대판 75다533). 제3자는 선의로 추정되므로 악의를 주장하는 자가 제3자의 선·악을 입증하여야 하며, 무과실까지 요구되지 않는다.

5. 적용범위

가족법상 행위에는 사기·강박에 의한 의사표시에 관한 규정은 적용되지 않는다. 또한 「상법」상 거래행위 중 주식인수청약에 대하여도 적용되지 않으며 공법행위와 소송행위에도 적용되지 않는다. 따라서 소송행위가 강박에 의하여 이루어진 것이라 하더라도 이를 취소할 수 없다(대판 96다35484).

6. 다른 제도와의 관계

(1) 착오와의 관계

기망에 의하여 법률행위 내용의 중요부분에 착오가 발생하였다면 표의자는 제109조와 제110조에 의한 취소를 선택하여 행사할 수 있다.

> **주의** 신원보증서류에 서명날인한다는 착각에 빠진 상태로 연대보증의 서면에 서명날인한 경우 이른바 표시상의 착오에 해당하므로, 비록 위와 같은 착오가 제3자의 기망행위에 의하여 일어난 것이라 하더라도 그에 관하여는 사기에 의한 의사표시에 관한 법리, 특히 「민법」 제110조 제2항의 규정을 적용할 것이 아니라, 착오에 의한 의사표시에 관한 법리만을 적용하여 취소권 행사의 가부를 가려야 한다(대판 2004다43824).

(2) 담보책임과의 관계

사기·강박에 의하여 의사표시를 한 표의자는 선택적으로 취소권을 행사할 수도 있고 담보책임을 물을 수도 있다. 예를 들어 상대방의 기망에 의하여 하자 있는 물건을 매수한 자는 선택적으로 취소할 수 있고, 그렇지 아니하고 담보책임을 물을 수도 있다.

(3) 불법행위로 인한 손해배상청구권과의 관계

사기·강박이 불법행위(제750조)의 요건을 갖춘 때에는 표의자는 법률행위를 취소하여 부당이득반환을 청구할 수도 있고 선택적으로 손해배상을 청구할 수도 있다. 즉, 사기·강박으로 인하여 의사표시를 한 자는 법률행위는 취소하지 않고 불법행위로 인한 손해배상만 청구할 수도 있다.

판례보기

불법행위로 인한 손해배상청구권과의 관계

1. **불법행위로 인한 손해배상을 청구하기 위하여 계약을 취소할 필요는 없다는 사례**
   제3자의 사기행위로 인하여 피해자가 주택건설사와의 사이에 주택에 관한 분양계약을 체결하였다면 피해자가 제3자를 상대로 손해배상청구를 하기 위하여 반드시 그 분양계약을 취소할 필요는 없다(대판 97다55829).

2. **부당이득반환청구와 불법행위손해배상청구는 선택적으로 행사하여야 한다는 사례**
   어떤 법률행위가 사기에 의한 것으로서 취소되는 경우에 그 법률행위가 동시에 불법행위를 구성하는 때에는 취소의 효과로 생기는 부당이득반환청구권과 불법행위로 인한 손해배상의 청구권은 경합하여 병존하는 것이므로 채권자는 어느 것이라도 선택하여 행사할 수 있지만 중첩적으로는 행사할 수 없는 것이다(대판 92다56087).

제3절 **의사표시의 효력발생**

> **제111조 【의사표시의 효력발생시기】** ① 상대방이 있는 의사표시는 상대방에게 도달한 때에 그 효력이 생긴다.
> ② 의사표시자가 그 통지를 발송한 후 사망하거나 제한능력자가 되어도 의사표시의 효력에 영향을 미치지 아니한다.

1 의사표시의 효력발생시기

(1) 의사표시 가운데 '상대방 없는 의사표시'는 표시행위가 완료된 때에 효력을 발생하게 되며, 이에 대해서는 특별히 문제가 될 것이 없다. 그러나 '상대방 있는 의사표시'는 언제 효력이 발생할 것인지의 문제가 남게 되는데 우리 「민법」은 도달주의를 원칙으로 규정하고 있다(제111조).

(2) 도달주의에 관한 규정은 임의규정이므로 당사자의 특약으로 달리 정할 수 있다.

2 효력발생시기에 대한 입법주의

(1) 표백주의

의사표시를 마친 때에 그 효력이 발생한다는 입장이다. 상대방 없는 의사표시는 원칙적으로 표백주의에 의한다.

(2) 발신주의

이는 의사표시가 외형적 존재를 가지고 표의자의 지배를 떠나서 상대방에게 발송된 때에 효력이 발생한다는 입장이다. 신속을 요하는 거래에 적합하며, 특히 다수인에게 동일한 통지를 하여야 하는 경우에 의사표시의 효력발생시기를 획일적으로 정할 수 있는 장점이 있다.

> **핵심정리** | 「민법」상 발신주의를 취하는 경우
>
> 1. 사원총회 소집의 통지(제71조)
> 2. 격지자(隔地者) 간 계약의 승낙(제531조)
> 3. 무권대리인의 상대방의 최고(催告)에 대한 본인의 확답(제131조)
> 4. 제한능력자의 상대방의 촉구(최고)에 대한 확답(제15조 제1항)
> 5. 채무인수에 있어서 최고에 대한 채권자의 확답(제455조 제2항)

(3) 도달주의

의사표시가 상대방에게 도달하였을 때, 즉 상대방의 지배권 내에 들어간 때에 효력이 발생한다는 입장이다.

(4) 요지주의

상대방이 의사표시의 내용을 안 때에 그 의사표시가 비로소 효력을 발생한다는 입장이다.

3 도달주의의 원칙 제30회, 제35회

(1) 도달의 의의

① 도달이란 상대방의 지배권(支配圈) 내에 들어가 사회통념상 요지(了知)할 수 있는 상태에 있게 된 것을 말하고, 그 통지를 채무자가 현실적으로 수령하였거나 그 통지의 내용을 알았을 것까지 는 필요하지 않다(대판 82다카439).

② 판례는 상대방이 정당한 사유 없이 통지의 수령을 거절한 경우에는 요지 가능한 상태로 보아 도달로 인정할 수 있으나(대판 2008다19973), 아파트 경비원이 집배원으로부터 우편물을 수령한 후 이를 우편함에 넣어 둔 경우에는 분실 가능성도 있으므로 그 사실만으로는 수취인이 그 우편 물을 수취하였다고 볼 수 없다(대판 2005다66411)고 한다.

③ 또한 우편물을 가정부가 수령한 직후 한 집에 거주하고 있는 통지인이 그 우편물을 바로 회수하 여 버렸다면 그 통지는 사회관념상 상대방이 그 통지내용을 알 수 있는 객관적 상태에 놓여 있는 것이라고 볼 수 없으므로 그 통지는 도달되었다고 볼 수 없다(대판 82다카439).

(2) 격지자(隔地者)와 대화자(對話者)의 구별

① 제111조는 '상대방 있는 의사표시'에 관해서만 규정할 뿐이지 그 상대방이 격지자이냐 대화자이 냐를 구분하고 있지 않다. 따라서 격지자 사이에서나 대화자 사이에 있어서나 원칙은 도달주의 에 의한다.

② 격지자와 대화자의 구별은 거리적·장소적 개념이 아니라 시간적 개념이다. 예를 들어 외국에 있는 사람이라고 할지라도 전화로 의사표시를 할 경우 대화자이지 격지자가 아니다. 반대로 동일한 건물에 거주하고 있더라도 우편을 이용하여 의사표시를 할 경우 격지자가 된다.

(3) 입증책임

도달에 대한 입증책임은 도달을 주장하는 자에게 있다. 판례는 우편물이 등기취급의 방법이나 내용 증명우편으로 발송된 경우 반송되는 등의 특별한 사정이 없는 한 그 무렵 수취인에게 도달되었다고 보아야 한다고 한다(대판 91누3819). 그러나 통상우편이나 일간신문에 공고를 낸 경우에는 도달로 볼 수 없으므로 별도의 도달 사실을 입증하여야 한다(대판 64다65; 대판 76누263).

4 도달주의의 효과 제29회, 제30회, 제31회, 제35회

(1) 의사표시의 철회

의사표시는 상대방에게 도달한 때에 그 효력이 생기므로 도달 후에는 철회할 수 없지만, 발신 후일지라도 도달하기 전에는 그 의사표시를 철회할 수 있다.

(2) 의사표시의 불착·연착

도달주의를 취하는 결과 의사표시의 불착·연착은 모두 표의자의 불이익으로 돌아간다.

(3) 발신 후의 사정변화

의사표시자가 그 통지를 발송한 후 사망하거나 제한능력자가 되어도 의사표시의 효력에 영향을 미치지 아니한다(제111조 제2항).

5 의사표시의 공시송달

> **제113조 【의사표시의 공시송달】** 표의자가 과실 없이 상대방을 알지 못하거나 상대방의 소재를 알지 못하는 경우에는 의사표시는 「민사소송법」 공시송달의 규정에 의하여 송달할 수 있다.

(1) 의의

의사표시는 도달에 의하여 효력이 발생하므로 표의자가 상대방을 알 수 없거나 또는 그의 주소를 알 수 없을 경우에는 의사표시의 효력이 발생할 수 없게 된다. 이런 불편을 없애기 위하여 인정된 방법이 공시송달이다.

(2) 요건

공시송달을 하기 위해서는 상대방 또는 그의 주소를 알지 못하는 데 표의자에게 과실이 없어야 한다(제113조). 주소지를 알고 있음에도 공시송달을 한 경우에는 그 효력을 인정하지 않는다.

(3) 효과

공시송달의 방법은 「민사소송법」이 정하는 바에 따르는바, 게시한 날로부터 2주일이 경과한 때에 의사표시가 상대방에게 도달한 것으로 간주된다(「민사소송법」 제196조). 외국에서 할 송달에 대한 공시송달은 2개월이 경과하여야 효력이 생긴다.

6 의사표시의 수령능력 제30회, 제35회

> **제112조【제한능력자에 대한 의사표시의 효력】** 의사표시의 상대방이 의사표시를 받은 때에 제한능력자인 경우에는 의사표시자는 그 의사표시로써 대항할 수 없다. 다만, 그 상대방의 법정대리인이 의사표시가 도달한 사실을 안 후에는 그러하지 아니하다.

(1) 의의

의사표시의 수령이란 도달을 표의자의 상대방의 입장에서 본 것이다. 도달은 상대방의 지배권 내에 들어가는 것뿐 아니라 사회통념상 요지할 수 있는 상태가 되어야 하므로, 의사표시의 수령자에게 이해할 만한 능력이 없다면 도달되지 않는다.

(2) 제한능력자에 대한 의사표시의 효력

① 의사표시의 상대방이 이를 수령할 당시에 제한능력자이면 표의자는 그에 대하여 도달로써 대항하지 못한다. 즉, 의사표시자는 그 의사표시의 도달을 주장할 수 없다. 그러나 반대로 제한능력자가 도달을 주장하는 것은 상관없다.

② 상대방이 수령당시에 제한능력자일지라도 그의 법정대리인이 의사표시의 도달을 안 때에는 그때부터 효력이 발생한다. 즉, 의사표시자도 도달을 주장할 수 있다(제112조). 도달시로 소급하여 효력이 발생하는 것이 아니라, 법정대리인이 도달을 안 때에 발생한다는 점을 주의하여야 한다.

③ 예외적으로 행위능력이 인정되는 경우에는 제한능력자라도 당연히 수령능력을 가지는 것으로 해석한다(통설).

01 진의 아닌 의사표시에 관한 설명으로 **틀린** 것은? (다툼이 있으면 판례에 따름) 제27회

① 진의란 특정한 내용의 의사표시를 하고자 하는 표의자의 생각을 말하는 것이지 표의자가 진정으로 마음속에서 바라는 사항을 뜻하는 것은 아니다.

② 상대방이 표의자의 진의 아님을 알았을 경우, 표의자는 진의 아닌 의사표시를 취소할 수 있다.

③ 대리행위에 있어서 진의 아닌 의사표시인지 여부는 대리인을 표준으로 결정한다.

④ 진의 아닌 의사표시의 효력이 없는 경우, 법률행위의 당사자는 진의 아닌 의사표시를 기초로 새로운 이해관계를 맺은 선의의 제3자에게 대항하지 못한다.

⑤ 진의 아닌 의사표시는 상대방과 통정이 없다는 점에서 통정허위표시와 구별된다.

> **해설**
> ② 의사표시는 표의자가 진의 아님을 알고 한 것이라도 그 효력이 있다. 그러나 상대방이 표의자의 진의 아님을 알았거나 이를 알 수 있었을 경우에는 무효로 한다(제107조 제1항). 즉 비진의표시는 상대방이 알았거나 알 수 있었을 경우에는 취소가 아니라 무효가 된다.
> ① 대판 1993.7.16, 92다41528
> ③ 의사표시의 효력이 의사의 흠결, 사기, 강박 또는 어느 사정을 알았거나 과실로 알지 못한 것으로 인하여 영향을 받을 경우에 그 사실의 유무는 대리인을 표준하여 결정한다(제116조 제1항).
> ④ 제107조 제2항
> ⑤ 진의 아닌 표시는 상대방과 통정하지 않고 단독으로 하는 것으로서 단독허위표시라고 부르기도 한다.
>
> **정답** ②

02 甲은 강제집행을 피하기 위해 자신의 X부동산을 乙에게 가장매도하여 소유권이전등기를 해 주었는데, 乙이 이를 丙에게 매도하고 소유권이전등기를 해 주었다. 다음 설명 중 **틀린** 것은? (다툼이 있으면 판례에 따름) 제35회

① 甲과 乙사이의 계약은 무효이다.

② 甲과 乙사이의 계약은 채권자취소권의 대상이 될 수 있다.

③ 丙이 선의인 경우, 선의에 대한 과실의 유무를 묻지 않고 丙이 소유권을 취득한다.

④ 丙이 악의라는 사실에 관한 증명책임은 허위표시의 무효를 주장하는 자에게 있다.

⑤ 만약 악의의 丙이 선의의 丁에게 X부동산을 매도하고 소유권이전등기를 해 주더라도 丁은 소유권을 취득하지 못한다.

> **해설**
> ⑤ 선의의 제3자가 보호될 수 있는 법률상 이해관계는 계약의 당사자를 상대로 하여 직접 법률상 이해관계를 가지는 경우 외에도, 그 법률상 이해관계를 바탕으로 하여 다시 새로이 법률상 이해관계를 가지

게 되는 경우도 포함된다(대판 2013.2.15, 2012다49292). 즉, 전득자도 제3자에 해당한다. 따라서 악의 丙에게 매수한 丁도 제3자이므로 선의인 경우에 108조 제2항에 따라 소유권을 취득할 수 있다.

① 상대방과 통정한 허위의 의사표시는 무효로 한다(제108조).

② 채무자의 법률행위가 통정허위표시인 경우에도 채권자취소권의 대상이 된다(대판 1998.2. 27, 97다 50985).

③ 제3자는 선의이면 족하고 무과실은 요건이 아니다(대판 2004.5.28, 2003다70041).

④ 제3자는 특별한 사정이 없는 한 선의로 추정할 것이므로 제3자가 악의라는 사실에 관한 주장·입증책임은 그 허위표시의 무효를 주장하는 자에게 있다(대판 2006.3.10., 2002다1321).

정답 ⑤

03 착오에 관한 설명으로 옳은 것은? (다툼이 있으면 판례에 따름) 제26회

① 매도인이 계약을 적법하게 해제한 후에도 매수인은 계약해제에 따른 불이익을 면하기 위하여 중요부분의 착오를 이유로 취소권을 행사하여 계약 전체를 무효로 할 수 있다.

② 표의자가 착오를 이유로 의사표시를 취소한 경우, 취소된 의사표시로 인해 손해를 입은 상대방은 불법행위를 이유로 손해배상을 청구할 수 있다.

③ 착오에 의한 의사표시로 표의자가 경제적 불이익을 입지 않더라도 착오를 이유로 그 의사표시를 취소할 수 있다.

④ 착오가 표의자의 중대한 과실로 인한 경우에는 상대방이 표의자의 착오를 알고 이용하더라도 표의자는 의사표시를 취소할 수 없다.

⑤ 표의자의 중대한 과실 유무는 착오에 의한 의사표시의 효력을 부인하는 자가 증명하여야 한다.

해설

② 불법행위로 인한 손해배상책임이 성립하려면 가해자의 고의 또는 과실 외에 행위의 위법성이 요구되는바, 민법 제109조가 중과실이 없는 착오자의 착오를 이유로 한 의사표시의 취소를 허용하고 있는 이상 표의자가 과실로 인해 착오에 빠져 의사표시를 한 것이나 그 착오를 이유로 의사표시를 취소한 것이 위법하다고 할 수는 없으므로, 착오를 이유로 의사표시를 취소한 자는 불법행위책임을 지지 않는다.

③ 가압류의 존재에 관하여 착오가 있었다고 하더라도 가압류가 부당하게 집행된 것이라면(즉 무효인 가압류) 그로 인하여 무슨 경제적 불이익을 입은 것은 아니라고 할 것이므로, 기술신용보증기금이 위 가압류가 없는 것으로 표시된 금융기관의 기업실태조사서의 기재를 믿고 위 신용보증을 하였다고 하여 그와 같은 착오가 위 신용보증행위의 중요 부분에 관한 것이라고 볼 수 없다(대판 1998. 9. 22. 98다23706).

④ 민법 제109조 제1항 단서는 의사표시의 착오가 표의자의 중대한 과실로 인한 때에는 그 의사표시를 취소하지 못한다고 규정하고 있는데, 위 단서 규정은 표의자의 상대방의 이익을 보호하기 위한 것이므로, 상대방이 표의자의 착오를 알고 이를 이용한 경우에는 착오가 표의자의 중대한 과실로 인한 것이라고 하더라도 표의자는 의사표시를 취소할 수 있다(대판 2013다49794).

⑤ 중대한 과실이 있다는 입증책임은 표의자로 하여금 그 의사표시를 취소케 하지 않으려는 상대방이 부담한다.

정답 ①

04 사기·강박에 의한 의사표시에 관한 설명으로 옳은 것을 모두 고른 것은? (다툼이 있으면 판례에 따름)
(제35회)

> ㄱ. 아파트 분양자가 아파트단지 인근에 대규모 공동묘지가 조성된 사실을 알면서 수분양자에게 고지하지 않은 경우, 이는 기망행위에 해당한다.
> ㄴ. 교환계약의 당사자가 목적물의 시가를 묵비한 것은 원칙적으로 기망행위에 해당한다.
> ㄷ. '제3자의 강박'에 의한 의사표시에서 상대방의 대리인은 제3자에 포함되지 않는다.

① ㄱ   ② ㄴ   ③ ㄱ, ㄴ
④ ㄴ, ㄷ   ⑤ ㄱ, ㄴ, ㄷ

해설

ㄱ. (O) 아파트 분양자는 아파트단지 인근에 공동묘지가 조성되어 있는 사실을 수분양자에게 고지할 신의 칙상의 의무를 부담한다(대판 2007.6.1. 2005다5812). 따라서 이를 알리지 않은 경우에는 부작위에 의한 기망이 성립한다.

ㄴ. (X) 교환계약의 당사자가 목적물의 시가를 묵비하거나 허위로 시가보다 높은 가액을 시가라고 고지하였다 하더라도 기망행위에 해당하지 않는다(대판 2002.9.4, 2000다54406·54413).

ㄷ. (O) 상대방의 대리인 등 상대방과 동일시할 수 있는 자는 제110조 제2항의 제3자에 해당하지 않는다(대판 1998.1.23, 96다41496).따라서 대리인의 기망이나 강박으로 법률행위를 한 자는 본인이 그 사실을 알았는지 여부와 관계없이 취소할 수 있다.

정답 ③

05 甲은 乙과 체결한 매매계약에 대한 적법한 해제의 의사표시를 내용증명우편을 통하여 乙에게 발송하였다. 다음 설명 중 옳은 것은? (다툼이 있으면 판례에 따름) 〔제30회〕

① 甲이 그 후 사망하면 해제의 의사표시는 효력을 잃는다.
② 乙이 甲의 해제의 의사표시를 실제로 알아야 해제의 효력이 발생한다.
③ 甲은 내용증명우편이 乙에게 도달한 후에도 일방적으로 해제의 의사표시를 철회할 수 있다.
④ 甲의 내용증명우편이 반송되지 않았다면, 특별한 사정이 없는 한 그 무렵에 乙에게 송달되었다고 봄이 상당하다.
⑤ 甲의 내용증명우편이 乙에게 도달한 후 乙이 성년후견개시의 심판을 받은 경우, 甲의 해제의 의사표시는 효력을 잃는다.

해설 ④ 우편물이 등기취급의 방법이나 내용증명우편으로 발송된 경우, 반송되는 등의 특별한 사정이 없는 한 그 무렵 수취인에게 도달되었다고 보아야 한다(대판 91누3819).

① 의사표시자가 그 통지를 발송한 후 사망하거나 제한능력자가 되어도 의사표시의 효력에 영향을 미치지 아니한다(제111조 제2항). 즉, 해제의 의사표시는 유효하게 효력이 발생한다.

② 상대방이 있는 의사표시는 상대방에게 도달한 때에 그 효력이 생긴다(제111조 제1항). 즉, 도달하면 효력이 발생하는 것이지 상대방이 그 통지를 현실적으로 수령하였거나 그 통지의 내용을 알았을 것까지는 필요하지 않다(대판 82다카439).

③ 도달주의에 따라 의사표시가 도달된 이후에는 의사표시자는 임의로 의사표시를 철회할 수 없다.

⑤ 의사표시의 상대방이 의사표시를 받은 때에 제한능력자인 경우에는 의사표시자는 그 의사표시로써 대항할 수 없다(제112조 본문). 따라서 의사표시가 도달된 이후에 상대방이 제한능력자가 된 경우에는 의사표시에 영향을 미치지 않는다.

정답 ④

법률행위의 대리

❏ 대리권의 범위와 예외적으로 자기계약·쌍방대리가 허용되는 경우, 현명하지 않은 행위의 효력, 대리인의 능력과 관련한 법률행위의 효력을 이해하여야 하고 표현대리의 개념을 잘 이해하며 무권대리는 전형적인 사례유형으로 출제되기 때문에 이에 대비하여 학습하여야 한다.

제1절 대리제도

1 대리의 의의

1. 대리의 개념

대리란 법률행위의 당사자(본인)를 위하여 타인(대리인)이 법률행위(의사표시)를 하거나 또는 의사표시를 수령함으로써 그 법률효과가 직접 본인에 관하여 생기는 제도를 말한다. 대리는 법률행위에 있어서 행위자와 그 효과의 귀속주체가 분리되는 예외적인 제도 중 하나이다.

2. 대리제도의 사회적 작용

(1) 사적 자치의 확장

고도로 발달된 자본주의 경제조직하에서 모든 거래관계를 스스로 처리한다는 것은 거의 불가능하다. 따라서 타인을 사용하여 법률행위를 가능하게 하는 대리제도는 그만큼 사적 자치의 범위를 확대하는 역할을 하게 된다(임의대리).

(2) 사적 자치의 보충

근대법에 있어서 모든 자연인은 권리능력자이지만, 의사무능력자·제한능력자는 스스로 완전한 법률행위를 할 수 없으므로 이들의 의사능력·행위능력은 대리제도를 통해서 보충된다(법정대리).

2 대리의 법률상 성질

(1) 대리의 본질

대리는 법률행위 내지 의사표시를 하는 자와 그 법률효과를 받는 자가 분리되어 있는데, 누가 행위의 당사자인가에 대하여 학설이 대립하고 있으나 통설은 대리인 행위설의 입장이다. 우리 「민법」도 제116조 제1항에서 대리행위의 하자의 유무는 대리인을 표준으로 하여서 결정한다고 규정함으로써, 대리인 행위설을 바탕으로 하고 있음을 보여 주고 있다.

(2) 대리가 인정되는 범위

① **가족법상(신분)행위**: 본인 자신의 의사결정을 절대적으로 필요로 하는 혼인·이혼·인지(認知)·유언 등 가족법상의 신분행위에 관하여는 그 성질상 대리가 인정될 수 없다.

② **준법률행위**

ㄱ 사실행위: 사실행위는 의사표시를 요소로 하지 않으므로 대리를 인정할 수 없다.

ㄴ 의사의 통지와 관념의 통지: 준법률행위 가운데 '의사의 통지'와 '관념의 통지'에 관하여는 대리를 유추적용할 수 있다는 것이 통설이다.

③ **불법행위**: 불법행위에 대해서는 대리가 인정되지 않으며 행위자 스스로 책임을 진다.

(3) 대리와 구별되는 제도 - 사자(使者)

① 사자는 본인이 완성한 의사표시를 그대로 전달하는 사자(전달기관으로서의 사자)와 본인이 정한 의사를 상대방에게 표시하여 의사표시를 완성하는 사자(표시기관으로서의 사자)가 있다.

② 대리는 대리인 자신이 효과의사를 결정하나, 사자는 본인이 결정한다는 점에서 차이가 난다.

ㄱ 의사표시의 흠결이나 하자의 문제가 발생한 경우에 대리는 대리인을 표준으로 하지만 사자는 본인을 기준으로 하게 된다.

ㄴ 대리는 본인이 제한능력자여도 상관없지만 사자는 본인이 행위능력자여야 하며, 사자는 의사무능력자라도 무방하다.

3 대리의 종류

(1) 임의대리(任意代理)와 법정대리(法定代理)

본인의 신임을 받은 자가 본인의 수권행위에 의하여 대리권을 갖게 되는 것이 임의대리이며, 법률의 규정에 의하여 일정한 범위의 대리권이 부여되는 것이 법정대리이다. 양자의 구별실익은 주로 대리인의 복임권(제120조, 제121조), 대리권의 소멸(제128조), 표현대리(제125조) 적용 여부에 있다.

(2) 능동대리(能動代理)와 수동대리(受動代理)

본인을 위하여 상대방에게 의사표시를 하는 대리를 능동대리라고 하며, 본인을 위하여 상대방의 의사표시를 수령하는 대리를 수동대리라고 한다. 능동대리권이 있으면 일반적으로 수동대리권도 함께 갖는다. 능동대리에 관한 규정은 성질에 반하지 않는 한 수동대리에 준용하는 방법을 취하고 있다.

(3) 유권대리(有權代理)와 무권대리(無權代理)

대리인이 정당한 대리권을 가지고 있을 때에는 유권대리라고 하며 그렇지 않을 때에는 무권대리라고 한다. 무권대리행위는 유동적 무효로서 후에 본인이 추인하면 소급하여 유효가 된다.

제2절 **대리권 – 대리인과 본인의 관계**

1 대리권의 의의 제33회

대리권은 본인을 위하여 의사표시를 하거나 또는 수령하여 직접 본인에 대하여 법률효과를 발생하게 하는 법률상의 자격 또는 지위를 말한다. 즉, 권리가 아닌 권한으로 보는 것이 통설의 입장이다. 한편 대리행위에서 대리권이 있다는 점에 대한 입증책임은 대리행위의 효과를 주장하는 상대방에게 있다는 것이 판례의 태도이다(대판 2008다42195).

2 대리권의 발생원인

1. 법정대리권의 발생원인

(1) 신분상의 지위

본인에 대하여 일정한 신분상의 지위를 가지기 때문에 당연히 법정대리권이 발생하는 경우이다. 친권자(제911조, 제920조), 부부[일상가사대리권(제827조)] 등이 이에 속한다.

(2) 지정권자의 지정행위

본인 이외의 일정한 지정권자의 지정으로 법정대리권이 발생하는 경우이다. 지정후견인(제931조), 지정유언집행자(제1093조, 제1094조) 등이 이에 속한다.

(3) 법원의 선임행위

법원의 선임에 의하여 법정대리권이 발생하는 경우이다. 부재자재산관리인(제23조, 제24조), 상속재산관리인(제1023조, 제1040조, 제1044조, 제1047조 등), 미성년후견인·성년후견인·한정후견인·피특정후견인(제932조, 제936조, 제959조의3, 제959조의9) 등이 이에 속한다.

2. 임의대리권의 발생원인

임의대리권은 대리권을 수여하는 본인의 수권행위(授權行爲)에 의하여 발생한다. 수권행위를 구체적으로 보면 다음과 같다.

(1) 단독행위

수권행위의 성질에 대하여 상대방의 수령을 필요로 하는 본인의 단독행위로 이해하고 있다. 수권행위를 계약으로 보면 수권행위에 관하여 대리인의 의사에 흠결이 있으면 무권대리가 되므로 거래의 안전을 고려하여 단독행위로 보는 것이 통설의 입장이다.

(2) 원인된 법률관계와의 구별

① 대리인에게 대리권이 수여되는 것은 일반적으로 본인과 대리인 사이의 어떤 법률관계(예 고용·위임·도급 등)에 기하여 대리인이 본인에 대한 일정한 권리·의무를 부담하는 경우에 그에 수반하여 이루어지는 것이 보통이다. 이러한 법률관계를 원인된 법률관계 또는 기초적 내부관계라고 한다.

② 수권행위는 원인된 법률관계와 구별된다. 바꾸어 말하면 수권행위는 본인과 대리인 사이의 내부관계를 발생하게 하는 행위 그 자체는 아니며, 그것과는 독립하여 대리권의 발생만을 목적으로 하는 행위이다. ⇨ 수권행위의 독자성

(3) 불요식행위

수권행위의 방식에 대하여 「민법」은 특별한 규정을 두고 있지 않으므로 방식에도 제한이 없다. 보통 위임장 등의 서면에 의하지만 이에 한정하는 것은 아니며 구두로도 할 수 있으며 수권행위는 명시적으로도 묵시적으로도 행해질 수 있다.

---

3 대리권의 범위와 제한 제29회, 제30회, 제31회, 제33회, 제34회, 제35회

1. 대리권의 범위

(1) 법정대리권의 범위

법정대리권의 범위에 대하여는 「민법」에 개개의 규정이 있으므로 그에 따라 대리권의 범위가 결정된다(제25조, 제913조, 제941조 등).

(2) 임의대리권의 범위

① 수권행위의 해석: 임의대리권의 범위는 수권행위에 의하여 정해진다. 따라서 임의대리권은 그것을 수여하는 본인의 행위, 즉 수권행위에 의하여 발생하는 것이므로 어느 행위가 대리권 범위내의 행위인지 여부는 개별적인 수권행위의 내용이나 그 해석에 의하여 판단하여야 한다(대판 97다23372).

판례보기

대리권의 범위 관련 판례

1. 매매계약을 체결할 대리권을 수여받은 대리인은 특별한 사정이 없는 한 중도금이나 잔금을 수령할 권한도 있다(대판 93다39379).
2. 매매계약체결과 이행에 대한 포괄적 대리권자는 매매대금 지급기일을 연기하여 줄 권한도 갖는다(대판 91다43107).
3. 금전소비대차계약 및 담보설정의 대리권을 가진 경우에 담보설정 후 계약해제권은 대리권 범위에 포함되지 않는다(대판 97다23372). 마찬가지로 매매계약의 체결에 관한 대리권에는 매매계약의 해제 등 일체의 처분권한까지 가지고 있다고 볼 수는 없다(대판 85다카971).
4. 대여금을 수령할 대리권에는 대여금 일부를 면제하여 줄 권한은 포함되지 않는다(대판 80다3221).
5. 강제경매절차에서의 경매입찰대리권은 강제경매신청 취하에 동의할 권한까지 포함하지 않는다(대결 83마201).
6. 예금계약의 체결을 위임받은 자가 가지는 대리권에 당연히 그 예금을 담보로 대출을 받거나 이를 처분할 수 있는 대리권이 포함되어 있는 것은 아니다(대판 2000다38992).

---

② 권한을 정하지 않은 경우

> **제118조 【대리권의 범위】** 권한을 정하지 아니한 대리인은 다음 각 호의 행위만을 할 수 있다.
> 1. 보존행위
> 2. 대리의 목적인 물건이나 권리의 성질을 변하지 아니하는 범위에서 그 이용 또는 개량하는 행위

  ㉠ 보존행위: 보존행위란 재산의 현상을 유지하기 위하여 필요한 모든 행위를 말한다(예 가옥의 수선, 권리의 소멸시효 중단, 미등기 부동산의 등기 등). 대리인은 이러한 보존행위에 관해서는 언제나 무제한으로 대리권을 행사할 수 있다.
  ㉡ 이용행위: 이용행위란 물건을 임대하거나, 금전을 이자부로 대여하는 것과 같이 재산의 수익을 꾀하는 행위를 말한다. 이용행위는 객체의 성질을 변경하지 않는 범위 내에서만 대리권이 인정된다.
  ㉢ 개량행위
    ⓐ 개량행위란 물건 또는 권리의 사용가치 또는 교환가치를 증가시키는 행위를 말한다(예 무이자채권을 이자부로 변경하는 계약). 개량행위도 물건 또는 권리 자체의 성질이 변하지 않는 경우에 한하여 대리권이 인정된다. 예를 들어 예금을 주식 또는 사채로 전환하거나, 토지의 지목을 변경시키는 것은 허용되지 않는다.
    ⓑ 제118조가 규정하는 행위에 해당하는가의 여부는 문제된 행위의 성질 자체에 관하여 판단하여야 하며 본인에게 이익이 되는지 여부는 문제되지 않는다. 따라서 예금을 주식으로 전환하여 본인에게 큰 이득이 되었더라도 이는 무권대리에 해당할 뿐이다(물론 본인은 추인하여 자기의 법률행위로 할 수 있다).

ⓔ 처분행위: 대리권의 범위가 분명하지 아니한 대리인은 부동산의 양도, 저당권의 설정 등 처분행위를 할 수 없다.

핵심정리 | 권한을 정하지 아니한 대리인의 대리권 범위

구분	의의	허용범위	구체적 사례
보존 행위	현상유지행위	무제한	• 소멸시효의 중단, 채권 추심 • 미등기 부동산의 등기, 가옥의 수선 • 부패하기 쉬운 물건의 처분
이용 행위	재산의 수익을 꾀하는 행위	성질이 변하지 않는 범위	• 물건 임대: 가능 • 금전을 이자부로 대여: 가능
개량 행위	가치를 증가시키는 행위	성질이 변하지 않는 범위	• 무이자를 이자부 소비대차로 전환: 가능 • 예금을 주식이나 사채로 전환: 불가 • 토지의 형질 변경: 불가

2. 대리권의 제한

(1) 자기계약·쌍방대리 금지

> **제124조 【자기계약·쌍방대리】** 대리인은 본인의 허락이 없으면 본인을 위하여 자기와 법률행위를 하거나 동일한 법률행위에 관하여 당사자 쌍방을 대리하지 못한다. 그러나 채무의 이행은 할 수 있다.

① 원칙: 대리인이 한편으로는 본인을 대리하고, 다른 한편으로는 자기의 이름으로 계약을 체결하는 것을 '자기계약'이라고 한다. '쌍방대리'란 대리인이 한편으로는 본인을 대리하고, 다른 한편으로는 상대방을 대리하여 혼자서 쌍방의 계약을 체결하는 것을 말한다. 이와 같은 자기계약과 쌍방대리는 본인 보호를 위하여 원칙적으로 금지된다(제124조).

② 예외

　㉠ 본인의 허락: 본인이 미리 자기계약 또는 쌍방대리를 허락한 때에는 그러한 대리행위가 유효하다(제124조 본문).

　㉡ 채무의 이행: 채무이행에 관하여는 자기계약·쌍방대리가 원칙적으로 허용된다(제124조 단서). 다만 여기서 말하는 채무란 이미 완성되어 다툼이 없는 채무의 이행만을 말한다(예 변제기가 도래한 채무의 이행, 등기신청행위)

　　따라서 ⓐ 기한미도래 채무의 이행, ⓑ 다툼이 있는 채무의 이행, ⓒ 대물변제(代物辨濟), ⓓ 경개(更改), ⓔ 항변권이 부착된 채무이행 등은 그 성질상 자기계약이나 쌍방대리를 하지 못한다. 새로운 이해관계가 발생하기 때문이다.

     ⓒ '본인의 허락'이 있는지 여부는 이익충돌의 위험을 회피하기 위한 입법취지에 비추어 쌍방대리행위에 관하여 유효성을 주장하는 자가 주장·증명책임을 부담하고, 이때의 '허락'은 명시된 사전 허락 이외에도 '묵시적 허락' 또는 '사후 추인'의 방식으로도 가능하다(대판 2023다225580).

  ③ **적용범위와 위반의 효과:** 자기계약·쌍방대리의 금지에 관한 제124조는 법정대리·임의대리에 모두 적용되며, 이에 위반하는 경우에는 무권대리의 문제가 발생한다.

판례보기

부동산 입찰절차에서 동일한 물건에 관하여 1인이 2인 이상의 대리인이 된 경우, 그 대리인이 한 입찰행위의 효력(무효)

「민법」 제124조는 "대리인은 본인의 허락이 없으면 본인을 위하여 자기와 법률행위를 하거나 동일한 법률행위에 관하여 당사자 쌍방을 대리하지 못한다."라고 규정하고 있으므로 부동산 입찰절차에서 동일 물건에 관하여 이해관계가 다른 2인 이상의 대리인이 된 경우에는 그 대리인이 한 입찰은 무효이다(대판 2003마44).

---

(2) 공동대리

> **제119조【각자대리】** 대리인이 수인인 때에는 각자가 본인을 대리한다. 그러나 법률 또는 수권행위에 다른 정한 바가 있는 때에는 그러하지 아니하다.

① **각자대리의 원칙:** 공동대리란 수인(數人)의 대리인이 공동으로만 대리행위를 할 수 있는 대리를 말한다. 그러나 대리인이 수인일지라도 각자대리가 원칙이며, 예외적으로 법률의 규정(예 친권의 공동행사)이나 수권행위에 의하여 특별히 정하여진 경우에만 공동대리가 인정된다(제119조).

② **공동대리**

    ㉠ **능동대리:** 능동대리는 공동대리인들이 의사결정을 공동으로 하여야 하지만 반드시 의사표시를 공동으로 할 필요는 없다. 이를 위반하면 무권대리의 문제가 발생한다.

    ㉡ **수동대리:** 공동대리라도 상대방의 의사표시를 수령하는 수동대리는 각자가 할 수 있다. 단순히 수령만 하는 수동대리는 각자 하더라도 본인을 해할 염려가 없기 때문이다.

---

4 대리권의 소멸 제30회, 제31회

> **제127조【대리권의 소멸사유】** 대리권은 다음 각 호의 어느 하나에 해당하는 사유가 있으면 소멸한다.
> 1. 본인의 사망
> 2. 대리인의 사망, 성년후견의 개시 또는 파산

> **제128조【임의대리의 종료】** 법률행위에 의하여 수여된 대리권은 전조의 경우 외에 그 원인된 법률관계의 종료에 의하여 소멸한다. 법률관계의 종료 전에 본인이 수권행위를 철회한 경우에도 같다.

(1) 공통 소멸원인

임의대리와 법정대리에 공통된 대리권의 소멸원인은 다음과 같다(제127조).

① 본인의 사망
② 대리인의 사망
③ 대리인의 파산(破産) 또는 성년후견의 개시(종전의 금치산)

(2) 임의대리에 특유한 소멸원인

① **원인된 법률관계의 종료**: 임의대리권은 그 원인된 법률관계의 종료에 의하여 소멸한다(제128조). 그러나 수권행위는 원인된 법률관계와는 관념상 구별되므로 반드시 법률적 운명을 같이할 필요는 없다. 따라서 본인은 원인된 법률관계가 종료한 후에도 대리권만을 그대로 존속시킬 수도 있다.
② **수권행위의 철회**: 원인된 법률관계가 존속하고 있더라도 본인은 수권행위를 언제든지 철회하여 대리권을 소멸시킬 수 있다(제128조).

(3) 법정대리에 특유한 소멸원인

법정대리에 특유한 소멸원인은 법률의 규정에 의한다. 예를 들어 친권자의 미성년인 자(子)에 대한 법정대리권은 그 자(子)가 성년이 되면 소멸한다.

대리행위 – 대리인과 상대방의 관계

1 **현명주의** 제35회

> **제114조【대리행위의 효력】**① 대리인이 그 권한 내에서 본인을 위한 것임을 표시한 의사표시는 직접 본인에게 대하여 효력이 생긴다.
> ② 전항의 규정은 대리인에게 대한 제3자의 의사표시에 준용한다.

(1) 현명의 의의와 방식

① 의의: 본인을 위한 것임을 표시하여야 한다는 것은 그 행위의 법률효과를 본인에게 귀속시키려고 하는 대리의사를 표시하여야 한다는 뜻이지 '본인의 이익을 위하여'라는 뜻은 아니다. 따라서 본인에게 손해가 발생하는 배임적 행위를 하였더라도 대리의 효과는 본인에게 귀속한다. 다만, 대리권의 남용이 문제된다.

② 방식: 일반적으로는 '甲의 대리인 乙'이라고 서면을 통한 현명을 한다. 그러나 현명의 방식에는 아무런 제한이 없으므로 구두로도 가능하다. 또한 본인의 이름이 표시되지 않았어도 주위의 사정을 통하여 본인이 누구인지 알 수 있으면 족하다고 한다(통설).

판례보기

대리행위로 인정할 수 있는 경우

1. 대리인이 자신의 이름을 사용한 경우에도 대리를 인정할 수 있는 경우
   매매위임장을 제시하고 매매계약을 체결하는 자는 특단의 사정이 없는 한 소유자를 대리하여 매매행위하는 것이라고 보아야 하고 매매계약서에 대리관계의 표시 없이 그 자신의 이름을 기재하였다고 해서 그것만으로 그 자신이 매도인으로서 타인물을 매매한 것이라고 볼 수는 없다(대판 81다카1209).

2. 대리인이 대리관계의 표시 없이 본인의 명의를 사용한 경우에도 대리를 인정할 수 있는 경우
   대리권이 있다면 대리관계를 표시함이 없이 마치 자신이 본인인 양 행세하더라도 위 계약은 대리인이 그의 권한 범위 안에서 한 것인 이상 그 효력은 본인에게 미친다(대판 86다카1411).

---

(2) 현명하지 않은 행위의 효력

> **제115조【본인을 위한 것임을 표시하지 아니한 행위】**대리인이 본인을 위한 것임을 표시하지 아니한 때에는 그 의사표시는 자기를 위한 것으로 본다. 그러나 상대방이 대리인으로서 한 것임을 알았거나 알 수 있었을 때에는 전조 제1항의 규정을 준용한다.

① **원칙**: 대리인이 본인을 위한 것임을 표시하지 않고서 한 의사표시는 그 대리인 자신을 위한 것으로 본다(제115조 본문). 따라서 대리인은 내심의 의사와 표시가 일치하지 않음을 이유로 취소하지 못한다. 대리인을 본인으로 믿은 상대방을 보호하기 위한 취지에서이다.

② **예외**: 상대방이 대리인으로서 한 것임을 알았거나 알 수 있었을 때에는 그 의사표시는 대리행위로서 효력이 발생한다(제115조 단서).

(3) 적용범위

① 현명주의는 임의대리뿐 아니라 법정대리에도 적용된다.

② 수동대리에 있어서는 상대방이 본인에 대한 의사표시임을 표시하여야 한다.

③ 상행위와 일상가사대리에는 현명주의가 예외적으로 적용되지 않는다.

2 대리행위의 하자 제30회, 제31회

> **제116조【대리행위의 하자】** ① 의사표시의 효력이 의사의 흠결, 사기·강박 또는 어느 사정을 알았거나 과실로 알지 못한 것으로 인하여 영향을 받을 경우에 그 사실의 유무는 대리인을 표준하여 결정한다.
> ② 특정한 법률행위를 위임한 경우에 대리인이 본인의 지시에 따라 그 행위를 한 때에는 본인은 자기가 안 사정 또는 과실로 인하여 알지 못한 사정에 관하여 대리인의 부지(不知)를 주장하지 못한다.

(1) 원칙

① 대리에 있어서 대리행위의 주체는 대리인이므로 의사표시의 효력이 의사의 흠결(비진의표시·허위표시·착오), 사기·강박 또는 어느 사정을 알았거나 과실로 알지 못한 것으로 인하여 영향을 받을 경우에 그 하자의 유무는 대리인을 표준으로 하여 결정한다.

② 대리행위의 하자에서 생기는 효과 역시 본인에게 귀속한다.

┌ **참고학습** ┤ 대리행위 하자의 기준이 되는 자 - 대리인

1. **반사회적 법률행위 여부의 판단기준이 되는 자에 대한 사례**
   대리인이 본인을 대리하여 매매계약을 체결함에 있어서 매매대상 토지에 관한 저간의 사정을 잘 알고 그 배임행위에 가담하였다면, 대리행위의 하자 유무는 대리인을 표준으로 판단하여야 하므로, 설사 본인이 미리 그러한 사정을 몰랐거나 반사회성을 야기한 것이 아니라고 할지라도 그로 인하여 매매계약이 가지는 사회질서에 반한다는 장애사유가 부정되는 것은 아니다(대판 97다45532).

2. **착오에서 기준이 되는 자에 대한 사례**
   대리행위의 하자 유무는 대리인을 기준으로 하므로 대리인에게 착오가 없는 경우 본인의 착오가 있더라도 취소할 수 없다(대판 95다41406).

(2) 예외

① 특정한 법률행위를 위임한 경우에 대리인이 본인의 지시에 따라 그 행위를 한 때에는 본인은 자기가 안 사정 또는 과실로 인하여 알지 못한 사정에 관하여 대리인의 부지(不知)를 주장하지 못한다(제116조 제2항).

② 대리인이 하자 있는 물건을 매수하고 물건에 하자가 있다는 사실을 알고 있는 본인이 대리인에게 지시하여 그 물건을 매수하게 하였다면, 설령 대리인이 그 사실을 모르고 있었다 하더라도 본인은 담보책임을 물을 수 없게 된다.

3 대리권의 남용 제34회

대리인이 계약금을 횡령할 의사로 계약을 한 경우와 같이 대리인이 본인의 이익이나 의사에 반하여 자기 또는 제3자의 이익을 위한 배임적인 행위를 하는 것을 대리권의 남용이라고 한다.

(1) 원칙

본인의 이익에 반하였다 하더라도 대리권의 범위 내에서 한 것이라면 유권대리로서 본인에게 효과가 귀속된다.

(2) 비진의표시 유추적용

① 배임행위에 해당하는 대리행위도 대리권의 범위 내에서 행해지는 한 본인에 대하여 효력이 발생하는데, 이러한 결과는 거래의 안전을 위한 것이지만 본인에게는 가혹한 일이다. 따라서 일정한 경우에는 배임적 대리효과를 부정하고 본인을 보호할 필요가 생긴다.

② 판례는 비진의표시 단서규정을 유추적용한다. 즉, 대리인이 자신이나 제3자를 위하여 배임적 대리행위를 하는 것이라는 사실을 상대방이 알았거나 알 수 있었을 때에는 「민법」 제107조 제1항(비진의표시) 단서를 유추적용하여 본인에게 효력이 없게 된다.

> **핵심정리** │ 대리권 남용에 관한 판례의 견해 - 비진의표시 유추적용
>
> 계약이 대리인에 의하여 체결된 경우, 그 대리인의 진의가 본인의 이익이나 의사에 반하여 자기 또는 제3자의 이익을 위한 것이고 상대방이 그 사정을 알았거나 알 수 있었다면 본인은 아무런 계약상의 책임을 지지 않는다(대판 86다카1004).

4 대리인의 능력 제29회, 제31회, 제34회

> **제117조【대리인의 행위능력】** 대리인은 행위능력자임을 요하지 아니한다.

(1) 대리인은 대리행위에 의하여 권리를 취득하거나 의무를 부담하는 것이 아니므로 행위능력자임을 요하지 아니한다(제117조). 그러나 대리인은 적어도 의사능력을 가지고 있어야 한다. 대리인이 의사무능력자인 경우 그가 행한 법률행위는 무효가 된다.

(2) 제한능력자인 대리인이 상대방과 한 대리행위도 완전한 대리행위이므로 본인이나 대리인은 제한능력을 이유로 취소할 수 없다.

제4절 대리효과 – 본인과 상대방의 관계

(1) 본인에게 귀속되는 법률효과 제33회

① 대리인이 행한 의사표시의 효과는 모두 직접 본인에게 귀속한다(제114조). 따라서 대리인이 그 권한에 기하여 계약상 급부를 수령한 경우에, 계약상 채무의 불이행을 이유로 계약이 상대방 당사자에 의하여 유효하게 해제되었다면, 해제로 인한 원상회복의무는 대리인이 아니라 계약의 당사자인 본인이 부담한다(대판 2011다30871). 이는 본인이 대리인으로부터 그 수령한 급부를 현실적으로 인도받지 못하였다거나 해제의 원인이 된 계약상 채무의 불이행에 관하여 대리인에게 책임 있는 사유가 있다고 하여도 마찬가지이다.

> **보충** 상대방이 계약을 적법하게 해제한 경우, 손해배상청구는 대리인이 아닌 본인에게 하여야 한다.

② 본인에게 귀속되는 효과에는 대리행위로부터 발생하는 직접적인 효과는 물론이고 부수적인 효과(예 계약의 취소권, 하자담보청구권, 손해배상청구권 등)도 포함된다.

(2) 본인의 능력

대리인은 행위능력을 요하지는 않지만 의사능력은 갖추어야 하며, 의사무능력인 자가 대리인으로 한 행위는 무효가 된다. 본인은 행위능력은 물론 의사능력도 필요하지 않으며, 법률효과를 귀속받기 위한 권리능력만 있으면 된다.

제 5 절 **복대리**

1 **서설** 제30회, 제33회

(1) 복대리인의 의의

복대리인이란 대리인이 자신의 이름과 책임으로 선임한 본인의 대리인을 말한다. 복대리인을 선임할 수 있는 권한을 대리인의 '복임권(復任權)'이라고 하며, 복대리인을 선임하는 행위를 '복임행위'라고 한다.

(2) 복대리인의 법적 성질

① 복대리인은 대리인이 자기의 이름으로 선임한 자이다. 자신의 이름으로 선임하므로 대리인의 복대리인 선임행위는 대리행위가 아니다. 복대리인은 어디까지나 대리인이 자신의 이름과 책임으로 선임하는 자이다.

② 복대리인은 '본인의 대리인'이지 대리인의 대리인이 아니다.

2 **대리인의 복임권과 책임** 제29회, 제30회, 제31회, 제32회, 제33회, 제34회, 제35회

1. 임의대리인의 복임권과 책임

> **제120조【임의대리인의 복임권】** 대리권이 법률행위에 의하여 부여된 경우에는 대리인은 본인의 승낙이 있거나 부득이한 사유 있는 때가 아니면 복대리인을 선임하지 못한다.
>
> **제121조【임의대리인의 복대리인 선임의 책임】** ① 전조의 규정에 의하여 대리인이 복대리인을 선임한 때에는 본인에게 대하여 그 선임·감독에 관한 책임이 있다.
> ② 대리인이 본인의 지명에 의하여 복대리인을 선임한 경우에는 그 부적임 또는 불성실함을 알고 본인에 대한 통지나 그 해임을 태만한 때가 아니면 책임이 없다.

(1) 임의대리인의 복임권

① **원칙:** 임의대리인은 원칙적으로 복대리인을 선임할 수 없다(제120조).

② **예외:** 본인의 승낙이 있거나 부득이한 사유가 있는 경우에 한하여 선임할 수 있다. 본인의 승낙과 부득이한 사유를 모두 갖추어야 하는 것은 아니고 둘 중에 하나만 갖추어도 충분하다.

> 보충 | 분양업무와 같이 수임인의 능력에 따라 사업의 성공 여부가 결정되는 업무에 관한 대리권을 수여받은 경우, 본인의 명시적인 승낙 없이는 복대리인을 선임할 수 없다.

(2) 임의대리인의 책임

① **원칙(선임·감독상의 책임):** 임의대리인이 부적임한 자를 복대리인으로 선임하거나 또는 감독을 게을리하여 본인에게 손해를 끼친 때에는 이를 배상할 책임이 있다. 즉, 선임·감독에 관하여 과실책임(過失責任)이 있다.

② **본인 지명시 책임:** 대리인이 본인의 지명에 따라서 복대리인을 선임한 경우에는 그 책임이 경감된다. 이때 본인이 지명한 자가 부적임 또는 불성실함을 알고 본인에 대한 통지나 그 해임을 태만히 한 때에 한하여 책임을 진다(제121조).

③ 임의대리인은 선임한 복대리인을 감독할 권한이 있으며 스스로 해임할 수 있다.

④ 복임권이 없는 대리인이 임의로 선임한 복대리인을 통하여 권한 밖의 행위를 한 경우라도 권한을 넘은 표현대리가 성립될 수 있다(대판 97다48982).

2. 법정대리인의 복임권과 책임

> **제122조 【법정대리인의 복임권과 그 책임】** 법정대리인은 그 책임으로 복대리인을 선임할 수 있다. 그러나 부득이한 사유로 인한 때에는 전조 제1항에 정한 책임만이 있다.

법정대리인은 언제든지 복임권이 있다. 이와 같이 법정대리인은 언제든지 복임권을 가진 반면에 복대리인의 행위에 관하여는 선임·감독에 있어서의 과실(過失)의 유무를 묻지 않고서 전적으로 책임을 진다(무과실책임). 다만, 부득이한 사유로 복대리인을 선임한 경우에는 책임이 경감되어 선임·감독상의 과실책임만 진다(제122조).

핵심정리 | 복대리인의 선임 및 책임

구분	임의대리인	법정대리인
선임 여부	• 원칙: 선임 불가능 • 예외: 본인의 승낙 또는 부득이한 사유가 있는 경우에만 선임 가능	언제든지 선임 가능
책임	선임·감독상의 과실책임	무과실책임
면책 또는 감경	① 본인 지명시: 선임·감독상 책임X ② 복대리인의 부적임·불성실함을 알고 본인에게 통지나 해임을 태만히 한 경우: 책임○	부득이한 사유로 선임한 경우 선임·감독상의 과실책임

3 복대리인의 지위

(1) 대리인에 대한 관계 - 대리권의 존재와 범위에 의존

복대리인은 대리인의 복임권에 기하여 선임된 자이므로 대리인의 감독을 받을 뿐만 아니라, 그 대리권은 대리인의 대리권에 기한 것이므로 대리인의 대리권의 존재 및 범위에 의존한다. 따라서 대리인의 대리권보다 그 범위가 넓을 수 없고, 대리인의 대리권이 소멸하면 복대리인의 복대리권도 소멸하게 된다. 그러나 복대리인의 선임으로 대리인의 대리권이 소멸하는 것은 아니다.

(2) 상대방에 대한 관계 - 대리인과 동일한 권리·의무

복대리인은 본인의 대리인이므로 직접 본인의 이름으로 대리하고, 기타 제3자에 대하여는 대리인과 동일한 권리·의무가 있다(제123조).

> 보충 | 복대리인은 제3자나 본인에 대하여 대리인과 동일한 권리·의무가 있다.

(3) 본인에 대한 관계 - 본인에 대하여 대리인과 동일한 내부관계

복대리인은 대리인에 의하여 선임된 자이므로, 본인과의 사이에는 대리인이라는 것 이외에는 이론 상 아무런 관계가 없다. 그러나 복대리제도의 운용의 편의상 본인과 복대리인 사이에도 본인과 대리인 사이에 있어서와 마찬가지의 내부관계가 생기는 것으로 정하였다(제123조 제2항). 따라서 대리인이 수임인인 경우에는 복대리인도 본인에 대하여 수임인으로서의 권리·의무(예 선관주의의무·비용상환청구권 등)를 가지게 된다.

(4) 복대리인의 복임권

복대리인은 언제나 임의대리인이므로 임의대리인과 동일한 조건하에 복임권을 가진다고 해석한다.

4 복대리권의 소멸 제30회, 제32회

복대리권도 직접 본인에 대한 대리권이므로 대리권 일반의 소멸원인에 의하여 소멸하게 된다(제127조 참조). 또한 대리인과 복대리인 사이의 수권행위 소멸에 의하여서도 복대리권은 소멸한다. 그 밖에 복대리권은 대리인의 대리권을 전제로 하고, 그에 의존하기 때문에 모권인 대리인의 대리권이 소멸하면 역시 소멸하게 된다.

제6절 무권대리

1 서설

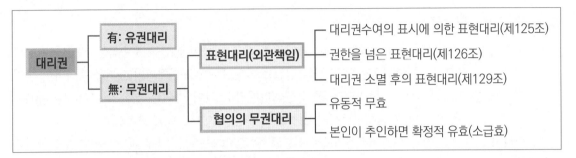

(1) 무권대리는 대리권 없이 행해진 행위이므로 법적 효과를 본인에게 귀속시킬 수 없을 뿐만 아니라, 대리의사로서 행한 행위이기 때문에 대리인에게도 법적 효과를 귀속시킬 수 없다. 여기서 본인의 이익을 부당히 침해하지 않으면서 대리제도에 따르는 위험을 최소한도로 막는 예방책을 강구하는 것이 입법정책으로서 요구된다.

(2) 이 요구에 부응하기 위하여 「민법」은 대리제도의 신용을 유지하고 거래의 안전을 꾀하며, 아울러 본인의 이익의 침해를 피하기 위한 대책으로서 두 가지의 특별규정으로 '표현대리'와 '협의의 무권대리' 규정을 두고 있다.

2 표현대리 제29회, 제30회, 제31회, 제32회, 제33회, 제34회

1. 서설

(1) 표현대리(表見代理)의 의의

대리인에게 대리권이 없음에도 불구하고 마치 대리권이 있는 것과 같은 외관이 있고, 또한 그러한 외관의 발생에 관하여 본인이 어느 정도의 원인을 주고 있는 경우에 그 무권대리행위에 대하여 본인이 책임을 지게 함으로써 그러한 외관을 신뢰한 선의·무과실의 제3자를 보호하고 거래의 안전을 보장하며, 나아가서는 대리제도의 신용을 유지하려는 것이 표현대리제도이다.

(2) 표현대리의 종류

① 대리권수여의 표시에 의한 표현대리: 본인이 대리권을 수여한다는 뜻을 상대방에게 통지하였으나 실제로는 대리권을 주지 않은 경우이다.

② **권한을 넘은 표현대리(월권대리)**: 기본적인 대리권은 있으나 대리인이 이를 초과하는 행위를 한 경우이다.

③ **대리권 소멸 후의 표현대리(멸권대리)**: 대리인이 이전에는 대리권이 있었으나 현재는 대리권이 소멸하였음에도 대리행위를 한 경우이다.

(3) 무권대리로서의 성질

① 표현대리는 어디까지나 상대방의 보호, 거래의 안전을 위하여 본인을 구속하는 제도에 지나지 않으며, 그 밖의 점에서는 무권대리로서의 성질을 가진다. 즉, 표현대리의 요건을 충족하여 본인이 책임을 진다고 해서 표현대리가 곧 유권대리행위로 되어 버리는 것은 아니며(대판 83다카1489), 그것은 여전히 무권대리로서의 성질을 지니는 것이다.

② 따라서 상대방은 이를 무권대리행위로서 철회할 수 있고(제134조), 이에 대응하여 본인은 추인함으로써 상대방의 철회권을 소멸시킬 수도 있으며(제130조), 이들 철회와 추인 중 어느 것이 먼저 있었느냐에 따라서 문제의 표현대리행위가 확정된다. 또한 상대방은 본인에 대하여 추인 여부의 확답을 최고할 수도 있다(제131조).

(4) 표현대리의 특질

① 법정외관책임(法定外觀責任)으로서 상대방을 보호하기 위한 제도이므로 표현대리의 주장은 직접 상대방만이 할 수 있고 무권대리인이나 본인 또는 전득자는 주장할 수 없다.

② 표현대리제도는 무권대리이지만 본인에게 어느 정도 불리함을 감수시키고 상대방을 보호하는 것이므로 상대방도 보호받을 만한 가치가 있어야 한다. 즉, 상대방은 선의·무과실이어야 한다.

③ 표현대리는 무권대리이므로 유권대리의 주장 속에 표현대리의 주장이 포함되었다고 볼 수 없다. 따라서 유권대리에 관한 주장을 한 경우 법원은 따로 표현대리가 성립되는지 여부를 조사할 필요가 없다(대판 83다카1489).

④ 표현대리행위가 성립하는 경우에 그 본인은 표현대리행위에 의하여 전적인 책임을 져야 하고, 상대방에게 과실이 있다고 하더라도 과실상계의 법리를 유추적용하여 본인의 책임을 경감할 수 없다(대판 95다49554).

⑤ 강행법규에 위반되어 무효인 행위에 대해서는 표현대리의 법리가 적용될 여지가 없다. 표현대리가 적용되면 본인이 이에 대한 이행책임을 져야 하는데 강행법규에 위반된 경우에는 이를 이행할 수 없기 때문이다. 판례도 마찬가지의 입장이다(대판 94다38199).

⑥ 표현대리가 성립하기 위해서는 반드시 현명이 있어야 하며, 현명 없이 자신의 이름으로 한 경우에는 무권리자(무권한자)의 행위가 문제될 뿐, 표현대리의 문제는 생기지 않는다.

⑦ 무권대리인의 상대방에 대한 책임인 제135조의 규정은 표현대리 성립시에는 적용되지 않는다(다수설). 표현대리가 성립하였다면 본인에게 이행을 청구할 수 있기 때문이다.

2. 대리권수여의 표시에 의한 표현대리

> **제125조【대리권수여의 표시에 의한 표현대리】** 제3자에 대하여 타인에게 대리권을 수여함을 표시한 자는 그 대리권의 범위 내에서 행한 그 타인과 그 제3자 간의 법률행위에 대하여 책임이 있다. 그러나 제3자가 대리권 없음을 알았거나 알 수 있었을 때에는 그러하지 아니하다.

(1) 의의

제125조의 표현대리는 대리권을 수여하였다는 취지를 본인이 상대방에게 표시하였으나 실제로는 대리권을 주고 있지 않은 경우에 성립한다.

(2) 성립요건

① 본인이 제3자에 대하여 어떤 자에게 대리권을 수여하였음을 통지하여야 한다. 여기서 제3자란 대리행위의 상대방이 될 자를 가리킨다. 제126조 및 제129조의 표현대리에서도 제3자라는 표현을 쓰지만 역시 대리행위의 상대방만을 의미하고 전득자는 포함하지 않는다.

  ㉠ 대리권수여의 통지방법에는 제한이 없다.

  ⓐ 보통은 위임장에 의하지만 서면에 의하지 않고 구두로 하여도 무방하며 묵시적으로도 할 수 있다(**예** 등기서류의 교부, 명의대여, 인장의 교부 등).

  ⓑ 대리권수여의 표시는 반드시 대리권 또는 대리인이라는 말을 사용하여야 하는 것이 아니라 사회통념상 대리권을 추단할 수 있는 직함이나 명칭 등의 사용을 승낙 또는 묵인한 경우에도 대리권수여의 표시가 있은 것으로 볼 수 있다(대판 97다53762).

  ㉡ 대리권수여의 통지는 수권행위가 있었다는 사실을 알려 주는 '관념의 통지'이다.

  ㉢ 대리권수여의 통지는 특정인뿐 아니라 불특정 다수인에게도 할 수 있다.

  ㉣ 본인과 표현대리인 사이에 유효한 기본적 법률관계가 존재하고 있어야 하는 것은 아니다(대판 2007다23425).

판례보기

묵시적인 대리권수여의 표시를 인정한 사례

호텔 등의 시설이용 우대회원 모집계약을 체결하면서 자신의 판매점·총대리점 또는 연락사무소 등의 명칭을 사용하여 회원모집 안내를 하거나 입회계약을 체결하는 것을 승낙 또는 묵인한 경우, 「민법」 제125조의 표현대리가 성립한다(대판 97다53762).

---

② 대리권수여의 통지를 받은 상대방과 대리행위를 하였어야 한다.

③ 대리권수여의 통지에서 수여한 것으로 표시된 대리권의 범위 내에서 대리행위를 하였어야 한다. 표시된 대리권의 범위를 넘는 대리행위를 한 때에는 제126조의 권한을 넘은 표현대리가 성립한다.

④ 상대방은 선의임과 동시에 무과실이어야 한다.

(3) 적용범위

수권과 관련되므로 임의대리에만 적용되며 법정대리에는 적용되지 않는다. 제126조와 제129조의
표현대리는 임의대리뿐만 아니라 법정대리에도 적용되는 것과 구별된다.

(4) 효과

본인은 대리인의 행위에 대하여 책임이 있다(제125조 본문). 즉, 본인은 무권대리행위라는 것을 이유
로 그 효과가 자기에게 미치는 것을 거절하지 못한다.

3. 권한을 넘은 표현대리

> **제126조【권한을 넘은 표현대리】** 대리인이 그 권한 외의 법률행위를 한 경우에 제3자가 그 권한이 있다고
> 믿을 만한 정당한 이유가 있는 때에는 본인은 그 행위에 대하여 책임이 있다.

(1) 의의

제126조의 표현대리는 일정한 범위의 대리권을 가진 대리인이 그 권한을 넘는 대리행위를 한 경우
에 성립한다. 예를 들어 甲이 乙에게 건물을 관리하는 권한을 주었는데 乙이 건물을 매도해 버린
경우이다.

(2) 성립요건

① 기본대리권이 존재할 것

  ⊙ 기본대리권이 존재하여야 한다. 기본적인 어떠한 대리권도 없는 자에 대하여 권한을 넘는
    표현대리는 성립할 여지가 없다(대판 84다카780).

  ⊙ 비법인사단인 교회의 대표자는 총유물인 교회 재산의 처분에 관하여 교인총회의 결의를 거
    치지 아니하고는 이를 대표하여 행할 권한이 없으므로 교회의 대표자가 권한 없이 행한 교회
    재산의 처분행위에 대하여는 「민법」 제126조의 표현대리에 관한 규정이 준용되지 아니한다
    (대판 2006다23312).

심화학습 | 기본대리권의 인정 여부

1. 공법상 행위: 기본대리권이 등기신청행위라 할지라도 표현대리인이 그 권한을 유월하여 대물변제라는 사법행위
   를 한 경우에 표현대리의 법리가 적용된다(대판 78다282, 283).
2. 법정대리(일상가사대리권): 동거를 하면서 사실상의 부부관계를 맺고 실질적인 가정을 이루어 대외적으로도
   부부로 행세하여 왔다면 일상가사에 관한 사항에 관하여 상호대리권이 있고, 상대방이 대리권한이 있다고
   믿을 만한 정당한 이유가 있다면 표현대리가 성립한다(대판 80다2077).

---

3. 복대리권: 복대리인 선임권이 없는 대리인에 의하여 선임된 복대리인의 권한도 기본대리권이 될 수 있으므로 「민법」 제126조를 적용함에 있어서 기본대리권의 흠결문제는 생기지 않는다(대판 97다48982).

4. 표현대리권: 제129조의 표현대리가 성립하는 범위를 넘는 경우에 제126조의 표현대리가 성립한다(대판 79다234).

5. 인장의 교부: 단순히 사실상의 보관을 위탁하였다는 것만으로는 대리권을 수반하는 것으로 볼 수 없으나, 특정의 거래행위에 관련하여 도장을 교부하는 것은 일반적으로 대리권의 수여가 된다(대판 62다508).

6. 사실행위(원칙 : 인정 × / 예외 : 사자(使者) - 인정○)

   ① 증권회사로부터 위임받은 고객의 유치, 투자상담 및 권유, 위탁매매약정실적의 제고 등의 업무는 사실행위에 불과하므로 이를 기본대리권으로 하여서는 권한 초과의 표현대리가 성립할 수 없다(대판 91다32190).

   ② 대리인이 아니고 사실행위를 위한 사자(使者)라 하더라도 외견상 그에게 어떠한 권한이 있는 것의 표시 내지 행동이 있어 상대방이 그를 믿었고 또 그를 믿음에 있어 정당한 사유가 있다면 표현대리의 법리에 의하여 본인에게 책임이 있다(대판 4294민상192).

7. 인감증명서만의 교부: 인장이 아니라 인감증명서만의 교부는 어떤 대리권의 수여행위가 되지 않는다(대판 78다75).

② 권한을 넘는 대리행위를 하였을 것

   ㉠ 정당하게 부여받은 대리권의 내용이 되는 행위와 표현대리행위는 반드시 같은 종류일 필요는 없고, 아무런 관계가 없는 경우라도 무방하다(대판 69다548).

   ㉡ 대리행위를 하였어야 한다. 즉, 현명이 없는 경우에는 본조가 성립할 수 없고 단지 무권리자의 처분행위 문제가 생기게 된다.

판례보기

현명이 없는 경우에는 표현대리가 성립할 수 없다는 사례

소외 甲이 피고로부터 등기원인 사실을 조작하여 위 부동산소유권등기를 자기 개인 앞으로 이전한 후 이를 자기의 소유물이라 하여 원고에게 매각하고 그 소유권이전등기를 하여 준 것이라면 원고에 대한 그 매매계약당사자는 甲이고 피고는 그 당사자가 아님이 자명하므로 피고에 대한 관계에 있어 대리 내지 표현대리 이론을 적용시킬 여지가 없다(대판 72다1530).

---

③ 정당한 이유가 있을 것

   ㉠ 표현대리의 효과를 주장하려면 상대방이 자칭 대리인에게 대리권이 있다고 믿고 그와 같이 믿는 데 정당한 이유가 있을 것을 요건으로 하는 것인바, 여기서 정당한 이유의 존부는 자칭 대리인의 대리행위가 행하여질 때에 존재하는 제반 사정을 객관적으로 관찰하여 판단하여야 한다(대판 2007다74713).

   ㉡ 정당한 이유의 판단시기는 대리행위시이며, 그 이후의 사정은 고려하지 않는다(대판 2000다67884). 또한 정당한 이유에 관한 입증은 이를 주장하는 상대방이 하여야 한다.

(3) 적용범위

제126조의 표현대리는 임의대리와 법정대리에 모두 적용된다. 특히 일상가사를 초과하는 경우에 제126조가 적용되는지가 문제되는데, 판례는 정당한 이유를 엄격하게 해석하면서 이를 긍정한다.

4. 대리권 소멸 후의 표현대리

> **제129조 【대리권 소멸 후의 표현대리】** 대리권의 소멸은 선의의 제3자에게 대항하지 못한다. 그러나 제3자가 과실(過失)로 인하여 그 사실을 알지 못한 때에는 그러하지 아니하다.

(1) 의의

제129조의 표현대리는 대리인이 이전에는 대리권을 가지고 있었으나 대리행위를 할 때에는 그 대리권이 소멸되어 있는 경우에 성립한다. 예를 들어 자(子)가 성년이 된 후에도 부모가 자(子)의 재산에 관하여 매매를 하였다면 제129조가 적용된다.

(2) 성립요건

① 대리인이 이전에는 대리권을 가지고 있었으나 대리행위를 할 때에는 그 대리권이 소멸한 상태이어야 한다.
② 상대방은 선의·무과실이어야 한다.

판례보기

대리인이 대리권 소멸 후 선임한 복대리인과 상대방 사이의 법률행위에도 「민법」제129조의 표현대리가 성립하는지 여부(적극)

대리인이 대리권 소멸 후 직접 상대방과 사이에 대리행위를 하는 경우는 물론 대리인이 대리권 소멸 후 복대리인을 선임하여 복대리인으로 하여금 상대방과 사이에 대리행위를 하도록 한 경우에도, 상대방이 대리권 소멸 사실을 알지 못하여 복대리인에게 적법한 대리권이 있는 것으로 믿었고 그와 같이 믿은 데 과실이 없다면 「민법」 제129조에 의한 표현대리가 성립할 수 있다(대판 97다55317).

---

(3) 적용범위

제129조의 표현대리는 임의대리와 법정대리에 모두 적용된다.

(4) 효과

본인은 상대방에 대하여 대리권의 소멸로써 대항하지 못한다. 즉, 대리인의 대리행위에 대하여 책임을 진다. 본인이 그로 인하여 손해가 생긴 때에는 표현대리인에게 손해배상을 청구할 수 있음은 물론이다.

3 **협의의 무권대리** 제29회, 제30회, 제31회, 제32회, 제33회, 제34회, 제35회

무권대리 중에서 표현대리의 요건을 갖추지 못한 것은 모두 협의의 무권대리가 된다.

1. 계약의 무권대리

(1) 본인에 대한 효과

> **제130조 【무권대리】** 대리권 없는 자가 타인의 대리인으로 한 계약은 본인이 이를 추인하지 아니하면 본인
> 에 대하여 효력이 없다.
> **제132조 【추인·거절의 상대방】** 추인 또는 거절의 의사표시는 상대방에 대하여 하지 아니하면 그 상대방에
> 대항하지 못한다. 그러나 상대방이 그 사실을 안 때에는 그러하지 아니하다.
> **제133조 【추인의 효력】** 추인은 다른 의사표시가 없는 때에는 계약시에 소급하여 그 효력이 생긴다. 그러나
> 제3자의 권리를 해하지 못한다.

① 효과: 원칙적으로 본인에 대하여 아무런 효력이 발생하지 않는다(유동적 무효). 다만, 본인이 원하
면 추인하여 유효화할 수도 있고 원하지 않으면 거절하여 확정적 무효로 할 수 있도록 규정하고
있다.

② 본인의 추인권

  ㉠ 성질: 추인은 상대방 또는 무권대리인 등의 동의나 승낙을 요하지 않는 단독행위로서 그
  성질상 형성권에 속한다.

  ㉡ 추인의 상대방

    ⓐ 추인은 무권대리인, 무권대리행위의 직접의 상대방 및 그 무권대리행위로 인한 권리 또는
    법률관계의 승계인에 대하여도 할 수 있다(대판 80다2314).

    ⓑ 무권대리인에게 한 추인은 상대방이 그 사실을 알지 못하는 경우에는 상대방에게 추인의
    효력을 주장할 수 없다. 따라서 상대방은 추인사실을 알기 전까지 이행할 필요가 없으며
    먼저 철회권을 행사하여 법률관계를 소멸시킬 수도 있다.

  ㉢ 일부에 대하여 추인을 하거나 내용을 변경하여 추인을 하였을 경우에는 상대방의 동의를
  얻지 못하는 한 무효이다(대판 81다카549).

  ㉣ 추인은 묵시적으로도 할 수 있다. 다만, 묵시적 추인이 인정되기 위해서는 본인이 적극적인
  행위를 하여야 하며, 단순히 방치한 것만을 가지고 추인을 한 것으로 볼 수는 없다.

  ㉤ 효과: 본인의 추인이 있으면 무권대리행위는 소급하여 계약시부터 유효가 된다. 이와 같이
  추인에는 소급효가 있으나 제3자의 권리를 해하지 못하며, 당사자의 특약으로 소급효를 배제
  할 수 있다(제133조).

> **심화학습** | 무권대리의 추인

1. 무권대리의 추인을 인정한 사례
   ① 본인이 매매계약을 체결한 무권대리인으로부터 매매대금의 전부 또는 일부를 받았다면 특단의 사유가 없는 한 무권대리인의 매매계약을 추인하였다고 봄이 타당하다(대판 63다64).
   ② 장남이 일건 서류를 위조하여 매도한 부동산을 피고에게 인도하고 10여 년간 아무런 이의를 제기하지 않았다면 매매행위를 묵시적으로 추인한 것으로 볼 것이다(대판 81다151).
   ③ 본인에게 그 변제를 독촉하자 그 유예를 요청하였다면 무권대리인의 행위를 추인하였다고 볼 것이다(대판 72다2309).

2. 무권대리의 추인을 부정한 사례
   ① 무권대리행위에 대하여 본인이 그 직후에 그것이 자기에게 효력이 없다고 이의를 제기하지 아니하고 이를 장시간에 걸쳐 방치하였다고 하여 무권대리행위를 추인하였다고 볼 수 없다(대판 88다카181).
   ② 당사자가 변론기일에 불출석하여 매매사실에 관하여 의제자백한 것으로 간주되었다 하여도 그로써 무권대리매매를 추인한 것이라고 볼 수 없다(대판 81다648).
   ③ 침해사실을 알고도 장기간 형사고소나 민사소송을 제기하지 않은 경우에 그 사실만으로 그 행위에 대하여 묵시적인 추인이 있었다고 단정할 수 없다(대판 67다2294).

③ **본인의 추인거절권**: 본인은 추인을 거절할 수 있다. 추인거절의 상대방과 방법은 추인의 경우와 같다(제132조). 본인이 추인을 거절하면 그 후에는 본인에 대하여 효력이 생길 수 없는 것으로 확정된다.

④ **무권대리와 상속**
   ㉠ 대리권한 없이 타인의 부동산을 매도한 자가 그 부동산을 상속한 후 소유자의 지위에서 자신의 대리행위가 무권대리로 무효임을 주장하여 등기말소 등을 구하는 것은 금반언원칙이나 신의칙상 허용될 수 없다(대판 94다20617).
   ㉡ 예를 들어 甲의 아들 乙이 대리권 없이 甲의 부동산을 처분한 후에 甲이 사망하여 乙이 단독 상속을 하였다면, 乙이 거절권을 행사하는 것은 신의칙상 허용할 수 없게 된다.

> **판례보기**
>
> **대리권한 없이 타인의 부동산을 매도한 자가 그 부동산을 상속한 후 등기말소 등을 구하는 것이 허용될 수 있는지 여부 – 불가**
>
> 무권대리인은 「민법」 제135조 제1항의 규정에 의하여 이행의무가 있으므로 부동산을 상속받아 그 소유자가 되어 소유권이전등기 이행의무를 이행하는 것이 가능하게 된 시점에서 무권대리행위여서 무효였다는 이유로 그 등기의 말소를 청구하거나 부동산의 점유로 인한 부당이득금의 반환을 구하는 것은 금반언의 원칙이나 신의성실의 원칙에 반하여 허용될 수 없다(대판 94다20617).

(2) 상대방에 대한 효과

> 제131조 【상대방의 최고권】 대리권 없는 자가 타인의 대리인으로 계약을 한 경우에 상대방은 상당한 기간을 정하여 본인에게 그 추인 여부의 확답을 최고할 수 있다. 본인이 그 기간 내에 확답을 발하지 아니한 때에는 추인을 거절한 것으로 본다.
>
> 제134조 【상대방의 철회권】 대리권 없는 자가 한 계약은 본인의 추인이 있을 때까지 상대방은 본인이나 그 대리인에 대하여 이를 철회할 수 있다. 그러나 계약 당시에 상대방이 대리권 없음을 안 때에는 그러하지 아니하다.

① 상대방의 최고권(선·악 불문): 상대방은 상당한 기간을 정하여 본인에게 추인 여부의 확답을 최고할 수 있다. 최고는 본인에 대하여 무권대리행위를 추인할 것인지 아닌지의 확답을 재촉하는 행위로서, 본인이 최고기간 내에 확답을 발하지 아니한 때에는(발신주의) 추인을 거절한 것으로 본다(제131조). 이러한 최고권은 선의의 상대방뿐 아니라 악의의 상대방에게도 인정된다.

② 상대방의 철회권(선의): 철회는 무권대리행위의 상대방이 무권대리인과의 사이에 맺은 계약을 확정적으로 무효로 하는 행위이며, 철회가 있으면 그 후 본인은 추인할 수 없게 된다. 철회는 본인의 추인이 있기 전에 본인이나 그 무권대리인에게 하여야 한다.

 ㉠ 철회권은 최고권과는 달리 대리인에게 대리권이 없음을 알지 못한 선의의 상대방에게만 인정된다(제134조).

 ㉡ 상대방이 대리인에게 대리권이 없음을 알았다는 점에 대한 주장·입증책임은 철회의 효과를 다투는 본인에게 있다(대판 2017다213838).

③ 무권대리인의 상대방에 대한 책임

> 제135조 【상대방에 대한 무권대리인의 책임】 ① 다른 자의 대리인으로서 계약을 맺은 자가 그 대리권을 증명하지 못하고 또 본인의 추인을 받지 못한 경우에는 그는 상대방의 선택에 따라 계약을 이행할 책임 또는 손해를 배상할 책임이 있다.
> ② 대리인으로서 계약을 맺은 자에게 대리권이 없다는 사실을 상대방이 알았거나 알 수 있었을 때 또는 대리인으로서 계약을 맺은 사람이 제한능력자일 때에는 제1항을 적용하지 아니한다.

 ㉠ 책임발생의 요건
  ⓐ 대리인이 대리권을 증명할 수 없어야 한다(제135조 제1항). 무권대리인이 책임을 면하려면 자기에게 대리권이 있었음을 입증하여야 한다.
  ⓑ 본인의 추인이 없어야 한다.
  ⓒ 상대방이 아직 철회권을 행사하고 있지 않아야 한다(제135조 제1항).
  ⓓ 상대방은 선의·무과실이어야 한다. 그 입증책임은 책임을 면하려는 무권대리인에게 있으므로 무권대리인이 상대방의 악의 또는 과실을 입증하여야 한다(대판 4290민상202).
  ⓔ 무권대리인이 행위능력자이어야 한다(제135조 제2항).

ⓕ 무과실책임에 해당한다. 따라서 무권대리행위가 제3자의 기망이나 문서위조 등 위법행위로 야기되었다고 하더라도 책임은 부정되지 아니한다(대판 2013다213038).

ⓒ 책임의 내용

ⓐ 무권대리인은 상대방의 선택에 따라서 이행 또는 손해배상의 책임을 져야 한다(제135조 제1항).

ⓑ 손해배상의 범위에 관하여는 이행이익의 배상을 인정한 것이라고 해석한다(통설).

2. 단독행위의 무권대리

(1) 상대방 없는 단독행위 – 언제나 무효

무권대리인에 의한 상대방 없는 단독행위는 확정적으로 무효이며, 본인의 추인이 있더라도 아무런 효력이 생기지 않는다.

(2) 상대방 있는 단독행위

> **제136조【단독행위와 무권대리】** 단독행위에는 그 행위 당시에 상대방이 대리인이라 칭하는 자의 대리권 없는 행위에 동의하거나 그 대리권을 다투지 아니한 때에 한하여 전 6조의 규정을 준용한다. 대리권 없는 자에 대하여 그 동의를 얻어 단독행위를 한 때에도 같다.

무권대리인에 의한 상대방 있는 단독행위도 원칙적으로 무효이나, 상대방의 보호를 위하여 다음과 같이 일정한 경우에는 계약의 무권대리를 준용한다(제136조).

① 능동대리

㉠ 능동대리는 무권대리인이 단독행위를 하는 데 상대방이 동의하거나 그 대리권을 다투지 아니한 때에는 계약의 무권대리와 동일하게 다루어진다.

㉡ 예를 들어 甲이 토지에 대하여 乙과 매매를 하였으나 乙이 중도금을 지체하여 甲이 해제권을 가지고 있을 때, 대리권 없는 丙이 乙에게 해제의 의사표시를 하였다면 원칙적으로 무효이지만, 乙이 동의하였거나 이의를 제기하지 아니한 때에는 계약의 무권대리와 동일하게 다루어진다. 따라서 甲이 추인하면 소급하여 유효한 해제가 된다.

② 수동대리

㉠ 수동대리는 상대방이 무권대리인의 동의를 얻어 단독행위를 한 때에 한하여 계약의 무권대리와 동일하게 다루어진다.

㉡ 예를 들어 甲의 토지에 대하여 乙과 매매를 하고, 乙은 매매대금을 전부 지급하였으나 甲이 소유권이전등기를 지체하여 乙이 해제권을 가지고 있을 때, 乙이 대리권이 없는 丙에게 해제의 의사표시를 한 때에 원칙적으로 무효이지만 丙이 동의한 때에는 계약의 무권대리와 동일하게 다루어진다. 따라서 甲이 추인하면 소급하여 유효한 해제가 된다.

기출 및 예상문제

01 甲으로부터 甲 소유 X토지의 매도 대리권을 수여받은 乙은 甲을 대리하여 丙과 X토지에 대한 매매계약을 체결하였다. 다음 설명 중 **틀린** 것은? (다툼이 있으면 판례에 따름) (제34회)

① 乙은 특별한 사정이 없는 한 매매잔금의 수령 권한을 가진다.

② 丙의 채무불이행이 있는 경우, 특별한 사정이 없는 한 乙은 매매계약을 해제할 수 없다.

③ 매매계약의 해제로 인한 원상회복의무는 甲과 丙이 부담한다.

④ 丙이 매매계약을 해제한 경우, 丙은 乙에게 채무불이행으로 인한 손해배상을 청구할 수 없다.

⑤ 乙이 자기의 이익을 위하여 배임적 대리행위를 하였고 丙도 이를 안 경우, 乙의 대리행위는 甲에게 효력을 미친다.

해설

⑤ 대리인이 자신이나 제3자를 위하여 배임적 대리행위를 하는 것(즉, 대리권의 남용)이라는 사실을 상대방이 알았거나 알 수 있었을 때는 「민법」 제107조 제1항 단서를 유추적용하여 본인에게 효력이 없게 된다(대판 1987.7.7. 86다카1004). 즉 상대방 丙이 이를 알고 있었으므로 乙의 대리행위는 甲에게 효력이 미치지 않는다.

① 부동산의 소유자로부터 매매계약을 체결할 대리권을 수여받은 대리인은 특별한 사정이 없는 한 그 매매계약에서 약정한 바에 따라 중도금이나 잔금을 수령할 권한도 있다고 보아야 한다(대판 1994.2.8, 93다39379).

② 매매계약체결의 대리권에는 계약해제권 등의 처분권을 포함한다고 볼 수 없다(대판 1987.4.28. 85다카971). 따라서 임의대리인 乙이 계약을 해제하기 위해서는 본인으로부터 특별수권이 있어야 한다.

③④ 대리인이 그 권한에 기하여 계약상 급부를 수령한 경우에, 계약상 채무의 불이행을 이유로 계약이 상대방 당사자에 의하여 유효하게 해제되었다면, 해제로 인한 원상회복의무는 대리인이 아니라 계약의 당사자인 본인이 부담한다(대판 2011.8.18. 2011다30871). 즉 대리인이 행한 의사표시의 효과는 모두 직접 본인에게 귀속되는 것이므로(제114조). 원상회복이나 손해배상은 본인인 甲이 부담하는 것이지 대리인 乙이 부담하는 것이 아니다.

정답 ⑤

02 복대리에 관한 설명으로 틀린 것은? (특별한 사정은 없으며, 다툼이 있으면 판례에 따름) 〔제34회〕

① 복대리인은 행위능력자임을 요하지 않는다.
② 복대리인은 본인에 대하여 대리인과 동일한 권리의무가 있다.
③ 법정대리인은 그 책임으로 복대리인을 선임할 수 있다.
④ 대리인의 능력에 따라 사업의 성공여부가 결정되는 사무에 대해 대리권을 수여받은 자는 본인의 묵시적 승낙으로도 복대리인을 선임할 수 있다.
⑤ 대리인이 대리권 소멸 후 선임한 복대리인과 상대방 사이의 법률행위에도 민법 제129조의 표현대리가 성립할 수 있다.

> 해설   ④ 임의대리인은 본인의 승낙이 있거나 부득이한 사유가 있지 아니하면 복대리인을 선임할 수 없는 것인바, 아파트 분양업무는 그 성질상 분양 위임을 받은 수임인의 능력에 따라 그 분양사업의 성공 여부가 결정되는 사무로서, 본인의 명시적인 승낙 없이는 복대리인의 선임이 허용되지 아니하는 경우로 보아야 한다(대판 1999. 9. 3. 97다56099).

> 정답 ④

03 권한을 넘은 표현대리에 관한 설명으로 옳은 것은? (다툼이 있으면 판례에 따름) 〔제33회〕

① 기본대리권이 처음부터 존재하지 않는 경우에도 표현대리는 성립할 수 있다.
② 복임권이 없는 대리인이 선임한 복대리인의 권한은 기본대리권이 될 수 없다.
③ 대리행위가 강행규정을 위반하여 무효인 경우에도 표현대리는 성립할 수 있다.
④ 법정대리권을 기본대리권으로 하는 표현대리는 성립할 수 없다.
⑤ 상대방이 대리인에게 대리권이 있다고 믿을 만한 정당한 이유가 있는지의 여부는 대리행위 당시를 기준으로 판정한다.

> 해설   ① 기본적인 어떠한 대리권도 없는 자에 대하여 권한을 넘는 표현대리는 성립할 여지가 없다(대판 1984.10.10, 84다카780).
> ② 복대리인 선임권이 없는 대리인에 의하여 선임된 복대리인의 권한도 기본대리권이 될 수 있으므로 「민법」 제126조를 적용함에 있어서 기본대리권의 흠결 문제는 생기지 않는다(대판 1998.3.27, 97다48982).
> ③ 강행법규에 위반되어 무효인 행위에 대해서는 표현대리의 법리가 적용될 여지가 없다(대판 1996.8.23, 94다38199).
> ④ 법정대리권을 기본대리권으로 하는 표현대리도 성립할 수 있다(대판 1980.12.23. 80다2077).

> 정답 ⑤

04 대리권 없는 甲은 乙 소유의 X부동산에 관하여 乙을 대리하여 丙과 매매계약을 체결하였고, 丙은 甲이 무권대리인이라는 사실에 대하여 선의·무과실이었다. 이에 관한 설명으로 **틀린** 것은? (다툼이 있으면 판례에 따름)   제33회

① 丙이 乙에 대하여 상당한 기간을 정하여 추인 여부를 최고하였으나 그 기간 내에 乙이 확답을 발하지 않은 때에는 乙이 추인한 것으로 본다.
② 乙이 甲에 대해서만 추인의 의사표시를 하였더라도 丙은 乙의 甲에 대한 추인이 있었음을 주장할 수 있다.
③ 乙이 甲에게 매매계약을 추인하더라도 그 사실을 알지 못하고 있는 丙은 매매계약을 철회할 수 있다.
④ 乙이 丙에 대하여 추인하면 특별한 사정이 없는 한, 추인은 매매계약 체결 시에 소급하여 그 효력이 생긴다.
⑤ 乙이 丙에게 추인을 거절한 경우, 甲이 제한능력자가 아니라면 甲은 丙의 선택에 따라 계약을 이행할 책임 또는 손해를 배상할 책임이 있다.

> **해설** ① 대리권 없는 자가 타인의 대리인으로 계약을 한 경우에 상대방은 상당한 기간을 정하여 본인에게 그 추인 여부의 확답을 최고할 수 있다. 본인이 그 기간 내에 확답을 발하지 아니한 때에는 추인을 거절한 것으로 본다(제131조).
>
> **정답** ①

법률행위의 무효와 취소

단원별 학습포인트

□ 유동적 무효는 사례문제로 출제되는 경우가 많으므로 이에 대비하여야 하고, 무효의 재생(일부무효, 무효행위의 전환, 무효행위의 추인)에서는 특히 무효행위의 추인을 잘 정리하여야 한다. 또한, 취소에서는 취소권자, 취소의 상대방과 방식, 그 효력을 파악하고 추인에 대한 내용을 잘 파악하여야 한다.

제1절 무효와 취소의 의의

(1) 무효의 의의 제30회

① 법률행위의 무효란 법률행위가 성립한 당시부터 법률상 당연히 그 효력이 발생하지 않는 것을 말한다. 다만, 유효·무효와 같은 효력을 논의하는 것은 법률행위가 성립된 이후의 문제이기 때문에 만일 법률행위의 성립요건을 갖추지 못하였다면 유효·무효가 문제되지 않는다. 요컨대 무효는 불성립과 구별되며, 따라서 법률행위가 성립되지 않았다면 후술하는 일부무효(제137조), 무효행위의 전환(제138조), 무효행위의 추인(제139조)의 규정은 적용될 수 없다.

② 법률행위의 무효는 이를 주장할 이익이 있는 자는 누구든지 무효를 주장할 수 있다. 따라서 반사회질서 법률행위를 원인으로 하여 부동산에 관한 소유권이전등기를 마쳤더라도 그 등기는 원인무효로서 말소될 운명에 있으므로 등기명의자가 소유권에 기한 물권적 청구권을 행사하는 경우에, 권리행사의 상대방은 법률행위의 무효를 항변으로서 주장할 수 있다(대판 2015다11281).

(2) 취소의 의의

취소란 취소권자가 법이 규정한 사유가 있는 경우에 유효한 법률행위를 행위시로 소급하여 소멸시키는 일방적 의사표시를 말한다. 취소하기 전까지는 일단 유효한 법률행위로 취급되지만 취소되면 처음부터 무효인 것으로 다루게 된다.

(3) 무효와 취소의 구별 ^{제31회}

구분	무효	취소
차이점	① 주장할 이익이 있는 자는 누구든지 주장할 수 있다. ② 처음부터 효력이 없는 것으로 다루어진다. ③ 시간이 경과할지라도 효력에 변동이 없다.	① 특정인(취소권자)의 주장(취소)이 있어야 비로소 효력이 없게 된다. ② 취소를 하기 전에는 일응 효력이 있는 것으로서 다루어진다. ③ 제척기간이 경과하면 취소권은 소멸하고 유효한 것이 된다.
적용 사례	① 의사무능력자의 법률행위 ② 확정할 수 없는 법률행위 ③ 원시적 불능인 법률행위 ④ 강행규정에 위반한 법률행위 ⑤ 반사회질서의 법률행위(제103조) ⑥ 불공정한 법률행위(제104조) ⑦ 비진의표시(표의자의 진의를 알았거나 알 수 있었을 때, 제107조 제1항 단서) ⑧ 통정허위표시(제108조 제1항) ⑨ 불법조건이 붙은 경우(제151조)	① 제한능력자의 법률행위(제5조 제2항, 제10조 제1항, 제13조 제4항) ② 착오에 의한 의사표시(제109조) ③ 사기·강박에 의한 의사표시(제110조)

제2절 법률행위의 무효

1 무효의 종류 ^{제29회, 제30회, 제33회, 제34회}

1. 절대적 무효와 상대적 무효

(1) 절대적 무효 – 원칙

법률행위의 당사자뿐만 아니라 제3자에 대한 관계에서도 무효를 주장할 수 있는 무효를 말한다. 의사무능력자의 법률행위, 원시적 불능인 법률행위, 강행법규에 위반한 법률행위, 반사회질서의 법률행위, 불공정한 법률행위 등이 이에 속한다.

(2) 상대적 무효 – 예외

법률행위의 당사자 사이에서는 무효이지만 선의의 제3자에게는 대항할 수 없는 무효를 말한다. 비진의표시(상대방이 악의 또는 과실이 있는 때), 통정허위표시가 이에 속한다. 상대적 무효는 거래의 안전을 보호하기 위한 것이다.

2. 전부무효와 일부무효

(1) 전부무효는 법률행위의 내용 전부에 관하여 무효의 원인이 있는 경우이고, 일부무효는 그 원인이 법률행위의 내용 일부에만 존재하는 경우이다.

(2) 「민법」은 일부무효의 경우 전부무효가 원칙이나, 그 무효부분이 없더라도 법률행위를 하였을 것이라고 인정될 때에는 나머지 부분은 무효가 되지 않는다고 규정하고 있다.

3. 확정적 무효와 유동적 무효

(1) 확정적 무효

법률행위의 효력이 발생되지 않는 것이 확정되어 있는 것을 말한다. 법률행위의 무효는 확정적 무효를 원칙으로 한다.

(2) 유동적 무효

① 의의: 법률행위가 행위시에는 효력이 발생하지 않으나 제3자의 추인, 관청의 인가를 받게 되면 법률행위시에 소급해서 유효로 되는 것을 유동적 무효라고 한다.

② 토지거래허가구역 내의 법률관계: 허가구역 내의 토지에 대하여 허가를 받기 전에 체결한 매매계약은 허가받을 것을 전제로 한 계약일 경우에는 허가를 받을 때까지는 무효이지만, 일단 허가를 받으면 그 계약은 소급하여 유효한 계약이 되고, 이와 달리 불허가가 된 때에는 무효로 확정되는데, 이 경우 허가를 받을 때까지는 '유동적 무효' 상태에 있다고 본다(대판 91다21435).

판례보기

토지거래허가구역 내의 법률관계

1. 거래계약상의 법률관계
   ① 계약상의 이행청구 - 불가
      허가를 받을 것을 전제로 한 거래계약은 허가받기 전의 상태에서는 거래계약의 채권적 효력도 전혀 발생하지 않으므로 권리의 이전 또는 설정에 관한 어떠한 내용의 이행청구도 할 수 없다(대판 전합 90다12243).
   ② 계약 위반을 이유로 한 해제나 손해배상청구 - 불가
      허가받기 전의 상태에서 상대방의 거래계약상 채무불이행을 이유로 거래계약을 해제하거나 그로 인한 손해배상을 청구할 수 없다(대판 97다4357).
   ③ 계약금의 반환청구 - 유동적 무효상태에서는 불가
      유동적 무효상태의 매매계약을 체결하고 그에 기하여 임의로 지급한 계약금 등은 그 계약이 유동적 무효상태로 있는 한 그를 부당이득으로서 반환을 구할 수 없고 유동적 무효상태가 확정적으로 무효가 되었을 때 비로소 부당이득으로 그 반환을 구할 수 있다(대판 91다41316).

---

④ 해약금 해제(제565조) - 가능

특별한 사정이 없는 한 토지거래허가를 받지 않아 유동적 무효상태인 매매계약에 있어서도 당사자 사이의 매매계약은 매도인이 계약금의 배액을 상환하고 계약을 해제함으로써 적법하게 해제된다(대판 97다 9369).

⑤ 귀책사유 있는 자의 무효 주장 - 가능

거래계약이 확정적으로 무효가 된 경우에는 거래계약이 확정적으로 무효로 됨에 있어서 귀책사유가 있는 자라고 하더라도 그 계약의 무효를 주장할 수 있다(대판 97다4357, 4364). 또한 계약의 무효를 주장하는 것이 신의칙에 반한다고 할 수는 없다(대판 94다51789).

⑥ 다른 사유에 의한 무효·취소 주장 - 가능

토지거래가 계약당사자의 표시와 불일치한 의사(비진의표시·허위표시 또는 착오) 또는 사기·강박과 같은 하자 있는 의사에 의하여 이루어진 경우에는, 이들 사유에 의하여 그 거래의 무효 또는 취소를 주장할 수 있는 당사자는 그러한 거래허가를 신청하기 전 단계에서 이러한 사유를 주장하여 거래허가신청 협력에 대한 거절의사를 일방적으로 명백히 함으로써 그 계약을 확정적으로 무효화시키고 자신의 거래허가절차에 협력할 의무를 면할 수 있다(대판 97다36118).

⑦ 허가구역 내에서의 중간생략등기 - 무효

토지거래허가구역 내의 토지를 토지거래허가 없이 순차로 매매한 후, 최종 매수인이 중간생략등기의 합의 하에 자신과 최초 매도인을 매매당사자로 하는 토지거래허가를 받아 경료한 소유권이전등기의 효력은 무효이다(대판 97다33218).

2. 협력의무의 발생

① 협력의무의 소구(訴求) - 가능

유동적 무효상태에 있어 계약을 체결한 당사자 쌍방은 그 계약이 효력 있는 것으로 완성될 수 있도록 서로 협력할 의무가 있으므로, 어느 일방이 허가신청 협력의무의 이행거절 의사를 분명히 하였다 하더라도 그 상대방은 소로써 허가신청절차에 협력해 줄 것을 청구할 수 있음은 당연하다(대판 95다28236).

② 협력의무 위반을 이유로 한 손해배상청구 - 가능

협력의무를 이행하지 아니하고 매수인이 그 매매계약을 일방적으로 철회함으로써 매도인이 손해를 입은 경우에 매수인은 이 협력의무 불이행과 인과관계가 있는 손해는 이를 배상하여야 할 의무가 있다(대판 93다26397).

③ 협력의무 위반을 대비한 손해배상약정 - 가능

유동적 무효상태에 있는 계약을 체결한 당사자는 쌍방이 그 계약이 효력이 있는 것으로 완성될 수 있도록 서로 협력할 의무가 있는 것이므로, 이러한 매매계약을 체결할 당시 당사자 사이에 당사자 일방이 토지거래허가를 받기 위한 협력 자체를 이행하지 아니하거나 허가신청에 이르기 전에 매매계약을 철회하는 경우 상대방에게 일정한 손해액을 배상하기로 하는 약정을 유효하게 할 수 있다(대판 96다49933).

④ 협력의무 위반을 이유로 한 해제 - 불가

유동적 무효의 상태에 있는 거래계약의 당사자가 상대방의 거래계약 효력 완성에 대한 협력의무 불이행을 이유로 일방적으로 유동적 무효의 상태에 있는 거래계약을 해제할 수 없다(대판 전합 98다40459).

⑤ 대금지급과의 동시이행관계 - 부정

협력의무의 이행과 대금의 지급은 동시이행관계가 아니다(대판 96다23825). 따라서 대금의 미지급을 이유로 협력의무의 이행을 거절할 수 없다.

⑥ 채권자대위권의 행사에 의하여 보전될 수 있는 채권

토지거래규제구역 내의 토지에 대하여 甲과 乙 사이에 권리이전약정을 포함한 토지매수 위임계약이 이루어지고 그 수임인인 乙과 토지소유자 丙 사이에 매수인을 乙로 한 토지매매계약이 체결된 경우, 甲은 乙에 대하여 그 위임계약이 효력이 있는 것으로 완성될 수 있도록 토지거래허가신청절차에 협력할 것을 청구할 권리가 있고 그와 같은 토지거래허가신청절차의 협력의무 이행청구권을 보전하기 위하여 乙을 대위하여 그에게 토지를 매도한 丙을 상대로 乙과 丙 사이의 토지매매에 대한 토지거래허가신청절차에 협력할 것을 청구할 수 있다(대판 96다23825).

3. 확정적 무효가 되는 경우

① 불허가처분

토지거래허가를 받지 아니하여 유동적 무효상태에 있는 계약이라고 하더라도 일단 거래허가신청을 하여 불허되었다면 특별한 사정이 없는 한 불허가된 때로부터 그 거래계약은 확정적으로 무효로 되었다고 할 것이지만, 그 불허가의 취지가 미비된 요건의 보정을 명하는 데에 있고 그러한 흠결된 요건을 보정하는 것이 객관적으로 불가능하지도 아니한 경우라면 그 불허가로 인하여 거래계약이 확정적으로 무효가 되는 것은 아니다(대판 98다44376).

② 허가를 배제하거나 잠탈하는 내용의 계약

㉠ 규제지역 내의 토지에 대하여 관할 도지사의 허가를 받기 전에 체결한 매매계약은 처음부터 그 허가를 배제하거나 잠탈(潛脫)하는 내용의 계약일 경우에는 확정적으로 무효로서 유효하게 될 여지가 없다(대판 99다68812).

㉡ 또한 같은 취지로 토지거래계약 허가구역 내의 토지에 관한 매매계약을 체결하면서 허가요건을 갖추지 못한 매수인이 허가요건을 갖춘 사람의 명의를 도용하여 매매계약서에 그를 매수인으로 기재한 것은 매매계약을 체결하면서 처음부터 토지거래허가를 잠탈한 경우에 해당하므로 위 매매계약은 처음 체결된 때부터 확정적으로 무효라고 한다(대판 2009다96328).

③ 토지거래허가신청을 하지 않기로 하는 의사표시를 명백히 한 경우

토지거래허가구역 내의 토지에 관하여 매매계약이 체결된 후 매도인이 매수인에게 채무불이행을 이유로 해약 통지를 하자 매수인이 계약금 상당액을 청구금액으로 하여 위 토지에 대한 가압류를 경료한 경우, 위 매매계약은 가압류 당시 쌍방이 토지거래허가신청을 하지 않기로 하는 의사표시를 명백히 함으로써 확정적 무효가 되었다고 볼 여지가 있다(대판 99다72460).

④ 허가를 받기 전에 정지조건의 불성취가 확정된 경우

㉠ 토지거래허가 전의 거래계약이 정지조건부 계약인 경우에 있어서 그 정지조건이 토지거래허가를 받기 전에 이미 불성취로 확정되었다면 장차 토지거래허가를 받는다고 하더라도 그 거래계약의 효력이 발생될 여지는 없게 되었다고 할 것이므로, 이와 같은 경우에도 또한 허가 전 거래계약의 유동적 무효상태가 더 이상 지속된다고 볼 수 없고 그 계약관계는 확정적으로 무효가 된다(대판 97다36996).

㉡ 다만, 매매계약 체결 당시 일정한 기간 안에 토지거래허가를 받기로 약정하였다고 하더라도, 그 약정된 기간 내에 토지거래허가를 받지 못할 경우 계약해제 등의 절차 없이 곧바로 매매계약을 무효로 하기로 약정한 취지라는 등의 특별한 사정이 없는 한, 이를 쌍무계약에서 이행기를 정한 것과 달리 볼 것이 아니므로 위 약정기간이 경과하였다는 사정만으로 곧바로 매매계약이 확정적으로 무효가 된다고 할 수 없다(대판 2008다50615).

4. 확정적 유효가 되는 경우

① 허가구역 지정해제

㉠ 허가구역 지정기간 중에 허가구역 안의 토지에 대하여 토지거래허가를 받지 아니하고 토지거래계약을 체결한 후 허가구역 지정해제 등이 된 때에는 더 이상 관할 행정청으로부터 토지거래허가를 받을 필요가 없이 확정적으로 유효가 된다(대판 98다40459).

㉡ 토지거래계약 허가구역 내 토지에 관하여 허가를 배제하거나 잠탈하는 내용으로 매매계약이 체결된 경우에는, 계약은 체결된 때부터 확정적으로 무효이므로 계약 체결 후 허가구역 지정이 해제되거나 허가구역 지정기간 만료 이후 재지정을 하지 아니한 경우라 하더라도 이미 확정적으로 무효로 된 계약이 유효로 되는 것이 아니다(대판 2017다228618).

② 허가를 받은 경우

허가구역 내의 토지에 대하여 허가를 받기 전에 체결한 매매계약은 허가받을 것을 전제로 한 계약일 경우에는 허가를 받을 때까지는 무효이지만, 일단 허가를 받으면 그 계약은 소급하여 유효한 계약이 된다(대판 91다21435).

핵심정리 | 유동적 무효

거래계약상 효력 - 무효	① 해약금 해제(제565조): 가능 ② 귀책사유 있는 자의 무효 주장: 가능 ③ 계약상의 이행청구: 불가 ④ 계약 위반을 이유로 한 해제나 손해배상청구: 불가 ⑤ 계약금의 반환청구: 유동적 무효상태에서는 불가(무효가 확정되면 가능) ⑥ 허가구역 내에서의 중간생략등기: 무효
협력의무의 발생	① 협력의무의 소구(訴求): 가능 ② 협력의무 위반을 이유로 한 손해배상청구: 가능 ③ 협력의무 위반을 대비한 손해배상약정: 가능 ④ 협력의무 위반을 이유로 한 해제: 불가 ⑤ 대금지급과의 동시이행관계: 부정
확정적 무효가 되는 경우	① 불허가처분 ② 허가를 배제하거나 잠탈하는 내용의 계약 　□ 허가를 잠탈할 목적으로 계약을 체결한 후에 허가구역 지정이 해제되어도 이미 확정적으로 　　무효로 된 계약이 유효로 되는 것이 아니다. ③ 토지거래허가신청을 하지 않기로 하는 의사표시를 명백히 한 경우 ④ 허가를 받기 전에 정지조건의 불성취가 확정된 경우
확정적 유효가 되는 경우	① 허가를 받은 경우 ② 허가구역 지정해제(존속기간 만료)

2 일부무효 제32회

> **제137조【법률행위의 일부무효】** 법률행위의 일부분이 무효인 때에는 그 전부를 무효로 한다. 그러나 그 무효부분이 없더라도 법률행위를 하였을 것이라고 인정될 때에는 나머지 부분은 무효가 되지 아니한다.

(1) 의의

법률행위의 일부분이 무효인 때에는 그 전부를 무효로 함이 원칙이나, 무효인 부분이 없더라도 법률행위를 하였을 것이라고 인정될 때에 나머지 부분은 무효가 되지 아니한다.

(2) 요건

① 법률행위의 일체성과 분할 가능성: 토지와 건물을 함께 매매하였거나 두 필지의 토지를 함께 매매한 것처럼 법률행위가 일체성이 있고 분할 가능성이 있어야 한다. 따라서 두 필지의 토지에 대하여 따로 계약을 체결한 경우에 일부무효는 적용되지 않는다.
② 가정적(가상적) 의사의 존재: 법률행위의 일부분이 무효임을 알았더라면 당사자가 나머지 부분만이라도 법률행위를 하였을 것이라는 가정적(가상적) 의사가 있어야 한다. 이에 대한 입증책임은 나머지 부분의 유효를 주장하는 자에게 있다.

(3) 효과

무효인 부분을 제외한 나머지는 유효하게 된다. 제137조는 임의규정으로서 당사자 간의 특약으로 달리 정할 수 있다.

3 무효행위의 전환 제29회

> **제138조【무효행위의 전환】** 무효인 법률행위가 다른 법률행위의 요건을 구비하고 당사자가 그 무효를 알았더라면 다른 법률행위를 하는 것을 의욕하였으리라고 인정될 때에는 다른 법률행위로서 효력을 가진다.

(1) 의의

무효인 법률행위가 다른 법률행위의 요건을 구비하고 당사자가 그 무효를 알았더라면 다른 법률행위를 하는 것을 의욕하였으리라고 인정될 때에는 다른 법률행위로서 효력을 가진다. 제137조를 양적 일부무효라고 한다면 제138조는 질적 일부무효에 해당한다.

(2) 요건

① 성립한 법률행위가 무효이어야 한다.

② 무효인 법률행위가 다른 법률행위로서의 요건을 갖추고 있어야 한다. 이때에 다른 법률행위는 무효인 법률행위보다 작은 것이어서 무효인 법률행위에 내포될 수 있는 것이어야 한다.

③ 당사자가 무효임을 알았더라면 다른 법률행위를 하였을 것을 의욕하였으리라 인정되어야 한다 (가정적 의사의 존재).

(3) 무효행위 전환의 모습

① 양자로 하려는 자(타인의 자)를 자기의 출생자로 한 신고는 입양의 효력이 인정된다(대판 77다492).

② 비밀증서 유언으로서는 무효인 법률행위가 자필증서 유언으로의 요건을 갖춘다면 후자의 유효한 법률행위로 인정된다(제1071조).

4 무효행위의 추인 제29회, 제31회, 제32회, 제34회

> **제139조 【무효행위의 추인】** 무효인 법률행위는 추인하여도 그 효력이 생기지 아니한다. 그러나 당사자가 그 무효임을 알고 추인한 때에는 새로운 법률행위로 본다.

(1) 의의

무효인 법률행위는 원칙적으로 추인하여도 그 효력이 생기지 아니한다. 그러나 당사자가 무효임을 알고 추인한 때에는 새로운 법률행위로 본다.

(2) 요건

① 무효행위가 추인 가능한 법률행위이어야 한다. 따라서 강행법규 위반의 행위나 반사회질서의 행위 또는 불공정한 행위로서 무효인 경우에는 추인에 의하여 유효가 될 수 없다(대판 94다10900). 또한 추인의 대상이 되기 위해서는 종전의 무효사유가 제거되었어야 하며, 여전히 무효사유가 남아 있다면 추인으로써 효력이 인정될 수 없다.

② 무효임을 알고 추인하여야 한다. 추인은 명시적이든 묵시적이든 상관없다.

(3) 효과

① 원칙 – 비소급효

㉠ 무효인 법률행위를 추인하면 추인시부터 새로운 법률행위를 한 것으로 본다. 즉, 소급효가 인정되지 않음이 원칙이다.

㉡ 따라서 무효인 가등기를 유효한 등기로 전용하기로 한 약정은 그때부터 유효하고 이로써 위 가등기가 소급하여 유효한 등기로 전환될 수 없다(대판 91다26546).

② 예외

㉠ 제3자의 권리를 해하지 않는 범위 내에서 당사자의 약정으로 소급효를 인정할 수는 있다.

㉡ 가족법상(신분)행위에 관하여 제139조 본문을 적용하지 않고 추인에 의하여 소급적 효력을 인정하며, 무효인 소송행위의 추인에서도 소급효를 인정하고 있다.

㉢ 따라서 무효인 입양을 추인하면 소급적으로 입양신고로서의 효력을 가지고(대판 99므1633, 1640), 적법한 대표자 자격이 없는 비법인사단의 대표자가 한 소송행위는 후에 대표자 자격을 적법하게 취득한 대표자가 소송행위를 추인하면 행위시에 소급하여 효력을 가지게 된다(대판 2013다76871).

(4) 무권리자의 처분행위

① 법률행위에 따라 권리가 이전되려면 권리자 또는 처분권한이 있는 자의 처분행위가 있어야 하므로 무권리자가 타인의 권리를 처분한 경우에는 원칙적으로 권리가 이전되지 않는다.

② 그런데 권리자가 이를 추인한 경우에 그 효력을 어떻게 볼 것인지가 문제된다. 예를 들어 甲소유의 부동산에 대하여 乙이 등기서류를 위조한 후에 이를 丙에게 처분하였는데 권리자인 甲이 이를 추인하였을 경우의 문제이다.

㉠ 이러한 경우에 판례는 무권대리행위에서 본인의 추인의 법리를 유추적용한다. 따라서 무권리자의 처분이 계약으로 이루어진 경우에 권리자가 이를 추인하면 원칙적으로 계약의 효과가 계약을 체결했을 때에 소급하여 권리자에게 귀속된다고 보아야 한다(대판 2017다3499).

㉡ 이러한 추인은 무권리자의 처분이 있음을 알고서 하여야 하고, 명시적 또는 묵시적으로 할 수 있으며, 그 의사표시는 무권리자나 그 상대방 어느 쪽에 하여도 무방하다.

㉢ 무권리자에 의한 처분행위를 권리자가 추인한 경우에 권리자는 무권리자에 대하여 무권리자가 처분행위로 인하여 얻은 이득의 반환을 청구할 수 있다(대판 2020다210686, 210693).

제 3 절 **법률행위의 취소**

1 의의

(1) 법률행위의 취소란 당사자의 의사표시가 제한능력상태에서 이루어졌거나 또는 의사표시가 사기·강박 및 착오에 의하여 행하여졌다는 것을 이유로, 일단 유효하게 성립한 법률행위의 효력을 행위 시에 소급(遡及)하여 소멸하게 하는 취소권자의 의사표시를 말한다.

(2) 취소할 수 있는 법률행위일지라도 취소권자의 취소의 의사표시가 있을 때에 비로소 그 법률효과가 소멸하고 그때까지는 일단 유효한 것으로 다루어지게 되며, 추인이 있거나 또는 취소권이 소멸하면 유효한 것으로 확정된다.

2 취소권자 제29회, 제33회

> **제140조 【법률행위의 취소권자】** 취소할 수 있는 법률행위는 제한능력자, 착오로 인하거나 사기·강박에 의하여 의사표시를 한 자, 그 대리인 또는 승계인만이 취소할 수 있다.

(1) 제한능력자

미성년자·피한정후견인·피성년후견인 등 제한능력자는 그가 한 법률행위를 법정대리인의 동의 없이 단독으로 취소할 수 있다. 이러한 제한능력자의 취소는 사기·강박, 착오 등에 의한 취소와는 달리 선의의 제3자에게도 대항할 수 있다.

(2) 착오, 사기·강박에 의하여 의사표시를 한 자

법률행위 내용의 중요부분에 착오를 일으켜 의사표시를 한 자, 사기·강박에 의한 의사표시를 한 자는 법률행위를 취소할 수 있다. 그 상대방은 취소권자가 아니다.

(3) 대리인

제한능력자 또는 착오, 사기·강박에 의한 의사표시를 한 자의 대리인도 취소할 수 있다. 다만, 임의대리인은 원칙적으로 취소할 수 없으며, 본인으로부터 이에 관한 특별수권이 있어야 취소할 수 있다.

(4) 승계인

제한능력자 또는 사기·강박, 착오에 의한 의사표시를 한 자로부터 그의 법적 지위, 즉 당사자의 지위를 승계한 자도 취소할 수 있다. 특정승계인과 포괄승계인을 모두 포함하지만, 취소권만의 승계는 인정되지 않는다.

3 취소의 행사방법 제29회, 제32회, 제35회

(1) 단독행위

취소권은 형성권이므로 그 행사는 취소권자의 일방적인 의사표시에 의한다. 이러한 취소의 의사표시는 특별한 방식에 의할 필요가 없다. ⇨ 불요식행위

> **판례보기**
>
> **법률행위를 취소하는 경우에 특별한 방식이 요구되는지 여부**
> 법률행위의 취소는 상대방에 대한 의사표시로 하여야 하나 그 취소의 의사표시는 특별히 재판상 행하여짐이 요구되는 경우 이외에는 특정한 방식이 요구되는 것이 아니고, 취소의 의사가 상대방에 의하여 인식될 수 있다면 어떠한 방법에 의하더라도 무방하다고 할 것이고, 법률행위의 취소를 당연한 전제로 한 소송상의 이행청구나 이를 전제로 한 이행거절 가운데는 취소의 의사표시가 포함되어 있다고 볼 수 있다(대판 93다13162).

(2) 취소의 상대방

① 취소할 수 있는 법률행위의 상대방이 확정한 경우에는 그 취소는 그 상대방에 대한 의사표시로 하여야 한다(제142조).

② 여기서 상대방이란 법률행위의 직접 상대방을 말하는 것이고, 전득자와 같은 현재 권리자를 의미하는 것이 아니다. 예를 들어 미성년자 甲이 乙에게 부동산을 매도하였고, 후에 乙은 이를 다시 丙에게 전매한 경우에 취소권의 행사는 丙이 아니라 상대방인 乙에게 하여야 한다.

(3) 일부취소

하나의 법률행위 일부분에만 취소사유가 있는 경우에 그 법률행위가 분할이 가능하거나 특정될 수 있다면, 그 나머지 부분을 유지하려는 당사자의 가상적 의사가 인정되는 경우 그 일부만의 취소가 가능하다. 일부취소가 인정되는 경우는 다음과 같다.

① **법률행위가 존재할 것**: 매매계약 체결시 토지의 일정 부분을 매매대상에서 제외시키는 특약을 한 경우 이는 매매계약의 대상 토지를 특정하여 그 일정 부분에 대하여는 매매계약이 체결되지 않았음을 분명히 한 것으로써 그 부분에 대한 어떠한 법률행위가 이루어진 것으로는 볼 수 없으므로, 그 특약만을 기망에 의한 법률행위로서 취소할 수는 없다(대판 98다56607).

② **분할 가능성과 가상적 의사가 있을 것**: 시로부터 공원휴게소 설치시행허가를 받음에 있어 담당공무원이 법규 오해로 인하여 잘못 회신한 공문에 따라 동기의 착오를 일으켜 법률상 기부채납의무가 없는 휴게소 부지의 16배나 되는 토지 전부와 휴게소 건물을 시에 증여한 경우, 휴게소 부지와 그 지상 시설물에 관한 부분을 제외한 나머지 토지에 관하여서만 법률행위의 **중요부분**에 관한 착오로 인정되어 일부취소가 가능하다(대판 90다카7460).

4 취소의 효과 제29회

> **제141조 【취소의 효과】** 취소한 법률행위는 처음부터 무효인 것으로 본다. 다만, 제한능력자는 그 행위로 인하여 받은 이익이 현존하는 한도에서 상환할 책임이 있다.

(1) 소급효

① 법률행위를 취소하면 그 법률행위는 소급하여 처음부터 무효인 것으로 본다(제141조). 이러한 취소의 효과는 제한능력자의 취소에 있어서는 절대적이지만 사기·강박, 착오에 의한 취소의 효과는 상대적이다. 즉, 선의의 제3자에게는 대항하지 못한다(제109조 제2항, 제110조 제3항).

> **주의** 다만 예외적으로 근로계약의 취소는 소급효가 인정되지 않는다.

② 법률행위를 취소하면 확정적 무효가 되므로 취소할 수 있는 법률행위로서 추인할 수는 없지만 무효행위 추인의 요건과 효력으로서는 추인할 수 있다.

(2) 부당이득반환의무

① 원칙

㉠ 일단 발생한 채무 등은 앞으로 전혀 이행할 필요가 없게 되고, 이미 이행된 때에는 반환의무가 생긴다.

㉡ 반환의무의 성질은 원상회복의무(제548조)가 아니라 부당이득의 반환의무(제714조)이다. 따라서 선의의 수익자는 그 받은 이익이 현존하는 한도에서 반환의무를 부담하며, 악의의 수익자는 그 받은 이익에 이자를 붙여 반환하고, 손해가 있으면 이를 배상하여야 한다(제748조).

② 제한능력자에 대한 특칙

㉠ 제한능력자는 선악을 불문하고 현존이익만을 반환하면 된다. 따라서 미성년자 甲이 자신 소유의 물건을 乙에게 매도하고 받은 대금 1억원 중 2천만원을 탕진하였다면, 계약이 취소된 경우 甲은 乙에게 8천만원만 반환하면 된다.

㉡ 현존이익이란 이익이 그대로 있거나 또는 그것이 변형되어 잔존하는 것을 말한다. 따라서 이미 소비하였다면 현존이익은 없는 것이지만, 생활비나 예금 등을 한 경우에는 현존이익은 여전히 존재하는 것이다.

㉢ 금전을 받은 경우에 그 이익은 모두 현존하는 것으로 추정되므로 제한능력자 측에서 현존이익이 없음을 입증하여야 한다.

㉣ 의사능력의 흠결을 이유로 법률행위가 무효가 되는 경우에도 유추적용된다(대판 2008다58367).

5 취소할 수 있는 법률행위의 추인

1. 임의추인 제29회, 제31회, 제33회, 제35회

(1) 의의

추인이란 취소할 수 있는 법률행위를 취소하지 않겠다는 의사표시이며, 추인에 의하여 취소할 수 있는 행위는 확정적으로 유효한 것으로 된다. 따라서 추인 후에는 다시 취소할 수 없다.

(2) 요건

① 추인권자

> **제143조【추인의 방법, 효과】** ① 취소할 수 있는 법률행위는 제140조에 규정한 자가 추인할 수 있고 추인 후에는 취소하지 못한다.
> ② 전조의 규정은 전항의 경우에 준용한다.

② 취소원인의 소멸

> **제144조【추인의 요건】** ① 추인은 취소의 원인이 소멸된 후에 하여야만 효력이 있다.
> ② 제1항은 법정대리인 또는 후견인이 추인하는 경우에는 적용하지 아니한다.

추인은 취소의 원인이 소멸된 후에 하여야 한다. 따라서 제한능력자는 완전한 능력자가 된 뒤에 하여야 하고 착오, 사기·강박으로 의사표시를 한 자는 그러한 상태에서 벗어난 뒤에 추인하여야 한다. 그러나 법정대리인 또는 후견인은 언제든지 추인할 수 있다.

③ 그 법률행위를 취소할 수 있는 것임을 알고 추인하여야 한다. 즉, 취소권에 관한 인식이 있어야 한다.

(3) 추인의 효과

추인이 있으면 그 후로는 취소할 수 없고 그 법률행위는 완전히 유효한 것으로 확정된다(제143조 제1항).

2. 법정추인 제29회, 제30회, 제32회, 제35회

> **제145조【법정추인】** 취소할 수 있는 법률행위에 관하여 전조의 규정에 의하여 추인할 수 있는 후에 다음 각 호의 사유가 있으면 추인한 것으로 본다. 그러나 이의를 보류한 때에는 그러하지 아니하다.
> 1. 전부나 일부의 이행
> 2. 이행의 청구
> 3. 경개

4. 담보의 제공
5. 취소할 수 있는 행위로 취득한 권리의 전부나 일부의 양도
6. 강제집행

(1) 의의

법정추인(法定追認)이란 취소할 수 있는 법률행위에 관하여 일정한 사유가 있는 때에는 취소권자의 의사를 불문하고 법률상 당연히 추인한 것으로 보는 것을 말한다(제145조). 따라서 취소권에 관한 인식을 필요로 하지 않는다.

(2) 요건

① 법정추인사유의 발생
  ㉠ 전부나 일부의 이행: 취소권자가 상대방에게 이행한 경우이든, 상대방의 이행을 수령한 경우이든 모두 법정추인이 된다.
  ㉡ 이행의 청구: 취소권자가 상대방에게 이행을 청구하는 경우에 한하여 법정추인이 된다. 주의할 점은 상대방이 취소권자에게 이행을 청구한 경우에는 법정추인이 되지 않는다는 점이다.
  ㉢ 경개(更改): 경개란 채무의 중요한 내용을 변경함으로써 새로운 채무를 발생시키고 동시에 구 채무를 소멸시키는 계약이다. 이러한 경개가 이루어지면 법정추인이 된다.
  ㉣ 담보의 제공: 취소권자가 채무자로서 담보를 제공하는 경우뿐 아니라 채권자로서 담보의 제공을 받는 경우에도 법정추인이 된다.
  ㉤ 권리의 양도: 취소할 수 있는 행위로부터 취득한 권리의 전부나 일부를 취소권자가 양도하는 때에 한하여 법정추인이 된다. 상대방이 한 권리의 양도는 포함하지 않는다. 또한 취소를 전제로 한 권리의 양도는 법정추인이 되지 않는다. 즉, 취소 이후에 발생하는 부당이득반환청구권을 양도하는 것은 법정추인이 될 수 없다.
  ㉥ 강제집행: 취소권자가 채권자로서 강제집행을 한 경우는 물론, 이의제기를 하지 않고 채무자로서 강제집행을 받는 경우에도 법정추인이 된다.
② 법정추인사유는 취소의 원인이 소멸된 후에 이루어져야 한다.
③ 취소권자가 이러한 행위를 함에 있어서 이의를 보류하지 않았어야 한다.

핵심정리 | 이행의 청구와 권리의 양도

이행의 청구와 권리의 양도는 취소권자가 한 경우에 한하여 법정추인이 되고 상대방이 한 때에는 법정추인이 되지 않는다.

(3) 효과

법정추인 역시 추인한 것으로 간주되므로 추인과 동일한 효과가 생긴다. 즉, 확정적으로 유효가
되며 다시는 취소할 수 없게 된다.

6 취소권의 단기소멸 제29회, 제32회, 제33회, 제35회

> **제146조【취소권의 소멸】** 취소권은 추인할 수 있는 날로부터 3년 내에, 법률행위를 한 날로부터 10년 내에
> 행사하여야 한다.

(1) 취소권의 행사기간을 무제한 인정한다면 법률관계는 불안정한 상태로 지속될 수밖에 없으므로
「민법」은 가급적 법률관계를 신속히 확정하고, 상대방이 불안정한 지위에서 벗어날 수 있도록 하
기 위하여 취소권의 단기소멸을 규정하고 있다.

(2) 취소권은 추인할 수 있는 날로부터 3년 이내에, 법률행위를 한 날로부터 10년 이내에 행사하여야
한다(제146조). 신속한 법률관계의 확정을 목적으로 하므로 소멸시효와 달리 중단제도는 없다. 두
기간 중 어느 것이든 먼저 경과하면 취소권은 소멸하는데, 이는 소멸시효가 아니고 제척기간이다.

> **판례보기**
>
> 「민법」 제146조 소정의 취소권 행사기간의 법적 성질(제척기간) 및 그 기간의 준수 여부가 법원의 직권조사사
> 항인지 여부(적극)
> 「민법」 제146조는 취소권은 추인할 수 있는 날로부터 3년 내에 행사하여야 한다고 규정하고 있는바, 이때의
> 3년이라는 기간은 일반 소멸시효기간이 아니라 제척기간으로서, 제척기간이 도과하였는지 여부는 당사자의
> 주장에 관계없이 법원이 당연히 조사하여 고려하여야 할 사항이다(대판 96다25371).

기출 및 예상문제

01 甲은 허가받을 것을 전제로 토지거래허가구역 내 자신의 토지에 대해 乙과 매매계약을 체결하였다. 다음 설명 중 옳은 것을 모두 고른 것은? (다툼이 있으면 판례에 따름) 〔제34회〕

> ㄱ. 甲은 특별한 사정이 없는 한 乙의 매매대금 이행제공이 있을 때까지 허가신청절차 협력의무의 이행을 거절할 수 있다.
>
> ㄴ. 乙이 계약금 전액을 지급한 후, 당사자의 일방이 이행에 착수하기 전이라면 특별한 사정이 없는 한 甲은 계약금의 배액을 상환하고 계약을 해제할 수 있다.
>
> ㄷ. 일정기간 내 허가를 받기로 약정한 경우, 특별한 사정이 없는 한 그 허가를 받지 못하고 약정기간이 경과하였다는 사정만으로도 매매계약은 확정적 무효가 된다.

① ㄱ   ② ㄴ   ③ ㄱ, ㄷ   ④ ㄴ, ㄷ   ⑤ ㄱ, ㄴ, ㄷ

해설
ㄱ. (틀림) 협력의무의 이행과 대금의 지급은 동시이행관계가 아니며 협력의무의 이행이 선이행의무이다(대판 1996.10.25, 96다23825). 따라서 대금의 미지급을 이유로 협력의무의 이행을 거절할 수 없다.

ㄴ. (옳음) 특별한 사정이 없는 한 토지거래허가를 받지 않아 유동적 무효상태인 매매계약에 있어서도 당사자 사이의 매매계약은 매도인이 계약금의 배액을 상환하고 계약을 해제함으로써 적법하게 해제된다(대판 1997.6.27, 97다9369).

ㄷ. (틀림) 매매계약 체결 당시 일정한 기간 안에 토지거래허가를 받기로 약정하였다고 하더라도, 그 약정된 기간 내에 토지거래허가를 받지 못할 경우 계약해제 등의 절차 없이 곧바로 매매계약을 무효로 하기로 약정한 취지라는 등의 특별한 사정이 없는 한, 이를 쌍무계약에서 이행기를 정한 것과 달리 볼 것이 아니므로 위 약정기간이 경과하였다는 사정만으로 곧바로 매매계약이 확정적으로 무효가 된다고 할 수 없다(대판 2009.4.23., 2008다50615).

정답 ②

02 법률행위의 무효와 추인에 관한 설명으로 옳은 것을 모두 고른 것은? (다툼이 있으면 판례에 따름)
제34회

> ㄱ. 무효인 법률행위의 추인은 무효원인이 소멸된 후 본인이 무효임을 알고 추인해야 그 효력이 인정된다.
> ㄴ. 무권리자의 처분이 계약으로 이루어진 경우, 권리자가 추인하면 원칙적으로 계약의 효과는 계약체결시에 소급하여 권리자에게 귀속된다.
> ㄷ. 양도금지특약에 위반하여 무효인 채권양도에 대해 양도대상이 된 채권의 채무자가 승낙하면 다른 약정이 없는 한 양도의 효과는 승낙시부터 발생한다.

① ㄱ   ② ㄴ   ③ ㄱ, ㄷ   ④ ㄴ, ㄷ   ⑤ ㄱ, ㄴ, ㄷ

해설   ㄱ. (옳음) 추인의 대상이 되기 위해서는 종전의 무효사유가 제거되었어야 하며, 여전히 무효사유가 남아 있다면 추인으로써 효력이 인정될 수 없다 또한 무효임을 알고 추인하여야 한다.
   ㄴ. (옳음) 권리자가 무권리자의 처분을 추인하면 무권대리에 대해 본인이 추인을 한 경우와 당사자들 사이의 이익상황이 유사하므로, 무권대리의 추인에 관한 민법 제130조, 제133조 등을 무권리자의 추인에 유추 적용할 수 있다. 따라서 무권리자의 처분이 계약으로 이루어진 경우에 권리자가 이를 추인하면 원칙적으로 계약의 효과가 계약을 체결했을 때에 소급하여 권리자에게 귀속된다고 보아야 한다(대판 2017. 6. 8. 2017다3499).
   ㄷ. (옳음) 당사자의 양도금지의 의사표시로써 채권은 양도성을 상실하며 양도금지의 특약에 위반해서 채권을 제3자에게 양도한 경우에 악의 또는 중과실의 채권양수인에 대하여는 채권 이전의 효과가 생기지 아니하나, 악의 또는 중과실로 채권양수를 받은 후 채무자가 그 양도에 대하여 승낙을 한 때에는 채무자의 사후승낙에 의하여 무효인 채권양도행위가 추인되어 유효하게 되며 이 경우 다른 약정이 없는 한 소급효가 인정되지 않고 양도의 효과는 승낙시부터 발생한다(대판 2009. 10. 29. 2009다47685).

정답 ⑤

03 의사표시의 취소에 관한 설명으로 옳은 것을 모두 고른 것은? 〔제35회〕

> ㄱ. 취소권은 추인할 수 있는 날로부터 10년이 경과하더라도 행사할 수 있다.
> ㄴ. 강박에 의한 의사표시를 한 자는 강박상태를 벗어나기 전에도 이를 취소할 수 있다.
> ㄷ. 취소할 수 있는 법률행위의 상대방이 확정되었더라도 상대방이 그 법률행위로부터 취득한 권리를 제3자에게 양도하였다면 취소의 의사표시는 그 제3자에게 해야 한다.

① ㄱ   ② ㄴ   ③ ㄷ
④ ㄱ, ㄴ   ⑤ ㄴ, ㄷ

해설

ㄱ. (X) 취소권은 추인할 수 있는 날로부터 3년내에 법률행위를 한 날로부터 10년내에 행사하여야 한다(제146조).

ㄴ. (O) 취소의 원인이 소멸한 후에 하여야 하는 것은 취소할 수 있는 행위의 추인이며 취소는 그 원인이 소멸하기 전에도 할 수 있다. 따라서 제한능력자도 제한능력 상태에서 단독으로 법률행위를 취소할 수 있으며 강박을 당한 자는 강박상태를 벗어나기 전에도 취소할 수 있다.

ㄷ. (X) 취소할 수 있는 법률행위의 상대방이 확정된 경우에는 그 취소는 그 상대방에 대한 의사표시로 하여야 한다(제142조). 이때 취소의 상대방은 법률행위의 직접 상대방을 말하는 것이고, 전득자와 같은 현재 권리자를 의미하는 것이 아니다. 예를들어 미성년자 甲이 乙에게 부동산을 매도하였고, 후에 乙은 이를 다시 丙에게 전매한 경우에 취소권의 행사는 丙이 아니라 상대방인 乙에게 하여야 한다.

정답 ②

☐ 조문을 정확하게 확인해야 하며, 추가적으로 조건 여부에 대한 입증책임, 조건과 불확정기한의 구별에 대한 판례의 입장 등을 정리하여야 한다.

제1절 서설

법률행위의 부관(附款)이란 법률행위의 효력의 발생 또는 소멸에 관하여 이를 제한하기 위하여 당해 법률행위의 내용으로서 부가되는 약관을 말한다. 개인은 법률행위를 함에 있어서 장래 발생이 불확실한 사실이나 확실한 사실을 고려하여 법률행위의 내용을 정할 수 있으므로 법률행위에 조건 또는 기한을 붙이는 것은 사적 자치의 입장에서 원칙적으로 허용된다.

제2절 조건

1 의의 제35회

조건이란 법률행위의 효력의 발생 또는 소멸을 '장래의 불확실한 사실의 성취 여부'에 의존하게 하는 법률행위의 부관(附款)을 말한다.

(1) 조건은 법률행위의 효력의 발생 또는 소멸에 관한 것이며, 법률행위의 성립에 관한 것은 아니다.

(2) 조건은 성부가 불확실한 장래의 사실에 의존하게 하는 것이어야 한다. 객관적으로 확실한 것은 기한이지 조건이 아니다.

① "이번 시험에 합격하면 자동차를 사 주겠다."라고 하였다면 시험의 합격은 장래의 불확실한 사실이므로 조건에 해당한다. 그러나 "甲이 사망하면 집을 사 주겠다." 또는 "내년 5월 5일에 자동차를 사 주겠다."라고 하였다면 이는 확실한 사실이므로 기한에 해당한다.

② 장래가 아닌 현재나 과거의 사실에 대해서는 조건이 성립할 수 없다.

(3) 조건은 법률행위의 내용의 일부이므로 당사자가 임의로 부가한 것이어야 한다. 따라서 '법정조건(法定條件)'은 여기서 말하는 조건이 아니다.

2 조건의 종류 제30회, 제31회, 제32회, 제33회, 제34회, 제35회

1. 정지조건과 해제조건

(1) 정지조건

① 정지조건이란 법률행위의 효력의 발생을 장래의 불확실한 사실의 성취 여부에 의존하게 하는 조건이다. 즉, 효력이 없다가 조건이 성취되면 비로소 효력이 발생하는 조건을 말한다. 예를 들어 "시험에 합격하면 사무실을 주겠다."라는 것은 정지조건에 해당한다.

② 동산의 소유권유보부 매매는 대금의 완납을 정지조건으로 하는 매매이다(대판 96다14807).

> **판례보기**
>
> **정지조건부에 대한 입증책임 – 효과발생을 다투려는 자**
> 어떠한 법률행위가 조건의 성취시 법률행위의 효력이 발생하는 소위 정지조건부 법률행위에 해당한다는 사실은 그 법률행위로 인한 법률효과의 발생을 저지하는 사유로서 그 법률효과의 발생을 다투려는 자에게 주장·입증책임이 있다(대판 93다20832).

(2) 해제조건

해제조건이란 법률행위의 효력의 소멸을 장래의 불확실한 사실의 성취 여부에 의존하게 하는 조건이다. 즉, 효력이 일단 발생하였으나 조건이 성취되면 효력이 소멸하는 조건을 말한다. 예를 들어 "취업할 때까지 생활비를 지급해 주겠다."라는 것은 해제조건에 해당한다.

> **판례보기**
>
> **약혼예물의 성질**
> 약혼예물의 수수는 혼인의 불성립을 해제조건으로 하는 증여와 유사한 성질을 갖는다(대판 94므895).

2. 수의조건과 비수의조건

(1) 수의조건(隨意條件)

조건의 성취 여부가 당사자 일방의 의사에 의존하는 조건으로, 순수수의조건과 단순수의조건이 있다.

① 순수수의조건(純粹隨意條件): "내 기분이 좋아지면 건물을 주겠다."라는 것과 같이 당사자 일방의 의사만으로 조건의 성취 여부가 결정되는 것을 말한다. 이러한 순수수의조건이 부착된 법률행위는 무효라는 것이 다수설이다.

② 단순수의조건(單純隨意條件): "내가 유럽에 가게 되면 시계를 선물하겠다."라고 하는 것과 같이 조건을 성취시키려는 의사뿐만 아니라 그에 따른 사실상태의 성립도 필요한 조건을 말한다. 이러한 단순수의조건이 부착된 법률행위는 유효하다.

(2) 비수의조건(非隨意條件)

조건의 성취 여부가 당사자의 의사에 의존하지 않는 조건으로, 우성조건과 혼성조건이 있다.

① 우성조건(偶成條件): "내일 비가 오면 우산을 주겠다."라는 경우와 같이 조건의 성취 여부가 당사자의 의사와는 관계없이 자연적 사실에 의하여 결정되는 조건이다.

② 혼성조건(混成條件): '당신이 甲과 결혼하면'과 같이 조건의 성취 여부가 당사자의 의사 외에 제3자의 의사가 요구되는 조건이다.

3. 가장조건

가장조건이란 외관상·형식상으로는 조건처럼 보이지만 실질적으로는 조건으로서의 의미를 갖지 못하는 것을 말한다. 가장조건에는 법정조건·불법조건·기성조건·불능조건 등이 있다.

(1) 법정조건

법률행위의 효력을 발생하기 위해서 법률에 의하여 요구되는 여러 가지 요건 내지 사실을 법정조건이라 한다(예 법인 설립행위에 있어서의 주무관청의 허가, 유언에서 유언자의 사망 등).

(2) 불법조건

> 제151조 【불법조건, 기성조건】 ① 조건이 선량한 풍속 기타 사회질서에 위반한 것인 때에는 그 법률행위는 무효로 한다.

조건이 선량한 풍속 기타 사회질서에 위반하는 것일 때 이를 불법조건이라고 한다. 이러한 불법조건이 부착된 법률행위는 조건뿐 아니라 법률행위도 무효가 된다. 판례도 부첩관계의 종료를 해제조건으로 하는 증여계약은 그 조건만이 무효가 아니라 증여계약 자체가 무효라고 판시하고 있다(대판 66다530).

(3) 기성조건

> 제151조 【불법조건, 기성조건】 ② 조건이 법률행위의 당시 이미 성취한 것인 경우에는 그 조건이 정지조건이면 조건 없는 법률행위로 하고 해제조건이면 그 법률행위는 무효로 한다.

조건은 그 성부가 객관적으로 불확실한 장래의 사실을 내용으로 하여야 하는데, 조건이 법률행위 당시에 이미 성립하고 있는 경우를 기성조건이라 한다. 기성조건이 정지조건이면 조건 없는 법률행위가 되고, 해제조건이면 그 법률행위는 무효가 된다(제151조 제2항).

(4) 불능조건

> 제151조 【불법조건, 기성조건】 ③ 조건이 법률행위의 당시에 이미 성취할 수 없는 것인 경우에는 그 조건이 해제조건이면 조건 없는 법률행위로 하고 정지조건이면 그 법률행위는 무효로 한다.

객관적으로 실현이 불가능한 사실을 그 내용으로 하는 조건을 불능조건이라 한다. 불능조건이 정지조건으로 되어 있는 법률행위는 무효이고, 해제조건이면 조건 없는 법률행위가 된다(제151조 제3항).

참고학습 | 기성조건과 불능조건

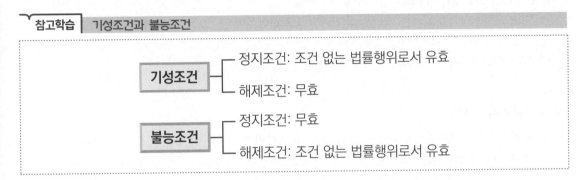

3 조건을 붙일 수 없는 법률행위 제30회, 제35회

조건을 붙이는 것도 법률행위 일반에 있어서와 마찬가지로 사적 자치가 인정되므로 원칙적으로 허용된다. 그러나 조건부 법률행위에 있어서는 그 효력의 발생이나 존속의 불안정이 공익상·사익상·성질상 바람직하지 않은 경우에는 조건을 붙이지 못한다. 이러한 조건과 친하지 아니한 법률행위에 조건을 붙인 경우에는 원칙적으로 조건뿐 아니라 법률행위 전부가 무효가 된다.

(1) 단독행위

① 원칙: 단독행위에는 원칙적으로 조건을 붙일 수 없다. 단독행위는 행위자의 일방적 의사에 따라 효력이 발생하게 되는데 여기에 조건을 붙인다면 상대방의 지위가 현저하게 불안정하게 되기 때문이다.

② 예외: 단독행위에 조건을 붙이는 것을 금지하는 목적은 상대방의 이익을 보호하기 위한 것이므로 상대방의 이익을 해하지 않는 다음과 같은 경우에는 조건을 붙이는 것이 예외적으로 허용된다.
  ㉠ 채무의 면제 또는 유증과 같이 상대방에게 이익만 주는 경우와 상대방의 동의가 있을 경우에는 단독행위에 조건을 붙일 수 있다.
  ㉡ 정지조건부 해제의 경우에도 단독행위에 조건을 붙이는 것이 가능하다. 즉, 계약당사자의 일방이 상대방에 대하여 일정한 기간을 정하여 그 기간 내에 이행이 없을 때에는 계약을 해제하겠다는 의사표시를 한 경우에는 위의 기간 경과로 그 계약은 해제된 것으로 해석하게 된다(대판 70다1508).

(2) 가족법상 행위(신분행위)

혼인, 인지, 이혼, 파양, 상속의 포기와 승인 등 가족법상의 신분행위에 조건을 붙이는 것은 공익상의 이유로 허용되지 않는다. 다만, 유언에는 조건을 붙일 수 있다(제1073조 제2항).

4 조건의 성취와 불성취의 의제 제33회

> **제150조【조건성취·불성취에 대한 반신의행위】** ① 조건의 성취로 인하여 불이익을 받을 당사자가 신의성실에 반하여 조건의 성취를 방해한 때에는 상대방은 그 조건이 성취한 것으로 주장할 수 있다.
> ② 조건의 성취로 인하여 이익을 받을 당사자가 신의성실에 반하여 조건을 성취시킨 때에는 상대방은 그 조건이 성취하지 아니한 것으로 주장할 수 있다.

(1) 조건성취의 의제

① 조건의 성취로 인하여 불이익을 받을 당사자가 신의성실에 반하여 조건성취를 방해하여 조건이 불성취된 경우, 상대방은 그 조건이 성취된 것으로 주장할 수 있다(제150조 제1항). 여기서 조건성취의 방해행위는 고의에 의한 경우만이 아니라 과실에 의한 경우도 해당한다(대판 98다42356).

> 보충 │ 방해행위가 없었더라도 조건의 성취가능성이 현저히 낮은 경우까지 포함되는 것은 아니다.

② 이때 조건이 성취된 것으로 의제되는 시점은 이러한 신의성실에 반하는 행위가 없었더라면 조건이 성취되었으리라고 추산되는 시점이다(대판 98다42356). 예를 들어 사장이 근로자에게 자신의 회사에 5년간 근무하면 집을 사 주겠다고 하였으나, 4년이 경과하자 이를 염려한 사장이 근로자를 부당해고하였다면 근로자는 조건이 성취된 것으로 주장할 수 있다. 다만, 부당해고 즉시 주장할 수 있는 것이 아니라 근무 시작일로부터 5년이 된 시점에서 주장할 수 있다는 의미이다.

(2) 조건불성취의 의제

조건의 성취로 이익을 받을 당사자가 신의성실에 반하여 조건을 성취시킨 때에는 상대방은 그 조건이 성취되지 않은 것으로 주장할 수 있다(제150조 제2항).

5 조건부 법률행위의 효력

(1) 조건의 성부 확정 전의 효력

> **제148조【조건부 권리의 침해금지】** 조건 있는 법률행위의 당사자는 조건의 성부가 미정한 동안에 조건의 성취로 인하여 생길 상대방의 이익을 해하지 못한다.

> **제149조【조건부 권리의 처분 등】** 조건의 성취가 미정한 권리·의무는 일반규정에 의하여 처분·상속·보존 또는 담보로 할 수 있다.

조건의 성부가 확정되기 이전에 있어서는 법률행위의 당사자 일방은 조건의 성취로 인하여 일정한 이익을 받을 기대를 갖는다. 이러한 권리를 '조건부 권리'라고 하며, 기대권 또는 희망권의 일종이다. 이 기대권 내지 희망권을 「민법」은 일종의 권리로서 보호하는 규정을 두고 있다.

① **소극적 보호**(침해의 금지): 조건부 권리에 대한 의무자는 조건의 성부가 미정인 동안에 조건의 성취로 인하여 생길 상대방의 이익을 해하지 못한다(제148조).
  ㉠ 조건부 권리를 '해하지 못한다.'는 것은 만약 그것을 침해하는 경우에는 일반원칙에 따라서 손해배상의무를 발생시킨다는 것을 말한다.
  ㉡ 조건부 권리를 침해한 처분행위의 효력에 관하여 명문의 규정은 없으나, 그러한 처분행위는 무효라고 함이 통설이다.
② **적극적 보호**: 조건부 권리는 그 권리가 확정되기 전이라도 이를 처분·상속·보존 또는 담보로 할 수 있다(제149조).

(2) 조건의 성부 확정 후의 효력

> **제147조【조건성취의 효과】** ① 정지조건 있는 법률행위는 조건이 성취한 때로부터 그 효력이 생긴다.
> ② 해제조건 있는 법률행위는 조건이 성취한 때로부터 그 효력을 잃는다.
> ③ 당사자가 조건성취의 효력을 그 성취 전에 소급하게 할 의사를 표시한 때에는 그 의사에 의한다.

① **조건의 성취·불성취의 효과**: 정지조건부 법률행위는 조건이 성취되면 그 효력이 발생하고, 불성취로 확정되면 무효로 된다. 또한 해제조건부 법률행위에 있어서는 조건이 성취되면 법률행위의 효력이 소멸하고, 불성취로 확정되면 그 효력은 소멸하지 않는다(제147조 제1항·제2항).
② **조건성취의 소급효 여부**: 조건성취의 효력은 원칙적으로 소급하지 않는다. 다만, 당사자의 특약으로 소급효를 인정할 수 있으나 제3자의 권리를 해하지 못한다. 주의할 점은 뒤에서 설명할 기한은 당사자 특약으로도 소급효를 인정할 수 없다는 것이다. 즉, 기한은 절대적 비소급효이다.
③ **조건성취의 입증**: 정지조건부 법률행위에 있어서 조건이 성취되었다는 사실은 이에 의하여 권리를 취득하고자 하는 측에 그 입증책임이 있다(대판 81다카692).

제3절 기한

1 의의

법률행위의 당사자가 법률행위의 효력의 발생·소멸을 장래에 실현되거나 또는 도래할 것이 확실한 사실에 의존하게 하는 약관을 기한이라 한다. 기한이 되는 사실이 장래의 사실이라는 점에서 조건과 같으나, 그 발생이 확정되어 있다는 점에서 성부 자체가 불확실한 조건과 다르다.

2 기한의 종류

(1) 시기와 종기

시기란 법률행위의 효력의 발생을 장래의 확정적 사실에 의존하게 하는 기한을 말하며, 종기란 법률행위의 효력의 소멸이 걸려 있는 기한을 말한다. 예를 들어 "1월 1일부터 12월 31일까지 임대차한다."에서 1월 1일은 시기이고, 12월 31일은 종기이다.

(2) 확정기한과 불확정기한

기한의 내용이 되는 사실은 장래에 발생하는 것이 확실한 사실이어야 하는데, 그 발생시기가 확정되어 있는 기한을 확정기한이라고 하고, 확실한 사실이지만 그 발생시기가 확정되어 있지 않은 것을 불확정기한이라고 한다. 예를 들어 '내년 1월 1일부터'라고 하는 것은 확정기한이고, '甲이 사망하였을 때'라고 하는 것은 불확정기한이다.

3 기한을 붙일 수 없는 법률행위

법률행위에 기한을 붙이는 것은 사적 자치의 원칙상 일반적으로 가능하다. 그러나 법률행위의 성질에 따라서는 기한을 붙일 수 없는 것이 있으며, 그 범위는 대체로 '조건을 붙일 수 없는 법률행위'에 있어서와 같다. 그러나 어음·수표행위는 조건과는 친하지 않으나 기한, 즉 시기(始期)를 붙이는 것은 가능하다.

4 기한부 법률행위의 효력 제34회

(1) 기한도래 전의 효력

「민법」은 조건부 권리의 침해금지에 관한 제148조와 조건부 권리의 처분 등에 관한 제149조를 기한부 법률행위에 준용하고 있다(제154조). 따라서 기한부 권리도 침해하지 못하며, 기한부 권리도 처분·상속·보존 또는 담보로 할 수 있다.

(2) 기한도래 후의 효력

> **제152조 【기한도래의 효과】** ① 시기 있는 법률행위는 기한이 도래한 때로부터 그 효력이 생긴다.
> ② 종기 있는 법률행위는 기한이 도래한 때로부터 그 효력을 잃는다.

① 법률행위에 시기를 붙인 경우에 그 법률행위는 기한이 도래한 때로부터 효력이 발생한다. 반대로 종기를 붙인 법률행위는 기한이 도래한 때로부터 그 효력을 잃는다(제152조).
② 기한도래의 효과에는 소급효가 있을 수 없다. 이것은 절대적이며, 비록 당사자가 그러한 특약을 하였더라도 무효이다.

5 기한의 이익 제30회, 제31회, 제34회, 제35회

> **제153조 【기한의 이익과 그 포기】** ① 기한은 채무자의 이익을 위한 것으로 추정한다.
> ② 기한의 이익은 이를 포기할 수 있다. 그러나 상대방의 이익을 해하지 못한다.

(1) 의의

기한의 이익이란 기한이 아직 도래하지 않음으로써 그동안 당사자가 받는 이익을 말한다. 예를 들어 내년 5월 1일을 변제기로 하여 돈을 빌렸다면 그 변제기가 도래하기 전까지는 채무를 변제하지 않아도 되는 이익이 생기며 이를 기한의 이익이라고 한다.

(2) 기한이익을 갖는 자

① **채권자만이 갖는 경우:** 무상임치계약에서는 채권자만이 기한의 이익을 누린다.
② **채무자만이 갖는 경우:** 무이자소비대차에서는 채무자만이 기한의 이익을 누린다.
③ **쌍방이 모두 갖는 경우:** 이자부 소비대차에서는 채권자와 채무자가 모두 기한의 이익을 누린다.
④ 당사자의 특약이나 법률행위의 성질에 비추어 반대의 취지가 없는 한, 기한은 채무자의 이익을 위한 것으로 추정하고 있다(제153조 제1항). 따라서 기한의 이익이 채권자를 위하여 정하여져 있다는 것은 채권자가 이를 입증하여야 한다.

(3) 기한이익의 포기

기한의 이익은 이를 포기할 수 있다. 그러나 상대방의 이익을 해하지 못한다(제153조 제2항).

① 기한의 이익이 당사자의 일방만을 위하여 존재하는 경우에 기한이익의 당사자가 상대방에 하는 단독의 의사표시에 의하여 임의로 이를 포기할 수 있다. 예를 들어 무이자소비대차의 채무자는 언제든지 변제할 수 있고, 무상임치인은 언제든지 반환을 청구할 수 있다.

② 기한의 이익이 상대방을 위하여도 존재하는 경우에는 상대방의 손해를 배상하고 포기할 수 있다고 해석한다(통설). 따라서 이자부소비대차의 채무자는 본래의 이행기까지의 이자를 지급하고 기한 전에 변제할 수 있다. 그러나 채권자는 변제기까지의 이자를 포기하고 채무자에게 기한 전에 변제할 것을 청구할 수 없다.

(4) 기한이익의 상실

① 의의: 채무자가 경제적 신용을 잃었다고 할 수 있는 사유가 발생한 때에 그의 기한이익을 상실하게 하고, 곧 변제하게 하는 것은 부득이하다. 즉, 일정한 경우에 채무자는 기한이익을 상실하며, 채권자의 기한 전의 이행청구를 거절하지 못한다.

② 기한이익의 상실사유

    ㉠ 채무자가 담보를 손상·감소 또는 멸실하게 한 때(제388조 제1호): 인적 담보, 물적 담보를 불문한다.

    ㉡ 채무자가 담보제공의 의무를 이행하지 않은 때(제388조 제2호)

    ㉢ 채무자가 파산한 때(「채무자 회생 및 파산에 관한 법률」 제425조)

③ 기한이익 상실의 효과: 기한의 이익을 포기한 때에는 기한이 도래한 것으로 되나, 기한의 이익을 상실한 때에는 기한의 도래를 의제하는 것이 아니라 채무자가 기한의 이익을 주장할 수 없게 된다.

핵심정리 | 심화판례

1. **조건과 불확정기한의 구별 기준**
   부관이 붙은 법률행위에 있어서 부관에 표시된 사실이 발생하지 아니하면 채무를 이행하지 아니하여도 된다고 보는 것이 상당한 경우에는 조건으로 보아야 하고, 표시된 사실이 발생한 때에는 물론이고 반대로 발생하지 아니하는 것이 확정된 때에도 그 채무를 이행하여야 한다고 보는 것이 상당한 경우에는 표시된 사실의 발생 여부가 확정되는 것을 불확정기한으로 정한 것으로 보아야 한다(대판 2003다24215).

2. 당사자가 불확정한 사실이 발생한 때를 이행기한으로 정한 경우에는 그 사실이 발생한 때에는 물론 그 사실의 발생이 불가능하게 된 때에도 이행기한은 도래한 것으로 보아야 한다(대판 2001다41766).

3. **기한이익 상실의 특약 – 형성권적 기한이익 상실의 특약**
   기한이익 상실의 특약은 그 내용에 의하여 일정한 사유가 발생하면 채권자의 청구 등을 요함이 없이 당연히 기한의 이익이 상실되어 이행기가 도래하는 것으로 하는 정지조건부 기한이익 상실의 특약과 일정한 사유가 발생한 후 채권자의 통지나 청구 등 채권자의 의사행위를 기다려 비로소 이행기가 도래하는 것으로 하는 형성권적 기한이익 상실의 특약의 두 가지로 대별할 수 있고, 기한이익 상실의 특약이 위의 양자 중 어느 것에 해당하느냐는 당사자의 의사해석의 문제이지만 일반적으로 기한이익 상실의 특약이 채권자를 위하여 둔 것인 점에 비추어 명백히 정지조건부 기한이익 상실의 특약이라고 볼 만한 특별한 사정이 없는 이상 형성권적 기한이익 상실의 특약으로 추정하는 것이 타당하다(대판 2002다28340).

기출 및 예상문제

01 법률행위의 부관에 관한 설명으로 <u>틀린</u> 것은? (다툼이 있으면 판례에 따름) 〔제34회〕

① 조건이 선량한 풍속 기타 사회질서에 위반한 경우, 그 조건만 무효이고 법률행위는 유효하다.

② 법률행위에 조건이 붙어 있는지 여부는 조건의 존재를 주장하는 자에게 증명책임이 있다.

③ 기한은 특별한 사정이 없는 한 채무자의 이익을 위한 것으로 추정한다.

④ 조건부 법률행위에서 기성조건이 해제조건이면 그 법률행위는 무효이다.

⑤ 종기(終期) 있는 법률행위는 기한이 도래한 때로부터 그 효력을 잃는다.

> **해설** ① 조건이 선량한 풍속 기타 사회질서에 위반한 것인 때에는 그 법률행위는 무효로 한다(제151조 제1항). 즉 불법조건이 부착된 법률행위는 조건뿐 아니라 법률행위도 무효가 된다.
>
> **정답** ①

02 조건에 관한 설명으로 <u>틀린</u> 것은? (다툼이 있으면 판례에 따름) 〔제33회〕

① 조건성취의 효력은 특별한 사정이 없는 한 소급하지 않는다.

② 해제조건이 선량한 풍속 기타 사회질서에 위반한 것인 때에는 특별한 사정이 없는 한 조건 없는 법률행위로 된다.

③ 정지조건과 이행기로서의 불확정기한은 표시된 사실이 발생하지 않는 것으로 확정된 때에 채무를 이행하여야 하는지 여부로 구별될 수 있다.

④ 이행지체의 경우 채권자는 상당한 기간을 정한 최고와 함께 그 기간 내에 이행이 없을 것을 정지조건으로 하여 계약을 해제할 수 있다.

⑤ 신의성실에 반하는 방해로 말미암아 조건이 성취된 것으로 의제되는 경우, 성취의 의제시점은 그 방해가 없었더라면 조건이 성취되었으리라고 추산되는 시점이다.

해설

② 부첩관계의 종료를 해제조건으로 하는 증여계약은 그 조건만이 무효가 아니라 증여계약 자체가 무효이다(대판 1966.6.21., 66다530). 즉 불법조건이 부착된 법률행위는 조건뿐 아니라 법률행위도 무효가 된다.

①

> **제147조 【조건성취의 효과】** ① 정지조건 있는 법률행위는 조건이 성취한 때로부터 그 효력이 생긴다.
> ② 해제조건 있는 법률행위는 조건이 성취한 때로부터 그 효력을 잃는다.
> ③ 당사자가 조건성취의 효력을 그 성취 전에 소급하게 할 의사를 표시한 때에는 그 의사에 의한다.

조건성취의 효력은 원칙적으로 소급하지 않는다. 다만, 당사자의 특약으로 소급효를 인정할 수 있다. 다만 주의할 점은 기한은 조건과 달리 당사자 특약으로도 소급효를 인정할 수 없다.

③ 부관이 붙은 법률행위에 있어서 부관에 표시된 사실이 발생하지 아니하면 채무를 이행하지 아니하여도 된다고 보는 것이 상당한 경우에는 조건으로 보아야 하고, 표시된 사실이 발생한 때에는 물론이고 반대로 발생하지 아니하는 것이 확정된 때에도 그 채무를 이행하여야 한다고 보는 것이 상당한 경우에는 표시된 사실의 발생 여부가 확정되는 것을 불확정기한으로 정한 것으로 보아야 한다(대판 2003.5.13, 2003다10797).

④ 계약당사자의 일방이 상대방에게 대하여 일정한 기간을 정하여 그 기간내에 이행이 없을 때에는 계약을 해제하겠다는 의사표시를 한 경우에는 위의 기간경과로 그 계약은 해제된 것으로 해석하여야 할 것이다(대판 1970.9.29., 70다1508). 즉 정지조건부 해제가 인정된다.

⑤ 조건의 성취로 인하여 불이익을 받을 당사자가 신의성실에 반하여 조건의 성취를 방해한 경우, 조건이 성취된 것으로 의제되는 시점은 이러한 신의성실에 반하는 행위가 없었더라면 조건이 성취되었으리라고 추산되는 시점이다(대판 1998.12.22. 98다42356). 즉 조건 성취의 의제시점이 방해즉시가 아님을 주의해야 한다.

정답 ②

MEMO

2025 랜드하나 공인중개사 기본서

PART 2
물권법

01 물권법 서론
CHAPTER

단원별 학습포인트

☐ 물권에 대한 기초적 개념을 이해하고 물권의 객체와 종류, 일물일권주의에 대하여 정리하여야 하며, 물권적
청구권의 내용과 성질, 주체와 상대방은 사례문제로 출제될 수 있으니 이에 철저히 대비하여야 한다.

제1절 물권의 의의와 성질

1 의의

물권(物權)은 '특정의 물건을 직접 지배해서 이익을 얻는 배타적인 권리'이다. 그런데 물권의 객체인
물건(物件)은 그 양이 한정되어 있으므로 물권은 타인에 의하여 침해받을 소지가 많다. 따라서 세상에
존재하는 물건을 각 개인에게 분배하여 각 개인에게 귀속시켜 놓고, 그 안에서 그로 하여금 이를 완벽
하게 지배하도록 하며 다른 사람들이 그것을 침해하지 않도록 하는 장치가 요청된다. 그러한 장치가
일정한 자에게 특정의 물건에 대한 물권을 부여하여 보호하는 것이다.

2 성질

(1) 물권의 지배성

① 물권은 그 목적물을 직접 지배하는 권리이다. 직접 지배한다는 것은 타인의 행위 내지는 협력을
거치지 않고서 바로 물건으로부터 일정한 이익을 얻는다는 것을 의미한다.

② **사용가치와 교환가치의 지배**: 물권을 가진 자가 목적물로부터 얻는 이익에는 사용가치와 교환가
치가 있다. 그러나 모든 물권이 이 두 가지 이익을 모두 지배하는 것을 내용으로 하지는 않으며
물권의 종류에 따라 차이가 있다. 즉, 소유권은 사용가치와 교환가치를 다 가지지만, 지상권·지
역권·전세권 등의 용익물권은 물건의 사용가치의 전부나 일부를, 유치권·질권·저당권 등의 담
보물권은 물건의 교환가치의 전부나 일부를 가진다.

(2) 물권의 절대권성

권리는 절대권과 상대권으로 구별할 수 있는바, 절대권은 특정의 상대방이라는 것이 없고 모든
사람에게 주장할 수 있는 권리이며, 상대권은 특정인을 의무자로 하여 그에 대하여서만 주장할

수 있는 권리이다. 물권은 누구에게나 주장할 수 있는 절대권이고, 채권은 원칙적으로 상대방(채무자)에게만 청구할 수 있는 상대권에 속한다.

(3) 물권의 배타성

① 물권은 물건에 대한 직접적인 지배를 그 내용으로 하므로, 하나의 물건에 대하여 어떤 자의 지배가 성립하면, 그 물적 이익에 관하여는 다른 사람의 지배를 인정할 수 없다.

② 예를 들어 하나의 물건 전부에 甲이 지상권이나 전세권을 취득하면 또다시 동일 목적물 위에 乙이 지상권이나 전세권을 취득할 수 없다. 먼저 성립한 지상권자 또는 전세권자가 그 물권의 가치를 배타적·독점적으로 지배하기 때문이다.

③ 이것을 물권의 '배타적 지배성' 또는 '독점적 지배성'이라고 하는데, 이러한 물권의 배타적 지배성을 실현하기 위한 전제조건이 되는 수단으로 '일물일권주의'와 '공시제도'가 있다.

(4) 물권의 양도성

물권은 거래의 객체가 되므로 양도성을 본질로 한다. 물론 채권도 양도성을 가질 수 있지만 채권의 성질이나 당사자의 약정에 의하여 양도성이 제한될 수 있는 경우가 많다는 점에서 물권과 구별된다.

3 물권의 객체 제34회, 제35회

(1) 물건

물권의 객체는 물건이다. 따라서 유체물 및 전기 기타 관리할 수 있는 자연력이 물권의 객체가 된다. 다만, 예외적으로 권리를 물권의 객체로 하는 경우도 있다.

① 현존·특정의 물건: 물건의 객체는 반드시 특정되고, 현존하여야 한다. 물권의 특징인 배타적·독점적 지배를 하기 위해서는 물건이 현존하여야 하며, 또한 특정되어 있어야 한다. 구성부분이 증감·변동하는 집합물이라 하여도 특정성을 상실하지 않는다.

판례보기

물건의 특정성 인정 여부

1. 일반적으로 증감·변동하는 동산을 하나의 물건으로 보아 이를 채권담보의 목적으로 삼으려는 이른바 집합물에 대한 양도담보설정계약체결도 가능하며, 이 경우 그 목적동산이 담보설정자의 다른 물건과 구별될 수 있도록 그 종류·장소 또는 수량지정 등의 방법에 의하여 특정되어 있으면 그 전부를 하나의 재산권으로 보아 이에 유효한 담보권의 설정이 된 것으로 볼 수 있다.
2. 집합물에 대한 양도담보권설정계약이 이루어지면 그 집합물을 구성하는 개개의 물건이 변동되거나 변형되더라도 한 개의 물건으로서 동일성을 잃지 아니하므로 양도담보권의 효력은 항상 현재의 집합물 위에 미친다(대판 88다카20224).

② **독립한 물건**: 물권의 객체는 원칙적으로 독립한 물건이어야 하기 때문에 물건의 일부라든가 구성부분 등은 원칙적으로 물권의 객체가 되지 못한다. 그러나 용익물권은 건물 또는 토지의 일부에 대해서도 성립할 수 있다. 독립성의 여부는 사회통념과 거래관념에 따라 결정된다.

(2) 권리

물권의 객체는 물건이지만 예외적으로 권리를 물권의 객체로 하는 경우도 있다. 즉, 재산권의 준점유(제210조), 재산권을 목적으로 하는 권리질권(제345조 이하), 지상권과 전세권을 목적으로 하는 저당권(제371조) 등은 권리를 대상으로 하는 물권이다.

4 일물일권주의 제34회, 제35회

1. 의의

하나의 물건 위에 동일한 종류·내용·순위의 물권은 동시에 성립할 수 없다는 것을 말한다. 이는 하나의 물건 위라고 하더라도 다른 종류·내용·순위의 물권이라면 동시에 복수의 물권이 존재할 수 있다는 것을 의미한다.

판례보기

하나의 부동산 중 일부분에 관하여 소유권보존등기를 경료하거나 하나의 부동산에 경료된 소유권보존등기 중 일부분에 관한 등기를 말소하는 것의 허용 여부(소극)

일물일권주의(一物一權主義)의 원칙상 물건의 일부분·구성부분에는 물권이 성립할 수 없는 것이어서 구분 또는 분할의 절차를 거치지 아니한 채 하나의 부동산 중 일부분만에 관하여 따로 소유권보존등기를 경료하거나, 하나의 부동산에 관하여 경료된 소유권보존등기 중 일부분에 관한 등기만을 따로 말소하는 것은 허용되지 아니한다(대판 2000다39582).

---

2. 내용

하나의 물건, 즉 독립한 물건은 사회통념과 거래관념에 따라 결정된다. 동산의 경우에는 그 자체로 거래가 되므로 독립성의 판단이 용이하지만, 부동산의 경우에는 독립성에 관하여 문제된다.

(1) 토지

① 토지는 자연적으로는 연속하고 있으나, 인위적으로 그 지표(地表)에 선을 그어서 경계로 삼고 구획되며 토지대장 또는 임야대장에 등록된다. 등록된 각 구획은 독립성이 인정되며, 그 개수(個數)는 '필(筆)'로 계산된다.

② 토지의 일부에 대한 등기는 인정되지 않으므로 분할절차를 밟기 전에는 토지의 일부를 양도하지 못한다. 그러나 용익물권은 분할절차를 밟지 않더라도 1필의 토지 일부 위에 설정할 수 있다.

(2) 건물

① 건물은 토지의 정착물이지만 토지로부터 완전히 독립한 별개의 부동산이다. 건물의 일부는 일물일권주의를 관철한다면 하나의 물권의 객체가 되지 못하는 것이 원칙이다.

② 그러나 전세권은 건물의 일부에도 성립할 수 있으며, 「집합건물의 소유 및 관리에 관한 법률」은 1동(棟)의 건물 일부분이 독립성을 갖춘 것일 때에는 구분소유권의 목적으로 될 수 있음을 규정하고 있다(동법 제1조, 제1조의2).

(3) 수목

수목은 토지의 정착물로서 독립하여 물권의 객체로 되지 못하는 것이 원칙이다. 그러나 「입목에 관한 법률」에 의하여 등기된 입목과 관습법상 인정되는 명인방법(明認方法)을 갖춘 수목은 독립하여 거래의 객체가 될 수 있다. 또한 미분리과실(未分離果實)도 수목의 일부에 지나지 않으나 명인방법을 통하여 독립한 물건으로 물권의 객체가 될 수 있다.

① 등기된 입목: 「입목에 관한 법률」에 의하여 소유권보존등기를 마친 수목의 집단을 입목이라고 하며, 이는 토지와는 독립된 부동산으로서 소유권과 저당권의 객체가 된다(동법 제3조).

② 명인방법을 갖춘 수목 등

　㉠ 의의: 「입목에 관한 법률」에 의하여 보존등기하지 아니한 수목·미분리과실 등은 토지의 정착물이지만 이들을 토지와 분리하여 처분하고자 할 때에 그 공시방법으로 관습법상 형성된 것이 이른바 명인방법이다. 명인방법도 유효한 공시수단이므로 수목이 이중으로 양도된 경우 먼저 명인방법을 갖추어 입목소유권을 취득한 자는 후에 입목등기를 갖추어 양수받은 자에 우선하여 소유권을 취득한다(대판 66다2242).

　㉡ 명인방법의 모습

　　ⓐ 명인방법으로는 지상물의 소유권이 누구에게 있다는 것을 명백히 인식할 수 있도록 일정한 거리를 두고 나무껍질을 벗기고 거기에 소유자의 성명을 묵서(墨書)하거나, 나무에 성명을 기재한 목찰을 부착하는 방법이 활용되고 있다.

　　ⓑ 이러한 명인방법이 유효하려면 그 객체가 특정되어야 한다. 따라서 특정이 되지 않은 입목에 대하여 명인방법을 취하였다 하더라도 그 효력이 없다(대판 73다1229).

판례보기

법원의 검증 당시 시행한 페인트칠과 번호표기를 수목의 소유권을 공시하는 명인방법으로 볼 수 없다고 한 사례

명인방법은 지상물이 독립된 물건이며 현재의 소유자가 누구라는 것이 명시되어야 하므로, 법원의 검증 당시 재판장의 수령 10년 이상 된 수목을 흰 페인트칠로 표시하라는 명에 따라 측량감정인이 이 사건 포푸라의 표피에 흰 페인트칠을 하고 편의상 그 위에 일련번호를 붙인 경우에는 제3자에 대하여 이 사건 포푸라에 관한 소유권이 원고들에게 있음을 공시한 명인방법으로 볼 수 없다(대판 89다카23022).

ⓒ 명인방법에 의하여 공시되는 물권은 오직 소유권에 한하므로 양도담보의 설정은 가능하지만 저당권을 설정할 수는 없다.

(4) 농작물

① 타인소유의 임야에 권한 없이 식재한 수목의 소유권은 임야소유자에게 귀속하지만(대판 68다 1195), 적법한 경작권 없이 타인의 토지를 경작하였더라도 그 경작한 입도가 성숙하여 독립한 물건으로서의 존재를 갖추었으면 입도의 소유권은 경작자에게 귀속한다(대판 79다784).

② 이 경우에 명인방법을 갖출 필요는 없으나, 경작자로부터 농작물을 매수한 자는 명인방법을 갖춤으로써 소유권을 취득한다(대판 95도2754).

제2절 물권의 종류

1 물권법정주의 제32회, 제34회, 제35회

> 제185조 【물권의 종류】 물권은 법률 또는 관습법에 의하는 외에는 임의로 창설하지 못한다.

(1) 의의

① 제185조에 의하면 물권은 법률 또는 관습법에 의해서만 인정되며 당사자가 임의로 물권을 창설할 수 없는데, 이처럼 물권의 종류와 내용을 법률 또는 관습법으로 정하는 것에 한정하는 것을 '물권법정주의(物權法定主義)'라고 한다.

② 계약은 계약자유의 원칙상 「민법」의 15가지의 전형계약(典型契約) 외에도 법률이 정하지 아니한 계약도 체결할 수 있고, 그에 따라 법률이 정하지 아니한 채권·채무도 성립할 수 있다.

③ 그러나 물권법에 있어서의 물권의 정형은 확정적이다. 물권법에 강행규정이 많은 것도 이 물권법정주의를 채용한 결과라고 할 수 있다.

(2) 근거

물권의 종류와 내용을 미리 법률로서 확정하는 까닭은 물권관계를 단순·명료하게 정형화(定型化)하여 공시의 원칙을 관철함으로써 거래의 안전과 원활을 꾀하려는 데에 있다.

(3) 내용

① **법률 또는 관습법**: 물권은 법률 또는 관습법에 의해서만 창설될 수 있다. 여기서 법률이란 국회가 제정한 형식적 의미의 법률만을 의미하고, 명령이나 규칙은 물권 성립의 근거가 될 수 없다.

② '임의로 창설하지 못한다.'의 의미: 강행규정으로 이에 위반되는 약정은 무효이다.

　　㉠ 강제되는 내용 중 하나는 법률 또는 관습법이 인정하지 않는 새로운 종류의 물권을 만들지 못한다는 것이고(종류강제), 다른 하나는 법률 또는 관습법이 인정하는 내용과는 다른 내용을 부여하지 못한다는 것이다(내용강제).

　　㉡ 예를 들어 저당권을 설정하면서 목적부동산의 점유까지 채권자에게 이전해 주기로 약정하였다면 이는 내용강제에 위반하여 무효가 된다. 저당권이라는 종류는 「민법」상 인정되지만, 「민법」 제356조는 저당권을 설정함에 있어서 목적물의 점유를 이전하지 않을 것을 내용으로 하고 있기 때문이다(내용강제 위반). 내용강제에 위반되는 경우에는 일부무효에 따라 처리하게 된다.

판례보기

소유권의 사용·수익 권능을 대세적·영구적으로 포기할 수 있는지 여부(소극)

물건에 대한 배타적인 사용·수익권은 소유권의 핵심적 권능이므로, 소유자가 제3자와의 채권관계에서 소유물에 대한 사용·수익의 권능을 포기하거나 사용·수익권의 행사에 제한을 설정하는 것을 넘어 이를 대세적·영구적으로 포기하는 것은 법률에 의하지 않고 새로운 물권을 창설하는 것과 다를 바 없어 허용되지 않는다(대판 2012다54133).

---

2 물권의 종류

(1) 현행법에서 인정되고 있는 물권

① 「민법」이 인정하는 물권: 「민법」은 점유권·소유권·지상권·지역권·전세권·유치권·질권·저당권 등 8가지의 물권을 규정하고 있다.

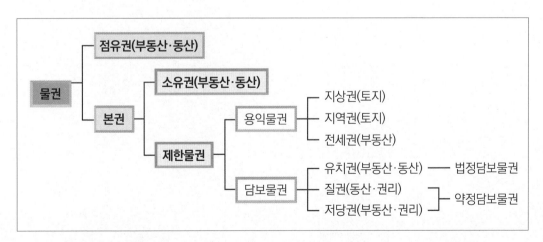

② 「민법」 이외의 법률이 인정하는 물권: 입목저당권(「입목에 관한 법률」)·공장재단저당권(「공장 및 광업재단 저당법」)·광업재단저당권(「공장 및 광업재단 저당법」)·자동차저당권(「자동차 등 특정동산 저당법」)·건설기계저당권(「자동차 등 특정동산 저당법」)·가등기담보권 및 양도담보권(「가등기담보 등에 관한 법률」)·광업권(「광업법」)·어업권(「수산업법」) 등이 있다.

(2) 관습법에 의하여 인정되는 물권

분묘기지권(墳墓基地權), 관습법상의 법정지상권(法定地上權), 동산의 양도담보권 등이 있다. 다만, 판례는 온천수는 그것이 용출하는 토지의 구성부분으로서 독립한 관습법상의 물권의 객체는 아니라고 한다(대판 69다1239).

판례보기

관습상 물권을 부정한 사례

1. 미등기 무허가건물의 양수인이라 할지라도 그 소유권이전등기를 경료받지 않는 한 건물에 대한 소유권을 취득할 수 없고, 그러한 건물의 취득자에게 소유권에 준하는 관습상의 물권이 있다고 볼 수 없다(대판 98다59118).
2. 온천에 관한 권리는 관습상의 물권이라 볼 수 없으며 온천수는 공용수, 생활에 필요한 용수로 볼 수 없다(대판 69다1239).
3. 관습상의 사도통행권은 성문법·관습법 어디에도 근거가 없다(대판 2001다64165).
4. 인근 주민들이 누구에게나 주장할 수 있는 공원이용권이라는 배타적 권리를 취득하였다고 할 수 없다(대결 94마2218).

제3절 물권의 효력

1 우선적 효력

1. 물권 상호간의 우선적 효력

(1) 다른 종류 또는 동종(同種)의 물권이 동일한 물건 위에 두 개 이상 성립하는 경우 그들 상호간에 있어서 먼저 성립한 물권이 후에 성립한 물권에 우선한다.

(2) 물권 상호간의 우선적 효력은 물권의 배타성에서 나오는 직접적인 효과이다. 따라서 배타성이 없는 점유권은 우선적 효력이 없다. 물건을 사실상 지배만 함으로써 성립하는 점유권에 있어서 점유권 상호간의 충돌 또는 점유권과 다른 물권과의 충돌이라는 것은 생각할 여지가 없기 때문이다.

(3) 제한물권은 선후에 관계없이 소유권에 언제나 우선한다. 소유자가 자기 물건 위에 스스로 타인의 제한물권을 설정하는 것을 합의하였기 때문이다.

2. 채권에 우선하는 효력

(1) 원칙

일정한 물건에 관하여 물권과 채권이 함께 성립하는 경우에는 그 성립의 선후에 관계없이 물권이 채권에 우선함이 원칙이다. 물권은 목적물에 대한 직접적인 지배를 내용으로 하지만, 채권은 채무자에게 일정한 급부(給付)를 청구하는 권리이므로 물권이 채권에 우선함은 당연하다.

(2) 예외

① 채권이 물권에 우선하는 경우: 「주택임대차보호법」상 소액임차인의 보증금 중 일정액(동법 제8조)과 「상가건물 임대차보호법」상 소액임차인의 보증금 중 일정액(동법 제14조)에 관하여 임차인은 다른 담보물권자보다 우선하여 변제를 받을 권리가 있다.

② 채권이 후순위의 물권에 우선하는 경우
　　㉠ 가등기된 채권: 부동산물권의 변동을 청구하는 채권이 가등기를 갖추고 있으면 본등기를 전제로 후에 성립한 물권에 우선하게 된다.
　　㉡ 대항력을 갖춘 임차권: 등기된 임차권, 「주택임대차보호법」상 대항력을 갖춘 임차권, 「상가건물 임대차보호법」상 대항력을 갖춘 임차권은 후에 성립하는 물권에 우선한다.

<table>
<tr><td>2</td><td>물권적 청구권</td><td>제29회, 제30회, 제31회, 제32회, 제33회, 제34회, 제35회</td></tr>
</table>

1. 의의

물권은 절대권으로서 누구에게나 주장할 수 있는 반면에, 누구든지 물권을 침해할 수도 있다. 따라서 물권 내용의 실현이 어떤 사정으로 인하여 방해당하고 있거나 또는 방해당할 염려가 있을 경우에 그 방해의 제거 또는 예방에 필요한 일정한 행위를 청구할 수 있는 권리가 필요하게 되는데, 이것이 '물권적 청구권'이다. 즉, 물권적 청구권은 목적물에 대한 직접적인 지배를 그 본질로 하는 지배권으로서 물권의 실효성을 확보하기 위하여 인정된 것이다.

2. 불법행위로 인한 손해배상청구권과 비교

(1) 불법행위로 인한 손해배상청구권에 있어서는 가해자의 고의·과실과 손해의 발생이 요구되나, 물권적 청구권에 있어서는 방해자의 고의·과실이나 손해의 발생을 요구하지 않는다.

(2) 물권적 청구권에 있어서는 물권의 방해제거·예방에 필요한 행위를 청구할 수 있게 되나, 불법행위에 의한 손해배상청구권에 있어서는 금전적인 배상을 청구할 수 있을 뿐이다.

(3) 물권에 대한 방해가 방해자의 고의·과실로 행하여진 것이고 그로 인하여 손해가 발생하여 불법행위가 되는 때에는 물권적 청구권과 손해배상청구권이 병존하게 된다.

핵심정리 | 물권적 청구권과 불법행위 손해배상청구권의 비교

구분	물권적 청구권	손해배상청구권
원인	물권에 대한 침해 또는 침해가능성	불법행위
요건	고의·과실과 손해발생을 요건으로 하지 않음	고의·과실과 손해발생을 요건으로 함
행사방법	행위청구(작위 또는 부작위)	금전배상을 청구

3. 물권적 청구권의 종류

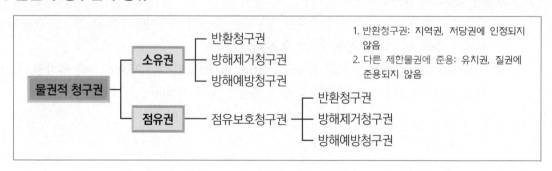

(1) 소유권에 기인한 물권적 청구권

① 소유물반환청구권

　㉠ 이는 타인이 점유를 침탈하거나 법률상 원인 없이 소유물을 점유함으로써 소유권이 침해되고 있는 경우에 그 반환을 청구하는 권리이다(제213조). 따라서 점유할 권리가 있는 자에게는 소유물반환청구권을 행사할 수 없다.

　㉡ 예를 들어 목적물을 점유하고 있는 미등기 매수인, 임차인, 전세권자, 지상권자, 유치권자, 동시이행의 항변권을 행사하는 자, 취득시효가 완성된 후 점유하고 있는 자 등은 점유할 권리가 있는 자로서 소유자가 반환청구할 수 없다.

　㉢ 반환청구권의 상대방은 현재 목적물을 점유하고 있는 자이다. 이때 점유자는 간접점유자도 포함된다.

② 소유물방해제거청구권

　㉠ 점유침탈 이외의 방법으로 물권의 정상적인 실현이 방해되고 있는 경우에, 그 방해자에 대하여 방해제거를 청구하는 것을 내용으로 하는 권리이다(제214조).

　㉡ 방해제거청구권은 현재 계속되고 있는 방해의 원인의 제거를 의미하는 것이며 방해결과의 제거를 내용으로 하는 것은 아니다. 방해의 결과는 손해배상의 영역에 해당한다.

③ 소유물방해예방청구권: 물권의 실현이 현재 방해당하고 있지는 않으나 장차 방해가 생길 염려가 있는 경우에, 그 방해의 예방 또는 손해배상의 담보를 청구하는 권리이다(제214조). 예를 들어 건축공사로 인하여 주택이 파손될 위험이 있는 이웃사람이 그 예방을 위한 조치나 손해배상의 담보를 청구하는 권리이다.

> **심화학습** ┃ 물권적 청구권의 상대방
>
> 1. 반환청구의 상대방
>   ① 불법점유를 이유로 하여 그 명도 또는 인도를 청구하려면 현실적으로 그 목적물을 점유하고 있는 자를 상대로 하여야 하고 불법점유자라 하여도 그 물건을 다른 사람에게 인도하여 현실적으로 점유를 하고 있지 않은 이상, 그 자를 상대로 한 인도 또는 명도청구는 부당하다(대판 98다9045).
>   ② 반환청구의 상대방이 되는 점유자는 간접점유자도 포함된다. 다만, 점유보조자는 점유자가 아니므로 반환청구의 상대방이 될 수 없다.
>
> 2. 방해제거청구의 상대방 – 권한 없이 타인의 토지에 무단으로 건물을 건축한 경우
>   ① 건물철거는 그 소유권의 종국적 처분에 해당하는 사실행위이므로 원칙적으로는 그 소유자(등기명의자)에게만 그 철거처분권이 있다. 따라서 원칙적으로 철거청구의 상대방은 그 건물의 소유자가 된다. 그러나 소유자에게 철거를 구하는 것은 인정되지만 퇴거를 요구할 수는 없다(대판 98다57457, 57464).
>   ② 무단으로 건축한 건물을 임대차한 경우에 임차인은 처분권자가 아니므로 토지의 소유자는 임차인에게 건물의 철거를 구할 수 없다. 다만, 불법건물에 거주하고 있는 임차인(전세권자)에게는 퇴출을 요구할 수 있다. 이때에 임차인은 대항력을 갖추었더라도 토지소유자에게 대항할 수 없다(대판 2010다43801).
>   ③ 다만, 미등기 매수인도 그 점유 중인 건물에 대하여 법률상 또는 사실상 처분을 할 수 있는 지위에 있으므로 토지소유자는 미등기 매수인에게 그 철거를 구할 수 있다(대판 86다카1751).

핵심정리 | 물권적 청구권의 상대방

구분	상대방
반환청구권	① 현재 목적물의 점유자(간접점유자도 가능) ② 최초의 침해자라도 점유를 이전한 자는 상대방이 될 수 없다.
방해제거청구권	① 불법건물의 현재 소유자에게 철거청구 가능(퇴거청구는 불가) ② 불법건물의 임차인에게 철거청구 불가(퇴거청구는 가능) ③ 불법건물의 미등기 매수인도 상대방이 된다.

(2) 다른 물권에 기인한 물권적 청구권

「민법」은 소유권에 관하여 세 가지의 물권적 청구권을 규정하고(제213조, 제214조), 이를 다른 제한물권, 즉 지상권·지역권·전세권·저당권 등에 준용하고 있다(제290조, 제301조, 제319조, 제370조). 그리고 점유권에 관하여는 별도로 점유물반환청구권(제204조)·점유물방해제거청구권(제205조)·점유물방해예방청구권(제206조)을 규정하고 있다.

① 점유권과 소유권·지상권·전세권에 기인한 물권적 청구권에 있어서는 앞에서 본 세 가지가 모두 인정되지만, 지역권과 저당권에 기인한 물권적 청구권에 있어서는 반환청구권은 인정되지 않고 방해예방 및 방해제거청구권만이 인정된다(저당권자와 지역권자는 목적물을 점유하지 않기 때문이다).
② 질권과 유치권에 대하여는 「민법」이 준용조항을 두고 있지 않다. 따라서 유치권이 침해된 경우에는 점유권에 기인하여 물권적 청구권을 행사할 수 있을 뿐이지 유치권 자체에 기한 물권적 청구권을 행사할 수는 없다. 다만, 질권에 관해서는 준용규정이 없더라도 해석상 이를 인정한다(통설).
③ 대항력 있는 임차권: 임차권은 채권이지만 대항력 있는 임차권에 대해서는 임차권 자체에 기한 방해배제청구권이 인정된다는 것이 판례의 입장이다(대판 99다67079).

참고학습 | 임차권과 물권적 청구권

1. 임차인은 임대인을 대위하여 물권적 청구권을 행사할 수 있다.
2. 임차권 자체에 기한 방해배제청구권은 원칙적으로 인정할 수 없다. 다만, 대항력 있는 임차권에 대해서는 이를 인정할 수 있다(대판 99다67079).
   ☐ 등기된 임차권에 기한 방해배제를 인정한 사례
3. 임차인이 점유하고 있던 경우 점유보호청구권을 행사할 수 있다.

4. 물권적 청구권의 성질

(1) 물권적 청구권은 물권에 의존하는 권리이므로 물권과 그 운명을 같이한다. 즉, 물권의 이전·소멸
   이 있으면 물권적 청구권도 그에 따라 함께 이전하고 소멸한다. 따라서 소유권에 기한 물권적 청
   구권을 소유권과 분리하여 이를 소유권 없는 전(前) 소유자에게 유보하여 행사시킬 수는 없는 것이
   므로 소유권을 상실한 전 소유자는 제3자인 불법점유자에 대하여 소유권에 기한 물권적 청구권에
   의한 방해배제를 구할 수 없다(대판 80다7).

(2) 물권은 채권에 우선하므로 물권적 청구권은 채권적 청구권에 우선한다.

(3) 소유권에 기한 물권적 청구권은 소멸시효에 걸리지 않는다.

판례보기

합의해제에 따른 매도인의 원상회복청구권이 소멸시효의 대상이 되는지 여부(소극)

매매계약이 합의해제된 경우에도 매수인에게 이전되었던 소유권은 당연히 매도인에게 복귀하는 것이므로 합의해
제에 따른 매도인의 원상회복청구권은 소유권에 기한 물권적 청구권이라고 할 것이고 이는 소멸시효의 대상이
되지 아니한다(대판 80다2968).

---

(4) 비용청구

소유자가 침해자에 대하여 방해제거행위 또는 방해예방행위를 하는 데 드는 비용을 청구할 수 있는
권리는 물권적 청구권에 포함되어 있지 않으므로, 소유자가 물권적 청구권에 기하여 방해배제 비용
또는 방해예방 비용을 청구할 수는 없다(대판 2014다52612).

01 「민법」상 물권에 관한 설명으로 <u>틀린</u> 것은? (다툼이 있으면 판례에 따름) 제27회

① 토지의 일부에 대하여도 점유취득시효로 소유권을 취득할 수 있다.

② 1동 건물의 일부도 구조상·이용상 독립성이 있으면 구분행위에 의하여 독립된 부동산이 될 수 있다.

③ 미분리의 과실은 명인방법을 갖추면 독립된 소유권의 객체로 된다.

④ 토지에서 벌채되어 분리된 수목은 독립된 소유권의 객체로 된다.

⑤ 농지 소유자의 승낙 없이 농작물을 경작한 경우 명인방법을 갖추어야만 토지와 별도로 독립된 소유권의 객체로 된다.

해설 ⑤ 적법한 경작권 없이 타인의 토지를 경작하였더라도 그 경작한 입도가 성숙하여 독립한 물건으로서의 존재를 갖추었으면 입도의 소유권은 경작자에게 귀속한다. 이 경우에 명인방법을 갖출 필요는 없다. 다만, 경작자로부터 농작물을 매수한 자는 명인방법을 갖춤으로써 소유권을 취득한다(대판 1996.2.23. 95도2754).

정답 ⑤

02 물권에 관한 설명으로 <u>틀린</u> 것은? (다툼이 있으면 판례에 따름) 제32회

① 「민법」 제185조에서의 '법률'은 국회가 제정한 형식적 의미의 법률을 의미한다.

② 사용·수익 권능을 대세적·영구적으로 포기한 소유권도 존재한다.

③ 처분권능이 없는 소유권은 인정되지 않는다.

④ 근린공원을 자유롭게 이용한 사정만으로 공원이용권이라는 배타적 권리를 취득하였다고 볼 수는 없다.

⑤ 온천에 관한 권리를 관습법상의 물권이라고 볼 수는 없다.

해설 ② 물건에 대한 배타적인 사용·수익권은 소유권의 핵심적 권능이므로, 소유자가 제3자와의 채권관계에서 소유물에 대한 사용·수익의 권능을 포기하거나 사용·수익권의 행사에 제한을 설정하는 것을 넘어 이를 대세적·영구적으로 포기하는 것은 법률에 의하지 않고 새로운 물권을 창설하는 것과 다를 바 없어 허용되지 않는다(대판 2013.8.22., 2012다54133).

① 물권은 법률 또는 관습법에 의해서만 창설될 수 있다(제185조). 여기서 법률이란 국회가 제정한 형식적 의미의 법률만을 의미하고, 명령이나 규칙은 물권 성립의 근거가 될 수 없다.

③ 소유자에게 소유권의 핵심적 내용에 속하는 처분권능이 없다고 하면, 이는 결국 민법이 알지 못하는 새로운 유형의 소유권 내지 물권을 창출하는 것으로서, 객체에 대한 전면적 지배권인 소유권을 핵심으로 하여 구축되어 있고 또한 물권의 존재 및 내용에 관하여 일정한 공시수단을 요구하는 물권법의 체계를 현저히 교란하게 된다(대판 2014. 3. 13. 2009다105215). 즉 물권법정주의상 처분권능이 없는 소유권은 인정되지 않는다.

④ 인근 주민들이 누구에게나 주장할 수 있는 공원이용권이라는 배타적 권리를 취득하였다고 할 수 없다(대결 1995.5.23, 94마2218).

⑤ 온천에 관한 권리는 관습상의 물권이라 볼 수 없으며, 온천수는 공용수, 생활에 필요한 용수로 볼 수 없다(대판 1970.5.26., 69다1239).

 정답 ②

---

03 물권적 청구권에 관한 설명으로 틀린 것은? (다툼이 있으면 판례에 따름) [제34회]

① 저당권자는 목적물에서 임의로 분리, 반출된 물건을 자신에게 반환할 것을 청구할 수 있다.

② 진정명의회복을 원인으로 한 소유권이전등기청구권의 법적 성질은 소유권에 기한 방해배제청구권이다.

③ 소유자는 소유권을 방해하는 자에 대해 민법 제214조에 기해 방해배제비용을 청구할 수 없다.

④ 미등기 무허가건물의 양수인은 소유권에 기한 방해배제 청구권을 행사할 수 없다.

⑤ 소유권에 기한 방해배제청구권은 현재 계속되고 있는 방해원인의 제거를 내용으로 한다.

해설

① 저당권자는 물권에 기하여 그 침해가 있는 때에는 그 제거나 예방을 청구할 수 있다고 할 것인바, 공장저당권의 목적동산이 저당권자의 동의를 얻지 아니하고 설치된 공장으로부터 반출된 경우에는 저당권자는 점유권이 없기 때문에 설정자로부터 일탈한 저당목적물을 저당권자 자신에게 반환할 것을 청구할 수는 없지만, 저당목적물이 제3자에게 선의취득되지 아니하는 한 원래의 설치 장소에 원상회복할 것을 청구함은 저당권의 성질에 반하지 아니함은 물론 저당권자가 가지는 방해배제권의 당연한 행사에 해당한다(대판 1996.3.22., 95다55184). 즉 저당권은 물권적청구권 중 방해제거와 예방청구만 인정되고 반환청구는 인정되지 않는다.

정답 ①

04 甲소유 토지에 乙이 무단으로 건물을 신축한 뒤 丙에게 임대하여 丙이 현재 그 건물을 점유하고 있다. 다음 설명 중 틀린 것은? (다툼이 있으면 판례에 따름) 제35회

① 甲은 丙을 상대로 건물에서의 퇴거를 청구할 수 없다.

② 甲은 乙을 상대로 건물의 철거 및 토지의 인도를 청구할 수 있다.

③ 甲은 乙을 상대로 토지의 무단 사용을 이유로 부당이득반환청구권을 행사할 수 있다.

④ 만약 乙이 임대하지 않고 스스로 점유하고 있다면, 乙은 丙을 상대로 건물에서의 퇴거를 청구할 수 없다.

⑤ 만약 丙이 무단으로 건물을 점유하고 있다면, 乙은 丙을 상대로 건물의 인도를 청구할 수 있다.

해설 ① 무단으로 건축한 건물을 임대차한 경우에 임차인은 처분권자가 아니므로 토지의 소유자는 임차인에게 건물의 철거를 구할 수 없다. 다만, 불법건물에 거주하고 있는 임차인(전세권자)에게는 퇴출을 요구할 수 있다. 이때에 임차인은 대항력을 갖추었더라도 토지소유자에게 대항할 수 없다(대판 2010.8.19., 2010다43801).

②④ 건물철거는 그 소유권의 종국적 처분에 해당하는 사실행위이므로 원칙적으로 철거청구의 상대방은 그 건물의 소유자가 된다. 다만 소유자에게 철거를 구하는 것은 인정되지만 퇴거를 요구할 수는 없다(대판 1999.7.9, 98다57457·57464).

⑤ 丙이 무단으로 건물을 점유하고 있다면, 건물의 소유자인 乙은 丙을 상대로 건물의 인도를 청구할 수 있다.

 정답 ①

02 CHAPTER 물권의 변동

☐ 제186조와 제187조에서 규정하고 있는 부동산물권변동의 유형들을 정확하게 파악하고 등기와 관련하여는 가등기, 중간생략등기, 등기의 추정력을 정확하게 이해해 두어야 하며, 물권의 소멸에서는 혼동 관련 문제가 짧은 사례지문으로 출제될 것에 대비하여 정리히여야 한디.

제1절 서설

1 물권변동의 의의와 원인

1. 물권변동의 의의

(1) 물권의 발생

① 절대적 발생(원시취득): 시효취득, 선의취득, 유실물 습득, 매장물 발견, 무주물선점과 같이 원시취득에 해당하는 것으로, 이전에 없었던 물권이 새로이 발생하는 것이다.

② 상대적 발생(승계취득): 타인의 물건이 특정인에게 승계되는 것, 즉 승계취득을 말한다. 상대적 발생은 이전적 승계와 설정적 승계(제한물권의 설정)로 나누어지고, 이전적 승계는 다시 포괄승계(예 상속, 포괄유증, 회사의 합병)와 특정승계(예 매매·증여·교환)로 나누어진다.

(2) 물권의 변경

물권이 그 동일성을 잃지 않으면서 그 주체·내용·작용에 변경이 생기는 것이다. 물권의 승계취득은 주체의 변경이고, 소유권에 제한물권이 설정되는 것은 내용의 변경이며, 저당권의 순위가 변경되는 것은 작용의 변경에 해당한다.

(3) 물권의 소멸

물권의 상실에는 절대적으로 소멸(목적물의 멸실)하는 경우와 상대적으로 소멸(물권의 이전)하는 경우가 있다.

2. 물권변동의 원인

(1) 법률행위

① 물권변동을 원하는 당사자의 의사표시에 의한 경우이다. 대표적으로 물건에 대한 매매, 교환계약을 체결하여 소유자가 변동하는 것을 말한다. 토지에 지상권설정계약을 맺어 지상권이라는 물권을 취득하거나 소유권을 스스로 포기하는 것도 마찬가지의 경우이다.

② 법률행위로 인한 물권의 변동은 이를 공시하여야 하는데 부동산물권변동은 등기를, 동산물권변동은 인도를 하여야 효력이 발생한다(제186조, 제188조~제190조).

(2) 법률의 규정

① 당사자의 의사에 의하지 않고 물권변동이 생기는 모든 경우를 말하는 것으로 보통 법률의 규정에 의한 물권변동이라고 부른다. 예를 들어 건물을 신축하여 새로운 소유권을 취득하거나 상속에 의하여 물권을 취득하는 것을 말한다. 「민법」이 규정하는 것으로는 취득시효(제245조 이하), 소멸시효(제162조 이하), 혼동(제191조), 무주물선점(제252조), 유실물 습득(제253조), 매장물 발견(제254조), 첨부(제256조 이하), 상속(제1005조) 등이 있다.

② 법률규정에 의한 물권변동은 등기나 인도 없이도 효력이 발생한다. 다만, 예외적으로 취득시효로 인한 경우에는 등기하여야 물권변동의 효력이 발생한다.

---

2 물권변동의 공시제도 ^{제35회}

※ 아래 **제35회** 는 작은 글씨로 표기됨

(1) 의의

① 물권은 지배권이므로 배타성을 갖는다. 물권의 배타성이란 하나의 물건 위에 같은 내용의 물권이 동시에 두 개 이상 성립할 수 없다(일물일권주의)는 것을 의미한다. 그렇기 때문에 어떤 자가 어떤 물건에 하나의 물권을 가지고 있으면 다른 사람은 그것과 동일한 내용의 물권을 가질 수 없게 된다.

② 그러므로 소유권을 취득하거나 각종 제한물권을 취득하는 등 물권 거래를 하려는 자는 뜻하지 않은 손해를 입지 않으려면 그 목적물 위에 누가 어떤 권리를 가지고 있는지 또 자기에게 우선하게 될 물권이 존재하고 있는지의 여부를 미리 조사할 필요가 있다. 따라서 물권의 변동은 제3자가 쉽게 알 수 있도록 '공시의 원칙'이 요구된다.

(2) 공시방법

① 부동산물권의 공시제도는 '등기'이다. 토지에 대하여는 토지등기부에, 건물에 대하여는 건물등기부에 취득과 변동과정이 기록된다. 이러한 등기절차를 규율하는 것이 바로 「부동산등기법」이다.

② 동산물권의 공시제도는 '점유'이다. 점유를 이전하는 것을 인도(引渡)라고 하는데 여기에는 현실의 인도(제188조 제1항), 간이인도(제188조 제2항), 점유개정(제189조), 목적물반환청구권의 양도(제190조)가 있다.

③ 입목에 관하여는 「입목에 관한 법률」에 따라 입목등기부에 등기하는 공시제도가 있으며 수목의 집단, 미분리과실 등에 관하여는 관습법상 인정되는 명인방법(明認方法)이라는 공시제도가 존재한다.

(3) 공시의 원칙

① 의의: 물권이 변동하는 경우에 이를 외부에 나타내지 않으면 제3자는 불측의 손해를 입을 우려가 생기므로, 물건 위에 어떤 물권이 존재하는지를 외부에서 알 수 있게 하여 거래의 안전을 보호하려는 제도가 공시의 원칙이다.

② 입법주의

    ㉠ 성립요건주의(형식주의): 공시방법을 갖추지 않으면 제3자에 대해서는 물론이고 당사자 사이에서도 물권변동의 효력이 발생하지 않는다는 입법주의이다. 현행 「민법」과 독일민법이 취하고 있는 방식이다.

    ㉡ 대항요건주의(의사주의): 당사자 사이에서는 공시방법을 갖추지 않아도 물권변동이 일어나지만 공시방법 없이는 제3자에게 대항하지 못한다는 입법주의이다. 구민법, 일본민법, 프랑스민법이 취하고 있는 방식이다.

(4) 공신의 원칙

① 의의

    ㉠ 공시의 원칙이 관철되어 있으면 동산의 점유자는 그 동산에 관하여 물권을 가진 것으로 보고, 부동산의 경우에는 등기명의인(登記名義人)이 물권을 가진 것으로 본다. 그러나 실제로 공시는 되어 있으나 그 공시되어 있는 자가 실제 권리자가 아닌 경우가 발생하기도 한다. 이 경우에 외형을 신뢰하고 거래한 자는 비록 그 공시방법이 진실한 권리관계에 부합하지 않더라도 권리를 취득하도록 하는 제도를 공신(公信)의 원칙이라고 한다.

    ㉡ 공신의 원칙이 인정될 경우, 거래의 안전은 보호되나 반면에 진정한 권리자가 불이익을 받게 되므로 이를 채용할 것이냐는 신중을 요하는 문제이다. 「민법」은 부동산의 등기에 관하여는 공신력을 인정하지 않고, 동산의 점유에 대해서만 이를 인정하고 있다. 이른바 선의취득이 이에 해당한다.

② 공신의 원칙의 확대적용: 공신의 원칙은 동산물권의 변동에서만 인정되는 것은 아니고 표현대리(제125조, 제126조, 제129조), 채권의 준점유자에 대한 변제(제470조), 영수증소지자에 대한 변제(제471조) 등도 공신의 원칙에 근거를 두고 있다.

제2절 부동산물권변동

1 법률행위에 의한 부동산물권변동 제29회, 제30회, 제31회, 제32회, 제34회, 제35회

> **제186조【부동산물권변동의 효력】** 부동산에 관한 법률행위로 인한 물권의 득실변경은 등기하여야 그 효력이 생긴다.
>
> **제187조【등기를 요하지 아니하는 부동산물권 취득】** 상속, 공용징수, 판결, 경매 기타 법률의 규정에 의한 부동산에 관한 물권의 취득은 등기를 요하지 아니한다. 그러나 등기를 하지 아니하면 이를 처분하지 못한다.

법률행위에 의한 부동산물권의 변동에 관하여 제186조는 부동산에 관한 법률행위로 인한 물권의 득실변경은 등기하여야 그 효력이 생긴다고 규정함으로써 성립요건주의(형식주의)를 명시하고 있다. 따라서 법률행위에 의한 부동산물권의 변동은 물권행위를 하고 등기를 갖추었을 때에 비로소 효력을 발생한다. 그러나 점유권과 유치권은 부동산에 관한 권리일지라도 이들의 변동에는 등기를 요하지 않는다. 점유권과 유치권은 모두 현재 물건을 점유하고 있다는 사실에 기하여 그것이 계속되는 동안에만 인정되는 권리이므로 그 성질상 등기에 의하여 공시할 필요가 없기 때문이다.

1. 제186조의 적용범위

사안에 따라서는 제186조의 법률행위에 의한 물권변동으로 등기를 하여야 하는지 아니면 제187조의 물권변동으로 등기를 요하지 않는지가 문제되는 경우들이 있는데 다음의 경우에 학설상의 논란이 있다.

(1) 원인행위 실효에 의한 물권의 복귀

① 채권행위에는 실효원인(무효·취소·해제)이 있으나 물권행위는 유효한 때, 이 경우 채권행위가 실효되면 이전되었던 물권은 등기(말소등기) 없이도 당연히 복귀하는지 여부에 대해서 학설이 대립한다.

② 다만, 판례는 계약(채권행위)이 해제되면 그 계약의 이행으로 변동이 생겼던 물권은 당연히 그 계약이 없었던 원상태로 복귀한다고 한다(대판 75다1394). 따라서 등기 없이 물권은 복귀되고, 이 경우에 「민법」이 정하는 개별규정을 통하여 제3자가 보호를 받게 된다.

(2) 물권의 포기

부동산물권의 포기는 물권의 소멸을 목적으로 하는 법률행위(단독행위)로서 제186조에 의하여 그 등기를 하여야 효력이 생긴다.

2. 부동산물권변동을 위한 등기의 요건

부동산물권변동을 완성시키는 등기는 물권행위의 내용과 합치하여야 하며(실질적·실체적 유효요건), 「부동산등기법」이 정하는 절차상의 요건을 갖춰서 적법하게 이루어져야 한다(형식적·절차적 유효요건).

(1) 등기의 형식적 유효요건

① 등기의 멸실 또는 불법말소: 등기는 물권변동의 효력발생요건이고 효력존속요건이 아니다. 따라서 일단 유효하게 존재하였던 등기가 멸실되거나 불법으로 말소된 경우에도 그 등기가 표상(表象)하던 물권은 소멸하지 않는다.

판례보기

원인 없이 말소된 소유권이전등기가 회복되기 전 동 등기의 추정력

등기는 물권의 효력발생요건이고 효력존속요건이 아니므로 물권에 관한 등기가 원인 없이 말소된 경우에 그 물권의 효력에는 아무런 영향을 미치지 않는다고 봄이 타당한바, 원인 없이 경료된 등기와 같이 되어 말소된 소유권이전등기는 회복되어야 하고 회복등기를 마치기 전이라도 말소된 소유권이전등기의 최종 명의인은 적법한 권리자로 추정된다고 하겠으니 동 이전등기가 실체관계에 부합하지 않은 점에 대한 입증책임은 이를 주장하는 자에게 있다(대판 81다카923).

---

② 이중으로 경료된 소유권보존등기: 등기부는 '1부동산 1등기기록원칙'에 따라 편성되어 있다. 즉, 하나의 부동산에 관하여는 하나의 등기기록을 둘 뿐이다. 그런데 절차상의 잘못으로 이중으로 보존등기가 경료된 경우에 이를 어떻게 처리할 것인지가 문제되는데 사항란의 이중등기의 경우에 다음과 같이 처리하게 된다.
ㄱ 등기명의인이 동일인인 경우: 실체관계와의 부합 여부를 불문하고 선등기만이 유효하고, 후등기는 무효가 된다(절차법설).
ㄴ 등기명의인이 동일인이 아닌 경우: 선등기가 원인무효가 되지 않는 한 후등기는 무효이다. 즉, 선등기가 원인무효가 아니라면 후등기가 비록 그 부동산의 매수인에 의하여 이루어진 경우에도 1부동산 1등기기록(용지)주의를 채택하는 「부동산등기법」 아래에서는 원칙상 무효이다(대판 전합 87다카2961).

판례보기

사항란 이중등기

1. 동일인 명의인 경우: 실체관계를 묻지 않고 선등기 유효(대판 89다카19900, 19917)
2. 동일인 명의가 아닌 경우: 선등기에 원인무효사유가 없는 한 후등기는 무효(대판 98다23393)

---

(2) 등기의 실질적 유효요건

등기가 유효하기 위해서는 물권행위와 합치하여야 한다. 그러나 간혹 물권행위와 등기가 합치되지 않는 경우가 나타난다.

① **주체·객체의 불합치:** 예를 들어 甲이 매수하였는데 乙이 매수인으로 등기되어 있는 경우(주체의 불합치) 또는 A토지를 매수하였는데 B토지를 매수한 것으로 등기되어 있는 경우(객체의 불합치)이다. 이러한 경우에 그 등기는 무효이고 어떠한 물권변동도 일어나지 않는다.

② **물권변동과정의 불합치**

「민법」은 물권변동에 관하여 성립요건주의를 취하고 또한 「부동산등기법」상 등기신청시에는 등기원인을 증명하는 정보를 제출하여 법률이 정하는 절차에 따라 등기부에 기록되므로, 등기부에는 당연히 물권변동의 과정과 원인이 그대로 공시되어야 하는 것이 원칙이다. 그런데 실제로는 조세부담 등의 이유로 이와 같은 원칙대로 등기가 이루어지지 않는 경우가 있는데, '중간생략등기', '실제와 다른 등기원인에 의한 등기', '무효인 등기의 유용'이 주로 논의된다.

○ 중간생략등기

ⓐ 甲에서 乙로, 乙에서 丙으로 토지가 순차로 전매된 경우, 중간자인 乙의 등기를 생략한 채 甲에게서 바로 최종 매수인 丙에게로 소유권이전등기를 하는 것을 '중간생략등기'라고 한다.

ⓑ 중간생략등기에 있어서는 두 가지 문제가 있는데, 하나는 중간생략등기가 행하여진 경우에 그 등기의 효력이 문제되고, 다른 하나는 등기가 아직 경료되지 않았다면 최종 매수인은 어떤 방식으로 등기를 청구하여 실행시킬 것인가의 문제이다.

판례보기

중간생략등기

1. 등기의 유효성

① 「부동산등기 특별조치법」상 조세포탈과 부동산투기 등을 방지하기 위하여 등기하지 아니하고 제3자에게 전매하는 행위를 일정 목적 범위 내에서 형사처벌하도록 되어 있으나 이로써 순차매도한 당사자 사이의 중간생략등기 합의에 관한 사법상 효력까지 무효로 한다는 취지는 아니라고 하며(대판 92다39112), 따라서 당사자 사이에 적법한 원인행위가 성립되어 중간생략등기가 이루어진 이상, 중간생략등기에 관한 합의가 없었다는 사유만으로는 그 소유권이전등기를 무효라고 할 수는 없다(대판 79다2104).

② 다만, 토지거래허가구역 내에서 중간생략등기가 경료된 경우에는 최초 매도인과 최종 매수인 사이에 매매계약이 체결되었다고 볼 수 없고, 설사 최종 매수인이 자신과 최초 매도인을 매매당사자로 하는 토지거래허가를 받아 자신 앞으로 소유권이전등기를 경료하였더라도 그러한 최종 매수인 명의의 소유권이전등기는 적법한 토지거래허가 없이 경료된 등기로서 무효라고 한다(대판 96다22464).

2. 등기의 청구

① 3자 합의가 있는 경우: 직접 청구 가능

부동산의 양도계약이 순차로 이루어져 최종 양수인이 중간생략등기의 합의를 이유로 최초 양도인에게 직접 그 소유권이전등기청구권을 행사하기 위하여는 관계당사자 전원의 의사합치, 즉 중간생략등기에 대한 최초 양도인과 중간자의 동의가 있는 외에 최초 양도인과 최종 양수인 사이에도 그 중간등기생략의 합의가 있었음이 요구된다(대판 91다5761).

> ㉠ 3자 합의가 있었다면 중간매수인의 등기청구권이 소멸하는지 여부(소극)
> 중간생략등기의 합의가 있었다 하더라도 이러한 합의는 중간등기를 생략하여도 당사자 사이에 이의가 없고 또 그 등기의 효력에 영향을 미치지 않겠다는 의미가 있을 뿐이지 그러한 합의가 있었다 하여 중간 매수인의 소유권이전등기청구권이 소멸된다거나 첫 매도인의 그 매수인에 대한 소유권이전등기의무가 소멸되는 것은 아니라 할 것이다(대판 91다18316).
> ㉡ 인상대금 미지급시 소유권이전등기의무 이행 거절 가능 여부(적극)
> 최초 매도인과 중간 매수인, 중간 매수인과 최종 매수인 사이에 순차로 매매계약이 체결되고 이들 간에 중간생략등기의 합의가 있은 후에 최초 매도인과 중간 매수인 간에 매매대금을 인상하는 약정이 체결된 경우, 최초 매도인은 인상된 매매대금이 지급되지 않았음을 이유로 최종 매수인 명의로의 소유권이전등기의무의 이행을 거절할 수 있다(대판 2003다66431). 즉, 3자 합의가 있다 하여도 최초 매도인의 대금청구권이 제한되지 않는다.

② 3자 합의가 없는 경우: 대위청구

중간생략등기의 합의가 없다면 부동산의 전전매수인은 매도인을 대위하여 그 전 매도인인 등기명의자에게 매도인 앞으로의 소유권이전등기를 구할 수는 있을지언정 직접 자기 앞으로의 소유권이전등기를 구할 수는 없다고 한다(대판 69다1351).

> **3자간 중간생략등기의 합의가 없는 경우 등기청구권의 이전(채권양도)방식으로 직접 청구할 수 있는지 여부(소극)**
>
> 매매로 인한 소유권이전등기청구권은 특별한 사정이 없는 이상 그 권리의 성질상 양도가 제한되고 그 양도에 채무자의 승낙이나 동의를 요한다고 할 것이므로 통상의 채권양도와 달리 양도인의 채무자에 대한 통지만으로는 채무자에 대한 대항력이 생기지 않으며 반드시 채무자의 동의나 승낙을 받아야 대항력이 생긴다(대판 2000다51216).
> ⇨ 즉 통상의 채권양도의 법리가 적용되지 않는다.
>
>> 동지판례 부동산 명의신탁자가 명의신탁약정을 해지한 다음 제3자에게 '명의신탁 해지를 원인으로 한 소유권이전등기청구권'을 양도하였다고 하더라도 명의수탁자가 양도에 대하여 동의하거나 승낙하지 않고 있다면 양수인은 명의수탁자에 대하여 직접 소유권이전등기청구를 할 수 없다(대판 2018다280316).
>
>> 비교판례 취득시효완성으로 인한 소유권이전등기청구권은 채권자와 채무자 사이에 아무런 계약관계나 신뢰관계가 없으므로 취득시효완성으로 인한 소유권이전등기청구권의 양도의 경우에는 매매로 인한 소유권이전등기청구권에 관한 양도제한의 법리가 적용되지 않는다(대판 2015다36167).
>> ⇨ 취득시효완성으로 인한 소유권이전등기청구권의 양도는 매매로 인한 소유권이전등기청구권의 양도와는 달리 통상의 채권양도 법리에 따라 양도될 수 있다.

3. 그 밖의 경우

① 건물을 신축한 자가 자신 앞으로 보존등기를 하지 않은 채 이를 매도하여 매수인 앞으로 보존등기가 경료된 경우에 등기의 효력이 문제된다. 이른바 모두생략등기(冒頭省略登記)의 문제이다. 판례는 미등기 건물을 등기할 때에는 소유권을 원시취득한 자 앞으로 소유권보존등기를 한 다음 이를 양수한 자 앞으로 이전등기를 함이 원칙이라 할 것이나, 원시취득자와 승계취득자 사이의 합치된 의사에 따라 승계취득자 앞으로 직접 소유권보존등기를 경료하게 되었다면, 그 소유권보존등기는 실체적 권리관계에 부합되어 적법한 등기로서의 효력을 가진다고 하여 유효성을 인정하고 있다(대판 94다44675).

② A토지의 소유자인 甲이 사망한 후에 甲의 상속인 乙이 丙과 그 토지의 매매계약을 체결하고, 甲에게서 바로 丙으로 소유권이전등기를 하는 경우의 문제이다. 이러한 경우에도 역시 중간생략등기의 일종으로서 실체관계가 존재하므로 丙 앞으로의 등기는 유효하다고 평가한다.

핵심정리 | 중간생략등기

유효성	① 이미 최종 양수인 앞으로 경료된 중간생략등기는 유효하다. ② 토지거래허가규정을 위반하여 이루어진 중간생략등기는 무효이다.

등기청구의 방법
(甲 ⇨ 乙 ⇨ 丙의 경우)
	1. 3자간 합의가 있는 경우
	  ① 丙은 직접 甲에게 소유권이전등기를 청구할 수 있다.
	  ② 중간매수인의 소유권이전등기청구권이 소멸하는 것은 아니다.
	  ③ 3자간 합의가 있다 하여도 최초 매도인의 대금청구권이 제한되지 않는다.
	2. 3자간 합의가 없는 경우
	  ① 丙은 乙을 대위하여 甲에게 乙 앞으로의 소유권이전등기를 청구할 수 있다.
	  ② 丙이 乙로부터 등기청구권을 양도받고 채권양도를 원인으로 직접 청구할 수 없다.

ⓛ 실제와 다른 등기원인에 의한 등기: 증여에 의한 소유권이전등기를 매매에 의한 것으로 등기한 것처럼 실제와 다른 등기원인에 의한 등기도 현재의 권리상태를 반영하는 이상 유효한 등기로 평가된다.

ⓒ 무효등기의 유용: 무효인 등기의 유용이란 등기원인의 부존재, 무효, 취소, 해제로 인하여 말소되어야 할 무효인 등기가 말소되지 않고 있다가 후에 이에 상응하는 등기원인이 발생한 경우 이 무효인 등기를 이용하는 것을 말한다.

  ⓐ 무효등기의 유용이 허용되는 경우라 하더라도 그 등기는 유용의 합의가 있었던 때부터 유효등기가 되는 것이며, 처음부터 유효등기가 되는 것은 아니다.

  ⓑ 무효인 등기의 유용은 등기상 이해관계를 가진 제3자가 있는 경우에는 주장할 수 없다.

  ⓒ 멸실된 건물의 보존등기를 멸실 후에 새로이 신축한 건물의 보존등기로 유용하는 것은 구 건물과 새로운 건물의 동일성이 인정될 수 없는 관계로 무효가 된다.

  ㉣ 위조문서에 의한 등기: 위조된 등기신청서류에 의하여 경유된 소유권이전등기라 할지라도
  그 등기가 실체적 권리관계에 부합되는 경우에는 유효하다(대판 65다365).

(3) 미등기 매수인의 법적 지위

부동산 매수인이 대금을 지급하고 목적부동산을 인도받아 점유하고 있으나 아직 등기를 갖추지
못한 경우에 발생하는 문제이다.

① **소유권의 변동은 없음**: 형식주의를 취하고 있는 우리 법제상 법률행위로 인한 부동산물권변동의
경우에는 등기를 하지 아니하면 물권의 변동은 없다(제186조).

  ㉠ 따라서 소유권자는 매수인이 아니라 여전히 매도인이다. 그 결과 매도인의 채권자는 매매의
  목적물인 건물에 대하여 강제집행을 할 수 있고 매수인은 제3자 이의의 소를 제기할 수 없다.
  즉, 매수인은 자신이 소유자임을 주장하여 강제집행을 저지할 수 없다.

  ㉡ 목적물에 대한 침해가 있는 경우에 미등기매수인은 자신이 직접 소유권에 기한 물권적 청구
  권을 행사할 수 없으며, 매도인을 대위하여 행사하여야 한다.

② **점유할 권리의 발생**: 토지의 매수인이 아직 소유권이전등기를 경료받지 아니하였다 하여도 매매
계약의 이행으로 그 토지를 인도받은 때에는 매매계약의 효력으로서 이를 점유·사용할 권리가
생기게 된 것으로 보아야 한다(대판 87다카1682). 따라서 매도인이 아직 등기부상 소유권이 자신
에게 있음을 이유로 소유물반환청구권을 행사하거나 부당이득반환청구권을 행사하는 것은 허용
되지 않는다.

③ **등기청구권 소멸시효의 문제**

  ㉠ 매수인의 등기청구권은 10년의 소멸시효에 걸리는 것이 원칙이지만 매수인이 목적부동산을
  인도받아 계속 점유하는 경우에는 그 소유권이전등기청구권의 소멸시효가 진행하지 않는다.

  ㉡ 또한 부동산의 매수인이 그 부동산을 인도받은 이상 이를 사용·수익하다가 그 부동산에 대한
  보다 적극적인 권리 행사의 일환으로 다른 사람에게 그 부동산을 처분하고 그 점유를 승계하
  여 준 경우(점유의 상실)에도 그 이전등기청구권의 행사 여부에 관하여 그가 그 부동산을 스스
  로 계속 사용·수익만 하고 있는 경우와 특별히 다를 바 없으므로 이전등기청구권의 소멸시효
  는 진행되지 않는다(대판 98다32175).

④ **과실취득의 문제**: 매매계약에서 계약일로부터 인도할 때까지의 과실은 매도인이 취득하지만, 인
도 후에는 매수인이 과실을 취득한다. 또한 인도 전이라 하더라도 대금을 완납하였다면 과실취
득권은 매수인이 갖는다. 따라서 미등기 매수인은 과실을 취득할 수 있다.

2 법률행위에 의하지 않은 부동산물권변동(법률규정에 의한 물권변동)

> **제187조【등기를 요하지 아니하는 부동산물권 취득】** 상속, 공용징수, 판결, 경매 기타 법률의 규정에 의한 부동산에 관한 물권의 취득은 등기를 요하지 아니한다. 그러나 등기를 하지 아니하면 이를 처분하지 못한다.

1. 의의

(1) 상속·공용징수·판결·경매 기타 법률의 규정에 의한 부동산물권의 득실변경에는 등기를 요하지 않는다(제187조 본문). 즉, 이러한 경우에는 등기를 갖추지 않더라도 법률상 당연히 물권변동의 효과가 발생한다. 당사자의 의사표시대로 효과가 발생하는 경우(즉, 법률행위)와는 달리 이러한 경우까지 등기를 요구하게 되면 등기를 하기 전까지 권리의 공백상태가 발생하므로 법적 공백상태의 방지 또는 법정책적 고려를 위하여 등기를 요구하지 않고 있다.

(2) 제187조에 의하여 등기 없이 취득한 물권을 다시 처분하려는 경우, 이는 법률행위이므로 먼저 자기 앞으로 그 물권에 관한 등기를 한 후에 처분에 관한 등기를 하여야 한다(제187조 단서). 다만, 주의할 점은 제187조는 의사주의를 규정한 것이 아니므로 등기를 하지 않아도 제3자에게 대항할 수 있으며, 처분시에 등기를 요구하고 있는 것이다.

판례보기

제187조에 의한 변동은 등기 없이도 제3자에게 대항할 수 있다는 사례

관습상의 지상권은 법률행위로 인한 물권의 취득이 아니고 관습법에 의한 부동산물권의 취득이므로 등기를 필요로 하지 아니하고 지상권 취득의 효력이 발생하고, 이 관습상의 법정지상권은 물권으로서의 효력에 의하여 이를 취득할 당시의 토지소유자나 이로부터 소유권을 전득한 제3자에 대하여도 등기 없이 위 지상권을 주장할 수 있다(대판 87다카279).

---

(3) 제187조는 물권의 '취득'의 경우에 등기를 요하지 않는다고 규정하고 있으나, 취득에만 한정하는 것이 아니라 변경·상실의 경우에도 등기를 요하지 않는다.

2. 제187조의 적용범위

(1) 상속

상속으로 부동산물권이 이전하는 시기는 피상속인의 사망시이다(제997조). 상속뿐 아니라 포괄유증, 법인의 합병 등 포괄승계에 의한 부동산물권의 취득인 경우에는 상속과 마찬가지로 등기를 요하지 아니한다.

(2) 공용징수

공용징수는 공익사업을 위하여 개인의 재산권을 법률에 의하여 강제적으로 취득하는 것이다. 공용징수에 의한 부동산물권의 변동시기는 재결수용인 경우에 보상금의 지급을 정지조건으로 하여 수용개시일에 물권변동이 발생한다(「공익사업을 위한 토지 등의 취득 및 보상에 관한 법률」제45조). 따라서 보상금이 지급되면 소유권 및 기존의 제한물권은 수용개시일에 모두 소멸한다.

(3) 판결

이행판결·확인판결·형성판결 중에서 제187조에서의 등기를 요하지 않는 판결은 형성판결만을 말한다. 따라서 확인판결·이행판결은 제187조에서 제외된다. 등기를 요하지 않는 형성판결에는 사해행위의 취소판결(제406조), 공유물분할판결(제269조 제1항), 상속재산분할판결(제1013조 제2항) 등이 있다. 다만, 공유물분할소송에서 조정절차에 회부되어 성립된 조정에 의한 경우에는 재판에 의한 공유물분할의 경우와 다르므로 등기를 하여야 물권변동이 생긴다는 것이 판례의 입장이다(대판 전합 2011두1917).

> **판례보기**
>
> **「민법」제187조 소정 판결의 의미**
> 판결에 의한 부동산물권 취득은 등기할 필요가 없으나 이때의 판결이란 판결 자체에 의하여 부동산물권 취득의 형식적 효력이 발생하는 경우를 말하는 것이고, 당사자 사이에 이루어진 어떠한 법률행위를 원인으로 하여 부동산소유권이전등기절차의 이행을 명하는 것과 같은 내용의 판결은 이에 포함되지 아니한다(대판 70다568).

(4) 경매

경매에 의한 소유권의 취득시기는 경락(매각)대금을 완납한 때이며 경락인(매수인)은 등기하지 않아도 목적부동산의 소유권을 취득한다.

(5) 기타의 법률규정

신축건물의 소유권 취득, 멸실로 인한 물권의 소멸, 법정지상권의 취득(제305조, 제366조), 관습법상 법정지상권의 취득, 법정저당권의 취득(제649조), 혼동(混同)에 의한 물권의 소멸(제191조), 법률행위의 무효·취소·해제에 의한 물권의 회복하는 경우 등은 등기를 요하지 않는다.

3. 제187조의 예외

점유취득시효완성으로 인한 부동산물권의 취득은 법률규정에 의한 물권변동이지만 예외적으로 등기를 하여야 권리를 취득한다(제245조 제1항).

3 부동산물권의 공시방법 제30회, 제31회, 제32회, 제33회

1. 등기의 의의

부동산등기란 등기관이 법정절차에 따라 등기부(登記簿)에 부동산의 표시와 부동산에 관한 일정한 권리관계에 관한 정보를 기록하는 것을 말한다.

2. 등기의 종류

(1) 내용에 따른 구분

① **기입등기**(記入登記): 새로운 등기원인에 의하여 어떤 사항을 등기부에 새로이 기입하는 등기이다. 소유권보존등기·소유권이전등기·제한물권설정등기 등은 모두 기입등기이다.

② **경정등기**(更正登記): 어떤 등기를 하였는데 그 절차상 착오 또는 유루(遺漏)가 있어서 원시적(原始的)으로 등기와 실체관계 사이에 불일치가 생긴 경우에 이를 시정하기 위하여 하는 등기이다. 이러한 경정등기는 언제나 허용하는 것이 아니고 경정의 전후를 통하여 표시된 부동산의 동일성에 변함이 없는 것이라고 여겨질 정도로 위 착오 또는 유루의 표시가 경미하거나 극히 부분적일 때 한하여 허용된다(대판 87다카2358).

③ **변경등기**(變更登記): 등기가 행해진 후에 등기된 사항에 변경이 생겨서 후발적으로 등기와 실체관계 사이에 불일치가 생긴 경우에 그 불일치를 시정하기 위하여 하는 등기이다. 예를 들어 주소가 변경되거나 저당권에서 이자율이 변경된 때에 변경등기를 하게 된다.

④ **말소등기**(抹消登記): 등기에 대응하는 실체관계가 존재하지 않는 경우에 기존의 등기사항 전부를 말소하는 등기이다.

⑤ **말소회복등기**: 어떤 등기가 부적법하게 말소된 경우에 그 말소된 등기를 회복함으로써 처음부터 그러한 말소가 없었던 것과 같은 효력을 보유하게 할 목적으로 행해지는 등기이다. 말소회복등기를 하게 되면 종전 등기의 효력뿐 아니라 순위도 그대로 회복되며, 등기의무자는 말소등기 당시 소유자이지 현재의 소유명의인이 아니다.

⑥ **멸실등기**(滅失登記): 부동산이 전부멸실되었을 때 행해지는 등기이다. 전부멸실이 아닌 부동산의 일부멸실 또는 건물의 증·개축시에는 멸실등기가 아닌 변경등기를 하게 된다.

(2) 방식에 따른 구분

① **주등기**(독립등기): 주등기(主登記)란 독립된 순위번호를 가지는 등기를 말한다. 표제부에 등기하는 때에는 표시번호란에, 갑구나 을구에 등기하는 때에는 순위번호란에 독립된 번호를 붙여서 하는 등기이다. 등기는 원칙적으로 주등기의 형식으로 행해진다.

② **부기등기**(附記登記)

㉠ 부기등기란 그 자체로서는 독립된 순위번호가 없고 주등기(主登記)의 순위번호를 그대로 사용하면서 그 순위번호의 아래에 '부기(附記) 몇 호'라고 번호를 붙여서 행해지는 등기이다. 이러한 부기등기는 기존 등기와의 동일성 내지 그 연장임을 표시하려고 할 때에 하게 된다. 부기등기는 주등기의 순위에 의한다.

㉡ 소유권 이외 권리의 이전등기(예 전세권·지상권·저당권·임차권의 이전등기 등), 환매특약등기, 전세권·지상권을 목적으로 한 저당권의 설정등기, 가등기의 이전등기 등에 쓰인다.

(3) 효력에 따른 구분

① **종국등기**: 종국등기는 본등기라고도 하며 등기 본래의 효력, 즉 물권변동의 효력을 발생하게 하는 등기를 말한다. 가등기를 제외한 모든 등기는 종국등기이다.

② **예비등기**: 예비등기란 종국등기를 할 수 있는 요건을 갖추지 못한 경우에 장래에 행해질 종국등기에 대비해서 행해지는 등기를 말하고, 가등기가 예비등기에 해당한다. 등기의 본래의 효력인 물권변동과는 직접 관계가 없고, 다만 예비적으로 하는 등기이다.

심화학습 | 가등기

가등기는 부동산물권 또는 부동산임차권의 변동을 목적으로 하는 청구권을 보전하려고 할 때 하는 등기이다.
* 물권적 청구권을 보전하기 위한 가등기는 허용되지 않는다(대판 81다카1110).
* 가등기는 후일에 가등기에 기한 본등기를 갖추면 가등기 당시의 순위를 그대로 보전하는 효력이 있다(순위의 소급). 다만 물권변동의 효력은 소급하지 않으며 본등기시에 생긴다.
* 가등기가 있다 하여 소유권이전등기를 청구할 어떤 법률관계가 있다고 추정되는 것은 아니다.

1. 가등기의 대상(「부동산등기법」 제88조)
   ① 본등기를 할 수 있는 권리(예 소유권·전세권·저당권·지상권·지역권·권리질권·채권담보권·임차권)의 변동(설정·이전·변경·소멸)에 관한 청구권을 보전하려는 때에 가등기를 할 수 있다.
   ② 본등기를 할 수 있는 권리의 변동에 관한 청구권이 시기부(始期附) 또는 정지조건부 기타 장래에 있어서 확정될 것인 경우에도 가등기를 할 수 있다.

2. 가등기에 기한 본등기
   ① 가등기에 기하여 본등기를 할 때에는 현재의 등기명의인이 아닌 가등기 당시의 등기명의인을 상대로 본등기를 청구하여야 한다.
   ② 가등기에 기하여 본등기를 하였을 때 가등기 이후에 된 등기로서 가등기에 의하여 보전되는 권리를 침해하는 등기는 직권으로 말소하여야 한다.
   ③ 물권변동의 효력은 본등기시에 생기는 것이며 가등기시로 소급하여 발생하는 것은 아니다.

3. 가등기의 이전등기(가등기의 가등기)
   양도인과 양수인의 공동신청으로 그 가등기상의 권리의 이전등기를 가등기에 대한 부기등기의 형식으로 경료할 수 있다(대판 98다24105).

3. 등기절차

(1) 등기의 신청

① **원칙(공동신청주의)**: 등기는 법원의 명령 또는 등기관의 직권으로 행해지기도 하나, 관공서의 촉탁 또는 등기권리자와 등기의무자의 공동신청에 의하여 실행되는 것이 원칙이다.

② **예외(단독신청)**: 등기는 공동신청에 의하는 것이 원칙이지만 등기의 진정성이 보장되거나(예 판결에 의한 등기, 상속에 의한 등기 등), 등기의무자가 없는 경우(예 소유권보존등기, 부동산표시의 변경등기, 상속에 의한 등기 등)에는 예외적으로 등기권리자가 단독으로 신청할 수 있다.

(2) 등기신청에 대한 심사

등기의 신청이 있으면 등기관은 그 신청이 「부동산등기법」이 요구하는 요건을 갖추고 있는가를 심사하여 소정의 요건을 갖추고 있으면 이를 수리(受理)·등기하여야 한다. 즉, 등기신청이 실체적 권리관계와 부합하느냐의 여부에 관하여는 심사하지 않는 형식적 심사주의를 취하고 있다.

4. 등기청구권

(1) 의의

① 등기는 등기권리자와 등기의무자의 공동신청으로 하는 것이 원칙이다. 그러므로 등기의무자가 등기신청에 협력하지 않는다면 등기권리자는 등기를 할 수 없게 된다. 이 때문에 등기권리자에게는 등기의무자에 대하여 등기신청에 협력할 것을 요구하는 권리를 인정한다는 것이 필요하다. 이러한 권리를 등기청구권이라고 한다.

② **등기신청권과의 구별**: 당사자가 국가기관인 등기소에 등기사항을 등기할 것을 요구하는 권리를 등기신청권이라고 한다. 등기신청권은 공법상·절차법상의 권리에 해당한다. 따라서 사법상·실체법상의 권리인 등기청구권과는 구별된다.

③ **등기인수청구권**: 등기의무자가 자기명의로 있어서는 안 될 등기가 자기명의로 있음으로 인하여 사회생활상 또는 법률상 불이익을 입을 우려가 있는 경우에는 소의 방법으로 등기권리자를 상대로 등기를 인수받아 갈 것을 구하고 그 판결을 받아 등기를 강제로 실현할 수 있다(대판 2000다60708).

(2) 등기청구권의 성질

등기청구권은 개별적인 사정에 따라 채권적일 수 있고 물권적일 수도 있다. 일반적으로 법률행위로 인한 경우(제186조)나 취득시효완성을 원인으로 하는 등기청구권은 채권적 성질을 가지며, 법률규정에 의한 경우(제187조)에는 이미 물권이 취득되어 있는 상태에서의 등기청구권이므로 물권적 성질을 가지게 된다.

① **법률행위로 인한 경우:** 법률행위로 인한 경우에는 형식주의를 취하고 있는 현행 「민법」하에서는 채권적 청구권의 성질을 지니게 된다. 따라서 10년의 소멸시효에 걸리는 것을 원칙으로 한다.

판례보기

매매로 인한 등기청구권의 소멸시효 적용 여부

1. 매수인이 목적부동산을 인도받아 계속 점유하는 경우에는 그 소유권이전등기청구권의 소멸시효가 진행하지 않는다. 이때의 점유는 간접점유라도 마찬가지이며, 부동산을 인도받아 점유하고 있는 이상 매매대금의 지급 여부와는 관계없이 그 소멸시효가 진행되지 아니한다(대판 90다9797).
2. 부동산의 매수인이 그 부동산을 인도받은 이상 이를 사용·수익하다가 그 부동산에 대한 보다 적극적인 권리행사의 일환으로 다른 사람에게 그 부동산을 처분하고 그 점유를 승계하여 준 경우에도 그 이전등기청구권의 행사 여부에 관하여 그가 그 부동산을 스스로 계속 사용·수익만 하고 있는 경우와 특별히 다를 바 없으므로 위 두 어느 경우에나 이전등기청구권의 소멸시효는 진행되지 않는다고 보아야 한다(대판 전합 98다32175).
3. 매수인이 점유의 침탈 등의 사유로 점유를 상실하면 그때부터 등기청구권의 소멸시효가 진행된다(대판 91다40924).

> **비교판례** **취득시효완성으로 인한 등기청구권의 소멸시효 적용 여부**
>
> 토지에 대한 취득시효완성으로 인한 소유권이전등기청구권은 그 토지에 대한 점유가 계속되는 한 시효로 소멸하지 아니하고, 그 후 점유를 상실하였다고 하더라도 이를 시효이익의 포기로 볼 수 있는 경우가 아닌 한 이미 취득한 소유권이전등기청구권은 바로 소멸되는 것은 아니나, 취득시효가 완성된 점유자가 점유를 상실한 경우 취득시효완성으로 인한 소유권이전등기청구권의 소멸시효는 이와 별개의 문제로서, 그 점유자가 점유를 상실한 때로부터 10년간 등기청구권을 행사하지 아니하면 소멸시효가 완성한다(대판 95다34866, 34873).

---

② **실체관계와 일치하지 않는 경우:** 甲이 乙에게 부동산을 매도하고 등기까지 이전하였으나 그 계약이 무효였다면 그 등기는 실체관계에 부합하지 않는 무효의 등기가 되고, 이를 말소하는 것은 물권적 청구권의 성질을 가지게 된다. 또한 채무자가 저당권자에게 채무를 변제한 후에 자신의 부동산에 설정된 저당권등기를 말소하여 줄 것을 요구하는 경우에도 마찬가지이다.

판례보기

저당채무가 소멸된 경우에 종전 소유자(채권적)와 현재 소유자(물권적)의 근저당권설정등기 말소청구의 가능 여부

근저당권이 설정된 후에 그 부동산의 소유권이 제3자에게 이전된 경우에는 현재의 소유자가 자신의 소유권에 기하여 피담보채무의 소멸을 원인으로 그 근저당권설정등기의 말소를 청구할 수 있음은 물론이지만, 근저당권설정자인 종전의 소유자도 근저당권설정계약의 당사자로서 근저당권 소멸에 따른 원상회복으로 근저당권자에게 근저당권설정등기의 말소를 구할 수 있는 계약상 권리가 있으므로 이러한 계약상 권리에 터 잡아 근저당권자에게 피담보채무의 소멸을 이유로 하여 그 근저당권설정등기의 말소를 청구할 수 있다고 봄이 상당하고, 목적물의 소유권을 상실하였다는 이유만으로 그러한 권리를 행사할 수 없다고 볼 것은 아니다(대판 전합 93다16338).

---

③ 취득시효로 인한 등기청구권, 부동산환매권, 임차권에서의 등기청구권은 모두 채권적 청구권으로 본다.

④ **진정명의회복을 원인으로 한 소유권이전등기청구권**: 甲이 소유하고 있는 부동산에 대하여 무효인 등기가 乙명의로 된 경우에 甲은 乙에게 말소등기를 청구할 수도 있고, 乙에게 소유권이전등기를 청구할 수도 있는데, 이를 진정명의회복(眞正名義回復)을 등기원인으로 하는 이전등기라고 한다. 진정한 등기명의의 회복을 위한 소유권이전등기는 이미 자기 앞으로 소유권을 표상하는 등기가 되어 있었거나 법률에 의하여 소유권을 취득한 자에 한하여 허용되는 것이다(대판 2002다41435). 따라서 물권적 청구권의 성질을 가지게 된다.

판례보기

말소청구소송에서 패소확정판결을 받았다면 다시 진정명의회복을 원인으로 한 소유권이전등기청구소송을 제기할 수 없다는 사례

진정명의회복을 원인으로 한 소유권이전등기청구권과 무효등기의 말소청구권은 어느 것이나 진정한 소유자의 등기명의를 회복하기 위한 것으로서 실질적으로 그 목적이 동일하고, 두 청구권 모두 소유권에 기한 방해배제청구권으로서 그 법적 근거와 성질이 동일하므로, 비록 전자는 이전등기, 후자는 말소등기의 형식을 취하고 있다고 하더라도 그 소송물은 실질상 동일한 것으로 보아야 하고, 따라서 소유권이전등기 말소청구소송에서 패소확정판결을 받았다면 그 기판력은 그 후 제기된 진정명의회복을 원인으로 한 소유권이전등기청구소송에도 미친다(대판 99다37894).

---

5. 등기의 효력

(1) 본등기의 효력

① **물권변동적 효력**: 물권행위와 합치하는 등기가 있으면 부동산에 관한 물권변동이 발생하고, 등기관이 등기를 마치면 그 등기를 접수한 때부터 등기의 효력이 발생한다(「부동산등기법」 제6조 제2항). 여기서 접수란 등기신청정보가 전산정보처리조직에 저장된 때를 말한다.

② **순위확정적 효력**: 동일 부동산에 관하여 등기된 두 개 이상의 권리 사이의 순위관계는 등기한 순서에 의하여 정해진다. 등기의 순서는 같은 구에서는 순위번호에 의하고, 다른 구에서는 접수번호에 의한다.

③ **대항적 효력**: 부동산 제한물권(예 지상권·지역권·전세권·저당권)과 부동산임차권·환매권에 있어서 그 존속기간·지료·이자와 지급시기 등에 대하여 등기한 때에는 당사자 이외의 제3자에 대해서도 효력이 있다.

④ **점유적 효력**: 등기부 취득시효는 점유취득시효와 달리 기간이 10년으로 단축되는데 이를 등기의 점유적 효력이라고 한다.

⑤ **추정적 효력**

㉠ 의의: 등기의 추정력이란 등기가 되어 있으면 설령 무효인 등기라 하더라도 그에 대응하는 실체적 권리관계가 존재하는 것으로 추정되는 것을 말한다.

㉡ 추정력의 범위

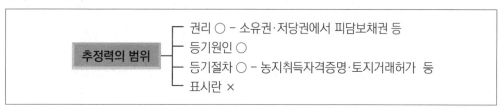

ⓐ 소유권이전등기의 추정력

- 소유권이전등기가 경료되어 있는 경우에는 그 등기명의인은 제3자에 대해서 뿐만 아니라, 직전 명의인에 대하여도 적법한 등기원인에 의하여 소유권을 취득한 것으로 추정된다. 즉, 거래당사자 사이에서도 추정력이 인정된다. 따라서 현재의 등기명의인을 상대로 직전의 등기명의인이 말소등기를 청구하는 경우에는 직전의 등기명의인이 등기원인의 무효·취소·해제를 입증하여야 한다.

- 전(前) 소유자가 사망한 후에 그의 신청에 의하여 이전등기가 이루어진 경우, 추정력은 깨진다. 따라서 사망자 명의로 신청하여 이루어진 이전등기는 일단 원인무효의 등기라고 볼 것이어서 등기의 추정력을 인정할 여지가 없으므로, 등기의 유효를 주장하는 자가 현재의 실체관계와 부합함을 증명할 책임이 있다(대판 2018다200730). 그러나 사망 전에 등기원인이 존재한 경우에는 추정력이 깨지지 않는다.

- 허무인(虛無人)에게 이전받은 소유권이전등기는 그 추정력이 깨진다.

- 등기가 경료된 경우 대리권의 존재 사실도 추정된다. 즉, 전 등기명의인의 처분행위에 제3자가 개입되고 현 등기명의인이 그 제3자가 전 등기명의인의 대리인이라고 주장하는 경우에, 그 등기가 원인무효임을 이유로 말소를 청구하는 전 소유명의인이 그 제3자에게 대리권이 없었다든지, 제3자가 등기서류를 위조하였다는 등의 무효 사실에 대한 입증책임을 져야 한다(대판 91다26379, 26386).

판례보기

등기의 추정력

1. 부동산등기는 현재의 진실한 권리상태를 공시하면 그에 이른 과정이나 태양을 그대로 반영하지 아니하였어도 유효한 것으로서, 등기명의자가 전 소유자로부터 부동산을 취득함에 있어 등기부상 기재된 등기원인에 의하지 아니하고 다른 원인으로 적법하게 취득하였다고 하면서 등기원인 행위의 태양이나 과정을 다소 다르게 주장한다고 하여 이러한 주장만 가지고 그 등기의 추정력이 깨어진다고 할 수는 없다(대판 99다65462).

2. 소유권이전등기의 원인으로 주장된 계약서가 진정하지 않은 것으로 증명된 이상 그 등기의 적법추정은 복멸되는 것이고 계속 다른 적법한 등기원인이 있을 것으로 추정할 수는 없다(대판 98다29568).
3. 등기절차가 적법하게 진행되지 아니한 것으로 볼 만한 의심스러운 사정이 있음이 입증되는 경우에는 그 추정력은 깨어진다(대판 2002다46256).
4. 근저당권설정등기가 경료되어 있으면 근저당권의 존재 자체뿐만 아니라 이에 상응하는 피담보채권의 존재도 추정된다(대판 68다2329).

ⓑ 소유권보존등기의 추정력: 소유권보존등기는 등기명의인에게 소유권이 보존되어 있다는 사실만 추정되고 권리변동(이전)의 사실은 추정되지 않는다. 따라서 보존등기가 원시취득에 의한 것이 아니라는 것이 증명되면 추정력이 깨진다. 즉, 건물을 신축한 자가 따로 있거나 토지를 사정(査定)받은 자가 따로 있다는 사실이 증명되면 보존등기의 추정력은 깨진다.

판례보기

소유권보존등기의 추정력

부동산소유권보존등기가 경료되어 있는 이상 그 보존등기명의자에게 소유권이 있음이 추정된다 하더라도 그 보존등기명의자가 보존등기하기 이전의 소유자로부터 부동산을 양수한 것이라고 주장하고 전 소유자는 양도 사실을 부인하는 경우에는 그 보존등기의 추정력은 깨어지고 그 보존등기 명의자 측에서 그 양수 사실을 입증할 책임이 있다(대판 82다카707).

ⓒ 특별조치법상의 등기의 추정력: 특별조치법상의 등기는 등기의무자의 사망 후에 경료되어도 추정력은 깨지지 않고, 토지를 사정받은 사람이 따로 있음이 밝혀진 경우에도 보증서 및 확인서가 허위 또는 위조된 것이라던가 그 밖의 사유로 적법하게 등기된 것이 아니라는 주장·입증이 없는 한 깨지지 않는다(대판 83다카1083).
ⓓ 부수적 효과
• 부동산물권을 취득하려는 자는 등기의 내용을 알고 있는 것(악의)으로 추정되며, 또한 등기추정력의 부수적 효과로서 등기내용을 신뢰하고 거래한 제3자는 무과실로 추정된다(대판 80다2881).
• 점유자의 권리추정의 규정(제200조)은 특별한 사정이 없는 한 부동산물권에 대하여는 적용되지 아니하고, 다만 그 등기에 대하여서만 추정력이 부여된다(대판 81다780).

(2) 예비등기의 효력 – 가등기의 효력

가등기는 본등기를 하기 전에는 실체법상 아무런 효력이 없고 본등기를 하여야 의미를 갖는다. 즉, 가등기는 순위보전적 효력만 있을 뿐 가등기만으로는 아무런 실체법상 효력을 갖지 않는다.

따라서 그 본등기를 명하는 판결이 확정된 경우라도 본등기를 경료하기까지는 마찬가지이므로, 중복된 소유권보존등기가 무효이더라도 가등기권리자는 그 말소를 청구할 권리가 없다(대판 2000다51285).

① 가등기가 되어 있다고 하여 가등기 원인에 대한 적법추정력이 인정되는 것은 아니다(대판 79다239).

② 가등기는 그 성질상 본등기의 순위보전에 효력만이 있고 후일 본등기가 경료된 때에는 본등기의 순위가 가등기한 때로 소급함으로써 가등기 후 본등기 전에 이루어진 중간처분이 본등기보다 후순위로 되어 실효될 뿐이고 본등기에 의한 물권변동의 효력이 가등기한 때로 소급하여 발생하는 것은 아니다(대판 81다1298).

③ 가등기명의인이 가등기에 기하여 본등기를 할 때에는 가등기 당시의 등기명의인을 상대로 등기를 청구하여야 한다.

제3절 물권의 소멸

1 서설

물권에 공통되는 소멸원인으로는 목적물의 멸실·소멸시효·포기·공용징수·혼동·몰수 등이 있다. 이 중 포기는 법률행위로 인한 물권변동에 해당하고, 나머지는 법률행위에 의하지 않은 물권변동에 해당한다.

2 목적물의 멸실 제32회

목적물이 멸실하면 그것을 목적으로 하는 물권도 소멸한다. 이때 멸실 여부는 사회통념에 따라 결정된다. 다만, 목적물이 멸실되어도 물상대위가 인정되는 범위에서는 물권은 소멸하지 않는다.

> **판례보기**
>
> **포락 여부의 판단시점(포락 당시)과 성토시에 소유권이 부활하는지 여부(소극)**
> 토지가 포락되어 그 위로 물이 흐르고 있어 복구가 어려워 토지로서의 효용을 상실하였을 때에는 그 토지에 관한 사권은 포락으로 인하여 소멸되는 것으로 이는 포락되었다는 그 당시를 기준으로 하여 가려야 하고, 그 이후의 사정은 이를 참작할 여지가 없는 것이므로 그 후 제방의 축조 등으로 다시 성토화되었다고 할지라도 종전의 사권이 되살아날 수 없다(대판 99다11687).

3 소멸시효

물권 중 소멸시효에 걸리는 것은 용익물권이며, 20년의 소멸시효에 걸린다(전세권은 학설의 대립있음).
소유권은 항구성이 있으므로 소멸시효의 대상이 되지 않고, 점유권과 유치권은 각각 점유의 존속을
그 성립요건으로 삼으므로 특별히 소멸시효가 적용될 여지가 없다. 또한 담보물권(질권·저당권)은 피담
보채권이 존속하는 한 담보물권만이 독립하여 소멸시효에 걸리지는 않는다.

4 혼동

> **제191조【혼동으로 인한 물권의 소멸】** ① 동일한 물건에 대한 소유권과 다른 물권이 동일한 사람에게 귀속한
> 때에는 다른 물권은 소멸한다. 그러나 그 물권이 제3자의 권리의 목적이 된 때에는 소멸하지 아니한다.
> ② 전항의 규정은 소유권 이외의 물권과 그를 목적으로 하는 다른 권리가 동일한 사람에게 귀속한 경우에
> 준용한다.
> ③ 점유권에 관하여는 전 2항의 규정을 적용하지 아니한다.

(1) 의의

서로 대립되는 2개의 법률상 지위가 동일인에게 귀속하는 것을 말한다. 이 경우에 양립시킬 만한
가치가 없는 권리를 존속시키는 것은 무가치하므로 한 쪽에 흡수되어 소멸하게 된다.

(2) 소유권과 제한물권의 혼동

① 원칙: 동일한 물건에 대한 소유권과 다른 물권이 동일한 사람에게 귀속한 때에는 다른 물권은
소멸한다. 이는 법률규정에 의한 변동이므로 등기하지 않아도 소멸한다.

② 예외: 혼동으로 소멸할 물권이 제3자의 권리의 목적이 된 때에는 소멸하지 않는다(제191조 제1항
단서).

    ㉠ 제3자 보호목적: 예를 들어 乙이 甲소유의 토지 위에 지상권을 가지고 있고 그 지상권이
丙의 저당권의 목적인 때에는, 乙이 토지소유권을 취득하더라도 乙의 지상권은 소멸하지 아
니한다. 원칙대로 소멸하게 하면 乙의 지상권을 목적으로 저당권을 설정한 丙이 피해를 보기
때문이다.

    ㉡ 본인 보호목적: 「민법」은 제3자를 보호하기 위한 규정을 두었으나 통설과 판례는 이를 확대
하여 권리를 취득하는 본인을 위하여 일정한 경우에 소멸을 부정하고 있다. 예를 들어 乙이
甲소유의 토지 위에 1번 저당권을 가지고 있고, 제3자 丙이 같은 토지 위에 2번 저당권을
가지고 있는 경우에, 乙이 甲의 토지소유권을 취득하더라도 乙의 저당권은 소멸하지 않는다.
만약 乙의 저당권이 소멸한다면 후순위인 제3자 丙이 유리한 지위를 차지하여 소유권을 취득
한 본인(乙)의 이익을 해하기 때문이다.

> **판례보기**
>
> **자신보다 열위의 권리가 있는 경우에는 소멸하지 않는다는 사례**
>
> 1. 어느 부동산에 관하여 자신의 근저당권보다 열위의 가압류채권자가 있는 경우에 그 근저당권자가 위 부동산을 매수하여 소유권을 취득하였다 하더라도 근저당권은 혼동으로 소멸하지 않는다(대판 98다18463).
> 2. 후순위 근저당권보다 먼저 대항력을 갖춘 임차권자가 소유권을 취득한 경우 「민법」 제191조 제1항 단서를 준용하여 임차권은 소멸하지 않는다(대판 2000다12693).

PART 2 물권법

(3) 제한물권과 다른 권리(제한물권)와의 혼동

제한물권과 그 제한물권을 목적으로 하는 다른 권리가 동일한 사람에게 귀속한 경우에 다른 권리는 혼동으로 소멸한다(제191조 제2항). 예를 들어 지상권 위에 저당권을 가지는 자가 그 지상권을 취득하면 저당권은 원칙적으로 소멸한다. 그러나 그 제한물권이 제3자의 권리의 목적인 때에는 소멸하지 않는다.

(4) 혼동으로 소멸하지 않는 권리

① 점유권은 소유권 기타 다른 물권과 양립이 가능하므로 점유권에 관하여는 성질상 혼동으로 인한 소멸이 적용되지 않는다.

② 광업권은 토지소유권과 별개의 독립된 권리이므로 소유권과 양립할 수 있기 때문에 혼동으로 인한 소멸이 적용되지 않는다.

(5) 효과

혼동에 의한 물권의 소멸은 절대적 소멸이다. 그러나 혼동의 원인이 된 법률행위에 무효·취소·해제의 사유가 발생하면 소멸한 물권은 부활한다.

기출 및 예상문제

01 X토지는 甲 → 乙 → 丙으로 순차 매도되고, 3자간에 중간생략등기의 합의를 하였다. 이에 대한 설명으로 틀린 것은? (다툼이 있으면 판례에 따름) 〔제31회〕

① 丙은 甲에게 직접 소유권이전등기를 청구할 수 있다.
② 乙의 甲에 대한 소유권이전등기청구권은 소멸하지 않는다.
③ 甲의 乙에 대한 매매대금채권의 행사는 제한받지 않는다.
④ 만약 X토지가 토지거래허가구역에 소재한다면, 丙은 직접 甲에게 허가신청절차의 협력을 구할 수 없다.
⑤ 만약 중간생략등기의 합의가 없다면, 丙은 甲의 동의나 승낙 없이 乙의 소유권이전등기청구권을 양도받아 甲에게 소유권이전등기를 청구할 수 있다.

해설

⑤ 최종 양수인이 중간자로부터 소유권이전등기청구권을 양도받았다 하더라도 최초 양도인이 그 양도에 대하여 동의하지 않고 있다면 최종 양수인은 최초 양도인에 대하여 채권양도를 원인으로 하여 소유권이전등기절차 이행을 청구할 수 없다(대판 1997.5.16, 97다485).

① 부동산의 소유권매매계약이 차례로 여러 사람들 사이에 전전 이루어진 경우에 그 최종 매수인이 등기부상의 현 명의자로부터 직접 그 소유권 명의를 넘겨오려면 중간생략등기에 관하여 관계 당사자 전원의 합의가 있어야 한다(대판 1967. 5. 30, 67다588). 따라서 3자간의 합의가 있으므로 丙은 甲에게 직접 소유권이전등기를 청구할 수 있다.

② 중간생략등기의 합의가 있었다 하더라도 중간 매수인의 소유권이전등기청구권이 소멸된다거나 첫 매도인의 그 매수인에 대한 소유권이전등기의무가 소멸되는 것은 아니다(대판 1991.12.13, 91다18316).

③ 최초 매도인과 중간 매수인, 중간 매수인과 최종 매수인 사이에 순차로 매매계약이 체결되고 이들간에 중간생략등기의 합의가 있은 후에 최초 매도인과 중간 매수인간에 매매대금을 인상하는 약정이 체결된 경우, 최초 매도인은 인상된 매매대금이 지급되지 않았음을 이유로 최종 매수인 명의로의 소유권이전등기의무의 이행을 거절할 수 있다(대판 2005.4.29, 2003다66431). 즉, 3자 합의가 있다 하여도 최초 매도인의 대금청구권이 제한되지 않는다.

④ 토지거래허가구역 내에서 중간생략등기가 경료된 경우에는 최초 매도인과 최종 매수인 사이에 매매계약이 체결되었다고 볼 수 없고, 설사 최종 매수인이 자신과 최초 매도인을 매매 당사자로 하는 토지거래허가를 받아 자신 앞으로 소유권이전등기를 경료하였더라도 그러한 최종 매수인 명의의 소유권이전등기는 적법한 토지거래허가 없이 경료된 등기로서 무효라고 한다(대판 1997.3.14, 96다22464). 즉 허가구역 내에서는 甲과 乙, 乙과 丙 사이의 매매에 각각의 허가를 받아야 하며 丙이 직접 甲에게 허가신청절차의 협력을 구할 수 없다.

정답 ⑤

02 등기 없이도 부동산 물권취득의 효력이 있는 경우를 모두 고른 것은? (다툼이 있으면 판례에 따름)
제35회

ㄱ. 매매	ㄴ. 건물신축
ㄷ. 점유시효취득	ㄹ. 공유물의 현물분할판결

① ㄱ, ㄴ   ② ㄴ, ㄷ   ③ ㄴ, ㄹ   ④ ㄷ, ㄹ   ⑤ ㄱ, ㄷ, ㄹ

해설
ㄱ. (X) 부동산에 관한 법률행위로 인한 물권의 득실변경은 등기하여야 그 효력이 생긴다.
ㄴ. (O) 건물을 신축하여 소유권을 취득하는 경우에는 등기없이도 그 소유권을 누구에게나 주장할 수 있다(대판 1965. 4. 6 65다113).
ㄷ. (X) 20년간 소유의 의사로 평온, 공연하게 부동산을 점유하는 자는 등기함으로써 그 소유권을 취득한다(제245조 제1항).
ㄹ. (O) 공유물의 분할판결은 형성판결로서 등기 없이도 물권변동의 효력이 생긴다.

정답 ③

03 부동산 소유권이전등기청구권에 관한 설명으로 옳은 것은? (다툼이 있으면 판례에 따름) 제34회

① 교환으로 인한 이전등기청구권은 물권적 청구권이다.
② 점유취득시효 완성으로 인한 이전등기청구권의 양도는 특별한 사정이 없는 한 양도인의 채무자에 대한 통지만으로는 대항력이 생기지 않는다.
③ 매수인이 부동산을 인도받아 사용·수익하고 있는 이상 매수인의 이전등기청구권은 시효로 소멸하지 않는다.
④ 점유취득시효 완성으로 인한 이전등기청구권은 점유가 계속되더라도 시효로 소멸한다.
⑤ 매매로 인한 이전등기청구권의 양도는 특별한 사정이 없는 한 양도인의 채무자에 대한 통지만으로 대항력이 생긴다.

해설
③ 매수인이 목적부동산을 인도받아 계속 점유하는 경우에는 그 소유권이전등기청구권의 소멸시효가 진행하지 않는다. 이때의 점유는 간접점유라도 마찬가지이며, 부동산을 인도받아 점유하고 있는 이상 매매대금의 지급 여부와는 관계없이 그 소멸시효가 진행되지 아니한다(대판 1991.3.22., 90다9797).
① 법률행위를 원인으로 하는 등기청구권은 채권적청구권이다.
② 취득시효완성으로 인한 소유권이전등기청구권은 채권자와 채무자 사이에 아무런 계약관계나 신뢰관계가 없으므로 취득시효완성으로 인한 소유권이전등기청구권의 양도의 경우에는 매매로 인한 소유권이전등기청구권에 관한 양도제한의 법리가 적용되지 않는다(대판 2018.7.12. 2015다36167). 즉 취득시효완성으로 인한 소유권이전등기청구권의 양도는 채무자의 동의나 승낙을 받지 않아도 채무자에 대한 통지만으로 대항력이 생긴다.

④ 토지에 대한 취득시효 완성으로 인한 소유권이전등기청구권은 그 토지에 대한 점유가 계속되는 한 시효로 소멸하지 아니하고, 그 후 점유를 상실하였다고 하더라도 이를 시효이익의 포기로 볼 수 있는 경우가 아닌 한 이미 취득한 소유권이전등기청구권은 바로 소멸되는 것은 아니나, 취득시효가 완성된 점유자가 점유를 상실한 경우 취득시효 완성으로 인한 소유권이전등기청구권의 소멸시효는 이와 별개의 문제로서, 그 점유자가 점유를 상실한 때로부터 10년간 등기청구권을 행사하지 아니하면 소멸시효가 완성한다(대판 1996.3.8., 95다34866·34873).

⑤ 매매로 인한 소유권이전등기청구권의 양도는 특별한 사정이 없는 이상 양도가 제한되고 양도에 채무자의 승낙이나 동의를 요한다고 할 것이므로 통상의 채권양도와 달리 양도인의 채무자에 대한 통지만으로는 채무자에 대한 대항력이 생기지 않으며 반드시 채무자의 동의나 승낙을 받아야 대항력이 생긴다(대판 2018. 7. 12. 2015다36167).

정답 ③

04 등기의 추정력에 관한 설명으로 틀린 것은? (다툼이 있으면 판례에 따름) 제25회

① 소유권이전등기가 된 경우, 특별한 사정이 없는 한 이전등기에 필요한 적법한 절차를 거친 것으로 추정된다.
② 소유권이전등기가 된 경우, 등기명의인은 전 소유자에 대하여 적법한 등기원인에 기한 소유권을 취득한 것으로 추정된다.
③ 소유권이전등기가 불법말소된 경우, 말소된 등기의 최종명의인은 그 회복등기가 경료되기 전이라도 적법한 권리자로 추정된다.
④ 등기명의인이 등기원인행위의 태양이나 과정을 다소 다르게 주장한다고 하여 이로써 추정력이 깨어지는 것은 아니다.
⑤ 소유권이전청구권 보전을 위한 가등기가 있으면, 소유권이전등기를 청구할 어떠한 법률관계가 있다고 추정된다.

해설
⑤ 가등기가 되어 있다고 하여 가등기원인에 대한 적법추정력이 인정되는 것은 아니다(대판 79다239).
① 등기가 되면 실체법상 요구되는 적법한 절차에 따라 적법하게 경료된 것으로 추정된다(대판 2001다72029).
② 부동산에 관하여 소유권이전등기가 마쳐져 있는 경우 그 등기명의자는 제3자에 대하여서뿐만 아니라, 그 전(前) 소유자에 대하여서도 적법한 등기원인에 의하여 소유권을 취득한 것으로 추정된다(대판 99다65462).
③ 등기는 물권의 효력발생요건이고 효력존속요건이 아니므로 물권에 관한 등기가 원인 없이 말소된 경우에 그 물권의 효력에는 아무런 영향을 미치지 않는다고 봄이 타당한바, 등기공무원이 관할지방법원의 명령에 의하여 소유권이전등기를 직권으로 말소하였으나 그 후 동 명령이 취소확정된 경우에는 말소등기는 결국 원인 없이 경료된 등기와 같이 되어 말소된 소유권이전등기는 회복되어야 하고 회복등기를 마치기 전이라도 말소된 소유권이전등기의 최종명의인은 적법한 권리자로 추정된다고 하겠으니 동 이전등기가 실체관계에 부합하지 않은 점에 대한 입증책임은 이를 주장하는 자에게 있다(대판 81다카923).

④ 부동산등기는 현재의 진실한 권리상태를 공시하면 그에 이른 과정이나 태양을 그대로 반영하지 아니하였어도 유효한 것으로서, 등기명의자가 전 소유자로부터 부동산을 취득함에 있어 등기부상 기재된 등기원인에 의하지 아니하고 다른 원인으로 적법하게 취득하였다고 하면서 등기원인행위의 태양이나 과정을 다소 다르게 주장한다고 하여 이러한 주장만 가지고 그 등기의 추정력이 깨어진다고 할 수는 없다(대판 99다65462).

정답 ⑤

---

05 물권의 소멸에 관한 설명으로 **틀린** 것은? (다툼이 있으면 판례에 따름) (제24회)

① 소유권과 저당권은 소멸시효에 걸리지 않는다.
② 물권의 포기는 물권의 소멸을 목적으로 하는 단독행위이다.
③ 전세권이 저당권의 목적인 경우, 저당권자의 동의 없이 전세권을 포기할 수 없다.
④ 존속기간이 있는 지상권은 특별한 사정이 없으면 그 기간의 만료로 말소등기 없이 소멸한다.
⑤ 甲의 토지에 乙이 지상권을 취득한 후, 그 토지에 저당권을 취득한 丙이 그 토지의 소유권을 취득하더라도 丙의 저당권은 소멸하지 않는다.

해설   ⑤ 소유권을 취득한 본인을 위하여 혼동으로 소멸하지 않는 경우는 소유권을 취득한 본인보다 열위(후순위)의 권리가 있을 때이다. 따라서 丙이 소유권을 취득한 경우에 丙의 저당권보다 열위의 권리가 없으므로 丙의 저당권은 소멸한다.

정답 ⑤

점유권

□ 점유자와 회복자의 관계, 점유보호청구권은 주로 사례문제로 출제되므로 법률관계를 명확하게 이해하여야 하고, 자주점유와 타주점유에 대한 판례의 입장을 정리하여야 한다.

제1절 점유제도 및 점유권

1 점유제도

(1) 사회적 의의

물건을 사실상 지배하는 경우에 그 지배를 정당화시켜 주는 권리(본권)가 있는지 여부를 묻지 않고서 현재 그 사실상의 지배상태에 대하여 일정한 법률효과를 부여하려는 것이 점유제도이다. 예를 들어 甲이 현재 노트북을 한 대 소지하고 있다면, 그 원인으로는 소유자로서 가지고 있는 경우, 빌려서 사용하고 있는 경우, 훔쳐온 경우 등 여러 가지 이유가 있을 수 있다. 이 여러 가지의 경우에 점유의 원인을 묻지 않고 甲의 그러한 사실적 지배상태를 일단 인정하고 그 상태를 법률적으로 보호하려는 것이 점유제도의 취지이다.

(2) 점유의 법률효과

「민법」은 점유에 대하여 여러 가지 법률효과를 주고 있다. 예를 들면 점유보호청구권(제204조~제206조), 자력구제(제209조), 권리의 추정(제200조), 선의점유자의 과실취득권(제201조), 점유물의 멸실·훼손에 대한 선의·자주점유자의 책임의 경감(제202조), 점유자의 비용상환청구권(제203조) 등이 그것이다.

2 점유권 제32회

제192조【점유권의 취득과 소멸】 ① 물건을 사실상 지배하는 자는 점유권이 있다.
② 점유자가 물건에 대한 사실상의 지배를 상실한 때에는 점유권이 소멸한다. 그러나 제204조의 규정에 의하여 점유를 회수한 때에는 그러하지 아니하다.

(1) 의의

점유권은 물건에 대한 사실상의 지배를 내용으로 하는 물권의 일종이지만, 점유가 존속하는 한도 내에서 잠정적으로 인정되는 권리이므로 다른 물권과는 그 법률적 성질이 크게 다르다. 따라서 배타성도 없고 우선적 효력도 인정되지 않는다.

(2) 요소

① 사실상의 지배

 ㉠ 사실상의 지배란 사회관념상 물건이 어떤 사람의 지배 내에 있다고 인정되는 객관적인 관계를 말한다. 그러나 반드시 물건을 물리적으로 잡고 있다는 것을 필요로 하는 것은 아니다.

 ㉡ 판례도 물건에 대한 점유란 사회관념상 어떤 사람의 사실적 지배에 있다고 보여지는 객관적 관계를 말하는 것으로서, 사실상의 지배가 있다고 하기 위하여는 반드시 물건을 물리적·현실적으로 지배하는 것만을 의미하는 것이 아니고, 물건과 사람과의 시간적·공간적 관계와 본권관계, 타인 지배의 배제 가능성 등을 고려하여 사회관념에 따라 합목적적으로 판단하여야 한다고 판시한다(대판 2000다14934, 14941).

 ㉢ 대지의 소유자로 등기한 자는 보통의 경우 이전등기할 때에 그 대지의 인도를 받아 점유를 얻은 것으로 보아야 한다는 것이 판례의 입장이다(대판 98다20110). 다만, 소유권보존등기는 이전등기와 달리 해당 토지의 양도를 전제로 하는 것이 아니어서, 보존등기를 마쳤다고 하여 일반적으로 그 등기명의자가 그 무렵 다른 사람으로부터 점유를 이전받는다고 볼 수는 없다(대판 2012다201410).

판례보기

건물소유자가 실제 건물이나 그 부지를 점유하고 있지 않은 때 그 부지에 대한 점유를 인정할 것인지(적극), 건물소유자가 아닌 자에게도 부지의 점유를 인정할 것인지 여부(소극)

사회통념상 건물은 그 부지를 떠나서는 존재할 수 없는 것이므로 건물의 부지가 된 토지는 그 건물의 소유자가 점유하는 것으로 볼 것이고, 이 경우 건물의 소유자가 현실적으로 건물이나 그 부지를 점거하고 있지 아니하고 있더라도 그 건물의 소유를 위하여 그 부지를 점유한다고 보아야 한다(대판 95다47282). 그러나 미등기 건물을 양수하여 건물에 관한 사실상의 처분권을 보유하게 됨으로써 그 양수인이 건물부지 역시 아울러 점유하고 있다고 볼 수 있는 등의 다른 특별한 사정이 없는 한 건물의 소유명의자가 아닌 자로서는 실제로 그 건물을 점유하고 있다고 하더라도 그 건물의 부지를 점유하는 자로는 볼 수 없다고 할 것이다(대판 2006다39157).

---

② **점유설정의사:** 점유가 성립하기 위해서는 어떤 의사가 요구되는 것은 아니지만 적어도 사실적 지배관계를 가지려는 의사는 필요하다. 이를 점유설정의사라 한다. 예를 들어 자고 있는 사람의 주머니에 연필을 집어 넣었다면, 잠자는 자의 점유설정의사를 인정할 수 없으므로 점유가 성립할 수 없다.

(3) 점유권과 본권

점유권과 '점유할 수 있는 권리' 또는 '점유할 권리'와는 구별하여야 한다. 점유할 수 있는 권리란 법률상 점유하는 것을 정당하게 하는 권리를 말하는 것으로서, 점유권 그 자체와는 별개의 권리이며 '본권'이라고 한다. 소유권·지상권·전세권·유치권·임차권 등은 점유할 수 있는 권리, 즉 본권이다. 도둑은 점유권은 있지만 본권이 없고, 도난을 당한 자는 본권은 있지만 점유권이 없다.

제2절 점유제도의 예외 – 점유의 관념화

점유는 물건에 대한 사실상의 지배이나, 예외적으로 물건에 대하여 사실상의 지배를 가지고 있으면서도 점유가 인정되지 않는 경우(예 점유보조자)도 있고, 반대로 사실상 지배가 없는데도 점유가 인정되는 경우(예 간접점유, 상속인의 점유)도 있다. 이와 같이 점유의 개념이 사실상의 지배상태와 분리되는 모습을 '점유의 관념화'라고 한다.

1 점유보조자

> 제195조 【점유보조자】 가사상, 영업상 기타 유사한 관계에 의하여 타인의 지시를 받아 물건에 대한 사실상의 지배를 하는 때에는 그 타인만을 점유자로 한다.

(1) 의의

어떤 자가 물건을 사실상 지배하고 있더라도 점유자가 되지 못하고, 그와 일정한 관계에 있는 자, 즉 점유주(占有主)만이 법률상 점유자로 되는 경우가 있다.
이때 물건을 사실상 지배하고 있지만 점유자가 되지 못하는 자를 점유보조자라고 한다. 예를 들어 가사도우미, 상점의 점원, 공장의 근로자 등이 이에 해당한다.

(2) 성립요건

① 어떤 자가 타인을 위하여 물건을 사실상 지배하고 있어야 한다.
② 어떤 자가 타인의 지시에 따라야 할 관계에 있어야 한다. 이를 '점유보조관계'라고 한다.

> **판례보기**
>
> **처(妻)의 지위**
>
> 처를 남편의 점유보조자로 본 경우도 있으나 주류적인 판례는 공동점유자로 보고 있다. 처가 아무런 권원 없이 토지와 건물을 주택 및 축사 등으로 계속 점유·사용하여 오고 있으면서 소유자의 명도요구를 거부하고 있다면, 비록 부(夫)와 함께 이를 점유하고 있다고 하더라도 처는 소유자에 대한 관계에서 단순한 점유보조자에 불과한 것이 아니라 공동점유자로서 이를 불법점유하고 있다고 봄이 상당하다(대판 98다16456, 16463).

(3) 효과

① 점유보조자는 점유자가 아니므로 점유권의 효력이 인정되지 않는다. 따라서 점유보조자는 방해 자에 대하여 점유보호청구권을 행사할 수 없으며, 점유보호청구권의 상대방이 되지도 않는다.

> **판례보기**
>
> **점유보조자가 점유보호청구의 주체나 상대방이 될 수 있는지 여부(소극)**
>
> 점유보조자는 점유가 없는 자이므로 점유보호청구권 등 권리를 행사할 수 없고 점유보조자가 불법적으로 물건을 지배하는 경우 권리자는 점유자를 상대로 물권적 청구를 하여야 하며, 점유보조자는 청구의 상대방이 될 수 없다(대판 76다1588; 대판 2001다13983).

② 점유보조자에게도 점유주를 위하여 자력구제권은 인정된다고 보는 것이 통설이다. 예를 들어 상점의 점원은 그 상점에서 물건을 절취하여 도주하는 자를 추적하여 물건을 탈환할 수 있다는 것이다.

2 간접점유 제29회, 제30회

> **제194조 【간접점유】** 지상권, 전세권, 질권, 사용대차, 임대차, 임치 기타의 관계로 타인으로 하여금 물건을 점유하게 한 자는 간접으로 점유권이 있다.

(1) 의의

간접점유란 일정한 법률관계에 기하여 타인을 매개로 하여 물건을 점유하는 것을 말한다. 예를 들어 임대차에 있어서는 현실적으로 물건을 지배하는 것은 임차인이지만, 사회통념상 그 물건이 완전히 임대인의 지배로부터 벗어났다고 할 수 없고, 임대인의 이익도 보호할 필요가 있으므로 임대인에게 간접점유권을 인정하는 것이다.

(2) 성립요건

① **특정인(점유매개자)의 직접점유**: 특정인의 직접점유가 있어야 하고, 직접점유자는 소유의 의사가 없는 타주점유를 하여야 한다.

② **점유매개관계**

㉠ 직접점유자와 간접점유자 사이에 지상권·전세권·임대차·임치 기타의 법률관계(점유매개관계)가 존재하여야 한다.

㉡ 간접점유자는 직접점유자에 대하여 반환청구권을 가지고 있어야 한다.

㉢ 점유매개관계는 중첩적으로 있을 수 있으며, 반드시 유효할 필요는 없다.

㉣ 명의신탁자는 무효인 명의신탁을 점유매개관계로 하여 수탁자에 대하여 간접점유를 가지는 것으로 볼 수 없다(대판 2021다244617).

(3) 간접점유자의 지위

① 간접점유자도 점유권을 가진다(제194조). 따라서 간접점유자도 점유보호청구권의 주체가 되며, 상대방이 될 수도 있다. 또한 점유를 요건으로 하는 시효취득도 할 수 있다. 다만, 간접점유자에게 자력구제권은 인정되지 않는다는 것이 다수설의 입장이다.

② 직접점유자가 그 점유를 침탈당하거나 방해당하고 있는 경우에 간접점유자는 그 물건을 직접점유자에게 반환할 것을 청구할 수 있고, 직접점유자가 그 물건의 반환을 받을 수 없거나 이를 원하지 아니하는 때에는 자기에게 반환할 것을 청구할 수 있다(제207조).

3 상속인의 점유

> **제193조【상속으로 인한 점유권의 이전】** 점유권은 상속인에 이전한다.

(1) 점유권은 상속인에게 이전한다(제193조). 따라서 피상속인의 사망으로 상속이 개시되면 피상속인이 점유하고 있었던 물건은 사실상 지배 없이도 당연히 상속인의 점유가 되고, 상속인이 상속의 개시를 알 것을 요구하지도 않는다.

(2) 상속에 의하여 점유권을 취득한 경우에 상속인은 새로운 권원에 의하여 자기 고유의 점유를 개시하지 않는 한 피상속인의 점유를 떠나 자기만의 점유를 주장할 수 없다. 즉, 피상속인의 점유가 타주점유였다면 상속인도 타주점유가 된다(대판 93다10989).

핵심정리 | 점유의 관념화

점유 보조자	의의	타인의 지시를 받아 물건을 사실상 지배를 하는 자를 말한다.
	효과	• 점유보조자는 점유자가 아니다. • 점유보호청구권의 주체나 상대방이 될 수 없다(자력구제는 가능).
간접점유	의의	일정 법률관계에 기하여 타인을 매개로 하여 물건을 점유하는 것을 말한다.
	요건	• 점유매개관계가 존재하여야 한다. • 점유매개관계에 기초한 반환청구권을 가지고 있어야 한다. • 점유매개관계가 반드시 유효할 필요는 없다(중첩적이라도 가능).
	효과	• 간접점유자도 점유권을 가진다. • 점유보호청구권의 주체가 되며 상대방이 될 수도 있다.
상속인의 점유	의의	점유권은 사실상 지배 없이도 상속인에게 이전된다.
	효과	상속인은 피상속인의 점유의 성질과 하자를 그대로 계승한다.

PART 2 물권법

제3절 | 점유의 종류

1 자주점유·타주점유 제29회, 제30회, 제31회, 제32회, 제33회

(1) 의의

① 소유의 의사로써 하는 점유(예 매수인·도둑)를 자주점유라 하고, 소유의 의사가 없는 점유(예 임차인·전세권자·지상권자)를 타주점유라 한다. 여기서 소유의 의사로 점유한다는 것은 소유자와 동일하게 지배한다는 의사를 가지고 하는 점유를 의미하는 것이지, 소유권을 가지고 있거나 또는 소유권이 있다고 믿고서 하는 점유를 의미하는 것은 아니다(대판 94다36438).

② **구별기준**

㉠ 점유자의 점유가 소유의 의사가 있는 자주점유인지 아니면 소유의 의사가 없는 타주점유인지 여부는 점유자의 내심의 의사에 의하여 결정되는 것이 아니라 점유취득의 원인이 된 권원의 성질이나 점유와 관계가 있는 모든 사정에 의하여 외형적·객관적으로 결정되어야 한다(대판 95다28625).

㉡ 따라서 점유권원이 매매·교환·증여인 경우에는 자주점유이고, 임대차·전세권설정계약, 분묘기지권, 명의신탁인 경우에는 타주점유가 된다. 또한 매도인에게 처분권한이 없음을 알면서 취득하였거나 법률행위가 무효임을 알면서 점유를 개시한 경우, 악의의 무단점유임이 드러나면 자주점유의 추정이 깨어진다.

③ **자주점유의 추정**: 권원의 성질상 자주점유인지 타주점유인지 분명하지 않은 때에는 자주점유로 추정된다(제197조 제1항). 이러한 추정은 지적공부 등의 관리주체인 국가나 지방자치단체가 점유하는 경우에도 마찬가지로 적용된다(대판 2009다50421). 따라서 점유자는 스스로 자주점유임을 입증할 필요가 없으며 타주점유를 주장하는 자가 이를 입증하여야 한다.

판례보기

점유자의 승계인이 자기의 점유만을 주장하는 경우, 전 점유자의 점유가 타주점유라 하더라도 현 점유자의 점유는 자주점유로 추정되는지 여부(적극)

점유의 승계가 있는 경우 전 점유자의 점유가 타주점유라 하여도 점유자의 승계인이 자기의 점유만을 주장하는 경우에는 현 점유자의 점유는 자주점유로 추정한다(대판 99다72743).

---

(2) 자주점유와 타주점유의 전환

① 자주점유의 타주점유로 전환
　㉠ 인도의무가 있는 경우
　　ⓐ 부동산을 타인에게 매도하여 그 인도의무를 지고 있는 매도인의 점유는 특별한 사정이 없는 한 타주점유로 변경된다(대판 2004다27273).
　　ⓑ 경락에 의한 소유권이전등기가 있으면 종전 소유자는 경락인에게 경락부동산을 인도할 의무가 있으므로 종전 소유자의 점유는 자주점유에서 타주점유로 전환된다(대판 68다523).
　　ⓒ 매매계약이 해제되었다면 매수인의 점유는 계약해제일로부터 타주점유가 되는 것이다(대판 71다2306).
　㉡ 소유자가 제기한 소에서 점유자의 패소판결이 확정된 경우
　　ⓐ 소유자가 자신의 소유권을 주장하여 점유자 명의의 소유권이전등기는 원인무효의 등기라는 이유로 점유자를 상대로 토지에 관한 점유자 명의의 소유권이전등기의 말소등기청구소송을 제기하였고 그 소송사건이 점유자의 패소로 확정되었다면 점유자의 토지에 대한 점유는 패소판결 확정 후부터는 타주점유로 전환된다(대판 2000다14934).
　　ⓑ 다만, 토지의 점유자가 이전의 토지소유자를 상대로 그 토지에 관하여 매매를 원인으로 한 소유권이전등기청구소송을 제기하였다가 패소하고 그 판결이 확정되었다 하더라도 그 사정만을 들어서는 토지점유자의 자주점유의 추정이 이로써 번복되어 타주점유로 전환된다고 할 수 없다(대판 97다30288). 즉, 점유자가 제기한 소에서 점유자의 패소판결이 확정된 경우에는 타주점유로 전환되지 않는다.

② 타주점유의 자주점유로 전환
  ㉠ 새로운 권원을 취득한 경우
    ⓐ 상속에 의하여 점유권을 취득한 경우에는 상속인이 새로운 권원에 의하여 자기 고유의 점유를 시작하지 않는 한 피상속인의 점유를 떠나 자기만의 점유를 주장할 수 없다.
    ⓑ 피상속인의 점유가 타주점유인 경우, 특단의 사정이 없는 한 상속인도 타주점유인 것이며, 그 점유가 자주점유가 되기 위하여는 소유자에 대하여 소유의 의사가 있는 것을 표시하거나 새로운 권원에 의하여 다시 소유의 의사로써 점유를 시작하여야 한다(대판 2004다27273).
    ⓓ 새로운 권원이란 매매, 증여, 교환 등 객관적으로 소유의 의사를 인정할 수 있는 권원을 말하는 것이며 상속은 새로운 권원이 될 수 없다.
  ㉡ 소유의 의사를 표시한 경우
    ⓐ 타주점유가 자주점유로 전환되기 위하여 자기에게 점유시킨 자에게 소유의 의사가 있음을 직접 표시하는 것을 말한다. 단순히 외부에 인식시킨 것으로는 부족하다.
    ⓑ 즉, 타주점유자가 그 명의로 소유권이전등기를 경료한 것만으로는 점유시킨 자에 대하여 소유의 의사를 표시함으로써 자주점유로 전환되었다고 볼 수 없다(대판 92다37871).
③ **구별의 실익**: 취득시효(제245조)와 무주물선점(제252조)에서는 자주점유를 요구하고 있다. 또한 점유자의 회복자에 대한 책임에서 현존이익만의 배상책임을 지는 자는 선의일 뿐만 아니라 자주점유의 요건까지 갖추어야 한다.

판례보기

자주점유와 타주점유

1. 자주점유 인정 판례
   ① 매수인이 인접 토지와의 경계선을 확인해 보지 아니하여 착오로 인접 토지의 일부를 매수한 토지인 줄 알고 점유한 경우(대판 99다58570, 58587)
   ② 자신의 토지에 인접한 타인소유의 토지를 자신의 토지의 일부로 알고서 점유를 시작한 자가 나중에 위 토지가 자신의 소유가 아니라는 사실을 알게 된 경우 그 점유의 성질이 타주점유로 전환되지 않는다(대판 2001다5913).
   ③ 점유자가 스스로 매매 또는 증여와 같은 자주점유의 권원을 주장하였으나 이것이 인정되지 않은 경우에도 원래 이와 같은 자주점유의 권원에 관한 입증책임이 점유자에게 있지 아니한 이상 그 점유권원이 인정되지 않는다는 사유만으로 자주점유의 추정이 번복된다거나 점유권원의 성질상 타주점유라고는 볼 수 없다(대판 전합 82다708, 709).
   ④ 지방자치단체가 도시계획사업인 도로개설공사의 시행자로서 그 사업실시 과정에서 사후 감정가격에 의하여 보상하기로 하고 그 소유자들의 사용승낙을 받아 도로를 개설함으로써 토지를 점유한 것이라면 이를 자주점유의 추정이 깨어지는 무단점유에 해당한다고 볼 수 없다(대판 2001다67904).
   ⑤ 국가나 지방자치단체가 취득시효의 완성을 주장하는 토지의 취득절차에 관한 서류를 제출하지 못하고 있다는 사정만으로 자주점유의 추정이 번복되지는 않는다(대판 2010다33866).

2. 자주점유 부정 판례

① 자신 소유의 대지 위에 건축한 건물이 인접 토지를 침범하게 된 경우, 그 침범 면적이 통상 있을 수 있는 시공상의 착오 정도를 넘어 상당한 정도에까지 이르는 경우에는 그 토지의 점유는 소유의 의사가 있는 점유라고 할 수 없다(대판 99다58570).

② 처분권한 없는 자로부터 그 사실을 알면서 토지를 매수하여 이를 점유하는 경우에 그 점유는 타주점유이다 (대판 97다37661).

③ 타인의 토지에 분묘를 설치한 자가 그 분묘기지를 점유하는 경우에 그 점유는 타주점유이다(대판 97다 42625).

④ 공유자 한 사람이 공유부동산 전부를 점유하고 있는 경우 다른 공유자의 지분비율의 범위 내에서는 타주점유이다(대판 95다51861). 따라서 공동상속인 중 1인이 상속 부동산 전부를 점유하고 있는 경우, 자신의 상속지분을 초과하는 부분에 대한 점유는 권원의 성질상 이를 타주점유라고 봄이 상당하다 할 것이다(대판 2008다31485).

⑤ 점유매개관계를 통한 간접점유에서 직접점유자는 권원의 성질상 소유의 의사가 있는 자주점유라고 볼 수 없다(대판 65다1472).

⑥ 점유자가 점유 개시 당시에 소유권 취득의 원인이 될 수 있는 법률행위 기타 법률요건이 없이 그와 같은 법률요건이 없다는 사실을 잘 알면서 타인소유의 부동산을 무단점유한 것이 입증된 경우에는 특별한 사정이 없는 한 그 점유자는 타인의 소유권을 배척하고 점유할 의사를 갖고 있지 않다고 보아야 하므로 이로써 소유의 의사가 있는 점유라는 추정은 깨어진다(대판 97다55447).

▣ 악의의 무단점유임이 드러나면 자주점유의 추정이 깨어진다.

⑦ 점유자가 진정한 소유자라면 통상 취하지 아니할 태도를 나타내거나 소유자라면 당연히 취하였을 것으로 보이는 행동을 취하지 아니한 경우 등 외형적·객관적으로 보아 점유자가 타인의 소유권을 배척하고 점유할 의사를 갖고 있지 아니하였던 것이라고 볼 만한 사정이 증명된 경우에도 그 추정은 깨어진다(대판 95다 28625).

⑧ 명의신탁에 의하여 부동산의 소유자로 등기된 자는 그 점유권원의 성질상 자주점유라 할 수 없다(대판 85다카1644).

2 하자 있는 점유와 하자 없는 점유 제33회

하자 있는 점유란 악의·과실·폭력·은비·불계속 등의 사정이 있는 점유를 말하며, 하자 없는 점유란 선의·무과실·평온·공연·계속 등의 사정이 있는 점유를 말한다.

(1) 선의의 점유와 악의의 점유

점유를 정당하게 하는 권리, 즉 본권(本權)이 없음에도 불구하고 본권이 있다고 오신하여서 하는 점유가 선의의 점유이고, 본권이 없음을 알면서 또는 의심을 품으면서 하는 점유는 악의의 점유이다.

(2) 과실 있는 점유와 과실 없는 점유

선의점유에서 그 선의임에 과실이 있느냐 없느냐에 따라서 과실(過失) 있는 점유와 과실(過失) 없는 점유로 구분된다. 「민법」은 점유의 무과실은 추정하지 않고 있다(제197조 제1항).

(3) 평온·공연의 점유와 강포·은비의 점유

폭력에 의한 것인지 여부에 따라 평온한 점유와 강포(强暴)에 의한 점유로 구분되고, 남몰래 하는지 여부에 따라 공연한 점유와 은비(隱祕)의 점유로 구분된다.

제4절 점유권의 취득과 소멸

1 점유권의 취득

> 제196조【점유권의 양도】① 점유권의 양도는 점유물의 인도로 그 효력이 생긴다.
> ② 전항의 점유권의 양도에는 제188조 제2항(간이인도), 제189조(점유개정), 제190조(목적물반환청구권의 양도)의 규정을 준용한다.

(1) 직접점유의 취득

① **직접점유의 원시취득**: 점유권은 점유라는 사실을 법률요건으로 하여 발생하는 권리이므로, 물건에 대한 사실상 지배가 처음 성립하면 그 효과로서 점유권은 당연히 원시적으로 취득된다. 무주물의 선점, 건물의 신축 등은 원시적인 점유취득이다.

② **직접점유의 승계취득**

　㉠ 특정승계: 특정승계에는 현실의 인도와 간이인도가 있다. 즉, 직접점유권의 양도는 현실의 인도로 이루어지고 양수인이 이미 점유하고 있는 때에는 간이인도로 그 효력이 발생한다.

　㉡ 포괄승계: 상속에 의한 점유권의 취득이다. 상속인이 사실상 지배를 하거나 상속의 개시를 모른다 하더라도 승계에는 지장이 없다.

(2) 간접점유의 취득

① **간접점유의 원시취득**: 간접점유의 설정을 말한다. 지금까지 직접점유자였던 자가 점유매개관계에 기하여 타인에게 직접점유를 하게 하고 자신은 간접점유를 하는 경우이다.

② **간접점유의 승계취득**: 간접점유의 양도를 말한다. 간접점유자가 가지고 있는 반환청구권을 양도함으로써 양수인은 간접점유권을 취득한다.

(3) 점유권 승계의 효과

> **제199조 【점유의 승계의 주장과 그 효과】** ① 점유자의 승계인은 자기의 점유만을 주장하거나 자기의 점유
> 와 전 점유자의 점유를 아울러 주장할 수 있다.
> ② 전 점유자의 점유를 아울러 주장하는 경우에는 그 하자도 계승한다.

① 점유의 분리·병합

점유의 승계인은 자기의 점유만을 주장하거나 자신의 점유와 전 점유자의 점유를 아울러 주장할 수 있다. 다만, 전 점유자의 점유를 동시에 주장하는 경우 전 점유자의 하자도 승계하게 된다. 그러나 전 점유자의 점유기간 중의 어느 한 시점을 임의로 선택하여 그때부터 점유를 주장할 수는 없다.

② 점유의 분리·병합의 상속에의 적용 여부

판례는 상속에 의하여 점유권을 취득한 경우에는 상속인은 새로운 권원에 의하여 자기 고유의 점유를 개시하지 않는 한 피상속인의 점유를 떠나 자기만의 점유를 주장할 수 없다고 하여 이를 부정하고 있다(대판 93다10989).

2 점유권의 소멸

(1) 직접점유의 소멸

점유권은 점유의 상실이 있을 때 소멸한다. 즉, 직접점유에 있어서는 점유물에 대한 사실상의 지배를 상실함으로써 소멸한다. 그러나 일시적으로 점유를 잃더라도 1년 내에 점유물반환청구권으로 그 점유를 회복하면 점유는 계속된 것이 된다.

(2) 간접점유의 소멸

간접점유에 있어서는 직접점유자가 점유를 상실하거나 또는 점유매개자의 역할을 그만두는 경우(예 점유물을 횡령한 경우 등)에 점유권이 소멸한다.

제5절　점유권의 효력

물건을 사실상 지배함으로써 인정되는 점유권에 대하여 「민법」은 다음과 같은 효력을 부여하고 있는데, 점유의 추정적 효력(제197조, 제198조, 제200조), 점유자와 회복자와의 관계(제201조~제203조), 점유보호청구권(제204조~제206조), 점유소권(제208조), 자력구제(제209조) 등이 그것이다.

1　점유의 추정적 효력 제29회, 제31회, 제32회, 제33회

(1) 점유의 태양

> 제197조 【점유의 태양】 ① 점유자는 소유의 의사로 선의, 평온 및 공연하게 점유한 것으로 추정한다.
> ② 선의의 점유자라도 본권에 관한 소에 패소한 때에는 그 소가 제기된 때로부터 악의의 점유자로 본다.

점유자는 소유의 의사로 선의·평온·공연하게 점유한 것으로 추정한다(제197조 제1항). 그러나 무과실은 추정되지 않으므로 점유자 스스로 무과실을 입증하여야 한다. 또한 선의의 점유자라도 본권에 관한 소에서 패소한 때에는 점유개시시점이나 패소판결시점이 아니라 그 소가 제기된 때로부터 악의의 점유자로 본다(제197조 제2항).

(2) 점유계속의 추정

> 제198조 【점유계속의 추정】 전후 양시에 점유한 사실이 있는 때에는 그 점유는 계속한 것으로 추정한다.

예를 들어 甲이 2000년 1월 1일부터 2020년 1월 1일까지 토지를 점유하여 취득시효를 주장하려면 점유는 중단 없이 계속되어야 한다. 이때에 20년간 점유가 계속되었음을 일일이 입증할 것이 아니라 전후 양시만 입증하면 그동안의 점유는 계속된 것으로 추정한다. 즉, 2000년 1월 1일에 점유한 사실과 2020년 1월 1일에 점유한 사실이 있으면 20년의 점유는 계속된 것으로 추정한다.

> **판례보기**
>
> 「민법」 제198조 소정의 점유계속추정이 전후 양 시점의 점유자가 다른 경우에도 적용될 수 있는지 여부(적극)
> 점유계속추정은 동일인이 전후 양 시점에 점유한 것이 증명된 때에만 적용되는 것이 아니고 전후 양 시점의 점유자가 다른 경우에도 점유의 승계가 입증되는 한 점유계속은 추정된다(대판 96다24279).

(3) 권리적법의 추정

> **제200조 【권리의 적법의 추정】** 점유자가 점유물에 대하여 행사하는 권리는 적법하게 보유한 것으로 추정한다.

① 점유자가 점유물에 대하여 행사하는 권리는 적법하게 보유한 것으로 추정되므로 본권이 없으면서 점유하는 자도 정당한 권리자인 것으로 추정된다. 그 결과 본권을 주장하는 자, 즉 진정한 권리자는 점유자에게 본권이 없음을 입증하여야 한다. 점유자의 이익뿐만 아니라 불이익을 위하여서도 추정된다.

② 점유자의 권리적법추정에 관한 제200조는 동산의 점유에 한하여 적용되고, 부동산에는 적용되지 않는다. 따라서 부동산의 등기명의인과 점유자가 일치하지 않는 경우에는 점유가 아닌 등기에 권리추정력이 인정된다.

판례보기

점유자의 권리추정규정의 부동산물권에 대한 적용 여부(소극)

점유자의 권리추정규정은 특별한 사정이 없는 한 부동산물권에 대하여는 적용되지 아니하고, 다만 그 등기에 대하여서만 추정력이 부여된다(대판 81다780).

---

2   점유자와 회복자의 관계 제29회, 제31회, 제33회, 제34회

(1) 乙이 甲으로부터 물건을 취득하여 점유하여 왔으나 실제 소유자는 甲이 아닌 丙이었던 경우, 丙은 乙에게 물건의 인도를 청구할 수 있다. 이러한 경우에 몇 가지의 문제가 발생하게 되는데 이러한 문제를 다루는 것이 바로 점유자(乙)와 회복자(丙)의 관계이다. 여기서 발생하는 문제는 다음의 세 가지 경우이다.

① 乙이 목적물을 사용하며 취득한 과실을 반환하여야 하는 문제가 발생한다(과실취득문제, 제201조).
② 乙이 점유하던 도중에 乙의 잘못으로 물건이 멸실·훼손되었다면 소유자인 丙에게 어느 정도의 책임을 져야 하는지의 문제가 발생한다(점유자의 회복자에 대한 책임, 제202조).
③ 乙이 丙에게 물건을 돌려주어야 할 때에 물건을 사용하면서 여기에 투여한 필요비와 개량비(유익비)의 청구문제가 발생한다(비용상환청구권, 제203조).

(2) 선의점유자의 과실취득

> 제201조 【점유자와 과실】 ① 선의의 점유자는 점유물의 과실을 취득한다.
> ② 악의의 점유자는 수취한 과실을 반환하여야 하며 소비하였거나 과실(過失)로 인하여 훼손 또는 수취하지 못한 경우에는 그 과실(果實)의 대가를 보상하여야 한다.
> ③ 전항의 규정은 폭력 또는 은비에 의한 점유자에 준용한다.

① 선의의 점유자는 점유물로부터 생긴 과실을 취득할 수 있다. 따라서 선의의 점유자는 비록 법률상 원인 없이 타인의 토지를 점유·사용하고 이로 말미암아 그에게 손해를 입혔다 하더라도 그 점유·사용으로 인한 이득을 그 타인에게 반환할 의무는 없다(대판 86다카1996).
  ㉠ 선의의 점유자는 과실취득권을 포함한 본권(᠎예 소유권·지상권·전세권·임차권 등)이 있다고 오신하고 있는 점유자이어야 하며, 과실취득권이 없는 본권이 있다고 오신한 점유자는 포함되지 않는다.
  ㉡ 선의의 점유자란 과실수취권을 포함하는 권원이 있다고 오신한 점유자를 말하고, 그와 같은 오신을 함에는 오신할 만한 정당한 근거가 있어야 한다(대판 99다63350).
  ㉢ 선의의 점유자에게 과실(果實)을 취득할 권리가 있다 하더라도 만일 점유자에게 과실(過失)이 있다면 불법행위책임을 져야 한다.
② 악의의 점유자는 수취한 과실을 반환하여야 할 뿐만 아니라, 받은 이익에 이자를 붙여 반환하고 그 이자의 이행지체로 인한 지연손해금까지 지급하여야 한다.
  ㉠ 이미 소비하였거나 과실(過失)로 인하여 훼손 또는 수취하지 못한 과실(果實)의 대가를 보상하여야 한다. 다만, 과실 없이 훼손 또는 수취하지 못한 과실(果實)의 대가에 대해서는 보상의무가 없다.
  ㉡ 폭력·은비에 의한 점유자는 악의의 점유자와 마찬가지로 다루어지므로 과실취득권이 부인된다(제201조 제2항·제3항).

판례보기

계약의 무효·취소시에도 제201조가 적용되는지 여부 – 긍정
쌍무계약이 취소된 경우 선의의 매수인에게 「민법」 제201조가 적용되어 과실취득권이 인정되는 이상 선의의 매도인에게도 대금의 운용이익 내지 법정이자의 반환을 부정함이 형평에 맞다(대판 92다45025).
☐ 반면, 계약의 해제시에는 원상회복(제548조)이 우선적용되어 제201조가 적용되지 않는다. 즉, 해제시에는 선의의 점유자라도 과실을 취득할 수 없다.

(3) 점유자의 회복자에 대한 책임

> **제202조 【점유자의 회복자에 대한 책임】** 점유물이 점유자의 책임 있는 사유로 인하여 멸실 또는 훼손한 때에는 악의의 점유자는 그 손해의 전부를 배상하여야 하며, 선의의 점유자는 이익이 현존하는 한도에서 배상하여야 한다. 소유의 의사가 없는 점유자는 선의인 경우에도 손해의 전부를 배상하여야 한다.

① 선의점유자의 책임
   ㉠ 자주점유자의 경우: 점유물이 점유자의 책임 있는 사유로 인하여 멸실·훼손된 경우에 선의의 점유자는 그 이익이 현존하는 한도에서 배상책임을 진다.
   ㉡ 타주점유자의 경우: 소유의 의사가 없는 점유자는 선의인 경우에도 손해 전부를 배상하여야 한다.
② 악의점유자의 책임: 악의의 점유자는 자주·타주를 불문하고 회복자에 대하여 손해 전부를 배상할 의무를 부담한다.

참고학습 | 멸실·훼손에 대한 배상책임의 범위

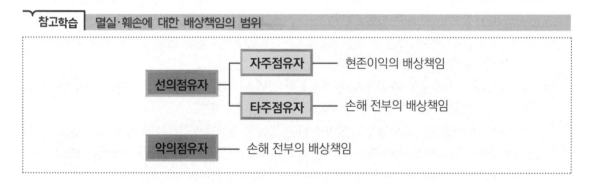

(4) 점유자의 비용상환청구권

> **제203조 【점유자의 상환청구권】** ① 점유자가 점유물을 반환할 때에는 회복자에 대하여 점유물을 보존하기 위하여 지출한 금액 기타 필요비의 상환을 청구할 수 있다. 그러나 점유자가 과실을 취득한 경우에는 통상의 필요비는 청구하지 못한다.
> ② 점유자가 점유물을 개량하기 위하여 지출한 금액 기타 유익비에 관하여는 그 가액의 증가가 현존한 경우에 한하여 회복자의 선택에 좇아 그 지출금액이나 증가액의 상환을 청구할 수 있다.
> ③ 전항의 경우에 법원은 회복자의 청구에 의하여 상당한 상환기간을 허여할 수 있다.

① 점유자는 선의·악의에 상관없이 비용상환청구권을 갖는다.

② **필요비상환청구권**

　　㉠ 필요비는 물건의 보존과 관리에 필요한 비용이다. 보존비·수선유지비·공조공과(세금 등) 등과 같은 통상필요비와 특별필요비(예 태풍으로 인한 가옥의 수선비)가 있다. 다만, 선의의 점유자에게는 과실취득권이 인정되므로 이것과의 형평상 점유자가 과실을 취득한 경우에는 통상의 필요비를 청구할 수 없다.

　　㉡ 판례도 기계의 점유자가 그 기계장치를 계속 사용함에 따라 마모되거나 손상된 부품을 교체하거나 수리하는 데에 소요된 비용은 통상의 필요비에 해당하고, 그러한 통상의 필요비는 점유자가 과실을 취득하면 회복자로부터 그 상환을 구할 수 없다고 판시한다(대판 95다41161).

　　㉢ 필요비에 대해서는 법원이 상환기간을 허여할 수 없다.

③ **유익비상환청구권**

　　㉠ 점유자가 점유물을 개량하기 위하여 지출한 금액 기타 유익비(개량비)에 대하여는 그 가액의 증가가 현존한 경우에 한하여 점유물을 반환할 때에 회복자의 선택에 따라 그 지출금액이나 증가액의 상환을 청구할 수 있다. 따라서 금전을 투여하였어도 가액의 증가가 없다면 유익비상환청구는 인정되지 않는다. 유익비에 대해서는 필요비와 달리 법원이 회복자의 청구에 의하여 상당한 상환기간을 허여할 수 있다(제203조 제2항·제3항).

　　㉡ 유익비의 상환범위는 '점유자가 유익비로 지출한 금액'과 '현존하는 증가액' 중에서 회복자가 선택하는 것으로 정해지는데, 이와 같은 실제 지출금액 및 현존 증가액에 관한 증명책임은 모두 유익비의 상환을 구하는 점유자에게 있다(대판 2018다206707).

④ **비용상환청구권의 발생시기**: 제203조 제1항·제2항에 의한 점유자의 필요비 또는 유익비상환청구권은 점유자가 회복자로부터 점유물의 반환을 청구받거나 회복자에게 점유물을 반환한 때에 비로소 회복자에 대하여 행사할 수 있다(대판 94다4592).

판례보기

적법한 계약관계 존재시 제203조의 적용 여부 - 부정

「민법」 제203조 제2항에 의한 점유자의 회복자에 대한 유익비상환청구권은 점유자가 계약관계 등 적법하게 점유할 권리를 가지지 않아 소유자의 소유물반환청구에 응하여야 할 의무가 있는 경우에 성립되는 것으로서, 이 경우 점유자는 그 비용을 지출할 당시의 소유자가 누구이었는지 관계없이 점유회복 당시의 소유자, 즉 회복자에 대하여 비용상환청구권을 행사할 수 있는 것이나, 점유자가 유익비를 지출할 당시 계약관계 등 적법한 점유의 권원을 가진 경우에 그 지출비용의 상환에 관하여는 그 계약관계를 규율하는 법조항이나 법리 등이 적용되는 것이어서, 점유자는 그 계약관계 등의 상대방에 대하여 해당 법조항이나 법리에 따른 비용상환청구권을 행사할 수 있을 뿐 계약관계 등의 상대방이 아닌 점유회복 당시의 소유자에 대하여 「민법」 제203조 제2항에 따른 지출비용의 상환을 구할 수는 없다(대판 2001다64752).

핵심정리 | 점유자와 회복자의 관계

과실취득권 (제201조)		① 선의의 점유자는 과실을 취득할 수 있다. ② 오신함에 있어 오신할 만한 근거가 있어야 한다. ③ 선의라 하더라도 과실(過失) 있는 점유자는 진정한 권리자에게 불법행위 손해배상책임이 발생될 수 있다.
회복자에 대한 책임 (제202조)	선의 점유자	① 자주점유자: 현존이익의 배상책임 ② 타주점유자: 손해 전부의 배상책임
	악의 점유자	손해 전부의 배상책임
비용상환청구 (제203조)		① 필요비를 청구할 수 있으나 과실을 취득한 경우에는 통상의 필요비는 청구하지 못한다. ② 가액의 증가가 현존한 경우에 회복자의 선택에 좇아 그 지출금액이나 증가액의 상환을 청구할 수 있다(유익비는 법원이 상환기간 허여가 가능하므로 유치권 행사는 불가능). ③ 선·악을 불문하고 인정한다.

3 점유보호청구권 제30회, 제32회, 제35회

점유보호청구권이란 점유를 침해당한 경우에 점유자가 침해자에 대하여 그 목적물의 반환, 침해의 배제 또는 손해배상의 담보를 청구하는 권리로서 물권적 청구권의 일종이다. 점유물반환청구권, 점유물방해제거청구권, 점유물방해예방청구권 세 가지가 있다.

(1) 점유물반환청구권

> **제204조 【점유의 회수】** ① 점유자가 점유의 침탈을 당한 때에는 그 물건의 반환 및 손해의 배상을 청구할 수 있다.
> ② 전항의 청구권은 침탈자의 특별승계인에 대하여는 행사하지 못한다. 그러나 승계인이 악의인 때에는 그러하지 아니하다.
> ③ 제1항의 청구권은 침탈을 당한 날로부터 1년 내에 행사하여야 한다.

① **청구권자**: 점유의 침탈을 당한 자가 점유물반환청구권의 청구권자가 된다.
  ㉠ 주체: 주체는 점유자이며, 점유를 하고 있었다면 본권이 있든 없든 상관없고, 직접점유인지 간접점유인지 묻지 않는다.
  ㉡ 침탈: 점유를 침탈당한 경우여야 한다. 침탈이란 자신의 의사에 반하여 점유를 상실한 것을 말한다(예 절취·강취 등). 따라서 자신이 스스로 교부해 주거나 잃어버린 물건(유실물)에 대해서는 점유물반환청구를 할 수 없다. 따라서 사기의 의사표시에 의하여 건물을 명도하여 준 것이라면 건물의 점유를 침탈당한 것이 아니므로 피해자는 점유회수의 소권을 가진다고 할 수 없다(대판 91다17443).

> **판례보기**
>
> **간접점유 성립시 침탈의 기준이 되는 자 – 직접점유자**
> 직접점유자가 임의로 점유를 타에 양도한 경우에는 점유이전이 간접점유자의 의사에 반한다 하더라도 간접점유자의 점유가 침탈된 경우에 해당하지 않는다(대판 92다5300).

② **상대방**: 상대방은 점유의 침탈자 및 그의 포괄승계인이다. 다만, 침탈자의 선의의 특별승계인에게는 행사할 수 없다(제204조 제2항). 따라서 선의의 특별승계인이 점유를 취득하였다면 후에 악의의 특별승계인에게 점유가 이전되었더라도 그를 상대로 점유물반환을 청구하지 못한다.

③ **행사내용**: 점유자가 점유의 침탈을 당한 때에는 그 물건의 반환 및 손해배상을 청구할 수 있다(제204조 제1항). 여기서 손해배상청구권은 물권적 청구권의 내용은 아니며, 침탈자에게 고의·과실이 있고 손해가 발생한 경우에는 점유물반환청구권과 손해배상청구권을 병존적으로 행사할 수 있다.

④ **제척기간**: 물건의 반환 및 손해배상은 침탈을 당한 날로부터 1년 이내에 행사하여야 한다(제204조 제3항). 1년이라는 제척기간은 재판 외에서 행사하는 것으로 족한 기간이 아니라 반드시 그 기간 내에 소를 제기하여야 하는 이른바 출소기간으로 해석하는 것이 판례의 입장이다(대판 2001다8097, 8103).

⑤ **상호침탈**

　ㄱ 甲의 점유물을 乙이 위법한 방법으로 침탈하자 다시 甲이 乙의 점유를 침탈한 경우, 乙이 甲을 상대로 점유회수를 청구할 수 있는지의 문제이다.

　ㄴ 상대방으로부터 점유를 위법하게 침탈당한 점유자가 상대방으로부터 점유를 탈환하였을 경우(이른바 '점유의 상호침탈'), 특별한 사정이 없는 한 상대방은 자신의 점유가 침탈당하였음을 이유로 점유자를 상대로 민법 제204조 제1항에 따른 점유의 회수를 청구할 수 없다고 보는 것이 타당하다(대판 2022다269675).

(2) 점유물방해제거청구권

> **제205조【점유의 보유】** ① 점유자가 점유의 방해를 받은 때에는 그 방해의 제거 및 손해의 배상을 청구할 수 있다.
> ② 전항의 청구권은 방해가 종료한 날로부터 1년 내에 행사하여야 한다.
> ③ 공사로 인하여 점유의 방해를 받은 경우에는 공사착수 후 1년을 경과하거나 그 공사가 완성한 때에는 방해의 제거를 청구하지 못한다.

① **행사내용**: 점유물방해제거청구권은 방해가 현존하고 있는 동안에 한하여 행사할 수 있고, 방해자에게 고의·과실이 있고 손해가 발생한 경우에는 손해배상청구권과 함께 행사할 수 있다.

② 제척기간: 1년이라는 제척기간은 재판 외에서 권리행사하는 것으로 족한 기간이 아니라 반드시 그 기간 내에 소를 제기하여야 하는 이른바 출소기간으로 해석함이 타당하다.

(3) 점유물방해예방청구권

> **제206조【점유의 보전(保全)】** ① 점유자가 점유의 방해를 받을 염려가 있는 때에는 그 방해의 예방 또는 손해배상의 담보를 청구할 수 있다.
> ② 공사로 인하여 점유의 방해를 받을 염려가 있는 경우에는 전조 제3항의 규정을 준용한다.

① 행사내용: 점유자가 점유의 방해를 받을 염려가 있는 때에는 그 방해의 예방 또는 손해배상의 담보를 청구할 수 있다. 손해배상의 담보를 청구하는 경우 상대방의 고의·과실을 요하지 아니한다. 그러나 후에 손해가 현실적으로 발생하여 담보된 금액에서 배상을 받기 위해서는 상대방의 고의·과실이 필요하다. 주의할 점은 방해의 예방이나 손해배상의 담보 중 어느 하나만을 행사할 수 있다는 점이다.

② 제척기간: 공사로 인하여 방해를 받을 염려가 있는 경우에는 공사착수 후 1년이 경과하거나 그 공사가 완성한 때에는 방해의 예방을 청구하지 못한다.

핵심정리 | 점유보호청구권

구분	점유물반환청구권 (제204조)	점유물방해제거청구권 (제205조)	점유물방해예방청구권 (제206조)
성립 요건	① 점유의 침탈을 당한 경우(유실물 ×, 사기당한 물건 ×) ② 상대방이 되는 자: 침탈자, 침탈자의 포괄승계인(선·악 불문), 악의의 특별승계인 ③ 상대방이 되지 않는 자: 선의의 특별승계인	① 점유의 방해를 받은 경우(고의·과실이 불필요) ② 손해배상청구는 고의·과실이 필요	점유의 방해를 받을 염려가 있는 경우
행사 내용	반환 및 손해배상	제거 및 손해배상	예방 또는 손해배상담보
제척 기간	침탈당한 날로부터 1년 (출소기간)	① 방해가 종료한 날로부터 1년(손해배상에 적용) ② 공사착수 후 1년 경과 또는 완공된 경우에는 불가	공사착수 후 1년 경과 또는 완공된 후에는 불가

4 **점유의 소와 본권의 소** 제35회

> **제208조 【점유의 소와 본권(本權)의 소(訴)와의 관계】** ① 점유권에 기인한 소와 본권에 기인한 소는 서로 영향을 미치지 아니한다.
> ② 점유권에 기인한 소는 본권에 관한 이유로 재판하지 못한다.

점유의 소는 점유보호청구권에 기한 소를 말하고, 본권의 소는 소유권·전세권·임차권 등 점유할 수 있는 권리에 기한 소를 말한다. 점유의 소는 사실적 지배를 그대로 유지·보호하는 것을 목적으로 하는데 반하여, 본권의 소는 당연히 있어야 할 지배상태를 실현시키는 것을 목적으로 한다. 따라서 점유권에 기인한 소와 본권에 기인한 소는 서로 영향을 미치지 아니한다. 또한 점유권에 기인한 소는 본권에 관한 이유로 재판하지 못한다.

(1) 점유의 소와 본권의 소는 서로 영향을 미치지 않는다(제208조 제1항).

두 개의 소(訴)는 그 기초를 달리하므로 어느 한 쪽이 다른 한 쪽에 영향을 미치지 아니한다. 따라서 소유자가 점유하던 물건을 침탈당하였다면 소유권에 기한 반환청구의 소와 점유물반환청구의 소를 따로 제기할 수 있고 동시에 제기할 수도 있다. 또한 한 쪽의 소에서 패소하여도 다른 소에 영향을 미치지 않는다.

(2) 점유의 소는 본권에 관한 이유로 재판하지 못한다(제208조 제2항).

① 점유권과 본권은 별개이므로 소송에서도 마찬가지이다. 만일 점유자가 점유의 소를 제기하였다면 법원은 원고에게 점유권이 있는가를 가지고 재판하여야 하며, 점유의 소를 제기한 자에게 본권이 없다는 이유로 그 소를 부인하여서는 아니 된다.
② 따라서 점유자의 점유가 소유자 등 본권자에 의해 방해받고 있는 경우, 점유자가 방해배제청구를 한 것에 대해 본권자가 자기에게 소유권 기타 본권이 있다고 항변하여도 점유자의 방해배제청구는 인용되어야 한다.

판례보기

본권(소유권)에 관한 이유를 가지고 점유권에 의한 청구를 배척해서는 아니 된다는 사례
원고가 피고로부터 본건 농지를 양수하고 그 인도를 받아 경작하고 있다는 이유로 피고에 대하여 원고의 경작을 방해하지 말라는 점유방해배제의 청구를 하고 있음에도 불구하고 원고가 본건 토지를 매수한 사실이 있다고 가정하더라도 관서의 증명이 없는 이상 원고에게 소유권이 있다고 할 수 없다는 이유로 위 청구를 기각한 원심판결은 본권에 관한 이유를 가지고 점유권에 의한 청구를 기각한 것으로서 부당하다(대판 62다259).

PART 2 물권법

5 자력구제

> **제209조【자력구제】**① 점유자는 그 점유를 부정히 침탈 또는 방해하는 행위에 대하여 자력으로써 이를 방위할 수 있다.
> ② 점유물이 침탈되었을 경우에 부동산일 때에는 점유자는 침탈 후 직시 가해자를 배제하여 이를 탈환할 수 있고 동산일 때에는 점유자는 현장에서 또는 추적하여 가해자로부터 이를 탈환할 수 있다.

(1) 자력구제란 권리의 침해를 당한 때에 국가에 의한 구제에 의하지 않고 사력에 의하여 그의 권리구제 내지 실현을 하는 것이다. 「민법」이 인정하는 점유자의 자력구제권에는 자력방위권과 자력탈환권이 있다.

(2) **종류**

① **자력방위권**: 점유자는 그 점유를 부정히 침탈 또는 방해하는 행위에 대하여 자력으로써 이를 방위할 수 있다.

② **자력탈환권**: 점유자의 점유가 침탈된 경우에 실력으로써 이를 탈환할 수 있는 것을 자력탈환권이라 한다. 자력탈환권의 행사는 시간적 한계가 있으며, 목적물이 부동산인 경우에는 침탈을 당한 후에 즉시 가해자를 배제하여 목적물을 탈환할 수 있다.

판례보기

자력구제의 시간적 한계

「민법」 제209조 제1항에 규정에서 말하는 '직시'란 '객관적으로 가능한 한 신속히' 또는 '사회관념상 가해자를 배제하여 점유를 회복하는 데 필요하다고 인정되는 범위 안에서 되도록 속히'라는 뜻으로 해석할 것이므로 점유자가 침탈사실을 알고 모르고와는 관계없이 침탈을 당한 후 상당한 시간이 흘렀다면 자력탈환권을 행사할 수 없다(대판 91다14116).

---

6 준점유

> **제210조【준점유】** 본 장의 규정은 재산권을 사실상 행사하는 경우에 준용한다.

(1) **의의**

「민법」상 점유는 '물건'에 대한 사실상의 지배에 관하여 인정된다. 그런데 '재산권'에 관하여서도 어떤 자가 마치 권리자와 같이 행동하고, 다른 사람들도 그를 권리자로 여기는 경우가 있다. 여기서 물건 이외의 재산적 이익을 사실상 지배하고 있는 경우에도 점유에 있어서와 같은 보호를 하여 줄 필요가 있게 되는바, 이를 위하여 마련된 제도가 준점유이다.

(2) **요건**

준점유의 요건은 재산권을 사실상 행사하는 것이다. 예를 들어 다른 사람의 예금통장과 인장을 가지고 임의로 예금을 하거나 인출할 경우, 예금채권의 준점유가 된다. 재산권이라고 하지만 소유권·지상권·전세권·임차권 등과 같이 점유를 수반하는 재산권에 관하여는 준점유가 성립할 수 없다.

(3) **효력**

준점유에는 점유권의 규정이 준용된다. 따라서 권리의 추정, 과실의 취득, 비용상환청구권, 점유보호청구권 등의 효과가 인정된다.

01 점유권에 관한 설명으로 틀린 것은? (다툼이 있으면 판례에 따름) 제32회

① 특별한 사정이 없는 한, 건물의 부지가 된 토지는 그 건물의 소유자가 점유하는 것으로 보아야 한다.

② 전후 양 시점의 점유자가 다른 경우 점유승계가 증명되면 점유계속은 추정된다.

③ 적법하게 과실을 취득한 선의의 점유자는 회복자에게 통상의 필요비의 상환을 청구하지 못한다.

④ 점유자가 상대방의 사기에 의해 물건을 인도한 경우 점유침탈을 이유로 한 점유물반환청구권은 발생하지 않는다.

⑤ 선의의 점유자가 본권의 소에서 패소하면 패소 확정시부터 악의의 점유자로 본다.

해설
⑤ 선의의 점유자라도 본권에 관한 소에 패소한 때에는 그 소가 제기된 때로부터 악의의 점유자로 본다(제197조 제2항).

① 사회통념상 건물은 그 부지를 떠나서는 존재할 수 없는 것이므로 건물의 부지가 된 토지는 그 건물의 소유자가 점유하는 것으로 볼 것이고, 이 경우 건물의 소유자가 현실적으로 건물이나 그 부지를 점거하고 있지 아니하고 있더라도 그 건물의 소유를 위하여 그 부지를 점유한다고 보아야 한다(대판 95다47282).

② 점유계속추정은 동일인이 전후 양 시점에 점유한 것이 증명된 때에만 적용되는 것이 아니고 전후 양 시점의 점유자가 다른 경우에도 점유의 승계가 입증되는 한 점유계속은 추정된다(대판 96다24279).

③ 점유자가 점유물을 반환할 때에는 회복자에 대하여 점유물을 보존하기 위하여 지출한 금액 기타 필요비의 상환을 청구할 수 있다. 그러나 점유자가 과실을 취득한 경우에는 통상의 필요비는 청구하지 못한다(제203조 제1항).

④ 사기의 의사표시에 의하여 건물을 명도하여 준 것이라면 건물의 점유를 침탈당한 것이 아니므로 피해자는 점유회수의 소권을 가진다고 할 수 없다(대판 91다17443).

 정답 ⑤

02 점유에 관한 설명으로 옳은 것은? (다툼이 있으면 판례에 따름) ［제26회］

① 점유자의 점유가 자주점유인지 타주점유인지의 여부는 점유자 내심의 의사에 의하여 결정된다.

② 점유자의 점유권원에 관한 주장이 인정되지 않는다는 것만으로도 자주점유의 추정이 깨진다.

③ 점유물이 멸실·훼손된 경우, 선의의 타주점유자는 이익이 현존하는 한도 내에서 회복자에게 배상책임을 진다.

④ 악의의 점유자는 과실(過失) 없이 과실(果實)을 수취하지 못한 때에도 그 과실(果實)의 대가를 회복자에게 보상하여야 한다.

⑤ 점유자의 특정승계인이 자기의 점유와 전(前) 점유자의 점유를 아울러 주장하는 경우, 그 하자도 승계한다.

> **해설**
>
> ① 점유자의 점유가 소유의 의사가 있는 자주점유인지 아니면 소유의 의사가 없는 타주점유인지의 여부는 점유자의 내심의 의사에 의하여 결정되는 것이 아니라 점유취득의 원인이 된 권원의 성질이나 점유와 관계가 있는 모든 사정에 의하여 외형적·객관적으로 결정되어야 한다(대판 1997.8.21,95다28625).
>
> ② 점유자가 스스로 매매 또는 증여와 같은 자주점유의 권원을 주장하였으나 이것이 인정되지 않은 경우에도 원래 이와 같은 자주점유의 권원에 관한 입증책임이 점유자에게 있지 아니한 이상 그 점유권원이 인정되지 않는다는 사유만으로 자주점유의 추정이 번복된다거나 또는 점유권원의 성질상 타주점유라고는 볼 수 없다(대판 1983.7.12,82다708).
>
> ③ 현존이익만을 배상하면 되는 자는 선의이면서 자주점유여야 하며, 소유의 의사가 없는 점유자는 선의인 경우에도 손해 전부를 배상하여야 한다.
>
> ④ 악의의 점유자는 수취한 과실을 반환하여야 하며 소비하였거나 과실(過失)로 인하여 훼손 또는 수취하지 못한 경우에는 그 과실(果實)의 대가를 보상하여야 한다(제201조 제2항). 즉 악의의 점유자라도 고의나 과실(過失)이 없는 경우에는 대가를 보상하는 것이 아니며, 과실(過失)로 인하여 훼손 또는 수취하지 못한 경우에 대가보상책임이 인정된다.

정답 ⑤

03 甲이 점유하고 있는 X물건을 乙이 침탈한 경우에 대한 설명으로 <u>틀린</u> 것은? (다툼이 있으면 판례에 따름)

① 甲의 乙에 대한 점유물반환청구권은 침탈당한 날로부터 1년 내에 행사하여야 하는데, 이는 출소기간이다.

② 乙이 선의인 丙에게 X물건을 매도·인도한 경우, 甲은 丙에 대하여 손해배상을 청구할 수 없다.

③ 乙이 선의의 丙에게 X물건을 매도·인도한 경우, 甲은 丙에 대하여 점유물반환청구권을 행사할 수 있다.

④ 甲이 丁소유의 X물건을 임차하여 점유하고 있었던 경우, 丁도 乙에 대하여 점유물반환청구권을 행사할 수 있다.

⑤ 만일 甲이 乙의 사기로 인하여 점유를 乙에게 인도한 경우, 乙에 대하여 점유물반환을 청구할 수 없다.

> **해설**
> ③② 점유권에 기한 반환청구 및 손해배상청구는 침탈자의 선의의 특별승계인에 대하여는 행사하지 못한다.
> ① 점유보호청구권의 1년이라는 제척기간은 재판 외에서 행사하는 것으로 족한 기간이 아니라 반드시 그 기간 내에 소를 제기하여야 하는 이른바 출소기간으로 해석함이 상당하다(대판 2001다8097, 8103).
> ④ 간접점유자인 丁도 점유물반환청구권을 행사할 수 있다.
> ⑤ 사기의 의사표시에 의하여 건물을 명도해 준 경우는 건물의 점유를 침탈당한 것이 아니므로 피해자는 점유회수의 소권을 가진다고 할 수 없다(대판 91다17443).

정답 ③

04 점유권에 관한 설명으로 <u>틀린</u> 것은? (제28회)

① 점유권에 기인한 소는 본권에 관한 이유로 재판할 수 있다.

② 점유자는 소유의 의사로 선의·평온 및 공연하게 점유한 것으로 추정한다.

③ 전후 양시에 점유한 사실이 있는 때에는 그 점유는 계속한 것으로 추정한다.

④ 점유자가 점유물에 대하여 행사하는 권리는 적법하게 보유한 것으로 추정한다.

⑤ 전세권, 임대차 기타의 관계로 타인으로 하여금 물건을 점유하게 한 자는 간접으로 점유권이 있다.

> **해설**
> ① 점유권에 기인한 소는 본권에 관한 이유로 재판하지 못한다(제208조 제2항).
> ② 제197조 제1항 ③ 제198조 ④ 제200조 ⑤ 제194조

정답 ①

05 점유자와 회복자의 관계에 관한 설명으로 옳은 것은? (다툼이 있으면 판례에 따름) 제34회

① 점유물이 점유자의 책임 있는 사유로 멸실된 경우, 선의의 타주점유자는 이익이 현존하는 한도에서 배상해야 한다.

② 악의의 점유자는 특별한 사정이 없는 한 통상의 필요비를 청구할 수 있다.

③ 점유자의 필요비상환청구에 대해 법원은 회복자의 청구에 의해 상당한 상환기간을 허여할 수 있다.

④ 이행지체로 인해 매매계약이 해제된 경우, 선의의 점유자인 매수인에게 과실취득권이 인정된다.

⑤ 은비(隱秘)에 의한 점유자는 점유물의 과실을 취득한다.

해설

② 비용상환청구권은 점유자의 선악을 불문하고 인정된다.

① 점유물이 점유자의 책임 있는 사유로 인하여 멸실 또는 훼손한 때에는 악의의 점유자는 그 손해의 전부를 배상하여야 하며, 선의의 점유자는 이익이 현존하는 한도에서 배상하여야 한다. 소유의 의사가 없는 점유자는 선의인 경우에도 손해의 전부를 배상하여야 한다(제202조). 따라서 선의의 타주 점유자는 손해의 전부를 배상하여야 한다.

③ 점유자의 청구에 대해 법원이 상당한 상환기간을 허여할 수 있는 것은 유익비이며, 필요비에 대해서는 상환기간의 허여가 인정되지 않는다(제203조 제3항).

④ 계약해제의 효과로서의 원상회복의무를 규정한 민법 제548조 제1항 본문은 부당이득에 관한 특별 규정의 성격을 가진 것이라 할 것이어서, 그 이익 반환의 범위는 이익의 현존 여부나 선의, 악의에 불문하고 특단의 사유가 없는 한 받은 이익의 전부라고 할 것이다(대판 1998. 12. 23. 98다43175). 즉 해제시에는 선의의 점유자라도 과실을 취득할 수 없다.

⑤ 폭력·은비에 의한 점유자는 악의의 점유자와 마찬가지로 다루어지므로 과실취득권이 부인된다(제201조 제2항·제3항).

정답 ②

소유권

단원별 학습포인트

□ 상린관계는 양에 비하여 출제빈도가 높지 않지만 유사한 내용이 반복적으로 출제되므로 핵심사항을 위주로 정리해 두어야 하고, 점유취득시효는 사례문제로 출제되는 경우가 많으므로 법률관계를 정확하게 이해해 두어야 한다. 또, 공동소유에서는 주로 공유에 관한 내용, 특히 보존행위와 관리행위, 공유물분할을 집중적으로 정리하여야 한다.

제1절 | 소유권 서론

(1) 소유권의 의의

> **제211조【소유권의 내용】** 소유자는 법률의 범위 내에서 그 소유물을 사용, 수익, 처분할 권리가 있다.

소유권은 물건에 대한 포괄적인 지배권으로서 소유자가 법률의 범위 내에서 물건에 대한 자유로운 사용·수익·처분을 내용으로 하는 권리이다. 그 객체는 물건에 한정하며, 법률의 범위 내에서 인정되는 것이지 무제한 허용하는 것은 아니다.

(2) 소유권의 성질

① **관념성(觀念性)**: 소유권은 물건에 대한 현실적 지배와 결합되어 있지 않으며, 현실적 지배와는 분리되어 물건을 지배할 수 있는 관념적 물적 지배의 권능이다.

② **전면성(全面性)**: 소유권 이외의 물권은 목적물을 일면적으로 지배하는(용익물권은 사용가치의 측면을, 담보물권은 교환가치의 측면을 지배) 권리인 데 반하여, 소유권은 목적물을 전면적으로 지배하는 권리이다.

③ **혼일성(混一性)**: 소유권은 물건의 사용·수익·처분 등 모든 권능을 가지고 있는데, 소유권은 이러한 권능의 원천이며 이러한 권능을 하나로 통합한 지배권이다. 이것은 사용·수익·처분의 권능이 소유권의 내용을 이루는 대표적인 권능이라는 것이지 이에 한한다는 뜻은 아니다.

④ **탄력성(彈力性)**: 지상권이나 임차권 등 이용권이 설정된 물건의 소유권은 사용·수익권능의 범위에서 축소된다. 그러나 이러한 이용권이 소멸되면 소유권은 당연히 본래의 전면적인 지배권으로 복귀한다. 이것을 소유권의 탄력성이라고 한다.

⑤ **항구성(恒久性)**: 소유권은 일정한 존속기간을 정하여 성립시킬 수 없으며 소멸시효에 의하여 소멸하는 것도 아니다. 이것을 소유권의 항구성이라고 한다.

제2절 부동산소유권의 범위

1 토지소유권의 범위 제32회, 제34회

(1) 토지의 소유권은 정당한 이익이 있는 범위 내에서 토지의 상하에 미친다(제212조). 따라서 토지의 지표면뿐만 아니라 정당한 이익이 있는 범위 내에서 지상의 공간이나 지하에도 소유권의 효력이 미친다.

(2) **토지의 경계**

① 어떤 토지가 지적공부에 1필지의 토지로 등록되면 경계 등은 다른 특별한 사정이 없는 한 이 등록으로써 특정되고 그 소유권의 범위는 현실의 경계와 관계없이 공부상의 경계에 의하여 확정되는 것이다.

② 다만, 지적도를 작성함에 있어서 그 기점을 잘못 선택하는 등 기술적인 착오로 진실한 경계선과 다르게 작성되었기 때문에 경계와 지적이 실제의 것과 일치하지 않게 되었다면 그 토지의 경계는 실제의 경계에 의하여야 한다(대판 93다22845).

(3) **토지소유권의 범위에 속하는지 여부가 문제되는 경우**

① **지표면상의 자연석**: 지표면상의 자연석은 토지소유권의 범위에 속한다. 다만, 자연석을 조각하여 석불(石佛)로 만든 경우에 그 석불은 임야와는 독립한 소유권의 대상이 된다(대판 70다1494).

② **광물**: 지중의 광물 중에 광업권의 객체인 것이 있다. 그러한 광물에 대한 권리는 국가가 이를 부여할 권리를 가지며, 이에 대하여는 토지소유권의 효력이 미치지 않는다(「광업법」 제2조, 제3조).

③ **지하수**: 지하수는 원칙적으로 토지소유권의 범위에 속한다.

④ **온천수**: 근본적으로 온천수는 그것이 용출하는 토지의 구성부분으로서 독립한 물권의 객체는 아니며, 토지소유권의 범위에 속한다(대판 69다1239).

⑤ **동굴**: 지하에 형성되어 있는 동굴도 그 수직선 내에 속하는 부분은 토지소유권의 범위에 속한다.

2 상린관계 제32회, 제33회

(1) 의의와 적용범위

① **의의**: 인접하고 있는 부동산의 소유자 상호간에 이용을 조절하기 위하여 그들 사이의 권리관계를 규정한 것을 상린관계라고 한다. 상린관계로부터 발생하는 권리를 상린권이라 하며, 이는 독립한 물권이 아니고 소유권의 내용 자체이다. 서로 이웃하는 관계인 상린관계는 이웃에 의해서 소유권이 제한될 수도 있으며, 뒤집어서 본다면 각 소유자는 각자의 소유권의 행사를 그 범위 밖에까지 미치게 할 수도 있게 된다. 이러한 의미에서는 상린관계는 소유권의 확장과 제한으로서의 의미를 가진다. 이 목적을 위해 우리 「민법」에서는 제215조 이하에서 상린관계라고 불리는 규정들을 두고 있다.

② **적용범위**: 상린관계는 인접하는 토지 상호간의 이용을 조절하는 것이므로 그 규정은 지상권·전세권에 준용된다(제290조, 제319조). 부동산의 임대차에 관하여 명문의 규정은 없으나, 인지부동산과의 이용조절이 필요하므로 상린관계의 규정을 유추적용하는 것이 통설이다.

(2) 인지사용청구권

> **제216조【인지사용청구권】** ① 토지소유자는 경계나 그 근방에서 담 또는 건물을 축조하거나 수선하기 위하여 필요한 범위 내에서 이웃토지의 사용을 청구할 수 있다. 그러나 이웃사람의 승낙이 없으면 그 주거에 들어가지 못한다.
> ② 전항의 경우에 이웃사람이 손해를 받은 때에는 보상을 청구할 수 있다.

① 토지소유자가 경계나 그 근방에서 담·건물을 축조하거나 수선하려는 때에는 필요한 범위 내에서 이웃토지의 사용을 청구할 수 있다. 그러나 인접지의 주거에 들어가려면 이웃사람의 승낙이 있어야 한다(제216조 제1항).

② 이웃토지의 사용에 대하여 이웃사람의 승낙을 얻지 못하면 법원의 판결로써 승낙에 갈음할 수 있으나, 주거의 출입에 대하여는 이웃사람이 거절하면 판결로써 승낙에 갈음할 수 없다. 즉, 주거에 출입하기 위해서는 반드시 승낙을 얻어야 한다.

(3) 수도 등의 시설권

① 토지소유자는 타인의 토지를 통과하지 않으면 필요한 수도·전선 등을 시설할 수 없거나 과다한 비용을 요하는 경우에는 타인의 토지를 통과하여 이를 시설할 수 있다. 이와 같은 시설을 위하여 타인의 토지를 사용하는 경우에는 토지소유자에게 주는 손해가 가장 적은 장소와 방법을 선택하여 시설하여야 한다. 또한 이러한 공사로 인하여 시설 통과지의 소유자에게 손해를 준 경우에는 그의 청구에 따라 손해를 보상하여야 한다(제218조).

② 수도 등의 시설권은 법정의 요건을 갖추면 당연히 인정되는 것이고, 시설권에 근거하여 수도 등의 시설공사를 시행하기 위하여 따로 수도 등이 통과하는 토지소유자의 동의나 승낙을 받아야 하는 것이 아니다(대판 2015다247325).

(4) 주위토지통행권

제219조【주위토지통행권】① 어느 토지와 공로 사이에 그 토지의 용도에 필요한 통로가 없는 경우에 그 토지소유자는 주위의 토지를 통행 또는 통로로 하지 아니하면 공로에 출입할 수 없거나 과다한 비용을 요하는 때에는 그 주위의 토지를 통행할 수 있고 필요한 경우에는 통로를 개설할 수 있다. 그러나 이로 인한 손해가 가장 적은 장소와 방법을 선택하여야 한다.
② 전항의 통행권자는 통행지소유자의 손해를 보상하여야 한다.

제220조【분할, 일부양도와 주위통행권】① 분할로 인하여 공로에 통하지 못하는 토지가 있는 때에는 그 토지소유자는 공로에 출입하기 위하여 다른 분할자의 토지를 통행할 수 있다. 이 경우에는 보상의 의무가 없다.
② 전항의 규정은 토지소유자가 그 토지의 일부를 양도한 경우에 준용한다.

① 의의: 어느 토지와 공로 사이에 그 토지의 용도에 필요한 통로가 없는 경우에 그 토지소유자는 공로에 출입하기 위하여 이웃의 토지를 통행할 수 있고, 필요한 경우에는 통로를 개설할 수 있다.

㉠ 주위토지통행권이 인정된다고 하더라도 통로를 상시적으로 개방하여 제한 없이 이용할 수 있도록 하거나 피통행지소유자의 관리권이 배제되어야만 하는 것은 아니므로, 쌍방 토지의 용도 및 이용상황, 통행로 이용의 목적 등에 비추어 토지의 용도에 적합한 범위에서 통행시기나 횟수, 통행방법 등을 제한하여 인정할 수도 있다(대판 2016다39422).

㉡ 주위토지통행권자는 그 통로개설이나 유지비용을 부담하여야 한다(대판 2005다30993).

판례보기

주위토지통행권이 배타적인 권리인지 여부 – 부정

다른 사람의 토지에 대하여 상린관계로 인한 통행권을 가지는 사람은 그 통행권의 범위 내에서(가장 손해가 적은 장소와 방법을 가려) 그 토지를 사용할 수 있고, 토지소유자는 이를 수인할 의무가 있으나, 이 경우 통행지에 대한 소유자의 점유까지 배제되는 것은 아니므로, 통행권자가 통행지를 통행함에 그치지 아니하고 이를 배타적으로 점유하고 있다면, 통행지소유자는 통행권자에 대하여 그 인도를 청구할 수 있다(대판 93다25479).

② 요건

㉠ 주위토지통행권은 어느 토지와 공로 사이에 그 토지의 용도에 필요한 통로가 없는 경우에, 그 토지소유자가 주위의 토지를 통행 또는 통로로 하지 않으면 공로에 전혀 출입할 수 없는 경우뿐 아니라 과다한 비용을 요하는 때에도 인정될 수 있다(대판 94다43580).

ⓛ 공로에 통할 수 있는 공유토지를 두고 타인의 토지를 통행하는 것은 허용되지 않으며 설령 그 공유토지가 구분소유적 공유관계에 있더라도 마찬가지이다(대판 2021다245443·245450).

ⓐ 이미 그 소유토지의 용도에 필요한 통로가 있는 경우에는 이 통로를 사용하는 것보다 더 편리하다는 이유만으로 다른 장소로 통행할 권리를 인정할 수는 없다(대판 82다카102).

ⓑ 이미 기존의 통로가 있더라도 그것이 당해 토지의 이용에 부적합하여 실제로 통로로서의 충분한 기능을 하지 못하고 있는 경우에도 인정된다(대판 2002다53469).

ⓒ 명의신탁자에게는 주위토지통행권이 인정되지 아니한다(대판 2007다22767).

③ 인정범위

㉠ 현재 토지의 용법에 따른 이용의 범위에서 인정되는 것이지 더 나아가 장차의 이용상황까지 미리 대비하여 통행로를 정할 것은 아니다(대판 2004다10268).

㉡ 「건축법」에 건축과 관련하여 도로에 관한 폭 등의 제한규정이 있다 하더라도 그 반사적 이익으로서 「건축법」에서 정하는 도로의 폭이나 면적 등과 일치하는 주위토지통행권이 바로 생긴다고 할 수 없다(대판 91다32251).

㉢ 주위토지통행권은 주위토지 등의 현황이나 구체적 이용상황에 변동이 생긴 경우에는 「민법」 제219조의 입법 취지나 신의성실의 원칙 등에 비추어 구체적 상황에 맞게 통행로를 변경할 수 있다(대판 2004다10268).

㉣ 주위토지통행권자는 통행에 필요한 경우에는 통행지상에 통로를 개설할 수 있다(대판 2002다53469).

㉤ 포위된 토지가 공로에 접하게 된 경우에는 특단의 사정이 없는 한 종전의 주위토지통행권은 소멸한다(대판 97다47118).

㉥ 행정재산인 토지에 대하여도 주위토지통행권을 인정할 수 있다(대판 94다14193).

㉦ 주위토지통행권의 본래적 기능발휘를 위해서는 그 통행에 방해가 되는 담장과 같은 축조물도 위 통행권의 행사에 의하여 철거되어야 한다(대판 2005다70144).

④ 원칙 – 유상의 통행권(제219조)

㉠ 통행 또는 통로개설로 인하여 통행지소유자에게 손해를 주었을 때에 통행권자는 그 손해를 보상하여야 한다(제219조 제2항). 다만, 통행권자가 보상의무를 이행하지 않더라도 손해배상 책임의 문제가 생길 뿐이지 주위토지통행권 자체가 소멸하지는 않는다.

㉡ 주위의 토지통행권은 그 통행권자로 하여금 통행지소유자의 손해를 보상하도록 규정하고 있는 것이므로 통행권자의 허락을 얻어 사실상 통행하고 있는 자에게는 그 손해의 보상을 청구할 수 없다(대판 91다19623).

⑤ 예외 – 무상의 통행권

㉠ 토지의 분할 또는 일부양도로 공로에 통하지 못하는 경우에는 다른 분할자의 토지나 양도당사자의 토지를 통행할 수 있으며, 이때에는 보상의무를 지지 않는다(제220조).

ⓛ 분할 또는 토지의 일부양도로 인하여 공로에 통하지 못하는 토지가 생긴 경우에 그 포위된 토지를 위한 통행권은 분할 또는 일부양도 전의 종전 토지에만 있고 그 경우 통행에 대한 보상의 의무가 없다고 하는 「민법」 제220조의 규정은 직접분할자 또는 일부양도의 당사자 사이에만 적용되고 포위된 토지 또는 피통행지의 특정승계인에게는 적용되지 않는다(대판 96다34333). 따라서 특정승계된 경우에는 다시 일반원칙으로 돌아가 범위를 정하고 보상의무를 부담한다.

(5) 물에 관한 상린관계

① 자연적 배수

> **제221조【자연유수의 승수의무와 권리】** ① 토지소유자는 이웃토지로부터 자연히 흘러오는 물을 막지 못한다.
> ② 고지소유자는 이웃저지에 자연히 흘러내리는 이웃저지에서 필요한 물을 자기의 정당한 사용범위를 넘어서 이를 막지 못한다.
> **제222조【소통공사권】** 흐르는 물이 저지에서 폐색된 때에는 고지소유자는 자비로 소통에 필요한 공사를 할 수 있다.

자연유수의 승수의무란 토지소유자는 다만 소극적으로 이웃 토지로부터 자연히 흘러오는 물을 막지 못한다는 것 뿐이지 적극적으로 그 자연유수의 소통을 유지할 의무까지 토지소유자로 하여금 부담케 하려는 것은 아니다(대판 77다1588).

② 인공적 배수

> **제223조【저수, 배수, 인수를 위한 공작물에 대한 공사청구권】** 토지소유자가 저수, 배수 또는 인수하기 위하여 공작물을 설치한 경우에 공작물의 파손 또는 폐색(閉塞)으로 타인의 토지에 손해를 가하거나 가할 염려가 있는 때에는 타인은 그 공작물의 보수, 폐색의 소통 또는 예방에 필요한 청구를 할 수 있다.
> **제224조【관습에 의한 비용부담】** 전 2조의 경우에 비용부담에 관한 관습이 있으면 그 관습에 의한다.
> **제225조【처마물에 대한 시설의무】** 토지소유자는 처마물이 이웃에 직접 낙하하지 아니하도록 적당한 시설을 하여야 한다.
> **제226조【여수소통권】** ① 고지소유자는 침수지를 건조하기 위하여 또는 가용이나 농, 공업용의 여수를 소통하기 위하여 공로, 공류 또는 하수도에 달하기까지 저지에 물을 통과하게 할 수 있다.
> ② 전항의 경우에는 저지의 손해가 가장 적은 장소와 방법을 선택하여야 하며, 손해를 보상하여야 한다.
> **제227조【유수용 공작물의 사용권】** ① 토지소유자는 그 소유지의 물을 소통하기 위하여 이웃토지소유자의 시설한 공작물을 사용할 수 있다.
> ② 전항의 공작물을 사용하는 자는 그 이익을 받는 비율로 공작물의 설치와 보존의 비용을 분담하여야 한다.

③ 여수급여청구권

> **제228조【여수급여청구권】** 토지소유자는 과다한 비용이나 노력을 요하지 아니하고는 가용이나 토지
> 이용에 필요한 물을 얻기 곤란한 때에는 이웃토지소유자에게 보상하고 여수의 급여를 청구할 수
> 있다.

④ 유수이용권

　㉠ 수류지(水流地)가 개인소유인 경우

> **제229조【수류의 변경】** ① 구거 기타 수류지의 소유자는 대안의 토지가 타인의 소유인 때에는
> 그 수로나 수류의 폭을 변경하지 못한다.
> ② 양안의 토지가 수류지소유자의 소유인 때에는 소유자는 수로와 수류의 폭을 변경할 수 있다.
> 그러나 하류는 자연의 수로와 일치하도록 하여야 한다.
> ③ 전 2항의 규정은 다른 관습이 있으면 그 관습에 의한다.
>
> **제230조【언의 설치, 이용권】** ① 수류지의 소유자가 언을 설치할 필요가 있는 때에는 그 언을
> 대안에 접촉하게 할 수 있다. 그러나 이로 인한 손해를 보상하여야 한다.
> ② 대안의 소유자는 수류지의 일부가 자기소유인 때에는 그 언을 사용할 수 있다. 그러나 그
> 이익을 받는 비율로 언의 설치, 보존의 비용을 분담하여야 한다.

　㉡ 수류지가 공유하천인 경우

> **제231조【공유하천용수권】** ① 공유하천의 연안에서 농, 공업을 경영하는 자는 이에 이용하기 위하
> 여 타인의 용수를 방해하지 아니하는 범위 내에서 필요한 인수를 할 수 있다.
> ② 전항의 인수를 하기 위하여 필요한 공작물을 설치할 수 있다.
>
> **제232조【하류 연안의 용수권 보호】** 전조의 인수나 공작물로 인하여 하류 연안의 용수권을 방해하
> 는 때에는 그 용수권자는 방해의 제거 및 손해의 배상을 청구할 수 있다.
>
> **제233조【용수권의 승계】** 농, 공업의 경영에 이용하는 수로 기타 공작물의 소유자나 몽리자의
> 특별승계인은 그 용수에 관한 전 소유자나 몽리자의 권리의무를 승계한다.
>
> **제234조【용수권에 관한 다른 관습】** 전 3조의 규정은 다른 관습이 있으면 그 관습에 의한다.

(6) 경계에 관한 상린관계

① 경계표 및 담의 설치

> **제237조【경계표, 담의 설치권】** ① 인접하여 토지를 소유한 자는 공동비용으로 통상의 경계표나 담을
> 설치할 수 있다.
> ② 전항의 비용은 쌍방이 절반하여 부담한다. 그러나 측량비용은 토지의 면적에 비례하여 부담한다.
> ③ 전 2항의 규정은 다른 관습이 있으면 그 관습에 의한다.

제238조 【담의 특수시설권】 인지소유자는 자기의 비용으로 담의 재료를 통상보다 양호한 것으로 할 수 있으며 그 높이를 통상보다 높게 할 수 있고 또는 방화벽 기타 특수시설을 할 수 있다.

제239조 【경계표 등의 공유추정】 경계에 설치된 경계표, 담, 구거(溝渠) 등은 상린자의 공유로 추정한 다. 그러나 경계표, 담, 구거 등이 상린자 일방의 단독비용으로 설치되었거나 담이 건물의 일부인 경우에는 그러하지 아니하다.

㉠ 경계표나 담의 설치비용은 쌍방이 절반하여 부담하나 측량비용은 토지의 면적에 비례하여 부담한다. 비용부담에 관한 관습이 있으면 관습에 의한다.

㉡ 경계에 설치된 경계·담·구거 등은 상린자의 공유로 추정한다. 다만, 언제나 그러한 것은 아니며 경계·담 등이 건물의 일부가 되는 경우도 있으므로 이러한 경우에는 건물소유자의 소유에 속하게 된다.

② 수지·목근의 제거권

제240조 【수지, 목근의 제거권】 ① 인접지의 수목가지가 경계를 넘은 때에는 그 소유자에 대하여 가지의 제거를 청구할 수 있다.
② 전항의 청구에 응하지 아니한 때에는 청구자가 그 가지를 제거할 수 있다.
③ 인접지의 수목뿌리가 경계를 넘은 때에는 임의로 제거할 수 있다.

인접지의 수목뿌리가 경계를 넘은 경우에는 임의로 제거할 수 있으나, 수목가지가 경계를 넘은 때에는 가지의 제거를 청구하고, 이에 응하지 않은 경우에 제거할 수 있다.

(7) 공작물 설치에 관한 상린관계

① 토지의 심굴에 관한 상린관계

제241조 【토지의 심굴금지】 토지소유자는 인접지의 지반이 붕괴할 정도로 자기의 토지를 심굴하지 못한다. 그러나 충분한 방어공사를 한 때에는 그러하지 아니하다.

② 경계선 부근의 공작물 설치에 관한 상린관계

제242조 【경계선 부근의 건축】 ① 건물을 축조함에는 특별한 관습이 없으면 경계로부터 반미터 이상의 거리를 두어야 한다.
② 인접지소유자는 전항의 규정에 위반한 자에 대하여 건물의 변경이나 철거를 청구할 수 있다. 그러나 건축에 착수한 후 1년을 경과하거나 건물이 완성된 후에는 손해배상만을 청구할 수 있다.

건물을 축조함에는 특별한 관습이 없으면 경계로부터 반미터 이상의 거리를 두어야 하고, 이를 위반한 자에 대하여 건물의 변경이나 철거를 청구할 수 있다. 그러나 건축에 착수한 후 1년을 경과하거나 건물이 완성된 후에는 손해배상만을 청구할 수 있다.

③ 차면시설 설치의무

> **제243조 【차면시설의무】** 경계로부터 2미터 이내의 거리에서 이웃주택의 내부를 관망할 수 있는 창이나 마루를 설치하는 경우에는 적당한 차면시설을 하여야 한다.

④ 지하시설 등에 대한 제한

> **제244조 【지하시설 등에 대한 제한】** ① 우물을 파거나 용수, 하수 또는 오물 등을 저치할 지하시설을 하는 때에는 경계로부터 2미터 이상의 거리를 두어야 하며 저수지, 구거 또는 지하실공사에는 경계로부터 그 깊이의 반 이상의 거리를 두어야 한다.
> ② 전항의 공사를 함에는 토사가 붕괴하거나 하수 또는 오액(汚液)이 이웃에 흐르지 아니하도록 적당한 조처를 하여야 한다.

판례보기

제242조와 제244조 규정의 성격 – 임의규정

지하시설을 하는 경우에 있어서 경계로부터 두어야 할 거리에 관한 사항 등을 규정한 「민법」 제244조는 강행규정이라고는 볼 수 없으므로 이와 다른 내용의 당사자 간의 특약을 무효라고 할 수 없다(대판 80다1634).

제3절 소유권의 취득

1 소유권의 취득원인

(1) 소유권의 취득원인으로서 가장 중요한 것은 법률행위이다. 그러나 법률의 규정에 의해서도 소유권은 취득된다. 법률행위에 의한 부동산소유권의 취득에 관하여는 제186조의 '물권변동의 원칙'이 그대로 적용되며, 법률의 규정에 의한 부동산소유권의 취득인 상속·판결·경매·토지수용 등에 대하여는 제187조가 적용된다.

(2) 이와 같은 물권변동의 원칙에 의한 소유권의 취득과는 별도로 제245조 내지 제261조에서는 취득시효·선의취득·무주물선점·습득·발견·부합·혼화·가공 등 소유권의 특수한 취득원인에 대하여 규정하고 있다. 이 가운데 취득시효와 부합(附合)은 부동산과 동산의 소유권의 취득과 관련되고, 나머지는 모두 동산소유권의 취득원인들이다.

2 취득시효 제30회, 제31회, 제32회, 제33회, 제34회

1. 서설

(1) 의의

취득시효란 물건 또는 권리를 점유하는 사실상태가 일정한 기간 계속되는 경우에 그것이 진실한 권리관계와 일치하는가의 여부를 묻지 않고 권리취득의 효과가 생기는 것으로 하는 제도이다.

(2) 취득시효가 인정되는 권리

취득시효가 인정되는 권리	① 소유권, 지상권, 질권, 전세권(다수설) ② 계속되고 표현된 지역권 ③ 광업권, 어업권, 지식재산권 ④ 분묘기지권
취득시효가 인정되지 않는 권리	① 재산권이 아닌 권리[신분상의 권리(부양청구권)] ② 점유를 수반하지 않는 권리(저당권) ③ 1회적 행사로 소멸하는 형성권(취소권, 해제권) ④ 법률규정에 의하여 취득하는 권리(점유권, 유치권) ⑤ 불계속·비표현의 지역권

2. 점유취득시효

> **제245조【점유로 인한 부동산소유권의 취득기간】** ① 20년간 소유의 의사로 평온, 공연하게 부동산을 점유하는 자는 등기함으로써 그 소유권을 취득한다.

(1) 점유취득시효의 주체

① 권리의 주체가 되는 자는 시효취득을 할 수 있다. 따라서 자연인은 물론 법인도 시효취득할 수 있다(대판 76다2705, 2706). 따라서 국가나 지방자치단체도 취득시효의 주체가 될 수 있다.

② 유의할 점은 문중 또는 종중과 같이 법인 아닌 사단 또는 재단에 있어서도 취득시효완성으로 인한 소유권을 취득할 수 있다는 점이다(대판 69다2013).

(2) 점유취득시효의 대상

① **자기소유의 부동산(인정)**: 시효취득의 목적물은 타인의 부동산임을 요하지 않고 자기소유의 부동산이라도 시효취득의 목적물이 될 수 있다(대판 2001다17572).

　　㉠ 다만 부동산에 관하여 적법·유효한 등기를 마치고 소유권을 취득한 사람이 자기 소유의 부동산을 점유하는 경우에는 특별한 사정이 없는 한 사실상태를 권리관계로 높여 보호할 필요가 없고, 그러한 점유는 취득시효의 기초가 되는 점유라고 할 수 없다(대판 2016다224596).

　　㉡ 성명불상자의 소유물에 대하여 시효취득을 인정할 수 있다(대판 91다9312).

② **토지의 일부(인정)**: 1필의 토지의 일부에 대한 시효취득을 인정하기 위하여는 그 부분이 다른 부분과 구분되어 시효취득자의 점유에 속한다는 것을 인식하기에 족한 객관적인 징표가 계속하여 존재할 것을 요한다(대판 93다5581).

③ **국유재산**: 국유의 일반(잡종)재산은 시효취득할 수 있으나, 행정재산은 공용이 폐지되지 아니하는 한 사법상 거래의 대상이 될 수 없어 시효취득의 대상이 아니다(대판 94다42655). 따라서 원래는 일반(잡종)재산이던 것이 행정재산으로 된 경우 일반(잡종)재산일 당시에 취득시효가 완성되었다고 하더라도 행정재산으로 된 이상 이를 원인으로 하는 소유권이전등기를 청구할 수 없다(대판 96다10782).

④ **공유지분**: 토지의 공유지분에 대한 취득시효도 인정된다(대판 74다1877).

(3) 점유취득시효의 요건

① **평온·공연한 자주점유**

　　㉠ 소유의 의사로 평온·공연하게 점유하였어야 한다. 선의·무과실은 요구되지 않는다. 판례는 점유가 불법이라고 주장하는 자로부터 이의를 받은 사실이 있거나 점유물의 소유권을 둘러싸고 당사자 사이에 분쟁이 있었다 하더라도 그러한 사실만으로 곧 점유의 평온·공연성이 상실된다고 할 수는 없다고 한다(대판 전합 81사9).

ⓛ 자주점유여야 한다. 자주점유의 여부는 객관적으로 결정하나, 점유권원에 의하여 자주점유인지 타주점유인지 판명되지 아니할 때에는 자주점유로 추정되므로 취득시효를 주장하는 자가 스스로 자주점유임을 입증하지 않아도 된다.

② 20년간 점유의 계속

㉠ 평온·공연·점유의 계속도 추정된다. 따라서 취득시효를 주장하는 자는 20년간 점유한 사실만 입증하면 된다. 점유는 간접점유라도 상관없다(대판 97다49053). 예를 들어 토지를 임대하여 주고 임차인을 통하여 간접점유를 한 경우에도 시효취득할 수 있다.

> **보충** 점유취득시효의 중단사유는 종래의 점유상태의 계속을 파괴하는 것으로 인정될 수 있는 사유이어야 하므로 부동산에 압류 또는 가압류 조치가 이루어진 것은 취득시효의 중단사유가 될 수 없다.

㉡ 20년의 점유기간의 기산점

ⓐ 판례는 원칙적으로 취득시효의 기산점은 시효의 기초가 되는 점유가 시작된 때를 기산점으로 하여야 하고 그 시효이익을 받으려는 자는 자기 마음대로의 적당한 시기를 선택하여 시효의 기산점으로 선택할 수 없다고 판시한다(대판 71다1446).

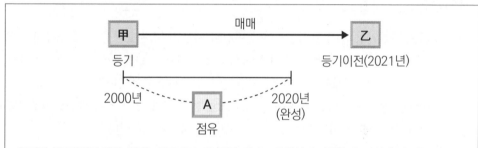

> □ 만일 등기명의인 변경이 있는 경우에도 기산점을 임의로 선택하여 역산할 수 있다면 위 사례에서 A는 완성 이후의 등기명의인이 생기는 것을 피하기 위하여 2002년을 기산점으로 잡아 2022년에 乙에게 등기를 청구하게 되는 부당한 모습이 발생될 것이다.

ⓑ 다만, 취득시효기간 중 계속해서 등기명의자가 동일한 경우에는 그 기산점을 어디에 두든지 간에 취득시효의 완성을 주장할 수 있는 시점에서 보아 그 기간이 경과한 사실만 확정되면 충분하다(대판 97다8496, 8502).

③ 등기

㉠ 등기청구권의 성질

ⓐ 취득시효완성을 원인으로 점유자가 소유자에 대하여 가지는 소유권이전등기청구권은 채권적 청구권으로서의 성질을 갖는다(대판 95다24241). 이때 그 상대방은 완성 당시의 소유자이며 무효등기명의인은 소유자가 아니므로 상대방이 될 수 없다.

ⓑ 취득시효완성을 원인으로 한 소유권이전등기청구권에 대하여는 점유자가 그 점유를 계속하는 동안 소멸시효가 진행되지 않는다.

ⓒ 점유는 직접점유뿐 아니라 간접점유의 경우에도 마찬가지이다(대판 94다28468).

ⓓ 점유자가 점유를 상실하더라도 등기청구권이 바로 소멸하는 것은 아니지만 그때로부터 10년의 소멸시효가 진행한다(대판 95다34866, 34873).

ⓛ 취득시효완성 전에 등기명의인이 변경된 경우: 취득시효기간 만료 전에 등기명의를 넘겨받은 시효완성 당시의 등기명의자에 대하여 등기를 청구할 수 있다.

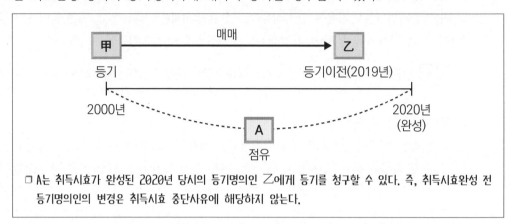

□ A는 취득시효가 완성된 2020년 당시의 등기명의인 乙에게 등기를 청구할 수 있다. 즉, 취득시효완성 전 등기명의인의 변경은 취득시효 중단사유에 해당하지 않는다.

ⓒ 취득시효완성 후에 등기명의인이 변경된 경우: 취득시효완성 후에 소유자가 목적물을 제3자에게 처분한 경우에는 양수인을 상대로 취득시효를 원인으로 하여 소유권이전등기를 청구할 수 없다. 이는 제3자의 이전등기원인이 취득시효완성 전에 있었더라도 마찬가지이다(대판 97다45402). 즉, 다음 사례에서 시효완성 전에 甲과 乙이 매매계약을 체결하였고, 그 등기는 시효완성 후에 이전되었어도 A는 乙에게 대항할 수 없다.

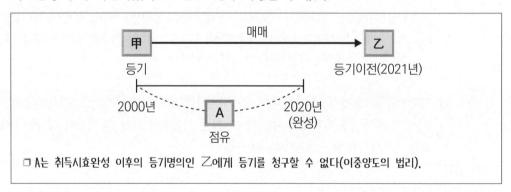

□ A는 취득시효완성 이후의 등기명의인 乙에게 등기를 청구할 수 없다(이중양도의 법리).

ⓐ 다만, 등기명의인이 변경된 2021년을 새로운 기산점으로 삼을 수 있다는 것이 판례의 입장이다(대판 93다46360). 이때 새로이 2차 점유취득시효가 개시되어 그 취득시효기간이 경과하기 전에 등기부상 소유명의자가 변경된 경우에도 그 취득시효완성 당시의 등기부상 소유명의자에게 시효취득을 주장할 수 있다(대판 전합 2007다15172, 15189).

ⓑ 시효취득을 주장하는 권리자가 취득시효를 원인으로 등기를 청구하였으나 소유자가 부동 산을 제3자에게 등기를 넘겨주었다면 이는 불법행위에 해당하며, 나아가 부동산을 취득 한 제3자가 소유자의 그러한 불법행위에 적극 가담하였다면 사회질서에 반하는 행위로써 무효가 된다(대판 92다47892).

ⓒ 이러한 경우에도 甲과 A 사이에는 계약상의 채권·채무관계가 없으므로 채무불이행책임 은 문제되지 않는다.

ⓓ 다만 등기명의인이 그 부동산의 취득시효완성 사실을 알고 그 부동산을 제3자에게 처분 하였다면 불법행위 손해배상책임이 있다.

☐ 취득시효완성 사실을 알면서 처분한 경우에는 불법행위로 인한 손해배상청구가 가능하다.

ⓓ 甲이 乙에게 등기를 이전해 준 경우 A가 乙에게 대항할 수 없다고 해서 A가 甲에게 가지 는 등기청구권이 소멸하는 것은 아니다. 따라서 어떤 사유로 소유권이 甲에게 복귀되면 A는 甲에게 등기를 청구할 수 있다.

ⓔ 취득시효가 완성된 토지가 수용됨으로써 취득시효완성을 원인으로 하는 소유권이전등기 의무가 이행불능이 된 경우에는, 그 소유권이전등기청구권자는 소위 대상청구권의 행사로 서 그 토지의 소유자가 그 토지의 대가로서 지급받은 수용보상금의 반환을 청구할 수 있다 고 볼 수 있는데, 이러한 대상청구권이 인정되기 위해서는 이행불능 전에 등기명의자에 대하여 점유로 인한 부동산소유권 취득기간이 만료되었음을 이유로 그 권리를 주장하였거 나 그 취득기간만료를 원인으로 한 등기청구권을 행사하였어야 한다(대판 94다43825).

☐ 불능(수용) 전에 등기를 청구하였다면 대상청구권 행사가 가능하다.

심화학습 | 시효완성자의 등기청구 가능 여부

앞에서 본 바와 같이 취득시효기간이 만료된 후에 등기명의인이 변경되었다면 취득시효를 완성한 자는 그에게 대항할 수 없다. 그러나 등기명의인이 변경되었더라도 실제로 처분권자가 달라진 것은 아니라면 취득시효완성자는 대항할 수 있을 것이다. 이와 관련된 판례는 다음과 같다.

1. 취득시효완성 후 미등기 부동산에 소유권보존등기가 된 경우
점유로 인한 소유권 취득시효완성 당시 미등기로 남아 있던 토지에 관하여 소유권을 가지고 있던 자가 취득시효 완성 후에 그 명의로 소유권보존등기를 마쳤다 하더라도 이는 소유권의 변경에 관한 등기가 아니므로 그러한 자를 그 취득시효완성 후의 새로운 이해관계인으로 볼 수 없고, 또 그 미등기 토지에 대하여 소유자의 상속인 명의로 소유권보존등기를 마친 것도 시효취득에 영향을 미치는 소유자의 변경에 해당하지 않으므로, 이러한 경우에는 그 등기명의인에게 취득시효완성을 주장할 수 있다(대판 2006다84423).

2. 취득시효완성 후 부동산이 명의신탁된 경우
제3자가 취득시효기간만료 당시의 등기명의인으로부터 신탁 또는 명의신탁받은 경우라면 종전 등기명의인으 로서는 언제든지 이를 해지하고 소유권이전등기를 청구할 수 있고, 점유시효취득자로서는 종전 등기명의인을 대위하여 이러한 권리를 행사할 수 있으므로, 그러한 제3자가 소유자로의 권리를 행사하는 경우 점유자로서는 취득시효완성을 이유로 이를 저지할 수 있다(대판 95다24586).

3. 취득시효완성 후 명의신탁이 해지된 경우

명의신탁된 부동산에 대하여 점유취득시효가 완성된 후 시효취득자가 그 소유권이전등기를 경료하기 전에 명의신탁이 해지되어 그 등기명의가 명의수탁자로부터 명의신탁자에게로 이전된 경우에는, 그 명의신탁자는 취득시효완성 후에 소유권을 취득한 자에 해당하여 그에 대하여 취득시효를 주장할 수 없다(대판 2000다8861).

4. 취득시효완성 후 이전등기 전에 등기명의인이 파산한 경우

파산선고 전에 부동산에 대한 점유취득시효가 완성되었으나 파산선고시까지 이를 원인으로 한 소유권이전등기를 마치지 아니한 자는, 제3자의 지위에 있는 파산관재인이 선임된 이상, 파산관재인을 상대로 파산선고 전의 점유취득시효완성을 원인으로 한 소유권이전등기절차의 이행을 청구할 수 없다(대판 2006다32187).

5. 원인무효등기 당시에 시효를 완성하였으나 무효의 등기명의인이 실체관계에 부합시킨 경우

소유권이전등기가 경료된 당시에는 실체관계와 부합하지 아니하여 무효의 등기였다가 취득시효완성 후에 적법한 권리자로부터 권리를 양수하여 실체관계에 부합하게 된 것이라면, 그 등기명의자는 취득시효완성 후에 소유권을 취득한 자에 해당하므로 그에 대하여 취득시효완성을 주장할 수 없다(대판 91다43329).

3. 취득시효의 효과

(1) 등기 전의 효과

① 취득시효의 기간이 만료된 경우 등기를 이전하지 않았다면 아직 소유권을 취득한 것이 아니지만 점유할 정당한 권리가 생겼으므로 등기명의인은 완성자에게 소유물반환청구권을 행사할 수 없고, 부당이득반환청구권도 행사할 수 없다.

판례보기

등기명의인은 취득시효완성자에게 소유물반환청구 및 부당이득반환청구를 할 수 없다는 사례

1. 乙이 甲소유의 대지를 소유의 의사로 평온·공연하게 20년간 점유하였다면 乙은 甲에게 소유권이전등기절차의 이행을 청구할 수 있고 甲은 이에 응할 의무가 있으므로 乙이 위 대지에 관하여 소유권이전등기를 경료하지 못한 상태에 있다고 해서 甲이 乙에 대하여 그 대지에 대한 불법점유임을 이유로 그 지상건물의 철거와 대지의 인도를 청구할 수는 없다(대판 87다카1979).

2. 부동산에 대한 취득시효가 완성되면 점유자는 소유명의자에 대하여 취득시효완성을 원인으로 한 소유권이전등기절차의 이행을 청구할 수 있고 소유명의자는 이에 응할 의무가 있으므로 점유자가 그 명의로 소유권이전등기를 경료하지 아니하여 아직 소유권을 취득하지 못하였다고 하더라도 소유명의자는 점유자에 대하여 점유로 인한 부당이득반환청구를 할 수 없다(대판 92다51280).

---

② 점유한 자는 등기를 함으로써 비로소 그 소유권을 취득하는 것이므로, 원 소유자가 취득시효완성 사실을 알고 점유자의 권리취득을 방해하려고 하는 등의 특별한 사정이 없는 한, 원 소유자는 점유자 명의로 소유권이전등기가 경료되기까지는 소유자로서 그 토지에 관한 적법한 권리를 행사할 수 있다.

  ㉠ 취득시효완성 사실을 모르고 있던 원 소유자가 그 대지부분에 건물을 신축한 후에 취득시효
    완성을 원인으로 한 소유권이전등기를 경료한 경우, 점유자는 원 소유자에 대하여 그 신축건
    물의 철거를 구할 수 없다(대판 97다53632).
  ㉡ 다만, 시효완성 후에 토지소유자가 멋대로 설치한 담장 등은 점유권에 기한 방해배제청구로
    써 등기 전에도 그 철거를 구할 수 있다(대판 2004다23899, 23905).
③ **취득시효를 완성한 자로부터 양수한 자의 등기청구방법**: 전 점유자의 점유를 승계한 자는 그 점유
  자체와 하자만을 승계하는 것이지 그 점유로 인한 법률효과까지 승계하는 것은 아니므로 부동산
  을 취득시효기간 만료 당시의 점유자로부터 양수하여 점유를 승계한 현 점유자는 자신의 전
  점유자에 대한 소유권이전등기청구권을 보전하기 위하여 전 점유자의 소유자에 대한 소유권이
  전등기청구권을 대위행사할 수 있을 뿐, 전 점유자의 취득시효완성의 효과를 주장하여 직접
  자기에게 소유권이전등기를 청구할 권원은 없다(대판 93다47745).
④ **취득시효이익의 포기**
  ㉠ 「민법」은 별도의 규정을 두고 있지 않으나 학설과 판례는 소멸시효이익 포기의 규정을 유추
    적용하여 시효기간 만료 후에 스스로 시효이익을 포기할 수 있다고 본다.
  ㉡ 시효이익의 포기는 특별한 사정이 없는 한 시효취득자가 취득시효완성 당시의 진정한 소유
    자에 대하여 하여야 그 효력이 발생하는 것이지 원인무효인 등기의 등기부상 소유명의자에
    게 그와 같은 의사를 표시하였다고 하여 그 효력이 발생하는 것은 아니다(대판 2011다23200).

판례보기

매수제의를 시효이익의 포기로 볼 수 있는지 여부(소극)

점유자가 취득시효기간이 경과한 후에 상대방에게 토지의 매수제의를 한 일이 있다 하더라도 일반적으로 점유자
는 취득시효가 완성한 후에도 소유권자와의 분쟁을 간편히 해결하기 위하여 매수를 시도하는 사례가 허다함에
비추어 이와 같은 매수제의를 하였다는 사실을 가지고 점유자가 시효의 이익을 포기한다는 의사표시로 보거나
악의의 점유로 간주된다고 할 수 없다(대판 85다카771).

---

(2) 등기 후의 효과

① 취득시효로 인한 권리의 취득은 원시취득이다(통설). 따라서 기존의 제한적 권리는 원칙적으로
  모두 소멸하게 된다. 그러나 시효완성 후 그에 따른 소유권이전등기를 하기 전에 설정된 제한물
  권은 소멸하지 않는다.
② 따라서 취득시효완성 후 등기 전에 원소유자가 시효완성 된 토지에 저당권을 설정하였고 등기를
  마친 시효취득자가 피담보채무를 변제한 경우, 이는 그 자신의 이익을 위한 행위라 할 것이므로
  원소유자에게 부당이득반환을 청구할 수 없다(대판 2005다75910).
③ 취득시효로 인한 소유권 취득의 효력은 점유를 개시한 때로 소급한다(제247조 제1항). 따라서 취득시효
  기간 동안에 취득한 이익은 정당한 권원에 의한 것이므로 원 소유자에게 상환할 필요가 없다.

4. 등기부 취득시효

> **제245조 【점유로 인한 부동산소유권의 취득기간】** ② 부동산의 소유자로 등기한 자가 10년간 소유의 의사로 평온, 공연하게 선의이며 과실 없이 그 부동산을 점유한 때에는 소유권을 취득한다.

(1) 10년의 등기 및 점유

① 등기부 취득시효의 요건으로서의 소유자로 등기한 자란 적법·유효한 등기를 마친 자일 필요는 없고 무효의 등기를 마친 자라도 상관없다(대판 96다48527). 원래 적법·유효한 등기는 취득시효를 주장할 필요가 없으므로 당연한 판시이다. 다만, 무효인 이중보존등기나 이에 터 잡은 이전등기를 가지고는 등기부 취득시효를 주장할 수 없다.

판례보기

무효인 중복등기를 근거로 등기부 취득시효완성을 주장할 수 있는지 여부(소극)

「민법」 제245조 제2항은 부동산의 소유자로 등기한 자가 10년간 소유의 의사로 평온·공연하게 선의이며 과실 없이 그 부동산을 점유한 때에는 소유권을 취득한다고 규정하고 있는바, 위 조항의 '등기'는 1부동산 1기록주의에 위배되지 아니한 등기를 말하므로, 어느 부동산에 관하여 등기명의인을 달리하여 소유권보존등기가 2중으로 경료된 경우 먼저 이루어진 소유권보존등기가 원인무효가 아니어서 뒤에 된 소유권보존등기가 무효로 되는 때에는, 뒤에 된 소유권보존등기나 이에 터 잡은 소유권이전등기를 근거로 하여서는 등기부 취득시효의 완성을 주장할 수 없다(대판 전합 96다12511).

---

② **등기의 승계문제:** 등기와 점유기간은 10년이어야 한다. 여기서 문제는 점유와 마찬가지로 등기의 승계가 인정되는가 하는 점이다. 판례는 등기의 승계를 인정하고 있다. 따라서 등기부 취득시효에 의하여 소유권을 취득하는 자는 10년간 반드시 그의 명의로 등기되어 있어야 하는 것은 아니고 앞 사람의 등기까지 아울러 그 기간 동안 부동산의 소유자로 등기되어 있으면 된다고 할 것이다(대판 전합 87다카2176).

③ **상속인의 등기부 취득시효문제:** 상속인이 상속등기를 갖추지 않은 상태에서 등기부 취득시효를 할 수 있는지의 문제이다. 판례는 이를 인정하고 있다.

판례보기

상속등기를 경료하지 않은 상속인이 등기부 취득시효를 주장할 수 있는지 여부(적극)

부동산에 관하여 피상속인 명의로 소유권이전등기가 10년 이상 경료되어 있는 이상 상속인은 부동산등기부 시효취득의 요건인 '부동산의 소유자로 등기한 자'에 해당한다고 할 것이어서, 이 경우 피상속인과 상속인의 점유기간을 합산하여 10년을 넘을 때에 등기부 취득시효기간이 완성된다 할 것이다(대판 89다카6140).

---

④ 등기는 물권의 효력발생요건이고 효력존속요건이 아니므로 등기부 취득시효가 완성된 후에 그 부동산에 관한 점유자 명의의 등기가 말소되거나 적법한 원인 없이 다른 사람 앞으로 소유권이 전등기가 경료되었다 하더라도, 그 점유자는 등기부 취득시효의 완성에 의하여 취득한 소유권을 상실하는 것은 아니다(대판 98다20110).

(2) 평온·공연·선의·무과실의 자주점유

① 점유자의 평온·공연·선의·자주점유는 추정되지만(제197조 제1항), 무과실은 추정되지 않으므로 시효취득을 주장하는 자가 무과실을 입증하여야 한다(대판 83다카531). 또한 선의·무과실은 등기에 관한 것이 아니고 점유취득에 관한 것을 의미한다(대판 96다48527).

② 선의·무과실은 시효기간 내내 계속되어야 하는 것은 아니고 점유를 개시한 때를 기준으로 한다.

판례보기

부동산의 등기부 시효취득에 있어서 점유에 과실이 없다는 것의 의미

부동산의 등기부 시효취득을 인정함에 있어서 점유에 과실이 없다고 함은 그 점유의 개시시에 과실이 없으면 된다는 취지이므로 과실 없이 점유를 시작한 이후에 이 사건 부동산의 소유권에 관한 분쟁이 있다는 것을 알았다고 하더라도 그로 인하여 피고의 점유가 과실이 있는 것으로 전환되는 것이 아니다(대판 93다21132).

---

5. 동산소유권의 취득시효

제246조 【점유로 인한 동산소유권의 취득기간】 ① 10년간 소유의 의사로 평온, 공연하게 동산을 점유한 자는 그 소유권을 취득한다.
② 전항의 점유가 선의이며 과실 없이 개시된 경우에는 5년을 경과함으로써 그 소유권을 취득한다.

동산의 경우에는 부동산이 20년의 점유를 요구하는 데 비하여 10년간 소유의 의사로 평온·공연하게 동산을 점유하면 소유권을 취득한다. 또한 점유개시시에 선의·무과실이었다면 그 기간은 5년으로 단축된다.

3 무주물선점, 유실물 습득, 매장물 발견

(1) 무주물선점

제252조 【무주물의 귀속】 ① 무주의 동산을 소유의 의사로 점유한 자는 그 소유권을 취득한다.
② 무주의 부동산은 국유로 한다.
③ 야생하는 동물은 무주물로 하고 사양하는 야생동물도 다시 야생상태로 돌아가면 무주물로 한다.

① 무주물이란 현재 소유자가 없는 물건을 말한다. 무주물선점의 대상은 동산에 한하며 무주의 부동산은 국유로 한다.

② 소유의 의사로 점유하여야 한다.

(2) 유실물 습득

> **제253조 【유실물의 소유권 취득】** 유실물은 법률에 정한 바에 의하여 공고한 후 6개월 내에 그 소유자가 권리를 주장하지 아니하면 습득자가 그 소유권을 취득한다.

① 유실물이란 점유자의 의사에 의하지 않고서 그의 지배를 벗어난 물건을 말한다.

② 소유의 의사는 요구되지 않으며, 「유실물법」에 의하여 공고한 후 6개월 내에 소유자가 권리를 주장하지 않으면 습득자가 소유권을 취득한다. 다만, 6개월 내에 소유자가 나타나면 그에게 반환되고, 습득자는 소유권을 취득할 수 없다. 이 경우에 물건을 반환받은 자는 물건 가액의 100분의 5 이상 100분의 20 이하의 범위 내에서 보상금을 습득자에게 지급하여야 한다(「유실물법」 제4조).

(3) 매장물 발견

> **제254조 【매장물의 소유권 취득】** 매장물은 법률에 정한 바에 의하여 공고한 후 1년 내에 그 소유자가 권리를 주장하지 아니하면 발견자가 그 소유권을 취득한다. 그러나 타인의 토지 기타 물건으로부터 발견한 매장물은 그 토지 기타 물건의 소유자와 절반하여 취득한다.

매장물이란 땅속이나 다른 물건 속에 파묻혀 있던 것으로 그 소유자를 잘 알 수 없는 물건을 말한다. 일정 기간 동안 공고하였다가 주인이 나오지 않는 경우에는 발견한 사람의 것이 되고, 발견자가 다른 사람의 토지나 물건 속에서 발견한 경우에는 그 소유자와 절반씩 나누어 가진다.

4 첨부 제29회, 제30회, 제32회, 제33회

1. 서설

(1) 의의

부합(附合)·혼화(混和)·가공(加工)의 세 가지를 총칭하여 첨부(添附)라고 하는바, 이들은 소유자가 각기 다른 두 개 이상의 물건이 결합하여 사회통념상 하나의 물건으로 된 때 또는 가공에 의하여 물건과 이에 가해진 노력이 결합하였을 때 그것을 원상으로 회복하는 것이 불가능하거나 또는 물리적으로는 가능하더라도 사회경제상 매우 불이익한 경우에 1개의 물건으로서 어느 한편의 소유에 귀속시키려고 하는 제도이다.

(2) 「민법」의 규정

① 첨부에 의하여 생긴 물건은 1개의 물건으로서 존속하고 그 복구는 인정되지 않는다. 이에 관한 첨부규정은 강행규정이다.

② 첨부에 의하여 생긴 물건에 관하여는 새로운 소유자가 결정되며, 첨부의 결과 소유권을 상실하게 된 자는 부당이득에 관한 규정에 의하여 보상을 청구할 수 있다. 소유자의 결정과 부당이득에 관한 규정은 임의규정이다.

③ 첨부로 인한 소유권 취득은 원시취득에 해당한다. 따라서 첨부로 인하여 새로운 소유권을 취득한 자는 종전 물건에 달려 있던 제한적 권리를 승계하지 않는다.

2. 부합

소유자를 각각 달리하는 수개의 물건이 결합하여 1개의 물건으로 되는 것이 부합이다. 「민법」은 '부동산에의 부합(제256조)'과 '동산 간의 부합(제257조)'에 관하여 규정하고 있다.

(1) 부동산에의 부합

> 제256조 【부동산에의 부합】 부동산의 소유자는 그 부동산에 부합한 물건의 소유권을 취득한다. 그러나 타인의 권원에 의하여 부속된 것은 그러하지 아니하다.

① 요건

㉠ 부합물: 부합의 주된 물건은 부동산이어야 한다. 그러면 부동산에 부합되는 물건이 동산에 한정되는지가 문제된다. 다수설은 동산에 한정된다고 하지만 판례는 부동산도 포함된다고 본다(대판 90다11967). 예를 들어 건물의 증축부분이 구조상 건물로서의 독립성이 없으면 기존 건물에 부합되는 것으로 본다.

㉡ 부합의 정도: 훼손하지 아니하면 분리할 수 없거나 분리에 과다한 비용을 요하는 경우는 물론 분리하게 되면 경제적 가치를 심히 감소시키는 경우도 부합에 포함된다고 한다.

판례보기

주유소의 지하 유류저장탱크가 토지에 부합되었다고 본 사례

주유소 지하에 매설된 유류저장탱크를 토지로부터 분리하는 데에는 과다한 비용이 들고, 지하에 매설된 유류저장탱크를 분리하여 발굴할 경우 그 경제적 가치가 현저히 감소할 것임은 경험칙상 분명하므로 유류저장탱크는 토지에 부합된 것이라고 할 것이다(대판 94다6345).

---

② 효과
　　㉠ 원칙: 부동산의 소유자가 그의 부동산에 부합한 물건의 소유권을 취득한다. 이 경우 부합하는 물건의 가격이 부동산의 가격을 초과하더라도 부동산소유권에 부합한다.
　　㉡ 예외: 부합한 물건이 타인의 권원에 의하여 부속된 것인 때에는, 그것은 부속시킨 자의 것으로 된다(제256조 단서). 여기서 권원이란 타인의 부동산에 자기의 물건을 부속시켜 그 부동산을 이용할 수 있는 권리로서 지상권·전세권·임차권 등을 의미한다. 주의할 점은 권원이 있다 하더라도 부속시킨 물건이 독립성이 없다면 부동산에 부합될 뿐 제256조의 단서는 적용되지 않는다는 것이다.

판례보기

「민법」 제256조 단서 소정의 '권원'이라 함은 지상권·전세권·임차권 등과 같이 타인의 부동산에 자기의 동산을 부속시켜서 그 부동산을 이용할 수 있는 권리를 뜻하므로 그와 같은 권원이 없는 자가 토지소유자의 승낙을 받음이 없이 그 임차인의 승낙만을 받아 그 부동산 위에 나무를 심었다면 특별한 사정이 없는 한 토지소유자에 대하여 그 나무의 소유권을 주장할 수 없다(대판 88다카9067).

③ 관련문제
　　㉠ 건물의 부합
　　　ⓐ 토지와 건물은 별개의 부동산이므로 건물이 토지에 부합하는 일은 없으나, 건물을 증·개축한 경우에 기존 건물과의 부합 여부가 문제된다. 원칙적으로 그 증·개축한 부분이 기존 건물과 독립된 별개의 건물인 경우에는 부합이 성립되지 않는다. 다만, 독립성의 여부는 구조상·기능상의 독립성 외에도 소유자의 의사 등을 종합하여 판단한다.
　　　ⓑ 부합된 물건은 저당권설정 전에 부합되었는지, 저당권설정 후에 부합되었는지를 불문하고 저당권의 효력이 미친다. 판례도 건물의 증축부분이 기존 건물에 부합하여 기존 건물과 분리하여서는 별개의 독립물로서의 효용을 갖지 못하는 이상 기존 건물에 대한 근저당권은 「민법」 제358조에 의하여 부합된 증축부분에도 효력이 미치는 것이므로 기존 건물에 대한 경매절차에서 경매목적물로 평가되지 아니하였다고 할지라도 경락인은 부합된 증축부분의 소유권을 취득한다고 한다(대판 92다26772).
　　㉡ 수목의 부합
　　　ⓐ 토지 위에 식재된 입목은 토지의 구성부분으로 토지의 일부일 뿐 독립한 물건으로 볼 수 없으므로 특별한 사정이 없는 한 토지에 부합하고, 토지의 소유자는 식재된 입목의 소유권을 취득한다.
　　　ⓑ 토지 위에 식재된 입목을 그 토지와 독립하여 거래의 객체로 하기 위해서는 「입목에 관한 법률」에 따라 입목을 등기하거나 명인방법을 갖추어야 한다(대판 2020다266375).

ⓒ 농작물의 부합: 농작물 재배의 경우에는 파종시부터 수확까지 불과 수개월밖에 안 걸리고 경작자의 부단한 관리가 필요하며, 그 점유의 귀속이 비교적 명백하다는 것을 이유로 토지소유권에 부합되지 않고 경작자의 소유가 된다고 한다(대판 68다1995). 따라서 적법한 경작권 없이 타인의 토지를 경작하였더라도 성숙한 농작물의 소유권은 경작자에게 귀속한다(대판 79다784).

(2) 동산 간의 부합

> **제257조 【동산 간의 부합】** 동산과 동산이 부합하여 훼손하지 아니하면 분리할 수 없거나 그 분리에 과다한 비용을 요할 경우에는 그 합성물의 소유권은 주된 동산의 소유자에게 속한다. 부합한 동산의 주종을 구별할 수 없는 때에는 동산의 소유자는 부합 당시의 가액의 비율로 합성물을 공유한다.

3. 혼화

혼화에는 곡물·금전과 같은 혼합과 술·기름과 같은 융합의 두 종류가 있다. 어느 것이나 서로 쉽게 섞여져서 원물을 식별할 수 없게 된다는 특성이 있다. 그러나 이것은 부합·합체가 쉽게 일어난다는 것을 의미할 뿐이며 그 성질은 일종의 동산 간의 부합이라고 할 수 있다. 따라서 이에 관해서는 동산 간의 부합에 관한 규정이 준용된다.

4. 가공

> **제259조 【가공】** ① 타인의 동산에 가공한 때에는 그 물건의 소유권은 원재료의 소유자에게 속한다. 그러나 가공으로 인한 가액의 증가가 원재료의 가액보다 현저히 다액인 때에는 가공자의 소유로 한다.
> ② 가공자가 재료의 일부를 제공하였을 때에는 그 가액은 전항의 증가액에 가산한다.

예를 들어 甲이 소유하고 있는 나무를 재료로 하여 乙이 조각품을 만들었다면 그 조각품은 누구의 소유인가 문제이다. 원칙적으로 재료주의에 입각하여 재료의 소유인 甲의 소유물이 된다(제259조 제1항 본문). 그러나 乙이 이름난 조각가인 관계로 원재료인 나무보다 조각품의 가액이 현저하게 다액이라면 가공한 乙의 소유가 된다(제259조 제1항 단서). 다만, 이 규정은 임의규정이므로 당사자의 별도의 합의가 있으면 이에 따른다.

제4절 **소유권에 기한 물권적 청구권**

1 서설

물권의 내용실현이 어떠한 사정으로 인하여 방해되는 경우에는 물권의 일반적 효력으로서 물권적 청구권이 발생하는데, 가장 보편적이고 완전한 물권인 소유권에 있어서는 그 물권적 청구권도 가장 완전하게 인정된다. 「민법」은 소유권에 기한 물권적 청구권으로서 소유물반환청구권(제213조)·소유물방해제거청구권(제214조)·소유물방해예방청구권(제214조)의 세 가지를 규정하고, 이를 각종 제한물권에 준용한다(다만, 유치권과 질권에는 준용규정이 생략되어 있다).

2 소유물반환청구권

> **제213조 【소유물반환청구권】** 소유자는 그 소유에 속한 물건을 점유한 자에 대하여 반환을 청구할 수 있다. 그러나 점유자가 그 물건을 점유할 권리가 있는 때에는 반환을 거부할 수 있다.

(1) 청구권의 당사자

① 청구권의 주체: 소유물반환청구권을 행사할 수 있는 주체는 소유자이다. 점유물반환청구권과는 달리 일단 점유를 취득하였을 필요가 없으며, 또한 일단 취득하였던 점유를 상실한 경우에 한정하는 것도 아니다.

② 청구권의 상대방

㉠ 직접점유자와 간접점유자: 청구권의 상대방은 현재 목적물을 점유하고 있는 자이다. 따라서 점유침탈자라 하더라도 현재 그 물건에 대한 점유를 상실한 때에는 청구의 상대방이 되지 않는다. 다만, 간접점유자에게도 반환을 청구할 수 있는지 여부가 문제되는데, 학설의 대립이 있으나 다수설과 판례는 간접점유자를 상대로 반환을 청구할 수 있다고 본다.

판례보기

반환청구의 상대방

1. 점유를 상실한 자를 상대로 반환청구를 행사할 수 있는지 여부 – 부정
   불법점유를 이유로 하여 그 명도 또는 인도를 청구하려면 현실적으로 그 목적물을 점유하고 있는 자를 상대로 하여야 하고 불법점유자라 하여도 그 물건을 다른 사람에게 인도하여 현실적으로 점유를 하고 있지 않은 이상, 그 자를 상대로 한 인도 또는 명도청구는 부당하다(대판 98다9045).

2. 간접점유자를 상대로 반환청구를 행사할 수 있는지 여부 – 인정
   불법점유를 이유로 한 건물명도청구를 하려면 현실적으로 불법점유하고 있는 사람을 상대로 하여야 할 것이나 그렇지 않은 경우에는 간접점유자를 상대로 명도를 청구할 수 있다(대판 81다187).

ⓛ 점유보조자: 점유보조자는 독립된 점유를 가지고 있는 것처럼 보이는 경우라 할지라도 반환청구의 상대방이 되지 않고, 따라서 점유자에 대해서만 반환을 청구할 수 있다. 판례도 회사의 직원 등 점유보조자는 독립한 점유주체가 아니므로 그에 대한 인도청구는 원칙적으로 허용되지 않는다고 한다(대판 2001다13983).

(2) 점유할 권리의 부존재

상대방인 점유자가 자기의 점유를 정당하게 하는 권리를 가지고 있지 않아야 한다. 따라서 미등기 매수인으로서 점유하고 있는 자, 취득시효완성 후 점유하고 있는 자, 임차인, 전세권자, 지상권자, 유치권자, 동시이행의 항변권을 가지는 자 등은 점유할 권리가 있으므로 소유자는 이들에게 반환을 청구하지 못한다. 또한 유치권자로부터 유치물을 유치하기 위한 방법으로 유치물의 점유 내지 보관을 위탁받은 자도 특별한 사정이 없는 한 점유할 권리가 있으므로 소유자의 소유물반환청구를 거부할 수 있다(대판 2011다62618).

> **판례보기**
>
> **미등기 매수인에게 매수하여 점유하는 자가 소유물반환청구의 상대방이 되는지 여부 – 부정**
>
> 토지의 매수인이 아직 소유권이전등기를 경료받지 아니하였다 하여도 매매계약의 이행으로 그 토지를 인도받은 때에는 매매계약의 효력으로서 이를 점유·사용할 권리가 생기게 된 것으로 보아야 하고, 또 매수인으로부터 위 토지를 다시 매수한 자는 위와 같은 토지의 점유·사용권을 취득한 것으로 봄이 상당하므로 매도인은 매수인으로부터 다시 위 토지를 매수한 자에 대하여 토지소유권에 기한 물권적 청구권을 행사할 수 없다(대판 97다42823).

(3) 귀책사유의 불요(不要)

상대방이 점유를 취득함에 있어서 고의·과실이 있었음을 요구하는 것은 아니다. 따라서 타인의 행위에 의한 경우(예 도둑이 상대방의 집에 물건을 두고 간 경우)나 자연력에 의한 경우(예 빨래가 바람에 의하여 상대방의 마당으로 떨어진 경우)에도 소유물반환청구권이 인정된다. 또한 침해자의 고의·과실로 인하여 손해를 입은 경우에는 반환청구와 함께 손해배상을 청구할 수 있다.

3 소유물방해제거청구권

제214조【소유물방해제거·방해예방청구권】 소유자는 소유권을 방해하는 자에 대하여 방해의 제거를 청구할 수 있고 소유권을 방해할 염려 있는 행위를 하는 자에 대하여 그 예방이나 손해배상의 담보를 청구할 수 있다.

(1) 소유권이 방해된 때에 소유자는 방해자에 대하여 그 방해의 제거를 청구할 수 있다(제214조). 여기서 '방해'란 현재에도 지속되고 있는 침해를 의미하고, 법익 침해가 과거에 일어나서 이미 종결된 경우에 해당하는 '손해'의 개념과는 다르다 할 것이어서, 소유권에 기한 방해배제청구권은 방해결과의 제거를 내용으로 하는 것이 되어서는 아니 되며(이는 손해배상의 영역에 해당한다 할 것이다) 현재 계속되고 있는 방해의 원인을 제거하는 것을 내용으로 한다(대판 2003다5917).

(2) 상대방의 고의·과실은 요건이 아니며, 방해자의 고의·과실에 의한 방해로 손해가 생긴 경우에는 손해배상을 함께 청구할 수 있다.

4 소유물방해예방청구권 제33회

소유자는 소유권을 방해할 염려 있는 행위를 하는 자에 대하여 그 예방 또는 손해배상의 담보를 청구할 수 있다(제214조). 방해의 염려를 생기게 하는 원인을 제거해서 방해를 미연에 방지하는 조치를 청구하거나 또는 손해배상의 담보를 청구하는 것이다. 따라서 소유자는 두 가지 모두를 청구할 수는 없으며, 어느 한 가지만을 선택하여 청구하여야 한다.

제5절 공동소유

1 서설

(1) 2인 이상이 한 개의 소유권을 공동으로 소유하는 관계를 '공동소유'라 하고 공동소유에는 그 주체 사이의 법률관계 여하에 따라 공유·합유·총유의 세 가지 형태가 있다.

(2) 공동소유자 사이에 아무런 인적 결합관계 내지 단체적 통제가 없고, 다만 목적물을 함께 소유하고 있는 개인주의적 공동소유의 형태가 '공유(共有)'이다. 이에 비하여 단체주의적 공동소유인 '총유(總有)'에 있어서는 목적물의 관리·처분권능은 단체에 있으며, 단체의 구성원들은 일정한 범위 내에서 사용·수익권능만 가질 뿐이다. 한편, 조합의 재산에 대한 '합유(合有)'는 공유와 총유의 중간적 존재로서 구성원(조합원)은 공동목적에 의하여 단체적 통제를 받지만 각자가 지분을 가진다.

공유	개인주의	지분권 있음, 지분권은 독립된 권리로서 자유롭게 처분 가능
합유	개인주의 + 단체주의	지분권 있음, 지분의 처분에 일정한 제한 있음
총유	단체주의	지분권 없음

2 공유 제29회, 제30회, 제31회, 제32회, 제33회, 제35회

1. 서설

> 제262조 【물건의 공유】 ① 물건이 지분에 의하여 수인의 소유로 된 때에는 공유로 한다.

(1) 공유의 성질

물건이 지분에 의하여 수인의 소유로 된 때에 이를 공유라고 한다(제262조 제1항). 여기서 공유의 성질에 대해 학설의 대립이 있으나 통설은 각 공유자가 가지는 권리, 즉 '지분'은 하나의 소유권의 분량적 일부분이라는 견해가 통설이다(양적 분할설). 따라서 하나의 물건 위에 각자 1개의 소유권을 가지는 것이 아니라 1개의 소유권을 지분비율로 분할하여 가지는 형태가 된다.

(2) 공유의 성립

공유는 법률행위 또는 법률규정에 의하여 성립한다.

① **법률행위에 의한 성립:** 법률행위에 의한 공유관계가 성립하기 위해서는 당사자의 의사가 합치되고 등기하여야 한다.

ⓐ 의사의 합치: 하나의 물건을 수인이 공동의 소유로 한다는 의사의 합치에 의하여 성립한다.

ⓑ 등기

ⓐ 공유의 등기: 공유물이 부동산인 때에는 공유의 등기를 하여야 한다. 이 등기가 없으면 공유자가 되지 못한다.

ⓑ 지분의 등기: 공유자의 지분은 당사자의 약정 또는 법률의 규정에 의하여 정하여지며 공유등기 이외에 지분의 등기도 하여야 한다. 지분등기를 하고 있지 않으면 지분은 균등한 것으로 추정되고, 실제의 지분비율을 가지고 제3자에게 대항하지 못한다(제262조 제2항).

② **법률규정에 의한 성립:** 「민법」이 정하고 있는 공유에는 ㉠ 수인 공동의 무주물선점·유실물 습득·매장물 발견(제252조 내지 제254조), ㉡ 공유물의 과실(제102조), ㉢ 건물의 구분소유에 있어서의 공용부분(제215조 제1항), 경계에 설치된 경계·담·구거 등(제239조), ㉣ 타인의 토지에서의 매장물 발견(제254조 단서), ㉤ 주종을 구별할 수 없는 동산의 부합·혼화(제257조, 제258조), ㉥ 공동상속재산(제1006조) 등이 있다.

2. 공유의 지분

> **제262조 【물건의 공유】** ② 공유자의 지분은 균등한 것으로 추정한다.
> **제263조 【공유지분의 처분과 공유물의 사용, 수익】** 공유자는 그 지분을 처분할 수 있고 공유물 전부를 지분의 비율로 사용, 수익할 수 있다.

(1) 지분의 비율

지분의 비율은 법률의 규정 또는 공유자의 의사표시에 의하여 정해진다. 그러나 그것이 불명한 경우에는 균등한 것으로 추정한다.

(2) 지분의 내용

지분은 그 성질상 공유물 전부에 미치게 된다.

① **지분의 처분·주장:** 지분은 하나의 소유권과 같은 성질로서 독립한 권리이기 때문에 그 지분을 자유롭게 처분(양도, 담보제공, 포기)할 수 있으며, 각 공유자는 단독으로 다른 공유자 및 제3자에게 자신의 지분을 주장할 수 있다. 지분이 양도된 경우에는 종래 다른 공유자와의 공유관계는 그대로 양수인에게 승계된다. 그리고 공유물분할금지특약은 등기를 하여야만 지분의 양수인에게 대항할 수 있다.

② **공유물의 사용·수익:** 공유자는 공유물 전부를 지분의 비율로 사용·수익할 수 있다. 즉, 각 공유자는 각자 공유물 전부를 사용·수익할 수 있는데, 다만 지분비율에 의해 제약을 받는다는 의미이다. 따라서 공유자 간에 특별한 합의가 없는 한 공유자 1인이 공유물 전부를 배타적·독점적으로 사용할 수 없는 것이 원칙이다.

(3) 지분의 탄력성

> **제267조 【지분포기 등의 경우의 귀속】** 공유자가 그 지분을 포기하거나 상속인 없이 사망한 때에는 그 지분은 다른 공유자에게 각 지분의 비율로 귀속한다.

① 지분권자가 사망한 경우에 상속인이 있으면 당연히 상속이 되고, 만일 상속인이 없거나 지분권을 포기하는 경우에는 다른 공유자에게 귀속한다. 귀속되는 모습은 균등하게 귀속되는 것이 아니라 각 지분의 비율로 귀속된다. 다만, 구분건물의 소유자가 가지는 대지사용권에 대한 지분에는 제267조의 적용이 배제된다(「집합건물의 소유 및 관리에 관한 법률」 제22조).

② 공유지분의 포기는 법률행위로서 상대방 있는 단독행위에 해당하므로, 이후 「민법」 제186조에 의하여 등기를 하여야 공유지분 포기에 따른 물권변동의 효력이 발생한다(대판 2015다52978).

3. 공유자 사이의 관계

(1) 공유물의 처분·변경

> **제264조 【공유물의 처분, 변경】** 공유자는 다른 공유자의 동의 없이 공유물을 처분하거나 변경하지 못한다.

① 공유지분은 각 공유자의 개별적이며 독립한 권리이므로 자유롭게 처분할 수 있지만, 공유물은 각 공유자의 지분의 총합체이므로 전원의 동의가 있어야 처분할 수 있다.
② 따라서 공유자 중 1인이 단독으로 공유물의 매매계약을 체결하게 되면 계약 자체가 무효가 되는 것은 아니지만 다른 공유자 지분범위 내에서는 타인권리의 매매가 된다.
③ 더 나아가 공유자 1인이 매수인 앞으로 공유물 전부의 이전등기를 해 주었다면 무권리자의 처분행위가 되어 무효가 된다. 다만, 매도한 공유자의 지분범위 내에서는 유효하게 이전되었으므로 다른 공유자가 등기의 전부에 대한 말소를 구할 수는 없다.

(2) 공유물의 관리·보존

> **제265조 【공유물의 관리, 보존】** 공유물의 관리에 관한 사항은 공유자의 지분의 과반수로써 결정한다. 그러나 보존행위는 각자가 할 수 있다.

① 보존행위
  ㉠ 각 공유자는 단독으로 보존행위를 할 수 있다. 보존행위는 공유물의 현상을 유지하는 것으로서 공유자 전원의 이익이 되기 때문이다.
    ⓐ 부동산의 공유자의 1인은 당해 부동산에 관하여 제3자 명의로 원인무효의 소유권이전등기가 경료되어 있는 경우 공유물에 관한 보존행위로서 제3자에 대하여 그 등기 전부의 말소를 구할 수 있다(대판 92다52870).
    ⓑ 공유부동산에 대한 소유 명의가 공유자 중 한 사람 앞으로 되어 있다 하더라도 그 공유자의 지분에 관한 한 실체관계에 부합하는 것이므로 이 부분의 말소등기절차까지를 청구할 수는 없다(대판 65다268).
  ㉡ 보존행위란 원칙적으로 모든 공유자에게 이익이 되는 것을 원칙으로 하므로, 공유물의 소수 지분권자가 목적물을 독점적으로 사용하고 있더라도 다른 소수 지분권자는 보존행위로서 목적물의 인도를 청구할 수 없다.

판례보기

소수 지분권자가 공유물을 독점적으로 점유하는 경우에 다른 소수 지분권자가 인도를 청구할 수 있는지 여부(소극)

공유물의 소수 지분권자가 다른 공유자와 협의 없이 공유물을 독점적으로 점유하고 있는 경우에 다른 소수 지분권자가 보존행위로서 목적물의 인도를 청구할 수 없으며, 지분권에 기한 방해배제청구권을 행사함으로써 위법상태를 시정하여야 한다(대판 전합 2018다287522).

ⓒ 보존행위는 자신의 지분권에 근거한 것이므로 다른 공유자의 지분권을 대외적으로 주장하는 것은 공유물의 멸실·훼손을 방지하고 공유물의 현상을 유지하는 사실적·법률적 행위인 공유물의 보존행위에 속한다고 할 수 없다.

판례보기

부동산 공유자 1인이 자신의 지분이 아닌 '다른 공유자'의 지분을 침해하는 원인무효의 등기가 이루어졌다는 이유로 공유물보존행위로서 그 부분 등기의 말소를 구할 수 있는지 여부(소극)

원고가 피고에 대하여 피고 명의로 마쳐진 소유권보존등기의 말소를 구하려면 먼저 원고에게 그 말소를 청구할 수 있는 권원이 있음을 적극적으로 주장·증명하여야 하며, 만일 원고에게 이러한 권원이 있음이 인정되지 않는다면 설사 피고 명의의 소유권보존등기가 말소되어야 할 무효의 등기라고 하더라도 원고의 청구를 인용할 수 없다 할 것인바, 부동산의 공유자의 1인은 당해 부동산에 관하여 제3자 명의로 원인무효의 소유권이전등기가 경료되어 있는 경우 공유물에 관한 보존행위로서 제3자에 대하여 그 등기 전부의 말소를 구할 수 있으나, 공유자가 다른 공유자의 지분권을 대외적으로 주장하는 것을 공유물의 멸실·훼손을 방지하고 공유물의 현상을 유지하는 사실적·법률적 행위인 공유물의 보존행위에 속한다고 할 수 없으므로, 자신의 소유지분을 침해하는 지분 범위를 초과하는 부분에 대하여 공유물에 관한 보존행위로서 무효라고 주장하면서 그 부분 등기의 말소를 구할 수는 없다(대판 2009다67429).

---

② 관리행위
  ㉠ 공유물의 관리란 처분이나 변경에 이르지 않는 정도의 이용·개량행위를 말한다. 이에 관한 사항은 지분의 과반수로써 결정한다. 즉, 공유자 1인이 지분의 과반수를 가지고 있다면 단독으로 관리사항을 결정할 수 있게 된다.
    ⓐ 甲과 乙 중 甲이 3분의 2의 지분을 가지고 있다면 甲이 단독으로 목적물을 임대차하는 것 또는 임대차를 해지하는 것도 적법한 관리행위로서 허용된다.
    ⓑ 상가건물이 공유인 경우, 상가임차인의 계약갱신요구에 대한 갱신거절의 통지도 관리행위에 속하므로 지분의 과반수로써 결정하면 된다(대판 2010다37905).
  ㉡ 공유물의 사용·수익·관리에 관한 공유자 사이의 특약은 유효하며 그 특정승계인에 대하여도 승계되지만, 그 특약이 지분권자로서의 사용·수익권을 사실상 포기하는 등으로 공유지분권의 본질적 부분을 침해하는 경우에는 특정승계인이 그러한 사실을 알고도 공유지분권을 취

득하였다는 등의 특별한 사정이 없다면 특정승계인에게 당연히 승계된다고 볼 수 없다(대판 2011다58701).

판례보기

과반수 지분권자가 나대지상에 건물을 신축하는 것이 관리행위에 속하는지 여부 - 부정

공유자 사이에 공유물을 사용·수익할 구체적인 방법을 정하는 것은 공유물의 관리에 관한 사항으로서 공유자의 지분의 과반수로써 결정하여야 할 것이고, 과반수의 지분을 가진 공유자는 다른 공유자와 사이에 미리 공유물의 관리방법에 관한 협의가 없었다 하더라도 공유물의 관리에 관한 사항을 단독으로 결정할 수 있으므로, 과반수의 지분을 가진 공유자가 그 공유물의 특정부분을 배타적으로 사용·수익하기로 정하는 것은 공유물의 관리방법으로서 적법하며, 다만 그 사용·수익의 내용이 공유물의 기존의 모습에 본질적 변화를 일으켜 '관리' 아닌 '처분'이나 '변경'의 정도에 이르는 것이어서는 안 될 것이고, 예컨대 다수 지분권자라 하여 나대지에 새로이 건물을 건축한다든지 하는 것은 '관리'의 범위를 넘는 것이 될 것이다(대판 2000다33638, 33645).

사례보기

공유물의 관리행위

甲과 乙이 토지를 공유하고 있는데, 甲의 지분은 3분의 2이다.

1. **甲은 토지에 대한 배타적 점유를 할 수 있는가?**

   할 수 있다. 즉, 부동산에 관하여 과반수 공유지분을 가진 자는 공유자 사이에 공유물의 관리방법에 관하여 협의가 미리 없었다 하더라도 공유물의 관리에 관한 사항을 단독으로 결정할 수 있으므로 공유토지에 관하여 과반수 지분권을 가진 자가 그 공유토지의 특정된 한 부분을 배타적으로 사용·수익할 것을 정하는 것은 공유물의 관리방법으로서 적법하다(대판 88다카33855).

2. **甲이 단독으로 토지를 丙에게 임대할 수 있는가?**

   할 수 있다. 임대차행위는 관리행위이므로 지분의 과반수를 가지고 있는 甲은 단독으로 할 수 있다.

3. **소수 지분권자 乙은 자신의 동의가 없었음을 이유로 丙에게 토지의 인도를 요구할 수 있는가?**

   할 수 없다. 과반수 지분의 공유자는 다른 공유자와 사이에 미리 공유물의 관리방법에 관한 협의가 없었다 하더라도 공유물의 관리에 관한 사항을 단독으로 할 수 있으므로, 과반수 지분의 공유자로부터 사용·수익을 허락받은 점유자에 대하여 소수 지분의 공유자는 그 점유자가 사용·수익하는 건물의 철거나 퇴거 등 점유배제를 구할 수 없다(대판 2002다9738).

4. **丙은 乙에게 부당이득의 반환을 할 의무가 있는가?**

   없다. 과반수 지분의 공유자로부터 다시 그 특정부분의 사용·수익을 허락받은 제3자의 점유는 다수 지분권자의 공유물관리권에 터 잡은 적법한 점유이므로 그 제3자는 소수 지분권자에 대하여도 그 점유로 인하여 법률상 원인 없이 이득을 얻고 있다고는 볼 수 없다(대판 2002다9738).

   ☐ 부당이득의 반환은 과반수 지분권자에게 청구하여야 하며, 그의 승낙을 얻어 점유하는 자에게 청구할 수 없다.

(3) 공유물에 대한 부담

> **제266조【공유물의 부담】** ① 공유자는 그 지분의 비율로 공유물의 관리비용 기타 의무를 부담한다.
> ② 공유자가 1년 이상 전항의 의무이행을 지체한 때에는 다른 공유자는 상당한 가액으로 지분을 매수할 수 있다.

공유자의 지분매수청구권은 상대방의 동의를 요하지 않는 일종의 형성권에 해당한다. 또한 공유자가 다른 공유자의 의무이행지체를 이유로 그 지분의 매수청구권을 행사함에 있어서는 매수대상이 되는 지분 전부의 매매대금을 제공한 다음 매수청구권을 행사하여야 한다(대판 92다25656).

4. 공유물의 분할

> **제268조【공유물의 분할청구】** ① 공유자는 공유물의 분할을 청구할 수 있다. 그러나 5년 내의 기간으로 분할하지 아니할 것을 약정할 수 있다.
> ② 전항의 계약을 갱신한 때에는 그 기간은 갱신한 날로부터 5년을 넘지 못한다.
> ③ 전 2항의 규정은 제215조, 제239조의 공유물에는 적용하지 아니한다.

(1) 분할의 자유

① 원칙

　㉠ 각 공유자는 언제든지 자유롭게 분할을 청구하여 공유관계를 종료시킬 수 있다. 이는 인적 결합관계가 없는 공유의 본질상 당연한 것이며, 이러한 점에서 합유·총유와 구분된다.

　㉡ 이러한 공유물분할청구권은 공유관계에서 수반되는 형성권이므로 공유관계가 존속하는 한 그 분할청구권만이 독립하여 시효소멸 될 수 없다(대판 80다1888, 1889).

② 예외

　㉠ 당사자는 분할금지특약을 할 수 있으며 이 특약은 5년 내의 기간에서만 유효하다. 분할금지특약은 갱신할 수 있으나 갱신한 날로부터 5년을 넘지 못한다(제268조). 공유물이 부동산일 때에 분할금지특약은 등기하여야 제3자에게 대항할 수 있다.

　㉡ 성질상 법률규정으로 분할이 허용되지 않는 경우도 있다. 구분소유건물의 공용부분(제215조), 구분소유건물의 대지(「집합건물의 소유 및 관리에 관한 법률」 제8조), 경계선상의 경계표·담·구거(제239조) 등은 분할이 금지된다.

(2) 분할의 방법

> **제269조【분할의 방법】** ① 분할의 방법에 관하여 협의가 성립되지 아니한 때에는 공유자는 법원에 그 분할을 청구할 수 있다.

> ② 현물로 분할할 수 없거나 분할로 인하여 현저히 그 가액이 감손될 염려가 있는 때에는 법원은 물건의 경매를 명할 수 있다.

① **협의에 의한 분할**: 공유자 중 1인이 분할을 청구하는 때에는 전원이 분할할 의무를 부담하며, 그 방법을 협의하여야 한다. 현물분할·대금분할·가격배상 등의 방법이 있으며 협의하에 자유로이 선택할 수 있다.

② **재판상 분할**

 ㉠ 재판상 분할은 당사자의 협의가 이루어지지 않았을 때에만 인정된다. 따라서 당사자의 협의가 있었다면 재판상 분할인 형성의 소를 제기하는 것이 아니라 협의에 관한 이행의 소를 제기하여야 한다.

 ㉡ 이 소송은 필요적 공동소송이므로 모든 공유자를 피고로 하여 소를 제기하여야 한다.

 ㉢ 공유물분할판결은 형성판결이므로 등기를 요하지 않고 판결이 확정되면 물권변동의 효력이 생긴다(제187조).

 ㉣ 분할의 방법은 당사자가 구하는 방법에 구애받지 아니하고 법원의 재량에 따라 공유관계나 객체인 물건의 제반 상황에 따라 공유자의 지분비율에 따른 합리적인 분할을 하면 된다(대판 2014다233428).

판례보기

공유물분할에 관한 판례

1. 재판에 의하여 공유물을 분할하는 경우에 법원은 현물로 분할하는 것이 원칙이므로, 불가피하게 대금분할을 할 수밖에 없는 요건에 관한 객관적·구체적인 심리 없이 단순히 공유자들 사이에 분할의 방법에 관하여 의사가 합치하고 있지 않다는 등의 주관적·추상적인 사정에 터 잡아 함부로 대금분할을 명하는 것은 허용될 수 없다(대판 2009다40219, 40226).

2. 토지를 분할하는 경우에 원칙적으로는 각 공유자가 취득하는 토지의 면적이 그 공유지분의 비율과 같도록 하여야 할 것이나, 반드시 그런 방법으로만 분할하여야 하는 것은 아니고, 토지의 형상이나 위치, 그 이용상황이나 경제적 가치가 균등하지 아니할 때에는 이와 같은 제반 사정을 고려하여 경제적 가치가 지분비율에 상응되도록 분할하는 것도 허용된다(대판 2004다10183).

3. 공유물을 공유자 중의 1인의 단독소유 또는 수인의 공유로 하되 현물을 소유하게 되는 공유자는 다른 공유자에 대하여 그 지분의 적정하고도 합리적인 가격을 배상시키는 방법에 의한 분할도 현물분할의 하나로 이용된다(대판 2004다30583).

4. 일정한 요건이 갖추어진 경우에는 공유자 상호간에 금전으로 경제적 가치의 과부족을 조정하게 하여 분할을 하는 것도 현물분할의 한 방법으로 허용되고, 여러 사람이 공유하는 물건을 현물분할하는 경우에는 분할을 원하지 않는 나머지 공유자는 공유로 남는 방법도 허용된다(대판 93다27819).

(3) 분할의 효과

① 분할의 결과로써 각 공유자는 단독소유자가 된다.

② 공유물의 분할에는 소급효가 없다. 다만, 상속재산의 분할에는 소급효가 있다.

③ 공유자는 다른 공유자가 분할로 인하여 취득한 물건에 대하여 그 지분의 비율로 매도인과 동일한 담보책임이 있다(제270조). 다만, 재판상 분할의 경우에는 담보책임 중 재분할은 인정되지 않는다.

④ **지분에 담보물권이 설정된 후 현물분할된 경우:** 甲·乙의 공유인 부동산 중 甲의 지분 위에 설정된 근저당권 등 담보물권은 특단의 합의가 없는 한 공유물분할이 된 뒤에도 종전의 지분비율대로 공유물 전부의 위에 그대로 존속하고 근저당권설정자인 甲 앞으로 분할된 부분에 당연히 집중되는 것은 아니다(대판 88다카24868).

> **보충** 이 경우 분할된 각 부동산은 공동담보가 된다.

심화학습 | **구분소유적 공유(상호명의신탁)**

1. 의의

① 1필의 토지를 위치와 면적을 특정하여 각각 매수하였으나 분필절차의 어려움 때문에 분필등기를 하지 않고 1필지 전체에 대해 매수한 부분의 면적에 상응하는 공유지분등기를 하는 경우가 있는데, 판례는 이를 '구분소유적 공유'라 하고 내부적으로는 각자가 특정된 매수부분을 배타적으로 사용·수익할 수 있는 것으로 본다.

② 1동 건물 중 각 일부분의 위치 및 면적이 특정되지 않거나 구조상·이용상 독립성이 인정되지 아니한 경우에는 공유자들 사이에 이를 구분소유하기로 하는 취지의 약정이 있다 하더라도 일반적인 공유관계가 성립할 뿐, 공유지분등기의 상호명의신탁관계 내지 건물에 대한 구분소유적 공유관계가 성립한다고 할 수 없다(대판 2011다42430).

2. 효력

① 대내적 관계: 구분소유적 공유의 경우 그 지분권자는 내부관계에 있어서는 특정부분에 한하여 소유권을 취득하고 이를 배타적으로 사용·수익할 수 있다.

　㉠ 구분소유적 공유관계에서 각 공유자가 자신의 특정 구분부분을 단독으로 처분하고 이에 해당하는 공유지분등기를 자유로이 이전할 수 있다(대판 2011도11084).

　㉡ 지분권자는 내부관계에서는 특정부분에 한하여 소유권을 취득하고 이를 배타적으로 사용·수익할 수 있고, 다른 구분소유자의 방해행위에 대하여는 소유권에 터 잡아 그 배제를 구할 수 있다(대판 2010다6611).

② 대외적 관계: 외부관계에 있어서는 1필지 전체에 관하여 공유관계가 성립되고 공유자로서의 권리만을 주장할 수 있는 것이므로, 제3자의 방해행위가 있는 경우에는 자기의 구분소유부분뿐만 아니라 전체 토지에 대하여 공유물의 보존행위로서 그 배제를 구할 수 있다(대판 93다42986).

③ 공유물분할청구는 공유자의 일방이 그 공유지분권에 터 잡아서 하여야 하는 것이므로 공유지분권을 주장하지 아니하고 목적물의 특정부분을 소유한다고 주장하는 자는 그 부분에 대하여 신탁적으로 지분등기를 가지고 있는 자들을 상대로 하여 그 특정부분에 대한 명의신탁해지를 원인으로 한 지분이전등기절차의 이행만을 구하면 될 것이고 공유물분할청구를 할 수 없다 할 것이다(대판 88다카10517). 이때 지분의 이전은 동시이행관계에 있다.

④ 구분소유적 공유관계에 있는 토지지분에 대한 강제경매절차에서 이를 취득한 경우, 그 공유지분이 구분소유적 공유관계를 표상하는 것으로 취급되어 감정평가와 최저 경매가격 결정이 이루어지고 경매가 실시되었다는 점이 입증되지 않은 이상, 위 매수인은 1필지 전체에 대한 공유지분을 적법하게 취득하고 기존의 상호명의신탁관계는 소멸한다고 보아야 하며, 이는 매수인의 구분소유적 공유관계에 대한 인식 유무에 따라 달라지지 않는다(대판 2006다68810).

3. **구분소유적 공유와 법정지상권**

甲과 乙의 구분소유적 공유관계는 통상적인 공유관계와는 달리 당사자 내부에 있어서는 각자가 특정매수한 부분은 각자의 단독소유로 되었다 할 것이므로, 乙은 위 대지 중 그가 매수하지 아니한 부분에 관하여는 甲에게 그 소유권을 주장할 수 없어 위 대지 중 乙이 매수하지 아니한 부분지상에 있는 乙소유의 건물부분은 당초부터 건물과 토지의 소유자가 서로 다른 경우에 해당되어 그에 관하여는 관습상의 법정지상권이 성립될 여지가 없다(대판 93다49871).

3 합유 제29회, 제33회, 제34회

제271조【물건의 합유】 ① 법률의 규정 또는 계약에 의하여 수인이 조합체로서 물건을 소유하는 때에는 합유로 한다. 합유자의 권리는 합유물 전부에 미친다.
② 합유에 관하여는 전항의 규정 또는 계약에 의하는 외에 다음 3조의 규정에 의한다.

(1) 합유의 법률적 성질

수인의 동업자가 조합체(組合體)로서 물건을 소유하는 때에 그 공동소유를 '합유'라고 한다. 조합은 공동의 목적을 가지고 결합된 단체이긴 하지만 단체적 성격이 약하고 구성원의 개별성이 강하다는 점에서 사단법인이나 법인 아닌 사단과 다르다. 합유에 있어서도 공유에서와 같이 합유자는 지분을 가진다. 그러나 합유자의 지분(조합원의 지위)은 공동의 목적을 위하여 구속되며, 자유로이 처분하지 못하는 점에서 공유와 다르다.

(2) 합유의 성립

합유관계는 계약 또는 법률의 규정으로 조합이 성립하는 경우에 그 조합재산에 관하여 성립한다(제271조 제1항 전단).

① 조합계약으로 합유가 성립하는데, 조합계약의 대표적인 예는 동업계약이다. 조합계약이란 특정 사업을 공동경영하는 약정이 있어야 하며, 공동목적의 달성이라는 정도만으로 조합이 성립할 수 없다. 따라서 부동산의 공동매수인들이 전매차익을 얻으려는 '공동의 목적달성'을 위하여 상호협력한 것에 불과하고 이를 넘어 '공동사업을 경영할 목적'이 있었다고 인정되지 않는 경우, 이들 사이의 법률관계는 공유관계에 불과할 뿐 「민법」상 조합이 아니다(대판 2005다5140). 한편 부동산을 합유하는 때에는 그 취지를 등기하여야 한다.

② 법률의 규정에 의한 합유물로는 「신탁법」에 의한 신탁재산이 있다. 즉, 수인의 수탁자는 신탁재산을 합유하게 된다.

(3) 합유관계

> **제272조【합유물의 처분, 변경과 보존】** 합유물을 처분 또는 변경함에는 합유자 전원의 동의가 있어야 한다. 그러나 보존행위는 각자가 할 수 있다.
>
> **제273조【합유지분의 처분과 합유물의 분할금지】** ① 합유자는 전원의 동의 없이 합유물에 대한 지분을 처분하지 못한다.
> ② 합유자는 합유물의 분할을 청구하지 못한다.
>
> **제274조【합유의 종료】** ① 합유는 조합체의 해산 또는 합유물의 양도로 인하여 종료한다.
> ② 전항의 경우에 합유물의 분할에 관하여는 공유물의 분할에 관한 규정을 준용한다.

합유관계의 내용은 합유자 사이의 계약으로 정하여지나, 그러한 계약이 없으면 「민법」의 규정(임의규정)에 의한다(제271조 제2항).

① **합유물의 보존·변경·처분**: 합유물의 보존행위는 각자가 단독으로 할 수 있으나, 합유물을 처분 또는 변경하는 데는 전원의 동의가 있어야 한다(제272조). 따라서 합유물에 관하여 경료된 원인 무효의 소유권이전등기의 말소를 구하는 소송은 합유물에 관한 보존행위로서 합유자 각자가 할 수 있다(대판 96다16896).

② **합유물에 대한 지분**
ㄱ) 합유자는 전체로서의 조합재산에 대하여 지분을 가지며, 지분은 합유물 전부에 미친다.
ㄴ) 합유물에 대한 지분을 처분하는 경우, 즉 조합원의 지위를 양도하는 경우에는 전원의 동의가 필요하다(제273조 제1항).
ㄷ) 합유지분권의 포기는 법률행위에 의한 것이므로 등기하여야 효력이 있고 지분을 포기한 합유지분권자로부터 잔존 합유지분권자들에게 합유지분권이전등기가 이루어지지 아니하는 한 지분을 포기한 지분권자는 제3자에 대하여 여전히 합유지분권자로서의 지위를 가지고 있다고 보아야 한다(대판 96다16896).
ㄹ) 합유자의 지위는 상속으로 승계되지 아니한다.

> **판례보기**
>
> **합유자의 지위가 상속되는지 여부(소극)**
> 부동산의 합유자 중 일부가 사망한 경우 합유자 사이에 특별한 약정이 없는 한 사망한 합유자의 상속인은 합유자로서의 지위를 승계하지 못하므로, 해당 부동산은 잔존 합유자가 2인 이상일 경우에는 잔존 합유자의 합유로 귀속되고 잔존 합유자가 1인인 경우에는 잔존 합유자의 단독소유로 귀속된다(대판 96다23238).

     ⓜ 합유재산을 합유자 1인 명의로 소유권보존등기를 한 것은 실질관계에 부합하지 않는 원인무효의 등기이다(대판 69다22).

  ③ **합유물의 분할금지**: 합유자는 합유관계가 종료하기 전까지는 합유물의 분할을 청구하지 못한다(제273조 제2항).

  ④ **합유관계의 종료**: 합유관계가 종료하는 것은 합유물을 양도하거나 조합체가 해산하는 때이다. 조합의 해산으로 합유관계를 종료하게 되면 합유물을 분할하게 되는데, 그 분할에는 공유물의 분할에 관한 규정이 준용된다(제274조).

4 총유 제29회, 제33회

> **제275조 【물건의 총유(總有)】** ① 법인이 아닌 사단의 사원이 집합체로서 물건을 소유할 때에는 총유로 한다.
> ② 총유에 관하여는 사단의 정관 기타 규약에 의하는 외에 다음 2조의 규정에 의한다.

(1) 법률적 성질

총유는 법인이 아닌 사단의 사원이 집합체로서 소유하는 형태이다(제275조 제1항). 총유에는 공유나 합유에 있어서와 같은 지분이란 있을 수 없다. 부동산에 관하여는 사단의 명의로 등기하여야 하며, 대표자가 등기를 신청한다.

(2) 총유관계

법인 아닌 사단의 정관 기타의 규약에 의하여 총유관계는 규율되나, 그에 정한 바가 없으면 다음의 규정에 의한다(제275조 제2항).

① 총유물의 관리 및 처분은 사원총회의 결의에 의한다(제276조 제1항). 다만, 비법인사단이 타인 간의 금전채무를 보증하는 행위를 총유물의 관리·처분행위로 볼 수 없으므로 비법인사단인 재건축조합의 조합장이 채무보증계약을 체결하면서 조합규약에서 정한 조합임원회의의 결의 등 절차를 거치지 않은 경우라도 그 보증계약은 원칙적으로 유효하다(대판 전합 2004다60072). 총유물의 보존행위도 사원총회의 결의를 거쳐야 한다(대판 94다28437)는 것을 유의하여야 한다.

판례보기

비법인사단의 구성원이 사원총회결의를 거쳐 단독으로 보존행위로서 소를 제기할 수 있는지 여부(소극)

총유재산에 관한 소송은 법인 아닌 사단이 그 명의로 사원총회의 의결을 거쳐 하거나 또는 그 구성원 전원이 당사자가 되어 필수적 공동소송의 형태로 할 수 있을 뿐 그 사단의 구성원은 설령 그가 사단의 대표자라거나 사원총회의 결의를 거쳤다 하더라도 그 소송의 당사자가 될 수 없고, 이러한 법리는 총유재산의 보존행위로서 소를 제기하는 경우에도 마찬가지라 할 것이다(대판 2004다44971).

② 각 사원은 정관 기타 규약에 따라 총유물을 사용·수익할 수 있다(제276조 제2항).
③ 총유물에 관한 권리·의무의 취득과 상실

> **제277조【총유물에 관한 권리의무의 득상】** 총유물에 관한 사원의 권리의무는 사원의 지위를 취득상실함으로써 취득상실된다.

교인들이 집단적으로 교회를 탈퇴한 경우, 법인 아닌 사단인 교회가 2개로 분열되고 분열되기 전 교회의 재산이 분열된 각 교회의 구성원들에게 각각 총유적으로 귀속되는 형태의 '교회의 분열'을 인정하지 않고, 종전 교회재산은 잔존 교인들의 총유에 속하게 된다(대판 전합 2004다 37775). 따라서 교단 변경을 위한 결의요건(의결권자의 3분의 2의 찬성)을 거쳐서 탈퇴하지 않는 이상 종전 교회재산에 대한 권리를 보유할 수 없다는 것이 변경된 판례의 태도이다.

5 준공동소유(準共同所有)

공동소유관계는 소유권 이외의 재산권(⑩ 지상권, 지역권, 전세권, 저당권, 광업권, 어업권, 저작권 등)에 관하여서도 있게 되며, 이것을 준공동소유라고 한다. 준공동소유에는 다른 법률에 특별한 규정이 있는 경우 외에는 공동소유에 관한 규정을 준용한다.

기출 및 예상문제

01 주위토지통행권에 관한 설명으로 <u>틀린</u> 것은? (다툼이 있으면 판례에 따름) 〔제27회〕

① 주위토지통행권은 토지와 공로 사이에 기존의 통로가 있더라도 그것이 그 토지의 이용에 부적합하여 실제로 통로로서의 충분한 기능을 하지 못하는 경우에도 인정된다.

② 주위토지통행권의 범위를 장차 건립될 아파트의 건축을 위한 이용상황까지 미리 대비하여 정할 수 있다.

③ 주위토지통행권이 인정되는 경우 통로개설비용은 원칙적으로 주위토지통행권자가 부담하여야 한다.

④ 통행지소유자가 주위토지통행권에 기한 통행에 방해가 되는 축조물을 설치한 경우 주위토지통행권의 본래적 기능발휘를 위하여 통행지소유자가 그 철거의무를 부담한다.

⑤ 주위토지통행권의 성립에는 등기가 필요 없다.

> **해설**
>
> ② 주위토지통행권은 현재 토지의 용법에 따른 이용의 범위에서 인정되는 것이지 더 나아가 장차의 이용상황까지 미리 대비하여 통행로를 정할 것은 아니다(대판 2004다10268).
>
> ① 대판 94다14193
>
> ③④ 주위토지통행권자가 「민법」 제219조 제1항 본문에 따라 통로를 개설하는 경우 통행지소유자는 원칙적으로 통행권자의 통행을 수인할 소극적 의무를 부담할 뿐 통로개설 등 적극적인 작위의무를 부담하는 것은 아니고, 다만 통행지소유자가 주위토지통행권에 기한 통행에 방해가 되는 담장 등 축조물을 설치한 경우에는 주위토지통행권의 본래적 기능발휘를 위하여 통행지소유자가 그 철거의무를 부담한다. 그리고 주위토지통행권자는 주위토지통행권이 인정되는 때에도 그 통로개설이나 유지비용을 부담하여야 하고, 「민법」 제219조 제1항 후문 및 제2항에 따라 그 통로개설로 인한 손해가 가장 적은 장소와 방법을 선택하여야 하며, 통행지소유자의 손해를 보상하여야 한다(대판 2005다30993).
>
> ⑤ 상린관계는 법률규정에 의한 것이므로 별도의 등기를 요하지 않는다.

정답 ②

02 상린관계에 관한 설명으로 틀린 것은? (다툼이 있으면 판례에 따름) 〔제28회〕

① 인접지의 수목뿌리가 경계를 넘은 때에는 임의로 제거할 수 있다.

② 주위토지통행권자는 통행에 필요한 통로를 개설한 경우 그 통로개설이나 유지비용을 부담하여야 한다.

③ 통행지소유자가 주위토지통행권에 기한 통행에 방해가 되는 담장을 설치한 경우, 통행지소유자가 그 철거의무를 부담한다.

④ 경계에 설치된 담이 상린자의 공유인 경우, 상린자는 공유를 이유로 공유물분할을 청구하지 못한다.

⑤ 경계선 부근의 건축시 경계로부터 반미터 이상의 거리를 두어야 하는데 이를 위반한 경우, 건물이 완성된 후에도 건물의 철거를 청구할 수 있다.

해설

⑤ 건물을 축조함에는 특별한 관습이 없으면 경계로부터 반미터 이상의 거리를 두어야 하며 이를 위반한 자에 대하여 건물의 변경이나 철거를 청구할 수 있다. 그러나 건축에 착수한 후 1년을 경과하거나 건물이 완성된 후에는 손해배상만을 청구할 수 있다(제242조 제1항·제2항). 따라서 건물이 완성된 후에는 건물의 철거를 청구할 수 없다.

① 제240조 제1항

② 주위토지통행권자는 그 통로개설이나 유지비용을 부담하여야 한다(대판 2005다30993).

③ 주위토지통행권의 본래적 기능발휘를 위해서는 그 통행에 방해가 되는 담장과 같은 축조물도 위 통행권의 행사에 의하여 철거되어야 한다(대판 2005다70144).

④ 구분소유 건물의 공용부분(제215조), 구분소유 건물의 대지(「집합건물의 소유 및 관리에 관한 법률」 제8조), 경계선상의 경계표·담·구거(제239조) 등은 분할이 금지된다(제268조 제3항).

정답 ⑤

03 甲소유 부동산에 대한 乙의 점유취득시효가 완성되었다. 다음 설명 중 **틀린** 것은? (다툼이 있으면 판례에 따름)

① 乙이 甲으로부터 아직 소유권이전등기를 경료받지 못한 경우에도 甲은 乙에게 점유로 인한 부당이득반환을 청구할 수 없다.

② 甲이 乙로부터 시효완성을 이유로 소유권이전등기청구를 받은 후 소유권 상실을 염려하여 선의의 丙에게 부동산을 매도하여 이전등기를 경료해 준 경우, 甲은 乙에 대하여 불법행위책임을 질 수 있다.

③ ②의 경우, 乙은 丙을 상대로 취득시효완성을 이유로 소유권이전등기를 청구하여야 한다.

④ 불법점유를 이유로 甲은 乙에게 부동산의 인도를 청구할 수 없다.

⑤ 甲은 乙로부터 소유권이전등기청구를 받은 후 제3자인 丙과 통정하여 허위로 丙 앞으로 소유권이전등기를 했다면 乙은 甲을 대위하여 丙명의의 등기말소를 청구할 수 있다.

해설 ③ 취득시효기간완성 후 아직 그것을 원인으로 소유권이전등기를 경료하지 아니한 자는 종전 소유자로부터 그 부동산에 대한 등기부상 소유명의를 넘겨받은 제3자에 대하여 시효취득을 주장할 수 없으나 취득시효기간만료 전에 등기명의를 넘겨받은 시효완성 당시의 등기명의자에 대하여는 그 소유권 취득을 주장할 수 있다(대판 88다카5843). 따라서 丙은 시효완성 후의 등기명의인이므로 乙은 丙에게 대항할 수 없다.

① 부동산에 대한 취득시효가 완성되면 점유자는 소유명의자에 대하여 취득시효완성을 원인으로 한 소유권이전등기절차의 이행을 청구할 수 있고 소유명의자는 이에 응할 의무가 있으므로 점유자가 그 명의로 소유권이전등기를 경료하지 아니하여 아직 소유권을 취득하지 못하였다고 하더라도 소유명의자는 점유자에 대하여 점유로 인한 부당이득반환청구를 할 수 없다(대판 92다51280).

② 등기명의인이 그 부동산의 취득시효완성 사실을 알고 그 부동산을 제3자에게 처분하여 취득시효완성을 원인으로 한 소유권이전등기의무가 이행불능에 빠진 경우 그러한 등기명의인의 처분행위는 시효취득자에 대한 소유권이전등기의무를 면탈하기 위하여 한 것으로서 위법하고, 부동산을 처분한 등기명의인은 이로 인하여 시효취득자가 입은 손해를 배상할 책임이 있다(대판 99다20926).

④ 시효취득완성자가 시효취득을 이유로 한 등기를 경료하기 전이라도 소유자는 시효취득자에게 물권적 청구권을 행사할 수 없다(대판 87다카1979).

⑤ 甲은 乙로부터 소유권이전등기청구를 받은 후 제3자인 丙과 통정하여 허위로 丙 앞으로 소유권이전등기를 했다면 丙명의의 등기는 통정허위표시에 의한 무효의 등기이고, 甲을 대위하여 丙명의의 등기말소를 청구할 수 있다.

정답 ③

04 부동산 점유취득시효에 관한 설명으로 옳은 것은? (다툼이 있으면 판례에 따름)　제34회

① 국유재산 중 일반재산이 시효완성 후 행정재산으로 되더라도 시효완성을 원인으로 한 소유권
　 이전등기를 청구할 수 있다.

② 시효완성 당시의 소유권보존등기가 무효라면 그 등기명의인은 원칙적으로 시효완성을 원인으
　 로 한 소유권이전등기청구의 상대방이 될 수 없다.

③ 시효완성 후 점유자 명의로 소유권이전등기가 경료되기 전에 부동산 소유명의자는 점유자에
　 대해 점유로 인한 부당이득반환청구를 할 수 있다.

④ 미등기부동산에 대한 시효가 완성된 경우, 점유자는 등기 없이도 소유권을 취득한다.

⑤ 시효완성 전에 부동산이 압류되면 시효는 중단된다.

> **해설** ② 점유취득시효 완성을 원인으로 한 소유권이전등기청구는 시효 완성 당시의 소유자를 상대로 하여야
> 하므로 시효 완성 당시의 소유권보존등기 또는 이전등기가 무효라면 원칙적으로 그 등기명의인은 시
> 효취득을 원인으로 한 소유권이전등기청구의 상대방이 될 수 없고, 이 경우 시효취득자는 소유자를
> 대위하여 위 무효등기의 말소를 구하고 다시 위 소유자를 상대로 취득시효 완성을 이유로 한 소유권이
> 전등기를 구하여야 한다(대판 2005.5.26., 2002다43417).
>
> ① 원래는 일반재산이던 것이 행정재산으로 된 경우 일반재산일 당시에 취득시효가 완성되었다고 하더라
> 도 행정재산으로 된 이상 이를 원인으로 하는 소유권이전등기를 청구할 수 없다(대판 1997.11.14.,
> 96다10782).
>
> ③ 부동산에 대한 취득시효가 완성되면 점유자는 소유명의자에 대하여 취득시효 완성을 원인으로 한 소
> 유권이전등기절차의 이행을 청구할 수 있고 소유명의자는 이에 응할 의무가 있으므로 점유자가 그 명
> 의로 소유권이전등기를 경료하지 아니하여 아직 소유권을 취득하지 못하였다고 하더라도 소유명의자
> 는 점유자에 대하여 점유로 인한 부당이득반환청구를 할 수 없다(대판 1993.5.25., 92다51280).
>
> ④ 민법 제245조 제1항의 취득시효기간의 완성만으로는 소유권취득의 효력이 바로 생기는 것이 아니라,
> 다만 이를 원인으로 하여 소유권취득을 위한 등기청구권이 발생할 뿐이고, 미등기 부동산의 경우라고
> 하여 취득시효기간의 완성만으로 등기 없이도 점유자가 소유권을 취득한다고 볼 수 없다(대판 2006.
> 9. 28.2006다22074, 22081).
>
> ⑤ 점유로 인한 부동산소유권의 시효취득에 있어 취득시효의 중단사유는 종래의 점유상태의 계속을 파괴
> 하는 것으로 인정될 수 있는 사유이어야 하는데, 「민법」 제168조 제2호에서 정하는 '압류 또는 가압
> 류'는 금전채권의 강제집행을 위한 수단이거나 그 보전수단에 불과하여 취득시효기간의 완성 전에 부
> 동산에 압류 또는 가압류 조치가 이루어졌다고 하더라도 이로써 종래의 점유상태의 계속이 파괴되었
> 다고는 할 수 없으므로 이는 취득시효의 중단사유가 될 수 없다(대판 2019.4.3., 2018다296878).

 정답 ②

05 부합에 관한 설명으로 옳은 것을 모두 고른 것은? (다툼이 있으면 판례에 따름) 제28회

> ㄱ. 지상권자가 지상권에 기하여 토지에 부속시킨 물건은 지상권자의 소유로 된다.
> ㄴ. 적법한 권원 없이 타인의 토지에 경작한 성숙한 배추의 소유권은 경작자에게 속한다.
> ㄷ. 적법한 권원 없이 타인의 토지에 식재한 수목의 소유권은 토지소유자에게 속한다.
> ㄹ. 건물임차인이 권원에 기하여 증축한 부분은 구조상·이용상독립성이 없더라도 임차인의 소유에 속한다.

① ㄱ   ② ㄴ, ㄹ   ③ ㄱ, ㄴ, ㄷ
④ ㄴ, ㄷ, ㄹ   ⑤ ㄱ, ㄴ, ㄷ, ㄹ

해설   ㄱ. (O) 부동산의 소유자는 그 부동산에 부합한 물건의 소유권을 취득한다. 그러나 타인의 권원에 의하여 부속된 것은 그러하지 아니하다(제256조). 즉 권원자가 설치한 독립한 물건은 권원자의 소유가 된다.
ㄴ. (O) 농작물 재배의 경우에는 파종시부터 수확까지 불과 수개월밖에 안 걸리고 경작자의 부단한 관리가 필요하며, 그 점유의 귀속이 비교적 명백하다는 것을 이유로 토지소유권에 부합되지 않고 경작자의 소유가 된다고 한다(대판 1970.11.30, 68다1995). 따라서 적법한 경작권 없이 타인의 토지를 경작하였더라도 성숙한 농작물의 소유권은 경작자에게 귀속한다(대판 79다784).
ㄷ. (O) 수목은 토지에 부합되는 것을 원칙으로 한다. 따라서 권한 없이 타인의 토지에 수목을 심은 경우에 그 수목은 토지에 부합한다.
ㄹ. (X) 권원이 있다 하더라도 부속시킨 물건이 독립성이 없다면 부동산에 부합될 뿐 권원자의 소유가 될 수 없다.

정답 ③

06 甲, 乙, 丙은 X토지를 각 1/2, 1/4, 1/4의 지분으로 공유하고 있다. 이에 관한 설명으로 옳은 것은? (단, 구분소유적 공유관계는 아니며, 다툼이 있으면 판례에 따름) 제32회

① 乙이 X토지에 대한 자신의 지분을 포기한 경우, 乙의 지분은 甲, 丙에게 균등한 비율로 귀속된다.
② 당사자 간의 특약이 없는 경우, 甲은 단독으로 X토지를 제3자에게 임대할 수 있다.
③ 甲, 乙은 X토지에 대한 관리방법으로 X토지에 건물을 신축할 수 있다.
④ 甲, 乙, 丙이 X토지의 관리에 관한 특약을 한 경우, 그 특약은 특별한 사정이 없는 한 그들의 특정승계인에게도 효력이 미친다.
⑤ 丙이 甲, 乙과의 협의 없이 X토지를 배타적·독점적으로 점유하고 있는 경우, 乙은 공유물에 대한 보존행위로 X토지의 인도를 청구할 수 있다.

해설

④ 공유물의 사용·수익·관리에 관한 공유자 사이의 특약은 유효하며 공유지분권의 본질적 부분을 침해하는 것이 아니라면 그 특정승계인에 대하여도 승계된다(대판 2011다58701).

① 공유자가 그 지분을 포기하거나 상속인 없이 사망한 때에는 그 지분은 다른 공유자에게 각 지분의 비율로 귀속한다(제267조).

② 공유물의 관리에 관한 사항은 공유자의 지분의 과반수로써 결정한다(제265조). 임대차는 관리행위에 속하므로 지분의 과반수가 되어야 단독으로 할 수 있다. 그러나 甲의 지분은 1/2에 불과하여 과반수에 미달하므로 단독으로 할 수 없다.

③ 다수 지분권자라 하여 나대지에 새로이 건물을 건축한다든지 하는 것은 '관리'의 범위를 넘는 것이 될 것이다(대판 2000다33638, 33645). 나대지에 건물을 신축하는 것은 공유자 전원의 동의가 있어야 한다.

⑤ 공유물의 소수 지분권자가 다른 공유자와 협의 없이 공유물을 독점적으로 점유하고 있는 경우에 다른 소수 지분권자가 보존행위로서 목적물의 인도를 청구할 수 없으며, 지분권에 기한 방해배제청구권을 행사함으로써 위법 상태를 시정하여야 한다(대판 전합 2018다287522).

정답 ④

---

07 민법상 합유에 관한 설명으로 **틀린** 것은? (특약은 없으며, 다툼이 있으면 판례에 따름) 제34회

① 합유자의 권리는 합유물 전부에 미친다.

② 합유자는 합유물의 분할을 청구하지 못한다.

③ 합유자 중 1인이 사망하면 그의 상속인이 합유자의 지위를 승계한다.

④ 합유물의 보존행위는 합유자 각자가 할 수 있다.

⑤ 합유자는 그 전원의 동의 없이 합유지분을 처분하지 못한다.

 해설

③ 부동산의 합유자 중 일부가 사망한 경우 합유자 사이에 특별한 약정이 없는 한 사망한 합유자의 상속인은 합유자로서의 지위를 승계하지 못하므로, 해당 부동산은 잔존 합유자가 2인 이상일 경우에는 잔존 합유자의 합유로 귀속되고 잔존 합유자가 1인인 경우에는 잔존 합유자의 단독소유로 귀속된다(대판 1996.12.10, 96다23238).

① 합유자는 전체로서의 조합재산에 대하여 지분을 가지며, 지분은 합유물 전부에 미친다.

② 제273조 제2항

④ 합유물을 처분 또는 변경함에는 합유자 전원의 동의가 있어야 한다. 그러나 보존행위는 각자가 할 수 있다(제272조).

⑤ 제273조 제1항

 정답 ③

05 용익물권

□ 지상권에서는 지상권의 성립요소와 지료문제, 양도성 관련 문제가 출제되며, 법정지상권에서는 법정지상권 인정 여부에 대한 판례가 출제되므로 관련판례를 잘 정리하여야 한다. 또, 지역권에서는 부종성·불가분성 등 지역권의 성질을 이해하여야 하며, 전세권에서는 전세권의 성질·성립요소와 존속기간, 전세권 소멸시의 효과 를 정리해 두어야 한다.

제1절 서설

「민법」상 타인의 물건을 일정한 범위 내에서 사용·수익하는 것을 내용으로 하는 용익물권에는 지상권· 지역권·전세권 3가지가 있다.

(1) 지상권

지상권이란 타인의 토지 위에 건물 기타 공작물이나 수목을 소유하기 위하여 그 토지를 사용하는 권리이다(제279조). 지상권에는 당사자의 설정계약과 등기에 의하여 성립하는 것 외에도 법정지상 권이라는 제도가 존재한다. 또한 토지를 효율적으로 이용할 수 있도록 지상 또는 지하공간의 상하 (上下)의 범위를 정하여 그 범위 내에서만 지상권의 효력이 미치도록 하는 구분지상권이 인정되고 있다.

(2) 지역권

지역권이란 일정한 목적을 위하여 타인의 토지(승역지)를 자기 토지(요역지)의 편익에 이용하는 권리 이다(제291조).

(3) 전세권

전세권이란 전세금을 지급하고 타인의 부동산을 점유하여 그 부동산의 용도에 따라 사용·수익하며, 그 부동산 전부에 대하여 후순위 권리자 기타 채권자보다 전세금을 우선변제받을 수 있는 권리이다 (제303조 제1항). 따라서 전세권은 기본적으로 용익물권이지만 담보물권의 성격도 함께 가지고 있다.

1 지상권의 의의와 성질 제29회, 제31회, 제34회

(1) 의의 및 성질

> **제279조 【지상권의 내용】** 지상권자는 타인의 토지에 건물 기타 공작물이나 수목을 소유하기 위하여 그 토지를 사용하는 권리가 있다.

① 타인의 토지를 사용하는 물권
  ㉠ 지상권은 '타인의 토지'를 사용하는 물권이다. 1필 토지의 일부라도 지상권설정이 가능하다. 또한 지상권은 지표(地表)에 한하지 않고 지상이나 지하에도 그 효력이 미친다.
  ㉡ 토지를 사용하는 물권이므로 현재 토지 위에 지상물이 없더라도 지상권은 유효하게 성립한다. 또한 지상물이 멸실하더라도 지상권은 그대로 존속한다.
  ㉢ 지상권은 지상물과 운명을 함께 하지 않으므로 지상권과 지상물의 분리양도가 가능하다. 따라서 지상권자와 지상물의 소유자가 동일하여야 하는 것은 아니다.
② 지료를 요소로 하지 않는 물권: 토지사용의 대가인 지료의 지급은 지상권의 성립요소가 아니다. 따라서 무상의 지상권설정이 가능하며, 이러한 점에서 전세금을 필수요소로 하는 전세권과 구별된다. 다만, 지료를 가지고 대항하기 위해서는 지료를 등기하여야 한다.
③ 직접 토지를 지배하는 권리: 지상권은 물권으로서 토지소유자에 대한 권리가 아니라 직접 그 객체인 토지를 지배하는 권리이다. 따라서 토지소유자의 변경은 지상권에 영향을 미치지 아니한다. 또한 지상권을 양도하거나 토지를 임대할 때에도 토지소유자의 동의를 필요로 하지 않는다.

(2) 지상권과 토지임차권의 비교

① 대항력의 차이: 지상권은 물권이므로 제3자에게도 효력이 있으나, 토지임차권은 채권으로서 대항력을 가지지 못하는 것이 보통이다(다만, 토지임차권을 등기하거나 임차인이 신축한 지상건물을 등기하면 대항력이 발생한다). 따라서 토지소유자가 변경되어도 지상권은 그 영향을 받지 않지만 대항력을 갖추지 못한 임차인은 토지의 양수인이 인도를 청구할 경우 거절할 수 없게 된다. 즉, 매매는 임대차를 깨뜨린다.
② 성질과 양도성의 차이: 지상권은 배타성을 가지며 직접 토지를 지배할 수 있는 물권임에 비하여, 토지임차권은 임대인에 대하여 토지를 사용·수익하게 할 것을 청구할 수 있는 채권에 지나지 않는다. 지상권은 자유로이 양도 또는 임대하거나 담보로 제공할 수 있으나, 임차인은 임대인의 동의 없이 임차권을 양도 또는 임차물을 전대하지 못한다.

③ **존속기간의 차이**: 존속기간에 대하여 지상권은 최장기간의 제한은 없고 최단기간의 제한이 있으나, 임차권은 별도의 기간제한규정이 없다. 판례는 양자 모두 기간을 영구로 약정할 수 있다고 본다.

④ **지료와 차임의 차이**: 지상권에서는 지료가 요소가 아니지만 임차권에서는 차임이 요소가 된다. 또한 지상권에 있어서는 2년 이상 지료의 지급이 연체된 때에는 설정자가 소멸을 청구할 수 있으나, 임대차에 있어서는 임차인이 2기(期)의 차임액에 달하도록 연체하면 임대인은 계약을 해지할 수 있다.

⑤ **유사성**: 투하자본의 회수를 위하여 지상권자는 지상물을 수거할 수 있고 계약갱신을 청구할 수 있으며, 이를 거절당한 경우에는 지상물매수를 청구할 수 있다. 이러한 권리는 토지임대차에서도 인정된다는 점에서 유사성을 지닌다.

2 지상권의 취득

(1) 법률행위에 의한 취득

① 지상권은 원칙적으로 당사자 간의 지상권설정계약과 그 등기에 의하여 성립한다. 법률행위에 의한 것이므로 계약뿐 아니라 등기까지 하여야 성립한다(제186조).

② 지상권설정계약에도 민법 제569조(타인 권리의 매매)를 준용하여 부동산의 소유자가 아닌 자라도 향후 해당 부동산에 지상권을 설정하여 줄 것을 내용으로 하는 계약을 체결할 수 있고, 단지 그 계약상 의무자는 향후 처분권한을 취득하거나 소유자의 동의를 얻어 해당 부동산에 지상권을 설정하여 줄 의무를 부담할 뿐이라고 보아야 한다(대판 2018다37949, 37956). 즉 소유자가 아닌 자도 유효하게 지상권설정계약을 체결할 수 있다.

(2) 법률행위에 의하지 않는 취득

① **등기를 요하지 않는 부동산물권 취득(제187조)**: 지상권은 부동산물권이므로 상속·공용징수·판결·경매 기타 법률의 규정에 의하여 취득될 수 있으며, 이때에는 그 등기 없이도 당연히 지상권을 취득한다. 다만, 점유취득시효로 지상권을 취득하는 경우에는 등기를 하여야 한다.

② **법정지상권**: 일정한 요건하에 건물 또는 입목을 위하여 법률상 당연히 성립하는 지상권이다. 법률규정에 의한 것이므로 등기를 요하지 않는다.

3 지상권의 존속기간

1. 설정행위로 존속기간을 약정하는 경우

> **제280조【존속기간을 약정한 지상권】** ① 계약으로 지상권의 존속기간을 정하는 경우에는 그 기간은 다음
> 연한보다 단축하지 못한다.
> 1. 석조, 석회조, 연와조 또는 이와 유사한 견고한 건물이나 수목의 소유를 목적으로 하는 때에는 30년
> 2. 전호 이외의 건물의 소유를 목적으로 하는 때에는 15년
> 3. 건물 이외의 공작물의 소유를 목적으로 하는 때에는 5년
> ② 전항의 기간보다 단축한 기간을 정한 때에는 전항의 기간까지 연장한다.

(1) 최단기간

① 지상권의 존속기간을 설정행위로써 정하는 경우에 「민법」은 지상권자를 보호하기 위하여 최단
존속기간을 제한하고 있다. 따라서 지상권설정계약에서 존속기간을 위의 최단기간보다 짧게 정
한 경우에는 그 약정은 효력이 없으며 최단기간까지 연장된다.

② 최단존속기간에 관한 규정(제280조)은 지상권자가 건물이나 수목 등의 소유를 목적으로 지상권
을 설정하는 경우를 그 대상으로 하는 것이므로 기존 건물의 사용을 목적으로 지상권을 설정하
는 경우에는 그 적용이 없다(대판 95다49318).

(2) 최장기간

「민법」에는 최단기간에 대한 제한만 두고 있을 뿐, 최장기간의 제한규정이 없으므로 지상권을 영구
무한으로 설정할 수 있는가에 관하여 논의가 있는데, 판례는 존속기간이 영구인 지상권을 인정하고
있다(대판 99다66410).

2. 설정행위로 존속기간을 약정하지 않은 경우

> **제281조【존속기간을 약정하지 아니한 지상권】** ① 계약으로 지상권의 존속기간을 정하지 아니한 때에는
> 그 기간은 전조의 최단존속기간으로 한다.
> ② 지상권설정 당시에 공작물의 종류와 구조를 정하지 아니한 때에는 지상권은 전조 제2호의 건물의
> 소유를 목적으로 한 것으로 본다.

존속기간의 정함이 없으면 최단기간으로 하며, 설정 당시에 공작물의 종류와 구조를 정하지 않은
경우에는 15년으로 한다. 다만, 수목의 소유를 목적으로 하는 경우에는 언제나 30년으로 한다.

3. 계약의 갱신

(1) 지상권자의 갱신청구권과 매수청구권

> **제283조 【지상권자의 갱신청구권, 매수청구권】** ① 지상권이 소멸한 경우에 건물 기타 공작물이나 수목이 현존한 때에는 지상권자는 계약의 갱신을 청구할 수 있다.
> ② 지상권설정자가 계약의 갱신을 원하지 아니하는 때에는 지상권자는 상당한 가액으로 전항의 공작물이나 수목의 매수를 청구할 수 있다.

① 갱신청구권

　㉠ 지상권이 소멸한 경우에 지상물이 현존하면 계약의 갱신을 청구할 수 있다. 지상권이 소멸한 경우란 존속기간의 만료로 소멸하는 경우만을 지칭하는 것으로 해석한다. 따라서 지상권자의 지료지체 등으로 소멸한 경우에는 갱신청구권을 행사할 수 없다.

　㉡ 갱신청구권은 형성권이 아니므로 지상권설정자는 이를 거절할 수 있으며 갱신계약을 맺음으로써 비로소 갱신의 효과가 발생한다.

　㉢ 기간만료시에 지체없이 행사하여야 하며 지체없이 행사하지 않아 갱신청구권이 소멸한 경우에는 지상물매수청구권을 행사할 수 없다.

② 매수청구권

　㉠ 지상권자가 갱신을 청구한 때 지상권설정자는 이를 거절할 수 있다. 그러나 이 경우 지상권자는 상당한 가액으로 지상물을 매수할 것을 청구할 수 있으며, 지상권설정자는 이를 거절할 수 없다(제283조 제2항). 결국 지상권자의 갱신청구가 있을 때 지상권설정자는 이에 응하든지 그렇지 않으면 지상물을 매수하든지 둘 중 하나를 택하여야 된다.

　㉡ 매수청구권에 관한 규정은 강행규정이므로 당사자 사이의 건물철거특약은 특별한 사정이 없는 한 무효이다.

　㉢ 지상물매수청구권은 형성권으로서 그 형성권 행사에 의하여 매수의 효력이 즉시 발생하며, 설정자의 승낙은 필요하지 않다. 그 가액은 지상권 소멸시가 아닌 매수청구권 행사 당시의 시가 상당액이다(대판 72다653).

판례보기

지료연체를 이유로 토지소유자가 지상권 소멸을 청구하는 경우 매수청구권의 인정 여부(소극)

「민법」 제283조 제2항 소정의 지상물매수청구권은 지상권이 존속기간의 만료로 인하여 소멸하는 때에 지상권자에게 갱신청구권이 있어 그 갱신청구를 하였으나 지상권설정자가 계약갱신을 원하지 아니할 경우 행사할 수 있는 권리이므로, 지상권자의 지료연체를 이유로 토지소유자가 그 지상권소멸청구를 하여 이에 터 잡아 지상권이 소멸된 경우에는 매수청구권이 인정되지 않는다(대판 93다10781).

(2) 계약갱신과 존속기간

> **제284조【갱신과 존속기간】** 당사자가 계약을 갱신하는 경우에는 지상권의 존속기간은 갱신한 날로부터 제280조의 최단존속기간보다 단축하지 못한다. 그러나 당사자는 이보다 장기의 기간을 정할 수 있다.

4 지상권의 효력 제29회, 제32회, 제34회

(1) 지상권자의 토지사용권

> **제290조【준용규정】** ① 제213조(소유물반환청구권), 제214조(소유물방해제거, 방해예방청구권), 제216조 내지 제244조(상린관계)의 규정은 지상권자 간 또는 지상권자와 인지소유자 간에 이를 준용한다.

지상권자는 설정행위로써 정하여진 목적의 범위 내에서 토지를 사용할 권리를 갖는다. 따라서 인접 토지와의 이용조절을 목적으로 하는 상린관계의 규정을 준용하고, 지상권의 내용 실현이 방해된 때에는 물권적 청구권이 생긴다.

(2) 지상권의 처분

① 지상권의 양도와 임대

> **제282조【지상권의 양도, 임대】** 지상권자는 타인에게 그 권리를 양도하거나 그 권리의 존속기간 내에서 그 토지를 임대할 수 있다.

지상권자는 지상권을 양도할 수 있고 또한 존속기간 내에서 그 토지를 임대할 수 있다(제282조). 지상권의 양도성은 절대적이며, 이는 강행규정으로 양도 또는 임대를 금지하는 특약은 무효이 다. 또한 지상권을 저당권의 목적으로 할 수도 있다(제371조 제1항).

② 지료관계: 지료의 지급은 지상권의 요소는 아니다. 그리고 지료지급의 약정이 있다고 하더라도 지료는 반드시 금전에 한정하지 않으며, 지료액·지급시기 등 지료에 관한 약정은 이를 등기하여 야만 제3자에게 대항할 수 있다.

판례보기

지상권에 있어서 유상인 지료에 관한 약정을 제3자에게 대항하기 위하여는 이를 등기하여야 하는지 여부(적극) 및 지료에 관하여 등기되지 않은 경우에는 지료증액청구권도 발생하지 않는지 여부(적극)

지상권에 있어서 유상인 지료에 관하여 지료액 또는 그 지급시기 등의 약정은 이를 등기하여야만 그 뒤에 토지소 유권 또는 지상권을 양수한 사람 등 제3자에게 대항할 수 있고, 지료에 관하여 등기되지 않은 경우에는 무상의 지상권으로서 지료증액청구권도 발생할 수 없다(대판 99다24874).

㉠ 지료증감청구권

> 제286조 【지료증감청구권】 지료가 토지에 관한 조세 기타 부담의 증감이나 지가의 변동으로 인하여 상당하지 아니하게 된 때에는 당사자는 그 증감을 청구할 수 있다.

ⓐ 지료증감청구권은 일종의 형성권이다. 따라서 토지소유자가 증액청구를 하거나 지상권자가 감액청구를 하면 즉시 지료는 증액 또는 감액되고, 지상권자는 그 증액 또는 감액된 지료를 지급할 의무를 지게 된다.

ⓑ 지료증감청구에 다툼이 있으면 법원이 결정하게 되며, 법원이 결정하는 지료의 증감은 결정시가 아니라 그 증감청구를 한 때에 소급하여 효력이 생긴다.

㉡ 지료체납의 효과

> 제287조 【지상권소멸청구권】 지상권자가 2년 이상의 지료를 지급하지 아니한 때에는 지상권설정자는 지상권의 소멸을 청구할 수 있다.

토지의 양수인이 지상권자의 지료지급이 2년 이상 연체되었음을 이유로 지상권소멸청구를 하는 경우에는 자신에게 체납된 기간이 2년 이상이어야 하며, 종전 소유자에 대한 연체기간의 합산을 주장할 수 없다(대판 99다17142).

5 지상권의 소멸 제29회, 제32회

(1) 지상권의 소멸사유

지상권은 물권의 공통적 소멸사유인 토지의 멸실, 존속기간의 만료, 혼동, 토지수용 등으로 소멸하는 외에도 지료체납으로 인한 지상권설정자의 소멸청구, 지상권의 포기, 약정소멸사유의 발생 등으로도 소멸한다. 다만, 지상권의 포기에서 주의할 점은 무상인 지상권은 언제든지 포기할 수 있으나, 유상의 지상권에서는 손해를 배상하여야 한다는 것이다. 또한 지상권이 저당권의 목적인 때에는 저당권자의 동의 없이 포기하지 못한다.

(2) 지상권이 저당권의 목적인 경우

> 제288조 【지상권소멸청구와 저당권자에 대한 통지】 지상권이 저당권의 목적인 때 또는 그 토지에 있는 건물, 수목이 저당권의 목적이 된 때에는 전조의 청구는 저당권자에게 통지한 후 상당한 기간이 경과함으로써 그 효력이 생긴다.

지상권이 저당권의 목적으로 되어 있는 경우 또는 그 토지 위에 있는 건물이나 수목이 저당권의 목적으로 되어 있는 경우에 지상권설정자의 소멸청구는 저당권자에게 그것을 통지한 후 상당한 기간이 경과함으로써 비로소 그 효력이 생긴다(제288조). 이는 저당권자를 보호하기 위한 규정이다.

(3) 지상권 소멸의 효과

① 지상물수거와 매수청구권

> 제285조 【수거의무, 매수청구권】 ① 지상권이 소멸한 때에는 지상권자는 건물 기타 공작물이나 수목을 수거하여 토지를 원상에 회복하여야 한다.
> ② 전항의 경우에 지상권설정자가 상당한 가액을 제공하여 그 공작물이나 수목의 매수를 청구한 때에는 지상권자는 정당한 이유 없이 이를 거절하지 못한다.

지상권이 소멸하면 지상권자는 건물 기타의 공작물이나 수목을 수거하여 토지를 원상에 회복하여야 한다. 이 경우에 토지소유자가 상당한 가액을 제공하여 공작물이나 수목의 매수를 청구하는 때에는 지상권자는 정당한 이유 없이 이를 거절하지 못한다(제285조).

② 유익비상환청구권: 지상권자의 유익비상환청구권에 대한 명문의 규정은 없으나, 해석상 이를 인정한다. 즉, 지상권자가 유익비를 지출한 경우에는 지상권의 소멸시에 토지소유자의 선택에 따라 지상권자가 그 토지에 지출한 금액 또는 증가액의 상환을 청구할 수 있다. 다만, 지상권자는 필요비의 상환을 청구할 수는 없다.

보충학습 | 담보지상권

1. 의의
토지에 관하여 저당권을 취득함과 아울러 그 목적이 된 토지 위에 차후 용익권이 설정되거나 건물 또는 공작물이 축조·설치되는 등으로써 그 목적물의 담보가치가 저감하는 것을 막기 위하여 취득하는 지상권을 말한다.

2. 성질 및 효력
① 피담보채권이 변제 등으로 만족을 얻어 소멸한 경우는 물론이고 시효소멸한 경우에도 그 지상권은 피담보채권에 부종하여 소멸한다(대판 2011다6342).
② 담보지상권의 목적토지를 점유·사용하기 위한 것이 아니므로 그 목적토지의 소유자 또는 제3자가 저당권 및 지상권의 목적토지를 점유·사용하였어도 손해배상이나 부당이득의 반환을 청구할 수 없다(대판 2006다586).
③ 제3자가 저당권의 목적인 토지 위에 건물을 신축하는 경우에는, 그 제3자가 지상권자에게 대항할 수 있는 권원을 가지고 있다는 등의 특별한 사정이 없는 한, 지상권자는 그 방해배제청구로서 신축 중인 건물의 철거와 대지의 인도 등을 구할 수 있다(대판 2005다47205).
④ 지상권은 용익물권으로서 담보물권이 아니므로 피담보채무라는 것이 존재할 수 없다. 따라서 지상권설정등기에 관한 피담보채무의 범위 확인을 구하는 청구는 부적법하다(대판 2015다65042).

6 **특수지상권** 제29회, 제32회, 제33회, 제34회, 제35회

1. 분묘기지권

(1) 타인의 토지에 분묘를 설치한 자는 일정한 요건하에 그 분묘기지에 대하여 지상권에 유사한 관습법상의 물권을 취득한다. 이를 분묘기지권이라고 한다.

(2) 성립요건

① 분묘기지권은 다음 세 가지의 경우에 취득할 수 있게 된다.

　㉠ 승낙형: 소유자의 승낙을 얻어 그의 토지에 분묘를 설치한 때에 취득한다(대판 2017다 271834, 271841).

> **보충** 승낙형 분묘기지권의 경우 성립 당시 토지소유자와 분묘의 수호·관리자가 지료 지급의 약정을 하였다면 그 약정의 효력은 분묘 기지의 승계인에게도 미친다.

　㉡ 취득시효형

　　ⓐ 타인의 토지에 승낙 없이 분묘를 설치한 경우에는 20년간 평온·공연하게 그 분묘기지를 점유한 때에 취득한다(대판 2011다63017,63024). 이러한 경우에 점유의 형태는 물론 타주점유이며, 시효취득을 하는 경우에도 등기 없이 분묘기지권을 취득한다.

　　ⓑ 다만, 이러한 분묘기지권의 시효취득은 「장사 등에 관한 법률」이 시행됨으로써 변화가 생기게 되었는데, 문제가 되는 것은 이 법에서는 분묘기지권의 취득시효를 더 이상 인정하지 않도록 규정하고 있기 때문이다.

　　　• 이에 대해 판례는 「장사 등에 관한 법률」 시행일인 2001.1.13. 이후에 설치된 분묘에 대해서는 시효취득이 인정될 수 없지만, 시행일 이전에 설치된 분묘에 대해서는 법이 시행된 이후에도 시효취득 할 수 있다고 본다(대판 전합 2013다17292).

　　　• 「장사 등에 관한 법률」 시행일 이전에 설치한 분묘에 관해서는 분묘기지권의 시효취득이 관행 또는 관습으로서 여전히 법적 규범으로 유지되고 있다고 본다(대판 2013다 17292 전원합의체).

　㉢ 양도형: 자기 소유의 토지에 분묘를 설치한 자가 분묘에 관해서는 별도의 특약이 없이 토지만을 타인에게 처분한 때에 취득한다(대판 67다1920).

② **분묘기지권의 주체**: 원칙적으로 종손이 된다. 다만, 다른 사정이 있다면 종중에게 귀속할 수도 있다는 것이 판례의 태도이다.

판례보기

분묘기지권의 주체

분묘의 수호·관리나 봉제사에 대하여 현실적으로 또는 관습상 호주상속인인 종손이 그 권리를 가지고 있다면 그 권리는 종손에게 전속하는 것이고 종손이 아닌 다른 후손이나 종중에서 관여할 수는 없다고 할 것이나, 공동선조의 후손들로 구성된 종중이 선조 분묘를 수호·관리하여 왔다면 분묘의 수호·관리권 내지 분묘기지권은 종중에 귀속한다(대판 2005다44114).

---

③ 분묘기지권은 봉분 그 자체가 공시의 기능을 하고 있기 때문에 분묘가 평장(平葬)되거나 암장(暗葬)된 경우에는 분묘기지권을 취득할 수 없다.

(3) 효력

① **존속기간**: 약정이 있으면 약정에 의하고, 약정이 없으면 권리자가 분묘의 수호와 봉사를 계속하며 그 분묘가 존속하고 있는 동안에는 분묘기지권이 존속한다.

판례보기

분묘기지권의 존속기간

분묘기지권의 존속기간에 관하여는 「민법」의 지상권에 관한 규정에 따를 것이 아니라 당사자 사이에 약정이 있는 등 특별한 사정이 있으면 그에 따를 것이며, 그러한 사정이 없는 경우에는 권리자가 분묘의 수호와 봉사를 계속하며 그 분묘가 존속하고 있는 동안은 분묘기지권이 존속한다고 해석함이 타당하므로 「민법」 제281조에 따라 5년간이라고 보아야 할 것은 아니다(대판 94다28970).

---

② **소멸 여부**

㉠ 분묘가 멸실되었더라도 유골이 존재하여 원상회복이 가능한 경우에는 분묘기지권이 소멸하지 않는다.

판례보기

분묘의 일시적 멸실의 경우에 분묘기지권의 소멸 여부

분묘가 멸실된 경우라고 하더라도 유골이 존재하여 분묘의 원상회복이 가능하여 일시적인 멸실에 불과하다면 분묘기지권은 소멸하지 않고 존속하고 있다고 해석함이 상당하다(대판 2005다44114).

㉡ 분묘기지권은 권리자가 의무자에 대하여 그 권리를 포기하는 의사표시를 하는 외에 점유까지도 포기하여야만 그 권리가 소멸하는 것은 아니다(대판 92다14762).

③ **합장 가능 여부**: 기존의 분묘 외에 새로운 분묘를 설치한 권능은 포함되지 않으므로 단분·쌍분을 불문하고 허용하지 않는다.

판례보기

합장이 인정되는지 여부

분묘기지권에는 그 효력이 미치는 지역의 범위 내라고 할지라도 기존의 분묘 외에 새로운 분묘를 신설할 권능은 포함되지 아니하는 것이므로, 부부 중 일방이 먼저 사망하여 이미 그 분묘가 설치되고 그 분묘기지권이 미치는 범위 내에서 그 후에 사망한 다른 일방을 단분(單墳)형태로 합장하여 분묘를 설치하는 것도 허용되지 않는다(대판 2001다28367).

④ 범위: 분묘기지권은 주위의 필요한 공지에까지 미친다.
⑤ 지료
　㉠ 취득시효형: 분묘기지권을 시효취득하는 경우 토지소유자가 지료를 청구하면 지료를 지급하여야 하며, 그 지료는 분묘를 설치한 때부터가 아니라 토지소유자가 분묘기지에 관한 지료를 청구한 날부터 지급해야 한다(대판 전합 2017다228007).
　㉡ 양도형: 분묘기지권이 성립한 때부터 지료를 지급하여야 한다(대판 2020다295892).

2. 구분지상권

제289조의2 【구분지상권】 ① 지하 또는 지상의 공간은 상하의 범위를 정하여 건물 기타 공작물을 소유하기 위하여 지상권의 목적으로 할 수 있다. 이 경우 설정행위로써 지상권의 행사를 위하여 토지의 사용을 제한할 수 있다.
② 제1항의 규정에 의한 구분지상권은 제3자가 토지를 사용·수익할 권리를 가진 때에도 그 권리자 및 권리를 목적으로 하는 권리를 가진 자 전원의 승낙이 있으면 이를 설정할 수 있다. 이 경우 토지를 사용·수익할 권리를 가진 제3자는 그 지상권의 행사를 방해하여서는 아니 된다.

(1) 의의

① 타인의 토지의 지하 또는 지상의 공간에 상하의 범위를 정하여 건물 기타 공작물을 소유하기 위한 권리를 말한다. 토지를 입체적으로 볼 때, 어느 일정 공간만을 사용하기 위하여 설정된다.
② 보통의 지상권은 건물 기타 공작물의 소유뿐 아니라 수목을 소유하기 위해서도 설정할 수 있으나, 구분지상권은 수목을 소유하기 위해서 설정할 수는 없다(제289조의2 제1항).

(2) 설정

① 구분지상권도 보통의 지상권설정과 마찬가지로 당사자 사이의 설정계약과 등기에 의하여 설정된다. 다만, 구분지상권의 객체는 토지의 일정 공간에 한정되므로 반드시 토지의 '상하(上下)의 범위'를 정해서 등기하여야 한다.

② 제3자가 토지를 사용·수익할 권리를 가진 때에는 그의 사용·수익을 방해하지 않는 경우에도 그의 승낙이 있어야 구분지상권을 설정할 수 있다. 이 경우 승낙을 한 제3자는 구분지상권의 행사를 방해하여서는 아니 된다(제289조의2 제2항).

(3) 효력

① 구분지상권자는 설정행위에서 정해진 범위에서 토지를 사용할 권리를 갖고, 구분지상권의 효력이 미치지 않는 부분에 관하여는 토지소유자가 사용권을 가지게 된다.
② 구분지상권의 존속기간, 양도·담보제공·임대, 갱신청구권·매수청구권, 지료증감청구권 등에 관하여는 보통의 지상권에 관한 규정을 준용한다(제290조 제2항).

3. (관습법상) 법정지상권

(1) 의의와 공통요건

① 의의
　㉠ 건물이 존재하기 위해서는 당연히 토지를 그 전제로 한다. 일반적으로 건물을 신축하려고 한다면 먼저 해야 할 일은 토지를 매수하거나 또는 매수하지 않더라도 토지에 지상권이나 임차권이라는 이용권을 취득하는 일이 될 것이다. 왜냐하면 토지에 이용권한을 갖지 않고 건물 등을 신축한 경우에는 토지소유자에 의해서 건물이 철거될 운명에 처하게 되기 때문이다.
　㉡ 그런데 지상권설정계약을 하지 않은 경우라도, 예를 들어 경매가 실행되어 갑자기 소유자가 변경되어 설정계약을 체결할 시간적 여유가 없었다든지 또는 설정계약이 없었다 하더라도 건물철거가 부당하다고 판단되는 경우에는 건물의 철거를 막을 필요가 생기는데 이를 위하여 법률이 인정하는 것을 법정지상권이라고 한다. 수험상 주로 논의되는 것은 제305조의 법정지상권, 관습법상의 법정지상권, 제366조의 법정지상권이다.
② 공통요건: 원래 토지 위에 건물이 있고 토지와 건물을 동일인이 소유하다가 어떤 사정으로 토지소유자와 건물소유자가 다르게 된 경우에 건물이 철거되지 않도록 건물소유자에게 법정지상권을 인정한다.

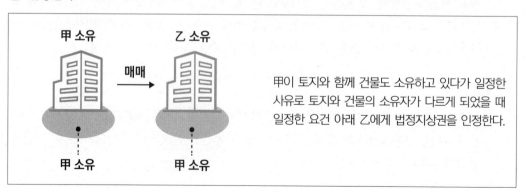

甲 소유　　　　乙 소유

매매

甲이 토지와 함께 건물도 소유하고 있다가 일정한 사유로 토지와 건물의 소유자가 다르게 되었을 때 일정한 요건 아래 乙에게 법정지상권을 인정한다.

甲 소유　　　　甲 소유

(2) 제305조의 법정지상권

> **제305조【건물의 전세권과 법정지상권】**① 대지와 건물이 동일한 소유자에 속한 경우에 건물에 전세권을 설정한 때에는 그 대지소유권의 특별승계인은 전세권설정자에 대하여 지상권을 설정한 것으로 본다. 그러나 지료는 당사자의 청구에 의하여 법원이 이를 정한다.
> ② 전항의 경우에 대지소유자는 타인에게 그 대지를 임대하거나 이를 목적으로 한 지상권 또는 전세권을 설정하지 못한다.

① 대지와 건물이 동일한 소유자인 상태에서 건물에만 전세권이 설정된 후에 토지의 소유자가 변경된 경우이다.

② 대지소유권의 특별승계인은 전세권설정자, 즉 건물의 소유자에게 법정지상권을 설정한 것으로 본다. 전세권자가 취득하는 것이 아님을 유의하여야 한다.

③ 지료는 당사자의 약정에 의하고, 합의가 되지 않는 경우에는 당사자의 청구에 의하여 법원이 이를 정하게 된다.

④ 법정지상권이 성립하였다면 이와 양립할 수 없는 용익권을 그 토지에 설정하지 못한다(제305조 제2항).

(3) 관습법상 법정지상권

① 의의: 동일인에게 속하고 있었던 토지와 건물 중 어느 한쪽이 매매 기타의 원인으로 인하여 그 소유자를 각각 달리하게 될 경우, 당사자 사이에 특약이 없는 한 건물소유자는 당연히 지상권을 취득하게 된다는 것이 관습법상 인정되고 있다.

② 요건

㉠ 토지와 건물을 동일인이 소유하였을 것

- 관습법상의 법정지상권이 성립되기 위하여는 토지와 건물 중 어느 하나가 처분될 당시에 토지와 그 지상건물이 동일인의 소유에 속하였으면 족하고 원시적으로 동일인의 소유였을 필요는 없다(대판 95다9075, 9082).
- 또한 토지와 건물소유권의 동일인에게의 귀속과 그 후의 각기 다른 사람에게의 귀속은 법의 보호를 받을 수 있는 권리변동으로 인한 것이어야 하므로, 원래 동일인에게의 소유권 귀속이 원인무효로 이루어졌다가 그 뒤 원인무효임이 밝혀져 그 등기가 말소됨으로써 그 건물과 토지의 소유자가 달라지게 된 경우에는 관습상의 법정지상권을 허용할 수 없다(대판 98다64189).

ⓐ 토지 위에 건물이 존재하여야 한다. 그 건물은 건물로서의 요건을 갖추고 있는 이상 무허가건물이거나 미등기 건물이거나를 가리지 않는다(대판 87다카2404).

ⓑ 토지와 건물이 동일인의 소유이어야 한다. 따라서 타인의 토지 위에 토지소유자의 승낙을 얻어 신축한 건물을 매수한 자는 관습법상의 법정지상권을 취득할 수 없다(대판 71다 2124). 토지소유자의 승낙을 얻어 신축한 건물이라면 토지소유자와 건물소유자가 다르기 때문이다.

ⓒ 미등기 건물을 그 대지와 함께 매도하였다면 비록 매수인에게 그 대지에 관하여만 소유권 이전등기가 경료되고 건물에 관하여는 등기가 경료되지 아니하여 형식적으로 대지와 건물이 그 소유 명의자를 달리하게 되었다 하더라도 매도인에게 관습상의 법정지상권을 인정할 이유가 없다(대판 2002다9660).

ⓓ 강제경매의 목적이 된 토지 또는 그 지상건물에 관하여 강제경매를 위한 압류나 그 압류에 선행한 가압류가 있기 이전에 저당권이 설정되어 있다가 강제경매로 저당권이 소멸한 경우, 토지와 그 지상건물이 동일인 소유에 속하였는지를 판단하는 기준시기는 저당권설정 당시이다(대판 2009다62059).

ⓛ 매매 기타의 원인에 의하여 소유자가 변동되었을 것: 토지와 건물이 동일한 소유자에게 속하였다가 매매·증여·대물변제·강제경매·공유지 분할·공매·귀속재산의 불하 등의 사유로 소유자가 달라진 경우에 인정된다.

판례보기

관습법상 법정지상권의 성립 여부

1. 매매 - 인정
   동일인 소유에 속하였던 토지 및 가옥이 매매로 인하여 각 소유자를 달리할 때에는 그 가옥 매매에 있어 이를 철거한다는 특약이 없는 한 가옥소유자는 그 가옥을 위하여 그 지상에 지상권을 취득한다(대판 4292민 상944).

2. 강제경매 - 인정
   강제경매의 목적이 된 토지 또는 그 지상건물의 소유권이 강제경매로 인하여 그 절차상 매수인에게 이전된 경우, 건물 소유를 위한 관습상 법정지상권의 성립요건인 '토지와 그 지상건물이 동일인 소유에 속하였는지'를 판단하는 기준시기는 압류 또는 가압류의 효력발생시이다(대판 전합 2010다52140).

3. 토지공유자 중의 1인이 토지지분을 전매한 경우 - 부정
   토지공유자 중의 1인이 공유토지 위에 건물을 소유하고 있다가 토지지분만을 전매한 경우 관습상의 법정지상권이 성립된 것으로 보게 된다면 이는 마치 토지공유자의 1인으로 하여금 다른 공유자의 지분에 대하여서까지 지상권설정의 처분행위를 허용하는 셈이 되어 부당하다 할 것이므로 관습상의 법정지상권이 성립될 수 없다(대판 86다카2188).

4. 나대지상에 환매특약의 등기가 마쳐진 상태에서 대지소유자가 그 지상에 건물을 신축하였다가 환매권자가 환매권을 행사한 경우 - 부정
   나대지상에 환매특약의 등기가 마쳐진 상태에서 대지소유자가 그 지상에 건물을 신축하였다면, 특별한 사정이 없는 한 환매권의 행사에 따라 토지와 건물의 소유자가 달라진 경우 그 건물을 위한 관습상의 법정지상권은 애초부터 생기지 않는다(대판 2010두16431).

5. **환지처분 - 부정**

   환지로 인하여 새로운 분할지적선이 그어진 결과 환지 전에는 동일인에게 속하였던 토지와 그 지상건물의 소유자가 달라졌다 하더라도 환지의 성질상 건물의 부지에 관하여 소유권을 상실한 건물소유자가 환지된 토지(건물부지)에 대하여 건물을 위한 관습상의 법정지상권을 취득한다거나 그 환지된 토지의 소유자가 그 건물을 위한 관습상의 법정지상권의 부담을 안게 된다고는 할 수 없다(대판 2001다4101).

6. **명의신탁의 해지 - 부정**

   토지소유권을 명의신탁받은 수탁자가 위 명의신탁 중 토지상에 건물을 신축하고 그 후 명의신탁이 해지되어 소유권 회복이 된 경우, 위 명의수탁자는 신탁자와의 대내적 관계에 있어서 그 토지가 자기소유에 속하는 것이었다고 주장할 수 없고 따라서 위 건물은 어디까지나 명의신탁자 소유의 토지 위에 지은 것이라 할 것이므로 그 후 소유 명의가 신탁자 명의로 회복될 당시 위 수탁자가 신탁자들에 대하여 지상건물의 소유를 위한 관습상의 지상권을 취득하였다고 주장할 수 없다(대판 86다카62).

7. **구분소유적 공유관계에 있는 자가 자신의 특정 소유가 아닌 부분에 건물을 신축한 경우 - 부정**

   甲과 乙의 구분소유적 공유관계는 통상적인 공유관계와는 달리 당사자 내부에 있어서는 각자가 특정매수한 부분이 각자의 단독소유로 되었다 할 것이므로, 乙은 위 대지 중 그가 매수하지 아니한 부분에 관하여는 甲에게 그 소유권을 주장할 수 없어 위 대지 중 乙이 매수하지 아니한 부분지상에 있는 乙소유의 건물부분은 당초부터 건물과 토지의 소유자가 서로 다른 경우에 해당되어 그에 관하여는 관습상의 법정지상권이 성립될 여지가 없다(대판 93다49871).

   > **비교판례** 甲과 乙이 1필지의 대지를 구분소유적으로 공유하고 乙이 자기 몫의 대지 위에 건물을 신축하여 점유하던 중 위 대지의 乙의 지분을 甲이 경락취득한 경우 乙은 관습상의 법정지상권을 취득한다(대판 89다카 24094).

ⓒ 건물철거특약이 존재하지 않을 것

   ⓐ 관습법상 법정지상권은 강제적인 것은 아니므로 당사자의 철거약정은 유효하다. 이때에 건물을 철거하기로 하는 합의가 있었다는 등의 특별한 사정의 존재에 관한 주장·입증책임은 그러한 사정의 존재를 주장하는 쪽에 있다(대판 87다카279).

   ⓑ 또한 관습법상 법정지상권은 스스로 포기할 수도 있다. 대지상의 건물만을 매수하면서 대지에 관한 임대차계약을 체결하였다면 관습상의 법정지상권을 포기하였다고 본다(대판 91다1912).

판례보기

구 건물을 철거하되 그 지상에 자신의 이름으로 건물을 다시 신축하기로 합의한 것이 관습상의 법정지상권을 포기한 것으로 볼 수 있는지 여부(소극)

토지와 건물의 소유자가 토지만을 타인에게 증여한 후 구 건물을 철거하되 그 지상에 자신의 이름으로 건물을 다시 신축하기로 합의한 경우, 그 건물철거의 합의는 건물소유자가 토지의 계속 사용을 그만두고자 하는 내용의 합의로 볼 수 없어 관습상의 법정지상권의 발생을 배제하는 효력이 인정되지 않는다(대판 98다58467).

ⓓ 등기 불필요: 관습상의 지상권은 법률행위로 인한 물권의 취득이 아니고 관습법에 의한 부동산물권의 취득이므로 등기를 필요로 하지 아니하고, 이 관습상의 법정지상권은 물권으로서의 효력에 의하여 이를 취득할 당시의 토지소유자나 이로부터 소유권을 전득한 제3자에게 대하여도 등기 없이 위 지상권을 주장할 수 있다(대판 87다카279).

(4) 제366조의 법정지상권

> **제366조 【법정지상권】** 저당물의 경매로 인하여 토지와 그 지상건물이 다른 소유자에 속한 경우에는 토지소유자는 건물소유자에 대하여 지상권을 설정한 것으로 본다. 그러나 지료는 당사자의 청구에 의하여 법원이 이를 정한다.

① 의의: 저당권의 실행으로 토지·지상건물이 경매되어 각각 소유자를 달리하게 되는 경우에는 건물의 소유를 위하여 대지이용의 법률관계가 성립되어 있어야 하는데, 경매가 있은 후에는 당사자들 간의 이해의 대립으로 인하여 대지이용에 관하여 모두 만족하는 합의가 성립한다는 것이 항상 가능한 것은 아니다. 이 경우 건물소유자에게 대지의 이용권원이 없기 때문에 건물을 철거하여야 할 위험에 빠지게 된다. 이러한 결과는 사회·경제적으로 큰 손실을 야기하게 되므로 이를 방지하기 위한 공익적 목적에서 인정되는 것이 법정지상권이다. 보통 법정지상권이라고 말하면 제366조의 법정지상권을 의미하게 된다.

② 요건
　ㄱ 저당권설정 당시 건물이 존재할 것
　　ⓐ 지상에 건물이 존재하면 족하고 미등기·무허가건물이라도 상관없다.
　　ⓑ 저당권설정 당시에 건물이 존재하여야 하므로 나대지상태에서 저당권이 설정된 후에 신축된 건물에 대해서는 법정지상권이 인정될 수 없다. 같은 이유로 건물이 없는 토지에 1번 저당권이 설정되고 건물을 신축한 다음 토지에 2번 저당권이 설정되어 그의 신청으로 경매가 실행되더라도 법정지상권은 성립되지 않는다.

판례보기

법정지상권 성립 여부

1. 나대지에 담보권설정 후 신축한 건물 – 부정

원래 채권을 담보하기 위하여 나대지상에 가등기가 경료되었고, 그 뒤 대지소유자가 그 지상에 건물을 신축하였는데, 그 후 그 가등기에 기한 본등기가 경료되어 대지와 건물의 소유자가 달라진 경우에 관습상 법정지상권을 인정하면 애초에 대지에 채권담보를 위하여 가등기를 경료한 사람의 이익을 크게 해하게 되기 때문에 특별한 사정이 없는 한 건물을 위한 관습상 법정지상권이 성립한다고 할 수 없다(대판 94다5458).

2. 나대지에 근저당권이 설정될 당시 근저당권자가 건물 신축에 동의한 경우 – 부정

   법정지상권은 저당권설정 당시부터 저당권의 목적되는 토지 위에 건물이 존재할 경우에 한하여 인정되며, 토지에 관하여 저당권이 설정될 당시 그 지상에 토지소유자에 의한 건물의 건축이 개시되기 이전이었다면, 건물이 없는 토지에 관하여 저당권이 설정될 당시 근저당권자가 토지소유자에 의한 건물의 건축에 동의하였다고 하더라도 그러한 사정은 주관적 사항이고 공시할 수도 없는 것이어서 토지를 낙찰받는 제3자로서는 알 수 없는 것이므로 그와 같은 사정을 들어 법정지상권의 성립을 인정한다면 토지소유권을 취득하려는 제3자의 법적 안정성을 해하는 등 법률관계가 매우 불명확하게 되므로 법정지상권이 성립되지 않는다(대판 2003다 26051).

3. 건물공유자의 1인이 그 건물의 부지인 토지를 단독으로 소유하면서 그 토지에 관하여만 저당권을 설정하였다가 위 저당권에 의한 경매로 토지소유자가 달라진 경우 – 인정

   토지소유자는 자기뿐만 아니라 다른 건물공유자들을 위하여도 위 토지의 이용을 인정하고 있었다고 할 것인 점, 저당권자로서도 저당권설정 당시 법정지상권의 부담을 예상할 수 있었으므로 불측의 손해를 입는 것이 아닌 점, 건물의 철거로 인한 사회경제적 손실을 방지할 공익상의 필요성도 인정되는 점 등에 비추어 위 건물공유자들은 「민법」 제366조에 의하여 토지 전부에 관하여 건물의 존속을 위한 법정지상권을 취득한다고 보아야 한다(대판 2010다67159).

4. 저당권설정 당시의 건물을 신축한 경우 – 구 건물 기준으로 인정

   「민법」 제366조 소정의 법정지상권이 성립하려면 저당권설정 당시 저당권의 목적이 되는 토지 위에 건물이 존재하여야 하는데, 저당권설정 당시의 건물을 그 후 개축·증축한 경우는 물론이고 그 건물이 멸실되거나 철거된 후 재건축·신축한 경우에도 법정지상권이 성립하며, 이 경우 신 건물과 구 건물 사이에 동일성이 있거나 소유자가 동일할 것을 요하는 것은 아니라 할 것이지만, 그 법정지상권의 내용인 존속기간, 범위 등은 구 건물을 기준으로 하여야 할 것이다(대판 2000다48517).

5. 공동저당이 설정된 후 건물을 철거하고 신축한 경우 – 부정

   동일인의 소유에 속하는 토지 및 그 지상건물에 관하여 공동저당권이 설정된 후 그 지상건물이 철거되고 새로 건물이 신축된 경우에는 그 신축건물의 소유자가 토지의 소유자와 동일하고 토지의 저당권자에게 신축건물에 관하여 토지의 저당권과 동일한 순위의 공동저당권을 설정해 주는 등 특별한 사정이 없는 한 저당물의 경매로 인하여 토지와 그 신축건물이 다른 소유자에 속하게 되더라도 그 신축건물을 위한 법정지상권은 성립하지 않는다(대판 98다43601). 이 경우 일괄경매가 인정된다.

  ⓛ 토지와 건물이 동일인 소유일 것: 저당권설정 당시에만 동일인이면 족하다. 즉, 그 이전의 동일성은 묻지 않으며, 그 이후에 소유자가 달라져도 법정지상권 성립에는 지장이 없다.

    ⓐ 저당권설정 당시에 토지와 건물이 각각 다른 자의 소유에 속하고 있었던 때에는 건물소유자에게 이미 일정한 용익권이 설정되어 있어 법정지상권을 인정하지 않아도 건물이 존속할 수 있기 때문이다.

    ⓑ 미등기 건물을 그 대지와 함께 매수한 사람이 그 대지에 관하여만 소유권이전등기를 넘겨받고 건물에 대하여는 그 등기를 이전받지 못하고 있다가 대지에 대하여 저당권을 설정하고 그 저당권의 실행으로 대지가 경매되어 다른 사람의 소유로 된 경우에는, 그 저당권의 설정 당시에 이미 대지와 건물이 각각 다른 사람의 소유에 속하고 있었으므로 법정지상권이 성립될 여지가 없다(대판 2002다9660).

ⓒ 토지와 건물의 어느 한쪽이나 양쪽에 저당권이 설정되어야 하며, 경매로 토지와 건물의 소유자가 달라져야 한다.

ⓔ 강행규정: 「민법」 제366조는 가치권과 이용권의 조절을 위한 공익상의 이유로 지상권의 설정을 강제하는 것이므로 저당권설정 당사자 간의 특약으로 저당목적물인 토지에 대하여 법정지상권을 배제하는 약정을 하더라도 그 특약은 효력이 없다(대판 87다카1564).

(5) 법정지상권의 효과

① 존속기간: 존속기간을 약정하지 아니한 지상권으로 본다(대판 63아11). 따라서 제280조, 제281조에 의하여 존속기간이 정해진다.

② 지료

㉠ 법정지상권에 관한 지료가 결정된 바 없다면 법정지상권자가 지료를 지급하지 아니하였다고 하더라도 지료지급을 지체한 것으로는 볼 수 없으므로 법정지상권자가 2년 이상의 지료를 지급하지 아니하였음을 이유로 하는 토지소유자의 지상권소멸청구는 허용되지 않는다(대판 93다52297).

㉡ 법정지상권이 성립되고 지료액수가 판결에 의하여 정해진 경우 지상권자가 판결 확정 후 지료의 청구를 받고도 책임 있는 사유로 상당한 기간 동안 지료의 지급을 지체한 때에는 지체된 지료가 판결 확정의 전후에 걸쳐 2년분 이상일 경우에 토지소유자는 제287조에 의하여 지상권의 소멸을 청구할 수 있다(대판 92다44749).

③ 법정지상권이 성립한 후 토지나 건물의 이전

㉠ 토지가 이전된 경우: 관습상의 지상권은 법률행위로 인한 물권의 취득이 아니고 관습법에 의한 부동산물권의 취득이므로 등기를 필요로 하지 아니하고, 이 관습상의 법정지상권은 물권으로서의 효력에 의하여 이를 취득할 당시의 토지소유자나 이로부터 소유권을 전득한 제3자에게 대하여도 등기 없이 위 지상권을 주장할 수 있다(대판 87다카279).

㉡ 건물이 이전된 경우: 법정지상권이 인정되는 건물이 법률행위가 아닌 사유로 이전되는 경우에는 법정지상권도 당연히 등기 없이 이전되므로 문제가 생기지 않는다. 다만, 법률행위로 이전되는 경우에는 법정지상권의 설정등기와 이전등기가 순차로 이루어져야 하는데 이러한 등기가 경료되지 않은 경우에 문제가 발생한다.

ⓐ 법정지상권이 딸린 건물이 경매로 이전되는 경우: 건물 소유를 위하여 법정지상권을 취득한 자로부터 경매에 의하여 그 건물의 소유권을 이전받은 경락인은 위 지상권도 당연히 이전받았다 할 것이고 이는 그에 대한 등기가 없어도 그 후에 토지를 전득한 자에게 대항할 수 있다(대판 79다1087).

ⓑ 법정지상권이 딸린 건물이 법률행위로 이전되는 경우: 법정지상권의 취득은 법률행위에 의한 변동이 아니므로 등기를 필요로 하지 않는다. 그러나 이를 제3자에게 처분하려면 지상권설정등기가 경료되어야 한다(제187조). 그런데 법정지상권을 취득한 건물소유자가

법정지상권설정등기를 경료함이 없이 건물을 제3자에게 양도한 경우에 문제가 된다.

- 법정지상권을 취득한 건물소유자가 건물을 양도하는 경우에는 특별한 사정이 없는 한 건물과 함께 지상권도 양도하는 것으로 합의된 것으로 보아 건물의 양수인에게 지상권 이전에 관한 등기청구권을 인정한다. 다만, 건물의 양수인은 법정지상권의 이전등기를 하여야 지상권자가 된다.
- 법정지상권을 취득할 지위에 있는 자에 대하여 대지소유자가 건물철거를 구하는 것은 지상권의 부담을 용인하고 그 설정등기절차를 이행할 의무 있는 자가 그 권리자를 상대로 한 청구라 할 것이어서 신의성실의 원칙상 허용될 수 없다(대판 전합 84다카1131).
- 법정지상권자라고 할지라도 대지소유자에게 지료를 지급할 의무가 있는 것이고 법정지상권을 취득할 지위에 있는 자 역시 지료 또는 임료 상당 이득을 대지소유자에게 반환할 의무를 면할 수는 없는 것이므로 이러한 임료 상당 부당이득의 반환청구까지도 신의성실의 원칙에 반한다고 볼 수 없다(대판 87다카1604).
- 건물의 양도인이 등기절차에 협력하지 아니할 때 건물의 양수인은 양도인을 대위하여 대지소유자에게 법정지상권설정등기를 양도인에게 해 줄 것을 청구할 수 있고 이어서 자신 앞으로 지상권이전등기를 양도인에게 청구할 수 있다.

제3절 지역권

1 서설 제29회, 제30회, 제31회, 제32회, 제33회, 제34회, 제35회

1. 의의

> **제291조 【지역권의 내용】** 지역권자는 일정한 목적을 위하여 타인의 토지를 자기 토지의 편익에 이용하는 권리가 있다.

(1) 지역권이란 어느 토지의 편익을 위하여 타인의 토지를 이용하는 용익물권의 일종이다.

① 따라서 지역권이 성립하기 위해서는 요역지가 있어야 하며 요역지가 없는 지역권은 존재할 수 없다.

② 어느 토지에 대하여 통행지역권을 주장하려면 그 토지의 통행으로 편익을 얻는 요역지가 있음을 주장 입증하여야 한다(대판 92다22725).

(2) 근대 「민법」은 대부분 특정인의 편익을 위한 인역권(人役權)과 특정한 토지의 편익을 위한 지역권을 함께 인정하고 있으나 우리 「민법」은 지역권만을 인정하고 있다. 인역권이란 토지의 편익이 아닌 특정인의 편익을 위하여 토지를 이용하는 권리를 말한다. 예를 들어 도자기공이 토사의 채취를 위하여 타인 토지를 이용하거나, 회화제작을 위하여 타인의 토지를 이용하는 권리를 말한다.

2. 성질

지역권은 지상권이나 전세권과 같은 용익물권이지만, 다음과 같은 차이가 있다.

(1) 비한정적·비배타적·공용적 성격

지상권이나 전세권은 토지의 사용목적이 법률에 의하여 한정되어 있지만, 지역권에서 토지 사용목적은 강행법규에 반하지 않는 한 제한이 없다. 또한 지역권은 배타적인 권리가 아니므로 지역권 행사에 방해가 되지 않는 한 승역지소유자는 토지를 이용할 수 있다. 즉, 공용적 성격을 가진다.

(2) 부종성

> 제292조 【부종성】 ① 지역권은 요역지소유권에 부종하여 이전하며 또는 요역지에 대한 소유권 이외의 권리의 목적이 된다. 그러나 다른 약정이 있는 때에는 그 약정에 의한다.
> ② 지역권은 요역지와 분리하여 양도하거나 다른 권리의 목적으로 하지 못한다.

① 수반성
   ㉠ 내용: 지역권은 토지의 편익을 위하여 존재하는 종된 권리이므로 요역지를 떠나서 독립하여 존재할 수 없다.
      ⓐ 따라서 지역권은 요역지의 소유권이 이전되면 당연히 함께 이전한다. 지역권 이전의 합의가 별도로 필요한 것이 아니고 법률규정에 의하여 당연히 이전하게 된다.
      ⓑ 요역지 소유권이전등기가 있으면 지역권이전등기가 없어도 지역권이전의 효력이 생긴다(제187조).
   ㉡ 배제특약: 지역권의 수반성은 당사자가 특약으로 배제할 수 있다(제292조 제2항). 예를 들어 현재의 요역지소유자에 한해서만 지역권을 인정하기로 약정하였다면 요역지의 소유권이 이전되어도 승계인은 지역권을 취득할 수 없게 된다. 이 경우에 요역지 없는 지역권은 존재가치가 없으므로 지역권은 당연히 소멸하게 된다.
② **부종성**: 지역권은 요역지에 종된 권리이기 때문에, 요역지와 분리하여 지역권만을 따로 양도하거나 다른 권리의 목적으로 하지 못한다.

(3) 불가분성

> **제293조 【공유관계, 일부양도와 불가분성】** ① 토지공유자의 1인은 지분에 관하여 그 토지를 위한 지역권 또는 그 토지가 부담한 지역권을 소멸하게 하지 못한다.
> ② 토지의 분할이나 토지의 일부양도의 경우에는 지역권은 요역지의 각 부분을 위하여 또는 그 승역지의 각 부분에 존속한다. 그러나 지역권이 토지의 일부분에만 관한 것인 때에는 다른 부분에 대하여는 그러하지 아니하다.
> **제295조 【취득과 불가분성】** ① 공유자의 1인이 지역권을 취득한 때에는 다른 공유자도 이를 취득한다.
> ② 점유로 인한 지역권 취득기간의 중단은 지역권을 행사하는 모든 공유자에 대한 사유가 아니면 그 효력이 없다.
> **제296조 【소멸시효의 중단, 정지와 불가분성】** 요역지가 수인의 공유인 경우에 그 1인에 의한 지역권 소멸시효의 중단 또는 정지는 다른 공유자를 위하여 효력이 있다.

① 요역지 또는 승역지가 수인의 공유에 속하는 경우에, 공유지분의 성질상 지역권은 요역지의 지분에 대해서만 또는 승역지의 지분에 대해서만 성립할 수는 없다.

② 그러므로 공유자의 1인에 관하여 지역권의 취득 또는 소멸의 사유가 생긴 때에는, 그 효력을 공유자 전원에 미치게 하거나 아니면 전부에 대하여 부인하는 수밖에 없다.

③ 「민법」은 지역권을 되도록 성립 혹은 존속시키려는 태도를 취하여 그 취득에 관해서는 공유자 1인에게 취득사유가 생김으로써 전원이 취득하도록 하고, 반면에 그 소멸에 관해서는 1인에게 소멸사유가 생기더라도 지역권은 소멸하지 않는 것으로 정한다.

  ㉠ 공유자 1인의 소멸청구: 토지공유자의 1인은 지분에 관하여 그 토지를 위한 지역권 또는 그 토지가 부담한 지역권을 소멸하게 하지 못한다(제293조 제1항). 공유지분은 소유권의 분량적 일부로서 성질상 목적물 전부에 미치므로 자신의 지분만에 대한 소멸은 인정될 수 없다.

  ㉡ 공유자 1인이 취득한 경우: 공유자의 1인이 지역권을 취득한 때에는 다른 공유자도 이를 취득한다(제295조 제1항).

  ㉢ 점유로 인한 취득기간의 중단: 점유로 인한 지역권 취득기간의 중단은 지역권을 행사하는 모든 공유자에 대한 사유가 아니면 그 효력이 없다(제295조 제2항). 즉 1인에 대한 취득시효 중단은 다른 공유자에게 효력이 없으며, 중단의 효력이 생기기 위해서는 공유자 전원의 취득시효를 중단시켜야 한다.

  ㉣ 소멸시효의 중단, 정지의 경우: 요역지가 수인의 공유인 경우에 그 1인에 의한 지역권 소멸시효의 중단 또는 정지는 다른 공유자를 위하여 효력이 있다(제296조). 따라서 지역권이 소멸시효로써 소멸하려면 모든 공유자의 지역권의 소멸시효가 완성되어야 한다. 1인이라도 중단되면 중단의 효력이 모든 공유자에게 미치기 때문이다.

구분	취득시효	소멸시효
시효의 완성	1인이 완성하면 전원에 대하여 효력이 있음	전원에 대하여 완성하여야 효력이 있음
시효의 중단	전원에게 중단시켜야 효력이 있음	1인의 중단효과가 전원에게 미침

4. 대가와 존속기간

「민법」은 대가와 존속기간에 대해서는 아무런 규정도 두고 있지 않다. 존속기간에 대하여 소유권을 제한하는 정도가 낮다는 것을 이유로 판례는 영구무한의 지역권을 인정하고 있다(대판 79다1704). 또한 지료는 요소가 아니므로 무상의 지역권이 인정되며, 대가를 등기할 수 없으므로 지역권에서는 지료를 가지고 제3자에게 대항할 수 없다.

2 지역권의 취득 제29회, 제30회, 제32회, 제33회, 제34회, 제35회

(1) 일반적 취득사유

① 지역권은 설정계약과 등기에 의하여 취득하는 것이 일반적이다. 그 밖에 유언·상속·양도 등에 의해서도 취득된다.

② 설정계약은 소유자 간에만 인정되는 것은 아니며 요역지의 지상권자·전세권자 등도 할 수 있다.

③ 요역지는 1필의 토지이어야 한다. 따라서 1필 토지의 일부를 위해서는 지역권을 설정할 수 없다.

④ 승역지는 1필 토지의 일부라도 상관없다. 따라서 1필 토지의 일부에 지역권을 설정할 수 있다.

(2) 시효에 의한 취득

제294조【지역권 취득기간】지역권은 계속되고 표현된 것에 한하여 제245조의 규정을 준용한다.

지역권은 계속되고 표현된 것에 한하여 취득시효의 대상이 된다. 따라서 불계속·비표현의 지역권은 시효취득을 할 수 없다. 취득시효의 기간이 만료된 경우에는 등기를 함으로써 지역권을 취득한다. 따라서 지역권의 시효취득기간이 경과한 후 등기 전에 토지소유자가 토지를 매도하여 타인에게 이전된 경우 시효취득자는 토지매수인에게 지역권을 주장할 수 없다(대판 90다카20395).

판례보기

통행지역권 시효취득의 요건과 보상

1. 요건
  ① 요역지소유자가 스스로 통로를 개설할 것
     점유로 인한 지역권 취득기간의 만료로 통행지역권을 취득하기 위해서는 요역지의 소유자가 타인의 소유인 승역지 위에 통로를 개설하였을 것을 요건으로 한다(대판 91다46861).
  ② 적법한 점유일 것
     위 요지(주위토지) 통행권이나 통행지역권은 모두 인접한 토지의 상호이용의 조절에 기한 권리로서 토지의 소유자 또는 지상권자·전세권자 등 토지사용권을 가진 자에게 인정되는 권리라 할 것이므로 위와 같은 권리자가 아닌 토지의 불법점유자는 토지소유권의 상린관계로서 위 요지(주위토지) 통행권의 주장이나 통행지역권의 시효취득 주장을 할 수 없다(대판 76다1694).

2. 보상
   통행지역권의 취득시효에 관한 여러 사정들과 아울러 주위토지통행권과의 유사성 등을 종합하여 보면, 종전의 승역지 사용이 무상으로 이루어졌다는 등의 다른 특별한 사정이 없다면 통행지역권을 취득시효한 경우에도 주위토지통행권의 경우와 마찬가지로 요역지소유자는 승역지에 대한 도로 설치 및 사용에 의하여 승역지소유자가 입은 손해를 보상하여야 한다고 해석함이 타당하다(대판 2012다17479).

---

3 지역권의 효력 제29회, 제32회, 제33회

(1) 지역권자의 권능

지역권자는 설정행위에서 정해진 목적에 따라 승역지를 자기 토지의 편익을 위하여 사용할 수 있다. 또한 지역권이 설정된 토지의 임차권자나 지상권자 등도 당연히 그 지역권을 행사할 수 있다.

① 용수지역권

> **제297조【용수지역권】** ① 용수승역지의 수량이 요역지 및 승역지의 수요에 부족한 때에는 그 수요 정도에 의하여 먼저 가용에 공급하고 다른 용도에 공급하여야 한다. 그러나 설정행위에 다른 약정이 있는 때에는 그 약정에 의한다.
> ② 승역지에 수개의 용수지역권이 설정된 때에는 후순위의 지역권자는 선순위의 지역권자의 용수를 방해하지 못한다.

② 공작물의 공동사용

> **제300조【공작물의 공동사용】** ① 승역지의 소유자는 지역권의 행사를 방해하지 아니하는 범위 내에서 지역권자가 지역권의 행사를 위하여 승역지에 설치한 공작물을 사용할 수 있다.
> ② 전항의 경우에 승역지의 소유자는 수익 정도의 비율로 공작물의 설치·보존의 비용을 분담하여야 한다.

(2) 승역지소유자의 의무

> **제298조【승역지소유자의 의무와 승계】** 계약에 의하여 승역지소유자가 자기의 비용으로 지역권의 행사를 위하여 공작물의 설치 또는 수선의 의무를 부담한 때에는 승역지소유자의 특별승계인도 그 의무를 부담한다.
>
> **제299조【위기에 의한 부담면제】** 승역지의 소유자는 지역권에 필요한 부분의 토지소유권을 지역권자에게 위기(委棄)하여 전조의 부담을 면할 수 있다.

① 승역지소유자는 승역지가 요역지의 편익에 이용되는 범위에서 지역권자의 행위를 인용하고 일정한 이용을 하지 않을 부작위의무를 부담한다. 또한 이러한 의무는 승역지소유자의 특별승계인도 부담한다.

② 승역지소유자는 지역권에 필요한 부분의 토지소유권을 지역권자에게 위기(委棄)하여 의무의 부담을 면할 수 있다. 위기에 의하여 지역권은 혼동으로 소멸한다.

(3) 지역권에 기한 물권적 청구권

지역권자는 자신이 편익을 얻는 것에 대한 방해가 있는 경우에는 방해제거청구권 또는 방해예방청구권의 물권적 청구권을 행사할 수 있다. 다만, 지역권자는 승역지를 점유할 권능이 없으므로 반환청구권은 인정되지 않는다.

4 지역권의 소멸

(1) 소멸사유

지역권은 요역지 또는 승역지의 멸실, 존속기간의 만료, 지역권자의 포기, 소멸시효, 혼동, 약정소멸사유의 발생, 승역지의 시효취득, 승역지소유자의 위기(委棄) 등으로 소멸한다.

(2) 승역지의 시효취득에 의한 소멸

승역지가 제3자에 의하여 시효취득되는 경우에는 그것은 원시취득이기 때문에 그 위에 존재한 지역권이 소멸되는 것이 원칙이다. 그러나 승역지를 시효취득하는 자가 지역권의 부담이 있는 상태로 승역지를 점유한 때에는 지역권의 제한을 받는 소유권을 취득하게 되므로 지역권은 소멸하지 않는다.

제 4 절 전세권

1 서설 제29회, 제30회, 제31회

1. 의의

> **제303조 【전세권의 내용】** ① 전세권자는 전세금을 지급하고 타인의 부동산을 점유하여 그 부동산의 용도에 좇아 사용·수익하며, 그 부동산 전부에 대하여 후순위권리자 기타 채권자보다 전세금의 우선변제를 받을 권리가 있다.
> ② 농경지는 전세권의 목적으로 하지 못한다.

전세권은 전세금을 지급하고 타인의 부동산을 그의 용도에 따라 사용·수익하는 용익물권이며, 이와 동시에 전세권이 소멸하면 목적부동산으로부터 전세금의 우선변제를 받을 수 있는 담보적 효력까지 인정되는 물권이다.

즉, 전세권은 용익물권이면서 담보물권으로서의 성질도 함께 가지고 있는 특수한 물권인 것이다. 전세권은 채권적인 관계로서 관행되어 온 이른바 전세를 물권으로 입법화한 것이며, 외국의 입법례에서 볼 수 없는 특유한 제도이다.

2. 법적 성질

(1) 타물권

① **목적물**: 전세권은 타인의 부동산을 목적으로 하는 제한물권이다. 즉, 목적물은 타인의 부동산이다. 다만, 농경지는 전세권의 목적으로 할 수 없다.

② **부동산 일부에 설정 가능한 물권**: 전세권의 객체인 부동산은 1필의 토지 또는 1동의 건물 전부일 필요는 없으며 1필의 토지의 일부 또는 1동의 건물의 일부라도 상관없다. 다만, 전세권의 목적이 부동산의 일부인 경우 등기신청시에 그 도면을 첨부하여야 한다.

(2) 용익물권

전세권은 목적부동산을 점유하여 그 부동산의 용도에 좇아 사용·수익하는 용익물권이다. 따라서 전세권자는 회복이 어려울 정도의 변경을 가하지 못한다. 또한 전세권자는 부동산을 점유할 권리가 있으므로 부동산을 사용하는 관계에 있어서는 소유자와 차이가 없다. 따라서 상린관계에 관한 규정이 준용되며(제319조), 전세권이 침해된 경우에는 물권적 청구권이 인정된다.

(3) 담보물권

① 전세권자는 그 부동산 전부에 관하여 후순위 권리자 기타 채권자보다 전세금의 우선변제를 받을 권리가 있다. 즉, 전세권은 담보물권의 성질을 가지기 때문에 경매를 청구할 수 있으며(제318조) 우선변제를 받을 권리가 인정된다.

② 전세권이 용익물권적인 성격과 담보물권적인 성격을 모두 갖추고 있는 점에 비추어 전세권 존속 기간이 시작되기 전에 마친 전세권설정등기도 특별한 사정이 없는 한 유효한 것으로 추정된다. 따라서 전세권은 등기부상 기록된 전세권설정등기의 존속기간과 상관없이 등기된 순서에 따라 순위가 정해진다(대결 2017마1093).

③ 담보물권의 통유성

  ㉠ 부종성: 전세권은 전세금채권과 운명을 함께한다. 즉, 전세금채권이 소멸하면 전세권도 소멸한다.

  ㉡ 수반성: 전세금에 대한 권리가 양도되면 전세권도 승계된다.

  ㉢ 불가분성: 전세금이 완전히 변제되기 전까지는 목적물 전부에 대하여 효력이 있다.

  ㉣ 물상대위성: 전세권의 효력은 본래의 목적물뿐만 아니라 그 목적물의 가치변형물 위에도 미친다.

④ 전세금반환청구권의 분리양도 가능 여부: 전세금반환채권은 전세권과 함께 양도하는 것이 원칙이나, 예외적으로 전세금반환채권만을 양도하는 것도 인정될 수 있다는 것이 판례의 입장이다.

판례보기

전세권이 존속하는 동안에 전세권을 존속시키기로 하면서 전세금반환채권만을 전세권과 분리하여 확정적으로 양도할 수 있는지 여부(소극)

전세권은 전세금을 지급하고 타인의 부동산을 그 용도에 따라 사용·수익하는 권리로서 전세금의 지급이 없으면 전세권은 성립하지 아니하는 등으로 전세금은 전세권과 분리될 수 없는 요소일 뿐 아니라, 전세권에 있어서는 그 설정행위에서 금지하지 아니하는 한 전세권자는 전세권 자체를 처분하여 전세금으로 지출한 자본을 회수할 수 있도록 되어 있으므로 전세권이 존속하는 동안은 전세권을 존속시키기로 하면서 전세금반환채권만을 전세권과 분리하여 확정적으로 양도하는 것은 허용되지 않는 것이며, 다만 전세권 존속 중에는 장래에 그 전세권이 소멸하는 경우에 전세금반환채권이 발생하는 것을 조건으로 그 장래의 조건부 채권을 양도할 수 있을 뿐이라 할 것이다(대판 2001다69122).

---

2 전세권의 취득과 존속기간 제30회, 제32회, 제33회, 제34회

(1) 전세권의 취득

전세권설정계약과 전세권설정등기를 함으로써 전세권을 취득한다. 또한 전세권의 양도나 상속 등에 의해서도 취득될 수 있다.

① **전세금의 지급**: 전세금의 지급은 전세권의 성립요소이다. 전세금의 액수는 당사자 사이의 합의에 의하여 자유로이 정할 수 있고 아무런 제한이 없지만 반드시 전세금이 있어야 한다. 다만, 반드시 현실로 수수될 필요는 없으며, 기존의 채권으로 갈음할 수 있다. 전세금은 등기하여야 하고, 등기된 전세금은 제3자에게 대항할 수 있다.

> **판례보기**
>
> **기존의 채권으로 전세금 지급에 갈음할 수 있는지 여부(적극)**
>
> 전세금의 지급은 전세권 성립의 요소가 되는 것이지만 그렇다고 하여 전세금의 지급이 반드시 현실적으로 수수되어야만 하는 것은 아니고, 기존의 채권으로 전세금의 지급에 갈음할 수도 있다(대판 94다18508).

② **목적물의 인도**: 목적물의 인도는 전세권의 성립요소가 아니다. 전세권이 용익물권적 성격과 담보물권적 성격을 겸비하고 있다는 점 및 목적물의 인도는 전세권의 성립요건이 아닌 점 등에 비추어 볼 때, 당사자가 주로 채권담보의 목적으로 전세권을 설정하였고, 그 설정과 동시에 목적물을 인도하지 아니한 경우라 하더라도 장차 전세권자가 목적물을 사용·수익하는 것을 완전히 배제하는 것이 아니라면, 그 전세권의 효력을 부인할 수는 없다(대판 94다18508).

(2) 전세권의 존속기간

① **존속기간의 약정이 있는 경우**

> **제312조 【전세권의 존속기간】** ① 전세권의 존속기간은 10년을 넘지 못한다. 당사자의 약정기간이 10년을 넘는 때에는 이를 10년으로 단축한다.
> ② 건물에 대한 전세권의 존속기간을 1년 미만으로 정한 때에는 이를 1년으로 한다.
> ③ 전세권의 설정은 이를 갱신할 수 있다. 그 기간은 갱신한 날로부터 10년을 넘지 못한다.
> ④ 건물의 전세권설정자가 전세권의 존속기간 만료 전 6월부터 1월까지 사이에 전세권자에 대하여 갱신거절의 통지 또는 조건을 변경하지 아니하면 갱신하지 아니한다는 뜻의 통지를 하지 아니한 경우에는 그 기간이 만료된 때에 전 전세권과 동일한 조건으로 다시 전세권을 설정한 것으로 본다. 이 경우 전세권의 존속기간은 그 정함이 없는 것으로 본다.

㉠ **최장기간의 제한**: 전세권의 존속기간은 10년을 넘지 못하며, 당사자의 약정기간이 10년을 넘는 때에는 10년으로 단축된다.

㉡ **최단기간의 제한**: 건물전세권에만 적용된다. 건물에 대한 전세권의 존속기간을 1년 미만으로 정한 때에는 이를 1년으로 한다.

② 존속기간의 약정이 없는 경우

> **제313조【전세권의 소멸통고】** 전세권의 존속기간을 약정하지 아니한 때에는 각 당사자는 언제든지 상대방에 대하여 전세권의 소멸을 통고할 수 있고 상대방이 이 통고를 받은 날로부터 6월이 경과하면 전세권은 소멸한다.

③ 전세권의 갱신
　　㉠ 약정갱신: 전세권의 설정은 당사자 간의 약정으로 이를 갱신할 수 있다. 그 기간은 갱신한 날로부터 10년을 넘지 못하며, 약정에 의한 갱신은 등기를 하여야 효력이 발생한다.
　　㉡ 법정갱신: 건물전세권에만 인정된다.
　　　　ⓐ 건물의 전세권설정자가 전세권의 존속기간 만료 전 6개월부터 1개월까지 사이에 전세권자에 대하여 갱신거절의 통지 또는 조건을 변경하지 아니하면 갱신하지 아니한다는 뜻의 통지를 하지 아니한 경우에는 그 기간이 만료된 때 전에 설정된 전세권과 동일한 조건으로 다시 전세권을 설정한 것으로 본다.
　　　　ⓑ 법정갱신이 되면 기간은 정함이 없는 것으로 된다. 따라서 각 당사자는 언제든지 상대방에 대하여 전세권의 소멸을 통고할 수 있고 상대방이 이 통고를 받은 날로부터 6개월이 경과하면 전세권은 소멸한다(제313조).
　　　　ⓒ 법정갱신의 경우에는 등기가 없더라도 효력이 발생하며, 등기 없이도 제3자에게 대항할 수 있다(제187조).

판례보기

전세권의 법정갱신의 경우 등기 없이도 제3자에게 대항할 수 있는지 여부(적극)
전세권의 법정갱신은 법률의 규정에 의한 부동산에 관한 물권의 변동이므로 전세권갱신에 관한 등기를 필요로 하지 아니하고 전세권자는 그 등기 없이도 전세권설정자나 그 목적물을 취득한 제3자에 대하여 그 권리를 주장할 수 있다(대판 88다카21029).

---

3 전세권의 효력 제30회, 제32회, 제35회

1. 전세권의 효력이 미치는 범위

(1) 건물전세권의 지상권·임차권에 대한 효력

> **제304조【건물의 전세권, 지상권, 임차권에 대한 효력】** ① 타인의 토지에 있는 건물에 전세권을 설정한 때에는 전세권의 효력은 그 건물의 소유를 목적으로 한 지상권 또는 임차권에 미친다.
> ② 전항의 경우에 전세권설정자는 전세권자의 동의 없이 지상권 또는 임차권을 소멸하게 하는 행위를 하지 못한다.

건물에 대해서만 전세권을 설정한 경우에는 그 건물을 사용하기 위하여 토지의 이용권이 있어야만 한다. 따라서 건물소유자가 토지에 대하여 가지고 있는 지상권 또는 임차권에도 전세권의 효력이 미친다. 또한 전세권의 효력이 지상권 또는 임차권에도 미치는 경우에 전세권설정자는 그 지상권 또는 임차권을 소멸하게 하는 행위를 하지 못한다.

(2) 법정지상권

대지와 건물이 동일한 소유자에 속한 경우 건물에 전세권을 설정한 때에는 그 대지소유권의 특별승계인은 전세권설정자에 대하여 지상권을 설정한 것으로 본다. 그러나 지료는 당사자의 청구에 의하여 법원이 이를 정한다(제305조).

(3) 전세목적물의 소유권이 이전된 경우(인적 범위)

전세권이 성립된 후 목적물의 소유자가 변경된 경우에는 종전 소유자는 전세금반환의무를 면하게 되고 새로운 소유자가 전세금반환의무를 부담하게 된다(대판 99다15122).

2. 전세권자의 권리·의무

(1) 사용·수익권

전세권자는 부동산을 점유하며 그 부동산의 용도에 좇아 사용·수익할 권리를 가진다(제303조 제1항). 전세권자가 용도에 위반한 사용·수익을 하는 경우 전세권설정자는 전세권의 소멸을 청구할 수 있으며, 이 경우에 전세권설정자는 전세권자에 대하여 원상회복 또는 손해배상을 청구할 수 있다(제311조).

(2) 유지·수선의무

> 제309조 【전세권자의 유지, 수선의무】 전세권자는 목적물의 현상을 유지하고 그 통상의 관리에 속한 수선을 하여야 한다.

전세권설정자는 소극적인 인용의무만 부담할 뿐이고, 목적부동산을 사용·수익에 적합한 상태에 둘 적극적인 의무는 부담하지 않는다. 따라서 전세권자가 통상적인 관리 및 유지를 위하여 필요비를 지출한 경우에도 그 비용의 상환을 청구할 수 없다. 다만, 유익비의 상환은 청구할 수 있다(제310조 제1항).

(3) 전세금증감청구권

전세금이 목적부동산에 관한 조세·공과금 기타 부담의 증감이나 경제사정의 변동으로 인하여 상당하지 아니하게 된 때에는 당사자는 장래에 대하여 그 증감을 청구할 수 있다. 그러나 증액의 경우에는 대통령령이 정하는 기준에 따른 비율을 초과하지 못한다(제312조의2). 전세금의 증액청구의 비율은 약정한 전세금의 20분의 1을 초과하지 못하며, 전세권설정계약이 있은 날 또는 약정한 전세금의 증액이 있은 날로부터 1년 이내에는 전세금의 증액청구를 하지 못한다(「민법」 제312조의2 단서의 시행에 관한 규정 제2조, 제3조).

(4) 상린관계의 준용과 물권적 청구권

상린관계에 관한 규정은 전세권자와 인접한 부동산이용자 사이에도 준용된다. 또한 전세권은 목적물을 점유하는 권리이므로 전세권의 내용의 실현이 방해된 때에는 점유보호청구권을 행사할 수 있고, 전세권에 기한 물권적 청구권으로서 반환·방해제거·방해예방청구권을 행사할 수 있다(제319조).

(5) 경매청구권과 우선변제권

전세권설정자가 전세금의 반환을 지체한 때에 전세권자는 「민사집행법」이 정하는 바에 의하여 목적부동산의 경매를 청구할 수 있고(제318조), 부동산 전부에 대하여 후순위 권리자 기타 채권자보다 전세금을 우선변제받을 권리가 있다(제303조 제1항).

3. 전세권의 처분

(1) 전세권 처분의 자유와 제한

> **제306조 【전세권의 양도, 임대 등】** 전세권자는 전세권을 타인에게 양도 또는 담보로 제공할 수 있고 그 존속기간 내에서 그 목적물을 타인에게 전전세 또는 임대할 수 있다. 그러나 설정행위로 이를 금지한 때에는 그러하지 아니하다.

전세권은 물권이므로 양도성을 갖는다. 따라서 전세권설정자의 동의 없이도 유효하게 전세권을 처분할 수 있다. 다만, 당사자는 설정행위로써 처분금지특약을 할 수 있고, 이를 등기하면 제3자에게 대항할 수 있다. 지상권의 양도성이 절대적이라는 점과 비교된다.

(2) 전세권의 양도

> **제307조 【전세권 양도의 효력】** 전세권 양수인은 전세권설정자에 대하여 전세권 양도인과 동일한 권리의무가 있다.

전세권의 양도는 부동산물권변동의 일반원칙에 따른다. 즉, 전세권 양도합의와 전세권이전등기에 의하여 전세권은 양도된다. 또한 양수인은 전세권설정자에 대하여 양도인과 동일한 권리·의무를 가지게 되므로 전세권설정자는 양수인에 대하여 전세금반환의무를 지게 된다.

(3) 전전세(轉傳貰)

① 의의: 전전세란 기존의 전세권은 그대로 존속하면서 그 전세권을 목적으로 하는 전세권을 다시 설정하는 것을 말한다.

② 요건

　　㉠ 전전세권도 하나의 전세권이므로 부동산물권변동의 일반원칙에 따라 물권적 합의와 등기를 하여야 한다.

　　㉡ 당사자가 되는 것은 전세권자와 전전세권자이며, 전세권설정자는 당사자가 아니다. 전전세권의 설정에 전세권설정자의 동의는 필요하지 않다. 또한 전전세권자는 원전세권설정자에 대하여 직접 의무를 부담하지 않는다.

　　㉢ 전전세권의 존속기간은 전세권의 존속기간 내이어야 하며, 전전세금은 전세금의 한도를 넘지 못한다.

　　㉣ 전세권의 일부를 목적으로 하는 전전세권도 유효하다.

③ 효과

　　㉠ 전전세권이 설정되더라도 전세권은 소멸하지 않는다.

　　㉡ 전세권이 소멸하면 전전세권도 소멸한다.

　　㉢ 책임의 가중: 전세권의 목적물을 전전세 또는 임대한 경우에 전세권자는 전전세 또는 임대하지 아니하였으면 면할 수 있는 불가항력으로 인한 손해에 대하여 그 책임을 부담한다(제308조).

　　㉣ 전전세권자의 경매권: 원전세권자가 전전세금의 반환을 지체한 때에는 전전세권자도 경매권을 행사할 수 있다. 그러나 전전세권자의 경매권은 전세권자의 경매권을 기초로 하므로 일정한 제한이 있다.

　　　　ⓐ 우선 전전세권의 존속기간이 원전세권보다 먼저 만료하더라도 원전세권의 존속기간이 만료하기 전에는 전전세권자는 경매권을 행사할 수 없다.

　　　　ⓑ 또한 원전세권설정자가 원전세권자에게 전세금의 반환을 지체한 경우에 한하여 전전세권자는 경매를 청구할 수 있다.

(4) 전세권의 담보제공

전세권을 담보로 제공할 수 있다. 다만, 전세권을 목적으로 할 수 있는 담보는 저당권뿐이므로 결국 전세권은 저당권의 목적이 될 수 있다는 의미이다.

판례보기

전세권에 대한 저당에서 전세권이 소멸한 경우의 문제

1. 전세권이 기간만료로 종료된 경우 전세권은 전세권설정등기의 말소등기 없이도 당연히 소멸하고, 저당권의 목적물인 전세권이 소멸하면 저당권도 당연히 소멸하는 것이므로 전세권을 목적으로 한 저당권자는 전세권의 목적물인 부동산의 소유자에게 더 이상 저당권을 주장할 수 없다.

2. 이러한 경우에는 물상대위법리에 의하여 저당권의 목적물인 전세권에 갈음하여 존속하는 것으로 볼 수 있는 전세금반환채권에 대하여 압류 및 추심명령 또는 전부명령을 받거나 제3자가 전세금반환채권에 대하여 실시한 강제집행절차에서 배당요구를 하는 등의 방법으로 자신의 권리를 행사하여 비로소 전세권설정자에 대하여 전세금의 지급을 구할 수 있게 된다.

3. 전세권에 저당권이 설정된 경우에도 전세권이 기간만료로 소멸되면 전세권설정자는 전세금반환채권에 대한 제3자의 압류 등이 없는 한 전세권자에 대하여만 전세금반환의무를 부담한다고 보아야 한다(대판 98다 31301).

4 전세권의 소멸 제30회, 제33회, 제35회

1. 소멸사유

(1) 물권에 공통되는 소멸사유

전세권은 물권에 공통되는 소멸원인인 목적부동산의 멸실, 존속기간의 만료, 혼동, 소멸시효, 전세권에 우선하는 저당권의 실행에 의한 경매, 토지수용 등으로 소멸한다.

(2) 전세권에 특유한 소멸사유

① 전세권설정자의 소멸청구

> **제311조 【전세권의 소멸청구】** ① 전세권자가 전세권설정계약 또는 그 목적물의 성질에 의하여 정하여진 용법으로 이를 사용, 수익하지 아니한 경우에는 전세권설정자는 전세권의 소멸을 청구할 수 있다.
> ② 전항의 경우에 전세권설정자는 전세권자에 대하여 원상회복 또는 손해배상을 청구할 수 있다.

② 전세권의 소멸통고: 전세권의 존속기간을 약정하지 아니한 때에는 각 당사자는 언제든지 상대방에 대하여 전세권의 소멸을 통고할 수 있고 상대방이 이 통고를 받은 날로부터 6개월이 경과하면 전세권은 소멸한다(제313조).

③ 목적물의 멸실

㉠ 불가항력으로 인한 멸실

> **제314조 【불가항력으로 인한 멸실】** ① 전세권의 목적물의 전부 또는 일부가 불가항력으로 인하여 멸실된 때에는 그 멸실된 부분의 전세권은 소멸한다.
> ② 전항의 일부 멸실의 경우에 전세권자가 그 잔존부분으로 전세권의 목적을 달성할 수 없는 때에는 전세권설정자에 대하여 전세권 전부의 소멸을 통고하고 전세금의 반환을 청구할 수 있다.

ⓐ 전부의 멸실: 목적물의 전부가 불가항력으로 멸실한 때에 전세권은 소멸하고 전세권자는 전세금의 반환을 청구할 수 있다.

ⓑ 일부의 멸실: 멸실된 부분의 전세권은 소멸하고 잔존부분에 전세권이 존속하며, 멸실부분에 해당하는 만큼의 전세금은 감액된다. 다만, 목적을 달성할 수 없는 경우에 전세권자는 전세권설정자에 대하여 전세권 전부의 소멸을 통고하고 전세금의 반환을 청구할 수 있다(제314조 제2항).

ⓛ 전세권자의 귀책사유로 인한 멸실

> **제315조 【전세권자의 손해배상책임】** ① 전세권의 목적물의 전부 또는 일부가 전세권자에 책임 있는 시유로 인하여 멸실된 때에는 전세권자는 손해를 배상할 책임이 있다.
> ② 전항의 경우에 전세권설정자는 전세권이 소멸된 후 전세금으로써 손해의 배상에 충당하고 잉여가 있으면 반환하여야 하며, 부족이 있으면 다시 청구할 수 있다.

목적물의 전부 또는 일부가 전세권자의 귀책사유로 멸실한 때에는 전세권자는 손해를 배상할 책임을 진다. 전세권설정자는 전세권이 소멸된 후 전세금으로써 손해의 배상에 충당하고 잉여가 있으면 반환하여야 하며, 부족이 있으면 다시 청구할 수 있다.

2. 소멸효과

전세권이 소멸하면 전세권설정자는 전세금을 반환하여야 하고, 전세권자는 목적물의 인도와 말소에 필요한 등기서류 등을 교부하여야 한다.

(1) 동시이행관계

> **제317조 【전세권의 소멸과 동시이행】** 전세권이 소멸한 때에는 전세권설정자는 전세권자로부터 그 목적물의 인도 및 전세권설정등기의 말소등기에 필요한 서류의 교부를 받는 동시에 전세금을 반환하여야 한다.

전세권자의 전세목적물 인도의무 및 전세권설정등기 말소등기의무와 전세권설정자의 전세금반환의무는 서로 동시이행의 관계에 있으므로 전세권자인 채권자가 전세목적물에 대한 경매를 청구하려면 우선 전세권설정자에 대하여 전세목적물의 인도의무 및 전세권설정등기말소의무의 이행제공을 완료하여 전세권설정자를 이행지체에 빠뜨려야 한다(대결 77마90).

(2) 경매청구권 및 우선변제권

> **제318조 【전세권자의 경매청구권】** 전세권설정자가 전세금의 반환을 지체한 때에는 전세권자는 「민사집행법」의 정한 바에 의하여 전세권의 목적물의 경매를 청구할 수 있다.

전세권은 담보물권의 성질이 있으므로 전세권설정자가 전세금의 반환을 지체한 때에는 전세권자는 「민사집행법」이 정하는 바에 의하여 목적부동산의 경매를 청구할 수 있고, 부동산 전부에 대하여 후순위 권리자 기타 채권자보다 전세금의 우선변제를 받을 권리가 있다.

① **우선변제권**: 대항력이 없는 일반 채권자에 대하여는 언제나 전세권이 우선하는 것이 원칙이나, 저당권과의 관계는 경우를 나누어 볼 필요가 있다.

　㉠ 선순위 전세권과 후순위 저당권의 관계

　　ⓐ 전세권자가 경매를 신청하면 모두 소멸하고, 배당순위는 설정순위에 의해서 전세권이 우선한다.

　　ⓑ 만일 후순위 저당권자가 경매를 신청한 경우라면 전세권은 소멸하지 않는 것을 원칙으로 한다. 다만, 전세권자가 배당을 요구하면 소멸되고, 이때에는 설정순위에 따라 전세권자가 먼저 변제를 받는다.

　㉡ 후순위 전세권과 선순위 저당권의 관계: 누가 경매를 신청하든 양자 모두 소멸하고, 배당은 설정 선후에 따라 저당권자가 먼저 받는다.

② **일부 전세권의 문제**: 건물 일부의 전세권자는 목적물 전부에 대하여 우선변제권은 인정되어도 전부에 대한 경매신청권은 인정될 수 없다.

판례보기

일부의 전세권자가 목적물 전부로부터 우선변제를 받을 수 있는지 여부(적극)와 목적물 전부에 대한 경매를 신청할 수 있는지 여부(소극)

건물의 일부에 대하여 전세권이 설정되어 있는 경우 그 전세권자는 「민법」 제303조 제1항의 규정에 의하여 그 건물 전부에 대하여 후순위 권리자 기타 채권자보다 전세금의 우선변제를 받을 권리가 있고, 「민법」 제318조의 규정에 의하여 전세권설정자가 전세금의 반환을 지체한 때에는 전세권의 목적물의 경매를 청구할 수 있는 것이나, 전세권의 목적물이 아닌 나머지 건물부분에 대하여는 우선변제권은 별론으로 하고 경매신청권은 없으므로, 위와 같은 경우 전세권자는 전세권의 목적이 된 부분을 초과하여 건물 전부의 경매를 청구할 수 없다고 할 것이고, 그 전세권의 목적이 된 부분이 구조상 또는 이용상 독립성이 없어 독립한 소유권의 객체로 분할할 수 없고 따라서 그 부분만의 경매신청이 불가능하다고 하여 달리 볼 것은 아니다(대결 2001마212).

---

3. 원상회복의무·부속물수거권·부속물매수청구권

> **제316조 【원상회복의무, 매수청구권】** ① 전세권이 그 존속기간의 만료로 인하여 소멸한 때에는 전세권자는 그 목적물을 원상에 회복하여야 하며 그 목적물에 부속시킨 물건은 수거할 수 있다. 그러나 전세권설정자가 그 부속물건의 매수를 청구한 때에는 전세권자는 정당한 이유 없이 거절하지 못한다.
> ② 전항의 경우에 그 부속물건이 전세권설정자의 동의를 얻어 부속시킨 것인 때에는 전세권자는 전세권설정자에 대하여 그 부속물건의 매수를 청구할 수 있다. 그 부속물건이 전세권설정자로부터 매수한 것인 때에도 같다.

(1) 전세권설정자의 매수청구권

전세권의 목적부동산에 부속시킨 물건을 수거하면 일반적으로 그 가치가 감소하게 된다. 따라서 「민법」은 전세권이 소멸한 경우 전세권설정자가 그 부속물건의 매수를 청구한 때에 전세권자는 정당한 이유 없이 거절하지 못하도록 하고 있다.

(2) 전세권자의 매수청구권

전세권이 소멸한 경우 그 부속물건이 전세권설정자의 동의를 얻어 부속시킨 것인 때와 전세권설정자로부터 매수한 것인 때에 전세권자는 전세권설정자에 대하여 그 부속물건의 매수를 청구할 수 있다. 이러한 매수청구권들은 형성권에 해당한다.

> **판례보기**
>
> **토지임차인의 지상물매수청구권에 관한 「민법」 제643조가 토지의 전세권에도 유추적용되는지 여부(적극)**
> 토지임차인의 건물 기타 공작물의 매수청구권에 관한 「민법」 제643조의 규정은 성질상 토지의 전세권에도 유추적용될 수 있다고 할 것이지만, 그 매수청구권은 토지임차권 등이 건물 기타 공작물의 소유 등을 목적으로 한 것으로서 기간이 만료되어야 하고 건물 기타 지상시설이 현존하여야만 행사할 수 있는 것이다(대판 2005다41740).

4. 유익비상환청구권

전세권자는 목적물의 현상을 유지하고 그 통상의 관리에 속한 수선을 하여야 할 의무가 있으므로(제309조), 필요비의 상환을 청구할 수는 없다. 그러나 유익비에 관하여는 그 가액의 증가가 현존하는 경우에 한하여 전세권설정자의 선택에 따라 그 지출액이나 증가액의 상환을 청구할 수 있다. 이 경우 법원은 설정자의 청구에 의하여 상당한 상환기간을 허여할 수 있다(제310조).

01 지상권에 관한 설명으로 <u>틀린</u> 것을 모두 고른 것은? (다툼이 있으면 판례에 따름)   제32회

> ㄱ. 담보목적의 지상권이 설정된 경우 피담보채권이 변제로 소멸하면 그 지상권도 소멸한다.
> ㄴ. 지상권자의 지료지급 연체가 토지소유권의 양도 전후에 걸쳐 이루어진 경우, 토지양수인은 자신에 대한 연체기간이 2년 미만이더라도 지상권의 소멸을 청구할 수 있다.
> ㄷ. 분묘기지권을 시효취득한 자는 토지소유자가 지료를 청구한 날부터의 지료를 지급할 의무가 있다.

① ㄱ   ② ㄴ   ③ ㄷ
④ ㄱ, ㄴ   ⑤ ㄴ, ㄷ

해설 | ㄱ.(옳음) 피담보채권이 변제 등으로 만족을 얻어 소멸한 경우는 물론이고 시효소멸한 경우에도 그 지상권은 피담보채권에 부종하여 소멸한다(대판 2011.4.14., 2011다6342). 즉 담보지상권은 담보가치의 저감을 막기 위한 것이므로 저당권이 소멸하면 함께 소멸한다.

ㄴ.(틀림) 토지의 양수인이 지상권자의 지료지급이 2년 이상 연체되었음을 이유로 지상권소멸청구를 하는 경우에는 자신에게 체납된 기간이 2년 이상이어야 하며, 종전 소유자에 대한 연체기간의 합산을 주장할 수 없다(대판 99다17142).

ㄷ.(옳음) 분묘기지권을 시효취득하는 경우 토지소유자가 지료를 청구하면 지료를 지급하여야 하며, 그 지료는 분묘를 설치한 때부터가 아니라 토지소유자가 분묘기지에 관한 지료를 청구한 날부터 지급해야 한다(대판 2017다228007 전원합의체).

정답 ②

02 제사 주재자인 장남 甲은 1985년 乙의 토지에 허락 없이 부친의 묘를 봉분형태로 설치한 이래 2015년 현재까지 평온·공연하게 분묘의 기지(基地)를 점유하여 분묘의 수호와 봉사를 계속하고 있다. 다음 설명 중 옳은 것은? (다툼이 있으면 판례에 따름) [제26회 변형]

① 乙은 甲에게 분묘의 이장을 청구할 수 있다.

② 甲은 乙에게 분묘기지에 대한 소유권이전등기를 청구할 수 있다.

③ 甲은 부친의 묘에 모친의 시신을 단분(單墳)형태로 합장할 권능이 있다.

④ 甲이 분묘기지권을 포기하는 의사를 표시한 경우 점유의 포기가 없더라도 분묘기지권이 소멸한다.

⑤ 甲은 乙이 지료를 청구하더라도 乙에게 지료를 지급할 의무가 없다.

해설

① 甲이 분묘기지권을 시효취득하였으므로 토지소유자 乙은 甲에게 분묘의 이장을 청구할 수 없다.

② 분묘기지권은 지상권과 유사한 물권을 취득하는 것이며, 소유권을 취득하는 권리가 아니므로 甲은 乙에게 분묘기지에 대한 소유권이전등기를 청구할 수는 없다.

③ 분묘기지권에는 그 효력이 미치는 지역의 범위 내라고 할지라도 기존의 분묘 외에 새로운 분묘를 신설할 권능은 포함되지 아니하는 것이므로, 부부 중 일방이 먼저 사망하여 이미 그 분묘가 설치되고 그 분묘기지권이 미치는 범위 내에서 그 후에 사망한 다른 일방을 단분(單墳)형태로 합장하여 분묘를 설치하는 것도 허용되지 않는다(대판 2001다28367).

⑤ 분묘기지권을 시효취득하는 경우 토지소유자가 지료를 청구하면 지료를 지급하여야 하며, 그 지료는 분묘를 설치한 때부터가 아니라 토지소유자가 분묘기지에 관한 지료를 청구한 날부터 지급해야 한다(대판 전합 2017다228007).

정답 ④

03 분묘기지권에 관한 설명으로 옳은 것을 모두 고른 것은? (다툼이 있으면 판례에 따름) [제35회]

ㄱ. 분묘기지권은 봉분 등 외부에서 분묘의 존재를 인식할 수 있는 형태를 갖추고 등기하여야 성립한다.

ㄴ. 토지소유자의 승낙을 얻어 분묘를 설치함으로써 분묘기지권을 취득한 경우, 설치할 당시 토지소유자와의 합의에 의하여 정한 지료지급의무의 존부나 범위의 효력은 그 토지의 승계인에게는 미치지 않는다.

ㄷ. 자기 소유 토지에 분묘를 설치한 사람이 그 토지를 양도하면서 분묘를 이장하겠다는 특약을 하지 않음으로써 분묘기지권을 취득한 경우, 분묘기지권자는 특별한 사정이 없는 한 분묘기지권이 성립한 때부터 지료를 지급할 의무가 있다.

① ㄱ   ② ㄷ   ③ ㄱ, ㄴ   ④ ㄴ, ㄷ   ⑤ ㄱ, ㄴ, ㄷ

해설 ㄱ. (X) 분묘기지권은 봉분 등 외부에서 분묘의 존재를 인식할 수 있는 형태를 갖추고 있는 경우에 한하여 인정되므로 이러한 특성상 분묘기지권은 등기 없이 취득한다(대판 1996.6.14, 96다14036).

ㄴ. (X) 승낙에 의하여 성립하는 분묘기지권의 경우 성립 당시 토지 소유자와 분묘의 수호·관리자가 지료 지급의무의 존부나 범위 등에 관하여 약정을 하였다면 그 약정의 효력은 분묘 기지의 승계인에 대하여도 미친다(대판 2021. 9. 16. 2017다271834, 271841).

ㄷ. (O) "양도형" 분묘기지권의 경우에는 분묘기지권이 성립한 때부터 지료를 지급하여야 한다(대판 2021.9.16, 2017다271834, 271841).

 정답 ②

04 지역권에 관한 설명으로 <u>틀린</u> 것은? (다툼이 있으면 판례에 따름) 〔제34회〕

① 지역권은 요역지와 분리하여 양도할 수 없다.

② 공유자 중 1인이 지역권을 취득한 때에는 다른 공유자도 이를 취득한다.

③ 통행지역권을 주장하는 자는 통행으로 편익을 얻는 요역지가 있음을 주장·증명해야 한다.

④ 요역지의 불법점유자도 통행지역권을 시효취득할 수 있다.

⑤ 지역권은 계속되고 표현된 것에 한하여 시효취득할 수 있다.

해설 ④ 토지의 불법점유자는 통행지역권의 시효취득 주장을 할 수 없다(대판 76다1694).

① 지역권은 요역지와 분리하여 양도하거나 다른 권리의 목적으로 하지 못한다(제292조 제2항).

② 공유자의 1인이 지역권을 취득한 때에는 다른 공유자도 이를 취득한다(제295조 제1항).

③ 지역권은 일정한 목적을 위하여 타인의 토지를 자기의 토지의 편익에 이용하는 용익물권으로서 요역지와 승역지 사이의 권리관계에 터잡은 것이므로 어느 토지에 대하여 통행지역권을 주장하려면 그 토지의 통행으로 편익을 얻는 요역지가 있음을 주장 입증하여야 한다(대판 1992. 12. 8. 92다22725).

⑤ 지역권은 계속되고 표현된 것에 한하여 제245조(점유로 인한 부동산소유권의 취득기간)의 규정을 준용한다(제294조).

 정답 ④

05 전세권에 관한 설명으로 옳은 것은? (다툼이 있으면 판례에 따름) 〔제34회〕

① 전세권설정자의 목적물 인도는 전세권의 성립요건이다.

② 타인의 토지에 있는 건물에 전세권을 설정한 경우, 전세권의 효력은 그 건물의 소유를 목적으로 한 지상권에 미친다.

③ 전세권의 사용·수익 권능을 배제하고 채권담보만을 위해 전세권을 설정하는 것은 허용된다.

④ 전세권설정자는 특별한 사정이 없는 한 목적물의 현상을 유지하고 그 통상의 관리에 속한 수선을 해야 한다.

⑤ 건물전세권이 법정갱신된 경우, 전세권자는 이를 등기해야 제3자에게 대항할 수 있다.

> **해설**　② 타인의 토지에 있는 건물에 전세권을 설정한 때에는 전세권의 효력은 그 건물의 소유를 목적으로 한 지상권 또는 임차권에 미친다(제304조 제1항).
>
> ①③ 전세권이 용익물권적 성격과 담보물권적 성격을 겸비하고 있다는 점 및 목적물의 인도는 전세권의 성립요건이 아닌 점 등에 비추어 볼 때, 당사자가 주로 채권담보의 목적으로 전세권을 설정하였고, 그 설정과 동시에 목적물을 인도하지 아니한 경우라 하더라도 장차 전세권자가 목적물을 사용·수익하는 것을 완전히 배제하는 것이 아니라면, 그 전세권의 효력을 부인할 수는 없다(대판 1995.2.10., 94다18508). 즉 목적물의 인도는 전세권의 성립요건이 아니지만 사용·수익 권능을 완전히 배제하는 것은 물권법정주의 위반으로 무효가 된다.
>
> ④ 전세권자는 목적물의 현상을 유지하고 그 통상의 관리에 속한 수선을 하여야 한다(제309조). 즉 수선·유지의무는 전세권설정자가 아니라 전세권자에게 있다.
>
> ⑤ 전세권의 법정갱신은 법률의 규정에 의한 부동산에 관한 물권의 변동이므로 전세권갱신에 관한 등기를 필요로 하지 아니하고 전세권자는 그 등기 없이도 전세권설정자나 그 목적물을 취득한 제3자에 대하여 그 권리를 주장할 수 있다(대판 1989.7.11., 88다카21029).

정답 ②

담보물권

❑ 담보물권의 성질을 이해하고 유치권의 성립요건과 유치권의 효력에 관한 판례를 정리하여야 하며, 저당권에
　서는 목적물의 범위, 제3취득자의 지위, 저당권의 침해와 구제를 이해하여야 한다. 또, 공동저당에서는 동시배
　당과 이시배당의 경우를 각각 구분하고 근저당권은 근저당의 의미를 파악하며 피담보채권의 확정을 잘 정리
　하여야 한다.

제1절 서설

(1) 채권담보의 의의

① 채권담보란 특정한 채권에 대하여 충분한 만족을 얻기 위하여 설정된 특별한 담보수단을 말하
고, 채권은 채권자가 채무자에 대하여 일정한 급부(給付)를 청구하는 권리이다. 따라서 채무자가
스스로 이행을 하면 채권자는 만족을 얻게 된다.

② 그러나 채무자가 임의로 이행하지 않을 경우, 채권자는 채무자의 일반재산(책임재산)에 대하여
강제집행을 함으로써 변제를 받는 것이 원칙이다. 그런데 채무자의 재산은 증감·변동하고 고정
되어 있는 것이 아니므로 자신의 채권의 변제에 대한 불안감이 생길 수밖에 없다.

③ 이와 같이 채무자의 일반재산은 계속하여 증감하고, 또한 채권자 평등주의가 지배하는 까닭에
강력한 변제수단의 확보가 거래사회에서 요구되는데, 이러한 요구에 응하기 위하여 마련된 제도
가 채권담보제도이다.

(2) 담보물권의 성질 ^{제31회}

① **물권성:** 담보물권은 물건이 갖는 교환가치를 직접 지배하는 권리로서 물권의 성질을 갖는다.
즉, 담보물권도 물권으로서의 배타성과 우선적 효력을 갖추고 있으며, 공시의 원칙이 관철된다
는 점에서 다른 물권과 동일한 성질을 갖는다.

② **가치권성:** 담보물권은 목적물의 사용·수익을 목적으로 하지 않고 목적물이 가지는 교환가치의
취득을 목적으로 하는 가치권이다. 이러한 점에서 용익물권과는 다르다.

③ 담보물권의 통유성

　㉠ 부종성: 담보물권이 피담보채권에 의존하는 성질을 말한다. 담보물권은 채권의 담보를 목적으로 하는 권리이므로 담보되어야 할 채권, 즉 피담보채권 없이 단독으로 존재할 수 없음이 원칙이다. 채권이 성립하지 않으면 담보물권도 성립하지 않고, 채권이 소멸하면 담보물권도 당연히 소멸하는 것이 원칙이다. 다만, 부종성이 완화되어 채권이 현재 존재하지 않더라도 장래에 성립하게 될 채권을 담보하는 경우가 있는데 근저당권이 대표적인 예이다(제357조). 이에 반하여 유치권은 특정의 채권이 존재하는 경우에 일정한 요건하에서 법률상 당연히 성립하는 담보물권이므로 부종성이 엄격하게 적용된다.

　㉡ 수반성: 피담보채권이 그 동일성을 유지하면서 이전하게 되면 담보물권도 역시 그에 따라 이전하는 성질을 말한다.

　㉢ 불가분성: 담보물권을 가진 자는 피담보채권의 전부를 변제받을 때까지 목적물의 전부에 관하여 담보물권을 행사할 수 있다. 즉, 채권의 일부가 변제되었다 하더라도 일부가 남아 있는 이상 목적물의 전부에 담보물권의 효력이 미친다. 다만, 공동저당에 있어서는 예외가 인정된다(제368조 제1항).

　㉣ 물상대위성: 담보물권의 목적물이 멸실·훼손·공용징수되어 그 목적물에 갈음하는 금전 기타의 물건으로 변한 경우에, 담보물권이 목적물의 가치변형물 위에 존속하는 성질을 말한다. 예를 들어 저당권이 설정된 목적물이 화재로 소실되어 화재보험청구권이 발생한다면, 화재보험청구권을 지급 전에 압류하여 우선변제의 목적을 달성할 수 있다. 다만, 담보물권 중 우선변제권이 없는 유치권에 대해서는 물상대위성이 인정되지 않는다.

(4) 담보물권의 효력

① 우선변제적 효력: 우선변제적 효력이란 채권의 변제를 받지 못한 때에 목적물을 환가하여서 다른 채권자보다 우선하여 변제받을 수 있는 효력으로 담보물권으로서 가장 본질적인 효력이다. 저당권·전세권·질권 등에 대해서는 우선변제적 효력이 인정되나, 유치권에는 인정되지 않는다.

② 유치적 효력: 채권담보를 위해서 목적물을 유치하여 채무변제를 간접적으로 독촉하는 효력이다. 유치권·질권에 대해서는 유치적 효력이 인정되나, 저당권은 저당권자가 아닌 저당권설정자가 목적물을 점유하므로 인정되지 않는다.

제2절 유치권

1 유치권의 의의와 성질

(1) 의의

① 유치권은 타인의 물건 또는 유가증권을 점유하는 자가 그 물건이나 유가증권에 관하여 생긴 채권이 변제기에 있는 경우에, 변제를 받을 때까지 그 물건 또는 유가증권을 유치하여 채무이행을 간접적으로 강제하는 법정담보물권이다.

② 예를 들어 甲이 乙에게 시계의 수리를 맡긴 경우 乙은 甲에게 시계수리비를 청구할 수 있다. 이때 시계의 수리비는 목적물인 시계로부터 발생한 것이고, 乙로서는 그 수리비를 받을 때까지는 시계를 유치하여 인도하지 않아도 되는데 이러한 권리를 유치권이라 한다.

(2) 법적 성질

① 법정담보물권

㉠ 유치권은 일정한 요건을 갖추게 되는 때에 법률상 당연히 성립하는 법정담보물권이다.

㉡ 유치권은 법정담보물권이므로 유치권 목적물과의 견련관계가 인정되지 않는 채권을 당사자 사이의 약정을 근거로 유치권의 피담보채권으로 인정할 수 없다(대판 2022다273018).

② 부종성: 채권이 발생하지 않거나 소멸하는 때에는 유치권도 성립하지 않거나 소멸한다. 유치권의 부종성은 담보물권 중에서도 가장 강하게 적용된다.

③ 수반성: 유치권은 특정의 채권을 담보하는 것이므로 그 채권이 이전하면 유치권도 당연히 이전한다.

④ 불가분성

㉠ 유치권자는 채권 전부의 변제를 받을 때까지 목적물의 전부에 대하여 그 권리를 행사할 수 있다(제321조).

㉡ 유치권의 불가분성은 그 목적물이 분할 가능하거나 수 개의 물건인 경우에도 적용된다. 여러 필지의 토지에 대하여 유치권이 성립한 경우 유치권의 불가분성으로 인하여 각 필지의 토지는 다른 필지의 토지와 관계없이 피담보채권의 전부를 담보한다. 이때 일부 필지 토지에 대한 점유를 상실하여도 나머지 필지 토지에 대하여 피담보채권의 담보를 위한 유치권이 존속한다.

㉢ 다세대주택 창호 등의 공사를 완성한 하수급인이 공사대금채권 잔액을 변제받기 위하여 위 다세대주택 중 한 세대를 점유하여 유치권을 행사하는 경우, 그 유치권은 위 한 세대에 대하여 시행한 공사대금만이 아니라 다세대주택 전체에 대하여 시행한 공사대금채권의 잔액 전부를 피담보채권으로 하여 성립한다(대판 2005다16942).

2 유치권의 성립요건 제29회, 제30회, 제31회, 제32회, 제33회, 제34회, 제35회

> **제320조 【유치권의 내용】** ① 타인의 물건 또는 유가증권을 점유한 자는 그 물건이나 유가증권에 관하여 생긴
> 채권이 변제기에 있는 경우에는 변제를 받을 때까지 그 물건 또는 유가증권을 유치할 권리가 있다.
> ② 전항의 규정은 그 점유가 불법행위로 인한 경우에 적용하지 아니한다.

(1) 유치권의 목적물

① 유치권의 목적이 될 수 있는 것은 동산·부동산 또는 유가증권이다. 유치권의 성립에 있어서 부동산유치권이라 하더라도 등기를 요하지 않는다.

② 타인의 물건이어야 한다. 타인의 물건이라면 목적물은 채무자 소유뿐만 아니라 제3자의 소유에 속한 것이라도 상관없다.

③ 수급인의 재료와 노력으로 건축되었고 독립한 건물에 해당되는 기성부분은 수급인의 소유라 할 것이므로 수급인은 공사대금을 지급받을 때까지 이에 대하여 유치권을 가질 수 없다(대판 91다14116).

(2) 견련관계

① 채권과 목적물의 견련관계: 채권이 유치권의 목적물에 관하여 생긴 것이어야 한다. 즉, 채권과 목적물 사이에 견련성이 있어야 하는데, 통설은 두 가지로 구분한다.

㉠ 채권이 목적물 자체로부터 발생한 경우: 예를 들어 목적물에 지출한 비용상환청구권, 목적물로부터 받은 손해배상청구권, 수급인이 목적물에 들인 공사금채권 등은 목적물 그 자체로부터 발생한 것으로서 견련성이 인정된다.

판례보기

유치권 인정 여부

1. 유치권 인정 판례

① 건물임차인이 건물에 필요한 유익비상환청구권에 터 잡아 취득하게 되는 유치권은 임차건물의 유지·사용에 필요한 범위 내에서 임대차 대지부분에도 그 효력이 미친다(대판 79다1140).

② 주택건물의 신축공사를 한 수급인이 그 건물을 점유하고 있고 또 그 건물에 관하여 생긴 공사금채권이 있다면, 수급인은 그 채권을 변제받을 때까지 건물을 유치할 권리가 있다고 할 것이고, 이러한 유치권은 수급인이 점유를 상실하거나 피담보채무가 변제되는 등 특단의 사정이 없는 한 소멸되지 않는다(대판 95다16202).

③ 채무불이행에 의한 손해배상청구권은 원채권의 연장이라 보아야 할 것이므로 물건과 원채권과 사이에 견련관계가 있는 경우에는 그 손해배상채권과 그 물건과의 사이에도 견련관계가 있다(대판 76다582).

2. 유치권 부정 판례
① 임대인과 임차인 사이에 건물명도시 권리금을 반환하기로 하는 약정이 있었다 하더라도 그와 같은 권리금 반환청구권은 건물에 관하여 생긴 채권이라 할 수 없으므로 그와 같은 채권을 가지고 건물에 대한 유치권을 행사할 수 없다(대판 93다62119).
② 건물의 임대차에 있어서 임차인의 임대인에게 지급한 임차보증금반환청구권이나 임대인이 건물시설을 아니하기 때문에 임차인에게 건물을 임차목적대로 사용 못한 것을 이유로 하는 손해배상청구권은 모두 「민법」 제320조 소정 소위 그 건물에 관하여 생긴 채권이라 할 수 없다(대판 75다1305).

핵심정리 | 유치권이 인정되지 않는 경우

1. 임차보증금반환청구권(대판 4292민상229)
2. 권리금의 반환을 약정한 경우 권리금반환청구권(대판 93다62119)
3. 매매계약에 따른 매매대금채권(대판 2011다96208)
4. 임대인의 의무위반으로 인한 손해배상채권(대판 75다1305)
5. 지상물매수·부속물매수를 위한 대금채권(대판 77다115)

ⓛ 채권이 목적물의 반환청구권과 동일한 법률관계 또는 동일한 사실관계로부터 발생한 경우: 매매계약이 취소된 경우에 부당이득에 의한 매매대금의 반환청구권과 목적물의 반환의무는 매매계약의 취소라는 동일한 법률관계에서 생긴 것이므로 서로 견련관계를 가지게 되며, 매수인은 목적물에 대하여 유치권을 행사하게 된다. 또한 동일한 사실관계, 예를 들어 우연히 서로 신발이나 우산을 바꾸어 간 경우처럼 동일한 사실관계로부터 생긴 상호간의 반환청구권 사이에도 견련관계가 있는 것으로 본다.

② 채권과 목적물의 점유와의 견련관계
㉠ 채권은 목적물의 점유 중에 발생한 것이어야 하는가에 대하여 학설의 대립이 있으나, 판례는 유치권의 성립에는 채권자의 채권과 유치권의 목적인 물건과 일정한 관련이 있으면 충분하고 물건 점유 이전에 그 물건에 관련하여 채권이 발생한 후 그 물건에 대하여 점유를 취득한 경우에도 그 채권자는 유치권으로써 보호되어야 한다고 판시한다(대판 64다1977).
㉡ 따라서 점유 중에 발생한 채권에 한정하지 않으며, 채권이 먼저 발생하고 후에 점유를 취득한 경우에도 유치권은 성립한다.

(3) 채권변제기의 도래

채권의 변제기가 도래하여야 한다(제320조 제1항). 만일 변제기가 도래하기 전에 유치권을 인정하면 변제기 전에 채무이행을 강제하는 결과가 되기 때문이다. 따라서 채무자가 변제기한을 허여받은 경우에는 유치권이 성립하지 않는다. 예를 들어 유익비상환청구에 관하여 법원이 상환기간을 허여하면 유치권은 행사될 수 없다.

(4) 목적물의 적법한 점유

① 유치권자는 반드시 물건 또는 유가증권을 점유하여야 한다.

    ㉠ 유치권의 성립요건이자 존속요건인 유치권자의 점유는 직접점유이든 간접점유이든 관계가 없다. 다만, 유치권은 목적물을 유치함으로써 채무자의 변제를 간접적으로 강제하는 것을 본체적 효력으로 하는 권리인 점 등에 비추어, 그 직접점유자가 채무자인 경우에는 유치권의 요건으로서의 점유에 해당하지 않는다고 할 것이다(대판 2007다27236).

    ㉡ 유치권자가 어떠한 이유에서든지 점유를 상실하면 유치권은 소멸한다.

② 점유는 불법행위로 인하여 취득한 것이 아니어야 한다(제320조 제2항).

    ㉠ 타인의 물건을 횡령하거나 절취하여 그 물건에 수선비를 지출하더라도 유치권은 인정되지 않는다. 또한 임대차계약을 체결하지 않고 점유한 경우뿐 아니라 계약이 해지(종료)된 이후에 권원 없이 수선비용을 지출하였다 하더라도 유치권은 인정되지 않는다.

    ㉡ 입증책임: 유치권을 배척하려는 자가 그 점유가 불법행위로 인하여 개시되었거나 유익비 지출 당시 이를 점유할 권원이 없음을 알았거나 이를 알지 못함이 중대한 과실에 기인하였다고 인정할 만한 사유를 입증하여야 한다(대판 66다600).

판례보기

소유자 변동 후 적법하게 지출한 비용에 대한 유치권 성립 여부(적극)

유치권자의 점유하에 있는 유치물의 소유자가 변동하더라도 유치권자의 점유는 유치물에 대한 보존행위로서 하는 것이므로 적법하고 그 소유자 변동 후 유치권자가 유치물에 관하여 새로이 유익비를 지급하여 그 가격의 증가가 현존하는 경우에는 이 유익비에 대하여도 가치권을 행사할 수 있다(대판 71다2414).

---

(5) 유치권배제특약이 없을 것

① 유치권배제특약이 있는 경우 다른 법정요건이 모두 충족되더라도 유치권은 발생하지 않는다. 이러한 유치권배제특약은 특약의 상대방뿐 아니라 그 밖의 사람도 주장할 수 있으며 유치권배제특약을 함에 있어서 조건을 붙이는 것도 인정된다(대판 2016다234043).

② 건물의 임차인이 임대차관계 종료시에는 건물을 원상으로 복구하여 임대인에게 명도하기로 약정한 것은 건물에 지출한 각종 유익비 또는 필요비의 상환청구권을 미리 포기하기로 한 취지의 특약이라고 볼 수 있어 임차인은 유치권을 주장할 수 없다.

3 **유치권의 효력** 제31회, 제33회, 제34회, 제35회

1. 유치권자의 권리

(1) 유치할 권리

① 인도거절권: 유치권자는 변제를 받을 때까지 목적물을 유치할 권리가 있다. 유치한다는 것은 목적물의 점유를 계속함으로써 그 인도를 거절하는 것을 말하며, 유치권에 기하여 목적물의 인도를 거절하더라도 불법행위가 성립하는 것은 아니다.

② 제3자에 대한 유치권의 효력

㉠ 대세적 효력: 유치권은 물권이므로 유치권자는 채무자뿐만 아니라 모든 사람에게 주장할 수 있다. 따라서 유치권자는 경매에 있어서 유치권을 가지고 경락인에게도 인도를 거절할 수 있다. 다만, 경락인에게 채무의 변제를 청구할 수는 없다.

판례보기

유치권자가 경락인에게 변제를 청구할 수 있는지 여부(소극)

경락인은 유치권자에게 그 유치권으로 담보하는 채권을 변제할 책임이 있다고 규정하고 있는바, 여기에서 '변제할 책임이 있다.'는 의미는 부동산상의 부담을 승계한다는 취지로서 인적 채무까지 인수한다는 취지는 아니므로, 유치권자는 경락인에 대하여 그 피담보채권의 변제가 있을 때까지 유치목적물인 부동산의 인도를 거절할 수 있을 뿐이고 그 피담보채권의 변제를 청구할 수는 없다(대판 95다8713).

㉡ 유치권을 가지고 경락인에게 대항하기 위해서는 경매개시결정등기 전(압류 전)까지 유치권을 취득하여야 한다. 만일 경매개시결정의 기입등기가 마쳐져 압류의 효력이 발생한 후에 유치권을 취득한 경우에는 그로써 부동산에 관한 경매절차의 매수인에게 대항할 수 없다(대판 2011다55214). 다만, 가압류등기가 경료된 후 점유를 이전받아 유치권을 취득한 경우에는 매수인에게 대항할 수 있다(대판 2009다19246).

㉢ 재판상 행사

ⓐ 유치권은 법원의 직권조사사항이 아니므로 목적물인도청구의 소에 대하여 유치권자가 유치권을 행사하지 않는다면 법원도 유치권의 존재를 이유로 인도청구를 배척하지 못한다.

ⓑ 유치권 항변이 인용되는 경우에 법원은 원고패소판결을 할 것이 아니라 그 물건에 관하여 생긴 채권의 변제와 상환으로 그 물건의 인도를 명하여야 한다(대판 69다1592). 즉, 상환급부판결(원고일부승소판결)을 하여야 한다.

(2) 경매권과 간이변제충당권

> **제322조 【경매, 간이변제충당】** ① 유치권자는 채권의 변제를 받기 위하여 유치물을 경매할 수 있다.
> ② 정당한 이유 있는 때에는 유치권자는 감정인의 평가에 의하여 유치물로 직접 변제에 충당할 것을 법원에 청구할 수 있다. 이 경우에는 유치권자는 미리 채무자에게 통지하여야 한다.

① 경매권

ㄱ 유치권자는 채권의 변제를 받기 위하여 유치물을 경매할 수 있다. 다만, 유치권자에게는 경매 시에 우선변제권이 인정되지 않는다. 그러므로 유치권자의 경매는 우선변제를 위한 경매가 아니라 환가를 위한 경매라고 한다.

ㄴ 유치권은 경매로 소멸하지 않는 권리이지만 유의할 점은 유치권자가 스스로 경매를 청구한 경우에는 그 경매로 유치권은 소멸하며 유치권자는 일반채권자와 동등하게 안분배당을 받을 수밖에 없다(대결 2010마1059).

② 간이변제충당권: 목적물의 가치가 적어서 경매에 부치기에 부적절한 경우 등에 있어서는 유치물 로써 직접 변제에 충당할 수 있다. 다만, 간이변제충당이 인정되기 위해서는 정당한 이유가 있어 야 하며 감정인의 평가를 거쳐야 한다. 또한 자신이 임의로 충당하는 것이 아니라 법원에 청구하 여야 하며, 채무자에게 미리 그 뜻을 통지하여야 한다.

③ 별제권: 채무자가 파산한 경우에는 유치권자는 별제권을 갖는다(「채무자 회생 및 파산에 관한 법률」 제411조).

(3) 과실수취권

> **제323조 【과실수취권】** ① 유치권자는 유치물의 과실을 수취하여 다른 채권보다 먼저 그 채권의 변제에 충당할 수 있다. 그러나 과실이 금전이 아닌 때에는 경매하여야 한다.
> ② 과실은 먼저 채권의 이자에 충당하고 그 잉여가 있으면 원본에 충당한다.

유치권자는 유치물의 과실을 수취하여 다른 채권보다 먼저 그 채권의 변제에 충당할 수 있으며, 과실은 천연과실·법정과실 모두를 포함한다. 유치권자가 소유자의 동의를 얻어 임대하여 받는 차임 은 법정과실이다. 따라서 유치권자는 소유자의 동의를 얻어 목적물을 임대하여 받은 차임으로 자신 의 채권의 변제에 충당할 수 있다.

(4) 비용상환청구권

> **제325조 【유치권자의 상환청구권】** ① 유치권자가 유치물에 관하여 필요비를 지출한 때에는 소유자에게 그 상환을 청구할 수 있다.

② 유치권자가 유치물에 관하여 유익비를 지출한 때에는 그 가액의 증가가 현존한 경우에 한하여 소유자의 선택에 좇아 그 지출한 금액이나 증가액의 상환을 청구할 수 있다. 그러나 법원은 소유자의 청구에 의하여 상당한 상환기간을 허여할 수 있다.

2. 유치권자의 의무

제324조【유치권자의 선관의무】① 유치권자는 선량한 관리자의 주의로 유치물을 점유하여야 한다.
② 유치권자는 채무자의 승낙 없이 유치물의 사용·대여 또는 담보제공을 하지 못한다. 그러나 유치물의 보존에 필요한 사용은 그러하지 아니하다.
③ 유치권자가 전 2항의 규정에 위반한 때에는 채무자는 유치권의 소멸을 청구할 수 있다.

(1) 선관주의의무

유치권자는 유치물을 자기재산과 동일한 주의의무가 아닌 선량한 관리자의 주의로 점유하여야 한다.

(2) 사용·대여·담보제공 금지의무

① 유치권자는 채무자의 승낙 없이 사용·대여·담보제공을 할 수 없다. 다만, 보존에 필요한 사용은 승낙 없이도 할 수 있다. 예를 들어 기계가 녹슬지 않도록 사용하는 것 등은 보존에 필요한 사용이라 할 것이다.
② 주택을 공사한 자가 공사대금채권을 가지고 유치권을 행사하면서 그 주택을 주거용도로 사용한 것은 보존에 필요한 사용에 해당한다.

판례보기

보존에 필요한 사용과 부당이득의 반환

공사대금채권에 기하여 유치권을 행사하는 자가 스스로 유치물인 주택에 거주하며 사용하는 것은 특별한 사정이 없는 한 유치물인 주택의 보존에 도움이 되는 행위로서 유치물의 보존에 필요한 사용에 해당한다고 할 것이다. 그리고 유치권자가 유치물의 보존에 필요한 사용을 한 경우에도 특별한 사정이 없는 한 차임에 상당한 이득을 소유자에게 반환할 의무가 있다(대판 2009다40684).

---

(3) 의무위반의 효과

① 유치권자가 위 (1), (2)의 의무를 위반한 경우에 채무자는 유치권의 소멸을 청구할 수 있다. 이는 형성권의 행사로서 일방적으로 유치권 소멸의 효과를 발생하게 한다.

② 여러 필지의 토지에 대하여 유치권이 성립한 경우, 일부 필지 토지에 대한 유치권자의 선량한 관리자의 주의의무 위반을 이유로 유치권 소멸청구가 있는 경우에도 그 위반 필지 토지에 대하여만 소멸청구가 허용된다고 해석함이 타당하다(대판 2018다301350).

③ 민법 제324조에서 정한 유치권소멸청구는 유치권자의 선량한 관리자의 주의의무 위반에 대한 제재로서 채무자 또는 유치물의 소유자를 보호하기 위한 규정이므로, 특별한 사정이 없는 한 민법 제324조 제2항을 위반한 임대행위가 있은 뒤에 유치물의 소유권을 취득한 제3자도 유치권 소멸청구를 할 수 있다(2023. 8. 31. 2019다295278).

4 유치권의 소멸 제31회, 제35회

(1) 일반적 소멸사유

> **제326조【피담보채권의 소멸시효】** 유치권의 행사는 채권의 소멸시효의 진행에 영향을 미치지 아니한다.

유치권도 물권이므로 물권의 일반적 소멸사유인 목적물의 멸실·혼동·포기·토지수용으로 소멸하고, 또한 담보물권의 일반적 소멸사유인 피담보채권의 소멸 등으로 소멸한다. 그러나 피담보채권이 소멸하면 담보물권의 부종성에 의하여 유치권이 소멸될 뿐이며, 유치권 자체는 소멸시효에 걸리지 않는다.

(2) 유치권의 특유한 소멸사유

① 채무자의 소멸청구
  ㉠ 유치권자가 그의 의무에 위반한 경우 채무자는 유치권의 소멸을 청구할 수 있다(제324조 제3항).
  ㉡ 이는 형성권이므로 유치권자가 채무자의 의무위반을 이유로 유치권의 소멸을 청구하면 유치권은 소멸한다.

② 다른 담보의 제공

> **제327조【타 담보제공과 유치권 소멸】** 채무자는 상당한 담보를 제공하고 유치권의 소멸을 청구할 수 있다.

  ㉠ 채무자는 상당한 인적·물적 담보를 제공하고 유치권의 소멸을 청구할 수 있다. 유치권의 소멸청구는 채무자의 일방적 의사표시로 하지만 담보제공 자체에는 유치권자의 승낙을 요하므로, 결국 유치권자의 승낙 또는 이에 갈음한 판결이 있어야 유치권이 소멸하게 된다.
  ㉡ 채무자뿐만 아니라 유치물에 관하여 이해관계를 가지고 있는 유치물의 소유자도 상당한 담보가 제공되어 있는 이상 유치권소멸청구의 의사표시를 할 수 있다(대판 2001다59866).

판례보기

민법 제327조에 따라 채무자나 소유자가 제공하는 담보가 상당한지 여부 판단

유치물 가액이 피담보채권액보다 많을 경우에는 피담보채권액에 해당하는 담보를 제공하면 되고, 유치물 가액이 피담보채권액보다 적을 경우에는 유치물 가액에 해당하는 담보를 제공하면 된다(대판 2019다216077).

---

③ 점유의 상실

ㄱ 점유는 유치권의 성립요건이자 존속요건이므로 점유를 상실하면 유치권은 당연히 소멸한다.

ㄴ 점유를 침탈당하여 점유를 상실한 경우에도 유치권은 소멸하지만 1년 이내에 점유물반환청구를 행사하여 점유를 회복하면 그 점유는 계속된 것으로 되어 유치권은 처음부터 소멸하지 않았던 것으로 된다. 이 경우 침탈자를 상대로 점유회수의 소를 제기하여 승소한 것만으로는 부족하며 점유를 회복하여야 한다.

제3절 저당권

1 서설

(1) 저당권의 의의

제356조 【저당권의 내용】 저당권자는 채무자 또는 제3자가 점유를 이전하지 아니하고 채무의 담보로 제공한 부동산에 대하여 다른 채권자보다 자기채권의 우선변제를 받을 권리가 있다.

저당권은 채무자 또는 제3자(물상보증인)가 채무의 담보로 제공한 부동산 또는 부동산물권(지상권·전세권)을 채권자가 인도받지 않고서 그 목적물을 관념상으로만 지배하여 채무의 변제가 없는 경우에 그 목적물로부터 우선변제를 받는 약정담보물권이다(제356조). 저당권은 당사자 간의 계약으로 성립하는 약정담보물권이며, 예외적으로 법률의 규정에 의하여 성립하는 법정저당권도 있다(제649조).

(2) 저당권의 법적 성질

① **타(他)물권**: 저당권은 타인소유의 부동산을 목적으로 한다. 따라서 자기소유의 부동산에 자신의 저당권, 즉 소유자 저당제도는 인정되지 않는다. 다만, 혼동에 대한 예외로 자기소유 부동산 위에 저당권이 성립할 수 있다.

② **우선변제적 효력**: 저당권은 목적물로부터 다른 채권자에 앞서서 우선변제를 받는 것을 그 본질로 하는 권리라는 점에서 질권과 같고 유치권과 다르다.

③ **점유를 수반하지 않는 권리:** 저당권은 목적물의 점유를 저당권자에게 이전함이 없이 설정자가 그대로 이를 보유하는 담보물권이다. 이 점에서 점유를 수반하는 유치권, 질권과 구별된다.

④ **담보물권으로서의 공통성**

㉠ **부종성:** 저당권으로 담보한 채권이 시효의 완성 기타 사유로 인하여 소멸한 때에는 저당권도 소멸한다(제369조). 저당권은 특정된 채권을 담보하기 위하여 설정되므로 피담보채권이 없는 저당권은 존재할 수 없음이 원칙이다. 예를 들어 채무자가 저당권자에게 채무를 변제하면 피담보채권이 소멸되므로 저당권은 등기 없이도 당연히 소멸하게 된다. 다만, 근저당권의 경우에는 이러한 부종성의 예외를 인정하여 피담보채권이 일시 소멸하더라도 근저당권은 그대로 존속한다(제357조 제1항).

㉡ **수반성:** 저당권은 피담보채권에 수반한다. 즉, 피담보채권이 상속·양도 등으로 그 동일성을 잃지 않고서 이전되는 때에는 저당권도 그에 따라 함께 이전되는 것이 원칙이다.

㉢ **불가분성:** 저당권자는 채권 전부를 변제받을 때까지 목적물 전부에 대하여 그 권리를 행사할 수 있다.

㉣ **물상대위성:** 저당권은 목적물의 멸실·훼손·공용징수 등으로 인하여 저당권설정자가 받게 될 금전 기타의 물건에 대하여도 행사할 수 있다(제342조, 제370조).

2 저당권의 성립 제31회, 제34회

저당권은 당사자의 합의로 성립하는 약정담보물권이므로 저당권설정계약과 설정등기로써 성립하는 것이 원칙이다. 다만, 예외적으로 법률의 규정에 의하여 성립하는 법정저당권도 있다.

(1) 저당권설정계약의 당사자

① 저당권설정계약의 당사자는 저당권자와 저당권설정자이다. 저당권설정자는 피담보채권의 채무자인 것이 보통이지만 제3자, 즉 물상보증인이라도 상관없다.

② **저당권자**

㉠ **원칙:** 원칙적으로 채권자에 한한다. 즉, 채권자가 아닌 자가 저당권자가 되는 경우는 이를 인정할 수 없게 된다. 예를 들어 甲이 乙에게 1억원의 채권이 있다면, 저당권자는 甲이 되어야 하며 채권자가 아닌 제3자는 저당권자가 될 수 없다는 의미이다. 이는 부종성의 당연한 결과이다.

㉡ **예외:** 판례는 이에 대한 예외를 인정하여 "채권과 그를 담보하는 저당권은 담보물권의 부수성에 의하여 원칙적으로 그 주체를 달리할 수 없으나, 채권담보를 위하여 저당권을 설정하는 경우 제3자 명의로 저당권등기를 하는 데 대하여 채권자와 채무자 및 제3자 사이에 합의가 있었고, 나아가 제3자에게 그 채권이 실질적으로 귀속되었다고 볼 수 있는 특별한 사정이 있는 경우에는 제3자 명의의 저당권등기도 유효하다."고 판시한다(대판 94다33583).

(2) 저당권설정등기

물권변동의 일반원칙에 따라 저당권의 설정은 저당권설정계약 외에 등기를 하여야 한다.

① **등기사항**: 저당권등기에 있어서는 채권액과 채무자를 신청서에 기재하여야 하고, 변제기, 이자 및 그 발생기와 지급시기, 원본과 이자의 지급장소, 채무불이행으로 인한 손해배상에 관한 약정이나 「민법」 제358조 단서의 약정이 있는 때 또는 채권이 조건부인 때에는 이를 기재하여야 한다(「부동산등기법」 제75조 제1항).

② **저당권등기가 불법말소된 경우**: 등기는 효력발생요건이지 효력존속요건이 아니므로 저당권등기가 불법말소되어도 저당권은 존속한다(대판 87다카1232). 따라서 말소회복을 요구할 수 있으며, 말소회복등기는 말소 당시 소유자를 상대로 청구한다. 그러나 저당권설정등기가 불법말소된 후 경매가 실행된 경우에는 말소회복등기를 할 수는 없고, 경매절차에서 배당받은 자에게 부당이득 반환만 청구할 수 있다.

판례보기

불법말소된 후 경매가 실행된 경우의 말소회복등기 여부(소극)

근저당권설정등기가 위법하게 말소되어 아직 회복등기를 경료하지 못한 연유로 그 부동산에 대한 경매절차에서 피담보채권액에 해당하는 금액을 전혀 배당받지 못한 근저당권자로서는 위 경매절차에서 실제로 배당받은 자에 대하여 부당이득반환청구로서 그 배당금의 한도 내에서 그 근저당권설정등기가 말소되지 아니하였더라면 배당받았을 금액의 지급을 구할 수 있을 뿐이고, 이미 소멸한 근저당권에 관한 말소등기의 회복등기를 위하여 현 소유자를 상대로 그 승낙의 의사표시를 구할 수는 없다(대판 98다27197).

---

(3) 저당권의 객체

저당권은 점유를 수반하지 않으므로 목적물은 반드시 등기·등록의 대상이 될 수 있는 것이어야 한다.

① **「민법」이 규정하는 것**: 부동산(토지·건물)과 지상권·전세권
② **「민법」 이외의 법률에서 규정하는 것**: 등기된 선박, 광업권, 어업권, 공장재단, 광업재단, 자동차, 항공기, 기계장비, 입목 등

(4) 저당권을 설정할 수 있는 채권(피담보채권)

① **금전채권에 한정하지 않음**

㉠ 저당권에 의하여 담보될 수 있는 채권, 즉 피담보채권은 대개가 금전채권이지만 반드시 금전 채권에 한정되는 것은 아니다. 예를 들어 건물·토지와 같은 특정물의 인도청구권을 담보하기 위하여 저당권을 설정할 수도 있다. 금전채권이 아닌 채권도 채무불이행이 있으면 금전의 손해배상채권으로 변하기 때문이다.

   ⓛ 피담보채권이 금전을 목적으로 하지 아니한 채권인 때에는 피담보채권의 가액을 금전으로 산정하여 이를 등기하여야 한다(「부동산등기법」 제77조).

② 채권의 일부를 피담보채권으로 할 수 있고, 또한 수개의 채권을 합하여 1개의 피담보채권으로 할 수도 있다.

③ 조건부 채권이나 기한부 채권처럼 장래에 발생할 채권을 위해서도 저당권을 설정할 수 있고, 장래 증감·변동하는 채권에 대해서도 최고액을 정하여 저당권을 설정할 수도 있다. 후자를 근저당권이라고 한다.

3   저당권의 효력 제29회, 제30회, 제31회, 제32회, 제33회, 제34회, 제35회

1. 저당권의 효력이 미치는 범위

(1) 피담보채권의 범위

> **제360조 【피담보채권의 범위】** 저당권은 원본, 이자, 위약금, 채무불이행으로 인한 손해배상 및 저당권의 실행비용을 담보한다. 그러나 지연배상에 대하여는 원본의 이행기일을 경과한 후의 1년분에 한하여 저당권을 행사할 수 있다.

저당권의 피담보채권의 범위는 다음과 같다.

원본	등기된 원본채권은 담보된다. 금전채권이 아닌 경우에는 그 가액을 금전으로 평가하여 등기하여야 한다.
이자	등기된 이자는 무제한 담보된다.
위약금	등기된 위약금은 담보된다.
지연배상	① 채무불이행으로 인한 손해배상, 즉 지연배상은 등기하지 않아도 원본의 이행기일을 경과한 후의 1년분에 한하여 저당권에 의하여 담보된다(제360조 단서). 지연배상금을 1년분으로 한정한 것은 후순위 권리자 기타 제3자를 보호하기 위한 것이다. ② 따라서 채무자가 임의로 변제할 때는 1년분을 초과한 지연배상도 전부 변제하여야 한다.
실행비용	저당권 실행에 소요되는 비용은 등기 없이도 당연히 저당권에 의하여 담보된다.

(2) 목적물의 범위

> **제358조 【저당권의 효력의 범위】** 저당권의 효력은 저당부동산에 부합된 물건과 종물에 미친다. 그러나 법률에 특별한 규정 또는 설정행위에 다른 약정이 있으면 그러하지 아니하다.

> **제359조【과실에 대한 효력】** 저당권의 효력은 저당부동산에 대한 압류가 있은 후에 저당권설정자가 그 부동산으로부터 수취한 과실 또는 수취할 수 있는 과실에 미친다. 그러나 저당권자가 그 부동산에 대한 소유권, 지상권 또는 전세권을 취득한 제3자에 대하여는 압류한 사실을 통지한 후가 아니면 이로써 대항하지 못한다.

① 부합물·종물
  ㉠ 저당권의 효력은 저당부동산에 부합된 물건과 종물에 미친다. 다만, 법률에 특별한 규정 또는 다른 약정이 있으면 미치지 않으며, 이를 등기한 경우에는 제3자에게 대항할 수 있다.
  ㉡ 부합물로는 토지에 대한 수목이나, 건물에 대한 증축건물·부속건물이 이에 해당한다. 그리고 저당권설정 당시에 이미 부합된 것인지 아니면 설정 후에 부합된 것인지를 묻지 않는다.

판례보기

저당권의 효력이 미치는 범위

1. 건물의 증축부분이 기존건물에 부합하여 기존건물과 분리하여서는 별개의 독립물로서의 효용을 갖지 못하는 이상 기존건물에 대한 근저당권은 「민법」 제358조에 의하여 부합된 증축부분에도 효력이 미치는 것이므로 기존건물에 대한 경매절차에서 경매목적물로 평가되지 아니하였다고 할지라도 경락인은 부합된 증축부분의 소유권을 취득한다(대판 92다26772).
2. "저당권의 효력은 저당부동산에 부합된 물건과 종물에 미친다."라고 규정하고 있는바, 이 규정은 저당부동산에 종된 권리에도 유추적용되어 건물에 대한 저당권의 효력은 그 건물의 소유를 목적으로 하는 지상권에도 미친다고 보아야 할 것이다(대판 92다527).
3. 구분소유의 전유부분만에 관하여 설정된 저당권의 효력은 종된 권리인 대지사용권에까지 당연히 미친다(대판 2001다22604).

---

② 과실
  ㉠ 저당부동산의 과실에는 원칙적으로 저당권의 효력이 미치지 않는다. 저당권은 목적물의 사용·수익권을 저당권설정자에게 유보하여 두기 때문이다.
  ㉡ 그러나 저당부동산에 대한 압류가 있은 후에는 저당권설정자가 수취하는 과실 또는 수취할 수 있는 과실에 대하여 저당권의 효력이 미친다(제359조).
③ 저당권이 설정된 토지 위의 건물: 토지를 저당권의 목적으로 하는 경우에는 독립한 부동산인 건물에는 당연히 저당권의 효력이 미치지 않는다. 따라서 저당권설정자가 저당권을 설정한 후 저당목적물인 토지상에 건물을 축조하게 되면 저당권의 실행으로 건물이 철거되어야 하며 저당목적물의 담보가치는 하락하게 되는데, 이를 방지할 필요성이 있으므로 일괄경매를 규정한다.

> **제365조【저당지상의 건물에 대한 경매청구권】** 토지를 목적으로 저당권을 설정한 후 그 설정자가 그 토지에 건물을 축조한 때에는 저당권자는 토지와 함께 그 건물에 대하여도 경매를 청구할 수 있다. 그러나 그 건물의 경매대가에 대하여는 우선변제를 받을 권리가 없다.

ⓒ 요건

ⓐ 저당권설정 후에 저당지상에 건물이 신축된 경우여야 한다. 따라서 저당권설정 당시에 이미 건물이 존재하고 있다면 일괄경매는 인정될 수 없다.

> **판례보기**
>
> **저당권설정 당시에 저당목적물인 토지상에 건물의 축조가 진행되어 있던 경우 일괄경매 여부(소극)**
>
> 저당권설정 당시에 건물의 존재가 예측되고 또한 당시 사회경제적 관점에서 그 가치의 유지를 도모할 정도로 건물의 축조가 진행되어 있는 경우에는 일괄경매는 적용되지 아니한다(대판 86다카2856).

ⓑ 저당권설정자가 축조하여 소유하고 있어야 한다. 따라서 저당권설정자가 아닌 제3자가 건물을 소유하고 있다면 일괄경매를 할 수 없다. 판례는 용익권자가 축조한 건물이라도 저당권설정자가 이를 매수하였다면 일괄경매를 허용한다.

> **판례보기**
>
> **저당권설정자로부터 저당토지에 대한 용익권을 설정받은 자에 의하여 축조된 건물의 소유권을 저당권설정자가 취득한 경우 일괄경매청구가 허용되는지 여부(적극)**
>
> 저당지상의 건물에 대한 일괄경매청구권은 저당권설정자가 건물을 축조한 경우뿐만 아니라 저당권설정자로부터 저당토지에 대한 용익권을 설정받은 자가 그 토지에 건물을 축조한 경우라도 그 후 저당권설정자가 그 건물의 소유권을 취득한 경우에는 저당권자는 토지와 함께 그 건물에 대하여 경매를 청구할 수 있다(대판 2003다3850).

ⓒ 효과

ⓐ 일괄경매를 할지라도 저당권자는 건물의 매각대금으로부터는 우선변제를 받지 못한다. 저당권자가 일괄경매를 할 수 있다 하더라도 그 저당권은 토지에 대한 저당권이기 때문이다.

ⓑ 대지만의 매각대금으로 경매비용과 피담보채권을 변제하는 데 충분하다 하더라도 건물도 이와 일괄하여 경매하였다 하여 위법하다고 할 수 없으며(대결 68마890), 일괄경매청구는 저당권자가 선택할 수 있는 권리일 뿐 의무가 아니므로 토지만에 대하여 경매를 신청하여 그 경락으로 소유권을 취득하고 건물의 철거를 구하는 것이 위법하다 할 수 없다(대판 77다77).

④ 물상대위

ⓒ 「민법」은 질권에서 물상대위에 관한 규정을 두고 이를 저당권에 준용하고 있다(제342조, 제370조). 따라서 저당권의 목적물이 멸실·훼손·공용징수되어 그 목적물에 갈음하는 금전 기타의 물건으로 변한 경우에, 저당권이 목적물의 가치변형물 위에 존속하게 된다. 목적물에 갈음하는 대표물로서 저당권자가 추급할 수 있는 것은 보험금, 손해배상금, 토지수용보상금 등이다.

ⓒ 물상대위는 저당권이 더 이상 추급할 수 없는 경우에 인정되는 것이므로 저당권이 그대로 존속할 수 있는 경우에는 발생하지 않는다. 따라서 강제수용이 아닌 「공익사업을 위한 토지 등의 취득 및 보상에 관한 법률」에 따라 협의취득된 경우에 저당권자는 그 보상금에 대하여 물상대위권을 행사할 수 없으며, 저당목적물의 매매대금·차임 등에 물상대위가 인정되지 않는다.

ⓒ 물상대위를 행사하기 위해서는 보상금 등의 지급 또는 인도 전에 압류하여야 한다. 이때 압류는 특정을 위한 것이므로 반드시 저당권자가 스스로 압류할 것을 요구하는 것은 아니다.

판례보기

물상대위시에 압류를 저당권자가 스스로 하여야 하는지 여부(소극)

"저당권자가 물상대위권을 행사하기 위하여서는 저당권설정자가 지급받을 금전 기타 물건의 지급 또는 인도 전에 압류하여야 한다."라고 규정한 취지는, 물상대위의 목적이 되는 금전 기타 물건의 특정성을 유지하여 제3자에게 불측의 손해를 입히지 아니하려는 데 있는 것이므로, 저당목적물의 변형물인 금전 기타 물건에 대하여 이미 제3자가 압류하여 그 금전 또는 물건이 특정된 이상 저당권자는 스스로 이를 압류하지 않고서도 물상대위권을 행사할 수 있다(대판 96다21058).

---

2. 우선변제를 받는 효력

(1) 우선변제적 효력

채무자가 채권의 변제기가 도래하였음에도 불구하고 채무를 변제하지 않는 경우에는 저당권자는 경매를 청구할 수 있고, 이로부터 다른 채권자보다 자기 채권을 우선변제받을 권리가 있다. 저당권자가 직접 저당권을 실행하여 우선변제를 받을 수 있으며, 또한 다른 채권자의 저당목적물에 대한 경매신청에 대하여 배당에 참가하여 우선변제를 받을 수도 있다.

(2) 저당권자의 우선적 지위

① 일반채권자에 대한 관계: 저당권자가 우선한다. 다만, 「주택임대차보호법」, 「상가건물 임대차보호법」에 의하여 저당권설정등기일보다 먼저 대항요건과 확정일자를 갖춘 임차인은 보증금반환에 관하여 저당권자에 우선한다. 또한 소액보증금 중 일정액에 대하여는 경매신청등기 전에 대항요건을 갖추는 것을 요건으로 하여 언제나 저당권에 우선하는 권리를 갖게 된다.

② 전세권에 대한 관계: 전세권과 저당권이 경합하는 경우에는 설정등기 순서에 따라 배당순위를 정하게 된다.

③ 다른 담보물권에 대한 관계
ㄱ 저당권 상호간의 관계: 설정등기 순서에 따라 배당순위를 정한다.

ⓒ 유치권에 대한 관계: 유치권은 이론상 저당권과 우열의 문제는 생기지 않으나 제3자가 목적
물을 인도받으려면 채무를 변제하여야 하므로 사실상 유치권자에게 우선변제권이 있는 결과
가 된다.

④ **국세와의 관계**: 저당물소유자의 체납국세는 그 법정기일 전에 설정된 저당권에 우선하여 징수하
지 못한다(「국세기본법」 제35조 제1항). 그러나 저당물에 부과된 국세와 가산금, 이른바 당해세는
그 법정기일 전에 설정된 저당권에 대하여도 우선한다.

PART 2 물권법

참고학습 | 배당순위

1. 1순위: 경매실행(집행)비용(경매신청 채권자가 지출한 경매신청비용 이하 모든 비용, 즉 감정평가료, 신문공고
   비용, 집행관 집행수수료, 송달료, 각종 인지대 등)
2. 2순위: 제3취득자가 경매목적 부동산에 지출한 필요비, 유익비
3. 3순위
   ① 소액임차인의 보증금 중 일정액
   ② 최종 3개월분 임금채권
   ③ 최종 3년분 퇴직금
   ④ 재해보상금
4. 4순위(당해세): 당해세란 당해 부동산에 부과된 국세(상속세, 증여세 및 종합부동산세), 지방세나 가산금을
   말한다.
   예외: 대항력 있는 주택임차인의 확정일자가 법정기일보다 빠를 경우 임차인의 보증금을 우선 배당.
5. 5순위(시간순에 의하여 우선변제)
   ① 저당권, 전세권, 담보가등기
   ② 대항요건과 확정일자를 갖춘 임차인의 임차보증금채권
   ③ 당해세 이외의 조세채권(국세, 지방세)
6. 6순위: 최종 3개월분의 임금을 제외한 임금채권
7. 7순위: 전세권이나 저당권 등의 설정일보다 법정기일이 늦은 조세채권
8. 8순위: 국민연금, 의료보험, 전기세, 수도세, 공과금 등
9. 9순위: 일반채권

3. 제3취득자의 지위

(1) 의의

부동산에 저당권이 설정된 후에 소유권·지상권·전세권 등을 취득한 자를 제3취득자라고 한다. 그
런데 이러한 제3취득자는 저당권이 실행되면 자신의 권리를 상실하게 되는 불안정한 지위에 있게
되므로 제3취득자를 위한 다음의 규정을 두고 있다.

(2) 제3취득자의 보호규정

① 경매인이 될 수 있는 권리

> **제363조 【저당권자의 경매청구권, 경매인(競買人)】** ② 저당물의 소유권을 취득한 제3자도 경매인이 될 수 있다.

제3취득자는 저당권이 실행되면 경매인이 될 수 있다고 함으로써 권리를 보전하는 방법을 두고 있다. 또한 제3취득자가 경매인이 되지 않아서 권리를 상실한 경우에는 담보책임을 물을 수도 있다(제576조).

② 제3취득자의 변제

> **제364조 【제3취득자의 변제】** 저당부동산에 대하여 소유권, 지상권 또는 전세권을 취득한 제3자는 저당권자에게 그 부동산으로 담보된 채권을 변제하고 저당권의 소멸을 청구할 수 있다.

이해관계가 있는 제3자는 채무자가 반대하는 경우에도 저당채무를 변제함으로써 저당권을 소멸시킬 수 있다(제469조). 제3취득자도 당연히 이해관계 있는 자이므로 저당채무를 변제할 수 있음에도 불구하고 별도로 제364조의 규정을 둔 이유는 제3취득자는 지연이자에 대해서 원본의 이행기일을 경과한 후의 1년분만을 변제하면 족하다는 데 의의가 있기 때문이다.

㉠ 근저당부동산에 대하여 후순위 근저당권을 취득한 자는 제364조에서 정한 권리를 행사할 수 있는 제3취득자에 해당하지 아니하므로 후순위 근저당권자는 최고액만을 변제하고 근저당권의 말소를 청구할 수 없다(대판 2005다17341).

㉡ 제3취득자가 피담보채무를 인수하면서 매수하였다면 채무자의 지위로 변경되므로 제364조의 규정은 적용될 여지가 없다(대판 2002다7176).

③ 제3취득자의 비용상환청구권

> **제367조 【제3취득자의 비용상환청구권】** 저당물의 제3취득자가 그 부동산의 보존, 개량을 위하여 필요비 또는 유익비를 지출한 때에는 제203조 제1항·제2항의 규정에 의하여 저당물의 경매대가에서 우선상환을 받을 수 있다.

㉠ 필요비 또는 유익비를 지출한 제3취득자는 경매법원에 대하여 이를 증명하여 상환을 청구할 수 있다. 이 경우 경매법원은 경매비용 다음 순위로 지급한다.

㉡ 제3취득자가 민법 제367조에 의하여 우선상환을 받으려면 저당부동산의 경매절차에서 배당요구의 종기까지 배당요구를 하여 경매절차의 매각대금에서 우선변제를 받을 수 있다(민사집행법 제268조, 제88조).

ⓒ 제3취득자가 경매절차를 통하지 않고 직접 저당권설정자, 저당권자 또는 경매절차 매수인 등에 대하여 비용상환을 청구할 수 있는 권리는 인정되지 않는다. 따라서 제3취득자는 민법 제367조에 의한 비용상환청구권을 피담보채권으로 주장하면서 유치권을 행사할 수 없다(대판 2022다265093).

4. 저당권의 침해에 대한 구제

(1) 저당권의 침해

저당권은 목적물에 대한 교환가치를 파악하여 그 채권의 담보를 목적으로 하는 것이므로 교환가치를 감소시키는 것은 저당권에 대한 침해가 된다. 예를 들어 저당산림의 부당한 벌채, 종물의 부당한 분리, 저당건물에 대한 붕괴행위 등은 저당권의 침해가 된다.

(2) 구제방법

① **물권적 청구권**: 저당권의 침해가 있는 경우 방해제거나 예방을 청구할 수 있다. 예를 들어 저당산림의 수목을 부당하게 벌채하는 경우에는 그 벌채행위의 중지를 청구할 수 있다. 이 물권적 청구권은 그 침해가 있는 한 비록 손해가 발생하지 않았다 하더라도 행사할 수 있다. 다만, 저당권은 목적물을 점유하는 것을 내용으로 하지 않기 때문에 반환청구권은 인정되지 않는다는 점을 주의하여야 한다.

② **손해배상청구권**: 고의 또는 과실에 의한 저당권의 침해로 목적물의 가액에서 피담보채권의 변제가 부족하게 되었을 때, 즉 손해가 발생한 때에는 손해배상을 청구할 수 있다. 손해가 발생하였다면 저당권 실행 전에도 손해배상을 청구할 수 있다.

③ **담보물(저당물)보충청구권**

> **제362조【저당물의 보충】** 저당권설정자의 책임 있는 사유로 인하여 저당물의 가액이 현저히 감소된 때에는 저당권자는 저당권설정자에 대하여 그 원상회복 또는 상당한 담보제공을 청구할 수 있다.

담보물보충청구권을 행사한 경우에는 채권자는 채무자에 대하여 손해배상청구권이나 기한이익의 상실로 인한 즉시변제청구권을 행사할 수 없다.

④ **즉시변제청구권**: 채무자가 담보를 손상·감소·멸실하게 한 때에는 기한의 이익을 잃는다(제388조). 따라서 저당권자는 곧 변제를 청구하거나 저당권을 실행할 수 있다. 단, 즉시변제청구권은 손해배상청구권과 함께 행사할 수 있으나, 담보물보충청구권과는 선택적으로 행사할 수 있을 뿐이다.

4 저당권의 처분과 소멸 제29회, 제30회, 제34회

(1) 저당권의 처분

> **제361조 【저당권의 처분제한】** 저당권은 그 담보한 채권과 분리하여 타인에게 양도하거나 다른 채권의 담보로 하지 못한다.

① 「민법」은 저당권의 처분에 관하여 부종성을 강조하는 입장을 보이고 있다. 따라서 저당권은 그 담보한 채권과 분리하여 타인에게 양도하거나 다른 채권의 목적으로 하지 못한다. 채권과 분리하여 저당권만을 양도하는 것은 무효가 된다.

② 저당권 양도에서 물권적 합의는 저당권을 양도·양수받는 당사자 사이에 있으면 족하고, 그 외에 그 채무자나 물상보증인 사이에까지 있어야 하는 것은 아니라 할 것이며, 단지 채무자에게 채권양도의 통지나 이에 대한 채무자의 승낙이 있으면 채권양도를 가지고 채무자에게 대항할 수 있게 되는 것이다(대판 2002다15412, 15429).

③ 원래 채권의 불성립·무효로 처음부터 채권이 없는 경우 또는 피담보채권이 변제 기타의 사유로 소멸한 경우에는 저당권부 채권양도의 부기등기가 되었더라도 저당권을 취득할 수 없다.

(2) 저당권의 소멸

> **제369조 【부종성】** 저당권으로 담보한 채권이 시효의 완성 기타 사유로 인하여 소멸한 때에는 저당권도 소멸한다.

① 피담보채권이 소멸하면 저당권은 당연히 소멸하며, 등기가 말소되어야 소멸하는 것이 아니다. 피담보채권과 분리하여 저당권만이 단독으로 소멸시효에 걸리는 경우는 없으며, 다만 피담보채권이 소멸시효로써 소멸하면 저당권은 부종성으로 인하여 소멸하게 된다.

② 지상권 또는 전세권을 목적으로 저당권을 설정한 자는 저당권자의 동의 없이 지상권 또는 전세권을 소멸하게 하는 행위를 하지 못한다(제371조 제2항). 지상권 또는 전세권이 소멸하면 이를 목적으로 하는 저당권도 소멸하기 때문이다.

5 특수저당권 제29회, 제31회, 제33회, 제34회, 제35회

1. 공동저당

> **제368조 【공동저당과 대가의 배당, 차순위자의 대위】** ① 동일한 채권의 담보로 수개의 부동산에 저당권을 설정한 경우에 그 부동산의 경매대가를 동시에 배당하는 때에는 각 부동산의 경매대가에 비례하여 그 채권의 분담을 정한다.
> ② 전항의 저당부동산 중 일부의 경매대가를 먼저 배당하는 경우에는 그 대가에서 그 채권 전부의 변제를 받을 수 있다. 이 경우에 그 경매한 부동산의 차순위 저당권자는 선순위 저당권자가 전항의 규정에 의하여 다른 부동산의 경매대가에서 변제를 받을 수 있는 금액의 한도에서 선순위자를 대위하여 저당권을 행사할 수 있다.

(1) 의의와 성질

① 동일한 채권의 담보를 위하여 수개의 부동산 위에 설정된 저당권을 공동저당이라고 한다. 예를 들어 甲이 乙에 대하여 3억원의 채권을 가지고 있는데, 그 담보를 위하여 乙의 A·B·C 세 개의 건물 위에 각각 저당권을 설정하였다고 할 때에, 이들의 세 저당권을 공동저당권이라고 한다.

② 공동저당은 복수의 부동산이 1개의 채권의 담보로 되어 있는 점이 특징적이나, 그 법률관계는 복수의 부동산 위에 1개의 저당권이 있는 것이 아니라 각 부동산마다 1개의 저당권이 있는 것이다.

③ 저당권설정자와 저당권자 사이에서 동일한 기본계약에 기하여 발생한 채권을 중첩적으로 담보하기 위하여 수개의 근저당권을 설정하기로 합의하고 이에 따라 수개의 근저당권설정등기를 마친 때에는 「부동산등기법」 제149조(현재 제78조 제1항)에 따라 공동근저당관계의 등기를 마쳤는지 여부와 관계없이 그 수개의 근저당권 사이에는 각 채권최고액이 동일한 범위 내에서 공동근저당관계가 성립한다(대판 2008다57746).

(2) 공동저당의 성립

① **설정계약**: 공동저당은 동일한 채권의 담보로서 수개의 각 목적물 위에 저당권이 설정되는 경우이다. 반드시 한 번에 모두 설정되어야 하는 것은 아니며 때를 달리하여 추가담보로 설정될 수도 있고, 목적물의 소유자가 달라도 상관없으며, 반드시 순위가 같을 필요도 없다.

② **등기**: 공동저당에 의하여 각 부동산 위에 저당권이 성립하므로 각 목적물 위의 저당권마다 일반원칙에 따른 등기를 하면 된다. 다만, 각 저당권의 등기에 있어서 다른 부동산과 함께 공동담보로 되어 있다는 것을 기재하여야 하며, 목적부동산의 수가 5개 이상인 때에는 공동담보 목록을 첨부하여야 한다(「부동산등기법」 제78조 제2항).

(3) 공동저당의 효력 – 원칙과 불가분성의 제한

공동저당권자는 공동저당의 각각의 목적물에 대하여 별개의 저당권을 가지고 있으므로 임의로 어느 저당목적물에 대하여 채권의 전부나 일부를 우선변제를 청구할 수 있다. 그러나 이 원칙을 관철하게 되면 채권자가 어느 부동산으로부터는 많은 액수의 변제를 요구하고, 어느 부동산으로부터는 소액의 변제를 요구하는 우연한 사정에 따라 후순위 저당권자 사이에 불공평한 결과가 발생되므로 「민법」은 각 저당물건에 합리적인 부담을 조절하는 조치를 취하고 있다. 이는 담보물권을 가진 자는 피담보채권의 전부를 변제받을 때까지 목적물의 전부에 관하여 담보물권을 행사할 수 있다는 불가분성에 대한 예외가 된다.

① **동시배당**: 동일한 채권의 담보로 수개의 부동산에 저당권을 설정한 경우에 그 부동산의 경매대가를 동시에 배당하는 때에는 각 부동산의 경매대가에 비례하여 그 채권의 분담을 정한다(제368조 제1항).

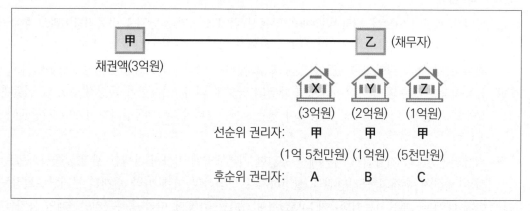

ⓐ 이 사례에서 X·Y·Z건물을 동시에 배당하는 때에는 경매대가에 비례하여 배당액을 정한다. 즉, X·Y·Z의 경매대가가 3 : 2 : 1의 비율이므로 甲은 X건물에서 자신의 채권액 3억원의 6분의 3인 1억 5천만원을 배당받고, Y건물에서 6분의 2인 1억원, Z건물에서 6분의 1인 5천만원을 배당받는다. 후순위 권리자인 A·B·C는 경매대가의 잔액이 있으면 후순위로 우선변제를 받을 수 있으며, 잔액이 없으면 일반채권이 될 뿐이다.

ⓑ 동시배당시에 경매대가에 비례한다는 규정은 후순위 권리자가 없는 경우에도 적용된다.

판례보기

주택임차인이 소액보증금에 대하여 대지와 건물 모두로부터 배당을 받는 경우 「민법」 제368조 제1항을 유추적용하는지 여부(적극)

「주택임대차보호법」 제8조에 규정된 소액보증금반환청구권은 임차목적 주택에 대하여 저당권에 의하여 담보된 채권, 조세 등에 우선하여 변제받을 수 있는 이른바 법정담보물권으로서, 주택임차인이 대지와 건물 모두로부터 배당을 받는 경우에는 마치 그 대지와 건물 전부에 대한 공동저당권자와 유사한 지위에 서게 되므로 대지와 건물이 동시에 매각되어 주택임차인에게 그 경매대가를 동시에 배당하는 때에는 「민법」 제368조 제1항을 유추적용하여 대지와 건물의 경매대가에 비례하여 그 채권의 분담을 정하여야 한다(대판 2001다66291).

② 이시배당

    ㉠ 저당부동산 중 일부의 경매대가를 먼저 배당하는 경우에는 그 대가에서 그 채권 전부의 변제를 받을 수 있다. 이 경우에는 그 경매한 부동산의 차순위 저당권자는 선순위 저당권자가 동시배당에 의하여 다른 부동산의 경매대가에서 변제를 받을 수 있는 금액의 한도에서 선순위자를 대위하여 저당권을 행사할 수 있다(제368조 제2항).

    ㉡ 위 사례에서 甲이 만일 X건물만을 경매하여 3억원을 모두 변제받은 경우에 아무런 법률상의 규정이 없다면 X건물의 후순위자인 A는 전혀 채권을 회수할 수 없게 된다. 따라서 제368조 제2항은 선순위자가 동시배당을 하였다면 받을 만큼을 차순위자가 대위하도록 규정하고 있다. 즉, 甲이 동시배당을 하였다면 X부동산에서 1억 5천만원, Y부동산에서 1억원, Z부동산에서 5천만원을 배당받게 되는데, X부동산으로부터 전액을 변제받았으므로 후순위자인 A가 甲 대신 Y부동산에서 1억원을, Z부동산에서 5천만원을 대위하여 변제받게 된다.

    ㉢ 공동저당권자가 채권의 전부를 변제받은 경우뿐만 아니라 일부를 변제받은 경우에도 후순위 저당권자의 대위권이 인정된다.

판례보기

부동산과 선박에 대하여 저당권이 설정된 경우에 제368조 제2항 후문의 규정이 적용되는지 여부(소극)

동일한 채권의 담보로 부동산과 선박에 대하여 저당권이 설정된 경우에는 「민법」 제368조 제2항 후문의 규정이 적용 또는 유추적용되지 아니하므로 동일한 채권을 담보하기 위하여 부동산과 선박에 선순위 저당권이 설정된 후 선박에 대하여서만 후순위 저당권이 설정된 경우 먼저 선박에 대하여 담보권 실행절차가 진행되어 선순위 저당권자가 선박에 대한 경매대가에서 피담보채권 전액을 배당받음으로써 선박에 대한 후순위 저당권자가 부동산과 선박에 대한 담보권 실행절차가 함께 진행되어 동시에 배당을 하였더라면 받을 수 있었던 금액보다 적은 금액만을 배당받게 되었다고 하더라도 선박에 대한 후순위 저당권자는 「민법」 제368조 제2항 후문의 규정에 따라 부동산에 대한 선순위 저당권자의 저당권을 대위할 수 없다(대판 2001다53264).

☞ 제368조의 공동저당에서 후순위권자의 대위권을 수개의 부동산 위에 공동저당이 설정된 경우에만 적용하고 있다.

    ㉣ 공동근저당권자가 목적부동산 중 일부에 대한 환가대금 등으로부터 다른 권리자에 우선하여 피담보채권의 일부에 대하여 배당받은 경우에, 공동담보의 나머지 목적부동산에 대하여 공동근저당권자로서 행사할 수 있는 우선변제권의 범위는 피담보채권의 확정 여부와 상관없이 최초의 채권최고액에서 위와 같이 우선변제받은 금액을 공제한 나머지 채권최고액으로 제한된다고 해석함이 타당하다. 그리고 이러한 법리는 채권최고액을 넘는 피담보채권이 원금이 아니라 이자·지연손해금인 경우에도 마찬가지로 적용된다(대판 전합 2013다16992).

③ 물상보증인과의 관계

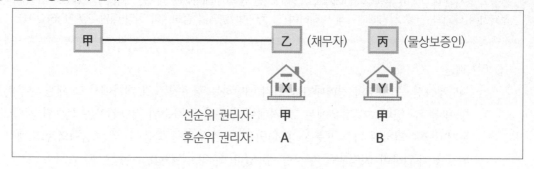

㉠ 동시배당: 부동산의 경매대가를 동시에 배당하는 경우 각 부동산의 경매대가에 비례하여 그 채권의 분담을 정한다고 규정하고 있는 「민법」 제368조 제1항은 적용되지 않는다. 따라서 이러한 경우 경매법원으로서는 채무자 소유 부동산의 경매대가에서 공동저당권자에게 우선적으로 배당을 하고, 부족분이 있는 경우에 한하여 물상보증인 소유 부동산의 경매대가에서 추가로 배당을 하여야 한다(대판 2008다41475).

㉡ 이시배당

ⓐ 채무자 소유의 부동산이 먼저 경매된 경우: 채무자 소유인 X부동산에 대하여 먼저 경매가 이루어져 甲이 채권의 전부 또는 일부를 변제받은 경우 채무자 소유 부동산의 후순위 권리자인 A는 물상보증인 소유 부동산에 대위할 수 없다. 물상보증인 丙은 甲에 대한 부담만을 각오한 자이므로 자신과 아무 관련이 없는 A가 자신의 부동산에 저당권을 행사하는 것은 인정할 수 없기 때문이다. 그리고 이러한 법리는 채무자 소유의 부동산에 후순위 저당권이 설정된 후에 물상보증인 소유의 부동산이 추가로 공동저당의 목적으로 된 경우에도 마찬가지로 적용된다(대판 2013다207996).

ⓑ 물상보증인 소유의 부동산이 먼저 경매된 경우: 물상보증인 소유인 Y부동산에 대하여 먼저 경매가 이루어져 甲이 채권의 전부 또는 일부를 변제받은 경우 물상보증인 소유 부동산의 후순위 권리자인 B는 채무자 소유의 부동산에 대위할 수 있다. 물상보증인은 채무자 대신 변제를 하여 준 것이므로 변제자대위에 의하여 권리를 행사할 수 있기 때문이다.

2. 근저당

제357조 【근저당】 ① 저당권은 그 담보할 채무의 최고액만을 정하고 채무의 확정을 장래에 보류하여 이를 설정할 수 있다. 이 경우에는 그 확정될 때까지의 채무의 소멸 또는 이전은 저당권에 영향을 미치지 아니한다.
② 전항의 경우에는 채무의 이자는 최고액 중에 산입한 것으로 본다.

(1) 의의 및 성질

① 의의: 근저당권이란 계속적인 거래관계로부터 발생하는 불특정한 장래의 채권을 일정한 한도액 (최고액)까지 담보하기 위하여 설정하는 저당권이다. 이러한 근저당은 은행과 상인 간에 신용거래를 하기 위하여 일찍부터 널리 활용되고 있는 제도로서 계속적 거래관계(◉ 당좌대월계약, 대리점계약 등)가 있고 채권·채무가 증감변동하는 당사자 간에 있어서 불특정한 장래의 채권을 일괄하여 담보하는 것이 필요할 때 이용하게 된다.

예를 들어 본사에서 1년 동안 대리점에 물건을 외상으로 계속 공급해 주고 대리점에서 매달 갚아나가는 계약을 체결하였다고 가정해 보면, 매달 발생한 채권마다 저당권을 설정하는 것은 매우 불편한 일이 될 것이다. 여기서 대리점의 채무액은 매달 증감변동하게 되는데 이를 효율적으로 담보하기 위한 것이 근저당이다.

② 성질

㉠ 부종성의 완화: 근저당권은 장래의 증감변동하는 불특정의 채권을 담보하므로 피담보채권이 일시소멸하더라도 기본계약이 존속하는 한 근저당권은 소멸하지 않는다. 즉, 위의 예에서 대리점이 계약기간 도중에 일시적으로 외상대금을 모두 변제하였다 하더라도 1년의 계약이 종료하지 않는 한 근저당은 존속한다. 결국 근저당은 피담보채권과의 부종성을 요구하지 않지만 오히려 기본계약과의 부종성을 요구하게 된다.

㉡ 피담보채권의 불특정성: 원본이 확정될 때까지는 어느 채권이 담보되는가는 특정되지 않는다. 즉, 근저당권은 최고액의 한도 내에서 불특정의 채권을 담보하는 저당권이다.

(2) 근저당의 성립

① 근저당권설정계약: 당사자는 근저당권자와 근저당권설정자이다. 설정계약에는 담보할 채권의 최고액을 정하여야 하며, 채권발생의 기초가 되는 계속적 법률관계, 즉 기본계약관계도 정하여야 한다. 다만, 존속기간이나 결산기는 정하지 않아도 된다.

② 등기: 근저당권설정등기에는 등기원인이 근저당권설정이라는 취지와 채권의 최고액 및 채무자를 기재하여야 한다. 근저당권의 존속기간이나 기존 거래관계의 결산기에 관한 약정은 등기하지 않아도 된다. 다만, 존속기간이나 결산기가 등기된 경우에는 그 이후에 생긴 채권을 피담보채권액에 포함시킬 수 없다.

(3) 근저당권의 효력

① 피담보채권의 범위

㉠ 근저당권의 효력은 설정계약에서 정한 최고액의 범위 내에서 현존하는 채권액의 전부에 미친다. 따라서 계속적 거래관계에서 발생한 채권이 최고액을 초과하면 최고액만을, 최고액에 미달하면 그 확정액만을 우선변제받을 수 있다.

ⓐ 채무의 이자는 최고액 중에 산입한 것으로 본다(제357조 제2항)고 규정하고 있으므로, 지연이자는 1년분에 한정하지 않고 최고액에 포함되는 이상 모두 담보된다.

ⓑ 최고액은 당사자 사이의 계속적 거래관계에서 생긴 채권 중 담보할 한도액을 말하는 것이므로, 근저당권 실행비용은 최고액에 포함되지 않는다(대판 2001다47986).

ⓒ 채권총액이 최고액을 초과할 경우, 채무자가 임의변제할 때에는 채권액 전부를 변제하여야만 근저당의 말소를 청구할 수 있으나 물상보증인이나 제3취득자는 최고액만을 변제하고 근저당의 말소를 청구할 수 있다.

판례보기

채권최고액은 책임의 한도가 아니라 우선변제의 한도액에 해당한다는 사례

근저당권의 채권최고액은 후순위 담보권자나 저당목적 부동산의 제3취득자에 대한 우선변제권의 한도로서의 의미를 갖는 것에 불과하고 그 부동산으로써는 그 최고액 범위 내의 채권에 한하여서만 변제를 받을 수 있다는 이른바 책임의 한도라고까지는 볼 수 없으므로 제3취득자나 후순위 근저당권자가 없는 한 근저당권자의 채권액이 근저당권의 최고액을 초과하는 경우에 경락대금 중 그 채권최고액을 초과하는 금액이 있더라도 이는 근저당권설정자에게 반환할 것은 아니고 근저당권자의 채권최고액을 초과하는 채무의 변제에 충당하여야 할 것이다(대판 92다1896).

ⓛ 근저당권의 변경

ⓐ 근저당권의 변경에 있어서 최고액을 증액하는 것은 근저당권 자체의 변경이므로 변경등기를 하여야 하며, 변경등기 이전의 이해관계인에게는 대항할 수 없다.

ⓑ 근저당권은 피담보채무가 확정되기 이전이라면 채무의 범위 또는 채무자를 변경할 수 있는 것이고, 채무의 범위나 채무자가 변경된 경우에는 당연히 변경 후의 범위에 속하는 채권이나 채무자에 대한 채권만이 당해 근저당권에 의하여 담보되고, 변경 전의 범위에 속하는 채권이나 채무자에 대한 채권은 그 근저당권에 의하여 담보되는 채무의 범위에서 제외된다(대판 97다15777).

ⓒ 근저당권을 설정한 후에 근저당설정자와 근저당권자의 합의로 채무의 범위 또는 채무자를 추가하거나 교체하는 등으로 피담보채무를 변경할 수 있으며, 이 경우 이해관계인의 승낙을 받을 필요는 없다(대판 2021다255648).

② 피담보채권의 확정

㉠ 피담보채권이 확정되면 더 이상의 채권액의 증감변동은 없으며, 이후부터 근저당권은 부종성을 가지게 되어 보통의 저당권과 같은 취급을 받게 된다(대판 2001다73022).

㉡ 피담보채권이 확정된 후에 기본계약을 통해 원본채권액이 증가하였더라도 그 부분은 담보되지 않는다.

㉢ 다만, 확정 전에 발생한 원본채권으로부터 그 확정 후에 발생하는 이자나 지연손해금 채권은 최고액 범위 내에서 여전히 담보된다(대판 2005다38300).

심화학습 | 피담보채권이 확정되는 사유

1. 존속기간 내지 결산기의 도래

근저당권설정계약에서 근저당권의 존속기간을 정한 경우 존속기간이 만료하거나 계속적 거래계약에 정해져 있는 결산기가 도래하면 피담보채권액은 확정된다.

2. 기본계약의 해지(종료)

① 계속적 거래계약에 기한 채무를 담보하기 위하여 존속기간의 약정이 없는 근저당권을 설정한 경우에 그 거래관계가 종료됨으로써 피담보채무로 예정된 원본채무가 더 이상 발생할 가능성이 없게 된 때에는 그때까지 잔존하는 채무가 근저당권에 의하여 담보되는 채무로 확정된다(대판 95다2494).

② 피담보채무는 근저당권설정계약에서 근저당권의 존속기간을 정하거나 근저당권으로 담보되는 기본적인 거래계약에서 결산기를 정한 경우에는 원칙적으로 존속기간이나 결산기가 도래한 때에 확정되지만, 이 경우에도 근저당권에 의하여 담보되는 채권이 전부 소멸하고 채무자가 채권자로부터 새로이 금원을 차용하는 등 거래를 계속할 의사가 없는 경우에는 근저당 또는 그 기초되는 계약에 존속기간의 정함이 있고 그 기간의 경과 전이라 할지라도 설정자는 그 계약을 해지하고 설정등기의 말소를 구할 수 있다고 해석함이 조리에 합당하다(대판 2001다47528; 대판 66다68).

③ 채무자의 파산 또는 회생절차의 개시: 채무자가 파산한 경우 또는 채무자에 대한 회생절차개시결정이 있는 때에는 당사자가 더 이상의 계속적 계약을 유지하기는 어렵다고 보아야 하므로 피담보채권액은 확정된다.

④ 경매신청
  ㉠ 근저당권자가 스스로 경매를 신청한 경우 – 신청시 확정
    ⓐ 근저당권자가 피담보채무의 불이행을 이유로 경매신청을 한 경우에는 경매신청시에 근저당권이 확정된다(대판 92다48567).
    ⓑ 경매신청을 하여 경매개시결정이 있었다면 경매신청이 취하되었다고 하더라도 채무확정의 효과가 번복되는 것은 아니다(대판 2001다73022).
  ㉡ 후순위 근저당권자가 경매를 신청한 경우 – 매각(경락)대금 완납시 확정: 후순위자가 경매를 신청한 경우 선순위 근저당권자는 자신이 경매신청을 하지 아니하였으면서도 경락으로 인하여 근저당권을 상실하게 되는 처지에 있으므로 거래의 안전을 해치지 아니하는 한도 안에서 선순위 근저당권자가 파악한 담보가치를 최대한 활용할 수 있도록 함이 타당하다는 관점에서 보면, 후순위 근저당권자가 경매를 신청한 경우 선순위 근저당권의 피담보채권은 그 근저당권이 소멸하는 시기, 즉 경락인이 경락대금을 완납한 때에 확정된다고 보아야 한다(대판 99다26085).

(4) 근저당권의 이전

① **피담보채권의 확정 전**: 피담보채권이 확정되기 전에 채권의 전부·일부가 양도되거나 대위변제가 된 경우에는 이를 원인으로 근저당권이전등기를 할 수 없다. 근저당권은 보통의 저당권과는 달리 계속적 계약관계에서 발생하는 채권을 담보하기 때문에, 그 기본계약의 승계가 있어야만 근저당권의 이전도 가능하다.

② **피담보채권의 확정 후**: 피담보채권이 확정되면 근저당권은 일반저당권과 동일하게 되므로 채권의 전부·일부가 양도되거나 대위변제된 경우에는 양수인 또는 대위변제자에게 근저당권이 이전된다.

> **판례보기**
>
> 근저당권의 피담보채권이 확정되기 전에 그 채권의 일부를 양도하거나 대위변제한 경우, 그 양수인이나 대위변제자가 근저당권의 이전을 구할 수 있는지 여부(소극)
>
> 근저당권이라고 함은 계속적인 거래관계로부터 발생하고 소멸하는 불특정 다수의 장래채권을 결산기에 계산하여 잔존하는 채무를 일정한 한도액의 범위 내에서 담보하는 저당권이어서 거래가 종료하기까지 채권은 계속적으로 증감변동되는 것이므로, 근저당 거래관계가 계속 중인 경우, 즉 근저당권의 피담보채권이 확정되기 전에 그 채권의 일부를 양도하거나 대위변제한 경우 근저당권이 양수인이나 대위변제자에게 이전할 여지가 없다(대판 95다53812).

01 유치권 성립을 위한 견련관계가 인정되는 경우를 모두 고른 것은? (다툼이 있으면 판례에 따름)
(제32회)

> ㉠ 임대인과 임차인 사이에 건물명도시 권리금을 반환하기로 약정을 한 때, 권리금반환청구권을 가지고 건물에 대한 유치권을 주장하는 경우
> ㉡ 건물의 임대차에서 임차인의 임차보증금반환청구권으로써 임차인이 그 건물에 유치권을 주장하는 경우
> ㉢ 가축이 타인의 농작물을 먹어 발생한 손해에 관한 배상청구권에 기해 그 타인이 그 가축에 대한 유치권을 주장하는 경우

① ㉠   ② ㉡   ③ ㉢   ④ ㉠, ㉢   ⑤ ㉡, ㉢

해설 ㉢ (인정) 甲의 말 2필이 乙의 밭에 들어가 농작물을 먹어치운 경우 乙은 손해배상청구권을 담보하기
위하여 말을 유치할 수 있다(대판 69다1592).
㉠ (부정) 임대인과 임차인 사이에 건물명도시 권리금을 반환하기로 하는 약정이 있었다 하더라도 그와
같은 권리금반환청구권은 건물에 관하여 생긴 채권이라 할 수 없으므로 그와 같은 채권을 가지
고 건물에 대한 유치권을 행사할 수 없다(대판 93다62119).
㉡ (부정) 건물의 임대차에 있어서 임차인의 임대인에게 지급한 임차보증금반환청구권이나 임대인이 건
물시설을 아니하기 때문에 임차인에게 건물을 임차목적대로 사용 못한 것을 이유로 하는 손해
배상청구권은 모두 「민법」 제320조 소정 소위 그 건물에 관하여 생긴 채권이라 할 수 없다(대
판 75다1305).

정답 ③

02 민법상 유치권에 관한 설명으로 **틀린** 것은? (다툼이 있으면 판례에 따름)
(제34회)

① 유치권자는 유치물에 대한 경매권이 있다.
② 유치권 발생을 배제하는 특약은 무효이다.
③ 건물신축공사를 도급받은 수급인이 사회통념상 독립한 건물이 되지 못한 정착물을 토지에 설치한 상태에서 공사가 중단된 경우, 그 토지에 대해 유치권을 행사할 수 없다.
④ 유치권은 피담보채권의 변제기가 도래하지 않으면 성립할 수 없다.
⑤ 유치권자는 선량한 관리자의 주의로 유치물을 점유해야 한다.

해설 ② 유치권은 법정담보물권이기는 하나 채권자의 이익보호를 위한 채권담보의 수단에 불과하므로 이를 포기하는 특약은 유효하고, 유치권을 사전에 포기한 경우 다른 법정요건이 모두 충족되더라도 유치권이 발생하지 않는 것과 마찬가지로 유치권을 사후에 포기한 경우 곧바로 유치권은 소멸한다. 그리고 유치권 포기로 인한 유치권의 소멸은 유치권 포기의 의사표시의 상대방뿐 아니라 그 이외의 사람도 주장할 수 있다(대판 2016. 5. 12. 2014다52087).

정답 ②

03 법률에 특별한 규정 또는 설정행위에 다른 약정이 없는 경우, 저당권의 우선변제적 효력이 미치는 것을 모두 고른 것은? (다툼이 있으면 판례에 따름) [제33회]

> ㄱ. 토지에 저당권이 설정된 후 그 토지 위에 완공된 건물
> ㄴ. 토지에 저당권이 설정된 후 토지소유자가 그 토지에 매설한 유류저장탱크
> ㄷ. 저당토지가 저당권 실행으로 압류된 후 그 토지에 관하여 발생한 저당권설정자의 차임채권
> ㄹ. 토지에 저당권이 설정된 후 토지의 전세권자가 그 토지에 식재하고 등기한 입목

① ㄴ ② ㄱ, ㄹ ③ ㄴ, ㄷ
④ ㄱ, ㄷ, ㄹ ⑤ ㄴ, ㄷ, ㄹ

해설 ㄱ. 건물은 토지와 별개의 독립한 물건이므로 토지에 설정된 저당권의 효력이 그 토지 위의 건물에 미치지 않는다.
ㄴ. 저당권의 효력은 저당부동산에 부합된 물건과 종물에 미친다(제358조 본문). 토지에 매설한 유류저장탱크는 그 토지의 부합물이므로 토지에 설정된 저당권의 효력이 미친다.
ㄷ. 저당권의 효력은 저당부동산에 대한 압류가 있은 후에 저당권설정자가 그 부동산으로부터 수취한 과실 또는 수취할 수 있는 과실에 미친다(제359조 본문). 따라서 저당토지가 압류된 후 그 토지에 관하여 발생한 저당권설정자의 차임채권(= 과실)에는 저당권의 효력이 미친다.
ㄹ. 등기된 입목이나 명인방법을 갖춘 수목은 토지와는 별개의 독립한 물건이므로 토지에 설정된 저당권의 효력이 미치지 않는다.

정답 ③

04 저당권에 관한 설명으로 옳은 것은? (다툼이 있으면 판례에 따름) 〔제34회〕

① 전세권은 저당권의 객체가 될 수 없다.

② 저당권 설정은 권리의 이전적 승계에 해당한다.

③ 민법 제365조에 따라 토지와 건물의 일괄경매를 청구한 토지 저당권자는 그 건물의 경매대가에서 우선변제를 받을 수 있다.

④ 건물 건축 개시 전의 나대지에 저당권이 설정될 당시 저당권자가 그 토지 소유자의 건물 건축에 동의한 경우, 저당토지의 임의경매로 인한 법정지상권은 성립하지 않는다.

⑤ 저당물의 소유권을 취득한 제3자는 그 저당물의 보존을 위해 필요비를 지출하더라도 특별한 사정이 없는 한 그 저당물의 경매대가에서 우선상환을 받을 수 없다.

해설 ④ 토지에 관하여 저당권이 설정될 당시 그 지상에 토지소유자에 의한 건물의 건축이 개시되기 이전이었다면, 건물이 없는 토지에 관하여 저당권이 설정될 당시 근저당권자가 토지소유자에 의한 건물의 건축에 동의하였다고 하더라도 그러한 사정은 주관적 사항이고 공시할 수도 없는 것이어서 토지를 낙찰받는 제3자로서는 알 수 없는 것이므로 그와 같은 사정을 들어 법정지상권의 성립을 인정한다면 토지소유권을 취득하려는 제3자의 법적 안정성을 해하는 등 법률관계가 매우 불명확하게 되므로 법정지상권이 성립되지 않는다(대판 2003.9.5, 2003다26051).

① 지상권과 전세권은 저당권의 객체가 될 수 있다.

② 저당권의 설정은 권리의 설정적 승계에 해당한다.

③ 토지를 목적으로 저당권을 설정한 후 그 설정자가 그 토지에 건물을 축조한 때에는 저당권자는 토지와 함께 그 건물에 대하여도 경매를 청구할 수 있다. 그러나 그 건물의 경매대가에 대하여는 우선변제를 받을 권리가 없다(제365조).

⑤ 저당물의 제3취득자가 그 부동산의 보존·개량을 위하여 필요비 또는 유익비를 지출한 때에는 제203조 제1항·제2항의 규정에 의하여 저당물의 경매대가에서 우선상환을 받을 수 있다(제367조).

정답 ④

05 甲은 乙에 대한 3억원의 채권을 담보하기 위하여 乙소유의 X토지와 Y건물에 각각 1번 공동저당권을 취득하고, 丙은 X토지에 피담보채권 2억 4천만원의 2번 저당권을, 丁은 Y건물에 피담보채권 1억 6천만원의 2번 저당권을 취득하였다. X토지와 Y건물이 모두 경매되어 X토지의 경매대가 4억원과 Y건물의 경매대가 2억원이 동시에 배당되는 경우, 丁이 Y건물의 경매대가에서 배당받을 수 있는 금액은? (경매비용이나 이자 등은 고려하지 않음) 〔제27회〕

① 0원 ② 4천만원 ③ 6천만원
④ 1억원 ⑤ 1억 6천만원

> **해설**
> ④ 그 부동산의 경매대가를 동시에 배당하는 때에는 각 부동산의 경매대가에 비례하여 그 채권의 분담을 정한다(제368조 제1항). 위 부동산의 경매대가는 X, Y부동산이 2 : 1(4억원 : 2억원)의 비율이 된다. 따라서 甲은 X토지에서 2억원, Y건물에서 1억원을 배당받게 된다. 한편 丁의 채권액은 1억 6천만원이지만 甲이 2억원의 Y건물에서 이미 1억원을 배당받았으므로 Y건물에서 1억원만 배당받게 된다.

> **정답** ④

06 근저당권에 관한 설명으로 **틀린** 것은? (다툼이 있으면 판례에 따름) 〔제34회〕

① 채권최고액에는 피담보채무의 이자가 산입된다.
② 피담보채무 확정 전에는 채무자를 변경할 수 있다.
③ 근저당권자가 피담보채무의 불이행을 이유로 경매신청을 한 경우, 특별한 사정이 없는 한 피담보채무액은 그 신청시에 확정된다.
④ 물상보증인은 채권최고액을 초과하는 부분의 채권액까지 변제할 의무를 부담한다.
⑤ 특별한 사정이 없는 한, 존속기간이 있는 근저당권은 그 기간이 만료한 때 피담보채무가 확정된다.

> **해설**
> ④ 근저당권의 물상보증인은 민법 357조에서 말하는 채권의 최고액만을 변제하면 근저당권설정등기의 말소청구를 할 수 있고 채권최고액을 초과하는 부분의 채권액까지 변제할 의무가 있는 것이 아니다(대판 1974. 12. 10. 74다998).
> ① 채무의 이자는 최고액 중에 산입한 것으로 본다(제357조 제2항).
> ② 근저당권은 피담보채무가 확정되기 이전이라면 채무의 범위 또는 채무자를 변경할 수 있는 것이고, 채무의 범위나 채무자가 변경된 경우에는 당연히 변경 후의 범위에 속하는 채권이나 채무자에 대한 채권만이 당해 근저당권에 의하여 담보되고, 변경 전의 범위에 속하는 채권이나 채무자에 대한 채권은 그 근저당권에 의하여 담보되는 채무의 범위에서 제외된다(대판 1999.5.14, 97다15777).
> ③ 근저당권자가 피담보채무의 불이행을 이유로 경매신청을 한 경우, 근저당권의 피담보채무액은 경매신청 시에 확정된다(대판 2002. 11. 26, 2001다73022).
> ⑤ 계속적 거래계약에 기한 채무를 담보하기 위하여 존속기간의 약정이 없는 근저당권을 설정한 경우에 그 거래관계가 종료됨으로써 피담보채무로 예정된 원본채무가 더 이상 발생할 가능성이 없게 된 때에는 그때까지 잔존하는 채무가 근저당권에 의하여 담보되는 채무로 확정된다(대판 1996.10.29., 95다2494).

> **정답** ④

2025 랜드하나 공인중개사 기본서

PART 3
계약법

계약법 총론

▫ 계약의 성립은 청약과 승낙을, 위험부담은 사례형 문제에 대비하여 채무자·채권자 부담주의 원칙을 이해하여야 하며, 동시이행항변권은 성립요건과 인정 여부에 대한 판례를 정리해야 한다. 또, 제3자를 위한 계약에서는 계약당사자와 관련한 보상관계나 대가관계의 흠결이 계약의 효력에 영향을 미치는지 여부와 제3자의 권리문제, 해제에서는 법정해제와 합의해제의 비교, 법정해제권의 발생원인으로 이행지체와 이행불능, 해제의 효력으로서 소급효와 이에 따른 제3자 보호를 정리해 두어야 한다.

제1절 계약법 서론

1 계약의 의의

(1) 광의의 계약

넓은 의미에 있어서 계약이란 2인 이상의 당사자가 서로 대립하는 의사표시의 합치에 의하여 성립하는 법률행위를 말한다. 따라서 채권발생을 목적으로 하는 채권계약뿐만 아니라 물권변동을 목적으로 하는 물권계약, 물권 이외의 재산권의 양도를 목적으로 하는 준물권계약(準物權契約), 혼인과 같은 가족법상의 신분계약이 포함된다.

(2) 협의의 계약

좁은 의미에 있어서 계약이란 광의의 계약 중에서 일정한 채권의 발생을 목적으로 하는 채권계약을 말한다(예 매매·교환·임대차 등). 계약법에서 다루게 되는 계약은 채권계약만을 의미한다.

2 약관에 의한 계약 제32회

(1) 의의

약관이란 계약의 일방 당사자가 다수의 상대방과 계약을 체결하기 위하여 일정한 형식에 의하여 미리 마련한 계약의 내용이 되는 것을 말하는데, 「약관의 규제에 관한 법률」에서는 사업자가 그 거래상의 지위를 남용하여 불공정한 내용의 약관을 작성·통용하는 것을 방지하고 소비자를 보호하기 위하여 이를 규제하고 있다.

(2) 약관의 구속력

① 구속력의 근거 - 계약설(통설·판례): 약관이 구속력을 갖는 이유는 당사자 합의에 의하여 약관이 계약의 내용에 편입되었기 때문이다.

> **판례보기**
>
> **약관의 구속력 근거 - 계약**
> 보통 보험약관이 계약당사자에 대하여 구속력을 가지는 것은 그 자체가 법규범 또는 법규범적 성질을 가진 약관이기 때문이 아니라 보험계약당사자 사이에서 계약내용에 포함시키기로 합의하였기 때문이라고 볼 것이다(대판 99다68027).

② 명시·설명의무

> 「약관의 규제에 관한 법률」 제3조 【약관의 작성 및 설명의무 등】 ① 사업자는 고객이 약관의 내용을 쉽게 알 수 있도록 한글로 작성하고, 표준화·체계화된 용어를 사용하며, 약관의 중요한 내용을 부호, 색채, 굵고 큰 문자 등으로 명확하게 표시하여 알아보기 쉽게 약관을 작성하여야 한다.
> ② 사업자는 계약을 체결할 때에는 고객에게 약관의 내용을 계약의 종류에 따라 일반적으로 예상되는 방법으로 분명하게 밝히고, 고객이 요구할 경우 그 약관의 사본을 고객에게 내주어 고객이 약관의 내용을 알 수 있게 하여야 한다. 다만, 다음 각 호의 어느 하나에 해당하는 업종의 약관에 대하여는 그러하지 아니하다.
> 1. 여객운송업
> 2. 전기·가스 및 수도사업
> 3. 우편업
> 4. 공중전화 서비스 제공 통신업
> ③ 사업자는 약관에 정하여져 있는 중요한 내용을 고객이 이해할 수 있도록 설명하여야 한다. 다만, 계약의 성질상 설명하는 것이 현저하게 곤란한 경우에는 그러하지 아니하다.
> ④ 사업자가 제2항 및 제3항을 위반하여 계약을 체결한 경우에는 해당 약관을 계약의 내용으로 주장할 수 없다.

「약관의 규제에 관한 법률」 제3조에서는 명시·설명의무의 원칙과 내용, 면제되는 경우를 규정하고 있다. 이 이외에도 판례는 다음의 경우에는 명시·설명의무가 면제된다고 한다.

㉠ 고객이 그 내용에 대하여 충분히 잘 알고 있는 사항에 대하여서는 면제된다. 이는 약관의 내용이 거래상 일반적이고 공통된 것이어서 사업자가 별도의 설명을 하지 않아도 충분히 예상할 수 있는 사항의 경우에도 마찬가지이다.

㉡ 약관의 내용이 이미 법령에 의하여 정하여진 것을 되풀이하는 것에 불과한 경우에는 약관 작성자에게 명시·설명의무가 없다(대판 2001다33253). 여기에서 말하는 '법령'은 일반적인

의미에서의 법령, 즉 법률과 그 밖의 법규명령으로서의 대통령령, 총리령, 부령 등을 의미하고, 특별한 사정이 없는 한 행정규칙은 이에 해당하지 않는다(대판 2016다276177).

ⓒ 위와 같이 사업자가 고객에게 약관의 내용을 따로 설명할 필요가 없는 특별한 사정이 있다는 점은 이를 주장하는 사업자가 증명하여야 한다(대판 2018다201610).

③ 약관의 해석

ㄱ 객관적 해석의 원칙: 약관은 신의성실의 원칙에 따라 공정하게 해석되어야 하며, 고객에 따라 다르게 해석되어서는 아니 된다(「약관의 규제에 관한 법률」 제5조 제1항).

ㄴ 작성자 불이익의 원칙: 약관의 뜻이 명백하지 아니한 경우에는 고객에게 유리하게 해석되어야 한다(동법 제5조 제2항).

ㄷ 개별약정 우선의 원칙: 약관에서 정하고 있는 사항에 관하여 사업자와 고객이 약관의 내용과 다르게 합의한 사항이 있을 때에는 당해 합의사항은 약관에 우선한다(동법 제4조).

④ 불공정조항 – 무효

> 「약관의 규제에 관한 법률」 제6조 【일반원칙】 ① 신의성실의 원칙을 위반하여 공정성을 잃은 약관조항은 무효이다.
> ② 약관의 내용 중 다음 각 호의 어느 하나에 해당하는 내용을 정하고 있는 조항은 공정성을 잃은 것으로 추정된다.
> 1. 고객에게 부당하게 불리한 조항
> 2. 고객이 계약의 거래형태 등 관련된 모든 사정에 비추어 예상하기 어려운 조항
> 3. 계약의 목적을 달성할 수 없을 정도로 계약에 따르는 본질적 권리를 제한하는 조항

공정을 잃은 약관조항이라는 이유로 무효라고 보기 위해서는 약관조항이 고객에게 다소 불이익하다는 점만으로는 부족하고, 약관 작성자가 거래상의 지위를 남용하여 계약상대방의 정당한 이익과 합리적인 기대에 반하여 형평에 어긋나는 약관조항을 작성·사용함으로써 건전한 거래질서를 훼손하는 등 고객에게 부당하게 불이익을 주었다는 점이 인정되어야 한다.

⑤ 일부무효의 특칙: 약관의 전부 또는 일부의 조항이 무효인 경우 계약은 나머지 부분만으로 유효하게 존속한다. 다만, 유효한 부분만으로는 계약의 목적달성이 불가능하거나 그 유효한 부분이 한쪽 당사자에게 부당하게 불리한 경우에는 그 계약은 무효로 한다(제16조).

3 계약의 종류 제30회, 제31회, 제33회, 제35회

(1) 전형계약과 비전형계약

「민법」 제3편 제2장에 규정되어 있는 15가지의 계약을 전형계약(典型契約) 또는 유명계약(有名契約)이라고 하고, 「민법」에서는 정하고 있지 않지만 계약자유의 원칙에 따라 당사자의 합의에 의하여 이루어지는 계약을 비전형계약(非典型契約) 또는 무명계약(無名契約)이라고 한다.

(2) 쌍무계약과 편무계약

① **쌍무계약**: 쌍무계약이란 당사자의 쌍방이 서로 대가적 의미를 가지는 채무를 부담하는 계약을 말하며, 매매·교환·임대차·고용·도급·조합·화해가 이에 속하고, 소비대차·위임·임치도 유상인 때에는 쌍무계약이 된다.

② **편무계약**: 편무계약이란 당사자의 일방만이 채무를 부담하거나 또는 쌍방이 채무를 부담하더라도 그 채무가 서로 대가적 의미를 갖지 않는 계약을 말한다. 증여·사용대차·현상광고가 이에 속하고, 소비대차·위임·임치도 무상인 때에는 편무계약이 된다.

③ **구별의 실익**: 쌍무계약에 있어서는 동시이행의 항변(제536조), 위험부담(제537조 이하)의 문제가 생기지만, 편무계약에서는 원칙적으로 이러한 문제가 생기지 않는다.

(3) 유상계약과 무상계약

계약의 전 과정을 통하여 계약당사자가 서로 대가적 의의를 가진 재산상 출연 내지 출재(出財)를 하느냐에 따른 구별이다.

① **유상계약**: 계약당사자가 서로 대가적 의미 있는 재산상의 출연을 하는 계약이다. 매매·임대차 등 모든 쌍무계약과 현상광고는 유상계약이다.

② **무상계약**: 당사자 일방만이 급부를 하거나 당사자 쌍방이 급부를 하더라도 그 급부 사이에 대가적 의미가 없는 계약이다(예 증여·사용대차).

③ **구별의 실익**: 「민법」상 유상계약에 관하여는 매매에 관한 규정(예 계약금·담보책임 등)이 준용된다(제567조 참조).

핵심정리 | 쌍무계약과 유상계약의 관계

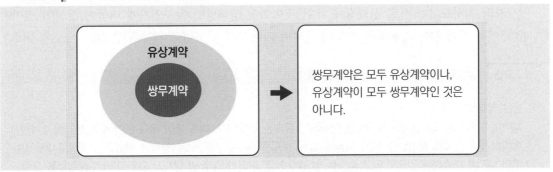

(4) 낙성계약과 요물계약

① **낙성계약**: 낙성계약은 당사자의 합의만으로 성립하는 계약이며, 「민법」상 전형계약은 현상광고를 제외하고는 모두 낙성계약에 속한다.

② **요물계약**: 요물계약은 당사자의 합의 이외에 물건의 인도 기타의 급부를 하여야만 성립하는 계약으로 「민법」상 전형계약 중에서 현상광고만이 요물계약이다. 비전형계약 중에는 대물변제, 계약금계약, 보증금계약 등이 요물계약에 해당한다.

(5) 계속적 계약과 일시적 계약

계약의 효과로서 발생하는 채권관계가 계속적으로 실현되는 것을 계속적 계약이라고 하고, 목적물의 인도나 대금의 지급 등이 있으면 계약의 목적이 실현되는 계약을 일시적 계약이라고 한다. 임대차·고용 등은 계속적 계약이며, 통상의 매매·증여 등은 일시적 계약이다.

제2절 | 계약의 성립

1 청약과 승낙에 의한 성립 제29회, 제31회, 제32회, 제33회, 제35회

계약이 성립하려면 당사자의 서로 대립하는 의사표시인 청약과 승낙의 합치, 즉 '합의'가 있어야만 한다. 이러한 합의가 있기 위해서는 '객관적 합치'와 '주관적 합치'가 있어야 한다.

(1) 객관적 합치(내용적 합치)

수개의 의사표시가 내용적으로 합치하여야 한다.

(2) 주관적 합치(상대방 합치)

당사자의 의사표시가 서로 상대방에 대한 것이어서 상대방이 누구인가에 대하여 잘못이 없어야 한다. 예를 들어 甲이 乙에게 한 청약에 대하여 丙이 승낙을 하여도 계약은 성립할 수 없는 것이다.

참고학습 | **숨은 불합의(무의식적 불합의)와 착오**

1. **숨은 불합의의 의의**

   계약의 당사자가 의사표시의 불일치를 인식하지 못하는 경우이다. 예를 들어 甲과 乙이 甲의 토지를 2억원에 매매하기로 합의를 하였으나 甲은 시골에 있는 토지를 매도할 생각으로 청약을 하였고, 乙은 도시에 있는 甲의 토지를 매수하는 것으로 알고 승낙을 한 경우이다. 이러한 경우 양 당사자 모두 이러한 불합의를 모르고 있는 경우이며, 이를 '숨은(무의식적) 불합의'라고 부르고 계약은 성립하지 않는다.

2. **숨은 불합의와 착오의 차이점**

   착오는 그것이 법률행위의 중요부분일 때에 한하여 취소할 수 있게 되나(제109조), 무의식적 불합의가 있게 되면 계약은 처음부터 성립하지 않았던 것이 된다. 따라서 숨은 불합의가 있는 경우에는 계약 자체가 성립되지 않았으므로 착오를 이유로 한 취소는 문제될 여지가 없다.

1. 청약

(1) 의의

청약은 승낙과 결합하여 일정한 계약을 성립시킬 것을 목적으로 하는 일방적·확정적 의사표시로서
법률사실이다. 계약이 성립하기 위한 법률요건인 청약은 그에 응하는 승낙만 있으면 곧 계약이
성립하는 구체적·확정적 의사표시이어야 하므로 청약은 계약의 내용을 결정할 수 있을 정도의 사항
을 포함시키는 것이 필요하다(대판 2003다41463).

(2) 청약의 성질과 요건

① 청약은 하나의 의사표시이다. 그러나 청약만으로 계약이 성립하지는 않으므로 그것은 법률행위는
아니며 법률사실에 지나지 않는다. 즉, 청약은 계약이라는 법률요건의 요소가 되는 법률사실이다.

② 청약은 상대방 있는 의사표시이지만, 그 상대방은 특정인이 아니더라도 상관없다. 불특정 다수
인에 대한 것도 유효하다(예 자동판매기의 설치, 신문광고에 의한 청약, 버스의 정류소에서의 정차 등).

③ **청약의 유인과의 구별**: 청약의 유인이란 타인을 꾀어내어 자기에게 청약을 하게 하려는 행위를
말하며 청약과는 구별된다. 청약의 유인은 청약을 하기 전의 사전준비행위(예 구인광고, 분양광고,
견적서의 제시 등)이고, 청약은 계약을 체결하려는 구속력 있는 의사표시이다. 그러나 자동판매기
의 설치, 정찰가격이 붙은 상품진열 등은 청약으로 보는 것이 일반적이다.

판례보기

분양광고의 내용이 계약의 내용으로 되지 않았다고 본 사례

상가를 분양하면서 그곳에 첨단 오락타운을 조성·운영하고 전문경영인에 의한 위탁경영을 통하여 분양계약자들
에게 일정액 이상의 수익을 보장한다는 광고를 하고, 분양계약 체결시 이러한 광고내용을 계약상대방에게 설명하
였더라도, 체결된 분양계약서에는 이러한 내용이 기재되지 않은 점과 그 후의 위 상가임대운영 경위 등에 비추어
볼 때, 위와 같은 광고 및 분양계약 체결시의 설명은 청약의 유인에 불과할 뿐 상가분양계약의 내용으로 되었다고
볼 수 없고, 따라서 분양회사는 위 상가를 첨단 오락타운으로 조성·운영하거나 일정한 수익을 보장할 의무를
부담하지 않는다(대판 99다55601, 55618). 따라서 사기나 착오를 이유로 취소할 수 없다.

□ 다만, 광고는 일반적으로 청약의 유인에 불과하지만 그 내용이 명확하고 확정적이며 광고주가 광고의 내용대로 계약
 에 구속되려는 의사가 명백한 경우에는 이를 청약으로 볼 수 있다.

---

(3) 청약의 효력

① **청약의 효력발생시기**

㉠ 청약도 하나의 의사표시이므로 원칙적으로 도달에 의하여 효력을 발생한다(제111조 제1항).
즉, 격지자·대화자를 구별하지 않고 도달시에 그 효력이 발생한다.

㉡ 청약자가 청약을 발신한 후 그것이 상대방에게 도달하기 전에 사망하거나 또는 제한능력자
가 되더라도 청약의 효력에는 영향을 미치지 아니한다(제111조 제2항).

② 청약의 구속력

> **제527조 【계약의 청약의 구속력】** 계약의 청약은 이를 철회하지 못한다.
>
> **제528조 【승낙기간을 정한 계약의 청약】** ① 승낙의 기간을 정한 계약의 청약은 청약자가 그 기간 내에 승낙의 통지를 받지 못한 때에는 그 효력을 잃는다.
>
> ② 승낙의 통지가 전항의 기간 후에 도달한 경우에 보통 그 기간 내에 도달할 수 있는 발송인 때에는 청약자는 지체 없이 상대방에게 그 연착의 통지를 하여야 한다. 그러나 그 도달 전에 지연의 통지를 발송한 때에는 그러하지 아니하다.
>
> ③ 청약자가 전항의 통지를 하지 아니한 때에는 승낙의 통지는 연착되지 아니한 것으로 본다.
>
> **제529조 【승낙기간을 정하지 아니한 계약의 청약】** 승낙의 기간을 정하지 아니한 계약의 청약은 청약자가 상당한 기간 내에 승낙의 통지를 받지 못한 때에는 그 효력을 잃는다.

- ㉠ 청약이 상대방에게 도달하여 효력을 발생한 때에는 임의로 이를 철회하지 못한다(제527조). 즉, 청약이 있게 되면 이를 수령한 상대방은 승낙을 할 것인가를 고려하는 등 계약체결을 위한 준비를 하게 되는데, 청약자가 임의로 청약을 철회할 수 있다면 상대방에게 예측하지 못한 손해를 줄 염려가 있기 때문이다.
- ㉡ 구속력의 배제: 승낙기간을 정하지 아니한 대화자 사이의 청약과 철회권을 유보한 청약은 도달 후에도 철회할 수 있다.

판례보기

근로계약의 합의해지에서 청약의 구속력의 예외를 인정한 사례

근로자가 일방적으로 근로계약관계를 종료시키는 해약의 고지방법에 의하여 임의 사직하는 경우가 아니라, 근로자가 사직원의 제출방법에 의하여 근로계약관계의 합의해지를 청약하고 이에 대하여 사용자가 승낙함으로써 당해 근로관계를 종료시키게 되는 경우에 있어서는, 근로자는 위 사직원의 제출에 따른 사용자의 승낙의사가 형성되어 확정적으로 근로계약 종료의 효과가 발생하기 전에는 그 사직의 의사표시를 자유로이 철회할 수 있다고 보아야 할 것이며, 다만 근로계약 종료의 효과발생 전이라고 하더라도 근로자가 사직의 의사표시를 철회하는 것이 사용자에게 불측의 손해를 주는 등 신의칙에 반한다고 인정되는 특별한 사정이 있는 경우에 한하여 그 철회가 허용되지 않는다고 해석함이 상당하다(대판 91다43138).

- ㉢ 청약의 존속기간
    - ⓐ 승낙기간을 정한 경우: 승낙기간을 정한 청약은 그 기간 내에 청약자가 승낙의 통지를 받지 못한 경우에는 효력을 잃는다(제528조 제1항).
    - ⓑ 승낙기간을 정하지 않은 경우: 승낙기간을 정하지 아니한 청약을 한 경우에는 청약자가 상당한 기간 내에 승낙의 통지를 받지 못한 때에 효력을 잃는다(제529조).

③ **청약의 실질적 효력(승낙적격)**: 청약자가 청약을 했을 때 상대방의 승낙만 받으면 곧 계약을 성립시킬 수 있으므로 청약은 승낙만 있으면 계약을 성립시키는 효력을 가지는데, 이를 청약의 실질적 효력(승낙적격)이라고 한다. 승낙은 청약이 효력을 발생한 때로부터 청약의 효력이 소멸할 때까지의 사이에 하여야만 계약을 성립시킬 수 있으므로, 승낙적격은 결국 청약의 존속기간이 된다.

2. 승낙

(1) 의의

승낙이란 청약에 응하여 계약을 성립시키기 위하여 청약의 상대방이 청약자에 대해서 하는 의사표시이다.

① **승낙의 상대방**: 승낙은 청약과 달리 반드시 특정인, 즉 청약자에 대하여 하여야 한다. 또한 승낙은 청약의 내용과 객관적으로 합치하여야 한다.

② **변경을 가한 승낙**: 청약에 조건 기타 변경을 붙인 승낙은 승낙으로서의 효력이 생기지 않지만 이러한 승낙을 청약의 거절과 함께 새로운 청약을 한 것으로 보고 있다(제534조). 승낙의 방법에는 제한이 없다.

③ **승낙의 자유**: 청약의 상대방은 청약을 받은 사실로부터 법률상 아무런 의무를 부담하지 않는다. 승낙 여부는 그의 자유이며, 청약에 대하여 회답할 의무도 지지 않는다.

판례보기

청약자가 미리 정한 기간 내에 이의를 하지 아니하면 승낙한 것으로 간주한다는 뜻을 청약시 표시한 경우, 그 효력

청약의 상대방에게 청약을 받아들일 것인지 여부에 관하여 회답할 의무가 있는 것은 아니므로, 청약자가 미리 정한 기간 내에 이의를 하지 아니하면 승낙한 것으로 간주한다는 뜻을 청약시 표시하였다고 하더라도 이는 상대방을 구속하지 아니하고 그 기간은 경우에 따라 단지 승낙기간을 정하는 의미를 가질 수 있을 뿐이다(대판 98다48903).

---

(2) 연착된 승낙

① 통상적인 연착

> **제530조 【연착된 승낙의 효력】** 전 2조의 경우에 연착된 승낙은 청약자가 이를 새 청약으로 볼 수 있다.

승낙기간 내에 도달하지 못한 승낙은 승낙으로서의 효력을 갖지 못한다(제528조 제1항). 다만, 이러한 연착된 승낙은 새로운 청약으로 볼 수 있다.

② 사고로 인한 연착(비통상적인 연착)

> **제528조【승낙기간을 정한 계약의 청약】** ① 승낙의 기간을 정한 계약의 청약은 청약자가 그 기간 내에 승낙의 통지를 받지 못한 때에는 그 효력을 잃는다.
>
> ② 승낙의 통지가 전항의 기간 후에 도달한 경우에 보통 그 기간 내에 도달할 수 있는 발송인 때에는 청약자는 지체 없이 상대방에게 그 연착의 통지를 하여야 한다. 그러나 그 도달 전에 지연의 통지를 발송한 때에는 그러하지 아니하다.
>
> ③ 청약자가 전항의 통지를 하지 아니한 때에는 승낙의 통지는 연착되지 아니한 것으로 본다.

상대방이 승낙기간 내에 도달할 수 있도록 발송하였으나 특별한 사정으로 연착된 경우에는 청약자는 지체 없이 연착의 사실을 통지하여야 한다. 만약 통지를 하지 않은 경우에는 계약은 성립된 것으로 보게 된다(제528조 제3항).

사례보기

사고로 인한 연착(비통상적인 연착)

甲이 자기소유의 건물을 매도하기 위하여 10월 24일을 승낙기간으로 정하여 乙에게 청약서를 보냈고, 청약서를 받은 乙이 마음에 들어 이를 매수하겠다는 승낙서를 10월 10일에 발송하였다. 그러나 우체국의 사정으로 인하여 10월 26일에 승낙서가 甲에게 도달하였다.
1. 위 사례의 경우 승낙기간을 도과하였으므로 원칙적으로 계약은 성립하지 않는다. 그러나 乙의 입장에서는 보름 전에 승낙서를 보냈으므로 당연히 계약이 성립되었으리라 생각했을 것이다. 따라서 乙의 입장을 고려하여 「민법」은 청약자인 甲에게 그 연착의 사실을 지체 없이 통지하도록 하고, 만일 통지를 하지 않았다면 10월 10일에 계약이 성립된 것으로 보도록 규정하고 있다(제528조 제2항·제3항).
2. 만일 승낙기간 내에 승낙서가 도달하지 않아서 甲이 10월 25일에 지연의 통지를 미리 발송하였다면 10월 26일에 승낙서를 받은 후에 다시 연착의 통지를 할 필요는 없다(제528조 제2항 단서).

---

(3) 계약의 성립시기

① **대화자 간의 승낙**: 대화자 간의 계약의 성립시기에 관하여는 특별한 규정이 없으므로 도달주의 원칙에 따라 승낙이 청약자에게 도달한 때에 그 효력이 발생하고 계약도 성립하게 된다.

② **격지자 간의 승낙**

> **제531조【격지자 간의 계약 성립시기】** 격지자 간의 계약은 승낙의 통지를 발송한 때에 성립한다.

㉠ 발신주의: 「민법」은 의사표시의 효력발생시기에 관하여 도달주의를 취하고 있으나(제111조 제1항), 격지자 간의 계약의 성립에 관하여는 예외적으로 발신주의를 취하고 있다. 즉, 승낙의 통지를 발송한 때에 승낙이 효력을 발생함으로써 계약이 성립한다. 당사자 쌍방이 계약의 성립을 바라고 있을 경우 가급적 빨리 계약을 성립시키는 것이 바람직하기 때문이다.

ⓛ 문제점

ⓐ 제531조는 격지자 간의 계약은 승낙의 통지를 발송한 때에 성립한다는 발신주의를 채용하고 있다. 그러나 다른 한편으로는 승낙기간을 정한 청약은 그 기간 내에, 승낙의 기간을 정하지 않은 청약은 상당한 기간 내에 승낙의 통지를 받지 못한 때에는 효력을 잃는다고 하여(제528조 제1항, 제529조) 발신주의에 대한 중요한 제한을 정하고 있다.

ⓑ 따라서 양 규정이 서로 충돌하는 모습을 보이게 되는데 이를 어떻게 조화롭게 해석할 것인지가 문제된다. 이에 대하여 통설은 격지자 간의 승낙은 승낙기간 또는 상당한 기간 내에 부도달을 해제조건으로 하여 발신과 동시에 효력을 발생한다고 본다.

ⓒ 즉, 격지자 간의 승낙은 발송과 동시에 계약이 성립하고 효력을 발생하지만, 만일 승낙기간 또는 상당한 기간 내에 도달하지 못하면 승낙은 효력을 상실하게 되고 그에 따라 계약도 효력을 상실하게 된다.

> **보충** 격지자 사이라고 하더라도 승낙기간 내에 도달되지 않았다면 계약은 불성립이며 발신주의는 의미가 없는 것이고, 승낙기간 내에 도달되었어야 승낙을 발송한 때에 성립이 인정된다.

2 기타 방법에 의한 계약의 성립 제28회, 제34회

(1) 교차청약에 의한 계약의 성립

> **제533조【교차청약】** 당사자 간에 동일한 내용의 청약이 상호교차된 경우에는 양 청약이 상대방에게 도달한 때에 계약이 성립한다.

① 의의: 교차청약(交叉請約)이란 당사자들이 우연히 같은 내용의 청약을 서로 행한 경우를 말한다. 이때 계약이 성립하기 위해서는 그 청약의 내용이 완전히 일치하고 있어야 한다.

② 계약의 성립시기

㉠ 양 청약이 상대방에게 도달한 때에 계약이 성립한다. 즉, 양 청약이 동시에 도달하지 않는 한 나중의 청약이 도달한 때에 계약은 성립한다.

㉡ 예를 들어 甲이 乙에게 자신소유의 A건물을 1억원에 팔겠다는 청약을 하여 乙에게 청약서가 10월 22일에 도달하였고, 乙 역시 그 청약을 받기 전에 우연히 甲에게 그 A건물을 1억원에 사겠다고 청약하여 甲에게 10월 24일에 청약서가 도달하였다면 계약은 나중의 청약이 도달한 10월 24일에 성립하게 된다.

(2) 의사실현에 의한 계약의 성립

> **제532조【의사실현에 의한 계약 성립】** 청약자의 의사표시나 관습에 의하여 승낙의 통지가 필요하지 아니한 경우에는 계약은 승낙의 의사표시로 인정되는 사실이 있는 때에 성립한다.

① **의의**: 의사실현이란 의사표시는 아니지만 그로부터 일정한 효과의사를 추단할 수 있는 행위를 가리킨다. 예를 들어 청약과 함께 송부되어 온 물품을 소비하거나 처분하였다면 그로부터 승낙의 효과의사를 추단할 수 있으므로 승낙이라는 명시적인 의사표시가 없더라도 계약이 성립하게 된다.

② **계약의 성립시기**: 의사실현에 의한 계약의 성립시기는 승낙으로 인정되는 사실이 있는 때에 성립하는 것이며, 청약자가 그 사실을 인식할 것을 요구하지 않는다.

3 계약체결상의 과실책임 제29회, 제35회

> **제535조【계약체결상의 과실】** ① 목적이 불능한 계약을 체결할 때에 그 불능을 알았거나 알 수 있었을 자는 상대방이 그 계약의 유효를 믿었음으로 인하여 받은 손해를 배상하여야 한다. 그러나 그 배상액은 계약이 유효함으로 인하여 생길 이익액을 넘지 못한다.
> ② 전항의 규정은 상대방이 그 불능을 알았거나 알 수 있었을 경우에는 적용하지 아니한다.

(1) 서설

① **의의**: 계약체결상의 과실이란 계약의 성립과정에서 당사자 일방의 귀책사유로 상대방에게 손해를 준 경우를 말한다. 그리고 이로 인한 손해의 배상책임을 '계약체결상의 과실책임'이라고 한다.

② **적용범위**: 학설은 원시적 불능으로 무효가 된 경우에 한하지 않고 계약이 다른 사유로 무효·취소가 된 경우, 계약체결 준비단계에서나 계약 교섭시에 주의의무위반으로 인한 생명·신체 등 계약외적 법익의 침해에도 넓혀서 적용하고 있으나(예 백화점에 물건을 사러 갔다가 복도에 방치된 과일껍질에 미끄러져 다친 경우 등) 우리 「민법」은 원시적 불능에 한정하여 이를 규정하고 있다(제535조).

(2) 제535조(계약체결상의 과실)의 요건

① **원시적(객관적·전부) 불능**: 계약의 내용이 원시적으로 불능이기 때문에 계약이 무효이어야 한다. 전부가 불능이어야 하며, 일부불능시에는 담보책임이 적용된다.

판례보기

일부불능시에는 담보책임을 적용한다는 사례

부동산 매매계약에 있어서 실제면적이 계약면적에 미달하는 경우에는 그 매매가 수량지정 매매에 해당할 때에 한하여 「민법」 제572조, 제574조에 의한 대금감액청구권을 행사함은 별론으로 하고, 그 매매계약이 그 미달부분만큼 일부무효임을 들어 이와 별도로 일반 부당이득반환청구를 하거나 그 부분의 원시적 불능을 이유로 「민법」 제535조가 규정하는 계약체결상의 과실에 따른 책임의 이행을 구할 수 없다(대판 99다47396).

☐ 제535조의 계약체결상의 과실책임은 원시적·전부불능의 경우에만 문제된다.

---

② **일방의 악의 또는 과실**: 계약의 당사자 일방이 그 불능을 알았거나, 알 수 있었어야 한다. 즉, 악의 또는 과실이 있는 경우에만 책임을 지는 것이며, 계약체결상의 과실책임은 무과실책임이 아니다.

③ **상대방의 선의·무과실과 손해의 발생**: 상대방은 선의임과 동시에 무과실이어야 한다. 그리고 상대방이 계약을 유효한 것으로 믿었기 때문에 손해를 입었어야 한다.

(3) 효과

위와 같은 요건을 갖춘 경우에 과실 있는 당사자는 상대방이 그 계약을 유효라고 믿었기 때문에 입은 손해(신뢰이익)를 배상하여야 한다. 예를 들어 대출을 받은 경우에 이자액, 목적물의 조사비용 등은 신뢰이익에 해당한다. 그러나 그 배상액은 그 계약이 유효함으로써 상대방이 얻었을 이익액, 즉 이행이익(예 전매차익·시세차익)을 넘지 못한다(제535조 제1항). 즉, 이행이익의 배상을 한도로 신뢰이익의 배상을 청구할 수 있다.

(4) 확대적용의 문제

① **계약 교섭단계에서의 일방의 부당파기**: 학설은 이 경우에도 계약체결상의 과실책임의 문제로 다루지만 판례는 불법행위책임의 문제로 보고 있다. 즉, 학교의 사무직원 채용시험에 최종 합격하여 임용만을 기다리며 다른 일에 종사하지 못하였는데, 1년이 지난 후에 임용할 수 없다는 통지를 하였다면 학교법인은 불법행위자로서 손해배상을 하여야 한다고 판시한다(대판 92다42897).

판례보기

계약 교섭의 부당한 중도파기가 불법행위를 구성하는지 여부(적극) 및 손해배상의 범위

1. 어느 일방이 교섭단계에서 계약이 확실하게 체결되리라는 정당한 기대 내지 신뢰를 부여하여 상대방이 그 신뢰에 따라 행동하였음에도 상당한 이유 없이 계약의 체결을 거부하여 손해를 입혔다면 이는 신의성실의 원칙에 비추어 볼 때 계약자유원칙의 한계를 넘는 위법한 행위로서 불법행위를 구성한다.

2. 계약 교섭의 부당한 중도파기가 불법행위를 구성하는 경우 그러한 불법행위로 인한 손해는 일방이 신의에 반하여 상당한 이유 없이 계약 교섭을 파기함으로써 계약체결을 신뢰한 상대방이 입게 된 신뢰손해에 한정된다. 다만, 아직 계약체결에 관한 확고한 신뢰가 부여되기 이전상태에서 계약 교섭의 당사자가 계약체결이 좌절되더라도 어쩔 수 없다고 생각하고 지출한 비용, 예컨대 경쟁입찰에 참가하기 위하여 지출한 제안서·견적서 작성비용 등은 신뢰손해에 포함되지 않는다(대판 2001다53059).

---

② **계약이 성립하지 않은 경우**: 계약이 의사의 불합치로 성립하지 아니한 경우 그로 인하여 손해를 입은 당사자가 상대방에게 부당이득반환청구 또는 불법행위로 인한 손해배상청구를 할 수 있는지는 별론으로 하고, 상대방이 계약이 성립되지 아니할 수 있다는 것을 알았거나 알 수 있었음을 이유로 「민법」 제535조를 유추적용하여 계약체결상의 과실로 인한 손해배상청구를 할 수는 없다(대판 2015다10929).

제3절 **쌍무계약의 효력**

1 쌍무계약의 특질

성립요건·효력발생요건을 갖춘 계약은 그 내용에 대응하는 효과를 가지는데, 특히 쌍무계약으로부터 생기는 두 개의 채무는 서로 대가적 의의를 가지므로 각 채무 사이에는 특수한 견련관계가 인정되고 있다.

(1) 성립상의 견련성

쌍무계약에서 발생되는 일방의 채무가 원시적 불능 등의 이유로 성립하지 않거나 제한능력 또는 착오·사기·강박 등의 이유로 취소된 경우 다른 일방의 채무도 성립하지 않는다.

(2) 이행상의 견련성

쌍무계약의 각 채무는 일방의 채무가 이행될 때까지는 타방의 채무도 이행하지 않아도 된다는 관계에 서게 된다. 이러한 효력은 쌍무계약이 본질적 속성인 상환성에서 연유하며 공평의 이상을 반영한 동시이행의 항변권(제536조)으로 나타난다.

(3) 존속상의 견련성

쌍무계약의 각 채무가 완전히 이행되기 전에 하나의 채무가 채무자의 책임 없는 사유로 인하여 이행불능으로 되어 소멸한 경우 다른 채무는 어떠한 영향을 받느냐의 문제, 즉 위험부담의 문제(제537조)가 생긴다.

2 동시이행의 항변권 제29회, 제31회, 제32회, 제33회, 제35회

> **제536조【동시이행의 항변권】** ① 쌍무계약의 당사자 일방은 상대방이 그 채무이행을 제공할 때까지 자기의 채무이행을 거절할 수 있다. 그러나 상대방의 채무가 변제기에 있지 아니하는 때에는 그러하지 아니하다.
> ② 당사자 일방이 상대방에게 먼저 이행하여야 할 경우에 상대방의 이행이 곤란한 현저한 사유가 있는 때에는 전항 본문과 같다.

1. 의의

쌍무계약의 당사자 일방은 상대방이 그 채무의 이행을 제공할 때까지 자기의 채무이행을 거절할 수 있다(제536조). 이와 같은 이행거절의 권능을 '동시이행의 항변권'이라고 한다. 이것은 매매·교환 등과 같은 쌍무계약에서 자기의 채무는 이행하지 아니하고 상대방의 채무만을 청구한다면 공평의 이념에 반하므로 상대방에게 이행을 거절할 수 있는 권리를 인정하여 채무이행을 확보하도록 배려한 제도이다.

판례보기

쌍무계약에서의 동시이행관계

1. 매매계약에서 이행이란 완전한 이행을 의미하므로 가압류등기 등이 있는 부동산의 매매계약에 있어서는 매도인의 소유권이전등기의무와 아울러 가압류등기의 말소의무도 매수인의 대금지급의무와 동시이행관계에 있다고 할 것이다(대판 2000다8533).
2. 동시이행의 관계에 있는 쌍방의 채무 중 어느 한 채무가 이행불능이 됨으로 인하여 발생한 손해배상채무도 여전히 다른 채무와 동시이행의 관계에 있다(대판 97다30066).

---

2. 성립요건

(1) 양 채무가 서로 대가적 의미를 가지고 있을 것

① 각 당사자가 채무를 부담하더라도 그 채무가 별개의 원인으로부터 생기거나, 동일 계약으로부터 생기더라도 대가적 의미를 가지지 않을 때에는 이 항변권은 성립되지 않는다. 판례도 당사자 쌍방이 각각 별개의 약정으로 상대방에 대하여 채무를 지게 된 경우에는 자기의 채무이행과 상대방의 어떤 채무이행을 견련시켜 동시이행을 하기로 특약한 사실이 없다면 상대방이 자기에게 이행할 채무가 있다 하더라도 동시이행의 항변권이 생긴다고 볼 수 없다고 한다(대판 88다카10753).

판례보기

각 의무의 발생원인이 달라 이행상의 견련성을 부인한 사례

1. 임대차계약 해제에 따른 임차인의 임대차계약의 이행으로 이루어진 목적물 인도의 원상회복의무와 임대인이 임차인에게 건물을 사용·수익하게 할 의무를 불이행한 데 대하여, 손해배상을 하기로 한 각서에 기하여 발생된 약정지연손해배상의무는 하나의 임대차계약에서 이루어진 계약 이행의 원상회복관계에 있지 않고 그 발생원인을 달리하고 있어 특별한 사정이 없는 한 양자 사이에 이행상의 견련관계는 없으므로 임차인의 동시이행의 항변은 배척되어야 한다(대판 90다카25383).
2. 임차인의 임차목적물 반환의무는 임대차계약의 종료에 의하여 발생하나, 임대인의 권리금 회수 방해로 인한 손해배상의무는 「상가건물 임대차보호법」에서 정한 권리금 회수기회 보호의무 위반을 원인으로 하고 있으므로 양 채무는 동일한 법률요건이 아닌 별개의 원인에 기하여 발생한 것일 뿐 아니라 공평의 관점에서 보더라도 그 사이에 이행상 견련관계를 인정하기 어렵다(대판 2018다242727).

---

② 경매가 무효가 되어 근저당권자가 근저당채무자를 대위하여 매수인(경락인)에게 소유권이전등기 말소를 청구하는 경우, 그 등기말소의무와 근저당권자의 배당금반환의무는 서로 이행의 상대방을 달리하는 것으로서 동시이행관계에 있지 않다는 것이 판례의 입장이다(대판 2006다24049).

③ 채무담보의 목적으로 경료된 채권자 명의의 소유권이전등기나 그 가등기의 말소를 구하려면 먼저 채무를 변제하여야 하고 피담보채무의 변제와 교환적으로 말소를 구할 수는 없다.

> **보충** │ 채무변제와 저당권 등기의 말소, 가등기담보 등기의 말소, 양도담보 등기의 말소는 모두 동시이행관계가 아니다.

④ 다만, 동시이행의 항변권의 취지에서 볼 때 당사자가 부담하는 각 채무가 쌍무계약에 있어 고유의 대가관계가 있는 채무가 아니라고 하더라도 구체적인 계약관계에서 각 당사자가 부담하는 채무에 관한 약정내용에 따라 그것이 대가적 의미가 있어 이행상의 견련관계를 인정하여야 할 사정이 있는 경우에는 동시이행의 항변권을 인정할 수 있다고 하여 확대적용을 긍정하고 있다(대판 91다30927).

확대적용 사례	
「민법」 및 특별법에서 인정하는 경우	• 계약해제로 인한 원상회복의무(제549조) • 매도인의 담보책임(제583조) • 전세계약의 종료시 전세금반환의무와 전세목적물 인도 및 전세권말소등기에 필요한 서류의 교부의무(제317조) • 가등기담보에 있어 청산금 지급과 목적부동산의 본등기 및 인도의무 사이(「가등기담보 등에 관한 법률」 제4조 제3항) • 매매에 있어 목적이 된 권리의 이전과 대금지급의무(제568조 제2항)

통설·판례가 인정하는 경우	• 계약이 무효·취소된 경우 당사자 상호간의 반환의무
	• 변제와 영수증의 교부
	  ▫ 변제와 채권증서의 반환은 동시이행이 아님
	• 임대차종료시 목적물반환의무와 보증금반환의무
	  ▫ 「주택임대차보호법」상 임차권등기명령에 의한 등기말소와 보증금반환은 동시이행이 아님
	• 지상물매수청구에 있어 토지소유자의 대금지급과 토지이용권자의 인도 및 이전등기의무
	• 구분소유적 공유관계가 해소되는 경우에 상호간의 지분이전등기
	• 동시이행관계에 있는 쌍방채무 중 한 채무가 이행불능이 됨으로 인하여 발생한 손해배상채무와 상대방의 다른 채무
	• 매수인이 양도소득세를 부담하기로 하는 특약이 있는 경우, 매도인의 소유권이전등기의무와 매수인의 양도소득세액 제공의무는 동시이행의 관계에 있다(대판 94다27977).

④ 임대인의 필요비상환의무는 특별한 사정이 없는 한 임차인의 차임지급의무와 서로 대응하는 관계에 있으므로, 임차인은 지출한 필요비 금액의 한도에서 차임의 지급을 거절할 수 있다(대판 2016다227694).

⑤ 당사자가 변경되더라도 채무가 동일성을 유지한 상태로 변경되었다면(예 상속·채권양도·채무인수) 동시이행의 항변권은 존속한다. 다만, 경개가 이루어지면 동일성이 상실되므로 동시이행의 항변권은 소멸한다.

(2) 상대방의 채무가 변제기에 있을 것

① 원칙: 상대방의 채무가 변제기에 있어야 한다. 상대방 채무의 변제기가 도래하기 전에 이행할 의무가 있는 자, 즉 선이행의무자에게는 원칙적으로 동시이행의 항변권이 인정되지 않지만 다음과 같은 예외가 있다.

② 예외

　㉠ 불안의 항변권

　　ⓐ 후이행의무자에게 재산상태의 악화 등으로 채무의 이행이 곤란할 현저한 사유가 있는 때에는 선이행의무자에게도 동시이행의 항변권이 인정된다(제536조 제2항).

　　ⓑ 이와 같은 이행거절의 권능을 가지는 경우에는 비록 이행거절 의사를 구체적으로 밝히지 아니하였다고 할지라도 이행거절권능의 존재 자체로 이행지체책임은 발생하지 않는다(대판 98다47542).

　㉡ 선이행의무의 불이행 중 후이행채무 변제기의 도래

　　ⓐ 선이행의무자가 이행을 하지 않고 있는 동안에 상대방의 후이행채무 변제기가 도래한 경우에는 상대방의 청구에 대하여 선이행의무자도 동시이행의 항변권을 행사할 수 있다.

　　ⓑ 예를 들어 매수인이 선이행하여야 할 중도금지급을 하지 아니한 채 잔대금지급일을 경과한 경우에는 매수인의 중도금 및 이에 대한 지급일 다음 날부터 잔대금지급일까지의 지연손해금과 잔대금의 지급채무는 매도인의 소유권이전등기의무와 특별한 사정이 없는 한 동시이행관계에 있다(대판 90다19930). 따라서 매수인은 잔금일까지 중도금지체에 대한 책임을 져야 하지만 잔금일 이후부터는 동시이행관계가 인정되므로 이행지체의 문제가 생기지 않는다.

(3) 상대방이 이행 또는 이행의 제공을 하지 않았을 것

상대방이 이행 또는 이행의 제공을 하였다면 자신도 반대급부를 하여야 하기 때문에 동시이행의 항변권을 주장할 여지가 없으므로 상대방이 이행 또는 이행의 제공을 하지 않고 이행을 청구하였어야 한다.

① **일부이행이나 불완전이행**: 청구를 받은 채무가 가분적이면 원칙적으로 불이행 또는 불완전한 부분에 상당하는 만큼의 채무의 이행을 거절할 수 있다. 그러나 불이행 또는 불완전한 부분이 신의칙에 비추어 경미한 것(부수적 채무의 불이행)이면 항변권은 인정되지 않고, 반대로 중요한 것이면 전부에 대한 항변권이 성립한다.

② **수령지체의 경우**: 상대방이 이행의 제공을 하였음에도 불구하고 수령하지 않음으로써 수령지체에 빠진 당사자도 그 이행의 제공이 계속되지 않는 한 동시이행의 항변권을 행사할 수 있는지의 문제이다. 판례는 이를 인정하고 있다.

판례보기

쌍무계약의 당사자 일방이 한 번 현실의 제공을 하였으나 상대방이 수령을 지체한 경우, 상대방의 동시이행항변권 상실 여부(소극)

쌍무계약의 당사자 일방이 먼저 한 번 현실의 제공을 하고, 상대방을 수령지체에 빠지게 하였다고 하더라도 그 이행의 제공이 계속되지 않는 경우에는 과거에 이행의 제공이 있었다는 사실만으로 상대방이 가지는 동시이행의 항변권이 소멸하는 것은 아니므로, 일시적으로 당사자 일방의 의무의 이행제공이 있었으나 곧 그 이행의 제공이 중지되어 더 이상 그 제공이 계속되지 아니하는 기간 동안에는 상대방의 의무가 이행지체상태에 빠졌다고 할 수는 없다고 할 것이고, 따라서 그 이행의 제공이 중지된 이후에 상대방의 의무가 이행지체되었음을 전제로 하는 손해배상청구도 할 수 없는 것이다(대판 94다26646).

---

3. 효력

(1) 이행거절의 권능

동시이행의 항변권은 상대방이 채무를 이행하거나 이행의 제공을 할 때까지 자기 채무의 이행을 거절할 수 있는 데 그치며, 상대방의 청구권을 영구적으로 부인하는 것은 아니다. 즉, '연기적 항변권(延期的抗辯權)'이다.

(2) 이행지체책임의 면제

동시이행의 항변권을 가지는 자는 비록 이행기에 이행을 하지 않더라도 이행지체가 되지 않는다. 즉, 동시이행의 항변권은 존재하는 것 자체만으로 이행지체책임을 면하게 한다.

(3) 소송상의 효력

법원이 직권으로 고려할 수 없고 당사자가 주장을 하여야만 법원은 피고에 대하여 원고와 상환으로 이행할 것을 명하는 '상환급부판결'을 하게 된다. 만일 일방이 동시이행의 항변권을 주장하지 않았다면 원고일부승소인 상환급부판결이 아니라 원고전부승소판결을 하게 된다.

(4) 상계의 문제

동시이행의 항변권이 붙은 채권은 이를 자동채권(自動債權)으로 하여 상계(相計)하지 못한다. 항변권이 부착되어 있는 채권을 자동채권으로 하여 상대방 채무와의 상계를 허용하면 일방의 의사표시에 의하여 상대방의 항변권 행사 기회를 상실하게 하는 결과가 되기 때문이다(대판 75다48). 따라서 수동채권으로 하여 상계하는 것은 허용된다.

(5) 소멸시효

동시이행관계에 있더라도 소멸시효는 진행한다. 따라서 부동산에 대한 매매대금채권이 소유권이전등기청구권과 동시이행의 관계에 있다고 할지라도 매매대금청구권은 그 지급기일 이후에는 소멸시효의 진행에 걸린다(대판 90다9797).

3 위험부담 제29회, 제30회, 제31회, 제34회, 제35회

(1) 의의

위험부담은 쌍무계약으로부터 생기는 양 채무의 '존속상의 견련관계'를 정하는 제도이다. 즉, 쌍무계약에 있어 서로 대가적 의미의 채무를 부담하는 경우에 일방의 채무가 채무자의 책임 없는 사유로 후발적 불능이 되어 소멸한 경우, 다른 일방의 채무는 존속하는가 아니면 소멸하는가의 문제이다.

(2) 원칙 – 채무자주의(임의규정)

> **제537조 【채무자 위험부담주의】** 쌍무계약의 당사자 일방의 채무가 당사자 쌍방의 책임 없는 사유로 이행할 수 없게 된 때에는 채무자는 상대방의 이행을 청구하지 못한다.

① 요건: 채무자가 위험을 부담하기 위해서는 쌍무계약의 당사자 일방의 채무가 당사자 쌍방의 책임 없는 사유로 이행할 수 없게 되었어야 한다. 이때 불능은 후발적 불능이어야 한다.
② 효과
  ㉠ 채무자는 상대방의 이행을 청구하지 못한다(제537조). 즉, 채무자는 자기의 채무를 면하지만 동시에 채권자에 대하여 반대급부를 청구할 권리를 잃는다. 그러므로 이미 반대급부를 하였으면 그 반환을 청구할 수 있다.
  ㉡ 대상청구권: 채권자는 채무자의 채무가 불능이 됨으로써 발생한 가치의 변형물(예 화재로 인한 보험금, 수용으로 인한 보상금 등)에 대하여 대상청구권을 행사할 수 있다. 이 경우에 채권자도 자신의 반대급부를 이행하여야 한다.

판례보기

위험부담

甲이 乙에게 자신소유의 건물을 매도하는 계약을 체결하였으나 후에 그 건물이 낙뢰에 의한 소실로 이전할 수 없게 되었다.

1. 乙도 甲에게 대금을 지급할 필요가 없다. 따라서 이미 乙이 甲에게 계약금 등을 지급하였다면 이를 반환청구할 수 있다(채무자 위험부담주의). 결국 대가의 위험은 甲이, 물건의 위험(급부위험)은 乙이 부담한다.
2. 이 사례에서 그 건물이 계약체결 전에 이미 소실된 것이었다면 이는 계약체결상의 과실책임의 문제가 생길 뿐이지 위험부담은 문제되지 않는다.
3. 만일 그 건물이 甲의 귀책사유로 소실된 것이라면 채무불이행책임의 문제가 되며 위험부담의 문제가 생기지 않는다.

---

(3) 예외 – 채권자주의

> **제538조【채권자 귀책사유로 인한 이행불능】** ① 쌍무계약의 당사자 일방의 채무가 채권자의 책임 있는 사유로 이행할 수 없게 된 때에는 채무자는 상대방의 이행을 청구할 수 있다. 채권자의 수령지체 중에 당사자 쌍방의 책임 없는 사유로 이행할 수 없게 된 때에도 같다.
> ② 전항의 경우에 채무자는 자기의 채무를 면함으로써 이익을 얻은 때에는 이를 채권자에게 상환하여야 한다.

① 채권자에게 귀책사유가 있거나 채권자의 수령지체 중에 후발적으로 불능이 되었을 때에는 채권자주의로 전환되어 채무자는 반대급부를 청구할 수 있다(제538조).
② 채권자가 위험을 부담하는 경우 채무자가 자기의 채무를 면함으로써 얻은 이익을 채권자에게 반환하여야 한다(제538조 제2항).
　㉠ 예를 들어 매도인이 이행비용을 부담하기로 하였으나 수령지체 중에 물건이 소실되어 이행이 불능으로 되었다면, 매도인은 대금을 청구할 수 있으면서 동시에 이행비용도 부담하지 않게 된다.
　㉡ 이는 오히려 계약이 정상적으로 이행된 경우보다 매도인이 더 큰 이익을 취하게 되는 것이므로, 매도인은 대금을 청구할 수는 있으나 이행비용은 채권자에게 지급하여야 한다.

판례보기

제538조 제2항의 "자기의 채무를 면함으로써 얻은 이익은 상환하여야 한다."의 의미

사용자의 귀책사유로 인하여 해고된 근로자가 해고기간 중에 다른 직장에서 근무하여 지급받은 임금은 「민법」 제538조 제2항에 규정된 자기의 채무를 면함으로써 얻은 이익에 해당하므로, 사용자는 근로자에게 해고기간 중의 임금을 지급함에 있어 위와 같은 이익(이른바 중간수입)을 공제할 수 있다(대판 93다37915).

---

4 **제3자를 위한 계약** 제29회, 제30회, 제31회, 제32회, 제33회, 제34회, 제35회

> **제539조 【제3자를 위한 계약】** ① 계약에 의하여 당사자 일방이 제3자에게 이행할 것을 약정한 때에는 그 제3자는 채무자에게 직접 그 이행을 청구할 수 있다.
> ② 전항의 경우에 제3자의 권리는 그 제3자가 채무자에 대하여 계약의 이익을 받을 의사를 표시한 때에 생긴다.

1. 의의와 법적 성질

(1) 의의

제3자를 위한 계약이란 계약당사자의 일방이 제3자, 즉 계약당사자 이외의 자에게 직접 채무를 부담할 것을 내용으로 하는 계약을 말한다(제539조 제1항). 예를 들어 甲·乙 간의 계약으로 甲이 乙에 대하여 그 소유의 부동산을 이전하는 채무를 지고 乙이 그 대가로서 지급하는 대금을 직접 丙에 대하여 부담하는 경우이다. 이때 甲을 '요약자(要約者)', 乙을 '낙약자(諾約者)', 丙을 '수익자(受益者)'라고 한다.

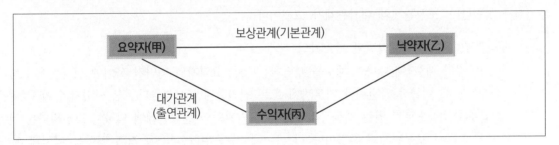

(2) 법적 성질

① **계약의 당사자**: 제3자를 위한 계약의 당사자는 요약자와 낙약자이며, 제3자(수익자)는 당사자가 아니다. 따라서 제3자를 위한 계약은 요약자와 낙약자의 의사표시로써 성립하며, 제3자(수익자)는 계약 당시에 특정·현존하지 않아도 된다. 즉, 태아 또는 설립 중인 법인을 제3자로 하는 계약도 가능하다.

② **제3자 약관(約款)**: 제3자에게 새로운 권리를 직접 취득하게 하는 약정이 있어야 한다. 따라서 보험계약, 변제공탁, 병존적(중첩적) 채무인수 등은 제3자를 위한 계약에 해당하나, 면책적 채무인수와 이행인수는 제3자를 위한 계약이 아니다.

  ㉠ 제3자를 위한 계약은 매매·교환 등과 별개의 계약이 아니라 그 계약조항에 제3자에게 권리를 취득시킨다는 '제3자 약관'을 삽입한 특수한 형태에 불과하다. 예를 들어 매매에 있어서는 대금을 매도인 이외의 제3자에게 지급할 것을 약정하고, 보험계약에서는 보험금을 제3자에게 지급할 것을 약정하는 경우에 매매·보험계약 등은 기본계약(보상관계)이고 그 내용의 일부

로서 제3자에게 지급하기로 하는 제3자 약관이 포함되는 것이다.

ⓒ 제3자에게 권리를 취득시킬 뿐만 아니라 부수적인 부담을 수반하는 것으로 하는 것도 무방
하다(통설).

판례보기

계약의 당사자가 제3자에 대하여 가진 채권에 관하여 채무를 면제하는 계약도 제3자를 위한 계약에 준하여 유
효한지 여부(적극)

제3자를 위한 계약이 성립하기 위해서는 일반적으로 제3자로 하여금 직접 권리를 취득하게 하는 조항이 필요하지
만, 당사자가 제3자에 대하여 가진 채권에 관하여 그 채무를 면제하는 계약도 제3자를 위한 계약에 준하는
것으로 유효하다(대판 2002다37405).

ⓒ 제3자가 취득하는 권리는 보통 채권이지만 채권에 한정하는 것은 아니다.

(3) 계약의 원인관계

제3자를 위한 계약을 체결함으로써 제3자가 낙약자에게 권리를 취득하는 데에는 두 가지의 법률관
계가 성립한다. 보상관계와 대가관계가 그것이다.

① 보상관계(기본관계) - 요약자와 낙약자의 관계
  ㉠ 낙약자가 제3자에 대하여 채무를 부담하는 것은 요약자와 낙약자 사이에 법률관계가 있기
    때문인데, 이를 보상관계나 기본관계 또는 원인관계라고 부른다. 즉, 낙약자가 제3자에게
    급부(給付)함으로써 입는 재산상의 손실은 요약자와의 원인관계에 의하여 보상된다는 것이
    다. 따라서 보상관계의 흠결이나 하자는 제3자를 위한 계약에 직접 영향을 미치게 된다.
  ㉡ 수익자는 보상관계가 무효·취소·해제되었을 때에 보호받는 제3자가 아니다.
    ⓐ 계약의 당사자는 보상관계에서의 무효·취소·해제사유로써 수익자에게 대항할 수 있다.
    ⓑ 예를 들어 甲이 乙에게 부동산을 매도하고 그 대금을 乙이 丙에게 직접 지급하기로 하였
      는데, 그 계약이 사기를 이유로 취소되었다면 수익자인 丙이 선의라 하더라도 그 대금을
      청구할 수 없게 된다.
② 대가관계(원인관계) - 요약자와 수익자의 관계
  ㉠ 요약자가 자기가 취득할 권리를 제3자에게 귀속시키는 이유이다. 대가관계는 계약내용이
    되지 않으므로 대가관계에 흠결이 있더라도 제3자를 위한 계약에 영향을 미치지 않는다.
  ㉡ 낙약자는 대가관계의 하자를 이유로 수익자에게 대항할 수 없다.
  ㉢ 예를 들어 甲이 乙에게 자신의 부동산을 매도하면서 그 대금을 丙에게 지급하게 한 이유가
    甲이 丙에게 채무가 있었기 때문인데, 그 채무의 발생원인이었던 소비대차계약이 무효였다
    하더라도 乙은 丙에게 대금지급을 거절할 수 없다.

2. 계약의 효력

(1) 제3자(수익자)에 대한 효력

① 제3자는 낙약자에 대하여 계약의 이익을 받을 의사표시, 즉 수익의 의사표시를 함으로써 직접
권리를 취득한다(제539조).

제3자의 수익의 의사표시는 제3자를 위한 계약에 있어서 제3자의 권리발생요건이지 계약성립
요건이 아니다. 계약의 성립은 요약자와 낙약자에 의하여 이루어지며 또한 그 계약이 체결되거
나 그 체결 사실을 제3자에게 통지하였다고 제3자의 권리가 발생되는 것은 아니며 수익의 의사
표시가 있어야 한다. 다만, 계약의 성질상 변제공탁이나 제3자를 위한 보험계약에서는 수익의
의사표시를 요하지 않는다.

② 수익의 의사표시 이전의 경우

> **제540조【채무자의 제3자에 대한 최고권】** 전조의 경우에 채무자는 상당한 기간을 정하여 계약의 이익
> 의 향수 여부의 확답을 제3자에게 최고할 수 있다. 채무자가 그 기간 내에 확답을 받지 못한 때에는
> 제3자가 계약의 이익을 받을 것을 거절한 것으로 본다.

ㄱ 계약이 성립하면 제3자는 수익의 의사표시에 의하여 일방적으로 권리를 취득하게 하는 일종
의 형성권을 가진다. 이 형성권은 10년의 제척기간에 걸리는 것이지만 법률관계의 신속한
확정을 위하여 낙약자에게 최고권을 인정하고 있다.

ㄴ 즉, 낙약자는 상당한 기간을 정하여 계약이익의 향수 여부의 확답을 제3자에게 최고할 수
있고, 낙약자가 그 기간 내에 확답을 받지 못한 때에는 제3자가 계약의 이익을 받을 것을
거절한 것으로 본다(제540조).

③ 수익의 의사표시 이후의 경우

ㄱ 제3자의 권리가 생긴 후에 당사자는 합의로써 이를 변경 또는 소멸시킬 수 없다(제541조).
그러나 당사자가 미리 변경·소멸시킬 수 있음을 유보해 두거나 제3자가 동의한 경우에는
가능하다.

판례보기

제3자를 위한 계약에 있어 제3자의 권리를 변경·소멸시키는 행위의 효력

제3자를 위한 계약에 있어서 제3자가 「민법」 제539조 제2항에 따라 수익의 의사표시를 함으로써 제3자에게
권리가 확정적으로 귀속된 경우에는, 요약자와 낙약자의 합의에 의하여 제3자의 권리를 변경·소멸시킬 수 있음을
미리 유보하였거나, 제3자의 동의가 있는 경우가 아니면 계약의 당사자인 요약자와 낙약자는 제3자의 권리를
변경·소멸시키지 못하고, 만일 계약의 당사자가 제3자의 권리를 임의로 변경·소멸시키는 행위를 한 경우 이는
제3자에 대하여 효력이 없다(대판 2001다30285).

ⓒ 또한 수익의 의사표시 이후라도 계약의 당사자가 되는 것은 아니므로 낙약자가 의무를 이행하지 않는 것을 이유로 계약을 해제하거나 원상회복을 요구하는 것은 허용되지 않는다. 다만, 판례는 손해배상은 청구할 수 있다고 한다.

판례보기

수익자의 권리

1. 제3자를 위한 계약의 당사자가 아닌 수익자는 계약의 해제권이나 해제를 원인으로 한 원상회복청구권이 있다고 볼 수 없다(대판 92다41559).
2. 제3자를 위한 계약에 있어서 수익의 의사표시를 한 수익자는 낙약자에게 직접 그 이행을 청구할 수 있을 뿐만 아니라 요약자가 계약을 해제한 경우에는 낙약자에게 자기가 입은 손해의 배상을 청구할 수 있는 것이므로, 수익자가 완성된 목적물의 하자로 인하여 손해를 입었다면 수급인은 그 손해를 배상할 의무가 있다(대판 92다41559).

---

(2) 요약자(채권자)에 대한 효력

① 요약자는 제3자를 위한 계약의 당사자로서 원칙적으로 제3자의 권리와는 별도로 낙약자에 대하여 제3자에게 급부를 이행할 것을 요구할 수 있는 권리를 가진다. 이때 낙약자가 요약자의 이행청구에 응하지 아니하면 특별한 사정이 없는 한 요약자는 낙약자에 대하여 제3자에게 급부를 이행할 것을 소로써 구할 이익이 있다(대판 2018다259565).

② 제3자를 위한 유상·쌍무계약의 경우 요약자는 낙약자의 채무불이행을 이유로 제3자의 동의 없이 계약을 해제할 수 있다(대판 69다1410).

(3) 낙약자(채무자)에 대한 효력

① 낙약자는 약정한 급부를 제3자에게 하여야 할 채무를 부담하나 이것은 요약자와의 보상관계에 기한 것이므로, 낙약자는 요약자와의 보상관계에 기인한 항변으로 제3자에게 대항할 수 있다(제542조).

② 낙약자는 계약의 당사자이므로 취소권·해제권을 가진다. 낙약자가 요약자의 불이행을 이유로 계약을 해제한 경우, 낙약자는 원상회복을 요약자에게 청구하여야 하며 수익자에게 청구할 수 없다.

판례보기

낙약자가 이미 제3자에게 급부한 것에 대하여 계약해제에 기한 원상회복 또는 부당이득을 원인으로 제3자를 상대로 그 반환을 구할 수 있는지 여부(소극)

제3자를 위한 계약관계에서 낙약자와 요약자 사이의 법률관계(이른바 기본관계)를 이루는 계약이 해제된 경우 그 계약관계의 청산은 계약의 당사자인 낙약자와 요약자 사이에 이루어져야 하므로, 특별한 사정이 없는 한 낙약자가

이미 제3자에게 급부한 것이 있더라도 낙약자는 계약해제에 기한 원상회복 또는 부당이득을 원인으로 제3자를 상대로 그 반환을 구할 수 없다(대판 2005다7566, 7573).

제4절 계약의 해제와 해지

1 서설

(1) 해제의 의의

계약이 체결되어 일단 효력을 발생한 후에 당사자 일방의 의사표시로 계약의 효력을 소급적으로 소멸시키는 것을 계약의 해제라고 한다. 해제권은 해제권자의 일방적 의사표시로 효력이 발생하는 형성권에 해당한다.

(2) 해제권의 종류

해제에는 당사자가 미리 계약에서 해제권을 유보하였다가 그에 의하여 해제하는 약정해제와 법률의 규정에 따라 해제하는 법정해제가 있다.

2 해제와 구별되는 제도 제29회, 제30회, 제31회, 제32회

(1) 취소

당사자 일방의 의사표시에 의하여 법률행위의 효력을 소급적으로 소멸하게 하는 점에서는 해제와 취소는 같으나, 다음과 같은 점에서 구별된다.

① 해제는 계약에 한하여 적용되는 제도임에 비하여, 취소는 계약에 한하지 않고 모든 법률행위에 관하여 인정된다.
② 취소권은 제한능력(제5조 제2항, 제10조 제1항, 제13조 제4항), 착오(제109조), 사기·강박(제110조) 등 법률의 규정에 의하여 발생하나, 해제권은 채무불이행을 원인으로 하는 법정해제권 외에 당사자 사이의 약정에 의한 약정해제권이 있다.
③ 시간적으로 구별하면 취소는 원시적 하자의 문제이며, 해제는 후발적 하자의 문제이다.
④ 취소의 경우에는 부당이득반환의무가 생기며, 해제의 경우에는 원상회복의무가 생긴다.

| 심화학습 | 해제와 취소 |

구분		해제	취소
차이점	대상	계약에 한정	법률행위 전반
	효과	원상회복	부당이득반환
	종류	약정해제, 법정해제	법률규정 (제한능력, 착오, 사기·강박)
공통점		• 형성권(단독행위) • 소급효 인정 • 권리행사가 있어야 소멸(즉, 당연소멸이 아님)	

(2) 해제계약(합의해제)

① 해제는 해제권자의 일방적인 의사표시에 의하여 성립하는 단독행위라는 점에서 계약당사자가 체결한 계약의 효력을 합의에 의하여 소멸시키는 해제계약(합의해제)과 구별된다. 합의해제는 묵시적으로도 이루어질 수 있으며, 매매계약의 합의해제시에도 해제에서와 마찬가지로 소유권은 소급적으로 매도인에게 당연히 회복된다.

② 합의해제에는 「민법」의 해제에 관한 규정(제543조 이하의 규정)이 적용되지 않는다. 따라서 이 경우에도 특약이 없는 한 손해배상의 문제가 발생되지 않으며, 금전을 반환하는 때에도 받은 날로부터 이자를 가산한다는 규정은 적용하지 않는다.

③ 매매계약을 합의해제 하였더라도 그 합의해제를 무효화시키고 해제된 매매계약을 부활시키는 약정을 하는 것은 계약자유의 원칙상 허용된다.

판례보기

합의해제(해제계약)

1. 계약의 합의해제의 효력은 그 합의의 내용에 의하여 다루어지는 것이고 이에는 해제에 관한 「민법」 제543조 이하 규정은 적용되지 않는다(대판 79다1455).
   ▫ 따라서 특약이 없는 한 손해배상을 청구할 수 없다(대판 86다카1147). 반환할 금전에 그 받은 날로부터의 이자를 가하여야 할 의무가 없다(대판 2000다5336).

2. 매매계약이 합의해제된 경우에도 매수인에게 이전되었던 소유권은 당연히 매도인에게 복귀하는 것이므로 합의해제에 따른 매도인의 원상회복청구권은 소유권에 기한 물권적 청구권이라 할 것이고 이는 소멸시효의 대상이 되지 아니한다(대판 92다43975).

3. 「민법」상 해제에 관한 규정은 적용되지 아니하나 매도인의 등기말소청구권은 소유권에 기한 물권적 청구권이므로 매매계약의 합의해제시에도 해제에서와 마찬가지로 소유권은 소급적으로 매도인에게 당연히 복귀된다. 따라서 계약의 합의해제에 있어서도 「민법」 제548조의 해제의 경우와 같이 이로써 제3자의 권리를 해할 수 없다(대판 91다2601).

(3) 해제조건(실권약관)

해제는 해제권자의 의사표시(해제권의 행사)에 의하여 계약이 소급하여 소멸하나, 해제조건은 별도의 의사표시 없이 조건의 성취로 인하여 효력이 소멸하게 된다.

판례보기

약정한 일자에 중도금을 미지급하면 그 계약을 자동해제한다는 특약이 있는 경우

매매계약에 있어서 매수인이 중도금을 약정한 일자에 지급하지 아니하면 그 계약을 무효로 한다고 하는 특약이 있는 경우 매수인이 약정한 대로 중도금을 지급하지 아니하면(해제의 의사표시를 요하지 않고) 그 불이행 자체로써 계약은 그 일자에 자동적으로 해제된 것이라고 보아야 한다(대판 91다13717).

> **비교판례** **약정한 일자에 잔대금을 미지급하면 그 계약을 자동해제한다는 특약이 있는 경우**
> 부동산 매매계약에 있어서 매수인이 잔대금 지급기일까지 그 대금을 지급하지 못하면 그 계약이 자동적으로 해제된다는 취지의 약정이 있더라도 특별한 사정이 없는 한 매수인의 잔대금 지급의무와 매도인의 소유권이전 등기의무는 동시이행의 관계에 있으므로 매도인이 잔대금 지급기일에 소유권이전등기에 필요한 서류를 준비하여 매수인에게 알리는 등 이행의 제공을 하여 매수인으로 하여금 이행지체에 빠지게 하였을 때에 비로소 자동적으로 매매계약이 해제된다고 보아야 하고, 매수인이 그 약정기한을 도과하였더라도 이행지체에 빠진 것이 아니라면 대금 미지급으로 계약이 자동해제된 것으로 볼 수 없다(대판 98다505).

---

(4) 해지

임대차와 같은 계속적 채권관계에서 당사자 일방의 의사표시에 의하여 장래를 향하여 그 계약관계를 소멸시키는 것을 해지라고 하는데, 이는 소급효가 없다는 점에서 해제와 구별된다.

3 해제권의 발생 제31회, 제33회, 제35회

1. 약정해제권

(1) 약정에 의하여 당사자는 일정한 경우에 해제권을 발생시킬 수 있고, 그 해제권을 당사자 일방이나 쌍방에게 유보시킬 수 있다.

(2) 약정해제권을 행사하는 경우에는 그 사유가 채무불이행이 아니므로 법정해제의 경우와는 달리 그 해제의 효과로서 손해배상의 청구는 할 수 없다(대판 81다89).

(3) 다만, 「민법」상 해제에 관한 규정을 적용하므로 원상회복시 금전을 받은 자는 받은 날로부터 이자를 가산하여야 한다.

2. 법정해제권

(1) 이행지체로 인한 해제권

> **제544조【이행지체와 해제】** 당사자 일방이 그 채무를 이행하지 아니하는 때에는 상대방은 상당한 기간을 정하여 그 이행을 최고하고 그 기간 내에 이행하지 아니한 때에는 계약을 해제할 수 있다. 그러나 채무자가 미리 이행하지 아니할 의사를 표시한 경우에는 최고를 요하지 아니한다.

이행지체로 인한 해제권의 발생에 관하여 「민법」은 두 가지로 구분하는데 하나는 보통의 이행지체이고, 다른 하나는 정기행위에서의 이행지체이다. 양자가 특히 구별되는 점은 전자는 해제권의 발생을 위하여 최고를 하여야 하나, 후자의 경우에는 최고 없이 바로 해제권이 발생한다는 것이다.

① **보통의 이행지체**(정기행위가 아닌 경우): 이행지체로 인한 해제권이 발생하기 위해서는 상당한 기간을 정하여 최고하고 그 기간 내에도 이행이 없어야 한다.
　㉠ 채무자의 귀책사유로 인한 이행지체
　　ⓐ 채무자의 귀책사유로 인하여 이행하지 않아야 한다.
　　ⓑ 당사자가 동시이행의 항변권을 가지는 경우에는 이행 또는 이행의 제공을 하여 상대방의 항변권을 소멸시켜야 해제권을 행사할 수 있다. 다만, 당사자의 일방이 이행을 제공하더라도 상대방이 상당한 기간 내에 그 채무를 이행할 수 없음이 객관적으로 명백한 경우에도 그 일방은 자신의 채무의 이행을 제공하지 않더라도 상대방의 이행지체를 이유로 계약을 해제할 수 있다(대판 93다7204).
　　ⓒ 일부 이행지체의 경우 신의칙에 의하여 그 부족분 때문에 계약의 목적을 달성할 수 없는 때에는 계약 전부를 해제할 수 있으나, 그렇지 않을 때에는 불이행의 부분에 관하여만 해제할 수 있다.
　㉡ 상당한 기간을 정한 이행의 최고
　　ⓐ 이행의 최고
　　　• 과대최고: 과대최고의 경우에 채무자가 급부하여야 할 수량과의 차가 비교적 근소하여 채무의 동일성이 인정되는 한 본래 급부하여야 할 수량의 범위에서 유효하다. 이에 반하여 최고한 수량이 너무 많아서 채무자가 본래의 채무액을 급부하더라도 채권자가 절대로 수령하지 않을 것이 명백한 경우에는 최고로서의 효력이 없다고 보아야 할 것이다(대판 66다626).
　　　• 과소최고: 과소최고도 채무의 동일성을 알 수 있으면 물론 유효하지만, 과소최고에 기인한 해제는 원칙적으로 최고에 표시된 수량에 대해서만 효력이 생긴다.
　　ⓑ 상당한 기간: 상당한 기간은 채무자가 이행의 준비를 하고 이것을 이행함에 필요한 기간이며, 상당한 기간이냐 아니냐의 여부는 계약의 성질 기타 객관적 사정에 의하여 구체적으로 정하여지는 것이고, 채무자의 여행이나 병고와 같은 주관적 사정은 고려되지 않는다.

- 상당한 기간에 미달하는 최고도 최고로서의 효력은 있으나 상당한 기간이 경과한 후에 해제권이 발생한다(대판 64다1224).
- 이행최고는 반드시 미리 일정한 기간을 명시하여 최고하여야 하는 것은 아니고 최고한 때로부터 상당한 기간이 경과하면 해제권이 발생한다(대결 89다카14110).

ⓒ 예외: 채무자가 미리 이행하지 아니할 의사를 표시한 경우에는 최고를 요하지 아니한다 (제544조 단서).

- 쌍무계약에 있어서 계약당사자의 일방은 상대방이 채무를 이행하지 아니할 의사를 명백히 표시한 경우에는 최고나 자기 채무의 이행제공 없이 그 계약을 적법하게 해제할 수 있다.
- 그러나 그 이행거절의 의사표시가 적법하게 철회된 경우 상대방으로서는 자기 채무의 이행을 제공하고 상당한 기간을 정하여 이행을 최고한 후가 아니면 채무불이행을 이유로 계약을 해제할 수 없다(대판 2000다40995).

ⓒ 최고기간 내에 이행을 하지 않을 것: 채무자가 최고기간 내에 이행 또는 이행의 제공을 하지 않은 경우에는 계약을 해제할 수 있다.

ⓔ 최고를 하지 않고 곧 계약을 해제할 수 있다고 하는 것과 같이 이행지체에 의한 법정해제권의 발생요건을 경감하는 특약은 일반적으로 유효하다.

② 정기행위에서의 이행지체

> **제545조【정기행위와 해제】** 계약의 성질 또는 당사자의 의사표시에 의하여 일정한 시일 또는 일정한 기간 내에 이행하지 아니하면 계약의 목적을 달성할 수 없을 경우에 당사자 일방이 그 시기에 이행하지 아니한 때에는 상대방은 전조의 최고를 하지 아니하고 계약을 해제할 수 있다.

㉠ 의의: 정기행위란 계약의 성질상(예 결혼식용 요리 주문) 또는 당사자의 의사표시에 의하여(예 결혼식에 입겠다는 것을 명시하고 한 예복의 주문) 일정한 이행기에 이행하지 않으면 계약의 목적을 달성할 수 없는 것을 말한다(제545조). 전자를 절대적 정기행위, 후자를 상대적 정기행위라고 한다. 즉, 정기행위는 이행의 시기가 계약의 중요한 내용이 된다.

㉡ 해제권의 발생: 정기행위에 있어서는 채무불이행이 있으면 곧 해제권이 발생하고 보통의 계약에서와 같은 최고를 필요로 하지 않는다(제545조). 주의할 점은 해제권이 발생할 뿐이고 곧 해제의 효과가 발생하는 것은 아니라는 점이다. 즉, 정기행위에 있어서 최고는 필요하지 않으나 해제의 의사표시는 필요하다.

(2) 이행불능으로 인한 해제권

> **제546조【이행불능과 해제】** 채무자의 책임 있는 사유로 이행이 불능하게 된 때에는 채권자는 계약을 해제할 수 있다.

이행불능(협의의 이행불능)이란 계약이 성립한 후에 채무자의 귀책사유로 인하여 채무를 이행할 수 없게 된 경우를 말한다.

① 이행불능으로 인한 해제권 행사는 후발적 불능에 국한하고 원시적 불능의 경우에는 계약체결상 과실(제535조)이 문제된다. 또한 단순히 매매목적물에 가압류가 되었다는 것만으로 이행불능이 되는 것은 아니다(대판 99다11045).

② 이행불능으로 인한 책임을 묻는 경우에는 이행지체와 달리 그 해제에 앞서 이행의 최고를 할 필요가 없다(대판 76다473). 또한 계약을 해제하기 위하여 자신의 이행 또는 이행의 제공을 할 필요도 없다.

판례보기

소유권이전등기의무의 이행불능을 이유로 매매계약을 해제함에 있어서 잔대금 지급의무의 이행제공이 필요한지 여부(소극)

매도인의 매매계약상의 소유권이전등기의무가 이행불능이 되어 이를 이유로 매매계약을 해제함에 있어서는 상대방의 잔대금 지급의무가 매도인의 소유권이전등기의무와 동시이행관계에 있다고 하더라도 그 이행의 제공을 필요로 하는 것이 아니다(대판 2000다22850).

---

③ 이행불능을 이유로 계약을 해제하기 위해서는 그 이행불능이 채무자의 귀책사유에 의한 경우이어야만 한다 할 것이므로, 매도인의 매매목적물에 관한 소유권이전의무가 이행불능이 되었다고 할지라도 그 이행불능이 매수인의 귀책사유에 의한 경우에는 매수인은 그 이행불능을 이유로 계약을 해제할 수 없다(대판 2000다50497).

(3) 불완전이행으로 인한 해제권

① **추완(追完)이 가능한 경우**: 완전이행이 가능한 경우, 즉 추완이 가능한 경우에는 채권자가 상당기간을 정하여 완전이행을 최고하고, 채무자가 그 최고기간 내에 이행이 없는 경우에는 채권자의 해제권의 행사가 가능하다.

② **추완(追完)이 불가능한 경우**: 완전이행이 불가능한 경우에 채권자는 최고 없이 곧 해제권을 행사할 수 있다.

(4) 사정변경으로 인한 해제권

계약 성립의 기초가 된 사정이 현저히 변경되고 그러한 사정의 변경이 해제권을 취득하는 당사자에게 책임 없는 사유로 생긴 것으로서 당사자가 계약의 성립 당시 이를 예견할 수 없었으며, 그로 인하여 계약을 그대로 유지하는 것이 당사자의 이해에 중대한 불균형을 초래하거나 계약을 체결한 목적을 달성할 수 없는 경우에는 계약준수 원칙의 예외로서 사정변경을 이유로 계약을 해제하거나 해지할 수 있다.

① 여기에서 말하는 사정이라 함은 계약의 기초가 되었던 객관적인 사정으로서, 일방당사자의 주관적 또는 개인적인 사정을 의미하는 것은 아니다(대판 2004다31302).

② 사정변경에 대한 예견가능성이 있었는지는 추상적·일반적으로 판단할 것이 아니라, 구체적인 사안에서 계약의 유형과 내용, 당사자의 지위, 거래경험과 인식가능성, 사정변경의 위험이 크고 구체적인지 등 여러 사정을 종합적으로 고려하여 개별적으로 판단하여야 한다(대판 2019다276338).

③ 사정변경을 이유로 계약을 해지하려면 경제상황 등의 변동으로 당사자에게 불이익이 발생했다는 것만으로는 부족하고 위 요건을 충족하여야 한다.

판례보기

사정변경에 의한 해제를 부정한 사례

매매계약을 맺은 때와 그 잔대금을 지급할 때와의 사이에 장구한 시일이 지나서 그동안에 화폐가치의 변동이 극심하였던 탓으로 매수인이 애초에 계약할 당시의 금액표시대로 잔대금을 제공한다면 그동안에 앙등한 매매목적물의 가격에 비하여 그것이 현저하게 균형을 잃은 이행이 되는 경우라 할지라도 「민법」상 매도인으로 하여금 사정변경의 원리를 내세워서 그 매매계약을 해제할 수 있는 권리는 생기지 않는다(대판 63다452).

---

(5) 부수적 의무의 불이행으로 인한 해제권

채무불이행을 이유로 계약을 해제하려면 당해 채무가 계약의 목적 달성에 있어 필요불가결하고 이를 이행하지 아니하면 계약의 목적이 달성되지 아니하여 채권자가 그 계약을 체결하지 아니하였을 것이라고 여겨질 정도의 주된 채무이어야 하고, 그렇지 아니한 부수적 채무를 불이행한 데에 지나지 아니한 경우에는 계약을 해제할 수 없다(대판 2001다20394).

(6) 채권자지체로 인한 해제

채권자지체가 성립하는 경우 그 효과로서 원칙적으로 채권자에게 「민법」 규정에 따른 일정한 책임이 인정되는 것 외에, 손해배상이나 계약해제를 주장할 수는 없다(대판 2019다293036).

4 해제권의 행사 제29회, 제31회

(1) 해제권의 행사

> **제543조 【해지, 해제권】** ① 계약 또는 법률의 규정에 의하여 당사자의 일방이나 쌍방이 해지 또는 해제의 권리가 있는 때에는 그 해지 또는 해제는 상대방에 대한 의사표시로 한다.
> ② 전항의 의사표시는 철회하지 못한다.

① 해제의 의사표시: 해제권의 행사는 상대방에 대한 일방적 의사표시로써 한다(제543조 제1항). 해제권은 형성권이며, 따라서 그 행사에는 조건이나 기한을 붙이는 것이 허용되지 않는다.

② 해제의 의사표시의 철회·취소: 일단 해제의 의사표시가 상대방에게 도달하여 그 효력이 생긴 뒤에는 철회를 할 수 없다(제543조 제2항). 해제는 일방적 의사표시에 의하여 효력이 생기고 상대방도 그것을 믿고 있으므로 철회를 하면 부당하게 상대방에게 불이익을 주기 때문이다. 다만, 제한능력·착오·사기·강박 등을 이유로 취소할 수는 있다.

(2) 해제권의 불가분성

> 제547조【해지, 해제권의 불가분성】① 당사자의 일방 또는 쌍방이 수인인 경우에는 계약의 해지나 해제는 그 전원으로부터 또는 전원에 대하여 하여야 한다.
> ② 전항의 경우에 해지나 해제의 권리가 당사자 1인에 대하여 소멸한 때에는 다른 당사자에 대하여도 소멸한다.

① 행사상의 불가분성
  ㉠ 당사자의 일방 또는 쌍방이 수인인 경우에는 계약의 해지나 해제는 그 전원으로부터 또는 전원에 대하여 하여야 한다. 그러나 반드시 동시에 하여야 할 것을 요구하는 것은 아니다. 예를 들어 甲·乙·丙이 丁소유의 부동산을 매수하기 위하여 매매계약을 체결한 후 계약을 해제하려면 甲·乙·丙 모두가 丁에 대하여 해제권을 행사하여야 하며, 丁이 계약을 해제하는 경우에도 甲·乙·丙 모두에게 행사하여야 한다. 법률관계가 복잡해지는 것을 막기 위한 조치이다.

판례보기

해제권 행사상의 불가분성
수인의 매수인에게 부동산을 공동매도하였으나 매수인이 대금을 지급하지 않는 경우, 매도인의 이행최고 및 해제의 통지가 다수의 매수인 중 일부에 대하여 그 송달이 불능으로 되었다면 해제의 효력은 매수인 전원에 대하여 발생할 수 없다(대판 68다696).

  ㉡ 해제권의 불가분성에 관한 규정은 임의규정이므로 당사자의 특약으로 이를 배제할 수 있다.
② 소멸상의 불가분성: 해제의 권리가 당사자 1인에 대하여 소멸한 때에는 다른 당사자에 대하여도 소멸한다.

5 해제의 효과 제29회, 제30회, 제31회, 제33회, 제34회, 제35회

1. 서설

> 제548조【해제의 효과, 원상회복의무】① 당사자 일방이 계약을 해제한 때에는 각 당사자는 그 상대방에 대하여 원상회복의 의무가 있다. 그러나 제3자의 권리를 해하지 못한다.

② 전항의 경우에 반환할 금전에는 그 받은 날로부터 이자를 가하여야 한다.

제551조【해지, 해제와 손해배상】 계약의 해지 또는 해제는 손해배상의 청구에 영향을 미치지 아니한다.

당사자 일방의 채무불이행이 있는 경우 계약을 해제하면 처음부터 그러한 계약이 있지 않았던 것과 같은 상태로 되돌아가게 된다(소급적 실효). 해제의 효과로서 「민법」이 규정하고 있는 것은 다음 세 가지이다.

(1) 소급적 실효

채무불이행에 따른 법정해제의 효과로서 처음부터 계약이 존재하지 않았던 것으로 된다. 따라서 아직 이행되지 아니한 채무는 이행할 필요가 없다.

판례보기

계약이 해제된 경우 의무를 위반한 자도 해제의 효력을 주장할 수 있는지 여부

계약의 해제권은 일종의 형성권으로서 당사자의 일방에 의한 계약해제의 의사표시가 있으면 그 효과로서 새로운 법률관계가 발생하고 각 당사자는 그에 구속되는 것이므로, 일방 당사자의 계약 위반을 이유로 한 상대방의 계약해제 의사표시에 의하여 계약이 해제되었음에도 상대방이 계약이 존속함을 전제로 계약상 의무의 이행을 구하는 경우, 계약을 위반한 당사자도 당해 계약이 상대방의 해제로 소멸되었음을 들어 그 이행을 거절할 수 있다(대판 2001다21441, 21458). 같은 취지로 소제기로써 계약해제권을 행사한 후 그 뒤 그 소송을 취하하였다 하여도 해제권은 형성권이므로 그 행사의 효력에는 아무런 영향을 미치지 아니한다(대판 80다916).

---

(2) 원상회복

이미 이행한 것이 있을 때에는 서로 반환하여야 한다.

(3) 손해배상

해제를 함과 동시에 손해배상을 청구할 수 있다. ⇨ 손해배상청구는 이행이익의 배상을 구하는 것이 원칙이다.

2. 해제의 소급효

(1) 계약의 소급적 실효

계약에 의하여 생긴 채권·채무는 해제에 의하여 소급하여 소멸한다. 다만, 계약의 이행으로 물권행위가 이루어지고 또한 등기나 인도로서 권리가 이전된 경우에 해제에 의하여 그 이전된 권리는 언제 복귀하는가에 대해서 문제되는데, 판례는 계약이 해제되면 그 계약의 이행으로 변동이 생겼던 물권은 당연히 그 계약이 없었던 원상태로 복귀한다고 본다(대판 75다1394).

(2) 제3자의 보호

「민법」 제548조 제1항 단서는 "제3자의 권리를 해하지 못한다."라고 규정하고 있다. 여기서 보호되는 제3자의 의미와 범위에 대하여 문제가 발생한다.

① 제3자의 의미

ⓐ 보호받는 제3자: 「민법」 제548조 제1항 단서에서 규정하는 제3자란 그 해제된 계약으로부터 생긴 법률적 효과를 기초로 하여 새로운 이해관계를 가졌을 뿐 아니라 등기·인도 등으로 완전한 권리를 취득한 자를 지칭하는 것이고, 계약상의 채권을 양도받은 양수인은 특별한 사정이 없는 이상 이에 포함되지 않는다(대판 95다49882). 즉, 완전한 권리가 아닌 단순히 채권에 대한 이해관계인은 제3자에서 제외한다.

판례보기

해제의 효력에서 보호되는 제3자에 해당하는 사례

1. 소유권을 취득하였다가 계약해제로 인하여 소유권을 상실하게 된 임대인으로부터 그 계약이 해제되기 전에 주택을 임차받아 주택의 인도와 주민등록을 마침으로써 「주택임대차보호법」 제3조 제1항에 의한 대항요건을 갖춘 임차인은 제548조 제1항 단서의 규정에 따라 계약해제로 인하여 권리를 침해받지 않는 제3자에 해당하므로 임대인의 임대권원의 바탕이 되는 계약의 해제에도 불구하고 자신의 임차권을 새로운 소유자에게 대항할 수 있고, 이 경우 계약해제로 소유권을 회복한 제3자는 「주택임대차보호법」 제3조 제2항(현재 제3항)에 따라 임대인의 지위를 승계한다(대판 2003다12717).
2. 「민법」 제548조 제1항 단서에서 말하는 제3자란 일반적으로 해제된 계약으로부터 생긴 법률효과를 기초로 하여 별개의 새로운 권리를 취득한 자를 말하는 것인바, 해제된 계약에 의하여 채무자의 책임재산이 된 계약의 목적물을 가압류한 가압류채권자는 위 조항 단서에서 말하는 제3자에 포함된다고 보아야 한다(대판 99다40937).
3. 「민법」 제548조 제1항 단서에서 말하는 제3자는 일반적으로 해제된 계약으로부터 생긴 법률효과를 기초로 하여 해제 전에 새로운 이해관계를 가졌을 뿐만 아니라 등기·인도 등으로 권리를 취득한 사람을 말하는 것인바, 매수인과 매매예약을 체결한 후 그에 기한 소유권이전청구권 보전을 위한 가등기를 마친 사람도 위 조항 단서에서 말하는 제3자에 포함된다(대판 2013다14569).

ⓑ 보호받는 제3자가 아닌 경우
   ⓐ 「민법」 제548조 제1항 단서에서 말하는 제3자란 완전한 권리를 취득한 자를 말하므로, 계약상의 채권을 양수한 자나 그 채권 자체를 압류 또는 전부한 채권자는 여기서 말하는 제3자에 해당하지 아니한다(대판 99다51685).
   ⓑ 예를 들어 甲이 乙에게 가지는 매매대금채권을 甲의 채권자 丙이 양수하였으나 그 매매계약이 해제되었다면 丙은 그 채권을 취득할 수 없으며, 이미 받은 것이 있다면 원상회복을 하여야 한다.

판례보기

해제의 효력에서 보호되는 제3자에 해당하지 않는 사례

1. 소유권이전등기청구권에 가압류나 압류가 행하여져도 기본적 계약관계인 매매계약 자체를 해제할 수 있고, 그 채권 자체를 압류 또는 전부한 채권자는 여기서 말하는 제3자에 해당하지 아니한다(대판 99다51685).
2. 미등기 무허가건물에 관한 매매계약이 해제되기 전에 매수인으로부터 해당 무허가건물을 다시 매수하고 무허가건물관리대장에 소유자로 등재되었다고 하더라도 건물에 관하여 완전한 권리를 취득한 것으로 볼 수 없으므로 「민법」 제548조 제1항 단서에서 규정하는 제3자에 해당한다고 할 수 없다(대판 2011다64782).
3. 토지를 매도하였다가 대금지급을 받지 못하여 그 매매계약을 해제한 경우에 있어서 그 토지 위에 신축된 건물의 매수인은 위 계약해제로 권리를 침해당하지 않을 제3자에게 속하지 않는다(대판 90다카16761).

② 제3자의 범위

   ㉠ 원칙적으로 보호받는 제3자는 계약의 해제 전에 권리를 취득한 자를 말한다(선악불문 보호).

   ㉡ 그러나 판례는 이를 확대하여 해제 이후라 하더라도 그 등기가 말소되기 전에 해제 사실을 모르고 권리를 취득한 경우에는 제3자로서 보호된다고 판시하고 있다(선의자만 보호).

핵심정리 | 해제시 보호되는 제3자 해당 여부

계약해제시 보호되는 제3자	① 계약대상 목적물 자체를 가압류한 매수인의 채권자 ② 계약해제로 소유권을 상실하게 된 자로부터 임대차계약을 체결하고 대항요건을 갖춘 임차인 ③ 계약해제 후 매도인 앞으로 등기가 회복되기 전에 매수인으로부터 선의로 목적물의 소유권(저당권 등)을 취득한 자 ④ 매수인과 매매예약을 체결한 후 그에 기한 소유권이전청구권 보전을 위한 가등기를 마친 자
계약해제시 보호되지 않는 자	① 해제에 의하여 소멸하는 채권의 양수인 ② 해제에 의하여 소멸하는 채권 자체의 가압류채권자 ③ 매수인의 소유권이전등기청구권을 가압류한 매수인의 채권자 ④ 미등기 무허가건물에 관한 매매계약이 해제되기 전에 매수인으로부터 해당 무허가건물을 다시 매수하고 무허가건물관리대장에 소유자로 등재된 자 ⑤ 해제된 매매계약의 목적 토지 위에 매수인이 신축한 건물의 양수인

(3) 원상회복

① 성질: 계약이 해제되면 각 당사자는 계약이 행해지지 않았던 것과 같은 상태로 복귀하여야 하는 의무를 부담하게 되는데, 이를 원상회복의무라고 한다. 이러한 원상회복은 부당이득반환의 성질을 가지나, 부당이득반환의 경우 선의의 수익자는 '그 받은 이익이 현존하는 한도에서' 반환하면 되고(제748조 제1항), 선의의 점유자는 과실을 취득할 수 있지만(제201조 제1항), 해제로 인한 원상회복시에는 선의·악의 및 현존이익 여부를 묻지 않고 급부를 전부 상대방에게 반환하여야 한다

는 점에서 차이가 있다. 판례도 계약해제의 효과로서의 원상회복을 부당이득에 관한 특별규정의 성격을 가진 것이라고 판시하고 있다(대판 4294민상1429).

② 원상회복의 내용

㉠ 원상회복은 원물상환을 원칙으로 한다. 즉, 채무의 이행으로 물건 등이 급부된 경우에 그것이 그대로 남아 있으면 그 물건을 상대방에게 반환하여야 한다. 그러나 수령한 원물의 멸실·훼손·소비 등으로 원물상환이 불가능하게 된 때에는 가격상환(해제 당시의 가격)을 하게 된다.

㉡ 채무의 이행으로 금전이 급부된 경우에는 그 받은 금액에 관하여 받은 날로부터 이자를 붙여서 반환하여야 한다(제548조 제2항). 여기서의 이자는 부당이득반환의 성질이지 이행지체로 인한 손해배상이 아니다.

판례보기

법정해제시 부가하는 이자의 법적 성질

법정해제의 경우 당사자 일방이 그 수령한 금전을 반환함에 있어 그 받은 때로부터 법정이자를 부가함을 요하는 것은 「민법」 제548조 제2항이 규정하는 바로서, 이는 원상회복의 범위에 속하는 것이며 일종의 부당이득반환의 성질을 가지는 것이고 반환의무의 이행지체로 인한 것이 아니므로, 부동산 매매계약이 해제된 경우 매도인의 매매대금반환의무와 매수인의 소유권이전등기 말소등기절차 이행의무가 동시이행의 관계에 있는지 여부와는 관계없이 매도인이 반환하여야 할 매매대금에 대하여는 그 받은 날로부터 「민법」이 정한 법정이율인 연 5푼의 비율에 의한 법정이자를 부가하여 지급하여야 한다(대판 95다28892).

---

(4) 손해배상

① 제551조는 "계약의 해제는 손해배상의 청구에 영향을 미치지 아니한다."라고 규정하고 있다. 따라서 해제와 손해배상은 택일적 관계에 있는 것이 아니라 양립하며 함께 행사할 수 있다.

② 채무불이행을 이유로 계약해제와 아울러 손해배상을 청구하는 경우 신뢰이익이 아닌 이행이익의 배상을 구하는 것이 원칙이지만, 선택적으로 신뢰이익의 배상을 구할 수 있다(대판 2002다2539). 그러나 신뢰이익을 선택한 경우에도 이행이익을 초과할 수는 없으므로 채권자가 계약의 이행으로 얻을 수 있는 이익이 인정되지 않는 경우라면, 채권자에게 배상해야 할 손해가 발생하였다고 볼 수 없으므로, 당연히 신뢰이익인 지출비용의 배상을 청구할 수 없다는 것이 판례의 입장이다(대판 2015다235766).

(5) 해제의 효과와 동시이행

제549조 【원상회복의무와 동시이행】 제536조의 규정(동시이행의 항변권)은 전조의 경우에 준용한다.

계약당사자가 해제의 결과로서 원상회복 및 손해배상의 의무를 상호부담하는 경우에는 그 관계는 쌍무계약의 경우와 유사하여 동시이행의 관계가 인정된다(제536조, 제549조). 제549조는 원상회복의무에 대해서만 동시이행관계를 규정하고 있지만 판례는 손해배상의무에 대해서도 동시이행관계를 인정한다.

6 해제권의 소멸

해제권은 채무자의 이행 또는 이행의 제공, 포기, 제척기간(10년)의 경과 등에 의하여도 소멸하지만 「민법」이 규정하는 특수한 소멸원인에 의하여도 소멸한다.

(1) 상대방의 최고에 의한 소멸

해제권의 행사에 관하여 기간이 정하여져 있지 않은 경우에 상대방은 상당한 기간을 정하여서 최고하고, 그 기간 내에 해제의 통지를 받지 못하면 해제권은 소멸한다(제552조). 이는 해제될지 안 될지 불안정한 상태에 있는 상대방을 보호하기 위해서이다.

(2) 해제권자에 의한 목적물의 훼손 등에 의한 소멸

해제권자가 고의 또는 과실로 계약의 목적물을 현저히 훼손하거나 또는 반환할 수 없게 한 때 또는 목적물을 가공 또는 개조하여 다른 종류의 물건으로 변경한 때에는 해제권은 소멸한다(제553조).

(3) 당사자가 수인인 경우 해제권의 소멸

당사자의 일방 또는 쌍방이 수인인 경우에 1인에 관하여 해제권이 소멸하면 다른 모든 자에 대한 관계에 있어서도 소멸한다(제547조 제2항).

7 계약의 해지

(1) 서설

① 의의: 계약의 해지란 계속적 채권관계(예 사용대차·임대차·고용 등)에 있어서 계약관계의 효력을 장래에 향하여 소멸시키는 계약당사자의 일방적 의사표시를 계약의 해지라고 한다. 그리고 이와 같은 일방적 의사표시로 계속적 계약관계를 해지시키는 권리(형성권)를 해지권이라고 한다.
② 종류: 해지권에는 미리 계약으로 그것을 유보하는 약정해지권과, 법률의 규정으로 주어지는 법정해지권이 있다(제543조 제1항).

(2) 해지권의 발생

① 약정해지권: 당사자의 합의로 생기는 해지권을 약정해지권이라고 하고, 임대차에 관하여 제636조는 특히 이 뜻을 명문의 규정으로 두고 있다. 그리고 그것을 유보하는 약관을 해지약관이라고 한다.

② **법정해지권**: 「민법」은 법정해지권의 일반적인 발생사유에 관하여는 규정을 두지 않고, 개별적으로 각종 계속적인 계약관계에서 그것을 규정하고 있다(제610조 제3항, 제625조, 제627조, 제635조~제640조, 제657조~제663조, 제698조, 제699조, 제716조, 제720조 등). 그 대부분은 채무불이행을 이유로 인정되는 것이나, 그 밖에 신의칙 위반을 이유로 인정되는 것도 있다.

(3) 해지권의 행사

해지권은 형성권이므로 그 행사는 상대방에 대한 일방적 의사표시로 하게 된다(제543조 제1항). 해지의 의사표시는 철회하지 못하며(제543조 제2항), 해지권에도 불가분성이 있음(제547조)은 해제권의 경우와 마찬가지이다.

(4) 해지의 효과

> **제550조 【해지의 효과】** 당사자 일방이 계약을 해지한 때에는 계약은 장래에 대하여 그 효력을 잃는다.

① **해지의 비소급효**: 계약을 해지한 때에는 계약은 장래에 대하여 그 효력을 잃는다(제550조). 이와 같이 해지는 소급효가 없다는 점에서 해제와 구별된다.
② **해지기간**: 해지의 의사표시가 있으면 계약의 효력이 즉시 종료하는 것이 원칙이다. 다만, 일정한 계약에서는 계약의 존속기간을 정하지 않은 경우에 당사자가 해지를 하고 해지기간이 경과함으로써 비로소 해지의 효력이 생긴다. 예를 들어 임대차에서 기간의 약정이 없는 때에 당사자는 언제든지 계약해지의 통고를 할 수 있으며, 토지·건물 기타 공작물에 대하여는 임대인이 해지를 통고한 경우에는 6개월, 임차인이 해지를 통고한 경우에는 1개월이 경과하면 해지의 효력이 생긴다(제635조).
③ **청산의무**: 계약이 해제되면 계약이 소급적으로 소멸하며 당사자 사이에 원상회복의무가 발생한다. 그러나 계속적 계약이 해지되면 소급효가 없으며 장래를 향한 청산의무가 발생한다. 청산의무가 존속하는 동안은 당사자 사이에 채권관계가 일정한 범위에서 존속하게 된다.
④ **손해배상의 청구**: 계약의 해지는 손해배상의 청구에 영향을 미치지 않는다(제551조).

핵심정리 | 해제와 해지의 비교

구분	대상	소급효	효력	손해배상청구
해제	1회적 채권관계	소급효	원상회복의무	인정
해지	계속적 채권관계	비소급효	청산의무	인정

01 계약의 유형에 관한 설명으로 옳은 것은? 〔제33회〕

① 매매계약은 요물계약이다.

② 교환계약은 무상계약이다.

③ 증여계약은 낙성계약이다.

④ 도급계약은 요물계약이다.

⑤ 임대차계약은 편무계약이다.

해설 ① 매매계약은 낙성계약이다.
② 교환계약은 유상계약이다.
④ 도급계약은 낙성계약이다. 요물계약에는 현상광고, 대물변제, 계약금계약, 보증금계약이 있다.
⑤ 임대차계약은 쌍무계약이다.

정답 ③

02 甲은 乙에게 우편으로 자기 소유의 X건물을 3억원에 매도하겠다는 청약을 하면서, 자신의 청약에 대한 회신을 2022. 10. 5.까지 해 줄 것을 요청하였다. 甲의 편지는 2022. 9. 14. 발송되어 2022. 9. 16. 乙에게 도달되었다. 이에 관한 설명으로 틀린 것을 모두 고른 것은? (다툼이 있으면 판례에 따름) 〔제33회〕

> ㄱ. 甲이 2022. 9. 23. 자신의 청약을 철회한 경우, 특별한 사정이 없는 한 甲의 청약은 효력을 잃는다.
> ㄴ. 乙이 2022. 9. 20. 甲에게 승낙의 통지를 발송하여 2022. 9. 22. 甲에게 도달한 경우, 甲과 乙의 계약은 2022. 9. 22.에 성립한다.
> ㄷ. 乙이 2022. 9. 27. 매매가격을 2억 5천만원으로 조정해 줄 것을 조건으로 승낙한 경우, 乙의 승낙은 청약의 거절과 동시에 새로 청약한 것으로 본다.

① ㄱ   ② ㄴ   ③ ㄱ, ㄴ

④ ㄴ, ㄷ   ⑤ ㄱ, ㄴ, ㄷ

해설 ㄱ(X). 청약이 상대방에게 도달하여 효력을 발생한 때에는 임의로 이를 철회하지 못한다(제527조). 따라서 乙에게 청약이 도달된 2022. 9. 16. 부터는 그 청약을 철회할 수 없으며 설령 철회하더라도 철회의 효력은 생기지 않는다.

ㄴ(X). 격지자간의 계약은 승낙의 통지를 발송한 때에 성립한다(제531조). 乙의 승낙이 승낙기간 안에 도달하였으므로 甲과 乙의 매매계약은 승낙의 통지를 발송한 2022. 9. 20. 에 성립한다.

ㄷ(O). 승낙자가 청약에 대하여 조건을 붙이거나 변경을 가하여 승낙한 때에는 그 청약의 거절과 동시에 새로 청약한 것으로 본다(제534조).

정답 ③

03 우리 「민법」상 계약체결상의 과실책임에 관한 설명으로 **틀린** 것은? (다툼이 있으면 판례에 따름)

제19회

① 우리 「민법」은 원시적 불능의 경우에 대한 계약체결상의 과실책임을 규정하고 있다.

② 계약체결상의 과실을 이유로 한 신뢰이익의 손해배상은 계약이 유효함으로 인하여 생길 이익액을 넘지 못한다.

③ 계약체결상의 과실책임은 원시적 불능을 알지 못한 데 대한 상대방의 선의를 요하나 무과실까지 요하지는 않는다.

④ 부동산 매매에 있어서 실제면적이 계약면적에 미달하는 경우 그 미달부분이 원시적 불능임을 이유로 계약체결상의 과실책임을 물을 수 없다.

⑤ 건축공사의 대가로서 임야사용권을 부여하기로 약정하였으나 그 임야사용권이 원시적 이행불능이라면, 계약체결상의 과실을 이유로 손해배상책임이 인정된다.

해설 ③ 상대방은 선의임과 동시에 무과실이어야 한다(제535조 제2항).

①② 제535조 제1항

④ 부동산 매매계약에 있어서 실제면적이 계약면적에 미달하는 경우에는 그 매매가 수량지정 매매에 해당할 때에 한하여 「민법」 제572조, 제574조에 의한 대금감액청구권을 행사함은 별론으로 하고, 그 매매계약이 그 미달부분만큼 일부무효임을 들어 이와 별도로 일반 부당이득반환청구를 하거나 그 부분의 원시적 불능을 이유로 「민법」 제535조가 규정하는 계약체결상의 과실에 따른 책임의 이행을 구할 수 없다(대판 99다47396).

⑤ 공사비의 지급에 갈음하여 임야의 사용권을 부여하기로 약정한 것이 그 임야가 나라의 소유여서 그 사용권 부여가 원시적으로 이행불능이라면 이 사건 확장공사계약은 유효하게 성립할 수 없다 할 것이니 그 계약체결에 있어서의 과실을 이유로 하는 신뢰이익의 손해배상을 구할 수 있을지언정 그 계약이 유효하게 성립되었던 것을 전제로 그 계약의 이행불능을 이유로 이행에 대신하는 전보배상을 구할 수 없다(대판 74다584).

정답 ③

04 특별한 사정이 없는 한 동시이행의 관계에 있는 경우를 모두 고른 것은? (다툼이 있으면 판례에 따름) 〈제33회〉

ㄱ. 임대차계약 종료에 따른 임차인의 임차목적물 반환의무와 임대인의 권리금 회수 방해로 인한 손해배상의무

ㄴ. 「주택임대차보호법」상 임차권등기명령에 따라 행해진 임차권등기의 말소의무와 임대차 보증금 반환의무

ㄷ. 구분소유적 공유관계의 해소로 인하여 공유지분권자 상호간에 발생한 지분이전등기의무

---

① ㄱ   ② ㄷ   ③ ㄱ, ㄴ

④ ㄴ, ㄷ   ⑤ ㄱ, ㄴ, ㄷ

해설 ㄱ(인정X). 임차인의 임차목적물 반환의무는 임대차계약의 종료에 의하여 발생하나, 임대인의 권리금 회수 방해로 인한 손해배상의무는 「상가건물 임대차보호법」에서 정한 권리금 회수기회 보호의무 위반을 원인으로 하고 있으므로 양 채무는 동일한 법률요건이 아닌 별개의 원인에 기하여 발생한 것일 뿐 아니라 공평의 관점에서 보더라도 그 사이에 이행상 견련관계를 인정하기 어렵다(대판 2019.7.10, 2018다242727).

ㄴ(인정X). 「주택임대차보호법」 제3조의3 규정에 의한 임차권등기는 이미 임대차계약이 종료하였음에도 임대인이 그 보증금을 반환하지 않는 상태에서 경료되게 되므로, 이미 사실상 이행지체에 빠진 임대인의 임대차보증금의 반환의무와 그에 대응하는 임차인의 권리를 보전하기 위하여 새로이 경료하는 임차권등기에 대한 임차인의 말소의무를 동시이행관계에 있는 것으로 해석할 것은 아니고, 특히 위 임차권등기는 임차인으로 하여금 기왕의 대항력이나 우선변제권을 유지하도록 해 주는 담보적 기능만을 주목적으로 하는 점 등에 비추어 볼 때, 임대인의 임대차보증금의 반환의무가 임차인의 임차권등기 말소의무보다 먼저 이행되어야 할 의무이다(대판 2005.6.9, 2005다4529).

ㄷ(인정O). 구분소유적 공유관계가 해소되는 경우 공유지분권자 각자의 상대방에 대한 지분이전등기의무는 모두 그 구분소유적 공유관계에서 발생된 채무일 뿐만 아니라, 구분소유적 공유관계에 있어서 그 각 공유지분은 서로 담보의 역할을 하고 있어 그 지분이전등기의무는 동시에 이행됨이 형평에 맞는다는 점을 참작하여 보면, 구분소유적 공유관계가 해소되는 경우 공유지분권자 상호간의 지분이전등기의무는 그 이행상 견련관계에 있다고 봄이 공평의 관념 및 신의칙에 부합한다(대판 2008.6.26., 2004다32992).

정답 ②

05 甲은 X건물을 乙에게 매도하고 乙로부터 계약금을 지급받았는데, 그 후 甲과 乙의 귀책사유 없이 X건물이 멸실되었다. 다음 설명 중 옳은 것을 모두 고른 것은? (다툼이 있으면 판례에 따름)

(제35회)

> ㄱ. 甲은 乙에게 잔대금의 지급을 청구할 수 있다.
> ㄴ. 乙은 甲에게 계약금의 반환을 청구할 수 있다.
> ㄷ. 만약 乙의 수령지체 중에 甲과 乙의 귀책사유 없이 X건물이 멸실된 경우, 乙은 甲에게 계약금의 반환을 청구할 수 있다.

① ㄴ   ② ㄷ   ③ ㄱ, ㄴ   ④ ㄱ, ㄷ   ⑤ ㄴ, ㄷ

해설   ㄱ(X). 쌍무계약의 당사자 일방의 채무가 당사자쌍방의 책임없는 사유로 이행할 수 없게 된 때에는 채무자는 상대방의 이행을 청구하지 못한다(제537조). 따라서 甲은 乙에게 잔대금의 지급을 청구할 수 없다.

ㄴ(O). 「민법」 제537조는 채무자위험부담주의를 채택하고 있는바, 쌍무계약에서 당사자 쌍방의 귀책사유 없이 채무가 이행불능된 경우 채무자는 급부의무를 면함과 더불어 반대급부도 청구하지 못하므로, 쌍방 급부가 없었던 경우에는 계약관계는 소멸하고 이미 이행한 급부는 법률상 원인 없는 급부가 되어 부당이득의 법리에 따라 반환청구할 수 있다(대판 2009.5.28, 2008다98655, 98662). 즉 乙은 甲에게 계약금의 반환을 청구할 수 있다.

ㄷ(X). 쌍무계약의 당사자 일방의 채무가 채권자의 책임있는 사유로 이행할 수 없게 된 때에는 채무자는 상대방의 이행을 청구할 수 있다. 채권자의 수령지체 중에 당사자쌍방의 책임없는 사유로 이행할 수 없게 된 때에도 같다(제538조 제1항). 따라서 乙은 甲에게 대금을 지급하여야 하며 甲에게 계약금의 반환을 청구할 수 없다.

정답 ①

06 甲은 그 소유의 토지를 乙에게 매도하면서 甲의 丙에 대한 채무변제를 위해 乙이 그 대금 전액을 丙에게 지급하기로 하는 제3자를 위한 계약을 乙과 체결하였고, 丙도 乙에 대해 수익의 의사표시를 하였다. 다음 설명 중 틀린 것은? (다툼이 있으면 판례에 따름)

(제34회)

① 乙은 甲과 丙 사이의 채무부존재의 항변으로 丙에게 대항할 수 없다.

② 丙은 乙의 채무불이행을 이유로 甲과 乙 사이의 계약을 해제할 수 없다.

③ 乙이 甲의 채무불이행을 이유로 계약을 해제한 경우, 특별한 사정이 없는 한 乙은 이미 이행한 급부의 반환을 丙에게 청구할 수 있다.

④ 甲이 乙의 채무불이행을 이유로 계약을 해제하면, 丙은 乙에게 채무불이행으로 인해 자신이 입은 손해의 배상을 청구할 수 있다.

⑤ 甲은 丙의 동의 없이도 乙의 채무불이행을 이유로 계약을 해제할 수 있다.

해설

③ 제3자를 위한 계약관계에서 낙약자와 요약자 사이의 법률관계(이른바 기본관계)를 이루는 계약이 해제된 경우 그 계약관계의 청산은 계약의 당사자인 낙약자와 요약자 사이에 이루어져야 하므로, 특별한 사정이 없는 한 낙약자가 이미 제3자에게 급부한 것이 있더라도 낙약자는 계약해제에 기한 원상회복 또는 부당이득을 원인으로 제3자를 상대로 그 반환을 구할 수 없다(대판 2005.7.22, 2005다7566·7573).

① 대가관계(요약자와 수익자의 관계)는 제3자를 위한 계약의 내용이 되지 않으므로 대가관계의 하자가 있는 경우에 낙약자는 수익자에게 급부를 거절할 수 없다.

② 제3자를 위한 계약의 당사자가 아닌 수익자는 계약의 해제권이나 해제를 원인으로 한 원상회복청구권이 있다고 볼 수 없다(대판 1994.8.12., 92다41559).

④ 제3자를 위한 계약에 있어서 수익의 의사표시를 한 수익자는 낙약자에게 직접 그 이행을 청구할 수 있을 뿐만 아니라 요약자가 계약을 해제한 경우에는 낙약자에게 자기가 입은 손해의 배상을 청구할 수 있는 것이므로, 수익자가 완성된 목적물의 하자로 인하여 손해를 입었다면 수급인은 그 손해를 배상할 의무가 있다(대판 1994.8.12, 92다41559).

⑤ 제3자를 위한 유상·쌍무계약의 경우 요약자는 낙약자의 채무불이행을 이유로 제3자의 동의 없이 계약을 해제할 수 있다(대판 1970.2.24, 69다1410).

정답 ③

07 甲은 자신의 X토지를 乙에게 매도하고 소유권이전등기를 마쳐주었으나, 乙은 변제기가 지났음에도 매매대금을 지급하지 않고 있다. 이에 관한 설명으로 **틀린** 것을 모두 고른 것은? (다툼이 있으면 판례에 따름) 〔제33회〕

ㄱ. 甲은 특별한 사정이 없는 한 별도의 최고 없이 매매계약을 해제할 수 있다.
ㄴ. 甲이 적법하게 매매계약을 해제한 경우, X토지의 소유권은 등기와 무관하게 계약이 없었던 상태로 복귀한다.
ㄷ. 乙이 X토지를 丙에게 매도하고 그 소유권이전등기를 마친 후 甲이 乙을 상대로 적법하게 매매계약을 해제하였다면, 丙은 X토지의 소유권을 상실한다.

① ㄱ   ② ㄴ   ③ ㄷ   ④ ㄱ, ㄷ   ⑤ ㄴ, ㄷ

해설

ㄱ(X). 당사자 일방이 그 채무를 이행하지 아니하는 때에는 상대방은 상당한 기간을 정하여 그 이행을 최고하고 그 기간 내에 이행하지 아니한 때에는 계약을 해제할 수 있다(제544조 본문).

ㄴ(O). 민법 548조 1항 본문에 의하면 계약이 해제되면 각 당사자는 상대방을 계약이 없었던 것과 같은 상태에 복귀케 할 의무를 부담한다는 뜻을 규정하고 있는바 계약에 따른 채무의 이행으로 이미 등기나 인도를 하고 있는 경우에 ...(중략)... 계약이 해제되면 그 계약의 이행으로 변동이 생겼던 물권은 당연히 그 계약이 없었던 원상태로 복귀한다 할 것이다(대판 1977. 5. 24. 75다1394).

ㄷ(X). 「민법」 제548조 제1항 단서에서 규정하는 제3자란 그 해제된 계약으로부터 생긴 법률적 효과를 기초로 하여 새로운 이해관계를 가졌을 뿐 아니라 등기·인도 등으로 완전한 권리를 취득한 자를 지칭하는 것이다(대판 1996.4.12, 95다49882). 또한 해제가 되기 전의 제3자는 선악을 불문하지만 해제 이후라 하더라도 그 등기가 말소되기 전에 해제 사실을 모르고 권리를 취득한 경우에는 제3자로서 보호를 한다.

정답 ④

08 甲과 乙은 甲소유의 X토지에 대하여 매매계약을 체결하였으나 그 후 甲의 채무인 소유권이전등기의무의 이행이 불가능하게 되었다. 다음 설명 중 옳은 것을 모두 고른 것은? (다툼이 있으면 판례에 따름) (제34회)

> ㄱ. 甲의 채무가 쌍방의 귀책사유 없이 불능이 된 경우, 이미 대금을 지급한 乙은 그 대금을 부당이득법리에 따라 반환청구할 수 있다.
> ㄴ. 甲의 채무가 乙의 귀책사유로 불능이 된 경우, 특별한 사정이 없는 한 甲은 乙에게 대금 지급을 청구할 수 있다.
> ㄷ. 乙의 수령지체 중에 쌍방의 귀책사유 없이 甲의 채무가 불능이 된 경우, 甲은 乙에게 대금지급을 청구할 수 없다.

① ㄱ ② ㄷ ③ ㄱ, ㄴ ④ ㄴ, ㄷ ⑤ ㄱ, ㄴ, ㄷ

해설 ㄱ. (옳음) 쌍방의 귀책사유 없이 채무가 불능이 되었으므로 위험부담의 문제가 발생한다. 채무자 위험부담주의 원칙(제537조)에 따라 양당사자는 채무를 면하게 되며 乙이 이미 지급한 대금은 부당이득으로 반환청구할 수 있다.
ㄴ. (옳음) ㄷ. (틀림) 쌍무계약의 당사자 일방의 채무가 채권자의 책임 있는 사유로 이행할 수 없게 된 때에는 채무자는 상대방의 이행을 청구할 수 있다. 채권자의 수령지체 중에 당사자 쌍방의 책임 없는 사유로 이행할 수 없게 된 때에도 같다(제538조 제1항). 즉, 수령지체 중이거나 채권자의 귀책사유가 있으면 甲은 乙에게 매매대금의 지급을 청구할 수 있으므로 ㄴ.은 옳은 지문이며 ㄷ.은 틀린 지문이다.

정답 ③

09 甲은 그 소유의 토지를 乙에게 매도하면서 甲의 丙에 대한 채무변제를 위해 乙이 그 대금 전액을 丙에게 지급하기로 하는 제3자를 위한 계약을 乙과 체결하였고, 丙도 乙에 대해 수익의 의사표시를 하였다. 다음 설명 중 **틀린** 것은? (다툼이 있으면 판례에 따름) 〔제34회〕

① 乙은 甲과 丙 사이의 채무부존재의 항변으로 丙에게 대항할 수 없다.

② 丙은 乙의 채무불이행을 이유로 甲과 乙 사이의 계약을 해제할 수 없다.

③ 乙이 甲의 채무불이행을 이유로 계약을 해제한 경우, 특별한 사정이 없는 한 乙은 이미 이행한 급부의 반환을 丙에게 청구할 수 있다.

④ 甲이 乙의 채무불이행을 이유로 계약을 해제하면, 丙은 乙에게 채무불이행으로 인해 자신이 입은 손해의 배상을 청구할 수 있다.

⑤ 甲은 丙의 동의 없이도 乙의 채무불이행을 이유로 계약을 해제할 수 있다.

해설

③ 제3자를 위한 계약관계에서 낙약자와 요약자 사이의 법률관계(이른바 기본관계)를 이루는 계약이 해제된 경우 그 계약관계의 청산은 계약의 당사자인 낙약자와 요약자 사이에 이루어져야 하므로, 특별한 사정이 없는 한 낙약자가 이미 제3자에게 급부한 것이더라도 낙약자는 계약해제에 기한 원상회복 또는 부당이득을 원인으로 제3자를 상대로 그 반환을 구할 수 없다(대판 2005.7.22, 2005다7566·7573).

① 대가관계(요약자와 수익자의 관계)는 제3자를 위한 계약의 내용이 되지 않으므로 대가관계의 하자가 있는 경우에 낙약자는 수익자에게 급부를 거절할 수 없다.

② 제3자를 위한 계약의 당사자가 아닌 수익자는 계약의 해제권이나 해제를 원인으로 한 원상회복청구권이 있다고 볼 수 없다(대판 1994.8.12., 92다41559).

④ 제3자를 위한 계약에 있어서 수익의 의사표시를 한 수익자는 낙약자에게 직접 그 이행을 청구할 수 있을 뿐만 아니라 요약자가 계약을 해제한 경우에는 낙약자에게 자기가 입은 손해의 배상을 청구할 수 있는 것이므로, 수익자가 완성된 목적물의 하자로 인하여 손해를 입었다면 수급인은 그 손해를 배상할 의무가 있다(대판 1994.8.12, 92다41559).

⑤ 제3자를 위한 유상·쌍무계약의 경우 요약자는 낙약자의 채무불이행을 이유로 제3자의 동의 없이 계약을 해제할 수 있다(대판 1970.2.24., 69다1410).

정답 ③

    ❑ 계약금에서는 예약금의 성질로서의 해약금과 손해배상액의 예정에 대해서 정확하게 이해하여야 하며, 담보책임에서는 주로 권리의 하자와 관련된 사례문제가 많이 출제되므로 이에 대비하여야 한다. 또, 임대차에서는 주로 임차인의 권리·의무를 중심으로 학습하고 이 중에서도 임차인의 비용상환청구권, 지상물매수청구권, 부속물매수청구권을 정리하고, 임차권의 양도와 전대가 사례문제로 출제되는 것에 대비하여야 한다.

제1절   매매

---

1   서설 제30회

> **제563조【매매의 의의】** 매매는 당사자 일방이 재산권을 상대방에게 이전할 것을 약정하고 상대방이 그 대금을 지급할 것을 약정함으로써 그 효력이 생긴다.

(1) 의의

매매란 당사자의 일방이 재산권의 이전을 약정하고, 상대방이 대금의 지급을 약정함으로써 성립하는 계약으로서, 낙성·쌍무·유상·불요식계약이다. 현실매매도 매매이며, 다만 채권행위와 물권행위가 하나의 행위로 합체되어서 행하여지는 것에 지나지 않는다.

(2) 성질

① 낙성·쌍무·유상·불요식계약

    ⊙ 낙성계약: 매매는 당사자 쌍방의 의사표시의 합치만으로 성립하는 낙성계약이다.

    ⊙ 쌍무계약: 매매계약의 성립으로 발생하는 당사자 쌍방의 채무는 서로 대가적 관계에 있으므로 쌍무계약에 해당한다.

    ⊙ 유상계약: 매매에서의 당사자 쌍방의 출연(出捐)은 서로 대가관계이므로 매매는 유상계약이다. 매매는 유상계약 중에서도 가장 전형적인 것이어서 매매에 관한 규정은 다른 유상계약에 준용된다(제567조). 예를 들어 해약금에 관한 규정(제565조)과 계약비용의 부담(제566조), 매도인의 담보책임(제570조 이하)에 관한 규정은 다른 유상계약에도 준용된다.

    ⊙ 불요식계약: 매매는 성립에 있어서 특별한 방식을 요구하지 않는 불요식계약이다.

② **재산권의 이전을 목적으로 하는 계약**: 매매는 재산권의 이전을 목적으로 한다. 매매의 목적인 재산권은 계약 당시에 매도인에게 귀속하고 있을 필요는 없으며, 매매의 목적물인 재산권은 현존할 것을 요구하지 않고, 장래에 있어서 성립할 재산권도 매매의 목적이 될 수 있다.

③ **대금의 지급을 목적으로 하는 계약**: 재산권의 이전에 대한 반대급부로서 금전 이외의 다른 물건이나 권리의 이전을 약정하는 것은 매매가 아니라 교환이다(제596조).

2 매매의 성립 제33회, 제34회

1. 당사자의 합의

매매는 재산권의 이전에 관하여 대금을 지급하는 것을 목적으로 하는 낙성계약이므로 당사자의 청약과 승낙의 합치만 있으면 유효하게 성립한다.

(1) 합의는 매매계약의 본질적 구성부분인 재산권이전과 대금지급에 관하여 이루어지면 충분하다.

(2) 채무의 이행시기·변제장소·계약비용 등과 같은 부수적인 내용에 관하여 합의가 없더라도 매매계약은 성립한다.

판례보기

매매계약의 성립요건으로서 목적물과 대금의 특정 정도

1. 매매계약에 있어서 그 목적물과 대금은 반드시 계약체결 당시에 구체적으로 특정될 필요는 없고 이를 사후에라도 구체적으로 특정할 수 있는 방법과 기준이 정해져 있으면 족하다(대판 96다26176).
2. 매매계약 체결 당시에 반드시 매매목적물과 대금을 구체적으로 특정할 필요는 없지만, 적어도 매매계약의 당사자인 매도인과 매수인이 누구인지는 구체적으로 특정되어 있어야만 매매계약이 성립할 수 있다(대판 2018다223054).

---

2. 매매의 예약

제564조 【매매의 일방예약】 ① 매매의 일방예약은 상대방이 매매를 완결할 의사를 표시하는 때에 매매의 효력이 생긴다.
② 전항의 의사표시의 기간을 정하지 아니한 때에는 예약자는 상당한 기간을 정하여 매매완결 여부의 확답을 상대방에게 최고할 수 있다.
③ 예약자가 전항의 기간 내에 확답을 받지 못한 때에는 예약은 그 효력을 잃는다.

(1) 의의

예약이란 본계약을 체결할 것을 약속하는 계약을 말하며, 예약도 채권계약이므로 계약의 일반원칙에 따른다. 따라서 당사자 일방이 본계약의 체결을 거부하는 경우에는 이에 따른 채무불이행책임이 발생한다.

(2) 매매의 일방예약

① 의의: 「민법」은 매매의 일방예약은 상대방이 매매를 완결할 의사를 표시하는 때에 매매의 효력이 생긴다고 하여(제564조 제1항), 매매의 일방예약에 대해서만 규정하고 있다. 따라서 매매의 예약은 당사자의 특별한 약정이 없으면 일방예약으로 추정한다.

② 성질: 통설은 예약권리자의 완결의 의사표시를 정지조건으로 하는 정지조건부 매매라고 한다.

③ 예약완결권

    ㉠ 예약완결권은 일방적 의사표시에 의하여 본계약인 매매를 성립시키는 것이므로 형성권에 해당한다.

    ㉡ 예약완결권은 양도성이 있으며, 양도를 함에 있어서 예약의무자의 승낙은 요구되지 않는다.

    ㉢ 부동산물권을 이전하여야 하는 본계약의 예약완결권은 가등기를 하면 제3자에게 대항할 수 있다(「부동산등기법」 제88조).

    ㉣ 매매예약이 성립한 이후 상대방의 매매예약 완결의 의사표시 전에 목적물이 멸실 기타의 사유로 이전할 수 없게 되어 예약완결권의 행사가 이행불능이 된 경우에는 예약완결권을 행사할 수 없고, 이행불능 이후에 상대방이 매매예약 완결의 의사표시를 하여도 매매의 효력이 생기지 아니한다(대판 2013다28247).

> **보충** 상가에 관하여 매매예약이 성립한 이후 법령상의 제한에 의해 일시적으로 분양이 금지되었다가 다시 허용된 경우, 그 예약완결권 행사는 이행불능이라 할 수 없다.

④ 존속기간

    ㉠ 당사자가 예약완결권의 행사기간을 정한 경우에는 그 약정에 의하고, 예약완결권은 형성권이므로 그 기간을 정하지 않은 때에는 그 예약이 성립한 때로부터 10년의 제척기간 내에 행사하지 않으면 소멸한다.

    ㉡ 당사자 사이에 약정하는 예약완결권의 행사기간에 특별한 제한은 없으므로 10년을 초과하여 행사기간을 정할 수도 있다(대판 2016다42077).

    ㉢ 예약자는 상당한 기간을 정해서 매매완결 여부의 확답을 상대방에게 최고할 수 있고, 예약자가 최고기간 내에 확답을 받지 못한 때에 예약은 그 효력을 잃는다(제564조 제3항).

    ㉣ 예약완결권의 제척기간이 도과하였는지의 여부는 법원의 직권조사사항이다.

판례보기

목적부동산을 인도받은 경우에도 매매예약완결권이 제척기간의 경과로 소멸하는지 여부(적극)

매매의 일방예약에서 예약자의 상대방이 매매예약완결의 의사표시를 하여 매매의 효력을 생기게 하는 권리, 즉 매매예약완결권은 일종의 형성권으로서 당사자 사이에 그 행사기간을 약정한 때에는 그 기간 내에, 그러한 약정이 없는 때에는 그 예약이 성립한 때로부터 10년 내에 이를 행사하여야 하고, 그 기간을 지난 때에는 상대방이 예약목적물인 부동산을 인도받은 경우라도 예약완결권은 제척기간의 경과로 인하여 소멸한다(대판 96다47494, 47500).

3 계약금 제29회, 제30회, 제31회, 제34회

1. 의의

계약금이란 계약을 체결할 때에 당사자의 일방이 상대방에 대하여 교부하는 금전 기타의 유가물을 말한다.

2. 계약금계약

(1) 성질

계약금계약은 금전 기타 유가물의 교부를 요건으로 하므로, 하나의 독립한 요물계약에 해당하며, 매매 기타의 계약에 부수하여 행해지는 종된 계약이다. 따라서 주된 계약이 무효·취소·해제된 경우에는 계약금계약도 당연히 효력을 잃게 된다.

판례보기

약정만으로 계약금계약은 성립할 수 없고, 계약금계약이 성립하지 않았다면 당사자가 임의로 주계약을 해제할 수는 없다는 사례

계약이 일단 성립한 후에는 당사자의 일방이 이를 마음대로 해제할 수 없는 것이 원칙이고, 다만 주된 계약과 더불어 계약금계약을 한 경우에는 「민법」 제565조 제1항의 규정에 따라 임의해제를 할 수 있기는 하나, 계약금계약은 금전 기타 유가물의 교부를 요건으로 하므로 단지 계약금을 지급하기로 약정만 한 단계에서는 아직 계약금으로서의 효력, 즉 위 「민법」 규정에 의하여 계약해제를 할 수 있는 권리는 발생하지 않는다고 할 것이다. 따라서 교부자가 계약금의 잔금 또는 전부를 지급하지 아니하는 한 계약금계약은 성립하지 아니하므로 당사자가 임의로 주계약을 해제할 수는 없다 할 것이다(대판 2007다73611).

(2) 성립시기

계약금계약은 종된 계약이기는 하지만 반드시 주된 계약과 동시에 성립할 것을 요구하는 것은 아니며, 계약의 성립 이후에 수수된 계약금도 계약금으로서의 효력을 갖는다.

(3) 계약의 이행과 계약금의 반환

계약금의 수수가 있었으나 계약을 해제함이 없이 계약상의 채무가 이행되면 교부자에게 이를 반환하여야 하나, 대금의 일부에 충당하는 것이 관행이다.

3. 계약금의 종류

(1) 증약금

계약체결의 증거로서의 의미를 가지는 계약금이다. 따라서 계약금은 합의가 있었는지의 여부가 불분명한 경우에 언제나 증약금으로서의 기능을 한다. 즉, 증약금은 계약금의 최소한으로서의 성질이다.

(2) 손해배상액의 예정으로서의 위약금

① 계약금을 교부한 자가 불이행한 경우에는 계약금을 몰수하고, 이를 교부받은 자가 불이행한 경우에는 배액을 상환할 것을 약정한 경우에는 계약금은 손해배상액의 예정으로서의 성질을 갖게 된다. 계약금은 해약금으로 추정되므로(제565조 제1항), 계약금은 별도의 특약이 없어도 해약금의 성질을 갖지만 특약이 없는 한 손해배상액의 예정으로서의 성질을 갖지는 않는다.
② 만일 일방에 대해서만 위약금의 특약을 하였다면 그 일방에 대해서는 손해배상액의 예정의 성질을 갖지만 상대방에 대해서는 인정되지 않는다(대판 2007다40765).

판례보기

계약금의 성질

甲과 乙이 甲소유의 부동산에 대하여 1억원에 매매계약을 체결하면서 별도의 특약 없이 乙이 甲에게 계약금으로 1천만원을 교부하였다.

1. 乙이 의무를 이행하지 않아서 甲이 계약을 해제하였다면, 甲은 계약금으로 받은 1천만원을 손해배상예정액으로 당연히 몰수할 수 있는가?
   계약금은 별도의 특약이 없는 한 해약금으로 추정될 뿐 손해배상예정액으로 볼 수 없으므로 이를 당연히 귀속할 수는 없고, 甲은 자신의 손해를 별도로 입증하여 배상을 청구하여야 한다.

2. 위의 예에서 甲과 乙이 계약금을 교부한 자가 불이행한 경우에는 계약금을 몰수하고, 이를 교부받은 자는 불이행한 경우에 배액을 배상할 것을 약정하였다면 계약금을 몰수할 수 있는가?
   위약금의 특약을 한 경우 계약금은 해약금으로서의 성질과 손해배상액의 예정으로서의 성질을 겸한다(대판 95다33726). 따라서 甲은 이를 몰수할 수 있다.

3. 위의 예에서 특약을 한 경우 乙의 불이행으로 甲이 입은 손해가 1천만원을 초과한다면 甲은 추가로 별도의 배상을 요구할 수 있는가?
   위약금의 약정은 「민법」 제398조 제4항이 정한 손해배상의 예정으로 추정되는 것이고, 이와 같은 약정이 있는 경우에는 채무자에게 채무불이행이 있으면 채권자는 실제 손해액을 증명할 필요 없이 그 예정액을 청구할 수 있는 반면에 실제 손해액이 예정액을 초과하더라도 그 초과액을 청구할 수 없다(대판 87다카3101).

4. 계약금으로 지급된 액수가 부당히 과다할 경우에 감액이 허용될 수 있는가?

　매수인의 채무불이행을 이유로 매도인이 몰취한 계약금이 손해배상예정액으로서 부당히 과다한 경우에는 감액되어야 한다(대판 95다33726).

(3) 해약금

계약의 해제권을 보류하는 작용을 갖는 계약금을 말한다. 계약금을 교부한 자는 계약금을 포기하고, 이를 수령한 자는 그 배액을 상환함으로써 계약을 해제할 수 있다.

4. 해약금의 추정

> **제565조【해약금】** ① 매매의 당사자 일방이 계약 당시에 금전 기타 물건을 계약금, 보증금 등의 명목으로 상대방에게 교부한 때에는 당사자 간에 다른 약정이 없는 한 당사자의 일방이 이행에 착수할 때까지 교부자는 이를 포기하고 수령자는 그 배액을 상환하여 매매계약을 해제할 수 있다.
> ② 제551조의 규정은 전항의 경우에 이를 적용하지 아니한다.

(1) 해제의 요건

① 교부자의 계약금의 포기: 계약금을 교부한 자는 이를 포기하여 일방적으로 매매계약을 해제할 수 있다.

② 수령자의 배액상환: 계약금의 수령자는 그 배액을 상환하여 매매계약을 해제할 수 있다. 계약금을 받은 사람이 그 배액을 상환하고 하는 계약해제의 의사표시는 그 의사표시만으로는 부족하고, 그 배액의 제공이 있어야 계약해제의 효과가 생긴다(대판 72다2243). 다만, 상대방이 이를 수령하지 아니한다 하여 이를 공탁할 필요는 없다(대판 80다2784).

③ 해약금의 기준이 되는 금원: 약정한 계약금의 일부만 지급된 경우에는 계약을 해제할 수 없으나 설령 매매계약을 해제할 수 있다고 하더라도 해약금의 기준이 되는 금원은 '실제 교부받은 계약금'이 아니라 '약정 계약금'이라고 봄이 타당하므로, 매도인이 계약금의 일부로서 지급받은 금원의 배액을 상환하는 것으로는 매매계약을 해제할 수 없다(대판 2014다231378).

④ 해제할 수 있는 시기 - 일방이 이행에 착수하기 전까지

　㉠ 당사자 일방이 이행에 착수한 경우에는 해제할 수 없다. 여기서 이행에 착수한다는 것은 객관적으로 외부에서 인식할 수 있는 정도로 채무의 이행행위의 일부를 하거나 또는 이행을 하기 위하여 필요한 전제행위를 하는 경우를 말한다.

　　ⓐ 단순히 이행의 준비를 하는 것만으로는 부족하나, 반드시 계약내용에 들어맞는 이행의 제공 정도에까지 이르러야 하는 것은 아니다(대판 93다1114).

ⓑ 매수인이 중도금을 지급하게 되면 이행에 착수한 것으로 보게 된다. 어음을 교부한 경우에도 마찬가지이다(대판 2002다46492).

> **보충** 매수인이 중도금 일부의 지급에 갈음하여 매도인에게 제3자에 대한 대여금채권을 양도하기로 약정하고 그 자리에 제3자도 참석한 경우, 매수인은 이행에 착수한 것으로 본다.

ⓛ 「민법」 제565조 제1항에서 말하는 '당사자 일방'이라는 것은 매매 쌍방 중 어느 일방을 지칭하는 것이고, 상대방이라 국한하여 해석할 것이 아니므로, 비록 상대방인 매도인이 매매계약의 이행에는 전혀 착수한 바가 없다 하더라도 매수인이 중도금을 지급하여 이미 이행에 착수한 이상 매수인은 「민법」 제565조에 의하여 계약금을 포기하고 매매계약을 해제할 수 없다(대판 99다62074).

ⓒ 특별한 사정이 없는 한 이행기 이전에 이행에 착수할 수 있다. 즉, 이행기의 약정이 있다 하더라도 당사자가 채무의 이행기 전에는 착수하지 아니하기로 하는 특약을 하는 등 특별한 사정이 없는 한 그 이행기 전에 이행에 착수할 수도 있다(대판 2002다46492).

ⓓ 「국토의 계획 및 이용에 관한 법률」(현 「부동산 거래신고 등에 관한 법률」)에 정한 토지거래계약에 관한 허가구역으로 지정된 구역 안의 토지에 관하여 매매계약이 체결된 후 계약금만 수수한 상태에서 당사자가 토지거래허가신청을 하고 이에 따라 관할관청으로부터 그 허가를 받았다 하더라도, 그러한 사정만으로는 아직 이행의 착수가 있다고 볼 수 없어 매도인으로서는 「민법」 제565조에 의하여 계약금의 배액을 상환하여 매매계약을 해제할 수 있다(대판 2008다62427). 또한 매도인이 매수인에게 매매계약의 이행을 최고하고 매매잔대금의 지급을 구하는 소송을 제기한 것만으로는 이행에 착수하였다고 볼 수 없다고 한다(대판 2007다72274, 72281).

⑤ **배제특약이 없을 것**: 「민법」 제565조의 해약권은 당사자 간에 다른 약정이 없는 경우에 한하여 인정되는 것이고, 만일 당사자가 위 조항의 해약권을 배제하기로 하는 약정을 하였다면 더 이상 그 해제권을 행사할 수 없다(대판 2008다50615).

(2) 해제의 효과

① 해약금에 의한 해제도 보통의 해제와 마찬가지로 소급효가 존재한다. 다만, 이는 이행에 착수하기 전에만 할 수 있으므로 원상회복의 문제는 발생하지 않는다. 또한 해약금에 의한 해제는 약정에 의한 해제이지 채무불이행에 의한 해제가 아니므로 손해배상의 문제는 발생하지 않는다.

② 계약금이 교부되었다 하더라도 채무불이행에 의한 계약해제를 금지하는 것은 아니다. 즉, 약정해제와 법정해제는 별개로 존재한다.

5. 계약비용의 부담

> **제566조【매매계약의 비용의 부담】** 매매계약에 관한 비용은 당사자 쌍방이 균분하여 부담한다.

(1) 매매계약에 관한 비용은 당사자 쌍방이 균분하여 부담한다. 다만, 이는 임의규정이므로 당사자 사이에 특약이 있으면 이에 의한다.

(2) 매매계약에 관한 비용이란 계약을 체결함에 있어 일반적으로 들어가는 비용으로서 목적물의 측량비용, 계약서작성비용 등을 말한다. 그러나 부동산에서의 이전등기비용은 매매계약에 관한 비용이 아니라 매도인의 소유권이전채무의 이행에 관한 변제비용에 해당한다. 따라서 채무자인 매도인이 부담하는 것이 원칙이나, 보통 매수인이 부담하는 것이 거래 관행으로 되어 있다.

4 매매의 효력 제30회, 제34회

매매가 성립하면 매도인은 매수인에게 매매의 목적이 된 권리를 이전하여야 하며, 매수인은 매도인에게 그 대금을 지급하여야 하는 효력이 생기게 된다. 즉, 매도인의 재산권이전의무와 매수인의 대금지급의무가 매매의 효력의 중심을 이룬다. 그 밖에도 「민법」은 매매의 목적인 재산권에 하자가 있거나 또는 매매목적물에 하자가 있는 경우에는 매도인에게 담보책임을 지도록 하고 있다.

(1) 매도인의 의무

① 재산권이전의무

> **제568조【매매의 효력】** ① 매도인은 매수인에 대하여 매매의 목적이 된 권리를 이전하여야 하며 매수인은 매도인에게 그 대금을 지급하여야 한다.
> ② 전항의 쌍방의무는 특별한 약정이나 관습이 없으면 동시에 이행하여야 한다.

㉠ 매도인은 매수인에게 권리 자체를 이전해 주어야 한다. 따라서 부동산소유권은 등기, 동산소유권은 인도, 채권은 대항요건을 갖추어야 할 의무를 부담한다. 매매계약을 원인으로 토지의 소유자로 등기한 자는 통상 이전등기할 때 그 토지를 인도받아 점유한 것으로 본다.

㉡ 이전하여야 할 권리는 다른 특약이 없는 한 아무런 부담이 없는 완전한 것이어야 한다(대판 67다813). 따라서 부동산의 매매에 있어서 그 부동산에 제한물권이 설정되어 있다면 그 제한물권을 소멸시키고 완전한 소유권을 이전해 주어야 한다.

㉢ 종물은 주물의 처분에 따르므로(제100조 제2항), 별도의 약정이 없는 한 매도인은 종물 또는 종된 권리도 이전하여야 한다.

ⓔ 매도인의 재산권이전의무는 원칙적으로 매수인의 대금지급의무와 동시에 이행하여야 한다
(제568조 제2항).

② 과실의 귀속

> **제587조【과실의 귀속, 대금의 이자】** 매매계약이 있은 후에도 인도하지 아니한 목적물로부터 생긴
> 과실은 매도인에게 속한다. 매수인은 목적물의 인도를 받은 날로부터 대금의 이자를 지급하여야
> 한다. 그러나 대금의 지급에 대하여 기한이 있는 때에는 그러하지 아니하다.

㉠ 매수인에게 목적물이 인도된 경우

ⓐ 매매계약이 있은 후에 목적물이 매수인에게 인도되었다면 그때부터의 과실은 매수인이
취득한다. 매수인이 대금을 지급하지 않았더라도 마찬가지이다.

ⓑ 다만 매수인은 이에 대응하여 목적물을 인도받은 날로부터 대금의 이자를 지급하여야
한다.

• 그러나 약정에 의하여 매도인이 먼저 인도를 하기로 한 것이었다면 매수인은 자신의
이행기까지는 이자를 가산할 필요가 없다.

• 또한 매수인의 대금지급의무와 매도인의 소유권이전등기의무가 동시이행관계에 있는
등으로 매수인이 대금지급을 거절할 정당한 사유가 있는 경우에는 매매목적물을 미리
인도받았다 하더라도 위 민법 규정에 의한 이자를 지급할 의무는 없다고 보아야 한다(대
판 2011다98129).

㉡ 매수인에게 목적물이 인도되지 않은 경우

ⓐ 특별한 사정이 없는 한 매매계약이 있은 후에도 인도하지 아니한 목적물로부터 생긴 과실
은 매도인에게 속한다(제587조).

ⓑ 다만 매매목적물의 인도 전이라도 매수인이 매매대금을 완납한 때에는 그 이후의 과실수
취권은 매수인에게 귀속된다고 보아야 할 것이다(대판 2021다220666).

판례보기

매수인이 이전등기는 하였으나 목적물을 인도받지 못하고 대금을 지급하지 않은 경우의 과실취득권자 – 매도인
부동산 매매에 있어 목적부동산을 제3자가 점유하고 있어 인도받지 아니한 매수인이 명도소송제기의 방편으로
미리 소유권이전등기를 경료받았다고 하여도 아직 매매대금을 완납하지 않은 이상 부동산으로부터 발생하는
과실은 매수인이 아니라 매도인에게 귀속되어야 한다(대판 91다32527).

---

(2) 매수인의 의무 – 대금지급의무

① 대금지급의 기한

> **제585조【동일기한의 추정】** 매매의 당사자 일방에 대한 의무이행의 기한이 있는 때에는 상대방의 의무이행에 대하여도 동일한 기한이 있는 것으로 추정한다.

② 대금지급의 장소

> **제586조【대금지급 장소】** 매매의 목적물의 인도와 동시에 대금을 지급할 경우에는 그 인도장소에서 이를 지급하여야 한다.

대금지급의 장소는 특별한 약정이 없는 한 채권자의 주소지에서 하는 것이 원칙이다(지참채무의 원칙, 제467조 제2항). 그러나 매도인이 목적물의 인도와 동시에 대금을 지급할 경우에는 그 인도장소에서 지급하여야 한다는 특칙을 두고 있다(제586조).

③ 대금의 이자: 매수인은 목적물의 인도를 받은 날로부터 대금의 이자를 지급하여야 한다. 다만, 대금의 지급에 기한이 있는 때에는 기한까지는 이자를 지급할 필요가 없다.

④ 대금지급거절권

> **제588조【권리주장자가 있는 경우와 대금지급거절권】** 매매의 목적물에 대하여 권리를 주장하는 자가 있는 경우에 매수인이 매수한 권리의 전부나 일부를 잃을 염려가 있는 때에는 매수인은 그 위험의 한도에서 대금의 전부나 일부의 지급을 거절할 수 있다. 그러나 매도인이 상당한 담보를 제공한 때에는 그러하지 아니하다.

ㄱ 예를 들어 甲으로부터 乙이 부동산을 매수하였으나 丙이 자신이 그 부동산의 소유자임을 주장하고 있다면 매수인 乙은 대금의 지급을 거절할 수 있다. 대금을 甲에게 지급하였으나 실제로 丙이 진정한 소유자라면 乙은 그 소유권을 취득할 수 없게 되는 위험이 따르기 때문이다.

ㄴ 그러나 이 경우에 甲이 상당한 담보를 제공하는 경우에는 乙은 대금의 지급을 거절할 수 없다(제588조 단서).

ㄷ 또한 매도인 甲은 매수인 乙에게 대금지급거절권이 있는 경우에 자신에게 대금을 지급하지 않을 것이면, 그 대금을 공탁할 것을 청구할 수 있다(제589조).

5 매도인의 담보책임 제29회, 제31회, 제32회, 제33회, 제34회

1. 의의

매매계약을 이행함에 있어서 매도인은 매수인에게 완전한 권리, 완전한 물건을 이전해 주어야 한다. 따라서 매수인이 취득하는 권리 또는 물건에 흠결 내지 하자가 있는 경우에는 매도인이 매수인에게 책임을 부담하게 되는데 이를 매도인의 담보책임이라고 한다. 매도인의 담보책임은 권리의 하자에 대한 담보책임과 물건의 하자에 대한 책임으로 크게 구별된다.

2. 법적 성질

(1) 법정·무과실책임

매도인의 담보책임에 대한 법적 성질에 관하여 종래의 다수설은 법정책임으로 보고 있다. 최근에는 채무불이행책임설도 유력하다. 종래의 통설은 계약체결시 특정물에 하자가 있는 경우 매도인은 그 상태 그대로 목적물을 인도할 수밖에 없으며, 법은 불가능한 것을 강요하지 못한다고 전제하고, 담보책임은 단지 매매계약의 유상성에 비추어 매수인을 보호하고 거래의 안전을 보장하려는 법정책적 목적에서 인정된 채무불이행과는 무관한 무과실의 법정책임으로 이론을 구성하고 있다.

(2) 임의규정

> **제584조 【담보책임면제의 특약】** 매도인은 전 15조에 의한 담보책임을 면하는 특약을 한 경우에도 매도인이 알고 고지하지 아니한 사실 및 제3자에게 권리를 설정 또는 양도한 행위에 대하여는 책임을 면하지 못한다.

원칙적으로 담보책임을 면제·경감하는 특약은 유효하다. 다만, 알면서도 고지하지 않았거나 매도 이후에 제3자에게 권리를 설정 또는 양도하였다면 책임을 면하지 못한다.

(3) 유상계약에 준용

매도인의 담보책임에 관한 규정은 매매 외에 다른 유상계약에 준용된다(제567조).

3. 담보책임의 종류

매도인의 담보책임에 관한 내용으로는 대표적으로 ① 대금감액청구권, ② 해제, ③ 손해배상청구권, ④ 완전물급부청구권을 규정하고 있다.

4. 담보책임의 내용

매도인의 담보책임은 권리의 하자에 대한 담보책임과 물건의 하자에 대한 담보책임, 채권의 매도인의 담보책임, 경매에서의 담보책임으로 구분될 수 있다.

(1) 권리의 하자에 대한 담보책임

① 권리의 전부가 타인에게 속하는 경우

> **제569조【타인의 권리의 매매】** 목적이 된 권리가 타인에게 속한 경우에는 매도인은 그 권리를 취득하여 매수인에게 이전하여야 한다.
>
> **제570조【동전(同前) – 매도인의 담보책임】** 전조의 경우에 매도인이 그 권리를 취득하여 매수인에게 이전할 수 없는 때에는 매수인은 계약을 해제할 수 있다. 그러나 매수인이 계약 당시 그 권리가 매도인에게 속하지 아니함을 안 때에는 손해배상을 청구하지 못한다.

- ㉠ 요건
  - ⓐ 매매의 목적물은 존재하고 있으나 그 목적물이 타인의 권리에 속하기 때문에 이전할 수 없는 경우에 한정한다. 따라서 계약체결시에 원시적으로 불능이거나 또는 계약시에는 매도인의 권리였으나 매수인에게 이전하기 전에 매도인의 권리가 소멸하였다면 각각 계약체결상의 과실책임과 채무불이행 또는 위험부담이 문제될 뿐이며 제570조는 적용하지 않는다.
  - ⓑ 예를 들어 부동산을 경락받은 자가 매각대금을 완납하지 않은 상태에서 이를 타인에게 매도하는 계약은 제569조의 타인의 권리의 매매에 해당한다(대판 2008다25824).
- ㉡ 담보책임의 배제: 타인의 권리매매에 있어 매도인의 목적물을 매수인에게 이전할 수 없게 된 것이 오직 매수인의 귀책사유에 기인한 경우에는 매도인은 「민법」 제569조 하자담보책임을 지지 않는다(대판 79다564).
- ㉢ 행사내용
  - ⓐ 해제권(선·악 불문): 매수인은 계약시에 그 권리가 매도인에게 속하지 않음을 알았는지 여부와 상관없이 계약을 해제할 수 있다. 즉, 매수인의 선·악을 불문하고 해제권이 인정된다.
  - ⓑ 손해배상청구권(선의)
    - 선의의 매수인은 손해배상을 청구할 수 있다. 매도인은 선의의 매수인에 대하여 불능 당시의 시가를 표준으로 그 계약이 완전히 이행된 것과 동일한 경제적 이익을 배상할 의무가 있다(대판 66다2618). 즉, 불능 당시의 시가를 기준으로 하여 이행이익을 배상하여야 한다. 그리고 매수인이 그 물건의 소유권이 매도인에게 속하지 아니함을 알지 못한 것이 매수인의 과실에 기인한 경우에는 매도인의 배상액을 산정함에 있어서 이를 참작하여야 한다(대판 71다218).
    - 악의의 매수인은 손해배상을 청구할 수 없다. 그러나 권리를 이전할 수 없는 것이 매도인의 귀책사유로 인한 것이라면 매수인은 악의라 하더라도 채무불이행책임을 물어 손해배상을 청구할 수 있다. 즉, 담보책임은 채무불이행책임과 경합할 수 있다.

> **판례보기**
>
> **타인의 권리매매에 있어서 매도인의 귀책사유로 이행불능이 된 경우 매도인의 손해배상책임**
>
> 타인의 권리를 매매의 목적으로 한 경우에 있어서 그 권리를 취득하여 매수인에게 이전하여야 할 매도인의 의무가 매도인의 귀책사유로 인하여 이행불능이 되었다면 (악의) 매수인이 매도인의 담보책임에 관한 「민법」 제570조 단서의 규정에 의하여 손해배상을 청구할 수 없다 하더라도 채무불이행 일반의 규정(「민법」 제390조, 제546조)에 좇아서 계약을 해제하고 손해배상을 청구할 수 있다(대판 93다37328).

  ② 제척기간: 권리의 전부가 타인에게 속하여 이전할 수 없는 경우에 매수인의 해제권과 손해배상청구권의 행사에는 제척기간의 제한이 없다.

  ⑩ 선의의 매도인에 대한 특칙

> **제571조 【동전(同前) – 선의의 매도인의 담보책임】** ① 매도인이 계약 당시에 매매의 목적이 된 권리가 자기에게 속하지 아니함을 알지 못한 경우에 그 권리를 취득하여 매수인에게 이전할 수 없는 때에는 매도인은 손해를 배상하고 계약을 해제할 수 있다.
>
> ② 전항의 경우에 매수인이 계약 당시 그 권리가 매도인에게 속하지 아니함을 안 때에는 매도인은 매수인에 대하여 그 권리를 이전할 수 없음을 통지하고 계약을 해제할 수 있다.

  매도인이 목적물이 자신의 권리라고 생각하고 계약을 하였으나 나중에 보니 자신소유가 아닌 경우에 생기는 문제이다. 예를 들어 甲이 乙에게 자신명의의 부동산을 매도하였는데, A가 甲명의의 등기가 무효임을 주장하며 甲을 상대로 등기의 말소소송을 제기하여 승소하였다면 甲은 자신소유로 알고 매도하였으나 결국에는 타인의 권리를 매도한 것이 된다.

   ⓐ 매수인이 선의인 경우: 선의의 매도인은 손해를 배상하고 계약을 해제할 수 있다.

   ⓑ 매수인이 악의인 경우: 선의의 매도인은 악의의 매수인에 대하여 손해를 배상할 필요 없이 그 권리를 이전할 수 없음을 통지하고 계약을 해제할 수 있다.

 ② 권리의 일부가 타인에게 속하는 경우

> **제572조 【권리의 일부가 타인에게 속한 경우와 매도인의 담보책임】** ① 매매의 목적이 된 권리의 일부가 타인에게 속함으로 인하여 매도인이 그 권리를 취득하여 매수인에게 이전할 수 없는 때에는 매수인은 그 부분의 비율로 대금의 감액을 청구할 수 있다.
>
> ② 전항의 경우에 잔존한 부분만이면 매수인이 이를 매수하지 아니하였을 때에는 선의의 매수인은 계약 전부를 해제할 수 있다.
>
> ③ 선의의 매수인은 감액청구 또는 계약해제 외에 손해배상을 청구할 수 있다.

  ㉠ 요건: 매매의 목적인 권리의 일부가 타인에게 속하기 때문에 매도인이 그 부분의 권리를 매수인에게 이전할 수 없는 경우이다. 예를 들어 甲이 乙에게 1,000m²의 토지를 매도하기로 하였으나, 그중 200m²가 丙의 소유이어서 200m²는 이전할 수 없게 된 경우이다.

ⓛ 행사내용

ⓐ 대금감액청구권(선·악 불문): 매수인은 선·악을 불문하고 타인에게 속하는 비율만큼 대금의 감액을 청구할 수 있다.

ⓑ 해제권(선의): 선의의 매수인은 잔존한 부분만이면 매수인이 이를 매수하지 아니하였을 때에는 계약 전부를 해제할 수 있다.

ⓒ 손해배상청구권(선의): 선의의 매수인은 손해배상을 청구할 수 있다. 이 경우에 매도인이 매수인에 대하여 배상하여야 할 손해액은 원칙적으로 매도인이 매매의 목적이 된 권리의 일부를 취득하여 매수인에게 이전할 수 없게 된 때의 이행불능이 된 권리의 시가, 즉 이행이익 상당액이다(대판 92다37727).

ⓒ 제척기간: 제572조의 권리는 매수인이 선의인 경우에는 사실을 안 날로부터, 악의인 경우에는 계약한 날로부터 1년 내에 행사하여야 한다. 여기서 '사실을 안 날'이라는 것은 단순히 권리의 일부가 타인에게 속한 사실을 안 날이 아니라, 그 때문에 매도인이 이를 취득하여 매수인에게 이전할 수 없게 되었음이 확실하게 된 사실을 안 날을 말한다(대판 96다15596).

③ 목적물의 수량부족 또는 일부멸실의 경우

> **제574조 【수량부족, 일부멸실의 경우와 매도인의 담보책임】** 전 2조의 규정은 수량을 지정한 매매의 목적물이 부족되는 경우와 매매목적물의 일부가 계약 당시에 이미 멸실된 경우에 매수인이 그 부족 또는 멸실을 알지 못한 때에 준용한다.

㉠ 요건

ⓐ 당사자가 수량을 지정하여 매매하였는데 목적물의 수량이 부족한 경우 또는 목적물의 일부가 계약 당시에 이미 멸실되어 있는 경우에 발생하는 담보책임이다.

• 예를 들어 m^2당 100만원의 토지 $100m^2$를 매도하는 계약을 체결하였으나 토지의 실측 결과 $20m^2$가 부족한 경우 또는 건물 매매에서 부속건물이 계약 전에 이미 멸실된 경우에 발생하는 문제이다.

• 여기서 '수량을 지정한 매매'란 당사자가 매매의 목적인 특정물이 일정한 수량을 가지고 있다는 데에 중점을 두고, 대금도 이 수량을 기준으로 정한 경우를 말한다.

ⓑ 매수인이 이를 알면서 매수하는 경우에는 그러한 사정을 고려하여 대금액을 결정하게 되므로 악의의 매수인에게는 인정하지 않는다. 즉, 선의의 매수인에게만 인정되는 책임이다.

㉡ 행사내용

ⓐ 대금감액청구권(선의): 선의의 매수인은 부족한 수량만큼의 대금감액을 청구할 수 있다. 권리의 일부가 타인에게 속하는 경우와는 달리 악의자에게는 대금감액청구권이 인정되지 않는다는 점을 주의하여야 한다.

ⓑ 해제권(선의): 선의의 매수인은 잔존한 부분만이면 매수인이 이를 매수하지 아니하였을 때에는 계약 전부를 해제할 수 있다.

ⓒ 손해배상청구권: 선의의 매수인은 손해배상을 청구할 수 있다.

ⓒ 제척기간: 제574조의 권리는 악의자에게는 인정되지 않으며, 선의인 경우에는 사실을 안 날로부터 1년 내에 행사하여야 한다.

④ 용익적 권리에 의하여 제한되어 있는 경우(제한물권에 의한 제한)

> **제575조【제한물권 있는 경우와 매도인의 담보책임】** ① 매매의 목적물이 지상권, 지역권, 전세권, 질권 또는 유치권의 목적이 된 경우에 매수인이 이를 알지 못한 때에는 이로 인하여 계약의 목적을 달성할 수 없는 경우에 한하여 매수인은 계약을 해제할 수 있다. 기타의 경우에는 손해배상만을 청구할 수 있다.
> ② 전항의 규정은 매매의 목적이 된 부동산을 위하여 존재할 지역권이 없거나 그 부동산에 등기된 임대차계약이 있는 경우에 준용한다.
> ③ 전 2항의 권리는 매수인이 그 사실을 안 날로부터 1년 내에 행사하여야 한다.

ㄱ 요건

ⓐ 매매의 목적물이 지상권·지역권·전세권·질권·유치권의 목적이 되어 있는 경우, 목적부동산을 위하여 있어야 할 지역권이 없는 경우, 목적부동산 위에 대항력 있는 임차권이 있는 경우에 발생하는 책임이다.

ⓑ 매수인이 이를 알면서 매수하는 경우에는 그러한 사정을 고려하여 대금액을 결정하게 되므로 악의의 매수인에게는 인정하지 않는다. 즉, 선의의 매수인에게만 인정되는 책임이다.

ㄴ 행사내용

ⓐ 대금감액청구권: 인정되지 않는다. 이는 양적인 하자가 아니라 질적인 하자에 해당하므로 감액부분을 비율적으로 산출할 수 없기 때문이다.

ⓑ 해제권(선의): 선의의 매수인은 이로 인하여 계약의 목적을 달성할 수 없는 경우에 한하여 계약을 해제할 수 있다.

ⓒ 손해배상청구권(선의): 선의의 매수인은 손해배상을 청구할 수 있다.

ㄷ 제척기간: 제575조의 권리는 악의자에게는 인정되지 않으며, 선의인 경우에는 제한물권의 존재 또는 지역권의 부존재를 안 날로부터 1년 내에 행사하여야 한다.

⑤ 저당권, 전세권의 행사로 제한이 있는 경우

> **제576조【저당권, 전세권의 행사와 매도인의 담보책임】** ① 매매의 목적이 된 부동산에 설정된 저당권 또는 전세권의 행사로 인하여 매수인이 그 소유권을 취득할 수 없거나 취득한 소유권을 잃은 때에는 매수인은 계약을 해제할 수 있다.
> ② 전항의 경우에 매수인의 출재로 그 소유권을 보존한 때에는 매도인에 대하여 그 상환을 청구할 수 있다.
> ③ 전 2항의 경우에 매수인이 손해를 받은 때에는 그 배상을 청구할 수 있다.

ㄱ) 요건

ⓐ 소유권을 취득할 수 없을 때: 부동산의 매매계약이 체결되고 매수인에게 소유권이 이전되지 않은 상태에서 저당권자 또는 전세권자의 경매청구로 제3자가 경락을 받은 경우를 말한다.

ⓑ 취득한 소유권을 잃은 때: 매매가 이행되어 매수인이 소유권을 이전받았으나 설정되어 있던 저당권 또는 전세권으로 인한 경매가 실행되어 제3자에게 소유권이 이전된 경우를 말한다.

ⓒ 매수인의 출재로 소유권을 보존한 때

- 매수인이 피담보채권 또는 전세금반환채권을 변제하여 저당권 또는 전세권을 소멸시킴으로써 이로 인한 경매 실행을 막은 경우이다.
- 매수인은 선악을 불문하고 출재상환청구와 함께 손해배상을 청구할 수 있다.
- 다만, 매수인이 목적물을 매수하면서 저당채무를 인수하고 매수한 경우에는 적용되지 않는다.

> **보충** 예를 들어 저당권이 설정되어 있는 시가 2억원의 부동산을 매수하면서 저당채무 1억원을 인수하고 1억원에 매수하였다면 담보책임이나 출재상환청구권의 문제는 생기지 않는다.

판례보기

제576조(저당권, 전세권의 행사와 매도인의 담보책임)를 준용한 사례

1. 가등기의 목적이 된 부동산을 매수한 사람이 그 뒤 가등기에 기한 본등기가 경료됨으로써 그 부동산의 소유권을 상실하게 된 때에는 매매의 목적부동산에 설정된 저당권 또는 전세권의 행사로 인하여 매수인이 취득한 소유권을 상실한 경우와 유사하므로, 이와 같은 경우 「민법」 제576조의 규정이 준용된다고 보아 같은 조 소정의 담보책임을 진다고 보는 것이 상당하고 「민법」 제570조에 의한 담보책임을 진다고 할 수 없다(대판 92다21784).

2. 가압류의 목적이 된 부동산을 매수한 사람이 그 후 가압류에 기한 강제집행으로 부동산소유권을 상실하게 되었다면 이는 매매의 목적부동산에 설정된 저당권 또는 전세권의 행사로 인하여 매수인이 취득한 소유권을 상실한 경우와 유사하므로, 이와 같은 경우 매도인의 담보책임에 관한 「민법」 제576조의 규정이 준용된다고 보아 매수인은 같은 조 제1항에 따라 매매계약을 해제할 수 있고, 같은 조 제3항에 따라 손해배상을 청구할 수 있다고 보아야 한다(대판 2011다1941).

판례보기

저당채무를 인수하고 매수한 경우의 담보책임 여부 - 부정

매수인이 매매목적물에 관한 근저당권의 피담보채무를 인수하는 것으로 매매대금의 지급에 갈음하기로 약정한 경우에는 특별한 사정이 없는 한, 매수인으로서는 매도인에 대하여 「민법」 제576조 제1항의 담보책임을 면제하여 주었거나 이를 포기한 것으로 봄이 상당하므로, 매수인이 매매목적물에 관한 근저당권의 피담보채무 중 일부만을 인수한 경우 매도인으로서는 자신이 부담하는 피담보채무를 모두 이행한 이상 매수인이 인수한 부분을 이행하지 않음으로써 근저당권이 실행되어 매수인이 취득한 소유권을 잃게 되더라도 「민법」 제576조 소정의 담보책임을 부담하게 되는 것은 아니다(대판 2002다11151).

ⓓ 제576조는 저당권, 전세권의 설정만으로 인정되는 것이 아니라 그것이 실행되어 매수인에게 위와 같은 사유가 발생한 경우에 인정된다. 저당권은 점유를 수반하지 않는 권리이므로 저당권의 설정만으로는 매수인의 사용을 방해하지 않기 때문에 담보책임을 문제삼을 필요는 없으며, 전세권이 설정되어 있는 경우에는 제575조의 책임이 인정되는 것이다.

ⓛ 행사내용
　　ⓐ 대금감액청구권: 성질상 인정되지 않는다. 소유권을 잃어버리거나 취득할 수 없는 경우에 생기는 문제이므로 대금의 감액문제는 생길 여지가 없다.
　　ⓑ 해제권(선·악 불문): 매수인이 소유권을 취득할 수 없거나 또는 소유권을 상실한 때에는 선·악을 불문하고 계약을 해제할 수 있다. 또한 매수인의 출재로 소유권을 보존한 때에는 출재의 상환을 청구할 수 있다.
　　ⓒ 손해배상청구권(선·악 불문): 매수인이 소유권을 취득할 수 없거나 취득한 소유권을 잃은 때 또는 소유권을 보존한 때에 손해가 발생한 경우에는 선·악을 불문하고 손해배상을 청구할 수 있다.

ⓒ 제척기간: 제척기간의 제한은 없다.

(2) 물건의 하자에 대한 담보책임

① 의의
　ⓐ 선의이며 무과실인 경우에만 책임을 물을 수 있으며 대금감액청구는 인정되지 않는다.
　ⓛ 매매목적물에 하자가 있어 매수인이 계약의 목적을 달성할 수 없는 경우에는 매수인은 계약을 해제할 수 있고, 하자가 계약의 목적을 달성할 수 없는 중대한 경우가 아닌 경우에는 손해배상만을 청구할 수 있다.
　ⓒ 종류물(불특정물)의 매매에서는 계약의 해제 내지 손해배상을 청구하지 않고 완전물의 급부를 청구할 수 있다(제581조 제2항).
　ⓔ 경매에서의 담보책임을 물을 수 없다.

② 특정물의 하자에 대한 담보책임

> **제580조 【매도인의 하자담보책임】** ① 매매의 목적물에 하자가 있는 때에는 제575조 제1항의 규정을 준용한다. 그러나 매수인이 하자 있는 것을 알았거나 과실로 인하여 이를 알지 못한 때에는 그러하지 아니하다.
> ② 전항의 규정은 경매의 경우에 적용하지 아니한다.

- ㉠ 요건
  - ⓐ 매매목적물에 하자가 있어야 한다. 하자란 매매의 목적물에 보통 존재하는 물질적인 결점이 있는 것을 말하며, 하자의 존부는 그 종류의 물건이 보통 갖고 있어야 할 품질·성능 등을 표준으로 하여 판단하여야 한다.
  - ⓑ 매수인은 선의·무과실이어야 한다.
- ㉡ 행사내용: 목적물의 하자로 인하여 계약의 목적을 달성할 수 없는 때에는 매수인은 계약을 해제할 수 있다. 목적물의 하자가 계약의 목적을 달성할 수 없을 정도로 중대한 것이 아닌 경우에는 손해배상만을 청구할 수 있을 뿐이다.
- ㉢ 제척기간: 본 권리는 매수인이 그 사실을 안 날로부터 6개월 이내에 행사하여야 한다. 다만, 하자담보에 기한 매수인의 손해배상청구권은 채권 소멸시효의 규정이 적용되고, 제582조의 제척기간규정으로 인하여 소멸시효규정의 적용이 배제된다고 볼 수 없으므로 손해배상청구는 6개월이 아닌 목적물을 인도받은 때로부터 10년 내에 청구할 수 있다(대판 2011다10266).

판례보기

법률적 장애가 권리의 하자인지 목적물의 하자인지 여부 – 목적물의 하자

건축을 목적으로 매매된 토지에 대하여 건축허가를 받을 수 없어 건축이 불가능한 경우, 위와 같은 법률적 제한 내지 장애 역시 매매목적물의 하자에 해당한다 할 것이나, 다만 위와 같은 하자의 존부는 매매계약 성립시를 기준으로 판단하여야 할 것이다(대판 98다18506).

---

③ 종류물(불특정물) 매매에 대한 담보책임

> **제581조【종류 매매와 매도인의 담보책임】** ① 매매의 목적물을 종류로 지정한 경우에도 그 후 특정된 목적물에 하자가 있는 때에는 전조의 규정을 준용한다.
> ② 전항의 경우에 매수인은 계약의 해제 또는 손해배상의 청구를 하지 아니하고 하자 없는 물건을 청구할 수 있다.

- ㉠ 요건
  - ⓐ 매매의 목적물을 종류로 지정하였는데 그 후에 특정된 목적물에 하자가 있는 경우이다. 불특정물의 매매에서 매도인은 하자 없는 물건이 현실적으로 존재하는 한 그 물건을 인도할 채무를 부담하므로 목적물 특정시에 비로소 담보책임이 문제될 수 있다.
  - ⓑ 매수인은 선의·무과실이어야 한다.
- ㉡ 행사내용: 종류물(불특정물) 매매에서도 특정된 후에 목적물에 하자가 있는 때에는 제580조가 준용된다(제581조 제1항).
  - ⓐ 즉, 목적물의 하자로 인하여 매매의 목적을 달성할 수 없는 때에 선의이고 무과실인 매수인은 계약을 해제하고 손해배상을 청구할 수 있으나, 하자가 목적을 달성할 수 없을 정도

PART 3 계약법

로 중대한 것이 아닌 때에는 손해배상만을 청구할 수 있을 뿐이다.

ⓑ 그러나 매수인은 계약의 해제 또는 손해배상을 청구하지 않고, 그에 갈음하여 하자 없는 완전물의 급여를 청구할 수도 있다(제581조 제2항).

ⓒ 제척기간: 이러한 권리는 매수인이 그 사실을 안 날로부터 6개월 이내에 행사하여야 한다.

(3) 경매에서의 담보책임

> **제578조【경매와 매도인의 담보책임】** ① 경매의 경우에는 경락인은 전 8조의 규정에 의하여 채무자에게 계약의 해제 또는 대금감액의 청구를 할 수 있다.
> ② 전항의 경우에 채무자가 자력이 없는 때에는 경락인은 대금의 배당을 받은 채권자에 대하여 그 대금 전부나 일부의 반환을 청구할 수 있다.
> ③ 전 2항의 경우에 채무자가 물건 또는 권리의 흠결을 알고 고지하지 아니하거나 채권자가 이를 알고 경매를 청구한 때에는 경락인은 그 흠결을 안 채무자나 채권자에 대하여 손해배상을 청구할 수 있다.

① 의의: 「민법」은 경매를 담보책임에 관한 일종의 매매로 보고, 매매의 하자의 유형에 따라 담보책임을 규정한다. 채권자가 권리실현의 방법으로 채무자의 재산을 경매한 경우에 그 경매의 목적물에 권리에 하자가 있을 때에 경락인을 보호하기 위하여 담보책임을 인정하고 있다.

② 권리에 하자가 있는 경우: 경락받은 권리에 하자가 있는 경우에는 그 하자의 유형에 따라, 즉 제570조부터 제575조까지의 규정에 의하여 경락인은 채무자에게 계약의 해제 또는 대금감액의 청구를 할 수 있다(제578조 제1항).

㉠ 1차적으로 채무자에게 계약의 해제 또는 대금감액을 청구할 수 있고, 채무자가 자력이 없는 때에는 2차적으로 대금의 배당을 받은 채권자에게 그 대금 전부나 일부의 반환을 청구할 수 있다.

㉡ 경매에서의 담보책임은 매매의 경우와 마찬가지로 경매절차는 유효하게 이루어졌으나, 경매의 목적이 된 권리의 전부 또는 일부가 타인에게 속하는 등의 하자로 경락인이 완전한 소유권을 취득할 수 없거나 이를 잃게 되는 경우에 인정되는 것이고, 경매절차 자체가 무효인 경우에는 경매의 채무자나 채권자의 담보책임은 인정될 여지가 없다(대판 92다15574).

㉢ 경매는 채무자의 의사에 의해서 실행되는 것이 아니기 때문에 권리에 흠결이 있어도 원칙적으로 손해배상책임을 포함하지 않는다. 그러나 채무자가 물건 또는 권리의 흠결을 알고 고지하지 아니하거나, 채권자가 이를 알고 경매를 청구한 때에 경락인은 그 흠결을 안 채무자나 채권자에 대하여 손해배상을 청구할 수 있다.

③ 물건에 하자가 있는 경우: 경매 결과의 확실성을 기하기 위하여 경매의 목적물에 하자가 있더라도 하자담보책임은 생기지 않는다(제580조 제2항).

(4) 채권매도인의 담보책임

> **제579조【채권 매매와 매도인의 담보책임】** ① 채권의 매도인이 채무자의 자력을 담보한 때에는 매매계약 당시의 자력을 담보한 것으로 추정한다.
> ② 변제기에 도달하지 아니한 채권의 매도인이 채무자의 자력을 담보한 때에는 변제기의 자력을 담보한 것으로 추정한다.

(5) 담보책임과 동시이행

매수인이 매도인에 대하여 담보책임을 물어 대금감액·계약해제 또는 손해배상을 청구할 수 있는 반면에 매도인으로부터 수령한 것이 있으면 이를 반환하여야 한다. 이러한 양 당사자의 의무는 동시이행의 관계에 있다.

핵심정리 │ 매도인의 담보책임 관련 핵심사항

1. 전부타인권리의 담보책임에서 계약의 해제는 선·악을 불문하고 행사할 수 있다(제570조).
2. 일부가 타인권리에 속하는 경우에는 선·악을 불문하고 대금감액을 인정하나, 수량부족 또는 일부멸실의 경우에는 선의자에게만 인정된다(제572조).
3. 저당권 또는 전세권의 행사로 인한 경우에는 설정만으로 인정되는 것이 아니라 실행된 경우에 묻는 책임이며, 선·악의 내용이 동일하다(제576조).
4. 권리의 하자에서 악의자도 책임을 물을 수 있는 경우에 제척기간은 선의자는 사실을 안 날로부터, 악의자는 계약일로부터 1년이다.
5. 전부타인권리의 매매와 저당권 또는 전세권의 행사로 인한 경우에 담보책임은 제척기간의 제한이 없다.
6. 수량부족 또는 일부멸실의 경우와 용익적 권리에 의한 제한에서는 악의자에게는 담보책임이 인정되지 않는다.
7. 물건의 하자에서의 담보책임은 매수인이 선의뿐만 아니라 무과실까지 갖추어야 인정되며, 제척기간은 그 사실을 안 날로부터 6개월이다.
8. 경매에서의 담보책임은 물건의 하자의 경우에는 인정되지 않으며, 권리의 하자의 경우에만 인정된다.

심화학습 담보책임 종합

담보책임 종류		매수인의 선의·악의	담보책임의 내용			권리행사 기간 (제척기간)
			대금감액 청구권	해제권	손해배상청구권	
권리의 하자	전부타인의 권리 (제570조)	선의	×	○	○	제한 없음
		악의	×	○	×	
	일부타인의 권리 (제572조)	선의	○	잔존부분만이면 매수하지 아니하였을 경우에 있음	○	그 사실을 안 날로부터 1년
		악의	○	×	×	계약한 날로부터 1년
	수량부족·일부멸실 (제574조)	선의	○	잔존부분만이면 매수하지 아니하였을 경우에 있음	○	그 사실을 안 날로부터 1년
		악의	×	×	×	–
	용익적 권리에 의한 제한 (제575조)	선의	×	목적을 달성할 수 없는 경우에만 있음	○	그 사실을 안 날로부터 1년
		악의	×	×	×	–
	전세권·저당권 행사에 의한 제한 (제576조)	선의	×	담보권 행사로 소유권을 취득할 수 없거나 취득한 소유권을 잃은 경우에 있음	담보권 행사로 소유권을 취득할 수 없거나 취득한 소유권을 잃은 때, 매수인의 출재로 소유권을 보존한 경우에 있음	제한 없음
		악의	×			
물건의 하자	특정물 하자 (제580조)	선의·무과실	×	목적을 달성할 수 없는 경우에 있음	○	그 사실을 안 날로부터 6개월
		악의	×	×	×	–
	종류물 하자 (제581조)	선의·무과실	×	목적을 달성할 수 없는 경우에 있음	손해배상 또는 완전물급부청구권	그 사실을 안 날로부터 6개월
		악의	×	×	×	–

6 환매 제30회, 제32회, 제34회

(1) 의의 및 기능

① **의의:** 환매란 매도인이 매매계약과 동시에 특약으로 환매권을 유보한 경우에 그 환매권을 일정한 기간 내에 행사하여 매매의 목적물을 다시 매수하는 것을 말한다.

② **기능:** 환매는 소유권이전형식에 의한 채권담보의 작용을 한다(매도담보). 예를 들어 乙이 甲으로부터 1억원을 차용하기 위하여 乙의 부동산을 甲에게 1억원의 매매대금으로 매도하면서 장래 변제기에 차용한 원본과 이자 등을 변제하고 부동산을 다시 회수하기 위하여 매매계약과 동시에 환매의 특약을 맺게 된다. 후에 乙이 기간 내에 변제하면서 환매권을 행사하게 되면 부동산을 다시 돌려받고, 변제하지 못하면 미리 해 두었던 대물변제예약으로 채권자인 甲이 부동산의 소유권을 취득하는 것이다. 이 경우에는 그 실질이 채권담보가 목적이므로 「가등기담보 등에 관한 법률」이 적용된다.

(2) 요건

> **제590조【환매의 의의】** ① 매도인이 매매계약과 동시에 환매할 권리를 보류한 때에는 그 영수한 대금 및 매수인이 부담한 매매비용을 반환하고 그 목적물을 환매할 수 있다.
> ② 전항의 환매대금에 관하여 특별한 약정이 있으면 그 약정에 의한다.
> ③ 전 2항의 경우에 목적물의 과실과 대금의 이자는 특별한 약정이 없으면 이를 상계한 것으로 본다.
> **제591조【환매기간】** ① 환매기간은 부동산은 5년, 동산은 3년을 넘지 못한다. 약정기간이 이를 넘는 때에는 부동산은 5년, 동산은 3년으로 단축한다.
> ② 환매기간을 정한 때에는 다시 이를 연장하지 못한다.
> ③ 환매기간을 정하지 아니한 때에는 그 기간은 부동산은 5년, 동산은 3년으로 한다.
> **제592조【환매등기】** 매매의 목적물이 부동산인 경우에 매매등기와 동시에 환매권의 보류를 등기한 때에는 제3자에 대하여 그 효력이 있다.

① **목적물:** 환매의 목적물에는 제한이 없다. 즉, 동산·부동산 기타 재산권에 대하여도 환매의 특약이 가능하다.

② **시기:** 환매특약은 반드시 매매계약과 동시에 하여야 한다. 매매계약이 있은 후에 하는 특약은 재매매의 예약일 뿐 환매가 아니다. 그리고 환매특약은 매매계약의 종된 계약이므로 매매계약이 무효·취소되면 환매계약도 무효로 된다.

③ **환매대금:** 환매권자는 매매대금 및 매수인이 부담한 매매비용을 반환하고 그 목적물을 환매할 수 있다.
　㉠ 환매대금에 특별한 약정이 있으면 그 약정에 의한다.
　㉡ 목적물의 과실과 대금의 이자는 특별한 약정이 없으면 이를 상계한 것으로 본다.

④ 환매기간: 부동산은 5년, 동산은 3년을 넘지 못한다. 이 기간보다 길게 약정한 경우에는 부동산은 5년, 동산은 3년으로 단축된다. 또한 일단 정한 기간은 연장하지 못한다. 계약시 환매기간을 정하지 않은 때에는 환매기간은 부동산은 5년, 동산은 3년으로 한다.

⑤ 환매의 등기: 매매의 목적물이 부동산인 경우에 매매등기와 동시에 환매권의 보류를 등기한 때에는 제3자에 대하여 효력이 있다(제592조). 등기는 매매에 의한 이전등기에 부기등기하는 형식으로 하게 된다.

(3) 실행

① 환매권의 행사방법

> **제594조【환매의 실행】**① 매도인은 기간 내에 대금과 매매비용을 매수인에게 제공하지 아니하면 환매할 권리를 잃는다.
> ② 매수인이나 전득자가 목적물에 대하여 비용을 지출한 때에는 매도인은 제203조의 규정에 의하여 이를 상환하여야 한다. 그러나 유익비에 대하여는 법원은 매도인의 청구에 의하여 상당한 상환기간을 허여할 수 있다.

㉠ 매도인이 환매기간 내에 환매대금을 제공하고 환매의 의사표시를 하여야 한다. 환매권을 행사함이 없이 환매기간을 경과하게 되면 환매권은 소멸한다.

㉡ 환매권은 양도할 수 있으며 환매권의 보류를 등기한 때에는 목적물의 전득자에 대하여 환매권을 행사할 수 있다.

㉢ 환매권의 행사로 발생한 소유권이전등기청구권은 환매권의 행사기간과는 별도로 환매권을 행사한 때로부터 일반채권과 같이 10년의 소멸시효의 기간이 진행된다(대판 1992. 4. 24. 92다4673).

② 환매권의 대위행사: 환매권은 일신전속권이 아니므로 양도성이 있고 상속될 수 있으며, 매도인의 채권자는 환매권을 대위행사할 수 있다.

(4) 공유지분의 환매

공유지분은 자유로이 처분할 수 있으므로, 공유자는 자신의 지분에 환매권을 보류하고 매도할 수 있다.

제 2 절 교환 제32회, 제34회

(1) 의의와 법적 성질

> **제596조 【교환의 의의】** 교환은 당사자 쌍방이 금전 이외의 재산권을 상호 이전할 것을 약정함으로써 그 효력이 생긴다.

교환은 당사자 쌍방이 금전 이외의 재산권을 서로 이전할 것을 약정함으로써 성립하는 계약이다. 낙성·쌍무·유상·불요식계약인 점에서는 매매와 같지만, 그 목적물이 금전 이외의 재산권에 한한다는 점에서 다르다.

(2) 성립

교환은 당사자 쌍방이 모두 금전 이외의 재산권을 이전하기로 하는 약정이 있어야 성립한다. 교환은 금전 이외의 재산권을 목적으로 하나, 당사자 일방이 일정액의 금전을 보충지급할 것을 약정하는 경우가 있다. 이 경우에 지급되는 금전을 보충금이라고 한다.

(3) 효력

> **제597조 【금전의 보충지급의 경우】** 당사자 일방이 전조의 재산권 이전과 금전의 보충지급을 약정한 때에는 그 금전에 대하여는 매매대금에 관한 규정을 준용한다.

① 교환은 유상계약이므로 매매에 관한 규정이 준용된다. 또한 보충금지급의 약정이 있는 경우에는 그 보충금에 관하여는 매매대금에 관한 규정이 준용된다. 물론 보충금지급의 약정이 있다고 하여 교환계약으로서의 성질을 잃는 것은 아니다.

② 보충금의 미지급은 교환계약의 해제사유가 된다.

(4) 교환계약은 유상·쌍무계약이므로 위험부담, 동시이행의 항변권, 담보책임에 관한 규정 등이 적용된다.

> **보충** 甲의 X건물과 乙의 Y토지를 교환하는 계약을 체결하였는데 태풍으로 X건물이 멸실되었다면 甲은 乙에게 Y토지의 인도를 청구할 수 없다.

제3절 임대차

1 의의와 법적 성질 제32회, 제33회, 제34회

> **제618조【임대차의 의의】** 임대차는 당사자 일방이 상대방에게 목적물을 사용, 수익하게 할 것을 약정하고 상대방이 이에 대하여 차임을 지급할 것을 약정함으로써 그 효력이 생긴다.

(1) 의의

임대차란 임대인이 임차인에게 목적물을 사용·수익하게 할 것을 약정하고, 임차인이 이에 대하여 차임을 지급할 것을 약정함으로써 성립하는 낙성·쌍무·유상·불요식계약이다.

(2) 법적 성질

① 임대차는 사용·수익의 대가로서 차임을 지급하는 것을 요소로 한다. 이때 차임은 금전에 한하지 않는다.

판례보기

보증금 및 차임지급에 대한 입증책임 – 임차인 부담

임대차계약에서 보증금을 지급하였다는 입증책임은 보증금의 반환을 구하는 임차인이 부담하고, 임대차계약이 성립하였다면 임대인에게 임대차계약에 기한 임료채권이 발생하였다 할 것이므로 임료를 지급하였다는 입증책임도 임차인이 부담한다(대판 2004다19647).

---

② 임대차의 목적물은 물건이다. 따라서 물건이 아닌 권리를 목적으로 하는 것은 임대차와 비슷한 일종의 무명계약에 해당한다.

③ 임대차는 채권계약에 해당하며, 임대인은 임대물에 대한 소유권이나 처분할 권한을 가지고 있을 것을 요구하는 것은 아니다.

2 존속기간

(1) 임대차기간을 약정한 경우

① 기간 제한에 대한 별도의 규정은 없으며 존속기간을 영구로 하는 것도 허용된다.

② 영구임대라는 취지는, 임대인에게는 임대차기간의 보장이 의무가 되나 임차인에게는 권리의 성격을 갖는 것이므로 임차인으로서는 언제라도 그 권리를 포기할 수 있고, 그렇게 되면 임대차계약은 임차인에게 기간의 정함이 없는 임대차가 된다(대판 2023다209045).

> 보충 | 이 경우 임차인은 언제든지 해지통고를 할 수 있다.

(2) 임대차기간을 약정하지 않은 경우

> **제635조 【기간의 약정 없는 임대차의 해지통고】** ① 임대차기간의 약정이 없는 때에는 당사자는 언제든지 계약해지의 통고를 할 수 있다.
> ② 상대방이 전항의 통고를 받은 날로부터 다음 각 호의 기간이 경과하면 해지의 효력이 생긴다.
> 1. 토지, 건물 기타 공작물에 대하여는 임대인이 해지를 통고한 경우에는 6월, 임차인이 해지를 통고한 경우에는 1월
> 2. 동산에 대하여는 5일
>
> **제636조 【기간의 약정 있는 임대차의 해지통고】** 임대차기간의 약정이 있는 경우에도 당사자 일방 또는 쌍방이 그 기간 내에 해지할 권리를 보류한 때에는 전조의 규정을 준용한다.

(3) 임대차의 갱신

① 계약에 의한 갱신

ㄱ 약정기간의 갱신: 당사자는 합의로 약정기간을 갱신할 수 있다.

ㄴ 계약갱신청구권과 지상물매수청구권: 건물 기타 공작물의 소유 또는 식목·채염·목축을 목적으로 하는 토지임대차에 있어서 그 기간이 만료한 경우 건물·수목 기타 지상시설이 현존한 때에 임차인은 계약의 갱신을 청구할 수 있으며, 이 경우 임대인이 계약의 갱신을 원하지 아니할 때에는 임차인은 상당한 가액으로 그 지상물의 매수를 청구할 수 있다(제643조).

② 묵시의 갱신(강행규정)

> **제639조 【묵시의 갱신】** ① 임대차기간이 만료한 후 임차인이 임차물의 사용, 수익을 계속하는 경우에 임대인이 상당한 기간 내에 이의를 하지 아니한 때에는 전 임대차와 동일한 조건으로 다시 임대차한 것으로 본다. 그러나 당사자는 제635조의 규정에 의하여 해지의 통고를 할 수 있다.
> ② 전항의 경우에 전 임대차에 대하여 제3자가 제공한 담보는 기간의 만료로 인하여 소멸한다.

ㄱ 임대차기간이 만료한 후에도 임차인이 임차물의 사용·수익을 계속하는 경우에 임대인이 상당한 기간 내에 이의를 제기하지 않은 때에는 전 임대차와 동일한 조건으로 다시 임대차한 것으로 본다. 이때 임대차의 기간은 정함이 없는 것으로 본다.

ㄴ 묵시의 갱신(법정갱신)이 이루어지면 이루어지면 기간의 약정이 없는 것으로 보아 각 당사자는 언제든지 해지의 통고를 할 수 있다. 토지·건물 기타 공작물에 대하여는 임대인이 해지를 통고한 경우에는 임차인이 통고받은 날로부터 6개월, 임차인이 해지를 통고한 경우에는 임대인이 통고받은 날로부터 1개월이 경과하면 소멸한다.

ⓒ 임대차에 대하여 제3자가 제공한 담보는 전 임대차기간의 만료로 인하여 소멸한다. 다만, 여기서 말하는 담보란 질권·저당권 그 밖의 보증 등을 가리키는 것으로 보아야 할 것이고, 건물의 임차보증금채권까지도 포함되는 개념이라고 해석할 수 없다(대판 76다951).

3 임대차의 효력 제29회, 제30회, 제31회, 제32회, 제33회, 제34회, 제35회

1. 임대인의 권리와 의무

(1) 임대인의 권리

① **차임지급청구권**: 임대인의 권리로서 가장 중요한 것은 임차인에 대한 차임지급청구권이다.

② **차임증액청구권**

ⓐ 임차물에 대한 공과부담의 증가 기타 경제사정의 변동으로 인하여 약정한 차임이 상당하지 아니하게 된 때에 임대인은 장래에 대한 차임의 증액을 청구할 수 있다(제628조).

ⓑ 차임 부증액특약(借賃 不增額特約)은 유효하나, 임대차계약에 있어서 차임 부증액특약이 있더라도 그 약정 후 그 특약을 그대로 유지시키는 것이 신의칙에 반한다고 인정될 정도의 사정변경이 있다고 보이는 경우에는 형평의 원칙상 임대인에게 차임증액청구를 인정하여야 한다(대판 96다34061).

ⓒ 「민법」 제628조에 의하여 장래에 대한 차임의 증액을 청구하였을 때에 그 청구가 상당하다고 인정되면, 그 효력은 판결시를 표준으로 할 것이 아니고 그 청구시에 곧 발생한다고 보는 것이 상당하고 그 청구는 재판 외의 청구라도 무방하다(대판 74다1124). 차임증감청구권은 형성권이기 때문이다.

③ **법정담보물권**

ⓐ 법정저당권

> **제649조 【임차지상의 건물에 대한 법정저당권】** 토지임대인이 변제기를 경과한 최후 2년의 차임채권에 의하여 그 지상에 있는 임차인 소유의 건물을 압류한 때에는 저당권과 동일한 효력이 있다.

ⓑ 법정질권

> **제648조 【임차지의 부속물, 과실 등에 대한 법정질권】** 토지임대인이 임대차에 관한 채권에 의하여 임차지에 부속 또는 그 사용의 편익에 공용한 임차인의 소유동산 및 그 토지의 과실을 압류한 때에는 질권과 동일한 효력이 있다.

> **제650조 【임차건물 등의 부속물에 대한 법정질권】** 건물 기타 공작물의 임대인이 임대차에 관한 채권에 의하여 그 건물 기타 공작물에 부속한 임차인 소유의 동산을 압류한 때에는 질권과 동일한 효력이 있다.

④ **목적물반환청구권**: 임대인은 임대차 종료시에 목적물반환청구권을 갖는다.

(2) 임대인의 의무

① **목적물인도의무**: 임대인은 임차인이 그 목적물을 사용·수익할 수 있도록 임차인에게 인도하여야 한다(제623조).

② **사용·수익하게 할 의무**

> **제623조 【임대인의 의무】** 임대인은 목적물을 임차인에게 인도하고 계약존속 중 그 사용, 수익에 필요한 상태를 유지하게 할 의무를 부담한다.
>
> **제624조 【임대인의 보존행위, 인용의무】** 임대인이 임대물의 보존에 필요한 행위를 하는 때에는 임차인은 이를 거절하지 못한다.

㉠ 임차목적물에 파손 또는 장애가 생기더라도 그것이 별 비용을 들이지 않고 손쉽게 고칠 수 있는 사소한 것이어서 임차인의 사용·수익을 방해할 정도의 것이 아니면 임대인은 수선의무를 부담하지 않는다.

㉡ 수선하지 아니하면 '임차인의 사용·수익을 방해'할 상태인 경우에는 임대인은 수선의무를 지지만, 이것은 특약에 의하여 면제할 수 있다. 특약에 의하여 임대인이 수선의무를 면하거나 임차인이 그 수선의무를 부담하게 되는 것은 통상 생길 수 있는 파손의 수선 등 소규모의 수선에 한한다 할 것이고, 대파손의 수리, 건물의 주요 구성부분에 대한 대수선, 기본적 설비부분의 교체 등과 같은 대규모의 수선은 이에 포함되지 아니하고 여전히 임대인이 그 수선의무를 부담한다고 해석함이 상당하다(대판 94다34692).

㉢ 통상의 임대차관계에 있어서는 임차인의 안전을 배려하여 주거나 도난을 방지하는 등의 보호의무까지 부담한다고 볼 수 없지만, 공중접객업인 숙박업을 경영하는 자가 투숙객과 체결하는 숙박계약은 일시사용을 위한 임대차계약으로서, 숙박업자는 통상의 임대차와 같이 단순히 여관 등의 객실 및 관련시설을 제공하여 고객으로 하여금 이를 사용·수익하게 할 의무를 부담하는 것에서 한 걸음 더 나아가 고객에게 위험이 없는 안전하고 편안한 객실 및 관련시설을 제공함으로써 고객의 안전을 배려하여야 할 보호의무를 부담한다(대판 96다47302).

③ **방해제거의무**: 제3자가 임차인이 점유하고 있는 임차물을 침해하여 사용·수익을 방해하는 때에 임대인은 임차인을 위하여 그 장해를 제거하여야 할 의무를 부담한다.

> **보충** 임대인의 필요비상환의무는 특별한 사정이 없는 한 임차인의 차임지급의무와 서로 대응하는 관계에 있으므로, 임차인은 지출한 필요비 금액의 한도에서 차임의 지급을 거절할 수 있다.

④ **비용상환의무**: 임대인은 특별한 약정이 없는 한 임차인이 지출한 필요비와 유익비를 상환할 의무를 부담한다.

⑤ **담보책임**: 임대차는 유상계약이므로 매매에 관한 규정이 준용된다(제567조). 따라서 임대인은 매도인과 같은 담보책임을 부담한다.

2. 임차인의 권리와 의무

(1) 임차인의 권리

① 임차권: 임차인은 계약 또는 그 목적물의 성질에 의하여 정하여진 용법으로 임차물을 사용·수익하여야 한다(제654조). 또한 임차인은 임대인의 승낙 없이 임차물을 타인에게 용익하게 할 수 없다(제629조). 임차인이 이와 같은 임차권의 범위에 위반하는 사용·수익을 하는 때에는 임대인은 계약을 해지할 수도 있다.

② 등기청구권과 건물등기 있는 차지권(借地權)의 대항력

> 제621조【임대차의 등기】① 부동산임차인은 당사자 간에 반대약정이 없으면 임대인에 대하여 그 임대차등기절차에 협력할 것을 청구할 수 있다.
> ② 부동산임대차를 등기한 때에는 그때부터 제3자에 대하여 효력이 생긴다.
>
> 제622조【건물등기 있는 차지권의 대항력】① 건물의 소유를 목적으로 한 토지임대차는 이를 등기하지 아니한 경우에도 임차인이 그 지상건물을 등기한 때에는 제3자에 대하여 임대차의 효력이 생긴다.
> ② 건물이 임대차기간 만료 전에 멸실 또는 후폐한 때에는 전항의 효력을 잃는다.

㉠ 임차권은 채권이므로 대항력이 없으나 예외적으로 임대차를 등기하면 대항력이 발생한다. 그러나 임차권의 등기는 임차인이 단독으로 할 수 없는 것이며 이를 임대인에게 청구하여야 하는데, 이러한 청구가 임대인에게 강제되는 것은 아니므로 임차인이 대항력 없는 임차권을 가지게 되는 경우가 생길 수밖에 없다.

㉡ 따라서 건물의 소유를 목적으로 한 토지임대차와 같은 경우 별도의 대항력 취득방법을 마련하지 않으면 토지임차인이 큰 피해를 보게 되므로「민법」은 별도의 규정을 두게 되었다(제622조).

㉢ 예를 들어 甲의 토지에 乙이 임차권을 설정하고 건물을 축조하였으나 甲이 임차권등기를 거절하더라도 乙이 축조한 건물의 보존등기를 하게 되면 그 이후의 토지물권자에게 대항할 수 있게 된다.

판례보기

제622조(건물등기 있는 차지권의 대항력)의 취지

「민법」제622조 제1항은 "건물의 소유를 목적으로 하는 토지임대차는 이를 등기하지 아니한 경우에도 임차인이 그 지상건물을 등기한 때에는 제3자에 대하여 임대차의 효력이 생긴다."고 규정하고 있는바, 이는 건물을 소유하는 토지임차인의 보호를 위하여 건물의 등기로써 토지임대차등기에 갈음하는 효력을 부여하는 것일 뿐이므로 임차인이 그 지상건물을 등기하기 전에 제3자가 그 토지에 관하여 물권 취득의 등기를 한 때에는 임차인이 그 지상건물을 등기하더라도 그 제3자에 대하여 임대차의 효력이 생기지 아니한다(대판 2000다65802).

③ 비용상환청구권

> **제626조【임차인의 상환청구권】** ① 임차인이 임차물의 보존에 관한 필요비를 지출한 때에는 임대인에
> 대하여 그 상환을 청구할 수 있다.
> ② 임차인이 유익비를 지출한 경우에는 임대인은 임대차 종료시에 그 가액의 증가가 현존한 때에
> 한하여 임차인의 지출한 금액이나 그 증가액을 상환하여야 한다. 이 경우에 법원은 임대인의 청구에
> 의하여 상당한 상환기간을 허여할 수 있다.

ㄱ 종류

    ⓐ 필요비상환청구권: 임차인이 임차물의 보존에 관한 필요비를 지출한 때에는, 임대차의
        종료를 기다리지 않고서 즉시 그 상환을 청구할 수 있다.

    ⓑ 유익비상환청구권: 임차인이 유익비를 지출한 경우에는 그 가액의 증가가 현존한 때에
        한하여 임대차 종료시에 그 상환을 청구할 수 있다. 유익비란 임차인이 임차물의 객관적
        가치를 증가시키기 위하여 투입한 비용을 말한다. 따라서 임차인이 임차건물부분에서
        간이음식점을 경영하기 위하여 부착시킨 시설물에 불과한 간판은 건물부분의 객관적 가
        치를 증가시키기 위한 것이라고 보기 어려울 뿐만 아니라, 그로 인한 가액의 증가가 현존
        하는 것도 아니어서 그 간판설치비를 유익비라 할 수 없다(대판 94다20389, 20396).

ㄴ 행사기간: 필요비 및 유익비의 상환청구권은 임대인이 목적물을 반환받은 날로부터 6개월
   내에 행사하여야 한다(제617조, 제654조).

ㄷ 유치권: 임차인은 비용상환청구권에 관하여 유치권을 가진다. 그러나 유익비에 관하여 상환
   기간을 허여받은 경우에는 유치권을 행사할 수 없다.

ㄹ 임의규정: 임차인의 비용상환청구권은 임의규정에 해당하므로 당사자 간의 약정으로 이를
   포기할 수 있다. 따라서 "임차인은 임대인의 승인하에 개축 또는 변조할 수 있으나 부동산의
   반환기일 전에 임차인의 부담으로 원상복구하기로 한다."라고 약정한 경우, 이는 임차인이
   임차목적물에 지출한 각종 유익비의 상환청구권을 미리 포기하기로 한 취지의 특약이라고
   본다(대판 95다12927).

④ 부속물매수청구권

> **제646조【임차인의 부속물매수청구권】** ① 건물 기타 공작물의 임차인이 그 사용의 편익을 위하여
> 임대인의 동의를 얻어 이에 부속한 물건이 있는 때에는 임대차의 종료시에 임대인에 대하여 그 부속물
> 의 매수를 청구할 수 있다.
> ② 임대인으로부터 매수한 부속물에 대하여도 전항과 같다.

ㄱ 강행규정: 임차인의 부속물매수청구권에 관한 규정은 강행규정에 해당한다. 따라서 임차인
   이 매수청구권을 포기하는 특약은 임차인에게 불리한 약정으로 무효가 된다.

ⓛ 매수청구권은 임대차가 종료한 경우에 발생한다(제646조 제1항). 다만, 판례는 임대차계약이 임차인의 채무불이행으로 인하여 해지된 경우에 임차인은 「민법」 제646조에 의한 부속물매수청구권이 없다고 한다(대판 88다카7245, 7252).

ⓒ 매수청구의 대상이 되는 부속물이란 독립성이 있는 물건으로서 임차인의 소유에 속하고 건물의 구성부분으로는 되지 아니한 것이어야 한다.

ⓔ 건물의 사용에 객관적인 편익을 가져오게 하는 물건이라고 할 것이므로, 부속된 물건이 오로지 임차인의 특수목적에 사용하기 위하여 부속된 것일 때에는 이에 해당하지 않는다(대판 93다25738, 25745).

ⓜ 일시사용을 위한 임대차에서는 인정되지 않는다.

⑤ 토지임차인의 지상물매수청구권

> 제643조 【임차인의 갱신청구권, 매수청구권】 건물 기타 공작물의 소유 또는 식목, 채염, 목축을 목적으로 한 토지임대차의 기간이 만료한 경우에 건물, 수목 기타 지상시설이 현존한 때에는 제283조의 규정을 준용한다.
>
> 제283조 【지상권자의 갱신청구권, 매수청구권】 ① 지상권이 소멸한 경우에 건물 기타 공작물이나 수목이 현존한 때에는 지상권자는 계약의 갱신을 청구할 수 있다.
> ② 지상권설정자가 계약의 갱신을 원하지 아니하는 때에는 지상권자는 상당한 가액으로 전항의 공작물이나 수목의 매수를 청구할 수 있다.

ⓖ 지상물매수청구권은 지상물의 소유자에 한하여 행사할 수 있으나(대판 93다6386), 미등기매수인에게도 인정된다(대판 2013다48364, 48371).

ⓐ 토지임차인은 1차적으로 계약의 갱신을 청구하고, 임대인이 그에 응하지 않을 때에 2차적으로 그 지상물의 매수를 청구할 수 있다.

ⓑ 다만, 기간의 약정 없는 토지임대차계약에서 임대인이 해지통고를 하였다면, 임차인은 임대인에게 계약갱신청구의 유무에 불구하고 건물매수청구권을 행사하여 건물대금의 지급을 구할 수 있다(대판 94다51178).

ⓛ 건물의 소유를 목적으로 하는 토지임차인의 지상물매수청구권 행사의 상대방은 원칙적으로 임차권 소멸 당시의 토지소유자인 임대인이다. 따라서 토지소유자가 아닌 제3자가 토지를 임대한 경우에 임대인은 특별한 사정이 없는 한 지상물매수청구권의 상대방이 될 수 없다(대판 2020다254228, 254235).

ⓒ 임차인의 지상물매수청구권은 형성권이다. 따라서 계약갱신을 거절당한 임차인이 이를 행사하면 그 즉시 지상물에 대한 매매가 성립하는 것이지 임대인의 승낙이 있어야 성립하는 것은 아니다.

㉣ 임차인의 지상물매수청구권에 관한 규정은 강행규정이다. 따라서 토지임대인과 임차인 사이에 임대차기간 만료 후 임차인이 지상건물을 철거하여 토지를 인도하고 만약 지상건물을 철거하지 아니할 경우에는 그 소유권을 임대인에게 이전하기로 한 약정은 「민법」 제643조 소정의 임차인의 지상물매수청구권을 배제하기로 하는 약정으로서 임차인에게 불리한 것이므로 무효이다(대판 90다19695).

㉤ 임대인이 임차인의 채무불이행을 이유로 임대차계약을 해지하였을 경우에는 임차인이 지상물매수청구권을 행사할 수 없다(대판 90다19695).

㉥ 토지의 임대인이 임차인에 대하여 제기한 건물철거청구소송에서 임차인이 패소하여 그 패소판결이 확정되었다고 하더라도, 건물철거가 집행되지 아니한 이상 토지의 임차인으로서는 건물매수청구권을 행사할 수 있다(대판 95다42195). 즉, 철거판결 전까지 매수청구를 하여야 하는 것이 아니라 철거집행 전까지 할 수 있다는 것이 판례의 입장이다.

판례보기

지상물매수청구 관련 주요 판례

1. **지상물매수청구권 행사의 주체 – 원칙적으로 소유자에 한하지만 미등기 매수인도 가능**

   지상물매수청구권은 지상물의 소유자에 한하여 행사할 수 있다(대판 93다6386). 그러나 건물을 매수하여 점유하고 있는 사람은 소유자로서의 등기 명의가 없다 하더라도 그 권리의 범위 내에서는 그 점유 중인 건물에 대하여 법률상 또는 사실상의 처분권을 가지고 있으므로 지상물매수청구권제도의 목적, 미등기 매수인의 법적 지위 등에 비추어 볼 때, 종전 임차인으로부터 미등기 무허가건물을 매수하여 점유하고 있는 임차인은 특별한 사정이 없는 한 비록 소유자로서의 등기 명의가 없어 소유권을 취득하지 못하였다 하더라도 임대인에 대하여 지상물매수청구권을 행사할 수 있는 지위에 있다(대판 2013다48364, 48371).

2. **매수청구의 대상이 적법한 건물이어야 하는지 여부 – 불요(不要)**

   비록 행정관청의 허가를 받은 적법한 건물이 아니더라도 임차인의 건물매수청구권의 대상이 될 수 있다(대판 97다37753).

3. **매수청구의 대상이 객관적 가치가 있어야 하는지 여부 – 불요(不要)**

   지상건물이 객관적으로 경제적 가치가 있는지 여부나 임대인에게 소용이 있는지 여부가 행사요건이라고 볼 수 없다(대판 2001다42080).

4. **매수청구의 대상이 임대인의 동의를 얻어 신축한 것이어야 하는지 여부 – 불요(不要)**

   매수청구권의 대상이 되는 건물은 그것이 토지의 임대목적에 반하여 축조되고, 임대인이 예상할 수 없을 정도의 고가의 것이라는 특별한 사정이 없는 한 임대차기간 중에 축조되었다고 하더라도 그 만료시에 그 가치가 잔존하고 있으면 그 범위에 포함되는 것이고, 반드시 임대차계약 당시의 기존 건물이거나 임대인의 동의를 얻어 신축한 것에 한정된다고는 할 수 없다(대판 93다34589).

5. **임대인이 지급할 대금에 기존 건물의 철거비용 등이 포함되는지 여부(소극)**

   「민법」 제643조 소정의 지상물매수청구권이 행사되면 임대인과 임차인 사이에서는 임차지상의 건물에 대하여 매수청구권 행사 당시의 건물시가를 대금으로 하는 매매계약이 체결된 것과 같은 효과가 발생하는 것이지, 임대인이 기존 건물의 철거비용을 포함하여 임차인이 임차지상의 건물을 신축하기 위하여 지출한 모든 비용을 보상할 의무를 부담하게 되는 것은 아니다(대판 2002다46003, 46010, 46027).

PART 3 계약법

2025 공인중개사 대비
EBS ●● 랜드하나 공인중개사 기본서

6. 제3자 토지 위에 건립된 부분도 매수청구의 대상이 되는지 여부(소극)

건물 소유를 목적으로 하는 토지임대차에 있어서 임차인 소유 건물이 임대인이 임대한 토지 외에 임차인 또는 제3자 소유의 토지 위에 걸쳐서 건립되어 있는 경우에는, 임차지상에 서 있는 건물부분 중 구분소유의 객체가 될 수 있는 부분에 한하여 임차인에게 매수청구가 허용된다(대판 93다42364).

7. 대항력을 갖춘 임차인이 새로운 토지소유자에게 매수청구를 할 수 있는지 여부(적극)

건물의 소유를 목적으로 한 토지임차인의 건물매수청구권 행사의 상대방은 통상의 경우 기간의 만료로 인한 임차권 소멸 당시 토지소유자인 임대인뿐만 아니라 임차권 소멸 후 임대인이 그 토지를 제3자에게 양도하는 등 그 소유권이 이전되었을 때에는 그 건물에 대하여 보존등기를 필하여 제3자에 대하여 대항할 수 있는 차지권을 가지고 있는 토지임차인은 그 신 소유자에 대하여도 위 매수청구권을 행사할 수 있다(대판 75다348).

8. 건물에 근저당권이 설정되어 있는 경우에도 토지임차인의 건물매수청구권이 인정되는지 여부(적극)

「민법」제643조 소정의 매수청구권은 매수청구의 대상이 되는 건물에 근저당권이 설정되어 있는 경우에도 인정된다. 이 경우에 그 건물의 매수가격은 건물 자체의 가격 외에 건물의 위치, 주변 토지의 여러 사정 등을 종합적으로 고려하여 매수청구권 행사 당시 건물이 현존하는 대로의 상태에서 평가된 시가 상당액을 의미하고, 여기에서 근저당권의 채권최고액이나 피담보채무액을 공제한 금액을 매수 가격으로 정할 것은 아니다. 다만, 매수청구권을 행사한 지상건물소유자가 위와 같은 근저당권을 말소하지 않는 경우 토지소유자는 「민법」제588조에 의하여 위 근저당권의 말소등기가 될 때까지 그 채권최고액에 상당한 대금의 지급을 거절할 수 있다(대판 2007다4356).

⑥ 차임감액청구권

㉠ 일부멸실로 인한 차임감액청구권

> **제627조【일부멸실 등과 감액청구, 해지권】**① 임차물의 일부가 임차인의 과실 없이 멸실 기타 사유로 인하여 사용, 수익할 수 없는 때에는 임차인은 그 부분의 비율에 의한 차임의 감액을 청구할 수 있다.
> ② 전항의 경우에 그 잔존부분으로 임차의 목적을 달성할 수 없는 때에는 임차인은 계약을 해지할 수 있다.

임차물의 일부가 임차인의 과실 없이 멸실 기타 사유로 인하여 사용·수익할 수 없는 경우 임차인은 그 부분의 비율에 의한 차임의 감액을 청구할 수 있다. 주의할 점은 당연히 감액되는 것이 아니라 감액청구를 하여야 감액된다는 것이다. 차임감액청구권은 형성권이므로 차임감액을 청구하면 임대인의 승낙을 기다리지 않고 당연히 감액된다. 제627조는 강행규정이므로 이에 위반하는 약정으로서 임차인에게 불리한 것은 무효이다.

㉡ 경제사정의 변동으로 인한 차임감액청구권

> **제628조【차임증감청구권】** 임대물에 대한 공과부담의 증감 기타 경제사정의 변동으로 인하여 약정한 차임이 상당하지 아니하게 된 때에는 당사자는 장래에 대한 차임의 증감을 청구할 수 있다.

제628조는 강행규정이므로 이에 위반하는 약정으로서 임차인에게 불리한 것은 무효이다. 따라서 차임감액을 금지하는 특약은 임차인에게 불리한 것으로서 무효인 데 반하여, 차임을 증액하지 않는다는 특약은 임차인에게 유리하므로 유효하다.

(2) 임차인의 의무

① 차임지급의무

> **제640조【차임연체와 해지】** 건물 기타 공작물의 임대차에는 임차인의 차임연체액이 2기의 차임액에 달하는 때에는 임대인은 계약을 해지할 수 있다.
>
> **제641조【동전(同前)】** 건물 기타 공작물의 소유 또는 식목, 채염, 목축을 목적으로 한 토지임대차의 경우에도 전조의 규정을 준용한다.

㉠ 임차인은 임차물을 사용·수익하는 대가로 차임을 지급할 의무를 부담한다. 차임은 임대차계약의 요소를 이루는 것이며, 반드시 금전이어야 하는 것은 아니고 물건으로 지급하는 것도 상관없다. 다만, 차임을 2기에 달하도록 연체한 때에 임대인은 계약을 해지할 수 있다. 연속하여 2기를 연체하여야 하는 것은 아니며, 연체액이 2기에 달하기만 하면 해지권이 발생한다. 제640조와 제641조는 강행규정이므로 임차인에게 불리한 약정은 무효이다. 예를 들어 1기의 차임연체시 해지할 수 있다는 특약은 무효이다.

㉡ 차임지급의 시기

> **제633조【차임지급의 시기】** 차임은 동산, 건물이나 대지에 대하여는 매월 말에, 기타 토지에 대하여는 매년 말에 지급하여야 한다. 그러나 수확기 있는 것에 대하여는 그 수확 후 지체 없이 지급하여야 한다.

차임은 후급을 원칙으로 한다. 다만, 제633조는 임의규정이므로 당사자가 특약으로 지급시기를 달리 정할 수 있다.

② 임차물보관의무

> **제634조【임차인의 통지의무】** 임차물이 수리를 요하거나 임차물에 대하여 권리를 주장하는 자가 있는 때에는 임차인은 지체 없이 임대인에게 이를 통지하여야 한다. 그러나 임대인이 이미 이를 안 때에는 그러하지 아니하다.

임차인은 임대차관계의 종료로 임차물을 임대인에게 반환할 때까지 선량한 관리자의 주의를 가지고 보관할 의무가 있다(제374조). 또한 임차물이 수리를 요하거나 임차물에 대하여 권리를 주장하는 자가 있는 때에 임차인은 지체 없이 임대인에게 이를 통지하여야 한다. 그러나 임대인이 이미 이를 안 때에는 통지할 필요는 없다. 임대인이 임대물의 보존에 필요한 행위를 하는 때에는 임차인은 이를 거절하지 못한다(제624조).

③ **임차물반환의무**: 임차인은 임대차가 종료한 때에는 임차목적물을 임대인에게 반환하여야 한다.

④ **원상회복의무**: 반환시에는 임차물을 원상에 회복하여야 한다. 설령 임대인의 귀책사유로 임대차 계약이 해지되었다고 하더라도 임차인은 그로 인한 손해배상을 청구할 수 있음은 별론으로 하고 원상회복의무를 부담한다(대판 2002다42278).

⑤ **공동임차인의 연대의무**: 수인이 공동하여 물건을 임차한 때에는 연대하여 그 의무를 부담한다(제 616조, 제654조).

4 임차권의 양도와 전대 제29회, 제32회

제629조 【임차권의 양도, 전대의 제한】 ① 임차인은 임대인의 동의 없이 그 권리를 양도하거나 임차물을 전대 하지 못한다.
② 임차인이 전항의 규정에 위반한 때에는 임대인은 계약을 해지할 수 있다.
제632조 【임차건물의 소부분을 타인에게 사용케 하는 경우】 전 3조의 규정은 건물의 임차인이 그 건물의 소부분을 타인에게 사용하게 하는 경우에 적용하지 아니한다.

1. 의의

(1) 임차권의 양도

임차권이 그 동일성을 유지하면서 양수인에게 이전하게 하는 계약을 말한다. 임차권의 양도가 있게 되면 임차인은 임차인으로서의 지위에서 벗어나고, 양수인이 임차인의 지위를 그대로 승계하여 임 차인으로서의 권리·의무를 취득하게 된다.

(2) 임차물의 전대

임차인이 그 임차물을 다시 제3자로 하여금 사용·수익하게 하는 계약을 말한다. 전대에 있어서는 임차인이 종전 지위에서 벗어나는 것이 아니고 종전의 계약상의 지위를 그대로 유지한다는 점에서 양도와 다르다.

(3) 「민법」의 규정

① **원칙**

임차권의 양도 또는 임차물의 전대는 임대인의 동의를 얻어야 한다. 임대인의 동의를 얻지 않은 경우에는 임대인에게 대항할 수 없고, 임대인은 임대차계약을 해지할 수 있다(제629조). 다만, 이는 임의규정이므로 특약으로 달리 정할 수 있다.

② **예외**

㉠ 건물의 임차인이 그 건물의 소부분을 타인에게 사용하게 하는 경우에는 임대인의 동의를 요하지 않고 할 수 있다(제632조).

ⓛ 임차인이 임대인으로부터 별도의 승낙을 얻은 바 없이 제3자에게 임차물을 사용·수익하도록
한 경우에 있어서도 임차인의 당해 행위가 임대인에 대한 배신적 행위라고 인정할 수 없는
특별한 사정이 있는 경우에는 해지권은 발생하지 않는다(대판 92다45308).

ⓒ 따라서 임차권자가 임차건물에 동거하면서 함께 가구점을 경영하고 있는 자신의 아내에게
임차권을 양도한 것은 임대인에 대한 배신적 행위라고 인정할 수 없는 특별한 사정이 있는
경우이므로 해지사유가 될 수 없다.

(4) 임대인의 동의

임대인의 동의는 임차권의 양도 또는 전대를 가능하게 하는 권능을 임차인에게 부여하는 일방적
의사표시이다. 임대인의 동의는 양도·전대의 유효요건(효력발생요건)은 아니고 대항요건에 해당한
다. 동의는 반드시 양도·전대 이전에 이루어져야 하는 것은 아니며 사후동의도 가능하다.

2. 임대인의 동의 없는 양도·전대

(1) 임차인과 양수인·전차인의 관계

임대인의 동의를 받지 아니하고 임차권을 양도(전대)한 계약도 이로써 임대인에게 대항할 수 없을
뿐 임차인과 양수인(전차인) 사이에는 유효한 것이고, 이 경우 임차인은 양수인(전차인)을 위하여
임대인의 동의를 받아 줄 의무가 있다(대판 85다카1812). 동의를 얻지 못하면 임차인은 이에 대한
담보책임을 져야 한다.

(2) 임대인과 양수인·전차인의 관계

① 양수인(전차인)의 목적물에 대한 점유는 임대인에 대한 관계에서는 불법점유가 된다. 따라서 임
대인은 소유권에 기하여 임차물을 반환할 것을 청구할 수 있다. 다만, 임대인이 임차인과의 임대
차계약을 해지하기 전에는 직접점유자인 임차인에게 반환할 것을 청구할 수 있고, 해지한 후에
는 직접 자신에게 반환할 것을 청구할 수 있다.

② 임대인은 임대차계약을 해지하기 전에는 임차인으로부터 차임을 지급받으므로 양수인(전차인)에
대하여 손해배상을 청구하지 못한다. 그러나 해지한 후에는 양수인(전차인)에게 차임에 갈음하여
손해배상을 청구할 수 있다.

③ 임대인은 전차인에게 차임청구권을 갖지 못하나 임차인의 차임청구권을 대위행사할 수 있다.

(3) 임대인과 임차인의 관계

임대인은 임대차계약을 해지할 수 있다(제629조 제2항). 그러나 해지를 하지 않는 동안에는 임차인은
종전의 지위를 그대로 유지하기 때문에 임대차계약이 해지되지 않는 한 임대인은 임차인에 대하여
차임청구권을 가진다.

3. 임대인의 동의 있는 임차권의 양도

양도인은 임차인으로서의 지위에서 벗어나고, 양수인이 임차인의 지위를 그대로 승계하여 동일성을 유지하면서 임차인으로서의 권리·의무를 취득하게 된다. 따라서 차임지급의무도 당연히 양수인에게 이전한다. 그러나 양도인의 연체차임채무나 다른 의무위반으로 인한 손해배상의무는 별도의 약정이 없는 한 이전하지 않는다.

4. 임대인의 동의 있는 임차물의 전대

> **제630조【전대의 효과】** ① 임차인이 임대인의 동의를 얻어 임차물을 전대한 때에는 전차인은 직접 임대인에 대하여 의무를 부담한다. 이 경우에 전차인은 전대인에 대한 차임의 지급으로써 임대인에게 대항하지 못한다.
> ② 전항의 규정은 임대인의 임차인에 대한 권리행사에 영향을 미치지 아니한다.

(1) 임차인(전대인)과 전차인의 관계

임차인(전대인)과 전차인의 관계는 전대차계약의 내용에 의하여 결정된다.

(2) 임대인과 전차인의 관계

① 임대인의 동의 있는 전대차가 적법하다고 하여 임대인과 전차인 사이에 직접 임대차관계가 성립하는 것은 아니다. 따라서 전차인은 임대인에 대하여 권리를 주장하지 못한다.

② 임대인과 전차인 사이에 임대차관계는 없지만 「민법」은 임대인 보호를 위하여 전차인은 직접 임대인에 대하여 의무를 부담한다고 규정한다(제630조 제1항). 따라서 전차인은 목적물보관의무·목적물반환의무·차임지급의무 등을 지게 된다. 전차인은 전대차계약에 의하여 임차인(전대인)에 대해서도 의무를 지므로 임차인에게 의무이행을 한 한도 내에서 임대인에 대한 의무를 면하게 된다.

다만, 전차인이 전대차계약에서 정한 변제기 전에 차임을 임차인에게 지급한 경우에는 그로써 임대인에게 대항하지 못한다(제630조 제1항). 위 규정에 의하여 전차인이 임대인에게 대항할 수 없는 차임의 범위는 전대차계약상의 차임지급시기를 기준으로 하여 그 전에 전대인에게 지급한 차임에 한정되고, 그 이후에 지급한 차임으로는 임대인에게 대항할 수 있다(대판 2006다 45459).

> **보충** 다만 전차인이 전대차의 차임지급시기 이전에 전대인에게 차임을 지급한 경우라도 임대인의 차임청구 전에 그 차임지급시기가 도래한 때에는 임대인에게 대항할 수 있다.

(3) 임대인과 임차인(전대인)의 관계

전대차 성립에 대하여 임대인과 임차인은 아무런 영향을 받지 않는다. 임대인이 직접 전차인에게 권리를 행사할 수 있다고 하여 임차인에게 권리를 행사할 수 없다는 것은 아니다.

(4) 전차인 보호를 위한 특별규정

> **제631조【전차인의 권리의 확정】** 임차인이 임대인의 동의를 얻어 임차물을 전대한 경우에는 임대인과 임차인의 합의로 계약을 종료한 때에도 전차인의 권리는 소멸하지 아니한다.
>
> **제638조【해지통고의 전차인에 대한 통지】** ① 임대차계약이 해지의 통고로 인하여 종료된 경우에 그 임대물이 적법하게 전대되었을 때에는 임대인은 전차인에 대하여 그 사유를 통지하지 아니하면 해지로써 전차인에게 대항하지 못한다.
>
> ② 전차인이 전항의 통지를 받은 때에는 제635조 제2항의 규정을 준용한다.
>
>> **제635조【기간의 약정 없는 임대차의 해지통고】** ② 상대방이 전항의 통고를 받은 날로부터 다음 각 호의 기간이 경과하면 해지의 효력이 생긴다.
>>
>> 1. 토지·건물 기타 공작물에 대하여는 임대인이 해지를 통고한 경우에는 6월, 임차인이 해지를 통고한 경우에는 1월
>> 2. 동산에 대하여는 5일
>
> **제644조【전차인의 임대청구권, 매수청구권】** ① 건물 기타 공작물의 소유 또는 식목, 채염, 목축을 목적으로 한 토지임차인이 적법하게 그 토지를 전대한 경우에 임대차 및 전대차의 기간이 동시에 만료되고 건물, 수목 기타 지상시설이 현존한 때에는 전차인은 임대인에 대하여 전전대차와 동일한 조건으로 임대할 것을 청구할 수 있다.
>
> ② 전항의 경우에 임대인이 임대할 것을 원하지 아니하는 때에는 제283조 제2항의 규정을 준용한다.
>
>> **제283조【지상권자의 갱신청구권, 매수청구권】** ② 지상권설정자가 계약의 갱신을 원하지 아니하는 때에는 지상권자는 상당한 가액으로 전항의 공작물이나 수목의 매수를 청구할 수 있다.
>
> **제647조【전차인의 부속물매수청구권】** ① 건물 기타 공작물의 임차인이 적법하게 전대한 경우에 전차인이 그 사용의 편익을 위하여 임대인의 동의를 얻어 이에 부속한 물건이 있는 때에는 전대차의 종료시에 임대인에 대하여 그 부속물의 매수를 청구할 수 있다.
>
> ② 임대인으로부터 매수하였거나 그 동의를 얻어 임차인으로부터 매수한 부속물에 대하여도 전항과 같다.

판례보기

차임연체로 임대차가 해지된 경우에 그 사유를 전차인에게 통지하여야 대항할 수 있는지 여부(소극)

제635조 제2항 및 제638조 제1항·제2항에 의하면 임대차계약이 해지통고로 인하여 종료된 경우에 그 임대물이 적법하게 전대되었을 때에는 임대인은 전차인에 대하여 그 사유를 통지하지 아니하면 해지로써 전차인에게

PART 3 계약법

대항하지 못하고, 전차인이 통지를 받은 때에는 토지·건물 기타 공작물에 대하여는 임대인이 해지를 통고한 경우에는 6월, 임차인이 해지를 통고한 경우에는 1월, 동산에 대하여는 5일이 경과하면 해지의 효력이 생긴다고 할 것이지만 「민법」 제640조에 터 잡아 임차인의 차임연체액이 2기의 차임액에 달함에 따라 임대인이 임대차계약을 해지하는 경우에는 전차인에 대하여 그 사유를 통지하지 않더라도 해지로써 전차인에게 대항할 수 있고, 해지의 의사표시가 임차인에게 도달하는 즉시 임대차관계는 해지로 종료된다(대판 2012다55860).

5 임대차의 종료 제33회, 제35회

(1) 임대차의 종료원인

① 존속기간의 만료

② 해지의 통고

　　㉠ 존속기간을 정하지 아니한 때: 임대차의 존속기간을 약정하지 않은 때에 당사자는 언제든지 해지의 통고를 할 수 있다(제635조 제1항).

　　㉡ 해지권을 보류한 때: 임대차기간의 약정이 있는 때에도 당사자의 일방 또는 쌍방이 그 존속기간 내에 해지할 권리를 보류한 때에는 언제든지 해지의 통고를 할 수 있다(제636조).

　　㉢ 임차인이 파산선고를 받은 때: 임차인이 파산선고를 받은 경우에는 임대차의 존속기간에 관한 약정이 있는 때에도 임대인이나 파산관재인은 해지의 통고를 할 수 있다(제637조 제1항). 구별할 점은 전세권자의 파산은 전세권 소멸사유가 아니라는 것이다.

③ 해지: 다음의 사유가 있는 경우에는 기간약정의 유무에도 불구하고 해지할 수 있으며, 기간의 경과를 기다리지 않고서 곧 해지의 효력이 발생한다.

　　㉠ 임대인이 임차인의 의사에 반하여 보존행위를 하고 그로 인하여 임차인이 그 목적을 달성할 수 없을 때(제625조)

　　㉡ 임차물의 일부가 임차인의 과실에 의하지 않고서 멸실한 경우에 그 잔존부분만으로는 임차인이 그 목적을 달성할 수 없을 때(제627조 제2항)

　　㉢ 임차인이 임대인의 동의 없이 제3자에게 임차권을 양도하거나 임차물을 전대한 때(제629조 제2항)

　　㉣ 임차인이 2기에 달하도록 차임을 연체한 때(제640조, 제641조)

　　㉤ 임차인이 계약 또는 그 목적물의 성질에 의하여 정하여진 용법으로 임차물을 사용·수익하지 아니한 때(제617조, 제654조)

(2) 임대차 종료의 효과

임대차의 종료는 언제나 장래에 향하여 효력이 생기고 소급효가 없다. 임대차가 종료하면 임차인은 목적물을 원상으로 회복하여 임대인에게 반환하여야 한다.

(3) 보증금

① **의의**: 보증금이란 부동산임대차에 있어서 임차인의 채무를 담보하기 위하여 임차인 또는 제3자가 임대인에게 교부하는 금전 기타의 유가물을 말한다. 보증금계약은 종된 계약이기는 하지만 반드시 임대차계약과 동시에 성립하여야 하는 것은 아니다.

② **효력**

    ㉠ **담보적 효력**: 보증금은 차임의 미지급, 목적물의 멸실·훼손 등 임대차관계에서 발생하는 임차인의 모든 채무를 담보한다.

    ㉡ **보증금의 충당**: 임대인은 보증금으로 연체된 차임 등에 충당할 수도 있고, 충당하지 않고서 임차인에게 청구할 수도 있다. 그러나 임차인은 보증금이 있음을 이유로 연체차임의 지급을 거절할 수 없다(대판 99다24881).

        ⓐ **임대차가 종료한 경우**: 임대차관계의 종료 후 목적물이 반환될 때에 특별한 사정이 없는 한 별도의 의사표시 없이 보증금에서 당연 공제된다.

        ⓑ **임대차 종료 전인 경우**: 임대차보증금이 임대인에게 교부되어 있더라도 임대인은 임대차관계가 계속되고 있는 동안에는 임대차보증금에서 연체차임을 충당할 것인지를 자유로이 선택할 수 있으므로, 임대차계약 종료 전에는 연체차임이 공제 등 별도의 의사표시 없이 임대차보증금에서 당연히 공제되는 것은 아니다(대판 2011다49608).

③ **보증금반환청구권**: 임차인의 보증금반환청구권은 임대차 종료시 또는 임차물의 반환시에 임차인의 반대채무가 없을 것을 정지조건으로 한다는 견해가 다수설의 입장이다. 임대차계약의 기간이 만료된 경우에 임차인이 임차목적물을 명도할 의무와 임대인이 보증금 중 연체차임 등 당해 임대차에 관하여 명도시까지 생긴 모든 채무를 청산한 나머지를 반환할 의무는 동시이행의 관계가 있다(대판 1977.9.28, 77다1241·1242).

기출 및 예상문제

01 매매의 일방예약에 관한 설명으로 옳은 것은? (다툼이 있으면 판례에 따름) _{제28회}

① 매매의 일방예약은 물권계약이다.

② 매매의 일방예약은 상대방이 매매를 완결할 의사를 표시하는 때에 매매의 효력이 생긴다.

③ 예약완결권을 행사기간 내에 행사하였는지에 관하여 당사자의 주장이 없다면 법원은 이를 고려할 수 없다.

④ 매매예약이 성립한 이후 상대방의 예약완결권 행사 전에 목적물이 전부멸실되어 이행불능이 된 경우에도 예약완결권을 행사할 수 있다.

⑤ 예약완결권은 당사자 사이에 그 행사기간을 약정하지 않은 경우 그 예약이 성립한 날로부터 5년 내에 이를 행사하여야 한다.

> **해설**
> ② 제564조 제1항
> ① 매매의 예약은 언제나 채권계약이다.
> ③ 매매예약완결권의 제척기간이 도과하였는지 여부는 소위 직권조사사항으로서 이에 대한 당사자의 주장이 없더라도 법원이 당연히 직권으로 조사하여 재판에 고려하여야 하므로, 상고법원은 매매예약완결권이 제척기간 도과로 인하여 소멸되었다는 주장이 적법한 상고이유서 제출기간 경과 후에 주장되었다 할지라도 이를 판단하여야 한다(대판 99다18725).
> ④ 예약완결권 행사 전에 목적물이 전부멸실되어 이행불능이 된 경우라면 예약완결권의 행사는 이행불능이 된다.
> ⑤ 매매의 일방예약에서 예약자의 상대방이 매매예약완결의 의사표시를 하여 매매의 효력을 생기게 하는 권리, 즉 매매예약의 완결권은 일종의 형성권으로서 당사자 사이에 그 행사기간을 약정한 때에는 그 기간 내에, 그러한 약정이 없는 때에는 그 예약이 성립한 때로부터 10년 내에 이를 행사하여야 하고, 그 기간을 지난 때에는 예약완결권은 제척기간의 경과로 인하여 소멸한다(대판 94다22682).
>
> **정답** ②

02 甲은 2023.9.30. 乙에게 자신 소유의 X부동산을 3억원에 매도하되, 계약금 2천만원은 계약 당일, 중도금 2억원은 2023.10.30., 잔금 8천만원은 2023.11.30에 지급받기로 하는 매매계약을 체결하고, 乙로부터 계약 당일 계약금 전액을 지급받았다. 다음 설명 중 옳은 것을 모두 고른 것은? (특별한 사정은 없으며, 다툼이 있으면 판례에 따름) [제34회]

> ㄱ. 乙이 2023.10.25. 중도금 2억원을 甲에게 지급한 경우, 乙은 2023.10.27. 계약금을 포기하더라도 계약을 해제할 수 없다.
>
> ㄴ. 乙이 2023.10.25. 중도금 2억원을 甲에게 지급한 경우, 甲은 2023.10. 27. 계약금의 배액을 상환하더라도 계약을 해제할 수 없다.
>
> ㄷ. 乙이 계약 당시 중도금 중 1억원의 지급에 갈음하여 자신의 丙에 대한 대여금채권을 甲에게 양도하기로 약정하고 그 자리에 丙도 참석하였다면, 甲은 2023.10.27. 계약금의 배액을 상환하더라도 계약을 해제할 수 없다.

① ㄱ   ② ㄷ   ③ ㄱ, ㄴ   ④ ㄴ, ㄷ   ⑤ ㄱ, ㄴ, ㄷ

해설

ㄱ,ㄴ.(옳음) 당사자 중 일방이라도 이행에 착수한 경우에는 계약금 해제가 인정되지 않는다. 따라서 乙이 중도금 甲에게 지급한 경우 乙은 계약금을 포기하더라도 계약을 해제할 수 없으며 또한 甲도 계약금의 배액을 상환하더라도 계약을 해제할 수 없다.

ㄷ. (옳음) 매매계약 당시 매수인이 중도금 일부의 지급에 갈음하여 매도인에게 제3자에 대한 대여금채권을 양도하기로 약정하고, 그 자리에 제3자도 참석한 경우, 매수인은 매매계약과 함께 채무의 일부 이행에 착수하였으므로, 매도인은 민법 제565조 제1항에 정한 해제권을 행사할 수 없다고 본 사례(대판 2006. 11. 24. 선고 2005다39594).

정답 ⑤

03 **민법상 매매계약에 관한 설명으로 틀린 것은?** (다툼이 있으면 판례에 따름) 〔제34회〕

① 매매계약은 낙성·불요식계약이다.

② 타인의 권리도 매매의 목적이 될 수 있다.

③ 매도인의 담보책임 규정은 그 성질이 허용되는 한 교환계약에도 준용된다.

④ 매매계약에 관한 비용은 특약이 없는 한 매수인이 전부 부담한다.

⑤ 경매목적물에 하자가 있는 경우, 매도인은 물건의 하자로 인한 담보책임을 지지 않는다.

> **해설** ④ 매매계약에 관한 비용은 당사자 쌍방이 균분하여 부담한다(제566조).
> ① 매매계약은 유상·쌍무·낙성·불요식계약이다.
> ② 매매의 목적이 된 권리가 타인에게 속한 경우에는 매도인은 그 권리를 취득하여 매수인에게 이전하여야 한다(제569조).
> ③ 매도인의 담보책임 규정은 유상계약에 준용되므로 임대차나 교환계약에도 준용된다.
> ⑤ 경매 결과의 확실성을 기하기 위하여 경매의 목적물에 하자가 있더라도 물건의 하자로 인한 담보책임을 지지 않는다(제580조 제2항).

정답 ④

04 **권리의 하자에 대한 매도인의 담보책임과 관련하여 '악의의 매수인에게 인정되는 권리'로 옳은 것을 모두 고른 것은?** 〔제33회〕

> ㄱ. 권리의 전부가 타인에게 속하여 매수인에게 이전할 수 없는 경우-계약해제권
> ㄴ. 권리의 일부가 타인에게 속하여 그 권리의 일부를 매수인에게 이전할 수 없는 경우-대금감액청구권
> ㄷ. 목적물에 설정된 저당권의 실행으로 인하여 매수인이 소유권을 취득할 수 없는 경우-계약해제권
> ㄹ. 목적물에 설정된 지상권에 의해 매수인의 권리행사가 제한되어 계약의 목적을 달성할 수 없는 경우-계약해제권

① ㄱ, ㄴ   ② ㄱ, ㄹ   ③ ㄴ, ㄷ
④ ㄷ, ㄹ   ⑤ ㄱ, ㄴ, ㄷ

> **해설** ㄱ. 권리의 전부가 타인에게 속하여 매수인에게 이전할 수 없는 경우, 매수인은 선악을 불문하고 계약을 해제할 수 있다(제570조).
> ㄴ. 권리의 일부가 타인에게 속하여 그 권리의 일부를 매수인에게 이전할 수 없는 경우, 매수인은 선악을 불문하고 대금감액청구권을 행사할 수 있다(제572조)

ㄷ. 목적물에 설정된 저당권의 실행으로 인하여 매수인이 소유권을 취득할 수 없는 경우, 매수인은 선악을 불문하고 계약을 해제할 수 있으며 손해배상도 청구할 수 있다(제576조)

ㄹ. 목적물에 설정된 지상권에 의해 매수인의 권리행사가 제한되어 계약의 목적을 달성할 수 없는 경우, 매수인이 선의인 경우에 한하여 계약해제권을 행사할 수 있다(제575조)

정답 ⑤

05 부동산의 환매에 관한 설명으로 틀린 것은? (다툼이 있으면 판례에 따름) 〔제33회〕

① 환매특약은 매매계약과 동시에 이루어져야 한다.

② 매매계약이 취소되어 효력을 상실하면 그에 부수하는 환매특약도 효력을 상실한다.

③ 환매시 목적물의 과실과 대금의 이자는 특별한 약정이 없으면 이를 상계한 것으로 본다.

④ 환매계약을 정하지 않은 경우, 그 기간은 5년으로 한다.

⑤ 환매계약을 정한 경우, 환매권의 행사로 발생한 소유권이전등기청구권은 특별한 사정이 없는 한 그 환매기간 내에 행사하지 않으면 소멸한다.

해설

⑤ 환매권의 행사로 발생한 소유권이전등기청구권은 위 제척기간(= 환매권의 행사기간)과는 별도로 환매권을 행사한 때로부터 일반채권과 같이 민법 제162조 소정의 10년의 소멸시효의 기간이 진행된다(대판 1992. 4.24. 92다4673).

① 매도인이 매매계약과 동시에 환매할 권리를 보류한 때에는 그 영수한 대금 및 매수인이 부담한 매매비용을 반환하고 그 목적물을 환매할 수 있다(제590조 제1항). 즉 환매특약은 반드시 매매계약과 동시에 하여야 한다.

② 환매특약은 매매계약의 종된 계약이므로 매매계약이 무효·취소되면 환매계약도 소멸한다.

③ 목적물의 과실과 대금의 이자는 특별한 약정이 없으면 이를 상계한 것으로 본다(제590조 제3항).

④ 환매기간을 정하지 아니한 때에는 그 기간은 부동산은 5년, 동산은 3년으로 한다(제591조 제3항).

정답 ⑤

06 민법상 임대차계약에 관한 설명으로 **틀린** 것은? (다툼이 있으면 판례에 따름)　　(제34회)

① 임대인이 목적물을 임대할 권한이 없어도 임대차계약은 유효하게 성립한다.

② 임차기간을 영구로 정한 임대차약정은 특별한 사정이 없는 한 허용된다.

③ 임차인은 특별한 사정이 없는 한 자신이 지출한 임차물의 보존에 관한 필요비 금액의 한도에서 차임의 지급을 거절할 수 있다.

④ 임대차가 묵시의 갱신이 된 경우, 전임대차에 대해 제3자가 제공한 담보는 원칙적으로 소멸하지 않는다.

⑤ 임대차 종료로 인한 임차인의 원상회복의무에는 임대인이 임대 당시의 부동산 용도에 맞게 다시 사용할 수 있도록 협력할 의무까지 포함된다.

해설

④ 임대차가 묵시의 갱신이 된 경우, 전 임대차에 대하여 제3자가 제공한 담보는 기간의 만료로 인하여 소멸한다(제639조 제2항).

① 임대인이 임대차 목적물에 대한 소유권 기타 이를 임대할 권한이 없다고 하더라도 임대차계약은 유효하게 성립한다(대판 1996. 9. 6. 94다54641).

② 임대차기간이 영구인 임대차계약을 인정할 실제의 필요성도 있고, 이러한 임대차계약을 인정한다고 하더라도 사정변경에 의한 차임증감청구권이나 계약 해지 등으로 당사자들의 이해관계를 조정할 수 있는 방법이 있을 뿐만 아니라, 임차인에 대한 관계에서만 사용·수익권이 제한되는 외에 임대인의 소유권을 전면적으로 제한하는 것도 아닌 점 등에 비추어 보면, 당사자들이 자유로운 의사에 따라 임대차기간을 영구로 정한 약정은 이를 무효로 볼 만한 특별한 사정이 없는 한 계약자유의 원칙에 의하여 허용된다고 보아야 한다(대판 2023. 6. 1. 2023다209045).

③ 임대인의 필요비상환의무는 특별한 사정이 없는 한 임차인의 차임지급의무와 서로 대응하는 관계에 있으므로, 임차인은 지출한 필요비 금액의 한도에서 차임의 지급을 거절할 수 있다(대판 2019.11.14., 2016다227694).

⑤ 임대차종료로 인한 임차인의 원상회복의무에는 임차인이 사용하고 있던 부동산의 점유를 임대인에게 이전하는 것은 물론 임대인이 임대 당시의 부동산 용도에 맞게 다시 사용할 수 있도록 협력할 의무도 포함한다. 따라서 임대인 또는 그 승낙을 받은 제3자가 임차건물 부분에서 다시 영업허가를 받는 데 방해가 되지 않도록 임차인은 임차건물 부분에서의 영업허가에 대하여 폐업신고절차를 이행할 의무가 있다(대판2008. 10. 9. 2008다34903).

정답 ④

07 甲소유의 X토지를 건물 소유의 목적으로 임차한 乙은 甲의 동의 없이 이를 丙에게 전대하였다. 다음 설명 중 틀린 것은? (다툼이 있으면 판례에 따름) 〔제29회〕

① 乙과 丙 사이의 전대차계약은 유효하다.

② 甲은 임대차계약이 종료되지 않으면 X토지의 불법점유를 이유로 丙에게 차임 상당의 부당이 득반환을 청구할 수 없다.

③ 甲은 임대차계약이 존속하는 동안에는 X토지의 불법점유를 이유로 丙에게 차임 상당의 손해 배상을 청구할 수 없다.

④ 만약 乙이 X토지에 신축한 건물의 보존등기를 마친 후 丁이 X토지의 소유권을 취득하였다면, 乙은 丁에게 건물매수청구권을 행사할 수 없다.

⑤ 만약 乙이 X토지에 신축한 건물의 소유권을 임대차종료 전에 戊에게 이전하였다면, 乙의 건 물매수청구권은 인정되지 않는다.

> **해설**
>
> ④ 건물의 소유를 목적으로 한 토지임차인의 건물매수청구권 행사의 상대방은 통상의 경우 기간의 만료 로 인한 임차권 소멸 당시 토지소유자인 임대인뿐만 아니라 임차권 소멸 후 임대인이 그 토지를 제3자 에게 양도하는 등 그 소유권이 이전되었을 때에는 그 건물에 대하여 보존등기를 필하여 제3자에 대하 여 대항할 수 있는 차지권을 가지고 있는 토지임차인은 그 신 소유자에 대하여도 위 매수청구권을 행 사할 수 있다(대판 75다348).
>
> ① 임대인의 동의를 받지 아니하고 임차권을 양도(전대)한 계약도 이로써 임대인에게 대항할 수 없을 뿐 임차인과 양수인(전차인) 사이에는 유효한 것이고, 이 경우 임차인은 양수인(전차인)을 위하여 임대인 의 동의를 받아 줄 의무가 있다(대판 85다카1812).
>
> ②③ 임차인이 임대인의 동의를 받지 않고 제3자에게 임차권을 양도하거나 전대하는 등의 방법으로 임차 물을 사용·수익하게 하더라도, 임대인이 이를 이유로 임대차계약을 해지하거나 그 밖의 다른 사유로 임대차계약이 적법하게 종료되지 않는 한 임대인은 임차인에 대하여 여전히 차임청구권을 가지므로, 임대차계약이 존속하는 한도 내에서는 제3자에게 불법점유를 이유로 한 차임 상당 손해배상청구나 부 당이득반환청구를 할 수 없다(대판 2006다10323).
>
> ⑤ 지상물매수청구권은 지상물의 소유자에 한하여 행사할 수 있다(대판 93다6386).

정답 ④

PART 3 계약법

2025 랜드하나 공인중개사 기본서

PART 4
민사특별법

단원별 학습포인트

□ 「주택임대차보호법」의 취지를 이해하고 적용범위, 대항요건과 우선변제권을 잘 정리하여야 하며, 보증금 중 일정액의 보호(소액보증금의 최우선변제), 최단존속기간, 집행개시요건의 예외와 임차권등기명령제도를 잘 이 해해 두어야 한다. 특히 최근에 신설된 계약갱신 요구제도에 주의하여야 한다.

1 서설

(1) 의의

> **제1조【목적】** 이 법은 주거용 건물의 임대차에 관하여 「민법」에 대한 특례를 규정함으로써 국민 주거생활 의 안정을 보장함을 목적으로 한다.

① 일반법인 「민법」상의 임대차계약을 체결한 경우 임차권은 채권에 불과하므로 임차인은 대항력 을 가지지 못한다. 물론 임차권도 등기를 함으로써 대항력을 취득할 수 있으나, 「민법」의 규정상 임차권등기는 임차인이 원한다고 보장되는 것이 아니라 임대인이 등기절차에 협력하여야만 실 현될 수 있다(제621조 제1항).

② 따라서 임대인은 임차인의 권한이 강해지는 임차권등기나 물권인 전세권의 취득을 회피하게 되고, 임차인은 대항력 없는 임대차를 가지는 것이 보통인 실정이었다. 이에 대하여 경제적 약자 인 임차인 중 주택임차인을 보호하여 국민의 주거생활의 안정을 도모하기 위하여 「민법」에 대한 특별법인 「주택임대차보호법」을 제정·시행하게 되었다.

(2) 성질

① **「민법」에 대한 특별법**: 주택의 임대차에만 적용되는 「주택임대차보호법」은 일반법인 「민법」에 대한 특별법에 해당한다. 따라서 「민법」과 「주택임대차보호법」이 서로 다른 규정을 두고 있다 면 특별법 우선의 원칙에 따라 「주택임대차보호법」에 의하게 된다. 다만, 「주택임대차보호법」이 별도의 규정을 두고 있지 않은 부분은 「민법」에 의하게 된다. 예를 들어 비용상환청구, 임차권의 양도와 전대, 부속물매수청구, 차임연체의 효과 등은 「주택임대차보호법」에서 별도의 특별규정 을 두고 있지 않으므로 「민법」에 의하게 된다.

② **강행규정**(편면적 강행규정)

> **제10조【강행규정】** 이 법에 위반된 약정으로서 임차인에게 불리한 것은 그 효력이 없다.

「주택임대차보호법」은 임차인의 보호를 위한 것이므로 본법의 규정보다 임차인에게 불리한 약정은 그 효력이 없다. 따라서 본법이 규정한 것보다 임대인에게 불리한 약정은 허용된다.

2 적용범위

> **제2조 【적용범위】** 이 법은 주거용 건물(이하 '주택'이라 한다)의 전부 또는 일부의 임대차에 관하여 적용한다. 그 임차주택의 일부가 주거 외의 목적으로 사용되는 경우에도 또한 같다.

(1) 인적 범위

① 원칙적으로 자연인을 보호대상으로 한다. 따라서 외국인도 보호대상이 된다.

② 법인에 대해서는 원칙적으로 적용되지 않지만 다음과 같은 예외가 인정된다.

  ㉠ 주택도시기금을 재원으로 하여 저소득층 무주택자에게 주거생활 안정을 목적으로 전세임대주택을 지원하는 법인(한국토지주택공사나 주택사업을 목적으로 설립된 지방공사)도 대항력을 취득할 수 있다(「주택임대차보호법」 제3조 제2항).

  ㉡ 「중소기업기본법」 제2조에 따른 중소기업에 해당하는 법인이 소속 직원의 주거용으로 주택을 임차한 후 그 법인이 선정한 직원이 해당 주택을 인도받고 주민등록을 마쳤을 때에도 적용된다(제3조 제3항). 또한 임대차가 끝나기 전에 그 직원이 변경된 경우에는 그 법인이 선정한 직원이 주택을 인도받고 주민등록을 마친 다음 날부터 제3자에 대하여 효력이 생긴다.

  > **보충** 여기에서 말하는 '직원'은 해당 법인이 주식회사라면 그 법인에서 근무하는 사람 중 대표이사 또는 사내이사로 등기된 사람을 제외한 사람을 의미한다.

(2) 적용되는 주택의 범위(물적 범위)

① **주택의 전부 또는 일부의 임대차**: 주택의 전부를 임대차한 경우뿐만 아니라 일부만을 임대차한 경우에도 본법을 적용한다.

② **임차주택의 일부가 비주거용으로 사용되는 경우**: 임차주택의 일부가 주거 외의 목적으로 사용되는 경우에도 「주택임대차보호법」 제2조의 규정에 의하여 그 법률의 적용을 받는 주거용 건물에 포함되나, 주거생활의 안정을 보장하기 위한 입법의 목적에 비추어 거꾸로 비주거용 건물에 주거의 목적으로 일부를 사용하는 경우에는 동법 제2조가 말하고 있는 일부라는 범위를 벗어나 이를 주거용 건물이라 할 수 없고 이러한 건물은 위 법률의 보호대상에서 제외된다(대판 86다카2407).

③ **미등기 전세**: 이 법은 등기하지 아니한 전세계약에 관하여 이를 준용한다(제12조). 이 경우 전세금은 '임대차의 보증금'으로 본다.

④ **미등기·무허가건물:** 건물이 국민의 주거생활의 용도로 사용되는 주택에 해당하는 이상 비록 그 건물에 관하여 아직 등기를 마치지 아니하였거나 등기가 이루어질 수 없는 사정이 있다고 하더라도 다른 특별한 규정이 없는 한 본법의 적용대상이 된다(대판 2004다26133).

⑤ **일시사용을 위한 임대차:** 이 법은 일시사용을 위한 임대차임이 명백한 경우에는 이를 적용하지 아니한다(제11조). 따라서 출장지에서 숙박시설에 투숙한 경우에는 본법이 적용되지 않는다.

⑥ **주택의 대지**

판례보기

주택의 대지도 본법의 적용대상인지 여부(적극)

임차주택의 환가대금 및 주택가액에 건물뿐만 아니라 대지의 환가대금 및 가액도 포함된다고 규정하고 있는 「주택임대차보호법」 제3조의2 제1항 및 제8조 제3항의 각 규정과 같은 법의 입법취지 및 통상적으로 건물의 임대차에는 당연히 그 부지부분의 이용을 수반하는 것인 점 등을 종합하여 보면, 「주택임대차보호법」 제2조에서 같은 법의 적용대상으로 규정하고 있는 '주거용 건물'의 임대차라 함은 임차목적물 중 건물의 용도가 점포나 사무실 등이 아닌 주거용인 경우의 임대차를 뜻하는 것일 뿐이지, 같은 법의 적용대상을 대지를 제외한 건물에만 한정하는 취지는 아니다(대판 96다7595).

---

3 주택임차권의 대항력 제29회, 제31회, 제32회, 제33회, 제34회

제3조【대항력 등】 ① 임대차는 그 등기(登記)가 없는 경우에도 임차인(賃借人)이 주택의 인도(引渡)와 주민등록을 마친 때에는 그 다음 날부터 제3자에 대하여 효력이 생긴다. 이 경우 전입신고를 한 때에 주민등록이 된 것으로 본다.
② 주택도시기금을 재원으로 하여 저소득층 무주택자에게 주거생활 안정을 목적으로 전세임대주택을 지원하는 법인이 주택을 임차한 후 지방자치단체의 장 또는 그 법인이 선정한 입주자가 그 주택을 인도받고 주민등록을 마쳤을 때에는 제1항을 준용한다. 이 경우 대항력이 인정되는 법인은 대통령령으로 정한다.
③ 「중소기업기본법」 제2조에 따른 중소기업에 해당하는 법인이 소속 직원의 주거용으로 주택을 임차한 후 그 법인이 선정한 직원이 해당 주택을 인도받고 주민등록을 마쳤을 때에는 제1항을 준용한다. 임대차가 끝나기 전에 그 직원이 변경된 경우에는 그 법인이 선정한 새로운 직원이 주택을 인도받고 주민등록을 마친 다음 날부터 제3자에 대하여 효력이 생긴다.
④ 임차주택의 양수인(讓受人)(그 밖에 임대할 권리를 승계한 자를 포함한다)은 임대인(賃貸人)의 지위를 승계한 것으로 본다.
⑤ 이 법에 따라 임대차의 목적이 된 주택이 매매나 경매의 목적물이 된 경우에는 「민법」 제575조 제1항·제3항 및 같은 법 제578조를 준용한다.
⑥ 제5항의 경우에는 동시이행의 항변권(抗辯權)에 관한 「민법」 제536조를 준용한다.

1. 대항요건

주택임대차는 그 등기가 없는 경우에도 임차인이 주택의 인도와 주민등록을 마친 때에는 그 다음 날(익일)부터 제3자에 대하여 효력이 생긴다. 즉, 대항요건을 갖추면 다음 날 오전 0시부터 대항력을 취득한다(대판 99다9981). 여기서 주민등록의 신고는 행정청에 도달하기만 하면 신고로서의 효력이 발생하는 것이 아니라 행정청이 수리한 경우에 비로소 신고의 효력이 발생한다(대판 2006다17850).

(1) 주택의 인도

① '주택의 인도'는 임차목적물인 주택에 대한 점유의 이전을 말한다. 이때 점유는 사회통념상 어떤 사람의 사실적 지배에 있다고 할 수 있는 객관적 관계를 가리키는 것으로서, 사실상의 지배가 있다고 하기 위해서는 반드시 물건을 물리적·현실적으로 지배할 필요는 없고, 물건과 사람의 시간적·공간적 관계, 본권관계, 타인의 간섭가능성 등을 고려해서 사회통념에 따라 합목적적으로 판단하여야 한다(대판 2107다212194).

② 따라서 임차인이 직접 거주하지 않더라도 임차인과의 점유매개관계에 기하여 당해 주택에 실제로 거주하는 직접점유자(전차인)가 자신의 주민등록을 마친 경우에는 그 임차인의 임대차가 제3자에 대하여 적법하게 대항력을 취득할 수 있다(대판 2000다55645).

(2) 주민등록

주민등록은 거래의 안전을 위하여 임차권의 존재를 제3자가 명백히 인식할 수 있게 하는 공시방법으로 마련된 것이라고 볼 것이므로 주민등록이 어떤 임대차를 공시하는 효력이 있는가의 여부는 일반 사회통념상 그 주민등록으로 당해 임대차건물에 임차인이 주소 또는 거소를 가진 자로 등록되어 있는지를 인식할 수 있는가의 여부에 따라 결정된다.

① **주소의 기재**: 등기부상 동·호수 표시인 '다동 103호'와 불일치한 '라동 103호'로 된 주민등록은 그로써 당해 임대차건물에 임차인들이 주소 또는 거소를 가진 자로 등록되어 있는지를 인식할 수 있다고 보여지지 아니한다고 하여, 위 주민등록이 임대차의 공시방법으로서 유효하다고 할 수 없다(대판 99다4207).

ㄱ 다세대주택의 경우: 다세대주택의 경우에는 지번뿐만 아니라 호수까지 정확하게 기재되어야 한다(대판 99다66212).

ㄴ 다가구주택인 경우: 다가구용 주택의 경우에는 대항력을 취득하기 위한 요건으로 지번만 기재하면 되고 호수까지 기재할 필요는 없다(대판 97다47828).

ㄷ 다가구주택이 다세대주택으로 변경된 경우: 처음에 다가구용 단독주택으로 소유권보존등기가 경료된 건물의 일부를 임차한 임차인은 이를 인도받고 임차건물의 지번을 정확히 기재하여 전입신고를 하면 「주택임대차보호법」 소정의 대항력을 적법하게 취득하고, 나중에 다가구용 단독주택이 다세대주택으로 변경되었다는 사정만으로 임차인이 이미 취득한 대항력을 상실하게 되는 것은 아니다(대판 2006다70516).

② 공무원의 착오로 인한 경우

ⓐ 임차인이 전입신고를 올바르게(임차건물 소재지 지번으로) 하였다면 이로써 그 임대차의 대항력이 생기는 것이므로 설사 담당공무원의 착오로 주민등록표상에 신 거주지 지번이 다소 틀리게 기재되었다 하여 그 대항력에 영향을 주지는 않는다(대판 91다18118).

ⓑ 정확한 지번과 동·호수로 주민등록전입신고서를 작성·제출하였는데 담당공무원이 착오로 수정을 요구하여, 잘못된 지번으로 수정하여 그대로 주민등록이 되었다면, 설령 담당공무원의 요구에 기인한 것이라 하더라도 대항력은 인정되지 않는다(대판 2006다17850).

ⓜ 제3자에 의하여 이전된 경우: 주민등록이 주택임차인의 의사에 의하지 않고 제3자에 의하여 임의로 이전되었고 그와 같이 주민등록이 잘못 이전된 데 대하여 주택임차인에게 책임을 물을 만한 사유도 없는 경우, 주택임차인이 이미 취득한 대항력은 주민등록의 이전에도 불구하고 그대로 유지된다(대판 2000다37012).

② 임차인 본인의 주민등록에 한정하지 않는다.

㉠ 「주택임대차보호법」 제3조 제1항에서 규정하고 있는 주민등록이라는 대항요건은 임차인 본인분만 아니라 그 배우자나 자녀 등 가족의 주민등록을 포함한다.

㉡ 또한 임차인이 그 가족과 함께 그 주택에 대한 점유를 계속하고 있으면서 그 가족의 주민등록을 그대로 둔 채 임차인만 주민등록을 일시 다른 곳으로 옮긴 경우라면 전체적으로나 종국적으로 주민등록의 이탈이라고 볼 수 없는 만큼 임대차의 제3자에 대한 대항력을 상실하지 아니한다고 할 것이다(대판 95다30338).

③ 대항요건은 일시적이어서는 아니 되고 계속 존속하여야 한다.

주택의 인도 및 주민등록이라는 대항요건은 그 대항력 취득시에만 구비하면 족한 것이 아니고, 그 대항력을 유지하기 위하여서도 계속 존속하고 있어야 한다(대판 86다카1695).

④ 주민등록이 행정기관에 의하여 직권말소되면 대항력이 상실됨이 원칙이나 후에 「주민등록법」상 이의절차에 따라 회복되었다면 종전의 대항력이 소급하여 인정된다.

㉠ 주택임차인의 의사에 의하지 아니하고 행정기관에 의하여 직권조치로 주민등록이 말소된 경우에도 원칙적으로 그 대항력은 상실된다고 할 것이지만, 직권말소 후 「주민등록법」 소정의 이의절차에 따라 그 말소된 주민등록이 회복되거나 재등록이 이루어진 경우에는 소급하여 그 대항력이 유지된다.

㉡ 다만, 그 직권말소가 「주민등록법」 소정의 이의절차에 의하여 회복된 것이 아닌 경우에는 직권말소 후 재등록이 이루어지기 이전에 주민등록이 없는 것으로 믿고 임차주택에 관하여 새로운 이해관계를 맺은 선의의 제3자에 대하여는 임차인은 대항력의 유지를 주장할 수 없다(대판 2002다20957).

⑤ 임차인이 적법하게 전대차를 한 경우 임차인은 직접점유자인 전차인이 주민등록을 마친 다음 날로부터 대항력을 취득한다.

ⓐ 주택임차인이 임차주택을 직접점유하여 거주하지 않고, 간접점유하여 자신의 주민등록을 이전하지 아니한 경우라 하더라도 임대인의 승낙을 받아 임차주택을 전대하고 그 전차인이 주택을 인도받아 자신의 주민등록을 마친 때에는 임차인은 제3자에 대하여 대항력을 취득한다(대판 94다3155).

ⓑ 다만, 대항력을 갖춘 주택임차인이 임대인의 동의를 얻어 적법하게 임차권을 양도하거나 전대한 경우에 있어서 양수인이나 전차인이 임차인의 주민등록 퇴거일로부터 「주민등록법」상의 전입신고기간 내에 전입신고를 마치고 주택을 인도받아 점유를 계속하고 있다면 원래의 임차인이 갖는 임차권의 대항력은 소멸되지 아니하고 동일성을 유지한 채로 존속한다고 보아야 한다(대판 87다카2509).

⑥ 소유자가 주택을 매도하고 그 주택을 다시 임차한 경우에는 소유권이전등기 다음 날로부터 대항력을 취득한다.

⑦ 임차인이 전대차 후에 임대인으로부터 소유권을 취득하였다면 전차인은 임차인이 소유권이전등기를 하는 즉시 대항력을 취득한다.

PART 4 민사특별법

판례보기

대항력이 부정되는 경우

1. **임대차계약이 통정허위표시에 해당하는 경우**

   임대차는 임차인으로 하여금 목적물을 사용·수익하게 하는 것이 계약의 기본 내용이므로, 채권자가 「주택임대차보호법」상의 대항력을 취득하는 방법으로 기존 채권을 우선변제받을 목적으로 주택임대차계약의 형식을 빌려 기존 채권을 임대차보증금으로 하기로 하고 주택의 인도와 주민등록을 마침으로써 주택임대차로서의 대항력을 취득한 것처럼 외관을 만들었을 뿐 실제 주택을 주거용으로 사용·수익할 목적을 갖지 아니한 계약은 주택임대차계약으로서는 통정허위표시에 해당되어 무효라고 할 것이므로 이에 「주택임대차보호법」이 정하고 있는 대항력을 부여할 수는 없다(대판 2000다24184).

   > **비교판례** 주택임차인이 대항력을 갖는지 여부는 「주택임대차보호법」 제3조 제1항에서 정한 요건, 즉 임대차계약의 성립, 주택의 인도, 주민등록의 요건을 갖추었는지 여부에 의하여 결정되는 것이므로, 당해 임대차계약이 통정허위표시에 의한 계약이어서 무효라는 등의 특별한 사정이 있는 경우는 별론으로 하고 임대차계약당사자가 기존 채권을 임대차보증금으로 전환하여 임대차계약을 체결하였다는 사정만으로 임차인이 같은 법 제3조 제1항 소정의 대항력을 갖지 못한다고 볼 수는 없다(대판 2001다47535).

2. **적법한 임대권한이 없는 사람과 임대차계약을 체결한 경우**

   「주택임대차보호법」이 적용되는 임대차가 임차인과 주택의 소유자인 임대인 사이에 임대차계약이 체결된 경우로 한정되는 것은 아니나, 적어도 그 주택에 관하여 적법하게 임대차계약을 체결할 수 있는 권한을 가진 임대인이 임대차계약을 체결할 것이 요구된다. 따라서 임의경매절차에서 매각대금을 납부하지도 아니한 최고가 매수신고인의 지위에 불과한 자로부터 주택을 인도받아 전입신고 및 확정일자를 갖추었다는 것만으로 「주택임대차보호법」 제3조의2 제2항에서 정한 우선변제권을 취득하였다고 볼 수 없다(대판 2012다93794).

3. 임차주택의 부지를 비롯한 세 필의 토지가 같은 담장 안에 있고 그 지상에 임차주택 이외에는 다른 건물이 건립되어 있지 않다 하더라도 임차인이 임차주택의 부지가 아닌 인접한 다른 토지의 지번으로 주민등록을 마쳤다면 유효한 공시방법으로 볼 수 없다(대판 2000다44799).

2. 대항력의 내용

(1) 주택양수인과의 관계

① 임대인 지위의 승계

㉠ 임차주택의 양수인은 임대인의 지위를 승계한 것으로 본다(제3조 제4항). 즉, 종전의 임대인은 임대차관계에서 탈퇴하고 양수인 기타 임대할 권리를 승계한 자 등이 임대차에서 발생하는 모든 지위를 승계하게 된다. 따라서 임차보증금반환채무도 양수인에게 이전되며, 그에 따라 종전의 임대인은 그 채무를 면하게 된다(대판 95다35616).

> **보충** 임차주택 양도 전 발생한 연체차임채권은 특별한 사정이 없는 한 양수인에게 승계되지 않는다.

㉡ 양수인은 임대인의 지위를 승계하므로 임차인의 임대차보증금반환채권이 가압류된 상태에서 임대주택이 양도되면 양수인이 채권가압류의 제3채무자의 지위도 승계하고, 가압류권자 또한 임대주택의 양도인이 아니라 양수인에 대하여만 위 가압류의 효력을 주장할 수 있다(대판 2011다49523 전원합의체).

㉢ 주택의 양수인이 임차인에게 보증금을 반환하더라도 특별한 사정이 없는 한 양도인에게 부당이득반환을 청구할 수 없다.

판례보기

임대인 지위의 승계 여부

1. 주택의 양도담보의 경우에도 임대인의 지위가 승계되는지 여부(소극)

임대인의 지위를 승계한 것으로 보게 되는 임차주택의 양수인이 될 수 있는 경우는 주택을 임대할 권리나 이를 수반하는 권리를 종국적·확정적으로 이전받게 되는 경우라야 하므로 매매·증여·경매·상속·공용징수 등에 의하여 임차주택의 소유권을 취득한 자 등은 위 조항에서 말하는 임차주택의 양수인에 해당된다고 할 것이나, 이른바 주택의 양도담보의 경우에는 채권담보를 위하여 신탁적으로 양도담보권자에게 주택의 소유권이 이전될 뿐이어서, 특별한 사정이 없는 한 양도담보권자가 주택의 사용·수익권을 갖게 되는 것이 아니고 또 주택의 소유권이 양도담보권자에게 확정적·종국적으로 이전되는 것도 아니므로 양도담보권자는 이 법 조항에서 말하는 '양수인'에 해당되지 아니한다고 보는 것이 상당하다(대판 93다4083).

2. 매도한 주택에 대항력 있는 임차권이 설정된 후 매매의 해제로 소유권을 회복한 자도 임대인의 지위를 승계하는지 여부(적극)

소유권을 취득하였다가 계약해제로 인하여 소유권을 상실하게 된 임대인으로부터 그 계약이 해제되기 전에 주택을 임차받아 주택의 인도와 주민등록을 마침으로써 「주택임대차보호법」 제3조 제1항에 의한 대항요건을 갖춘 임차인은 「민법」제548조 제1항 단서의 규정에 따라 계약해제로 인하여 권리를 침해받지 않는 제3자에 해당하므로 임대인의 임대권원의 바탕이 되는 계약의 해제에도 불구하고 자신의 임차권을 새로운 소유자에게 대항할 수 있고, 이 경우 계약해제로 소유권을 회복한 제3자는 「주택임대차보호법」제3조 제2항(현재 제3항)에 따라 임대인의 지위를 승계한다(대판 2003다12717).

3. 공동임대차의 경우

   주택의 공동임차인 중 1인이라도 「주택임대차보호법」제3조 제1항에서 정한 대항력 요건을 갖추게 되면 그 대항력은 임대차 전체에 미치므로, 임차 건물이 양도되는 경우 특별한 사정이 없는 한 공동임차인에 대한 보증금반환채무 전부가 임대인 지위를 승계한 양수인에게 이전되고 양도인의 채무는 소멸한다(대판 2021다238650).

② 다만, 임차인의 보호를 위한 「주택임대차보호법」의 입법취지에 비추어 임차인이 임대인의 지위 승계를 원하지 않는 경우에는 임차인이 임차주택의 양도사실을 안 때로부터 상당한 기간 내에 이의를 제기함으로써 승계되는 임대차관계의 구속으로부터 벗어날 수 있다고 봄이 상당하고, 그와 같은 경우에는 양도인의 임차인에 대한 보증금반환채무는 소멸하지 않는다(대판 2001다64615).

(2) 제3자에 대한 관계

① 저당권자와 같은 담보권자 등 제3자에 대한 관계에서는 대항력과의 선후를 기준으로 그 우열관계를 정하게 된다. 따라서 주택임차인이 대항요건을 갖춘 경우에도 선순위 권리자가 있을 때는 대항력을 갖지 못한다.

② 후순위 저당권의 실행으로 목적부동산이 경락되어 그 선순위 저당권이 함께 소멸한 경우라면 비록 후순위 저당권자에게 대항할 수 있는 임차권이더라도 소멸된 선순위 저당권보다 뒤에 등기되었거나 대항력을 갖춘 임차권은 함께 소멸하고, 따라서 이와 같은 경우의 경락인은 「주택임대차보호법」제3조에서 말하는 임차주택의 양수인 중에 포함되지 않는다 할 것이므로, 경락인에 대하여 그 임차권의 효력을 주장할 수 없다(대판 86다카1936).

③ 저당권설정등기 후에 건물주와의 사이에 임차보증금을 증액하기로 한 합의는 건물주가 저당권자를 해치는 법률행위를 할 수 없게 된 결과 그 합의 당사자 사이에서만 효력이 있는 것이고 저당권자에게는 대항할 수 없다(대판 90다카11377).

4 보증금의 회수 제29회, 제30회, 제32회, 제34회

제3조의2 【보증금의 회수】 ① 임차인(제3조 제2항 및 제3항의 법인을 포함한다. 이하 같다)이 임차주택에 대하여 보증금반환청구소송의 확정판결이나 그 밖에 이에 준하는 집행권원(執行權原)에 따라서 경매를 신청하는 경우에는 집행개시요건에 관한 「민사집행법」제41조에도 불구하고 반대의무의 이행이나 이행의 제공을 집행개시의 요건으로 하지 아니한다.

② 제3조 제1항·제2항 또는 제3항의 대항요건과 임대차계약증서(제3조 제2항 및 제3항의 경우에는 법인과 임대인 사이의 임대차계약증서를 말한다)상의 확정일자를 갖춘 임차인은 「민사집행법」에 따른 경매 또는 「국세징수법」에 따른 공매(公賣)를 할 때에 임차주택(대지를 포함한다)의 환가대금(換價代金)에서 후순위 권리자나 그 밖의 채권자보다 우선하여 보증금을 변제받을 권리가 있다.

③ 임차인은 임차주택을 양수인에게 인도하지 아니하면 제2항에 따른 보증금을 받을 수 없다.

④ 제2항 또는 제7항에 따른 우선변제의 순위와 보증금에 대하여 이의가 있는 이해관계인은 경매법원이나 체납처분청에 이의를 신청할 수 있다.

⑤ 제4항에 따라 경매법원에 이의를 신청하는 경우에는 「민사집행법」 제152조부터 제161조까지의 규정을 준용한다.

⑥ 제4항에 따라 이의신청을 받은 체납처분청은 이해관계인이 이의신청일부터 7일 이내에 임차인 또는 제7항에 따라 우선변제권을 승계한 금융기관 등을 상대로 소를 제기한 것을 증명하면 해당 소송이 끝날 때까지 이의가 신청된 범위에서 임차인 또는 제7항에 따라 우선변제권을 승계한 금융기관 등에 대한 보증금의 변제를 유보하고 남은 금액을 배분하여야 한다. 이 경우 유보된 보증금은 소송의 결과에 따라 배분한다.

⑦ 다음 각 호의 금융기관 등이 제2항, 제3조의3 제5항, 제3조의4 제1항에 따른 우선변제권을 취득한 임차인의 보증금반환채권을 계약으로 양수한 경우에는 양수한 금액의 범위에서 우선변제권을 승계한다.

1. 「은행법」에 따른 은행
2. 「중소기업은행법」에 따른 중소기업은행
3. 「한국산업은행법」에 따른 한국산업은행
4. 「농업협동조합법」에 따른 농협은행
5. 「수산업협동조합법」에 따른 수협은행
6. 「우체국예금·보험에 관한 법률」에 따른 체신관서
7. 「한국주택금융공사법」에 따른 한국주택금융공사
8. 「보험업법」 제4조 제1항 제2호 라목의 보증보험을 보험종목으로 허가받은 보험회사
9. 「주택도시기금법」에 따른 주택도시보증공사
10. 그 밖에 제1호부터 제9호까지에 준하는 것으로서 대통령령으로 정하는 기관

⑧ 제7항에 따라 우선변제권을 승계한 금융기관 등(이하 '금융기관 등'이라 한다)은 다음 각 호의 어느 하나에 해당하는 경우에는 우선변제권을 행사할 수 없다.

1. 임차인이 제3조 제1항·제2항 또는 제3항의 대항요건을 상실한 경우
2. 제3조의3 제5항에 따른 임차권등기가 말소된 경우
3. 「민법」 제621조에 따른 임대차등기가 말소된 경우

⑨ 금융기관 등은 우선변제권을 행사하기 위하여 임차인을 대리하거나 대위하여 임대차를 해지할 수 없다.

1. 우선변제권

(1) 임차인이 대항요건과 임대차계약증서(제3조 제2항의 경우에는 법인과 임대인 사이의 임대차계약증서를 말한다)상의 확정일자를 갖춘 경우에는 「민사집행법」에 의한 경매 또는 「국세징수법」에 의한 공매 시 임차주택(대지를 포함한다)의 환가대금에서 후순위 권리자 기타 채권자보다 우선하여 보증금을 변제받을 권리가 있다.

(2) 이때 우선변제권이 인정되기 위하여 대항요건과 임대차계약증서상의 확정일자를 갖추는 것 외에 계약 당시 임차보증금이 전액 지급되어 있을 것을 요구하지는 않으므로 보증금의 일부만을 지급하고 대항요건과 임대차계약증서상의 확정일자를 갖춘 다음 나머지 보증금을 나중에 지급하였다고 하더라도 특별한 사정이 없는 한 대항요건과 확정일자를 갖춘 때를 기준으로 임차보증금 전액에 대해서 후순위 권리자나 그 밖의 채권자보다 우선하여 변제받을 권리를 갖는다고 보아야 한다(대판 2017다212194).

(3) 확정일자의 취지

확정일자의 요건을 규정한 것은 임대인과 임차인의 담합으로 임차보증금의 액수를 사후에 변경하는 것을 방지하고자 하는 취지일 뿐, 대항요건으로 규정된 주민등록과 같이 당해 임대차의 존재사실을 제3자에게 공시하고자 하는 것은 아니다.

① 따라서 임대차계약서에 임대차목적물을 표시하면서 아파트의 명칭과 그 전유부분의 동·호수의 기재를 누락하였다는 사유만으로 「주택임대차보호법」 제3조의2 제2항에 규정된 확정일자의 요건을 갖추지 못하였다고 볼 수는 없다(대판 99다7992).

② 우선변제권을 취득한 임차인이 그 계약서를 분실하거나 계약서가 멸실되었다고 하여 우선변제권이 소멸하는 것은 아니다(대판 96다12474).

(4) 우선변제권의 발생시기

① 주택의 임차인이 주택의 인도와 주민등록을 마친 이후 확정일자를 갖춘 경우 우선변제권은 확정일자를 갖춘 날부터 발생한다. 다만, 주택의 인도와 주민등록을 마친 당일 또는 그 이전에 임대차계약증서상에 확정일자를 갖춘 경우에는 대항력과 마찬가지로 주택의 인도와 주민등록을 마친 다음 날을 기준으로 우선변제권이 발생한다(대판 98다46938).

대항요건(인도 + 주민등록)	확정일자		우선변제권 효력발생시기
2월 1일	2월 2일	➡	2월 2일
2월 1일	2월 1일	➡	2월 2일 0시
2월 2일	2월 1일	➡	2월 3일 0시

② 선순위 가압류와 확정일자를 받은 임차권의 배당 – 안분배당(평등배당): 임대차계약증서에 확정일자를 갖춘 경우에는 부동산 담보권에 유사한 권리를 인정한다는 취지이므로, 부동산 담보권자보다 선순위의 가압류채권자가 있는 경우에 그 담보권자가 선순위의 가압류채권자와 채권액에 비례한 평등배당을 받을 수 있는 것과 마찬가지로 우선변제권을 갖게 되는 임차보증금채권자도 선순위의 가압류채권자와는 평등배당의 관계에 있게 된다(대판 92다30597).

(5) 대항력과 우선변제권을 겸유한 경우

① 「주택임대차보호법」상의 대항력과 우선변제권이라는 두 가지 권리를 겸유하고 있는 임차인이 먼저 우선변제권을 선택하여 임차주택에 대하여 진행되고 있는 경매절차에서 보증금 전액에 대하여 배당요구를 하였다고 하더라도, 그 순위에 따른 배당이 실시된 경우 보증금 전액을 배당받을 수 없었던 때에는 보증금 중 경매절차에서 배당받을 수 있었던 금액을 공제한 잔액에 관하여 경락인에게 대항하여 이를 반환받을 때까지 임대차관계의 존속을 주장할 수 있다(대판 96다53628).

② 다만, 우선변제권은 1차 경매에서 소멸하며 후행 경매절차에서는 대항력을 주장할 수 있을 뿐 우선변제권을 행사할 수 없다(대판 98다4552).

(6) 배당요구

① 주택임차인은 우선변제권을 행사함에 있어서 배당요구를 하여야 하며, 배당요구를 하지 않아 배당에서 제외되었다면 후순위 채권자에게 부당이득반환을 청구할 수 없다(대판 2001다70702).

② 다만 임차인이 스스로 강제경매를 신청하였다면 특별한 사정이 없는 한 대항력과 우선변제권 중 우선변제권을 선택하여 행사한 것으로 보아야 하고, 이 경우 우선변제권을 인정받기 위하여 배당요구의 종기까지 별도로 배당요구를 하여야 하는 것은 아니다(대판 2013다27831).

판례보기

주택임차인이 대항력을 갖추고 전세권등기도 한 경우

1. 주택임차인으로서의 우선변제를 받을 수 있는 권리와 전세권자로서 우선변제를 받을 수 있는 권리는 근거규정 및 성립요건을 달리하는 별개의 것이므로, 「주택임대차보호법」상 대항력을 갖춘 임차인이 임차주택에 관하여 전세권설정등기를 경료하였다거나 전세권자로서 배당절차에 참가하여 전세금의 일부에 대하여 우선변제를 받은 사유만으로는 변제받지 못한 나머지 보증금에 기한 대항력 행사에 어떤 장애가 있다고 볼 수 없다(대판 93다39676). 또한 전세권설정계약서가 첨부된 등기필증에 찍힌 접수인이 「주택임대차보호법」 소정의 확정일자에 해당한다(대판 2001다51725).

2. 「주택임대차보호법」상 임차인으로서 우선변제를 받을 수 있는 권리와 전세권자로서 우선변제를 받을 수 있는 권리는 근거규정 및 성립요건을 달리하는 별개의 권리라고 할 것인 점 등에 비추어 보면, 「주택임대차보호법」상 임차인으로서의 지위와 전세권자로서의 지위를 함께 가지고 있는 자가 그중 임차인으로서의 지위에 기하여 경매법원에 배당요구를 하였다면 배당요구를 하지 아니한 전세권에 관하여는 배당요구가 있는 것으로 볼 수 없다(대판 2009다40790).

(7) 금융기관 등의 우선변제권 승계

① 주택의 임차인이 자신의 보증금채권을 담보로 하여 금융기관 등에 금전을 빌리는 경우 그 보증금채권만을 양수한 금융기관에게 우선변제권이 인정되지 않아 임차인이 고리의 대출이자를 부담하는 것이 현실이다. 따라서 이러한 임차인의 피해를 막기 위하여 보증금채권을 양수한 금융기관 등에 우선변제권을 인정하여 주택의 임차인이 보다 낮은 금리로 금전을 빌릴 수 있도록 제3조의2 제7항으로 규정하였다.

② 우선변제권을 승계한 금융기관 등은 임차인이 대항요건을 상실한 경우, 임차권등기가 말소된 경우에는 우선변제권을 행사할 수 없으며, 금융기관 등이 우선변제권을 행사하기 위하여 임차인을 대리하거나 대위하여 임대차를 해지할 수 없다.

(8) 확정일자 부여 및 정보제공

제3조의6 【확정일자 부여 및 임대차 정보제공 등】 ① 제3조의2 제2항의 확정일자는 주택 소재지의 읍·면사무소, 동 주민센터 또는 시(특별시·광역시·특별자치시는 제외하고, 특별자치도는 포함한다)·군·구(자치구를 말한다)의 출장소, 지방법원 및 그 지원과 등기소 또는 「공증인법」에 따른 공증인(이하 이 조에서 '확정일자 부여기관'이라 한다)이 부여한다.

② 확정일자 부여기관은 해당 주택의 소재지, 확정일자 부여일, 차임 및 보증금 등을 기재한 확정일자부를 작성하여야 한다. 이 경우 전산처리정보조직을 이용할 수 있다.

③ 주택의 임대차에 이해관계가 있는 자는 확정일자 부여기관에 해당 주택의 확정일자 부여일, 차임 및 보증금 등 정보의 제공을 요청할 수 있다. 이 경우 요청을 받은 확정일자 부여기관은 정당한 사유 없이 이를 거부할 수 없다.

④ 임대차계약을 체결하려는 자는 임대인의 동의를 받아 확정일자부여기관에 제3항에 따른 정보제공을 요청할 수 있다.

⑤ 제1항·제3항 또는 제4항에 따라 확정일자를 부여받거나 정보를 제공받으려는 자는 수수료를 내야 한다.

⑥ 확정일자부에 기재하여야 할 사항, 주택의 임대차에 이해관계가 있는 자의 범위, 확정일자 부여기관에 요청할 수 있는 정보의 범위 및 수수료, 그 밖에 확정일자 부여사무와 정보제공 등에 필요한 사항은 대통령령 또는 대법원규칙으로 정한다.

제3조의7 【임대인의 정보 제시 의무】 임대차계약을 체결할 때 임대인은 다음 각 호의 사항을 임차인에게 제시하여야 한다.

1. 제3조의6제3항에 따른 해당 주택의 확정일자 부여일, 차임 및 보증금 등 정보. 다만, 임대인이 임대차계약을 체결하기 전에 제3조의6제4항에 따라 동의함으로써 이를 갈음할 수 있다.

2. 「국세징수법」 제108조에 따른 납세증명서 및 「지방세징수법」 제5조제2항에 따른 납세증명서. 다만, 임대인이 임대차계약을 체결하기 전에 「국세징수법」 제109조제1항에 따른 미납국세와 체납액의 열람 및 「지방세징수법」 제6조제1항에 따른 미납지방세의 열람에 각각 동의함으로써 이를 갈음할 수 있다.

2. 소액보증금의 최우선변제(보증금 중 일정액의 보호)

> **제8조 【보증금 중 일정액의 보호】** ① 임차인은 보증금 중 일정액을 다른 담보물권자보다 우선하여 변제받을 권리가 있다. 이 경우 임차인은 주택에 대한 경매신청의 등기 전에 제3조 제1항의 요건을 갖추어야 한다.
> ② 제1항의 경우에는 제3조의2 제4항부터 제6항까지의 규정을 준용한다.
> ③ 제1항에 따라 우선변제를 받을 임차인 및 보증금 중 일정액의 범위와 기준은 제8조의2에 따른 주택임대차위원회의 심의를 거쳐 대통령령으로 정한다. 다만, 보증금 중 일정액의 범위와 기준은 주택가액(대지의 가액을 포함한다)의 2분의 1을 넘지 못한다.

(1) 요건

① 소액임차인은 대지를 포함한 임차주택의 경매대금에서 보증금 중 일정액을 다른 담보물권자보다 우선하여 변제받을 권리가 있다. 이 경우 임차인은 주택에 대한 경매신청등기 전에 대항요건을 갖추어야 한다. 대항요건을 갖추는 것으로 족하며 확정일자는 갖추지 않아도 된다.

② 「주택임대차보호법 시행령」 부칙의 '소액보증금의 범위변경에 따른 경과조치'를 적용함에 있어서 신축건물에 대하여 담보물권을 취득한 때를 기준으로 소액임차인 및 소액보증금의 범위를 정하여야 한다(대판 2009다101275). 따라서 임차인이 대항요건을 갖출 당시에는 소액임차인의 범위에 속하였더라도 선순위 저당권이 설정될 당시에는 그 액수가 소액임차인에 포함되지 않는다면, 최우선변제를 받을 수 없다.

③ 반드시 최초 임대차계약시부터 소액임차인이어야 하는 것은 아니며, 그 후에 정당하게 보증금을 감액하여 소액임차인에 해당하게 되었다면, 그 임대차계약이 통정허위표시에 의한 계약이어서 무효라는 등의 특별한 사정이 없는 한 그러한 임차인은 본법상 소액임차인으로 보호받을 수 있다(대판 2007다23203).

(2) 적용범위(2023년 02월 21부터)

구분	우선변제를 받을 임차인의 범위 (시행령 제11조)	우선변제를 받을 보증금 중 일정액의 범위 (시행령 제10조)
서울특별시	보증금 1억 6천 5백만원 이하	5천 5백만원
「수도권정비계획법」에 따른 과밀억제권역(서울특별시 제외), 세종특별자치시, 용인시, 화성시 및 김포시	보증금 1억 4천 5백만원 이하	4천 800만원
광역시(「수도권정비계획법」에 따른 과밀억제권역에 포함된 지역과 군지역 제외) 안산시, 광주시, 파주시, 이천시 및 평택시	보증금 8천 5백만원 이하	2천 800만원
그 밖의 지역	보증금 7천 5백만원 이하	2천 5백만원

(3) 하나의 주택에 임차인이 2명 이상이고 이들이 그 주택에서 가정공동생활을 하는 경우에는 이들을 1명의 임차인으로 보아 이들의 각 보증금을 합산한다(시행령 제10조 제4항).

(4) 임차인의 보증금 중 일정액이 주택가액의 2분의 1을 초과하는 경우에는 주택가액의 2분의 1에 해당하는 금액까지만 우선변제권이 있다(시행령 제10조 제2항).

판례보기

소액보증금

1. 토지에 저당권이 설정된 후에 신축된 주택의 소액임차인은 대지로부터 우선변제를 받을 수 있는지 여부(소극)

   통상적으로 건물의 임대차에는 당연히 그 부지부분의 이용을 수반하는 것인 점 등을 종합하여 보면, 대지에 관한 저당권의 실행으로 경매가 진행된 경우에도 그 지상건물의 소액임차인은 대지의 환가대금 중에서 소액보증금을 우선변제받을 수 있다고 할 것이나, 이와 같은 법리는 대지에 관한 저당권설정 당시에 이미 그 지상건물이 존재하는 경우에만 적용될 수 있는 것이고, 저당권설정 후에 비로소 건물이 신축된 경우에까지 공시방법이 불완전한 소액임차인에게 우선변제권을 인정한다면 저당권자가 예측할 수 없는 손해를 입게 되는 범위가 지나치게 확대되어 부당하므로, 이러한 경우에는 소액임차인은 대지의 환가대금에 대하여 우선변제를 받을 수 없다고 보아야 한다(대판 99다25531).

2. 미등기 건물의 소액임차인이 대지의 매각대금으로부터 우선변제를 받을 수 있는지 여부(적극)

   대항요건 및 확정일자를 갖춘 임차인과 소액임차인에게 우선변제권을 인정한 「주택임대차보호법」 제3조의2 및 제8조가 미등기 주택을 달리 취급하는 특별한 규정을 두고 있지 아니하므로, 대항요건 및 확정일자를 갖춘 임차인과 소액임차인의 임차주택 대지에 대한 우선변제권에 관한 법리는 임차주택이 미등기인 경우에도 그대로 적용된다. (… 중략 …) 위 규정이 미등기 주택의 경우에 소액임차인의 대지에 관한 우선변제권을 배제하는 규정에 해당한다고 볼 수 없다(대판 전합 2004다26133).

3. 주택임대차 성립 당시 임대인의 소유였던 대지가 타인에게 양도되어 임차주택과 대지의 소유자가 서로 달라지게 된 경우, 임차인이 대지의 환가대금에 대하여 우선변제권을 행사할 수 있는지 여부(적극)

   대항요건 및 확정일자를 갖춘 임차인과 소액임차인은 임차주택과 그 대지가 함께 경매될 경우뿐만 아니라 임차주택과 별도로 그 대지만이 경매될 경우에도 그 대지의 환가대금에 대하여 우선변제권을 행사할 수 있고, 이와 같은 우선변제권은 이른바 법정담보물권의 성격을 갖는 것으로서 임대차 성립시의 임차목적물인 임차주택 및 대지의 가액을 기초로 임차인을 보호하고자 인정되는 것이므로, 임대차 성립 당시 임대인의 소유였던 대지가 타인에게 양도되어 임차주택과 대지의 소유자가 서로 달라지게 된 경우에도 마찬가지이다(대판 전합 2004다26133).

4. 점포 및 사무실로 사용되던 건물에 근저당권이 설정된 후 그 건물이 주거용 건물로 용도변경된 경우, 이를 임차한 소액임차인이 근저당권자에 대하여 우선변제권이 있는지 여부(적극)

   점포 및 사무실로 사용되던 건물에 근저당권이 설정된 후 그 건물이 주거용 건물로 용도변경되어 이를 임차한 소액임차인도 특별한 사정이 없는 한 「주택임대차보호법」 제8조에 의하여 보증금 중 일정액을 근저당권자보다 우선하여 변제받을 권리가 있다(대판 2009다26879).

3. 임차권자의 경매신청

(1) 경매신청

임차권자는 담보권자가 아니므로 임차권 자체에 기한 경매신청권은 인정되지 않는다. 따라서 임대차가 종료하였음에도 보증금을 반환받지 못한 경우에는 보증금반환청구소송을 제기하여 승소판결을 받아 이를 집행권원으로 하여 강제경매를 신청하여야 한다. 이 경우에 보증금의 액수와 상관없이 임차인이 임대인에 대하여 제기하는 보증금반환청구소송에 관하여 소액심판법의 일부조항을 준용하여 절차를 간이하게 하고 있다(제13조).

(2) 집행개시요건의 특례(예외)

① 임차물의 반환과 보증금의 반환이 동시이행관계에 있으므로 강제집행개시의 요건으로서 반대의무의 이행 또는 그 제공이 집행개시의 요건이 되지만, 「주택임대차보호법」은 이에 대한 예외를 인정함으로써 주택임차인은 임차물의 반환을 하지 않고도 임차주택에 대하여 강제집행을 개시할 수 있다. 따라서 주택의 임차인은 그 주택에 계속 거주하면서 경매절차를 진행할 수 있다.
② 임차인은 보증금을 수령하기 위해서는 임차주택을 양수인에게 인도하여야 한다.

4. 임차권등기명령

(1) 의의

임대차가 종료된 후 보증금을 반환받지 못한 임차인은 임차주택의 소재지를 관할하는 지방법원·지방법원지원 또는 시·군법원에 임차권등기명령을 신청할 수 있다. 임차권등기명령신청을 기각하는 결정에 대하여 임차인은 항고할 수 있다(제3조의3 제4항).

(2) 효력

① 임차인이 임차권등기명령에 의한 등기 이전에 이미 대항력 또는 우선변제권을 취득한 경우에는 임차권등기 이후에 대항요건을 상실하더라도, 즉 이사를 가거나 주민등록을 이전할지라도 이미 취득한 대항력 또는 우선변제권을 상실하지 아니한다(제3조의3 제5항 단서).
② 임대차가 종료된 후 보증금을 반환받지 못한 임차인이 임차권등기명령의 집행에 의한 등기(촉탁에 의한 등기)를 경료한 때에는 대항력과 보증금의 우선변제권을 취득한다(제3조의3 제5항).
③ 임차권등기명령의 집행에 의한 임차권등기가 경료된 주택을 그 이후에 임차한 임차인은 소액보증금의 최우선변제를 받을 수 없다(제3조의3 제6항).

> 보충 | 최우선변제가 인정되지 않을 뿐이며 대항력과 일반 우선변제권은 인정된다.

④ 임차인은 임차권등기명령의 신청 및 그에 따른 임차권등기와 관련하여 소요된 비용을 임대인에게 청구할 수 있다(제3조의3 제8항).

⑤ 금융기관 등은 임차인을 대위하여 임차권등기명령을 신청할 수 있다(제3조의3 제9항).

⑥ 임차권등기명령에 의한 등기가 보증금반환채권의 소멸시효 중단사유가 될 수 없다. 따라서 임차권등기명령에 의한 등기가 되어 있더라도 10년이 경과하면 임차인의 보증금반환채권은 소멸한다(대판 2017다226629).

⑦ 임차권등기명령에 의한 등기는 임차권등기명령 결정이 임대인에게 송달되기 전에도 실행될 수 있다(제3조의3 제3항).

(3) 임차인이 「민법」 제621조에 의하여 등기를 경료한 경우에도 임차권등기명령의 집행에 의한 등기를 경료한 경우와 동일한 효력이 인정된다(제3조의4 제1항).

판례보기

임차권등기명령에 의한 등기

1. 임대인의 임대차보증금반환의무와 임차인의 「주택임대차보호법」 제3조의3에 의한 임차권등기말소의무가 동시이행관계에 있는지 여부(소극)
「주택임대차보호법」 제3조의3 규정에 의한 임차권등기는 이미 임대차계약이 종료하였음에도 임대인이 그 보증금을 반환하지 않는 상태에서 경료되게 되므로, 이미 사실상 이행지체에 빠진 임대인의 임대차보증금의 반환의무와 그에 대응하는 임차인의 권리를 보전하기 위하여 새로이 경료하는 임차권등기에 대한 임차인의 말소의무를 동시이행관계에 있는 것으로 해석할 것은 아니고, 특히 위 임차권등기는 임차인으로 하여금 기왕의 대항력이나 우선변제권을 유지하도록 해 주는 담보적 기능만을 주목적으로 하는 점 등에 비추어 볼 때, 임대인의 임대차보증금의 반환의무가 임차인의 임차권등기말소의무보다 먼저 이행되어야 할 의무이다(대판 2005다4529).

2. 임차권등기명령에 의하여 임차권등기를 한 임차인이 배당요구 없이 배당받을 수 있는지 여부(적극)
임차권등기명령에 의하여 임차권등기를 한 임차인은 우선변제권을 가지며, 위 임차권등기는 임차인으로 하여금 기왕의 대항력이나 우선변제권을 유지하도록 해 주는 담보적 기능을 주목적으로 하고 있으므로, 위 임차권등기가 첫 경매개시결정등기 전에 등기된 경우, 배당받을 채권자의 범위에 관하여 규정하고 있는 「민사집행법」 제148조 제4호의 '저당권·전세권 그 밖의 우선변제청구권으로서 첫 경매개시결정등기 전에 등기되었고 매각으로 소멸하는 것을 가진 채권자'에 준하여, 그 임차인은 별도로 배당요구를 하지 않아도 당연히 배당받을 채권자에 속하는 것으로 보아야 한다(대판 2005다33039).

5 존속기간의 보장 제29회, 제30회, 제32회, 제34회, 제35회

제4조【임대차기간 등】 ① 기간을 정하지 아니하거나 2년 미만으로 정한 임대차는 그 기간을 2년으로 본다. 다만, 임차인은 2년 미만으로 정한 기간이 유효함을 주장할 수 있다.
② 임대차기간이 끝난 경우에도 임차인이 보증금을 반환받을 때까지는 임대차관계가 존속되는 것으로 본다.

제6조 【계약의 갱신】 ① 임대인이 임대차기간이 끝나기 6개월 전부터 2개월 전까지의 기간에 임차인에게 갱신거절의 통지를 하지 아니하거나 계약조건을 변경하지 아니하면 갱신하지 아니한다는 뜻의 통지를 하지 아니한 경우에는 그 기간이 끝난 때에 전 임대차와 동일한 조건으로 다시 임대차한 것으로 본다. 임차인이 임대차기간이 끝나기 2개월 전까지 통지하지 아니한 경우에도 또한 같다.

② 제1항의 경우 임대차의 존속기간은 2년으로 본다.

③ 2기의 차임액에 달하도록 연체하거나 그 밖에 임차인으로서의 의무를 현저히 위반한 임차인에 대하여는 제1항을 적용하지 아니한다.

제6조의2 【묵시적 갱신의 경우 계약의 해지】 ① 제6조 제1항에 따라 계약이 갱신된 경우 같은 조 제2항에도 불구하고 임차인은 언제든지 임대인에게 계약해지를 통지할 수 있다.

② 제1항에 따른 해지는 임대인이 그 통지를 받은 날부터 3개월이 지나면 그 효력이 발생한다.

제6조의3 【계약갱신 요구 등】 ① 제6조에도 불구하고 임대인은 임차인이 제6조 제1항 전단의 기간 이내에 계약갱신을 요구할 경우 정당한 사유 없이 거절하지 못한다. 다만, 다음 각 호의 어느 하나에 해당하는 경우에는 그러하지 아니하다.

1. 임차인이 2기의 차임액에 해당하는 금액에 이르도록 차임을 연체한 사실이 있는 경우
2. 임차인이 거짓이나 그 밖의 부정한 방법으로 임차한 경우
3. 서로 합의하여 임대인이 임차인에게 상당한 보상을 제공한 경우
4. 임차인이 임대인의 동의 없이 목적주택의 전부 또는 일부를 전대(轉貸)한 경우
5. 임차인이 임차한 주택의 전부 또는 일부를 고의나 중대한 과실로 파손한 경우
6. 임차한 주택의 전부 또는 일부가 멸실되어 임대차의 목적을 달성하지 못할 경우
7. 임대인이 다음 각 목의 어느 하나에 해당하는 사유로 목적주택의 전부 또는 대부분을 철거하거나 재건축하기 위하여 목적주택의 점유를 회복할 필요가 있는 경우
   가. 임대차계약 체결 당시 공사시기 및 소요기간 등을 포함한 철거 또는 재건축 계획을 임차인에게 구체적으로 고지하고 그 계획에 따르는 경우
   나. 건물이 노후·훼손 또는 일부 멸실되는 등 안전사고의 우려가 있는 경우
   다. 다른 법령에 따라 철거 또는 재건축이 이루어지는 경우
8. 임대인(임대인의 직계존속·직계비속을 포함한다)이 목적주택에 실제 거주하려는 경우
9. 그 밖에 임차인이 임차인으로서의 의무를 현저히 위반하거나 임대차를 계속하기 어려운 중대한 사유가 있는 경우

② 임차인은 제1항에 따른 계약갱신요구권을 1회에 한하여 행사할 수 있다. 이 경우 갱신되는 임대차의 존속기간은 2년으로 본다.

③ 갱신되는 임대차는 전 임대차와 동일한 조건으로 다시 계약된 것으로 본다. 다만, 차임과 보증금은 제7조의 범위에서 증감할 수 있다.

④ 제1항에 따라 갱신되는 임대차의 해지에 관하여는 제6조의2를 준용한다.

⑤ 임대인이 제1항 제8호의 사유로 갱신을 거절하였음에도 불구하고 갱신요구가 거절되지 아니하였더라면 갱신되었을 기간이 만료되기 전에 정당한 사유 없이 제3자에게 목적주택을 임대한 경우 임대인은 갱신거절로 인하여 임차인이 입은 손해를 배상하여야 한다.

⑥ 제5항에 따른 손해배상액은 거절 당시 당사자 간에 손해배상액의 예정에 관한 합의가 이루어지지 않는 한 다음 각 호의 금액 중 큰 금액으로 한다.

1. 갱신거절 당시 월차임(차임 외에 보증금이 있는 경우에는 그 보증금을 제7조의2 각 호 중 낮은 비율에 따라 월 단위의 차임으로 전환한 금액을 포함한다. 이하 '환산월차임'이라 한다)의 3개월분에 해당하는 금액
2. 임대인이 제3자에게 임대하여 얻은 환산월차임과 갱신거절 당시 환산월차임 간 차액의 2년분에 해당하는 금액
3. 제1항 제8호의 사유로 인한 갱신거절로 인하여 임차인이 입은 손해액

(1) 최단기간의 보장

① 기간의 정함이 없거나 기간을 2년 미만으로 정한 주택임대차는 그 기간을 2년으로 본다. 다만, 임차인은 2년 미만으로 정한 기간이 유효함을 주장할 수 있다. 예를 들어 임대차기간을 1년으로 약정한 경우에 임차인은 약정대로 1년 또는 최단기간인 2년을 주장할 수 있으나, 임대인은 1년을 주장할 수 없으며 2년을 보장하여야 한다.

② 존속의제 - 임대차가 종료한 경우에도 임차인이 보증금을 반환받을 때까지는 임대차관계는 존속하는 것으로 본다(제4조 제2항).

(2) 법정갱신(묵시의 갱신)

① 임대인이 임대차기간 만료 전 6개월부터 2개월까지의 기간에 임차인에 대하여 갱신거절의 통지 또는 조건을 변경하지 아니하면 갱신하지 아니한다는 뜻의 통지를 하지 않은 경우에는 그 기간이 만료된 때에 전 임대차와 동일한 조건으로 다시 임대차한 것으로 본다. 임차인이 임대차기간 만료 2개월 전까지 통지하지 아니한 때에도 또한 같다.

② 법정갱신이 되면 임대차의 존속기간은 2년으로 본다. 그러나 임차인은 언제든지 해지의 통지를 할 수 있으며, 임대인이 해지의 통지를 받은 날로부터 3개월이 경과하면 임대차는 소멸한다(제6조의2 제2항).

③ 2기의 차임액에 달하도록 차임을 연체하거나 기타 임차인으로서의 의무를 현저히 위반한 임차인에 대하여는 법정갱신이 인정되지 않는다.

(3) 계약갱신요구권(계약갱신청구권)

① 임대인은 임차인이 임대차기간 만료 전 6개월부터 2개월까지 사이에 행하는 계약갱신 요구에 대하여 정당한 사유 없이 이를 거절하지 못한다. 다만, 다음의 경우에는 갱신요구를 거절할 수 있다.

　㉠ 임차인이 2기의 차임액에 해당하는 금액에 이르도록 차임을 연체한 사실이 있는 경우
　㉡ 임차인이 거짓이나 그 밖의 부정한 방법으로 임차한 경우
　㉢ 서로 합의하여 임대인이 임차인에게 상당한 보상을 제공한 경우
　㉣ 임차인이 임대인의 동의 없이 목적주택의 전부 또는 일부를 전대(轉貸)한 경우

ⓜ 임차인이 임차한 주택의 전부 또는 일부를 고의나 중대한 과실로 파손한 경우

ⓗ 임차한 주택의 전부 또는 일부가 멸실되어 임대차의 목적을 달성하지 못할 경우

ⓢ 임대인이 다음의 어느 하나에 해당하는 사유로 목적주택의 전부 또는 대부분을 철거하거나 재건축하기 위하여 목적주택의 점유를 회복할 필요가 있는 경우

    ⓐ 임대차계약 체결 당시 공사시기 및 소요기간 등을 포함한 철거 또는 재건축계획을 임차인에게 구체적으로 고지하고 그 계획에 따르는 경우

    ⓑ 건물이 노후·훼손 또는 일부 멸실되는 등 안전사고의 우려가 있는 경우

    ⓒ 다른 법령에 따라 철거 또는 재건축이 이루어지는 경우

ⓞ 임대인(임대인의 직계존속·직계비속을 포함한다)이 목적주택에 실제 거주하려는 경우

> **보충** 임대인이 목적 주택에 실제 거주하려는 경우에 해당한다는 점에 대한 증명책임은 임대인에게 있다.

판례보기

갱신요구권이 행사된 주택을 양수한 자도 실거주를 이유로 임차인의 갱신요구를 거절할 수 있는지 여부(적극)

임차인이 갱신요구를 할 당시의 임대인뿐만 아니라 임대인의 지위를 승계한 임차주택의 양수인도 그 주택에 실제 거주하려는 경우 위 갱신거절 기간 내에 임차인의 갱신요구를 거절할 수 있다(대판 2021다266631).

ⓩ 그 밖에 임차인이 임차인으로서의 의무를 현저히 위반하거나 임대차를 계속하기 어려운 중대한 사유가 있는 경우

② 임차인의 계약갱신요구권은 1회에 한하여 행사할 수 있으며 이로 인하여 갱신되는 임대차의 존속기간은 2년으로 본다. 따라서 임차인은 위에 정한 거절사유가 없는 한 기본적으로 4년의 임대차기간을 보장받게 된다.

③ 임대인은 임차인의 갱신요구권 행사로 인한 2년의 기간을 추가적으로 보장하여야 하므로 갱신된 임대차에 대하여 해지통지를 할 수 없으나 임차인은 언제든지 해지의 통지를 할 수 있다. 임차인이 해지통지를 한 경우, 임대인이 해지의 통지를 받은 날로부터 3개월이 경과하면 임대차는 소멸한다.

판례보기

임차인이 주택임대차보호법 제6조의3 제1항에 따라 임대차계약의 갱신을 요구한 경우 갱신의 효력이 발생하는 시점(= 임대인에게 갱신요구가 도달한 때)

임대차계약의 갱신을 요구하면 임대인에게 갱신거절 사유가 존재하지 않는 한 임대인에게 갱신요구가 도달한 때 갱신의 효력이 발생한다. 갱신요구에 따라 임대차계약에 갱신의 효력이 발생한 경우 임차인은 제6조의2 제1항에 따라 언제든지 계약의 해지통지를 할 수 있고, 해지통지 후 3개월이 지나면 그 효력이 발생하며, 이는 계약해지의 통지가 갱신된 임대차계약 기간이 개시되기 전에 임대인에게 도달하였더라도 마찬가지이다(대판 2024. 1. 11. 2023다258672).

④ 갱신요구권 행사에 의해 갱신되는 임대차는 전 임대차와 동일한 조건으로 다시 계약된 것으로 보며 차임과 보증금은 연 5% 범위에서 증감할 수 있다. 다만, 특별시·광역시·특별자치시·도 및 특별자치도는 관할 구역 내의 지역별 임대차 시장 여건 등을 고려하여 본문의 범위에서 증액청구의 상한을 조례로 달리 정할 수 있다.

⑤ 손해배상

　　㉠ 임대인(임대인의 직계존속·직계비속을 포함한다)이 목적주택에 실제 거주하려는 경우에는 임차인의 계약갱신요구를 거절할 수 있다. 다만, 이를 이유로 갱신요구를 거절한 임대인이 갱신요구가 거절되지 아니하였더라면 갱신되었을 기간이 만료되기 전에 정당한 사유 없이 제3자에게 목적주택을 임대한 경우 임대인은 갱신거절로 인하여 임차인이 입은 손해를 배상하여야 한다.

　　㉡ 손해배상액은 거절 당시 당사자 간에 손해배상액의 예정에 관한 합의가 있었다면 합의에 따르고 합의가 없었다면 다음 금액 중 큰 금액으로 한다.

　　　　ⓐ 갱신거절 당시 월차임(차임 외에 보증금이 있는 경우에는 그 보증금을 제7조의2 각 호 중 낮은 비율에 따라 월 단위의 차임으로 전환한 금액을 포함한다. 이하 '환산월차임'이라 한다)의 3개월분에 해당하는 금액

　　　　ⓑ 임대인이 제3자에게 임대하여 얻은 환산월차임과 갱신거절 당시 환산월차임 간 차액의 2년분에 해당하는 금액

　　　　ⓒ 제1항 제8호(임대인이 목적주택에 실제 거주하려는 경우)의 사유로 인한 갱신거절로 인하여 임차인이 입은 손해액

6 기타

(1) 차임증감청구권

> **제7조【차임 등의 증감청구권】** ① 당사자는 약정한 차임이나 보증금이 임차주택에 관한 조세, 공과금, 그 밖의 부담의 증감이나 경제사정의 변동으로 인하여 적절하지 아니하게 된 때에는 장래에 대하여 그 증감을 청구할 수 있다. 이 경우 증액청구는 임대차계약 또는 약정한 차임이나 보증금의 증액이 있은 후 1년 이내에는 하지 못한다.
> ② 제1항에 따른 증액청구는 약정한 차임이나 보증금의 20분의 1의 금액을 초과하지 못한다. 다만, 특별시·광역시·특별자치시·도 및 특별자치도는 관할 구역 내의 지역별 임대차 시장 여건 등을 고려하여 본문의 범위에서 증액청구의 상한을 조례로 달리 정할 수 있다.
> **제10조의2【초과 차임 등의 반환청구】** 임차인이 제7조에 따른 증액비율을 초과하여 차임 또는 보증금을 지급하거나 제7조의2에 따른 월차임 산정률을 초과하여 차임을 지급한 경우에는 초과 지급된 차임 또는 보증금 상당 금액의 반환을 청구할 수 있다.

① 차임증감청구권은 형성권으로서 행사 후 즉시 그 효력이 발생한다.

② 차임 또는 보증금의 증액청구는 임대차계약 또는 약정한 차임 등의 증액이 있은 후 1년 이내에는 하지 못한다. 또한 증액의 경우에는 약정한 차임 등의 20분의 1의 금액을 초과하지 못한다. 다만, 특별시·광역시·특별자치시·도 및 특별자치도는 관할 구역 내의 지역별 임대차 시장 여건 등을 고려하여 본문의 범위에서 증액청구의 상한을 조례로 달리 정할 수 있다.

③ 「주택임대차보호법」 제7조의 규정은 임대차계약의 존속 중 당사자 일방이 약정한 차임 등의 증감을 청구한 때에 한하여 적용되고, 임대차계약이 종료된 후 재계약을 하거나 또는 임대차계약 종료 전이라도 당사자의 합의로 차임 등이 증액된 경우에는 적용되지 않는다(대판 93다30532).

(2) 월차임(月借賃) 전환시 산정률의 제한

> **제7조의2 【월차임 전환시 산정률의 제한】** 보증금의 전부 또는 일부를 월 단위의 차임으로 전환하는 경우에는 그 전환되는 금액에 다음 각 호 중 낮은 비율을 곱한 월차임의 범위를 초과할 수 없다.
> 1. 「은행법」에 따른 은행에서 적용하는 대출금리와 해당 지역의 경제 여건 등을 고려하여 대통령령으로 정하는 비율
> 2. 한국은행에서 공시한 기준금리에 대통령령으로 정하는 이율을 더한 비율

보증금의 전부 또는 일부를 월 단위의 차임으로 전환하는 경우에는 그 전환되는 금액에 다음 ①과 ② 중에서 낮은 비율을 곱한 월차임의 범위를 초과할 수 없다. 개정법은 보증금의 월차임 전환시 산정률의 상한을 한국은행 기준금리와 연동되도록 하여 임차인 보호를 더욱 강화하였다.

> ① 「은행법」에 따른 은행에서 적용하는 대출금리와 해당 지역의 경제 여건 등을 고려하여 대통령령으로 정하는 비율(연 1할)
> ② 한국은행에서 공시한 기준금리에 대통령령으로 정하는 이율을 더한 비율(연 2.0%)

(3) 임차권의 승계

> **제9조 【주택임차권의 승계】** ① 임차인이 상속인 없이 사망한 경우에는 그 주택에서 가정공동생활을 하던 사실상의 혼인관계에 있는 자가 임차인의 권리와 의무를 승계한다.
> ② 임차인이 사망한 때에 사망 당시 상속인이 그 주택에서 가정공동생활을 하고 있지 아니한 경우에는 그 주택에서 가정공동생활을 하던 사실상의 혼인관계에 있는 자와 2촌 이내의 친족이 공동으로 임차인의 권리와 의무를 승계한다.
> ③ 제1항과 제2항의 경우에 임차인이 사망한 후 1개월 이내에 임대인에게 제1항과 제2항에 따른 승계대상자가 반대의사를 표시한 경우에는 그러하지 아니하다.
> ④ 제1항과 제2항의 경우에 임대차관계에서 생긴 채권·채무는 임차인의 권리의무를 승계한 자에게 귀속된다.

① 사실혼관계자의 승계: 임차인이 상속권자 없이 사망한 경우에 그 주택에서 가정공동생활을 하던 사실상의 혼인관계에 있는 자는 임차인의 권리와 의무를 승계한다.

② 2촌 이내의 친족과 공동승계: 임차인이 사망한 경우에 사망 당시 상속권자가 그 주택에서 가정공동생활을 하고 있지 아니한 때에는 그 주택에서 가정공동생활을 하던 사실상의 혼인관계에 있는 자와 2촌 이내의 친족은 공동으로 임차인의 권리와 의무를 승계한다. 다만, 유의할 점은 상속권자가 사망한 임차인과 가정공동생활을 하고 있다면 임차권은 상속권자에게 상속되고 사실혼자에게 승계되지 않는다는 점이다.

③ 임차인이 사망한 후 1개월 이내에 임대인에 대하여 반대의사를 표시한 때에는 사실혼자에게 승계되지 않는다.

(4) 담보책임의 준용

> **제3조【대항력 등】** ⑤ 이 법에 따라 임대차의 목적이 된 주택이 매매나 경매의 목적물이 된 경우에는 「민법」 제575조 제1항·제3항 및 같은 법 제578조를 준용한다.

대항력 있는 임차권의 존재로 주택의 매수인이 목적을 달성할 수 없는 경우에는 그 계약을 해제할 수 있고, 목적을 달성할 수 있는 경우에는 손해배상을 청구할 수 있다. 이때의 담보책임은 매수인이 사실을 안 날로부터 1년 내에 행사하여야 한다(제575조 제1항·제3항 준용).

02 상가건물 임대차보호법

단원별 학습포인트

- 「주택임대차보호법」과 다른 점을 위주로 이해해 두어야 한다. 본법의 적용범위, 대항요건과 우선변제의 요건을 주택임대차와 비교하여야 하며, 특히 계약갱신요구제도와 권리금 회수기회 보유제도를 정확하게 정리해 두어야 한다.

1 서설

(1) 의의

「주택임대차보호법」이 시행된 이후에 주택의 임차인은 보호를 받을 수 있었으나 그 이외의 임차인은 여전히 「민법」에 의하여 규율되었으므로 불리한 지위에 있을 수밖에 없는 상황이었다. 특히 상가건물의 임대차는 많은 영세상인들이 존재하므로 이에 대한 보호의 필요성이 커지게 되어 「상가건물 임대차보호법」이 제정되어 2003년 1월부터 시행되고 있다. 이 법은 임차인을 보호하기 위한 것이므로 이 규정에 위반된 약정으로서 임차인에게 불리한 것은 그 효력이 없다.

(2) 「주택임대차보호법」과 유사한 구조

「상가건물 임대차보호법」이 경제적 약자를 보호한다는 취지에서 「주택임대차보호법」과 같으므로 「주택임대차보호법」과 거의 유사한 구조를 지니고 있다. 따라서 「상가건물 임대차보호법」에서도 대항력(임대인의 지위승계), 보증금의 회수(우선변제권, 소액보증금의 최우선변제권), 임차권등기명령제도, 집행개시요건의 특례, 존속기간의 보장 등을 모두 규정하고 있다. 다만, 상가건물의 특성상 세부적인 차이가 생기게 되는데 이러한 차이점 등을 정리하여야 한다.

2 적용범위 제32회, 제33회, 제34회

제2조 【적용범위】 ① 이 법은 상가건물(제3조 제1항에 따른 사업자등록의 대상이 되는 건물을 말한다)의 임대차(임대차 목적물의 주된 부분을 영업용으로 사용하는 경우를 포함한다)에 대하여 적용한다. 다만, 제14조의2에 따른 상가건물임대차위원회의 심의를 거쳐 대통령령으로 정하는 보증금액을 초과하는 임대차에 대하여는 그러하지 아니하다.
② 제1항 단서에 따른 보증금액을 정할 때에는 해당 지역의 경제 여건 및 임대차목적물의 규모 등을 고려하여 지역별로 구분하여 규정하되, 보증금 외에 차임이 있는 경우에는 그 차임액에 「은행법」에 따른 은행의 대출금리 등을 고려하여 대통령령으로 정하는 비율을 곱하여 환산한 금액을 포함하여야 한다.

③ 제1항 단서에도 불구하고 제3조, 제10조 제1항, 제2항, 제3항 본문, 제10조의2부터 제10조의9까지의 규정 및 제19조는 제1항 단서에 따른 보증금액을 초과하는 임대차에 대하여도 적용한다.

(1) 상가건물 임대차

본법은 사업자등록의 대상이 되는 상가건물의 임대차에 적용한다. 「소득세법」, 「부가가치세법」, 「법인세법」에서의 사업자등록의 대상이 되는 건물만이 적용대상이므로 친목·자선단체 사무실 등은 본법의 적용대상이 아니다.

> **판례보기**
>
> **「상가건물 임대차보호법」 적용대상인 '상가건물 임대차'의 의미 및 이러한 '상가건물'에 해당하는지의 판단기준**
> 「상가건물 임대차보호법」이 적용되는 상가건물 임대차는 사업자등록대상이 되는 건물로서 임대차목적물인 건물을 영리를 목적으로 하는 영업용으로 사용하는 임대차를 가리킨다. 그리고 「상가건물 임대차보호법」이 적용되는 상가건물에 해당하는지는 공부상 표시가 아닌 건물의 현황·용도 등에 비추어 영업용으로 사용하느냐에 따라 실질적으로 판단하여야 하고, 단순히 상품의 보관·제조·가공 등 사실행위만이 이루어지는 공장·창고 등은 영업용으로 사용하는 경우라고 할 수 없으나 그곳에서 그러한 사실행위와 더불어 영리를 목적으로 하는 활동이 함께 이루어진다면 「상가건물 임대차보호법」 적용대상인 상가건물에 해당한다(대판 2009다40967).

(2) 보증금이 일정액 이하인 경우

① 사업자등록의 대상이 되는 상가건물의 임대차라 하더라도 대통령령이 정하는 보증금액을 초과하는 임대차에 대하여는 적용하지 않는다.

구분	대통령령이 정하는 보증금 (시행령 제2조)
서울특별시	9억원
「수도권정비계획법」에 따른 과밀억제권역 (서울특별시 제외) 및 부산광역시	6억 9천만원
광역시(「수도권정비계획법」에 따른 과밀억제권역에 포함된 지역과 군지역, 부산광역시 제외), 세종특별자치시, 파주시, 화성시, 안산시, 용인시, 김포시 및 광주시	5억 4천만원
그 밖의 지역	3억 7천만원

② 환산보증금
   ⊙ 보증금 외에 차임이 있는 경우에는 그 차임액에 「은행법」에 의한 금융기관의 대출금리 등을 감안하여 대통령령이 정하는 비율(1분의 100)을 곱하여 환산한 금액을 포함하여야 한다.

ⓒ 사업자등록신청서에 첨부한 임대차계약서와 등록사항현황서에 기재되어 공시된 임대차보증금 및 차임에 따라 환산된 보증금액이 보증금액 한도를 초과하는 경우에는, 실제 임대차계약의 내용에 따라 환산된 보증금액이 기준을 충족하더라도 본법은 적용되지 않는 것이 원칙이다(대판 2013다215676).

(3) 보증금이 일정액을 초과하는 임대차에도 적용되는 범위

대통령령이 정하는 보증금액을 초과하는 임대차는 본법이 적용되지 않지만, 다음의 일부 규정에 대해서는 보증금의 액수와 상관없이 적용된다.

① 제3조(대항력 등)에 관한 규정은 적용된다. 따라서 보증금액이 일정액을 초과해도 임차인이 건물의 인도와 「부가가치세법」 제8조, 「소득세법」 제168조 또는 「법인세법」 제111조의 규정에 의한 사업자등록을 신청한 때에는 그 다음 날부터 제3자에 대하여 효력이 생긴다. 또한 임차건물의 양수인은 임대인의 지위를 승계한 것으로 본다.

② 10년을 초과하지 않는 범위 내에서 인정되는 계약갱신요구제도가 적용된다. 다만, 차임과 보증금은 청구 당시의 차임 또는 보증금의 100분의 5의 금액 범위 안에서 증액할 수 있다는 규정은 적용되지 않는다.

③ 권리금 회수기회 보호에 관한 규정도 보증금의 액수와 상관없이 적용된다.

④ 제10조의8(차임연체와 해지)의 규정이 적용되어 보증금액이 일정액을 초과하더라도 임차인의 차임연체액이 2기가 아닌 3기의 차임액에 달하는 때에 임대인은 계약을 해지할 수 있다.

⑤ 보증금의 액수와 상관없이 제11조의2(폐업으로 인한 임차인의 해지권)가 적용된다. 따라서 임차인은 「감염병의 예방 및 관리에 관한 법률」에 따른 집합 제한 또는 금지 조치를 총 3개월 이상 받음으로써 폐업한 경우에는 임대차계약을 해지할 수 있으며, 임대인이 계약해지의 통고를 받은 날부터 3개월이 지나면 효력이 발생한다.

(4) 이 법은 목적건물의 등기하지 아니한 전세계약에 관하여 이를 준용한다. 이 경우 '전세금'은 '임대차의 보증금'으로 본다(「상가건물 임대차보호법」 제17조).

(5) 이 법은 자연인은 물론 법인에 대해서도 적용한다.

(6) 이 법은 일시사용을 위한 임대차임이 명백한 경우에는 이를 적용하지 아니한다(제16조).

3 대항력 제31회, 제32회

> **제3조【대항력 등】** ① 임대차는 그 등기가 없는 경우에도 임차인이 건물의 인도와 「부가가치세법」 제8조, 「소득세법」 제168조 또는 「법인세법」 제111조에 따른 사업자등록을 신청하면 그 다음 날부터 제3자에 대하여 효력이 생긴다.
> ② 임차건물의 양수인(그 밖에 임대할 권리를 승계한 자를 포함한다)은 임대인의 지위를 승계한 것으로 본다.
> ③ 이 법에 따라 임대차의 목적이 된 건물이 매매 또는 경매의 목적물이 된 경우에는 「민법」 제575조 제1항·제3항 및 제578조를 준용한다.
> ④ 제3항의 경우에는 「민법」 제536조를 준용한다.

(1) 임대차는 그 등기가 없는 경우에도 임차인이 건물의 인도와 「부가가치세법」 제8조, 「소득세법」 제168조 또는 「법인세법」 제111조의 규정에 의한 사업자등록을 신청한 때에는 그 다음 날부터 제3자에 대하여 효력이 생긴다.

판례보기

대항력

1. 「상가건물 임대차보호법」상 대항력 또는 우선변제권을 가지기 위한 요건

   상가건물의 임차인이 임대차보증금 반환채권에 대하여 「상가건물 임대차보호법」 제3조 제1항 소정의 대항력 또는 같은 법 제5조 제2항 소정의 우선변제권을 가지려면 임대차의 목적인 상가건물의 인도 및 「부가가치세법」 등에 의한 사업자등록을 구비하고, 관할 세무서장으로부터 확정일자를 받아야 하며, 그중 사업자등록은 대항력 또는 우선변제권의 취득요건일 뿐만 아니라 존속요건이기도 하므로, 배당요구의 종기까지 존속하고 있어야 한다(대판 2005다64002).

2. 「상가건물 임대차보호법」상의 대항력 및 우선변제권을 유지하기 위해서는 건물을 직접점유하면서 사업을 운영하는 전차인이 그 명의로 사업자등록을 하여야 한다.

   「부가가치세법」 제5조 제4항·제5항 규정의 취지에 비추어 보면, 상가건물을 임차하고 사업자등록을 마친 사업자가 임차건물의 전대차 등으로 당해 사업을 개시하지 않거나 사실상 폐업한 경우에는 그 사업자등록은 「부가가치세법」 및 「상가건물 임대차보호법」이 상가임대차의 공시방법으로 요구하는 적법한 사업자등록이라고 볼 수 없고, 이 경우 임차인이 「상가건물 임대차보호법」상의 대항력 및 우선변제권을 유지하기 위해서는 건물을 직접점유하면서 사업을 운영하는 전차인이 그 명의로 사업자등록을 하여야 한다(대판 2005다64002).

3. 사업자등록은 대항력 또는 우선변제권의 취득요건일 뿐만 아니라 존속요건이기도 하므로 배당요구의 종기까지 존속하고 있어야 하는 것이며, 상가건물을 임차하고 사업자등록을 마친 사업자가 폐업한 경우에는 그 사업자등록은 「상가건물 임대차보호법」이 상가임대차의 공시방법으로 요구하는 적법한 사업자등록이라고 볼 수 없으므로, 그 사업자가 폐업신고를 하였다가 다시 같은 상호 및 등록번호로 사업자등록을 하였다고 하더라도 「상가건물 임대차보호법」상의 대항력 및 우선변제권이 그대로 존속한다고 할 수 없다(대판 2006다56299).

4. 「상가건물 임대차보호법」상 대항력을 인정받기 위하여 사업자등록이 갖추어야 할 요건
   ① 사업자등록신청서에 첨부한 임대차계약서상의 임대차목적물 소재지가 당해 상가건물에 대한 등기부상의 표시와 불일치하는 경우에는 특별한 사정이 없는 한 그 사업자등록은 제3자에 대한 관계에서 유효한 임대차의 공시방법이 될 수 없다. 또한 위 각 법령의 위 각 규정에 의하면, 사업자가 상가건물의 일부분을 임차하는 경우에는 사업자등록신청서에 해당 부분의 도면을 첨부하여야 하고, 이해관계인은 임대차의 목적이 건물의 일부분인 경우 그 부분 도면의 열람 또는 제공을 요청할 수 있도록 하고 있으므로, 건물의 일부분을 임차한 경우 그 사업자등록이 제3자에 대한 관계에서 유효한 임대차의 공시방법이 되기 위해서는 사업자등록신청시 그 임차부분을 표시한 도면을 첨부하여야 한다(대판 2008다44238).
   ② 다만, 일반 사회통념상 그 사업자등록이 도면 없이도 제3자가 해당 임차인이 임차한 부분을 구분하여 인식할 수 있을 정도로 특정이 되어 있다고 볼 수 있는 경우에는 도면을 첨부하지 않아도 그 사업자등록을 제3자에 대한 관계에서 유효한 임대차의 공시방법으로 볼 수 있다고 할 것이다(대판 2010다56678).

(2) 임차건물의 양수인은 임대인의 지위를 승계한 것으로 본다. 임차건물의 양수인이 임대인의 지위를 승계하면 양수인은 임차인에게 임대보증금반환의무를 부담하고, 임차인은 양수인에게 차임지급의무를 부담한다.

(3) 임차권은 임차건물에 대하여 「민사집행법」에 의한 경매가 행하여진 경우에는 그 임차건물의 경락에 의하여 소멸한다. 다만, 보증금이 전액 변제되지 아니한 대항력이 있는 임차권은 그러하지 아니하다(제8조).

4 보증금의 회수 제30회

(1) 보증금의 우선변제

① 대항요건을 갖추고 관할 세무서장으로부터 임대차계약서상의 확정일자를 받은 임차인은 「민사집행법」에 의한 경매 또는 「국세징수법」에 의한 공매시 임차건물(임대인 소유의 대지를 포함한다)의 환가대금에서 후순위 권리자 그 밖의 채권자보다 우선하여 보증금을 변제받을 권리가 있다(제5조 제2항).

② 임차인은 임차건물을 양수인에게 인도하지 아니하면 보증금을 수령할 수 없다(제5조 제3항).

③ 이 경우 우선변제의 순위와 보증금에 대하여 이의가 있는 이해관계인은 경매법원 또는 체납처분청에 이의를 신청할 수 있다(제5조 제4항).

④ 「주택임대차보호법」과 마찬가지로 금융기관 등의 우선변제권 승계규정을 신설하였다.

(2) 소액보증금의 최우선변제 – 보증금 중 일정액의 보호

① 임차인은 보증금 중 일정액을 다른 담보물권자보다 우선하여 변제받을 권리가 있다. 이 경우 임차인은 건물에 대한 경매신청의 등기 전에 대항요건을 갖추어야 한다(제14조).

② 보증금 중 일정액을 최우선변제받을 임차인의 범위와 보증금의 범위는 다음과 같다(시행령 제6조, 제7조 제1항).

구분	우선변제를 받을 임차인의 범위 (시행령 제6조)	우선변제를 받을 보증금 중 일정액의 범위 (시행령 제7조)
서울특별시	6천 500만원 이하	2천 200만원
「수도권정비계획법」에 따른 과밀억제권역(서울특별시 제외)	5천 500만원 이하	1천 900만원
광역시(「수도권정비계획법」에 따른 과밀억제권역에 포함된 지역과 군지역 제외), 안산시, 용인시, 김포시 및 광주시	3천 800만원 이하	1천 300만원
그 밖의 지역	3천만원 이하	1천만원

③ 소액임차인의 범위를 결정하는 보증금은 순수보증금이 아니라 환산보증금을 말한다. 따라서 '보증금 + (월세 × 100)'을 한 금액을 가지고 소액임차인에 해당하는지를 가려야 한다.

④ 우선변제를 받을 임차인 및 보증금 중 일정액의 범위와 기준은 임대건물가액(임대인 소유의 대지가액을 포함한다)의 2분의 1의 범위 안에서 정한다.

⑤ 임차권등기명령의 집행에 의한 임차권등기가 경료된 건물을 그 이후에 임차한 소액임차인은 보증금 중 일정액을 우선변제받을 권리가 없다(제6조 제6항).

(3) 임차인의 경매신청

① 임대차가 종료하였음에도 보증금을 반환받지 못한 경우에는 보증금반환청구소송을 제기하고 승소판결을 받아 이를 집행권원으로 하여 강제경매를 신청하여야 한다. 이 경우에 보증금의 액수와 상관없이 임차인이 임대인에 대하여 제기하는 보증금반환청구소송에 관하여 「소액사건심판법」의 일부조항을 준용하여 절차를 간이하게 하고 있다(제18조).

② **집행개시요건의 특례(예외):** 임차인이 임차건물에 대하여 보증금반환청구소송의 확정판결, 그 밖에 이에 준하는 집행권원에 기한 경매를 신청하는 경우에는 「민사집행법」 제41조의 규정에 불구하고 반대의무의 이행 또는 이행의 제공을 집행개시의 요건으로 하지 아니한다(제5조 제1항).

(4) 임차권등기명령

① 임대차가 종료된 후 보증금이 반환되지 아니한 경우 임차인은 임차건물의 소재지를 관할하는 지방법원·지방법원지원 또는 시·군법원에 임차권등기명령을 신청할 수 있다(제6조 제1항).

② 임차권등기명령신청을 기각하는 결정에 대하여 임차인은 항고할 수 있다(제6조 제4항).

③ 임차권등기명령의 집행에 의한 임차권등기가 경료되면 임차인은 제3조 제1항의 규정에 의한 대항력 및 제5조 제2항의 규정에 의한 우선변제권을 취득한다. 다만, 임차인이 임차권등기 이전에 이미 대항력 또는 우선변제권을 취득한 경우에는 그 대항력 또는 우선변제권이 그대로 유지되며, 임차권등기 이후에는 제3조 제1항의 대항요건을 상실하더라도 이미 취득한 대항력 또는 우선변제권을 상실하지 아니한다(제6조 제5항).

④ 임차인은 임차권등기명령의 신청 및 그에 따른 임차권등기와 관련하여 소요된 비용을 임대인에게 청구할 수 있다(제6조 제8항).

⑤ 상가건물의 임차인이 「민법」 제621조에 의하여 등기한 경우에는 임차권등기명령의 집행에 의한 등기와 마찬가지로 대항력과 우선변제권을 취득한다(제7조 제1항).

⑥ 금융기관 등은 임차인을 대위하여 임차권등기명령을 신청할 수 있다(제6조 제9항).

5 임대차기간 제30회, 제35회

(1) 기간을 정하지 아니하거나 기간을 1년 미만으로 정한 임대차는 그 기간을 1년으로 본다. 다만, 임차인은 1년 미만으로 정한 기간이 유효함을 주장할 수 있다(제9조 제1항).

(2) **존속의제:** 임대차가 종료한 경우에도 임차인이 보증금을 돌려받을 때까지 임대차관계는 존속하는 것으로 본다(제9조 제2항).

> 보충 보증금을 반환받을 때까지 임차 목적물을 계속 점유하면서 사용·수익한 임차인은 종전 임대차계약에서 정한 차임을 지급할 의무를 부담할 뿐이고, 시가에 따른 차임에 상응하는 부당이득금을 지급할 의무를 부담하는 것은 아니다.

(3) 묵시의 갱신(법정갱신)

① 임대인이 임대차기간 만료 전 6개월부터 1개월까지 임차인에 대하여 갱신거절의 통지 또는 조건의 변경에 대한 통지를 하지 아니한 경우에는 그 기간이 만료된 때에 전 임대차와 동일한 조건으로 다시 임대차한 것으로 본다. 이 경우에 임대차의 존속기간은 1년으로 본다(제10조 제4항).

② 임차인에 대해서는 별도의 갱신거절 통지의 기간의 규정이 없으므로 임차인이 임대차기간 만료 1개월 전부터 만료일 사이에 갱신거절의 통지를 한 경우, 해당 임대차계약은 묵시적 갱신이 인정되지 않고 임대차기간의 만료일에 종료 한다고 보아야 한다(대판 2023다307024).

보충 | 임차인이 기간 만료 하루 전에 통지를 하여도 묵시의 갱신이 인정되지 않는다.

③ 법정갱신이 된 경우에 임차인은 언제든지 임대인에 대하여 계약해지의 통고를 할 수 있고, 임대 인이 그 통고를 받은 날로부터 3개월이 경과하면 그 효력이 발생한다(제10조 제5항). 다만, 임대 인은 갱신한 날로부터 1년을 보장하여야 하기 때문에 해지의 통고를 할 수 없다.

④ 임차인의 갱신요구권에 관하여 전체 임대차기간을 10년으로 제한하는 제10조 제2항의 규정은 그 취지와 내용을 서로 달리하는 것이므로 같은 조 제4항에서 정하는 법정갱신에 대하여는 적용 되지 아니한다(대판 2009다64307). 따라서 법정갱신이 되는 경우 임대차기간이 10년을 초과할 수도 있게 된다.

6 계약갱신요구권 제30회, 제34회

(1) 임대인은 임차인이 임대차기간 만료 전 6개월부터 1개월까지 사이에 행하는 계약갱신요구에 대하 여 정당한 사유 없이 이를 거절하지 못한다. 다만, 다음의 경우에는 갱신요구를 거절할 수 있다(제 10조 제1항).

① 임차인이 3기의 차임액에 해당하는 금액에 이르도록 차임을 연체한 사실이 있는 경우
  ⇨ 임대차기간 중 어느 때라도 차임이 3기분에 달하도록 연체된 사실이 있다면 임대인은 계약갱 신요구를 거절할 수 있고, 반드시 임차인이 계약갱신요구권을 행사할 당시에 3기분에 이르는 차임이 연체되어 있어야 하는 것은 아니다(대판 2020다255429).
② 임차인이 거짓이나 그 밖의 부정한 방법으로 임차한 경우
③ 서로 합의하여 임대인이 임차인에게 상당한 보상을 제공한 경우
④ 임차인이 임대인의 동의 없이 목적건물의 전부 또는 일부를 전대(轉貸)한 경우
⑤ 임차인이 임차한 건물의 전부 또는 일부를 고의나 중대한 과실로 파손한 경우
⑥ 임차한 건물의 전부 또는 일부가 멸실되어 임대차의 목적을 달성하지 못할 경우
⑦ 임대인이 다음의 어느 하나에 해당하는 사유로 목적건물의 전부 또는 대부분을 철거하거나 재건 축하기 위하여 목적건물의 점유를 회복할 필요가 있는 경우
  ㉠ 임대차계약체결 당시 공사시기 및 소요기간 등을 포함한 철거 또는 재건축계획을 임차인에 게 구체적으로 고지하고 그 계획에 따르는 경우
  ㉡ 건물이 노후·훼손 또는 일부 멸실되는 등 안전사고의 우려가 있는 경우
  ㉢ 다른 법령에 따라 철거 또는 재건축이 이루어지는 경우

⑧ 그 밖에 임차인이 임차인으로서의 의무를 현저히 위반하거나 임대차를 계속하기 어려운 중대한 사유가 있는 경우

> **판례보기**
>
> **환산보증금이 일정액을 초과하는 임대차에서 기간을 정하지 않은 경우, 임차인이 계약갱신요구권을 행사할 수 있는지 여부(소극)**
>
> 「상가건물 임대차보호법」 기간을 정하지 않은 임대차는 그 기간을 1년으로 간주하지만(제9조 제1항), 대통령령으로 정한 보증금액을 초과하는 임대차는 위 규정이 적용되지 않으므로, 원래의 상태 그대로 기간을 정하지 않은 것이 되어 「민법」의 적용을 받는다. 「민법」에 따라 이러한 임대차는 임대인이 언제든지 해지를 통고할 수 있고 임차인이 통고를 받은 날로부터 6개월이 지남으로써 효력이 생기므로, 임대차기간이 정해져 있음을 전제로 기간 만료 6개월 전부터 1개월 전까지 사이에 행사하도록 규정된 임차인의 계약갱신요구권은 발생할 여지가 없다(대판 2021다233730).

(2) 상가건물이 공유인 경우 임차인의 계약갱신요구에 대한 갱신거절의 통지는 관리행위에 속하므로 지분의 과반수로써 결정하면 된다(대판 2010다37905).

(3) 임차인의 계약갱신요구권은 최초의 임대차기간을 포함한 전체 임대차기간이 10년을 초과하지 않는 범위 내에서만 행사할 수 있다(제10조 제2항).

(4) 갱신되는 임대차는 전 임대차와 동일한 조건으로 다시 계약된 것으로 본다. 다만, 차임과 보증금은 청구 당시의 차임 또는 보증금의 100분의 5의 금액 범위 안에서 증액할 수 있다(법 제10조 제3항, 시행령 제4조).

(5) 임대인의 동의를 받고 전대차계약을 체결한 전차인은 임차인의 계약갱신요구권 행사기간 범위 내에서 임차인을 대위하여 임대인에게 계약갱신요구권을 행사할 수 있다(제13조 제2항).

7 권리금의 회수기회 보호 제29회, 제30회

(1) 원칙

① 임대인은 임대차기간이 끝나기 6개월 전부터 임대차 종료시까지 다음의 어느 하나에 해당하는 행위를 함으로써 임차인이 권리금을 지급받는 것을 방해하여서는 아니 된다(제10조의4 제1항).

⊙ 임차인이 주선한 신규임차인이 되려는 자에게 권리금을 요구하거나, 임차인이 주선한 신규임차인이 되려는 자로부터 권리금을 수수하는 행위

ⓒ 임차인이 주선한 신규임차인이 되려는 자로 하여금 임차인에게 권리금을 지급하지 못하게 하는 행위

    ⓒ 임차인이 주선한 신규임차인이 되려는 자에게 상가건물에 관한 조세, 공과금, 주변 상가건물의 차임 및 보증금, 그 밖의 부담에 따른 금액에 비추어 현저히 고액의 차임과 보증금을 요구하는 행위

    ⓔ 그 밖에 정당한 사유 없이 임대인이 임차인이 주선한 신규임차인이 되려는 자와 임대차계약의 체결을 거절하는 행위

판례보기

임차인이 임대인에게 권리금 회수 방해로 인한 손해배상을 구하기 위해서 반드시 임차인이 신규임차인이 되려는 자를 주선하여야 하는지 여부(소극)

임차인이 임대인에게 권리금 회수 방해로 인한 손해배상을 구하기 위해서는 원칙적으로 임차인이 신규임차인이 되려는 자를 주선하였어야 한다. 그러나 임대인이 정당한 사유 없이 임차인이 신규임차인이 되려는 자를 주선하더라도 그와 임대차계약을 체결하지 않겠다는 의사를 확정적으로 표시하였다면 이러한 경우에까지 임차인에게 신규임차인을 주선하도록 요구하는 것은 불필요한 행위를 강요하는 결과가 되어 부당하다. 이와 같은 특별한 사정이 있다면 임차인이 실제로 신규임차인을 주선하지 않았더라도 임대인의 위와 같은 거절행위는 상가임대차법 제10조의4 제1항 제4호에서 정한 거절행위에 해당한다고 보아야 한다. 따라서 임차인은 같은 조 제3항에 따라 임대인에게 권리금 회수 방해로 인한 손해배상을 청구할 수 있다(대판 2018다284226).

---

  ② 계약갱신요구의 거절 가능사유(제10조 제1항 각 호의 사유)가 있는 경우에는 임대인은 이러한 의무를 부담하지 않는다.

  ③ 최초 임대차기간을 포함한 전체 임대차기간을 초과하여 임차인이 계약갱신요구권을 행사할 수 없는 경우에도 임대인은 권리금 회수기회 보호의무를 부담하여야 한다(대판 2017다225312).

  ④ 전대인과 전차인 사이에 권리금의 회수기회 보호에 관한 규정은 적용되지 않는다.

(2) 위반시의 효과

  ① 임대인이 위 (1)의 사항을 위반하여 임차인에게 손해를 발생하게 한 때에는 그 손해를 배상할 책임이 있다. 이 경우 그 손해배상액은 신규임차인이 임차인에게 지급하기로 한 권리금과 임대차 종료 당시의 권리금 중 낮은 금액을 넘지 못한다(제10조의4 제3항).

  ② 임차인의 손해배상청구권은 임대차가 종료한 날부터 3년 이내에 행사하지 아니하면 시효로 소멸한다(제10조의4 제4항).

  ③ 권리금 회수 방해로 인한 손해배상책임이 성립하기 위하여 임차인이 신규임차인과 권리금계약을 체결하였어야 하는 것은 아니다(대판 2018다239608).

(3) 예외

다음의 어느 하나에 해당하는 경우에는 신규임차인과의 임대차계약의 체결을 거절할 수 있다(제10 조의4 제2항).

> ① 임차인이 주선한 신규임차인이 되려는 자가 보증금 또는 차임을 지급할 자력이 없는 경우
> ② 임차인이 주선한 신규임차인이 되려는 자가 임차인으로서의 의무를 위반할 우려가 있거나, 그 밖에 임대차를 유지하기 어려운 상당한 사유가 있는 경우
> ③ 임대차목적물인 상가건물을 1년 6개월 이상 영리목적으로 사용하지 아니한 경우
> ④ 임대인이 선택한 신규임차인이 임차인과 권리금계약을 체결하고 그 권리금을 지급한 경우

판례보기

종전 소유자인 임대인이 임대차 종료 후 상가건물을 영리목적으로 사용하지 아니한 기간이 1년 6개월에 미치지 못하는 사이에 상가건물의 소유권이 변동된 경우(합산하여 1년 6개월이면 정당한 사유 인정)

종전 소유자인 임대인이 임대차 종료 후 상가건물을 영리목적으로 사용하지 아니한 기간이 1년 6개월에 미치지 못하는 사이에 상가건물의 소유권이 변동되었더라도, 임대인이 상가건물을 영리목적으로 사용하지 않는 상태가 새로운 소유자의 소유기간에도 계속하여 그대로 유지될 것을 전제로 처분하고, 실제 새로운 소유자가 그 기간 중에 상가건물을 영리목적으로 사용하지 않으며, 임대인과 새로운 소유자의 비영리 사용기간을 합쳐서 1년 6개월 이상이 되는 경우라면, 임대인에게 임차인의 권리금을 가로챌 의도가 있었다고 보기 어려우므로, 그러한 임대인에 대하여는 위 조항에 의한 정당한 사유를 인정할 수 있다(대판 2021다272346).

---

(4) 적용 제외

다음의 어느 하나에 해당하는 상가건물 임대차의 경우에는 권리금 보호에 관한 규정을 적용하지 아니한다(제10조의5).

> ① 임대차목적물인 상가건물이 「유통산업발전법」 제2조에 따른 대규모 점포 또는 준대규모 점포의 일부인 경우(다만, 「전통시장 및 상점가 육성을 위한 특별법」 제2조 제1호에 의한 전통시장은 제외한다)
> ② 임대차목적물인 상가건물이 「국유재산법」에 따른 국유재산 또는 「공유재산 및 물품 관리법」에 따른 공유재산인 경우

8 차임증감청구권과 월차임 전환시 산정률의 제한

(1) 차임증감청구권

① 차임 또는 보증금이 임차건물에 관한 조세, 공과금, 그 밖의 부담의 증감이나 「감염병의 예방 및 관리에 관한 법률」 제2조 제2호에 따른 제1급 감염병 등에 의한 경제사정의 변동으로 인하여 상당하지 아니하게 된 경우에는 당사자는 장래의 차임 또는 보증금에 대하여 증감을 청구할 수 있다. 그러나 증액의 경우에는 청구 당시의 차임 또는 보증금의 100분의 5의 금액을 초과하지 못한다(제11조 제1항, 시행령 제4조).

② 증액청구는 임대차계약 또는 약정한 차임 등의 증액이 있은 후 1년 이내에는 이를 하지 못한다 (제11조 제2항).

(2) 월차임 전환시 산정률의 제한

보증금의 전부 또는 일부를 월 단위의 차임으로 전환하는 경우에는, 그 전환되는 금액에 다음 중 낮은 비율을 곱한 월차임(月借賃)의 범위를 초과할 수 없다(제12조).

① 「은행법」에 따른 은행에서 적용하는 대출금리와 해당 지역의 경제 여건 등을 고려하여 대통령령으로 정하는 비율(연 1할 2푼)
② 한국은행에서 공시한 기준금리에 대통령령으로 정하는 배수(4.5배수)를 곱한 비율

(3) 차임의 연체와 해지

임차인의 차임연체액이 3기의 차임액에 달하는 때에는 임대인은 계약을 해지할 수 있다(제10조의8).

9 등록사항의 열람 및 제공 제30회

상가건물의 임대차에 이해관계가 있는 자는 관할 세무서장에게 해당 상가건물의 확정일자 부여일, 차임 및 보증금 등 정보의 제공을 요청할 수 있으며 임대차계약을 체결하려는 자는 임대인의 동의를 받아 관할 세무서장에게 요청할 수 있다. 이 경우 요청을 받은 관할 세무서장은 정당한 사유 없이 이를 거부할 수 없다(제4조 제3항·제4항).

10 주택임대차보호법과 상가건물 임대차보호법의 비교

구분	「주택임대차보호법」	「상가건물 임대차보호법」
적용범위	① 자연인과 일정한 범위의 법인 ② 주거용 건물의 전부 또는 일부의 임대차, 미등기 전세 ③ 일시사용을 위한 임대차에는 적용되지 않음	① 사업자등록의 대상이 되는 상가건물의 임대차 중 보증금이 일정액 이하인 경우에 적용 ② 보증금이 일정액을 초과하는 경우에도 대항력과 계약갱신요구제도, 권리금 보호, 차임 연체와 해지, 폐업으로 인한 임차인의 해지권에 관한 규정은 적용 ③ 일시사용을 위한 임대차에는 적용되지 않음
대항력	주택의 인도와 주민등록을 마친 다음 날부터 대항력 발생	건물의 인도와 사업자등록을 신청한 다음 날부터 대항력 발생
우선변제권	대항요건과 임대차계약증서상의 확정일자를 갖춘 경우에 인정	대항요건과 관할 세무서장으로부터 임대차계약서상의 확정일자를 갖춘 경우에 인정
집행개시 요건의 특례	경매를 신청하는 경우에 반대의무의 이행 또는 이행의 제공을 집행개시의 요건으로 하지 아니함	
임차권등기명령	임대차가 종료된 후 보증금을 반환받지 못한 임차인은 임차건물의 소재지를 관할하는 지방법원, 지방법원지원 또는 시·군법원에 신청할 수 있음	
보증금 중 일정액의 보호 (소액보증금의 최우선변제)	① 서울: 1억 6천 5백만원 ⇨ 5천 5백만원 ② 과밀억제권: 1억 4천 5백만원 ⇨ 4천 8백만원 ③ 광역시 등: 8천 5백만원 ⇨ 2천 8백만원 ④ 기타 지역: 7천 5백만원 ⇨ 2천 5백만원	① 서울: 6천 5백만원 ⇨ 2천 2백만원 ② 과밀억제권: 5천 5백만원 ⇨ 1천 9백만원 ③ 광역시 등: 3천 8백만원 ⇨ 1천 3백만원 ④ 기타 지역: 3천만원 ⇨ 1천만원
	대지를 포함하는 주택가액의 2분의 1의 범위에서 인정(경매신청등기 전에 임차인이 대항요건을 갖추어야 함)	대지를 포함하는 건물가액의 2분의 1의 범위에서 인정(경매신청등기 전에 임차인이 대항요건을 갖추어야 함)
존속기간 보장	최단기간 2년 보장	최단기간 1년 보장
법정갱신	① 임대인: 만료 전 6개월부터 2개월까지 ② 임차인: 만료 전 2개월까지 ③ 기간: 2년, 임차인은 언제든지 해지통고(임대인 ×) ⇨ 3개월 경과 후 소멸	① 임대인: 만료 전 6개월부터 1개월까지 ② 임차인: 규정 없음 ③ 기간: 1년, 임차인은 언제든지 해지통고(임대인 ×) ⇨ 3개월 경과 후 소멸
계약갱신의 요구	1회에 한하여 존속기간 2년의 갱신요구권을 행사할 수 있음	최초 임대차기간을 포함한 전체 임대차기간이 10년을 초과하지 않는 범위 내에서만 행사
차임증감청구권	증액은 연 5% 이내	증액은 연 5% 이내
월차임 전환시 산정률의 제한	연 10% 또는 기준금리 + 2.0% 중 낮은 비율	연 12% 또는 기준금리 × 4.5 중 낮은 비율
임차권의 승계	사실혼 관계에 있는 배우자에게 일정한 범위 내에서 임차권의 승계를 인정	규정 없음

03 집합건물의 소유 및 관리에 관한 법률

CHAPTER

단원별 학습포인트

□ 분량이 많은 단원이지만 보통 1문제만 출제되고 있고, 이해하여야 하는 부분보다 암기하여야 하는 부분이 더 많으므로 빈출되는 중요부분을 위주로 정리하는 것이 효과적이다.

1 서설

「민법」제215조는 건물의 구분소유에 관하여 "수인이 한 채의 건물을 구분하여 각각 그 일부분을 소유한 때에는 건물과 그 부속물 중 공용하는 부분은 그의 공유로 추정하며, 공용부분의 보존에 관한 비용 기타의 부담은 각자의 소유부분의 가액에 비례하여 분담한다."라고 규정하고 있다. 우리 「민법」은 1958년에 만들어진 관계로 고층건물 등을 예정하지 않고 규정될 수밖에 없었다. 그러나 현재는 경제발전과 인구의 증가 등으로 고층의 아파트, 대형상가, 고층의 사무실건물, 연립주택 등이 폭발적으로 증가하였고, 이에 따라 「민법」의 규정으로 대처할 수 없는 많은 법률적 문제들이 등장함에 따라 특별법 제정이 필요하게 되었다. 이러한 이유로 만들어진 것이 「집합건물의 소유 및 관리에 관한 법률」이다.

2 건물의 구분소유 제29회, 제30회, 제31회, 제32회, 제33회, 제34회

1. 전유부분

(1) 의의

1동의 건물 중 구조상 구분된 여러 개의 부분이 독립한 건물로서 사용될 수 있을 때에는 그 각 부분은 이 법이 정하는 바에 따라 각각 소유권의 목적으로 할 수 있다(「집합건물의 소유 및 관리에 관한 법률」제1조). 구분소유권의 목적인 건물부분을 전유부분이라 한다.

(2) 요건

① **구조상·이용상의 독립성**: 구조상 독립성이란 구분소유권의 목적인 전유부분이 다른 전유부분과 벽·천장·바닥 등에 의하여 구조상 구획되어 있는 것을 말한다. 이는 주로 소유권의 목적이 되는 객체에 대한 물적 지배의 범위를 명확히 할 필요성 때문에 요구된다. 이용상(기능상) 독립성이란 다른 건물부분과 독립한 건물로서 이용될 수 있는 경제적 가치를 말한다.

② **소유자의 구분행위**: 1동의 건물 중 각 부분이 구분건물이 되기 위하여는 객관적·물리적인 측면에서 구분건물이 구조상·이용상의 독립성을 갖추어야 하고, 그 건물을 구분소유권의 객체로 하려는 의사표시, 즉 구분행위가 있어야 하는 것으로서 소유자가 기존 건물에 증축을 한 경우에도

증축부분이 구조상·이용상의 독립성을 갖추었다는 사유만으로 당연히 구분소유권이 성립된다고 할 수는 없고, 소유자의 구분행위가 있어야 비로소 구분소유권이 성립된다(대판 98다35020).

판례보기

구분소유의 성립

1. 구분소유의 성립을 인정하기 위하여 반드시 집합건축물대장의 등록이나 구분건물의 표시에 관한 등기가 필요한지 여부(소극)

   1동의 건물에 대하여 구분소유가 성립하기 위해서는 객관적·물리적인 측면에서 1동의 건물이 존재하고, 구분된 건물부분이 구조상·이용상 독립성을 갖추어야 할 뿐 아니라, 1동의 건물 중 물리적으로 구획된 건물부분을 각각 구분소유권의 객체로 하려는 구분행위가 있어야 한다. 여기서 구분행위는 건물의 물리적 형질에 변경을 가함이 없이 법률관념상 건물의 특정부분을 구분하여 별개의 소유권의 객체로 하려는 일종의 법률행위로서, 그 시기나 방식에 특별한 제한이 있는 것은 아니고 처분권자의 구분의사가 객관적으로 외부에 표시되면 인정된다. 따라서 구분건물이 물리적으로 완성되기 전에도 건축허가신청이나 분양계약 등을 통하여 장래 신축되는 건물을 구분건물로 하겠다는 구분의사가 객관적으로 표시되면 구분행위의 존재를 인정할 수 있고, 이후 1동의 건물 및 그 구분행위에 상응하는 구분건물이 객관적·물리적으로 완성되면 아직 그 건물이 집합건축물대장에 등록되거나 구분건물로서 등기부에 등기되지 않았더라도 그 시점에서 구분소유가 성립한다(대판 전합 2010다71578).

2. 구분건물로 등재되었으나 물리적 독립성이 없는 건물을 낙찰받은 경우, 소유권 취득 여부(소극)

   1동의 건물의 일부분이 구분소유권의 객체가 될 수 있으려면 그 부분이 이용상은 물론 구조상으로도 다른 부분과 구분되는 독립성이 있어야 한다. 이러한 구분소유권의 객체로서 적합한 물리적 요건을 갖추지 못한 건물의 일부는 그에 관한 구분소유권이 성립할 수 없다. 그와 같은 건물부분이 건축물관리대장상 독립한 별개의 구분건물로 등재되고 등기부상에도 구분소유권의 목적으로 등기되어 있어 이러한 등기에 기초하여 경매절차가 진행되어 매각허가를 받고 매수대금을 납부하였다 하더라도, 그 상태만으로는 그 등기는 효력이 없으므로 매수인은 소유권을 취득할 수 없다(대판 2015다3471).

참고학습 | **상가건물의 구분소유**

상가 등 집합건물 안의 구분된 점포 등은 독립하여 거래되고 있는 것이 사회적 현실임을 고려하여, 상가 등의 집합건물 안의 구분된 점포도 일정한 요건을 갖춘 경우 구분소유권의 대상이 되게 하고, 이를 통하여 「부동산등기법」에 의한 단독소유형태의 소유권등기가 가능하도록 하고 있다.

> **제1조의2【상가건물의 구분소유】** ① 1동의 건물이 다음 각 호에 해당하는 방식으로 여러 개의 건물부분으로 이용상 구분된 경우에 그 건물부분(이하 '구분점포'라 한다)은 이 법에서 정하는 바에 따라 각각 소유권의 목적으로 할 수 있다.
> 1. 구분점포의 용도가 「건축법」 제2조 제2항 제7호의 판매시설 및 같은 항 제8호의 운수시설일 것
> 2. 삭제 〈2020.2.4.〉
> 3. 경계를 명확하게 알아볼 수 있는 표지를 바닥에 견고하게 설치할 것
> 4. 구분점포별로 부여된 건물번호표지를 견고하게 붙일 것
> ② 제1항에 따른 경계표지 및 건물번호표지에 관하여 필요한 사항은 대통령령으로 정한다.

2. 공용부분

(1) 의의

① 전유부분 이외의 건물부분, 즉 전유부분에 속하지 아니하는 건물의 부속물 및 규약 또는 공정증서에 의하여 공용부분으로 된 부속의 건물을 말한다. 공용부분에는 구조상(법정) 공용부분과 규약상 공용부분 두 가지가 있다.

  ㉠ 구조상(법정, 당연) 공용부분: 여러 개의 전유부분으로 통하는 복도, 계단, 그 밖에 구조상 구분소유자 전원 또는 일부의 공용에 세공되는 건물부분은 구분소유권의 목적으로 할 수 없다(제3조 제1항). 즉, 건물의 구조상으로 공용에 제공되는 부분을 말한다. 예를 들어 건물의 승강기·복도·계단·아파트 지하실·지하주차장 등이 있으며, 별도의 등기는 필요하지 않다.

  ㉡ 규약상 공용부분: 본래는 전유부분의 대상이 될 수 있으나 규약이나 공정증서로써 공용부분이 된 부분을 말한다. 예를 들어 아파트 101호를 주민들이 합의를 통해 규약으로 휴게소나 놀이방, 노인정으로 만들기로 하였다면 101호는 규약상 공용부분이 된다. 이 경우에는 등기부에 공용부분이라는 취지를 등기하여야 한다(제3조 제2항·제3항·제4항).

② 구분소유가 성립될 당시 객관적인 용도가 공용부분인 건물부분을 나중에 임의로 개조하는 등으로 이용상황을 변경하거나 집합건축물대장에 전유부분으로 등록하고 소유권보존등기를 하였더라도 그로써 공용부분이 전유부분이 되어 어느 구분소유자의 전속적인 소유권의 객체가 되지는 않는다(대판 2015다77212).

③ 그러나 지하주차장이 그 건물을 신축함에 있어서 건축법규에 따른 부속주차장으로 설치되기는 하였으나, 분양계약상의 특약에 의하여 그 건물을 분양받은 구분소유자들의 동의 아래 공용부분에서 제외되어 따로 분양되었고, 그 구조상으로나 이용상으로도 상가건물의 지상 및 지하실의 점포, 기관실 등과는 독립된 것으로서, 이와 분리하여 구분소유의 대상이 될 수 있다(대판 94다44675).

(2) 공용부분의 귀속

> 제10조 【공용부분의 귀속 등】 ① 공용부분은 구분소유자 전원의 공유에 속한다. 다만, 일부의 구분소유자만이 공용하도록 제공되는 것임이 명백한 공용부분(이하 '일부 공용부분'이라 한다)은 그들 구분소유자의 공유에 속한다.

공용부분은 원칙적으로 구분소유자 전원의 공유에 속한다. 다만, 일부의 구분소유자만의 공용에 제공되는 것임이 명백한 공용부분은 그들 구분소유자의 공유에 속한다. 예를 들어 주상복합건물에서 별도로 주민들만이 사용하는 승강기가 있다면 그 승강기는 주민들만의 공유에 속하게 된다.

(3) 공용부분의 사용

① 각 공유자는 공용부분을 그 용도에 따라 사용할 수 있다(제11조). 「민법」에서는 공용부분을 지분의 비율로 사용함을 규정하고 있으나(제263조), 본법에서는 용도에 따라 사용할 수 있다고 규정한다.

② 구분소유자 중 일부가 정당한 권원 없이 집합건물의 복도, 계단 등과 같은 공용부분을 배타적으로 점유·사용함으로써 이익을 얻고, 그로 인하여 다른 구분소유자들이 해당 공용부분을 사용할 수 없게 되었다면, 공용부분을 무단점유한 구분소유자는 특별한 사정이 없는 한 해당 공용부분을 점유·사용함으로써 얻은 이익을 부당이득으로 반환할 의무가 있다(대판 2017다220744).

(4) 공유자의 지분권

각 공유자의 지분은 그가 가지는 전유부분 면적의 비율에 따른다(제12조 제1항). 다만, 규약으로써 달리 정할 수 있다(제10조 제2항).

(5) 전유부분과 공용부분에 대한 지분의 일체성

① 공유자의 공용부분에 대한 지분은 그가 가지는 전유부분의 처분에 따른다(제13조 제1항). 즉, 구분소유자가 전유부분을 처분하게 되면 공용부분에 대한 지분도 당연히 이전하게 된다. 따라서 각 공유자는 그가 가지는 전유부분과 분리하여 공용부분에 대한 지분을 처분할 수 없으며(제13조 제2항), 이는 대지사용권과는 달리 규약으로써도 달리 정할 수 없는 절대적 일체성에 해당한다. 공용부분은 전유부분과 당연히 함께 이전하므로 공용부분에 관한 물권의 득실변경은 등기가 필요하지 아니하다(제13조 제3항).

② 집합건물의 공용부분은 취득시효에 의한 소유권 취득의 대상이 될 수 없다(대판 2011다78200).

(6) 공용부분의 관리·변경

> 제16조 【공용부분의 관리】 ① 공용부분의 관리에 관한 사항은 제15조 제1항 본문 및 제15조의2의 경우를 제외하고는 제38조 제1항에 따른 통상의 집회결의로써 결정한다. 다만, 보존행위는 각 공유자가 할 수 있다.
> ② 구분소유자의 승낙을 받아 전유부분을 점유하는 자는 제1항 본문에 따른 집회에 참석하여 그 구분소유자의 의결권을 행사할 수 있다. 다만, 구분소유자와 점유자가 달리 정하여 관리단에 통지한 경우에는 그러하지 아니하며, 구분소유자의 권리·의무에 특별한 영향을 미치는 사항을 결정하기 위한 집회인 경우에는 점유자는 사전에 구분소유자에게 의결권 행사에 대한 동의를 받아야 한다.
> ③ 제1항 및 제2항에 규정된 사항은 규약으로써 달리 정할 수 있다.
> ④ 제1항 본문의 경우에는 제15조 제2항을 준용한다.

제15조【공용부분의 변경】 ① 공용부분의 변경에 관한 사항은 관리단집회에서 구분소유자의 3분의 2 이상 및 의결권의 3분의 2 이상의 결의로써 결정한다. 다만, 다음 각 호의 어느 하나에 해당하는 경우에는 제38조 제1항에 따른 통상의 집회결의로써 결정할 수 있다.

1. 공용부분의 개량을 위한 것으로서 지나치게 많은 비용이 드는 것이 아닐 경우
2. 「관광진흥법」 제3조 제1항 제2호 나목에 따른 휴양 콘도미니엄업의 운영을 위한 휴양 콘도미니엄의 공용부분 변경에 관한 사항인 경우

② 제1항의 경우에 공용부분의 변경이 다른 구분소유자의 권리에 특별한 영향을 미칠 때에는 그 구분소유자의 승낙을 받아야 한다.

제15조의2【권리변동 있는 공용부분의 변경】 ① 제15조에도 불구하고 건물의 노후화 억제 또는 기능 향상 등을 위한 것으로 구분소유권 및 대지사용권의 범위나 내용에 변동을 일으키는 공용부분의 변경에 관한 사항은 관리단집회에서 구분소유자의 5분의 4 이상 및 의결권의 5분의 4 이상의 결의로써 결정한다. 다만, 「관광진흥법」 제3조 제1항 제2호 나목에 따른 휴양 콘도미니엄업의 운영을 위한 휴양 콘도미니엄의 권리변동 있는 공용부분 변경에 관한 사항은 구분소유자의 3분의 2 이상 및 의결권의 3분의 2 이상의 결의로써 결정한다.

② 제1항의 결의에서는 다음 각 호의 사항을 정하여야 한다. 이 경우 제3호부터 제7호까지의 사항은 각 구분소유자 사이에 형평이 유지되도록 정하여야 한다.

1. 설계의 개요
2. 예상 공사 기간 및 예상 비용(특별한 손실에 대한 전보 비용을 포함한다)
3. 제2호에 따른 비용의 분담 방법
4. 변경된 부분의 용도
5. 전유부분 수의 증감이 발생하는 경우에는 변경된 부분의 귀속에 관한 사항
6. 전유부분이나 공용부분의 면적에 증감이 발생하는 경우에는 변경된 부분의 귀속에 관한 사항
7. 대지사용권의 변경에 관한 사항
8. 그 밖에 규약으로 정한 사항

③ 제1항의 결의를 위한 관리단집회의 의사록에는 결의에 대한 각 구분소유자의 찬반 의사를 적어야 한다.

④ 제1항의 결의가 있는 경우에는 제48조 및 제49조를 준용한다.

① 공용부분의 관리

㉠ 공용부분의 관리에 관한 사항은 공용부분의 변경을 제외하고는 통상의 집회결의로써 결정한다. 다만, 보존행위는 각 공유자가 단독으로 할 수 있다(제16조 제1항).

㉡ 집합건물의 소유자가 아닌 임차인 등에게는 집합건물의 관리에 필요한 의사결정 과정에 참여할 수 있는 권한이 주어지지 않아 집합건물의 관리가 부실해지는 원인이 되고 있었으므로 원칙적으로 임차인 등도 공용부분의 관리, 관리인이나 관리위원회 위원 선임에 관한 관리단 집회에 참석하여 구분소유자를 대신하여 의결권을 행사할 수 있도록 하고 있다.

> **판례보기**
>
> **보존행위**
>
> 1. 구분소유자가 공용부분에 대한 보존행위를 단독으로 할 수 있는지 여부(적극) 및 그 보존행위에는 지분권에 기한 방해배제청구권과 공유물반환청구권도 포함되는지 여부(적극)
>
>   집합건물의 구분소유자는 「집합건물의 소유 및 관리에 관한 법률」 제16조 제1항에 의하여 공용부분에 대한 보존행위를 단독으로 할 수 있고, 그 보존행위의 내용에는 지분권에 기한 방해배제청구권과 공유물의 반환청구권도 포함된다(대판 98다61746).
>
> 2. 입주자대표회의가 공동주택의 구분소유자를 대리하여 공용부분 등의 구분소유권에 기초한 방해배제청구 등의 권리를 행사할 수 있다고 규정한 공동주택관리규약의 효력(무효)
>
>   입주자대표회의는 공동주택의 관리에 관한 사항을 결정하여 시행하는 등의 관리권한만을 가질 뿐으로 구분소유자에게 고유하게 귀속하는 공용부분 등의 불법점유자에 대한 방해배제청구 등의 권리를 재판상 행사할 수 없고, 또 「집합건물의 소유 및 관리에 관한 법률」 부칙 제6조에 따라서 집합주택의 관리방법과 기준에 관한 구 주택건설촉진법의 특별한 규정은 그것이 위 법률에 저촉하여 구분소유자의 기본적인 권리를 해하면 효력이 없으므로 공동주택관리규약에서 입주자대표회의가 공동주택의 구분소유자를 대리하여 공용부분 등의 구분소유권에 기초한 방해배제청구 등의 권리를 행사할 수 있다고 규정하고 있다고 하더라도 이러한 규약내용은 효력이 없다(대판 2003다17774).

② **공용부분의 변경**

　㉠ 원칙

　　ⓐ 공용부분의 변경에 관한 사항은 구분소유자 및 의결권의 각 3분의 2 이상의 다수에 의한 집회의 결의로써 결정한다(제15조 제1항). 즉, 공용부분의 변경을 위해서는 원칙적으로 구분소유자 3분의 2 이상과 전유부분 면적비율에 의한 의결권 3분의 2 이상의 결의를 얻어야 한다.

　　ⓑ 공용부분의 변경이 다른 구분소유자의 권리에 특별한 영향을 미칠 때에는 그 구분소유자의 승낙을 얻어야 한다(제15조 제2항).

　㉡ 예외: 다음의 사항은 통상의 집회결의로써 결정할 수 있다.

　　ⓐ 공용부분의 개량을 위한 것으로서 지나치게 많은 비용이 드는 것이 아닐 경우

　　ⓑ 「관광진흥법」 제3조 제1항 제2호 나목에 따른 휴양 콘도미니엄업의 운영을 위한 휴양 콘도미니엄의 공용부분 변경에 관한 사항인 경우

　㉢ 권리변동 있는 공용부분의 변경

　　ⓐ 건물의 노후화 억제 또는 기능 향상 등을 위한 것으로 구분소유권 및 대지사용권의 범위나 내용에 변동을 일으키는 공용부분의 변경에 관한 사항은 관리단집회에서 구분소유자의 5분의 4 이상 및 의결권의 5분의 4 이상의 결의로써 결정한다.

ⓑ 다만, 「관광진흥법」 제3조 제1항 제2호 나목에 따른 휴양 콘도미니엄업의 운영을 위한 휴양 콘도미니엄의 권리변동 있는 공용부분 변경에 관한 사항은 구분소유자의 3분의 2 이상 및 의결권의 3분의 2 이상의 결의로써 결정한다.

(7) 공용부분의 부담·수익과 공용부분에 발생한 채권의 효력

① 각 공유자는 규약에 달리 정함이 없는 한 그 지분의 비율에 따라 공용부분의 관리비용과 그 밖의 의무를 부담하며 공용부분에서 생기는 이익을 취득한다(제17조). 또한 공유자가 공용부분에 관하여 다른 공유자에 대하여 가지는 채권은 그 특별승계인에 대하여도 행사할 수 있다(제18조).

② 또한 관리단은 관리비 징수에 관한 유효한 관리단 규약 등이 존재하지 않더라도, 제25조 제1항 등에 따라 적어도 공용부분에 대한 관리비는 이를 그 부담의무자인 구분소유자에 대하여 청구할 수 있다고 봄이 상당하다(대판 2009다22266, 22273).

판례보기

관리비 관련 판례

1. 관리단은 관리비 징수에 관한 유효한 관리단 규약 등이 존재하지 않더라도, 적어도 공용부분에 대한 관리비는 이를 그 부담의무자인 구분소유자에 대하여 청구할 수 있다고 봄이 상당하다(대판 2009다22266, 22273).

2. 체납관리비의 승계 – 공용부분에 관한 것만 승계
   집합건물의 공용부분은 전체 공유자의 이익에 공여하는 것이어서 공동으로 유지·관리하여야 하고 그에 대한 적정한 유지·관리를 도모하기 위하여는 소요되는 경비에 대한 공유자 간의 채권은 이를 특히 보장할 필요가 있어 공유자의 특별승계인에게 그 승계의사의 유무에 관계없이 청구할 수 있도록 「집합건물의 소유 및 관리에 관한 법률」 제18조에서 특별규정을 두고 있는바, 위 관리규약 중 공용부분 관리비에 관한 부분은 위 규정에 터 잡은 것으로서 유효하다고 할 것이므로, 아파트의 특별승계인은 전 입주자의 체납관리비 중 공용부분에 관하여는 이를 승계하여야 한다고 봄이 타당하다(대판 2001다8677).

   > **비교판례** 관리비 납부를 연체할 경우 부과되는 연체료는 위약벌의 일종이고, 전(前) 구분소유자의 특별승계인이 체납된 공용부분 관리비를 승계한다고 하여 전 구분소유자가 관리비 납부를 연체함으로 인하여 이미 발생하게 된 법률효과까지 그대로 승계하는 것은 아니라 할 것이어서, 공용부분 관리비에 대한 연체료는 특별승계인에게 승계되는 공용부분 관리비에 포함되지 않는다(대판 2004다3598, 3604).

3. 집합건물 구분소유권의 특별승계인이 구분소유권을 다시 제3자에게 이전한 경우에도, 여전히 자신의 전(前) 구분소유자의 공용부분에 대한 체납관리비를 지급할 책임이 있는지 여부(적극)
   「집합건물의 소유 및 관리에 관한 법률」상의 특별승계인은 관리규약에 따라 집합건물의 공용부분에 대한 유지·관리에 소요되는 비용의 부담의무를 승계한다는 점에서 채무인수인으로서의 지위를 갖는데, 위 법률의 입법취지와 채무인수의 법리에 비추어 보면 구분소유권이 순차로 양도된 경우 각 특별승계인들은 이전 구분소유권자들의 채무를 중첩적으로 인수한다고 봄이 상당하므로, 현재 구분소유권을 보유하고 있는 최종 특별승계인뿐만 아니라 그 이전의 구분소유자들도 구분소유권의 보유 여부와 상관없이 공용부분에 관한 종전 구분소유자들의 체납관리비채무를 부담한다(대판 2006다50420).

(8) 흠(하자)의 추정

전유부분이 속하는 1동의 건물의 설치 또는 보존의 흠으로 인하여 다른 자에게 손해를 입힌 경우에는 그 흠은 공용부분에 존재하는 것으로 추정한다(제6조).

(9) 담보책임

> **제9조 【담보책임】** ① 제1조 또는 제1조의2의 건물을 건축하여 분양한 자(이하 '분양자'라 한다)와 분양자와의 계약에 따라 건물을 건축한 자로서 대통령령으로 정하는 자(이하 '시공자'라 한다)는 구분소유자에 대하여 담보책임을 진다. 이 경우 그 담보책임에 관하여는 「민법」 제667조 및 제668조를 준용한다.
> ② 제1항에도 불구하고 시공자가 분양자에게 부담하는 담보책임에 관하여 다른 법률에 특별한 규정이 있으면 시공자는 그 법률에서 정하는 담보책임의 범위에서 구분소유자에게 제1항의 담보책임을 진다.
> ③ 제1항 및 제2항에 따른 시공자의 담보책임 중 「민법」 제667조 제2항에 따른 손해배상책임은 분양자에게 회생절차개시신청, 파산신청, 해산, 무자력 또는 그 밖에 이에 준하는 사유가 있는 경우에만 지며, 시공자가 이미 분양자에게 손해배상을 한 경우에는 그 범위에서 구분소유자에 대한 책임을 면(免)한다.
> ④ 분양자와 시공자의 담보책임에 관하여 이 법과 「민법」에 규정된 것보다 매수인에게 불리한 특약은 효력이 없다.
>
> **제9조의2 【담보책임의 존속기간】** ① 제9조에 따른 담보책임에 관한 구분소유자의 권리는 다음 각 호의 기간 내에 행사하여야 한다.
> 1. 「건축법」 제2조 제1항 제7호에 따른 건물의 주요구조부 및 지반공사의 하자: 10년
> 2. 제1호에 규정된 하자 외의 하자: 하자의 중대성, 내구연한, 교체 가능성 등을 고려하여 5년의 범위에서 대통령령으로 정하는 기간
> ② 제1항의 기간은 다음 각 호의 날부터 기산한다.
> 1. 전유부분: 구분소유자에게 인도한 날
> 2. 공용부분: 「주택법」 제49조에 따른 사용검사일(집합건물 전부에 대하여 임시사용승인을 받은 경우에는 그 임시사용승인일을 말하고, 「주택법」 제49조 제1항 단서에 따라 분할사용검사나 동별사용검사를 받은 경우에는 분할사용검사일 또는 동별사용검사일을 말한다) 또는 「건축법」 제22조에 따른 사용승인일
> ③ 제1항 및 제2항에도 불구하고 제1항 각 호의 하자로 인하여 건물이 멸실되거나 훼손된 경우에는 그 멸실되거나 훼손된 날부터 1년 이내에 권리를 행사하여야 한다.

① 집합건물을 건축하여 분양한 자의 담보책임에 관하여 「민법」의 수급인의 담보책임에 관한 규정을 준용한다. 「민법」이 규정한 담보책임보다 분양자에게 불리한 특약은 할 수 있으나 매수인을 불리하게 하는 특약은 그 효력이 없다. 이는 분양자의 담보책임의 내용을 명확히 하려는 법정책임으로 강행규정에 해당한다(대판 2008다12439).

② 집합건물의 하자에 관하여 분양자 외에 시공자도 구분소유자에 대하여 직접적 담보책임을 지도록 규정하고 있으며, 시공자의 책임이 지나치게 확대되는 것을 막기 위하여 시공자의 담보책임 범위는 시공자가 분양자에게 지는 담보책임 범위로 한정하고 있다.

③ 「집합건물의 소유 및 관리에 관한 법률」 제9조에 의한 하자담보추급권은 집합건물의 수분양자가 집합건물을 양도한 경우, 양도 당시 양도인이 이를 행사하기 위하여 유보하였다는 등의 특별한 사정이 없는 한 현재의 집합건물 구분소유자에게 귀속한다(대판 2001다47733).

④ 수분양자는 집합건물의 완공 후에도 분양목적물의 하자로 인하여 계약의 목적을 달성할 수 없는 때에는 분양계약을 해제할 수 있다(대판 2002다2485).

3. 대지사용권

(1) 서설

① 건물의 대지

㉠ 법정대지: 전유부분이 속하는 1동의 건물이 소재하는 토지를 말한다.

㉡ 규약상 대지: 통로·주차장·정원, 부속건물의 대지 기타 전유부분이 속하는 1동의 건물 및 그 건물이 소재하는 토지와 하나로 관리되거나 사용되는 토지로서 규약 또는 공정증서로써 정한 건물의 대지를 말한다(제4조 제1항·제2항).

② 대지사용권: 대지사용권이란 구분소유자가 그의 전유부분을 소유하기 위하여 건물의 대지에 대하여 가지는 권리를 말한다(제2조 제6호). 대지사용권은 통상적으로 소유권인 것이 보통이지만 그 밖에 지상권·임차권·전세권 등도 대지사용권이 될 수 있다.

(2) 전유부분과 대지사용권의 일체성

① 의의: 전유부분을 소유하기 위해서는 대지사용권이 불가결하므로 대지사용권은 전유부분의 법률관계에 따라야 한다. 이를 「집합건물의 소유 및 관리에 관한 법률」에서는 전유부분과 대지사용권의 일체성이라고 한다. 이러한 일체성은 건물과 토지는 별개의 독립한 물건이므로 분리하여 처분할 수 있다는 「민법」에 있어서의 일반원칙에 대한 특칙이 된다.

② 구체적 규정

㉠ 구분소유자의 대지사용권은 그가 가지는 전유부분의 처분에 따른다(제20조 제1항).

㉡ 구분소유자는 규약으로써 달리 정하는 경우가 아니라면 그가 가지는 전유부분과 분리하여 대지사용권을 처분할 수 없다. 전유부분과 분리하여 공용부분에 대한 지분을 처분할 수 없다는 절대적 일체성에 비추어 대지사용권은 상대적 일체성에 해당한다. 다만, 이러한 분리처분금지는 그 취지를 등기하지 아니하면 선의로 물권을 취득한 제3자에 대하여 대항하지 못한다(제20조 제2항·제3항).

㉢ 전유부분과 대지사용권의 분리를 방지하기 위하여 대지사용권에는 「민법」 제267조를 적용하지 않는다(제22조). 따라서 구분소유자가 그의 전유부분과 대지사용권을 포기한 경우 또는 상속인 없이 사망한 경우에는 그 전유부분과 대지사용권은 모두 국가에 귀속한다. 또한 구분소유자는 전유부분과 대지사용권 중의 어느 하나만을 포기할 수 없다고 해석된다.

② 대지 위에 구분소유권의 목적인 건물이 속하는 1동의 건물이 있을 때에는 그 대지의 공유자
는 그 건물의 사용에 필요한 범위 내의 대지에 대하여는 분할을 청구하지 못한다(제8조).

③ **일체성에 대한 예외와 구분소유권 매도청구권**: 구분소유자가 그의 전유부분과 분리하여 그의 대지
사용권을 처분할 수 있다는 규약이 있는 경우에는, 그 규약은 유효하므로 분리하여 처분할 수
있다. 분리하여 처분한 경우에는 구분소유자는 대지사용권이 없으므로 대지소유권자는 구분소
유자에 대하여 그 전유부분의 철거를 청구할 수도 있으나 이는 사회경제적으로 불이익한 일이
된다. 따라서 이를 방지하기 위하여 본법은 전유부분의 철거를 구할 권리를 가진 자는 그 구분소
유자에 대하여 구분소유권을 시가로 매도할 것을 청구할 수 있다고 규정하고 있다(제7조).

④ 집합건물에서 전유부분 면적 비율에 상응하는 적정 대지지분을 가진 구분소유자는 그 대지 전부
를 용도에 따라 사용·수익할 수 있는 적법한 권원을 가지므로, 구분소유자 아닌 대지 공유자는
그 대지 공유지분권에 기초하여 적정 대지지분을 가진 구분소유자를 상대로는 대지의 사용·수
익에 따른 부당이득반환을 청구할 수 없다(대판 2017다257067 전원합의체).

> **보충** 구분소유자 중 자신의 전유부분 면적 비율에 상응하는 적정 대지지분보다 부족한 대지지분(과소 대지지
> 분)을 가진 구분소유자는 부당이득반환의무를 부담하는 것이 원칙이다.

판례보기

대지사용권

1. 「집합건물의 소유 및 관리에 관한 법률」 제20조의 규정내용과 입법취지 등을 종합하여 볼 때, 경매절차에서
전유부분을 낙찰받은 사람은 대지사용권까지 취득하는 것이고, 규약이나 공정증서로 다르게 정하였다는 특별
한 사정이 없는 한 대지사용권을 전유부분과 분리하여 처분할 수는 없으며, 이를 위반한 대지사용권의 처분은
법원의 강제경매절차에 의한 것이라 하더라도 무효이다(대판 2009다26145).

2. 구분건물의 전유부분만에 관하여 설정된 저당권의 효력은 대지사용권의 분리처분이 가능하도록 규약으로
정하는 등의 특별한 사정이 없는 한, 그 전유부분의 소유자가 사후에라도 대지사용권을 취득함으로써 전유부
분과 대지권이 동일 소유자의 소유에 속하게 되면 그 대지사용권에까지 미치고, 여기의 대지사용권에는 지상
권 등 용익권 이외에 대지소유권도 포함되는 것이다(대판 94다12722).

---

3 **관리단 및 관리인** 제29회, 제30회, 제33회, 제35회

1. 관리단

> **제23조【관리단의 당연설립 등】** ① 건물에 대하여 구분소유관계가 성립되면 구분소유자 전원을 구성원으
> 로 하여 건물과 그 대지 및 부속시설의 관리에 관한 사업의 시행을 목적으로 하는 관리단이 설립된다.
> ② 일부 공용부분이 있는 경우 그 일부의 구분소유자는 제28조 제2항의 규약에 따라 그 공용부분의
> 관리에 관한 사업의 시행을 목적으로 하는 관리단을 구성할 수 있다.

> **제27조 【관리단의 채무에 대한 구분소유자의 책임】** ① 관리단이 그의 재산으로 채무를 전부 변제할 수 없는 경우에는 구분소유자는 제12조의 지분비율에 따라 관리단의 채무를 변제할 책임을 진다. 다만, 규약으로써 그 부담비율을 달리 정할 수 있다.
> ② 구분소유자의 특별승계인은 승계 전에 발생한 관리단의 채무에 관하여도 책임을 진다.

(1) 관리단의 당연설립

① 관리단은 어떠한 조직행위를 거쳐야 비로소 성립되는 단체가 아니라 구분소유관계가 성립하는 건물이 있는 경우 당연히 그 구분소유자 전원을 구성원으로 하여 성립되는 단체이다(대판 2002다 45284). 관리단의 법적 성질은 권리능력 없는 사단에 해당한다.

② 관리단은 건물의 관리 및 사용에 관한 공동이익을 위하여 필요한 구분소유자의 권리와 의무를 선량한 관리자의 주의의무로 행사하거나 이행하여야 하고, 관리인을 대표자로 하여 관리단집회의 결의 또는 규약에서 정하는 바에 따라 공용부분의 관리에 관한 사항에 관련된 재판상 또는 재판 외의 행위를 할 수 있다.

(2) 관리단의 구성원

관리단은 구분소유자 전원을 구성원으로 하여 성립되며, 전세권자나 임차인은 구성원이 아니다. 판례는 집합건물의 분양이 개시되고 입주가 이루어져서 공동관리의 필요가 생긴 때에는 그 당시의 미분양된 전유부분의 구분소유자도 관리단의 구성원이 되며(대판 2003다45496), 분양대금을 완납하였음에도 분양자 측의 사정으로 소유권이전등기를 경료받지 못한 수분양자도 관리단의 구성원이 되어 의결권을 행사할 수 있다고 한다(대결 2004마515).

(3) 관리단의 채무에 대한 구분소유자의 책임

관리단이 그의 재산으로 채무를 완전히 변제할 수 없는 때에 구분소유자는 지분에 따라 관리단의 채무를 변제할 책임을 지도록 하였다. 또한 구분소유자의 특별승계인은 승계 전에 발생한 관리단의 채무에 관하여도 책임을 지도록 하고 있다(제27조).

2. 관리인

> **제24조 【관리인의 선임 등】** ① 구분소유자가 10인 이상일 때에는 관리단을 대표하고 관리단의 사무를 집행할 관리인을 선임하여야 한다.
> ② 관리인은 구분소유자일 필요가 없으며, 그 임기는 2년의 범위에서 규약으로 정한다.
> ③ 관리인은 관리단집회의 결의로 선임되거나 해임된다. 다만, 규약으로 제26조의3에 따른 관리위원회의 결의로 선임되거나 해임되도록 정한 경우에는 그에 따른다.

PART 4 민사특별법

④ 구분소유자의 승낙을 받아 전유부분을 점유하는 자는 제3항 본문에 따른 관리단집회에 참석하여 그 구분소유자의 의결권을 행사할 수 있다. 다만, 구분소유자와 점유자가 달리 정하여 관리단에 통지하거나 구분소유자가 집회 이전에 직접 의결권을 행사할 것을 관리단에 통지한 경우에는 그러하지 아니하다.

⑤ 관리인에게 부정한 행위나 그 밖에 그 직무를 수행하기에 적합하지 아니한 사정이 있을 때에는 각 구분소유자는 관리인의 해임을 법원에 청구할 수 있다.

⑥ 전유부분이 50개 이상인 건물(「공동주택관리법」에 따른 의무관리대상 공동주택 및 임대주택과 「유통산업발전법」에 따라 신고한 대규모점포등관리자가 있는 대규모점포 및 준대규모점포는 제외한다)의 관리인으로 선임된 자는 대통령령으로 정하는 바에 따라 선임된 사실을 특별자치시장, 특별자치도지사, 시장, 군수 또는 자치구의 구청장(이하 '소관청'이라 한다)에게 신고하여야 한다.

제24조의2【임시관리인의 선임 등】 ① 구분소유자, 그의 승낙을 받아 전유부분을 점유하는 자, 분양자 등 이해관계인은 제24조 제3항에 따라 선임된 관리인이 없는 경우에는 법원에 임시관리인의 선임을 청구할 수 있다.

② 임시관리인은 선임된 날부터 6개월 이내에 제24조 제3항에 따른 관리인 선임을 위하여 관리단집회 또는 관리위원회를 소집하여야 한다.

③ 임시관리인의 임기는 선임된 날부터 제24조 제3항에 따라 관리인이 선임될 때까지로 하되, 같은 조 제2항에 따라 규약으로 정한 임기를 초과할 수 없다.

제25조【관리인의 권한과 의무】 ① 관리인은 다음 각 호의 행위를 할 권한과 의무를 가진다.

1. 공용부분의 보존행위

1의2. 공용부분의 관리 및 변경에 관한 관리단집회 결의를 집행하는 행위

2. 공용부분의 관리비용 등 관리단의 사무 집행을 위한 비용과 분담금을 각 구분소유자에게 청구·수령하는 행위 및 그 금원을 관리하는 행위

3. 관리단의 사업 시행과 관련하여 관리단을 대표하여 하는 재판상 또는 재판 외의 행위

3의2. 소음·진동·악취 등을 유발하여 공동생활의 평온을 해치는 행위의 중지 요청 또는 분쟁 조정절차 권고 등 필요한 조치를 하는 행위

4. 그 밖에 규약에 정하여진 행위

② 관리인의 대표권은 제한할 수 있다. 다만, 이로써 선의의 제3자에게 대항할 수 없다.

제26조【관리인의 보고의무 등】 ① 관리인은 대통령령으로 정하는 바에 따라 매년 1회 이상 구분소유자 및 그의 승낙을 받아 전유부분을 점유하는 자에게 그 사무에 관한 보고를 하여야 한다.

② 전유부분이 50개 이상인 건물의 관리인은 관리단의 사무 집행을 위한 비용과 분담금 등 금원의 징수·보관·사용·관리 등 모든 거래행위에 관하여 장부를 월별로 작성하여 그 증빙서류와 함께 해당 회계연도 종료일부터 5년간 보관하여야 한다.

제26조의2【회계감사】 ① 전유부분이 150개 이상으로서 대통령령으로 정하는 건물의 관리인은 「주식회사 등의 외부감사에 관한 법률」 제2조 제7호에 따른 감사인(이하 이 조에서 '감사인'이라 한다)의 회계감사를 매년 1회 이상 받아야 한다. 다만, 관리단집회에서 구분소유자의 3분의 2 이상 및 의결권의 3분의 2 이상이 회계감사를 받지 아니하기로 결의한 연도에는 그러하지 아니하다.

(1) 관리인의 선임 및 해임

① 구분소유자가 10인 이상일 때에는 관리인을 선임하여야 하며, 관리인은 관리단집회의 결의에 의하여 선임되거나 해임된다. 또한 규약으로 관리위원회의 결의로 선임되거나 해임되도록 정한 경우에는 그에 따른다. 위 규정은 강행규정이라고 보아야 하고, 따라서 규약설정 당시의 구성원들이 위 규정과 다른 내용의 규약을 제정하더라도 효력을 인정할 수 없다(대판 2009다45320).

② 관리인은 구분소유자일 필요가 없으며, 그 임기는 2년의 범위에서 규약으로 정한다.

③ 관리인에게 부정한 행위 기타 그 직무를 수행하기에 적합하지 아니한 사정이 있을 때에 각 구분소유자는 그 해임을 법원에 청구할 수 있다. 이는 고유필수적 공동소송에 해당한다(대판 2011다 1323).

④ 임시관리인

ㄱ 구분소유자, 그의 승낙을 받아 전유부분을 점유하는 자, 분양자 등 이해관계인은 선임된 관리인이 없는 경우에는 법원에 임시관리인의 선임을 청구할 수 있다.

ㄴ 임시관리인은 선임된 날부터 6개월 이내에 관리인 선임을 위하여 관리단집회 또는 관리위원회를 소집하여야 한다.

ㄷ 임시관리인의 임기는 선임된 날부터 관리인이 선임될 때까지로 하되, 관리인의 임기(2년의 범위에서 규약으로 정함)를 초과할 수 없다.

(2) 관리인의 권한과 의무

① 관리인은 공용부분의 보존·관리 및 변경을 위한 행위 등 규약상에서 정한 관리행위를 할 수 있으며 대내적으로 집합건물의 관리업무를 총괄하고 대외적으로는 관리단을 대표하는 업무집행기관이다.

② 관리인의 대표권은 이를 제한할 수 있으나 이로써 선의의 제3자에게 대항할 수 없다.

③ 관리인은 대통령령으로 정하는 바에 따라 매년 1회 이상 구분소유자 및 그의 승낙을 받아 전유부분을 점유하는 자에게 그 사무에 관한 보고를 하여야 하며 「집합건물의 소유 및 관리에 관한 법률」이나 규약에서 정하지 아니한 관리인의 권리·의무에 관하여는 「민법」의 위임에 관한 규정을 준용한다.

④ 회계감사: 전유부분이 150개 이상으로서 대통령령으로 정하는 건물의 관리인은 법률이 정하는 감사인의 회계감사를 매년 1회 이상 받아야 한다. 다만, 관리단집회에서 구분소유자의 3분의 2 이상 및 의결권의 3분의 2 이상이 회계감사를 받지 아니하기로 결의한 연도에는 그러하지 아니하다.

(3) 관리위원회

> **제26조의3【관리위원회의 설치 및 기능】**① 관리단에는 규약으로 정하는 바에 따라 관리위원회를 둘 수 있다.
> ② 관리위원회는 이 법 또는 규약으로 정한 관리인의 사무집행을 감독한다.
> ③ 제1항에 따라 관리위원회를 둔 경우 관리인은 제25조 제1항 각 호의 행위를 하려면 관리위원회의 결의를 거쳐야 한다. 다만, 규약으로 달리 정한 사항은 그러하지 아니하다.
>
> **제26조의4【관리위원회의 구성 및 운영】**① 관리위원회의 위원은 구분소유자 중에서 관리단집회의 결의에 의하여 선출한다. 다만, 규약으로 관리단집회의 결의에 관하여 달리 정한 경우에는 그에 따른다.
> ② 관리인은 규약에 달리 정한 바가 없으면 관리위원회의 위원이 될 수 없다.
> ③ 관리위원회 위원의 임기는 2년의 범위에서 규약으로 정한다.
> ④ 제1항부터 제3항까지에서 규정한 사항 외에 관리위원회의 구성 및 운영에 필요한 사항은 대통령령으로 정한다.
> ⑤ 구분소유자의 승낙을 받아 전유부분을 점유하는 자는 제1항 본문에 따른 관리단집회에 참석하여 그 구분소유자의 의결권을 행사할 수 있다. 다만, 구분소유자와 점유자가 달리 정하여 관리단에 통지하거나 구분소유자가 집회 이전에 직접 의결권을 행사할 것을 관리단에 통지한 경우에는 그러하지 아니하다.

① 관리인의 사무집행을 감독하기 위하여 규약에 정하는 바에 따라 관리위원회를 둘 수 있다. 또한 규약에 규정이 있으면 관리위원회의 결의로 관리인을 선임 또는 해임을 할 수 있다. 반드시 설치하여야 하는 필수적 기관은 아니다.

② 관리위원회의 위원은 규약에 달리 정하지 않는 한 구분소유자 중에서 관리단집회 결의에 의하여 선출한다. 위원의 임기는 2년 범위 내에서 규약으로 정한다.

4 규약 및 집회 ^{제30회}

1. 규약

> **제28조【규약】**① 건물과 대지 또는 부속시설의 관리 또는 사용에 관한 구분소유자들 사이의 사항 중 이 법에서 규정하지 아니한 사항은 규약으로써 정할 수 있다.
> ② 일부 공용부분에 관한 사항으로써 구분소유자 전원에게 이해관계가 있지 아니한 사항은 구분소유자 전원의 규약에 따로 정하지 아니하면 일부 공용부분을 공용하는 구분소유자의 규약으로써 정할 수 있다.
> ③ 제1항과 제2항의 경우에 구분소유자 외의 자의 권리를 침해하지 못한다.
> ④ 특별시장·광역시장·특별자치시장·도지사 및 특별자치도지사(이하 '시·도지사'라 한다)는 이 법을 적용받는 건물과 대지 및 부속시설의 효율적이고 공정한 관리를 위하여 대통령령으로 정하는 바에 따라 표준규약을 마련하여 보급하여야 한다.

> **제29조【규약의 설정·변경·폐지】** ① 규약의 설정·변경 및 폐지는 관리단집회에서 구분소유자의 4분의 3 이상 및 의결권의 4분의 3 이상의 찬성을 얻어서 한다. 이 경우 규약의 설정·변경 및 폐지가 일부 구분소유자의 권리에 특별한 영향을 미칠 때에는 그 구분소유자의 승낙을 받아야 한다.
> ② 제28조 제2항에 규정한 사항에 관한 구분소유자 전원의 규약의 설정·변경 또는 폐지는 그 일부 공용부분을 공용하는 구분소유자의 4분의 1을 초과하는 자 또는 의결권의 4분의 1을 초과하는 의결권을 가진 자가 반대할 때에는 할 수 없다.
> **제42조【규약 및 집회의 결의의 효력】** ① 규약 및 관리단집회의 결의는 구분소유자의 특별승계인에 대하여도 효력이 있다.
> ② 점유자는 구분소유자가 건물이나 대지 또는 부속시설의 사용과 관련하여 규약 또는 관리단집회의 결의에 따라 부담하는 의무와 동일한 의무를 진다.

(1) 의의

규약이란 구분소유자 및 점유자 상호간의 관계를 규율하기 위한 관리단의 자치법규로서 법인의 정관과 유사한 성질을 지닌다. 「집합건물의 소유 및 관리에 관한 법률」은 건물과 대지 또는 부속시설의 관리 또는 사용에 관한 구분소유자 상호간의 사항 중 이 법에서 규정하지 아니한 사항은 규약으로써 정할 수 있도록 하고 있다(제28조 제1항).

(2) 규약의 설정·변경·폐지

규약의 설정·변경 및 폐지는 관리단집회에서 구분소유자 및 의결권의 각 4분의 3 이상의 찬성을 얻어 행한다. 다만, 규약의 설정·변경 및 폐지가 일부 구분소유자의 권리에 특별한 영향을 미칠 때에는 그 구분소유자의 승낙을 얻어야 한다(제29조 제1항).

(3) 보관 및 열람

규약은 관리인 또는 구분소유자나 그 대리인으로서 건물을 사용하고 있는 자 중 1인이 보관하여야 한다. 이해관계인은 규약을 보관하는 자에게 규약의 열람을 청구하거나 자기 비용으로 등본의 교부를 청구할 수 있다(제30조).

(4) 효력

규약은 결의에 관여한 구분소유자뿐만이 아니라 그의 포괄승계인·특정승계인에게도 효력이 미친다(제42조 제1항). 또한 구분소유자의 승낙을 얻어 전유부분을 점유하는 전세권자·임차인 등도 구분소유자가 규약 또는 집회결의에 따라 부담하는 의무와 동일한 의무를 진다(제42조 제2항).

PART 4 민사특별법

2. 집회

(1) 의의

관리단집회는 관리단에 있어서 최고의 의사결정기관이다. 관리단의 사무는 이 법 또는 규약으로 관리인에게 위임한 사항 외에는 관리단집회의 결의에 따라 수행한다(제31조). 전유부분을 점유하는 자는 구분소유자의 승낙을 얻어 집회의 목적사항에 관하여 이해관계가 있는 경우에는 집회에 출석하여 의견을 진술할 수 있다. 집회의 결의는 구분소유자는 물론이고 점유자와 특별승계인에게도 효력이 있다.

(2) 집회의 종류

① 정기관리단집회: 관리인은 매년 회계연도 종료 후 3개월 이내에 정기관리단집회를 소집하여야 한다(제32조).

② 임시관리단집회: 관리인은 필요하다고 인정한 때에는 관리단집회를 소집할 수 있으며 또한 구분소유자의 5분의 1 이상이 회의의 목적사항을 구체적으로 밝혀 관리단집회의 소집을 청구하면 관리인은 관리단집회를 소집하여야 한다. 이 정수(定數)는 규약으로 감경할 수 있다. 청구가 있은 후 1주일 내에 관리인이 청구일부터 2주일 이내의 날을 관리단집회일로 하는 소집통지절차를 밟지 아니하면 소집을 청구한 구분소유자는 법원의 허가를 받아 관리단집회를 소집할 수 있다.

(3) 집회소집의 통지

① 관리단집회를 소집하려면 관리단집회일 1주일 전에 회의의 목적사항을 구체적으로 밝혀 각 구분소유자에게 통지하여야 한다. 다만, 이 기간은 규약으로 달리 정할 수 있다(제34조 제1항).

② 전유부분을 여럿이 공유하는 경우에 위 ①의 통지는 제37조 제2항에 따라 정하여진 의결권을 행사할 자(그가 없을 때에는 공유자 중 1인)에게 통지하여야 한다(제34조 제2항).

(4) 소집절차의 생략

관리단집회는 구분소유자 전원이 동의하면 소집절차를 거치지 아니하고 소집할 수 있다(제35조).

(5) 관리단집회의 결의

관리단집회는 소집통지를 할 때에 명시한 사항에 관하여서만 결의할 수 있다(제36조 제1항).

① 의결권

㉠ 각 구분소유자의 의결권은 규약에 특별한 규정이 없는 경우에는 전유부분 면적의 지분비율에 의한다(제37조 제1항). 전유부분을 여럿이 공유하는 경우에 공유자는 관리단집회에서 의결권을 행사할 1인을 정한다(제37조 제2항).

ⓛ 이때 의결권 행사자 1인을 정한다는 이 규정은 강행규정에 해당하며, 협의가 이루어지지 않을 경우 공유물의 관리에 관한 「민법」 제265조에 따라 전유부분 지분의 과반수로써 의결권 행사자를 정하여야 하고, 한편 지분이 동등하여 의결권 행사자를 정하지 못할 경우에는 그 전유부분의 공유자는 의결권을 행사할 수 없으며, 의결권 행사자가 아닌 공유자들이 지분 비율로 개별적으로 의결권을 행사할 수도 없다(대결 2007마1734).

② **의결방법**: 의결권은 서면이나 전자적 방법(전자정보처리조직을 사용하거나 그 밖에 정보통신기술을 이용하는 방법으로서 대통령령으로 정하는 방법을 말한다) 또는 대리인을 통하여 행사할 수 있다(제 38조).

ⓖ 통상의결정족수: 관리단집회의 의사는 이 법 또는 규약에 특별한 규정이 없는 경우에는 구분 소유자 및 의결권의 각 과반수로써 의결한다.

ⓛ 특별의결정족수

ⓐ 구분소유자 및 의결권의 각 3분의 2 이상의 결의를 요하는 사항

> • 공용부분의 변경(제15조)
> • 회계감사의 면제

ⓑ 구분소유자 및 의결권의 각 4분의 3 이상의 결의를 요하는 사항

> • 규약의 설정·변경·폐지(제29조)
> • 공동의 이익을 해하는 구분소유자에 대한 사용금지청구(제44조)
> • 공동의 이익을 해하는 구분소유자에 대한 경매를 명하는 재판의 청구(제45조)
> • 공동의 이익을 해하는 점유자에 대한 해제 및 전유부분의 인도청구(제46조)
> • 서면 또는 전자적 방법에 의한 결의(관리단집회의 결의와 동일한 효력)

ⓒ 구분소유자 및 의결권의 각 5분의 4 이상의 결의를 요하는 사항

> • 재건축결의(단 콘도 재건축은 3분의 2 이상)
> • 건물가격의 2분의 1을 초과하는 건물의 일부멸실시 멸실한 공용부분의 복구(제50조 제4항)
> • 권리변동 있는 공용부분의 변경

③ **서면 또는 전자적 방법에 의한 결의**

ⓖ 원칙: 이 법 또는 규약에 따라 관리단집회에서 결의할 것으로 정한 사항에 관하여 구분소유 자의 4분의 3 이상 및 의결권의 4분의 3 이상이 서면이나 전자적 방법 또는 서면과 전자적 방법으로 합의하면 관리단집회에서 결의한 것으로 본다.

ⓛ 예외: 서면이나 전자적 방법에 의한 합의라도 다음과 같은 예외가 있다.

ⓐ 콘도의 공용부분 변경 - 구분소유자의 과반수 및 의결권의 과반수

ⓑ 권리변동 있는 공용부분변경, 재건축, 건물가격 1/2 초과 복구 - 구분소유자의 5분의 4 이상 및 의결권의 5분의 4 이상

ⓒ 콘도의 권리변동 있는 공용부분 변경, 콘도재건축 - 구분소유자의 3분의 2 이상 및 의결권의 3분의 2 이상

④ **결의취소의 소**: 구분소유자는 다음의 어느 하나에 해당하는 경우에는 집회결의 사실을 안 날부터 6개월 이내에, 결의한 날부터 1년 이내에 결의취소의 소를 제기할 수 있다(제42조의2).

㉠ 집회의 소집절차나 결의방법이 법령 또는 규약에 위반되거나 현저하게 불공정한 경우

㉡ 결의내용이 법령 또는 규약에 위배되는 경우

핵심정리 | 의결정족수

1/5 이상	2/3 이상	3/4 이상	4/5 이상
임시집회의 소집	• 공용부분의 변경 • 회계감사의 면제	• 규약의 설정·변경·폐지 • 의무위반자에 대한 조치 (사용금지청구·경매명령 청구·해제 및 인도청구) • 서면 또는 전자적 방법에 의한 결의(관리단집회의 결의와 동일한 효력)	• 재건축의 결의 • 재건축 결의내용의 변경 • 권리변동 있는 공용부분 의 변경 • 건물가격의 1/2을 초과 하는 일부멸실시 공용부분 의 복구

(6) 집회의 의장과 의사록

① 관리단집회의 의장은 관리인 또는 집회를 소집한 구분소유자 중 연장자가 된다. 그러나 규약에 특별한 규정이 있거나 관리단집회에서 다른 결의를 한 경우에는 그러하지 아니하다(제39조 제1항).

② 관리단집회의 의사에 관하여는 의사록을 작성하여야 하며, 의사록에는 의사의 경과와 그 결과를 기재하고 의장과 구분소유자 2인 이상이 서명날인하여야 한다(제39조 제2항·제3항).

5 의무위반자에 대한 조치

(1) 구분소유자의 의무

① **공동의 이익에 어긋나는 행위의 금지**: 구분소유자는 건물의 보존에 해로운 행위나 그 밖에 건물의 관리 및 사용에 관하여 구분소유자 공동의 이익에 어긋나는 행위를 하여서는 아니 된다(제5조 제1항).

② **용도변경 및 내부벽의 철거·파손 금지**: 전유부분이 주거의 용도로 분양된 것인 경우에는 구분소유자는 정당한 사유 없이 그 부분을 주거 외의 용도로 사용하거나 그 내부벽을 철거하거나 파손하여 증축·개축하는 행위를 하여서는 아니 된다(제5조 제2항).

(2) 의무를 위반한 구분소유자에 대한 조치

① 공동의 이익에 어긋나는 행위의 정지 등의 청구

㉠ 구분소유자가 제5조 제1항의 행위를 한 경우 또는 그 행위를 할 우려가 있는 경우에 관리인 또는 관리단집회의 결의로 지정된 구분소유자는 구분소유자 공동의 이익을 위하여 그 행위를 정지하거나 그 행위의 결과를 제거하거나 그 행위의 예방에 필요한 조치를 할 것을 청구할 수 있다(제43조 제1항).

㉡ 위 ㉠의 경우에 소송의 제기는 관리단집회의 결의가 있어야 한다(제43조 제2항).

② 전유부분의 사용금지청구

㉠ 제43조 제1항의 경우에 제5조 제1항에 규정된 행위로 구분소유자의 공동생활상의 장해가 현저하여 제43조 제1항에 규정된 청구로는 그 장해를 제거하여 공용부분의 이용 확보나 구분소유자의 공동생활 유지를 도모함이 매우 곤란할 때에는 관리인 또는 관리단집회의 결의로 지정된 구분소유자는 소(訴)로써 적당한 기간 동안 해당 구분소유자의 전유부분 사용금지를 청구할 수 있다(제44조 제1항).

㉡ 사용금지의 청구는 구분소유자의 4분의 3 이상 및 의결권의 4분의 3 이상의 관리단집회 결의가 있어야 하며, 결의를 할 때에는 미리 해당 구분소유자에게 변명할 기회를 주어야 한다(제44조 제2항·제3항).

③ 경매명령청구

㉠ 의의: 구분소유자가 제5조 제1항 및 제2항을 위반하거나 규약에서 정한 의무를 현저히 위반한 결과 공동생활을 유지하기 매우 곤란하게 된 경우에는 관리인 또는 관리단집회의 결의로 지정된 구분소유자는 해당 구분소유자의 전유부분 및 대지사용권의 경매를 명할 것을 법원에 청구할 수 있다(제45조 제1항).

㉡ 요건: 경매를 명할 것을 법원에 청구하기 위하여는 구분소유자의 4분의 3 이상 및 의결권의 4분의 3 이상으로 결정하여야 하며, 결의를 할 때에는 미리 해당 구분소유자에게 변명할 기회를 주어야 한다(제45조 제2항·제3항).

㉢ 절차: 경매명령의 청구에 따라 경매를 명한 재판이 확정된 때에는 그 청구를 한 자는 경매를 신청할 수 있다. 다만, 그 재판확정일로부터 6개월이 지나면 경매를 신청할 수 없으며 의무를 위반한 당해 구분소유자는 경매절차에서 경락인이 되지 못한다(제45조 제4항·제5항).

(3) 의무를 위반한 점유자에 대한 조치

① 공동의 이익에 어긋나는 행위의 정지 등의 청구

㉠ 점유자가 제5조 제1항의 행위를 한 경우 또는 그 행위를 할 염려가 있는 경우에 관리인 또는 관리단집회의 결의에 의하여 지정된 구분소유자는 구분소유자의 공동의 이익을 위하여 그 행위를 정지하거나 그 행위의 결과를 제거하거나 또는 그 행위의 예방에 필요한 조치를 취할 것을 청구할 수 있다(제43조 제1항·제3항).

ⓛ 위 ㉠의 경우에 소송의 제기는 관리단집회의 결의가 있어야 한다(제43조 제2항·제3항).

② 계약의 해제 및 인도청구

㉠ 점유자가 제45조 제1항에 따른 의무위반을 한 결과 공동생활을 유지하기 매우 곤란하게 된 경우에는 관리인 또는 관리단집회의 결의로 지정된 구분소유자는 그 전유부분을 목적으로 하는 계약의 해제 및 그 전유부분의 인도를 청구할 수 있다(제46조 제1항).

㉡ 이를 위해서는 구분소유자의 4분의 3 이상 및 의결권의 4분의 3 이상으로 결정하여야 하며, 결의를 할 때에는 미리 해당 구분소유자에게 변명할 기회를 주어야 한다(제46조 제2항).

㉢ 전유부분을 인도받은 자는 지체 없이 이를 그 전유부분을 점유할 권원이 있는 자에게 인도하여야 한다(제46조 제3항).

6 재건축 및 복구 제30회

(1) 재건축

> **제47조 【재건축 결의】** ① 건물 건축 후 상당한 기간이 지나 건물이 훼손되거나 일부 멸실되거나 그 밖의 사정으로 건물 가격에 비하여 지나치게 많은 수리비·복구비나 관리비용이 드는 경우 또는 부근 토지의 이용상황의 변화나 그 밖의 사정으로 건물을 재건축하면 재건축에 드는 비용에 비하여 현저하게 효용이 증가하게 되는 경우에 관리단집회는 그 건물을 철거하여 그 대지를 구분소유권의 목적이 될 새 건물의 대지로 이용할 것을 결의할 수 있다. 다만, 재건축의 내용이 단지 내 다른 건물의 구분소유자에게 특별한 영향을 미칠 때에는 그 구분소유자의 승낙을 받아야 한다.
> ② 제1항의 결의는 구분소유자의 5분의 4 이상 및 의결권의 5분의 4 이상의 결의에 따른다. 다만, 「관광진흥법」 제3조제1항제2호나목에 따른 휴양 콘도미니엄업의 운영을 위한 휴양 콘도미니엄의 재건축 결의는 구분소유자의 3분의 2 이상 및 의결권의 3분의 2 이상의 결의에 따른다.
> ③ 재건축을 결의할 때에는 다음 각 호의 사항을 정하여야 한다.
> 1. 새 건물의 설계 개요
> 2. 건물의 철거 및 새 건물의 건축에 드는 비용을 개략적으로 산정한 금액
> 3. 제2호에 규정된 비용의 분담에 관한 사항
> 4. 새 건물의 구분소유권 귀속에 관한 사항
> ④ 제3항 제3호 및 제4호의 사항은 각 구분소유자 사이에 형평이 유지되도록 정하여야 한다.
> ⑤ 제1항의 결의를 위한 관리단집회의 의사록에는 결의에 대한 각 구분소유자의 찬반 의사를 적어야 한다.
>
> **제48조 【구분소유권 등의 매도청구 등】** ① 재건축의 결의가 있으면 집회를 소집한 자는 지체 없이 그 결의에 찬성하지 아니한 구분소유자(그의 승계인을 포함한다)에 대하여 그 결의내용에 따른 재건축에 참가할 것인지 여부를 회답할 것을 서면으로 촉구하여야 한다.
> ② 제1항의 촉구를 받은 구분소유자는 촉구를 받은 날부터 2개월 이내에 회답하여야 한다.
> ③ 제2항의 기간 내에 회답하지 아니한 경우 그 구분소유자는 재건축에 참가하지 아니하겠다는 뜻을 회답한 것으로 본다.

④ 제2항의 기간이 지나면 재건축결의에 찬성한 각 구분소유자, 재건축결의 내용에 따른 재건축에 참가할 뜻을 회답한 각 구분소유자(그의 승계인을 포함한다) 또는 이들 전원의 합의에 따라 구분소유권과 대지사용권을 매수하도록 지정된 자(이하 '매수지정자'라 한다)는 제2항의 기간 만료일부터 2개월 이내에 재건축에 참가하지 아니하겠다는 뜻을 회답한 구분소유자(그의 승계인을 포함한다)에게 구분소유권과 대지사용권을 시가로 매도할 것을 청구할 수 있다. 재건축결의가 있은 후에 이 구분소유자로부터 대지사용권만을 취득한 자의 대지사용권에 대하여도 또한 같다.

⑤ 제4항에 따른 청구가 있는 경우에 재건축에 참가하지 아니하겠다는 뜻을 회답한 구분소유자가 건물을 명도하면 생활에 현저한 어려움을 겪을 우려가 있고 재건축의 수행에 큰 영향이 없을 때에는 법원은 그 구분소유자의 청구에 의하여 대금지급일 또는 제공일부터 1년을 초과하지 아니하는 범위에서 건물 명도에 대하여 적당한 기간을 허락할 수 있다.

⑥ 재건축결의일부터 2년 이내에 건물철거공사가 착수되지 아니한 경우에는 제4항에 따라 구분소유권이나 대지사용권을 매도한 자는 이 기간이 만료된 날부터 6개월 이내에 매수인이 지급한 대금에 상당하는 금액을 그 구분소유권이나 대지사용권을 가지고 있는 자에게 제공하고 이들의 권리를 매도할 것을 청구할 수 있다. 다만, 건물철거공사가 착수되지 아니한 타당한 이유가 있을 경우에는 그러하지 아니하다.

⑦ 제6항 단서에 따른 건물철거공사가 착수되지 아니한 타당한 이유가 없어진 날부터 6개월 이내에 공사에 착수하지 아니하는 경우에는 제6항 본문을 준용한다. 이 경우 같은 항 본문 중 '이 기간이 만료된 날부터 6개월 이내에'는 '건물철거공사가 착수되지 아니한 타당한 이유가 없어진 것을 안 날부터 6개월 또는 그 이유가 없어진 날부터 2년 중 빠른 날까지'로 본다.

① 재건축의 결의
  ㉠ 재건축의 결의는 구분소유자의 5분의 4 이상 및 의결권의 5분의 4 이상의 결의에 따른다(제47조 제2항).
  ㉡ 다만, 「관광진흥법」 제3조 제1항 제2호 나목에 따른 휴양 콘도미니엄업의 운영을 위한 휴양 콘도미니엄의 재건축 결의는 구분소유자의 3분의 2 이상 및 의결권의 3분의 2 이상의 결의에 따른다.
  ㉢ 재건축은 구 건물과 신 건물 사이에 동일·유사성을 요구하지 않는다. 따라서 「집합건물의 소유 및 관리에 관한 법률」상 주거용 집합건물을 철거하고 상가용 집합건물을 신축하는 것과 같이 건물의 용도를 변경하는 형태의 재건축결의도 다른 법령에 특별한 제한이 없는 한 허용된다(대판 2006다32217).

판례보기

재건축 관련 판례

1. 재건축비용의 분담에 관한 사항을 정하지 아니한 재건축결의의 효력 – 무효
   재건축비용의 분담에 관한 사항은 구분소유자들로 하여금 상당한 비용을 부담하면서 재건축에 참가할 것인지, 아니면 시가에 의하여 구분소유권 등을 매도하고 재건축에 참가하지 않을 것인지를 선택하는 기준이 되는

것이고, 재건축결의 내용 중 가장 중요하고 본질적인 부분으로서, 재건축의 실행단계에서 다시 비용 분담에 관한 합의를 하지 않아도 될 정도로 그 분담액 또는 산출기준을 정하여야 하고 이를 정하지 아니한 재건축결의 는 특별한 사정이 없는 한 무효이다(대판 98다15996).

2. 단지 내 여러 동의 건물 전부를 일괄하여 재건축하는 경우 – 각 건물마다 결의
「집합건물의 소유 및 관리에 관한 법률」 소정의 재건축결의는 하나의 단지 내에 있는 여러 동의 건물 전부를 일괄하여 재건축하고자 하는 경우에도 개개의 각 건물마다 있어야 한다(대판 2000다24061).

3. 재건축조합의 조합규약이나 총회에서 신축 상가건물의 권리 귀속 등에 관한 사항을 재건축조합과 상가조합원 들 간의 협의 내지 약정을 거쳐 대의원회에서 인준하는 방식으로 결정하도록 하는 것이 허용되는지 여부(원칙 적 소극) 및 그 허용요건
「민법」상의 비법인사단인 재건축조합이 재건축결의의 내용을 변경함에 있어서는 그것이 구성원인 조합원의 이해관계에 미치는 영향에 비추어 재건축결의시의 의결정족수를 규정한 「집합건물의 소유 및 관리에 관한 법률」 제47조 제2항을 유추적용하여 조합원 5분의 4 이상의 결의가 필요하고, 원칙적으로 조합규약이나 총회에서 이러한 재건축결의사항의 변경을 조합의 대의원회가 일방적으로 결정할 수 있도록 그 권한을 위임할 수는 없다(대판 2008다53430).

② 재건축 참가 여부의 최고
㉠ 재건축의 결의가 있으면 집회를 소집한 자는 지체 없이 그 결의에 찬성하지 아니한 구분소유 자(그의 승계인을 포함한다)에 대하여 그 결의내용에 따른 재건축에 참가할 것인지 여부를 회답 할 것을 서면으로 촉구(최고)하여야 한다(제48조 제1항).
㉡ 촉구(최고)를 받은 구분소유자는 촉구를 받은 날부터 2개월 이내에 회답하지 아니한 경우 그 구분소유자는 재건축에 참가하지 아니하겠다는 뜻을 회답한 것으로 본다(제48조 제2항·제3항).

③ 매도의 청구
㉠ 의의: 재건축의 결의에 찬성한 각 구분소유자, 재건축의 결의내용에 따른 재건축에 참가할 뜻을 회답한 각 구분소유자 또는 지정매수자는 재건축에 참가하지 아니하는 뜻을 회답한 구분소유자에 대하여 구분소유권 및 대지사용권을 시가에 따라 매도할 것을 청구할 수 있다.
㉡ 매도청구권의 성질: 매도청구권은 형성권으로서 재건축 참가자 다수의 의사에 의하여 재건 축에 참가하지 아니한 구분소유자의 구분소유권에 관한 매매계약의 성립을 강제하는 것이므 로, 매도청구권을 위 행사기간 내에 이를 행사하지 아니하면 그 효력을 상실한다(대판 2000다 11621).
㉢ 매도인의 환매권: 재건축의 결의일로부터 2년 이내에 건물철거의 공사가 착수되지 아니한 경우에는 매도한 자는 이 기간의 만료일부터 6개월 이내에 매수인이 지급한 대금에 상당한 금액을 그 구분소유권 또는 대지사용권을 가지고 있는 자에게 제공하고 이들의 권리를 매도 할 것을 청구할 수 있다. 다만, 건물철거의 공사가 착수되지 아니한 것에 관하여 상당한 이유 가 있는 때에는 그러하지 아니한다.

(2) 복구

> **제50조 【건물이 일부 멸실된 경우의 복구】** ① 건물가격의 2분의 1 이하에 상당하는 건물부분이 멸실되었
> 을 때에는 각 구분소유자는 멸실한 공용부분과 자기의 전유부분을 복구할 수 있다. 다만, 공용부분의
> 복구에 착수하기 전에 제47조 제1항의 결의나 공용부분의 복구에 대한 결의가 있는 경우에는 그러하지
> 아니하다.
> ② 제1항에 따라 공용부분을 복구한 자는 다른 구분소유자에게 제12조의 지분비율에 따라 복구에 든
> 비용의 상환을 청구할 수 있다.
> ③ 제1항 및 제2항의 규정은 규약으로 달리 정할 수 있다.
> ④ 건물이 일부 멸실된 경우로서 제1항 본문의 경우를 제외한 경우에 관리단집회는 구분소유자의 5분의
> 4 이상 및 의결권의 5분의 4 이상으로 멸실한 공용부분을 복구할 것을 결의할 수 있다.

① **의의**: 재건축이 기존건물을 철거하고 건물을 신축하는 것임에 비해, 복구는 일부멸실된 건물을
원상으로 회복시키는 것을 말한다.

② **건물가격 2분의 1 이하 멸실시의 복구**: 건물가격의 2분의 1 이하에 상당하는 건물부분이 멸실되
었을 때에 각 구분소유자는 멸실한 공용부분과 자기의 전유부분을 복구할 수 있다. 다만, 공용부
분에 대한 복구를 착수하기 전에 재건축결의나 공용부분의 복구에 대한 결의가 있는 경우에
복구권은 소멸한다(제50조 제1항).

③ **건물가격 2분의 1 초과 멸실시의 복구**: 건물가격의 2분의 1을 초과하는 일부멸실시의 경우에는
관리단집회는 구분소유자 및 의결권의 각 5분의 4 이상의 다수에 의한 결의에 의하여 멸실한
공용부분을 복구할 것을 결의할 수 있다(제50조 제4항).

PART 4 민사특별법

□ 사적 실행방법으로 경매와 귀속청산을 인정할 뿐 처분청산은 인정하지 않으므로 귀속청산의 실행절차를 정확하게 이해하여야 한다. 이 장은 사례문제로 출제될 수 있으므로 적용범위와 귀속청산에서 선순위·후순위 권리자와의 관계를 정확히 이해하여야 한다.

1 서설

(1) 비전형담보의 의의

① 「민법」은 유치권·질권·저당권을 담보물권으로 정하고 있다. 이 중 유치권은 일정한 요건에 해당될 경우에만 성립하는 법정담보물권이기 때문에, 질권과 저당권이 「민법」이 예정하는 전형적인 담보제도라고 할 수 있다. 그런데 거래관계에서는 질권과 저당권 이외에 다른 담보제도를 활용하여 왔는데, 그 대표적인 것이 가등기담보·양도담보·매도담보 3가지이다. 이러한 담보를 전형담보인 질권·저당권에 대비하여 비전형담보 내지는 변칙담보라고 부른다.

② 비전형담보 활용 이유

  ㉠ 전형담보가 가지는 문제점을 보완하는 면이 있다. 예를 들어 동산을 담보로 하려면 질권을 설정하여야 하는데, 채무자가 실제로 점유하여 사용할 필요가 있는 동산, 즉 공장의 기계나 농기구 등은 질권을 이용하는 것이 불편하다. 질권에서는 설정자로 하여금 목적물을 점유하게 하지 못하기 때문이다(제332조). 여기서 채무자가 목적물을 점유하면서 채권자에게 채권담보의 목적으로 소유권이전을 해주는 쪽으로 고안된 것이 양도담보이다.

  ㉡ 채권자들의 현행 경매제도에 대한 불만과 욕구이다. 채권자들은 경매를 통하지 않고 사적으로 목적물을 처분하여 신속히 자기채권의 변제에 충당하여 더 큰 이득을 누리고자 한다. 이러한 점이 어울려서 자연발생적으로 등장하게 된 것이 바로 비전형담보이다.

(2) 비전형담보의 유형

비전형담보는 여러 관점에서 그 분류가 가능하지만, 자금획득방법과 소유권이전이라는 두 가지 점을 기준으로 하여 나누어 보면 다음과 같다.

① 자금을 매매에 의하여 얻는 것 - 매도담보

필요한 자금을 매매의 형식을 빌려서 매매대금을 얻는 경우이다. 예를 들어 1억원의 자금을 필요로 하는 乙이 시가 3억원 상당의 자신소유 토지를 1억원에 甲에게 매각하여 필요한 자금을 얻고, 그 후(변제기)에 그 1억원을 반환함으로써 토지를 다시 찾아오는 방법이다. 그 법률적 수단으로는 환매(제590조 참조)와 재매매의 예약이라는 두 방법이 있다. 위의 경우 1억원은 형식상으로는 매매대금이지만 실질상으로는 차용금으로서, 甲은 그에 대한 담보로 매수인으로서 토지에 대하여 소유권이전등기를 받는 것인데 이러한 유형을 매도담보라고 한다.

② **자금을 소비대차에 의하여 얻는 것**: 필요한 자금을 금전소비대차에 의하여 얻는 경우인데, 이것은 그 담보물의 소유권이 외부적으로 언제 채권자에게 이전하느냐에 따라 다음의 두 가지로 나눌 수 있다.

  ㉠ 계약체결과 동시에 목적물의 소유권을 채권자에게 이전하는 형식을 취하는 것 - 양도담보: 예를 들어 1억원의 자금을 필요로 하는 乙이 금전소비대차계약에 의하여 甲으로부터 1억원을 빌리고, 그 담보로 시가 3억원 상당의 자신소유 토지를 甲 앞으로 소유권이전등기를 해 주는 방법으로서 이러한 유형을 양도담보라고 한다. 위 경우 乙은 1억원을 변제기에 甲에게 갚고 토지를 다시 찾아오게 된다.

  ㉡ 장래 채무불이행이 있는 때에 목적물의 소유권을 채권자에게 이전하는 형식을 취하는 것 - 가등기담보: 예를 들어 1억원의 자금을 필요로 하는 乙이 금전소비대차계약에 의하여 甲으로부터 1억원을 빌리면서, 乙이 변제기에 1억원을 갚지 않을 때에는 시가 3억원 상당의 乙소유 토지를 대신 주기로 미리 약속을 하고(대물변제의 예약), 그 예약에 따른 권리(즉, 장래의 소유권이전청구권)를 대외적으로 보전하기 위하여 乙소유 토지에 대하여 甲명의로 가등기를 하는 방법으로서, 이러한 유형을 가등기담보라고 한다. 위 경우 乙이 변제기에 1억원을 갚지 못하면, 甲은 가등기에 기하여 본등기를 함으로써 토지소유권을 취득하게 된다.

  이 경우 그 등기순위는 가등기한 때로 소급하므로(「부동산등기법」 제91조), 따라서 가등기 이후에 등기된 것은 모두 실효된다는 점에서 담보로서의 효용을 가지고 있고, 또 그 절차 등이 간편하다는 점에서 비전형담보 중에서는 가장 많이 이용된다.

2 가등기담보 등에 관한 법률 제29회, 제30회, 제31회, 제32회, 제33회, 제34회, 제35회

(1) 제정목적

1980년대 초에 이르러 금전채권의 담보로서 부동산에 대하여 대물변제의 예약을 하고 이를 보전하기 위하여 가등기를 하는 소위 가등기담보가 비금융권에서 상당히 많이 활용되었다. 다만, 그 담보 실행과정에서 폭리를 취하는 등 여러 문제가 발생하였다. 즉, 변제기가 지나면 곧바로 채권자는 목적물을 처분할 수 있고, 제3자는 유효하게 소유권을 취득하므로 채무자는 이제는 더 이상 목적물을 회수할 수 없게 되며, 또한 채권자로부터 정산금을 실제로 받는 것도 보장되지 않는다. 그래서 이러한 문제들을 종합적으로 규제하기 위하여 특별법 제정의 필요성이 대두되었고, 그 결과로서 「가등기담보 등에 관한 법률」이 제정되었다.

(2) 적용범위

> **제1조 【목적】** 이 법은 차용물의 반환에 관하여 차주가 차용물을 갈음하여 다른 재산권을 이전할 것을 예약할 때 그 재산의 예약 당시 가액이 차용액과 이에 붙인 이자를 합산한 액수를 초과하는 경우에 이에 따른 담보계약과 그 담보의 목적으로 마친 가등기 또는 소유권이전등기의 효력을 정함을 목적으로 한다.

① 「가등기담보 등에 관한 법률」은 차주가 차용물에 갈음하여 다른 재산권을 이전할 것을 예약한 모든 비전형담보계약에 적용된다. 따라서 가등기담보뿐만 아니라 양도담보·매도담보(㉮ 환매, 재매매예약) 등 어떠한 명목을 불문하고 이 법률의 규율을 받게 된다.

② 소비대차에 부수하여 대물변제예약을 하고 비전형담보를 설정한 경우에 한하여 「가등기담보 등에 관한 법률」이 적용된다. 따라서 소비대차가 아닌 매매대금채권·공사대금채권 등을 담보하기 위하여 가등기 또는 소유권이전등기가 된 경우에는 적용되지 아니한다.

판례보기

「가등기담보 등에 관한 법률」의 적용 여부

1. 「가등기담보 등에 관한 법률」은 차용물의 반환에 관하여 다른 재산권을 이전할 것을 예약한 경우에 적용되는 것이므로, 공사잔대금의 지급을 담보하기 위하여 체결된 양도담보계약에 기하여 소유권이전등기를 구하는 경우에는 같은 법이 적용되지 않는다(대판 96다31116).
2. 「가등기담보 등에 관한 법률」은 차용물의 반환에 관하여 다른 재산권을 이전할 것을 예약한 경우에 적용되므로 금전소비대차나 준소비대차에 기한 차용금반환채무 이외의 채무를 담보하기 위하여 경료된 가등기나 양도담보에는 위 법이 적용되지 아니하나, 금전소비대차나 준소비대차에 기한 차용금반환채무와 그 외의 원인으로 발생한 채무를 동시에 담보할 목적으로 경료된 가등기나 소유권이전등기라도 그 후 후자의 채무가 변제 기타의 사유로 소멸하고 금전소비대차나 준소비대차에 기한 차용금반환채무의 전부 또는 일부만이 남게 된 경우에는 그 가등기담보나 양도담보에 「가등기담보 등에 관한 법률」이 적용된다(대판 2003다29968).

---

③ 담보부동산에 대한 예약 당시 가액이 차용액과 이에 붙인 이자를 합산한 액수에 미치지 못하는 경우에는 「가등기담보 등에 관한 법률」이 적용되지 않으므로 동법에 의한 청산절차가 요구되지 않는다. 만일 목적물에 선순위 저당권이 있는 때에는 예약 당시의 목적물의 가액은 그 저당권의 피담보채권액을 공제한 나머지 액수를 기준으로 한다(대판 2005다61140).

판례보기

재산의 예약 당시의 시가가 피담보채무액에 미치지 못하는 경우, 「가등기담보 등에 관한 법률」 제3조 소정의 청산금 평가액의 통지의 요부(소극)

「가등기담보 등에 관한 법률」은 재산권 이전의 예약에 의한 가등기담보에 있어서 그 재산의 예약 당시의 가액이 차용액 및 이에 붙인 이자의 합산액을 초과하는 경우에 한하여 그 적용이 있다 할 것이므로 가등기담보 부동산에 대한 예약 당시의 시가가 그 피담보채무액에 미치지 못하는 경우에 있어서는 같은 법 제3조가 정하는 청산금 평가액의 통지를 할 여지가 없다 할 것이다(대판 91다30019).

---

④ 채권담보의 목적으로 등기·등록이 되지 않은 경우에는 「가등기담보 등에 관한 법률」이 적용되지 않는다. 따라서 채권자가 채무자와 담보계약을 체결하였지만 담보목적 부동산에 관하여 가등기나 소유권이전등기를 마치지 아니한 경우에는 '담보권'을 취득하였다고 할 수 없으므로, 이러한 경우에는 「가등기담보 등에 관한 법률」 제3조, 제4조는 원칙적으로 적용될 수 없다(대판 2011다106778).

또한 목적물에 대하여 등기·등록을 할 수 없는 경우, 즉 목적물이 동산이나 주식인 경우에는 그 적용이 없게 된다.

⑤ 「가등기담보 등에 관한 법률」은 부동산소유권 이외에 등기·등록할 수 있는 권리(예 지상권·지역권·임차권, 「입목에 관한 법률」에 의한 입목, 등기한 선박·자동차·항공기·공장재단·광업재단·특허권 등)의 취득을 목적으로 하는 담보계약에도 적용된다. 그러나 전세권·저당권·질권을 목적으로 하는 경우에는 적용되지 아니한다(「가등기담보 등에 관한 법률」 제18조).

(3) 가등기담보의 법적 성질

통설은 가등기담보권에 관하여 저당권과 유사한 제한물권의 일종으로 파악하고 있다. 따라서 가등기담보권은 다음의 성질을 갖는다.

① 경매청구권과 우선변제권

㉠ 가등기담보권자에게 목적부동산의 경매청구권과 우선변제권을 인정하고, 경매절차에 있어서는 가등기담보권을 저당권으로 본다(제12조). 또한 담보목적물에 관하여 제3자가 경매를 실행하는 때에 가등기담보권자는 가등기의 순위를 가지고 우선변제를 받는 것이 인정된다(제13조). 경매절차에서 우선변제를 받는 피담보채권의 범위도 저당권과 차이가 없다.

㉡ 법원은 소유권의 이전에 관한 가등기가 되어 있는 부동산에 대한 강제경매 등의 개시결정이 있는 경우에는 해당 가등기가 담보가등기인 때에는 그 내용과 채권의 존부·원인 및 금액을, 해당 가등기가 담보가등기가 아닌 때에는 해당 내용을 법원에 신고하도록 적당한 기간을 정하여 최고하여야 한다(제16조 제1항).

② 파산절차에서의 별제권: 파산절차에 있어서 가등기담보권자에게 별제권을 인정한다(제17조).

③ 담보물권의 통유성: 가등기담보권에도 담보물권의 통유성, 즉 부종성·수반성·불가분성·물상대위성이 인정된다.

(4) 가등기담보의 설정

① 가등기담보계약: 당사자 간에 대물변제의 예약 또는 매매의 예약을 하고, 채무불이행이 있는 경우에 채무자 또는 물상보증인에게 속하는 소유권 기타의 일정한 권리를 채권자에게 이전할 목적으로 가등기를 한다는 당사자의 합의를 말한다.

㉠ 계약의 당사자: 가등기담보계약은 채권자와 채무자 또는 제3자(물상보증인)가 당사자가 된다.

ⓛ 피담보채권

ⓐ 일반적 범위: 저당권에 관한 「민법」 제360조가 적용된다. 따라서 원본·이자·위약금·지연배상·실행비용이 담보되며 지연배상은 1년분에 한정된다.

ⓑ 금전채권 이외의 채권도 피담보채권이 될 수 있으나 소비대차에서 발생한 채권에 한해서만 본법이 적용된다. 따라서 매매대금·물품대금·공사대금·불법행위로 인한 손해배상채권 등은 소비대차에 부수한 것이 아니므로 본법이 적용되지 않는다.

ⓒ 가등기담보채권자가 그의 권리를 보전하기 위하여 가등기담보 채무자의 제3자에 대한 선순위 가등기담보채무를 대위변제하여 가지는 구상금채권도 담보가등기의 피담보채권에 포함된다(대판 99다41657).

② 가등기: 가등기담보는 공시방법인 가등기를 갖추어야 한다. 따라서 설정계약만 하고 가등기를 하지 않는 경우에는 본법이 적용될 수 없다. 가등기에는 저당권등기와는 달리 피담보채권액 등이 공시되지 않기 때문에 담보가등기인지 보전가등기인지는 그 등기부상 표시나 등기시에 주고받은 서류의 종류에 의하여 형식적으로 결정될 것이 아니고 거래의 실질과 당사자의 의사해석에 따라 결정될 문제라고 할 것이다(대판 91다36932).

③ 목적물의 사용·수익: 양도담보나 가등기담보가 설정된 경우 일반적으로 담보물에 대한 사용·수익권은 설정자인 소유자에게 있다. 따라서 청산절차가 종료되기 전까지는 가등기담보권설정자가 소유자로서 목적물을 사용할 수 있고 제3자에게 용익권을 설정하여 줄 수 있다.

판례보기

부동산양도담보에 있어 목적부동산의 사용·수익권자 – 양도담보설정자

일반적으로 부동산을 채권담보의 목적으로 양도한 경우 특별한 사정이 없는 한 목적부동산에 대한 사용·수익권은 채무자인 양도담보설정자에게 있으므로, 양도담보권자는 사용·수익할 수 있는 정당한 권한이 있는 채무자나 채무자로부터 그 사용·수익할 수 있는 권한을 승계한 자에 대하여는 사용·수익을 하지 못한 것을 이유로 임료 상당의 손해배상이나 부당이득반환청구를 할 수 없다(대판 2007다37394).

---

3 가등기담보권의 실행 제29회, 제30회, 제32회, 제33회, 제35회

제12조【경매의 청구】 ① 담보가등기권리자는 그 선택에 따라 제3조에 따른 담보권을 실행하거나 담보목적 부동산의 경매를 청구할 수 있다. 이 경우 경매에 관하여는 담보가등기권리를 저당권으로 본다.
② 후순위 권리자는 청산기간에 한정하여 그 피담보채권의 변제기 도래 전이라도 담보목적 부동산의 경매를 청구할 수 있다.

가등기담보권의 실행에는 경매에 의한 실행과 권리취득에 의한 실행의 두 가지 방법이 있고, 가등기담보권자는 둘 중 하나를 임의로 선택할 수 있다. 특히 경매에 의한 실행에서 가등기담보권자는 목적부동산의 경매를 청구할 수 있으며, 이 경우 가등기담보권을 저당권으로 본다(제12조 제1항).

1. 경매에 의한 실행

(1) 가등기담보권이 경료된 부동산에 대하여 경매가 개시된 경우에는 가등기담보권자는 다른 채권자보다 자기채권의 우선변제를 받을 권리가 있다. 이 경우 그 순위에 관하여는 가등기담보권을 저당권으로 보고, 그 가등기가 경료된 때에 저당권의 설정등기가 경료된 것으로 본다(제13조). 그리고 이때 가등기담보권은 부동산의 매각에 의하여 소멸한다(제15조). 한편 법원은 소유권의 이전에 관한 가등기가 되어 있는 부동산에 대한 강제경매 등의 개시결정이 있는 경우 해당 가등기가 담보가등기인 때에는 그 내용과 채권의 존부·원인 및 금액을, 해당 가등기가 담보가등기가 아닌 때에는 해당 내용을 법원에 신고하도록 적당한 기간을 정하여 최고하여야 한다(제16조 제1항). 집행법원이 정한 기간 안에 채권신고를 하지 않은 담보가등기권자는 매각대금을 배당받을 수 없다.

(2) 파산재단에 속하는 부동산에 설정한 담보가등기권리에 대하여는 「채무자 회생 및 파산에 관한 법률」 중 저당권에 관한 규정을 적용한다(제17조 제1항).

2. 권리취득에 의한 실행(사적 실행)

(1) 서설

① 가등기담보권자는 자신이 목적부동산의 소유권을 취득하는 소위 귀속청산의 방식을 통하여 담보권을 실행할 수 있다. 비전형담보의 사적 실행에 따른 청산방식으로는, 채권자가 목적물의 가액에서 채권액을 공제한 나머지를 반환하고 그 목적물의 소유권을 취득하는 '귀속청산'과 제3자에게 목적물을 처분하여 그 환가대금에서 자기채권의 만족을 취하는 '처분청산'의 두 방식이 있는데, 동법은 이 중 귀속청산의 방식만을 인정하면서 그 귀속실행절차에 관해 엄격한 제한을 가하고 있다.

판례보기

사적 실행에 있어서 처분청산이 인정되는지 여부(소극)

가등기담보권의 사적 실행에 있어서 채권자가 청산금의 지급 이전에 본등기와 담보목적물의 인도를 받을 수 있다거나, 청산기간이나 동시이행관계를 인정하지 아니하는 '처분청산'형의 담보권 실행은 「가등기담보 등에 관한 법률」상 허용되지 아니한다(대판 2002다42001).

---

② 피담보채권의 변제기가 도래하였음에도 불구하고 채무자가 이행하지 않은 경우에, 채권자는 피담보채권을 변제받기 위하여 가등기에 기하여 본등기를 함으로써 소유권을 취득하게 된다. 그러나 「가등기담보 등에 관한 법률」은 채권자는 그에 앞서 채무자 등에게 실행통지를 하여야 하며, 통지 후 2개월의 청산기간이 경과하였을 때에, 청산금의 지급과 동시이행으로 본등기와 인도를 받음으로써 소유권을 취득하도록 규정하고 있다.

참고학습 | 귀속청산 실행절차

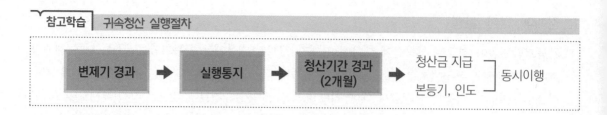

(2) 실행통지

① 통지사항

　⊙ 통지사항은 청산금의 평가액이다. 구체적으로는 '통지 당시'의 담보목적 부동산의 평가액과 피담보채권액을 밝혀야 한다. 이 경우 부동산이 둘 이상인 경우에는 각 부동산의 소유권이전에 의하여 소멸시키려는 채권과 그 비용을 밝혀야 한다(제3조 제2항).

　⊙ 채권자는 그가 통지한 청산금의 금액에 관하여 다툴 수 없다(제9조). 또한 평가한 결과 청산금이 없다고 인정되는 경우에는 그 뜻을 통지하여야 한다(제3조 제1항).

② 통지의 시기·상대방 및 방법

　⊙ 통지의 시기는 변제기 이후여야 하며, 변제기 이후라면 언제라도 상관없다(제3조 제1항).

　⊙ 청산금의 평가액을 채무자 등에게 통지하여야 하며, '채무자 등'이란 채무자, 물상보증인, 담보가등기 후에 소유권을 취득한 제3자(제3취득자)를 말한다(제2조 제2호, 제3조 제1항).

　⊙ 통지의 방법: 서면이나 구두 등 어떠한 방법으로 하더라도 상관없다.

③ 채무자 등 이외의 권리자에 대한 통지: 채권자는 실행통지가 채무자 등에게 도달한 때에는 지체 없이 후순위 권리자(담보가등기 후에 등기된 전세권자·저당권자·등기담보권자)와 담보가등기 후에 등기한 제3자(대항력 있는 임차인 포함)에게 실행통지의 사실·내용 및 그 도달일을 통지하여야 한다(제6조 제1항).

판례보기

1. 청산금의 평가액이 객관적 가액에 미치지 못하는 경우라도 청산절차가 무효가 되는 것은 아니다.

　채권자가 나름대로 평가한 청산금의 액수가 객관적인 청산금의 평가액에 미치지 못한다고 하더라도 담보권 실행의 통지로서의 효력이나 청산기간의 진행에는 아무런 영향이 없고, 다만 채무자 등은 정당하게 평가된 청산금을 지급받을 때까지 목적부동산의 소유권이전등기 및 인도채무의 이행을 거절하면서 피담보채무 전액을 채권자에게 지급하고 채권담보의 목적으로 마쳐진 가등기의 말소를 구할 수 있을 뿐이다(대판 96다6974).

2. 「가등기담보 등에 관한 법률」상 실행통지는 채무자, 물상보증인, 제3취득자 모두에게 하여야 한다.

　「가등기담보 등에 관한 법률」에 의하면, 가등기담보권자가 담보권 실행을 위하여 담보목적 부동산의 소유권을 취득하기 위하여는 그 채권의 변제기 후에 소정의 청산금 평가액 또는 청산금이 없다고 하는 뜻을 채무자 등에게 통지하여야 하고(제3조 제1항), 이때 채무자 등에는 채무자와 물상보증인뿐만 아니라 담보가등기 후 소유권을 취득한 제3취득자가 포함되는 것이므로(제2조 제2호), 위 통지는 이들 모두에게 하여야 하는 것으로서 채무자 등의 전부 또는 일부에 대하여 위 통지를 하지 않으면 청산기간이 진행할 수 없게 되고, 따라서 가등기담보권자는 그 후 적절한 청산금을 지급하거나 실제 지급할 청산금이 없다고 하더라도 가등기에 기한 본등기를 청구할 수 없으며, 설령 편법으로 본등기를 마쳤다고 하더라도 그 소유권을 취득할 수 없다(대판 2001다81856).

3. 실행통지의 방법에는 제한이 없다.

귀속정산의 통지방법에는 아무런 제한이 없어 구두로든 서면으로든 가능하고, 담보부동산의 평가액이 피담보 채권액에 미달하는 경우에는 청산금이 있을 수 없으므로 귀속정산의 통지방법으로 부동산의 평가액 및 채권액을 구체적으로 언급할 필요 없이 그 미달을 이유로 채무자에 대하여 담보권의 실행으로 그 부동산을 확정적으로 채권자의 소유로 귀속시킨다는 뜻을 알리는 것으로 족하다(대판 2000다15661).

4. 채무자 등에게 실행통지를 하였다는 사실을 후순위 권리자에게 통지하지 않은 것으로 청산절차가 무효가 되는 것은 아니다.

가등기담보권자인 채권자가 청산기간이 경과하기 전 또는 「가등기담보 등에 관한 법률」 제6조 제1항에 의하여 채무자에게 청산통지를 하였다는 사실 등을 후순위 권리자에게 통지하지 아니하고, 채무자에게 청산금을 지급한 경우에는 이로써 후순위 권리자에게 대항할 수 없는 것이나, 이러한 채권자의 변제 제한의 효력은 후순위 권리자에게만 적용되는 상대적인 것이므로, 후순위 권리자는 청산금채권이 아직 소멸하지 않은 것으로 보고 채권자에게 직접 권리를 행사할 수 있고 후순위 권리자가 채권자에게 청산금을 지급하여 줄 것을 청구하게 되면 채권자로서는 청산금의 이중지급의 책임을 면할 수 없다는 취지일 뿐이지, 후순위 권리자가 존재한다는 사유만으로 채무자에게 담보권의 실행을 거부할 권원을 부여하는 것은 아니다(대판 96다17776).

(3) 청산

① **청산의무**: 가등기담보권자(채권자)는 실행통지 당시의 목적물가액과 채권액의 차액을 청산금으로써 채무자 등에게 지급하여야 한다(제4조 제1항). 청산의무의 발생시기는 청산기간이 만료한 때이다. 즉, 실행통지가 채무자 등에게 도달한 날로부터 2개월이 경과한 때이다.

② **청산방법**: 채권자가 목적물의 가액에서 채권액을 공제한 나머지를 반환하고, 그 목적물의 소유권을 취득하는 귀속청산방법을 인정하며, 처분청산은 인정하지 않는다. 청산금의 지급채무와 부동산의 소유권이전등기 및 인도채무의 이행에 관하여는 동시이행의 항변권에 관한 「민법」 제536조를 준용한다(제4조 제3항).

③ **청산금**

㉠ 청산금액은 실행통지 당시 목적부동산의 가액에서 그 시점의 피담보채권액을 뺀 차액이다. 채무자 등이 실행통지에서 표시된 목적부동산의 평가액이 목적부동산의 객관적인 가액에 미달하는 것을 다투지 않는 경우에는 실행통지에서 표시한 목적부동산의 평가액에 의하여 청산금액이 정해진다. 그리고 실행통지에서 표시한 목적부동산의 평가액이 객관적 가액을 초과하는 경우에는 가등기담보권자는 이를 다툴 수 없으며 이에 구속된다.

판례보기

가등기담보채권자가 그의 권리를 보전하기 위하여 가등기담보채무를 대위변제하여 가지는 구상금채권도 담보 가등기의 피담보채권에 포함되는지 여부(적극)

가등기담보채권자가 가등기담보권을 실행하기 이전에 그의 계약상의 권리를 보전하기 위하여 가등기담보채무자의 제3자에 대한 선순위 가등기담보채무를 대위변제하여 구상권이 발생하였다면 특별한 사정이 없는 한 이 구상권도 가등기담보계약에 의하여 담보된다고 보는 것이 상당하다(대판 99다41657).

ⓛ 목적부동산의 가액에서 공제할 것은 피담보채권액뿐만 아니라 선순위 담보권자의 채권과 선순위 대항력 있는 임차권의 보증금도 공제한다. 다만, 후순위 담보권자의 채권액은 고려할 필요가 없다.

> 청산금 = 실행통지 당시 목적물의 가액 - (피담보채권액 + 선순위 담보권의 채권액 + 선순위 대항력 있는 임차권의 보증금)

④ **청산금면제특약**: 청산의무에 관한 제4조 제1항에 위반하는 특약으로서 채무자 등에게 불리한 것은 무효이다. 따라서 채무자 등이 채권자에 대하여 청산금의 지급을 면제하거나 청산절차를 배제하는 특약은 무효이다. 다만, 청산기간이 경과한 후에 하는 청산금면제특약은 제3자의 권리를 침해하지 않는 것이라면 유효하다(제4조 제4항).

(4) 청산금의 청구권자

채무자, 물상보증인, 제3취득자, 후순위 권리자 등이 청산금의 청구권자이다.

① 후순위 권리자는 청산기간이 경과한 후 청산금이 채무자에게 지급되기 전에 자기채권의 명세와 증서를 제시하여 그 변제를 가등기담보권자에게 청구할 수 있다(제5조 제1항).
② 채무자가 청산기간이 지나기 전에 한 청산금에 관한 권리의 양도나 그 밖의 처분은 이로써 후순위 권리자에게 대항하지 못하며, 채권자가 청산기간이 지나기 전에 청산금을 지급한 경우나 또는 후순위 권리자에게 통지를 하지 아니하고 채무자에게 청산금을 지급한 경우에도 후순위 권리자에게 대항하지 못한다(제7조).
③ 청산금채권이 압류되거나 가압류된 경우에 채권자는 청산기간이 지난 후 이에 해당하는 청산금을 채무이행지를 관할하는 지방법원이나 지원에 공탁하여 그 범위에서 채무를 면할 수 있다(제8조 제1항).
④ 후순위 권리자는 청산기간에 한정하여 그 피담보채권의 변제기 도래 전이라도 담보목적 부동산의 경매를 청구할 수 있다(제12조 제2항).
⑤ 담보가등기 후에 대항력 있는 임차권을 취득한 자에게는 청산금의 범위에서 동시이행의 항변권에 관한 「민법」 제536조를 준용한다(제5조 제5항).

(5) 채무자 등의 말소청구권

① 채무자 등은 청산금채권을 변제받을 때까지 그 채무액(반환할 때까지의 이자와 손해금을 포함한다)을 채권자에게 지급하고 그 채권담보의 목적으로 마친 소유권이전등기나 가등기의 말소를 청구할 수 있다. 다만, 그 채무의 변제기가 지난 때부터 10년이 지나거나 선의의 제3자가 소유권을 취득한 경우에는 말소를 청구할 수 없다(제11조).

② 이때 10년의 기간은 제척기간이고, 제척기간은 그 기간의 경과 자체만으로 권리소멸의 효과가 발생하므로, 채무자 등의 말소청구권은 위 제척기간의 경과로 확정적으로 소멸하고 이로써 채권자가 담보목적 부동산의 소유권을 확정적으로 취득한 때에는 채권자는 「가등기담보 등에 관한 법률」 제4조에 따라 산정한 청산금을 채무자 등에게 지급할 의무가 있고, 채무자 등은 채권자에게 그 지급을 청구할 수 있다(대판 2018다215947).

(6) 소유권의 취득

① 양도담보: 양도담보권자는 담보의 목적으로 이미 소유권이전등기가 경료되어 있는 상태이므로, 청산기간 경과 후 청산금을 지급하거나 또는 청산금이 압류되거나 가압류된 경우에는 청산금을 공탁함으로써 소유권을 취득한다. 물론 청산금이 없다면 청산기간의 만료시에 소유권을 취득한다.

② 가등기담보

㉠ 청산금이 없는 경우: 청산금이 없는 때에 채권자는 청산기간이 경과한 후 즉시 가등기에 기한 본등기를 청구할 수 있다.

㉡ 청산금이 있는 경우: 목적물의 가액이 채권액을 초과하여 청산금이 있는 경우에 채권자는 청산기간이 경과한 후에 청산금을 그 청구권자에게 지급하거나, 청산금이 압류되거나 가압류된 경우에는 청산금을 공탁함으로써 가등기에 기한 본등기를 청구할 수 있다. 이 경우 가등기담보권자의 청산금의 지급과 채무자 등의 이전등기 및 목적물의 인도는 동시이행관계에 있다.

> **판례보기**
>
> **청산절차를 위반하고 경료한 본등기는 무효이나, 후에 청산절차를 완료하면 유효등기가 될 수 있다.**
>
> 「가등기담보 등에 관한 법률」 제3조, 제4조는 청산절차에 관한 규정으로 위 규정들은 강행법규에 해당하여 이를 위반하여 담보가등기에 기한 본등기가 이루어진 경우 그 본등기는 효력이 없다. 다만, 가등기권리자가 「가등기담보 등에 관한 법률」 제3조, 제4조에 정한 절차에 따라 청산금의 평가액을 채무자 등에게 통지한 후 채무자에게 정당한 청산금을 지급하거나 지급할 청산금이 없는 경우에는 채무자가 통지를 받은 날부터 2월의 청산기간이 지나면 위와 같이 무효인 본등기는 실체적 법률관계에 부합하는 유효한 등기로 될 수 있을 뿐이다(대판 2017다202296).

③ **법정지상권**: 토지와 그 위의 건물이 동일한 소유자에게 속하는 경우 그 토지나 건물에 대하여 제4조 제2항에 따른 소유권을 취득하거나 담보가등기에 따른 본등기가 행하여진 경우에는 그 건물의 소유를 목적으로 그 토지 위에 지상권이 설정된 것으로 본다. 이 경우 그 존속기간과 지료는 당사자의 청구에 의하여 법원이 정한다(제10조).

(7) 가등기담보권의 소멸

① **소유권이전에 의한 소멸**: 청산절차를 거쳐 목적부동산의 소유권이 채권자에게 이전한 때 가등기담보권은 소멸한다.

② **경매에 의한 소멸**: 가등기담보권이 설정되어 있는 부동산에 관하여 강제경매 또는 담보권실행경매가 행하여지는 때에는 그 매각으로 가등기담보권은 소멸한다(제15조).

③ **기타의 원인에 의한 소멸**: 채무의 변제, 목적물의 멸실에 의하여서도 가등기담보권은 소멸한다. 또한 피담보채권이 시효로 소멸하면 가등기담보권도 소멸한다. 그러나 가등기담보권이 독립하여 시효로 소멸하지는 않는다.

05 CHAPTER 부동산 실권리자명의 등기에 관한 법률

PART 4 민사특별법

단원별 학습포인트

□ 대부분 사례문제로 출제되므로 각 유형별로 법률관계를 정리해 두어야 한다. 특히 3자간 등기명의신탁(중간 생략형)과 계약형 명의신탁(위임형)의 법률관계를 자주 출제하고 있으므로 이에 대하여 명확하게 파악하여야 한다.

1 서설

(1) 의의

명의신탁약정은 부동산에 관한 소유권 기타 물권을 보유한 자 또는 사실상 취득하거나 취득하려고 하는 자(실권리자)와 타인 사이에서 대내적으로 실권리자가 부동산에 관한 물권을 보유하거나 보유하기로 하고 그에 관한 등기는 그 타인의 명의로 하기로 하는 약정을 말한다.

(2) 「부동산 실권리자명의 등기에 관한 법률」의 제정

종래의 판례는 명의신탁의 효력을 일관되게 인정하여 왔다. 그러나 결과적으로 명의신탁이 투기와 탈세의 목적으로 이용되어 많은 문제점이 나타나게 되었다. 결국 부동산에 관한 소유권 기타 물권을 실체적 권리관계에 부합하도록 실권리자의 명의로 등기하게 함으로써 부동산등기제도를 악용한 투기·탈세·탈법행위 등 반사회적 행위를 방지하고 부동산거래의 정상화와 부동산가격의 안정을 도모하여 국민경제의 건전한 발전에 이바지함을 목적으로 하는 「부동산 실권리자명의 등기에 관한 법률」이 제정되었다.

2 무효인 명의신탁 제29회, 제30회, 제31회, 제33회, 제34회, 제35회

제4조【명의신탁약정의 효력】 ① 명의신탁약정은 무효로 한다.
② 명의신탁약정에 따른 등기로 이루어진 부동산에 관한 물권변동은 무효로 한다. 다만, 부동산에 관한 물권을 취득하기 위한 계약에서 명의수탁자가 어느 한쪽 당사자가 되고 상대방 당사자는 명의신탁약정이 있다는 사실을 알지 못한 경우에는 그러하지 아니하다.
③ 제1항 및 제2항의 무효는 제3자에게 대항하지 못한다.

(1) 명의신탁약정은 무효로 하며, 명의신탁약정에 따라 행하여진 등기에 의한 부동산에 관한 물권변동은 무효로 한다. 본 법률은 명의수탁자 앞으로 가등기만이 행하여진 경우에도 적용된다(대판 2009다 97024, 97031).

(2) 위 무효는 제3자에게 대항하지 못하며 제3자의 선의·악의를 불문한다. 여기서 말하는 제3자란 명의수탁자가 물권자임을 기초로 그와의 사이에 새로운 이해관계를 맺은 사람을 말한다고 할 것이고, 이와 달리 오로지 명의신탁자와 부동산에 관한 물권을 취득하기 위한 계약을 맺고 단지 등기명의만을 명의수탁자로부터 경료받은 것 같은 외관을 갖춘 자는 위 법률조항의 제3자에 해당되지 아니한다고 할 것이므로 무효인 명의신탁등기에 터 잡아 경료된 자신의 등기의 유효를 주장할 수는 없다(대판 2002다48771).

판례보기

「부동산 실권리자명의 등기에 관한 법률」 제4조 제3항에서 정한 '제3자' 의 범위

'제3자'는 명의신탁약정의 당사자 및 포괄승계인 이외의 자로서 명의수탁자가 물권자임을 기초로 그와 사이에 직접 새로운 이해관계를 맺은 사람으로서 소유권이나 저당권 등 물권을 취득한 자뿐만 아니라 압류 또는 가압류채권자도 포함하고 그의 선의·악의를 묻지 않는다. 이러한 법리는 특별한 사정이 없는 한 명의신탁약정에 따라 형성된 외관을 토대로 다시 명의신탁이 이루어지는 등 연속된 명의신탁관계에서 최후의 명의수탁자가 물권자임을 기초로 그와 사이에 직접 새로운 이해관계를 맺은 사람에게도 적용된다(대판 2019다272725).

---

1. 양자간(이전형) 명의신탁

신탁자가 자기명의로 되어 있는 부동산을 명의신탁약정에 의하여 수탁자에게 소유권이전등기를 하여 주는 경우를 말한다. 물론 명의신탁관계가 성립하기 위해서 반드시 새로운 소유권이전등기가 이루어져야 하는 것은 아니다(대판 2008다16899).

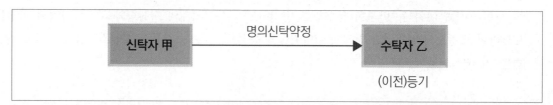

(1) 명의신탁약정과 수탁자 명의의 이전등기는 무효이다. 따라서 소유권은 신탁자에게 있으며 수탁자 乙명의의 등기는 말소되어야 한다. 다만, 명의신탁약정은 무효이므로 甲은 乙을 상대로 명의신탁을 해지하여 등기의 말소를 청구할 수는 없고, 소유권에 기한 방해제거청구권으로 乙명의의 등기의 말소를 청구할 수 있다.

(2) 양자간 등기명의신탁에서 명의수탁자가 신탁부동산을 처분하여 제3취득자가 유효하게 소유권을 취득하고 이로써 명의신탁자가 신탁부동산에 대한 소유권을 상실하였다면, 명의신탁자의 소유권에 기한 물권적 청구권, 즉 말소등기청구권이나 진정명의회복을 원인으로 한 이전등기청구권도 더 이상 그 존재 자체가 인정되지 않는다. 따라서 그 후 명의수탁자가 우연히 신탁부동산의 소유권을 다시 취득하였다고 하더라도 명의신탁자가 신탁부동산의 소유권을 상실한 사실에는 변함이

없으므로, 여전히 물권적 청구권은 그 존재 자체가 인정되지 않는다(대판 2010다89814).

(3) 「부동산 실권리자명의 등기에 관한 법률」이 규정하는 명의신탁약정은 그 자체로 선량한 풍속 기 타 사회질서에 위반하는 경우에 해당한다고 단정할 수 없다. 따라서 무효인 명의신탁약정에 기하 여 타인명의 등기가 마쳐졌다는 이유만으로 그것이 당연히 불법원인급여에 해당한다고 볼 수 없다(대판 2003다41722).

2. 중간생략형 명의신탁(3자간 등기명의신탁)

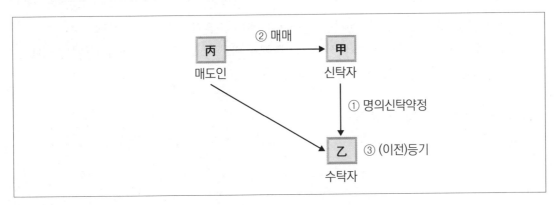

(1) 의의

중간생략형 명의신탁은 신탁자(甲)가 매도인(丙)으로부터 부동산을 매수하면서 자신 앞으로 등기를 이전하지 않고 약정한 대로 수탁자(乙)에게로의 이전등기를 매도인에게 부탁하여 매도인(丙)에서 직접 수탁자(乙)에게로 이전등기가 경료되는 것이다.

(2) 법률관계

① 甲과 乙의 명의신탁약정은 무효이다.

② 甲과 丙의 매매계약 자체는 유효하다. 따라서 甲은 丙에게 등기청구권을 가지며, 丙은 甲에게 등기를 이전할 의무가 있다.

③ 丙에서 乙로의 소유권이전등기는 실체관계 없이 이전된 것으로 무효이다. 따라서 소유권은 여전 히 丙에게 있다.

④ 결국 甲은 자신명의로 등기를 받아와야 하는데, 甲은 丙을 대위하여 乙의 등기를 말소하고 이어 서 丙에게 매매를 원인으로 한 이전등기를 청구하여 자신 앞으로 등기를 하게 된다.

판례보기

「부동산 실권리자명의 등기에 관한 법률」소정의 유예기간 경과에 의하여 기존 명의신탁약정과 그에 의한 등기가 무효로 되면 명의신탁 부동산은 매도인 소유로 복귀하므로 매도인은 명의수탁자에게 무효인 명의수탁자 명의의 등기의 말소를 구할 수 있게 되고, 한편 같은 법은 매도인과 명의신탁자 사이의 매매계약의 효력을 부정하는 규정을 두고 있지 아니하여 위 유예기간 경과 후로도 매도인과 명의신탁자 사이의 매매계약은 여전히 유효하므로, 명의신탁자는 위 매매계약에 기한 매도인에 대한 소유권이전등기청구권을 보전하기 위하여 매도인을 대위하여 명의수탁자에게 무효인 명의수탁자 명의의 등기의 말소를 구할 수 있다(대판 99다21738).

⑤ 甲은 乙을 상대로 부당이득반환을 원인으로 하는 소유권이전등기를 청구할 수 없다.
⑥ 명의수탁자인 乙이 자의로 명의신탁자인 甲에게 바로 경료해 준 소유권이전등기는 실체관계에 부합하는 등기로서 유효하다(대판 2004다6764).

3. 계약명의신탁(위임형 명의신탁)

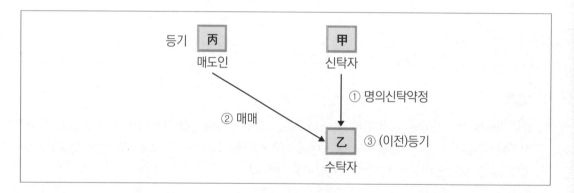

(1) 의의

① 계약명의신탁은 신탁자(甲)가 수탁자(乙)에게 명의신탁약정을 하고 매수자금을 지급한 후에 수탁자(乙)가 자신의 이름으로 매도인(丙)과 매매계약을 하고 이전등기를 하는 경우이다.
② 계약명의자가 명의수탁자로 되어 있다 하더라도 계약당사자를 명의신탁자로 볼 수 있다면 이는 3자간 등기명의신탁이 된다. 따라서 계약명의자인 명의수탁자가 아니라 명의신탁자에게 계약에 따른 법률효과를 직접 귀속시킬 의도로 계약을 체결한 사정이 인정된다면 명의신탁자가 계약당사자이고, 이 경우의 명의신탁관계는 3자간 등기명의신탁으로 보아야 한다(대판 2019다300422).

(2) 법률관계

① 매도인이 악의인 경우
  ㉠ 매도인이 악의였던 경우에는 매매와 그에 따른 물권변동이 무효로 된다. 따라서 乙 앞으로의 등기는 무효이다.

> **판례보기**
>
> 어떤 사람이 타인을 통하여 부동산을 매수함에 있어 매수인 명의 및 소유권이전등기 명의를 타인명의로 하기로 약정하였고 매도인도 그 사실을 알고 있어서 그 약정이 「부동산 실권리자명의 등기에 관한 법률」 제4조의 규정에 의하여 무효로 되고 이에 따라 매매계약도 무효로 되는 경우에, 매매계약상의 매수인의 지위가 당연히 명의신탁자에게 귀속되는 것은 아니지만, 그 무효 사실이 밝혀진 후에 계약상대방인 매도인이 계약명의자인 명의수탁자 대신 명의신탁자가 그 계약의 매수인으로 되는 것에 대하여 동의 내지 승낙을 함으로써 부동산을 명의신탁자에게 양도할 의사를 표시하였다면, 명의신탁약정이 무효로 됨으로써 매수인의 지위를 상실한 명의수탁자의 의사에 관계없이 매도인과 명의신탁자 사이에는 종전의 매매계약과 같은 내용의 양도약정이 따로 체결된 것으로 봄이 상당하고, 따라서 이 경우 명의신탁자는 당초의 매수인이 아니라고 하더라도 매도인에 대하여 별도의 양도약정을 원인으로 하는 소유권이전등기청구를 할 수 있다(대판 2001다32120).

ⓒ 만일 乙이 丁에게 주택을 임차하여 丁이 대항요건을 갖춘 경우에 丁은 선악을 불문하고 보호받는 제3자에 해당한다. 여기서 등기를 회복한 丙이 명의신탁자인 甲에게 이전등기를 해주었다면 甲은 「주택임대차보호법」상 임대인의 지위를 승계한다(대판 2021다210720).

② 매도인이 선의인 경우

㉠ 甲과 乙의 명의신탁약정은 무효이다.

㉡ 乙 앞으로의 이전등기는 유효하다.

㉢ 乙의 등기가 유효하므로 乙에게 소유권이 귀속되는데, 이 경우에 甲은 명의신탁약정이 무효임을 이유로 부당이득반환으로 등기를 이전받을 수 있는지가 문제된다.

   ⓐ 「부동산 실권리자명의 등기에 관한 법률」 시행 전에 이루어진 명의신탁의 경우

   • 법 시행 전에 이른바 계약명의신탁에 따라 선의의 소유자로부터 명의수탁자 앞으로 소유권이전등기가 경료되고, 같은 법 소정의 유예기간이 경과하여 명의수탁자가 당해 부동산의 완전한 소유권을 취득한 경우, 명의신탁자는 수탁자에게 부동산 자체를 부당이득으로 반환을 청구할 수 있다는 것이 판례의 태도이다(대판 2000다21123).

   • 다만, 「부동산 실권리자명의 등기에 관한 법률」 시행 이전에 명의신탁자와 명의수탁자가 이른바 계약명의신탁약정을 맺었다고 하더라도 유예기간이 경과하기까지 명의신탁자가 자신의 명의로 당해 부동산을 등기이전하는 데 법률상 장애가 있었던 경우라면 명의수탁자는 명의신탁자에게 당해 부동산 자체가 아닌 매수자금을 부당이득으로 반환하여야 한다(대판 2007다74690).

   ⓑ 「부동산 실권리자명의 등기에 관한 법률」 시행 이후에 이루어진 명의신탁의 경우: 계약명의신탁약정이 법 시행 후인 경우에는 명의신탁자는 애초부터 당해 부동산의 소유권을 취득할 수 없었으므로 위 명의신탁약정의 무효로 인하여 명의신탁자가 입은 손해는 당해 부동산 자체가 아니라 명의수탁자에게 제공한 매수자금이라는 것이 판례의 태도이다(대판 2002다66922).

판례보기

계약형 명의신탁

1. 부동산 경매절차에서 부동산을 매수하려는 사람이 매수대금을 자신이 부담하면서 다른 사람의 명의로 매각허가결정을 받기로 약정하여 그에 따라 매각허가가 이루어진 경우, 경매목적 부동산의 소유권을 취득하는 자(명의인) 및 매수대금의 실질적 부담자와 명의인 간에 명의신탁관계가 성립하는지 여부(적극)

   ① 부동산 경매절차에서 부동산을 매수하려는 사람이 매수대금을 자신이 부담하면서 다른 사람의 명의로 매각허가결정을 받기로 그 다른 사람과 약정함에 따라 매각허가가 이루어진 경우 그 경매절차에서 매수인의 지위에 서게 되는 사람은 어디까지나 그 명의인이므로 경매목적 부동산의 소유권은 매수대금을 실질적으로 부담한 사람이 누구인가와 상관없이 그 명의인이 취득한다고 할 것이고, 이 경우 매수대금을 부담한 사람과 이름을 빌려 준 사람 사이에는 명의신탁관계가 성립한다(대판 2005다664).

   ② 이때에 경매목적물의 소유자가 명의신탁약정 사실을 알았거나 명의신탁자와 동일인인 경우라도 그 사정만으로 명의인의 소유권 취득이 「부동산 실권리자명의 등기에 관한 법률」 제4조 제2항에 따라 무효가 되는 것은 아니다(대판 2012다69197).

2. 경매대금의 부담자와 경락받은 수탁자 사이의 소유명의이전약정 또는 처분대금반환약정의 효력(무효)

   부동산 경매절차에서 매수대금의 실질적 부담자와 명의인 간에 명의신탁관계가 성립한 경우, 그들 사이에 매수대금의 실질적 부담자의 지시에 따라 부동산의 소유 명의를 이전하거나 그 처분대금을 반환하기로 약정하였다 하더라도, 이는 「부동산 실권리자명의 등기에 관한 법률」에 의하여 무효인 명의신탁약정을 전제로 명의신탁 부동산 자체 또는 그 처분대금의 반환을 구하는 범주에 속하는 것이어서 역시 무효이다(대판 2006다35117).

   > **비교판례** 「부동산 실권리자명의 등기에 관한 법률」이 시행되기 전에 계약명의신탁 약정을 한 명의수탁자가 이러한 사실을 알지 못하는 소유자와 부동산에 관한 매매계약을 체결한 후 자신의 명의로 소유권이전등기를 마치면서 장차 위 부동산의 처분대가를 명의신탁자에게 지급하기로 하는 정산약정을 한 경우, 정산약정 이후에 같은 법이 시행되었다거나 부동산의 처분이 같은 법 시행 이후에 이루어졌다는 사정만으로 정산약정이 당연 무효가 되는 것은 아니다(대판 2019다266751).

3. 이른바 계약명의신탁에 있어 명의신탁자가 명의수탁자에 대하여 가지는 매매대금 상당의 부당이득반환청구권에 기하여 유치권을 행사할 수 있는지 여부(소극)

   명의신탁자와 명의수탁자가 이른바 계약명의신탁약정을 맺고 명의수탁자가 당사자가 되어 명의신탁약정이 있다는 사실을 알지 못하는 소유자와 부동산에 관한 매매계약을 체결한 뒤 수탁자 명의로 소유권이전등기를 마친 경우에는, 명의신탁자와 명의수탁자 사이의 명의신탁약정은 무효이지만 그 명의수탁자는 당해 부동산의 완전한 소유권을 취득하게 되고(「부동산 실권리자명의 등기에 관한 법률」 제4조 제1항·제2항 참조), 반면 명의신탁자는 애초부터 당해 부동산의 소유권을 취득할 수 없고, 다만 그가 명의수탁자에게 제공한 부동산 매수자금이 무효의 명의신탁약정에 의한 법률상 원인없는 것이 되는 관계로 명의수탁자에 대하여 동액 상당의 부당이득반환청구권을 가질 수 있을 뿐이다. 명의신탁자의 이와 같은 부당이득반환청구권은 부동산 자체로부터 발생한 채권이 아닐 뿐만 아니라 소유권 등에 기한 부동산의 반환청구권과 동일한 법률관계나 사실관계로부터 발생한 채권이라고 보기도 어려우므로, 결국 「민법」 제320조 제1항에서 정한 유치권 성립요건으로서의 목적물과 채권 사이의 견련관계를 인정할 수 없다(대판 2008다34828).

③ 매도인의 선·악에 대한 판단시점 - 계약체결시: 명의신탁자와 명의수탁자가 계약명의신탁약정을 맺고 명의수탁자가 당사자가 되어 매도인과 부동산에 관한 매매계약을 체결하는 경우 그 계약과 등기의 효력은 매매계약을 체결할 당시 매도인의 인식을 기준으로 판단해야 하고, 매도인이 계약체결 이후에 명의신탁약정 사실을 알게 되었다고 하더라도 위 계약과 등기의 효력에는 영향이 없다(대판 2017다257715).

3 적용의 배제와 특례

(1) 적용의 배제

다음의 경우는 명의신탁약정으로 보지 않는다(「부동산 실권리자명의 등기에 관한 법률」 제2조 제1호).

① 채무의 변제를 담보하기 위하여 채권자가 부동산에 관한 물권을 이전받거나 가등기하는 경우
(예 양도담보·가등기담보)

② 부동산의 위치와 면적을 특정하여 2인 이상이 구분소유하기로 하는 약정을 하고 그 구분소유자의 공유로 등기하는 경우(예 상호명의신탁)

③ 「신탁법」 또는 「자본시장과 금융투자업에 관한 법률」에 의한 신탁재산인 사실을 등기한 경우

(2) 적용의 특례

① 종중재산의 명의신탁과 배우자의 명의신탁 그리고 종교단체의 명의신탁에 있어서는 그것이 조세포탈, 강제집행의 면탈 또는 법령상 제한의 회피를 목적으로 하지 않는 경우에는 명의신탁약정의 무효·과징금·이행강제금·벌칙 등에 관한 규정을 적용하지 아니한다(제8조). 즉, 종중과 종교단체, 배우자의 명의신탁의 경우에는 종래의 판례이론에 따라 명의신탁약정은 유효하고 이로 인한 등기의 효력도 인정된다.

② 부동산에 관하여 부부간의 명의신탁약정에 따른 등기가 있는 경우 그것이 조세 포탈 등을 목적으로 한 것이라는 점은 예외에 속한다. 따라서 이러한 목적이 있다는 이유로 등기가 무효라는 점은 이를 주장하는 자가 증명하여야 한다(대판 2015다240645).

판례보기

적용의 특례

1. 부부간의 명의신탁의 특례에 사실혼 배우자도 포함되는지 여부(소극)

「부동산 실권리자명의 등기에 관한 법률」 제5조에 의하여 부과되는 과징금에 대한 특례를 규정한 같은 법 제8조 제2호 소정의 '배우자'에는 사실혼관계에 있는 배우자는 포함되지 아니한다(대판 99두35).

2. 명의신탁등기가 「부동산 실권리자명의 등기에 관한 법률」에 따라 무효가 된 후 신탁자와 수탁자가 혼인하여 그 등기명의자가 배우자로 된 경우, 같은 법 제8조 제2호의 특례가 적용되는지 여부(적극)

어떠한 명의신탁등기가 「부동산 실권리자명의 등기에 관한 법률」에 따라 무효가 되었다고 할지라도 그 후 신탁자와 수탁자가 혼인하여 그 등기의 명의자가 배우자로 된 경우에는 조세포탈, 강제집행의 면탈 또는 법령상 제한의 회피를 목적으로 하지 아니하는 한 이 경우에도 특례를 적용하여 그 명의신탁의 등기는 당사자가 혼인한 때로부터 유효하게 된다고 보아야 한다(대판 2002다23840).

(3) 유효한 명의신탁의 법률관계

① 적법한 명의신탁에 있어서 내부적으로는 명의신탁자에게 소유권이 있고, 외부적으로는 명의수탁자에게 소유권이 있다. 따라서 신탁자는 등기 없이도 수탁자에 대해 소유권을 주장할 수 있다. 그러나 수탁자는 신탁자에 대하여 소유권을 주장할 수 없다(대판 92다31699).

② 신탁자는 대외적 소유자는 아니지만 실질적인 권리자로서의 지위는 인정된다. 따라서 명의신탁한 부동산을 명의신탁자가 매도하는 경우에 명의신탁자는 그 부동산을 사실상 처분할 수 있을 뿐 아니라 법률상으로도 처분할 수 있는 권원에 의하여 매도한 것이므로 이를 「민법」 제569조 소정의 타인의 권리의 매매라고 할 수 없으며(대판 96다18656), 신탁자가 명의신탁목적인 주택을 임차한 경우에 임차인은 「주택임대차보호법」상의 대항력을 취득한다(대판 95다22283).

③ 명의수탁자가 처분한 경우에 원칙적으로 제3자는 선의·악의를 묻지 않고 소유권을 취득한다. 그러나 제3자가 명의수탁자의 배임행위에 적극 가담한 경우에는 제103조의 반사회적 행위에 해당하여 무효가 되며, 이 경우에 명의신탁자는 직접 말소등기를 청구할 수 없고 수탁자를 대위하여 제3자에게 말소등기를 청구할 수 있다(이중매매의 법리의 확대).

④ 재산을 타인에게 신탁한 경우 대외적인 관계에 있어서는 수탁자만이 소유권자로서 그 재산에 대한 제3자의 침해에 대하여 배제를 구할 수 있으며, 신탁자는 수탁자를 대위하여 수탁자의 권리를 행사할 수 있을 뿐 직접 제3자에게 신탁재산에 대한 침해의 배제를 구할 수 없다(대판 전합 77다1079).

01 「주택임대차보호법」에 관한 설명으로 옳은 것을 모두 고른 것은? (다툼이 있으면 판례에 따름)

> ㄱ. 다가구용 단독주택 일부의 임차인이 대항력을 취득하였다면, 후에 건축물 대장상으로 다
> 가구용 단독주택이 다세대 주택으로 변경되었다는 사정만으로는 이미 취득한 대항력을
> 상실하지 않는다.
> ㄴ. 우선변제권 있는 임차인은 임차주택과 별도로 그 대지만이 경매될 경우, 특별한 사정이
> 없는 한 그 대지의 환가대금에 대하여 우선변제권을 행사할 수 있다.
> ㄷ. 임차인이 대항력을 가진 후 그 임차주택의 소유권이 양도되어 양수인이 임차보증금반환
> 채무를 부담하게 되었더라도, 임차인이 주민등록을 이전하면 양수인이 부담하는 임차보
> 증금반환채무는 소멸한다.

① ㄱ   ② ㄷ   ③ ㄱ, ㄴ   ④ ㄴ, ㄷ   ⑤ ㄱ, ㄴ, ㄷ

해설 ㄱ(O). 다가구주택이 다세대주택으로 변경된 경우: 처음에 다가구용 단독주택으로 소유권보존등기가 경
료된 건물의 일부를 임차한 임차인은 이를 인도받고 임차건물의 지번을 정확히 기재하여 전입신고
를 하면 「주택임대차보호법」 소정의 대항력을 적법하게 취득하고, 나중에 다가구용 단독주택이
다세대주택으로 변경되었다는 사정만으로 임차인이 이미 취득한 대항력을 상실하게 되는 것은 아
니다(대판 2007.2.8, 2006다70516).

ㄴ(O). 대항요건 및 확정일자를 갖춘 임차인과 소액임차인은 임차주택과 그 대지가 함께 경매될 경우뿐만
아니라 임차주택과 별도로 그 대지만이 경매될 경우에도 그 대지의 환가대금에 대하여 우선변제권
을 행사할 수 있다(대판 2007. 6. 21. 2004다26133 전원합의체).

ㄷ(X). 주택의 임차인이 제3자에 대하여 대항력을 구비한 후에 임대주택의 소유권이 양도된 경우에는 그
양수인이 임대인의 지위를 승계하게 되므로, 임대인의 임차보증금반환채무도 양수인에게 이전되는
것이고, 이와 같이 양수인이 임차보증금반환채무를 부담하게 된 이후에 임차인이 주민등록을 다른
곳으로 옮겼다 하여 이미 발생한 임차보증금반환채무가 소멸하는 것은 아니다(대판 1993. 12. 7.
93다36615).

정답 ③

02 「주택임대차보호법」상 임차인의 계약갱신요구권에 관한 설명으로 옳은 것을 모두 고른 것은?

제32회

> ㄱ. 임대차기간이 끝나기 6개월 전부터 2개월 전까지의 기간에 행사해야 한다.
> ㄴ. 임대차의 조건이 동일한 경우 여러 번 행사할 수 있다.
> ㄷ. 임차인이 임대인의 동의 없이 목적 주택을 전대한 경우 임대인은 계약갱신요구를 거절하지 못한다.

① ㄱ   ② ㄴ   ③ ㄷ   ④ ㄱ, ㄷ   ⑤ ㄴ, ㄷ

해설 ㄱ.(옳음) 주택임대차보호법 제6조의 3 제1항 본문)
ㄴ.(틀림) 임차인은 계약갱신요구권을 1회에 한하여 행사할 수 있다. 이 경우 갱신되는 임대차의 존속기간은 2년으로 본다(주택임대차보호법 제6조의 3 제2항)
ㄷ.(틀림) 임차인이 임대인의 동의 없이 목적 주택을 전대한 경우 임대인은 계약갱신요구를 거절할 수 있다(주택임대차보호법 제6조의 3 제1항 제4호).

정답 ①

03 세종특별자치시에 소재하는 甲 소유의 X상가건물의 1층 점포를 乙이 분식점을 하려고 甲으로부터 2022. 2. 16. 보증금 6억원, 차임 월 100만원에 임차하였고 임차권 등기는 되지 않았다. 이에 관한 설명으로 옳은 것을 모두 고른 것은?

> ㄱ. 乙이 점포를 인도받은 날에 사업자등록을 신청한 경우, 그 다음 날부터 임차권의 대항력이 생긴다.
> ㄴ. 乙이 대항요건을 갖춘 후 임대차계약서에 확정 일자를 받은 경우, 「민사집행법」상 경매 시 乙은 임차건물의 환가대금에서 후순위권리자보다 우선하여 보증금을 변제받을 권리가 있다.
> ㄷ. 乙은 「감염병 예방 및 관리에 관한 법률」 제49조 제1항 제2호에 따른 집합 제한 또는 금지 조치를 총 3개월 이상 받음으로써 발생한 경제사정의 중대한 변동으로 폐업한 경우에는 임대차계약을 해지할 수 있다.

① ㄴ   ② ㄷ   ③ ㄱ, ㄴ   ④ ㄱ, ㄷ   ⑤ ㄱ, ㄴ, ㄷ

해설 | 사업자등록의 대상이 되는 상가건물의 임대차라 하더라도 대통령령이 정하는 보증금액을 초과하는 임대차에 대하여는 「상가건물 임대차보호법」을 적용하지 않는다. 세종특별자치시의 경우에 환산보증금이 5억 4천만원 이하인 경우에 적용되므로 사례에서처럼 환산보증금이 7억원(보증금 6억원 + 차임 100만원 × 100)이라면 「상가건물 임대차보호법」은 그 적용이 없다.
다만 보증금의 액수와 상관없이 대항력 등(ㄱ), 계약갱신요구권, 권리금회수기회의 보호, 차임연체와 해지, 폐업으로 인한 임차인의 해지권(ㄷ)에 관한 규정은 적용된다. 그러나 ㄴ의 우선변제에 관한 규정은 적용되지 않는다.

정답 ④

04 「집합건물의 소유 및 관리에 관한 법률」에 관한 설명으로 **틀린** 것을 모두 고른 것은? (다툼이 있으면 판례에 따름)

제32회

> ㄱ. 구분건물이 객관적·물리적으로 완성되더라도 그 건물이 집합건축물대장에 등록되지 않는 한 구분소유권의 객체가 되지 못한다.
> ㄴ. 집합건물구분소유권의 특별승계인이 그 구분소유권을 다시 제3자에게 이전한 경우, 관리규약에 달리 정함이 없는 한, 각 특별승계인들은 자신의 전(前)구분소유자의 공용부분에 대한 체납관리비를 지급할 책임이 있다.
> ㄷ. 전유부분은 구분소유권의 목적인 건물부분을 말한다.

① ㄱ   ② ㄴ   ③ ㄷ   ④ ㄱ, ㄴ   ⑤ ㄴ, ㄷ

해설 | ㄱ.(틀림) 구분건물이 물리적으로 완성되기 전에도 건축허가신청이나 분양계약 등을 통하여 장래 신축되는 건물을 구분건물로 하겠다는 구분의사가 객관적으로 표시되면 구분행위의 존재를 인정할 수 있고, 이후 1동의 건물 및 그 구분행위에 상응하는 구분건물이 객관적·물리적으로 완성되면 아직 그 건물이 집합건축물대장에 등록되거나 구분건물로서 등기부에 등기되지 않았더라도 그 시점에서 구분소유가 성립한다(대판 2013.1.17, 2010다71578 전원합의체).
ㄴ.(옳음) 아파트의 특별승계인은 전 입주자의 체납관리비 중 공용부분에 관하여는 이를 승계하여야 한다고 봄이 타당하다(대판 2001.9.20, 2001다8677).
ㄷ.(옳음) 「집합건물의 소유 및 관리에 관한 법률」제2조 제3호

정답 ①

05 「가등기담보 등에 관한 법률」이 적용되는 가등기담보에 관한 설명으로 옳은 것은? (다툼이 있으면 판례에 따름) (제33회)

① 채무자가 아닌 제3자는 가등기담보권의 설정자가 될 수 없다.

② 귀속청산에서 변제기 후 청산금의 평가액을 채무자에게 통지한 경우, 채권자는 그가 통지한 청산금의 금액에 관하여 다툴 수 있다.

③ 공사대금채권을 담보하기 위하여 담보가등기를 한 경우, 「가등기담보 등에 관한 법률」이 적용된다.

④ 가등기담보권자는 특별한 사정이 없는 한 가등기담보권을 그 피담보채권과 함께 제3자에게 양도할 수 있다.

⑤ 가등기담보권자는 담보목적물에 대한 경매를 청구할 수 없다.

해설 ④ 가등기담보권도 담보물권이므로 피담보채권과 분리하여 가등기담보권만의 양도는 허용되지 않지만 가등기담보권을 그 피담보채권과 함께 제3자에게 양도할 수 있다.

① 가등기담보권의 설정자는 채무자에 한정하지 않으며 제3자(물상보증인)도 가등기담보권의 설정자가 될 수 있다.

② 채권자는 그가 통지한 청산금의 금액에 관하여 다툴 수 없다(「가등기담보 등에 관한 법률」 제9조).

③ 「가등기담보 등에 관한 법률」은 차용물의 반환에 관하여 다른 재산권을 이전할 것을 예약한 경우에 적용되는 것이므로, 공사잔대금의 지급을 담보하기 위하여 체결된 양도담보계약에 기하여 소유권이전등기를 구하는 경우에는 같은 법이 적용되지 않는다(대판 1996.11.15, 96다31116).

⑤ 담보가등기권리자는 그 선택에 따라 제3조에 따른 담보권을 실행(권리취득에 의한 실행)하거나 담보목적부동산의 경매를 청구할 수 있다. 이 경우 경매에 관하여는 담보가등기권리를 저당권으로 본다(「가등기담보 등에 관한 법률」 제12조 제1항).

정답 ④

06 2022. 8. 16. 甲은 조세포탈을 목적으로 친구인 乙과 명의신탁약정을 맺고 乙은 이에 따라 甲으로부터 매수자금을 받아 丙 소유의 X토지를 자신의 명의로 매수하여 등기를 이전받았다. 이에 관한 설명으로 **틀린** 것은? (다툼이 있으면 판례에 따름) 〔제33회〕

① 甲과 乙의 명의신탁약정은 무효이다.

② 甲과 乙의 명의신탁약정이 있었다는 사실을 丙이 몰랐다면, 乙은 丙으로부터 X토지의 소유권을 승계취득한다.

③ 乙이 X토지의 소유권을 취득하였더라도, 甲은 乙에 대하여 부당이득을 원인으로 X토지의 소유권이전등기를 청구할 수 없다.

④ 甲은 乙에 대해 가지는 매수자금 상당의 부당이득반환청구권에 기하여 X토지에 유치권을 행사할 수 없다.

⑤ 만일 乙이 丁에게 X토지를 양도한 경우, 丁이 명의신탁약정에 대하여 단순히 알고 있었다면 丁은 X토지의 소유권을 취득하지 못한다.

해설

⑤ 명의신탁이 무효이더라도 제3자는 선악을 불문하고 권리를 취득한다(「부동산 실권리자명의 등기에 관한 법률」 제4조 제3항). 따라서 丁은 악의이더라도 X토지의 소유권을 취득한다.

① 명의신탁약정은 무효로 한다(「부동산 실권리자명의 등기에 관한 법률」 제4조 제1항).

② 부동산에 관한 물권을 취득하기 위한 계약에서 명의수탁자가 어느 한쪽 당사자가 되고 상대방 당사자는 명의신탁약정이 있다는 사실을 알지 못한 경우, 부동산에 관한 물권변동은 유효로 한다(「부동산 실권리자명의 등기에 관한 법률」 제4조 제2항 단서). 즉 계약형 명의신탁에서 매도인이 선의인 경우에 등기는 유효하므로 乙은 丙으로부터 X토지의 소유권을 승계취득한다.

③ 계약명의신탁약정이 부동산실권리자명의등기에관한법률 시행 후인 경우에는 명의신탁자는 애초부터 당해 부동산의 소유권을 취득할 수 없었으므로 위 명의신탁약정의 무효로 인하여 명의신탁자가 입은 손해는 당해 부동산 자체가 아니라 명의수탁자에게 제공한 매수자금이라 할 것이고, 따라서 명의수탁자는 당해 부동산 자체가 아니라 명의신탁자로부터 제공받은 매수자금을 부당이득하였다고 할 것이다 (대판 2005. 1. 28. 2002다66922).

④ 명의신탁자의 부당이득반환청구권은 부동산 자체로부터 발생한 채권이 아닐 뿐만 아니라 소유권 등에 기한 부동산의 반환청구권과 동일한 법률관계나 사실관계로부터 발생한 채권이라고 보기도 어려우므로, 결국 「민법」 제320조 제1항에서 정한 유치권 성립요건으로서의 목적물과 채권 사이의 견련관계를 인정할 수 없다(대판 2009.3.26., 2008다34828).

정답 ⑤

2025 랜드하나 공인중개사 기본서

부록

민법조문집

민법

[시행 2023. 6. 28.] [법률 제19098호, 2022. 12. 27., 일부개정]

제1편 총칙

제1조 【법원】 민사에 관하여 법률에 규정이 없으면 관습법에 의하고 관습법이 없으면 조리에 의한다.

제2조 【신의성실】 ① 권리의 행사와 의무의 이행은 신의에 좇아 성실히 하여야 한다.

② 권리는 남용하지 못한다.

제2장 인

제1절 능력

제3조 【권리능력의 존속기간】 사람은 생존한 동안 권리와 의무의 주체가 된다.

제4조 【성년】 사람은 19세로 성년에 이르게 된다.

[전문개정 2011. 3. 7.]

제5조 【미성년자의 능력】 ① 미성년자가 법률행위를 함에는 법정대리인의 동의를 얻어야 한다. 그러나 권리만을 얻거나 의무만을 면하는 행위는 그러하지 아니하다.

② 전항의 규정에 위반한 행위는 취소할 수 있다.

제6조 【처분을 허락한 재산】 법정대리인이 범위를 정하여 처분을 허락한 재산은 미성년자가 임의로 처분할 수 있다.

제7조 【동의와 허락의 취소】 법정대리인은 미성년자가 아직 법률행위를 하기 전에는 전2조의 동의와 허락을 취소할 수 있다.

제8조 【영업의 허락】 ① 미성년자가 법정대리인으로부터 허락을 얻은 특정한 영업에 관하여는 성년자와 동일한 행위능력이 있다.

② 법정대리인은 전항의 허락을 취소 또는 제한할 수 있다. 그러나 선의의 제삼자에게 대항하지 못한다.

제9조 【성년후견개시의 심판】 ① 가정법원은 질병, 장애, 노령, 그 밖의 사유로 인한 정신적 제약으로 사무를 처리할 능력이 지속적으로 결여된 사람에 대하여 본인, 배우자, 4촌 이내의 친족, 미성년후견인, 미성년후견감독인, 한정후견인, 한정후견감독인, 특정후견인, 특정후견감독인, 검사 또는 지방자치단체의 장의 청구에 의하여 성년후견개시의 심판을 한다.

② 가정법원은 성년후견개시의 심판을 할 때 본인의 의사를 고려하여야 한다.

[전문개정 2011. 3. 7.]

제10조 【피성년후견인의 행위와 취소】 ① 피성년후견인의 법률행위는 취소할 수 있다.

② 제1항에도 불구하고 가정법원은 취소할 수 없는 피성년후견인의 법률행위의 범위를 정할 수 있다.

③ 가정법원은 본인, 배우자, 4촌 이내의 친족, 성년후견인, 성년후견감독인, 검사 또는 지방자치단체의 장의 청구에 의하여 제2항의 범위를 변경할 수 있다.

④ 제1항에도 불구하고 일용품의 구입 등 일상생활에 필요하고 그 대가가 과도하지 아니한 법률행위는 성년후견인이 취소할 수 없다.

[전문개정 2011. 3. 7.]

제11조 【성년후견종료의 심판】 성년후견개시의 원인이 소멸된 경우에는 가정법원은 본인, 배우자, 4촌 이내의 친족, 성년후견인, 성년후견감독인, 검사 또는 지방자치단체의 장의 청구에 의하여 성년후견종료의 심판을 한다.

[전문개정 2011. 3. 7.]

제12조 【한정후견개시의 심판】 ① 가정법원은 질병, 장애, 노령, 그 밖의 사유로 인한 정신적 제약으로 사무를 처리할 능력이 부족한 사람에 대하여 본인, 배우자, 4촌 이내의 친족, 미성년후견인, 미성년후견감독인, 성년후견인, 성년후견감독인, 특정후견인, 특정후견감독인, 검사 또는 지방자치단체의 장의 청구에 의하여 한정후견개시의 심판을 한다.

② 한정후견개시의 경우에 제9조제2항을 준용한다.

[전문개정 2011. 3. 7.]

제13조【피한정후견인의 행위와 동의】① 가정법원은 피한정후견인이 한정후견인의 동의를 받아야 하는 행위의 범위를 정할 수 있다.

② 가정법원은 본인, 배우자, 4촌 이내의 친족, 한정후견인, 한정후견감독인, 검사 또는 지방자치단체의 장의 청구에 의하여 제1항에 따른 한정후견인의 동의를 받아야만 할 수 있는 행위의 범위를 변경할 수 있다.

③ 한정후견인의 동의를 필요로 하는 행위에 대하여 한정후견인이 피한정후견인의 이익이 침해될 염려가 있음에도 그 동의를 하지 아니하는 때에는 가정법원은 피한정후견인의 청구에 의하여 한정후견인의 동의를 갈음하는 허가를 할 수 있다.

④ 한정후견인의 동의가 필요한 법률행위를 피한정후견인이 한정후견인의 동의 없이 하였을 때에는 그 법률행위를 취소할 수 있다. 다만, 일용품의 구입 등 일상생활에 필요하고 그 대가가 과도하지 아니한 법률행위에 대하여는 그러하지 아니하다.

[전문개정 2011. 3. 7.]

제14조【한정후견종료의 심판】한정후견개시의 원인이 소멸된 경우에는 가정법원은 본인, 배우자, 4촌 이내의 친족, 한정후견인, 한정후견감독인, 검사 또는 지방자치단체의 장의 청구에 의하여 한정후견종료의 심판을 한다.

[전문개정 2011. 3. 7.]

제14조의2【특정후견의 심판】① 가정법원은 질병, 장애, 노령, 그 밖의 사유로 인한 정신적 제약으로 일시적 후원 또는 특정한 사무에 관한 후원이 필요한 사람에 대하여 본인, 배우자, 4촌 이내의 친족, 미성년후견인, 미성년후견감독인, 검사 또는 지방자치단체의 장의 청구에 의하여 특정후견의 심판을 한다.

② 특정후견은 본인의 의사에 반하여 할 수 없다.

③ 특정후견의 심판을 하는 경우에는 특정후견의 기간 또는 사무의 범위를 정하여야 한다.

[본조신설 2011. 3. 7.]

제14조의3【심판 사이의 관계】① 가정법원이 피한정후견인 또는 피특정후견인에 대하여 성년후견개시의 심판을 할 때에는 종전의 한정후견 또는 특정후견의 종료 심판을 한다.

② 가정법원이 피성년후견인 또는 피특정후견인에 대하여 한정후견개시의 심판을 할 때에는 종전의 성년후견 또는 특정후견의 종료 심판을 한다.

[본조신설 2011. 3. 7.]

제15조【제한능력자의 상대방의 확답을 촉구할 권리】
① 제한능력자의 상대방은 제한능력자가 능력자가 된 후에 그에게 1개월 이상의 기간을 정하여 그 취소할 수 있는 행위를 추인할 것인지 여부의 확답을 촉구할 수 있다. 능력자로 된 사람이 그 기간 내에 확답을 발송하지 아니하면 그 행위를 추인한 것으로 본다.

② 제한능력자가 아직 능력자가 되지 못한 경우에는 그의 법정대리인에게 제1항의 촉구를 할 수 있고, 법정대리인이 그 정하여진 기간 내에 확답을 발송하지 아니한 경우에는 그 행위를 추인한 것으로 본다.

③ 특별한 절차가 필요한 행위는 그 정하여진 기간 내에 그 절차를 밟은 확답을 발송하지 아니하면 취소한 것으로 본다.

[전문개정 2011. 3. 7.]

제16조【제한능력자의 상대방의 철회권과 거절권】①
제한능력자가 맺은 계약은 추인이 있을 때까지 상대방이 그 의사표시를 철회할 수 있다. 다만, 상대방이 계약 당시에 제한능력자임을 알았을 경우에는 그러하지 아니하다.

② 제한능력자의 단독행위는 추인이 있을 때까지 상대방이 거절할 수 있다.

③ 제1항의 철회나 제2항의 거절의 의사표시는 제한능력자에게도 할 수 있다.

[전문개정 2011. 3. 7.]

제17조【제한능력자의 속임수】① 제한능력자가 속임수로써 자기를 능력자로 믿게 한 경우에는 그 행위를 취소할 수 없다.

② 미성년자나 피한정후견인이 속임수로써 법정대리인의 동의가 있는 것으로 믿게 한 경우에도 제1항과 같다.

[전문개정 2011. 3. 7.]

제2절 주소

제18조【주소】 ① 생활의 근거되는 곳을 주소로 한다.
② 주소는 동시에 두 곳 이상 있을 수 있다.

제19조【거소】 주소를 알 수 없으면 거소를 주소로 본다.

제20조【거소】 국내에 주소없는 자에 대하여는 국내에 있는 거소를 주소로 본다.

제21조【가주소】 어느 행위에 있어서 가주소를 정한 때에는 그 행위에 관하여는 이를 주소로 본다.

제3절 부재와 실종

제22조【부재자의 재산의 관리】 ① 종래의 주소나 거소를 떠난 자가 재산관리인을 정하지 아니한 때에는 법원은 이해관계인이나 검사의 청구에 의하여 재산관리에 관하여 필요한 처분을 명하여야 한다. 본인의 부재 중 재산관리인의 권한이 소멸한 때에도 같다.
② 본인이 그 후에 재산관리인을 정한 때에는 법원은 본인, 재산관리인, 이해관계인 또는 검사의 청구에 의하여 전항의 명령을 취소하여야 한다.

제23조【관리인의 개임】 부재자가 재산관리인을 정한 경우에 부재자의 생사가 분명하지 아니한 때에는 법원은 재산관리인, 이해관계인 또는 검사의 청구에 의하여 재산관리인을 개임할 수 있다.

제24조【관리인의 직무】 ① 법원이 선임한 재산관리인은 관리할 재산목록을 작성하여야 한다.
② 법원은 그 선임한 재산관리인에 대하여 부재자의 재산을 보존하기 위하여 필요한 처분을 명할 수 있다.
③ 부재자의 생사가 분명하지 아니한 경우에 이해관계인이나 검사의 청구가 있는 때에는 법원은 부재자가 정한 재산관리인에게 전2항의 처분을 명할 수 있다.
④ 전3항의 경우에 그 비용은 부재자의 재산으로써 지급한다.

제25조【관리인의 권한】 법원이 선임한 재산관리인이 제118조에 규정한 권한을 넘는 행위를 함에는 법원의 허가를 얻어야 한다. 부재자의 생사가 분명하지 아니한 경우에 부재자가 정한 재산관리인이 권한을 넘는 행위를 할 때에도 같다.

제26조【관리인의 담보제공, 보수】 ① 법원은 그 선임한 재산관리인으로 하여금 재산의 관리 및 반환에 관하여 상당한 담보를 제공하게 할 수 있다.
② 법원은 그 선임한 재산관리인에 대하여 부재자의 재산으로 상당한 보수를 지급할 수 있다.
③ 전2항의 규정은 부재자의 생사가 분명하지 아니한 경우에 부재자가 정한 재산관리인에 준용한다.

제27조【실종의 선고】 ① 부재자의 생사가 5년간 분명하지 아니한 때에는 법원은 이해관계인이나 검사의 청구에 의하여 실종선고를 하여야 한다.
② 전지에 임한 자, 침몰한 선박 중에 있던 자, 추락한 항공기 중에 있던 자 기타 사망의 원인이 될 위난을 당한 자의 생사가 전쟁종지후 또는 선박의 침몰, 항공기의 추락 기타 위난이 종료한 후 1년간 분명하지 아니한 때에도 제1항과 같다. 〈개정 1984. 4. 10.〉

제28조【실종선고의 효과】 실종선고를 받은 자는 전조의 기간이 만료한 때에 사망한 것으로 본다.

제29조【실종선고의 취소】 ① 실종자의 생존한 사실 또는 전조의 규정과 상이한 때에 사망한 사실의 증명이 있으면 법원은 본인, 이해관계인 또는 검사의 청구에 의하여 실종선고를 취소하여야 한다. 그러나 실종선고후 그 취소전에 선의로 한 행위의 효력에 영향을 미치지 아니한다.
② 실종선고의 취소가 있을 때에 실종의 선고를 직접원인으로 하여 재산을 취득한 자가 선의인 경우에는 그 받은 이익이 현존하는 한도에서 반환할 의무가 있고 악의인 경우에는 그 받은 이익에 이자를 붙여서 반환하고 손해가 있으면 이를 배상하여야 한다.

제30조【동시사망】 2인 이상이 동일한 위난으로 사망한 경우에는 동시에 사망한 것으로 추정한다.

제3장 법인

제1절 총칙

제31조【법인성립의 준칙】 법인은 법률의 규정에 의함이 아니면 성립하지 못한다.

제32조【비영리법인의 설립과 허가】 학술, 종교, 자선, 기예, 사교 기타 영리아닌 사업을 목적으로 하는 사단 또는 재단은 주무관청의 허가를 얻어 이를 법인으로 할 수 있다.

제33조 【법인설립의 등기】 법인은 그 주된 사무소의 소재지에서 설립등기를 함으로써 성립한다.

제34조 【법인의 권리능력】 법인은 법률의 규정에 좇아 정관으로 정한 목적의 범위내에서 권리와 의무의 주체가 된다.

제35조 【법인의 불법행위능력】 ① 법인은 이사 기타 대표자가 그 직무에 관하여 타인에게 가한 손해를 배상할 책임이 있다. 이사 기타 대표자는 이로 인하여 자기의 손해배상책임을 면하지 못한다.

② 법인의 목적범위외의 행위로 인하여 타인에게 손해를 가한 때에는 그 사항의 의결에 찬성하거나 그 의결을 집행한 사원, 이사 및 기타 대표자가 연대하여 배상하여야 한다.

제36조 【법인의 주소】 법인의 주소는 그 주된 사무소의 소재지에 있는 것으로 한다.

제37조 【법인의 사무의 검사, 감독】 법인의 사무는 주무관청이 검사, 감독한다.

제38조 【법인의 설립허가의 취소】 법인이 목적 이외의 사업을 하거나 설립허가의 조건에 위반하거나 기타 공익을 해하는 행위를 한 때에는 주무관청은 그 허가를 취소할 수 있다.

제39조 【영리법인】 ① 영리를 목적으로 하는 사단은 상사회사설립의 조건에 좇아 이를 법인으로 할 수 있다.

② 전항의 사단법인에는 모두 상사회사에 관한 규정을 준용한다.

제2절 설립

제40조 【사단법인의 정관】 사단법인의 설립자는 다음 각호의 사항을 기재한 정관을 작성하여 기명날인하여야 한다.
1. 목적
2. 명칭
3. 사무소의 소재지
4. 자산에 관한 규정
5. 이사의 임면에 관한 규정
6. 사원자격의 득실에 관한 규정
7. 존립시기나 해산사유를 정하는 때에는 그 시기 또는 사유

제41조 【이사의 대표권에 대한 제한】 이사의 대표권에 대한 제한은 이를 정관에 기재하지 아니하면 그 효력이 없다.

제42조 【사단법인의 정관의 변경】 ① 사단법인의 정관은 총사원 3분의 2 이상의 동의가 있는 때에 한하여 이를 변경할 수 있다. 그러나 정수에 관하여 정관에 다른 규정이 있는 때에는 그 규정에 의한다.

② 정관의 변경은 주무관청의 허가를 얻지 아니하면 그 효력이 없다.

제43조 【재단법인의 정관】 재단법인의 설립자는 일정한 재산을 출연하고 제40조제1호 내지 제5호의 사항을 기재한 정관을 작성하여 기명날인하여야 한다.

제44조 【재단법인의 정관의 보충】 재단법인의 설립자가 그 명칭, 사무소소재지 또는 이사임면의 방법을 정하지 아니하고 사망한 때에는 이해관계인 또는 검사의 청구에 의하여 법원이 이를 정한다.

제45조 【재단법인의 정관변경】 ① 재단법인의 정관은 그 변경방법을 정관에 정한 때에 한하여 변경할 수 있다.

② 재단법인의 목적달성 또는 그 재산의 보전을 위하여 적당한 때에는 전항의 규정에 불구하고 명칭 또는 사무소의 소재지를 변경할 수 있다.

③ 제42조제2항의 규정은 전2항의 경우에 준용한다.

제46조 【재단법인의 목적 기타의 변경】 재단법인의 목적을 달성할 수 없는 때에는 설립자나 이사는 주무관청의 허가를 얻어 설립의 취지를 참작하여 그 목적 기타 정관의 규정을 변경할 수 있다.

제47조 【증여, 유증에 관한 규정의 준용】 ① 생전처분으로 재단법인을 설립하는 때에는 증여에 관한 규정을 준용한다.

② 유언으로 재단법인을 설립하는 때에는 유증에 관한 규정을 준용한다.

제48조 【출연재산의 귀속시기】 ① 생전처분으로 재단법인을 설립하는 때에는 출연재산은 법인이 성립된 때로부터 법인의 재산이 된다.

② 유언으로 재단법인을 설립하는 때에는 출연재산은 유언의 효력이 발생한 때로부터 법인에 귀속한 것으로 본다.

제49조【법인의 등기사항】① 법인설립의 허가가 있는 때에는 3주간내에 주된 사무소소재지에서 설립등기를 하여야 한다.

② 전항의 등기사항은 다음과 같다.

　　1. 목적

　　2. 명칭

　　3. 사무소

　　4. 설립허가의 연월일

　　5. 존립시기나 해산이유를 정한 때에는 그 시기 또는 사유

　　6. 자산의 총액

　　7. 출자의 방법을 정한 때에는 그 방법

　　8. 이사의 성명, 주소

　　9. 이사의 대표권을 제한한 때에는 그 제한

제50조【분사무소설치의 등기】① 법인이 분사무소를 설치한 때에는 주사무소소재지에서는 3주간내에 분사무소를 설치한 것을 등기하고 그 분사무소소재지에서는 동기간내에 전조제2항의 사항을 등기하고 다른 분사무소소재지에서는 동기간내에 그 분사무소를 설치한 것을 등기하여야 한다.

② 주사무소 또는 분사무소의 소재지를 관할하는 등기소의 관할구역내에 분사무소를 설치한 때에는 전항의 기간내에 그 사무소를 설치한 것을 등기하면 된다.

제51조【사무소이전의 등기】① 법인이 그 사무소를 이전하는 때에는 구소재지에서는 3주간내에 이전등기를 하고 신소재지에서는 동기간내에 제49조제2항에 게기한 사항을 등기하여야 한다.

② 동일한 등기소의 관할구역내에서 사무소를 이전한 때에는 그 이전한 것을 등기하면 된다.

제52조【변경등기】제49조제2항의 사항 중에 변경이 있는 때에는 3주간내에 변경등기를 하여야 한다.

제52조의2【직무집행정지 등 가처분의 등기】이사의 직무집행을 정지하거나 직무대행자를 선임하는 가처분을 하거나 그 가처분을 변경·취소하는 경우에는 주사무소와 분사무소가 있는 곳의 등기소에서 이를 등기하여야 한다.

[본조신설 2001. 12. 29.]

제53조【등기기간의 기산】전3조의 규정에 의하여 등기할 사항으로 관청의 허가를 요하는 것은 그 허가서가 도착한 날로부터 등기의 기간을 기산한다.

제54조【설립등기 이외의 등기의 효력과 등기사항의 공고】① 설립등기 이외의 본절의 등기사항은 그 등기후가 아니면 제삼자에게 대항하지 못한다.

② 등기한 사항은 법원이 지체없이 공고하여야 한다.

제55조【재산목록과 사원명부】① 법인은 성립한 때 및 매년 3월내에 재산목록을 작성하여 사무소에 비치하여야 한다. 사업연도를 정한 법인은 성립한 때 및 그 연도말에 이를 작성하여야 한다.

② 사단법인은 사원명부를 비치하고 사원의 변경이 있는 때에는 이를 기재하여야 한다.

제56조【사원권의 양도, 상속금지】사단법인의 사원의 지위는 양도 또는 상속할 수 없다.

제3절 기관

제57조【이사】법인은 이사를 두어야 한다.

제58조【이사의 사무집행】① 이사는 법인의 사무를 집행한다.

② 이사가 수인인 경우에는 정관에 다른 규정이 없으면 법인의 사무집행은 이사의 과반수로써 결정한다.

제59조【이사의 대표권】① 이사는 법인의 사무에 관하여 각자 법인을 대표한다. 그러나 정관에 규정한 취지에 위반할 수 없고 특히 사단법인은 총회의 의결에 의하여야 한다.

② 법인의 대표에 관하여는 대리에 관한 규정을 준용한다.

제60조【이사의 대표권에 대한 제한의 대항요건】이사의 대표권에 대한 제한은 등기하지 아니하면 제삼자에게 대항하지 못한다.

제60조의2【직무대행자의 권한】① 제52조의2의 직무대행자는 가처분명령에 다른 정함이 있는 경우 외에는 법인의 통상사무에 속하지 아니한 행위를 하지 못한다. 다만, 법원의 허가를 얻은 경우에는 그러하지 아니하다.

② 직무대행자가 제1항의 규정에 위반한 행위를 한 경우에도 법인은 선의의 제3자에 대하여 책임을 진다.

[본조신설 2001. 12. 29.]

제61조 【이사의 주의의무】 이사는 선량한 관리자의 주의로 그 직무를 행하여야 한다.

제62조 【이사의 대리인 선임】 이사는 정관 또는 총회의 결의로 금지하지 아니한 사항에 한하여 타인으로 하여금 특정한 행위를 대리하게 할 수 있다.

제63조 【임시이사의 선임】 이사가 없거나 결원이 있는 경우에 이로 인하여 손해가 생길 염려 있는 때에는 법원은 이해관계인이나 검사의 청구에 의하여 임시이사를 선임하여야 한다.

제64조 【특별대리인의 선임】 법인과 이사의 이익이 상반하는 사항에 관하여는 이사는 대표권이 없다. 이 경우에는 전조의 규정에 의하여 특별대리인을 선임하여야 한다.

제65조 【이사의 임무해태】 이사가 그 임무를 해태한 때에는 그 이사는 법인에 대하여 연대하여 손해배상의 책임이 있다.

제66조 【감사】 법인은 정관 또는 총회의 결의로 감사를 둘 수 있다.

제67조 【감사의 직무】 감사의 직무는 다음과 같다.
1. 법인의 재산상황을 감사하는 일
2. 이사의 업무집행의 상황을 감사하는 일
3. 재산상황 또는 업무집행에 관하여 부정, 불비한 것이 있음을 발견한 때에는 이를 총회 또는 주무관청에 보고하는 일
4. 전호의 보고를 하기 위하여 필요있는 때에는 총회를 소집하는 일

제68조 【총회의 권한】 사단법인의 사무는 정관으로 이사 또는 기타 임원에게 위임한 사항외에는 총회의 결의에 의하여야 한다.

제69조 【통상총회】 사단법인의 이사는 매년 1회 이상 통상총회를 소집하여야 한다.

제70조 【임시총회】 ① 사단법인의 이사는 필요하다고 인정한 때에는 임시총회를 소집할 수 있다.
② 총사원의 5분의 1 이상으로부터 회의의 목적사항을 제시하여 청구한 때에는 이사는 임시총회를 소집하여야 한다. 이 정수는 정관으로 증감할 수 있다.
③ 전항의 청구있는 후 2주간내에 이사가 총회소집의 절차를 밟지 아니한 때에는 청구한 사원은 법원의 허가를 얻어 이를 소집할 수 있다.

제71조 【총회의 소집】 총회의 소집은 1주간전에 그 회의의 목적사항을 기재한 통지를 발하고 기타 정관에 정한 방법에 의하여야 한다.

제72조 【총회의 결의사항】 총회는 전조의 규정에 의하여 통지한 사항에 관하여서만 결의할 수 있다. 그러나 정관에 다른 규정이 있는 때에는 그 규정에 의한다.

제73조 【사원의 결의권】 ① 각 사원의 결의권은 평등으로 한다.
② 사원은 서면이나 대리인으로 결의권을 행사할 수 있다.
③ 전2항의 규정은 정관에 다른 규정이 있는 때에는 적용하지 아니한다.

제74조 【사원이 결의권없는 경우】 사단법인과 어느 사원과의 관계사항을 의결하는 경우에는 그 사원은 결의권이 없다.

제75조 【총회의 결의방법】 ① 총회의 결의는 본법 또는 정관에 다른 규정이 없으면 사원 과반수의 출석과 출석사원의 결의권의 과반수로써 한다.
② 제73조제2항의 경우에는 당해사원은 출석한 것으로 한다.

제76조 【총회의 의사록】 ① 총회의 의사에 관하여는 의사록을 작성하여야 한다.
② 의사록에는 의사의 경과, 요령 및 결과를 기재하고 의장 및 출석한 이사가 기명날인하여야 한다.
③ 이사는 의사록을 주된 사무소에 비치하여야 한다.

제4절 해산

제77조 【해산사유】 ① 법인은 존립기간의 만료, 법인의 목적의 달성 또는 달성의 불능 기타 정관에 정한 해산사유의 발생, 파산 또는 설립허가의 취소로 해산한다.
② 사단법인은 사원이 없게 되거나 총회의 결의로도 해산한다.

제78조 【사단법인의 해산결의】 사단법인은 총사원 4분의 3 이상의 동의가 없으면 해산을 결의하지 못한다. 그러나 정관에 다른 규정이 있는 때에는 그 규정에 의한다.

제79조 【파산신청】 법인이 채무를 완제하지 못하게 된 때에는 이사는 지체없이 파산신청을 하여야 한다.

제80조 【잔여재산의 귀속】 ① 해산한 법인의 재산은 정관으로 지정한 자에게 귀속한다.

② 정관으로 귀속권리자를 지정하지 아니하거나 이를 지정하는 방법을 정하지 아니한 때에는 이사 또는 청산인은 주무관청의 허가를 얻어 그 법인의 목적에 유사한 목적을 위하여 그 재산을 처분할 수 있다. 그러나 사단법인에 있어서는 총회의 결의가 있어야 한다.

③ 전2항의 규정에 의하여 처분되지 아니한 재산은 국고에 귀속한다.

제81조 【청산법인】 해산한 법인은 청산의 목적범위내에서만 권리가 있고 의무를 부담한다.

제82조 【청산인】 법인이 해산한 때에는 파산의 경우를 제하고는 이사가 청산인이 된다. 그러나 정관 또는 총회의 결의로 달리 정한 바가 있으면 그에 의한다.

제83조 【법원에 의한 청산인의 선임】 전조의 규정에 의하여 청산인이 될 자가 없거나 청산인의 결원으로 인하여 손해가 생길 염려가 있는 때에는 법원은 직권 또는 이해관계인이나 검사의 청구에 의하여 청산인을 선임할 수 있다.

제84조 【법원에 의한 청산인의 해임】 중요한 사유가 있는 때에는 법원은 직권 또는 이해관계인이나 검사의 청구에 의하여 청산인을 해임할 수 있다.

제85조 【해산등기】 ① 청산인은 파산의 경우를 제하고는 그 취임후 3주간내에 해산의 사유 및 연월일, 청산인의 성명 및 주소와 청산인의 대표권을 제한한 때에는 그 제한을 주된 사무소 및 분사무소소재지에서 등기하여야 한다.

② 제52조의 규정은 전항의 등기에 준용한다.

제86조 【해산신고】 ① 청산인은 파산의 경우를 제하고는 그 취임후 3주간내에 전조제1항의 사항을 주무관청에 신고하여야 한다.

② 청산중에 취임한 청산인은 그 성명 및 주소를 신고하면 된다.

제87조 【청산인의 직무】 ① 청산인의 직무는 다음과 같다.

1. 현존사무의 종결
2. 채권의 추심 및 채무의 변제
3. 잔여재산의 인도

② 청산인은 전항의 직무를 행하기 위하여 필요한 모든 행위를 할 수 있다.

제88조 【채권신고의 공고】 ① 청산인은 취임한 날로부터 2월내에 3회 이상의 공고로 채권자에 대하여 일정한 기간내에 그 채권을 신고할 것을 최고하여야 한다. 그 기간은 2월 이상이어야 한다.

② 전항의 공고에는 채권자가 기간내에 신고하지 아니하면 청산으로부터 제외될 것을 표시하여야 한다.

③ 제1항의 공고는 법원의 등기사항의 공고와 동일한 방법으로 하여야 한다.

제89조 【채권신고의 최고】 청산인은 알고 있는 채권자에게 대하여는 각각 그 채권신고를 최고하여야 한다. 알고 있는 채권자는 청산으로부터 제외하지 못한다.

제90조 【채권신고기간내의 변제금지】 청산인은 제88조제1항의 채권신고기간내에는 채권자에 대하여 변제하지 못한다. 그러나 법인은 채권자에 대한 지연손해배상의 의무를 면하지 못한다.

제91조 【채권변제의 특례】 ① 청산 중의 법인은 변제기에 이르지 아니한 채권에 대하여도 변제할 수 있다.

② 전항의 경우에는 조건있는 채권, 존속기간의 불확정한 채권 기타 가액의 불확정한 채권에 관하여는 법원이 선임한 감정인의 평가에 의하여 변제하여야 한다.

제92조 【청산으로부터 제외된 채권】 청산으로부터 제외된 채권자는 법인의 채무를 완제한 후 귀속권리자에게 인도하지 아니한 재산에 대하여서만 변제를 청구할 수 있다.

제93조 【청산중의 파산】 ① 청산중 법인의 재산이 그 채무를 완제하기에 부족한 것이 분명하게 된 때에는 청산인은 지체없이 파산선고를 신청하고 이를 공고하여야 한다.

② 청산인은 파산관재인에게 그 사무를 인계함으로써 그 임무가 종료한다.

③ 제88조제3항의 규정은 제1항의 공고에 준용한다.

제94조【청산종결의 등기와 신고】청산이 종결한 때에는 청산인은 3주간내에 이를 등기하고 주무관청에 신고하여야 한다.

제95조【해산, 청산의 검사, 감독】법인의 해산 및 청산은 법원이 검사, 감독한다.

제96조【준용규정】제58조제2항, 제59조 내지 제62조, 제64조, 제65조 및 제70조의 규정은 청산인에 이를 준용한다.

제5절 벌칙

제97조【벌칙】법인의 이사, 감사 또는 청산인은 다음 각호의 경우에는 500만원 이하의 과태료에 처한다. 〈개정 2007. 12. 21.〉
1. 본장에 규정한 등기를 해태한 때
2. 제55조의 규정에 위반하거나 재산목록 또는 사원명부에 부정기재를 한 때
3. 제37조, 제95조에 규정한 검사, 감독을 방해한 때
4. 주무관청 또는 총회에 대하여 사실아닌 신고를 하거나 사실을 은폐한 때
5. 제76조와 제90조의 규정에 위반한 때
6. 제79조, 제93조의 규정에 위반하여 파산선고의 신청을 해태한 때
7. 제88조, 제93조에 정한 공고를 해태하거나 부정한 공고를 한 때

제4장 물건

제98조【물건의 정의】본법에서 물건이라 함은 유체물 및 전기 기타 관리할 수 있는 자연력을 말한다.

제99조【부동산, 동산】① 토지 및 그 정착물은 부동산이다.
② 부동산 이외의 물건은 동산이다.

제100조【주물, 종물】① 물건의 소유자가 그 물건의 상용에 공하기 위하여 자기소유인 다른 물건을 이에 부속하게 한 때에는 그 부속물은 종물이다.
② 종물은 주물의 처분에 따른다.

제101조【천연과실, 법정과실】① 물건의 용법에 의하여 수취하는 산출물은 천연과실이다.
② 물건의 사용대가로 받는 금전 기타의 물건은 법정과실로 한다.

제102조【과실의 취득】① 천연과실은 그 원물로부터 분리하는 때에 이를 수취할 권리자에게 속한다.
② 법정과실은 수취할 권리의 존속기간일수의 비율로 취득한다.

제5장 법률행위

제1절 총칙

제103조【반사회질서의 법률행위】선량한 풍속 기타 사회질서에 위반한 사항을 내용으로 하는 법률행위는 무효로 한다.

제104조【불공정한 법률행위】당사자의 궁박, 경솔 또는 무경험으로 인하여 현저하게 공정을 잃은 법률행위는 무효로 한다.

제105조【임의규정】법률행위의 당사자가 법령 중의 선량한 풍속 기타 사회질서에 관계없는 규정과 다른 의사를 표시한 때에는 그 의사에 의한다.

제106조【사실인 관습】법령 중의 선량한 풍속 기타 사회질서에 관계없는 규정과 다른 관습이 있는 경우에 당사자의 의사가 명확하지 아니한 때에는 그 관습에 의한다.

제2절 의사표시

제107조【진의 아닌 의사표시】① 의사표시는 표의자가 진의아님을 알고 한 것이라도 그 효력이 있다. 그러나 상대방이 표의자의 진의아님을 알았거나 이를 알 수 있었을 경우에는 무효로 한다.
② 전항의 의사표시의 무효는 선의의 제삼자에게 대항하지 못한다.

제108조【통정한 허위의 의사표시】① 상대방과 통정한 허위의 의사표시는 무효로 한다.
② 전항의 의사표시의 무효는 선의의 제삼자에게 대항하지 못한다.

제109조【착오로 인한 의사표시】① 의사표시는 법률행위의 내용의 중요부분에 착오가 있는 때에는 취소할 수 있다. 그러나 그 착오가 표의자의 중대한 과실로 인한 때에는 취소하지 못한다.
② 전항의 의사표시의 취소는 선의의 제삼자에게 대항하지 못한다.

제110조【사기, 강박에 의한 의사표시】① 사기나 강박에 의한 의사표시는 취소할 수 있다.

② 상대방있는 의사표시에 관하여 제삼자가 사기나 강박을 행한 경우에는 상대방이 그 사실을 알았거나 알 수 있었을 경우에 한하여 그 의사표시를 취소할 수 있다.

③ 전2항의 의사표시의 취소는 선의의 제삼자에게 대항하지 못한다.

제111조【의사표시의 효력발생시기】① 상대방이 있는 의사표시는 상대방에게 도달한 때에 그 효력이 생긴다.

② 의사표시자가 그 통지를 발송한 후 사망하거나 제한능력자가 되어도 의사표시의 효력에 영향을 미치지 아니한다.

[전문개정 2011. 3. 7.]

제112조【제한능력자에 대한 의사표시의 효력】의사표시의 상대방이 의사표시를 받은 때에 제한능력자인 경우에는 의사표시자는 그 의사표시로써 대항할 수 없다. 다만, 그 상대방의 법정대리인이 의사표시가 도달한 사실을 안 후에는 그러하지 아니하다.

[전문개정 2011. 3. 7.]

제113조【의사표시의 공시송달】표의자가 과실없이 상대방을 알지 못하거나 상대방의 소재를 알지 못하는 경우에는 의사표시는 민사소송법 공시송달의 규정에 의하여 송달할 수 있다.

제3절 대리

제114조【대리행위의 효력】① 대리인이 그 권한내에서 본인을 위한 것임을 표시한 의사표시는 직접 본인에게 대하여 효력이 생긴다.

② 전항의 규정은 대리인에게 대한 제삼자의 의사표시에 준용한다.

제115조【본인을 위한 것임을 표시하지 아니한 행위】대리인이 본인을 위한 것임을 표시하지 아니한 때에는 그 의사표시는 자기를 위한 것으로 본다. 그러나 상대방이 대리인으로서 한 것임을 알았거나 알 수 있었을 때에는 전조제1항의 규정을 준용한다.

제116조【대리행위의 하자】① 의사표시의 효력이 의사의 흠결, 사기, 강박 또는 어느 사정을 알았거나 과실로 알지 못한 것으로 인하여 영향을 받을 경우에 그 사실의 유무는 대리인을 표준하여 결정한다.

② 특정한 법률행위를 위임한 경우에 대리인이 본인의 지시에 좇아 그 행위를 한 때에는 본인은 자기가 안 사정 또는 과실로 인하여 알지 못한 사정에 관하여 대리인의 부지를 주장하지 못한다.

제117조【대리인의 행위능력】대리인은 행위능력자임을 요하지 아니한다.

제118조【대리권의 범위】권한을 정하지 아니한 대리인은 다음 각호의 행위만을 할 수 있다.

1. 보존행위
2. 대리의 목적인 물건이나 권리의 성질을 변하지 아니하는 범위에서 그 이용 또는 개량하는 행위

제119조【각자대리】대리인이 수인인 때에는 각자가 본인을 대리한다. 그러나 법률 또는 수권행위에 다른 정한 바가 있는 때에는 그러하지 아니하다.

제120조【임의대리인의 복임권】대리권이 법률행위에 의하여 부여된 경우에는 대리인은 본인의 승낙이 있거나 부득이한 사유있는 때가 아니면 복대리인을 선임하지 못한다.

제121조【임의대리인의 복대리인선임의 책임】① 전조의 규정에 의하여 대리인이 복대리인을 선임한 때에는 본인에게 대하여 그 선임감독에 관한 책임이 있다.

② 대리인이 본인의 지명에 의하여 복대리인을 선임한 경우에는 그 부적임 또는 불성실함을 알고 본인에게 대한 통지나 그 해임을 태만한 때가 아니면 책임이 없다.

제122조【법정대리인의 복임권과 그 책임】법정대리인은 그 책임으로 복대리인을 선임할 수 있다. 그러나 부득이한 사유로 인한 때에는 전조제1항에 정한 책임만이 있다.

제123조【복대리인의 권한】① 복대리인은 그 권한내에서 본인을 대리한다.

② 복대리인은 본인이나 제삼자에 대하여 대리인과 동일한 권리의무가 있다.

제124조【자기계약, 쌍방대리】대리인은 본인의 허락이 없으면 본인을 위하여 자기와 법률행위를 하거나 동일한 법률행위에 관하여 당사자쌍방을 대리하지 못한다. 그러나 채무의 이행은 할 수 있다.

제125조【대리권수여의 표시에 의한 표현대리】제삼자에 대하여 타인에게 대리권을 수여함을 표시한 자는 그 대리권의 범위내에서 행한 그 타인과 그 제삼자간의 법률행위에 대하여 책임이 있다. 그러나 제삼자가 대리권없음을 알았거나 알 수 있었을 때에는 그러하지 아니하다.

제126조【권한을 넘은 표현대리】대리인이 그 권한외의 법률행위를 한 경우에 제삼자가 그 권한이 있다고 믿을 만한 정당한 이유가 있는 때에는 본인은 그 행위에 대하여 책임이 있다.

제127조【대리권의 소멸사유】대리권은 다음 각 호의 어느 하나에 해당하는 사유가 있으면 소멸된다.
1. 본인의 사망
2. 대리인의 사망, 성년후견의 개시 또는 파산
[전문개정 2011. 3. 7.]

제128조【임의대리의 종료】법률행위에 의하여 수여된 대리권은 전조의 경우외에 그 원인된 법률관계의 종료에 의하여 소멸한다. 법률관계의 종료전에 본인이 수권행위를 철회한 경우에도 같다.

제129조【대리권소멸후의 표현대리】대리권의 소멸은 선의의 제삼자에게 대항하지 못한다. 그러나 제삼자가 과실로 인하여 그 사실을 알지 못한 때에는 그러하지 아니하다.

제130조【무권대리】대리권없는 자가 타인의 대리인으로 한 계약은 본인이 이를 추인하지 아니하면 본인에 대하여 효력이 없다.

제131조【상대방의 최고권】대리권없는 자가 타인의 대리인으로 계약을 한 경우에 상대방은 상당한 기간을 정하여 본인에게 그 추인여부의 확답을 최고할 수 있다. 본인이 그 기간내에 확답을 발하지 아니한 때에는 추인을 거절한 것으로 본다.

제132조【추인, 거절의 상대방】추인 또는 거절의 의사표시는 상대방에 대하여 하지 아니하면 그 상대방에 대항하지 못한다. 그러나 상대방이 그 사실을 안 때에는 그러하지 아니하다.

제133조【추인의 효력】추인은 다른 의사표시가 없는 때에는 계약시에 소급하여 그 효력이 생긴다. 그러나 제삼자의 권리를 해하지 못한다.

제134조【상대방의 철회권】대리권없는 자가 한 계약은 본인의 추인이 있을 때까지 상대방은 본인이나 그 대리인에 대하여 이를 철회할 수 있다. 그러나 계약당시에 상대방이 대리권 없음을 안 때에는 그러하지 아니하다.

제135조【상대방에 대한 무권대리인의 책임】① 다른 자의 대리인으로서 계약을 맺은 자가 그 대리권을 증명하지 못하고 또 본인의 추인을 받지 못한 경우에는 그는 상대방의 선택에 따라 계약을 이행할 책임 또는 손해를 배상할 책임이 있다.
② 대리인으로서 계약을 맺은 자에게 대리권이 없다는 사실을 상대방이 알았거나 알 수 있었을 때 또는 대리인으로서 계약을 맺은 사람이 제한능력자일 때에는 제1항을 적용하지 아니한다.
[전문개정 2011. 3. 7.]

제136조【단독행위와 무권대리】단독행위에는 그 행위당시에 상대방이 대리인이라 칭하는 자의 대리권없는 행위에 동의하거나 그 대리권을 다투지 아니한 때에 한하여 전6조의 규정을 준용한다. 대리권없는 자에 대하여 그 동의를 얻어 단독행위를 한 때에도 같다.

제4절 무효와 취소

제137조【법률행위의 일부무효】법률행위의 일부분이 무효인 때에는 그 전부를 무효로 한다. 그러나 그 무효부분이 없더라도 법률행위를 하였을 것이라고 인정될 때에는 나머지 부분은 무효가 되지 아니한다.

제138조【무효행위의 전환】무효인 법률행위가 다른 법률행위의 요건을 구비하고 당사자가 그 무효를 알았더라면 다른 법률행위를 하는 것을 의욕하였으리라고 인정될 때에는 다른 법률행위로서 효력을 가진다.

제139조【무효행위의 추인】무효인 법률행위는 추인하여도 그 효력이 생기지 아니한다. 그러나 당사자가 그 무효임을 알고 추인한 때에는 새로운 법률행위로 본다.

제140조 【법률행위의 취소권자】 취소할 수 있는 법률행위는 제한능력자, 착오로 인하거나 사기·강박에 의하여 의사표시를 한 자, 그의 대리인 또는 승계인만이 취소할 수 있다.

[전문개정 2011. 3. 7.]

제141조 【취소의 효과】 취소된 법률행위는 처음부터 무효인 것으로 본다. 다만, 제한능력자는 그 행위로 인하여 받은 이익이 현존하는 한도에서 상환(償還)할 책임이 있다.

[전문개정 2011. 3. 7.]

제142조 【취소의 상대방】 취소할 수 있는 법률행위의 상대방이 확정한 경우에는 그 취소는 그 상대방에 대한 의사표시로 하여야 한다.

제143조 【추인의 방법, 효과】 ① 취소할 수 있는 법률행위는 제140조에 규정한 자가 추인할 수 있고 추인후에는 취소하지 못한다.

② 전조의 규정은 전항의 경우에 준용한다.

제144조 【추인의 요건】 ① 추인은 취소의 원인이 소멸된 후에 하여야만 효력이 있다.

② 제1항은 법정대리인 또는 후견인이 추인하는 경우에는 적용하지 아니한다.

[전문개정 2011. 3. 7.]

제145조 【법정추인】 취소할 수 있는 법률행위에 관하여 전조의 규정에 의하여 추인할 수 있는 후에 다음 각호의 사유가 있으면 추인한 것으로 본다. 그러나 이의를 보류한 때에는 그러하지 아니하다.

1. 전부나 일부의 이행
2. 이행의 청구
3. 경개
4. 담보의 제공
5. 취소할 수 있는 행위로 취득한 권리의 전부나 일부의 양도
6. 강제집행

제146조 【취소권의 소멸】 취소권은 추인할 수 있는 날로부터 3년내에 법률행위를 한 날로부터 10년내에 행사하여야 한다.

제5절 조건과 기한

제147조 【조건성취의 효과】 ① 정지조건있는 법률행위는 조건이 성취한 때로부터 그 효력이 생긴다.

② 해제조건있는 법률행위는 조건이 성취한 때로부터 그 효력을 잃는다.

③ 당사자가 조건성취의 효력을 그 성취전에 소급하게 할 의사를 표시한 때에는 그 의사에 의한다.

제148조 【조건부권리의 침해금지】 조건있는 법률행위의 당사자는 조건의 성부가 미정한 동안에 조건의 성취로 인하여 생길 상대방의 이익을 해하지 못한다.

제149조 【조건부권리의 처분 등】 조건의 성취가 미정한 권리의무는 일반규정에 의하여 처분, 상속, 보존 또는 담보로 할 수 있다.

제150조 【조건성취, 불성취에 대한 반신의행위】 ① 조건의 성취로 인하여 불이익을 받을 당사자가 신의성실에 반하여 조건의 성취를 방해한 때에는 상대방은 그 조건이 성취한 것으로 주장할 수 있다.

② 조건의 성취로 인하여 이익을 받을 당사자가 신의성실에 반하여 조건을 성취시킨 때에는 상대방은 그 조건이 성취하지 아니한 것으로 주장할 수 있다.

제151조 【불법조건, 기성조건】 ① 조건이 선량한 풍속 기타 사회질서에 위반한 것인 때에는 그 법률행위는 무효로 한다.

② 조건이 법률행위의 당시 이미 성취한 것인 경우에는 그 조건이 정지조건이면 조건없는 법률행위로 하고 해제조건이면 그 법률행위는 무효로 한다.

③ 조건이 법률행위의 당시에 이미 성취할 수 없는 것인 경우에는 그 조건이 해제조건이면 조건없는 법률행위로 하고 정지조건이면 그 법률행위는 무효로 한다.

제152조 【기한도래의 효과】 ① 시기있는 법률행위는 기한이 도래한 때로부터 그 효력이 생긴다.

② 종기있는 법률행위는 기한이 도래한 때로부터 그 효력을 잃는다.

제153조 【기한의 이익과 그 포기】 ① 기한은 채무자의 이익을 위한 것으로 추정한다.

② 기한의 이익은 이를 포기할 수 있다. 그러나 상대방의 이익을 해하지 못한다.

제154조【기한부권리와 준용규정】제148조와 제149조의 규정은 기한있는 법률행위에 준용한다.

제6장 기간

제155조【본장의 적용범위】기간의 계산은 법령, 재판상의 처분 또는 법률행위에 다른 정한 바가 없으면 본장의 규정에 의한다.

제156조【기간의 기산점】기간을 시, 분, 초로 정한 때에는 즉시로부터 기산한다.

제157조【기간의 기산점】기간을 일, 주, 월 또는 연으로 정한 때에는 기간의 초일은 산입하지 아니한다. 그러나 그 기간이 오전 영시로부터 시작하는 때에는 그러하지 아니하다.

제158조【나이의 계산과 표시】나이는 출생일을 산입하여 만(滿) 나이로 계산하고, 연수(年數)로 표시한다. 다만, 1세에 이르지 아니한 경우에는 월수(月數)로 표시할 수 있다.
[전문개정 2022. 12. 27.]

제159조【기간의 만료점】기간을 일, 주, 월 또는 연으로 정한 때에는 기간말일의 종료로 기간이 만료한다.

제160조【역에 의한 계산】① 기간을 주, 월 또는 연으로 정한 때에는 역에 의하여 계산한다.
② 주, 월 또는 연의 처음으로부터 기간을 기산하지 아니하는 때에는 최후의 주, 월 또는 연에서 그 기산일에 해당한 날의 전일로 기간이 만료한다.
③ 월 또는 연으로 정한 경우에 최종의 월에 해당일이 없는 때에는 그 월의 말일로 기간이 만료한다.

제161조【공휴일 등과 기간의 만료점】기간의 말일이 토요일 또는 공휴일에 해당한 때에는 기간은 그 익일로 만료한다. 〈개정 2007. 12. 21.〉
[제목개정 2007. 12. 21.]

제7장 소멸시효

제162조【채권, 재산권의 소멸시효】① 채권은 10년간 행사하지 아니하면 소멸시효가 완성한다.
② 채권 및 소유권 이외의 재산권은 20년간 행사하지 아니하면 소멸시효가 완성한다.

제163조【3년의 단기소멸시효】다음 각호의 채권은 3년간 행사하지 아니하면 소멸시효가 완성한다. 〈개정 1997. 12. 13.〉
1. 이자, 부양료, 급료, 사용료 기타 1년 이내의 기간으로 정한 금전 또는 물건의 지급을 목적으로 한 채권
2. 의사, 조산사, 간호사 및 약사의 치료, 근로 및 조제에 관한 채권
3. 도급받은 자, 기사 기타 공사의 설계 또는 감독에 종사하는 자의 공사에 관한 채권
4. 변호사, 변리사, 공증인, 공인회계사 및 법무사에 대한 직무상 보관한 서류의 반환을 청구하는 채권
5. 변호사, 변리사, 공증인, 공인회계사 및 법무사의 직무에 관한 채권
6. 생산자 및 상인이 판매한 생산물 및 상품의 대가
7. 수공업자 및 제조자의 업무에 관한 채권

제164조【1년의 단기소멸시효】다음 각호의 채권은 1년간 행사하지 아니하면 소멸시효가 완성한다.
1. 여관, 음식점, 대석, 오락장의 숙박료, 음식료, 대석료, 입장료, 소비물의 대가 및 체당금의 채권
2. 의복, 침구, 장구 기타 동산의 사용료의 채권
3. 노역인, 연예인의 임금 및 그에 공급한 물건의 대금채권
4. 학생 및 수업자의 교육, 의식 및 유숙에 관한 교주, 숙주, 교사의 채권

제165조【판결 등에 의하여 확정된 채권의 소멸시효】① 판결에 의하여 확정된 채권은 단기의 소멸시효에 해당한 것이라도 그 소멸시효는 10년으로 한다.
② 파산절차에 의하여 확정된 채권 및 재판상의 화해, 조정 기타 판결과 동일한 효력이 있는 것에 의하여 확정된 채권도 전항과 같다.
③ 전2항의 규정은 판결확정당시에 변제기가 도래하지 아니한 채권에 적용하지 아니한다.

제166조【소멸시효의 기산점】① 소멸시효는 권리를 행사할 수 있는 때로부터 진행한다.
② 부작위를 목적으로 하는 채권의 소멸시효는 위반행위를 한 때로부터 진행한다.
[단순위헌, 2014헌바148, 2018. 8. 30. 민법(1958. 2. 22. 법률 제471호로 제정된 것) 제166조 제1항 중 '진실·화해를 위한 과거사정리 기본법' 제2조 제1항 제3호, 제4호에 규정된 사건에 적용되는 부분은 헌법에 위반된다.]

제167조 【소멸시효의 소급효】 소멸시효는 그 기산일에 소급하여 효력이 생긴다.

제168조 【소멸시효의 중단사유】 소멸시효는 다음 각 호의 사유로 인하여 중단된다.
1. 청구
2. 압류 또는 가압류, 가처분
3. 승인

제169조 【시효중단의 효력】 시효의 중단은 당사자 및 그 승계인간에만 효력이 있다.

제170조 【재판상의 청구와 시효중단】 ① 재판상의 청구는 소송의 각하, 기각 또는 취하의 경우에는 시효중단의 효력이 없다.
② 전항의 경우에 6월내에 재판상의 청구, 파산절차참가, 압류 또는 가압류, 가처분을 한 때에는 시효는 최초의 재판상 청구로 인하여 중단된 것으로 본다.

제171조 【파산절차참가와 시효중단】 파산절차참가는 채권자가 이를 취소하거나 그 청구가 각하된 때에는 시효중단의 효력이 없다.

제172조 【지급명령과 시효중단】 지급명령은 채권자가 법정기간내에 가집행신청을 하지 아니함으로 인하여 그 효력을 잃은 때에는 시효중단의 효력이 없다.

제173조 【화해를 위한 소환, 임의출석과 시효중단】 화해를 위한 소환은 상대방이 출석하지 아니 하거나 화해가 성립되지 아니한 때에는 1월내에 소를 제기하지 아니하면 시효중단의 효력이 없다. 임의출석의 경우에 화해가 성립되지 아니한 때에도 그러하다.

제174조 【최고와 시효중단】 최고는 6월내에 재판상의 청구, 파산절차참가, 화해를 위한 소환, 임의출석, 압류 또는 가압류, 가처분을 하지 아니하면 시효중단의 효력이 없다.

제175조 【압류, 가압류, 가처분과 시효중단】 압류, 가압류 및 가처분은 권리자의 청구에 의하여 또는 법률의 규정에 따르지 아니함으로 인하여 취소된 때에는 시효중단의 효력이 없다.

제176조 【압류, 가압류, 가처분과 시효중단】 압류, 가압류 및 가처분은 시효의 이익을 받은 자에 대하여 하지 아니한 때에는 이를 그에게 통지한 후가 아니면 시효중단의 효력이 없다.

제177조 【승인과 시효중단】 시효중단의 효력있는 승인에는 상대방의 권리에 관한 처분의 능력이나 권한있음을 요하지 아니한다.

제178조 【중단후에 시효진행】 ① 시효가 중단된 때에는 중단까지에 경과한 시효기간은 이를 산입하지 아니하고 중단사유가 종료한 때로부터 새로이 진행한다.
② 재판상의 청구로 인하여 중단한 시효는 전항의 규정에 의하여 재판이 확정된 때로부터 새로이 진행한다.

제179조 【제한능력자의 시효정지】 소멸시효의 기간만료 전 6개월 내에 제한능력자에게 법정대리인이 없는 경우에는 그가 능력자가 되거나 법정대리인이 취임한 때부터 6개월 내에는 시효가 완성되지 아니한다.
[전문개정 2011. 3. 7.]

제180조 【재산관리자에 대한 제한능력자의 권리, 부부 사이의 권리와 시효정지】 ① 재산을 관리하는 아버지, 어머니 또는 후견인에 대한 제한능력자의 권리는 그가 능력자가 되거나 후임 법정대리인이 취임한 때부터 6개월 내에는 소멸시효가 완성되지 아니한다.
② 부부 중 한쪽이 다른 쪽에 대하여 가지는 권리는 혼인관계가 종료된 때부터 6개월 내에는 소멸시효가 완성되지 아니한다.
[전문개정 2011. 3. 7.]

제181조 【상속재산에 관한 권리와 시효정지】 상속재산에 속한 권리나 상속재산에 대한 권리는 상속인의 확정, 관리인의 선임 또는 파산선고가 있는 때로부터 6월내에는 소멸시효가 완성하지 아니한다.

제182조 【천재 기타 사변과 시효정지】 천재 기타 사변으로 인하여 소멸시효를 중단할 수 없을 때에는 그 사유가 종료한 때로부터 1월내에는 시효가 완성하지 아니한다.

제183조 【종속된 권리에 대한 소멸시효의 효력】 주된 권리의 소멸시효가 완성한 때에는 종속된 권리에 그 효력이 미친다.

제184조 【시효의 이익의 포기 기타】 ① 소멸시효의 이익은 미리 포기하지 못한다.

② 소멸시효는 법률행위에 의하여 이를 배제, 연장 또는 가중할 수 없으나 이를 단축 또는 경감할 수 있다.

제2편 물권

제1장 총칙

제185조 【물권의 종류】 물권은 법률 또는 관습법에 의하는 외에는 임의로 창설하지 못한다.

제186조 【부동산물권변동의 효력】 부동산에 관한 법률행위로 인한 물권의 득실변경은 등기하여야 그 효력이 생긴다.

제187조 【등기를 요하지 아니하는 부동산물권취득】 상속, 공용징수, 판결, 경매 기타 법률의 규정에 의한 부동산에 관한 물권의 취득은 등기를 요하지 아니한다. 그러나 등기를 하지 아니하면 이를 처분하지 못한다.

제188조 【동산물권양도의 효력, 간이인도】 ① 동산에 관한 물권의 양도는 그 동산을 인도하여야 효력이 생긴다.
② 양수인이 이미 그 동산을 점유한 때에는 당사자의 의사표시만으로 그 효력이 생긴다.

제189조 【점유개정】 동산에 관한 물권을 양도하는 경우에 당사자의 계약으로 양도인이 그 동산의 점유를 계속하는 때에는 양수인이 인도받은 것으로 본다.

제190조 【목적물반환청구권의 양도】 제삼자가 점유하고 있는 동산에 관한 물권을 양도하는 경우에는 양도인이 그 제삼자에 대한 반환청구권을 양수인에게 양도함으로써 동산을 인도한 것으로 본다.

제191조 【혼동으로 인한 물권의 소멸】 ① 동일한 물건에 대한 소유권과 다른 물권이 동일한 사람에게 귀속한 때에는 다른 물권은 소멸한다. 그러나 그 물권이 제삼자의 권리의 목적이 된 때에는 소멸하지 아니한다.
② 전항의 규정은 소유권이외의 물권과 그를 목적으로 하는 다른 권리가 동일한 사람에게 귀속한 경우에 준용한다.
③ 점유권에 관하여는 전2항의 규정을 적용하지 아니한다.

제2장 점유권

제192조 【점유권의 취득과 소멸】 ① 물건을 사실상 지배하는 자는 점유권이 있다.
② 점유자가 물건에 대한 사실상의 지배를 상실한 때에는 점유권이 소멸한다. 그러나 제204조의 규정에 의하여 점유를 회수한 때에는 그러하지 아니하다.

제193조 【상속으로 인한 점유권의 이전】 점유권은 상속인에 이전한다.

제194조 【간접점유】 지상권, 전세권, 질권, 사용대차, 임대차, 임치 기타의 관계로 타인으로 하여금 물건을 점유하게 한 자는 간접으로 점유권이 있다.

제195조 【점유보조자】 가사상, 영업상 기타 유사한 관계에 의하여 타인의 지시를 받어 물건에 대한 사실상의 지배를 하는 때에는 그 타인만을 점유자로 한다.

제196조 【점유권의 양도】 ① 점유권의 양도는 점유물의 인도로 그 효력이 생긴다.
② 전항의 점유권의 양도에는 제188조제2항, 제189조, 제190조의 규정을 준용한다.

제197조 【점유의 태양】 ① 점유자는 소유의 의사로 선의, 평온 및 공연하게 점유한 것으로 추정한다.
② 선의의 점유자라도 본권에 관한 소에 패소한 때에는 그 소가 제기된 때로부터 악의의 점유자로 본다.

제198조 【점유계속의 추정】 전후양시에 점유한 사실이 있는 때에는 그 점유는 계속한 것으로 추정한다.

제199조 【점유의 승계의 주장과 그 효과】 ① 점유자의 승계인은 자기의 점유만을 주장하거나 자기의 점유와 전점유자의 점유를 아울러 주장할 수 있다.
② 전점유자의 점유를 아울러 주장하는 경우에는 그 하자도 계승한다.

제200조 【권리의 적법의 추정】 점유자가 점유물에 대하여 행사하는 권리는 적법하게 보유한 것으로 추정한다.

제201조 【점유자와 과실】 ① 선의의 점유자는 점유물의 과실을 취득한다.
② 악의의 점유자는 수취한 과실을 반환하여야 하며 소비하였거나 과실로 인하여 훼손 또는 수취하지 못한 경우에는 그 과실의 대가를 보상하여야 한다.
③ 전항의 규정은 폭력 또는 은비에 의한 점유자에 준용한다.

제202조 【점유자의 회복자에 대한 책임】 점유물이 점유자의 책임있는 사유로 인하여 멸실 또는 훼손한 때에는 악의의 점유자는 그 손해의 전부를 배상하여야 하며 선의의 점유자는 이익이 현존하는 한도에서 배상하여야 한다. 소유의 의사가 없는 점유자는 선의인 경우에도 손해의 전부를 배상하여야 한다.

제203조 【점유자의 상환청구권】 ① 점유자가 점유물을 반환할 때에는 회복자에 대하여 점유물을 보존하기 위하여 지출한 금액 기타 필요비의 상환을 청구할 수 있다. 그러나 점유자가 과실을 취득한 경우에는 통상의 필요비는 청구하지 못한다.

② 점유자가 점유물을 개량하기 위하여 지출한 금액 기타 유익비에 관하여는 그 가액의 증가가 현존한 경우에 한하여 회복자의 선택에 좇아 그 지출금액이나 증가액의 상환을 청구할 수 있다.

③ 전항의 경우에 법원은 회복자의 청구에 의하여 상당한 상환기간을 허여할 수 있다.

제204조 【점유의 회수】 ① 점유자가 점유의 침탈을 당한 때에는 그 물건의 반환 및 손해의 배상을 청구할 수 있다.

② 전항의 청구권은 침탈자의 특별승계인에 대하여는 행사하지 못한다. 그러나 승계인이 악의인 때에는 그러하지 아니하다.

③ 제1항의 청구권은 침탈을 당한 날로부터 1년내에 행사하여야 한다.

제205조 【점유의 보유】 ① 점유자가 점유의 방해를 받은 때에는 그 방해의 제거 및 손해의 배상을 청구할 수 있다.

② 전항의 청구권은 방해가 종료한 날로부터 1년내에 행사하여야 한다.

③ 공사로 인하여 점유의 방해를 받은 경우에는 공사 착수후 1년을 경과하거나 그 공사가 완성한 때에는 방해의 제거를 청구하지 못한다.

제206조 【점유의 보전】 ① 점유자가 점유의 방해를 받을 염려가 있는 때에는 그 방해의 예방 또는 손해배상의 담보를 청구할 수 있다.

② 공사로 인하여 점유의 방해를 받을 염려가 있는 경우에는 전조제3항의 규정을 준용한다.

제207조 【간접점유의 보호】 ① 전3조의 청구권은 제194조의 규정에 의한 간접점유자도 이를 행사할 수 있다.

② 점유자가 점유의 침탈을 당한 경우에 간접점유자는 그 물건을 점유자에게 반환할 것을 청구할 수 있고 점유자가 그 물건의 반환을 받을 수 없거나 이를 원하지 아니하는 때에는 자기에게 반환할 것을 청구할 수 있다.

제208조 【점유의 소와 본권의 소와의 관계】 ① 점유권에 기인한 소와 본권에 기인한 소는 서로 영향을 미치지 아니한다.

② 점유권에 기인한 소는 본권에 관한 이유로 재판하지 못한다.

제209조 【자력구제】 ① 점유자는 그 점유를 부정히 침탈 또는 방해하는 행위에 대하여 자력으로써 이를 방위할 수 있다.

② 점유물이 침탈되었을 경우에 부동산일 때에는 점유자는 침탈후 직시 가해자를 배제하여 이를 탈환할 수 있고 동산일 때에는 점유자는 현장에서 또는 추적하여 가해자로부터 이를 탈환할 수 있다.

제210조 【준점유】 본장의 규정은 재산권을 사실상 행사하는 경우에 준용한다.

제3장 소유권

제1절 소유권의 한계

제211조 【소유권의 내용】 소유자는 법률의 범위내에서 그 소유물을 사용, 수익, 처분할 권리가 있다.

제212조 【토지소유권의 범위】 토지의 소유권은 정당한 이익있는 범위내에서 토지의 상하에 미친다.

제213조 【소유물반환청구권】 소유자는 그 소유에 속한 물건을 점유한 자에 대하여 반환을 청구할 수 있다. 그러나 점유자가 그 물건을 점유할 권리가 있는 때에는 반환을 거부할 수 있다.

제214조 【소유물방해제거, 방해예방청구권】 소유자는 소유권을 방해하는 자에 대하여 방해의 제거를 청구할 수 있고 소유권을 방해할 염려있는 행위를 하는 자에 대하여 그 예방이나 손해배상의 담보를 청구할 수 있다.

제215조【건물의 구분소유】① 수인이 한 채의 건물을 구분하여 각각 그 일부분을 소유한 때에는 건물과 그 부속물중 공용하는 부분은 그의 공유로 추정한다.
② 공용부분의 보존에 관한 비용 기타의 부담은 각자의 소유부분의 가액에 비례하여 분담한다.

제216조【인지사용청구권】① 토지소유자는 경계나 그 근방에서 담 또는 건물을 축조하거나 수선하기 위하여 필요한 범위내에서 이웃 토지의 사용을 청구할 수 있다. 그러나 이웃 사람의 승낙이 없으면 그 주거에 들어가지 못한다.
② 전항의 경우에 이웃 사람이 손해를 받은 때에는 보상을 청구할 수 있다.

제217조【매연 등에 의한 인지에 대한 방해금지】① 토지소유자는 매연, 열기체, 액체, 음향, 진동 기타 이에 유사한 것으로 이웃 토지의 사용을 방해하거나 이웃 거주자의 생활에 고통을 주지 아니하도록 적당한 조처를 할 의무가 있다.
② 이웃 거주자는 전항의 사태가 이웃 토지의 통상의 용도에 적당한 것인 때에는 이를 인용할 의무가 있다.

제218조【수도 등 시설권】① 토지소유자는 타인의 토지를 통과하지 아니하면 필요한 수도, 소수관, 까스관, 전선 등을 시설할 수 없거나 과다한 비용을 요하는 경우에는 타인의 토지를 통과하여 이를 시설할 수 있다. 그러나 이로 인한 손해가 가장 적은 장소와 방법을 선택하여 이를 시설할 것이며 타토지의 소유자의 요청에 의하여 손해를 보상하여야 한다.
② 전항에 의한 시설을 한 후 사정의 변경이 있는 때에는 타토지의 소유자는 그 시설의 변경을 청구할 수 있다. 시설변경의 비용은 토지소유자가 부담한다.

제219조【주위토지통행권】① 어느 토지와 공로사이에 그 토지의 용도에 필요한 통로가 없는 경우에 그 토지소유자는 주위의 토지를 통행 또는 통로로 하지 아니하면 공로에 출입할 수 없거나 과다한 비용을 요하는 때에는 그 주위의 토지를 통행할 수 있고 필요한 경우에는 통로를 개설할 수 있다. 그러나 이로 인한 손해가 가장 적은 장소와 방법을 선택하여야 한다.
② 전항의 통행권자는 통행지소유자의 손해를 보상하여야 한다.

제220조【분할, 일부양도와 주위통행권】① 분할로 인하여 공로에 통하지 못하는 토지가 있는 때에는 그 토지소유자는 공로에 출입하기 위하여 다른 분할자의 토지를 통행할 수 있다. 이 경우에는 보상의 의무가 없다.
② 전항의 규정은 토지소유자가 그 토지의 일부를 양도한 경우에 준용한다.

제221조【자연유수의 승수의무와 권리】① 토지소유자는 이웃 토지로부터 자연히 흘러오는 물을 막지 못한다.
② 고지소유자는 이웃 저지에 자연히 흘러 내리는 이웃 저지에서 필요한 물을 자기의 정당한 사용범위를 넘어서 이를 막지 못한다.

제222조【소통공사권】흐르는 물이 저지에서 폐색된 때에는 고지소유자는 자비로 소통에 필요한 공사를 할 수 있다.

제223조【저수, 배수, 인수를 위한 공작물에 대한 공사청구권】토지소유자가 저수, 배수 또는 인수하기 위하여 공작물을 설치한 경우에 공작물의 파손 또는 폐색으로 타인의 토지에 손해를 가하거나 가할 염려가 있는 때에는 타인은 그 공작물의 보수, 폐색의 소통 또는 예방에 필요한 청구를 할 수 있다.

제224조【관습에 의한 비용부담】전2조의 경우에 비용부담에 관한 관습이 있으면 그 관습에 의한다.

제225조【처마물에 대한 시설의무】토지소유자는 처마물이 이웃에 직접 낙하하지 아니하도록 적당한 시설을 하여야 한다.

제226조【여수소통권】① 고지소유자는 침수지를 건조하기 위하여 또는 가용이나 농, 공업용의 여수를 소통하기 위하여 공로, 공류 또는 하수도에 달하기까지 저지에 물을 통과하게 할 수 있다.
② 전항의 경우에는 저지의 손해가 가장 적은 장소와 방법을 선택하여야 하며 손해를 보상하여야 한다.

제227조【유수용공작물의 사용권】① 토지소유자는 그 소지의 물을 소통하기 위하여 이웃 토지소유자의 시설한 공작물을 사용할 수 있다.
② 전항의 공작물을 사용하는 자는 그 이익을 받는 비율로 공작물의 설치와 보존의 비용을 분담하여야 한다.

제228조【여수급여청구권】 토지소유자는 과다한 비용이나 노력을 요하지 아니하고는 가용이나 토지이용에 필요한 물을 얻기 곤란한 때에는 이웃 토지소유자에게 보상하고 여수의 급여를 청구할 수 있다.

제229조【수류의 변경】 ① 구거 기타 수류지의 소유자는 대안의 토지가 타인의 소유인 때에는 그 수로나 수류의 폭을 변경하지 못한다.

② 양안의 토지가 수류지소유자의 소유인 때에는 소유자는 수로와 수류의 폭을 변경할 수 있다. 그러나 하류는 자연의 수로와 일치하도록 하여야 한다.

③ 전2항의 규정은 다른 관습이 있으면 그 관습에 의한다.

제230조【언의 설치, 이용권】 ① 수류지의 소유자가 언을 설치할 필요가 있는 때에는 그 언을 대안에 접촉하게 할 수 있다. 그러나 이로 인한 손해를 보상하여야 한다.

② 대안의 소유자는 수류지의 일부가 자기소유인 때에는 그 언을 사용할 수 있다. 그러나 그 이익을 받는 비율로 언의 설치, 보존의 비용을 분담하여야 한다.

제231조【공유하천용수권】 ① 공유하천의 연안에서 농, 공업을 경영하는 자는 이에 이용하기 위하여 타인의 용수를 방해하지 아니하는 범위내에서 필요한 인수를 할 수 있다.

② 전항의 인수를 하기 위하여 필요한 공작물을 설치할 수 있다.

제232조【하류 연안의 용수권보호】 전조의 인수나 공작물로 인하여 하류연안의 용수권을 방해하는 때에는 그 용수권자는 방해의 제거 및 손해의 배상을 청구할 수 있다.

제233조【용수권의 승계】 농, 공업의 경영에 이용하는 수로 기타 공작물의 소유자나 몽리자의 특별승계인은 그 용수에 관한 전소유자나 몽리자의 권리의무를 승계한다.

제234조【용수권에 관한 다른 관습】 전3조의 규정은 다른 관습이 있으면 그 관습에 의한다.

제235조【공용수의 용수권】 상린자는 그 공용에 속하는 원천이나 수도를 각 수요의 정도에 응하여 타인의 용수를 방해하지 아니하는 범위내에서 각각 용수할 권리가 있다.

제236조【용수장해의 공사와 손해배상, 원상회복】 ① 필요한 용도나 수익이 있는 원천이나 수도가 타인의 건축 기타 공사로 인하여 단수, 감수 기타 용도에 장해가 생긴 때에는 용수권자는 손해배상을 청구할 수 있다.

② 전항의 공사로 인하여 음료수 기타 생활상 필요한 용수에 장해가 있을 때에는 원상회복을 청구할 수 있다.

제237조【경계표, 담의 설치권】 ① 인접하여 토지를 소유한 자는 공동비용으로 통상의 경계표나 담을 설치할 수 있다.

② 전항의 비용은 쌍방이 절반하여 부담한다. 그러나 측량비용은 토지의 면적에 비례하여 부담한다.

③ 전2항의 규정은 다른 관습이 있으면 그 관습에 의한다.

제238조【담의 특수시설권】 인지소유자는 자기의 비용으로 담의 재료를 통상보다 양호한 것으로 할 수 있으며 그 높이를 통상보다 높게 할 수 있고 또는 방화벽 기타 특수시설을 할 수 있다.

제239조【경계표 등의 공유추정】 경계에 설치된 경계표, 담, 구거 등은 상린자의 공유로 추정한다. 그러나 경계표, 담, 구거 등이 상린자일방의 단독비용으로 설치되었거나 담이 건물의 일부인 경우에는 그러하지 아니하다.

제240조【수지, 목근의 제거권】 ① 인접지의 수목가지가 경계를 넘은 때에는 그 소유자에 대하여 가지의 제거를 청구할 수 있다.

② 전항의 청구에 응하지 아니한 때에는 청구자가 그 가지를 제거할 수 있다.

③ 인접지의 수목뿌리가 경계를 넘은 때에는 임의로 제거할 수 있다.

제241조【토지의 심굴금지】 토지소유자는 인접지의 지반이 붕괴할 정도로 자기의 토지를 심굴하지 못한다. 그러나 충분한 방어공사를 한 때에는 그러하지 아니하다.

제242조【경계선부근의 건축】 ① 건물을 축조함에는 특별한 관습이 없으면 경계로부터 반미터 이상의 거리를 두어야 한다.

② 인접지소유자는 전항의 규정에 위반한 자에 대하여 건물의 변경이나 철거를 청구할 수 있다. 그러나 건축에 착수한 후 1년을 경과하거나 건물이 완성된 후에는 손해배상만을 청구할 수 있다.

제243조【차면시설의무】 경계로부터 2미터 이내의 거리에서 이웃 주택의 내부를 관망할 수 있는 창이나 마루를 설치하는 경우에는 적당한 차면시설을 하여야 한다.

제244조【지하시설 등에 대한 제한】① 우물을 파거나 용수, 하수 또는 오물 등을 저치할 지하시설을 하는 때에는 경계로부터 2미터 이상의 거리를 두어야 하며 저수지, 구거 또는 지하실공사에는 경계로부터 그 깊이의 반 이상의 거리를 두어야 한다.

② 전항의 공사를 함에는 토사가 붕괴하거나 하수 또는 오액이 이웃에 흐르지 아니하도록 적당한 조처를 하여야 한다.

제2절 소유권의 취득

제245조【점유로 인한 부동산소유권의 취득기간】① 20년간 소유의 의사로 평온, 공연하게 부동산을 점유하는 자는 등기함으로써 그 소유권을 취득한다.

② 부동산의 소유자로 등기한 자가 10년간 소유의 의사로 평온, 공연하게 선의이며 과실없이 그 부동산을 점유한 때에는 소유권을 취득한다.

제246조【점유로 인한 동산소유권의 취득기간】① 10년간 소유의 의사로 평온, 공연하게 동산을 점유한 자는 그 소유권을 취득한다.

② 전항의 점유가 선의이며 과실없이 개시된 경우에는 5년을 경과함으로써 그 소유권을 취득한다.

제247조【소유권취득의 소급효, 중단사유】① 전2조의 규정에 의한 소유권취득의 효력은 점유를 개시한 때에 소급한다.

② 소멸시효의 중단에 관한 규정은 전2조의 소유권취득기간에 준용한다.

제248조【소유권 이외의 재산권의 취득시효】 전3조의 규정은 소유권 이외의 재산권의 취득에 준용한다.

제249조【선의취득】 평온, 공연하게 동산을 양수한 자가 선의이며 과실없이 그 동산을 점유한 경우에는 양도인이 정당한 소유자가 아닌 때에도 즉시 그 동산의 소유권을 취득한다.

제250조【도품, 유실물에 대한 특례】 전조의 경우에 그 동산이 도품이나 유실물인 때에는 피해자 또는 유실자는 도난 또는 유실한 날로부터 2년내에 그 물건의 반환을 청구할 수 있다. 그러나 도품이나 유실물이 금전인 때에는 그러하지 아니하다.

제251조【도품, 유실물에 대한 특례】 양수인이 도품 또는 유실물을 경매나 공개시장에서 또는 동종류의 물건을 판매하는 상인에게서 선의로 매수한 때에는 피해자 또는 유실자는 양수인이 지급한 대가를 변상하고 그 물건의 반환을 청구할 수 있다.

제252조【무주물의 귀속】① 무주의 동산을 소유의 의사로 점유한 자는 그 소유권을 취득한다.

② 무주의 부동산은 국유로 한다.

③ 야생하는 동물은 무주물로 하고 사양하는 야생동물도 다시 야생상태로 돌아가면 무주물로 한다.

제253조【유실물의 소유권취득】 유실물은 법률에 정한 바에 의하여 공고한 후 6개월 내에 그 소유자가 권리를 주장하지 아니하면 습득자가 그 소유권을 취득한다. 〈개정 2013. 4. 5.〉

제254조【매장물의 소유권취득】 매장물은 법률에 정한 바에 의하여 공고한 후 1년내에 그 소유자가 권리를 주장하지 아니하면 발견자가 그 소유권을 취득한다. 그러나 타인의 토지 기타 물건으로부터 발견한 매장물은 그 토지 기타 물건의 소유자와 발견자가 절반하여 취득한다.

제255조【문화재의 국유】① 학술, 기예 또는 고고의 중요한 재료가 되는 물건에 대하여는 제252조제1항 및 전2조의 규정에 의하지 아니하고 국유로 한다.

② 전항의 경우에 습득자, 발견자 및 매장물이 발견된 토지 기타 물건의 소유자는 국가에 대하여 적당한 보상을 청구할 수 있다.

제255조【「국가유산기본법」 제3조에 따른 국가유산의 국유】① 학술, 기예 또는 고고의 중요한 재료가 되는 물건에 대하여는 제252조제1항 및 전2조의 규정에 의하지 아니하고 국유로 한다.

② 전항의 경우에 습득자, 발견자 및 매장물이 발견된 토지 기타 물건의 소유자는 국가에 대하여 적당한 보상을 청구할 수 있다.

[제목개정 2023. 5. 16.]

[시행일: 2024. 5. 17.] 제255조

제256조 【부동산에의 부합】 부동산의 소유자는 그 부동산에 부합한 물건의 소유권을 취득한다. 그러나 타인의 권원에 의하여 부속된 것은 그러하지 아니하다.

제257조 【동산간의 부합】 동산과 동산이 부합하여 훼손하지 아니하면 분리할 수 없거나 그 분리에 과다한 비용을 요할 경우에는 그 합성물의 소유권은 주된 동산의 소유자에게 속한다. 부합한 동산의 주종을 구별할 수 없는 때에는 동산의 소유자는 부합당시의 가액의 비율로 합성물을 공유한다.

제258조 【혼화】 전조의 규정은 동산과 동산이 혼화하여 식별할 수 없는 경우에 준용한다.

제259조 【가공】 ① 타인의 동산에 가공한 때에는 그 물건의 소유권은 원재료의 소유자에게 속한다. 그러나 가공으로 인한 가액의 증가가 원재료의 가액보다 현저히 다액인 때에는 가공자의 소유로 한다.

② 가공자가 재료의 일부를 제공하였을 때에는 그 가액은 전항의 증가액에 가산한다.

제260조 【첨부의 효과】 ① 전4조의 규정에 의하여 동산의 소유권이 소멸한 때에는 그 동산을 목적으로 한 다른 권리도 소멸한다.

② 동산의 소유자가 합성물, 혼화물 또는 가공물의 단독소유자가 된 때에는 전항의 권리는 합성물, 혼화물 또는 가공물에 존속하고 그 공유자가 된 때에는 그 지분에 존속한다.

제261조 【첨부로 인한 구상권】 전5조의 경우에 손해를 받은 자는 부당이득에 관한 규정에 의하여 보상을 청구할 수 있다.

제3절 공동소유

제262조 【물건의 공유】 ① 물건이 지분에 의하여 수인의 소유로 된 때에는 공유로 한다.

② 공유자의 지분은 균등한 것으로 추정한다.

제263조 【공유지분의 처분과 공유물의 사용, 수익】 공유자는 그 지분을 처분할 수 있고 공유물 전부를 지분의 비율로 사용, 수익할 수 있다.

제264조 【공유물의 처분, 변경】 공유자는 다른 공유자의 동의없이 공유물을 처분하거나 변경하지 못한다.

제265조 【공유물의 관리, 보존】 공유물의 관리에 관한 사항은 공유자의 지분의 과반수로써 결정한다. 그러나 보존행위는 각자가 할 수 있다.

제266조 【공유물의 부담】 ① 공유자는 그 지분의 비율로 공유물의 관리비용 기타 의무를 부담한다.

② 공유자가 1년 이상 전항의 의무이행을 지체한 때에는 다른 공유자는 상당한 가액으로 지분을 매수할 수 있다.

제267조 【지분포기 등의 경우의 귀속】 공유자가 그 지분을 포기하거나 상속인없이 사망한 때에는 그 지분은 다른 공유자에게 각 지분의 비율로 귀속한다.

제268조 【공유물의 분할청구】 ① 공유자는 공유물의 분할을 청구할 수 있다. 그러나 5년내의 기간으로 분할하지 아니할 것을 약정할 수 있다.

② 전항의 계약을 갱신한 때에는 그 기간은 갱신한 날로부터 5년을 넘지 못한다.

③ 전2항의 규정은 제215조, 제239조의 공유물에는 적용하지 아니한다.

제269조 【분할의 방법】 ① 분할의 방법에 관하여 협의가 성립되지 아니한 때에는 공유자는 법원에 그 분할을 청구할 수 있다.

② 현물로 분할할 수 없거나 분할로 인하여 현저히 그 가액이 감손될 염려가 있는 때에는 법원은 물건의 경매를 명할 수 있다.

제270조 【분할로 인한 담보책임】 공유자는 다른 공유자가 분할로 인하여 취득한 물건에 대하여 그 지분의 비율로 매도인과 동일한 담보책임이 있다.

제271조 【물건의 합유】 ① 법률의 규정 또는 계약에 의하여 수인이 조합체로서 물건을 소유하는 때에는 합유로 한다. 합유자의 권리는 합유물 전부에 미친다.

② 합유에 관하여는 전항의 규정 또는 계약에 의하는 외에 다음 3조의 규정에 의한다.

제272조【합유물의 처분, 변경과 보존】합유물을 처분 또는 변경함에는 합유자 전원의 동의가 있어야 한다. 그러나 보존행위는 각자가 할 수 있다.

제273조【합유지분의 처분과 합유물의 분할금지】① 합유자는 전원의 동의없이 합유물에 대한 지분을 처분하지 못한다.

② 합유자는 합유물의 분할을 청구하지 못한다.

제274조【합유의 종료】① 합유는 조합체의 해산 또는 합유물의 양도로 인하여 종료한다.

② 전항의 경우에 합유물의 분할에 관하여는 공유물의 분할에 관한 규정을 준용한다.

제275조【물건의 총유】① 법인이 아닌 사단의 사원이 집합체로서 물건을 소유할 때에는 총유로 한다.

② 총유에 관하여는 사단의 정관 기타 계약에 의하는 외에 다음 2조의 규정에 의한다.

제276조【총유물의 관리, 처분과 사용, 수익】① 총유물의 관리 및 처분은 사원총회의 결의에 의한다.

② 각 사원은 정관 기타의 규약에 좇아 총유물을 사용, 수익할 수 있다.

제277조【총유물에 관한 권리의무의 득상】총유물에 관한 사원의 권리의무는 사원의 지위를 취득상실함으로써 취득상실된다.

제278조【준공동소유】본절의 규정은 소유권 이외의 재산권에 준용한다. 그러나 다른 법률에 특별한 규정이 있으면 그에 의한다.

제4장 지상권

제279조【지상권의 내용】지상권자는 타인의 토지에 건물 기타 공작물이나 수목을 소유하기 위하여 그 토지를 사용하는 권리가 있다.

제280조【존속기간을 약정한 지상권】① 계약으로 지상권의 존속기간을 정하는 경우에는 그 기간은 다음 연한보다 단축하지 못한다.

1. 석조, 석회조, 연와조 또는 이와 유사한 견고한 건물이나 수목의 소유를 목적으로 하는 때에는 30년

2. 전호이외의 건물의 소유를 목적으로 하는 때에는 15년

3. 건물이외의 공작물의 소유를 목적으로 하는 때에는 5년

② 전항의 기간보다 단축한 기간을 정한 때에는 전항의 기간까지 연장한다.

제281조【존속기간을 약정하지 아니한 지상권】① 계약으로 지상권의 존속기간을 정하지 아니한 때에는 그 기간은 전조의 최단존속기간으로 한다.

② 지상권설정당시에 공작물의 종류와 구조를 정하지 아니한 때에는 지상권은 전조제2호의 건물의 소유를 목적으로 한 것으로 본다.

제282조【지상권의 양도, 임대】지상권자는 타인에게 그 권리를 양도하거나 그 권리의 존속기간 내에서 그 토지를 임대할 수 있다.

제283조【지상권자의 갱신청구권, 매수청구권】① 지상권이 소멸한 경우에 건물 기타 공작물이나 수목이 현존한 때에는 지상권자는 계약의 갱신을 청구할 수 있다.

② 지상권설정자가 계약의 갱신을 원하지 아니하는 때에는 지상권자는 상당한 가액으로 전항의 공작물이나 수목의 매수를 청구할 수 있다.

제284조【갱신과 존속기간】당사자가 계약을 갱신하는 경우에는 지상권의 존속기간은 갱신한 날로부터 제280조의 최단존속기간보다 단축하지 못한다. 그러나 당사자는 이보다 장기의 기간을 정할 수 있다.

제285조【수거의무, 매수청구권】① 지상권이 소멸한 때에는 지상권자는 건물 기타 공작물이나 수목을 수거하여 토지를 원상에 회복하여야 한다.

② 전항의 경우에 지상권설정자가 상당한 가액을 제공하여 그 공작물이나 수목의 매수를 청구한 때에는 지상권자는 정당한 이유없이 이를 거절하지 못한다.

제286조【지료증감청구권】지료가 토지에 관한 조세기타 부담의 증감이나 지가의 변동으로 인하여 상당하지 아니하게 된 때에는 당사자는 그 증감을 청구할 수 있다.

제287조【지상권소멸청구권】지상권자가 2년 이상의 지료를 지급하지 아니한 때에는 지상권설정자는 지상권의 소멸을 청구할 수 있다.

제288조【지상권소멸청구와 저당권자에 대한 통지】 지상권이 저당권의 목적인 때 또는 그 토지에 있는 건물, 수목이 저당권의 목적이 된 때에는 전조의 청구는 저당권자에게 통지한 후 상당한 기간이 경과함으로써 그 효력이 생긴다.

제289조【강행규정】 제280조 내지 제287조의 규정에 위반되는 계약으로 지상권자에게 불리한 것은 그 효력이 없다.

제289조의2【구분지상권】 ① 지하 또는 지상의 공간은 상하의 범위를 정하여 건물 기타 공작물을 소유하기 위한 지상권의 목적으로 할 수 있다. 이 경우 설정행위로써 지상권의 행사를 위하여 토지의 사용을 제한할 수 있다.

② 제1항의 규정에 의한 구분지상권은 제3자가 토지를 사용·수익할 권리를 가진 때에도 그 권리자 및 그 권리를 목적으로 하는 권리를 가진 자 전원의 승낙이 있으면 이를 설정할 수 있다. 이 경우 토지를 사용·수익할 권리를 가진 제3자는 그 지상권의 행사를 방해하여서는 아니된다.

[본조신설 1984. 4. 10.]

제290조【준용규정】 ① 제213조, 제214조, 제216조 내지 제244조의 규정은 지상권자간 또는 지상권자와 인지소유자간에 이를 준용한다.

② 제280조 내지 제289조 및 제1항의 규정은 제289조의2의 규정에 의한 구분지상권에 관하여 이를 준용한다. 〈신설 1984. 4. 10.〉

제5장 지역권

제291조【지역권의 내용】 지역권자는 일정한 목적을 위하여 타인의 토지를 자기토지의 편익에 이용하는 권리가 있다.

제292조【부종성】 ① 지역권은 요역지소유권에 부종하여 이전하며 또는 요역지에 대한 소유권이외의 권리의 목적이 된다. 그러나 다른 약정이 있는 때에는 그 약정에 의한다.

② 지역권은 요역지와 분리하여 양도하거나 다른 권리의 목적으로 하지 못한다.

제293조【공유관계, 일부양도와 불가분성】 ① 토지공유자의 1인은 지분에 관하여 그 토지를 위한 지역권 또는 그 토지가 부담한 지역권을 소멸하게 하지 못한다.

② 토지의 분할이나 토지의 일부양도의 경우에는 지역권은 요역지의 각 부분을 위하여 또는 그 승역지의 각부분에 존속한다. 그러나 지역권이 토지의 일부분에만 관한 것인 때에는 다른 부분에 대하여는 그러하지 아니하다.

제294조【지역권취득기간】 지역권은 계속되고 표현된 것에 한하여 제245조의 규정을 준용한다.

제295조【취득과 불가분성】 ① 공유자의 1인이 지역권을 취득한 때에는 다른 공유자도 이를 취득한다.

② 점유로 인한 지역권취득기간의 중단은 지역권을 행사하는 모든 공유자에 대한 사유가 아니면 그 효력이 없다.

제296조【소멸시효의 중단, 정지와 불가분성】 요역지가 수인의 공유인 경우에 그 1인에 의한 지역권소멸시효의 중단 또는 정지는 다른 공유자를 위하여 효력이 있다.

제297조【용수지역권】 ① 용수승역지의 수량이 요역지 및 승역지의 수요에 부족한 때에는 그 수요정도에 의하여 먼저 가용에 공급하고 다른 용도에 공급하여야 한다. 그러나 설정행위에 다른 약정이 있는 때에는 그 약정에 의한다.

② 승역지에 수개의 용수지역권이 설정된 때에는 후순위의 지역권자는 선순위의 지역권자의 용수를 방해하지 못한다.

제298조【승역지소유자의 의무와 승계】 계약에 의하여 승역지소유자가 자기의 비용으로 지역권의 행사를 위하여 공작물의 설치 또는 수선의 의무를 부담한 때에는 승역지소유자의 특별승계인도 그 의무를 부담한다.

제299조【위기에 의한 부담면제】 승역지의 소유자는 지역권에 필요한 부분의 토지소유권을 지역권자에게 위기하여 전조의 부담을 면할 수 있다.

제300조【공작물의 공동사용】 ① 승역지의 소유자는 지역권의 행사를 방해하지 아니하는 범위내에서 지역권자가 지역권의 행사를 위하여 승역지에 설치한 공작물을 사용할 수 있다.

② 전항의 경우에 승역지의 소유자는 수익정도의 비율로 공작물의 설치, 보존의 비용을 분담하여야 한다.

제301조 【준용규정】 제214조의 규정은 지역권에 준용한다.

제302조 【특수지역권】 어느 지역의 주민이 집합체의 관계로 각자가 타인의 토지에서 초목, 야생물 및 토사의 채취, 방목 기타의 수익을 하는 권리가 있는 경우에는 관습에 의하는 외에 본장의 규정을 준용한다.

제6장 전세권

제303조 【전세권의 내용】 ① 전세권자는 전세금을 지급하고 타인의 부동산을 점유하여 그 부동산의 용도에 좇아 사용·수익하며, 그 부동산 전부에 대하여 후순위권리자 기타 채권자보다 전세금의 우선변제를 받을 권리가 있다. 〈개정 1984. 4. 10.〉

② 농경지는 전세권의 목적으로 하지 못한다.

제304조 【건물의 전세권, 지상권, 임차권에 대한 효력】 ① 타인의 토지에 있는 건물에 전세권을 설정한 때에는 전세권의 효력은 그 건물의 소유를 목적으로 한 지상권 또는 임차권에 미친다.

② 전항의 경우에 전세권설정자는 전세권자의 동의 없이 지상권 또는 임차권을 소멸하게 하는 행위를 하지 못한다.

제305조 【건물의 전세권과 법정지상권】 ① 대지와 건물이 동일한 소유자에 속한 경우에 건물에 전세권을 설정한 때에는 그 대지소유권의 특별승계인은 전세권설정자에 대하여 지상권을 설정한 것으로 본다. 그러나 지료는 당사자의 청구에 의하여 법원이 이를 정한다.

② 전항의 경우에 대지소유자는 타인에게 그 대지를 임대하거나 이를 목적으로 한 지상권 또는 전세권을 설정하지 못한다.

제306조 【전세권의 양도, 임대 등】 전세권자는 전세권을 타인에게 양도 또는 담보로 제공할 수 있고 그 존속기간내에서 그 목적물을 타인에게 전전세 또는 임대할 수 있다. 그러나 설정행위로 이를 금지한 때에는 그러하지 아니하다.

제307조 【전세권양도의 효력】 전세권양수인은 전세권설정자에 대하여 전세권양도인과 동일한 권리의무가 있다.

제308조 【전전세 등의 경우의 책임】 전세권의 목적물을 전전세 또는 임대한 경우에는 전세권자는 전전세 또는 임대하지 아니하였으면 면할 수 있는 불가항력으로 인한 손해에 대하여 그 책임을 부담한다.

제309조 【전세권자의 유지, 수선의무】 전세권자는 목적물의 현상을 유지하고 그 통상의 관리에 속한 수선을 하여야 한다.

제310조 【전세권자의 상환청구권】 ① 전세권자가 목적물을 개량하기 위하여 지출한 금액 기타 유익비에 관하여는 그 가액의 증가가 현존한 경우에 한하여 소유자의 선택에 좇아 그 지출액이나 증가액의 상환을 청구할 수 있다.

② 전항의 경우에 법원은 소유자의 청구에 의하여 상당한 상환기간을 허여할 수 있다.

제311조 【전세권의 소멸청구】 ① 전세권자가 전세권 설정계약 또는 그 목적물의 성질에 의하여 정하여진 용법으로 이를 사용, 수익하지 아니한 경우에는 전세권설정자는 전세권의 소멸을 청구할 수 있다.

② 전항의 경우에는 전세권설정자는 전세권자에 대하여 원상회복 또는 손해배상을 청구할 수 있다.

제312조 【전세권의 존속기간】 ① 전세권의 존속기간은 10년을 넘지 못한다. 당사자의 약정기간이 10년을 넘는 때에는 이를 10년으로 단축한다.

② 건물에 대한 전세권의 존속기간을 1년 미만으로 정한 때에는 이를 1년으로 한다. 〈신설 1984. 4. 10.〉

③ 전세권의 설정은 이를 갱신할 수 있다. 그 기간은 갱신한 날로부터 10년을 넘지 못한다.

④ 건물의 전세권설정자가 전세권의 존속기간 만료전 6월부터 1월까지 사이에 전세권자에 대하여 갱신 거절의 통지 또는 조건을 변경하지 아니하면 갱신하지 아니한다는 뜻의 통지를 하지 아니한 경우에는 그 기간이 만료된 때에 전전세권과 동일한 조건으로 다시 전세권을 설정한 것으로 본다. 이 경우 전세권의 존속기간은 그 정함이 없는 것으로 본다. 〈신설 1984. 4. 10.〉

제312조의2 【전세금 증감청구권】 전세금이 목적 부동산에 관한 조세·공과금 기타 부담의 증감이나 경제사정의 변동으로 인하여 상당하지 아니하게 된 때에는 당사자는 장래에 대하여 그 증감을 청구할 수 있다. 그러나 증액의 경우에는 대통령령이 정하는 기준에 따른 비율을 초과하지 못한다.

[본조신설 1984. 4. 10.]

제313조 【전세권의 소멸통고】 전세권의 존속기간을 약정하지 아니한 때에는 각 당사자는 언제든지 상대방에 대하여 전세권의 소멸을 통고할 수 있고 상대방이 이 통고를 받은 날로부터 6월이 경과하면 전세권은 소멸한다.

제314조 【불가항력으로 인한 멸실】 ① 전세권의 목적물의 전부 또는 일부가 불가항력으로 인하여 멸실된 때에는 그 멸실된 부분의 전세권은 소멸한다.
② 전항의 일부멸실의 경우에 전세권자가 그 잔존부분으로 전세권의 목적을 달성할 수 없는 때에는 전세권설정자에 대하여 전세권전부의 소멸을 통고하고 전세금의 반환을 청구할 수 있다.

제315조 【전세권자의 손해배상책임】 ① 전세권의 목적물의 전부 또는 일부가 전세권자에 책임있는 사유로 인하여 멸실된 때에는 전세권자는 손해를 배상할 책임이 있다.
② 전항의 경우에 전세권설정자는 전세권이 소멸된 후 전세금으로써 손해의 배상에 충당하고 잉여가 있으면 반환하여야 하며 부족이 있으면 다시 청구할 수 있다.

제316조 【원상회복의무, 매수청구권】 ① 전세권이 그 존속기간의 만료로 인하여 소멸한 때에는 전세권자는 그 목적물을 원상에 회복하여야 하며 그 목적물에 부속시킨 물건은 수거할 수 있다. 그러나 전세권설정자가 그 부속물건의 매수를 청구한 때에는 전세권자는 정당한 이유없이 거절하지 못한다.
② 전항의 경우에 그 부속물건이 전세권설정자의 동의를 얻어 부속시킨 것인 때에는 전세권자는 전세권설정자에 대하여 그 부속물건의 매수를 청구할 수 있다. 그 부속물건이 전세권설정자로부터 매수한 것인 때에도 같다.

제317조 【전세권의 소멸과 동시이행】 전세권이 소멸한 때에는 전세권설정자는 전세권자로부터 그 목적물의 인도 및 전세권설정등기의 말소등기에 필요한 서류의 교부를 받는 동시에 전세금을 반환하여야 한다.

제318조 【전세권자의 경매청구권】 전세권설정자가 전세금의 반환을 지체한 때에는 전세권자는 민사집행법의 정한 바에 의하여 전세권의 목적물의 경매를 청구할 수 있다. 〈개정 1997. 12. 13., 2001. 12. 29.〉

제319조 【준용규정】 제213조, 제214조, 제216조 내지 제244조의 규정은 전세권자간 또는 전세권자와 인지소유자 및 지상권자간에 이를 준용한다.

제7장 유치권

제320조 【유치권의 내용】 ① 타인의 물건 또는 유가증권을 점유한 자는 그 물건이나 유가증권에 관하여 생긴 채권이 변제기에 있는 경우에는 변제를 받을 때까지 그 물건 또는 유가증권을 유치할 권리가 있다.
② 전항의 규정은 그 점유가 불법행위로 인한 경우에 적용하지 아니한다.

제321조 【유치권의 불가분성】 유치권자는 채권전부의 변제를 받을 때까지 유치물전부에 대하여 그 권리를 행사할 수 있다.

제322조 【경매, 간이변제충당】 ① 유치권자는 채권의 변제를 받기 위하여 유치물을 경매할 수 있다.
② 정당한 이유있는 때에는 유치권자는 감정인의 평가에 의하여 유치물로 직접 변제에 충당할 것을 법원에 청구할 수 있다. 이 경우에는 유치권자는 미리 채무자에게 통지하여야 한다.

제323조 【과실수취권】 ① 유치권자는 유치물의 과실을 수취하여 다른 채권보다 먼저 그 채권의 변제에 충당할 수 있다. 그러나 과실이 금전이 아닌 때에는 경매하여야 한다.
② 과실은 먼저 채권의 이자에 충당하고 그 잉여가 있으면 원본에 충당한다.

제324조 【유치권자의 선관의무】 ① 유치권자는 선량한 관리자의 주의로 유치물을 점유하여야 한다.
② 유치권자는 채무자의 승낙없이 유치물의 사용, 대여 또는 담보제공을 하지 못한다. 그러나 유치물의 보존에 필요한 사용은 그러하지 아니하다.

③ 유치권자가 전2항의 규정에 위반한 때에는 채무자는 유치권의 소멸을 청구할 수 있다.

제325조【유치권자의 상환청구권】① 유치권자가 유치물에 관하여 필요비를 지출한 때에는 소유자에게 그 상환을 청구할 수 있다.

② 유치권자가 유치물에 관하여 유익비를 지출한 때에는 그 가액의 증가가 현존한 경우에 한하여 소유자의 선택에 좇아 그 지출한 금액이나 증가액의 상환을 청구할 수 있다. 그러나 법원은 소유자의 청구에 의하여 상당한 상환기간을 허여할 수 있다.

제326조【피담보채권의 소멸시효】유치권의 행사는 채권의 소멸시효의 진행에 영향을 미치지 아니한다.

제327조【타담보제공과 유치권소멸】채무자는 상당한 담보를 제공하고 유치권의 소멸을 청구할 수 있다.

제328조【점유상실과 유치권소멸】유치권은 점유의 상실로 인하여 소멸한다.

제8장 질권

제1절 동산질권

제329조【동산질권의 내용】동산질권자는 채권의 담보로 채무자 또는 제삼자가 제공한 동산을 점유하고 그 동산에 대하여 다른 채권자보다 자기채권의 우선변제를 받을 권리가 있다.

제330조【설정계약의 요물성】질권의 설정은 질권자에게 목적물을 인도함으로써 그 효력이 생긴다.

제331조【질권의 목적물】질권은 양도할 수 없는 물건을 목적으로 하지 못한다.

제332조【설정자에 의한 대리점유의 금지】질권자는 설정자로 하여금 질물의 점유를 하게 하지 못한다.

제333조【동산질권의 순위】수개의 채권을 담보하기 위하여 동일한 동산에 수개의 질권을 설정한 때에는 그 순위는 설정의 선후에 의한다.

제334조【피담보채권의 범위】질권은 원본, 이자, 위약금, 질권실행의 비용, 질물보존의 비용 및 채무불이행 또는 질물의 하자로 인한 손해배상의 채권을 담보한다. 그러나 다른 약정이 있는 때에는 그 약정에 의한다.

제335조【유치적효력】질권자는 전조의 채권의 변제를 받을 때까지 질물을 유치할 수 있다. 그러나 자기보다 우선권이 있는 채권자에게 대항하지 못한다.

제336조【전질권】질권자는 그 권리의 범위내에서 자기의 책임으로 질물을 전질할 수 있다. 이 경우에는 전질을 하지 아니하였으면 면할 수 있는 불가항력으로 인한 손해에 대하여도 책임을 부담한다.

제337조【전질의 대항요건】① 전조의 경우에 질권자가 채무자에게 전질의 사실을 통지하거나 채무자가 이를 승낙함이 아니면 전질로써 채무자, 보증인, 질권설정자 및 그 승계인에게 대항하지 못한다.

② 채무자가 전항의 통지를 받거나 승낙을 한 때에는 전질권자의 동의없이 질권자에게 채무를 변제하여도 이로써 전질권자에게 대항하지 못한다.

제338조【경매, 간이변제충당】① 질권자는 채권의 변제를 받기 위하여 질물을 경매할 수 있다.

② 정당한 이유있는 때에는 질권자는 감정자의 평가에 의하여 질물로 직접 변제에 충당할 것을 법원에 청구할 수 있다. 이 경우에는 질권자는 미리 채무자 및 질권설정자에게 통지하여야 한다.

제339조【유질계약의 금지】질권설정자는 채무변제기 전의 계약으로 질권자에게 변제에 갈음하여 질물의 소유권을 취득하게 하거나 법률에 정한 방법에 의하지 아니하고 질물을 처분할 것을 약정하지 못한다.〈개정 2014. 12. 30.〉

제340조【질물 이외의 재산으로부터의 변제】① 질권자는 질물에 의하여 변제를 받지 못한 부분의 채권에 한하여 채무자의 다른 재산으로부터 변제를 받을 수 있다.

② 전항의 규정은 질물보다 먼저 다른 재산에 관한 배당을 실시하는 경우에는 적용하지 아니한다. 그러나 다른 채권자는 질권자에게 그 배당금액의 공탁을 청구할 수 있다.

제341조【물상보증인의 구상권】타인의 채무를 담보하기 위한 질권설정자가 그 채무를 변제하거나 질권의 실행으로 인하여 질물의 소유권을 잃은 때에는 보증채무에 관한 규정에 의하여 채무자에 대한 구상권이 있다.

제342조【물상대위】질권은 질물의 멸실, 훼손 또는 공용징수로 인하여 질권설정자가 받을 금전 기타 물건에 대하여도 이를 행사할 수 있다. 이 경우에는 그 지급 또는 인도전에 압류하여야 한다.

제343조【준용규정】제249조 내지 제251조, 제321조 내지 제325조의 규정은 동산질권에 준용한다.

제344조【타법률에 의한 질권】본절의 규정은 다른 법률의 규정에 의하여 설정된 질권에 준용한다.

제2절 권리질권

제345조【권리질권의 목적】질권은 재산권을 그 목적으로 할 수 있다. 그러나 부동산의 사용, 수익을 목적으로 하는 권리는 그러하지 아니하다.

제346조【권리질권의 설정방법】권리질권의 설정은 법률에 다른 규정이 없으면 그 권리의 양도에 관한 방법에 의하여야 한다.

제347조【설정계약의 요물성】채권을 질권의 목적으로 하는 경우에 채권증서가 있는 때에는 질권의 설정은 그 증서를 질권자에게 교부함으로써 그 효력이 생긴다.

제348조【저당채권에 대한 질권과 부기등기】저당권으로 담보한 채권을 질권의 목적으로 한 때에는 그 저당권등기에 질권의 부기등기를 하여야 그 효력이 저당권에 미친다.

제349조【지명채권에 대한 질권의 대항요건】① 지명채권을 목적으로 한 질권의 설정은 설정자가 제450조의 규정에 의하여 제삼채무자에게 질권설정의 사실을 통지하거나 제삼채무자가 이를 승낙함이 아니면 이로써 제삼채무자 기타 제삼자에게 대항하지 못한다.
② 제451조의 규정은 전항의 경우에 준용한다.

제350조【지시채권에 대한 질권의 설정방법】지시채권을 질권의 목적으로 한 질권의 설정은 증서에 배서하여 질권자에게 교부함으로써 그 효력이 생긴다.

제351조【무기명채권에 대한 질권의 설정방법】무기명채권을 목적으로 한 질권의 설정은 증서를 질권자에게 교부함으로써 그 효력이 생긴다.

제352조【질권설정자의 권리처분제한】질권설정자는 질권자의 동의없이 질권의 목적된 권리를 소멸하게 하거나 질권자의 이익을 해하는 변경을 할 수 없다.

제353조【질권의 목적이 된 채권의 실행방법】① 질권자는 질권의 목적이 된 채권을 직접 청구할 수 있다.
② 채권의 목적물이 금전인 때에는 질권자는 자기채권의 한도에서 직접 청구할 수 있다.
③ 전항의 채권의 변제기가 질권자의 채권의 변제기보다 먼저 도래한 때에는 질권자는 제삼채무자에 대하여 그 변제금액의 공탁을 청구할 수 있다. 이 경우에 질권은 그 공탁금에 존재한다.
④ 채권의 목적물이 금전 이외의 물건인 때에는 질권자는 그 변제를 받은 물건에 대하여 질권을 행사할 수 있다.

제354조【동전】질권자는 전조의 규정에 의하는 외에 민사집행법에 정한 집행방법에 의하여 질권을 실행할 수 있다. 〈개정 2001. 12. 29.〉

제355조【준용규정】권리질권에는 본절의 규정외에 동산질권에 관한 규정을 준용한다.

제9장 저당권

제356조【저당권의 내용】저당권자는 채무자 또는 제삼자가 점유를 이전하지 아니하고 채무의 담보로 제공한 부동산에 대하여 다른 채권자보다 자기채권의 우선변제를 받을 권리가 있다.

제357조【근저당】① 저당권은 그 담보할 채무의 최고액만을 정하고 채무의 확정을 장래에 보류하여 이를 설정할 수 있다. 이 경우에는 그 확정될 때까지의 채무의 소멸 또는 이전은 저당권에 영향을 미치지 아니한다.
② 전항의 경우에는 채무의 이자는 최고액 중에 산입한 것으로 본다.

제358조【저당권의 효력의 범위】저당권의 효력은 저당부동산에 부합된 물건과 종물에 미친다. 그러나 법률에 특별한 규정 또는 설정행위에 다른 약정이 있으면 그러하지 아니하다.

제359조 【과실에 대한 효력】 저당권의 효력은 저당부동산에 대한 압류가 있은 후에 저당권설정자가 그 부동산으로부터 수취한 과실 또는 수취할 수 있는 과실에 미친다. 그러나 저당권자가 그 부동산에 대한 소유권, 지상권 또는 전세권을 취득한 제삼자에 대하여는 압류한 사실을 통지한 후가 아니면 이로써 대항하지 못한다.

제360조 【피담보채권의 범위】 저당권은 원본, 이자, 위약금, 채무불이행으로 인한 손해배상 및 저당권의 실행비용을 담보한다. 그러나 지연배상에 대하여는 원본의 이행기일을 경과한 후의 1년분에 한하여 저당권을 행사할 수 있다.

제361조 【저당권의 처분제한】 저당권은 그 담보한 채권과 분리하여 타인에게 양도하거나 다른 채권의 담보로 하지 못한다.

제362조 【저당물의 보충】 저당권설정자의 책임있는 사유로 인하여 저당물의 가액이 현저히 감소된 때에는 저당권자는 저당권설정자에 대하여 그 원상회복 또는 상당한 담보제공을 청구할 수 있다.

제363조 【저당권자의 경매청구권, 경매인】 ① 저당권자는 그 채권의 변제를 받기 위하여 저당물의 경매를 청구할 수 있다.
② 저당물의 소유권을 취득한 제삼자도 경매인이 될 수 있다.

제364조 【제삼취득자의 변제】 저당부동산에 대하여 소유권, 지상권 또는 전세권을 취득한 제삼자는 저당권자에게 그 부동산으로 담보된 채권을 변제하고 저당권의 소멸을 청구할 수 있다.

제365조 【저당지상의 건물에 대한 경매청구권】 토지를 목적으로 저당권을 설정한 후 그 설정자가 그 토지에 건물을 축조한 때에는 저당권자는 토지와 함께 그 건물에 대하여도 경매를 청구할 수 있다. 그러나 그 건물의 경매대가에 대하여는 우선변제를 받을 권리가 없다.

제366조 【법정지상권】 저당물의 경매로 인하여 토지와 그 지상건물이 다른 소유자에 속한 경우에는 토지소유자는 건물소유자에 대하여 지상권을 설정한 것으로 본다. 그러나 지료는 당사자의 청구에 의하여 법원이 이를 정한다.

제367조 【제삼취득자의 비용상환청구권】 저당물의 제삼취득자가 그 부동산의 보존, 개량을 위하여 필요비 또는 유익비를 지출한 때에는 제203조제1항, 제2항의 규정에 의하여 저당물의 경매대가에서 우선상환을 받을 수 있다.

제368조 【공동저당과 대가의 배당, 차순위자의 대위】
① 동일한 채권의 담보로 수개의 부동산에 저당권을 설정한 경우에 그 부동산의 경매대가를 동시에 배당하는 때에는 각부동산의 경매대가에 비례하여 그 채권의 분담을 정한다.
② 전항의 저당부동산중 일부의 경매대가를 먼저 배당하는 경우에는 그 대가에서 그 채권전부의 변제를 받을 수 있다. 이 경우에 그 경매한 부동산의 차순위저당권자는 선순위저당권자가 전항의 규정에 의하여 다른 부동산의 경매대가에서 변제를 받을 수 있는 금액의 한도에서 선순위자를 대위하여 저당권을 행사할 수 있다.

제369조 【부종성】 저당권으로 담보한 채권이 시효의 완성 기타 사유로 인하여 소멸한 때에는 저당권도 소멸한다.

제370조 【준용규정】 제214조, 제321조, 제333조, 제340조, 제341조 및 제342조의 규정은 저당권에 준용한다.

제371조 【지상권, 전세권을 목적으로 하는 저당권】 ① 본장의 규정은 지상권 또는 전세권을 저당권의 목적으로 한 경우에 준용한다.
② 지상권 또는 전세권을 목적으로 저당권을 설정한 자는 저당권자의 동의없이 지상권 또는 전세권을 소멸하게 하는 행위를 하지 못한다.

제372조 【타법률에 의한 저당권】 본장의 규정은 다른 법률에 의하여 설정된 저당권에 준용한다.

제3편 채권

제1장 총칙

제1절 채권의 목적

제373조 【채권의 목적】 금전으로 가액을 산정할 수 없는 것이라도 채권의 목적으로 할 수 있다.

제374조 【특정물인도채무자의 선관의무】 특정물의 인도가 채권의 목적인 때에는 채무자는 그 물건을 인도하기까지 선량한 관리자의 주의로 보존하여야 한다.

제375조 【종류채권】 ① 채권의 목적을 종류로만 지정한 경우에 법률행위의 성질이나 당사자의 의사에 의하여 품질을 정할 수 없는 때에는 채무자는 중등품질의 물건으로 이행하여야 한다.
② 전항의 경우에 채무자가 이행에 필요한 행위를 완료하거나 채권자의 동의를 얻어 이행할 물건을 지정한 때에는 그때로부터 그 물건을 채권의 목적물로 한다.

제376조 【금전채권】 채권의 목적이 어느 종류의 통화로 지급할 것인 경우에 그 통화가 변제기에 강제통용력을 잃은 때에는 채무자는 다른 통화로 변제하여야 한다.

제377조 【외화채권】 ① 채권의 목적이 다른 나라 통화로 지급할 것인 경우에는 채무자는 자기가 선택한 그 나라의 각 종류의 통화로 변제할 수 있다.
② 채권의 목적이 어느 종류의 다른 나라 통화로 지급할 것인 경우에 그 통화가 변제기에 강제통용력을 잃은 때에는 그 나라의 다른 통화로 변제하여야 한다.

제378조 【동전】 채권액이 다른 나라 통화로 지정된 때에는 채무자는 지급할 때에 있어서의 이행지의 환금시가에 의하여 우리나라 통화로 변제할 수 있다.

제379조 【법정이율】 이자있는 채권의 이율은 다른 법률의 규정이나 당사자의 약정이 없으면 연 5푼으로 한다.

제380조 【선택채권】 채권의 목적이 수개의 행위 중에서 선택에 좇아 확정될 경우에 다른 법률의 규정이나 당사자의 약정이 없으면 선택권은 채무자에게 있다.

제381조 【선택권의 이전】 ① 선택권행사의 기간이 있는 경우에 선택권자가 그 기간내에 선택권을 행사하지 아니하는 때에는 상대방은 상당한 기간을 정하여 그 선택을 최고할 수 있고 선택권자가 그 기간내에 선택하지 아니하면 선택권은 상대방에게 있다.
② 선택권행사의 기간이 없는 경우에 채권의 기한이 도래한 후 상대방이 상당한 기간을 정하여 그 선택을 최고하여도 선택권자가 그 기간내에 선택하지 아니할 때에도 전항과 같다.

제382조 【당사자의 선택권의 행사】 ① 채권자나 채무자가 선택하는 경우에는 그 선택은 상대방에 대한 의사표시로 한다.
② 전항의 의사표시는 상대방의 동의가 없으면 철회하지 못한다.

제383조 【제삼자의 선택권의 행사】 ① 제삼자가 선택하는 경우에는 그 선택은 채무자 및 채권자에 대한 의사표시로 한다.
② 전항의 의사표시는 채권자 및 채무자의 동의가 없으면 철회하지 못한다.

제384조 【제삼자의 선택권의 이전】 ① 선택할 제삼자가 선택할 수 없는 경우에는 선택권은 채무자에게 있다.
② 제삼자가 선택하지 아니하는 경우에는 채권자나 채무자는 상당한 기간을 정하여 그 선택을 최고할 수 있고 제삼자가 그 기간내에 선택하지 아니하면 선택권은 채무자에게 있다.

제385조 【불능으로 인한 선택채권의 특정】 ① 채권의 목적으로 선택할 수개의 행위 중에 처음부터 불능한 것이나 또는 후에 이행불능하게 된 것이 있으면 채권의 목적은 잔존한 것에 존재한다.
② 선택권없는 당사자의 과실로 인하여 이행불능이 된 때에는 전항의 규정을 적용하지 아니한다.

제386조 【선택의 소급효】 선택의 효력은 그 채권이 발생한 때에 소급한다. 그러나 제삼자의 권리를 해하지 못한다.

제2절 채권의 효력

제387조 【이행기와 이행지체】 ① 채무이행의 확정한 기한이 있는 경우에는 채무자는 기한이 도래한 때로부터 지체책임이 있다. 채무이행의 불확정한 기한이 있는 경우에는 채무자는 기한이 도래함을 안 때로부터 지체책임이 있다.

② 채무이행의 기한이 없는 경우에는 채무자는 이행청구를 받은 때로부터 지체책임이 있다.

제388조 【기한의 이익의 상실】 채무자는 다음 각호의 경우에는 기한의 이익을 주장하지 못한다.

1. 채무자가 담보를 손상, 감소 또는 멸실하게 한 때
2. 채무자가 담보제공의 의무를 이행하지 아니한 때

제389조 【강제이행】 ① 채무자가 임의로 채무를 이행하지 아니한 때에는 채권자는 그 강제이행을 법원에 청구할 수 있다. 그러나 채무의 성질이 강제이행을 하지 못할 것인 때에는 그러하지 아니하다.

② 전항의 채무가 법률행위를 목적으로 한 때에는 채무자의 의사표시에 갈음할 재판을 청구할 수 있고 채무자의 일신에 전속하지 아니한 작위를 목적으로 한 때에는 채무자의 비용으로 제삼자에게 이를 하게 할 것을 법원에 청구할 수 있다. 〈개정 2014. 12. 30.〉

③ 그 채무가 부작위를 목적으로 한 경우에 채무자가 이에 위반한 때에는 채무자의 비용으로써 그 위반한 것을 제각하고 장래에 대한 적당한 처분을 법원에 청구할 수 있다.

④ 전3항의 규정은 손해배상의 청구에 영향을 미치지 아니한다.

제390조 【채무불이행과 손해배상】 채무자가 채무의 내용에 좇은 이행을 하지 아니한 때에는 채권자는 손해배상을 청구할 수 있다. 그러나 채무자의 고의나 과실없이 이행할 수 없게 된 때에는 그러하지 아니하다.

제391조 【이행보조자의 고의, 과실】 채무자의 법정대리인이 채무자를 위하여 이행하거나 채무자가 타인을 사용하여 이행하는 경우에는 법정대리인 또는 피용자의 고의나 과실은 채무자의 고의나 과실로 본다.

제392조 【이행지체 중의 손해배상】 채무자는 자기에게 과실이 없는 경우에도 그 이행지체 중에 생긴 손해를 배상하여야 한다. 그러나 채무자가 이행기에 이행하여도 손해를 면할 수 없는 경우에는 그러하지 아니하다.

제393조 【손해배상의 범위】 ① 채무불이행으로 인한 손해배상은 통상의 손해를 그 한도로 한다.

② 특별한 사정으로 인한 손해는 채무자가 그 사정을 알았거나 알 수 있었을 때에 한하여 배상의 책임이 있다.

제394조 【손해배상의 방법】 다른 의사표시가 없으면 손해는 금전으로 배상한다.

제395조 【이행지체와 전보배상】 채무자가 채무의 이행을 지체한 경우에 채권자가 상당한 기간을 정하여 이행을 최고하여도 그 기간내에 이행하지 아니하거나 지체후의 이행이 채권자에게 이익이 없는 때에는 채권자는 수령을 거절하고 이행에 갈음한 손해배상을 청구할 수 있다. 〈개정 2014. 12. 30.〉

제396조 【과실상계】 채무불이행에 관하여 채권자에게 과실이 있는 때에는 법원은 손해배상의 책임 및 그 금액을 정함에 이를 참작하여야 한다.

제397조 【금전채무불이행에 대한 특칙】 ① 금전채무불이행의 손해배상액은 법정이율에 의한다. 그러나 법령의 제한에 위반하지 아니한 약정이율이 있으면 그 이율에 의한다.

② 전항의 손해배상에 관하여는 채권자는 손해의 증명을 요하지 아니하고 채무자는 과실없음을 항변하지 못한다.

제398조 【배상액의 예정】 ① 당사자는 채무불이행에 관한 손해배상액을 예정할 수 있다.

② 손해배상의 예정액이 부당히 과다한 경우에는 법원은 적당히 감액할 수 있다.

③ 손해배상액의 예정은 이행의 청구나 계약의 해제에 영향을 미치지 아니한다.

④ 위약금의 약정은 손해배상액의 예정으로 추정한다.

⑤ 당사자가 금전이 아닌 것으로써 손해의 배상에 충당할 것을 예정한 경우에도 전4항의 규정을 준용한다.

제399조 【손해배상자의 대위】 채권자가 그 채권의 목적인 물건 또는 권리의 가액전부를 손해배상으로 받은 때에는 채무자는 그 물건 또는 권리에 관하여 당연히 채권자를 대위한다.

제400조 【채권자지체】 채권자가 이행을 받을 수 없거나 받지 아니한 때에는 이행의 제공있는 때로부터 지체책임이 있다.

제401조 【채권자지체와 채무자의 책임】 채권자지체 중에는 채무자는 고의 또는 중대한 과실이 없으면 불이행으로 인한 모든 책임이 없다.

제402조 【동전】 채권자지체 중에는 이자있는 채권이라도 채무자는 이자를 지급할 의무가 없다.

제403조 【채권자지체와 채권자의 책임】 채권자지체로 인하여 그 목적물의 보관 또는 변제의 비용이 증가된 때에는 그 증가액은 채권자의 부담으로 한다.

제404조 【채권자대위권】 ① 채권자는 자기의 채권을 보전하기 위하여 채무자의 권리를 행사할 수 있다. 그러나 일신에 전속한 권리는 그러하지 아니하다.
② 채권자는 그 채권의 기한이 도래하기 전에는 법원의 허가없이 전항의 권리를 행사하지 못한다. 그러나 보전행위는 그러하지 아니하다.

제405조 【채권자대위권행사의 통지】 ① 채권자가 전조 제1항의 규정에 의하여 보전행위 이외의 권리를 행사한 때에는 채무자에게 통지하여야 한다.
② 채무자가 전항의 통지를 받은 후에는 그 권리를 처분하여도 이로써 채권자에게 대항하지 못한다.

제406조 【채권자취소권】 ① 채무자가 채권자를 해함을 알고 재산권을 목적으로 한 법률행위를 한 때에는 채권자는 그 취소 및 원상회복을 법원에 청구할 수 있다. 그러나 그 행위로 인하여 이익을 받은 자나 전득한 자가 그 행위 또는 전득당시에 채권자를 해함을 알지 못한 경우에는 그러하지 아니하다.
② 전항의 소는 채권자가 취소원인을 안 날로부터 1년, 법률행위있은 날로부터 5년내에 제기하여야 한다.

제407조 【채권자취소의 효력】 전조의 규정에 의한 취소와 원상회복은 모든 채권자의 이익을 위하여 그 효력이 있다.

제3절 수인의 채권자 및 채무자

제1관 총칙

제408조 【분할채권관계】 채권자나 채무자가 수인인 경우에 특별한 의사표시가 없으면 각 채권자 또는 각 채무자는 균등한 비율로 권리가 있고 의무를 부담한다.

제2관 불가분채권과 불가분채무

제409조 【불가분채권】 채권의 목적이 그 성질 또는 당사자의 의사표시에 의하여 불가분인 경우에 채권자가 수인인 때에는 각 채권자는 모든 채권자를 위하여 이행을 청구할 수 있고 채무자는 모든 채권자를 위하여 각 채권자에게 이행할 수 있다.

제410조 【1인의 채권자에 생긴 사항의 효력】 ① 전조의 규정에 의하여 모든 채권자에게 효력이 있는 사항을 제외하고는 불가분채권자중 1인의 행위나 1인에 관한 사항은 다른 채권자에게 효력이 없다.
② 불가분채권자 중의 1인과 채무자간에 경개나 면제 있는 경우에 채무전부의 이행을 받은 다른 채권자는 그 1인이 권리를 잃지 아니하였으면 그에게 분급할 이익을 채무자에게 상환하여야 한다.

제411조 【불가분채무와 준용규정】 수인이 불가분채무를 부담한 경우에는 제413조 내지 제415조, 제422조, 제424조 내지 제427조 및 전조의 규정을 준용한다.

제412조 【가분채권, 가분채무에의 변경】 불가분채권이나 불가분채무가 가분채권 또는 가분채무로 변경된 때에는 각 채권자는 자기부분만의 이행을 청구할 권리가 있고 각 채무자는 자기부담부분만을 이행할 의무가 있다.

제3관 연대채무

제413조 【연대채무의 내용】 수인의 채무자가 채무전부를 각자 이행할 의무가 있고 채무자 1인의 이행으로 다른 채무자도 그 의무를 면하게 되는 때에는 그 채무는 연대채무로 한다.

제414조 【각 연대채무자에 대한 이행청구】 채권자는 어느 연대채무자에 대하여 또는 동시나 순차로 모

든 연대채무자에 대하여 채무의 전부나 일부의 이행을 청구할 수 있다.

제415조 【채무자에 생긴 무효, 취소】 어느 연대채무자에 대한 법률행위의 무효나 취소의 원인은 다른 연대채무자의 채무에 영향을 미치지 아니한다.

제416조 【이행청구의 절대적 효력】 어느 연대채무자에 대한 이행청구는 다른 연대채무자에게도 효력이 있다.

제417조 【경개의 절대적 효력】 어느 연대채무자와 채권자간에 채무의 경개가 있는 때에는 채권은 모든 연대채무자의 이익을 위하여 소멸한다.

제418조 【상계의 절대적 효력】 ① 어느 연대채무자가 채권자에 대하여 채권이 있는 경우에 그 채무자가 상계한 때에는 채권은 모든 연대채무자의 이익을 위하여 소멸한다.
② 상계할 채권이 있는 연대채무자가 상계하지 아니한 때에는 그 채무자의 부담부분에 한하여 다른 연대채무자가 상계할 수 있다.

제419조 【면제의 절대적 효력】 어느 연대채무자에 대한 채무면제는 그 채무자의 부담부분에 한하여 다른 연대채무자의 이익을 위하여 효력이 있다.

제420조 【혼동의 절대적 효력】 어느 연대채무자와 채권자간에 혼동이 있는 때에는 그 채무자의 부담부분에 한하여 다른 연대채무자도 의무를 면한다.

제421조 【소멸시효의 절대적 효력】 어느 연대채무자에 대하여 소멸시효가 완성한 때에는 그 부담부분에 한하여 다른 연대채무자도 의무를 면한다.

제422조 【채권자지체의 절대적 효력】 어느 연대채무자에 대한 채권자의 지체는 다른 연대채무자에게도 효력이 있다.

제423조 【효력의 상대성의 원칙】 전7조의 사항외에는 어느 연대채무자에 관한 사항은 다른 연대채무자에게 효력이 없다.

제424조 【부담부분의 균등】 연대채무자의 부담부분은 균등한 것으로 추정한다.

제425조 【출재채무자의 구상권】 ① 어느 연대채무자가 변제 기타 자기의 출재로 공동면책이 된 때에는 다른 연대채무자의 부담부분에 대하여 구상권을 행사할 수 있다.
② 전항의 구상권은 면책된 날 이후의 법정이자 및 피할 수 없는 비용 기타 손해배상을 포함한다.

제426조 【구상요건으로서의 통지】 ① 어느 연대채무자가 다른 연대채무자에게 통지하지 아니하고 변제 기타 자기의 출재로 공동면책이 된 경우에 다른 연대채무자가 채권자에게 대항할 수 있는 사유가 있었을 때에는 그 부담부분에 한하여 이 사유로 면책행위를 한 연대채무자에게 대항할 수 있고 그 대항사유가 상계인 때에는 상계로 소멸할 채권은 그 연대채무자에게 이전된다.
② 어느 연대채무자가 변제 기타 자기의 출재로 공동면책되었음을 다른 연대채무자에게 통지하지 아니한 경우에 다른 연대채무자가 선의로 채권자에게 변제 기타 유상의 면책행위를 한 때에는 그 연대채무자는 자기의 면책행위의 유효를 주장할 수 있다.

제427조 【상환무자력자의 부담부분】 ① 연대채무자 중에 상환할 자력이 없는 자가 있는 때에는 그 채무자의 부담부분은 구상권자 및 다른 자력이 있는 채무자가 그 부담부분에 비례하여 분담한다. 그러나 구상권자에게 과실이 있는 때에는 다른 연대채무자에 대하여 분담을 청구하지 못한다.
② 전항의 경우에 상환할 자력이 없는 채무자의 부담부분을 분담할 다른 채무자가 채권자로부터 연대의 면제를 받은 때에는 그 채무자의 분담할 부분은 채권자의 부담으로 한다.

제4관 보증채무

제428조 【보증채무의 내용】 ① 보증인은 주채무자가 이행하지 아니하는 채무를 이행할 의무가 있다.
② 보증은 장래의 채무에 대하여도 할 수 있다.

제428조의2 【보증의 방식】 ① 보증은 그 의사가 보증인의 기명날인 또는 서명이 있는 서면으로 표시되어야 효력이 발생한다. 다만, 보증의 의사가 전자적 형태로 표시된 경우에는 효력이 없다.
② 보증채무를 보증인에게 불리하게 변경하는 경우에도 제1항과 같다.
③ 보증인이 보증채무를 이행한 경우에는 그 한도에서 제1항과 제2항에 따른 방식의 하자를 이유로

보증의 무효를 주장할 수 없다.

[본조신설 2015. 2. 3.]

제428조의3【근보증】 ① 보증은 불확정한 다수의 채무에 대해서도 할 수 있다. 이 경우 보증하는 채무의 최고액을 서면으로 특정하여야 한다.

② 제1항의 경우 채무의 최고액을 제428조의2제1항에 따른 서면으로 특정하지 아니한 보증계약은 효력이 없다.

[본조신설 2015. 2. 3.]

제429조【보증채무의 범위】 ① 보증채무는 주채무의 이자, 위약금, 손해배상 기타 주채무에 종속한 채무를 포함한다.

② 보증인은 그 보증채무에 관한 위약금 기타 손해배상액을 예정할 수 있다.

제430조【목적, 형태상의 부종성】 보증인의 부담이 주채무의 목적이나 형태보다 중한 때에는 주채무의 한도로 감축한다.

제431조【보증인의 조건】 ① 채무자가 보증인을 세울 의무가 있는 경우에는 그 보증인은 행위능력 및 변제자력이 있는 자로 하여야 한다.

② 보증인이 변제자력이 없게 된 때에는 채권자는 보증인의 변경을 청구할 수 있다.

③ 채권자가 보증인을 지명한 경우에는 전2항의 규정을 적용하지 아니한다.

제432조【타담보의 제공】 채무자는 다른 상당한 담보를 제공함으로써 보증인을 세울 의무를 면할 수 있다.

제433조【보증인과 주채무자항변권】 ① 보증인은 주채무자의 항변으로 채권자에게 대항할 수 있다.

② 주채무자의 항변포기는 보증인에게 효력이 없다.

제434조【보증인과 주채무자상계권】 보증인은 주채무자의 채권에 의한 상계로 채권자에게 대항할 수 있다.

제435조【보증인과 주채무자의 취소권 등】 주채무자가 채권자에 대하여 취소권 또는 해제권이나 해지권이 있는 동안은 보증인은 채권자에 대하여 채무의 이행을 거절할 수 있다.

제436조 삭제 〈2015. 2. 3.〉

제436조의2【채권자의 정보제공의무와 통지의무 등】
① 채권자는 보증계약을 체결할 때 보증계약의 체결 여부 또는 그 내용에 영향을 미칠 수 있는 주채무자의 채무 관련 신용정보를 보유하고 있거나 알고 있는 경우에는 보증인에게 그 정보를 알려야 한다. 보증계약을 갱신할 때에도 또한 같다.

② 채권자는 보증계약을 체결한 후에 다음 각 호의 어느 하나에 해당하는 사유가 있는 경우에는 지체 없이 보증인에게 그 사실을 알려야 한다.

1. 주채무자가 원본, 이자, 위약금, 손해배상 또는 그 밖에 주채무에 종속한 채무를 3개월 이상 이행하지 아니하는 경우

2. 주채무자가 이행기에 이행할 수 없음을 미리 안 경우

3. 주채무자의 채무 관련 신용정보에 중대한 변화가 생겼음을 알게 된 경우

③ 채권자는 보증인의 청구가 있으면 주채무의 내용 및 그 이행 여부를 알려야 한다.

④ 채권자가 제1항부터 제3항까지의 규정에 따른 의무를 위반하여 보증인에게 손해를 입힌 경우에는 법원은 그 내용과 정도 등을 고려하여 보증채무를 감경하거나 면제할 수 있다.

[본조신설 2015. 2. 3.]

제437조【보증인의 최고, 검색의 항변】 채권자가 보증인에게 채무의 이행을 청구한 때에는 보증인은 주채무자의 변제자력이 있는 사실 및 그 집행이 용이할 것을 증명하여 먼저 주채무자에게 청구할 것과 그 재산에 대하여 집행할 것을 항변할 수 있다. 그러나 보증인이 주채무자와 연대하여 채무를 부담한 때에는 그러하지 아니하다.

제438조【최고, 검색의 해태의 효과】 전조의 규정에 의한 보증인의 항변에 불구하고 채권자의 해태로 인하여 채무자로부터 전부나 일부의 변제를 받지 못한 경우에는 채권자가 해태하지 아니하였으면 변제받았을 한도에서 보증인은 그 의무를 면한다.

제439조【공동보증의 분별의 이익】 수인의 보증인이 각자의 행위로 보증채무를 부담한 경우에도 제408조의 규정을 적용한다.

제440조【시효중단의 보증인에 대한 효력】 주채무자에 대한 시효의 중단은 보증인에 대하여 그 효력이 있다.

제441조【수탁보증인의 구상권】 ① 주채무자의 부탁으로 보증인이 된 자가 과실없이 변제 기타의 출재로 주채무를 소멸하게 한 때에는 주채무자에 대하여 구상권이 있다.

② 제425조제2항의 규정은 전항의 경우에 준용한다.

제442조【수탁보증인의 사전구상권】 ① 주채무자의 부탁으로 보증인이 된 자는 다음 각호의 경우에 주채무자에 대하여 미리 구상권을 행사할 수 있다.

1. 보증인이 과실없이 채권자에게 변제할 재판을 받은 때
2. 주채무자가 파산선고를 받은 경우에 채권자가 파산재단에 가입하지 아니한 때
3. 채무의 이행기가 확정되지 아니하고 그 최장기도 확정할 수 없는 경우에 보증계약후 5년을 경과한 때
4. 채무의 이행기가 도래한 때

② 전항제4호의 경우에는 보증계약후에 채권자가 주채무자에게 허여한 기한으로 보증인에게 대항하지 못한다.

제443조【주채무자의 면책청구】 전조의 규정에 의하여 주채무자가 보증인에게 배상하는 경우에 주채무자는 자기를 면책하게 하거나 자기에게 담보를 제공할 것을 보증인에게 청구할 수 있고 또는 배상할 금액을 공탁하거나 담보를 제공하거나 보증인을 면책하게 함으로써 그 배상의무를 면할 수 있다.

제444조【부탁없는 보증인의 구상권】 ① 주채무자의 부탁없이 보증인이 된 자가 변제 기타 자기의 출재로 주채무를 소멸하게 한 때에는 주채무자는 그 당시에 이익을 받은 한도에서 배상하여야 한다.

② 주채무자의 의사에 반하여 보증인이 된 자가 변제 기타 자기의 출재로 주채무를 소멸하게 한 때에는 주채무자는 현존이익의 한도에서 배상하여야 한다.

③ 전항의 경우에 주채무자가 구상한 날 이전에 상계원인이 있음을 주장한 때에는 그 상계로 소멸할 채권은 보증인에게 이전된다.

제445조【구상요건으로서의 통지】 ① 보증인이 주채무자에게 통지하지 아니하고 변제 기타 자기의 출재로 주채무를 소멸하게 한 경우에 주채무자가 채권자에게 대항할 수 있는 사유가 있었을 때에는 이

사유로 보증인에게 대항할 수 있고 그 대항사유가 상계인 때에는 상계로 소멸할 채권은 보증인에게 이전된다.

② 보증인이 변제 기타 자기의 출재로 면책되었음을 주채무자에게 통지하지 아니한 경우에 주채무자가 선의로 채권자에게 변제 기타 유상의 면책행위를 한 때에는 주채무자는 자기의 면책행위의 유효를 주장할 수 있다.

제446조【주채무자의 보증인에 대한 면책통지의무】 주채무자가 자기의 행위로 면책하였음을 그 부탁으로 보증인이 된 자에게 통지하지 아니한 경우에 보증인이 선의로 채권자에게 변제 기타 유상의 면책행위를 한 때에는 보증인은 자기의 면책행위의 유효를 주장할 수 있다.

제447조【연대, 불가분채무의 보증인의 구상권】 어느 연대채무자나 어느 불가분채무자를 위하여 보증인이 된 자는 다른 연대채무자나 다른 불가분채무자에 대하여 그 부담부분에 한하여 구상권이 있다.

제448조【공동보증인간의 구상권】 ① 수인의 보증인이 있는 경우에 어느 보증인이 자기의 부담부분을 넘은 변제를 한 때에는 제444조의 규정을 준용한다.

② 주채무가 불가분이거나 각 보증인이 상호연대 또는 주채무자와 연대로 채무를 부담한 경우에 어느 보증인이 자기의 부담부분을 넘은 변제를 한 때에는 제425조 내지 제427조의 규정을 준용한다.

제4절 채권의 양도

제449조【채권의 양도성】 ① 채권은 양도할 수 있다. 그러나 채권의 성질이 양도를 허용하지 아니하는 때에는 그러하지 아니하다.

② 채권은 당사자가 반대의 의사를 표시한 경우에는 양도하지 못한다. 그러나 그 의사표시로써 선의의 제삼자에게 대항하지 못한다.

제450조【지명채권양도의 대항요건】 ① 지명채권의 양도는 양도인이 채무자에게 통지하거나 채무자가 승낙하지 아니하면 채무자 기타 제삼자에게 대항하지 못한다.

② 전항의 통지나 승낙은 확정일자있는 증서에 의하지 아니하면 채무자 이외의 제삼자에게 대항하지 못한다.

제451조【승낙, 통지의 효과】① 채무자가 이의를 보류하지 아니하고 전조의 승낙을 한 때에는 양도인에게 대항할 수 있는 사유로써 양수인에게 대항하지 못한다. 그러나 채무자가 채무를 소멸하게 하기 위하여 양도인에게 급여한 것이 있으면 이를 회수할 수 있고 양도인에 대하여 부담한 채무가 있으면 그 성립되지 아니함을 주장할 수 있다.

② 양도인이 양도통지만을 한 때에는 채무자는 그 통지를 받은 때까지 양도인에 대하여 생긴 사유로써 양수인에게 대항할 수 있다.

제452조【양도통지와 금반언】① 양도인이 채무자에게 채권양도를 통지한 때에는 아직 양도하지 아니하였거나 그 양도가 무효인 경우에도 선의인 채무자는 양수인에게 대항할 수 있는 사유로 양도인에게 대항할 수 있다.

② 전항의 통지는 양수인의 동의가 없으면 철회하지 못한다.

제5절 채무의 인수

제453조【채권자와의 계약에 의한 채무인수】① 제삼자는 채권자와의 계약으로 채무를 인수하여 채무자의 채무를 면하게 할 수 있다. 그러나 채무의 성질이 인수를 허용하지 아니하는 때에는 그러하지 아니하다.

② 이해관계없는 제삼자는 채무자의 의사에 반하여 채무를 인수하지 못한다.

제454조【채무자와의 계약에 의한 채무인수】① 제삼자가 채무자와의 계약으로 채무를 인수한 경우에는 채권자의 승낙에 의하여 그 효력이 생긴다.

② 채권자의 승낙 또는 거절의 상대방은 채무자나 제삼자이다.

제455조【승낙여부의 최고】① 전조의 경우에 제삼자나 채무자는 상당한 기간을 정하여 승낙여부의 확답을 채권자에게 최고할 수 있다.

② 채권자가 그 기간내에 확답을 발송하지 아니한 때에는 거절한 것으로 본다.

제456조【채무인수의 철회, 변경】제삼자와 채무자간의 계약에 의한 채무인수는 채권자의 승낙이 있을 때까지 당사자는 이를 철회하거나 변경할 수 있다.

제457조【채무인수의 소급효】채권자의 채무인수에 대한 승낙은 다른 의사표시가 없으면 채무를 인수한 때에 소급하여 그 효력이 생긴다. 그러나 제삼자의 권리를 침해하지 못한다.

제458조【전채무자의 항변사유】인수인은 전채무자의 항변할 수 있는 사유로 채권자에게 대항할 수 있다.

제459조【채무인수와 보증, 담보의 소멸】전채무자의 채무에 대한 보증이나 제삼자가 제공한 담보는 채무인수로 인하여 소멸한다. 그러나 보증인이나 제삼자가 채무인수에 동의한 경우에는 그러하지 아니하다.

제6절 채권의 소멸
제1관 변제

제460조【변제제공의 방법】변제는 채무내용에 좇은 현실제공으로 이를 하여야 한다. 그러나 채권자가 미리 변제받기를 거절하거나 채무의 이행에 채권자의 행위를 요하는 경우에는 변제준비의 완료를 통지하고 그 수령을 최고하면 된다.

제461조【변제제공의 효과】변제의 제공은 그때로부터 채무불이행의 책임을 면하게 한다.

제462조【특정물의 현상인도】특정물의 인도가 채권의 목적인 때에는 채무자는 이행기의 현상대로 그 물건을 인도하여야 한다.

제463조【변제로서의 타인의 물건의 인도】채무의 변제로 타인의 물건을 인도한 채무자는 다시 유효한 변제를 하지 아니하면 그 물건의 반환을 청구하지 못한다.

제464조【양도능력없는 소유자의 물건인도】양도할 능력없는 소유자가 채무의 변제로 물건을 인도한 경우에는 그 변제가 취소된 때에도 다시 유효한 변제를 하지 아니하면 그 물건의 반환을 청구하지 못한다.

제465조【채권자의 선의소비, 양도와 구상권】① 전2조의 경우에 채권자가 변제로 받은 물건을 선의로 소비하거나 타인에게 양도한 때에는 그 변제는 효력이 있다.

② 전항의 경우에 채권자가 제삼자로부터 배상의 청구를 받은 때에는 채무자에 대하여 구상권을 행사할 수 있다.

제466조 【대물변제】 채무자가 채권자의 승낙을 얻어 본래의 채무이행에 갈음하여 다른 급여를 한 때에는 변제와 같은 효력이 있다. 〈개정 2014. 12. 30.〉

제467조 【변제의 장소】 ① 채무의 성질 또는 당사자의 의사표시로 변제장소를 정하지 아니한 때에는 특정물의 인도는 채권성립당시에 그 물건이 있던 장소에서 하여야 한다.

② 전항의 경우에 특정물인도 이외의 채무변제는 채권자의 현주소에서 하여야 한다. 그러나 영업에 관한 채무의 변제는 채권자의 현영업소에서 하여야 한다.

제468조 【변제기전의 변제】 당사자의 특별한 의사표시가 없으면 변제기전이라도 채무자는 변제할 수 있다. 그러나 상대방의 손해는 배상하여야 한다.

제469조 【제삼자의 변제】 ① 채무의 변제는 제삼자도 할 수 있다. 그러나 채무의 성질 또는 당사자의 의사표시로 제삼자의 변제를 허용하지 아니하는 때에는 그러하지 아니하다.

② 이해관계없는 제삼자는 채무자의 의사에 반하여 변제하지 못한다.

제470조 【채권의 준점유자에 대한 변제】 채권의 준점유자에 대한 변제는 변제자가 선의이며 과실없는 때에 한하여 효력이 있다.

제471조 【영수증소지자에 대한 변제】 영수증을 소지한 자에 대한 변제는 그 소지자가 변제를 받을 권한이 없는 경우에도 효력이 있다. 그러나 변제자가 그 권한없음을 알았거나 알 수 있었을 경우에는 그러하지 아니하다.

제472조 【권한없는 자에 대한 변제】 전2조의 경우외에 변제받을 권한없는 자에 대한 변제는 채권자가 이익을 받은 한도에서 효력이 있다.

제473조 【변제비용의 부담】 변제비용은 다른 의사표시가 없으면 채무자의 부담으로 한다. 그러나 채권자의 주소이전 기타의 행위로 인하여 변제비용이 증가된 때에는 그 증가액은 채권자의 부담으로 한다.

제474조 【영수증청구권】 변제자는 변제를 받는 자에게 영수증을 청구할 수 있다.

제475조 【채권증서반환청구권】 채권증서가 있는 경우에 변제자가 채무전부를 변제한 때에는 채권증서의 반환을 청구할 수 있다. 채권이 변제 이외의 사유로 전부 소멸한 때에도 같다.

제476조 【지정변제충당】 ① 채무자가 동일한 채권자에 대하여 같은 종류를 목적으로 한 수개의 채무를 부담한 경우에 변제의 제공이 그 채무전부를 소멸하게 하지 못하는 때에는 변제자는 그 당시 어느 채무를 지정하여 그 변제에 충당할 수 있다.

② 변제자가 전항의 지정을 하지 아니할 때에는 변제받는 자는 그 당시 어느 채무를 지정하여 변제에 충당할 수 있다. 그러나 변제자가 그 충당에 대하여 즉시 이의를 한 때에는 그러하지 아니하다.

③ 전2항의 변제충당은 상대방에 대한 의사표시로써 한다.

제477조 【법정변제충당】 당사자가 변제에 충당할 채무를 지정하지 아니한 때에는 다음 각호의 규정에 의한다.

  1. 채무중에 이행기가 도래한 것과 도래하지 아니한 것이 있으면 이행기가 도래한 채무의 변제에 충당한다.
  2. 채무전부의 이행기가 도래하였거나 도래하지 아니한 때에는 채무자에게 변제이익이 많은 채무의 변제에 충당한다.
  3. 채무자에게 변제이익이 같으면 이행기가 먼저 도래한 채무나 먼저 도래할 채무의 변제에 충당한다.
  4. 전2호의 사항이 같은 때에는 그 채무액에 비례하여 각 채무의 변제에 충당한다.

제478조 【부족변제의 충당】 1개의 채무에 수개의 급여를 요할 경우에 변제자가 그 채무전부를 소멸하게 하지 못한 급여를 한 때에는 전2조의 규정을 준용한다.

제479조 【비용, 이자, 원본에 대한 변제충당의 순서】 ① 채무자가 1개 또는 수개의 채무의 비용 및 이자를 지급할 경우에 변제자가 그 전부를 소멸하게 하지 못한 급여를 한 때에는 비용, 이자, 원본의 순서로 변제에 충당하여야 한다.

② 전항의 경우에 제477조의 규정을 준용한다.

제480조【변제자의 임의대위】 ① 채무자를 위하여 변제한 자는 변제와 동시에 채권자의 승낙을 얻어 채권자를 대위할 수 있다.

② 전항의 경우에 제450조 내지 제452조의 규정을 준용한다.

제481조【변제자의 법정대위】 변제할 정당한 이익이 있는 자는 변제로 당연히 채권자를 대위한다.

제482조【변제자대위의 효과, 대위자간의 관계】 ① 전2조의 규정에 의하여 채권자를 대위한 자는 자기의 권리에 의하여 구상할 수 있는 범위에서 채권 및 그 담보에 관한 권리를 행사할 수 있다.

② 전항의 권리행사는 다음 각호의 규정에 의하여야 한다.

　1. 보증인은 미리 전세권이나 저당권의 등기에 그 대위를 부기하지 아니하면 전세물이나 저당물에 권리를 취득한 제삼자에 대하여 채권자를 대위하지 못한다.

　2. 제삼취득자는 보증인에 대하여 채권자를 대위하지 못한다.

　3. 제삼취득자 중의 1인은 각 부동산의 가액에 비례하여 다른 제삼취득자에 대하여 채권자를 대위한다.

　4. 자기의 재산을 타인의 채무의 담보로 제공한 자가 수인인 경우에는 전호의 규정을 준용한다.

　5. 자기의 재산을 타인의 채무의 담보로 제공한 자와 보증인간에는 그 인원수에 비례하여 채권자를 대위한다. 그러나 자기의 재산을 타인의 채무의 담보로 제공한 자가 수인인 때에는 보증인의 부담부분을 제외하고 그 잔액에 대하여 각 재산의 가액에 비례하여 대위한다. 이 경우에 그 재산이 부동산인 때에는 제1호의 규정을 준용한다.

제483조【일부의 대위】 ① 채권의 일부에 대하여 대위변제가 있는 때에는 대위자는 그 변제한 가액에 비례하여 채권자와 함께 그 권리를 행사한다.

② 전항의 경우에 채무불이행을 원인으로 하는 계약의 해지 또는 해제는 채권자만이 할 수 있고 채권자는 대위자에게 그 변제한 가액과 이자를 상환하여야 한다.

제484조【대위변제와 채권증서, 담보물】 ① 채권전부의 대위변제를 받은 채권자는 그 채권에 관한 증서 및 점유한 담보물을 대위자에게 교부하여야 한다.

② 채권의 일부에 대한 대위변제가 있는 때에는 채권자는 채권증서에 그 대위를 기입하고 자기가 점유한 담보물의 보존에 관하여 대위자의 감독을 받아야 한다.

제485조【채권자의 담보상실, 감소행위와 법정대위자의 면책】 제481조의 규정에 의하여 대위할 자가 있는 경우에 채권자의 고의나 과실로 담보가 상실되거나 감소된 때에는 대위할 자는 그 상실 또는 감소로 인하여 상환을 받을 수 없는 한도에서 그 책임을 면한다.

제486조【변제 이외의 방법에 의한 채무소멸과 대위】 제삼자가 공탁 기타 자기의 출재로 채무자의 채무를 면하게 한 경우에도 전6조의 규정을 준용한다.

제2관 공탁

제487조【변제공탁의 요건, 효과】 채권자가 변제를 받지 아니하거나 받을 수 없는 때에는 변제자는 채권자를 위하여 변제의 목적물을 공탁하여 그 채무를 면할 수 있다. 변제자가 과실없이 채권자를 알 수 없는 경우에도 같다.

제488조【공탁의 방법】 ① 공탁은 채무이행지의 공탁소에 하여야 한다.

② 공탁소에 관하여 법률에 특별한 규정이 없으면 법원은 변제자의 청구에 의하여 공탁소를 지정하고 공탁물보관자를 선임하여야 한다.

③ 공탁자는 지체없이 채권자에게 공탁통지를 하여야 한다.

제489조【공탁물의 회수】 ① 채권자가 공탁을 승인하거나 공탁소에 대하여 공탁물을 받기를 통고하거나 공탁유효의 판결이 확정되기까지는 변제자는 공탁물을 회수할 수 있다. 이 경우에는 공탁하지 아니한 것으로 본다.

② 전항의 규정은 질권 또는 저당권이 공탁으로 인하여 소멸한 때에는 적용하지 아니한다.

제490조【자조매각금의 공탁】변제의 목적물이 공탁에 적당하지 아니하거나 멸실 또는 훼손될 염려가 있거나 공탁에 과다한 비용을 요하는 경우에는 변제자는 법원의 허가를 얻어 그 물건을 경매하거나 시가로 방매하여 대금을 공탁할 수 있다.

제491조【공탁물수령과 상대의무이행】채무자가 채권자의 상대의무이행과 동시에 변제할 경우에는 채권자는 그 의무이행을 하지 아니하면 공탁물을 수령하지 못한다.

제3관 상계

제492조【상계의 요건】① 쌍방이 서로 같은 종류를 목적으로 한 채무를 부담한 경우에 그 쌍방의 채무의 이행기가 도래한 때에는 각 채무자는 대등액에 관하여 상계할 수 있다. 그러나 채무의 성질이 상계를 허용하지 아니할 때에는 그러하지 아니하다.
② 전항의 규정은 당사자가 다른 의사를 표시한 경우에는 적용하지 아니한다. 그러나 그 의사표시로써 선의의 제삼자에게 대항하지 못한다.

제493조【상계의 방법, 효과】① 상계는 상대방에 대한 의사표시로 한다. 이 의사표시에는 조건 또는 기한을 붙이지 못한다.
② 상계의 의사표시는 각 채무가 상계할 수 있는 때에 대등액에 관하여 소멸한 것으로 본다.

제494조【이행지를 달리하는 채무의 상계】각 채무의 이행지가 다른 경우에도 상계할 수 있다. 그러나 상계하는 당사자는 상대방에게 상계로 인한 손해를 배상하여야 한다.

제495조【소멸시효완성된 채권에 의한 상계】소멸시효가 완성된 채권이 그 완성전에 상계할 수 있었던 것이면 그 채권자는 상계할 수 있다.

제496조【불법행위채권을 수동채권으로 하는 상계의 금지】채무가 고의의 불법행위로 인한 것인 때에는 그 채무자는 상계로 채권자에게 대항하지 못한다.

제497조【압류금지채권을 수동채권으로 하는 상계의 금지】채권이 압류하지 못할 것인 때에는 그 채무자는 상계로 채권자에게 대항하지 못한다.

제498조【지급금지채권을 수동채권으로 하는 상계의 금지】지급을 금지하는 명령을 받은 제삼채무자는 그 후에 취득한 채권에 의한 상계로 그 명령을 신청한 채권자에게 대항하지 못한다.

제499조【준용규정】제476조 내지 제479조의 규정은 상계에 준용한다.

제4관 경개

제500조【경개의 요건, 효과】당사자가 채무의 중요한 부분을 변경하는 계약을 한 때에는 구채무는 경개로 인하여 소멸한다.

제501조【채무자변경으로 인한 경개】채무자의 변경으로 인한 경개는 채권자와 신채무자간의 계약으로 이를 할 수 있다. 그러나 구채무자의 의사에 반하여 이를 하지 못한다.

제502조【채권자변경으로 인한 경개】채권자의 변경으로 인한 경개는 확정일자있는 증서로 하지 아니하면 이로써 제삼자에게 대항하지 못한다.

제503조【채권자변경의 경개와 채무자승낙의 효과】제451조제1항의 규정은 채권자의 변경으로 인한 경개에 준용한다.

제504조【구채무불소멸의 경우】경개로 인한 신채무가 원인의 불법 또는 당사자가 알지 못한 사유로 인하여 성립되지 아니하거나 취소된 때에는 구채무는 소멸되지 아니한다.

제505조【신채무에의 담보이전】경개의 당사자는 구채무의 담보를 그 목적의 한도에서 신채무의 담보로 할 수 있다. 그러나 제삼자가 제공한 담보는 그 승낙을 얻어야 한다.

제5관 면제

제506조【면제의 요건, 효과】채권자가 채무자에게 채무를 면제하는 의사를 표시한 때에는 채권은 소멸한다. 그러나 면제로써 정당한 이익을 가진 제삼자에게 대항하지 못한다.

제6관 혼동

제507조【혼동의 요건, 효과】채권과 채무가 동일한 주체에 귀속한 때에는 채권은 소멸한다. 그러나 그 채권이 제삼자의 권리의 목적인 때에는 그러하지 아니하다.

제7절 지시채권

제508조【지시채권의 양도방식】 지시채권은 그 증서에 배서하여 양수인에게 교부하는 방식으로 양도할 수 있다.

제509조【환배서】 ① 지시채권은 그 채무자에 대하여도 배서하여 양도할 수 있다.

② 배서로 지시채권을 양수한 채무자는 다시 배서하여 이를 양도할 수 있다.

제510조【배서의 방식】 ① 배서는 증서 또는 그 보충지에 그 뜻을 기재하고 배서인이 서명 또는 기명날인함으로써 이를 한다.

② 배서는 피배서인을 지정하지 아니하고 할 수 있으며 또 배서인의 서명 또는 기명날인만으로 할 수 있다.

제511조【약식배서의 처리방식】 배서가 전조제2항의 약식에 의한 때에는 소지인은 다음 각호의 방식으로 처리할 수 있다.

1. 자기나 타인의 명칭을 피배서인으로 기재할 수 있다.

2. 약식으로 또는 타인을 피배서인으로 표시하여 다시 증서에 배서할 수 있다.

3. 피배서인을 기재하지 아니하고 배서없이 증서를 제삼자에게 교부하여 양도할 수 있다.

제512조【소지인출급배서의 효력】 소지인출급의 배서는 약식배서와 같은 효력이 있다.

제513조【배서의 자격수여력】 ① 증서의 점유자가 배서의 연속으로 그 권리를 증명하는 때에는 적법한 소지인으로 본다. 최후의 배서가 약식인 경우에도 같다.

② 약식배서 다음에 다른 배서가 있으면 그 배서인은 약식배서로 증서를 취득한 것으로 본다.

③ 말소된 배서는 배서의 연속에 관하여 그 기재가 없는 것으로 본다.

제514조【동전－선의취득】 누구든지 증서의 적법한 소지인에 대하여 그 반환을 청구하지 못한다. 그러나 소지인이 취득한 때에 양도인이 권리없음을 알았거나 중대한 과실로 알지 못한 때에는 그러하지 아니하다.

제515조【이전배서와 인적항변】 지시채권의 채무자는 소지인의 전자에 대한 인적관계의 항변으로 소지인에게 대항하지 못한다. 그러나 소지인이 그 채무자를 해함을 알고 지시채권을 취득한 때에는 그러하지 아니하다.

제516조【변제의 장소】 증서에 변제장소를 정하지 아니한 때에는 채무자의 현영업소를 변제장소로 한다. 영업소가 없는 때에는 현주소를 변제장소로 한다.

제517조【증서의 제시와 이행지체】 증서에 변제기한이 있는 경우에도 그 기한이 도래한 후에 소지인이 증서를 제시하여 이행을 청구한 때로부터 채무자는 지체책임이 있다.

제518조【채무자의 조사권리의무】 채무자는 배서의 연속여부를 조사할 의무가 있으며 배서인의 서명 또는 날인의 진위나 소지인의 진위를 조사할 권리는 있으나 의무는 없다. 그러나 채무자가 변제하는 때에 소지인이 권리자아님을 알았거나 중대한 과실로 알지 못한 때에는 그 변제는 무효로 한다.

제519조【변제와 증서교부】 채무자는 증서와 교환하여서만 변제할 의무가 있다.

제520조【영수의 기입청구권】 ① 채무자는 변제하는 때에 소지인에 대하여 증서에 영수를 증명하는 기재를 할 것을 청구할 수 있다.

② 일부변제의 경우에 채무자의 청구가 있으면 채권자는 증서에 그 뜻을 기재하여야 한다.

제521조【공시최고절차에 의한 증서의 실효】 멸실한 증서나 소지인의 점유를 이탈한 증서는 공시최고의 절차에 의하여 무효로 할 수 있다.

제522조【공시최고절차에 의한 공탁, 변제】 공시최고의 신청이 있는 때에는 채무자로 하여금 채무의 목적물을 공탁하게 할 수 있고 소지인이 상당한 담보를 제공하면 변제하게 할 수 있다.

제8절 무기명채권

제523조【무기명채권의 양도방식】 무기명채권은 양수인에게 그 증서를 교부함으로써 양도의 효력이 있다.

제524조【준용규정】 제514조 내지 제522조의 규정은 무기명채권에 준용한다.

제525조 【지명소지인출급채권】 채권자를 지정하고 소지인에게도 변제할 것을 부기한 증서는 무기명채권과 같은 효력이 있다.

제526조 【면책증서】 제516조, 제517조 및 제520조의 규정은 채무자가 증서소지인에게 변제하여 그 책임을 면할 목적으로 발행한 증서에 준용한다.

제2장 계약

제1절 총칙

제1관 계약의 성립

제527조 【계약의 청약의 구속력】 계약의 청약은 이를 철회하지 못한다.

제528조 【승낙기간을 정한 계약의 청약】 ① 승낙의 기간을 정한 계약의 청약은 청약자가 그 기간 내에 승낙의 통지를 받지 못한 때에는 그 효력을 잃는다.
② 승낙의 통지가 전항의 기간후에 도달한 경우에 보통 그 기간내에 도달할 수 있는 발송인 때에는 청약자는 지체없이 상대방에게 그 연착의 통지를 하여야 한다. 그러나 그 도달전에 지연의 통지를 발송한 때에는 그러하지 아니하다.
③ 청약자가 전항의 통지를 하지 아니한 때에는 승낙의 통지는 연착되지 아니한 것으로 본다.

제529조 【승낙기간을 정하지 아니한 계약의 청약】 승낙의 기간을 정하지 아니한 계약의 청약은 청약자가 상당한 기간내에 승낙의 통지를 받지 못한 때에는 그 효력을 잃는다.

제530조 【연착된 승낙의 효력】 전2조의 경우에 연착된 승낙은 청약자가 이를 새 청약으로 볼 수 있다.

제531조 【격지자간의 계약성립시기】 격지자간의 계약은 승낙의 통지를 발송한 때에 성립한다.

제532조 【의사실현에 의한 계약성립】 청약자의 의사표시나 관습에 의하여 승낙의 통지가 필요하지 아니한 경우에는 계약은 승낙의 의사표시로 인정되는 사실이 있는 때에 성립한다.

제533조 【교차청약】 당사자간에 동일한 내용의 청약이 상호교차된 경우에는 양청약이 상대방에게 도달한 때에 계약이 성립한다.

제534조 【변경을 가한 승낙】 승낙자가 청약에 대하여 조건을 붙이거나 변경을 가하여 승낙한 때에는 그 청약의 거절과 동시에 새로 청약한 것으로 본다.

제535조 【계약체결상의 과실】 ① 목적이 불능한 계약을 체결할 때에 그 불능을 알았거나 알 수 있었을 자는 상대방이 그 계약의 유효를 믿었음으로 인하여 받은 손해를 배상하여야 한다. 그러나 그 배상액은 계약이 유효함으로 인하여 생길 이익액을 넘지 못한다.
② 전항의 규정은 상대방이 그 불능을 알았거나 알 수 있었을 경우에는 적용하지 아니한다.

제2관 계약의 효력

제536조 【동시이행의 항변권】 ① 쌍무계약의 당사자 일방은 상대방이 그 채무이행을 제공할 때 까지 자기의 채무이행을 거절할 수 있다. 그러나 상대방의 채무가 변제기에 있지 아니하는 때에는 그러하지 아니하다.
② 당사자 일방이 상대방에게 먼저 이행하여야 할 경우에 상대방의 이행이 곤란할 현저한 사유가 있는 때에는 전항 본문과 같다.

제537조 【채무자위험부담주의】 쌍무계약의 당사자 일방의 채무가 당사자쌍방의 책임없는 사유로 이행할 수 없게 된 때에는 채무자는 상대방의 이행을 청구하지 못한다.

제538조 【채권자귀책사유로 인한 이행불능】 ① 쌍무계약의 당사자 일방의 채무가 채권자의 책임있는 사유로 이행할 수 없게 된 때에는 채무자는 상대방의 이행을 청구할 수 있다. 채권자의 수령지체 중에 당사자쌍방의 책임없는 사유로 이행할 수 없게 된 때에도 같다.
② 전항의 경우에 채무자는 자기의 채무를 면함으로써 이익을 얻은 때에는 이를 채권자에게 상환하여야 한다.

제539조 【제삼자를 위한 계약】 ① 계약에 의하여 당사자 일방이 제삼자에게 이행할 것을 약정한 때에는 그 제삼자는 채무자에게 직접 그 이행을 청구할 수 있다.

② 전항의 경우에 제삼자의 권리는 그 제삼자가 채무자에 대하여 계약의 이익을 받을 의사를 표시한 때에 생긴다.

제540조【채무자의 제삼자에 대한 최고권】 전조의 경우에 채무자는 상당한 기간을 정하여 계약의 이익의 향수여부의 확답을 제삼자에게 최고할 수 있다. 채무자가 그 기간내에 확답을 받지 못한 때에는 제삼자가 계약의 이익을 받을 것을 거절한 것으로 본다.

제541조【제삼자의 권리의 확정】 제539조의 규정에 의하여 제삼자의 권리가 생긴 후에는 당사자는 이를 변경 또는 소멸시키지 못한다.

제542조【채무자의 항변권】 채무자는 제539조의 계약에 기한 항변으로 그 계약의 이익을 받을 제삼자에게 대항할 수 있다.

제3관 계약의 해지, 해제

제543조【해지, 해제권】 ① 계약 또는 법률의 규정에 의하여 당사자의 일방이나 쌍방이 해지 또는 해제의 권리가 있는 때에는 그 해지 또는 해제는 상대방에 대한 의사표시로 한다.
② 전항의 의사표시는 철회하지 못한다.

제544조【이행지체와 해제】 당사자 일방이 그 채무를 이행하지 아니하는 때에는 상대방은 상당한 기간을 정하여 그 이행을 최고하고 그 기간내에 이행하지 아니한 때에는 계약을 해제할 수 있다. 그러나 채무자가 미리 이행하지 아니할 의사를 표시한 경우에는 최고를 요하지 아니한다.

제545조【정기행위와 해제】 계약의 성질 또는 당사자의 의사표시에 의하여 일정한 시일 또는 일정한 기간내에 이행하지 아니하면 계약의 목적을 달성할 수 없을 경우에 당사자 일방이 그 시기에 이행하지 아니한 때에는 상대방은 전조의 최고를 하지 아니하고 계약을 해제할 수 있다.

제546조【이행불능과 해제】 채무자의 책임있는 사유로 이행이 불능하게 된 때에는 채권자는 계약을 해제할 수 있다.

제547조【해지, 해제권의 불가분성】 ① 당사자의 일방 또는 쌍방이 수인인 경우에는 계약의 해지나 해제는 그 전원으로부터 또는 전원에 대하여 하여야 한다.

② 전항의 경우에 해지나 해제의 권리가 당사자 1인에 대하여 소멸한 때에는 다른 당사자에 대하여도 소멸한다.

제548조【해제의 효과, 원상회복의무】 ① 당사자 일방이 계약을 해제한 때에는 각 당사자는 그 상대방에 대하여 원상회복의 의무가 있다. 그러나 제삼자의 권리를 해하지 못한다.
② 전항의 경우에 반환할 금전에는 그 받은 날로부터 이자를 가하여야 한다.

제549조【원상회복의무와 동시이행】 제536조의 규정은 전조의 경우에 준용한다.

제550조【해지의 효과】 당사자 일방이 계약을 해지한 때에는 계약은 장래에 대하여 그 효력을 잃는다.

제551조【해지, 해제와 손해배상】 계약의 해지 또는 해제는 손해배상의 청구에 영향을 미치지 아니한다.

제552조【해제권행사여부의 최고권】 ① 해제권의 행사의 기간을 정하지 아니한 때에는 상대방은 상당한 기간을 정하여 해제권행사여부의 확답을 해제권자에게 최고할 수 있다.
② 전항의 기간내에 해제의 통지를 받지 못한 때에는 해제권은 소멸한다.

제553조【훼손 등으로 인한 해제권의 소멸】 해제권자의 고의나 과실로 인하여 계약의 목적물이 현저히 훼손되거나 이를 반환할 수 없게 된 때 또는 가공이나 개조로 인하여 다른 종류의 물건으로 변경된 때에는 해제권은 소멸한다.

제2절 증여

제554조【증여의 의의】 증여는 당사자 일방이 무상으로 재산을 상대방에 수여하는 의사를 표시하고 상대방이 이를 승낙함으로써 그 효력이 생긴다.

제555조【서면에 의하지 아니한 증여와 해제】 증여의 의사가 서면으로 표시되지 아니한 경우에는 각 당사자는 이를 해제할 수 있다.

제556조【수증자의 행위와 증여의 해제】 ① 수증자가 증여자에 대하여 다음 각호의 사유가 있는 때에는 증여자는 그 증여를 해제할 수 있다.
1. 증여자 또는 그 배우자나 직계혈족에 대한 범죄행위가 있는 때

2. 증여자에 대하여 부양의무있는 경우에 이를 이행하지 아니하는 때

② 전항의 해제권은 해제원인있음을 안 날로부터 6월을 경과하거나 증여자가 수증자에 대하여 용서의 의사를 표시한 때에는 소멸한다.

제557조【증여자의 재산상태변경과 증여의 해제】증여계약후에 증여자의 재산상태가 현저히 변경되고 그 이행으로 인하여 생계에 중대한 영향을 미칠 경우에는 증여자는 증여를 해제할 수 있다.

제558조【해제와 이행완료부분】전3조의 규정에 의한 계약의 해제는 이미 이행한 부분에 대하여는 영향을 미치지 아니한다.

제559조【증여자의 담보책임】① 증여자는 증여의 목적인 물건 또는 권리의 하자나 흠결에 대하여 책임을 지지 아니한다. 그러나 증여자가 그 하자나 흠결을 알고 수증자에게 고지하지 아니한 때에는 그러하지 아니하다.

② 상대부담있는 증여에 대하여는 증여자는 그 부담의 한도에서 매도인과 같은 담보의 책임이 있다.

제560조【정기증여와 사망으로 인한 실효】정기의 급여를 목적으로 한 증여는 증여자 또는 수증자의 사망으로 인하여 그 효력을 잃는다.

제561조【부담부증여】상대부담있는 증여에 대하여는 본절의 규정외에 쌍무계약에 관한 규정을 적용한다.

제562조【사인증여】증여자의 사망으로 인하여 효력이 생길 증여에는 유증에 관한 규정을 준용한다.

제3절 매매
제1관 총칙

제563조【매매의 의의】매매는 당사자 일방이 재산권을 상대방에게 이전할 것을 약정하고 상대방이 그 대금을 지급할 것을 약정함으로써 그 효력이 생긴다.

제564조【매매의 일방예약】① 매매의 일방예약은 상대방이 매매를 완결할 의사를 표시하는 때에 매매의 효력이 생긴다.

② 전항의 의사표시의 기간을 정하지 아니한 때에는 예약자는 상당한 기간을 정하여 매매완결여부의 확답을 상대방에게 최고할 수 있다.

③ 예약자가 전항의 기간내에 확답을 받지 못한 때에는 예약은 그 효력을 잃는다.

제565조【해약금】① 매매의 당사자 일방이 계약당시에 금전 기타 물건을 계약금, 보증금등의 명목으로 상대방에게 교부한 때에는 당사자간에 다른 약정이 없는 한 당사자의 일방이 이행에 착수할 때까지 교부자는 이를 포기하고 수령자는 그 배액을 상환하여 매매계약을 해제할 수 있다.

② 제551조의 규정은 전항의 경우에 이를 적용하지 아니한다.

제566조【매매계약의 비용의 부담】매매계약에 관한 비용은 당사자 쌍방이 균분하여 부담한다.

제567조【유상계약에의 준용】본절의 규정은 매매 이외의 유상계약에 준용한다. 그러나 그 계약의 성질이 이를 허용하지 아니하는 때에는 그러하지 아니하다.

제2관 매매의 효력

제568조【매매의 효력】① 매도인은 매수인에 대하여 매매의 목적이 된 권리를 이전하여야 하며 매수인은 매도인에게 그 대금을 지급하여야 한다.

② 전항의 쌍방의무는 특별한 약정이나 관습이 없으면 동시에 이행하여야 한다.

제569조【타인의 권리의 매매】매매의 목적이 된 권리가 타인에게 속한 경우에는 매도인은 그 권리를 취득하여 매수인에게 이전하여야 한다.

제570조【동전-매도인의 담보책임】전조의 경우에 매도인이 그 권리를 취득하여 매수인에게 이전할 수 없는 때에는 매수인은 계약을 해제할 수 있다. 그러나 매수인이 계약당시 그 권리가 매도인에게 속하지 아니함을 안 때에는 손해배상을 청구하지 못한다.

제571조【동전-선의의 매도인의 담보책임】① 매도인이 계약당시에 매매의 목적이 된 권리가 자기에게 속하지 아니함을 알지 못한 경우에 그 권리를 취득하여 매수인에게 이전할 수 없는 때에는 매도인은 손해를 배상하고 계약을 해제할 수 있다.

② 전항의 경우에 매수인이 계약당시 그 권리가 매도인에게 속하지 아니함을 안 때에는 매도인은 매수인에 대하여 그 권리를 이전할 수 없음을 통지하고 계약을 해제할 수 있다.

제572조 【권리의 일부가 타인에게 속한 경우와 매도인의 담보책임】 ① 매매의 목적이 된 권리의 일부가 타인에게 속함으로 인하여 매도인이 그 권리를 취득하여 매수인에게 이전할 수 없는 때에는 매수인은 그 부분의 비율로 대금의 감액을 청구할 수 있다.
② 전항의 경우에 잔존한 부분만이면 매수인이 이를 매수하지 아니하였을 때에는 선의의 매수인은 계약전부를 해제할 수 있다.
③ 선의의 매수인은 감액청구 또는 계약해제외에 손해배상을 청구할 수 있다.

제573조 【전조의 권리행사의 기간】 전조의 권리는 매수인이 선의인 경우에는 사실을 안 날로부터, 악의인 경우에는 계약한 날로부터 1년내에 행사하여야 한다.

제574조 【수량부족, 일부멸실의 경우와 매도인의 담보책임】 전2조의 규정은 수량을 지정한 매매의 목적물이 부족되는 경우와 매매목적물의 일부가 계약당시에 이미 멸실된 경우에 매수인이 그 부족 또는 멸실을 알지 못한 때에 준용한다.

제575조 【제한물권있는 경우와 매도인의 담보책임】 ① 매매의 목적물이 지상권, 지역권, 전세권, 질권 또는 유치권의 목적이 된 경우에 매수인이 이를 알지 못한 때에는 이로 인하여 계약의 목적을 달성할 수 없는 경우에 한하여 매수인은 계약을 해제할 수 있다. 기타의 경우에는 손해배상만을 청구할 수 있다.
② 전항의 규정은 매매의 목적이 된 부동산을 위하여 존재할 지역권이 없거나 그 부동산에 등기된 임대차계약이 있는 경우에 준용한다.
③ 전2항의 권리는 매수인이 그 사실을 안 날로부터 1년내에 행사하여야 한다.

제576조 【저당권, 전세권의 행사와 매도인의 담보책임】 ① 매매의 목적이 된 부동산에 설정된 저당권 또는 전세권의 행사로 인하여 매수인이 그 소유권을 취득할 수 없거나 취득한 소유권을 잃은 때에는 매수인은 계약을 해제할 수 있다.
② 전항의 경우에 매수인의 출재로 그 소유권을 보존한 때에는 매도인에 대하여 그 상환을 청구할 수 있다.
③ 전2항의 경우에 매수인이 손해를 받은 때에는 그 배상을 청구할 수 있다.

제577조 【저당권의 목적이 된 지상권, 전세권의 매매와 매도인의 담보책임】 전조의 규정은 저당권의 목적이 된 지상권 또는 전세권이 매매의 목적이 된 경우에 준용한다.

제578조 【경매와 매도인의 담보책임】 ① 경매의 경우에는 경락인은 전8조의 규정에 의하여 채무자에게 계약의 해제 또는 대금감액의 청구를 할 수 있다.
② 전항의 경우에 채무자가 자력이 없는 때에는 경락인은 대금의 배당을 받은 채권자에 대하여 그 대금 전부나 일부의 반환을 청구할 수 있다.
③ 전2항의 경우에 채무자가 물건 또는 권리의 흠결을 알고 고지하지 아니하거나 채권자가 이를 알고 경매를 청구한 때에는 경락인은 그 흠결을 안 채무자나 채권자에 대하여 손해배상을 청구할 수 있다.

제579조 【채권매매와 매도인의 담보책임】 ① 채권의 매도인이 채무자의 자력을 담보한 때에는 매매계약당시의 자력을 담보한 것으로 추정한다.
② 변제기에 도달하지 아니한 채권의 매도인이 채무자의 자력을 담보한 때에는 변제기의 자력을 담보한 것으로 추정한다.

제580조 【매도인의 하자담보책임】 ① 매매의 목적물에 하자가 있는 때에는 제575조제1항의 규정을 준용한다. 그러나 매수인이 하자있는 것을 알았거나 과실로 인하여 이를 알지 못한 때에는 그러하지 아니하다.
② 전항의 규정은 경매의 경우에 적용하지 아니한다.

제581조 【종류매매와 매도인의 담보책임】 ① 매매의 목적물을 종류로 지정한 경우에도 그 후 특정된 목적물에 하자가 있는 때에는 전조의 규정을 준용한다.
② 전항의 경우에 매수인은 계약의 해제 또는 손해배상의 청구를 하지 아니하고 하자없는 물건을 청구할 수 있다.

제582조 【전2조의 권리행사기간】 전2조에 의한 권리는 매수인이 그 사실을 안 날로부터 6월내에 행사하여야 한다.

제583조 【담보책임과 동시이행】 제536조의 규정은 제572조 내지 제575조, 제580조 및 제581조의 경우에 준용한다.

제584조【담보책임면제의 특약】 매도인은 전15조에 의한 담보책임을 면하는 특약을 한 경우에도 매도인이 알고 고지하지 아니한 사실 및 제삼자에게 권리를 설정 또는 양도한 행위에 대하여는 책임을 면하지 못한다.

제585조【동일기한의 추정】 매매의 당사자 일방에 대한 의무이행의 기한이 있는 때에는 상대방의 의무이행에 대하여도 동일한 기한이 있는 것으로 추정한다.

제586조【대금지급장소】 매매의 목적물의 인도와 동시에 대금을 지급할 경우에는 그 인도장소에서 이를 지급하여야 한다.

제587조【과실의 귀속, 대금의 이자】 매매계약있은 후에도 인도하지 아니한 목적물로부터 생긴 과실은 매도인에게 속한다. 매수인은 목적물의 인도를 받은 날로부터 대금의 이자를 지급하여야 한다. 그러나 대금의 지급에 대하여 기한이 있는 때에는 그러하지 아니하다.

제588조【권리주장자가 있는 경우와 대금지급거절권】 매매의 목적물에 대하여 권리를 주장하는 자가 있는 경우에 매수인이 매수한 권리의 전부나 일부를 잃을 염려가 있는 때에는 매수인은 그 위험의 한도에서 대금의 전부나 일부의 지급을 거절할 수 있다. 그러나 매도인이 상당한 담보를 제공한 때에는 그러하지 아니하다.

제589조【대금공탁청구권】 전조의 경우에 매도인은 매수인에 대하여 대금의 공탁을 청구할 수 있다.

제3관 환매

제590조【환매의 의의】 ① 매도인이 매매계약과 동시에 환매할 권리를 보류한 때에는 그 영수한 대금 및 매수인이 부담한 매매비용을 반환하고 그 목적물을 환매할 수 있다.

② 전항의 환매대금에 관하여 특별한 약정이 있으면 그 약정에 의한다.

③ 전2항의 경우에 목적물의 과실과 대금의 이자는 특별한 약정이 없으면 이를 상계한 것으로 본다.

제591조【환매기간】 ① 환매기간은 부동산은 5년, 동산은 3년을 넘지 못한다. 약정기간이 이를 넘는 때에는 부동산은 5년, 동산은 3년으로 단축한다.

② 환매기간을 정한 때에는 다시 이를 연장하지 못한다.

③ 환매기간을 정하지 아니한 때에는 그 기간은 부동산은 5년, 동산은 3년으로 한다.

제592조【환매등기】 매매의 목적물이 부동산인 경우에 매매등기와 동시에 환매권의 보류를 등기한 때에는 제삼자에 대하여 그 효력이 있다.

제593조【환매권의 대위행사와 매수인의 권리】 매도인의 채권자가 매도인을 대위하여 환매하고자 하는 때에는 매수인은 법원이 선정한 감정인의 평가액에서 매도인이 반환할 금액을 공제한 잔액으로 매도인의 채무를 변제하고 잉여액이 있으면 이를 매도인에게 지급하여 환매권을 소멸시킬 수 있다.

제594조【환매의 실행】 ① 매도인은 기간내에 대금과 매매비용을 매수인에게 제공하지 아니하면 환매할 권리를 잃는다.

② 매수인이나 전득자가 목적물에 대하여 비용을 지출한 때에는 매도인은 제203조의 규정에 의하여 이를 상환하여야 한다. 그러나 유익비에 대하여는 법원은 매도인의 청구에 의하여 상당한 상환기간을 허여할 수 있다.

제595조【공유지분의 환매】 공유자의 1인이 환매할 권리를 보류하고 그 지분을 매도한 후 그 목적물의 분할이나 경매가 있는 때에는 매도인은 매수인이 받은 또는 받을 부분이나 대금에 대하여 환매권을 행사할 수 있다. 그러나 매도인에게 통지하지 아니한 매수인은 그 분할이나 경매로써 매도인에게 대항하지 못한다.

제4절 교환

제596조【교환의 의의】 교환은 당사자 쌍방이 금전 이외의 재산권을 상호이전할 것을 약정함으로써 그 효력이 생긴다.

제597조【금전의 보충지급의 경우】 당사자 일방이 전조의 재산권이전과 금전의 보충지급을 약정한 때에는 그 금전에 대하여는 매매대금에 관한 규정을 준용한다.

제5절 소비대차

제598조【소비대차의 의의】 소비대차는 당사자 일방이 금전 기타 대체물의 소유권을 상대방에게 이전할 것을 약정하고 상대방은 그와 같은 종류, 품질 및 수량으로 반환할 것을 약정함으로써 그 효력이 생긴다.

제599조【파산과 소비대차의 실효】 대주가 목적물을 차주에게 인도하기 전에 당사자 일방이 파산선고를 받은 때에는 소비대차는 그 효력을 잃는다.

제600조【이자계산의 시기】 이자있는 소비대차는 차주가 목적물의 인도를 받은 때로부터 이자를 계산하여야 하며 차주가 그 책임있는 사유로 수령을 지체할 때에는 대주가 이행을 제공한 때로부터 이자를 계산하여야 한다.

제601조【무이자소비대차와 해제권】 이자없는 소비대차의 당사자는 목적물의 인도전에는 언제든지 계약을 해제할 수 있다. 그러나 상대방에게 생긴 손해가 있는 때에는 이를 배상하여야 한다.

제602조【대주의 담보책임】 ① 이자있는 소비대차의 목적물에 하자가 있는 경우에는 제580조 내지 제582조의 규정을 준용한다.
② 이자없는 소비대차의 경우에는 차주는 하자있는 물건의 가액으로 반환할 수 있다. 그러나 대주가 그 하자를 알고 차주에게 고지하지 아니한 때에는 전항과 같다.

제603조【반환시기】 ① 차주는 약정시기에 차용물과 같은 종류, 품질 및 수량의 물건을 반환하여야 한다.
② 반환시기의 약정이 없는 때에는 대주는 상당한 기간을 정하여 반환을 최고하여야 한다. 그러나 차주는 언제든지 반환할 수 있다.

제604조【반환불능으로 인한 시가상환】 차주가 차용물과 같은 종류, 품질 및 수량의 물건을 반환할 수 없는 때에는 그때의 시가로 상환하여야 한다. 그러나 제376조 및 제377조제2항의 경우에는 그러하지 아니하다.

제605조【준소비대차】 당사자 쌍방이 소비대차에 의하지 아니하고 금전 기타의 대체물을 지급할 의무가 있는 경우에 당사자가 그 목적물을 소비대차의 목적으로 할 것을 약정한 때에는 소비대차의 효력이 생긴다.

제606조【대물대차】 금전대차의 경우에 차주가 금전에 갈음하여 유가증권 기타 물건의 인도를 받은 때에는 그 인도시의 가액으로써 차용액으로 한다. 〈개정 2014. 12. 30.〉

제607조【대물반환의 예약】 차용물의 반환에 관하여 차주가 차용물에 갈음하여 다른 재산권을 이전할 것을 예약한 경우에는 그 재산의 예약당시의 가액이 차용액 및 이에 붙인 이자의 합산액을 넘지 못한다. 〈개정 2014. 12. 30.〉

제608조【차주에 불이익한 약정의 금지】 전2조의 규정에 위반한 당사자의 약정으로서 차주에 불리한 것은 환매 기타 여하한 명목이라도 그 효력이 없다.

제6절 사용대차

제609조【사용대차의 의의】 사용대차는 당사자 일방이 상대방에게 무상으로 사용, 수익하게 하기 위하여 목적물을 인도할 것을 약정하고 상대방은 이를 사용, 수익한 후 그 물건을 반환할 것을 약정함으로써 그 효력이 생긴다.

제610조【차주의 사용, 수익권】 ① 차주는 계약 또는 그 목적물의 성질에 의하여 정하여진 용법으로 이를 사용, 수익하여야 한다.
② 차주는 대주의 승낙이 없으면 제삼자에게 차용물을 사용, 수익하게 하지 못한다.
③ 차주가 전2항의 규정에 위반한 때에는 대주는 계약을 해지할 수 있다.

제611조【비용의 부담】 ① 차주는 차용물의 통상의 필요비를 부담한다.
② 기타의 비용에 대하여는 제594조제2항의 규정을 준용한다.

제612조【준용규정】 제559조, 제601조의 규정은 사용대차에 준용한다.

제613조【차용물의 반환시기】 ① 차주는 약정시기에 차용물을 반환하여야 한다.
② 시기의 약정이 없는 경우에는 차주는 계약 또는 목적물의 성질에 의한 사용, 수익이 종료한 때에 반환하여야 한다. 그러나 사용, 수익에 족한 기간이 경과한 때에는 대주는 언제든지 계약을 해지할 수 있다.

제614조【차주의 사망, 파산과 해지】차주가 사망하거나 파산선고를 받은 때에는 대주는 계약을 해지할 수 있다.

제615조【차주의 원상회복의무와 철거권】차주가 차용물을 반환하는 때에는 이를 원상에 회복하여야 한다. 이에 부속시킨 물건은 철거할 수 있다.

제616조【공동차주의 연대의무】수인이 공동하여 물건을 차용한 때에는 연대하여 그 의무를 부담한다.

제617조【손해배상, 비용상환청구의 기간】계약 또는 목적물의 성질에 위반한 사용, 수익으로 인하여 생긴 손해배상의 청구와 차주가 지출한 비용의 상환청구는 대주가 물건의 반환을 받은 날로부터 6월 내에 하여야 한다.

제7절 임대차

제618조【임대차의 의의】임대차는 당사자 일방이 상대방에게 목적물을 사용, 수익하게 할 것을 약정하고 상대방이 이에 대하여 차임을 지급할 것을 약정함으로써 그 효력이 생긴다.

제619조【처분능력, 권한없는 자의 할 수 있는 단기임대차】처분의 능력 또는 권한없는 자가 임대차를 하는 경우에는 그 임대차는 다음 각호의 기간을 넘지 못한다.
1. 식목, 채염 또는 석조, 석회조, 연와조 및 이와 유사한 건축을 목적으로 한 토지의 임대차는 10년
2. 기타 토지의 임대차는 5년
3. 건물 기타 공작물의 임대차는 3년
4. 동산의 임대차는 6월

제620조【단기임대차의 갱신】전조의 기간은 갱신할 수 있다. 그러나 그 기간만료전 토지에 대하여는 1년, 건물 기타 공작물에 대하여는 3월, 동산에 대하여는 1월내에 갱신하여야 한다.

제621조【임대차의 등기】① 부동산임차인은 당사자간에 반대약정이 없으면 임대인에 대하여 그 임대차등기절차에 협력할 것을 청구할 수 있다.
② 부동산임대차를 등기한 때에는 그때부터 제삼자에 대하여 효력이 생긴다.

제622조【건물등기있는 차지권의 대항력】① 건물의 소유를 목적으로 한 토지임대차는 이를 등기하지 아니한 경우에도 임차인이 그 지상건물을 등기한 때에는 제삼자에 대하여 임대차의 효력이 생긴다.
② 건물이 임대차기간만료전에 멸실 또는 후폐한 때에는 전항의 효력을 잃는다.

제623조【임대인의 의무】임대인은 목적물을 임차인에게 인도하고 계약존속중 그 사용, 수익에 필요한 상태를 유지하게 할 의무를 부담한다.

제624조【임대인의 보존행위, 인용의무】임대인이 임대물의 보존에 필요한 행위를 하는 때에는 임차인은 이를 거절하지 못한다.

제625조【임차인의 의사에 반하는 보존행위와 해지권】임대인이 임차인의 의사에 반하여 보존행위를 하는 경우에 임차인이 이로 인하여 임차의 목적을 달성할 수 없는 때에는 계약을 해지할 수 있다.

제626조【임차인의 상환청구권】① 임차인이 임차물의 보존에 관한 필요비를 지출한 때에는 임대인에 대하여 그 상환을 청구할 수 있다.
② 임차인이 유익비를 지출한 경우에는 임대인은 임대차종료시에 그 가액의 증가가 현존한 때에 한하여 임차인의 지출한 금액이나 그 증가액을 상환하여야 한다. 이 경우에 법원은 임대인의 청구에 의하여 상당한 상환기간을 허여할 수 있다.

제627조【일부멸실 등과 감액청구, 해지권】① 임차물의 일부가 임차인의 과실없이 멸실 기타 사유로 인하여 사용, 수익할 수 없는 때에는 임차인은 그 부분의 비율에 의한 차임의 감액을 청구할 수 있다.
② 전항의 경우에 그 잔존부분으로 임차의 목적을 달성할 수 없는 때에는 임차인은 계약을 해지할 수 있다.

제628조【차임증감청구권】임대물에 대한 공과부담의 증감 기타 경제사정의 변동으로 인하여 약정한 차임이 상당하지 아니하게 된 때에는 당사자는 장래에 대한 차임의 증감을 청구할 수 있다.

제629조【임차권의 양도, 전대의 제한】① 임차인은 임대인의 동의없이 그 권리를 양도하거나 임차물을 전대하지 못한다.

② 임차인이 전항의 규정에 위반한 때에는 임대인은 계약을 해지할 수 있다.

제630조【전대의 효과】 ① 임차인이 임대인의 동의를 얻어 임차물을 전대한 때에는 전차인은 직접 임대인에 대하여 의무를 부담한다. 이 경우에 전차인은 전대인에 대한 차임의 지급으로써 임대인에게 대항하지 못한다.

② 전항의 규정은 임대인의 임차인에 대한 권리행사에 영향을 미치지 아니한다.

제631조【전차인의 권리의 확정】 임차인이 임대인의 동의를 얻어 임차물을 전대한 경우에는 임대인과 임차인의 합의로 계약을 종료한 때에도 전차인의 권리는 소멸하지 아니한다.

제632조【임차건물의 소부분을 타인에게 사용케 하는 경우】 전3조의 규정은 건물의 임차인이 그 건물의 소부분을 타인에게 사용하게 하는 경우에 적용하지 아니한다.

제633조【차임지급의 시기】 차임은 동산, 건물이나 대지에 대하여는 매월말에, 기타 토지에 대하여는 매년말에 지급하여야 한다. 그러나 수확기있는 것에 대하여는 그 수확후 지체없이 지급하여야 한다.

제634조【임차인의 통지의무】 임차물의 수리를 요하거나 임차물에 대하여 권리를 주장하는 자가 있는 때에는 임차인은 지체없이 임대인에게 이를 통지하여야 한다. 그러나 임대인이 이미 이를 안 때에는 그러하지 아니하다.

제635조【기간의 약정없는 임대차의 해지통고】 ① 임대차기간의 약정이 없는 때에는 당사자는 언제든지 계약해지의 통고를 할 수 있다.

② 상대방이 전항의 통고를 받은 날로부터 다음 각호의 기간이 경과하면 해지의 효력이 생긴다.

  1. 토지, 건물 기타 공작물에 대하여는 임대인이 해지를 통고한 경우에는 6월, 임차인이 해지를 통고한 경우에는 1월

  2. 동산에 대하여는 5일

제636조【기간의 약정있는 임대차의 해지통고】 임대차기간의 약정이 있는 경우에도 당사자일방 또는 쌍방이 그 기간내에 해지할 권리를 보류한 때에는 전조의 규정을 준용한다.

제637조【임차인의 파산과 해지통고】 ① 임차인이 파산선고를 받은 경우에는 임대차기간의 약정이 있는 때에도 임대인 또는 파산관재인은 제635조의 규정에 의하여 계약해지의 통고를 할 수 있다.

② 전항의 경우에 각 당사자는 상대방에 대하여 계약해지로 인하여 생긴 손해의 배상을 청구하지 못한다.

제638조【해지통고의 전차인에 대한 통지】 ① 임대차계약이 해지의 통고로 인하여 종료된 경우에 그 임대물이 적법하게 전대되었을 때에는 임대인은 전차인에 대하여 그 사유를 통지하지 아니하면 해지로써 전차인에게 대항하지 못한다.

② 전차인이 전항의 통지를 받은 때에는 제635조제2항의 규정을 준용한다.

제639조【묵시의 갱신】 ① 임대차기간이 만료한 후 임차인이 임차물의 사용, 수익을 계속하는 경우에 임대인이 상당한 기간내에 이의를 하지 아니한 때에는 전임대차와 동일한 조건으로 다시 임대차한 것으로 본다. 그러나 당사자는 제635조의 규정에 의하여 해지의 통고를 할 수 있다.

② 전항의 경우에 전임대차에 대하여 제삼자가 제공한 담보는 기간의 만료로 인하여 소멸한다.

제640조【차임연체와 해지】 건물 기타 공작물의 임대차에는 임차인의 차임연체액이 2기의 차임액에 달하는 때에는 임대인은 계약을 해지할 수 있다.

제641조【동전】 건물 기타 공작물의 소유 또는 식목, 채염, 목축을 목적으로 한 토지임대차의 경우에도 전조의 규정을 준용한다.

제642조【토지임대차의 해지와 지상건물 등에 대한 담보물권자에의 통지】 전조의 경우에 그 지상에 있는 건물 기타 공작물이 담보물권의 목적이 된 때에는 제288조의 규정을 준용한다.

제643조【임차인의 갱신청구권, 매수청구권】 건물 기타 공작물의 소유 또는 식목, 채염, 목축을 목적으로 한 토지임대차의 기간이 만료한 경우에 건물, 수목 기타 지상시설이 현존한 때에는 제283조의 규정을 준용한다.

제644조【전차인의 임대청구권, 매수청구권】 ① 건물 기타 공작물의 소유 또는 식목, 채염, 목축을 목적

으로 한 토지임차인이 적법하게 그 토지를 전대한 경우에 임대차 및 전대차의 기간이 동시에 만료되고 건물, 수목 기타 지상시설이 현존한 때에는 전차인은 임대인에 대하여 전전대차와 동일한 조건으로 임대할 것을 청구할 수 있다.

② 전항의 경우에 임대인이 임대할 것을 원하지 아니하는 때에는 제283조제2항의 규정을 준용한다.

제645조【지상권목적토지의 임차인의 임대청구권, 매수청구권】 전조의 규정은 지상권자가 그 토지를 임대한 경우에 준용한다.

제646조【임차인의 부속물매수청구권】 ① 건물 기타 공작물의 임차인이 그 사용의 편익을 위하여 임대인의 동의를 얻어 이에 부속한 물건이 있는 때에는 임대차의 종료시에 임대인에 대하여 그 부속물의 매수를 청구할 수 있다.

② 임대인으로부터 매수한 부속물에 대하여도 전항과 같다.

제647조【전차인의 부속물매수청구권】 ① 건물 기타 공작물의 임차인이 적법하게 전대한 경우에 전차인이 그 사용의 편익을 위하여 임대인의 동의를 얻어 이에 부속한 물건이 있는 때에는 전대차의 종료시에 임대인에 대하여 그 부속물의 매수를 청구할 수 있다.

② 임대인으로부터 매수하였거나 그 동의를 얻어 임차인으로부터 매수한 부속물에 대하여도 전항과 같다.

제648조【임차지의 부속물, 과실 등에 대한 법정질권】 토지임대인이 임대차에 관한 채권에 의하여 임차지에 부속 또는 그 사용의 편익에 공용한 임차인의 소유동산 및 그 토지의 과실을 압류한 때에는 질권과 동일한 효력이 있다.

제649조【임차지상의 건물에 대한 법정저당권】 토지임대인이 변제기를 경과한 최후 2년의 차임채권에 의하여 그 지상에 있는 임차인소유의 건물을 압류한 때에는 저당권과 동일한 효력이 있다.

제650조【임차건물등의 부속물에 대한 법정질권】 건물 기타 공작물의 임대인이 임대차에 관한 채권에 의하여 그 건물 기타 공작물에 부속한 임차인소유의 동산을 압류한 때에는 질권과 동일한 효력이 있다.

제651조 삭제 〈2016. 1. 6.〉

[2016. 1. 6. 법률 제13710호에 의하여 2013. 12. 26. 헌법재판소에서 위헌결정 된 이 조를 삭제함.]

제652조【강행규정】 제627조, 제628조, 제631조, 제635조, 제638조, 제640조, 제641조, 제643조 내지 제647조의 규정에 위반하는 약정으로 임차인이나 전차인에게 불리한 것은 그 효력이 없다.

제653조【일시사용을 위한 임대차의 특례】 제628조, 제638조, 제640조, 제646조 내지 제648조, 제650조 및 전조의 규정은 일시사용하기 위한 임대차 또는 전대차인 것이 명백한 경우에는 적용하지 아니한다.

제654조【준용규정】 제610조제1항, 제615조 내지 제617조의 규정은 임대차에 이를 준용한다.

제8절 고용

제655조【고용의 의의】 고용은 당사자 일방이 상대방에 대하여 노무를 제공할 것을 약정하고 상대방이 이에 대하여 보수를 지급할 것을 약정함으로써 그 효력이 생긴다.

제656조【보수액과 그 지급시기】 ① 보수 또는 보수액의 약정이 없는 때에는 관습에 의하여 지급하여야 한다.

② 보수는 약정한 시기에 지급하여야 하며 시기의 약정이 없으면 관습에 의하고 관습이 없으면 약정한 노무를 종료한 후 지체없이 지급하여야 한다.

제657조【권리의무의 전속성】 ① 사용자는 노무자의 동의없이 그 권리를 제삼자에게 양도하지 못한다.

② 노무자는 사용자의 동의없이 제삼자로 하여금 자기에 갈음하여 노무를 제공하게 하지 못한다. 〈개정 2014. 12. 30.〉

③ 당사자 일방이 전2항의 규정에 위반한 때에는 상대방은 계약을 해지할 수 있다.

제658조【노무의 내용과 해지권】 ① 사용자가 노무자에 대하여 약정하지 아니한 노무의 제공을 요구한 때에는 노무자는 계약을 해지할 수 있다.

② 약정한 노무가 특수한 기능을 요하는 경우에 노무자가 그 기능이 없는 때에는 사용자는 계약을 해지할 수 있다.

제659조【3년 이상의 경과와 해지통고권】 ① 고용의 약정기간이 3년을 넘거나 당사자의 일방 또는 제삼자의 종신까지로 된 때에는 각 당사자는 3년을 경과한 후 언제든지 계약해지의 통고를 할 수 있다.
② 전항의 경우에는 상대방이 해지의 통고를 받은 날로부터 3월이 경과하면 해지의 효력이 생긴다.

제660조【기간의 약정이 없는 고용의 해지통고】 ① 고용기간의 약정이 없는 때에는 당사자는 언제든지 계약해지의 통고를 할 수 있다.
② 전항의 경우에는 상대방이 해지의 통고를 받은 날로부터 1월이 경과하면 해지의 효력이 생긴다.
③ 기간으로 보수를 정한 때에는 상대방이 해지의 통고를 받은 당기후의 일기를 경과함으로써 해지의 효력이 생긴다.

제661조【부득이한 사유와 해지권】 고용기간의 약정이 있는 경우에도 부득이한 사유있는 때에는 각 당사자는 계약을 해지할 수 있다. 그러나 그 사유가 당사자 일방의 과실로 인하여 생긴 때에는 상대방에 대하여 손해를 배상하여야 한다.

제662조【묵시의 갱신】 ① 고용기간이 만료한 후 노무자가 계속하여 그 노무를 제공하는 경우에 사용자가 상당한 기간내에 이의를 하지 아니한 때에는 전고용과 동일한 조건으로 다시 고용한 것으로 본다. 그러나 당사자는 제660조의 규정에 의하여 해지의 통고를 할 수 있다.
② 전항의 경우에는 전고용에 대하여 제삼자가 제공한 담보는 기간의 만료로 인하여 소멸한다.

제663조【사용자파산과 해지통고】 ① 사용자가 파산선고를 받은 경우에는 고용기간의 약정이 있는 때에도 노무자 또는 파산관재인은 계약을 해지할 수 있다.
② 전항의 경우에는 각 당사자는 계약해지로 인한 손해의 배상을 청구하지 못한다.

제9절 도급

제664조【도급의 의의】 도급은 당사자 일방이 어느 일을 완성할 것을 약정하고 상대방이 그 일의 결과에 대하여 보수를 지급할 것을 약정함으로써 그 효력이 생긴다.

제665조【보수의 지급시기】 ① 보수는 그 완성된 목적물의 인도와 동시에 지급하여야 한다. 그러나 목적물의 인도를 요하지 아니하는 경우에는 그 일을 완성한 후 지체없이 지급하여야 한다.
② 전항의 보수에 관하여는 제656조제2항의 규정을 준용한다.

제666조【수급인의 목적부동산에 대한 저당권설정청구권】 부동산공사의 수급인은 전조의 보수에 관한 채권을 담보하기 위하여 그 부동산을 목적으로 한 저당권의 설정을 청구할 수 있다.

제667조【수급인의 담보책임】 ① 완성된 목적물 또는 완성전의 성취된 부분에 하자가 있는 때에는 도급인은 수급인에 대하여 상당한 기간을 정하여 그 하자의 보수를 청구할 수 있다. 그러나 하자가 중요하지 아니한 경우에 그 보수에 과다한 비용을 요할 때에는 그러하지 아니하다.
② 도급인은 하자의 보수에 갈음하여 또는 보수와 함께 손해배상을 청구할 수 있다. 〈개정 2014. 12. 30.〉
③ 전항의 경우에는 제536조의 규정을 준용한다.

제668조【동전-도급인의 해제권】 도급인이 완성된 목적물의 하자로 인하여 계약의 목적을 달성할 수 없는 때에는 계약을 해제할 수 있다. 그러나 건물 기타 토지의 공작물에 대하여는 그러하지 아니하다.

제669조【동전-하자가 도급인의 제공한 재료 또는 지시에 기인한 경우의 면책】 전2조의 규정은 목적물의 하자가 도급인이 제공한 재료의 성질 또는 도급인의 지시에 기인한 때에는 적용하지 아니한다. 그러나 수급인이 그 재료 또는 지시의 부적당함을 알고 도급인에게 고지하지 아니한 때에는 그러하지 아니하다.

제670조【담보책임의 존속기간】 ① 전3조의 규정에 의한 하자의 보수, 손해배상의 청구 및 계약의 해제는 목적물의 인도를 받은 날로부터 1년내에 하여야 한다.
② 목적물의 인도를 요하지 아니하는 경우에는 전항의 기간은 일의 종료한 날로부터 기산한다.

제671조【수급인의 담보책임-토지, 건물 등에 대한 특칙】 ① 토지, 건물 기타 공작물의 수급인은 목적물 또는 지반공사의 하자에 대하여 인도후 5년간 담보의 책임이 있다. 그러나 목적물이 석조, 석회조, 연

와조, 금속 기타 이와 유사한 재료로 조성된 것인 때에는 그 기간을 10년으로 한다.

② 전항의 하자로 인하여 목적물이 멸실 또는 훼손된 때에는 도급인은 그 멸실 또는 훼손된 날로부터 1년내에 제667조의 권리를 행사하여야 한다.

제672조 【담보책임면제의 특약】 수급인은 제667조, 제668조의 담보책임이 없음을 약정한 경우에도 알고 고지하지 아니한 사실에 대하여는 그 책임을 면하지 못한다.

제673조 【완성전의 도급인의 해제권】 수급인이 일을 완성하기 전에는 도급인은 손해를 배상하고 계약을 해제할 수 있다.

제674조 【도급인의 파산과 해제권】 ① 도급인이 파산 선고를 받은 때에는 수급인 또는 파산관재인은 계약을 해제할 수 있다. 이 경우에는 수급인은 일의 완성된 부분에 대한 보수 및 보수에 포함되지 아니한 비용에 대하여 파산재단의 배당에 가입할 수 있다.

② 전항의 경우에는 각 당사자는 상대방에 대하여 계약해제로 인한 손해의 배상을 청구하지 못한다.

제9절의2 여행계약 〈신설 2015. 2. 3.〉

제674조의2 【여행계약의 의의】 여행계약은 당사자 한쪽이 상대방에게 운송, 숙박, 관광 또는 그 밖의 여행 관련 용역을 결합하여 제공하기로 약정하고 상대방이 그 대금을 지급하기로 약정함으로써 효력이 생긴다.

[본조신설 2015. 2. 3.]

제674조의3 【여행 개시 전의 계약 해제】 여행자는 여행을 시작하기 전에는 언제든지 계약을 해제할 수 있다. 다만, 여행자는 상대방에게 발생한 손해를 배상하여야 한다.

[본조신설 2015. 2. 3.]

제674조의4 【부득이한 사유로 인한 계약 해지】 ① 부득이한 사유가 있는 경우에는 각 당사자는 계약을 해지할 수 있다. 다만, 그 사유가 당사자 한쪽의 과실로 인하여 생긴 경우에는 상대방에게 손해를 배상하여야 한다.

② 제1항에 따라 계약이 해지된 경우에도 계약상 귀환운송(歸還運送) 의무가 있는 여행주최자는 여행자를 귀환운송할 의무가 있다.

③ 제1항의 해지로 인하여 발생하는 추가 비용은 그 해지 사유가 어느 당사자의 사정에 속하는 경우에는 그 당사자가 부담하고, 누구의 사정에도 속하지 아니하는 경우에는 각 당사자가 절반씩 부담한다.

[본조신설 2015. 2. 3.]

제674조의5 【대금의 지급시기】 여행자는 약정한 시기에 대금을 지급하여야 하며, 그 시기의 약정이 없으면 관습에 따르고, 관습이 없으면 여행의 종료 후 지체 없이 지급하여야 한다.

[본조신설 2015. 2. 3.]

제674조의6 【여행주최자의 담보책임】 ① 여행에 하자가 있는 경우에는 여행자는 여행주최자에게 하자의 시정 또는 대금의 감액을 청구할 수 있다. 다만, 그 시정에 지나치게 많은 비용이 들거나 그 밖에 시정을 합리적으로 기대할 수 없는 경우에는 시정을 청구할 수 없다.

② 제1항의 시정 청구는 상당한 기간을 정하여 하여야 한다. 다만, 즉시 시정할 필요가 있는 경우에는 그러하지 아니하다.

③ 여행자는 시정 청구, 감액 청구를 갈음하여 손해배상을 청구하거나 시정 청구, 감액 청구와 함께 손해배상을 청구할 수 있다.

[본조신설 2015. 2. 3.]

제674조의7 【여행주최자의 담보책임과 여행자의 해지권】

① 여행자는 여행에 중대한 하자가 있는 경우에 그 시정이 이루어지지 아니하거나 계약의 내용에 따른 이행을 기대할 수 없는 경우에는 계약을 해지할 수 있다.

② 계약이 해지된 경우에는 여행주최자는 대금청구권을 상실한다. 다만, 여행자가 실행된 여행으로 이익을 얻은 경우에는 그 이익을 여행주최자에게 상환하여야 한다.

③ 여행주최자는 계약의 해지로 인하여 필요하게 된 조치를 할 의무를 지며, 계약상 귀환운송 의무가 있으면 여행자를 귀환운송하여야 한다. 이 경우 상당한 이유가 있는 때에는 여행주최자는 여행자에게 그 비용의 일부를 청구할 수 있다.

[본조신설 2015. 2. 3.]

제674조의8【담보책임의 존속기간】제674조의6과 제674조의7에 따른 권리는 여행 기간 중에도 행사할 수 있으며, 계약에서 정한 여행 종료일부터 6개월 내에 행사하여야 한다.

[본조신설 2015. 2. 3.]

제674조의9【강행규정】제674조의3, 제674조의4 또는 제674조의6부터 제674조의8까지의 규정을 위반하는 약정으로서 여행자에게 불리한 것은 효력이 없다.

[본조신설 2015. 2. 3.]

제10절 현상광고

제675조【현상광고의 의의】현상광고는 광고자가 어느 행위를 한 자에게 일정한 보수를 지급할 의사를 표시하고 이에 응한 자가 그 광고에 정한 행위를 완료함으로써 그 효력이 생긴다.

제676조【보수수령권자】① 광고에 정한 행위를 완료한 자가 수인인 경우에는 먼저 그 행위를 완료한 자가 보수를 받을 권리가 있다.

② 수인이 동시에 완료한 경우에는 각각 균등한 비율로 보수를 받을 권리가 있다. 그러나 보수가 그 성질상 분할할 수 없거나 광고에 1인만이 보수를 받을 것으로 정한 때에는 추첨에 의하여 결정한다.

제677조【광고부지의 행위】전조의 규정은 광고있음을 알지 못하고 광고에 정한 행위를 완료한 경우에 준용한다.

제678조【우수현상광고】① 광고에 정한 행위를 완료한 자가 수인인 경우에 그 우수한 자에 한하여 보수를 지급할 것을 정하는 때에는 그 광고에 응모기간을 정한 때에 한하여 그 효력이 생긴다.

② 전항의 경우에 우수의 판정은 광고 중에 정한 자가 한다. 광고 중에 판정자를 정하지 아니한 때에는 광고자가 판정한다.

③ 우수한 자 없다는 판정은 이를 할 수 없다. 그러나 광고 중에 다른 의사표시가 있거나 광고의 성질상 판정의 표준이 정하여져 있는 때에는 그러하지 아니하다.

④ 응모자는 전2항의 판정에 대하여 이의를 하지 못한다.

⑤ 수인의 행위가 동등으로 판정된 때에는 제676조 제2항의 규정을 준용한다.

제679조【현상광고의 철회】① 광고에 그 지정한 행위의 완료기간을 정한 때에는 그 기간만료전에 광고를 철회하지 못한다.

② 광고에 행위의 완료기간을 정하지 아니한 때에는 그 행위를 완료한 자 있기 전에는 그 광고와 동일한 방법으로 광고를 철회할 수 있다.

③ 전광고와 동일한 방법으로 철회할 수 없는 때에는 그와 유사한 방법으로 철회할 수 있다. 이 철회는 철회한 것을 안 자에 대하여만 그 효력이 있다.

제11절 위임

제680조【위임의 의의】위임은 당사자 일방이 상대방에 대하여 사무의 처리를 위탁하고 상대방이 이를 승낙함으로써 그 효력이 생긴다.

제681조【수임인의 선관의무】수임인은 위임의 본지에 따라 선량한 관리자의 주의로써 위임사무를 처리하여야 한다.

제682조【복임권의 제한】① 수임인은 위임인의 승낙이나 부득이한 사유없이 제삼자로 하여금 자기에 갈음하여 위임사무를 처리하게 하지 못한다.〈개정 2014. 12. 30.〉

② 수임인이 전항의 규정에 의하여 제삼자에게 위임사무를 처리하게 한 경우에는 제121조, 제123조의 규정을 준용한다.

제683조【수임인의 보고의무】수임인은 위임인의 청구가 있는 때에는 위임사무의 처리상황을 보고하고 위임이 종료한 때에는 지체없이 그 전말을 보고하여야 한다.

제684조【수임인의 취득물 등의 인도, 이전의무】① 수임인은 위임사무의 처리로 인하여 받은 금전 기타의 물건 및 그 수취한 과실을 위임인에게 인도하여야 한다.

② 수임인이 위임인을 위하여 자기의 명의로 취득한 권리는 위임인에게 이전하여야 한다.

제685조【수임인의 금전소비의 책임】수임인이 위임인에게 인도할 금전 또는 위임인의 이익을 위하여 사용할 금전을 자기를 위하여 소비한 때에는 소비한

날 이후의 이자를 지급하여야 하며 그 외의 손해가 있으면 배상하여야 한다.

제686조【수임인의 보수청구권】 ① 수임인은 특별한 약정이 없으면 위임인에 대하여 보수를 청구하지 못한다.

② 수임인이 보수를 받을 경우에는 위임사무를 완료한 후가 아니면 이를 청구하지 못한다. 그러나 기간으로 보수를 정한 때에는 그 기간이 경과한 후에 이를 청구할 수 있다.

③ 수임인이 위임사무를 처리하는 중에 수임인의 책임없는 사유로 인하여 위임이 종료된 때에는 수임인은 이미 처리한 사무의 비율에 따른 보수를 청구할 수 있다.

제687조【수임인의 비용선급청구권】 위임사무의 처리에 비용을 요하는 때에는 위임인은 수임인의 청구에 의하여 이를 선급하여야 한다.

제688조【수임인의 비용상환청구권 등】 ① 수임인이 위임사무의 처리에 관하여 필요비를 지출한 때에는 위임인에 대하여 지출한 날 이후의 이자를 청구할 수 있다.

② 수임인이 위임사무의 처리에 필요한 채무를 부담한 때에는 위임인에게 자기에 갈음하여 이를 변제하게 할 수 있고 그 채무가 변제기에 있지 아니한 때에는 상당한 담보를 제공하게 할 수 있다. 〈개정 2014. 12. 30.〉

③ 수임인이 위임사무의 처리를 위하여 과실없이 손해를 받은 때에는 위임인에 대하여 그 배상을 청구할 수 있다.

제689조【위임의 상호해지의 자유】 ① 위임계약은 각 당사자가 언제든지 해지할 수 있다.

② 당사자 일방이 부득이한 사유없이 상대방의 불리한 시기에 계약을 해지한 때에는 그 손해를 배상하여야 한다.

제690조【사망·파산 등과 위임의 종료】 위임은 당사자 한쪽의 사망이나 파산으로 종료된다. 수임인이 성년후견개시의 심판을 받은 경우에도 이와 같다.
[전문개정 2011. 3. 7.]

제691조【위임종료시의 긴급처리】 위임종료의 경우에 급박한 사정이 있는 때에는 수임인, 그 상속인이나

법정대리인은 위임인, 그 상속인이나 법정대리인이 위임사무를 처리할 수 있을 때까지 그 사무의 처리를 계속하여야 한다. 이 경우에는 위임의 존속과 동일한 효력이 있다.

제692조【위임종료의 대항요건】 위임종료의 사유는 이를 상대방에게 통지하거나 상대방이 이를 안 때가 아니면 이로써 상대방에게 대항하지 못한다.

제12절 임치

제693조【임치의 의의】 임치는 당사자 일방이 상대방에 대하여 금전이나 유가증권 기타 물건의 보관을 위탁하고 상대방이 이를 승낙함으로써 효력이 생긴다.

제694조【수치인의 임치물사용금지】 수치인은 임치인의 동의없이 임치물을 사용하지 못한다.

제695조【무상수치인의 주의의무】 보수없이 임치를 받은 자는 임치물을 자기재산과 동일한 주의로 보관하여야 한다.

제696조【수치인의 통지의무】 임치물에 대한 권리를 주장하는 제삼자가 수치인에 대하여 소를 제기하거나 압류한 때에는 수치인은 지체없이 임치인에게 이를 통지하여야 한다.

제697조【임치물의 성질, 하자로 인한 임치인의 손해배상의무】 임치인은 임치물의 성질 또는 하자로 인하여 생긴 손해를 수치인에게 배상하여야 한다. 그러나 수치인이 그 성질 또는 하자를 안 때에는 그러하지 아니하다.

제698조【기간의 약정있는 임치의 해지】 임치기간의 약정이 있는 때에는 수치인은 부득이한 사유없이 그 기간만료전에 계약을 해지하지 못한다. 그러나 임치인은 언제든지 계약을 해지할 수 있다.

제699조【기간의 약정없는 임치의 해지】 임치기간의 약정이 없는 때에는 각 당사자는 언제든지 계약을 해지할 수 있다.

제700조【임치물의 반환장소】 임치물은 그 보관한 장소에서 반환하여야 한다. 그러나 수치인이 정당한 사유로 인하여 그 물건을 전치한 때에는 현존하는 장소에서 반환할 수 있다.

제701조 【준용규정】 제682조, 제684조 내지 제687조 및 제688조제1항, 제2항의 규정은 임치에 준용한다.

제702조 【소비임치】 수치인이 계약에 의하여 임치물을 소비할 수 있는 경우에는 소비대차에 관한 규정을 준용한다. 그러나 반환시기의 약정이 없는 때에는 임치인은 언제든지 그 반환을 청구할 수 있다.

제13절 조합

제703조 【조합의 의의】 ① 조합은 2인 이상이 상호출자하여 공동사업을 경영할 것을 약정함으로써 그 효력이 생긴다.

② 전항의 출자는 금전 기타 재산 또는 노무로 할 수 있다.

제704조 【조합재산의 합유】 조합원의 출자 기타 조합재산은 조합원의 합유로 한다.

제705조 【금전출자지체의 책임】 금전을 출자의 목적으로 한 조합원이 출자시기를 지체한 때에는 연체이자를 지급하는 외에 손해를 배상하여야 한다.

제706조 【사무집행의 방법】 ① 조합계약으로 업무집행자를 정하지 아니한 경우에는 조합원의 3분의 2 이상의 찬성으로써 이를 선임한다.

② 조합의 업무집행은 조합원의 과반수로써 결정한다. 업무집행자 수인인 때에는 그 과반수로써 결정한다.

③ 조합의 통상사무는 전항의 규정에 불구하고 각 조합원 또는 각 업무집행자가 전행할 수 있다. 그러나 그 사무의 완료전에 다른 조합원 또는 다른 업무집행자의 이의가 있는 때에는 즉시 중지하여야 한다.

제707조 【준용규정】 조합업무를 집행하는 조합원에는 제681조 내지 제688조의 규정을 준용한다.

제708조 【업무집행자의 사임, 해임】 업무집행자인 조합원은 정당한 사유없이 사임하지 못하며 다른 조합원의 일치가 아니면 해임하지 못한다.

제709조 【업무집행자의 대리권추정】 조합의 업무를 집행하는 조합원은 그 업무집행의 대리권있는 것으로 추정한다.

제710조 【조합원의 업무, 재산상태검사권】 각 조합원은 언제든지 조합의 업무 및 재산상태를 검사할 수 있다.

제711조 【손익분배의 비율】 ① 당사자가 손익분배의 비율을 정하지 아니한 때에는 각 조합원의 출자가액에 비례하여 이를 정한다.

② 이익 또는 손실에 대하여 분배의 비율을 정한 때에는 그 비율은 이익과 손실에 공통된 것으로 추정한다.

제712조 【조합원에 대한 채권자의 권리행사】 조합채권자는 그 채권발생 당시에 조합원의 손실부담의 비율을 알지 못한 때에는 각 조합원에게 균분하여 그 권리를 행사할 수 있다.

제713조 【무자력조합원의 채무와 타조합원의 변제책임】 조합원 중에 변제할 자력없는 자가 있는 때에는 그 변제할 수 없는 부분은 다른 조합원이 균분하여 변제할 책임이 있다.

제714조 【지분에 대한 압류의 효력】 조합원의 지분에 대한 압류는 그 조합원의 장래의 이익배당 및 지분의 반환을 받을 권리에 대하여 효력이 있다.

제715조 【조합채무자의 상계의 금지】 조합의 채무자는 그 채무와 조합원에 대한 채권으로 상계하지 못한다.

제716조 【임의탈퇴】 ① 조합계약으로 조합의 존속기간을 정하지 아니하거나 조합원의 종신까지 존속할 것을 정한 때에는 각 조합원은 언제든지 탈퇴할 수 있다. 그러나 부득이한 사유없이 조합의 불리한 시기에 탈퇴하지 못한다.

② 조합의 존속기간을 정한 때에도 조합원은 부득이한 사유가 있으면 탈퇴할 수 있다.

제717조 【비임의 탈퇴】 제716조의 경우 외에 조합원은 다음 각 호의 어느 하나에 해당하는 사유가 있으면 탈퇴된다.

1. 사망
2. 파산
3. 성년후견의 개시
4. 제명(除名)

[전문개정 2011. 3. 7.]

제718조 【제명】 ① 조합원의 제명은 정당한 사유있는 때에 한하여 다른 조합원의 일치로써 이를 결정한다.

② 전항의 제명결정은 제명된 조합원에게 통지하지 아니하면 그 조합원에게 대항하지 못한다.

제719조 【탈퇴조합원의 지분의 계산】 ① 탈퇴한 조합원과 다른 조합원간의 계산은 탈퇴당시의 조합재산상태에 의하여 한다.

② 탈퇴한 조합원의 지분은 그 출자의 종류여하에 불구하고 금전으로 반환할 수 있다.

③ 탈퇴당시에 완결되지 아니한 사항에 대하여는 완결후에 계산할 수 있다.

제720조 【부득이한 사유로 인한 해산청구】 부득이한 사유가 있는 때에는 각 조합원은 조합의 해산을 청구할 수 있다.

제721조 【청산인】 ① 조합이 해산한 때에는 청산은 총조합원 공동으로 또는 그들이 선임한 자가 그 사무를 집행한다.

② 전항의 청산인의 선임은 조합원의 과반수로써 결정한다.

제722조 【청산인의 업무집행방법】 청산인이 수인인 때에는 제706조제2항 후단의 규정을 준용한다.

제723조 【조합원인 청산인의 사임, 해임】 조합원 중에서 청산인을 정한 때에는 제708조의 규정을 준용한다.

제724조 【청산인의 직무, 권한과 잔여재산의 분배】 ① 청산인의 직무 및 권한에 관하여는 제87조의 규정을 준용한다.

② 잔여재산은 각 조합원의 출자가액에 비례하여 이를 분배한다.

제14절 종신정기금

제725조 【종신정기금계약의 의의】 종신정기금계약은 당사자 일방이 자기, 상대방 또는 제삼자의 종신까지 정기로 금전 기타의 물건을 상대방 또는 제삼자에게 지급할 것을 약정함으로써 그 효력이 생긴다.

제726조 【종신정기금의 계산】 종신정기금은 일수로 계산한다.

제727조 【종신정기금계약의 해제】 ① 정기금채무자가 정기금채무의 원본을 받은 경우에 그 정기금채무의 지급을 해태하거나 기타 의무를 이행하지 아니한 때에는 정기금채권자는 원본의 반환을 청구할 수 있다. 그러나 이미 지급을 받은 채무액에서 그 원본의 이자를 공제한 잔액을 정기금채무자에게 반환하여야 한다.

② 전항의 규정은 손해배상의 청구에 영향을 미치지 아니한다.

제728조 【해제와 동시이행】 제536조의 규정은 전조의 경우에 준용한다.

제729조 【채무자귀책사유로 인한 사망과 채권존속선고】 ① 사망이 정기금채무자의 책임있는 사유로 인한 때에는 법원은 정기금채권자 또는 그 상속인의 청구에 의하여 상당한 기간 채권의 존속을 선고할 수 있다.

② 전항의 경우에도 제727조의 권리를 행사할 수 있다.

제730조 【유증에 의한 종신정기금】 본절의 규정은 유증에 의한 종신정기금채권에 준용한다.

제15절 화해

제731조 【화해의 의의】 화해는 당사자가 상호양보하여 당사자간의 분쟁을 종지할 것을 약정함으로써 그 효력이 생긴다.

제732조 【화해의 창설적효력】 화해계약은 당사자 일방이 양보한 권리가 소멸되고 상대방이 화해로 인하여 그 권리를 취득하는 효력이 있다.

제733조 【화해의 효력과 착오】 화해계약은 착오를 이유로 하여 취소하지 못한다. 그러나 화해당사자의 자격 또는 화해의 목적인 분쟁 이외의 사항에 착오가 있는 때에는 그러하지 아니하다.

제3장 사무관리

제734조 【사무관리의 내용】 ① 의무없이 타인을 위하여 사무를 관리하는 자는 그 사무의 성질에 좇아 가장 본인에게 이익되는 방법으로 이를 관리하여야 한다.

② 관리자가 본인의 의사를 알거나 알 수 있는 때에는 그 의사에 적합하도록 관리하여야 한다.

③ 관리자가 전2항의 규정에 위반하여 사무를 관리한 경우에는 과실없는 때에도 이로 인한 손해를 배상할 책임이 있다. 그러나 그 관리행위가 공공의 이익에 적합한 때에는 중대한 과실이 없으면 배상할 책임이 없다.

제735조【긴급사무관리】 관리자가 타인의 생명, 신체, 명예 또는 재산에 대한 급박한 위해를 면하게 하기 위하여 그 사무를 관리한 때에는 고의나 중대한 과실이 없으면 이로 인한 손해를 배상할 책임이 없다.

제736조【관리자의 통지의무】 관리자가 관리를 개시한 때에는 지체없이 본인에게 통지하여야 한다. 그러나 본인이 이미 이를 안 때에는 그러하지 아니하다.

제737조【관리자의 관리계속의무】 관리자는 본인, 그 상속인이나 법정대리인이 그 사무를 관리하는 때까지 관리를 계속하여야 한다. 그러나 관리의 계속이 본인의 의사에 반하거나 본인에게 불리함이 명백한 때에는 그러하지 아니하다.

제738조【준용규정】 제683조 내지 제685조의 규정은 사무관리에 준용한다.

제739조【관리자의 비용상환청구권】 ① 관리자가 본인을 위하여 필요비 또는 유익비를 지출한 때에는 본인에 대하여 그 상환을 청구할 수 있다.
② 관리자가 본인을 위하여 필요 또는 유익한 채무를 부담한 때에는 제688조제2항의 규정을 준용한다.
③ 관리자가 본인의 의사에 반하여 관리한 때에는 본인의 현존이익의 한도에서 전2항의 규정을 준용한다.

제740조【관리자의 무과실손해보상청구권】 관리자가 사무관리를 함에 있어서 과실없이 손해를 받은 때에는 본인의 현존이익의 한도에서 그 손해의 보상을 청구할 수 있다.

제4장 부당이득

제741조【부당이득의 내용】 법률상 원인없이 타인의 재산 또는 노무로 인하여 이익을 얻고 이로 인하여 타인에게 손해를 가한 자는 그 이익을 반환하여야 한다.

제742조【비채변제】 채무없음을 알고 이를 변제한 때에는 그 반환을 청구하지 못한다.

제743조【기한전의 변제】 변제기에 있지 아니한 채무를 변제한 때에는 그 반환을 청구하지 못한다. 그러나 채무자가 착오로 인하여 변제한 때에는 채권자는 이로 인하여 얻은 이익을 반환하여야 한다.

제744조【도의관념에 적합한 비채변제】 채무없는 자가 착오로 인하여 변제한 경우에 그 변제가 도의관념에 적합한 때에는 그 반환을 청구하지 못한다.

제745조【타인의 채무의 변제】 ① 채무자아닌 자가 착오로 인하여 타인의 채무를 변제한 경우에 채권자가 선의로 증서를 훼멸하거나 담보를 포기하거나 시효로 인하여 그 채권을 잃은 때에는 변제자는 그 반환을 청구하지 못한다.
② 전항의 경우에 변제자는 채무자에 대하여 구상권을 행사할 수 있다.

제746조【불법원인급여】 불법의 원인으로 인하여 재산을 급여하거나 노무를 제공한 때에는 그 이익의 반환을 청구하지 못한다. 그러나 그 불법원인이 수익자에게만 있는 때에는 그러하지 아니하다.

제747조【원물반환불능한 경우와 가액반환, 전득자의 책임】 ① 수익자가 그 받은 목적물을 반환할 수 없는 때에는 그 가액을 반환하여야 한다.
② 수익자가 그 이익을 반환할 수 없는 경우에는 수익자로부터 무상으로 그 이익의 목적물을 양수한 악의의 제삼자는 전항의 규정에 의하여 반환할 책임이 있다.

제748조【수익자의 반환범위】 ① 선의의 수익자는 그 받은 이익이 현존한 한도에서 전조의 책임이 있다.
② 악의의 수익자는 그 받은 이익에 이자를 붙여 반환하고 손해가 있으면 이를 배상하여야 한다.

제749조【수익자의 악의인정】 ① 수익자가 이익을 받은 후 법률상 원인없음을 안 때에는 그때부터 악의의 수익자로서 이익반환의 책임이 있다.
② 선의의 수익자가 패소한 때에는 그 소를 제기한 때부터 악의의 수익자로 본다.

제5장 불법행위

제750조【불법행위의 내용】 고의 또는 과실로 인한 위법행위로 타인에게 손해를 가한 자는 그 손해를 배상할 책임이 있다.

제751조【재산 이외의 손해의 배상】 ① 타인의 신체, 자유 또는 명예를 해하거나 기타 정신상고통을 가한 자는 재산 이외의 손해에 대하여도 배상할 책임이 있다.

② 법원은 전항의 손해배상을 정기금채무로 지급할 것을 명할 수 있고 그 이행을 확보하기 위하여 상당한 담보의 제공을 명할 수 있다.

제752조【생명침해로 인한 위자료】 타인의 생명을 해한 자는 피해자의 직계존속, 직계비속 및 배우자에 대하여는 재산상의 손해없는 경우에도 손해배상의 책임이 있다.

제753조【미성년자의 책임능력】 미성년자가 타인에게 손해를 가한 경우에 그 행위의 책임을 변식할 지능이 없는 때에는 배상의 책임이 없다.

제754조【심신상실자의 책임능력】 심신상실 중에 타인에게 손해를 가한 자는 배상의 책임이 없다. 그러나 고의 또는 과실로 인하여 심신상실을 초래한 때에는 그러하지 아니하다.

제755조【감독자의 책임】 ① 다른 자에게 손해를 가한 사람이 제753조 또는 제754조에 따라 책임이 없는 경우에는 그를 감독할 법정의무가 있는 자가 그 손해를 배상할 책임이 있다. 다만, 감독의무를 게을리하지 아니한 경우에는 그러하지 아니하다.

② 감독의무자를 갈음하여 제753조 또는 제754조에 따라 책임이 없는 사람을 감독하는 자도 제1항의 책임이 있다.

[전문개정 2011. 3. 7.]

제756조【사용자의 배상책임】 ① 타인을 사용하여 어느 사무에 종사하게 한 자는 피용자가 그 사무집행에 관하여 제삼자에게 가한 손해를 배상할 책임이 있다. 그러나 사용자가 피용자의 선임 및 그 사무감독에 상당한 주의를 한 때 또는 상당한 주의를 하여도 손해가 있을 경우에는 그러하지 아니하다.

② 사용자에 갈음하여 그 사무를 감독하는 자도 전항의 책임이 있다. 〈개정 2014. 12. 30.〉

③ 전2항의 경우에 사용자 또는 감독자는 피용자에 대하여 구상권을 행사할 수 있다.

제757조【도급인의 책임】 도급인은 수급인이 그 일에 관하여 제삼자에게 가한 손해를 배상할 책임이 없다. 그러나 도급 또는 지시에 관하여 도급인에게 중대한 과실이 있는 때에는 그러하지 아니하다.

제758조【공작물등의 점유자, 소유자의 책임】 ① 공작물의 설치 또는 보존의 하자로 인하여 타인에게 손해를 가한 때에는 공작물점유자가 손해를 배상할 책임이 있다. 그러나 점유자가 손해의 방지에 필요한 주의를 해태하지 아니한 때에는 그 소유자가 손해를 배상할 책임이 있다.

② 전항의 규정은 수목의 재식 또는 보존에 하자있는 경우에 준용한다.

③ 전2항의 경우 점유자 또는 소유자는 그 손해의 원인에 대한 책임있는 자에 대하여 구상권을 행사할 수 있다. 〈개정 2022. 12. 13.〉

제759조【동물의 점유자의 책임】 ① 동물의 점유자는 그 동물이 타인에게 가한 손해를 배상할 책임이 있다. 그러나 동물의 종류와 성질에 따라 그 보관에 상당한 주의를 해태하지 아니한 때에는 그러하지 아니하다.

② 점유자에 갈음하여 동물을 보관한 자도 전항의 책임이 있다. 〈개정 2014. 12. 30.〉

제760조【공동불법행위자의 책임】 ① 수인이 공동의 불법행위로 타인에게 손해를 가한 때에는 연대하여 그 손해를 배상할 책임이 있다.

② 공동 아닌 수인의 행위중 어느 자의 행위가 그 손해를 가한 것인지를 알 수 없는 때에도 전항과 같다.

③ 교사자나 방조자는 공동행위자로 본다.

제761조【정당방위, 긴급피난】 ① 타인의 불법행위에 대하여 자기 또는 제삼자의 이익을 방위하기 위하여 부득이 타인에게 손해를 가한 자는 배상할 책임이 없다. 그러나 피해자는 불법행위에 대하여 손해의 배상을 청구할 수 있다.

② 전항의 규정은 급박한 위난을 피하기 위하여 부득이 타인에게 손해를 가한 경우에 준용한다.

제762조【손해배상청구권에 있어서의 태아의 지위】 태아는 손해배상의 청구권에 관하여는 이미 출생한 것으로 본다.

제763조【준용규정】 제393조, 제394조, 제396조, 제399조의 규정은 불법행위로 인한 손해배상에 준용한다.

제764조 【명예훼손의 경우의 특칙】 타인의 명예를 훼손한 자에 대하여는 법원은 피해자의 청구에 의하여 손해배상에 갈음하거나 손해배상과 함께 명예회복에 적당한 처분을 명할 수 있다. 〈개정 2014. 12. 30.〉
[89헌마160 1991. 4. 1.민법 제764조(1958. 2. 22. 법률 제471호)의 "명예회복에 적당한 처분"에 사죄광고를 포함시키는 것은 헌법에 위반된다.]

제765조 【배상액의 경감청구】 ① 본장의 규정에 의한 배상의무자는 그 손해가 고의 또는 중대한 과실에 의한 것이 아니고 그 배상으로 인하여 배상자의 생계에 중대한 영향을 미치게 될 경우에는 법원에 그 배상액의 경감을 청구할 수 있다.
② 법원은 전항의 청구가 있는 때에는 채권자 및 채무자의 경제상태와 손해의 원인 등을 참작하여 배상액을 경감할 수 있다.

제766조 【손해배상청구권의 소멸시효】 ① 불법행위로 인한 손해배상의 청구권은 피해자나 그 법정대리인이 그 손해 및 가해자를 안 날로부터 3년간 이를 행사하지 아니하면 시효로 인하여 소멸한다.
② 불법행위를 한 날로부터 10년을 경과한 때에도 전항과 같다.
③ 미성년자가 성폭력, 성추행, 성희롱, 그 밖의 성적(性的) 침해를 당한 경우에 이로 인한 손해배상청구권의 소멸시효는 그가 성년이 될 때까지는 진행되지 아니한다. 〈신설 2020. 10. 20.〉
[단순위헌, 2014헌바148, 2018. 8. 30. 민법(1958. 2. 22. 법률 제471호로 제정된 것) 제766조 제2항 중 '진실·화해를 위한 과거사정리 기본법' 제2조 제1항 제3호, 제4호에 규정된 사건에 적용되는 부분은 헌법에 위반된다.]

제4편 친족

제1장 총칙

제767조 【친족의 정의】 배우자, 혈족 및 인척을 친족으로 한다.

제768조 【혈족의 정의】 자기의 직계존속과 직계비속을 직계혈족이라 하고 자기의 형제자매와 형제자매의 직계비속, 직계존속의 형제자매 및 그 형제자매의 직계비속을 방계혈족이라 한다. 〈개정 1990. 1. 13.〉

제769조 【인척의 계원】 혈족의 배우자, 배우자의 혈족, 배우자의 혈족의 배우자를 인척으로 한다. 〈개정 1990. 1. 13.〉

제770조 【혈족의 촌수의 계산】 ① 직계혈족은 자기로부터 직계존속에 이르고 자기로부터 직계비속에 이르러 그 세수를 정한다.
② 방계혈족은 자기로부터 동원의 직계존속에 이르는 세수와 그 동원의 직계존속으로부터 그 직계비속에 이르는 세수를 통산하여 그 촌수를 정한다.

제771조 【인척의 촌수의 계산】 인척은 배우자의 혈족에 대하여는 배우자의 그 혈족에 대한 촌수에 따르고, 혈족의 배우자에 대하여는 그 혈족에 대한 촌수에 따른다.
[전문개정 1990. 1. 13.]

제772조 【양자와의 친계와 촌수】 ① 양자와 양부모 및 그 혈족, 인척사이의 친계와 촌수는 입양한 때로부터 혼인 중의 출생자와 동일한 것으로 본다.
② 양자의 배우자, 직계비속과 그 배우자는 전항의 양자의 친계를 기준으로 하여 촌수를 정한다.

제773조 삭제 〈1990. 1. 13.〉

제774조 삭제 〈1990. 1. 13.〉

제775조 【인척관계 등의 소멸】 ① 인척관계는 혼인의 취소 또는 이혼으로 인하여 종료한다. 〈개정 1990. 1. 13.〉
② 부부의 일방이 사망한 경우 생존 배우자가 재혼한 때에도 제1항과 같다. 〈개정 1990. 1. 13.〉

제776조 【입양으로 인한 친족관계의 소멸】 입양으로 인한 친족관계는 입양의 취소 또는 파양으로 인하여 종료한다.

제777조【친족의 범위】 친족관계로 인한 법률상 효력은 이 법 또는 다른 법률에 특별한 규정이 없는 한 다음 각호에 해당하는 자에 미친다.
　1. 8촌 이내의 혈족
　2. 4촌 이내의 인척
　3. 배우자
　[전문개정 1990. 1. 13.]

제2장 가족의 범위와 자의 성과 본
〈개정 2005. 3. 31.〉

제778조 삭제 〈2005. 3. 31.〉

제779조【가족의 범위】 ① 다음의 자는 가족으로 한다.
　1. 배우자, 직계혈족 및 형제자매
　2. 직계혈족의 배우자, 배우자의 직계혈족 및 배우자의 형제자매
② 제1항제2호의 경우에는 생계를 같이 하는 경우에 한한다.
　[전문개정 2005. 3. 31.]

제780조 삭제 〈2005. 3. 31.〉

제781조【자의 성과 본】 ① 자는 부의 성과 본을 따른다. 다만, 부모가 혼인신고시 모의 성과 본을 따르기로 협의한 경우에는 모의 성과 본을 따른다.
② 부가 외국인인 경우에는 자는 모의 성과 본을 따를 수 있다.
③ 부를 알 수 없는 자는 모의 성과 본을 따른다.
④ 부모를 알 수 없는 자는 법원의 허가를 받아 성과 본을 창설한다. 다만, 성과 본을 창설한 후 부 또는 모를 알게 된 때에는 부 또는 모의 성과 본을 따를 수 있다.
⑤ 혼인외의 출생자가 인지된 경우 자는 부모의 협의에 따라 종전의 성과 본을 계속 사용할 수 있다. 다만, 부모가 협의할 수 없거나 협의가 이루어지지 아니한 경우에는 자는 법원의 허가를 받아 종전의 성과 본을 계속 사용할 수 있다.
⑥ 자의 복리를 위하여 자의 성과 본을 변경할 필요가 있을 때에는 부, 모 또는 자의 청구에 의하여 법원의 허가를 받아 이를 변경할 수 있다. 다만, 자가 미성년자이고 법정대리인이 청구할 수 없는 경우

에는 제777조의 규정에 따른 친족 또는 검사가 청구할 수 있다.
　[전문개정 2005. 3. 31.]

제782조 삭제 〈2005. 3. 31.〉
제783조 삭제 〈2005. 3. 31.〉
제784조 삭제 〈2005. 3. 31.〉
제785조 삭제 〈2005. 3. 31.〉
제786조 삭제 〈2005. 3. 31.〉
제787조 삭제 〈2005. 3. 31.〉
제788조 삭제 〈2005. 3. 31.〉
제789조 삭제 〈2005. 3. 31.〉
제790조 삭제 〈1990. 1. 13.〉
제791조 삭제 〈2005. 3. 31.〉
제792조 삭제 〈1990. 1. 13.〉
제793조 삭제 〈2005. 3. 31.〉
제794조 삭제 〈2005. 3. 31.〉
제795조 삭제 〈2005. 3. 31.〉
제796조 삭제 〈2005. 3. 31.〉
제797조 삭제 〈1990. 1. 13.〉
제798조 삭제 〈1990. 1. 13.〉
제799조 삭제 〈1990. 1. 13.〉

제3장 혼인

제1절 약혼

제800조【약혼의 자유】 성년에 달한 자는 자유로 약혼할 수 있다.

제801조【약혼 나이】 18세가 된 사람은 부모나 미성년후견인의 동의를 받아 약혼할 수 있다. 이 경우 제808조를 준용한다.
　[전문개정 2011. 3. 7.]
　[제목개정 2022. 12. 27.]

제802조【성년후견과 약혼】 피성년후견인은 부모나 성년후견인의 동의를 받아 약혼할 수 있다. 이 경우 제808조를 준용한다.
　[전문개정 2011. 3. 7.]

제803조【약혼의 강제이행금지】 약혼은 강제이행을 청구하지 못한다.

제804조 【약혼해제의 사유】 당사자 한쪽에 다음 각 호의 어느 하나에 해당하는 사유가 있는 경우에는 상대방은 약혼을 해제할 수 있다.
1. 약혼 후 자격정지 이상의 형을 선고받은 경우
2. 약혼 후 성년후견개시나 한정후견개시의 심판을 받은 경우
3. 성병, 불치의 정신병, 그 밖의 불치의 병질(病疾)이 있는 경우
4. 약혼 후 다른 사람과 약혼이나 혼인을 한 경우
5. 약혼 후 다른 사람과 간음(姦淫)한 경우
6. 약혼 후 1년 이상 생사(生死)가 불명한 경우
7. 정당한 이유 없이 혼인을 거절하거나 그 시기를 늦추는 경우
8. 그 밖에 중대한 사유가 있는 경우
[전문개정 2011. 3. 7.]

제805조 【약혼해제의 방법】 약혼의 해제는 상대방에 대한 의사표시로 한다. 그러나 상대방에 대하여 의사표시를 할 수 없는 때에는 그 해제의 원인있음을 안 때에 해제된 것으로 본다.

제806조 【약혼해제와 손해배상청구권】 ① 약혼을 해제한 때에는 당사자 일방은 과실있는 상대방에 대하여 이로 인한 손해의 배상을 청구할 수 있다.
② 전항의 경우에는 재산상 손해외에 정신상 고통에 대하여도 손해배상의 책임이 있다.
③ 정신상 고통에 대한 배상청구권은 양도 또는 승계하지 못한다. 그러나 당사자간에 이미 그 배상에 관한 계약이 성립되거나 소를 제기한 후에는 그러하지 아니하다.

제2절 혼인의 성립

제807조 【혼인적령】 18세가 된 사람은 혼인할 수 있다. 〈개정 2022. 12. 27.〉
[전문개정 2007. 12. 21.]

제808조 【동의가 필요한 혼인】 ① 미성년자가 혼인을 하는 경우에는 부모의 동의를 받아야 하며, 부모 중 한쪽이 동의권을 행사할 수 없을 때에는 다른 한쪽의 동의를 받아야 하고, 부모가 모두 동의권을 행사할 수 없을 때에는 미성년후견인의 동의를 받아야 한다.

② 피성년후견인은 부모나 성년후견인의 동의를 받아 혼인할 수 있다.
[전문개정 2011. 3. 7.]

제809조 【근친혼 등의 금지】 ① 8촌 이내의 혈족(친양자의 입양 전의 혈족을 포함한다) 사이에서는 혼인하지 못한다.
② 6촌 이내의 혈족의 배우자, 배우자의 6촌 이내의 혈족, 배우자의 4촌 이내의 혈족의 배우자인 인척이거나 이러한 인척이었던 자 사이에서는 혼인하지 못한다.
③ 6촌 이내의 양부모계(養父母系)의 혈족이었던 자와 4촌 이내의 양부모계의 인척이었던 자 사이에서는 혼인하지 못한다.
[전문개정 2005. 3. 31.]

제810조 【중혼의 금지】 배우자 있는 자는 다시 혼인하지 못한다.

제811조 삭제 〈2005. 3. 31.〉

제812조 【혼인의 성립】 ① 혼인은 「가족관계의 등록 등에 관한 법률」에 정한 바에 의하여 신고함으로써 그 효력이 생긴다. 〈개정 2007. 5. 17.〉
② 전항의 신고는 당사자 쌍방과 성년자인 증인 2인의 연서한 서면으로 하여야 한다.

제813조 【혼인신고의 심사】 혼인의 신고는 그 혼인이 제807조 내지 제810조 및 제812조제2항의 규정 기타 법령에 위반함이 없는 때에는 이를 수리하여야 한다. 〈개정 2005. 3. 31.〉

제814조 【외국에서의 혼인신고】 ① 외국에 있는 본국민사이의 혼인은 그 외국에 주재하는 대사, 공사 또는 영사에게 신고할 수 있다.
② 제1항의 신고를 수리한 대사, 공사 또는 영사는 지체없이 그 신고서류를 본국의 재외국민 가족관계 등록사무소에 송부하여야 한다. 〈개정 2005. 3. 31., 2007. 5. 17., 2015. 2. 3.〉

제3절 혼인의 무효와 취소

제815조 【혼인의 무효】 혼인은 다음 각 호의 어느 하나의 경우에는 무효로 한다. 〈개정 2005. 3. 31.〉
1. 당사자간에 혼인의 합의가 없는 때

2. 혼인이 제809조제1항의 규정을 위반한 때

3. 당사자간에 직계인척관계(直系姻戚關係)가 있거나 있었던 때

4. 당사자간에 양부모계의 직계혈족관계가 있었던 때

[헌법불합치, 2018헌바115, 2022.10.27, 민법(2005. 3. 31. 법률 제7427호로 개정된 것) 제815조 제2호는 헌법에 합치되지 아니한다. 위 법률조항은 2024. 12. 31.을 시한으로 개정될 때까지 계속 적용된다.]

제816조 【혼인취소의 사유】 혼인은 다음 각 호의 어느 하나의 경우에는 법원에 그 취소를 청구할 수 있다. 〈개정 1990. 1. 13., 2005. 3. 31.〉

1. 혼인이 제807조 내지 제809조(제815조의 규정에 의하여 혼인의 무효사유에 해당하는 경우를 제외한다. 이하 제817조 및 제820조에서 같다) 또는 제810조의 규정에 위반한 때

2. 혼인당시 당사자 일방에 부부생활을 계속할 수 없는 악질 기타 중대사유있음을 알지 못한 때

3. 사기 또는 강박으로 인하여 혼인의 의사표시를 한 때

제817조 【나이위반 혼인 등의 취소청구권자】 혼인이 제807조, 제808조의 규정에 위반한 때에는 당사자 또는 그 법정대리인이 그 취소를 청구할 수 있고 제809조의 규정에 위반한 때에는 당사자, 그 직계존속 또는 4촌 이내의 방계혈족이 그 취소를 청구할 수 있다. 〈개정 2005. 3. 31.〉

[제목개정 2022. 12. 27.]

제818조 【중혼의 취소청구권자】 당사자 및 그 배우자, 직계혈족, 4촌 이내의 방계혈족 또는 검사는 제810조를 위반한 혼인의 취소를 청구할 수 있다.

[전문개정 2012. 2. 10.]

[2012. 2. 10. 법률 제11300호에 의하여 2010. 7. 29. 헌법재판소에서 헌법불합치 결정된 이 조를 개정함.]

제819조 【동의 없는 혼인의 취소청구권의 소멸】 제808조를 위반한 혼인은 그 당사자가 19세가 된 후 또는 성년후견종료의 심판이 있은 후 3개월이 지나거나 혼인 중에 임신한 경우에는 그 취소를 청구하지 못한다.

[전문개정 2011. 3. 7.]

제820조 【근친혼등의 취소청구권의 소멸】 제809조의 규정에 위반한 혼인은 그 당사자간에 혼인중 포태(胞胎)한 때에는 그 취소를 청구하지 못한다. 〈개정 2005. 3. 31.〉

[제목개정 2005. 3. 31.]

제821조 삭제 〈2005. 3. 31.〉

제822조 【악질 등 사유에 의한 혼인취소청구권의 소멸】 제816조제2호의 규정에 해당하는 사유있는 혼인은 상대방이 그 사유있음을 안 날로부터 6월을 경과한 때에는 그 취소를 청구하지 못한다.

제823조 【사기, 강박으로 인한 혼인취소청구권의 소멸】 사기 또는 강박으로 인한 혼인은 사기를 안 날 또는 강박을 면한 날로부터 3월을 경과한 때에는 그 취소를 청구하지 못한다.

제824조 【혼인취소의 효력】 혼인의 취소의 효력은 기왕에 소급하지 아니한다.

제824조의2 【혼인의 취소와 자의 양육 등】 제837조 및 제837조의2의 규정은 혼인의 취소의 경우에 자의 양육책임과 면접교섭권에 관하여 이를 준용한다.

[본조신설 2005. 3. 31.]

제825조 【혼인취소와 손해배상청구권】 제806조의 규정은 혼인의 무효 또는 취소의 경우에 준용한다.

제4절 혼인의 효력
제1관 일반적 효력

제826조 【부부간의 의무】 ① 부부는 동거하며 서로 부양하고 협조하여야 한다. 그러나 정당한 이유로 일시적으로 동거하지 아니하는 경우에는 서로 인용하여야 한다.

② 부부의 동거장소는 부부의 협의에 따라 정한다. 그러나 협의가 이루어지지 아니하는 경우에는 당사자의 청구에 의하여 가정법원이 이를 정한다. 〈개정 1990. 1. 13.〉

③ 삭제 〈2005. 3. 31.〉

④ 삭제 〈2005. 3. 31.〉

제826조의2 【성년의제】 미성년자가 혼인을 한 때에는 성년자로 본다.

[본조신설 1977. 12. 31.]

제827조 【부부간의 가사대리권】 ① 부부는 일상의 가사에 관하여 서로 대리권이 있다.

② 전항의 대리권에 가한 제한은 선의의 제삼자에게 대항하지 못한다.

제828조 삭제 〈2012. 2. 10.〉

제2관 재산상 효력

제829조 【부부재산의 약정과 그 변경】 ① 부부가 혼인성립전에 그 재산에 관하여 따로 약정을 하지 아니한 때에는 그 재산관계는 본관중 다음 각조에 정하는 바에 의한다.

② 부부가 혼인성립전에 그 재산에 관하여 약정한 때에는 혼인중 이를 변경하지 못한다. 그러나 정당한 사유가 있는 때에는 법원의 허가를 얻어 변경할 수 있다.

③ 전항의 약정에 의하여 부부의 일방이 다른 일방의 재산을 관리하는 경우에 부적당한 관리로 인하여 그 재산을 위태하게 한 때에는 다른 일방은 자기가 관리할 것을 법원에 청구할 수 있고 그 재산이 부부의 공유인 때에는 그 분할을 청구할 수 있다.

④ 부부가 그 재산에 관하여 따로 약정을 한 때에는 혼인성립까지에 그 등기를 하지 아니하면 이로써 부부의 승계인 또는 제삼자에게 대항하지 못한다.

⑤ 제2항, 제3항의 규정이나 약정에 의하여 관리자를 변경하거나 공유재산을 분할하였을 때에는 그 등기를 하지 아니하면 이로써 부부의 승계인 또는 제삼자에게 대항하지 못한다.

제830조 【특유재산과 귀속불명재산】 ① 부부의 일방이 혼인전부터 가진 고유재산과 혼인중 자기의 명의로 취득한 재산은 그 특유재산으로 한다.

② 부부의 누구에게 속한 것인지 분명하지 아니한 재산은 부부의 공유로 추정한다. 〈개정 1977. 12. 31.〉

제831조 【특유재산의 관리 등】 부부는 그 특유재산을 각자 관리, 사용, 수익한다.

제832조 【가사로 인한 채무의 연대책임】 부부의 일방이 일상의 가사에 관하여 제삼자와 법률행위를 한 때에는 다른 일방은 이로 인한 채무에 대하여 연대책임이 있다. 그러나 이미 제삼자에 대하여 다른 일방의 책임없음을 명시한 때에는 그러하지 아니하다.

제833조 【생활비용】 부부의 공동생활에 필요한 비용은 당사자간에 특별한 약정이 없으면 부부가 공동으로 부담한다.

[전문개정 1990. 1. 13.]

제5절 이혼

제1관 협의상 이혼

제834조 【협의상 이혼】 부부는 협의에 의하여 이혼할 수 있다.

제835조 【성년후견과 협의상 이혼】 피성년후견인의 협의상 이혼에 관하여는 제808조제2항을 준용한다.

[전문개정 2011. 3. 7.]

제836조 【이혼의 성립과 신고방식】 ① 협의상 이혼은 가정법원의 확인을 받아 「가족관계의 등록 등에 관한 법률」의 정한 바에 의하여 신고함으로써 그 효력이 생긴다. 〈개정 1977. 12. 31., 2007. 5. 17.〉

② 전항의 신고는 당사자 쌍방과 성년자인 증인 2인의 연서한 서면으로 하여야 한다.

제836조의2 【이혼의 절차】 ① 협의상 이혼을 하려는 자는 가정법원이 제공하는 이혼에 관한 안내를 받아야 하고, 가정법원은 필요한 경우 당사자에게 상담에 관하여 전문적인 지식과 경험을 갖춘 전문상담인의 상담을 받을 것을 권고할 수 있다.

② 가정법원에 이혼의사의 확인을 신청한 당사자는 제1항의 안내를 받은 날부터 다음 각 호의 기간이 지난 후에 이혼의사의 확인을 받을 수 있다.

1. 양육하여야 할 자(포태 중인 자를 포함한다. 이하 이 조에서 같다)가 있는 경우에는 3개월
2. 제1호에 해당하지 아니하는 경우에는 1개월

③ 가정법원은 폭력으로 인하여 당사자 일방에게 참을 수 없는 고통이 예상되는 등 이혼을 하여야 할 급박한 사정이 있는 경우에는 제2항의 기간을 단축 또는 면제할 수 있다.

④ 양육하여야 할 자가 있는 경우 당사자는 제837조에 따른 자(子)의 양육과 제909조제4항에 따른 자(子)의 친권자결정에 관한 협의서 또는 제837조 및 제909조제4항에 따른 가정법원의 심판정본을 제출하여야 한다.

⑤ 가정법원은 당사자가 협의한 양육비부담에 관한 내용을 확인하는 양육비부담조서를 작성하여야 한다. 이 경우 양육비부담조서의 효력에 대하여는 「가사소송법」 제41조를 준용한다. 〈신설 2009. 5. 8.〉
[본조신설 2007. 12. 21.]

제837조【이혼과 자의 양육책임】① 당사자는 그 자의 양육에 관한 사항을 협의에 의하여 정한다. 〈개정 1990. 1. 13.〉

② 제1항의 협의는 다음의 사항을 포함하여야 한다. 〈개정 2007. 12. 21.〉
 1. 양육자의 결정
 2. 양육비용의 부담
 3. 면접교섭권의 행사 여부 및 그 방법

③ 제1항에 따른 협의가 자(子)의 복리에 반하는 경우에는 가정법원은 보정을 명하거나 직권으로 그 자(子)의 의사(意思)·나이와 부모의 재산상황, 그 밖의 사정을 참작하여 양육에 필요한 사항을 정한다. 〈개정 2007. 12. 21., 2022. 12. 27.〉

④ 양육에 관한 사항의 협의가 이루어지지 아니하거나 협의할 수 없는 때에는 가정법원은 직권으로 또는 당사자의 청구에 따라 이에 관하여 결정한다. 이 경우 가정법원은 제3항의 사정을 참작하여야 한다. 〈신설 2007. 12. 21.〉

⑤ 가정법원은 자(子)의 복리를 위하여 필요하다고 인정하는 경우에는 부·모·자(子) 및 검사의 청구 또는 직권으로 자(子)의 양육에 관한 사항을 변경하거나 다른 적당한 처분을 할 수 있다. 〈신설 2007. 12. 21.〉

⑥ 제3항부터 제5항까지의 규정은 양육에 관한 사항 외에는 부모의 권리의무에 변경을 가져오지 아니한다. 〈신설 2007. 12. 21.〉

제837조의2【면접교섭권】① 자(子)를 직접 양육하지 아니하는 부모의 일방과 자(子)는 상호 면접교섭할 수 있는 권리를 가진다. 〈개정 2007. 12. 21.〉

② 자(子)를 직접 양육하지 아니하는 부모 일방의 직계존속은 그 부모 일방이 사망하였거나 질병, 외국거주, 그 밖에 불가피한 사정으로 자(子)를 면접교섭할 수 없는 경우 가정법원에 자(子)와의 면접교섭을 청구할 수 있다. 이 경우 가정법원은 자(子)의 의사(意思), 면접교섭을 청구한 사람과 자(子)의 관계, 청구의 동기, 그 밖의 사정을 참작하여야 한다. 〈신설 2016. 12. 2.〉

③ 가정법원은 자의 복리를 위하여 필요한 때에는 당사자의 청구 또는 직권에 의하여 면접교섭을 제한·배제·변경할 수 있다. 〈개정 2005. 3. 31., 2016. 12. 2.〉
[본조신설 1990. 1. 13.]

제838조【사기, 강박으로 인한 이혼의 취소청구권】사기 또는 강박으로 인하여 이혼의 의사표시를 한 자는 그 취소를 가정법원에 청구할 수 있다. 〈개정 1990. 1. 13.〉

제839조【준용규정】제823조의 규정은 협의상 이혼에 준용한다.

제839조의2【재산분할청구권】① 협의상 이혼한 자의 일방은 다른 일방에 대하여 재산분할을 청구할 수 있다.

② 제1항의 재산분할에 관하여 협의가 되지 아니하거나 협의할 수 없는 때에는 가정법원은 당사자의 청구에 의하여 당사자 쌍방의 협력으로 이룩한 재산의 액수 기타 사정을 참작하여 분할의 액수와 방법을 정한다.

③ 제1항의 재산분할청구권은 이혼한 날부터 2년을 경과한 때에는 소멸한다.
[본조신설 1990. 1. 13.]

제839조의3【재산분할청구권 보전을 위한 사해행위취소권】① 부부의 일방이 다른 일방의 재산분할청구권 행사를 해함을 알면서도 재산권을 목적으로 하는 법률행위를 한 때에는 다른 일방은 제406조제1항을 준용하여 그 취소 및 원상회복을 가정법원에 청구할 수 있다.

② 제1항의 소는 제406조제2항의 기간 내에 제기하여야 한다.
[본조신설 2007. 12. 21.]

제2관 재판상 이혼

제840조【재판상 이혼원인】부부의 일방은 다음 각호의 사유가 있는 경우에는 가정법원에 이혼을 청구할 수 있다. 〈개정 1990. 1. 13.〉
 1. 배우자에 부정한 행위가 있었을 때
 2. 배우자가 악의로 다른 일방을 유기한 때

3. 배우자 또는 그 직계존속으로부터 심히 부당한 대우를 받았을 때
4. 자기의 직계존속이 배우자로부터 심히 부당한 대우를 받았을 때
5. 배우자의 생사가 3년 이상 분명하지 아니한 때
6. 기타 혼인을 계속하기 어려운 중대한 사유가 있을 때

제841조【부정으로 인한 이혼청구권의 소멸】전조제1호의 사유는 다른 일방이 사전동의나 사후 용서를 한 때 또는 이를 안 날로부터 6월, 그 사유있는 날로부터 2년을 경과한 때에는 이혼을 청구하지 못한다.

제842조【기타 원인으로 인한 이혼청구권의 소멸】제840조제6호의 사유는 다른 일방이 이를 안 날로부터 6월, 그 사유있는 날로부터 2년을 경과하면 이혼을 청구하지 못한다.

제843조【준용규정】재판상 이혼에 따른 손해배상책임에 관하여는 제806조를 준용하고, 재판상 이혼에 따른 자녀의 양육책임 등에 관하여는 제837조를 준용하며, 재판상 이혼에 따른 면접교섭권에 관하여는 제837조의2를 준용하고, 재판상 이혼에 따른 재산분할청구권에 관하여는 제839조의2를 준용하며, 재판상 이혼에 따른 재산분할청구권 보전을 위한 사해행위취소권에 관하여는 제839조의3을 준용한다.
[전문개정 2012. 2. 10.]

제4장 부모와 자

제1절 친생자

제844조【남편의 친생자의 추정】① 아내가 혼인 중에 임신한 자녀는 남편의 자녀로 추정한다.
② 혼인이 성립한 날부터 200일 후에 출생한 자녀는 혼인 중에 임신한 것으로 추정한다.
③ 혼인관계가 종료된 날부터 300일 이내에 출생한 자녀는 혼인 중에 임신한 것으로 추정한다.
[전문개정 2017. 10. 31.]
[2017. 10. 31. 법률 제14965호에 의하여 2015. 4. 30. 헌법재판소에서 헌법불합치 결정된 이 조를 개정함.]

제845조【법원에 의한 부의 결정】재혼한 여자가 해산한 경우에 제844조의 규정에 의하여 그 자의 부를 정할 수 없는 때에는 법원이 당사자의 청구에 의하여 이를 정한다. 〈개정 2005. 3. 31.〉

제846조【자의 친생부인】부부의 일방은 제844조의 경우에 그 자가 친생자임을 부인하는 소를 제기할 수 있다. 〈개정 2005. 3. 31.〉

제847조【친생부인의 소】① 친생부인(親生否認)의 소(訴)는 부(夫) 또는 처(妻)가 다른 일방 또는 자(子)를 상대로 하여 그 사유가 있음을 안 날부터 2년내에 이를 제기하여야 한다.
② 제1항의 경우에 상대방이 될 자가 모두 사망한 때에는 그 사망을 안 날부터 2년내에 검사를 상대로 하여 친생부인의 소를 제기할 수 있다.
[전문개정 2005. 3. 31.]

제848조【성년후견과 친생부인의 소】① 남편이나 아내가 피성년후견인인 경우에는 그의 성년후견인이 성년후견감독인의 동의를 받아 친생부인의 소를 제기할 수 있다. 성년후견감독인이 없거나 동의할 수 없을 때에는 가정법원에 그 동의를 갈음하는 허가를 청구할 수 있다.
② 제1항의 경우 성년후견인이 친생부인의 소를 제기하지 아니하는 경우에는 피성년후견인은 성년후견종료의 심판이 있은 날부터 2년 내에 친생부인의 소를 제기할 수 있다.
[전문개정 2011. 3. 7.]

제849조【자사망후의 친생부인】자가 사망한 후에도 그 직계비속이 있는 때에는 그 모를 상대로, 모가 없으면 검사를 상대로 하여 부인의 소를 제기할 수 있다.

제850조【유언에 의한 친생부인】부(夫) 또는 처(妻)가 유언으로 부인의 의사를 표시한 때에는 유언집행자는 친생부인의 소를 제기하여야 한다. 〈개정 2005. 3. 31.〉

제851조【부의 자 출생 전 사망 등과 친생부인】부(夫)가 자(子)의 출생 전에 사망하거나 부(夫) 또는 처(妻)가 제847조제1항의 기간내에 사망한 때에는 부(夫) 또는 처(妻)의 직계존속이나 직계비속에 한하여 그 사망을 안 날부터 2년내에 친생부인의 소를 제기할 수 있다.
[전문개정 2005. 3. 31.]

제852조【친생부인권의 소멸】 자의 출생 후에 친생자(親生子)임을 승인한 자는 다시 친생부인의 소를 제기하지 못한다.

[전문개정 2005. 3. 31.]

제853조 삭제 〈2005. 3. 31.〉

제854조【사기, 강박으로 인한 승인의 취소】 제852조의 승인이 사기 또는 강박으로 인한 때에는 이를 취소할 수 있다. 〈개정 2005. 3. 31.〉

제854조의2【친생부인의 허가 청구】 ① 어머니 또는 어머니의 전(前) 남편은 제844조제3항의 경우에 가정법원에 친생부인의 허가를 청구할 수 있다. 다만, 혼인 중의 자녀로 출생신고가 된 경우에는 그러하지 아니하다.

② 제1항의 청구가 있는 경우에 가정법원은 혈액채취에 의한 혈액형 검사, 유전인자의 검사 등 과학적 방법에 따른 검사결과 또는 장기간의 별거 등 그 밖의 사정을 고려하여 허가 여부를 정한다.

③ 제1항 및 제2항에 따른 허가를 받은 경우에는 제844조제1항 및 제3항의 추정이 미치지 아니한다.

[본조신설 2017. 10. 31.]

제855조【인지】 ① 혼인외의 출생자는 그 생부나 생모가 이를 인지할 수 있다. 부모의 혼인이 무효인 때에는 출생자는 혼인외의 출생자로 본다.

② 혼인외의 출생자는 그 부모가 혼인한 때에는 그때로부터 혼인 중의 출생자로 본다.

제855조의2【인지의 허가 청구】 ① 생부(生父)는 제844조제3항의 경우에 가정법원에 인지의 허가를 청구할 수 있다. 다만, 혼인 중의 자녀로 출생신고가 된 경우에는 그러하지 아니하다.

② 제1항의 청구가 있는 경우에 가정법원은 혈액채취에 의한 혈액형 검사, 유전인자의 검사 등 과학적 방법에 따른 검사결과 또는 장기간의 별거 등 그 밖의 사정을 고려하여 허가 여부를 정한다.

③ 제1항 및 제2항에 따라 허가를 받은 생부가 「가족관계의 등록 등에 관한 법률」 제57조제1항에 따른 신고를 하는 경우에는 제844조제1항 및 제3항의 추정이 미치지 아니한다.

[본조신설 2017. 10. 31.]

제856조【피성년후견인의 인지】 아버지가 피성년후견인인 경우에는 성년후견인의 동의를 받아 인지할 수 있다.

[전문개정 2011. 3. 7.]

제857조【사망자의 인지】 자가 사망한 후에도 그 직계비속이 있는 때에는 이를 인지할 수 있다.

제858조【포태중인 자의 인지】 부는 포태 중에 있는 자에 대하여도 이를 인지할 수 있다.

제859조【인지의 효력발생】 ① 인지는 「가족관계의 등록 등에 관한 법률」의 정하는 바에 의하여 신고함으로써 그 효력이 생긴다. 〈개정 2007. 5. 17.〉

② 인지는 유언으로도 이를 할 수 있다. 이 경우에는 유언집행자가 이를 신고하여야 한다.

제860조【인지의 소급효】 인지는 그 자의 출생시에 소급하여 효력이 생긴다. 그러나 제삼자의 취득한 권리를 해하지 못한다.

제861조【인지의 취소】 사기, 강박 또는 중대한 착오로 인하여 인지를 한 때에는 사기나 착오를 안 날 또는 강박을 면한 날로부터 6월내에 가정법원에 그 취소를 청구할 수 있다. 〈개정 2005. 3. 31.〉

제862조【인지에 대한 이의의 소】 자 기타 이해관계인은 인지의 신고있음을 안 날로부터 1년내에 인지에 대한 이의의 소를 제기할 수 있다.

제863조【인지청구의 소】 자와 그 직계비속 또는 그 법정대리인은 부 또는 모를 상대로 하여 인지청구의 소를 제기할 수 있다.

제864조【부모의 사망과 인지청구의 소】 제862조 및 제863조의 경우에 부 또는 모가 사망한 때에는 그 사망을 안 날로부터 2년내에 검사를 상대로 하여 인지에 대한 이의 또는 인지청구의 소를 제기할 수 있다. 〈개정 2005. 3. 31.〉

제864조의2【인지와 자의 양육책임 등】 제837조 및 제837조의2의 규정은 자가 인지된 경우에 자의 양육책임과 면접교섭권에 관하여 이를 준용한다.

[본조신설 2005. 3. 31.]

제865조【다른 사유를 원인으로 하는 친생관계존부확인의 소】 ① 제845조, 제846조, 제848조, 제850조, 제851조, 제862조와 제863조의 규정에 의하여 소를 제기할 수 있는 자는 다른 사유를 원인으로 하여 친생자관계존부의 확인의 소를 제기할 수 있다.
② 제1항의 경우에 당사자일방이 사망한 때에는 그 사망을 안 날로부터 2년내에 검사를 상대로 하여 소를 제기할 수 있다. 〈개정 2005. 3. 31.〉

제2절 양자(養子) 〈개정 2012. 2. 10.〉

제1관 입양의 요건과 효력 〈개정 2012. 2. 10.〉

제866조【입양을 할 능력】 성년이 된 사람은 입양(入養)을 할 수 있다.
[전문개정 2012. 2. 10.]

제867조【미성년자의 입양에 대한 가정법원의 허가】 ① 미성년자를 입양하려는 사람은 가정법원의 허가를 받아야 한다.
② 가정법원은 양자가 될 미성년자의 복리를 위하여 그 양육 상황, 입양의 동기, 양부모(養父母)의 양육 능력, 그 밖의 사정을 고려하여 제1항에 따른 입양의 허가를 하지 아니할 수 있다.
[본조신설 2012. 2. 10.]

제868조 삭제 〈1990. 1. 13.〉

제869조【입양의 의사표시】 ① 양자가 될 사람이 13세 이상의 미성년자인 경우에는 법정대리인의 동의를 받아 입양을 승낙한다.
② 양자가 될 사람이 13세 미만인 경우에는 법정대리인이 그를 갈음하여 입양을 승낙한다.
③ 가정법원은 다음 각 호의 어느 하나에 해당하는 경우에는 제1항에 따른 동의 또는 제2항에 따른 승낙이 없더라도 제867조제1항에 따른 입양의 허가를 할 수 있다.
  1. 법정대리인이 정당한 이유 없이 동의 또는 승낙을 거부하는 경우. 다만, 법정대리인이 친권자인 경우에는 제870조제2항의 사유가 있어야 한다.
  2. 법정대리인의 소재를 알 수 없는 등의 사유로 동의 또는 승낙을 받을 수 없는 경우
④ 제3항제1호의 경우 가정법원은 법정대리인을 심문하여야 한다.

⑤ 제1항에 따른 동의 또는 제2항에 따른 승낙은 제867조제1항에 따른 입양의 허가가 있기 전까지 철회할 수 있다.
[전문개정 2012. 2. 10.]

제870조【미성년자 입양에 대한 부모의 동의】 ① 양자가 될 미성년자는 부모의 동의를 받아야 한다. 다만, 다음 각 호의 어느 하나에 해당하는 경우에는 그러하지 아니하다.
  1. 부모가 제869조제1항에 따른 동의를 하거나 같은 조 제2항에 따른 승낙을 한 경우
  2. 부모가 친권상실의 선고를 받은 경우
  3. 부모의 소재를 알 수 없는 등의 사유로 동의를 받을 수 없는 경우
② 가정법원은 다음 각 호의 어느 하나에 해당하는 사유가 있는 경우에는 부모가 동의를 거부하더라도 제867조제1항에 따른 입양의 허가를 할 수 있다. 이 경우 가정법원은 부모를 심문하여야 한다.
  1. 부모가 3년 이상 자녀에 대한 부양의무를 이행하지 아니한 경우
  2. 부모가 자녀를 학대 또는 유기(遺棄)하거나 그 밖에 자녀의 복리를 현저히 해친 경우
③ 제1항에 따른 동의는 제867조제1항에 따른 입양의 허가가 있기 전까지 철회할 수 있다.
[전문개정 2012. 2. 10.]

제871조【성년자 입양에 대한 부모의 동의】 ① 양자가 될 사람이 성년인 경우에는 부모의 동의를 받아야 한다. 다만, 부모의 소재를 알 수 없는 등의 사유로 동의를 받을 수 없는 경우에는 그러하지 아니하다.
② 가정법원은 부모가 정당한 이유 없이 동의를 거부하는 경우에 양부모가 될 사람이나 양자가 될 사람의 청구에 따라 부모의 동의를 갈음하는 심판을 할 수 있다. 이 경우 가정법원은 부모를 심문하여야 한다.
[전문개정 2012. 2. 10.]

제872조 삭제 〈2012. 2. 10.〉

제873조【피성년후견인의 입양】 ① 피성년후견인은 성년후견인의 동의를 받아 입양을 할 수 있고 양자가 될 수 있다.
② 피성년후견인이 입양을 하거나 양자가 되는 경우에는 제867조를 준용한다.

③ 가정법원은 성년후견인이 정당한 이유 없이 제1항에 따른 동의를 거부하거나 피성년후견인의 부모가 정당한 이유 없이 제871조제1항에 따른 동의를 거부하는 경우에 그 동의가 없어도 입양을 허가할 수 있다. 이 경우 가정법원은 성년후견인 또는 부모를 심문하여야 한다.

[전문개정 2012. 2. 10.]

제874조【부부의 공동 입양 등】 ① 배우자가 있는 사람은 배우자와 공동으로 입양하여야 한다.

② 배우자가 있는 사람은 그 배우자의 동의를 받아야만 양자가 될 수 있다.

[전문개정 2012. 2. 10.]

제875조 삭제 〈1990. 1. 13.〉

제876조 삭제 〈1990. 1. 13.〉

제877조【입양의 금지】 존속이나 연장자를 입양할 수 없다.

[전문개정 2012. 2. 10.]

제878조【입양의 성립】 입양은 「가족관계의 등록 등에 관한 법률」에서 정한 바에 따라 신고함으로써 그 효력이 생긴다.

[전문개정 2012. 2. 10.]

제879조 삭제 〈1990. 1. 13.〉

제880조 삭제 〈1990. 1. 13.〉

제881조【입양 신고의 심사】 제866조, 제867조, 제869조부터 제871조까지, 제873조, 제874조, 제877조, 그 밖의 법령을 위반하지 아니한 입양 신고는 수리하여야 한다.

[전문개정 2012. 2. 10.]

제882조【외국에서의 입양 신고】 외국에서 입양 신고를 하는 경우에는 제814조를 준용한다.

[전문개정 2012. 2. 10.]

제882조의2【입양의 효력】 ① 양자는 입양된 때부터 양부모의 친생자와 같은 지위를 가진다.

② 양자의 입양 전의 친족관계는 존속한다.

[본조신설 2012. 2. 10.]

제2관 입양의 무효와 취소 〈개정 2012. 2. 10.〉

제883조【입양 무효의 원인】 다음 각 호의 어느 하나에 해당하는 입양은 무효이다.

1. 당사자 사이에 입양의 합의가 없는 경우
2. 제867조제1항(제873조제2항에 따라 준용되는 경우를 포함한다), 제869조제2항, 제877조를 위반한 경우

[전문개정 2012. 2. 10.]

제884조【입양 취소의 원인】 ① 입양이 다음 각 호의 어느 하나에 해당하는 경우에는 가정법원에 그 취소를 청구할 수 있다.

1. 제866조, 제869조제1항, 같은 조 제3항제2호, 제870조제1항, 제871조제1항, 제873조제1항, 제874조를 위반한 경우
2. 입양 당시 양부모와 양자 중 어느 한쪽에게 악질(惡疾)이나 그 밖에 중대한 사유가 있음을 알지 못한 경우
3. 사기 또는 강박으로 인하여 입양의 의사표시를 한 경우

② 입양 취소에 관하여는 제867조제2항을 준용한다.

[전문개정 2012. 2. 10.]

제885조【입양 취소 청구권자】 양부모, 양자와 그 법정대리인 또는 직계혈족은 제866조를 위반한 입양의 취소를 청구할 수 있다.

[전문개정 2012. 2. 10.]

제886조【입양 취소 청구권자】 양자나 동의권자는 제869조제1항, 같은 조 제3항제2호, 제870조제1항을 위반한 입양의 취소를 청구할 수 있고, 동의권자는 제871조제1항을 위반한 입양의 취소를 청구할 수 있다.

[전문개정 2012. 2. 10.]

제887조【입양 취소 청구권자】 피성년후견인이나 성년후견인은 제873조제1항을 위반한 입양의 취소를 청구할 수 있다.

[전문개정 2012. 2. 10.]

제888조【입양 취소 청구권자】 배우자는 제874조를 위반한 입양의 취소를 청구할 수 있다.

[전문개정 2012. 2. 10.]

제889조 【입양 취소 청구권의 소멸】 양부모가 성년이 되면 제866조를 위반한 입양의 취소를 청구하지 못한다.

[전문개정 2012. 2. 10.]

제890조 삭제 〈1990. 1. 13.〉

제891조 【입양 취소 청구권의 소멸】 ① 양자가 성년이 된 후 3개월이 지나거나 사망하면 제869조제1항, 같은 조 제3항제2호, 제870조제1항을 위반한 입양의 취소를 청구하지 못한다.

② 양자가 사망하면 제871조제1항을 위반한 입양의 취소를 청구하지 못한다.

[전문개정 2012. 2. 10.]

제892조 삭제 〈2012. 2. 10.〉

제893조 【입양 취소 청구권의 소멸】 성년후견개시의 심판이 취소된 후 3개월이 지나면 제873조제1항을 위반한 입양의 취소를 청구하지 못한다.

[전문개정 2012. 2. 10.]

제894조 【입양 취소 청구권의 소멸】 제869조제1항, 같은 조 제3항제2호, 제870조제1항, 제871조제1항, 제873조제1항, 제874조를 위반한 입양은 그 사유가 있음을 안 날부터 6개월, 그 사유가 있었던 날부터 1년이 지나면 그 취소를 청구하지 못한다.

[전문개정 2012. 2. 10.]

제895조 삭제 〈1990. 1. 13.〉

제896조 【입양 취소 청구권의 소멸】 제884조제1항제2호에 해당하는 사유가 있는 입양은 양부모와 양자 중 어느 한 쪽이 그 사유가 있음을 안 날부터 6개월이 지나면 그 취소를 청구하지 못한다.

[전문개정 2012. 2. 10.]

제897조 【준용규정】 입양의 무효 또는 취소에 따른 손해배상책임에 관하여는 제806조를 준용하고, 사기 또는 강박으로 인한 입양 취소 청구권의 소멸에 관하여는 제823조를 준용하며, 입양 취소의 효력에 관하여는 제824조를 준용한다.

[전문개정 2012. 2. 10.]

제3관 파양(罷養) 〈개정 2012. 2. 10.〉
제1항 협의상 파양
〈개정 2012. 2. 10.〉〈개정 2012. 2. 10.〉

제898조 【협의상 파양】 양부모와 양자는 협의하여 파양(罷養)할 수 있다. 다만, 양자가 미성년자 또는 피성년후견인인 경우에는 그러하지 아니하다.

[전문개정 2012. 2. 10.]

제899조 삭제 〈2012. 2. 10.〉

제900조 삭제 〈2012. 2. 10.〉

제901조 삭제 〈2012. 2. 10.〉

제902조 【피성년후견인의 협의상 파양】 피성년후견인인 양부모는 성년후견인의 동의를 받아 파양을 협의할 수 있다.

[전문개정 2012. 2. 10.]

제903조 【파양 신고의 심사】 제898조, 제902조, 그 밖의 법령을 위반하지 아니한 파양 신고는 수리하여야 한다.

[전문개정 2012. 2. 10.]

제904조 【준용규정】 사기 또는 강박으로 인한 파양 취소 청구권의 소멸에 관하여는 제823조를 준용하고, 협의상 파양의 성립에 관하여는 제878조를 준용한다.

[전문개정 2012. 2. 10.]

제2항 재판상 파양
〈개정 2012. 2. 10.〉〈개정 2012. 2. 10.〉

제905조 【재판상 파양의 원인】 양부모, 양자 또는 제906조에 따른 청구권자는 다음 각 호의 어느 하나에 해당하는 경우에는 가정법원에 파양을 청구할 수 있다.

1. 양부모가 양자를 학대 또는 유기하거나 그 밖에 양자의 복리를 현저히 해친 경우
2. 양부모가 양자로부터 심히 부당한 대우를 받은 경우
3. 양부모나 양자의 생사가 3년 이상 분명하지 아니한 경우
4. 그 밖에 양친자관계를 계속하기 어려운 중대한 사유가 있는 경우

[전문개정 2012. 2. 10.]

제906조【파양 청구권자】 ① 양자가 13세 미만인 경우에는 제869조제2항에 따른 승낙을 한 사람이 양자를 갈음하여 파양을 청구할 수 있다. 다만, 파양을 청구할 수 있는 사람이 없는 경우에는 제777조에 따른 양자의 친족이나 이해관계인이 가정법원의 허가를 받아 파양을 청구할 수 있다.

② 양자가 13세 이상의 미성년자인 경우에는 제870조제1항에 따른 동의를 한 부모의 동의를 받아 파양을 청구할 수 있다. 다만, 부모가 사망하거나 그 밖의 사유로 동의할 수 없는 경우에는 동의 없이 파양을 청구할 수 있다.

③ 양부모나 양자가 피성년후견인인 경우에는 성년후견인의 동의를 받아 파양을 청구할 수 있다.

④ 검사는 미성년자나 피성년후견인인 양자를 위하여 파양을 청구할 수 있다.

[전문개정 2012. 2. 10.]

제907조【파양 청구권의 소멸】 파양 청구권자는 제905조제1호·제2호·제4호의 사유가 있음을 안 날부터 6개월, 그 사유가 있었던 날부터 3년이 지나면 파양을 청구할 수 없다.

[전문개정 2012. 2. 10.]

제908조【준용규정】 재판상 파양에 따른 손해배상책임에 관하여는 제806조를 준용한다.

[전문개정 2012. 2. 10.]

제4관 친양자 〈신설 2005. 3. 31.〉

제908조의2【친양자 입양의 요건 등】 ① 친양자(親養子)를 입양하려는 사람은 다음 각 호의 요건을 갖추어 가정법원에 친양자 입양을 청구하여야 한다.

1. 3년 이상 혼인 중인 부부로서 공동으로 입양할 것. 다만, 1년 이상 혼인 중인 부부의 한쪽이 그 배우자의 친생자를 친양자로 하는 경우에는 그러하지 아니하다.
2. 친양자가 될 사람이 미성년자일 것
3. 친양자가 될 사람의 친생부모가 친양자 입양에 동의할 것. 다만, 부모가 친권상실의 선고를 받거나 소재를 알 수 없거나 그 밖의 사유로 동의할 수 없는 경우에는 그러하지 아니하다.
4. 친양자가 될 사람이 13세 이상인 경우에는 법정대리인의 동의를 받아 입양을 승낙할 것

5. 친양자가 될 사람이 13세 미만인 경우에는 법정대리인이 그를 갈음하여 입양을 승낙할 것

② 가정법원은 다음 각 호의 어느 하나에 해당하는 경우에는 제1항제3호·제4호에 따른 동의 또는 같은 항 제5호에 따른 승낙이 없어도 제1항의 청구를 인용할 수 있다. 이 경우 가정법원은 동의권자 또는 승낙권자를 심문하여야 한다.

1. 법정대리인이 정당한 이유 없이 동의 또는 승낙을 거부하는 경우. 다만, 법정대리인이 친권자인 경우에는 제2호 또는 제3호의 사유가 있어야 한다.
2. 친생부모가 자신에게 책임이 있는 사유로 3년 이상 자녀에 대한 부양의무를 이행하지 아니하고 면접교섭을 하지 아니한 경우
3. 친생부모가 자녀를 학대 또는 유기하거나 그 밖에 자녀의 복리를 현저히 해친 경우

③ 가정법원은 친양자가 될 사람의 복리를 위하여 그 양육상황, 친양자 입양의 동기, 양부모의 양육능력, 그 밖의 사정을 고려하여 친양자 입양이 적당하지 아니하다고 인정하는 경우에는 제1항의 청구를 기각할 수 있다.

[전문개정 2012. 2. 10.]

제908조의3【친양자 입양의 효력】 ① 친양자는 부부의 혼인중 출생자로 본다.

② 친양자의 입양 전의 친족관계는 제908조의2제1항의 청구에 의한 친양자 입양이 확정된 때에 종료한다. 다만, 부부의 일방이 그 배우자의 친생자를 단독으로 입양한 경우에 있어서의 배우자 및 그 친족과 친생자간의 친족관계는 그러하지 아니하다.

[본조신설 2005. 3. 31.]

제908조의4【친양자 입양의 취소 등】 ① 친양자로 될 사람의 친생(親生)의 아버지 또는 어머니는 자신에게 책임이 없는 사유로 인하여 제908조의2제1항제3호 단서에 따른 동의를 할 수 없었던 경우에 친양자 입양의 사실을 안 날부터 6개월 안에 가정법원에 친양자 입양의 취소를 청구할 수 있다.

② 친양자 입양에 관하여는 제883조, 제884조를 적용하지 아니한다.

[전문개정 2012. 2. 10.]

제908조의5【친양자의 파양】 ① 양친, 친양자, 친생의 부 또는 모나 검사는 다음 각호의 어느 하나의 사유가 있는 경우에는 가정법원에 친양자의 파양(罷養)을 청구할 수 있다.

1. 양친이 친양자를 학대 또는 유기(遺棄)하거나 그 밖에 친양자의 복리를 현저히 해하는 때
2. 친양자의 양친에 대한 패륜(悖倫)행위로 인하여 친양자관계를 유지시킬 수 없게된 때

② 제898조 및 제905조의 규정은 친양자의 파양에 관하여 이를 적용하지 아니한다.

[본조신설 2005. 3. 31.]

제908조의6【준용규정】 제908조의2제3항은 친양자 입양의 취소 또는 제908조의5제1항제2호에 따른 파양의 청구에 관하여 이를 준용한다. 〈개정 2012. 2. 10.〉

[본조신설 2005. 3. 31.]

제908조의7【친양자 입양의 취소·파양의 효력】 ① 친양자 입양이 취소되거나 파양된 때에는 친양자관계는 소멸하고 입양 전의 친족관계는 부활한다.

② 제1항의 경우에 친양자 입양의 취소의 효력은 소급하지 아니한다.

[본조신설 2005. 3. 31.]

제908조의8【준용규정】 친양자에 관하여 이 관에 특별한 규정이 있는 경우를 제외하고는 그 성질에 반하지 아니하는 범위 안에서 양자에 관한 규정을 준용한다.

[본조신설 2005. 3. 31.]

제3절 친권
제1관 총칙

제909조【친권자】 ① 부모는 미성년자인 자의 친권자가 된다. 양자의 경우에는 양부모(養父母)가 친권자가 된다. 〈개정 2005. 3. 31.〉

② 친권은 부모가 혼인중인 때에는 부모가 공동으로 이를 행사한다. 그러나 부모의 의견이 일치하지 아니하는 경우에는 당사자의 청구에 의하여 가정법원이 이를 정한다.

③ 부모의 일방이 친권을 행사할 수 없을 때에는 다른 일방이 이를 행사한다.

④ 혼인외의 자가 인지된 경우와 부모가 이혼하는 경우에는 부모의 협의로 친권자를 정하여야 하고, 협의할 수 없거나 협의가 이루어지지 아니하는 경우에는 가정법원은 직권으로 또는 당사자의 청구에 따라 친권자를 지정하여야 한다. 다만, 부모의 협의가 자(子)의 복리에 반하는 경우에는 가정법원은 보정을 명하거나 직권으로 친권자를 정한다. 〈개정 2005. 3. 31., 2007. 12. 21.〉

⑤ 가정법원은 혼인의 취소, 재판상 이혼 또는 인지청구의 소의 경우에는 직권으로 친권자를 정한다. 〈개정 2005. 3. 31.〉

⑥ 가정법원은 자의 복리를 위하여 필요하다고 인정되는 경우에는 자의 4촌 이내의 친족의 청구에 의하여 정하여진 친권자를 다른 일방으로 변경할 수 있다. 〈신설 2005. 3. 31.〉

[전문개정 1990. 1. 13.]

제909조의2【친권자의 지정 등】 ① 제909조제4항부터 제6항까지의 규정에 따라 단독 친권자로 정하여진 부모의 일방이 사망한 경우 생존하는 부 또는 모, 미성년자, 미성년자의 친족은 그 사실을 안 날부터 1개월, 사망한 날부터 6개월 내에 가정법원에 생존하는 부 또는 모를 친권자로 지정할 것을 청구할 수 있다.

② 입양이 취소되거나 파양된 경우 또는 양부모가 모두 사망한 경우 친생부모 일방 또는 쌍방, 미성년자, 미성년자의 친족은 그 사실을 안 날부터 1개월, 입양이 취소되거나 파양된 날 또는 양부모가 모두 사망한 날부터 6개월 내에 가정법원에 친생부모 일방 또는 쌍방을 친권자로 지정할 것을 청구할 수 있다. 다만, 친양자의 양부모가 사망한 경우에는 그러하지 아니하다.

③ 제1항 또는 제2항의 기간 내에 친권자 지정의 청구가 없을 때에는 가정법원은 직권으로 또는 미성년자, 미성년자의 친족, 이해관계인, 검사, 지방자치단체의 장의 청구에 의하여 미성년후견인을 선임할 수 있다. 이 경우 생존하는 부 또는 모, 친생부모 일방 또는 쌍방의 소재를 모르거나 그가 정당한 사유 없이 소환에 응하지 아니하는 경우를 제외하고 그에게 의견을 진술할 기회를 주어야 한다.

④ 가정법원은 제1항 또는 제2항에 따른 친권자 지정 청구나 제3항에 따른 후견인 선임 청구가 생존하는 부 또는 모, 친생부모 일방 또는 쌍방의 양육의

사 및 양육능력, 청구 동기, 미성년자의 의사, 그 밖의 사정을 고려하여 미성년자의 복리를 위하여 적절하지 아니하다고 인정하면 청구를 기각할 수 있다. 이 경우 가정법원은 직권으로 미성년후견인을 선임하거나 생존하는 부 또는 모, 친생부모 일방 또는 쌍방을 친권자로 지정하여야 한다.

⑤ 가정법원은 다음 각 호의 어느 하나에 해당하는 경우에 직권으로 또는 미성년자, 미성년자의 친족, 이해관계인, 검사, 지방자치단체의 장의 청구에 의하여 제1항부터 제4항까지의 규정에 따라 친권자가 지정되거나 미성년후견인이 선임될 때까지 그 임무를 대행할 사람을 선임할 수 있다. 이 경우 그 임무를 대행할 사람에 대하여는 제25조 및 제954조를 준용한다.
  1. 단독 친권자가 사망한 경우
  2. 입양이 취소되거나 파양된 경우
  3. 양부모가 모두 사망한 경우

⑥ 가정법원은 제3항 또는 제4항에 따라 미성년후견인이 선임된 경우라도 미성년후견인 선임 후 양육상황이나 양육능력의 변동, 미성년자의 의사, 그 밖의 사정을 고려하여 미성년자의 복리를 위하여 필요하면 생존하는 부 또는 모, 친생부모 일방 또는 쌍방, 미성년자의 청구에 의하여 후견을 종료하고 생존하는 부 또는 모, 친생부모 일방 또는 쌍방을 친권자로 지정할 수 있다.
[본조신설 2011. 5. 19.]

제910조【자의 친권의 대행】 친권자는 그 친권에 따르는 자에 갈음하여 그 자에 대한 친권을 행사한다.
〈개정 2005. 3. 31.〉

제911조【미성년자인 자의 법정대리인】 친권을 행사하는 부 또는 모는 미성년자인 자의 법정대리인이 된다.

제912조【친권 행사와 친권자 지정의 기준】 ① 친권을 행사함에 있어서는 자의 복리를 우선적으로 고려하여야 한다. 〈개정 2011. 5. 19.〉

② 가정법원이 친권자를 지정함에 있어서는 자(子)의 복리를 우선적으로 고려하여야 한다. 이를 위하여 가정법원은 관련 분야의 전문가나 사회복지기관으로부터 자문을 받을 수 있다. 〈신설 2011. 5. 19.〉
[본조신설 2005. 3. 31.]
[제목개정 2011. 5. 19.]

제2관 친권의 효력

제913조【보호, 교양의 권리의무】 친권자는 자를 보호하고 교양할 권리의무가 있다.

제914조【거소지정권】 자는 친권자의 지정한 장소에 거주하여야 한다.

제915조 삭제 〈2021. 1. 26.〉

제916조【자의 특유재산과 그 관리】 자가 자기의 명의로 취득한 재산은 그 특유재산으로 하고 법정대리인인 친권자가 이를 관리한다.

제917조 삭제 〈1990. 1. 13.〉

제918조【제삼자가 무상으로 자에게 수여한 재산의 관리】 ① 무상으로 자에게 재산을 수여한 제삼자가 친권자의 관리에 반대하는 의사를 표시한 때에는 친권자는 그 재산을 관리하지 못한다.

② 전항의 경우에 제삼자가 그 재산관리인을 지정하지 아니한 때에는 법원은 재산의 수여를 받은 자 또는 제777조의 규정에 의한 친족의 청구에 의하여 관리인을 선임한다.

③ 제삼자의 지정한 관리인의 권한이 소멸하거나 관리인을 개임할 필요있는 경우에 제삼자가 다시 관리인을 지정하지 아니한 때에도 전항과 같다.

④ 제24조제1항, 제2항, 제4항, 제25조 전단 및 제26조제1항, 제2항의 규정은 전2항의 경우에 준용한다.

제919조【위임에 관한 규정의 준용】 제691조, 제692조의 규정은 전3조의 재산관리에 준용한다.

제920조【자의 재산에 관한 친권자의 대리권】 법정대리인인 친권자는 자의 재산에 관한 법률행위에 대하여 그 자를 대리한다. 그러나 그 자의 행위를 목적으로 하는 채무를 부담할 경우에는 본인의 동의를 얻어야 한다.

제920조의2【공동친권자의 일방이 공동명의로 한 행위의 효력】 부모가 공동으로 친권을 행사하는 경우 부모의 일방이 공동명의로 자를 대리하거나 자의 법률행위에 동의한 때에는 다른 일방의 의사에 반하는 때에도 그 효력이 있다. 그러나 상대방이 악의인 때에는 그러하지 아니한다.
[본조신설 1990. 1. 13.]

제921조【친권자와 그 자간 또는 수인의 자간의 이해상 반행위】 ① 법정대리인인 친권자와 그 자사이에 이해상반되는 행위를 함에는 친권자는 법원에 그 자의 특별대리인의 선임을 청구하여야 한다.
② 법정대리인인 친권자가 그 친권에 따르는 수인의 자 사이에 이해상반되는 행위를 함에는 법원에 그 자 일방의 특별대리인의 선임을 청구하여야 한다. 〈개정 2005. 3. 31.〉

제922조【친권자의 주의의무】 친권자가 그 자에 대한 법률행위의 대리권 또는 재산관리권을 행사함에는 자기의 재산에 관한 행위와 동일한 주의를 하여야 한다.

제922조의2【친권자의 동의를 갈음하는 재판】 가정법원은 친권자의 동의가 필요한 행위에 대하여 친권자가 정당한 이유 없이 동의하지 아니함으로써 자녀의 생명, 신체 또는 재산에 중대한 손해가 발생할 위험이 있는 경우에는 자녀, 자녀의 친족, 검사 또는 지방자치단체의 장의 청구에 의하여 친권자의 동의를 갈음하는 재판을 할 수 있다.
[본조신설 2014. 10. 15.]

제923조【재산관리의 계산】 ① 법정대리인인 친권자의 권한이 소멸한 때에는 그 자의 재산에 대한 관리의 계산을 하여야 한다.
② 전항의 경우에 그 자의 재산으로부터 수취한 과실은 그 자의 양육, 재산관리의 비용과 상계한 것으로 본다. 그러나 무상으로 자에게 재산을 수여한 제삼자가 반대의 의사를 표시한 때에는 그 재산에 관하여는 그러하지 아니하다.

제3관 친권의 상실, 일시 정지 및 일부 제한
〈개정 2014. 10. 15.〉

제924조【친권의 상실 또는 일시 정지의 선고】 ① 가정법원은 부 또는 모가 친권을 남용하여 자녀의 복리를 현저히 해치거나 해칠 우려가 있는 경우에는 자녀, 자녀의 친족, 검사 또는 지방자치단체의 장의 청구에 의하여 그 친권의 상실 또는 일시 정지를 선고할 수 있다.
② 가정법원은 친권의 일시 정지를 선고할 때에는 자녀의 상태, 양육상황, 그 밖의 사정을 고려하여 그

기간을 정하여야 한다. 이 경우 그 기간은 2년을 넘을 수 없다.
③ 가정법원은 자녀의 복리를 위하여 친권의 일시 정지 기간의 연장이 필요하다고 인정하는 경우에는 자녀, 자녀의 친족, 검사, 지방자치단체의 장, 미성년후견인 또는 미성년후견감독인의 청구에 의하여 2년의 범위에서 그 기간을 한 차례만 연장할 수 있다.
[전문개정 2014. 10. 15.]

제924조의2【친권의 일부 제한의 선고】 가정법원은 거소의 지정이나 그 밖의 신상에 관한 결정 등 특정한 사항에 관하여 친권자가 친권을 행사하는 것이 곤란하거나 부적당한 사유가 있어 자녀의 복리를 해치거나 해칠 우려가 있는 경우에는 자녀, 자녀의 친족, 검사 또는 지방자치단체의 장의 청구에 의하여 구체적인 범위를 정하여 친권의 일부 제한을 선고할 수 있다. 〈개정 2021. 1. 26.〉
[본조신설 2014. 10. 15.]

제925조【대리권, 재산관리권 상실의 선고】 가정법원은 법정대리인인 친권자가 부적당한 관리로 인하여 자녀의 재산을 위태롭게 한 경우에는 자녀의 친족, 검사 또는 지방자치단체의 장의 청구에 의하여 그 법률행위의 대리권과 재산관리권의 상실을 선고할 수 있다. 〈개정 2014. 10. 15.〉
[전문개정 2012. 2. 10.]

제925조의2【친권 상실 선고 등의 판단 기준】 ① 제924조에 따른 친권 상실의 선고는 같은 조에 따른 친권의 일시 정지, 제924조의2에 따른 친권의 일부 제한, 제925조에 따른 대리권·재산관리권의 상실 선고 또는 그 밖의 다른 조치에 의해서는 자녀의 복리를 충분히 보호할 수 없는 경우에만 할 수 있다.
② 제924조에 따른 친권의 일시 정지, 제924조의2에 따른 친권의 일부 제한 또는 제925조에 따른 대리권·재산관리권의 상실 선고는 제922조의2에 따른 동의를 갈음하는 재판 또는 그 밖의 다른 조치에 의해서는 자녀의 복리를 충분히 보호할 수 없는 경우에만 할 수 있다.
[본조신설 2014. 10. 15.]

제925조의3 【부모의 권리와 의무】 제924조와 제924조의2, 제925조에 따라 친권의 상실, 일시 정지, 일부 제한 또는 대리권과 재산관리권의 상실이 선고된 경우에도 부모의 자녀에 대한 그 밖의 권리와 의무는 변경되지 아니한다.

[본조신설 2014. 10. 15.]

제926조 【실권 회복의 선고】 가정법원은 제924조, 제924조의2 또는 제925조에 따른 선고의 원인이 소멸된 경우에는 본인, 자녀, 자녀의 친족, 검사 또는 지방자치단체의 장의 청구에 의하여 실권(失權)의 회복을 선고할 수 있다.

[전문개정 2014. 10. 15.]

제927조 【대리권, 관리권의 사퇴와 회복】 ① 법정대리인인 친권자는 정당한 사유가 있는 때에는 법원의 허가를 얻어 그 법률행위의 대리권과 재산관리권을 사퇴할 수 있다.

② 전항의 사유가 소멸한 때에는 그 친권자는 법원의 허가를 얻어 사퇴한 권리를 회복할 수 있다.

제927조의2 【친권의 상실, 일시 정지 또는 일부 제한과 친권자의 지정 등】 ① 제909조제4항부터 제6항까지의 규정에 따라 단독 친권자가 된 부 또는 모, 양부모(친양자의 양부모를 제외한다) 쌍방에게 다음 각 호의 어느 하나에 해당하는 사유가 있는 경우에는 제909조의2제1항 및 제3항부터 제5항까지의 규정을 준용한다. 다만, 제1호의3·제2호 및 제3호의 경우 새로 정하여진 친권자 또는 미성년후견인의 임무는 제한된 친권의 범위에 속하는 행위에 한정된다. 〈개정 2014. 10. 15.〉

1. 제924조에 따른 친권상실의 선고가 있는 경우
1의2. 제924조에 따른 친권 일시 정지의 선고가 있는 경우
1의3. 제924조의2에 따른 친권 일부 제한의 선고가 있는 경우
2. 제925조에 따른 대리권과 재산관리권 상실의 선고가 있는 경우
3. 제927조제1항에 따라 대리권과 재산관리권을 사퇴한 경우
4. 소재불명 등 친권을 행사할 수 없는 중대한 사유가 있는 경우

② 가정법원은 제1항에 따라 친권자가 지정되거나 미성년후견인이 선임된 후 단독 친권자였던 부 또는 모, 양부모 일방 또는 쌍방에게 다음 각 호의 어느 하나에 해당하는 사유가 있는 경우에는 그 부모 일방 또는 쌍방, 미성년자, 미성년자의 친족의 청구에 의하여 친권자를 새로 지정할 수 있다.

1. 제926조에 따라 실권의 회복이 선고된 경우
2. 제927조제2항에 따라 사퇴한 권리를 회복한 경우
3. 소재불명이던 부 또는 모가 발견되는 등 친권을 행사할 수 있게 된 경우

[본조신설 2011. 5. 19.]
[제목개정 2014. 10. 15.]

제5장 후견

제1절 미성년후견과 성년후견 〈개정 2011. 3. 7.〉

제1관 후견인 〈신설 2011. 3. 7.〉

제928조 【미성년자에 대한 후견의 개시】 미성년자에게 친권자가 없거나 친권자가 제924조, 제924조의2, 제925조 또는 제927조제1항에 따라 친권의 전부 또는 일부를 행사할 수 없는 경우에는 미성년후견인을 두어야 한다. 〈개정 2014. 10. 15.〉

[전문개정 2011. 3. 7.]

제929조 【성년후견심판에 의한 후견의 개시】 가정법원의 성년후견개시심판이 있는 경우에는 그 심판을 받은 사람의 성년후견인을 두어야 한다.

[전문개정 2011. 3. 7.]

제930조 【후견인의 수와 자격】 ① 미성년후견인의 수(數)는 한 명으로 한다.

② 성년후견인은 피성년후견인의 신상과 재산에 관한 모든 사정을 고려하여 여러 명을 둘 수 있다.

③ 법인도 성년후견인이 될 수 있다.

[전문개정 2011. 3. 7.]

제931조 【유언에 의한 미성년후견인의 지정 등】 ① 미성년자에게 친권을 행사하는 부모는 유언으로 미성년후견인을 지정할 수 있다. 다만, 법률행위의 대리권과 재산관리권이 없는 친권자는 그러하지 아니하다.

② 가정법원은 제1항에 따라 미성년후견인이 지정된 경우라도 미성년자의 복리를 위하여 필요하면 생존하는 부 또는 모, 미성년자의 청구에 의하여 후견을 종료하고 생존하는 부 또는 모를 친권자로 지정할 수 있다.

[전문개정 2011. 5. 19.]

제932조【미성년후견인의 선임】 ① 가정법원은 제931조에 따라 지정된 미성년후견인이 없는 경우에는 직권으로 또는 미성년자, 친족, 이해관계인, 검사, 지방자치단체의 장의 청구에 의하여 미성년후견인을 선임한다. 미성년후견인이 없게 된 경우에도 또한 같다.

② 가정법원은 제924조, 제924조의2 및 제925조에 따른 친권의 상실, 일시 정지, 일부 제한의 선고 또는 법률행위의 대리권이나 재산관리권 상실의 선고에 따라 미성년후견인을 선임할 필요가 있는 경우에는 직권으로 미성년후견인을 선임한다. 〈개정 2014. 10. 15.〉

③ 친권자가 대리권 및 재산관리권을 사퇴한 경우에는 지체 없이 가정법원에 미성년후견인의 선임을 청구하여야 한다.

[전문개정 2011. 3. 7.]

제933조 삭제 〈2011. 3. 7.〉
제934조 삭제 〈2011. 3. 7.〉
제935조 삭제 〈2011. 3. 7.〉

제936조【성년후견인의 선임】 ① 제929조에 따른 성년후견인은 가정법원이 직권으로 선임한다.

② 가정법원은 성년후견인이 사망, 결격, 그 밖의 사유로 없게 된 경우에도 직권으로 또는 피성년후견인, 친족, 이해관계인, 검사, 지방자치단체의 장의 청구에 의하여 성년후견인을 선임한다.

③ 가정법원은 성년후견인이 선임된 경우에도 필요하다고 인정하면 직권으로 또는 제2항의 청구권자나 성년후견인의 청구에 의하여 추가로 성년후견인을 선임할 수 있다.

④ 가정법원이 성년후견인을 선임할 때에는 피성년후견인의 의사를 존중하여야 하며, 그 밖에 피성년후견인의 건강, 생활관계, 재산상황, 성년후견인이 될 사람의 직업과 경험, 피성년후견인과의 이해관계의 유무(법인이 성년후견인이 될 때에는 사업의 종류와 내용, 법인이나 그 대표자와 피성년후견인 사이의 이해관계의 유무를 말한다) 등의 사정도 고려하여야 한다.

[전문개정 2011. 3. 7.]

제937조【후견인의 결격사유】 다음 각 호의 어느 하나에 해당하는 자는 후견인이 되지 못한다. 〈개정 2016. 12. 20.〉

1. 미성년자
2. 피성년후견인, 피한정후견인, 피특정후견인, 피임의후견인
3. 회생절차개시결정 또는 파산선고를 받은 자
4. 자격정지 이상의 형의 선고를 받고 그 형기(刑期) 중에 있는 사람
5. 법원에서 해임된 법정대리인
6. 법원에서 해임된 성년후견인, 한정후견인, 특정후견인, 임의후견인과 그 감독인
7. 행방이 불분명한 사람
8. 피후견인을 상대로 소송을 하였거나 하고 있는 사람
9. 제8호에서 정한 사람의 배우자와 직계혈족. 다만, 피후견인의 직계비속은 제외한다.

[전문개정 2011. 3. 7.]

제938조【후견인의 대리권 등】 ① 후견인은 피후견인의 법정대리인이 된다.

② 가정법원은 성년후견인이 제1항에 따라 가지는 법정대리권의 범위를 정할 수 있다.

③ 가정법원은 성년후견인이 피성년후견인의 신상에 관하여 결정할 수 있는 권한의 범위를 정할 수 있다.

④ 제2항 및 제3항에 따른 법정대리인의 권한의 범위가 적절하지 아니하게 된 경우에 가정법원은 본인, 배우자, 4촌 이내의 친족, 성년후견인, 성년후견감독인, 검사 또는 지방자치단체의 장의 청구에 의하여 그 범위를 변경할 수 있다.

[전문개정 2011. 3. 7.]

제939조【후견인의 사임】 후견인은 정당한 사유가 있는 경우에는 가정법원의 허가를 받아 사임할 수 있다. 이 경우 그 후견인은 사임청구와 동시에 가정법원에 새로운 후견인의 선임을 청구하여야 한다.

[전문개정 2011. 3. 7.]

제940조【후견인의 변경】 가정법원은 피후견인의 복리를 위하여 후견인을 변경할 필요가 있다고 인정하면 직권으로 또는 피후견인, 친족, 후견감독인, 검사, 지방자치단체의 장의 청구에 의하여 후견인을 변경할 수 있다.

[전문개정 2011. 3. 7.]

제2관 후견감독인 〈신설 2011. 3. 7.〉

제940조의2【미성년후견감독인의 지정】 미성년후견인을 지정할 수 있는 사람은 유언으로 미성년후견감독인을 지정할 수 있다.

[본조신설 2011. 3. 7.]

제940조의3【미성년후견감독인의 선임】 ① 가정법원은 제940조의2에 따라 지정된 미성년후견감독인이 없는 경우에 필요하다고 인정하면 직권으로 또는 미성년자, 친족, 미성년후견인, 검사, 지방자치단체의 장의 청구에 의하여 미성년후견감독인을 선임할 수 있다.

② 가정법원은 미성년후견감독인이 사망, 결격, 그 밖의 사유로 없게 된 경우에는 직권으로 또는 미성년자, 친족, 미성년후견인, 검사, 지방자치단체의 장의 청구에 의하여 미성년후견감독인을 선임한다.

[본조신설 2011. 3. 7.]

제940조의4【성년후견감독인의 선임】 ① 가정법원은 필요하다고 인정하면 직권으로 또는 피성년후견인, 친족, 성년후견인, 검사, 지방자치단체의 장의 청구에 의하여 성년후견감독인을 선임할 수 있다.

② 가정법원은 성년후견감독인이 사망, 결격, 그 밖의 사유로 없게 된 경우에는 직권으로 또는 피성년후견인, 친족, 성년후견인, 검사, 지방자치단체의 장의 청구에 의하여 성년후견감독인을 선임한다.

[본조신설 2011. 3. 7.]

제940조의5【후견감독인의 결격사유】 제779조에 따른 후견인의 가족은 후견감독인이 될 수 없다.

[본조신설 2011. 3. 7.]

제940조의6【후견감독인의 직무】 ① 후견감독인은 후견인의 사무를 감독하며, 후견인이 없는 경우 지체 없이 가정법원에 후견인의 선임을 청구하여야 한다.

② 후견감독인은 피후견인의 신상이나 재산에 대하여 급박한 사정이 있는 경우 그의 보호를 위하여 필요한 행위 또는 처분을 할 수 있다.

③ 후견인과 피후견인 사이에 이해가 상반되는 행위에 관하여는 후견감독인이 피후견인을 대리한다.

[본조신설 2011. 3. 7.]

제940조의7【위임 및 후견인 규정의 준용】 후견감독인에 대하여는 제681조, 제691조, 제692조, 제930조제2항·제3항, 제936조제3항·제4항, 제937조, 제939조, 제940조, 제947조의2제3항부터 제5항까지, 제949조의2, 제955조 및 제955조의2를 준용한다.

[본조신설 2011. 3. 7.]

제3관 후견인의 임무 〈신설 2011. 3. 7.〉

제941조【재산조사와 목록작성】 ① 후견인은 지체 없이 피후견인의 재산을 조사하여 2개월 내에 그 목록을 작성하여야 한다. 다만, 정당한 사유가 있는 경우에는 법원의 허가를 받아 그 기간을 연장할 수 있다.

② 후견감독인이 있는 경우 제1항에 따른 재산조사와 목록작성은 후견감독인의 참여가 없으면 효력이 없다.

[전문개정 2011. 3. 7.]

제942조【후견인의 채권·채무의 제시】 ① 후견인과 피후견인 사이에 채권·채무의 관계가 있고 후견감독인이 있는 경우에는 후견인은 재산목록의 작성을 완료하기 전에 그 내용을 후견감독인에게 제시하여야 한다.

② 후견인이 피후견인에 대한 채권이 있음을 알고도 제1항에 따른 제시를 게을리한 경우에는 그 채권을 포기한 것으로 본다.

[전문개정 2011. 3. 7.]

제943조【목록작성전의 권한】 후견인은 재산조사와 목록작성을 완료하기까지는 긴급 필요한 경우가 아니면 그 재산에 관한 권한을 행사하지 못한다. 그러나 이로써 선의의 제삼자에게 대항하지 못한다.

제944조【피후견인이 취득한 포괄적 재산의 조사 등】 전3조의 규정은 후견인의 취임후에 피후견인이 포괄적 재산을 취득한 경우에 준용한다.

제945조【미성년자의 신분에 관한 후견인의 권리·의무】 미성년후견인은 제913조 및 제914조에서 규정한 사항에 관하여는 친권자와 동일한 권리와 의무가 있다. 다만, 다음 각 호의 어느 하나에 해당하는 경우에는 미성년후견감독인이 있으면 그의 동의를 받아야 한다. 〈개정 2021. 1. 26.〉

1. 친권자가 정한 교육방법, 양육방법 또는 거소를 변경하는 경우
2. 삭제 〈2021. 1. 26.〉
3. 친권자가 허락한 영업을 취소하거나 제한하는 경우

[전문개정 2011. 3. 7.]

제946조【친권 중 일부에 한정된 후견】 미성년자의 친권자가 제924조의2, 제925조 또는 제927조제1항에 따라 친권 중 일부에 한정하여 행사할 수 없는 경우에 미성년후견인의 임무는 제한된 친권의 범위에 속하는 행위에 한정된다.

[전문개정 2014. 10. 15.]

제947조【피성년후견인의 복리와 의사존중】 성년후견인은 피성년후견인의 재산관리와 신상보호를 할 때 여러 사정을 고려하여 그의 복리에 부합하는 방법으로 사무를 처리하여야 한다. 이 경우 성년후견인은 피성년후견인의 복리에 반하지 아니하면 피성년후견인의 의사를 존중하여야 한다.

[전문개정 2011. 3. 7.]

제947조의2【피성년후견인의 신상결정 등】 ① 피성년후견인은 자신의 신상에 관하여 그의 상태가 허락하는 범위에서 단독으로 결정한다.

② 성년후견인이 피성년후견인을 치료 등의 목적으로 정신병원이나 그 밖의 다른 장소에 격리하려는 경우에는 가정법원의 허가를 받아야 한다.

③ 피성년후견인의 신체를 침해하는 의료행위에 대하여 피성년후견인이 동의할 수 없는 경우에는 성년후견인이 그를 대신하여 동의할 수 있다.

④ 제3항의 경우 피성년후견인이 의료행위의 직접적인 결과로 사망하거나 상당한 장애를 입을 위험이 있을 때에는 가정법원의 허가를 받아야 한다. 다만, 허가절차로 의료행위가 지체되어 피성년후견인의 생명에 위험을 초래하거나 심신상의 중대한 장애를 초래할 때에는 사후에 허가를 청구할 수 있다.

⑤ 성년후견인이 피성년후견인을 대리하여 피성년후견인이 거주하고 있는 건물 또는 그 대지에 대하여 매도, 임대, 전세권 설정, 저당권 설정, 임대차의 해지, 전세권의 소멸, 그 밖에 이에 준하는 행위를 하는 경우에는 가정법원의 허가를 받아야 한다.

[본조신설 2011. 3. 7.]

제948조【미성년자의 친권의 대행】 ① 미성년후견인은 미성년자를 갈음하여 미성년자의 자녀에 대한 친권을 행사한다.

② 제1항의 친권행사에는 미성년후견인의 임무에 관한 규정을 준용한다.

[전문개정 2011. 3. 7.]

제949조【재산관리권과 대리권】 ① 후견인은 피후견인의 재산을 관리하고 그 재산에 관한 법률행위에 대하여 피후견인을 대리한다.

② 제920조 단서의 규정은 전항의 법률행위에 준용한다.

제949조의2【성년후견인이 여러 명인 경우 권한의 행사 등】 ① 가정법원은 직권으로 여러 명의 성년후견인이 공동으로 또는 사무를 분장하여 그 권한을 행사하도록 정할 수 있다.

② 가정법원은 직권으로 제1항에 따른 결정을 변경하거나 취소할 수 있다.

③ 여러 명의 성년후견인이 공동으로 권한을 행사하여야 하는 경우에 어느 성년후견인이 피성년후견인의 이익이 침해될 우려가 있음에도 법률행위의 대리 등 필요한 권한행사에 협력하지 아니할 때에는 가정법원은 피성년후견인, 성년후견인, 후견감독인 또는 이해관계인의 청구에 의하여 그 성년후견인의 의사표시를 갈음하는 재판을 할 수 있다.

[본조신설 2011. 3. 7.]

제949조의3【이해상반행위】 후견인에 대하여는 제921조를 준용한다. 다만, 후견감독인이 있는 경우에는 그러하지 아니하다.

[본조신설 2011. 3. 7.]

제950조【후견감독인의 동의를 필요로 하는 행위】 ① 후견인이 피후견인을 대리하여 다음 각 호의 어느 하나에 해당하는 행위를 하거나 미성년자의 다음 각 호의 어느 하나에 해당하는 행위에 동의를 할 때

는 후견감독인이 있으면 그의 동의를 받아야 한다.

1. 영업에 관한 행위
2. 금전을 빌리는 행위
3. 의무만을 부담하는 행위
4. 부동산 또는 중요한 재산에 관한 권리의 득실변경을 목적으로 하는 행위
5. 소송행위
6. 상속의 승인, 한정승인 또는 포기 및 상속재산의 분할에 관한 협의

② 후견감독인의 동의가 필요한 행위에 대하여 후견감독인이 피후견인의 이익이 침해될 우려가 있음에도 동의를 하지 아니하는 경우에는 가정법원은 후견인의 청구에 의하여 후견감독인의 동의를 갈음하는 허가를 할 수 있다.

③ 후견감독인의 동의가 필요한 법률행위를 후견인이 후견감독인의 동의 없이 하였을 때에는 피후견인 또는 후견감독인이 그 행위를 취소할 수 있다.

[전문개정 2011. 3. 7.]

제951조【피후견인의 재산 등의 양수에 대한 취소】 ① 후견인이 피후견인에 대한 제3자의 권리를 양수(讓受)하는 경우에는 피후견인은 이를 취소할 수 있다.

② 제1항에 따른 권리의 양수의 경우 후견감독인이 있으면 후견인은 후견감독인의 동의를 받아야 하고, 후견감독인의 동의가 없는 경우에는 피후견인 또는 후견감독인이 이를 취소할 수 있다.

[전문개정 2011. 3. 7.]

제952조【상대방의 추인 여부 최고】 제950조 및 제951조의 경우에는 제15조를 준용한다.

[전문개정 2011. 3. 7.]

제953조【후견감독인의 후견사무의 감독】 후견감독인은 언제든지 후견인에게 그의 임무 수행에 관한 보고와 재산목록의 제출을 요구할 수 있고 피후견인의 재산상황을 조사할 수 있다.

[전문개정 2011. 3. 7.]

제954조【가정법원의 후견사무에 관한 처분】 가정법원은 직권으로 또는 피후견인, 후견감독인, 제777조에 따른 친족, 그 밖의 이해관계인, 검사, 지방자치단체의 장의 청구에 의하여 피후견인의 재산상황

을 조사하고, 후견인에게 재산관리 등 후견임무 수행에 관하여 필요한 처분을 명할 수 있다.

[전문개정 2011. 3. 7.]

제955조【후견인에 대한 보수】 법원은 후견인의 청구에 의하여 피후견인의 재산상태 기타 사정을 참작하여 피후견인의 재산 중에서 상당한 보수를 후견인에게 수여할 수 있다.

제955조의2【지출금액의 예정과 사무비용】 후견인이 후견사무를 수행하는 데 필요한 비용은 피후견인의 재산 중에서 지출한다.

[본조신설 2011. 3. 7.]

제956조【위임과 친권의 규정의 준용】 제681조 및 제918조의 규정은 후견인에게 이를 준용한다.

제4관 후견의 종료 〈신설 2011. 3. 7.〉

제957조【후견사무의 종료와 관리의 계산】 ① 후견인의 임무가 종료된 때에는 후견인 또는 그 상속인은 1개월 내에 피후견인의 재산에 관한 계산을 하여야 한다. 다만, 정당한 사유가 있는 경우에는 법원의 허가를 받아 그 기간을 연장할 수 있다.

② 제1항의 계산은 후견감독인이 있는 경우에는 그가 참여하지 아니하면 효력이 없다.

[전문개정 2011. 3. 7.]

제958조【이자의 부가와 금전소비에 대한 책임】 ① 후견인이 피후견인에게 지급할 금액이나 피후견인이 후견인에게 지급할 금액에는 계산종료의 날로부터 이자를 부가하여야 한다.

② 후견인이 자기를 위하여 피후견인의 금전을 소비한 때에는 그 소비한 날로부터 이자를 부가하고 피후견인에게 손해가 있으면 이를 배상하여야 한다.

제959조【위임규정의 준용】 제691조, 제692조의 규정은 후견의 종료에 이를 준용한다.

제2절 한정후견과 특정후견 〈신설 2011. 3. 7.〉

제959조의2【한정후견의 개시】 가정법원의 한정후견 개시의 심판이 있는 경우에는 그 심판을 받은 사람의 한정후견인을 두어야 한다.

[본조신설 2011. 3. 7.]

제959조의3【한정후견인의 선임 등】 ① 제959조의2에 따른 한정후견인은 가정법원이 직권으로 선임한다.

② 한정후견인에 대하여는 제930조제2항·제3항, 제936조제2항부터 제4항까지, 제937조, 제939조, 제940조 및 제949조의3을 준용한다.

[본조신설 2011. 3. 7.]

제959조의4【한정후견인의 대리권 등】 ① 가정법원은 한정후견인에게 대리권을 수여하는 심판을 할 수 있다.

② 한정후견인의 대리권 등에 관하여는 제938조제3항 및 제4항을 준용한다.

[본조신설 2011. 3. 7.]

제959조의5【한정후견감독인】 ① 가정법원은 필요하다고 인정하면 직권으로 또는 피한정후견인, 친족, 한정후견인, 검사, 지방자치단체의 장의 청구에 의하여 한정후견감독인을 선임할 수 있다.

② 한정후견감독인에 대하여는 제681조, 제691조, 제692조, 제930조제2항·제3항, 제936조제3항·제4항, 제937조, 제939조, 제940조, 제940조의3제2항, 제940조의5, 제940조의6, 제947조의2제3항부터 제5항까지, 제949조의2, 제955조 및 제955조의2를 준용한다. 이 경우 제940조의6제3항 중 "피후견인을 대리한다"는 "피한정후견인을 대리하거나 피한정후견인이 그 행위를 하는 데 동의한다"로 본다.

[본조신설 2011. 3. 7.]

제959조의6【한정후견사무】 한정후견의 사무에 관하여는 제681조, 제920조 단서, 제947조, 제947조의2, 제949조, 제949조의2, 제949조의3, 제950조부터 제955조까지 및 제955조의2를 준용한다.

[본조신설 2011. 3. 7.]

제959조의7【한정후견인의 임무의 종료 등】 한정후견인의 임무가 종료한 경우에 관하여는 제691조, 제692조, 제957조 및 제958조를 준용한다.

[본조신설 2011. 3. 7.]

제959조의8【특정후견에 따른 보호조치】 가정법원은 피특정후견인의 후원을 위하여 필요한 처분을 명할 수 있다.

[본조신설 2011. 3. 7.]

제959조의9【특정후견인의 선임 등】 ① 가정법원은 제959조의8에 따른 처분으로 피특정후견인을 후원하거나 대리하기 위한 특정후견인을 선임할 수 있다.

② 특정후견인에 대하여는 제930조제2항·제3항, 제936조제2항부터 제4항까지, 제937조, 제939조 및 제940조를 준용한다.

[본조신설 2011. 3. 7.]

제959조의10【특정후견감독인】 ① 가정법원은 필요하다고 인정하면 직권으로 또는 피특정후견인, 친족, 특정후견인, 검사, 지방자치단체의 장의 청구에 의하여 특정후견감독인을 선임할 수 있다.

② 특정후견감독인에 대하여는 제681조, 제691조, 제692조, 제930조제2항·제3항, 제936조제3항·제4항, 제937조, 제939조, 제940조, 제940조의5, 제940조의6, 제949조의2, 제955조 및 제955조의2를 준용한다.

[본조신설 2011. 3. 7.]

제959조의11【특정후견인의 대리권】 ① 피특정후견인의 후원을 위하여 필요하다고 인정하면 가정법원은 기간이나 범위를 정하여 특정후견인에게 대리권을 수여하는 심판을 할 수 있다.

② 제1항의 경우 가정법원은 특정후견인의 대리권 행사에 가정법원이나 특정후견감독인의 동의를 받도록 명할 수 있다.

[본조신설 2011. 3. 7.]

제959조의12【특정후견사무】 특정후견의 사무에 관하여는 제681조, 제920조 단서, 제947조, 제949조의2, 제953조부터 제955조까지 및 제955조의2를 준용한다.

[본조신설 2011. 3. 7.]

제959조의13【특정후견인의 임무의 종료 등】 특정후견인의 임무가 종료한 경우에 관하여는 제691조, 제692조, 제957조 및 제958조를 준용한다.

[본조신설 2011. 3. 7.]

제3절 후견계약 〈신설 2011. 3. 7.〉

제959조의14【후견계약의 의의와 체결방법 등】 ① 후견계약은 질병, 장애, 노령, 그 밖의 사유로 인한 정신적 제약으로 사무를 처리할 능력이 부족한 상황에 있거나 부족하게 될 상황에 대비하여 자신의

재산관리 및 신상보호에 관한 사무의 전부 또는 일부를 다른 자에게 위탁하고 그 위탁사무에 관하여 대리권을 수여하는 것을 내용으로 한다.

② 후견계약은 공정증서로 체결하여야 한다.

③ 후견계약은 가정법원이 임의후견감독인을 선임한 때부터 효력이 발생한다.

④ 가정법원, 임의후견인, 임의후견감독인 등은 후견계약을 이행·운영할 때 본인의 의사를 최대한 존중하여야 한다.

[본조신설 2011. 3. 7.]

제959조의15 【임의후견감독인의 선임】 ① 가정법원은 후견계약이 등기되어 있고, 본인이 사무를 처리할 능력이 부족한 상황에 있다고 인정할 때에는 본인, 배우자, 4촌 이내의 친족, 임의후견인, 검사 또는 지방자치단체의 장의 청구에 의하여 임의후견감독인을 선임한다.

② 제1항의 경우 본인이 아닌 자의 청구에 의하여 가정법원이 임의후견감독인을 선임할 때에는 미리 본인의 동의를 받아야 한다. 다만, 본인이 의사를 표시할 수 없는 때에는 그러하지 아니하다.

③ 가정법원은 임의후견감독인이 없게 된 경우에는 직권으로 또는 본인, 친족, 임의후견인, 검사 또는 지방자치단체의 장의 청구에 의하여 임의후견감독인을 선임한다.

④ 가정법원은 임의후견임감독인이 선임된 경우에도 필요하다고 인정하면 직권으로 또는 제3항의 청구권자의 청구에 의하여 임의후견감독인을 추가로 선임할 수 있다.

⑤ 임의후견감독인에 대하여는 제940조의5를 준용한다.

[본조신설 2011. 3. 7.]

제959조의16 【임의후견감독인의 직무 등】 ① 임의후견감독인은 임의후견인의 사무를 감독하며 그 사무에 관하여 가정법원에 정기적으로 보고하여야 한다.

② 가정법원은 필요하다고 인정하면 임의후견감독인에게 감독사무에 관한 보고를 요구할 수 있고 임의후견인의 사무 또는 본인의 재산상황에 대한 조사를 명하거나 그 밖에 임의후견감독인의 직무에 관하여 필요한 처분을 명할 수 있다.

③ 임의후견감독인에 대하여는 제940조의6제2항·제3항, 제940조의7 및 제953조를 준용한다.

[본조신설 2011. 3. 7.]

제959조의17 【임의후견개시의 제한 등】 ① 임의후견인이 제937조 각 호에 해당하는 자 또는 그 밖에 현저한 비행을 하거나 후견계약에서 정한 임무에 적합하지 아니한 사유가 있는 자인 경우에는 가정법원은 임의후견감독인을 선임하지 아니한다.

② 임의후견감독인을 선임한 이후 임의후견인이 현저한 비행을 하거나 그 밖에 그 임무에 적합하지 아니한 사유가 있게 된 경우에는 가정법원은 임의후견감독인, 본인, 친족, 검사 또는 지방자치단체의 장의 청구에 의하여 임의후견인을 해임할 수 있다.

[본조신설 2011. 3. 7.]

제959조의18 【후견계약의 종료】 ① 임의후견감독인의 선임 전에는 본인 또는 임의후견인은 언제든지 공증인의 인증을 받은 서면으로 후견계약의 의사표시를 철회할 수 있다.

② 임의후견감독인의 선임 이후에는 본인 또는 임의후견인은 정당한 사유가 있는 때에만 가정법원의 허가를 받아 후견계약을 종료할 수 있다.

[본조신설 2011. 3. 7.]

제959조의19 【임의후견인의 대리권 소멸과 제3자와의 관계】 임의후견인의 대리권 소멸은 등기하지 아니하면 선의의 제3자에게 대항할 수 없다.

[본조신설 2011. 3. 7.]

제959조의20 【후견계약과 성년후견·한정후견·특정후견의 관계】 ① 후견계약이 등기되어 있는 경우에는 가정법원은 본인의 이익을 위하여 특별히 필요할 때에만 임의후견인 또는 임의후견감독인의 청구에 의하여 성년후견, 한정후견 또는 특정후견의 심판을 할 수 있다. 이 경우 후견계약은 본인이 성년후견 또는 한정후견 개시의 심판을 받은 때 종료된다.

② 본인이 피성년후견인, 피한정후견인 또는 피특정후견인인 경우에 가정법원은 임의후견감독인을 선임함에 있어서 종전의 성년후견, 한정후견 또는 특정후견의 종료 심판을 하여야 한다. 다만, 성년후견 또는 한정후견 조치의 계속이 본인의 이익을 위하여 특별히 필요하다고 인정하면 가정법원은 임의후견감독인을 선임하지 아니한다.

[본조신설 2011. 3. 7.]

제6장 삭제 〈2011. 3. 7.〉

제960조 삭제 〈2011. 3. 7.〉

제961조 삭제 〈2011. 3. 7.〉

제962조 삭제 〈2011. 3. 7.〉

제963조 삭제 〈2011. 3. 7.〉

제964조 삭제 〈2011. 3. 7.〉

제965조 삭제 〈2011. 3. 7.〉

제966조 삭제 〈2011. 3. 7.〉

제967조 삭제 〈2011. 3. 7.〉

제968조 삭제 〈2011. 3. 7.〉

제969조 삭제 〈2011. 3. 7.〉

제970조 삭제 〈2011. 3. 7.〉

제971조 삭제 〈2011. 3. 7.〉

제972조 삭제 〈2011. 3. 7.〉

제973조 삭제 〈2011. 3. 7.〉

제7장 부양

제974조 【부양의무】 다음 각호의 친족은 서로 부양의 의무가 있다.

1. 직계혈족 및 그 배우자간

2. 삭제 〈1990. 1. 13.〉

3. 기타 친족간(생계를 같이 하는 경우에 한한다.)

제975조 【부양의무와 생활능력】 부양의 의무는 부양을 받을 자가 자기의 자력 또는 근로에 의하여 생활을 유지할 수 없는 경우에 한하여 이를 이행할 책임이 있다.

제976조 【부양의 순위】 ① 부양의 의무있는 자가 수인인 경우에 부양을 할 자의 순위에 관하여 당사자간에 협정이 없는 때에는 법원은 당사자의 청구에 의하여 이를 정한다. 부양을 받을 권리자가 수인인 경우에 부양의무자의 자력이 그 전원을 부양할 수 없는 때에도 같다.

② 전항의 경우에 법원은 수인의 부양의무자 또는 권리자를 선정할 수 있다.

제977조 【부양의 정도, 방법】 부양의 정도 또는 방법에 관하여 당사자간에 협정이 없는 때에는 법원은 당사자의 청구에 의하여 부양을 받을 자의 생활정도와 부양의무자의 자력 기타 제반사정을 참작하여 이를 정한다.

제978조 【부양관계의 변경 또는 취소】 부양을 할 자 또는 부양을 받을 자의 순위, 부양의 정도 또는 방법에 관한 당사자의 협정이나 법원의 판결이 있은 후 이에 관한 사정변경이 있는 때에는 법원은 당사자의 청구에 의하여 그 협정이나 판결을 취소 또는 변경할 수 있다.

제979조 【부양청구권처분의 금지】 부양을 받을 권리는 이를 처분하지 못한다.

제8장 삭제 〈2005. 3. 31.〉

제1절 삭제 〈2005. 3. 31.〉

제980조 삭제 〈2005. 3. 31.〉

제981조 삭제 〈2005. 3. 31.〉

제982조 삭제 〈2005. 3. 31.〉

제983조 삭제 〈1990. 1. 13.〉

제2절 삭제 〈2005. 3. 31.〉

제984조 삭제 〈2005. 3. 31.〉

제985조 삭제 〈2005. 3. 31.〉

제986조 삭제 〈2005. 3. 31.〉

제987조 삭제 〈2005. 3. 31.〉

제988조 삭제 〈1990. 1. 13.〉

제989조 삭제 〈2005. 3. 31.〉

제990조 삭제 〈1990. 1. 13.〉

제991조 삭제 〈2005. 3. 31.〉

제992조 삭제 〈2005. 3. 31.〉

제993조 삭제 〈2005. 3. 31.〉

제994조 삭제 〈2005. 3. 31.〉

제3절 삭제 〈2005. 3. 31.〉

제995조 삭제 〈2005. 3. 31.〉

제996조 삭제 〈1990. 1. 13.〉

제5편 상속 〈개정 1990. 1. 13.〉

제1장 상속 〈신설 1990. 1. 13.〉

제1절 총칙 〈개정 1990. 1. 13.〉

제997조【상속개시의 원인】 상속은 사망으로 인하여 개시된다. 〈개정 1990. 1. 13.〉

[제목개정 1990. 1. 13.]

제998조【상속개시의 장소】 상속은 피상속인의 주소지에서 개시한다.

[전문개정 1990. 1. 13.]

제998조의2【상속비용】 상속에 관한 비용은 상속재산중에서 지급한다.

[본조신설 1990. 1. 13.]

제999조【상속회복청구권】 ① 상속권이 참칭상속권자로 인하여 침해된 때에는 상속권자 또는 그 법정대리인은 상속회복의 소를 제기할 수 있다.

② 제1항의 상속회복청구권은 그 침해를 안 날부터 3년, 상속권의 침해행위가 있은 날부터 10년을 경과하면 소멸된다. 〈개정 2002. 1. 14.〉

[전문개정 1990. 1. 13.]

제2절 상속인 〈개정 1990. 1. 13.〉

제1000조【상속의 순위】 ① 상속에 있어서는 다음 순위로 상속인이 된다. 〈개정 1990. 1. 13.〉

1. 피상속인의 직계비속
2. 피상속인의 직계존속
3. 피상속인의 형제자매
4. 피상속인의 4촌 이내의 방계혈족

② 전항의 경우에 동순위의 상속인이 수인인 때에는 최근친을 선순위로 하고 동친등의 상속인이 수인인 때에는 공동상속인이 된다.

③ 태아는 상속순위에 관하여는 이미 출생한 것으로 본다. 〈개정 1990. 1. 13.〉

[제목개정 1990. 1. 13.]

제1001조【대습상속】 전조제1항제1호와 제3호의 규정에 의하여 상속인이 될 직계비속 또는 형제자매가 상속개시전에 사망하거나 결격자가 된 경우에 그 직계비속이 있는 때에는 그 직계비속이 사망하거나 결격된 자의 순위에 갈음하여 상속인이 된다. 〈개정 2014. 12. 30.〉

제1002조 삭제 〈1990. 1. 13.〉

제1003조【배우자의 상속순위】 ① 피상속인의 배우자는 제1000조제1항제1호와 제2호의 규정에 의한 상속인이 있는 경우에는 그 상속인과 동순위로 공동상속인이 되고 그 상속인이 없는 때에는 단독상속인이 된다. 〈개정 1990. 1. 13.〉

② 제1001조의 경우에 상속개시전에 사망 또는 결격된 자의 배우자는 동조의 규정에 의한 상속인과 동순위로 공동상속인이 되고 그 상속인이 없는 때에는 단독상속인이 된다. 〈개정 1990. 1. 13.〉

[제목개정 1990. 1. 13.]

제1004조【상속인의 결격사유】 다음 각 호의 어느 하나에 해당한 자는 상속인이 되지 못한다. 〈개정 1990. 1. 13., 2005. 3. 31.〉

1. 고의로 직계존속, 피상속인, 그 배우자 또는 상속의 선순위나 동순위에 있는 자를 살해하거나 살해하려한 자
2. 고의로 직계존속, 피상속인과 그 배우자에게 상해를 가하여 사망에 이르게 한 자
3. 사기 또는 강박으로 피상속인의 상속에 관한 유언 또는 유언의 철회를 방해한 자
4. 사기 또는 강박으로 피상속인의 상속에 관한 유언을 하게 한 자
5. 피상속인의 상속에 관한 유언서를 위조·변조·파기 또는 은닉한 자

제3절 상속의 효력 〈개정 1990. 1. 13.〉

제1관 일반적 효력

제1005조【상속과 포괄적 권리의무의 승계】 상속인은 상속개시된 때로부터 피상속인의 재산에 관한 포괄적 권리의무를 승계한다. 그러나 피상속인의 일신에 전속한 것은 그러하지 아니하다. 〈개정 1990. 1. 13.〉

제1006조【공동상속과 재산의 공유】 상속인이 수인인 때에는 상속재산은 그 공유로 한다. 〈개정 1990. 1. 13.〉

제1007조 【공동상속인의 권리의무승계】 공동상속인은 각자의 상속분에 응하여 피상속인의 권리의무를 승계한다.

제1008조 【특별수익자의 상속분】 공동상속인 중에 피상속인으로부터 재산의 증여 또는 유증을 받은 자가 있는 경우에 그 수증재산이 자기의 상속분에 달하지 못한 때에는 그 부족한 부분의 한도에서 상속분이 있다. 〈개정 1977. 12. 31.〉

제1008조의2 【기여분】 ① 공동상속인 중에 상당한 기간 동거·간호 그 밖의 방법으로 피상속인을 특별히 부양하거나 피상속인의 재산의 유지 또는 증가에 특별히 기여한 자가 있을 때에는 상속개시 당시의 피상속인의 재산가액에서 공동상속인의 협의로 정한 그 자의 기여분을 공제한 것을 상속재산으로 보고 제1009조 및 제1010조에 의하여 산정한 상속분에 기여분을 가산한 액으로써 그 자의 상속분으로 한다. 〈개정 2005. 3. 31.〉

② 제1항의 협의가 되지 아니하거나 협의할 수 없는 때에는 가정법원은 제1항에 규정된 기여자의 청구에 의하여 기여의 시기·방법 및 정도와 상속재산의 액 기타의 사정을 참작하여 기여분을 정한다.

③ 기여분은 상속이 개시된 때의 피상속인의 재산가액에서 유증의 가액을 공제한 액을 넘지 못한다.

④ 제2항의 규정에 의한 청구는 제1013조제2항의 규정에 의한 청구가 있을 경우 또는 제1014조에 규정하는 경우에 할 수 있다.

[본조신설 1990. 1. 13.]

제1008조의3 【분묘 등의 승계】 분묘에 속한 1정보 이내의 금양임야와 600평 이내의 묘토인 농지, 족보와 제구의 소유권은 제사를 주재하는 자가 이를 승계한다.

[본조신설 1990. 1. 13.]

제2관 상속분

제1009조 【법정상속분】 ① 동순위의 상속인이 수인인 때에는 그 상속분은 균분으로 한다. 〈개정 1977. 12. 31., 1990. 1. 13.〉

② 피상속인의 배우자의 상속분은 직계비속과 공동으로 상속하는 때에는 직계비속의 상속분의 5할을 가산하고, 직계존속과 공동으로 상속하는 때에는 직계존속의 상속분의 5할을 가산한다. 〈개정 1990. 1. 13.〉

③ 삭제 〈1990. 1. 13.〉

제1010조 【대습상속분】 ① 제1001조의 규정에 의하여 사망 또는 결격된 자에 갈음하여 상속인이 된 자의 상속분은 사망 또는 결격된 자의 상속분에 의한다. 〈개정 2014. 12. 30.〉

② 전항의 경우에 사망 또는 결격된 자의 직계비속이 수인인 때에는 그 상속분은 사망 또는 결격된 자의 상속분의 한도에서 제1009조의 규정에 의하여 이를 정한다. 제1003조제2항의 경우에도 또한 같다.

제1011조 【공동상속분의 양수】 ① 공동상속인 중에 그 상속분을 제삼자에게 양도한 자가 있는 때에는 다른 공동상속인은 그 가액과 양도비용을 상환하고 그 상속분을 양수할 수 있다.

② 전항의 권리는 그 사유를 안 날로부터 3월, 그 사유있은 날로부터 1년내에 행사하여야 한다.

제3관 상속재산의 분할

제1012조 【유언에 의한 분할방법의 지정, 분할금지】 피상속인은 유언으로 상속재산의 분할방법을 정하거나 이를 정할 것을 제삼자에게 위탁할 수 있고 상속개시의 날로부터 5년을 초과하지 아니하는 기간내의 그 분할을 금지할 수 있다.

제1013조 【협의에 의한 분할】 ① 전조의 경우외에는 공동상속인은 언제든지 그 협의에 의하여 상속재산을 분할할 수 있다.

② 제269조의 규정은 전항의 상속재산의 분할에 준용한다.

제1014조 【분할후의 피인지자 등의 청구권】 상속개시 후의 인지 또는 재판의 확정에 의하여 공동상속인이 된 자가 상속재산의 분할을 청구할 경우에 다른 공동상속인이 이미 분할 기타 처분을 한 때에는 그 상속분에 상당한 가액의 지급을 청구할 권리가 있다.

제1015조 【분할의 소급효】 상속재산의 분할은 상속개시된 때에 소급하여 그 효력이 있다. 그러나 제삼자의 권리를 해하지 못한다.

제1016조 【공동상속인의 담보책임】 공동상속인은 다른 공동상속인이 분할로 인하여 취득한 재산에 대

하여 그 상속분에 응하여 매도인과 같은 담보책임이 있다.

제1017조【상속채무자의 자력에 대한 담보책임】 ① 공동상속인은 다른 상속인이 분할로 인하여 취득한 채권에 대하여 분할당시의 채무자의 자력을 담보한다.

② 변제기에 달하지 아니한 채권이나 정지조건있는 채권에 대하여는 변제를 청구할 수 있는 때의 채무자의 자력을 담보한다.

제1018조【무자력공동상속인의 담보책임의 분담】 담보책임있는 공동상속인 중에 상환의 자력이 없는 자가 있는 때에는 그 부담부분은 구상권자와 자력있는 다른 공동상속인이 그 상속분에 응하여 분담한다. 그러나 구상권자의 과실로 인하여 상환을 받지 못한 때에는 다른 공동상속인에게 분담을 청구하지 못한다.

제4절 상속의 승인 및 포기 〈개정 1990. 1. 13.〉

제1관 총칙

제1019조【승인, 포기의 기간】 ① 상속인은 상속개시 있음을 안 날로부터 3월내에 단순승인이나 한정승인 또는 포기를 할 수 있다. 그러나 그 기간은 이해관계인 또는 검사의 청구에 의하여 가정법원이 이를 연장할 수 있다. 〈개정 1990. 1. 13.〉

② 상속인은 제1항의 승인 또는 포기를 하기 전에 상속재산을 조사할 수 있다. 〈개정 2002. 1. 14.〉

③ 제1항에도 불구하고 상속인은 상속채무가 상속재산을 초과하는 사실(이하 이 조에서 "상속채무 초과사실"이라 한다)을 중대한 과실 없이 제1항의 기간 내에 알지 못하고 단순승인(제1026조제1호 및 제2호에 따라 단순승인한 것으로 보는 경우를 포함한다. 이하 이 조에서 같다)을 한 경우에는 그 사실을 안 날부터 3개월 내에 한정승인을 할 수 있다. 〈개정 2022. 12. 13.〉

④ 제1항에도 불구하고 미성년자인 상속인이 상속채무가 상속재산을 초과하는 상속을 성년이 되기 전에 단순승인한 경우에는 성년이 된 후 그 상속의 상속채무 초과사실을 안 날부터 3개월 내에 한정승인을 할 수 있다. 미성년자인 상속인이 제3항에 따른 한정승인을 하지 아니하였거나 할 수 없었던 경우에도 또한 같다. 〈신설 2022. 12. 13.〉

제1020조【제한능력자의 승인·포기의 기간】 상속인이 제한능력자인 경우에는 제1019조제1항의 기간은 그의 친권자 또는 후견인이 상속이 개시된 것을 안 날부터 기산(起算)한다.

[전문개정 2011. 3. 7.]

제1021조【승인, 포기기간의 계산에 관한 특칙】 상속인이 승인이나 포기를 하지 아니하고 제1019조제1항의 기간 내에 사망한 때에는 그의 상속인이 그 자기의 상속개시있음을 안 날로부터 제1019조제1항의 기간을 기산한다.

제1022조【상속재산의 관리】 상속인은 그 고유재산에 대하는 것과 동일한 주의로 상속재산을 관리하여야 한다. 그러나 단순승인 또는 포기한 때에는 그러하지 아니하다.

제1023조【상속재산보존에 필요한 처분】 ① 법원은 이해관계인 또는 검사의 청구에 의하여 상속재산의 보존에 필요한 처분을 명할 수 있다.

② 법원이 재산관리인을 선임한 경우에는 제24조 내지 제26조의 규정을 준용한다.

제1024조【승인, 포기의 취소금지】 ① 상속의 승인이나 포기는 제1019조제1항의 기간내에도 이를 취소하지 못한다. 〈개정 1990. 1. 13.〉

② 전항의 규정은 총칙편의 규정에 의한 취소에 영향을 미치지 아니한다. 그러나 그 취소권은 추인할 수 있는 날로부터 3월, 승인 또는 포기한 날로부터 1년 내에 행사하지 아니하면 시효로 인하여 소멸된다.

제2관 단순승인

제1025조【단순승인의 효과】 상속인이 단순승인을 한 때에는 제한없이 피상속인의 권리의무를 승계한다. 〈개정 1990. 1. 13.〉

제1026조【법정단순승인】 다음 각호의 사유가 있는 경우에는 상속인이 단순승인을 한 것으로 본다. 〈개정 2002. 1. 14.〉

1. 상속인이 상속재산에 대한 처분행위를 한 때
2. 상속인이 제1019조제1항의 기간내에 한정승인 또는 포기를 하지 아니한 때
3. 상속인이 한정승인 또는 포기를 한 후에 상속재산을 은닉하거나 부정소비하거나 고의로 재산

목록에 기입하지 아니한 때

[2002. 1. 14. 법률 제6591호에 의하여 1998. 8. 27. 헌법재판소에서 헌법불합치 결정된 제2호를 신설함]

제1027조 【법정단순승인의 예외】 상속인이 상속을 포기함으로 인하여 차순위 상속인이 상속을 승인한 때에는 전조 제3호의 사유는 상속의 승인으로 보지 아니한다.

제3관 한정승인

제1028조 【한정승인의 효과】 상속인은 상속으로 인하여 취득할 재산의 한도에서 피상속인의 채무와 유증을 변제할 것을 조건으로 상속을 승인할 수 있다. 〈개정 1990. 1. 13.〉

제1029조 【공동상속인의 한정승인】 상속인이 수인인 때에는 각 상속인은 그 상속분에 응하여 취득할 재산의 한도에서 그 상속분에 의한 피상속인의 채무와 유증을 변제할 것을 조건으로 상속을 승인할 수 있다.

제1030조 【한정승인의 방식】 ① 상속인이 한정승인을 할 때에는 제1019조제1항·제3항 또는 제4항의 기간 내에 상속재산의 목록을 첨부하여 법원에 한정승인의 신고를 하여야 한다. 〈개정 2005. 3. 31., 2022. 12. 13.〉

② 제1019조제3항 또는 제4항에 따라 한정승인을 한 경우 상속재산 중 이미 처분한 재산이 있는 때에는 그 목록과 가액을 함께 제출하여야 한다. 〈신설 2005. 3. 31., 2022. 12. 13.〉

제1031조 【한정승인과 재산상 권리의무의 불소멸】 상속인이 한정승인을 한 때에는 피상속인에 대한 상속인의 재산상 권리의무는 소멸하지 아니한다.

제1032조 【채권자에 대한 공고, 최고】 ① 한정승인자는 한정승인을 한 날로부터 5일내에 일반상속채권자와 유증받은 자에 대하여 한정승인의 사실과 일정한 기간 내에 그 채권 또는 수증을 신고할 것을 공고하여야 한다. 그 기간은 2월 이상이어야 한다.

② 제88조제2항, 제3항과 제89조의 규정은 전항의 경우에 준용한다.

제1033조 【최고기간 중의 변제거절】 한정승인자는 전조제1항의 기간만료전에는 상속채권의 변제를 거절할 수 있다.

제1034조 【배당변제】 ① 한정승인자는 제1032조제1항의 기간만료후에 상속재산으로서 그 기간 내에 신고한 채권자와 한정승인자가 알고 있는 채권자에 대하여 각 채권액의 비율로 변제하여야 한다. 그러나 우선권있는 채권자의 권리를 해하지 못한다.

② 제1019조제3항 또는 제4항에 따라 한정승인을 한 경우에는 그 상속인은 상속재산 중에서 남아있는 상속재산과 함께 이미 처분한 재산의 가액을 합하여 제1항의 변제를 하여야 한다. 다만, 한정승인을 하기 전에 상속채권자나 유증받은 자에 대하여 변제한 가액은 이미 처분한 재산의 가액에서 제외한다. 〈신설 2005. 3. 31., 2022. 12. 13.〉

제1035조 【변제기전의 채무 등의 변제】 ① 한정승인자는 변제기에 이르지 아니한 채권에 대하여도 전조의 규정에 의하여 변제하여야 한다.

② 조건있는 채권이나 존속기간의 불확정한 채권은 법원의 선임한 감정인의 평가에 의하여 변제하여야 한다.

제1036조 【수증자에의 변제】 한정승인자는 전2조의 규정에 의하여 상속채권자에 대한 변제를 완료한 후가 아니면 유증받은 자에게 변제하지 못한다.

제1037조 【상속재산의 경매】 전3조의 규정에 의한 변제를 하기 위하여 상속재산의 전부나 일부를 매각할 필요가 있는 때에는 민사집행법에 의하여 경매하여야 한다. 〈개정 1997. 12. 13., 2001. 12. 29.〉

제1038조 【부당변제 등으로 인한 책임】 ① 한정승인자가 제1032조의 규정에 의한 공고나 최고를 해태하거나 제1033조 내지 제1036조의 규정에 위반하여 어느 상속채권자나 유증받은 자에게 변제함으로 인하여 다른 상속채권자나 유증받은 자에 대하여 변제할 수 없게 된 때에는 한정승인자는 그 손해를 배상하여야 한다. 제1019조제3항의 규정에 의하여 한정승인을 한 경우 그 이전에 상속채무가 상속재산을 초과함을 알지 못한 데 과실이 있는 상속인이 상속채권자나 유증받은 자에게 변제한 때에도 또한 같다. 〈개정 2005. 3. 31.〉

② 제1항 전단의 경우에 변제를 받지 못한 상속채권자나 유증받은 자는 그 사정을 알고 변제를 받은 상속채권자나 유증받은 자에 대하여 구상권을 행

사할 수 있다. 제1019조제3항 또는 제4항에 따라 한정승인을 한 경우 그 이전에 상속채무가 상속재산을 초과함을 알고 변제받은 상속채권자나 유증받은 자가 있는 때에도 또한 같다. 〈개정 2005. 3. 31., 2022. 12. 13.〉

③ 제766조의 규정은 제1항 및 제2항의 경우에 준용한다. 〈개정 2005. 3. 31.〉

[제목개정 2005. 3. 31.]

제1039조【신고하지 않은 채권자 등】 제1032조제1항의 기간내에 신고하지 아니한 상속채권자 및 유증받은 자로서 한정승인자가 알지 못한 자는 상속재산의 잔여가 있는 경우에 한하여 그 변제를 받을 수 있다. 그러나 상속재산에 대하여 특별담보권있는 때에는 그러하지 아니하다.

제1040조【공동상속재산과 그 관리인의 선임】 ① 상속인이 수인인 경우에는 법원은 각 상속인 기타 이해관계인의 청구에 의하여 공동상속인 중에서 상속재산관리인을 선임할 수 있다.

② 법원이 선임한 관리인은 공동상속인을 대표하여 상속재산의 관리와 채무의 변제에 관한 모든 행위를 할 권리의무가 있다.

③ 제1022조, 제1032조 내지 전조의 규정은 전항의 관리인에 준용한다. 그러나 제1032조의 규정에 의하여 공고할 5일의 기간은 관리인이 그 선임을 안 날로부터 기산한다.

제4관 포기

제1041조【포기의 방식】 상속인이 상속을 포기할 때에는 제1019조제1항의 기간내에 가정법원에 포기의 신고를 하여야 한다. 〈개정 1990. 1. 13.〉

제1042조【포기의 소급효】 상속의 포기는 상속개시된 때에 소급하여 그 효력이 있다.

제1043조【포기한 상속재산의 귀속】 상속인이 수인인 경우에 어느 상속인이 상속을 포기한 때에는 그 상속분은 다른 상속인의 상속분의 비율로 그 상속인에게 귀속된다.

제1044조【포기한 상속재산의 관리계속의무】 ① 상속을 포기한 자는 그 포기로 인하여 상속인이 된 자가 상속재산을 관리할 수 있을 때까지 그 재산의 관리를 계속하여야 한다.

② 제1022조와 제1023조의 규정은 전항의 재산관리에 준용한다.

제5절 재산의 분리

제1045조【상속재산의 분리청구권】 ① 상속채권자나 유증받은 자 또는 상속인의 채권자는 상속개시된 날로부터 3월내에 상속재산과 상속인의 고유재산의 분리를 법원에 청구할 수 있다.

② 상속인이 상속의 승인이나 포기를 하지 아니한 동안은 전항의 기간경과후에도 재산의 분리를 청구할 수 있다. 〈개정 1990. 1. 13.〉

제1046조【분리명령과 채권자 등에 대한 공고, 최고】 ① 법원이 전조의 청구에 의하여 재산의 분리를 명한 때에는 그 청구자는 5일내에 일반상속채권자와 유증받은 자에 대하여 재산분리의 명령있은 사실과 일정한 기간내에 그 채권 또는 수증을 신고할 것을 공고하여야 한다. 그 기간은 2월 이상이어야 한다.

② 제88조제2항, 제3항과 제89조의 규정은 전항의 경우에 준용한다.

제1047조【분리후의 상속재산의 관리】 ① 법원이 재산의 분리를 명한 때에는 상속재산의 관리에 관하여 필요한 처분을 명할 수 있다.

② 법원이 재산관리인을 선임한 경우에는 제24조 내지 제26조의 규정을 준용한다.

제1048조【분리후의 상속인의 관리의무】 ① 상속인이 단순승인을 한 후에도 재산분리의 명령이 있는 때에는 상속재산에 대하여 자기의 고유재산과 동일한 주의로 관리하여야 한다.

② 제683조 내지 제685조 및 제688조제1항, 제2항의 규정은 전항의 재산관리에 준용한다.

제1049조【재산분리의 대항요건】 재산의 분리는 상속재산인 부동산에 관하여는 이를 등기하지 아니하면 제삼자에게 대항하지 못한다.

제1050조【재산분리와 권리의무의 불소멸】 재산분리의 명령이 있는 때에는 피상속인에 대한 상속인의 재산상 권리의무는 소멸하지 아니한다.

제1051조【변제의 거절과 배당변제】 ① 상속인은 제1045조 및 제1046조의 기간만료전에는 상속채권자와 유증받은 자에 대하여 변제를 거절할 수 있다.

② 전항의 기간만료후에 상속인은 상속재산으로써 재산분리의 청구 또는 그 기간내에 신고한 상속채권자, 유증받은 자와 상속인이 알고 있는 상속채권자, 유증받은 자에 대하여 각 채권액 또는 수증액의 비율로 변제하여야 한다. 그러나 우선권있는 채권자의 권리를 해하지 못한다.

③ 제1035조 내지 제1038조의 규정은 전항의 경우에 준용한다.

제1052조【고유재산으로부터의 변제】 ① 전조의 규정에 의한 상속채권자와 유증받은 자는 상속재산으로써 전액의 변제를 받을 수 없는 경우에 한하여 상속인의 고유재산으로부터 그 변제를 받을 수 있다.

② 전항의 경우에 상속인의 채권자는 상속인의 고유재산으로부터 우선변제를 받을 권리가 있다.

제6절 상속인의 부존재 〈개정 1990. 1. 13.〉

제1053조【상속인없는 재산의 관리인】 ① 상속인의 존부가 분명하지 아니한 때에는 법원은 제777조의 규정에 의한 피상속인의 친족 기타 이해관계인 또는 검사의 청구에 의하여 상속재산관리인을 선임하고 지체없이 이를 공고하여야 한다. 〈개정 1990. 1. 13.〉

② 제24조 내지 제26조의 규정은 전항의 재산관리인에 준용한다.

제1054조【재산목록제시와 상황보고】 관리인은 상속채권자나 유증받은 자의 청구가 있는 때에는 언제든지 상속재산의 목록을 제시하고 그 상황을 보고하여야 한다.

제1055조【상속인의 존재가 분명하여진 경우】 ① 관리인의 임무는 그 상속인이 상속의 승인을 한 때에 종료한다.

② 전항의 경우에는 관리인은 지체없이 그 상속인에 대하여 관리의 계산을 하여야 한다.

제1056조【상속인없는 재산의 청산】 ① 제1053조제1항의 공고있는 날로부터 3월내에 상속인의 존부를 알 수 없는 때에는 관리인은 지체없이 일반상속채권자와 유증받은 자에 대하여 일정한 기간 내에 그 채권 또는 수증을 신고할 것을 공고하여야 한다. 그 기간은 2월 이상이어야 한다.

② 제88조제2항, 제3항, 제89조, 제1033조 내지 제1039조의 규정은 전항의 경우에 준용한다.

제1057조【상속인수색의 공고】 제1056조제1항의 기간이 경과하여도 상속인의 존부를 알 수 없는 때에는 법원은 관리인의 청구에 의하여 상속인이 있으면 일정한 기간내에 그 권리를 주장할 것을 공고하여야 한다. 그 기간은 1년 이상이어야 한다. 〈개정 2005. 3. 31.〉

제1057조의2【특별연고자에 대한 분여】 ① 제1057조의 기간내에 상속권을 주장하는 자가 없는 때에는 가정법원은 피상속인과 생계를 같이 하고 있던 자, 피상속인의 요양간호를 한 자 기타 피상속인과 특별한 연고가 있던 자의 청구에 의하여 상속재산의 전부 또는 일부를 분여할 수 있다. 〈개정 2005. 3. 31.〉

② 제1항의 청구는 제1057조의 기간의 만료후 2월 이내에 하여야 한다. 〈개정 2005. 3. 31.〉

[본조신설 1990. 1. 13.]

제1058조【상속재산의 국가귀속】 ① 제1057조의2의 규정에 의하여 분여(分與)되지 아니한 때에는 상속재산은 국가에 귀속한다. 〈개정 2005. 3. 31.〉

② 제1055조제2항의 규정은 제1항의 경우에 준용한다. 〈개정 2005. 3. 31.〉

제1059조【국가귀속재산에 대한 변제청구의 금지】 전조제1항의 경우에는 상속재산으로 변제를 받지 못한 상속채권자나 유증을 받은 자가 있는 때에도 국가에 대하여 그 변제를 청구하지 못한다.

제2장 유언

제1절 총칙

제1060조【유언의 요식성】 유언은 본법의 정한 방식에 의하지 아니하면 효력이 생하지 아니한다.

제1061조【유언적령】 17세에 달하지 못한 자는 유언을 하지 못한다. 〈개정 2022. 12. 27.〉

제1062조【제한능력자의 유언】 유언에 관하여는 제5조, 제10조 및 제13조를 적용하지 아니한다.

[전문개정 2011. 3. 7.]

제1063조【피성년후견인의 유언능력】 ① 피성년후견인은 의사능력이 회복된 때에만 유언을 할 수 있다.

② 제1항의 경우에는 의사가 심신 회복의 상태를 유언서에 부기(附記)하고 서명날인하여야 한다.

[전문개정 2011. 3. 7.]

제1064조【유언과 태아, 상속결격자】제1000조제3항, 제1004조의 규정은 수증자에 준용한다. 〈개정 1990. 1. 13.〉

제2절 유언의 방식

제1065조【유언의 보통방식】유언의 방식은 자필증서, 녹음, 공정증서, 비밀증서와 구수증서의 5종으로 한다.

제1066조【자필증서에 의한 유언】① 자필증서에 의한 유언은 유언자가 그 전문과 연월일, 주소, 성명을 자서하고 날인하여야 한다.

② 전항의 증서에 문자의 삽입, 삭제 또는 변경을 함에는 유언자가 이를 자서하고 날인하여야 한다.

제1067조【녹음에 의한 유언】녹음에 의한 유언은 유언자가 유언의 취지, 그 성명과 연월일을 구술하고 이에 참여한 증인이 유언의 정확함과 그 성명을 구술하여야 한다.

제1068조【공정증서에 의한 유언】공정증서에 의한 유언은 유언자가 증인 2인이 참여한 공증인의 면전에서 유언의 취지를 구수하고 공증인이 이를 필기낭독하여 유언자와 증인이 그 정확함을 승인한 후 각자 서명 또는 기명날인하여야 한다.

제1069조【비밀증서에 의한 유언】① 비밀증서에 의한 유언은 유언자가 필자의 성명을 기입한 증서를 엄봉날인하고 이를 2인 이상의 증인의 면전에 제출하여 자기의 유언서임을 표시한 후 그 봉서표면에 제출연월일을 기재하고 유언자와 증인이 각자 서명 또는 기명날인하여야 한다.

② 전항의 방식에 의한 유언봉서는 그 표면에 기재된 날로부터 5일내에 공증인 또는 법원서기에게 제출하여 그 봉인상에 확정일자인을 받아야 한다.

제1070조【구수증서에 의한 유언】① 구수증서에 의한 유언은 질병 기타 급박한 사유로 인하여 전4조의 방식에 의할 수 없는 경우에 유언자가 2인 이상의 증인의 참여로 그 1인에게 유언의 취지를 구수하

고 그 구수를 받은 자가 이를 필기낭독하여 유언자의 증인이 그 정확함을 승인한 후 각자 서명 또는 기명날인하여야 한다.

② 전항의 방식에 의한 유언은 그 증인 또는 이해관계인이 급박한 사유의 종료한 날로부터 7일내에 법원에 그 검인을 신청하여야 한다.

③ 제1063조제2항의 규정은 구수증서에 의한 유언에 적용하지 아니한다.

제1071조【비밀증서에 의한 유언의 전환】비밀증서에 의한 유언이 그 방식에 흠결이 있는 경우에 그 증서가 자필증서의 방식에 적합한 때에는 자필증서에 의한 유언으로 본다.

제1072조【증인의 결격사유】① 다음 각 호의 어느 하나에 해당하는 사람은 유언에 참여하는 증인이 되지 못한다.

1. 미성년자
2. 피성년후견인과 피한정후견인
3. 유언으로 이익을 받을 사람, 그의 배우자와 직계혈족

② 공정증서에 의한 유언에는 「공증인법」에 따른 결격자는 증인이 되지 못한다.

[전문개정 2011. 3. 7.]

제3절 유언의 효력

제1073조【유언의 효력발생시기】① 유언은 유언자가 사망한 때로부터 그 효력이 생긴다.

② 유언에 정지조건이 있는 경우에 그 조건이 유언자의 사망후에 성취한 때에는 그 조건성취한 때로부터 유언의 효력이 생긴다.

제1074조【유증의 승인, 포기】① 유증을 받을 자는 유언자의 사망후에 언제든지 유증을 승인 또는 포기할 수 있다.

② 전항의 승인이나 포기는 유언자의 사망한 때에 소급하여 그 효력이 있다.

제1075조【유증의 승인, 포기의 취소금지】① 유증의 승인이나 포기는 취소하지 못한다.

② 제1024조제2항의 규정은 유증의 승인과 포기에 준용한다.

제1076조 【수증자의 상속인의 승인, 포기】 수증자가 승인이나 포기를 하지 아니하고 사망한 때에는 그 상속인은 상속분의 한도에서 승인 또는 포기할 수 있다. 그러나 유언자가 유언으로 다른 의사를 표시한 때에는 그 의사에 의한다.

제1077조 【유증의무자의 최고권】 ① 유증의무자나 이해관계인은 상당한 기간을 정하여 그 기간 내에 승인 또는 포기를 확답할 것을 수증자 또는 그 상속인에게 최고할 수 있다.

② 전항의 기간내에 수증자 또는 상속인이 유증의무자에 대하여 최고에 대한 확답을 하지 아니한 때에는 유증을 승인한 것으로 본다.

제1078조 【포괄적 수증자의 권리의무】 포괄적 유증을 받은 자는 상속인과 동일한 권리의무가 있다. 〈개정 1990. 1. 13.〉

제1079조 【수증자의 과실취득권】 수증자는 유증의 이행을 청구할 수 있는 때로부터 그 목적물의 과실을 취득한다. 그러나 유언자가 유언으로 다른 의사를 표시한 때에는 그 의사에 의한다.

제1080조 【과실수취비용의 상환청구권】 유증의무자가 유언자의 사망후에 그 목적물의 과실을 수취하기 위하여 필요비를 지출한 때에는 그 과실의 가액의 한도에서 과실을 취득한 수증자에게 상환을 청구할 수 있다.

제1081조 【유증의무자의 비용상환청구권】 유증의무자가 유언자의 사망후에 그 목적물에 대하여 비용을 지출한 때에는 제325조의 규정을 준용한다.

제1082조 【불특정물유증의무자의 담보책임】 ① 불특정물을 유증의 목적으로 한 경우에는 유증의무자는 그 목적물에 대하여 매도인과 같은 담보책임이 있다.

② 전항의 경우에 목적물에 하자가 있는 때에는 유증의무자는 하자없는 물건으로 인도하여야 한다.

제1083조 【유증의 물상대위성】 유증자가 유증목적물의 멸실, 훼손 또는 점유의 침해로 인하여 제삼자에게 손해배상을 청구할 권리가 있는 때에는 그 권리를 유증의 목적으로 한 것으로 본다.

제1084조 【채권의 유증의 물상대위성】 ① 채권을 유증의 목적으로 한 경우에 유언자가 그 변제를 받은 물건이 상속재산 중에 있는 때에는 그 물건을 유증의 목적으로 한 것으로 본다.

② 전항의 채권이 금전을 목적으로 한 경우에는 그 변제받은 채권액에 상당한 금전이 상속재산중에 없는 때에도 그 금액을 유증의 목적으로 한 것으로 본다.

제1085조 【제삼자의 권리의 목적인 물건 또는 권리의 유증】 유증의 목적인 물건이나 권리가 유언자의 사망 당시에 제삼자의 권리의 목적인 경우에는 수증자는 유증의무자에 대하여 그 제삼자의 권리를 소멸시킬 것을 청구하지 못한다.

제1086조 【유언자가 다른 의사표시를 한 경우】 전3조의 경우에 유언자가 유언으로 다른 의사를 표시한 때에는 그 의사에 의한다.

제1087조 【상속재산에 속하지 아니한 권리의 유증】 ① 유언의 목적이 된 권리가 유언자의 사망당시에 상속재산에 속하지 아니한 때에는 유언은 그 효력이 없다. 그러나 유언자가 자기의 사망당시에 그 목적물이 상속재산에 속하지 아니한 경우에도 유언의 효력이 있게 할 의사인 때에는 유증의무자는 그 권리를 취득하여 수증자에게 이전할 의무가 있다.

② 전항 단서의 경우에 그 권리를 취득할 수 없거나 그 취득에 과다한 비용을 요할 때에는 그 가액으로 변상할 수 있다.

제1088조 【부담있는 유증과 수증자의 책임】 ① 부담있는 유증을 받은 자는 유증의 목적의 가액을 초과하지 아니한 한도에서 부담한 의무를 이행할 책임이 있다.

② 유증의 목적의 가액이 한정승인 또는 재산분리로 인하여 감소된 때에는 수증자는 그 감소된 한도에서 부담할 의무를 면한다.

제1089조 【유증효력발생전의 수증자의 사망】 ① 유증은 유언자의 사망전에 수증자가 사망한 때에는 그 효력이 생기지 아니한다.

② 정지조건있는 유증은 수증자가 그 조건성취전에 사망한 때에는 그 효력이 생기지 아니한다.

제1090조 【유증의 무효, 실효의 경우와 목적재산의 귀속】 유증이 그 효력이 생기지 아니하거나 수증자가 이를 포기한 때에는 유증의 목적인 재산은 상속인에게 귀속한다. 그러나 유언자가 유언으로 다른 의사를 표시한 때에는 그 의사에 의한다.

제4절 유언의 집행

제1091조 【유언증서, 녹음의 검인】 ① 유언의 증서나 녹음을 보관한 자 또는 이를 발견한 자는 유언자의 사망후 지체없이 법원에 제출하여 그 검인을 청구하여야 한다.
② 전항의 규정은 공정증서나 구수증서에 의한 유언에 적용하지 아니한다.

제1092조 【유언증서의 개봉】 법원이 봉인된 유언증서를 개봉할 때에는 유언자의 상속인, 그 대리인 기타 이해관계인의 참여가 있어야 한다.

제1093조 【유언집행자의 지정】 유언자는 유언으로 유언집행자를 지정할 수 있고 그 지정을 제삼자에게 위탁할 수 있다.

제1094조 【위탁에 의한 유언집행자의 지정】 ① 전조의 위탁을 받은 제삼자는 그 위탁있음을 안 후 지체없이 유언집행자를 지정하여 상속인에게 통지하여야 하며 그 위탁을 사퇴할 때에는 이를 상속인에게 통지하여야 한다.
② 상속인 기타 이해관계인은 상당한 기간을 정하여 그 기간내에 유언집행자를 지정할 것을 위탁 받은 자에게 최고할 수 있다. 그 기간내에 지정의 통지를 받지 못한 때에는 그 지정의 위탁을 사퇴한 것으로 본다.

제1095조 【지정유언집행자가 없는 경우】 전2조의 규정에 의하여 지정된 유언집행자가 없는 때에는 상속인이 유언집행자가 된다.

제1096조 【법원에 의한 유언집행자의 선임】 ① 유언집행자가 없거나 사망, 결격 기타 사유로 인하여 없게 된 때에는 법원은 이해관계인의 청구에 의하여 유언집행자를 선임하여야 한다.
② 법원이 유언집행자를 선임한 경우에는 그 임무에 관하여 필요한 처분을 명할 수 있다.

제1097조 【유언집행자의 승낙, 사퇴】 ① 지정에 의한 유언집행자는 유언자의 사망후 지체없이 이를 승낙하거나 사퇴할 것을 상속인에게 통지하여야 한다.
② 선임에 의한 유언집행자는 선임의 통지를 받은 후 지체없이 이를 승낙하거나 사퇴할 것을 법원에 통지하여야 한다.

③ 상속인 기타 이해관계인은 상당한 기간을 정하여 그 기간내에 승낙여부를 확답할 것을 지정 또는 선임에 의한 유언집행자에게 최고할 수 있다. 그 기간내에 최고에 대한 확답을 받지 못한 때에는 유언집행자가 그 취임을 승낙한 것으로 본다.

제1098조 【유언집행자의 결격사유】 제한능력자와 파산선고를 받은 자는 유언집행자가 되지 못한다.
[전문개정 2011. 3. 7.]

제1099조 【유언집행자의 임무착수】 유언집행자가 그 취임을 승낙한 때에는 지체없이 그 임무를 이행하여야 한다.

제1100조 【재산목록작성】 ① 유언이 재산에 관한 것인 때에는 지정 또는 선임에 의한 유언집행자는 지체없이 그 재산목록을 작성하여 상속인에게 교부하여야 한다.
② 상속인의 청구가 있는 때에는 전항의 재산목록작성에 상속인을 참여하게 하여야 한다.

제1101조 【유언집행자의 권리의무】 유언집행자는 유증의 목적인 재산의 관리 기타 유언의 집행에 필요한 행위를 할 권리의무가 있다.

제1102조 【공동유언집행】 유언집행자가 수인인 경우에는 임무의 집행은 그 과반수의 찬성으로써 결정한다. 그러나 보존행위는 각자가 이를 할 수 있다.

제1103조 【유언집행자의 지위】 ① 지정 또는 선임에 의한 유언집행자는 상속인의 대리인으로 본다.
② 제681조 내지 제685조, 제687조, 제691조와 제692조의 규정은 유언집행자에 준용한다.

제1104조 【유언집행자의 보수】 ① 유언자가 유언으로 그 집행자의 보수를 정하지 아니한 경우에는 법원은 상속재산의 상황 기타 사정을 참작하여 지정 또는 선임에 의한 유언집행자의 보수를 정할 수 있다.
② 유언집행자가 보수를 받는 경우에는 제686조제2항, 제3항의 규정을 준용한다.

제1105조 【유언집행자의 사퇴】 지정 또는 선임에 의한 유언집행자는 정당한 사유있는 때에는 법원의 허가를 얻어 그 임무를 사퇴할 수 있다.

제1106조【유언집행자의 해임】 지정 또는 선임에 의한 유언집행자에 그 임무를 해태하거나 적당하지 아니한 사유가 있는 때에는 법원은 상속인 기타 이해관계인의 청구에 의하여 유언집행자를 해임할 수 있다.

제1107조【유언집행의 비용】 유언의 집행에 관한 비용은 상속재산 중에서 이를 지급한다.

제5절 유언의 철회

제1108조【유언의 철회】 ① 유언자는 언제든지 유언 또는 생전행위로써 유언의 전부나 일부를 철회할 수 있다.

② 유언자는 그 유언을 철회할 권리를 포기하지 못한다.

제1109조【유언의 저촉】 전후의 유언이 저촉되거나 유언후의 생전행위가 유언과 저촉되는 경우에는 그 저촉된 부분의 전유언은 이를 철회한 것으로 본다.

제1110조【파훼로 인한 유언의 철회】 유언자가 고의로 유언증서 또는 유증의 목적물을 파훼한 때에는 그 파훼한 부분에 관한 유언은 이를 철회한 것으로 본다.

제1111조【부담있는 유언의 취소】 부담있는 유증을 받은 자가 그 부담의무를 이행하지 아니한 때에는 상속인 또는 유언집행자는 상당한 기간을 정하여 이행할 것을 최고하고 그 기간내에 이행하지 아니한 때에는 법원에 유언의 취소를 청구할 수 있다. 그러나 제삼자의 이익을 해하지 못한다.

제3장 유류분 〈개정 1990. 1. 13.〉

제1112조【유류분의 권리자와 유류분】 상속인의 유류분은 다음 각호에 의한다.

1. 피상속인의 직계비속은 그 법정상속분의 2분의 1
2. 피상속인의 배우자는 그 법정상속분의 2분의 1
3. 피상속인의 직계존속은 그 법정상속분의 3분의 1
4. 피상속인의 형제자매는 그 법정상속분의 3분의 1

[본조신설 1977. 12. 31.]

제1113조【유류분의 산정】 ① 유류분은 피상속인의 상속개시시에 있어서 가진 재산의 가액에 증여재산의 가액을 가산하고 채무의 전액을 공제하여 이를 산정한다.

② 조건부의 권리 또는 존속기간이 불확정한 권리는 가정법원이 선임한 감정인의 평가에 의하여 그 가격을 정한다.

[본조신설 1977. 12. 31.]

제1114조【산입될 증여】 증여는 상속개시전의 1년간에 행한 것에 한하여 제1113조의 규정에 의하여 그 가액을 산정한다. 당사자 쌍방이 유류분권리자에 손해를 가할 것을 알고 증여를 한 때에는 1년전에 한 것도 같다.

[본조신설 1977. 12. 31.]

제1115조【유류분의 보전】 ① 유류분권리자가 피상속인의 제1114조에 규정된 증여 및 유증으로 인하여 그 유류분에 부족이 생긴 때에는 부족한 한도에서 그 재산의 반환을 청구할 수 있다.

② 제1항의 경우에 증여 및 유증을 받은 자가 수인인 때에는 각자가 얻은 유증가액의 비례로 반환하여야 한다.

[본조신설 1977. 12. 31.]

제1116조【반환의 순서】 증여에 대하여는 유증을 반환받은 후가 아니면 이것을 청구할 수 없다.

[본조신설 1977. 12. 31.]

제1117조【소멸시효】 반환의 청구권은 유류분권리자가 상속의 개시와 반환하여야 할 증여 또는 유증을 한 사실을 안 때로부터 1년내에 하지 아니하면 시효에 의하여 소멸한다. 상속이 개시한 때로부터 10년을 경과한 때도 같다.

[본조신설 1977. 12. 31.]

제1118조【준용규정】 제1001조, 제1008조, 제1010조의 규정은 유류분에 이를 준용한다.

[본조신설 1977. 12. 31.]

부칙 〈제19098호, 2022. 12. 27.〉

이 법은 공포 후 6개월이 경과한 날부터 시행한다.

주택임대차보호법(약칭 : 주택임대차법)

[시행 2023. 7. 19.] [법률 제19356호, 2023. 4. 18., 일부개정]

제1조 【목적】 이 법은 주거용 건물의 임대차(賃貸借)에 관하여 「민법」에 대한 특례를 규정함으로써 국민 주거생활의 안정을 보장함을 목적으로 한다.
[전문개정 2008. 3. 21.]

제2조 【적용 범위】 이 법은 주거용 건물(이하 "주택"이라 한다)의 전부 또는 일부의 임대차에 관하여 적용한다. 그 임차주택(賃借住宅)의 일부가 주거 외의 목적으로 사용되는 경우에도 또한 같다.
[전문개정 2008. 3. 21.]

제3조 【대항력 등】 ① 임대차는 그 등기(登記)가 없는 경우에도 임차인(賃借人)이 주택의 인도(引渡)와 주민등록을 마친 때에는 그 다음 날부터 제삼자에 대하여 효력이 생긴다. 이 경우 전입신고를 한 때에 주민등록이 된 것으로 본다.

② 주택도시기금을 재원으로 하여 저소득층 무주택자에게 주거생활 안정을 목적으로 전세임대주택을 지원하는 법인이 주택을 임차한 후 지방자치단체의 장 또는 그 법인이 선정한 입주자가 그 주택을 인도받고 주민등록을 마쳤을 때에는 제1항을 준용한다. 이 경우 대항력이 인정되는 법인은 대통령령으로 정한다. 〈개정 2015. 1. 6.〉

③ 「중소기업기본법」 제2조에 따른 중소기업에 해당하는 법인이 소속 직원의 주거용으로 주택을 임차한 후 그 법인이 선정한 직원이 해당 주택을 인도받고 주민등록을 마쳤을 때에는 제1항을 준용한다. 임대차가 끝나기 전에 그 직원이 변경된 경우에는 그 법인이 선정한 새로운 직원이 주택을 인도받고 주민등록을 마친 다음 날부터 제삼자에 대하여 효력이 생긴다. 〈신설 2013. 8. 13.〉

④ 임차주택의 양수인(讓受人)(그 밖에 임대할 권리를 승계한 자를 포함한다)은 임대인(賃貸人)의 지위를 승계한 것으로 본다. 〈개정 2013. 8. 13.〉

⑤ 이 법에 따라 임대차의 목적이 된 주택이 매매나 경매의 목적물이 된 경우에는 「민법」 제575조제1항·제3항 및 같은 법 제578조를 준용한다. 〈개정 2013. 8. 13.〉

⑥ 제5항의 경우에는 동시이행의 항변권(抗辯權)에 관한 「민법」 제536조를 준용한다. 〈개정 2013. 8. 13.〉
[전문개정 2008. 3. 21.]

제3조의2 【보증금의 회수】 ① 임차인(제3조제2항 및 제3항의 법인을 포함한다. 이하 같다)이 임차주택에 대하여 보증금반환청구소송의 확정판결이나 그 밖에 이에 준하는 집행권원(執行權原)에 따라서 경매를 신청하는 경우에는 집행개시(執行開始)요건에 관한 「민사집행법」 제41조에도 불구하고 반대의무(反對義務)의 이행이나 이행의 제공을 집행개시의 요건으로 하지 아니한다. 〈개정 2013. 8. 13.〉

② 제3조제1항·제2항 또는 제3항의 대항요건(對抗要件)과 임대차계약증서(제3조제2항 및 제3항의 경우에는 법인과 임대인 사이의 임대차계약증서를 말한다)상의 확정일자(確定日字)를 갖춘 임차인은 「민사집행법」에 따른 경매 또는 「국세징수법」에 따른 공매(公賣)를 할 때에 임차주택(대지를 포함한다)의 환가대금(換價代金)에서 후순위권리자(後順位權利者)나 그 밖의 채권자보다 우선하여 보증금을 변제(辨濟)받을 권리가 있다. 〈개정 2013. 8. 13.〉

③ 임차인은 임차주택을 양수인에게 인도하지 아니하면 제2항에 따른 보증금을 받을 수 없다.

④ 제2항 또는 제7항에 따른 우선변제의 순위와 보증금에 대하여 이의가 있는 이해관계인은 경매법원이나 체납처분청에 이의를 신청할 수 있다. 〈개정 2013. 8. 13.〉

⑤ 제4항에 따라 경매법원에 이의를 신청하는 경우에는 「민사집행법」 제152조부터 제161조까지의 규정을 준용한다.

⑥ 제4항에 따라 이의신청을 받은 체납처분청은 이해관계인이 이의신청일부터 7일 이내에 임차인 또는 제7항에 따라 우선변제권을 승계한 금융기관 등을

상대로 소(訴)를 제기한 것을 증명하면 해당 소송이 끝날 때까지 이의가 신청된 범위에서 임차인 또는 제7항에 따라 우선변제권을 승계한 금융기관 등에 대한 보증금의 변제를 유보(留保)하고 남은 금액을 배분하여야 한다. 이 경우 유보된 보증금은 소송의 결과에 따라 배분한다. 〈개정 2013. 8. 13.〉

⑦ 다음 각 호의 금융기관 등이 제2항, 제3조의3제5항, 제3조의4제1항에 따른 우선변제권을 취득한 임차인의 보증금반환채권을 계약으로 양수한 경우에는 양수한 금액의 범위에서 우선변제권을 승계한다. 〈신설 2013. 8. 13., 2015. 1. 6., 2016. 5. 29.〉

1. 「은행법」에 따른 은행
2. 「중소기업은행법」에 따른 중소기업은행
3. 「한국산업은행법」에 따른 한국산업은행
4. 「농업협동조합법」에 따른 농협은행
5. 「수산업협동조합법」에 따른 수협은행
6. 「우체국예금·보험에 관한 법률」에 따른 체신관서
7. 「한국주택금융공사법」에 따른 한국주택금융공사
8. 「보험업법」 제4조제1항제2호라목의 보증보험을 보험종목으로 허가받은 보험회사
9. 「주택도시기금법」에 따른 주택도시보증공사
10. 그 밖에 제1호부터 제9호까지에 준하는 것으로서 대통령령으로 정하는 기관

⑧ 제7항에 따라 우선변제권을 승계한 금융기관 등(이하 "금융기관등"이라 한다)은 다음 각 호의 어느 하나에 해당하는 경우에는 우선변제권을 행사할 수 없다. 〈신설 2013. 8. 13.〉

1. 임차인이 제3조제1항·제2항 또는 제3항의 대항요건을 상실한 경우
2. 제3조의3제5항에 따른 임차권등기가 말소된 경우
3. 「민법」 제621조에 따른 임대차등기가 말소된 경우

⑨ 금융기관등은 우선변제권을 행사하기 위하여 임차인을 대리하거나 대위하여 임대차를 해지할 수 없다. 〈신설 2013. 8. 13.〉
[전문개정 2008. 3. 21.]

제3조의3【임차권등기명령】 ① 임대차가 끝난 후 보증금이 반환되지 아니한 경우 임차인은 임차주택의 소재지를 관할하는 지방법원·지방법원지원 또는 시·군 법원에 임차권등기명령을 신청할 수 있다. 〈개정 2013. 8. 13.〉

② 임차권등기명령의 신청서에는 다음 각 호의 사항을 적어야 하며, 신청의 이유와 임차권등기의 원인이 된 사실을 소명(疏明)하여야 한다. 〈개정 2013. 8. 13.〉

1. 신청의 취지 및 이유
2. 임대차의 목적인 주택(임대차의 목적이 주택의 일부분인 경우에는 해당 부분의 도면을 첨부한다)
3. 임차권등기의 원인이 된 사실(임차인이 제3조제1항·제2항 또는 제3항에 따른 대항력을 취득하였거나 제3조의2제2항에 따른 우선변제권을 취득한 경우에는 그 사실)
4. 그 밖에 대법원규칙으로 정하는 사항

③ 다음 각 호의 사항 등에 관하여는 「민사집행법」 제280조제1항, 제281조, 제283조, 제285조, 제286조, 제288조제1항, 같은 조 제2항 본문, 제289조, 제290조제2항 중 제288조제1항에 대한 부분, 제291조, 제292조제3항 및 제293조를 준용한다. 이 경우 "가압류"는 "임차권등기"로, "채권자"는 "임차인"으로, "채무자"는 "임대인"으로 본다. 〈개정 2023. 4. 18.〉

1. 임차권등기명령의 신청에 대한 재판
2. 임차권등기명령의 결정에 대한 임대인의 이의신청 및 그에 대한 재판
3. 임차권등기명령의 취소신청 및 그에 대한 재판
4. 임차권등기명령의 집행

④ 임차권등기명령의 신청을 기각(棄却)하는 결정에 대하여 임차인은 항고(抗告)할 수 있다.

⑤ 임차인은 임차권등기명령의 집행에 따른 임차권등기를 마치면 제3조제1항·제2항 또는 제3항에 따른 대항력과 제3조의2제2항에 따른 우선변제권을 취득한다. 다만, 임차인이 임차권등기 이전에 이미 대항력이나 우선변제권을 취득한 경우에는 그 대항력이나 우선변제권은 그대로 유지되며, 임차권등기 이후에는 제3조제1항·제2항 또는 제3항의 대항요건을 상실하더라도 이미 취득한 대항력이나 우선변제권을 상실하지 아니한다. 〈개정 2013. 8. 13.〉

⑥ 임차권등기명령의 집행에 따른 임차권등기가 끝난 주택(임대차의 목적이 주택의 일부분인 경우에는 해당 부분으로 한정한다)을 그 이후에 임차한 임차인은 제8조에 따른 우선변제를 받을 권리가 없다.

⑦ 임차권등기의 촉탁(囑託), 등기관의 임차권등기 기입(記入) 등 임차권등기명령을 시행하는 데에 필요한 사항은 대법원규칙으로 정한다. 〈개정 2011. 4. 12.〉

⑧ 임차인은 제1항에 따른 임차권등기명령의 신청과 그에 따른 임차권등기와 관련하여 든 비용을 임대인에게 청구할 수 있다.

⑨ 금융기관등은 임차인을 대위하여 제1항의 임차권등기명령을 신청할 수 있다. 이 경우 제3항·제4항 및 제8항의 "임차인"은 "금융기관등"으로 본다. 〈신설 2013. 8. 13.〉

[전문개정 2008. 3. 21.]

제3조의4 【「민법」에 따른 주택임대차등기의 효력 등】 ①「민법」제621조에 따른 주택임대차등기의 효력에 관하여는 제3조의3제5항 및 제6항을 준용한다.

② 임차인이 대항력이나 우선변제권을 갖추고 「민법」 제621조제1항에 따라 임대인의 협력을 얻어 임대차등기를 신청하는 경우에는 신청서에 「부동산등기법」 제74조제1호부터 제6호까지의 사항 외에 다음 각 호의 사항을 적어야 하며, 이를 증명할 수 있는 서면(임대차의 목적이 주택의 일부분인 경우에는 해당 부분의 도면을 포함한다)을 첨부하여야 한다. 〈개정 2011. 4. 12., 2020. 2. 4.〉

1. 주민등록을 마친 날
2. 임차주택을 점유(占有)한 날
3. 임대차계약증서상의 확정일자를 받은 날

[전문개정 2008. 3. 21.]

제3조의5 【경매에 의한 임차권의 소멸】 임차권은 임차주택에 대하여 「민사집행법」에 따른 경매가 행하여진 경우에는 그 임차주택의 경락(競落)에 따라 소멸한다. 다만, 보증금이 모두 변제되지 아니한, 대항력이 있는 임차권은 그러하지 아니하다.

[전문개정 2008. 3. 21.]

제3조의6 【확정일자 부여 및 임대차 정보제공 등】 ① 제3조의2제2항의 확정일자는 주택 소재지의 읍·면

사무소, 동 주민센터 또는 시(특별시·광역시·특별자치시는 제외하고, 특별자치도는 포함한다)·군·구(자치구를 말한다)의 출장소, 지방법원 및 그 지원과 등기소 또는 「공증인법」에 따른 공증인(이하 이 조에서 "확정일자부여기관"이라 한다)이 부여한다.

② 확정일자부여기관은 해당 주택의 소재지, 확정일자 부여일, 차임 및 보증금 등을 기재한 확정일자부를 작성하여야 한다. 이 경우 전산처리정보조직을 이용할 수 있다.

③ 주택의 임대차에 이해관계가 있는 자는 확정일자부여기관에 해당 주택의 확정일자 부여일, 차임 및 보증금 등 정보의 제공을 요청할 수 있다. 이 경우 요청을 받은 확정일자부여기관은 정당한 사유 없이 이를 거부할 수 없다.

④ 임대차계약을 체결하려는 자는 임대인의 동의를 받아 확정일자부여기관에 제3항에 따른 정보제공을 요청할 수 있다.

⑤ 제1항·제3항 또는 제4항에 따라 확정일자를 부여받거나 정보를 제공받으려는 자는 수수료를 내야 한다.

⑥ 확정일자부에 기재하여야 할 사항, 주택의 임대차에 이해관계가 있는 자의 범위, 확정일자부여기관에 요청할 수 있는 정보의 범위 및 수수료, 그 밖에 확정일자부여사무와 정보제공 등에 필요한 사항은 대통령령 또는 대법원규칙으로 정한다.

[본조신설 2013. 8. 13.]

제3조의7 【임대인의 정보 제시 의무】 임대차계약을 체결할 때 임대인은 다음 각 호의 사항을 임차인에게 제시하여야 한다.

1. 제3조의6제3항에 따른 해당 주택의 확정일자 부여일, 차임 및 보증금 등 정보. 다만, 임대인이 임대차계약을 체결하기 전에 제3조의6제4항에 따라 동의함으로써 이를 갈음할 수 있다.

2. 「국세징수법」 제108조에 따른 납세증명서 및 「지방세징수법」 제5조제2항에 따른 납세증명서. 다만, 임대인이 임대차계약을 체결하기 전에 「국세징수법」 제109조제1항에 따른 미납국세와 체납액의 열람 및 「지방세징수법」 제6조제1항에 따른 미납지방세의 열람에 각각 동의

함으로써 이를 갈음할 수 있다.

[본조신설 2023. 4. 18.]

제4조【임대차기간 등】 ① 기간을 정하지 아니하거나 2년 미만으로 정한 임대차는 그 기간을 2년으로 본다. 다만, 임차인은 2년 미만으로 정한 기간이 유효함을 주장할 수 있다.

② 임대차기간이 끝난 경우에도 임차인이 보증금을 반환받을 때까지는 임대차관계가 존속되는 것으로 본다.

[전문개정 2008. 3. 21.]

제5조 삭제 〈1989. 12. 30.〉

제6조【계약의 갱신】 ① 임대인이 임대차기간이 끝나기 6개월 전부터 2개월 전까지의 기간에 임차인에게 갱신거절(更新拒絶)의 통지를 하지 아니하거나 계약조건을 변경하지 아니하면 갱신하지 아니한다는 뜻의 통지를 하지 아니한 경우에는 그 기간이 끝난 때에 전 임대차와 동일한 조건으로 다시 임대차한 것으로 본다. 임차인이 임대차기간이 끝나기 2개월 전까지 통지하지 아니한 경우에도 또한 같다. 〈개정 2020. 6. 9.〉

② 제1항의 경우 임대차의 존속기간은 2년으로 본다. 〈개정 2009. 5. 8.〉

③ 2기(期)의 차임액(借賃額)에 달하도록 연체하거나 그 밖에 임차인으로서의 의무를 현저히 위반한 임차인에 대하여는 제1항을 적용하지 아니한다.

[전문개정 2008. 3. 21.]

제6조의2【묵시적 갱신의 경우 계약의 해지】 ① 제6조 제1항에 따라 계약이 갱신된 경우 같은 조 제2항에도 불구하고 임차인은 언제든지 임대인에게 계약해지(契約解止)를 통지할 수 있다. 〈개정 2009. 5. 8.〉

② 제1항에 따른 해지는 임대인이 그 통지를 받은 날부터 3개월이 지나면 그 효력이 발생한다.

[전문개정 2008. 3. 21.]

제6조의3【계약갱신 요구 등】 ① 제6조에도 불구하고 임대인은 임차인이 제6조제1항 전단의 기간 이내에 계약갱신을 요구할 경우 정당한 사유 없이 거절하지 못한다. 다만, 다음 각 호의 어느 하나에 해당하는 경우에는 그러하지 아니하다.

1. 임차인이 2기의 차임액에 해당하는 금액에 이르도록 차임을 연체한 사실이 있는 경우

2. 임차인이 거짓이나 그 밖의 부정한 방법으로 임차한 경우

3. 서로 합의하여 임대인이 임차인에게 상당한 보상을 제공한 경우

4. 임차인이 임대인의 동의 없이 목적 주택의 전부 또는 일부를 전대(轉貸)한 경우

5. 임차인이 임차한 주택의 전부 또는 일부를 고의나 중대한 과실로 파손한 경우

6. 임차한 주택의 전부 또는 일부가 멸실되어 임대차의 목적을 달성하지 못할 경우

7. 임대인이 다음 각 목의 어느 하나에 해당하는 사유로 목적 주택의 전부 또는 대부분을 철거하거나 재건축하기 위하여 목적 주택의 점유를 회복할 필요가 있는 경우

   가. 임대차계약 체결 당시 공사시기 및 소요기간 등을 포함한 철거 또는 재건축 계획을 임차인에게 구체적으로 고지하고 그 계획에 따르는 경우

   나. 건물이 노후·훼손 또는 일부 멸실되는 등 안전사고의 우려가 있는 경우

   다. 다른 법령에 따라 철거 또는 재건축이 이루어지는 경우

8. 임대인(임대인의 직계존속·직계비속을 포함한다)이 목적 주택에 실제 거주하려는 경우

9. 그 밖에 임차인이 임차인으로서의 의무를 현저히 위반하거나 임대차를 계속하기 어려운 중대한 사유가 있는 경우

② 임차인은 제1항에 따른 계약갱신요구권을 1회에 한하여 행사할 수 있다. 이 경우 갱신되는 임대차의 존속기간은 2년으로 본다.

③ 갱신되는 임대차는 전 임대차와 동일한 조건으로 다시 계약된 것으로 본다. 다만, 차임과 보증금은 제7조의 범위에서 증감할 수 있다.

④ 제1항에 따라 갱신되는 임대차의 해지에 관하여는 제6조의2를 준용한다.

⑤ 임대인이 제1항제8호의 사유로 갱신을 거절하였음에도 불구하고 갱신요구가 거절되지 아니하였더라면 갱신되었을 기간이 만료되기 전에 정당한

사유 없이 제3자에게 목적 주택을 임대한 경우 임대인은 갱신거절로 인하여 임차인이 입은 손해를 배상하여야 한다.

⑥ 제5항에 따른 손해배상액은 거절 당시 당사자 간에 손해배상액의 예정에 관한 합의가 이루어지지 않는 한 다음 각 호의 금액 중 큰 금액으로 한다.

1. 갱신거절 당시 월차임(차임 외에 보증금이 있는 경우에는 그 보증금을 제7조의2 각 호 중 낮은 비율에 따라 월 단위의 차임으로 전환한 금액을 포함한다. 이하 "환산월차임"이라 한다)의 3개월분에 해당하는 금액

2. 임대인이 제3자에게 임대하여 얻은 환산월차임과 갱신거절 당시 환산월차임 간 차액의 2년분에 해당하는 금액

3. 제1항제8호의 사유로 인한 갱신거절로 인하여 임차인이 입은 손해액

[본조신설 2020. 7. 31.]

제7조 【차임 등의 증감청구권】 ① 당사자는 약정한 차임이나 보증금이 임차주택에 관한 조세, 공과금, 그 밖의 부담의 증감이나 경제사정의 변동으로 인하여 적절하지 아니하게 된 때에는 장래에 대하여 그 증감을 청구할 수 있다. 이 경우 증액청구는 임대차계약 또는 약정한 차임이나 보증금의 증액이 있은 후 1년 이내에는 하지 못한다. 〈개정 2020. 7. 31.〉

② 제1항에 따른 증액청구는 약정한 차임이나 보증금의 20분의 1의 금액을 초과하지 못한다. 다만, 특별시·광역시·특별자치시·도 및 특별자치도는 관할 구역 내의 지역별 임대차 시장 여건 등을 고려하여 본문의 범위에서 증액청구의 상한을 조례로 달리 정할 수 있다. 〈신설 2020. 7. 31.〉

[전문개정 2008. 3. 21.]

제7조의2 【월차임 전환 시 산정률의 제한】 보증금의 전부 또는 일부를 월 단위의 차임으로 전환하는 경우에는 그 전환되는 금액에 다음 각 호 중 낮은 비율을 곱한 월차임(月借賃)의 범위를 초과할 수 없다. 〈개정 2010. 5. 17., 2013. 8. 13., 2016. 5. 29.〉

1. 「은행법」에 따른 은행에서 적용하는 대출금리와 해당 지역의 경제 여건 등을 고려하여 대통령령으로 정하는 비율

2. 한국은행에서 공시한 기준금리에 대통령령으로 정하는 이율을 더한 비율

[전문개정 2008. 3. 21.]

제8조 【보증금 중 일정액의 보호】 ① 임차인은 보증금 중 일정액을 다른 담보물권자(擔保物權者)보다 우선하여 변제받을 권리가 있다. 이 경우 임차인은 주택에 대한 경매신청의 등기 전에 제3조제1항의 요건을 갖추어야 한다.

② 제1항의 경우에는 제3조의2제4항부터 제6항까지의 규정을 준용한다.

③ 제1항에 따라 우선변제를 받을 임차인 및 보증금 중 일정액의 범위와 기준은 제8조의2에 따른 주택임대차위원회의 심의를 거쳐 대통령령으로 정한다. 다만, 보증금 중 일정액의 범위와 기준은 주택가액(대지의 가액을 포함한다)의 2분의 1을 넘지 못한다. 〈개정 2009. 5. 8.〉

[전문개정 2008. 3. 21.]

제8조의2 【주택임대차위원회】 ① 제8조에 따라 우선변제를 받을 임차인 및 보증금 중 일정액의 범위와 기준을 심의하기 위하여 법무부에 주택임대차위원회(이하 "위원회"라 한다)를 둔다.

② 위원회는 위원장 1명을 포함한 9명 이상 15명 이하의 위원으로 성별을 고려하여 구성한다. 〈개정 2020. 7. 31.〉

③ 위원회의 위원장은 법무부차관이 된다.

④ 위원회의 위원은 다음 각 호의 어느 하나에 해당하는 사람 중에서 위원장이 임명하거나 위촉하되, 제1호부터 제5호까지에 해당하는 위원을 각각 1명 이상 임명하거나 위촉하여야 하고, 위원 중 2분의 1 이상은 제1호·제2호 또는 제6호에 해당하는 사람을 위촉하여야 한다. 〈개정 2013. 3. 23., 2020. 7. 31.〉

1. 법학·경제학 또는 부동산학 등을 전공하고 주택임대차 관련 전문지식을 갖춘 사람으로서 공인된 연구기관에서 조교수 이상 또는 이에 상당하는 직에 5년 이상 재직한 사람

2. 변호사·감정평가사·공인회계사·세무사 또는 공인중개사로서 5년 이상 해당 분야에서 종사하고 주택임대차 관련 업무경험이 풍부한 사람

3. 기획재정부에서 물가 관련 업무를 담당하는 고

위공무원단에 속하는 공무원
4. 법무부에서 주택임대차 관련 업무를 담당하는 고위공무원단에 속하는 공무원(이에 상당하는 특정직 공무원을 포함한다)
5. 국토교통부에서 주택사업 또는 주거복지 관련 업무를 담당하는 고위공무원단에 속하는 공무원
6. 그 밖에 주택임대차 관련 학식과 경험이 풍부한 사람으로서 대통령령으로 정하는 사람
⑤ 그 밖에 위원회의 구성 및 운영 등에 필요한 사항은 대통령령으로 정한다.
[본조신설 2009. 5. 8.]

제9조【주택 임차권의 승계】 ① 임차인이 상속인 없이 사망한 경우에는 그 주택에서 가정공동생활을 하던 사실상의 혼인 관계에 있는 자가 임차인의 권리와 의무를 승계한다.
② 임차인이 사망한 때에 사망 당시 상속인이 그 주택에서 가정공동생활을 하고 있지 아니한 경우에는 그 주택에서 가정공동생활을 하던 사실상의 혼인 관계에 있는 자와 2촌 이내의 친족이 공동으로 임차인의 권리와 의무를 승계한다.
③ 제1항과 제2항의 경우에 임차인이 사망한 후 1개월 이내에 임대인에게 제1항과 제2항에 따른 승계 대상자가 반대의사를 표시한 경우에는 그러하지 아니하다.
④ 제1항과 제2항의 경우에 임대차 관계에서 생긴 채권·채무는 임차인의 권리의무를 승계한 자에게 귀속된다.
[전문개정 2008. 3. 21.]

제10조【강행규정】 이 법에 위반된 약정(約定)으로서 임차인에게 불리한 것은 그 효력이 없다.
[전문개정 2008. 3. 21.]

제10조의2【초과 차임 등의 반환청구】 임차인이 제7조에 따른 증액비율을 초과하여 차임 또는 보증금을 지급하거나 제7조의2에 따른 월차임 산정률을 초과하여 차임을 지급한 경우에는 초과 지급된 차임 또는 보증금 상당금액의 반환을 청구할 수 있다.
[본조신설 2013. 8. 13.]

제11조【일시사용을 위한 임대차】 이 법은 일시사용하기 위한 임대차임이 명백한 경우에는 적용하지 아니한다.
[전문개정 2008. 3. 21.]

제12조【미등기 전세에의 준용】 주택의 등기를 하지 아니한 전세계약에 관하여는 이 법을 준용한다. 이 경우 "전세금"은 "임대차의 보증금"으로 본다.
[전문개정 2008. 3. 21.]

제13조【「소액사건심판법」의 준용】 임차인이 임대인에 대하여 제기하는 보증금반환청구소송에 관하여는 「소액사건심판법」 제6조, 제7조, 제10조 및 제11조의2를 준용한다.
[전문개정 2008. 3. 21.]

제14조【주택임대차분쟁조정위원회】 ① 이 법의 적용을 받는 주택임대차와 관련된 분쟁을 심의·조정하기 위하여 대통령령으로 정하는 바에 따라 「법률구조법」 제8조에 따른 대한법률구조공단(이하 "공단"이라 한다)의 지부, 「한국토지주택공사법」에 따른 한국토지주택공사(이하 "공사"라 한다)의 지사 또는 사무소 및 「한국감정원법」에 따른 한국감정원(이하 "감정원"이라 한다)의 지사 또는 사무소에 주택임대차분쟁조정위원회(이하 "조정위원회"라 한다)를 둔다. 특별시·광역시·특별자치시·도 및 특별자치도(이하 "시·도"라 한다)는 그 지방자치단체의 실정을 고려하여 조정위원회를 둘 수 있다. 〈개정 2020. 7. 31.〉
② 조정위원회는 다음 각 호의 사항을 심의·조정한다.
1. 차임 또는 보증금의 증감에 관한 분쟁
2. 임대차 기간에 관한 분쟁
3. 보증금 또는 임차주택의 반환에 관한 분쟁
4. 임차주택의 유지·수선 의무에 관한 분쟁
5. 그 밖에 대통령령으로 정하는 주택임대차에 관한 분쟁
③ 조정위원회의 사무를 처리하기 위하여 조정위원회에 사무국을 두고, 사무국의 조직 및 인력 등에 필요한 사항은 대통령령으로 정한다.
④ 사무국의 조정위원회 업무담당자는 「상가건물 임대차보호법」 제20조에 따른 상가건물임대차분쟁조정위원회 사무국의 업무를 제외하고 다른 직위의 업무를 겸직하여서는 아니 된다. 〈개정 2018. 10. 16.〉
[본조신설 2016. 5. 29.]

제15조 【예산의 지원】 국가는 조정위원회의 설치·운영에 필요한 예산을 지원할 수 있다.

[본조신설 2016. 5. 29.]

제16조 【조정위원회의 구성 및 운영】 ① 조정위원회는 위원장 1명을 포함하여 5명 이상 30명 이하의 위원으로 성별을 고려하여 구성한다. 〈개정 2020. 7. 31.〉

② 조정위원회의 위원은 조정위원회를 두는 기관에 따라 공단 이사장, 공사 사장, 감정원 원장 또는 조정위원회를 둔 지방자치단체의 장이 각각 임명하거나 위촉한다. 〈개정 2020. 7. 31.〉

③ 조정위원회의 위원은 주택임대차에 관한 학식과 경험이 풍부한 사람으로서 다음 각 호의 어느 하나에 해당하는 사람으로 한다. 이 경우 제1호부터 제4호까지에 해당하는 위원을 각 1명 이상 위촉하여야 하고, 위원 중 5분의 2 이상은 제2호에 해당하는 사람이어야 한다.

1. 법학·경제학 또는 부동산학 등을 전공하고 대학이나 공인된 연구기관에서 부교수 이상 또는 이에 상당하는 직에 재직한 사람

2. 판사·검사 또는 변호사로 6년 이상 재직한 사람

3. 감정평가사·공인회계사·법무사 또는 공인중개사로서 주택임대차 관계 업무에 6년 이상 종사한 사람

4. 「사회복지사업법」에 따른 사회복지법인과 그 밖의 비영리법인에서 주택임대차분쟁에 관한 상담에 6년 이상 종사한 경력이 있는 사람

5. 해당 지방자치단체에서 주택임대차 관련 업무를 담당하는 4급 이상의 공무원

6. 그 밖에 주택임대차 관련 학식과 경험이 풍부한 사람으로서 대통령령으로 정하는 사람

④ 조정위원회의 위원장은 제3항제2호에 해당하는 위원 중에서 위원들이 호선한다.

⑤ 조정위원회위원장은 조정위원회를 대표하여 그 직무를 총괄한다.

⑥ 조정위원회위원장이 부득이한 사유로 직무를 수행할 수 없는 경우에는 조정위원회위원장이 미리 지명한 조정위원이 그 직무를 대행한다.

⑦ 조정위원의 임기는 3년으로 하되 연임할 수 있으며, 보궐위원의 임기는 전임자의 남은 임기로 한다.

⑧ 조정위원회는 조정위원회위원장 또는 제3항제2호에 해당하는 조정위원 1명 이상을 포함한 재적위원 과반수의 출석과 출석위원 과반수의 찬성으로 의결한다.

⑨ 그 밖에 조정위원회의 설치, 구성 및 운영 등에 필요한 사항은 대통령령으로 정한다.

[본조신설 2016. 5. 29.]

제17조 【조정부의 구성 및 운영】 ① 조정위원회는 분쟁의 효율적 해결을 위하여 3명의 조정위원으로 구성된 조정부를 둘 수 있다.

② 조정부에는 제16조제3항제2호에 해당하는 사람이 1명 이상 포함되어야 하며, 그 중에서 조정위원회위원장이 조정부의 장을 지명한다.

③ 조정부는 다음 각 호의 사항을 심의·조정한다.

1. 제14조제2항에 따른 주택임대차분쟁 중 대통령령으로 정하는 금액 이하의 분쟁

2. 조정위원회가 사건을 특정하여 조정부에 심의·조정을 위임한 분쟁

④ 조정부는 조정부의 장을 포함한 재적위원 과반수의 출석과 출석위원 과반수의 찬성으로 의결한다.

⑤ 제4항에 따라 조정부가 내린 결정은 조정위원회가 결정한 것으로 본다.

⑥ 그 밖에 조정부의 설치, 구성 및 운영 등에 필요한 사항은 대통령령으로 정한다.

[본조신설 2016. 5. 29.]

제18조 【조정위원의 결격사유】 「국가공무원법」 제33조 각 호의 어느 하나에 해당하는 사람은 조정위원이 될 수 없다.

[본조신설 2016. 5. 29.]

제19조 【조정위원의 신분보장】 ① 조정위원은 자신의 직무를 독립적으로 수행하고 주택임대차분쟁의 심리 및 판단에 관하여 어떠한 지시에도 구속되지 아니한다.

② 조정위원은 다음 각 호의 어느 하나에 해당하는 경우를 제외하고는 그 의사에 반하여 해임 또는 해촉되지 아니한다.

1. 제18조에 해당하는 경우

2. 신체상 또는 정신상의 장애로 직무를 수행할 수 없게 된 경우

[본조신설 2016. 5. 29.]

제20조【조정위원의 제척 등】① 조정위원이 다음 각 호의 어느 하나에 해당하는 경우 그 직무의 집행에서 제척된다.

1. 조정위원 또는 그 배우자나 배우자이었던 사람이 해당 분쟁사건의 당사자가 되는 경우

2. 조정위원이 해당 분쟁사건의 당사자와 친족관계에 있거나 있었던 경우

3. 조정위원이 해당 분쟁사건에 관하여 진술, 감정 또는 법률자문을 한 경우

4. 조정위원이 해당 분쟁사건에 관하여 당사자의 대리인으로서 관여하거나 관여하였던 경우

② 사건을 담당한 조정위원에게 제척의 원인이 있는 경우에는 조정위원회는 직권 또는 당사자의 신청에 따라 제척의 결정을 한다.

③ 당사자는 사건을 담당한 조정위원에게 공정한 직무집행을 기대하기 어려운 사정이 있는 경우 조정위원회에 기피신청을 할 수 있다.

④ 기피신청에 관한 결정은 조정위원회가 하고, 해당 조정위원 및 당사자 쌍방은 그 결정에 불복하지 못한다.

⑤ 제3항에 따른 기피신청이 있는 때에는 조정위원회는 그 신청에 대한 결정이 있을 때까지 조정절차를 정지하여야 한다.

⑥ 조정위원은 제1항 또는 제3항에 해당하는 경우 조정위원회의 허가를 받지 아니하고 해당 분쟁사건의 직무집행에서 회피할 수 있다.

[본조신설 2016. 5. 29.]

제21조【조정의 신청 등】① 제14조제2항 각 호의 어느 하나에 해당하는 주택임대차분쟁의 당사자는 해당 주택이 소재하는 지역을 관할하는 조정위원회에 분쟁의 조정을 신청할 수 있다. 〈개정 2020. 7. 31.〉

② 조정위원회는 신청인이 조정을 신청할 때 조정 절차 및 조정의 효력 등 분쟁조정에 관하여 대통령령으로 정하는 사항을 안내하여야 한다.

③ 조정위원회의 위원장은 다음 각 호의 어느 하나에 해당하는 경우 신청을 각하한다. 이 경우 그 사유를 신청인에게 통지하여야 한다. 〈개정 2020. 6. 9.〉

1. 이미 해당 분쟁조정사항에 대하여 법원에 소가 제기되거나 조정 신청이 있은 후 소가 제기된 경우

2. 이미 해당 분쟁조정사항에 대하여 「민사조정법」에 따른 조정이 신청된 경우나 조정신청이 있은 후 같은 법에 따른 조정이 신청된 경우

3. 이미 해당 분쟁조정사항에 대하여 이 법에 따른 조정위원회에 조정이 신청된 경우나 조정신청이 있은 후 조정이 성립된 경우

4. 조정신청 자체로 주택임대차에 관한 분쟁이 아님이 명백한 경우

5. 피신청인이 조정절차에 응하지 아니한다는 의사를 통지한 경우

6. 신청인이 정당한 사유 없이 조사에 응하지 아니하거나 2회 이상 출석요구에 응하지 아니한 경우

[본조신설 2016. 5. 29.]

제22조【조정절차】① 조정위원회의 위원장은 신청인으로부터 조정신청을 접수한 때에는 지체 없이 조정절차를 개시하여야 한다. 〈개정 2020. 6. 9.〉

② 조정위원회의 위원장은 제1항에 따라 조정신청을 접수하면 피신청인에게 조정신청서를 송달하여야 한다. 이 경우 제21조제2항을 준용한다. 〈개정 2020. 6. 9.〉

③ 조정서류의 송달 등 조정절차에 관하여 필요한 사항은 대통령령으로 정한다.

[본조신설 2016. 5. 29.]

제23조【처리기간】① 조정위원회는 분쟁의 조정신청을 받은 날부터 60일 이내에 그 분쟁조정을 마쳐야 한다. 다만, 부득이한 사정이 있는 경우에는 조정위원회의 의결을 거쳐 30일의 범위에서 그 기간을 연장할 수 있다.

② 조정위원회는 제1항 단서에 따라 기간을 연장한 경우에는 기간 연장의 사유와 그 밖에 기간 연장에 관한 사항을 당사자에게 통보하여야 한다.

[본조신설 2016. 5. 29.]

제24조【조사 등】① 조정위원회는 조정을 위하여 필요하다고 인정하는 경우 신청인, 피신청인, 분쟁 관련 이해관계인 또는 참고인에게 출석하여 진술하게 하거나 조정에 필요한 자료나 물건 등을 제출

하도록 요구할 수 있다.

② 조정위원회는 조정을 위하여 필요하다고 인정하는 경우 조정위원 또는 사무국의 직원으로 하여금 조정 대상물 및 관련 자료에 대하여 조사하게 하거나 자료를 수집하게 할 수 있다. 이 경우 조정위원이나 사무국의 직원은 그 권한을 표시하는 증표를 지니고 이를 관계인에게 내보여야 한다.

③ 조정위원회위원장은 특별시장, 광역시장, 특별자치시장, 도지사 및 특별자치도지사(이하 "시·도지사"라 한다)에게 해당 조정업무에 참고하기 위하여 인근지역의 확정일자 자료, 보증금의 월차임 전환율 등 적정 수준의 임대료 산정을 위한 자료를 요청할 수 있다. 이 경우 시·도지사는 정당한 사유가 없으면 조정위원회위원장의 요청에 따라야 한다.

[본조신설 2016. 5. 29.]

제25조 【조정을 하지 아니하는 결정】 ① 조정위원회는 해당 분쟁이 그 성질상 조정을 하기에 적당하지 아니하다고 인정하거나 당사자가 부당한 목적으로 조정을 신청한 것으로 인정할 때에는 조정을 하지 아니할 수 있다.

② 조정위원회는 제1항에 따라 조정을 하지 아니하기로 결정하였을 때에는 그 사실을 당사자에게 통지하여야 한다.

[본조신설 2016. 5. 29.]

제26조 【조정의 성립】 ① 조정위원회가 조정안을 작성한 경우에는 그 조정안을 지체 없이 각 당사자에게 통지하여야 한다.

② 제1항에 따라 조정안을 통지받은 당사자가 통지받은 날부터 14일 이내에 수락의 의사를 서면으로 표시하지 아니한 경우에는 조정을 거부한 것으로 본다. 〈개정 2020. 6. 9.〉

③ 제2항에 따라 각 당사자가 조정안을 수락한 경우에는 조정안과 동일한 내용의 합의가 성립된 것으로 본다.

④ 제3항에 따른 합의가 성립한 경우 조정위원회위원장은 조정안의 내용을 조정서로 작성한다. 조정위원회위원장은 각 당사자 간에 금전, 그 밖의 대체물의 지급 또는 부동산의 인도에 관하여 강제집행을 승낙하는 취지의 합의가 있는 경우에는 그 내용

을 조정서에 기재하여야 한다.

[본조신설 2016. 5. 29.]

제27조 【집행력의 부여】 제26조제4항 후단에 따라 강제집행을 승낙하는 취지의 내용이 기재된 조정서의 정본은 「민사집행법」 제56조에도 불구하고 집행력 있는 집행권원과 같은 효력을 가진다. 다만, 청구에 관한 이의의 주장에 대하여는 같은 법 제44조제2항을 적용하지 아니한다.

[본조신설 2016. 5. 29.]

제28조 【비밀유지의무】 조정위원, 사무국의 직원 또는 그 직에 있었던 자는 다른 법률에 특별한 규정이 있는 경우를 제외하고는 직무상 알게 된 정보를 타인에게 누설하거나 직무상 목적 외에 사용하여서는 아니 된다.

[본조신설 2016. 5. 29.]

제29조 【다른 법률의 준용】 조정위원회의 운영 및 조정절차에 관하여 이 법에서 규정하지 아니한 사항에 대하여는 「민사조정법」을 준용한다.

[본조신설 2016. 5. 29.]

제30조 【주택임대차표준계약서 사용】 주택임대차계약을 서면으로 체결할 때에는 법무부장관이 국토교통부장관과 협의하여 정하는 주택임대차표준계약서를 우선적으로 사용한다. 다만, 당사자가 다른 서식을 사용하기로 합의한 경우에는 그러하지 아니하다. 〈개정 2020. 7. 31.〉

[본조신설 2016. 5. 29.]

제31조 【벌칙 적용에서 공무원 의제】 공무원이 아닌 주택임대차위원회의 위원 및 주택임대차분쟁조정위원회의 위원은 「형법」 제127조, 제129조부터 제132조까지의 규정을 적용할 때에는 공무원으로 본다.

[본조신설 2016. 5. 29.]

부칙 〈제19520호, 2023. 7. 11.〉

이 법은 공포한 날부터 시행한다.

주택임대차보호법 시행령

[시행 2023. 9. 26.] [대통령령 제33771호, 2023. 9. 26., 타법개정]

제1조【목적】 이 영은 「주택임대차보호법」에서 위임된 사항과 그 시행에 관하여 필요한 사항을 정함을 목적으로 한다.

[전문개정 2008. 8. 21.]

제2조【대항력이 인정되는 법인】 「주택임대차보호법」(이하 "법"이라 한다) 제3조제2항 후단에서 "대항력이 인정되는 법인"이란 다음 각 호의 법인을 말한다. 〈개정 2009. 9. 21., 2020. 9. 29.〉

1. 「한국토지주택공사법」에 따른 한국토지주택공사(이하 "공사"라 한다)
2. 「지방공기업법」 제49조에 따라 주택사업을 목적으로 설립된 지방공사

[전문개정 2008. 8. 21.]

[제1조의2에서 이동, 종전 제2조는 제8조로 이동 〈2013. 12. 30.〉]

제2조의2

[제9조로 이동 〈2013. 12. 30.〉]

제3조【고유식별정보의 처리】 다음 각 호의 어느 하나에 해당하는 자는 법 제3조의6에 따른 확정일자부여 및 임대차 정보제공 등에 관한 사무를 수행하기 위하여 불가피한 경우 「개인정보 보호법 시행령」 제19조제1호 및 제4호에 따른 주민등록번호 및 외국인등록번호를 처리할 수 있다. 〈개정 2016. 1. 22.〉

1. 시장(「제주특별자치도 설치 및 국제자유도시 조성을 위한 특별법」 제11조에 따른 행정시장을 포함하며, 특별시장·광역시장·특별자치시장은 제외한다), 군수 또는 구청장(자치구의 구청장을 말한다)
2. 읍·면·동의 장
3. 「공증인법」에 따른 공증인

[전문개정 2013. 12. 30.]

[제1조의3에서 이동, 종전 제3조는 제10조로 이동 〈2013. 12. 30.〉]

제4조【확정일자부 기재사항 등】 ① 법 제3조의6제1항에 따른 확정일자부여기관(지방법원 및 그 지원과 등기소는 제외하며, 이하 "확정일자부여기관"이라 한다)이 같은 조 제2항에 따라 작성하는 확정일자부에 기재하여야 할 사항은 다음 각 호와 같다.

1. 확정일자번호
2. 확정일자 부여일
3. 임대인·임차인의 인적사항
   가. 자연인인 경우
      성명, 주소, 주민등록번호(외국인은 외국인등록번호)
   나. 법인이거나 법인 아닌 단체인 경우
      법인명·단체명, 법인등록번호·부동산등기용등록번호, 본점·주사무소 소재지
4. 주택 소재지
5. 임대차 목적물
6. 임대차 기간
7. 차임·보증금
8. 신청인의 성명과 주민등록번호 앞 6자리(외국인은 외국인등록번호 앞 6자리)

② 확정일자는 확정일자번호, 확정일자 부여일 및 확정일자부여기관을 주택임대차계약증서에 표시하는 방법으로 부여한다.

③ 제1항 및 제2항에서 규정한 사항 외에 확정일자부 작성방법 및 확정일자 부여 시 확인사항 등 확정일자 부여 사무에 관하여 필요한 사항은 법무부령으로 정한다.

[본조신설 2013. 12. 30.]

[종전 제4조는 제11조로 이동 〈2013. 12. 30.〉]

제5조【주택의 임대차에 이해관계가 있는 자의 범위】 법 제3조의6제3항에 따라 정보제공을 요청할 수 있는 주택의 임대차에 이해관계가 있는 자(이하 "이해관계인"이라 한다)는 다음 각 호의 어느 하나에 해당하는 자로 한다. 〈개정 2020. 9. 29.〉

1. 해당 주택의 임대인·임차인
2. 해당 주택의 소유자
3. 해당 주택 또는 그 대지의 등기기록에 기록된 권리자 중 법무부령으로 정하는 자
4. 법 제3조의2제7항에 따라 우선변제권을 승계한 금융기관
5. 법 제6조의3제1항제8호의 사유로 계약의 갱신이 거절된 임대차계약의 임차인이었던 자
6. 제1호부터 제5호까지의 규정에 준하는 지위 또는 권리를 가지는 자로서 법무부령으로 정하는 자

[본조신설 2013. 12. 30.]

[종전 제5조는 제12조로 이동 〈2013. 12. 30.〉]

제6조【요청할 수 있는 정보의 범위 및 제공방법】 ① 제5조제1호 또는 제5호에 해당하는 자는 법 제3조의6제3항에 따라 확정일자부여기관에 해당 임대차계약(제5조제5호에 해당하는 자의 경우에는 갱신요구가 거절되지 않았더라면 갱신되었을 기간 중에 존속하는 임대차계약을 말한다)에 관한 다음 각 호의 사항의 열람 또는 그 내용을 기록한 서면의 교부를 요청할 수 있다. 〈개정 2020. 9. 29.〉

1. 임대차목적물
2. 임대인·임차인의 인적사항(제5조제5호에 해당하는 자는 임대인·임차인의 성명, 법인명 또는 단체명으로 한정한다)
3. 확정일자 부여일
4. 차임·보증금
5. 임대차기간

② 제5조제2호부터 제4호까지 또는 제6호의 어느 하나에 해당하는 자이거나 임대차계약을 체결하려는 자는 법 제3조의6제3항 또는 제4항에 따라 확정일자부여기관에 다음 각 호의 사항의 열람 또는 그 내용을 기록한 서면의 교부를 요청할 수 있다. 〈개정 2020. 9. 29.〉

1. 임대차목적물
2. 확정일자 부여일
3. 차임·보증금
4. 임대차기간

③ 제1항 및 제2항에서 규정한 사항 외에 정보제공 요청에 필요한 사항은 법무부령으로 정한다.

[본조신설 2013. 12. 30.]

[종전 제6조는 제13조로 이동 〈2013. 12. 30.〉]

제7조【수수료】 ① 법 제3조의6제5항에 따라 확정일자부여기관에 내야 하는 수수료는 확정일자 부여에 관한 수수료와 정보제공에 관한 수수료로 구분하며, 그 구체적인 금액은 법무부령으로 정한다.

② 「국민기초생활 보장법」에 따른 수급자 등 법무부령으로 정하는 사람에 대해서는 제1항에 따른 수수료를 면제할 수 있다.

[본조신설 2013. 12. 30.]

[종전 제7조는 제14조로 이동 〈2013. 12. 30.〉]

제8조【차임 등 증액청구의 기준 등】 ① 법 제7조에 따른 차임이나 보증금(이하 "차임등"이라 한다)의 증액청구는 약정한 차임등의 20분의 1의 금액을 초과하지 못한다.

② 제1항에 따른 증액청구는 임대차계약 또는 약정한 차임등의 증액이 있은 후 1년 이내에는 하지 못한다.

[전문개정 2008. 8. 21.]

[제2조에서 이동, 종전 제8조는 제15조로 이동 〈2013. 12. 30.〉]

제9조【월차임 전환 시 산정률】 ① 법 제7조의2제1호에서 "대통령령으로 정하는 비율"이란 연 1할을 말한다.

② 법 제7조의2제2호에서 "대통령령으로 정하는 이율"이란 연 2퍼센트를 말한다. 〈개정 2016. 11. 29., 2020. 9. 29.〉

[전문개정 2013. 12. 30.]

[제2조의2에서 이동, 종전 제9조는 제16조로 이동 〈2013. 12. 30.〉]

제10조【보증금 중 일정액의 범위 등】 ① 법 제8조에 따라 우선변제를 받을 보증금 중 일정액의 범위는 다음 각 호의 구분에 의한 금액 이하로 한다. 〈개정 2010. 7. 21., 2013. 12. 30., 2016. 3. 31., 2018. 9. 18., 2021. 5. 11., 2023. 2. 21.〉

1. 서울특별시: 5천500만원
2. 「수도권정비계획법」에 따른 과밀억제권역(서울특별시는 제외한다), 세종특별자치시, 용인시, 화성시 및 김포시: 4천800만원

3. 광역시(「수도권정비계획법」에 따른 과밀억제권역에 포함된 지역과 군지역은 제외한다), 안산시, 광주시, 파주시, 이천시 및 평택시: 2천 800만원

4. 그 밖의 지역: 2천500만원

② 임차인의 보증금 중 일정액이 주택가액의 2분의 1을 초과하는 경우에는 주택가액의 2분의 1에 해당하는 금액까지만 우선변제권이 있다.

③ 하나의 주택에 임차인이 2명 이상이고, 그 각 보증금 중 일정액을 모두 합한 금액이 주택가액의 2분의 1을 초과하는 경우에는 그 각 보증금 중 일정액을 모두 합한 금액에 대한 각 임차인의 보증금 중 일정액의 비율로 그 주택가액의 2분의 1에 해당하는 금액을 분할한 금액을 각 임차인의 보증금 중 일정액으로 본다.

④ 하나의 주택에 임차인이 2명 이상이고 이들이 그 주택에서 가정공동생활을 하는 경우에는 이들을 1명의 임차인으로 보아 이들의 각 보증금을 합산한다.

[전문개정 2008. 8. 21.]

[제3조에서 이동, 종전 제10조는 제17조로 이동 〈2013. 12. 30.〉]

제11조【우선변제를 받을 임차인의 범위】 법 제8조에 따라 우선변제를 받을 임차인은 보증금이 다음 각 호의 구분에 의한 금액 이하인 임차인으로 한다. 〈개정 2010. 7. 21., 2013. 12. 30., 2016. 3. 31., 2018. 9. 18., 2021. 5. 11., 2023. 2. 21.〉

1. 서울특별시: 1억6천500만원

2. 「수도권정비계획법」에 따른 과밀억제권역(서울특별시는 제외한다), 세종특별자치시, 용인시, 화성시 및 김포시: 1억4천500만원

3. 광역시(「수도권정비계획법」에 따른 과밀억제권역에 포함된 지역과 군지역은 제외한다), 안산시, 광주시, 파주시, 이천시 및 평택시: 8천 500만원

4. 그 밖의 지역: 7천500만원

[전문개정 2008. 8. 21.]

[제4조에서 이동, 종전 제11조는 제18조로 이동 〈2013. 12. 30.〉]

제12조【주택임대차위원회의 구성】 법 제8조의2제4항제6호에서 "대통령령으로 정하는 사람"이란 다음 각 호의 어느 하나에 해당하는 사람을 말한다. 〈개정 2017. 5. 29.〉

1. 특별시·광역시·특별자치시·도 및 특별자치도(이하 "시·도"라 한다)에서 주택정책 또는 부동산 관련 업무를 담당하는 주무부서의 실·국장

2. 법무사로서 5년 이상 해당 분야에서 종사하고 주택임대차 관련 업무 경험이 풍부한 사람

[본조신설 2009. 7. 30.]

[제5조에서 이동, 종전 제12조는 제19조로 이동 〈2013. 12. 30.〉]

제13조【위원의 임기 등】 ① 법 제8조의2에 따른 주택임대차위원회(이하 "위원회"라 한다)의 위원의 임기는 2년으로 하되, 한 차례만 연임할 수 있다. 다만, 공무원인 위원의 임기는 그 직위에 재직하는 기간으로 한다. 〈개정 2016. 3. 31.〉

② 위원장은 위촉된 위원이 다음 각 호의 어느 하나에 해당하는 경우에는 해당 위원을 해촉할 수 있다. 〈개정 2016. 3. 31.〉

1. 심신장애로 인하여 직무를 수행할 수 없게 된 경우

2. 직무와 관련한 형사사건으로 기소된 경우

3. 직무태만, 품위손상, 그 밖의 사유로 인하여 위원으로 적합하지 아니하다고 인정되는 경우

4. 위원 스스로 직무를 수행하는 것이 곤란하다고 의사를 밝히는 경우

[본조신설 2009. 7. 30.]

[제6조에서 이동, 종전 제13조는 제20조로 이동 〈2013. 12. 30.〉]

제14조【위원장의 직무】 ① 위원장은 위원회를 대표하고, 위원회의 업무를 총괄한다.

② 위원장이 부득이한 사유로 인하여 직무를 수행할 수 없을 때에는 위원장이 미리 지명한 위원이 그 직무를 대행한다.

[본조신설 2009. 7. 30.]

[제7조에서 이동 〈2013. 12. 30.〉]

제15조【간사】① 위원회에 간사 1명을 두되, 간사는 주택임대차 관련 업무에 종사하는 법무부 소속의 고위공무원단에 속하는 일반직 공무원(이에 상당하는 특정직·별정직 공무원을 포함한다) 중에서 위원회의 위원장이 지명한다.

② 간사는 위원회의 운영을 지원하고, 위원회의 회의에 관한 기록과 그 밖에 서류의 작성과 보관에 관한 사무를 처리한다.

③ 간사는 위원회에 참석하여 심의사항을 설명하거나 그 밖에 필요한 발언을 할 수 있다.

[본조신설 2009. 7. 30.]

[제8조에서 이동〈2013. 12. 30.〉]

제16조【위원회의 회의】① 위원회의 회의는 매년 1회 개최되는 정기회의와 위원장이 필요하다고 인정하거나 위원 3분의 1 이상이 요구할 경우에 개최되는 임시회의로 구분하여 운영한다.

② 위원장은 위원회의 회의를 소집하고, 그 의장이 된다.

③ 위원회의 회의는 재적위원 과반수의 출석으로 개의하고, 출석위원 과반수의 찬성으로 의결한다.

④ 위원회의 회의는 비공개로 한다.

⑤ 위원장은 위원이 아닌 자를 회의에 참석하게 하여 의견을 듣거나 관계 기관·단체 등에게 필요한 자료, 의견 제출 등 협조를 요청할 수 있다.

[본조신설 2009. 7. 30.]

[제9조에서 이동〈2013. 12. 30.〉]

제17조【실무위원회】① 위원회에서 심의할 안건의 협의를 효율적으로 지원하기 위하여 위원회에 실무위원회를 둔다.

② 실무위원회는 다음 각 호의 사항을 협의·조정한다.

1. 심의안건 및 이와 관련하여 위원회가 위임한 사항

2. 그 밖에 위원장 및 위원이 실무협의를 요구하는 사항

③ 실무위원회의 위원장은 위원회의 간사가 되고, 실무위원회의 위원은 다음 각 호의 사람 중에서 그 소속기관의 장이 지명하는 사람으로 한다.〈개정 2013. 3. 23.〉

1. 기획재정부에서 물가 관련 업무를 담당하는 5급 이상의 국가공무원

2. 법무부에서 주택임대차 관련 업무를 담당하는 5급 이상의 국가공무원

3. 국토교통부에서 주택사업 또는 주거복지 관련 업무를 담당하는 5급 이상의 국가공무원

4. 시·도에서 주택정책 또는 부동산 관련 업무를 담당하는 5급 이상의 지방공무원

[본조신설 2009. 7. 30.]

[제10조에서 이동〈2013. 12. 30.〉]

제18조【전문위원】① 위원회의 심의사항에 관한 전문적인 조사·연구업무를 수행하기 위하여 5명 이내의 전문위원을 둘 수 있다.

② 전문위원은 법학, 경제학 또는 부동산학 등에 학식과 경험을 갖춘 사람 중에서 법무부장관이 위촉하고, 임기는 2년으로 한다.

[본조신설 2009. 7. 30.]

[제11조에서 이동〈2013. 12. 30.〉]

제19조【수당】위원회 또는 실무위원회 위원에 대해서는 예산의 범위에서 수당을 지급할 수 있다. 다만, 공무원인 위원이 그 소관 업무와 직접적으로 관련되어 위원회에 출석하는 경우에는 그러하지 아니하다.

[본조신설 2009. 7. 30.]

[제12조에서 이동〈2013. 12. 30.〉]

제20조【운영세칙】이 영에서 규정한 사항 외에 위원회의 운영에 필요한 사항은 법무부장관이 정한다.

[본조신설 2009. 7. 30.]

[제13조에서 이동〈2013. 12. 30.〉]

제21조【주택임대차분쟁조정위원회의 설치】법 제14조제1항에 따른 주택임대차분쟁조정위원회(이하 "조정위원회"라 한다)를 두는「법률구조법」제8조에 따른 대한법률구조공단(이하 "공단"이라 한다), 공사 및「한국부동산원법」에 따른 한국부동산원(이하 "부동산원"이라 한다)의 지부, 지사 또는 사무소와 그 관할구역은 별표 1과 같다.〈개정 2020. 12. 8.〉

[전문개정 2020. 9. 29.]

제22조【조정위원회의 심의·조정 사항】법 제14조제2항제5호에서 "대통령령으로 정하는 주택임대차에 관한 분쟁"이란 다음 각 호의 분쟁을 말한다.

부 록 민법조문집

1. 임대차계약의 이행 및 임대차계약 내용의 해석에 관한 분쟁
2. 임대차계약 갱신 및 종료에 관한 분쟁
3. 임대차계약의 불이행 등에 따른 손해배상청구에 관한 분쟁
4. 공인중개사 보수 등 비용부담에 관한 분쟁
5. 주택임대차표준계약서 사용에 관한 분쟁
6. 그 밖에 제1호부터 제5호까지의 규정에 준하는 분쟁으로서 조정위원회의 위원장(이하 "위원장"이라 한다)이 조정이 필요하다고 인정하는 분쟁

[본조신설 2017. 5. 29.]

제23조【공단의 지부 등에 두는 조정위원회 사무국】 ① 법 제14조제3항에 따라 공단, 공사 및 부동산원의 지부, 지사 또는 사무소에 두는 조정위원회 사무국(이하 "사무국"이라 한다)에는 사무국장 1명을 두며, 사무국장 밑에 심사관 및 조사관을 둔다. 〈개정 2020. 9. 29., 2020. 12. 8.〉

② 사무국장은 공단 이사장, 공사 사장 및 부동산원 원장이 각각 임명하며, 조정위원회의 위원(이하 "조정위원"이라 한다)을 겸직할 수 있다. 〈개정 2020. 9. 29., 2020. 12. 8.〉

③ 심사관 및 조사관은 공단 이사장, 공사 사장 및 부동산원 원장이 각각 임명한다. 〈개정 2020. 9. 29., 2020. 12. 8.〉

④ 사무국장은 사무국의 업무를 총괄하고, 소속 직원을 지휘·감독한다.

⑤ 심사관은 다음 각 호의 업무를 담당한다.
1. 분쟁조정신청 사건에 대한 쟁점정리 및 법률적 검토
2. 조사관이 담당하는 업무에 대한 지휘·감독
3. 그 밖에 위원장이 조정위원회의 사무 처리를 위하여 필요하다고 인정하는 업무

⑥ 조사관은 다음 각 호의 업무를 담당한다.
1. 조정신청의 접수
2. 분쟁조정 신청에 관한 민원의 안내
3. 조정당사자에 대한 송달 및 통지
4. 분쟁의 조정에 필요한 사실조사

5. 그 밖에 위원장이 조정위원회의 사무 처리를 위하여 필요하다고 인정하는 업무

⑦ 사무국장 및 심사관은 변호사의 자격이 있는 사람으로 한다.

[본조신설 2017. 5. 29.]
[제목개정 2020. 9. 29.]

제24조【시·도의 조정위원회 사무국】 시·도가 법 제14조제1항 후단에 따라 조정위원회를 두는 경우 사무국의 조직 및 운영 등에 관한 사항은 그 지방자치단체의 실정을 고려하여 해당 시·도 조례로 정한다. 〈개정 2020. 9. 29.〉

[본조신설 2017. 5. 29.]

제25조【조정위원회 구성】 법 제16조제3항제6호에서 "대통령령으로 정하는 사람"이란 세무사·주택관리사·건축사로서 주택임대차 관계 업무에 6년 이상 종사한 사람을 말한다.

[본조신설 2017. 5. 29.]

제26조【조정위원회 운영】 ① 조정위원회는 효율적인 운영을 위하여 필요한 경우에는 분쟁조정사건을 분리하거나 병합하여 심의·조정할 수 있다. 이 경우 당사자에게 지체 없이 그 사실을 통보하여야 한다.

② 조정위원회 회의는 공개하지 아니한다. 다만, 필요하다고 인정되는 경우에는 조정위원회의 의결로 당사자 또는 이해관계인에게 방청을 허가할 수 있다.

③ 조정위원회에 간사를 두며, 사무국의 직원 중에서 위원장이 지명한다.

④ 조정위원회는 회의록을 작성하고, 참여한 조정위원으로 하여금 서명 또는 기명날인하게 하여야 한다.

[본조신설 2017. 5. 29.]

제27조【조정위원에 대한 수당 등】 조정위원회 또는 조정부에 출석한 조정위원에 대해서는 예산의 범위에서 수당, 여비 및 그 밖에 필요한 경비를 지급할 수 있다.

[본조신설 2017. 5. 29.]

제28조【조정부에서 심의·조정할 사항】 법 제17조제3항제1호에서 "대통령령으로 정하는 금액 이하의 분쟁"이란 다음 각 호의 어느 하나에 해당하는 분쟁을 말한다.

1. 임대차계약의 보증금이 다음 각 목에서 정하는 금액 이하의 분쟁

  가. 「수도권정비계획법」 제2조제1호에 따른 수도권 지역: 5억원

  나. 가목에 따른 지역 외의 지역: 3억원

2. 조정으로 주장하는 이익의 값(이하 "조정목적의 값"이라 한다)이 2억원 이하인 분쟁. 이 경우 조정목적의 값 산정은 「민사소송 등 인지법」에 따른 소송목적의 값에 관한 산정 방식을 준용한다.

[본조신설 2017. 5. 29.]

제29조【조정부의 구성 및 운영】 ① 조정부의 위원은 조정위원 중에서 위원장이 지명한다.

② 둘 이상의 조정부를 두는 경우에는 위원장이 분쟁조정 신청사건을 담당할 조정부를 지정할 수 있다.

③ 조정부의 운영에 관하여는 제26조를 준용한다. 이 경우 "조정위원회"는 "조정부"로, "위원장"은 "조정부의 장"으로 본다.

[본조신설 2017. 5. 29.]

제30조【조정의 신청】 ① 조정의 신청은 서면(「전자문서 및 전자거래 기본법」 제2조제1호에 따른 전자문서를 포함한다. 이하 같다) 또는 구두로 할 수 있다.

② 구두로 조정을 신청하는 경우 조정신청인은 심사관 또는 조사관에게 진술하여야 한다. 이 경우 조정신청을 받은 심사관 또는 조사관은 조정신청조서를 작성하고 신청인으로 하여금 서명 또는 기명날인하도록 하여야 한다.

③ 조정신청서 또는 조정신청조서에는 당사자, 대리인, 신청의 취지와 분쟁의 내용 등을 기재하여야 한다. 이 경우 증거서류 또는 증거물이 있는 경우에는 이를 첨부하거나 제출하여야 한다.

[본조신설 2017. 5. 29.]

제31조【조정신청인에게 안내하여야 할 사항】 ① 법 제21조제2항에서 "대통령령으로 정하는 사항"이란 다음 각 호의 사항을 말한다.

1. 법 제21조제3항 각 호에 따른 조정 신청의 각하 사유

2. 법 제22조제2항에 따른 조정절차의 개시 요건

3. 법 제23조의 처리기간

4. 법 제24조에 따라 필요한 경우 신청인, 피신청인, 분쟁 관련 이해관계인 또는 참고인에게 출석하여 진술하게 하거나 필요한 자료나 물건 등의 제출을 요구할 수 있다는 사실

5. 조정성립의 요건 및 효력

6. 당사자가 부담하는 비용

② 제1항에 따른 안내는 안내할 사항이 기재된 서면을 교부 또는 송달하는 방법으로 할 수 있다.

[본조신설 2017. 5. 29.]

제32조【조정서류의 송달 등】 ① 위원장은 조정신청을 접수하면 지체 없이 조정신청서 또는 조정신청조서 부본(이하 이 조에서 "조정신청서등"이라 한다)을 피신청인에게 송달하여야 한다.

② 피신청인은 조정에 응할 의사가 있는 경우에는 조정신청서등을 송달받은 날부터 7일 이내에 그 의사를 조정위원회에 통지하여야 한다.

③ 위원장은 제2항에 따른 통지를 받은 경우 피신청인에게 기간을 정하여 신청내용에 대한 답변서를 제출할 것을 요구할 수 있다.

[본조신설 2017. 5. 29.]

제33조【수수료】 ① 법 제21조제1항에 따라 조정을 신청하는 자는 별표 2에서 정하는 수수료를 내야 한다.

② 신청인이 다음 각 호의 어느 하나에 해당하는 경우에는 제1항에 따른 수수료를 면제할 수 있다. 〈개정 2020. 9. 29., 2021. 4. 6., 2023. 9. 26.〉

1. 법 제8조에 따라 우선변제를 받을 수 있는 임차인

2. 「국민기초생활 보장법」 제2조제2호에 따른 수급자

3. 「독립유공자예우에 관한 법률」 제6조에 따라 등록된 독립유공자 또는 그 유족(선순위자 1명만 해당된다. 이하 이 조에서 같다)

4. 「국가유공자 등 예우 및 지원에 관한 법률」 제6조에 따라 등록된 국가유공자 또는 그 유족

5. 「고엽제후유의증 등 환자지원 및 단체설립에 관한 법률」 제4조에 따라 등록된 고엽제후유증환자, 고엽제후유의증환자 또는 고엽제후유증 2세환자

6. 「참전유공자 예우 및 단체설립에 관한 법률」 제5조에 따라 등록된 참전유공자

7. 「5·18민주유공자예우 및 단체설립에 관한 법률」 제7조에 따라 등록 결정된 5·18민주유공자 또는 그 유족

8. 「특수임무유공자 예우 및 단체설립에 관한 법률」 제6조에 따라 등록된 특수임무유공자 또는 그 유족

9. 「의사상자 등 예우 및 지원에 관한 법률」 제5조에 따라 인정된 의상자 또는 의사자유족

10. 「한부모가족지원법」 제5조 및 제5조의2에 따른 지원대상자

11. 그 밖에 제1호부터 제10호까지의 규정에 준하는 사람으로서 법무부장관과 국토교통부장관이 공동으로 정하여 고시하는 사람 또는 시·도 조례로 정하는 사람

③ 신청인은 다음 각 호의 어느 하나에 해당하는 경우에는 수수료의 환급을 청구할 수 있다.

1. 법 제21조제3항제1호 및 제2호에 따라 조정신청이 각하된 경우. 다만, 조정신청 있은 후 신청인이 법원에 소를 제기하거나 「민사조정법」에 따른 조정을 신청한 경우는 제외한다.

2. 법 제21조제3항제3호 및 제5호에 따라 조정신청이 각하된 경우

3. 신청인이 조정위원회 또는 조정부의 회의가 소집되기 전에 조정신청을 취하한 경우. 이 경우 환급 금액은 납부한 수수료의 2분의 1에 해당하는 금액으로 한다.

④ 제1항에 따른 수수료의 납부방법 및 제3항에 따른 수수료의 환급절차 등에 관하여 필요한 사항은 법무부장관과 국토교통부장관이 공동으로 정하여 고시하거나 시·도의 조례로 정한다. 〈개정 2020. 9. 29.〉

[본조신설 2017. 5. 29.]

제34조 【조정서의 작성】 법 제26조제4항에 따른 조정서에는 다음 각 호의 사항을 기재하고, 위원장 및 조정에 참여한 조정위원이 서명 또는 기명날인하여야 한다.

1. 사건번호 및 사건명

2. 당사자의 성명, 생년월일 및 주소(법인의 경우 명칭, 법인등록번호 및 본점의 소재지를 말한다)

3. 임차주택 소재지

4. 신청의 취지 및 이유

5. 조정내용(법 제26조제4항에 따라 강제집행을 승낙하는 취지의 합의를 포함한다)

6. 작성일

[본조신설 2017. 5. 29.]

제35조 【조정결과의 통지】 ① 조정위원회는 조정절차가 종료되면 그 결과를 당사자에게 통지하여야 한다.

② 조정위원회는 법 제26조제4항에 따른 조정서가 작성된 경우 조정서 정본을 지체 없이 당사자에게 교부 또는 송달하여야 한다.

[본조신설 2017. 5. 29.]

부칙

〈제33771호, 2023. 9. 26.〉 (한부모가족 지원 확대를 위한 6개 법령의 일부개정에 관한 대통령령)

제1조 【시행일】 이 영은 공포한 날부터 시행한다.

제2조 【주택임대차분쟁 조정 수수료 면제에 관한 적용례】 「주택임대차보호법 시행령」 제33조제2항제10호의 개정규정은 이 영 시행 전에 주택임대차분쟁의 조정을 신청한 경우로서 이 영 시행 당시 조정절차가 진행 중인 경우에도 적용한다.

상가건물 임대차보호법(약칭 : 상가임대차법)

[시행 2022. 1. 4.] [법률 제18675호, 2022. 1. 4., 일부개정]

제1조【목적】 이 법은 상가건물 임대차에 관하여 「민법」에 대한 특례를 규정하여 국민 경제생활의 안정을 보장함을 목적으로 한다.
[전문개정 2009. 1. 30.]

제2조【적용범위】 ① 이 법은 상가건물(제3조제1항에 따른 사업자등록의 대상이 되는 건물을 말한다)의 임대차(임대차 목적물의 주된 부분을 영업용으로 사용하는 경우를 포함한다)에 대하여 적용한다. 다만, 제14조의2에 따른 상가건물임대차위원회의 심의를 거쳐 대통령령으로 정하는 보증금액을 초과하는 임대차에 대하여는 그러하지 아니하다. 〈개정 2020. 7. 31.〉

② 제1항 단서에 따른 보증금액을 정할 때에는 해당 지역의 경제 여건 및 임대차 목적물의 규모 등을 고려하여 지역별로 구분하여 규정하되, 보증금 외에 차임이 있는 경우에는 그 차임액에 「은행법」에 따른 은행의 대출금리 등을 고려하여 대통령령으로 정하는 비율을 곱하여 환산한 금액을 포함하여야 한다. 〈개정 2010. 5. 17.〉

③ 제1항 단서에도 불구하고 제3조, 제10조제1항, 제2항, 제3항 본문, 제10조의2부터 제10조의9까지의 규정, 제11조의2 및 제19조는 제1항 단서에 따른 보증금액을 초과하는 임대차에 대하여도 적용한다. 〈신설 2013. 8. 13., 2015. 5. 13., 2020. 9. 29., 2022. 1. 4.〉
[전문개정 2009. 1. 30.]

제3조【대항력 등】 ① 임대차는 그 등기가 없는 경우에도 임차인이 건물의 인도와 「부가가치세법」 제8조, 「소득세법」 제168조 또는 「법인세법」 제111조에 따른 사업자등록을 신청하면 그 다음 날부터 제3자에 대하여 효력이 생긴다. 〈개정 2013. 6. 7.〉

② 임차건물의 양수인(그 밖에 임대할 권리를 승계한 자를 포함한다)은 임대인의 지위를 승계한 것으로 본다.

③ 이 법에 따라 임대차의 목적이 된 건물이 매매 또는 경매의 목적물이 된 경우에는 「민법」 제575조제1항·제3항 및 제578조를 준용한다.

④ 제3항의 경우에는 「민법」 제536조를 준용한다.
[전문개정 2009. 1. 30.]

제4조【확정일자 부여 및 임대차정보의 제공 등】 ① 제5조제2항의 확정일자는 상가건물의 소재지 관할 세무서장이 부여한다.

② 관할 세무서장은 해당 상가건물의 소재지, 확정일자 부여일, 차임 및 보증금 등을 기재한 확정일자부를 작성하여야 한다. 이 경우 전산정보처리조직을 이용할 수 있다.

③ 상가건물의 임대차에 이해관계가 있는 자는 관할 세무서장에게 해당 상가건물의 확정일자 부여일, 차임 및 보증금 등 정보의 제공을 요청할 수 있다. 이 경우 요청을 받은 관할 세무서장은 정당한 사유 없이 이를 거부할 수 없다.

④ 임대차계약을 체결하려는 자는 임대인의 동의를 받아 관할 세무서장에게 제3항에 따른 정보제공을 요청할 수 있다.

⑤ 확정일자부에 기재하여야 할 사항, 상가건물의 임대차에 이해관계가 있는 자의 범위, 관할 세무서장에게 요청할 수 있는 정보의 범위 및 그 밖에 확정일자 부여사무와 정보제공 등에 필요한 사항은 대통령령으로 정한다.
[전문개정 2015. 5. 13.]

제5조【보증금의 회수】 ① 임차인이 임차건물에 대하여 보증금반환청구소송의 확정판결, 그 밖에 이에 준하는 집행권원에 의하여 경매를 신청하는 경우에는 「민사집행법」 제41조에도 불구하고 반대의무의 이행이나 이행의 제공을 집행개시의 요건으로 하지 아니한다.

② 제3조제1항의 대항요건을 갖추고 관할 세무서장으로부터 임대차계약서상의 확정일자를 받은 임차인은 「민사집행법」에 따른 경매 또는 「국세징수법」에 따른 공매 시 임차건물(임대인 소유의 대지를 포함한다)의 환가대금에서 후순위권리자나 그 밖의 채권자보다 우선하여 보증금을 변제받을 권리가 있다.

③ 임차인은 임차건물을 양수인에게 인도하지 아니하면 제2항에 따른 보증금을 받을 수 없다.

④ 제2항 또는 제7항에 따른 우선변제의 순위와 보증금에 대하여 이의가 있는 이해관계인은 경매법원 또는 체납처분청에 이의를 신청할 수 있다. 〈개정 2013. 8. 13.〉

⑤ 제4항에 따라 경매법원에 이의를 신청하는 경우에는 「민사집행법」 제152조부터 제161조까지의 규정을 준용한다.

⑥ 제4항에 따라 이의신청을 받은 체납처분청은 이해관계인이 이의신청일부터 7일 이내에 임차인 또는 제7항에 따라 우선변제권을 승계한 금융기관 등을 상대로 소(訴)를 제기한 것을 증명한 때에는 그 소송이 종결될 때까지 이의가 신청된 범위에서 임차인 또는 제7항에 따라 우선변제권을 승계한 금융기관 등에 대한 보증금의 변제를 유보(留保)하고 남은 금액을 배분하여야 한다. 이 경우 유보된 보증금은 소송 결과에 따라 배분한다. 〈개정 2013. 8. 13.〉

⑦ 다음 각 호의 금융기관 등이 제2항, 제6조제5항 또는 제7조제1항에 따른 우선변제권을 취득한 임차인의 보증금반환채권을 계약으로 양수한 경우에는 양수한 금액의 범위에서 우선변제권을 승계한다. 〈신설 2013. 8. 13., 2016. 5. 29.〉
1. 「은행법」에 따른 은행
2. 「중소기업은행법」에 따른 중소기업은행
3. 「한국산업은행법」에 따른 한국산업은행
4. 「농업협동조합법」에 따른 농협은행
5. 「수산업협동조합법」에 따른 수협은행
6. 「우체국예금·보험에 관한 법률」에 따른 체신관서
7. 「보험업법」 제4조제1항제2호라목의 보증보험을 보험종목으로 허가받은 보험회사

8. 그 밖에 제1호부터 제7호까지에 준하는 것으로서 대통령령으로 정하는 기관

⑧ 제7항에 따라 우선변제권을 승계한 금융기관 등(이하 "금융기관등"이라 한다)은 다음 각 호의 어느 하나에 해당하는 경우에는 우선변제권을 행사할 수 없다. 〈신설 2013. 8. 13.〉
1. 임차인이 제3조제1항의 대항요건을 상실한 경우
2. 제6조제5항에 따른 임차권등기가 말소된 경우
3. 「민법」 제621조에 따른 임대차등기가 말소된 경우

⑨ 금융기관등은 우선변제권을 행사하기 위하여 임차인을 대리하거나 대위하여 임대차를 해지할 수 없다. 〈신설 2013. 8. 13.〉
[전문개정 2009. 1. 30.]

제6조【임차권등기명령】 ① 임대차가 종료된 후 보증금이 반환되지 아니한 경우 임차인은 임차건물의 소재지를 관할하는 지방법원, 지방법원지원 또는 시·군법원에 임차권등기명령을 신청할 수 있다. 〈개정 2013. 8. 13.〉

② 임차권등기명령을 신청할 때에는 다음 각 호의 사항을 기재하여야 하며, 신청 이유 및 임차권등기의 원인이 된 사실을 소명하여야 한다.
1. 신청 취지 및 이유
2. 임대차의 목적인 건물(임대차의 목적이 건물의 일부분인 경우에는 그 부분의 도면을 첨부한다)
3. 임차권등기의 원인이 된 사실(임차인이 제3조제1항에 따른 대항력을 취득하였거나 제5조제2항에 따른 우선변제권을 취득한 경우에는 그 사실)
4. 그 밖에 대법원규칙으로 정하는 사항

③ 임차권등기명령의 신청에 대한 재판, 임차권등기명령의 결정에 대한 임대인의 이의신청 및 그에 대한 재판, 임차권등기명령의 취소신청 및 그에 대한 재판 또는 임차권등기명령의 집행 등에 관하여는 「민사집행법」 제280조제1항, 제281조, 제283조, 제285조, 제286조, 제288조제1항·제2항 본문, 제289조, 제290조제2항 중 제288조제1항에 대한 부분, 제291조, 제293조를 준용한다. 이 경우 "가압류"는 "임차권등기"로, "채권자"는 "임차인"으로, "채무자"는 "임대인"으로 본다.

④ 임차권등기명령신청을 기각하는 결정에 대하여 임차인은 항고할 수 있다.

⑤ 임차권등기명령의 집행에 따른 임차권등기를 마치면 임차인은 제3조제1항에 따른 대항력과 제5조제2항에 따른 우선변제권을 취득한다. 다만, 임차인이 임차권등기 이전에 이미 대항력 또는 우선변제권을 취득한 경우에는 그 대항력 또는 우선변제권이 그대로 유지되며, 임차권등기 이후에는 제3조제1항의 대항요건을 상실하더라도 이미 취득한 대항력 또는 우선변제권을 상실하지 아니한다.

⑥ 임차권등기명령의 집행에 따른 임차권등기를 마친 건물(임대차의 목적이 건물의 일부분인 경우에는 그 부분으로 한정한다)을 그 이후에 임차한 임차인은 제14조에 따른 우선변제를 받을 권리가 없다.

⑦ 임차권등기의 촉탁, 등기관의 임차권등기 기입 등 임차권등기명령의 시행에 관하여 필요한 사항은 대법원규칙으로 정한다.

⑧ 임차인은 제1항에 따른 임차권등기명령의 신청 및 그에 따른 임차권등기와 관련하여 든 비용을 임대인에게 청구할 수 있다.

⑨ 금융기관등은 임차인을 대위하여 제1항의 임차권등기명령을 신청할 수 있다. 이 경우 제3항·제4항 및 제8항의 "임차인"은 "금융기관등"으로 본다. 〈신설 2013. 8. 13.〉

[전문개정 2009. 1. 30.]

제7조 【「민법」에 따른 임대차등기의 효력 등】 ① 「민법」 제621조에 따른 건물임대차등기의 효력에 관하여는 제6조제5항 및 제6항을 준용한다.

② 임차인이 대항력 또는 우선변제권을 갖추고 「민법」 제621조제1항에 따라 임대인의 협력을 얻어 임대차등기를 신청하는 경우에는 신청서에 「부동산등기법」 제74조제1호부터 제6호까지의 사항 외에 다음 각 호의 사항을 기재하여야 하며, 이를 증명할 수 있는 서면(임대차의 목적이 건물의 일부분인 경우에는 그 부분의 도면을 포함한다)을 첨부하여야 한다. 〈개정 2011. 4. 12., 2020. 2. 4.〉

1. 사업자등록을 신청한 날
2. 임차건물을 점유한 날
3. 임대차계약서상의 확정일자를 받은 날

[전문개정 2009. 1. 30.]

제8조 【경매에 의한 임차권의 소멸】 임차권은 임차건물에 대하여 「민사집행법」에 따른 경매가 실시된 경우에는 그 임차건물이 매각되면 소멸한다. 다만, 보증금이 전액 변제되지 아니한 대항력이 있는 임차권은 그러하지 아니하다.

[전문개정 2009. 1. 30.]

제9조 【임대차기간 등】 ① 기간을 정하지 아니하거나 기간을 1년 미만으로 정한 임대차는 그 기간을 1년으로 본다. 다만, 임차인은 1년 미만으로 정한 기간이 유효함을 주장할 수 있다.

② 임대차가 종료한 경우에도 임차인이 보증금을 돌려받을 때까지는 임대차 관계는 존속하는 것으로 본다.

[전문개정 2009. 1. 30.]

제10조 【계약갱신 요구 등】 ① 임대인은 임차인이 임대차기간이 만료되기 6개월 전부터 1개월 전까지 사이에 계약갱신을 요구할 경우 정당한 사유 없이 거절하지 못한다. 다만, 다음 각 호의 어느 하나의 경우에는 그러하지 아니하다. 〈개정 2013. 8. 13.〉

1. 임차인이 3기의 차임액에 해당하는 금액에 이르도록 차임을 연체한 사실이 있는 경우
2. 임차인이 거짓이나 그 밖의 부정한 방법으로 임차한 경우
3. 서로 합의하여 임대인이 임차인에게 상당한 보상을 제공한 경우
4. 임차인이 임대인의 동의 없이 목적 건물의 전부 또는 일부를 전대(轉貸)한 경우
5. 임차인이 임차한 건물의 전부 또는 일부를 고의나 중대한 과실로 파손한 경우
6. 임차한 건물의 전부 또는 일부가 멸실되어 임대차의 목적을 달성하지 못할 경우
7. 임대인이 다음 각 목의 어느 하나에 해당하는 사유로 목적 건물의 전부 또는 대부분을 철거하거나 재건축하기 위하여 목적 건물의 점유를 회복할 필요가 있는 경우
   가. 임대차계약 체결 당시 공사시기 및 소요기간 등을 포함한 철거 또는 재건축 계획을 임차인에게 구체적으로 고지하고 그 계획에 따르는 경우

　　나. 건물이 노후·훼손 또는 일부 멸실되는 등 안전사고의 우려가 있는 경우

　　다. 다른 법령에 따라 철거 또는 재건축이 이루어지는 경우

　8. 그 밖에 임차인이 임차인으로서의 의무를 현저히 위반하거나 임대차를 계속하기 어려운 중대한 사유가 있는 경우

② 임차인의 계약갱신요구권은 최초의 임대차기간을 포함한 전체 임대차기간이 10년을 초과하지 아니하는 범위에서만 행사할 수 있다. 〈개정 2018. 10. 16.〉

③ 갱신되는 임대차는 전 임대차와 동일한 조건으로 다시 계약된 것으로 본다. 다만, 차임과 보증금은 제11조에 따른 범위에서 증감할 수 있다.

④ 임대인이 제1항의 기간 이내에 임차인에게 갱신 거절의 통지 또는 조건 변경의 통지를 하지 아니한 경우에는 그 기간이 만료된 때에 전 임대차와 동일한 조건으로 다시 임대차한 것으로 본다. 이 경우에 임대차의 존속기간은 1년으로 본다. 〈개정 2009. 5. 8.〉

⑤ 제4항의 경우 임차인은 언제든지 임대인에게 계약해지의 통고를 할 수 있고, 임대인이 통고를 받은 날부터 3개월이 지나면 효력이 발생한다.

[전문개정 2009. 1. 30.]

제10조의2 【계약갱신의 특례】 제2조제1항 단서에 따른 보증금액을 초과하는 임대차의 계약갱신의 경우에는 당사자는 상가건물에 관한 조세, 공과금, 주변 상가건물의 차임 및 보증금, 그 밖의 부담이나 경제사정의 변동 등을 고려하여 차임과 보증금의 증감을 청구할 수 있다.

[본조신설 2013. 8. 13.]

제10조의3 【권리금의 정의 등】 ① 권리금이란 임대차 목적물인 상가건물에서 영업을 하는 자 또는 영업을 하려는 자가 영업시설·비품, 거래처, 신용, 영업상의 노하우, 상가건물의 위치에 따른 영업상의 이점 등 유형·무형의 재산적 가치의 양도 또는 이용대가로서 임대인, 임차인에게 보증금과 차임 이외에 지급하는 금전 등의 대가를 말한다.

② 권리금 계약이란 신규임차인이 되려는 자가 임차인에게 권리금을 지급하기로 하는 계약을 말한다.

[본조신설 2015. 5. 13.]

제10조의4 【권리금 회수기회 보호 등】 ① 임대인은 임대차기간이 끝나기 6개월 전부터 임대차 종료 시까지 다음 각 호의 어느 하나에 해당하는 행위를 함으로써 권리금 계약에 따라 임차인이 주선한 신규임차인이 되려는 자로부터 권리금을 지급받는 것을 방해하여서는 아니 된다. 다만, 제10조제1항 각 호의 어느 하나에 해당하는 사유가 있는 경우에는 그러하지 아니하다. 〈개정 2018. 10. 16.〉

　1. 임차인이 주선한 신규임차인이 되려는 자에게 권리금을 요구하거나 임차인이 주선한 신규임차인이 되려는 자로부터 권리금을 수수하는 행위

　2. 임차인이 주선한 신규임차인이 되려는 자로 하여금 임차인에게 권리금을 지급하지 못하게 하는 행위

　3. 임차인이 주선한 신규임차인이 되려는 자에게 상가건물에 관한 조세, 공과금, 주변 상가건물의 차임 및 보증금, 그 밖의 부담에 따른 금액에 비추어 현저히 고액의 차임과 보증금을 요구하는 행위

　4. 그 밖에 정당한 사유 없이 임대인이 임차인이 주선한 신규임차인이 되려는 자와 임대차계약의 체결을 거절하는 행위

② 다음 각 호의 어느 하나에 해당하는 경우에는 제1항제4호의 정당한 사유가 있는 것으로 본다.

　1. 임차인이 주선한 신규임차인이 되려는 자가 보증금 또는 차임을 지급할 자력이 없는 경우

　2. 임차인이 주선한 신규임차인이 되려는 자가 임차인으로서의 의무를 위반할 우려가 있거나 그 밖에 임대차를 유지하기 어려운 상당한 사유가 있는 경우

　3. 임대차 목적물인 상가건물을 1년 6개월 이상 영리목적으로 사용하지 아니한 경우

　4. 임대인이 선택한 신규임차인이 임차인과 권리금 계약을 체결하고 그 권리금을 지급한 경우

③ 임대인이 제1항을 위반하여 임차인에게 손해를 발생하게 한 때에는 그 손해를 배상할 책임이 있다. 이 경우 그 손해배상액은 신규임차인이 임차인에게 지급하기로 한 권리금과 임대차 종료 당시의 권리금 중 낮은 금액을 넘지 못한다.

④ 제3항에 따라 임대인에게 손해배상을 청구할 권리는 임대차가 종료한 날부터 3년 이내에 행사하지 아니하면 시효의 완성으로 소멸한다.

⑤ 임차인은 임대인에게 임차인이 주선한 신규임차인이 되려는 자의 보증금 및 차임을 지급할 자력 또는 그 밖에 임차인으로서의 의무를 이행할 의사 및 능력에 관하여 자신이 알고 있는 정보를 제공하여야 한다.

[본조신설 2015. 5. 13.]

제10조의5【권리금 적용 제외】 제10조의4는 다음 각 호의 어느 하나에 해당하는 상가건물 임대차의 경우에는 적용하지 아니한다. 〈개정 2018. 10. 16.〉

1. 임대차 목적물인 상가건물이 「유통산업발전법」 제2조에 따른 대규모점포 또는 준대규모점포의 일부인 경우(다만, 「전통시장 및 상점가 육성을 위한 특별법」 제2조제1호에 따른 전통시장은 제외한다)

2. 임대차 목적물인 상가건물이 「국유재산법」에 따른 국유재산 또는 「공유재산 및 물품 관리법」에 따른 공유재산인 경우

[본조신설 2015. 5. 13.]

제10조의6【표준권리금계약서의 작성 등】 국토교통부장관은 법무부장관과 협의를 거쳐 임차인과 신규임차인이 되려는 자의 권리금 계약 체결을 위한 표준권리금계약서를 정하여 그 사용을 권장할 수 있다. 〈개정 2020. 7. 31.〉

[본조신설 2015. 5. 13.]

제10조의7【권리금 평가기준의 고시】 국토교통부장관은 권리금에 대한 감정평가의 절차와 방법 등에 관한 기준을 고시할 수 있다.

[본조신설 2015. 5. 13.]

제10조의8【차임연체와 해지】 임차인의 차임연체액이 3기의 차임액에 달하는 때에는 임대인은 계약을 해지할 수 있다.

[본조신설 2015. 5. 13.]

제10조의9【계약 갱신요구 등에 관한 임시 특례】 임차인이 이 법(법률 제17490호 상가건물 임대차보호법 일부개정법률을 말한다) 시행일부터 6개월까지의 기간 동안 연체한 차임액은 제10조제1항제1

호, 제10조의4제1항 단서 및 제10조의8의 적용에 있어서는 차임연체액으로 보지 아니한다. 이 경우 연체한 차임액에 대한 임대인의 그 밖의 권리는 영향을 받지 아니한다.

[본조신설 2020. 9. 29.]

제11조【차임 등의 증감청구권】 ① 차임 또는 보증금이 임차건물에 관한 조세, 공과금, 그 밖의 부담의 증감이나 「감염병의 예방 및 관리에 관한 법률」 제2조제2호에 따른 제1급감염병 등에 의한 경제사정의 변동으로 인하여 상당하지 아니하게 된 경우에는 당사자는 장래의 차임 또는 보증금에 대하여 증감을 청구할 수 있다. 그러나 증액의 경우에는 대통령령으로 정하는 기준에 따른 비율을 초과하지 못한다. 〈개정 2020. 9. 29.〉

② 제1항에 따른 증액 청구는 임대차계약 또는 약정한 차임 등의 증액이 있은 후 1년 이내에는 하지 못한다.

③ 「감염병의 예방 및 관리에 관한 법률」 제2조제2호에 따른 제1급감염병에 의한 경제사정의 변동으로 차임 등이 감액된 후 임대인이 제1항에 따라 증액을 청구하는 경우에는 증액된 차임 등이 감액 전 차임 등의 금액에 달할 때까지는 같은 항 단서를 적용하지 아니한다. 〈신설 2020. 9. 29.〉

[전문개정 2009. 1. 30.]

제11조의2【폐업으로 인한 임차인의 해지권】 ① 임차인은 「감염병의 예방 및 관리에 관한 법률」 제49조제1항제2호에 따른 집합 제한 또는 금지 조치(같은 항 제2호의2에 따라 운영시간을 제한한 조치를 포함한다)를 총 3개월 이상 받음으로써 발생한 경제사정의 중대한 변동으로 폐업한 경우에는 임대차계약을 해지할 수 있다.

② 제1항에 따른 해지는 임대인이 계약해지의 통고를 받은 날부터 3개월이 지나면 효력이 발생한다.

[본조신설 2022. 1. 4.]

제12조【월 차임 전환 시 산정률의 제한】 보증금의 전부 또는 일부를 월 단위의 차임으로 전환하는 경우에는 그 전환되는 금액에 다음 각 호 중 낮은 비율을 곱한 월 차임의 범위를 초과할 수 없다. 〈개정 2010. 5. 17., 2013. 8. 13.〉

1. 「은행법」에 따른 은행의 대출금리 및 해당 지역의 경제 여건 등을 고려하여 대통령령으로 정하는 비율

2. 한국은행에서 공시한 기준금리에 대통령령으로 정하는 배수를 곱한 비율

[전문개정 2009. 1. 30.]

제13조【전대차관계에 대한 적용 등】① 제10조, 제10조의2, 제10조의8, 제10조의9(제10조 및 제10조의8에 관한 부분으로 한정한다), 제11조 및 제12조는 전대인(轉貸人)과 전차인(轉借人)의 전대차관계에 적용한다. 〈개정 2015. 5. 13., 2020. 9. 29.〉

② 임대인의 동의를 받고 전대차계약을 체결한 전차인은 임차인의 계약갱신요구권 행사기간 이내에 임차인을 대위(代位)하여 임대인에게 계약갱신요구권을 행사할 수 있다.

[전문개정 2009. 1. 30.]

제14조【보증금 중 일정액의 보호】① 임차인은 보증금 중 일정액을 다른 담보물권자보다 우선하여 변제받을 권리가 있다. 이 경우 임차인은 건물에 대한 경매신청의 등기 전에 제3조제1항의 요건을 갖추어야 한다.

② 제1항의 경우에 제5조제4항부터 제6항까지의 규정을 준용한다.

③ 제1항에 따라 우선변제를 받을 임차인 및 보증금 중 일정액의 범위와 기준은 임대건물가액(임대인 소유의 대지가액을 포함한다)의 2분의 1 범위에서 해당 지역의 경제 여건, 보증금 및 차임 등을 고려하여 제14조의2에 따른 상가건물임대차위원회의 심의를 거쳐 대통령령으로 정한다. 〈개정 2013. 8. 13., 2020. 7. 31.〉

[전문개정 2009. 1. 30.]

제14조의2【상가건물임대차위원회】① 상가건물 임대차에 관한 다음 각 호의 사항을 심의하기 위하여 법무부에 상가건물임대차위원회(이하 "위원회"라 한다)를 둔다.

1. 제2조제1항 단서에 따른 보증금액

2. 제14조에 따라 우선변제를 받을 임차인 및 보증금 중 일정액의 범위와 기준

② 위원회는 위원장 1명을 포함한 10명 이상 15명 이하의 위원으로 성별을 고려하여 구성한다.

③ 위원회의 위원장은 법무부차관이 된다.

④ 위원회의 위원은 다음 각 호의 어느 하나에 해당하는 사람 중에서 위원장이 임명하거나 위촉하되, 제1호부터 제6호까지에 해당하는 위원을 각각 1명 이상 임명하거나 위촉하여야 하고, 위원 중 2분의 1 이상은 제1호·제2호 또는 제7호에 해당하는 사람을 위촉하여야 한다.

1. 법학·경제학 또는 부동산학 등을 전공하고 상가건물 임대차 관련 전문지식을 갖춘 사람으로서 공인된 연구기관에서 조교수 이상 또는 이에 상당하는 직에 5년 이상 재직한 사람

2. 변호사·감정평가사·공인회계사·세무사 또는 공인중개사로서 5년 이상 해당 분야에서 종사하고 상가건물 임대차 관련 업무경험이 풍부한 사람

3. 기획재정부에서 물가 관련 업무를 담당하는 고위공무원단에 속하는 공무원

4. 법무부에서 상가건물 임대차 관련 업무를 담당하는 고위공무원단에 속하는 공무원(이에 상당하는 특정직공무원을 포함한다)

5. 국토교통부에서 상가건물 임대차 관련 업무를 담당하는 고위공무원단에 속하는 공무원

6. 중소벤처기업부에서 소상공인 관련 업무를 담당하는 고위공무원단에 속하는 공무원

7. 그 밖에 상가건물 임대차 관련 학식과 경험이 풍부한 사람으로서 대통령령으로 정하는 사람

⑤ 그 밖에 위원회의 구성 및 운영 등에 필요한 사항은 대통령령으로 정한다.

[본조신설 2020. 7. 31.]

제15조【강행규정】이 법의 규정에 위반된 약정으로서 임차인에게 불리한 것은 효력이 없다.

[전문개정 2009. 1. 30.]

제16조【일시사용을 위한 임대차】이 법은 일시사용을 위한 임대차임이 명백한 경우에는 적용하지 아니한다.

[전문개정 2009. 1. 30.]

제17조 【미등기전세에의 준용】 목적건물을 등기하지 아니한 전세계약에 관하여 이 법을 준용한다. 이 경우 "전세금"은 "임대차의 보증금"으로 본다.

[전문개정 2009. 1. 30.]

제18조 【「소액사건심판법」의 준용】 임차인이 임대인에게 제기하는 보증금반환청구소송에 관하여는 「소액사건심판법」 제6조·제7조·제10조 및 제11조의2를 준용한다.

[전문개정 2009. 1. 30.]

제19조 【표준계약서의 작성 등】 법무부장관은 국토교통부장관과 협의를 거쳐 보증금, 차임액, 임대차기간, 수선비 분담 등의 내용이 기재된 상가건물임대차표준계약서를 정하여 그 사용을 권장할 수 있다. 〈개정 2020. 7. 31.〉

[본조신설 2015. 5. 13.]

제20조 【상가건물임대차분쟁조정위원회】 ① 이 법의 적용을 받는 상가건물 임대차와 관련된 분쟁을 심의·조정하기 위하여 대통령령으로 정하는 바에 따라 「법률구조법」 제8조에 따른 대한법률구조공단의 지부, 「한국토지주택공사법」에 따른 한국토지주택공사의 지사 또는 사무소 및 「한국감정원법」에 따른 한국감정원의 지사 또는 사무소에 상가건물임대차분쟁조정위원회(이하 "조정위원회"라 한다)를 둔다. 특별시·광역시·특별자치시·도 및 특별자치도는 그 지방자치단체의 실정을 고려하여 조정위원회를 둘 수 있다. 〈개정 2020. 7. 31.〉

② 조정위원회는 다음 각 호의 사항을 심의·조정한다.

　1. 차임 또는 보증금의 증감에 관한 분쟁

　2. 임대차 기간에 관한 분쟁

　3. 보증금 또는 임차상가건물의 반환에 관한 분쟁

　4. 임차상가건물의 유지·수선 의무에 관한 분쟁

　5. 권리금에 관한 분쟁

　6. 그 밖에 대통령령으로 정하는 상가건물 임대차에 관한 분쟁

③ 조정위원회의 사무를 처리하기 위하여 조정위원회에 사무국을 두고, 사무국의 조직 및 인력 등에 필요한 사항은 대통령령으로 정한다.

④ 사무국의 조정위원회 업무담당자는 「주택임대차보호법」 제14조에 따른 주택임대차분쟁조정위원회 사무국의 업무를 제외하고 다른 직위의 업무를 겸직하여서는 아니 된다.

[본조신설 2018. 10. 16.]

제21조 【주택임대차분쟁조정위원회 준용】 조정위원회에 대하여는 이 법에 규정한 사항 외에는 주택임대차분쟁조정위원회에 관한 「주택임대차보호법」 제14조부터 제29조까지의 규정을 준용한다. 이 경우 "주택임대차분쟁조정위원회"는 "상가건물임대차분쟁조정위원회"로 본다.

[본조신설 2018. 10. 16.]

제22조 【벌칙 적용에서 공무원 의제】 공무원이 아닌 상가건물임대차위원회의 위원 및 상가건물임대차분쟁조정위원회의 위원은 「형법」 제127조, 제129조부터 제132조까지의 규정을 적용할 때에는 공무원으로 본다. 〈개정 2020. 7. 31.〉

[본조신설 2018. 10. 16.]

부칙 〈제18675호, 2022. 1. 4.〉

제1조 【시행일】 이 법은 공포한 날부터 시행한다.

제2조 【임차인의 해지권에 관한 적용례】 제11조의2의 개정규정은 이 법 시행 당시 존속 중인 임대차에 대해서도 적용한다.

상가건물 임대차보호법 시행령(약칭 : 상가임대차법 시행령)

[시행 2023. 1. 1.] [대통령령 제33106호, 2022. 12. 20., 일부개정]

제1조 【목적】 이 영은 「상가건물 임대차보호법」에서 위임된 사항과 그 시행에 관하여 필요한 사항을 정하는 것을 목적으로 한다. 〈개정 2008. 8. 21., 2010. 7. 21.〉

제2조 【적용범위】 ① 「상가건물 임대차보호법」(이하 "법"이라 한다) 제2조제1항 단서에서 "대통령령으로 정하는 보증금액"이란 다음 각 호의 구분에 의한 금액을 말한다. 〈개정 2008. 8. 21., 2010. 7. 21., 2013. 12. 30., 2018. 1. 26., 2019. 4. 2.〉

1. 서울특별시 : 9억원
2. 「수도권정비계획법」에 따른 과밀억제권역(서울특별시는 제외한다) 및 부산광역시: 6억9천만원
3. 광역시(「수도권정비계획법」에 따른 과밀억제권역에 포함된 지역과 군지역, 부산광역시는 제외한다), 세종특별자치시, 파주시, 화성시, 안산시, 용인시, 김포시 및 광주시: 5억4천만원
4. 그 밖의 지역 : 3억7천만원

② 법 제2조제2항의 규정에 의하여 보증금외에 차임이 있는 경우의 차임액은 월 단위의 차임액으로 한다.

③ 법 제2조제2항에서 "대통령령으로 정하는 비율"이라 함은 1분의 100을 말한다. 〈개정 2010. 7. 21.〉

제3조 【확정일자부 기재사항 등】 ① 상가건물 임대차계약증서 원본을 소지한 임차인은 법 제4조제1항에 따라 상가건물의 소재지 관할 세무서장에게 확정일자 부여를 신청할 수 있다. 다만, 「부가가치세법」 제8조제3항에 따라 사업자 단위 과세가 적용되는 사업자의 경우 해당 사업자의 본점 또는 주사무소 관할 세무서장에게 확정일자 부여를 신청할 수 있다.

② 확정일자는 제1항에 따라 확정일자 부여의 신청을 받은 세무서장(이하 "관할 세무서장"이라 한다)이 확정일자 번호, 확정일자 부여일 및 관할 세무서장을 상가건물 임대차 계약증서 원본에 표시하고 관인을 찍는 방법으로 부여한다.

③ 관할 세무서장은 임대차계약이 변경되거나 갱신된 경우 임차인의 신청에 따라 새로운 확정일자를 부여한다.

④ 관할 세무서장이 법 제4조제2항에 따라 작성하는 확정일자부에 기재하여야 할 사항은 다음 각 호와 같다.

1. 확정일자 번호
2. 확정일자 부여일
3. 임대인·임차인의 인적사항
   가. 자연인인 경우: 성명, 주민등록번호(외국인은 외국인등록번호)
   나. 법인인 경우: 법인명, 대표자 성명, 법인등록번호
   다. 법인 아닌 단체인 경우: 단체명, 대표자 성명, 사업자등록번호·고유번호
4. 임차인의 상호 및 법 제3조제1항에 따른 사업자등록 번호
5. 상가건물의 소재지, 임대차 목적물 및 면적
6. 임대차기간
7. 보증금·차임

⑤ 제1항부터 제4항까지에서 규정한 사항 외에 확정일자 부여 사무에 관하여 필요한 사항은 법무부령으로 정한다.

[전문개정 2015. 11. 13.]

제3조의2 【이해관계인의 범위】 법 제4조제3항에 따라 정보의 제공을 요청할 수 있는 상가건물의 임대차에 이해관계가 있는 자(이하 "이해관계인"이라 한다)는 다음 각 호의 어느 하나에 해당하는 자로 한다.

1. 해당 상가건물 임대차계약의 임대인·임차인
2. 해당 상가건물의 소유자
3. 해당 상가건물 또는 그 대지의 등기부에 기록된 권리자 중 법무부령으로 정하는 자
4. 법 제5조제7항에 따라 우선변제권을 승계한 금융기관 등

5. 제1호부터 제4호까지에서 규정한 자에 준하는 지위 또는 권리를 가지는 자로서 임대차 정보의 제공에 관하여 법원의 판결을 받은 자

[본조신설 2015. 11. 13.]

제3조의3 【이해관계인 등이 요청할 수 있는 정보의 범위】① 제3조의2제1호에 따른 임대차계약의 당사자는 관할 세무서장에게 다음 각 호의 사항이 기재된 서면의 열람 또는 교부를 요청할 수 있다.

1. 임대인·임차인의 인적사항(제3조제4항제3호에 따른 정보를 말한다. 다만, 주민등록번호 및 외국인등록번호의 경우에는 앞 6자리에 한정한다)
2. 상가건물의 소재지, 임대차 목적물 및 면적
3. 사업자등록 신청일
4. 보증금·차임 및 임대차기간
5. 확정일자 부여일
6. 임대차계약이 변경되거나 갱신된 경우에는 변경·갱신된 날짜, 새로운 확정일자 부여일, 변경된 보증금·차임 및 임대차기간
7. 그 밖에 법무부령으로 정하는 사항

② 임대차계약의 당사자가 아닌 이해관계인 또는 임대차계약을 체결하려는 자는 관할 세무서장에게 다음 각 호의 사항이 기재된 서면의 열람 또는 교부를 요청할 수 있다.

1. 상가건물의 소재지, 임대차 목적물 및 면적
2. 사업자등록 신청일
3. 보증금 및 차임, 임대차기간
4. 확정일자 부여일
5. 임대차계약이 변경되거나 갱신된 경우에는 변경·갱신된 날짜, 새로운 확정일자 부여일, 변경된 보증금·차임 및 임대차기간
6. 그 밖에 법무부령으로 정하는 사항

③ 제1항 및 제2항에서 규정한 사항 외에 임대차 정보의 제공 등에 필요한 사항은 법무부령으로 정한다.

[본조신설 2015. 11. 13.]

제4조 【차임 등 증액청구의 기준】법 제11조제1항의 규정에 의한 차임 또는 보증금의 증액청구는 청구 당시의 차임 또는 보증금의 100분의 5의 금액을 초과하지 못한다. 〈개정 2008. 8. 21., 2018. 1. 26.〉

제5조 【월차임 전환 시 산정률】① 법 제12조제1호에서 "대통령령으로 정하는 비율"이란 연 1할2푼을 말한다.

② 법 제12조제2호에서 "대통령령으로 정하는 배수"란 4.5배를 말한다.

[전문개정 2013. 12. 30.]

제6조 【우선변제를 받을 임차인의 범위】법 제14조의 규정에 의하여 우선변제를 받을 임차인은 보증금과 차임이 있는 경우 법 제2조제2항의 규정에 의하여 환산한 금액의 합계가 다음 각호의 구분에 의한 금액 이하인 임차인으로 한다. 〈개정 2008. 8. 21., 2010. 7. 21., 2013. 12. 30.〉

1. 서울특별시 : 6천500만원
2. 「수도권정비계획법」에 따른 과밀억제권역(서울특별시는 제외한다): 5천500만원
3. 광역시(「수도권정비계획법」에 따른 과밀억제권역에 포함된 지역과 군지역은 제외한다), 안산시, 용인시, 김포시 및 광주시: 3천8백만원
4. 그 밖의 지역 : 3천만원

제7조 【우선변제를 받을 보증금의 범위 등】① 법 제14조의 규정에 의하여 우선변제를 받을 보증금중 일정액의 범위는 다음 각호의 구분에 의한 금액 이하로 한다. 〈개정 2008. 8. 21., 2010. 7. 21., 2013. 12. 30.〉

1. 서울특별시 : 2천200만원
2. 「수도권정비계획법」에 따른 과밀억제권역(서울특별시는 제외한다): 1천900만원
3. 광역시(「수도권정비계획법」에 따른 과밀억제권역에 포함된 지역과 군지역은 제외한다), 안산시, 용인시, 김포시 및 광주시: 1천300만원
4. 그 밖의 지역 : 1천만원

② 임차인의 보증금중 일정액이 상가건물의 가액의 2분의 1을 초과하는 경우에는 상가건물의 가액의 2분의 1에 해당하는 금액에 한하여 우선변제권이 있다. 〈개정 2013. 12. 30.〉

③ 하나의 상가건물에 임차인이 2인 이상이고, 그 각 보증금중 일정액의 합산액이 상가건물의 가액의 2분의 1을 초과하는 경우에는 그 각 보증금중 일정액의 합산액에 대한 각 임차인의 보증금중 일정액의 비율로 그 상가건물의 가액의 2분의 1에 해당

하는 금액을 분할한 금액을 각 임차인의 보증금중 일정액으로 본다. 〈개정 2013. 12. 30.〉

제7조의2【상가건물임대차위원회의 구성】 법 제14조 의2제4항제7호에서 "대통령령으로 정하는 사람" 이란 다음 각 호의 어느 하나에 해당하는 사람을 말한다.

1. 특별시·광역시·특별자치시·도 및 특별자치도 (이하 "시·도"라 한다)에서 상가건물 정책 또는 부동산 관련 업무를 담당하는 주무부서의 실· 국장

2. 법무사로서 5년 이상 해당 분야에서 종사하고 상가건물 임대차 관련 업무 경험이 풍부한 사람

[본조신설 2020. 10. 20.]

제7조의3【위원의 임기 등】 ① 법 제14조의2에 따른 상가건물임대차위원회(이하 "위원회"라 한다)의 위원의 임기는 2년으로 하되, 한 차례만 연임할 수 있다. 다만, 공무원인 위원의 임기는 그 직위에 재 직하는 기간으로 한다.

② 위원회의 위원장(이하 "위원장"이라 한다)은 위촉 된 위원이 다음 각 호의 어느 하나에 해당하는 경 우에는 해당 위원을 해촉할 수 있다.

1. 심신장애로 직무를 수행할 수 없게 된 경우
2. 직무와 관련한 형사사건으로 기소된 경우
3. 직무태만, 품위손상, 그 밖의 사유로 위원으로 적합하지 않다고 인정되는 경우
4. 위원 스스로 직무를 수행하는 것이 곤란하다고 의사를 밝히는 경우

[본조신설 2020. 10. 20.]

제7조의4【위원장의 직무】 ① 위원장은 위원회를 대표 하고, 위원회의 업무를 총괄한다.

② 위원장이 부득이한 사유로 직무를 수행할 수 없을 때에는 위원장이 미리 지명한 위원이 그 직무를 대 행한다.

[본조신설 2020. 10. 20.]

제7조의5【간사】 ① 위원회에 간사 1명을 두되, 간사 는 상가건물 임대차 관련 업무에 종사하는 법무부 소속의 고위공무원단에 속하는 일반직 공무원(이 에 상당하는 특정직·별정직 공무원을 포함한다) 중에서 위원장이 지명한다.

② 간사는 위원회의 운영을 지원하고, 위원회의 회의 에 관한 기록과 그 밖에 서류의 작성·보관에 관한 사무를 처리한다.

③ 간사는 위원회에 참석하여 심의사항을 설명하거 나 그 밖에 필요한 발언을 할 수 있다.

[본조신설 2020. 10. 20.]

제7조의6【위원회의 회의】 ① 위원회의 회의는 매년 1 회 개최되는 정기회의와 위원장이 필요하다고 인 정하거나 위원 3분의 1 이상이 요구하는 경우에 개최되는 임시회의로 구분하여 운영한다.

② 위원장은 위원회의 회의를 소집하고, 그 의장이 된다.

③ 위원회의 회의는 재적위원 과반수의 출석으로 개 의하고, 출석위원 과반수의 찬성으로 의결한다.

④ 위원회의 회의는 비공개로 한다.

⑤ 위원장은 위원이 아닌 사람을 회의에 참석하게 하 여 의견을 듣거나 관계 기관·단체 등에 필요한 자 료, 의견 제출 등 협조를 요청할 수 있다.

[본조신설 2020. 10. 20.]

제7조의7【실무위원회】 ① 위원회에서 심의할 안건의 협의를 효율적으로 지원하기 위하여 위원회에 실 무위원회를 둔다.

② 실무위원회는 다음 각 호의 사항을 협의·조정한다.

1. 심의안건 및 이와 관련하여 위원회가 위임한 사항
2. 그 밖에 위원장 및 위원이 실무협의를 요구하 는 사항

③ 실무위원회의 위원장은 위원회의 간사가 되고, 실 무위원회의 위원은 다음 각 호의 사람 중에서 그 소속기관의 장이 지명하는 사람으로 한다.

1. 기획재정부에서 물가 관련 업무를 담당하는 5 급 이상의 국가공무원
2. 법무부에서 상가건물 임대차 관련 업무를 담당 하는 5급 이상의 국가공무원
3. 국토교통부에서 상가건물 임대차 관련 업무를 담당하는 5급 이상의 국가공무원
4. 중소벤처기업부에서 소상공인 관련 업무를 담 당하는 5급 이상의 국가공무원
5. 시·도에서 소상공인 또는 민생경제 관련 업무 를 담당하는 5급 이상의 지방공무원

[본조신설 2020. 10. 20.]

제7조의8【전문위원】 ① 위원회의 심의사항에 관한 전문적인 조사·연구업무를 수행하기 위하여 5명 이내의 전문위원을 둘 수 있다.

② 전문위원은 법학, 경제학 또는 부동산학 등에 학식과 경험을 갖춘 사람 중에서 법무부장관이 위촉하고, 임기는 2년으로 한다.

[본조신설 2020. 10. 20.]

제7조의9【수당】 위원회 또는 실무위원회 위원에게는 예산의 범위에서 수당을 지급할 수 있다. 다만, 공무원인 위원이 그 소관 업무와 직접적으로 관련되어 위원회에 출석하는 경우는 제외한다.

[본조신설 2020. 10. 20.]

제7조의10【운영세칙】 이 영에서 규정한 사항 외에 위원회의 운영에 필요한 사항은 법무부장관이 정한다.

[본조신설 2020. 10. 20.]

제8조【상가건물임대차분쟁조정위원회의 설치】 법 제20조제1항에 따른 상가건물임대차분쟁조정위원회(이하 "조정위원회"라 한다)를 두는 「법률구조법」 제8조에 따른 대한법률구조공단(이하 "공단"이라 한다), 「한국토지주택공사법」에 따른 한국토지주택공사(이하 "공사"라 한다) 및 「한국부동산원법」에 따른 한국부동산원(이하 "부동산원"이라 한다)의 지부, 지사 또는 사무소와 그 관할구역은 별표와 같다. 〈개정 2020. 12. 8.〉

[전문개정 2020. 10. 20.]

제9조【조정위원회의 심의·조정 사항】 법 제20조제2항제6호에서 "대통령령으로 정하는 상가건물 임대차에 관한 분쟁"이란 다음 각 호의 분쟁을 말한다. 〈개정 2020. 10. 20.〉

1. 임대차계약의 이행 및 임대차계약 내용의 해석에 관한 분쟁

2. 임대차계약 갱신 및 종료에 관한 분쟁

3. 임대차계약의 불이행 등에 따른 손해배상청구에 관한 분쟁

4. 공인중개사 보수 등 비용부담에 관한 분쟁

5. 법 제19조에 따른 상가건물임대차표준계약서의 사용에 관한 분쟁

6. 그 밖에 제1호부터 제5호까지의 규정에 준하는 분쟁으로서 조정위원회의 위원장이 조정이 필요하다고 인정하는 분쟁

[본조신설 2019. 4. 2.]

제10조【공단의 지부 등에 두는 조정위원회의 사무국】

① 법 제20조제3항에 따라 공단, 공사 또는 부동산원의 지부, 지사 또는 사무소에 두는 조정위원회의 사무국(이하 "사무국"이라 한다)에는 사무국장 1명을 각각 두며, 사무국장 밑에 심사관 및 조사관을 각각 둔다. 〈개정 2020. 10. 20., 2020. 12. 8.〉

② 사무국장은 공단 이사장, 공사 사장 및 부동산원 원장이 각각 임명하며, 조정위원회의 위원을 겸직할 수 있다. 〈개정 2020. 10. 20., 2020. 12. 8.〉

③ 심사관 및 조사관은 공단 이사장, 공사 사장 및 부동산원 원장이 각각 임명한다. 〈개정 2020. 10. 20., 2020. 12. 8.〉

④ 사무국장은 사무국의 업무를 총괄하고, 소속 직원을 지휘·감독한다.

⑤ 심사관은 다음 각 호의 업무를 담당한다. 〈개정 2020. 10. 20.〉

1. 분쟁조정 신청 사건에 대한 쟁점정리 및 법률적 검토

2. 조사관이 담당하는 업무에 대한 지휘·감독

3. 그 밖에 조정위원회의 위원장이 조정위원회의 사무 처리를 위하여 필요하다고 인정하는 업무

⑥ 조사관은 다음 각 호의 업무를 담당한다. 〈개정 2020. 10. 20.〉

1. 분쟁조정 신청의 접수

2. 분쟁조정 신청에 관한 민원의 안내

3. 조정당사자에 대한 송달 및 통지

4. 분쟁의 조정에 필요한 사실조사

5. 그 밖에 조정위원회의 위원장이 조정위원회의 사무 처리를 위하여 필요하다고 인정하는 업무

⑦ 사무국장 및 심사관은 변호사의 자격이 있는 사람으로 한다.

[본조신설 2019. 4. 2.]

[제목개정 2020. 10. 20.]

제11조【시·도의 조정위원회 사무국】 시·도가 법 제20조제1항 후단에 따라 조정위원회를 두는 경우 사무국의 조직 및 운영 등에 관한 사항은 그 지방자치단체의 실정을 고려하여 해당 지방자치단체의 조례로 정한다. 〈개정 2020. 10. 20.〉

[본조신설 2019. 4. 2.]

제12조【고유식별정보의 처리】 관할 세무서장은 법 제4조에 따른 확정일자 부여에 관한 사무를 수행하기 위하여 불가피한 경우「개인정보 보호법 시행령」제19조제1호 및 제4호에 따른 주민등록번호 및 외국인등록번호가 포함된 자료를 처리할 수 있다. 〈개정 2013. 12. 30., 2015. 11. 13.〉

[본조신설 2012. 1. 6.]

[제8조에서 이동 〈2019. 4. 2.〉]

부칙 〈제33106호, 2022. 12. 20.〉

제1조【시행일】 이 영은 2023년 1월 1일부터 시행한다.

제2조【공사의 인천지역본부 등에 설치된 조정위원회에 조정 신청된 사항에 관한 경과조치】 이 영 시행 당시 종전의 별표에 따라 다음 표의 왼쪽 란에 기재된 지역본부에 설치된 조정위원회에 조정 신청된 사항은 별표의 개정규정에 따라 다음 표의 오른쪽 란에 기재된 지사에 설치된 조정위원회에 조정 신청된 것으로 본다.

공사의 인천지역본부	부동산원의 인천지사
공사의 경남지역본부	부동산원의 창원지사
공사의 경기지역본부	부동산원의 성남지사
공사의 부산울산지역본부	부동산원의 울산지사

제3조【부동산원의 경기서부지사에 설치된 조정위원회에 관한 경과조치】 ① 이 영 시행 당시 종전의 별표에 따라 부동산원의 경기서부지사에 설치된 조정위원회는 별표의 개정규정에 따라 부동산원의 고양지사에 설치된 조정위원회로 본다.

② 이 영 시행 당시 종전의 별표에 따라 부동산원의 경기서부지사에 설치된 조정위원회의 위원장 및 위원으로 호선 및 위촉된 사람은 별표의 개정규정에 따라 부동산원의 고양지사에 설치된 조정위원회의 위원장 및 위원으로 호선 및 위촉된 것으로

본다. 이 경우 그 임기는 종전 임기의 남은 기간으로 한다.

가등기담보 등에 관한 법률(약칭 : 가등기담보법)

[시행 2017. 3. 28.] [법률 제14474호, 2016. 12. 27., 타법개정]

제1조 【목적】 이 법은 차용물(借用物)의 반환에 관하여 차주(借主)가 차용물을 갈음하여 다른 재산권을 이전할 것을 예약할 때 그 재산의 예약 당시 가액(價額)이 차용액(借用額)과 이에 붙인 이자를 합산한 액수를 초과하는 경우에 이에 따른 담보계약(擔保契約)과 그 담보의 목적으로 마친 가등기(假登記) 또는 소유권이전등기(所有權移轉登記)의 효력을 정함을 목적으로 한다.

[전문개정 2008. 3. 21.]

제2조 【정의】 이 법에서 사용하는 용어의 뜻은 다음과 같다.

1. "담보계약"이란 「민법」 제608조에 따라 그 효력이 상실되는 대물반환(代物返還)의 예약[환매(還買), 양도담보(讓渡擔保) 등 명목(名目)이 어떠하든 그 모두를 포함한다]에 포함되거나 병존(竝存)하는 채권담보(債權擔保) 계약을 말한다.
2. "채무자등"이란 다음 각 목의 자를 말한다.
   가. 채무자
   나. 담보가등기목적 부동산의 물상보증인(物上保證人)
   다. 담보가등기 후 소유권을 취득한 제삼자
3. "담보가등기(擔保假登記)"란 채권담보의 목적으로 마친 가등기를 말한다.
4. "강제경매등"이란 강제경매(强制競賣)와 담보권의 실행 등을 위한 경매를 말한다.
5. "후순위권리자(後順位權利者)"란 담보가등기 후에 등기된 저당권자·전세권자 및 담보가등기권리자를 말한다.

[전문개정 2008. 3. 21.]

제3조 【담보권 실행의 통지와 청산기간】 ① 채권자가 담보계약에 따른 담보권을 실행하여 그 담보목적부동산의 소유권을 취득하기 위하여는 그 채권(債權)의 변제기(辨濟期) 후에 제4조의 청산금(淸算金)의 평가액을 채무자등에게 통지하고, 그 통지가 채무자등에게 도달한 날부터 2개월(이하 "청산기간"이라 한다)이 지나야 한다. 이 경우 청산금이 없다고 인정되는 경우에는 그 뜻을 통지하여야 한다.

② 제1항에 따른 통지에는 통지 당시의 담보목적부동산의 평가액과 「민법」 제360조에 규정된 채권액을 밝혀야 한다. 이 경우 부동산이 둘 이상인 경우에는 각 부동산의 소유권이전에 의하여 소멸시키려는 채권과 그 비용을 밝혀야 한다.

[전문개정 2008. 3. 21.]

제4조 【청산금의 지급과 소유권의 취득】 ① 채권자는 제3조제1항에 따른 통지 당시의 담보목적부동산의 가액에서 그 채권액을 뺀 금액(이하 "청산금"이라 한다)을 채무자등에게 지급하여야 한다. 이 경우 담보목적부동산에 선순위담보권(先順位擔保權) 등의 권리가 있을 때에는 그 채권액을 계산할 때에 선순위담보 등에 의하여 담보된 채권액을 포함한다.

② 채권자는 담보목적부동산에 관하여 이미 소유권이전등기를 마친 경우에는 청산기간이 지난 후 청산금을 채무자등에게 지급한 때에 담보목적부동산의 소유권을 취득하며, 담보가등기를 마친 경우에는 청산기간이 지나야 그 가등기에 따른 본등기(本登記)를 청구할 수 있다.

③ 청산금의 지급채무와 부동산의 소유권이전등기 및 인도채무(引渡債務)의 이행에 관하여는 동시이행의 항변권(抗辯權)에 관한 「민법」 제536조를 준용한다.

④ 제1항부터 제3항까지의 규정에 어긋나는 특약(特約)으로서 채무자등에게 불리한 것은 그 효력이 없다. 다만, 청산기간이 지난 후에 행하여진 특약으로서 제삼자의 권리를 침해하지 아니하는 것은 그러하지 아니하다.

[전문개정 2008. 3. 21.]

제5조 【후순위권리자의 권리행사】 ① 후순위권리자는 그 순위에 따라 채무자등이 지급받을 청산금에 대

하여 제3조제1항에 따라 통지된 평가액의 범위에서 청산금이 지급될 때까지 그 권리를 행사할 수 있고, 채권자는 후순위권리자의 요구가 있는 경우에는 청산금을 지급하여야 한다.

② 후순위권리자는 제1항의 권리를 행사할 때에는 그 피담보채권(被擔保債權)의 범위에서 그 채권의 명세와 증서를 채권자에게 교부하여야 한다.

③ 채권자가 제2항의 명세와 증서를 받고 후순위권리자에게 청산금을 지급한 때에는 그 범위에서 청산금채무는 소멸한다.

④ 제1항의 권리행사를 막으려는 자는 청산금을 압류(押留)하거나 가압류(假押留)하여야 한다.

⑤ 담보가등기 후에 대항력(對抗力) 있는 임차권(賃借權)을 취득한 자에게는 청산금의 범위에서 동시이행의 항변권에 관한 「민법」 제536조를 준용한다.
[전문개정 2008. 3. 21.]

제6조【채무자등 외의 권리자에 대한 통지】 ① 채권자는 제3조제1항에 따른 통지가 채무자등에게 도달하면 지체 없이 후순위권리자에게 그 통지의 사실과 내용 및 도달일을 통지하여야 한다.

② 제3조제1항에 따른 통지가 채무자등에게 도달한 때에는 담보가등기 후에 등기한 제삼자(제1항에 따라 통지를 받을 자를 제외하고, 대항력 있는 임차권자를 포함한다)가 있으면 채권자는 지체 없이 그 제삼자에게 제3조제1항에 따른 통지를 한 사실과 그 채권액을 통지하여야 한다.

③ 제1항과 제2항에 따른 통지는 통지를 받을 자의 등기부상의 주소로 발송함으로써 그 효력이 있다. 그러나 대항력 있는 임차권자에게는 그 담보목적부동산의 소재지로 발송하여야 한다.
[전문개정 2008. 3. 21.]

제7조【청산금에 대한 처분 제한】 ① 채무자가 청산기간이 지나기 전에 한 청산금에 관한 권리의 양도나 그 밖의 처분은 이로써 후순위권리자에게 대항하지 못한다.

② 채권자가 청산기간이 지나기 전에 청산금을 지급한 경우 또는 제6조제1항에 따른 통지를 하지 아니하고 청산금을 지급한 경우에도 제1항과 같다.
[전문개정 2008. 3. 21.]

제8조【청산금의 공탁】 ① 청산금채권이 압류되거나 가압류된 경우에 채권자는 청산기간이 지난 후 이에 해당하는 청산금을 채무이행지(債務履行地)를 관할하는 지방법원이나 지원(支院)에 공탁(供託)하여 그 범위에서 채무를 면(免)할 수 있다.

② 제1항에 따라 공탁이 있는 경우에는 채무자등의 공탁금출급청구권(供託金出給請求權)이 압류되거나 가압류된 것으로 본다.

③ 채권자는 제14조에 따른 경우 외에는 공탁금의 회수(回收)를 청구할 수 없다.

④ 채권자는 제1항에 따라 공탁을 한 경우에는 채무자등과 압류채권자 또는 가압류채권자에게 지체 없이 공탁의 통지를 하여야 한다.
[전문개정 2008. 3. 21.]

제9조【통지의 구속력】 채권자는 제3조제1항에 따라 그가 통지한 청산금의 금액에 관하여 다툴 수 없다.
[전문개정 2008. 3. 21.]

제10조【법정지상권】 토지와 그 위의 건물이 동일한 소유자에게 속하는 경우 그 토지나 건물에 대하여 제4조제2항에 따른 소유권을 취득하거나 담보가등기에 따른 본등기가 행하여진 경우에는 그 건물의 소유를 목적으로 그 토지 위에 지상권(地上權)이 설정된 것으로 본다. 이 경우 그 존속기간과 지료(地料)는 당사자의 청구에 의하여 법원이 정한다.
[전문개정 2008. 3. 21.]

제11조【채무자등의 말소청구권】 채무자등은 청산금채권을 변제받을 때까지 그 채무액(반환할 때까지의 이자와 손해금을 포함한다)을 채권자에게 지급하고 그 채권담보의 목적으로 마친 소유권이전등기의 말소를 청구할 수 있다. 다만, 그 채무의 변제기가 지난 때부터 10년이 지나거나 선의의 제삼자가 소유권을 취득한 경우에는 그러하지 아니하다.
[전문개정 2008. 3. 21.]

제12조【경매의 청구】 ① 담보가등기권리자는 그 선택에 따라 제3조에 따른 담보권을 실행하거나 담보목적부동산의 경매를 청구할 수 있다. 이 경우 경매에 관하여는 담보가등기권리를 저당권으로 본다.

② 후순위권리자는 청산기간에 한정하여 그 피담보채권의 변제기 도래 전이라도 담보목적부동산의

경매를 청구할 수 있다.

[전문개정 2008. 3. 21.]

제13조【우선변제청구권】 담보가등기를 마친 부동산에 대하여 강제경매등이 개시된 경우에 담보가등기권리자는 다른 채권자보다 자기채권을 우선변제 받을 권리가 있다. 이 경우 그 순위에 관하여는 그 담보가등기권리를 저당권으로 보고, 그 담보가등기를 마친 때에 그 저당권의 설정등기(設定登記)가 행하여진 것으로 본다.

[전문개정 2008. 3. 21.]

제14조【강제경매등의 경우의 담보가등기】 담보가등기를 마친 부동산에 대하여 강제경매등의 개시 결정이 있는 경우에 그 경매의 신청이 청산금을 지급하기 전에 행하여진 경우(청산금이 없는 경우에는 청산기간이 지나기 전)에는 담보가등기권리자는 그 가등기에 따른 본등기를 청구할 수 없다.

[전문개정 2008. 3. 21.]

제15조【담보가등기권리의 소멸】 담보가등기를 마친 부동산에 대하여 강제경매등이 행하여진 경우에는 담보가등기권리는 그 부동산의 매각에 의하여 소멸한다.

[전문개정 2008. 3. 21.]

제16조【강제경매등에 관한 특칙】 ① 법원은 소유권의 이전에 관한 가등기가 되어 있는 부동산에 대한 강제경매등의 개시결정(開始決定)이 있는 경우에는 가등기권리자에게 다음 각 호의 구분에 따른 사항을 법원에 신고하도록 적당한 기간을 정하여 최고(催告)하여야 한다.

1. 해당 가등기가 담보가등기인 경우: 그 내용과 채권[이자나 그 밖의 부수채권(附隨債權)을 포함한다]의 존부(存否)·원인 및 금액

2. 해당 가등기가 담보가등기가 아닌 경우: 해당 내용

② 압류등기 전에 이루어진 담보가등기권리가 매각에 의하여 소멸되면 제1항의 채권신고를 한 경우에만 그 채권자는 매각대금을 배당받거나 변제금을 받을 수 있다. 이 경우 그 담보가등기의 말소에 관하여는 매수인이 인수하지 아니한 부동산의 부담에 관한 기입을 말소하는 등기의 촉탁에 관한

「민사집행법」 제144조제1항제2호를 준용한다.

③ 소유권의 이전에 관한 가등기권리자는 강제경매등 절차의 이해관계인으로 본다.

[전문개정 2008. 3. 21.]

제17조【파산 등 경우의 담보가등기】 ① 파산재단(破産財團)에 속하는 부동산에 설정한 담보가등기권리에 대하여는 「채무자 회생 및 파산에 관한 법률」 중 저당권에 관한 규정을 적용한다.

② 파산재단에 속하지 아니하는 파산자의 부동산에 대하여 설정되어 있는 담보가등기권리자에 관하여는 준별제권자(準別除權者)에 관한 「채무자 회생 및 파산에 관한 법률」 제414조를 준용한다.

③ 담보가등기권리는 「국세기본법」, 「국세징수법」, 「지방세기본법」, 「지방세징수법」, 「채무자 회생 및 파산에 관한 법률」을 적용할 때에는 저당권으로 본다. 〈개정 2010. 3. 31., 2016. 12. 27.〉

[전문개정 2008. 3. 21.]

제18조【다른 권리를 목적으로 하는 계약에의 준용】 등기 또는 등록할 수 있는 부동산소유권 외의 권리{질권(質權)·저당권 및 전세권은 제외한다}의 취득을 목적으로 하는 담보계약에 관하여는 제3조부터 제17조까지의 규정을 준용한다. 다만, 「동산·채권 등의 담보에 관한 법률」에 따라 담보등기를 마친 경우에는 그러하지 아니하다. 〈개정 2010. 6. 10.〉

[전문개정 2008. 3. 21.]

부칙 〈제14474호, 2016. 12. 27.〉 (지방세기본법)

제1조【시행일】 이 법은 공포 후 3개월이 경과한 날부터 시행한다.

제2조부터 제12조까지 생략

제13조【다른 법률의 개정】 ① 가등기담보 등에 관한 법률 일부를 다음과 같이 개정한다.
제17조제3항 중 "「지방세기본법」"을 "「지방세기본법」, 「지방세징수법」"으로 한다.
②부터 ⑮까지 생략

제14조 생략

집합건물의 소유 및 관리에 관한 법률(약칭 : 집합건물법)

[시행 2023. 9. 29.] [법률 제19282호, 2023. 3. 28., 일부개정]

제1장 건물의 구분소유 〈개정 2010. 3. 31.〉

제1절 총칙 〈개정 2010. 3. 31.〉

제1조【건물의 구분소유】 1동의 건물 중 구조상 구분된 여러 개의 부분이 독립한 건물로서 사용될 수 있을 때에는 그 각 부분은 이 법에서 정하는 바에 따라 각각 소유권의 목적으로 할 수 있다.

[전문개정 2010. 3. 31.]

제1조의2【상가건물의 구분소유】 ① 1동의 건물이 다음 각 호에 해당하는 방식으로 여러 개의 건물부분으로 이용상 구분된 경우에 그 건물부분(이하 "구분점포"라 한다)은 이 법에서 정하는 바에 따라 각각 소유권의 목적으로 할 수 있다. 〈개정 2020. 2. 4.〉

1. 구분점포의 용도가 「건축법」 제2조제2항제7호의 판매시설 및 같은 항 제8호의 운수시설일 것
2. 삭제 〈2020. 2. 4.〉
3. 경계를 명확하게 알아볼 수 있는 표지를 바닥에 견고하게 설치할 것
4. 구분점포별로 부여된 건물번호표지를 견고하게 붙일 것

② 제1항에 따른 경계표지 및 건물번호표지에 관하여 필요한 사항은 대통령령으로 정한다.

[전문개정 2010. 3. 31.]

제2조【정의】 이 법에서 사용하는 용어의 뜻은 다음과 같다.

1. "구분소유권"이란 제1조 또는 제1조의2에 규정된 건물부분[제3조제2항 및 제3항에 따라 공용부분(共用部分)으로 된 것은 제외한다]을 목적으로 하는 소유권을 말한다.
2. "구분소유자"란 구분소유권을 가지는 자를 말한다.
3. "전유부분"(專有部分)이란 구분소유권의 목적인 건물부분을 말한다.
4. "공용부분"이란 전유부분 외의 건물부분, 전유부분에 속하지 아니하는 건물의 부속물 및 제3조제2항 및 제3항에 따라 공용부분으로 된 부속의 건물을 말한다.
5. "건물의 대지"란 전유부분이 속하는 1동의 건물이 있는 토지 및 제4조에 따라 건물의 대지로 된 토지를 말한다.
6. "대지사용권"이란 구분소유자가 전유부분을 소유하기 위하여 건물의 대지에 대하여 가지는 권리를 말한다.

[전문개정 2010. 3. 31.]

제2조의2【다른 법률과의 관계】 집합주택의 관리 방법과 기준, 하자담보책임에 관한 「주택법」 및 「공동주택관리법」의 특별한 규정은 이 법에 저촉되어 구분소유자의 기본적인 권리를 해치지 아니하는 범위에서 효력이 있다. 〈개정 2015. 8. 11.〉

[본조신설 2012. 12. 18.]

[제목개정 2015. 8. 11.]

제3조【공용부분】 ① 여러 개의 전유부분으로 통하는 복도, 계단, 그 밖에 구조상 구분소유자 전원 또는 일부의 공용(共用)에 제공되는 건물부분은 구분소유권의 목적으로 할 수 없다.

② 제1조 또는 제1조의2에 규정된 건물부분과 부속의 건물은 규약으로써 공용부분으로 정할 수 있다.

③ 제1조 또는 제1조의2에 규정된 건물부분의 전부 또는 부속건물을 소유하는 자는 공정증서(公正證書)로써 제2항의 규약에 상응하는 것을 정할 수 있다.

④ 제2항과 제3항의 경우에는 공용부분이라는 취지를 등기하여야 한다.

[전문개정 2010. 3. 31.]

제4조【규약에 따른 건물의 대지】 ① 통로, 주차장, 정원, 부속건물의 대지, 그 밖에 전유부분이 속하는 1동의 건물 및 그 건물이 있는 토지와 하나로 관리

되거나 사용되는 토지는 규약으로써 건물의 대지로 할 수 있다.

② 제1항의 경우에는 제3조제3항을 준용한다.

③ 건물이 있는 토지가 건물이 일부 멸실함에 따라 건물이 있는 토지가 아닌 토지로 된 경우에는 그 토지는 제1항에 따라 규약으로써 건물의 대지로 정한 것으로 본다. 건물이 있는 토지의 일부가 분할로 인하여 건물이 있는 토지가 아닌 토지로 된 경우에도 같다.

[전문개정 2010. 3. 31.]

제5조 【구분소유자의 권리·의무 등】 ① 구분소유자는 건물의 보존에 해로운 행위나 그 밖에 건물의 관리 및 사용에 관하여 구분소유자 공동의 이익에 어긋나는 행위를 하여서는 아니 된다.

② 전유부분이 주거의 용도로 분양된 것인 경우에는 구분소유자는 정당한 사유 없이 그 부분을 주거 외의 용도로 사용하거나 그 내부 벽을 철거하거나 파손하여 증축·개축하는 행위를 하여서는 아니 된다.

③ 구분소유자는 그 전유부분이나 공용부분을 보존하거나 개량하기 위하여 필요한 범위에서 다른 구분소유자의 전유부분 또는 자기의 공유(共有)에 속하지 아니하는 공용부분의 사용을 청구할 수 있다. 이 경우 다른 구분소유자가 손해를 입었을 때에는 보상하여야 한다.

④ 전유부분을 점유하는 자로서 구분소유자가 아닌 자(이하 "점유자"라 한다)에 대하여는 제1항부터 제3항까지의 규정을 준용한다.

[전문개정 2010. 3. 31.]

제6조 【건물의 설치·보존상의 흠 추정】 전유부분이 속하는 1동의 건물의 설치 또는 보존의 흠으로 인하여 다른 자에게 손해를 입힌 경우에는 그 흠은 공용부분에 존재하는 것으로 추정한다.

[전문개정 2010. 3. 31.]

제7조 【구분소유권 매도청구권】 대지사용권을 가지지 아니한 구분소유자가 있을 때에는 그 전유부분의 철거를 청구할 권리를 가진 자는 그 구분소유자에 대하여 구분소유권을 시가(時價)로 매도할 것을 청구할 수 있다.

[전문개정 2010. 3. 31.]

제8조 【대지공유자의 분할청구 금지】 대지 위에 구분소유권의 목적인 건물이 속하는 1동의 건물이 있을 때에는 그 대지의 공유자는 그 건물 사용에 필요한 범위의 대지에 대하여는 분할을 청구하지 못한다.

[전문개정 2010. 3. 31.]

제9조 【담보책임】 ① 제1조 또는 제1조의2의 건물을 건축하여 분양한 자(이하 "분양자"라 한다)와 분양자와의 계약에 따라 건물을 건축한 자로서 대통령령으로 정하는 자(이하 "시공자"라 한다)는 구분소유자에 대하여 담보책임을 진다. 이 경우 그 담보책임에 관하여는 「민법」 제667조 및 제668조를 준용한다. 〈개정 2012. 12. 18.〉

② 제1항에도 불구하고 시공자가 분양자에게 부담하는 담보책임에 관하여 다른 법률에 특별한 규정이 있으면 시공자는 그 법률에서 정하는 담보책임의 범위에서 구분소유자에게 제1항의 담보책임을 진다. 〈신설 2012. 12. 18.〉

③ 제1항 및 제2항에 따른 시공자의 담보책임 중 「민법」 제667조제2항에 따른 손해배상책임은 분양자에게 회생절차개시 신청, 파산 신청, 해산, 무자력(無資力) 또는 그 밖에 이에 준하는 사유가 있는 경우에만 지며, 시공자가 이미 분양자에게 손해배상을 한 경우에는 그 범위에서 구분소유자에 대한 책임을 면(免)한다. 〈신설 2012. 12. 18.〉

④ 분양자와 시공자의 담보책임에 관하여 이 법과 「민법」에 규정된 것보다 매수인에게 불리한 특약은 효력이 없다. 〈개정 2012. 12. 18.〉

[전문개정 2010. 3. 31.]

제9조의2 【담보책임의 존속기간】 ① 제9조에 따른 담보책임에 관한 구분소유자의 권리는 다음 각 호의 기간 내에 행사하여야 한다.

1. 「건축법」 제2조제1항제7호에 따른 건물의 주요구조부 및 지반공사의 하자: 10년

2. 제1호에 규정된 하자 외의 하자: 하자의 중대성, 내구연한, 교체가능성 등을 고려하여 5년의 범위에서 대통령령으로 정하는 기간

② 제1항의 기간은 다음 각 호의 날부터 기산한다. 〈개정 2016. 1. 19.〉

부록 민법조문집

1. 전유부분: 구분소유자에게 인도한 날
2. 공용부분:「주택법」제49조에 따른 사용검사
   일(집합건물 전부에 대하여 임시 사용승인을
   받은 경우에는 그 임시 사용승인일을 말하고,
   「주택법」제49조제1항 단서에 따라 분할 사용
   검사나 동별 사용검사를 받은 경우에는 분할
   사용검사일 또는 동별 사용검사일을 말한다)
   또는「건축법」제22조에 따른 사용승인일
③ 제1항 및 제2항에도 불구하고 제1항 각 호의 하자
   로 인하여 건물이 멸실되거나 훼손된 경우에는 그
   멸실되거나 훼손된 날부터 1년 이내에 권리를 행
   사하여야 한다.
[본조신설 2012. 12. 18.]

제9조의3【분양자의 관리의무 등】 ① 분양자는 제24조
제3항에 따라 선임(選任)된 관리인이 사무를 개시
(開始)할 때까지 선량한 관리자의 주의로 건물과 대
지 및 부속시설을 관리하여야 한다. 〈개정 2020. 2. 4.〉
② 분양자는 제28조제4항에 따른 표준규약 및 같은
   조 제5항에 따른 지역별 표준규약을 참고하여 공
   정증서로써 규약에 상응하는 것을 정하여 분양계
   약을 체결하기 전에 분양을 받을 자에게 주어야 한
   다. 〈개정 2023. 3. 28.〉
③ 분양자는 예정된 매수인의 2분의 1 이상이 이전등
   기를 한 때에는 규약 설정 및 관리인 선임을 위한
   관리단집회(제23조에 따른 관리단의 집회를 말한
   다. 이하 같다)를 소집할 것을 대통령령으로 정하
   는 바에 따라 구분소유자에게 통지하여야 한다. 이
   경우 통지받은 날부터 3개월 이내에 관리단집회를
   소집할 것을 명시하여야 한다. 〈개정 2020. 2. 4.〉
④ 분양자는 구분소유자가 제3항의 통지를 받은 날부
   터 3개월 이내에 관리단집회를 소집하지 아니하는
   경우에는 지체 없이 관리단집회를 소집하여야 한
   다. 〈신설 2020. 2. 4.〉
[본조신설 2012. 12. 18.]

제2절 공용부분 〈개정 2010. 3. 31.〉

제10조【공용부분의 귀속 등】 ① 공용부분은 구분소유
자 전원의 공유에 속한다. 다만, 일부의 구분소유
자만이 공용하도록 제공되는 것임이 명백한 공용

부분(이하 "일부공용부분"이라 한다)은 그들 구분
소유자의 공유에 속한다.
② 제1항의 공유에 관하여는 제11조부터 제18조까지
   의 규정에 따른다. 다만, 제12조, 제17조에 규정한
   사항에 관하여는 규약으로써 달리 정할 수 있다.
[전문개정 2010. 3. 31.]

제11조【공유자의 사용권】 각 공유자는 공용부분을 그
용도에 따라 사용할 수 있다.
[전문개정 2010. 3. 31.]

제12조【공유자의 지분권】 ① 각 공유자의 지분은 그
가 가지는 전유부분의 면적 비율에 따른다.
② 제1항의 경우 일부공용부분으로서 면적이 있는 것
   은 그 공용부분을 공용하는 구분소유자의 전유부
   분의 면적 비율에 따라 배분하여 그 면적을 각 구
   분소유자의 전유부분 면적에 포함한다.
[전문개정 2010. 3. 31.]

제13조【전유부분과 공용부분에 대한 지분의 일체성】
① 공용부분에 대한 공유자의 지분은 그가 가지는
전유부분의 처분에 따른다.
② 공유자는 그가 가지는 전유부분과 분리하여 공용
   부분에 대한 지분을 처분할 수 없다.
③ 공용부분에 관한 물권의 득실변경(得失變更)은 등
   기가 필요하지 아니하다.
[전문개정 2010. 3. 31.]

제14조【일부공용부분의 관리】 일부공용부분의 관리
에 관한 사항 중 구분소유자 전원에게 이해관계가
있는 사항과 제29조제2항의 규약으로써 정한 사
항은 구분소유자 전원의 집회결의로써 결정하고,
그 밖의 사항은 그것을 공용하는 구분소유자만의
집회결의로써 결정한다.
[전문개정 2010. 3. 31.]

제15조【공용부분의 변경】 ① 공용부분의 변경에 관한
사항은 관리단집회에서 구분소유자의 3분의 2 이
상 및 의결권의 3분의 2 이상의 결의로써 결정한
다. 다만, 다음 각 호의 어느 하나에 해당하는 경우
에는 제38조제1항에 따른 통상의 집회결의로써
결정할 수 있다. 〈개정 2020. 2. 4.〉
1. 공용부분의 개량을 위한 것으로서 지나치게 많
   은 비용이 드는 것이 아닐 경우

2. 「관광진흥법」제3조제1항제2호나목에 따른 휴양 콘도미니엄업의 운영을 위한 휴양 콘도미니엄의 공용부분 변경에 관한 사항인 경우

② 제1항의 경우에 공용부분의 변경이 다른 구분소유자의 권리에 특별한 영향을 미칠 때에는 그 구분소유자의 승낙을 받아야 한다.

[전문개정 2010. 3. 31.]

제15조의2 【권리변동 있는 공용부분의 변경】 ① 제15조에도 불구하고 건물의 노후화 억제 또는 기능 향상 등을 위한 것으로 구분소유권 및 대지사용권의 범위나 내용에 변동을 일으키는 공용부분의 변경에 관한 사항은 관리단집회에서 구분소유자의 5분의 4 이상 및 의결권의 5분의 4 이상의 결의로써 결정한다. 다만, 「관광진흥법」 제3조제1항제2호나목에 따른 휴양 콘도미니엄업의 운영을 위한 휴양 콘도미니엄의 권리변동 있는 공용부분 변경에 관한 사항은 구분소유자의 3분의 2 이상 및 의결권의 3분의 2 이상의 결의로써 결정한다. 〈개정 2023. 3. 28.〉

② 제1항의 결의에서는 다음 각 호의 사항을 정하여야 한다. 이 경우 제3호부터 제7호까지의 사항은 각 구분소유자 사이에 형평이 유지되도록 정하여야 한다.
  1. 설계의 개요
  2. 예상 공사 기간 및 예상 비용(특별한 손실에 대한 전보 비용을 포함한다)
  3. 제2호에 따른 비용의 분담 방법
  4. 변경된 부분의 용도
  5. 전유부분 수의 증감이 발생하는 경우에는 변경된 부분의 귀속에 관한 사항
  6. 전유부분이나 공용부분의 면적에 증감이 발생하는 경우에는 변경된 부분의 귀속에 관한 사항
  7. 대지사용권의 변경에 관한 사항
  8. 그 밖에 규약으로 정한 사항

③ 제1항의 결의를 위한 관리단집회의 의사록에는 결의에 대한 각 구분소유자의 찬반 의사를 적어야 한다.

④ 제1항의 결의가 있는 경우에는 제48조 및 제49조를 준용한다.

[본조신설 2020. 2. 4.]

제16조 【공용부분의 관리】 ① 공용부분의 관리에 관한 사항은 제15조제1항 본문 및 제15조의2의 경우를 제외하고는 제38조제1항에 따른 통상의 집회 결의로써 결정한다. 다만, 보존행위는 각 공유자가 할 수 있다. 〈개정 2020. 2. 4.〉

② 구분소유자의 승낙을 받아 전유부분을 점유하는 자는 제1항 본문에 따른 집회에 참석하여 그 구분소유자의 의결권을 행사할 수 있다. 다만, 구분소유자와 점유자가 달리 정하여 관리단에 통지한 경우에는 그러하지 아니하며, 구분소유자의 권리·의무에 특별한 영향을 미치는 사항을 결정하기 위한 집회인 경우에는 점유자는 사전에 구분소유자에게 의결권 행사에 대한 동의를 받아야 한다. 〈신설 2012. 12. 18.〉

③ 제1항 및 제2항에 규정된 사항은 규약으로써 달리 정할 수 있다. 〈개정 2012. 12. 18.〉

④ 제1항 본문의 경우에는 제15조제2항을 준용한다. 〈개정 2012. 12. 18.〉

[전문개정 2010. 3. 31.]

제17조 【공용부분의 부담·수익】 각 공유자는 규약에 달리 정한 바가 없으면 그 지분의 비율에 따라 공용부분의 관리비용과 그 밖의 의무를 부담하며 공용부분에서 생기는 이익을 취득한다.

[전문개정 2010. 3. 31.]

제17조의2 【수선적립금】 ① 제23조에 따른 관리단(이하 "관리단"이라 한다)은 규약에 달리 정한 바가 없으면 관리단집회 결의에 따라 건물이나 대지 또는 부속시설의 교체 및 보수에 관한 수선계획을 수립할 수 있다.

② 관리단은 규약에 달리 정한 바가 없으면 관리단집회의 결의에 따라 수선적립금을 징수하여 적립할 수 있다. 다만, 다른 법률에 따라 장기수선을 위한 계획이 수립되어 충당금 또는 적립금이 징수·적립된 경우에는 그러하지 아니하다.

③ 제2항에 따른 수선적립금(이하 이 조에서 "수선적립금"이라 한다)은 구분소유자로부터 징수하며 관리단에 귀속된다.

④ 관리단은 규약에 달리 정한 바가 없으면 수선적립금을 다음 각 호의 용도로 사용하여야 한다.

1. 제1항의 수선계획에 따른 공사
2. 자연재해 등 예상하지 못한 사유로 인한 수선 공사
3. 제1호 및 제2호의 용도로 사용한 금원의 변제

⑤ 제1항에 따른 수선계획의 수립 및 수선적립금의 징수·적립에 필요한 사항은 대통령령으로 정한다.

[본조신설 2020. 2. 4.]

제18조 【공용부분에 관하여 발생한 채권의 효력】 공유자가 공용부분에 관하여 다른 공유자에 대하여 가지는 채권은 그 특별승계인에 대하여도 행사할 수 있다.

[전문개정 2010. 3. 31.]

제19조 【공용부분에 관한 규정의 준용】 건물의 대지 또는 공용부분 외의 부속시설(이들에 대한 권리를 포함한다)을 구분소유자가 공유하는 경우에는 그 대지 및 부속시설에 관하여 제15조, 제15조의2, 제16조 및 제17조를 준용한다. 〈개정 2020. 2. 4.〉

[전문개정 2010. 3. 31.]

제3절 대지사용권 〈개정 2010. 3. 31.〉

제20조 【전유부분과 대지사용권의 일체성】 ① 구분소유자의 대지사용권은 그가 가지는 전유부분의 처분에 따른다.

② 구분소유자는 그가 가지는 전유부분과 분리하여 대지사용권을 처분할 수 없다. 다만, 규약으로써 달리 정한 경우에는 그러하지 아니하다.

③ 제2항 본문의 분리처분금지는 그 취지를 등기하지 아니하면 선의(善意)로 물권을 취득한 제3자에게 대항하지 못한다.

④ 제2항 단서의 경우에는 제3조제3항을 준용한다.

[전문개정 2010. 3. 31.]

제21조 【전유부분의 처분에 따르는 대지사용권의 비율】 ① 구분소유자가 둘 이상의 전유부분을 소유한 경우에는 각 전유부분의 처분에 따르는 대지사용권은 제12조에 규정된 비율에 따른다. 다만, 규약으로써 달리 정할 수 있다.

② 제1항 단서의 경우에는 제3조제3항을 준용한다.

[전문개정 2010. 3. 31.]

제22조 【「민법」 제267조의 적용 배제】 제20조제2항 본문의 경우 대지사용권에 대하여는 「민법」 제267조【같은 법 제278조에서 준용하는 경우를 포함한다)를 적용하지 아니한다.

[전문개정 2010. 3. 31.]

제4절 관리단 및 관리단의 기관
〈개정 2012.12.18〉〈개정 2012.12.18〉

제23조 【관리단의 당연 설립 등】 ① 건물에 대하여 구분소유 관계가 성립되면 구분소유자 전원을 구성원으로 하여 건물과 그 대지 및 부속시설의 관리에 관한 사업의 시행을 목적으로 하는 관리단이 설립된다.

② 일부공용부분이 있는 경우 그 일부의 구분소유자는 제28조제2항의 규약에 따라 그 공용부분의 관리에 관한 사업의 시행을 목적으로 하는 관리단을 구성할 수 있다.

[전문개정 2010. 3. 31.]

제23조의2 【관리단의 의무】 관리단은 건물의 관리 및 사용에 관한 공동이익을 위하여 필요한 구분소유자의 권리와 의무를 선량한 관리자의 주의로 행사하거나 이행하여야 한다.

[본조신설 2012. 12. 18.]

제24조 【관리인의 선임 등】 ① 구분소유자가 10인 이상일 때에는 관리단을 대표하고 관리단의 사무를 집행할 관리인을 선임하여야 한다. 〈개정 2012. 12. 18.〉

② 관리인은 구분소유자일 필요가 없으며, 그 임기는 2년의 범위에서 규약으로 정한다. 〈신설 2012. 12. 18.〉

③ 관리인은 관리단집회의 결의로 선임되거나 해임된다. 다만, 규약으로 제26조의3에 따른 관리위원회의 결의로 선임되거나 해임되도록 정한 경우에는 그에 따른다. 〈개정 2012. 12. 18., 2020. 2. 4.〉

④ 구분소유자의 승낙을 받아 전유부분을 점유하는 자는 제3항 본문에 따른 관리단집회에 참석하여 그 구분소유자의 의결권을 행사할 수 있다. 다만, 구분소유자와 점유자가 달리 정하여 관리단에 통지하거나 구분소유자가 집회 이전에 직접 의결권을 행사할 것을 관리단에 통지한 경우에는 그러하지 아니하다. 〈신설 2012. 12. 18.〉

⑤ 관리인에게 부정한 행위나 그 밖에 그 직무를 수행하기에 적합하지 아니한 사정이 있을 때에는 각 구분소유자는 관리인의 해임을 법원에 청구할 수 있다. 〈개정 2012. 12. 18.〉

⑥ 전유부분이 50개 이상인 건물(「공동주택관리법」에 따른 의무관리대상 공동주택 및 임대주택과 「유통산업발전법」에 따라 신고한 대규모점포등관리자가 있는 대규모점포 및 준대규모점포는 제외한다)의 관리인으로 선임된 자는 대통령령으로 정하는 바에 따라 선임된 사실을 특별자치시장, 특별자치도지사, 시장, 군수 또는 자치구의 구청장(이하 "소관청"이라 한다)에게 신고하여야 한다. 〈신설 2020. 2. 4.〉

[전문개정 2010. 3. 31.]

제24조의2【임시관리인의 선임 등】 ① 구분소유자, 그의 승낙을 받아 전유부분을 점유하는 자, 분양자 등 이해관계인은 제24조제3항에 따라 선임된 관리인이 없는 경우에는 법원에 임시관리인의 선임을 청구할 수 있다.

② 임시관리인은 선임된 날부터 6개월 이내에 제24조제3항에 따른 관리인 선임을 위하여 관리단집회 또는 관리위원회를 소집하여야 한다.

③ 임시관리인의 임기는 선임된 날부터 제24조제3항에 따라 관리인이 선임될 때까지로 하되, 같은 조 제2항에 따라 규약으로 정한 임기를 초과할 수 없다.

[본조신설 2020. 2. 4.]

제25조【관리인의 권한과 의무】 ① 관리인은 다음 각 호의 행위를 할 권한과 의무를 가진다. 〈개정 2020. 2. 4.〉

1. 공용부분의 보존행위
1의2. 공용부분의 관리 및 변경에 관한 관리단집회 결의를 집행하는 행위
2. 공용부분의 관리비용 등 관리단의 사무 집행을 위한 비용과 분담금을 각 구분소유자에게 청구·수령하는 행위 및 그 금원을 관리하는 행위
3. 관리단의 사업 시행과 관련하여 관리단을 대표하여 하는 재판상 또는 재판 외의 행위

3의2. 소음·진동·악취 등을 유발하여 공동생활의 평온을 해치는 행위의 중지 요청 또는 분쟁 조정절차 권고 등 필요한 조치를 하는 행위
4. 그 밖에 규약에 정하여진 행위

② 관리인의 대표권은 제한할 수 있다. 다만, 이로써 선의의 제3자에게 대항할 수 없다.

[전문개정 2010. 3. 31.]

제26조【관리인의 보고의무 등】 ① 관리인은 대통령령으로 정하는 바에 따라 매년 1회 이상 구분소유자 및 그의 승낙을 받아 전유부분을 점유하는 자에게 그 사무에 관한 보고를 하여야 한다. 〈개정 2012. 12. 18., 2023. 3. 28.〉

② 전유부분이 50개 이상인 건물의 관리인은 관리단의 사무 집행을 위한 비용과 분담금 등 금원의 징수·보관·사용·관리 등 모든 거래행위에 관하여 장부를 월별로 작성하여 그 증빙서류와 함께 해당 회계연도 종료일부터 5년간 보관하여야 한다. 〈신설 2023. 3. 28.〉

③ 이해관계인은 관리인에게 제1항에 따른 보고 자료, 제2항에 따른 장부나 증빙서류의 열람을 청구하거나 자기 비용으로 등본의 교부를 청구할 수 있다. 이 경우 관리인은 다음 각 호의 정보를 제외하고 이에 응하여야 한다. 〈개정 2023. 3. 28.〉

1. 「개인정보 보호법」 제24조에 따른 고유식별정보 등 개인의 사생활의 비밀 또는 자유를 침해할 우려가 있는 정보
2. 의사결정 과정 또는 내부검토 과정에 있는 사항 등으로서 공개될 경우 업무의 공정한 수행에 현저한 지장을 초래할 우려가 있는 정보

④ 「공동주택관리법」에 따른 의무관리대상 공동주택 및 임대주택과 「유통산업발전법」에 따라 신고한 대규모점포등관리자가 있는 대규모점포 및 준대규모점포에 대해서는 제1항부터 제3항까지를 적용하지 아니한다. 〈신설 2023. 3. 28.〉

⑤ 이 법 또는 규약에서 규정하지 아니한 관리인의 권리의무에 관하여는 「민법」의 위임에 관한 규정을 준용한다. 〈개정 2012. 12. 18., 2023. 3. 28.〉

[전문개정 2010. 3. 31.]

제26조의2【회계감사】 ① 전유부분이 150개 이상으로서 대통령령으로 정하는 건물의 관리인은 「주식회사 등의 외부감사에 관한 법률」 제2조제7호에 따른 감사인(이하 이 조에서 "감사인"이라 한다)의 회계감사를 매년 1회 이상 받아야 한다. 다만, 관리단집회에서 구분소유자의 3분의 2 이상 및 의결권의 3분의 2 이상이 회계감사를 받지 아니하기로 결의한 연도에는 그러하지 아니하다.

② 구분소유자의 승낙을 받아 전유부분을 점유하는 자는 제1항 단서에 따른 관리단집회에 참석하여 그 구분소유자의 의결권을 행사할 수 있다. 다만, 구분소유자와 점유자가 달리 정하여 관리단에 통지하거나 구분소유자가 집회 이전에 직접 의결권을 행사할 것을 관리단에 통지한 경우에는 그러하지 아니하다.

③ 전유부분이 50개 이상 150개 미만으로서 대통령령으로 정하는 건물의 관리인은 구분소유자의 5분의 1 이상이 연서(連署)하여 요구하는 경우에는 감사인의 회계감사를 받아야 한다. 이 경우 구분소유자의 승낙을 받아 전유부분을 점유하는 자가 구분소유자를 대신하여 연서할 수 있다.

④ 관리인은 제1항 또는 제3항에 따라 회계감사를 받은 경우에는 대통령령으로 정하는 바에 따라 감사보고서 등 회계감사의 결과를 구분소유자 및 그의 승낙을 받아 전유부분을 점유하는 자에게 보고하여야 한다.

⑤ 제1항 또는 제3항에 따른 회계감사의 기준·방법 및 감사인의 선정방법 등에 관하여 필요한 사항은 대통령령으로 정한다.

⑥ 제1항 또는 제3항에 따라 회계감사를 받는 관리인은 다음 각 호의 어느 하나에 해당하는 행위를 하여서는 아니 된다.

1. 정당한 사유 없이 감사인의 자료열람·등사·제출 요구 또는 조사를 거부·방해·기피하는 행위
2. 감사인에게 거짓 자료를 제출하는 등 부정한 방법으로 회계감사를 방해하는 행위

⑦ 「공동주택관리법」에 따른 의무관리대상 공동주택 및 임대주택과 「유통산업발전법」에 따라 신고한 대규모점포등관리자가 있는 대규모점포 및 준대규모점포에는 제1항부터 제6항까지의 규정을 적용하지 아니한다.

[본조신설 2020. 2. 4.]

[종전 제26조의2는 제26조의3으로 이동 〈2020. 2. 4.〉]

제26조의3【관리위원회의 설치 및 기능】 ① 관리단에는 규약으로 정하는 바에 따라 관리위원회를 둘 수 있다.

② 관리위원회는 이 법 또는 규약으로 정한 관리인의 사무 집행을 감독한다.

③ 제1항에 따라 관리위원회를 둔 경우 관리인은 제25조제1항 각 호의 행위를 하려면 관리위원회의 결의를 거쳐야 한다. 다만, 규약으로 달리 정한 사항은 그러하지 아니하다.

[본조신설 2012. 12. 18.]

[제26조의2에서 이동, 종전 제26조의3은 제26조의4로 이동 〈2020. 2. 4.〉]

제26조의4【관리위원회의 구성 및 운영】 ① 관리위원회의 위원은 구분소유자 중에서 관리단집회의 결의에 의하여 선출한다. 다만, 규약으로 관리단집회의 결의에 관하여 달리 정한 경우에는 그에 따른다.

② 관리인은 규약에 달리 정한 바가 없으면 관리위원회의 위원이 될 수 없다. 〈개정 2020. 2. 4.〉

③ 관리위원회 위원의 임기는 2년의 범위에서 규약으로 정한다. 〈신설 2020. 2. 4.〉

④ 제1항부터 제3항까지에서 규정한 사항 외에 관리위원회의 구성 및 운영에 필요한 사항은 대통령령으로 정한다. 〈개정 2020. 2. 4.〉

⑤ 구분소유자의 승낙을 받아 전유부분을 점유하는 자는 제1항 본문에 따른 관리단집회에 참석하여 그 구분소유자의 의결권을 행사할 수 있다. 다만, 구분소유자와 점유자가 달리 정하여 관리단에 통지하거나 구분소유자가 집회 이전에 직접 의결권을 행사할 것을 관리단에 통지한 경우에는 그러하지 아니하다. 〈신설 2020. 2. 4.〉

[본조신설 2012. 12. 18.]

[제26조의3에서 이동 〈2020. 2. 4.〉]

제26조의5【집합건물의 관리에 관한 감독】 ① 특별시장·광역시장·특별자치시장·도지사·특별자치도지사(이하 "시·도지사"라 한다) 또는 시장·군수·구

청장(자치구의 구청장을 말하며, 이하 "시장·군수·구청장"이라 한다)은 집합건물의 효율적인 관리와 주민의 복리증진을 위하여 필요하다고 인정하는 경우에는 전유부분이 50개 이상인 건물의 관리인에게 다음 각 호의 사항을 보고하게 하거나 관련 자료의 제출을 명할 수 있다.

1. 제17조의2제2항에 따른 수선적립금의 징수·적립·사용 등에 관한 사항
2. 제24조에 따른 관리인의 선임·해임에 관한 사항
3. 제26조제1항에 따른 보고와 같은 조 제2항에 따른 장부의 작성·보관 및 증빙서류의 보관에 관한 사항
4. 제26조의2제1항 또는 제3항에 따른 회계감사에 관한 사항
5. 제32조에 따른 정기 관리단집회의 소집에 관한 사항
6. 그 밖에 집합건물의 관리에 관한 감독을 위하여 필요한 사항으로서 대통령령으로 정하는 사항

② 제1항에 따른 명령의 절차 등 필요한 사항은 해당 지방자치단체의 조례로 정한다.
[본조신설 2023. 3. 28.]

제27조【관리단의 채무에 대한 구분소유자의 책임】 ① 관리단이 그의 재산으로 채무를 전부 변제할 수 없는 경우에는 구분소유자는 제12조의 지분비율에 따라 관리단의 채무를 변제할 책임을 진다. 다만, 규약으로써 그 부담비율을 달리 정할 수 있다.

② 구분소유자의 특별승계인은 승계 전에 발생한 관리단의 채무에 관하여도 책임을 진다.
[전문개정 2010. 3. 31.]

제5절 규약 및 집회 〈개정 2010. 3. 31.〉

제28조【규약】 ① 건물과 대지 또는 부속시설의 관리 또는 사용에 관한 구분소유자들 사이의 사항 중 이 법에서 규정하지 아니한 사항은 규약으로써 정할 수 있다.

② 일부공용부분에 관한 사항으로서 구분소유자 전원에게 이해관계가 있지 아니한 사항은 구분소유자 전원의 규약에 따로 정하지 아니하면 일부공용부분을 공용하는 구분소유자의 규약으로써 정할

수 있다.

③ 제1항과 제2항의 경우에 구분소유자 외의 자의 권리를 침해하지 못한다.

④ 법무부장관은 이 법을 적용받는 건물과 대지 및 부속시설의 효율적이고 공정한 관리를 위하여 표준규약을 마련하여야 한다. 〈신설 2012. 12. 18., 2023. 3. 28.〉

⑤ 시·도지사는 제4항에 따른 표준규약을 참고하여 대통령령으로 정하는 바에 따라 지역별 표준규약을 마련하여 보급하여야 한다. 〈신설 2023. 3. 28.〉
[전문개정 2010. 3. 31.]

제29조【규약의 설정·변경·폐지】 ① 규약의 설정·변경 및 폐지는 관리단집회에서 구분소유자의 4분의 3 이상 및 의결권의 4분의 3 이상의 찬성을 얻어서 한다. 이 경우 규약의 설정·변경 및 폐지가 일부 구분소유자의 권리에 특별한 영향을 미칠 때에는 그 구분소유자의 승낙을 받아야 한다.

② 제28조제2항에 규정한 사항에 관한 구분소유자 전원의 규약의 설정·변경 또는 폐지는 그 일부공용부분을 공용하는 구분소유자의 4분의 1을 초과하는 자 또는 의결권의 4분의 1을 초과하는 의결권을 가진 자가 반대할 때에는 할 수 없다.
[전문개정 2010. 3. 31.]

제30조【규약의 보관 및 열람】 ① 규약은 관리인 또는 구분소유자나 그 대리인으로서 건물을 사용하고 있는 자 중 1인이 보관하여야 한다.

② 제1항에 따라 규약을 보관할 구분소유자나 그 대리인은 규약에 다른 규정이 없으면 관리단집회의 결의로써 정한다.

③ 이해관계인은 제1항에 따라 규약을 보관하는 자에게 규약의 열람을 청구하거나 자기 비용으로 등본의 발급을 청구할 수 있다.
[전문개정 2010. 3. 31.]

제31조【집회의 권한】 관리단의 사무는 이 법 또는 규약으로 관리인에게 위임한 사항 외에는 관리단집회의 결의에 따라 수행한다.
[전문개정 2010. 3. 31.]

제32조【정기 관리단집회】 관리인은 매년 회계연도 종료 후 3개월 이내에 정기 관리단집회를 소집하여야 한다. 〈개정 2012. 12. 18.〉
[전문개정 2010. 3. 31.]

제33조【임시 관리단집회】 ① 관리인은 필요하다고 인정할 때에는 관리단집회를 소집할 수 있다.

② 구분소유자의 5분의 1 이상이 회의의 목적 사항을 구체적으로 밝혀 관리단집회의 소집을 청구하면 관리인은 관리단집회를 소집하여야 한다. 이 정수(定數)는 규약으로 감경할 수 있다. 〈개정 2012. 12. 18.〉

③ 제2항의 청구가 있은 후 1주일 내에 관리인이 청구일부터 2주일 이내의 날을 관리단집회일로 하는 소집통지 절차를 밟지 아니하면 소집을 청구한 구분소유자는 법원의 허가를 받아 관리단집회를 소집할 수 있다. 〈개정 2012. 12. 18.〉

④ 관리인이 없는 경우에는 구분소유자의 5분의 1 이상은 관리단집회를 소집할 수 있다. 이 정수는 규약으로 감경할 수 있다. 〈개정 2012. 12. 18.〉
[전문개정 2010. 3. 31.]

제34조【집회소집통지】 ① 관리단집회를 소집하려면 관리단집회일 1주일 전에 회의의 목적사항을 구체적으로 밝혀 각 구분소유자에게 통지하여야 한다. 다만, 이 기간은 규약으로 달리 정할 수 있다.

② 전유부분을 여럿이 공유하는 경우에 제1항의 통지는 제37조제2항에 따라 정하여진 의결권을 행사할 자(그가 없을 때에는 공유자 중 1인)에게 통지하여야 한다.

③ 제1항의 통지는 구분소유자가 관리인에게 따로 통지장소를 제출하였으면 그 장소로 발송하고, 제출하지 아니하였으면 구분소유자가 소유하는 전유부분이 있는 장소로 발송한다. 이 경우 제1항의 통지는 통상적으로 도달할 시기에 도달한 것으로 본다.

④ 건물 내에 주소를 가지는 구분소유자 또는 제3항의 통지장소를 제출하지 아니한 구분소유자에 대한 제1항의 통지는 건물 내의 적당한 장소에 게시함으로써 소집통지를 갈음할 수 있음을 규약으로 정할 수 있다. 이 경우 제1항의 통지는 게시한 때에 도달한 것으로 본다.

⑤ 회의의 목적사항이 제15조제1항, 제29조제1항, 제47조제1항 및 제50조제4항인 경우에는 그 통지에 그 의안 및 계획의 내용을 적어야 한다.
[전문개정 2010. 3. 31.]

제35조【소집절차의 생략】 관리단집회는 구분소유자 전원이 동의하면 소집절차를 거치지 아니하고 소집할 수 있다.
[전문개정 2010. 3. 31.]

제36조【결의사항】 ① 관리단집회는 제34조에 따라 통지한 사항에 관하여만 결의할 수 있다.

② 제1항의 규정은 이 법에 관리단집회의 결의에 관하여 특별한 정수가 규정된 사항을 제외하고는 규약으로 달리 정할 수 있다.

③ 제1항과 제2항은 제35조에 따른 관리단집회에 관하여는 적용하지 아니한다.
[전문개정 2010. 3. 31.]

제37조【의결권】 ① 각 구분소유자의 의결권은 규약에 특별한 규정이 없으면 제12조에 규정된 지분비율에 따른다.

② 전유부분을 여럿이 공유하는 경우에는 공유자는 관리단집회에서 의결권을 행사할 1인을 정한다.

③ 구분소유자의 승낙을 받아 동일한 전유부분을 점유하는 자가 여럿인 경우에는 제16조제2항, 제24조제4항, 제26조의2제2항 또는 제26조의4제5항에 따라 해당 구분소유자의 의결권을 행사할 1인을 정하여야 한다. 〈신설 2012. 12. 18., 2020. 2. 4.〉
[전문개정 2010. 3. 31.]

제38조【의결 방법】 ① 관리단집회의 의사는 이 법 또는 규약에 특별한 규정이 없으면 구분소유자의 과반수 및 의결권의 과반수로써 의결한다.

② 의결권은 서면이나 전자적 방법(전자정보처리조직을 사용하거나 그 밖에 정보통신기술을 이용하는 방법으로서 대통령령으로 정하는 방법을 말한다. 이하 같다)으로 또는 대리인을 통하여 행사할 수 있다. 〈개정 2012. 12. 18.〉

③ 제34조에 따른 관리단집회의 소집통지나 소집통지를 갈음하는 게시를 할 때에는 제2항에 따라 의결권을 행사할 수 있다는 내용과 구체적인 의결권 행사 방법을 명확히 밝혀야 한다. 〈신설 2012. 12. 18.〉

④ 제1항부터 제3항까지에서 규정한 사항 외에 의결권 행사를 위하여 필요한 사항은 대통령령으로 정한다. 〈신설 2012. 12. 18.〉
[전문개정 2010. 3. 31.]

제39조【집회의 의장과 의사록】 ① 관리단집회의 의장은 관리인 또는 집회를 소집한 구분소유자 중 연장자가 된다. 다만, 규약에 특별한 규정이 있거나 관리단집회에서 다른 결의를 한 경우에는 그러하지 아니하다.
② 관리단집회의 의사에 관하여는 의사록을 작성하여야 한다.
③ 의사록에는 의사의 경과와 그 결과를 적고 의장과 구분소유자 2인 이상이 서명날인하여야 한다.
④ 의사록에 관하여는 제30조를 준용한다.
[전문개정 2010. 3. 31.]

제40조【점유자의 의견진술권】 ① 구분소유자의 승낙을 받아 전유부분을 점유하는 자는 집회의 목적사항에 관하여 이해관계가 있는 경우에는 집회에 출석하여 의견을 진술할 수 있다.
② 제1항의 경우 집회를 소집하는 자는 제34조에 따라 소집통지를 한 후 지체 없이 집회의 일시, 장소 및 목적사항을 건물 내의 적당한 장소에 게시하여야 한다.
[전문개정 2010. 3. 31.]

제41조【서면 또는 전자적 방법에 의한 결의 등】 ① 이 법 또는 규약에 따라 관리단집회에서 결의할 것으로 정한 사항에 관하여 구분소유자의 4분의 3 이상 및 의결권의 4분의 3 이상이 서면이나 전자적 방법 또는 서면과 전자적 방법으로 합의하면 관리단집회를 소집하여 결의한 것으로 본다. 〈개정 2012. 12. 18., 2023. 3. 28.〉
② 제1항에도 불구하고 다음 각 호의 경우에는 그 구분에 따른 의결정족수 요건을 갖추어 서면이나 전자적 방법 또는 서면과 전자적 방법으로 합의하면 관리단집회를 소집하여 결의한 것으로 본다. 〈신설 2023. 3. 28.〉
　1. 제15조제1항제2호의 경우: 구분소유자의 과반수 및 의결권의 과반수
　2. 제15조의2제1항 본문, 제47조제2항 본문 및 제50조제4항의 경우: 구분소유자의 5분의 4 이상 및 의결권의 5분의 4 이상
　3. 제15조의2제1항 단서 및 제47조제2항 단서의 경우: 구분소유자의 3분의 2 이상 및 의결권의 3분의 2 이상
③ 구분소유자들은 미리 그들 중 1인을 대리인으로 정하여 관리단에 신고한 경우에는 그 대리인은 그 구분소유자들을 대리하여 관리단집회에 참석하거나 서면 또는 전자적 방법으로 의결권을 행사할 수 있다. 〈개정 2012. 12. 18., 2023. 3. 28.〉
④ 제1항 및 제2항의 서면 또는 전자적 방법으로 기록된 정보에 관하여는 제30조를 준용한다. 〈개정 2012. 12. 18., 2023. 3. 28.〉
[전문개정 2010. 3. 31.]
[제목개정 2012. 12. 18.]

제42조【규약 및 집회의 결의의 효력】 ① 규약 및 관리단집회의 결의는 구분소유자의 특별승계인에 대하여도 효력이 있다.
② 점유자는 구분소유자가 건물이나 대지 또는 부속시설의 사용과 관련하여 규약 또는 관리단집회의 결의에 따라 부담하는 의무와 동일한 의무를 진다.
[전문개정 2010. 3. 31.]

제42조의2【결의취소의 소】 구분소유자는 다음 각 호의 어느 하나에 해당하는 경우에는 집회 결의 사실을 안 날부터 6개월 이내에, 결의한 날부터 1년 이내에 결의취소의 소를 제기할 수 있다.
　1. 집회의 소집 절차나 결의 방법이 법령 또는 규약에 위반되거나 현저하게 불공정한 경우
　2. 결의 내용이 법령 또는 규약에 위배되는 경우
[본조신설 2012. 12. 18.]

제6절 의무위반자에 대한 조치 〈개정 2010. 3. 31.〉

제43조【공동의 이익에 어긋나는 행위의 정지청구 등】
① 구분소유자가 제5조제1항의 행위를 한 경우 또는 그 행위를 할 우려가 있는 경우에는 관리인 또는 관리단집회의 결의로 지정된 구분소유자는 구분소유자 공동의 이익을 위하여 그 행위를 정지하거나 그 행위의 결과를 제거하거나 그 행위의 예방에 필요한 조치를 할 것을 청구할 수 있다.

② 제1항에 따른 소송의 제기는 관리단집회의 결의가 있어야 한다.

③ 점유자가 제5조제4항에서 준용하는 같은 조 제1항에 규정된 행위를 한 경우 또는 그 행위를 할 우려가 있는 경우에도 제1항과 제2항을 준용한다.
[전문개정 2010. 3. 31.]

제44조【사용금지의 청구】 ① 제43조제1항의 경우에 제5조제1항에 규정된 행위로 구분소유자의 공동생활상의 장해가 현저하여 제43조제1항에 규정된 청구로는 그 장해를 제거하여 공용부분의 이용 확보나 구분소유자의 공동생활 유지를 도모함이 매우 곤란할 때에는 관리인 또는 관리단집회의 결의로 지정된 구분소유자는 소(訴)로써 적당한 기간 동안 해당 구분소유자의 전유부분 사용금지를 청구할 수 있다. 〈개정 2020. 2. 4.〉

② 제1항의 청구는 구분소유자의 4분의 3 이상 및 의결권의 4분의 3 이상의 관리단집회 결의가 있어야 한다. 〈개정 2020. 2. 4.〉

③ 제1항의 결의를 할 때에는 미리 해당 구분소유자에게 변명할 기회를 주어야 한다.
[전문개정 2010. 3. 31.]

제45조【구분소유권의 경매】 ① 구분소유자가 제5조제1항 및 제2항을 위반하거나 규약에서 정한 의무를 현저히 위반한 결과 공동생활을 유지하기 매우 곤란하게 된 경우에는 관리인 또는 관리단집회의 결의로 지정된 구분소유자는 해당 구분소유자의 전유부분 및 대지사용권의 경매를 명할 것을 법원에 청구할 수 있다.

② 제1항의 청구는 구분소유자의 4분의 3 이상 및 의결권의 4분의 3 이상의 관리단집회 결의가 있어야 한다.

③ 제2항의 결의를 할 때에는 미리 해당 구분소유자에게 변명할 기회를 주어야 한다.

④ 제1항의 청구에 따라 경매를 명한 재판이 확정되었을 때에는 그 청구를 한 자는 경매를 신청할 수 있다. 다만, 그 재판확정일부터 6개월이 지나면 그러하지 아니하다.

⑤ 제1항의 해당 구분소유자는 제4항 본문의 신청에 의한 경매에서 경락인이 되지 못한다.
[전문개정 2010. 3. 31.]

제46조【전유부분의 점유자에 대한 인도청구】 ① 점유자가 제45조제1항에 따른 의무위반을 한 결과 공동생활을 유지하기 매우 곤란하게 된 경우에는 관리인 또는 관리단집회의 결의로 지정된 구분소유자는 그 전유부분을 목적으로 하는 계약의 해제 및 그 전유부분의 인도를 청구할 수 있다.

② 제1항의 경우에는 제44조제2항 및 제3항을 준용한다.

③ 제1항에 따라 전유부분을 인도받은 자는 지체 없이 그 전유부분을 점유할 권원(權原)이 있는 자에게 인도하여야 한다.
[전문개정 2010. 3. 31.]

제7절 재건축 및 복구 〈개정 2010. 3. 31.〉

제47조【재건축 결의】 ① 건물 건축 후 상당한 기간이 지나 건물이 훼손되거나 일부 멸실되거나 그 밖의 사정으로 건물 가격에 비하여 지나치게 많은 수리비·복구비나 관리비용이 드는 경우 또는 부근 토지의 이용 상황의 변화나 그 밖의 사정으로 건물을 재건축하면 재건축에 드는 비용에 비하여 현저하게 효용이 증가하게 되는 경우에 관리단집회는 그 건물을 철거하여 그 대지를 구분소유권의 목적이 될 새 건물의 대지로 이용할 것을 결의할 수 있다. 다만, 재건축의 내용이 단지 내 다른 건물의 구분소유자에게 특별한 영향을 미칠 때에는 그 구분소유자의 승낙을 받아야 한다.

② 제1항의 결의는 구분소유자의 5분의 4 이상 및 의결권의 5분의 4 이상의 결의에 따른다. 다만, 「관광진흥법」 제3조제1항제2호나목에 따른 휴양 콘도미니엄업의 운영을 위한 휴양 콘도미니엄의 재건축 결의는 구분소유자의 3분의 2 이상 및 의결권의 3분의 2 이상의 결의에 따른다. 〈개정 2023. 3. 28.〉

③ 재건축을 결의할 때에는 다음 각 호의 사항을 정하여야 한다.

1. 새 건물의 설계 개요

2. 건물의 철거 및 새 건물의 건축에 드는 비용을 개략적으로 산정한 금액

3. 제2호에 규정된 비용의 분담에 관한 사항

4. 새 건물의 구분소유권 귀속에 관한 사항

④ 제3항제3호 및 제4호의 사항은 각 구분소유자 사이에 형평이 유지되도록 정하여야 한다.

⑤ 제1항의 결의를 위한 관리단집회의 의사록에는 결의에 대한 각 구분소유자의 찬반 의사를 적어야 한다.

[전문개정 2010. 3. 31.]

제48조【구분소유권 등의 매도청구 등】① 재건축의 결의가 있으면 집회를 소집한 자는 지체 없이 그 결의에 찬성하지 아니한 구분소유자(그의 승계인을 포함한다)에 대하여 그 결의 내용에 따른 재건축에 참가할 것인지 여부를 회답할 것을 서면으로 촉구하여야 한다.

② 제1항의 촉구를 받은 구분소유자는 촉구를 받은 날부터 2개월 이내에 회답하여야 한다.

③ 제2항의 기간 내에 회답하지 아니한 경우 그 구분소유자는 재건축에 참가하지 아니하겠다는 뜻을 회답한 것으로 본다.

④ 제2항의 기간이 지나면 재건축 결의에 찬성한 각 구분소유자, 재건축 결의 내용에 따른 재건축에 참가할 뜻을 회답한 각 구분소유자(그의 승계인을 포함한다) 또는 이들 전원의 합의에 따라 구분소유권과 대지사용권을 매수하도록 지정된 자(이하 "매수지정자"라 한다)는 제2항의 기간 만료일부터 2개월 이내에 재건축에 참가하지 아니하겠다는 뜻을 회답한 구분소유자(그의 승계인을 포함한다)에게 구분소유권과 대지사용권을 시가로 매도할 것을 청구할 수 있다. 재건축 결의가 있은 후에 이 구분소유자로부터 대지사용권만을 취득한 자의 대지사용권에 대하여도 또한 같다.

⑤ 제4항에 따른 청구가 있는 경우에 재건축에 참가하지 아니하겠다는 뜻을 회답한 구분소유자가 건물을 명도(明渡)하면 생활에 현저한 어려움을 겪을 우려가 있고 재건축의 수행에 큰 영향이 없을 때에는 법원은 그 구분소유자의 청구에 의하여 대금 지급일 또는 제공일부터 1년을 초과하지 아니하는 범위에서 건물 명도에 대하여 적당한 기간을 허락할 수 있다.

⑥ 재건축 결의일부터 2년 이내에 건물 철거공사가 착수되지 아니한 경우에는 제4항에 따라 구분소유권이나 대지사용권을 매도한 자는 이 기간이 만료된 날부터 6개월 이내에 매수인이 지급한 대금에 상당하는 금액을 그 구분소유권이나 대지사용권을 가지고 있는 자에게 제공하고 이들의 권리를 매도할 것을 청구할 수 있다. 다만, 건물 철거공사가 착수되지 아니한 타당한 이유가 있을 경우에는 그러하지 아니하다.

⑦ 제6항 단서에 따른 건물 철거공사가 착수되지 아니한 타당한 이유가 없어진 날부터 6개월 이내에 공사에 착수하지 아니하는 경우에는 제6항 본문을 준용한다. 이 경우 같은 항 본문 중 "이 기간이 만료된 날부터 6개월 이내에"는 "건물 철거공사가 착수되지 아니한 타당한 이유가 없어진 것을 안 날부터 6개월 또는 그 이유가 없어진 날부터 2년 중 빠른 날까지"로 본다.

[전문개정 2010. 3. 31.]

제49조【재건축에 관한 합의】재건축 결의에 찬성한 각 구분소유자, 재건축 결의 내용에 따른 재건축에 참가할 뜻을 회답한 각 구분소유자 및 구분소유권 또는 대지사용권을 매수한 각 매수지정자(이들의 승계인을 포함한다)는 재건축 결의 내용에 따른 재건축에 합의한 것으로 본다.

[전문개정 2010. 3. 31.]

제50조【건물이 일부 멸실된 경우의 복구】① 건물가격의 2분의 1 이하에 상당하는 건물 부분이 멸실되었을 때에는 각 구분소유자는 멸실한 공용부분과 자기의 전유부분을 복구할 수 있다. 다만, 공용부분의 복구에 착수하기 전에 제47조제1항의 결의나 공용부분의 복구에 대한 결의가 있는 경우에는 그러하지 아니하다.

② 제1항에 따라 공용부분을 복구한 자는 다른 구분소유자에게 제12조의 지분비율에 따라 복구에 든 비용의 상환을 청구할 수 있다.

③ 제1항 및 제2항의 규정은 규약으로 달리 정할 수 있다.

④ 건물이 일부 멸실된 경우로서 제1항 본문의 경우를 제외한 경우에 관리단집회는 구분소유자의 5분의 4 이상 및 의결권의 5분의 4 이상으로 멸실한 공용부분을 복구할 것을 결의할 수 있다.

⑤ 제4항의 결의가 있는 경우에는 제47조제5항을 준용한다.

⑥ 제4항의 결의가 있을 때에는 그 결의에 찬성한 구분소유자(그의 승계인을 포함한다) 외의 구분소유자는 결의에 찬성한 구분소유자(그의 승계인을 포함한다)에게 건물 및 그 대지에 관한 권리를 시가로 매수할 것을 청구할 수 있다.

⑦ 제4항의 경우에 건물 일부가 멸실한 날부터 6개월 이내에 같은 항 또는 제47조제1항의 결의가 없을 때에는 각 구분소유자는 다른 구분소유자에게 건물 및 그 대지에 관한 권리를 시가로 매수할 것을 청구할 수 있다.

⑧ 법원은 제2항, 제6항 및 제7항의 경우에 상환 또는 매수청구를 받은 구분소유자의 청구에 의하여 상환금 또는 대금의 지급에 관하여 적당한 기간을 허락할 수 있다.

[전문개정 2010. 3. 31.]

제2장 단지 〈개정 2010. 3. 31.〉

제51조【단지관리단】① 한 단지에 여러 동의 건물이 있고 그 단지 내의 토지 또는 부속시설(이들에 관한 권리를 포함한다)이 그 건물 소유자(전유부분이 있는 건물에서는 구분소유자를 말한다)의 공동소유에 속하는 경우에는 이들 소유자는 그 단지 내의 토지 또는 부속시설을 관리하기 위한 단체를 구성하여 이 법에서 정하는 바에 따라 집회를 개최하고 규약을 정하며 관리인을 둘 수 있다.

② 한 단지에 여러 동의 건물이 있고 단지 내의 토지 또는 부속시설(이들에 관한 권리를 포함한다)이 그 건물 소유자(전유부분이 있는 건물에서는 구분소유자를 말한다) 중 일부의 공동소유에 속하는 경우에는 이들 소유자는 그 단지 내의 토지 또는 부속시설을 관리하기 위한 단체를 구성하여 이 법에서 정하는 바에 따라 집회를 개최하고 규약을 정하며 관리인을 둘 수 있다.

③ 제1항의 단지관리단은 단지관리단의 구성원이 속하는 각 관리단의 사업의 전부 또는 일부를 그 사업 목적으로 할 수 있다. 이 경우 각 관리단의 구성원의 4분의 3 이상 및 의결권의 4분의 3 이상에 의한 관리단집회의 결의가 있어야 한다.

[전문개정 2010. 3. 31.]

제52조【단지에 대한 준용】제51조의 경우에는 제3조, 제23조의2, 제24조, 제24조의2, 제25조, 제26조, 제26조의2부터 제26조의5까지, 제27조부터 제42조까지 및 제42조의2를 준용한다. 이 경우 전유부분이 없는 건물은 해당 건물의 수를 전유부분의 수로 한다. 〈개정 2012. 12. 18., 2020. 2. 4., 2023. 3. 28.〉

[전문개정 2010. 3. 31.]

제2장의2 집합건물분쟁조정위원회
〈신설 2012. 12. 18.〉

제52조의2【집합건물분쟁조정위원회】① 이 법을 적용받는 건물과 관련된 분쟁을 심의·조정하기 위하여 특별시·광역시·특별자치시·도 또는 특별자치도(이하 "시·도"라 한다)에 집합건물분쟁조정위원회(이하 "조정위원회"라 한다)를 둔다.

② 조정위원회는 분쟁 당사자의 신청에 따라 다음 각호의 분쟁(이하 "집합건물분쟁"이라 한다)을 심의·조정한다. 〈개정 2015. 8. 11., 2020. 2. 4.〉

1. 이 법을 적용받는 건물의 하자에 관한 분쟁. 다만, 「공동주택관리법」 제36조 및 제37조에 따른 공동주택의 담보책임 및 하자보수 등과 관련된 분쟁은 제외한다.

2. 관리인·관리위원의 선임·해임 또는 관리단·관리위원회의 구성·운영에 관한 분쟁

3. 공용부분의 보존·관리 또는 변경에 관한 분쟁

4. 관리비의 징수·관리 및 사용에 관한 분쟁

5. 규약의 제정·개정에 관한 분쟁

6. 재건축과 관련된 철거, 비용분담 및 구분소유권 귀속에 관한 분쟁

6의2. 소음·진동·악취 등 공동생활과 관련된 분쟁

7. 그 밖에 이 법을 적용받는 건물과 관련된 분쟁으로서 대통령령으로 정한 분쟁

[본조신설 2012. 12. 18.]

제52조의3 【조정위원회의 구성과 운영】 ① 조정위원회는 위원장 1명과 부위원장 1명을 포함한 10명 이내의 위원으로 구성한다.

② 조정위원회의 위원은 집합건물분쟁에 관한 법률 지식과 경험이 풍부한 사람으로서 다음 각 호의 어느 하나에 해당하는 사람 중에서 시·도지사가 임명하거나 위촉한다. 이 경우 제1호 및 제2호에 해당하는 사람이 각각 2명 이상 포함되어야 한다.

1. 법학 또는 조정·중재 등의 분쟁조정 관련 학문을 전공한 사람으로서 대학에서 조교수 이상으로 3년 이상 재직한 사람

2. 변호사 자격이 있는 사람으로서 3년 이상 법률에 관한 사무에 종사한 사람

3. 건설공사, 하자감정 또는 공동주택관리에 관한 전문적 지식을 갖춘 사람으로서 해당 업무에 3년 이상 종사한 사람

4. 해당 시·도 소속 5급 이상 공무원으로서 관련 업무에 3년 이상 종사한 사람

③ 조정위원회의 위원장은 해당 시·도지사가 위원 중에서 임명하거나 위촉한다.

④ 조정위원회에는 분쟁을 효율적으로 심의·조정하기 위하여 3명 이내의 위원으로 구성되는 소위원회를 둘 수 있다. 이 경우 소위원회에는 제2항제1호 및 제2호에 해당하는 사람이 각각 1명 이상 포함되어야 한다.

⑤ 조정위원회는 재적위원 과반수의 출석과 출석위원 과반수의 찬성으로 의결하며, 소위원회는 재적위원 전원 출석과 출석위원 과반수의 찬성으로 의결한다.

⑥ 제1항부터 제5항까지에서 규정한 사항 외에 조정위원회와 소위원회의 구성 및 운영에 필요한 사항과 조정 절차에 관한 사항은 대통령령으로 정한다.

[본조신설 2012. 12. 18.]

제52조의4 【위원의 제척 등】 ① 조정위원회의 위원이 다음 각 호의 어느 하나에 해당하는 경우에는 그 사건의 심의·조정에서 제척(除斥)된다.

1. 위원 또는 그 배우자나 배우자이었던 사람이 해당 집합건물분쟁의 당사자가 되거나 그 집합건물분쟁에 관하여 당사자와 공동권리자 또는 공동의무자의 관계에 있는 경우

2. 위원이 해당 집합건물분쟁의 당사자와 친족이거나 친족이었던 경우

3. 위원이 해당 집합건물분쟁에 관하여 진술이나 감정을 한 경우

4. 위원이 해당 집합건물분쟁에 당사자의 대리인으로서 관여한 경우

5. 위원이 해당 집합건물분쟁의 원인이 된 처분이나 부작위에 관여한 경우

② 조정위원회는 위원에게 제1항의 제척 원인이 있는 경우에는 직권이나 당사자의 신청에 따라 제척의 결정을 한다.

③ 당사자는 위원에게 공정한 직무집행을 기대하기 어려운 사정이 있으면 조정위원회에 해당 위원에 대한 기피신청을 할 수 있다.

④ 위원은 제1항 또는 제3항의 사유에 해당하면 스스로 그 집합건물분쟁의 심의·조정을 회피할 수 있다.

[본조신설 2012. 12. 18.]

제52조의5 【분쟁조정신청과 통지 등】 ① 조정위원회는 당사자 일방으로부터 분쟁의 조정신청을 받은 경우에는 지체 없이 그 신청내용을 상대방에게 통지하여야 한다.

② 제1항에 따라 통지를 받은 상대방은 그 통지를 받은 날부터 7일 이내에 조정에 응할 것인지에 관한 의사를 조정위원회에 통지하여야 한다.

③ 제1항에 따라 분쟁의 조정신청을 받은 조정위원회는 분쟁의 성질 등 조정에 적합하지 아니한 사유가 있다고 인정하는 경우에는 해당 조정의 불개시(不開始) 결정을 할 수 있다. 이 경우 조정의 불개시 결정 사실과 그 사유를 당사자에게 통보하여야 한다.

[본조신설 2012. 12. 18.]

제52조의6 【조정의 절차】 ① 조정위원회는 제52조의5제1항에 따른 조정신청을 받으면 같은 조 제2항에 따른 조정 불응 또는 같은 조 제3항에 따른 조정의 불개시 결정이 있는 경우를 제외하고는 지체 없이 조정 절차를 개시하여야 하며, 신청을 받은 날부터 60일 이내에 그 절차를 마쳐야 한다.

② 조정위원회는 제1항의 기간 내에 조정을 마칠 수 없는 경우에는 조정위원회의 의결로 그 기간을 30일의 범위에서 한 차례만 연장할 수 있다. 이 경우

그 사유와 기한을 분명히 밝혀 당사자에게 서면으로 통지하여야 한다.

③ 조정위원회는 제1항에 따른 조정의 절차를 개시하기 전에 이해관계인 등의 의견을 들을 수 있다.

④ 조정위원회는 제1항에 따른 절차를 마쳤을 때에는 조정안을 작성하여 지체 없이 각 당사자에게 제시하여야 한다.

⑤ 제4항에 따른 조정안을 제시받은 당사자는 제시받은 날부터 14일 이내에 조정안의 수락 여부를 조정위원회에 통보하여야 한다. 이 경우 당사자가 그 기간 내에 조정안에 대한 수락 여부를 통보하지 아니한 경우에는 조정안을 수락한 것으로 본다.

[본조신설 2012. 12. 18.]

제52조의7 【출석 및 자료제출 요구】 ① 조정위원회는 조정을 위하여 필요하다고 인정하는 경우 분쟁당사자, 분쟁 관련 이해관계인 또는 참고인에게 출석하여 진술하게 하거나 조정에 필요한 자료나 물건 등을 제출하도록 요구할 수 있다.

② 조정위원회는 해당 조정업무에 참고하기 위하여 시·도지사 및 관련기관에 해당 분쟁과 관련된 자료를 요청할 수 있다.

[본조신설 2020. 2. 4.]

[종전 제52조의7은 제52조의8로 이동 〈2020. 2. 4.〉]

제52조의8 【조정의 중지 등】 ① 조정위원회는 당사자가 제52조의5제2항에 따라 조정에 응하지 아니할 의사를 통지하거나 제52조의6제5항에 따라 조정안을 거부한 경우에는 조정을 중지하고 그 사실을 상대방에게 서면으로 통보하여야 한다.

② 조정위원회는 당사자 중 일방이 소를 제기한 경우에는 조정을 중지하고 그 사실을 상대방에게 통보하여야 한다.

③ 조정위원회는 법원에 소송계속 중인 당사자 중 일방이 조정을 신청한 때에는 해당 조정 신청을 결정으로 각하하여야 한다.

[본조신설 2012. 12. 18.]

[제52조의7에서 이동, 종전 제52조의8은 제52조의9로 이동 〈2020. 2. 4.〉]

제52조의9 【조정의 효력】 ① 당사자가 제52조의6제5항에 따라 조정안을 수락하면 조정위원회는 지체 없이 조정서 3부를 작성하여 위원장 및 각 당사자로 하여금 조정서에 서명날인하게 하여야 한다.

② 제1항의 경우 당사자 간에 조정서와 같은 내용의 합의가 성립된 것으로 본다.

[본조신설 2012. 12. 18.]

[제52조의8에서 이동, 종전 제52조의9는 제52조의10으로 이동 〈2020. 2. 4.〉]

제52조의10 【하자 등의 감정】 ① 조정위원회는 당사자의 신청으로 또는 당사자와 협의하여 대통령령으로 정하는 안전진단기관, 하자감정전문기관 등에 하자진단 또는 하자감정 등을 요청할 수 있다.

② 조정위원회는 당사자의 신청으로 또는 당사자와 협의하여 「공동주택관리법」 제39조에 따른 하자심사·분쟁조정위원회에 하자판정을 요청할 수 있다. 〈개정 2015. 8. 11.〉

③ 제1항 및 제2항에 따른 비용은 대통령령으로 정하는 바에 따라 당사자가 부담한다.

[본조신설 2012. 12. 18.]

[제52조의9에서 이동 〈2020. 2. 4.〉]

제3장 구분건물의 건축물대장
〈개정 2010. 3. 31.〉

제53조 【건축물대장의 편성】 ① 소관청은 이 법을 적용받는 건물에 대하여는 이 법에서 정하는 건축물대장과 건물의 도면 및 각 층의 평면도를 갖추어 두어야 한다. 〈개정 2020. 2. 4.〉

② 대장은 1동의 건물을 표시할 용지와 그 1동의 건물에 속하는 전유부분의 건물을 표시할 용지로 편성한다.

③ 1동의 건물에 대하여는 각 1용지를 사용하고 전유부분의 건물에 대하여는 구분한 건물마다 1용지를 사용한다.

④ 1동의 건물에 속하는 구분한 건물의 대장은 1책에 편철하고 1동의 건물을 표시할 용지 다음에 구분한 건물을 표시할 용지를 편철한다.

⑤ 제4항의 경우에 편철한 용지가 너무 많을 때에는 여러 책으로 나누어 편철할 수 있다.

[전문개정 2010. 3. 31.]

제54조 【건축물대장의 등록사항】 ① 1동의 건물을 표시할 용지에는 다음 각 호의 사항을 등록하여야 한다. 〈개정 2013. 3. 23., 2020. 2. 4.〉
 1. 1동의 건물의 소재지와 지번(地番)
 2. 1동의 건물에 번호가 있을 때에는 그 번호
 3. 1동의 건물의 구조와 면적
 4. 1동의 건물에 속하는 전유부분의 번호
 5. 그 밖에 국토교통부령으로 정하는 사항
② 전유부분을 표시할 용지에는 다음 각 호의 사항을 등록하여야 한다. 〈개정 2013. 3. 23.〉
 1. 전유부분의 번호
 2. 전유부분이 속하는 1동의 건물의 번호
 3. 전유부분의 종류, 구조와 면적
 4. 부속건물이 있을 때에는 부속건물의 종류, 구조, 면적
 5. 소유자의 성명 또는 명칭과 주소 또는 사무소. 이 경우 소유자가 둘 이상일 때에는 그 지분
 6. 그 밖에 국토교통부령으로 정하는 사항
③ 제2항제4호의 경우에 부속건물이 그 전유부분과 다른 별채의 건물이거나 별채인 1동의 건물을 구분한 것일 때에는 그 1동의 건물의 소재지, 지번, 번호, 종류, 구조 및 면적을 등록하여야 한다.
④ 제3항의 경우에 건물의 표시 및 소유자의 표시에 관한 사항을 등록할 때에는 원인 및 그 연월일과 등록연월일을 적어야 한다.
⑤ 제3조제2항 및 제3항에 따른 공용부분의 등록에 관하여는 제2항과 제4항을 준용한다. 이 경우 그 건물의 표시란에 공용부분이라는 취지를 등록한다.
⑥ 구분점포의 경우에는 전유부분 용지의 구조란에 경계벽이 없다는 뜻을 적어야 한다.
 [전문개정 2010. 3. 31.]

제55조 【건축물대장의 등록절차】 건축물대장의 등록은 소유자 등의 신청이나 소관청의 조사결정에 의한다.
 [전문개정 2010. 3. 31.]

제56조 【건축물대장의 신규 등록신청】 ① 이 법을 적용받는 건물을 신축한 자는 1개월 이내에 1동의 건물에 속하는 전유부분 전부에 대하여 동시에 건축물대장 등록신청을 하여야 한다.

② 제1항의 신청서에는 제54조에 규정된 사항을 적고 건물의 도면, 각 층의 평면도(구분점포의 경우에는 「건축사법」 제23조에 따라 신고한 건축사 또는 「공간정보의 구축 및 관리 등에 관한 법률」 제39조제2항에서 정한 측량기술자가 구분점포의 경계표지에 관한 측량성과를 적어 작성한 평면도를 말한다)와 신청인의 소유임을 증명하는 서면을 첨부하여야 하며, 신청서에 적은 사항 중 규약이나 규약에 상당하는 공정증서로써 정한 것이 있는 경우에는 그 규약이나 공정증서를 첨부하여야 한다. 〈개정 2014. 6. 3.〉
③ 이 법을 적용받지 아니하던 건물이 구분, 신축 등으로 인하여 이 법을 적용받게 된 경우에는 제1항과 제2항을 준용한다.
④ 제3항의 경우에 건물 소유자는 다른 건물의 소유자를 대위(代位)하여 제1항의 신청을 할 수 있다.
 [전문개정 2010. 3. 31.]

제57조 【건축물대장의 변경등록신청】 ① 건축물대장에 등록한 사항이 변경된 경우에는 소유자는 1개월 이내에 변경등록신청을 하여야 한다.
② 1동의 건물을 표시할 사항과 공용부분의 표시에 관한 사항의 변경등록은 전유부분 소유자 중 1인 또는 여럿이 제1항의 기간까지 신청할 수 있다.
③ 제1항 및 제2항의 신청서에는 변경된 사항과 1동의 건물을 표시하기에 충분한 사항을 적고 그 변경을 증명하는 서면을 첨부하여야 하며 건물의 소재지, 구조, 면적이 변경되거나 부속건물을 신축한 경우에는 건물도면 또는 각 층의 평면도를 첨부하여야 한다.
④ 구분점포는 제1조의2제1항제1호의 용도 외의 다른 용도로 변경할 수 없다.
 [전문개정 2010. 3. 31.]

제58조 【신청의무의 승계】 소유자가 변경된 경우에는 전 소유자가 하여야 할 제56조와 제57조제1항의 등록신청은 소유자가 변경된 날부터 1개월 이내에 새로운 소유자가 하여야 한다.
 [전문개정 2010. 3. 31.]

제59조【소관청의 직권조사】 ① 소관청은 제56조 또는 제57조의 신청을 받아 또는 직권으로 건축물대장에 등록할 때에는 소속 공무원에게 건물의 표시에 관한 사항을 조사하게 할 수 있다.

② 소관청은 구분점포에 관하여 제56조 또는 제57조의 신청을 받으면 신청 내용이 제1조의2제1항 각 호의 요건을 충족하는지와 건축물의 실제 현황과 일치하는지를 조사하여야 한다.

③ 제1항 및 제2항의 조사를 하는 경우 해당 공무원은 일출 후 일몰 전까지 그 건물에 출입할 수 있으며, 점유자나 그 밖의 이해관계인에게 질문하거나 문서의 제시를 요구할 수 있다. 이 경우 관계인에게 그 신분을 증명하는 증표를 보여주어야 한다.

[전문개정 2010. 3. 31.]

제60조【조사 후 처리】 ① 제56조의 경우에 소관청은 관계 공무원의 조사 결과 그 신고 내용이 부당하다고 인정할 때에는 그 취지를 적어 정정할 것을 명하고, 그 신고 내용을 정정하여도 그 건물의 상황이 제1조 또는 제1조의2의 규정에 맞지 아니하다고 인정할 때에는 그 등록을 거부하고 그 건물 전체를 하나의 건물로 하여 일반건축물대장에 등록하여야 한다.

② 제1항의 경우에는 일반건축물대장에 등록한 날부터 7일 이내에 신고인에게 그 등록거부 사유를 서면으로 통지하여야 한다.

[전문개정 2010. 3. 31.]

제61조 삭제 〈2011. 4. 12.〉

제62조 삭제 〈2011. 4. 12.〉

제63조 삭제 〈2011. 4. 12.〉

제64조 삭제 〈2011. 4. 12.〉

제4장 벌칙 〈개정 2010. 3. 31.〉

제65조【벌금】 ① 제1조의2제1항에서 정한 경계표지 또는 건물번호표지를 파손, 이동 또는 제거하거나 그 밖의 방법으로 경계를 알아볼 수 없게 한 사람은 3년 이하의 징역 또는 1천만원 이하의 벌금에 처한다.

② 건축사 또는 측량기술자가 제56조제2항에서 정한 평면도에 측량성과를 사실과 다르게 적었을 때에는 2년 이하의 징역 또는 500만원 이하의 벌금에 처한다.

[전문개정 2010. 3. 31.]

제66조【과태료】 ① 다음 각 호의 어느 하나에 해당하는 자에게는 500만원 이하의 과태료를 부과한다.

1. 제26조의2제1항 또는 제3항(제52조에서 준용하는 경우를 포함한다)에 따른 회계감사를 받지 아니하거나 부정한 방법으로 받은 자

2. 제26조의2제6항(제52조에서 준용하는 경우를 포함한다)을 위반하여 회계감사를 방해하는 등 같은 항 각 호의 어느 하나에 해당하는 행위를 한 자

② 다음 각 호의 어느 하나에 해당하는 자에게는 300만원 이하의 과태료를 부과한다. 〈개정 2023. 3. 28.〉

1. 제26조의2제4항(제52조에서 준용하는 경우를 포함한다)을 위반하여 회계감사 결과를 보고하지 아니하거나 거짓으로 보고한 자

1의2. 제26조의5제1항(제52조에서 준용하는 경우를 포함한다)에 따른 보고 또는 자료 제출 명령을 위반한 자

2. 제59조제1항에 따른 조사를 거부·방해 또는 기피한 자

3. 제59조제3항에 따른 질문 및 문서 제시 요구에 응하지 아니하거나 거짓으로 응한 자

③ 다음 각 호의 어느 하나에 해당하는 자에게는 200만원 이하의 과태료를 부과한다. 〈개정 2023. 3. 28.〉

1. 제9조의3제3항을 위반하여 통지를 하지 아니한 자

2. 제9조의3제4항을 위반하여 관리단집회를 소집하지 아니한 자

3. 제24조제6항(제52조에서 준용하는 경우를 포함한다)에 따른 신고를 하지 아니한 자

4. 제26조제1항(제52조에서 준용하는 경우를 포함한다)을 위반하여 보고를 하지 아니하거나 거짓으로 보고한 자

4의2. 제26조제2항(제52조에서 준용하는 경우를 포함한다)을 위반하여 장부 또는 증빙서류를 작성·보관하지 아니하거나 거짓으로 작성한 자

4의3. 제26조제3항 각 호 외의 부분 후단(제52조
에서 준용하는 경우를 포함한다)을 위반하여
정당한 사유 없이 제26조제1항에 따른 보고 자
료 또는 같은 조 제2항에 따른 장부나 증빙서류
에 대한 열람 청구 또는 등본의 교부 청구에 응
하지 아니하거나 거짓으로 응한 자

5. 제30조제1항, 제39조제4항, 제41조제4항(이
들 규정을 제52조에서 준용하는 경우를 포함한
다)을 위반하여 규약, 의사록 또는 서면(전자적
방법으로 기록된 정보를 포함한다)을 보관하지
아니한 자

6. 제30조제3항, 제39조제4항, 제41조제4항(이
들 규정을 제52조에서 준용하는 경우를 포함
한다)을 위반하여 정당한 사유 없이 규약, 의사
록 또는 서면(전자적 방법으로 기록된 정보를
포함한다)의 열람이나 등본의 발급청구를 거부
한 자

7. 제39조제2항 및 제3항(이들 규정을 제52조에
서 준용하는 경우를 포함한다)을 위반하여 의
사록을 작성하지 아니하거나 의사록에 적어야
할 사항을 적지 아니하거나 거짓으로 적은 자

8. 제56조제1항, 제57조제1항, 제58조에 따른 등
록신청을 게을리 한 자

④ 제1항부터 제3항까지의 규정에 따른 과태료는 대
통령령으로 정하는 바에 따라 소관청(제2항제1호
의2의 경우에는 시·도지사 또는 시장·군수·구청
장을 말한다)이 부과·징수한다. 〈개정 2023. 3. 28.〉

[전문개정 2020. 2. 4.]

부칙 〈제19282호, 2023. 3. 28.〉

제1조【시행일】 이 법은 공포 후 6개월이 경과한 날부
터 시행한다.

제2조【관리인의 장부 작성 및 보관 등에 관한 적용례】
제26조제2항 및 제3항(제2항에 관한 부분으로 한
정한다)의 개정규정(제52조에서 준용하는 경우를
포함한다)은 이 법 시행일이 속하는 달의 다음 달
의 회계부터 적용한다.

부동산 실권리자명의 등기에 관한 법률(약칭 : 부동산실명법)

[시행 2020. 3. 24.] [법률 제17091호, 2020. 3. 24., 타법개정]

제1조 【목적】 이 법은 부동산에 관한 소유권과 그 밖의 물권을 실체적 권리관계와 일치하도록 실권리자 명의(名義)로 등기하게 함으로써 부동산등기제도를 악용한 투기·탈세·탈법행위 등 반사회적 행위를 방지하고 부동산 거래의 정상화와 부동산 가격의 안정을 도모하여 국민경제의 건전한 발전에 이바지함을 목적으로 한다.

[전문개정 2010. 3. 31.]

제2조 【정의】 이 법에서 사용하는 용어의 뜻은 다음과 같다.

1. "명의신탁약정"(名義信託約定)이란 부동산에 관한 소유권이나 그 밖의 물권(이하 "부동산에 관한 물권"이라 한다)을 보유한 자 또는 사실상 취득하거나 취득하려고 하는 자[이하 "실권리자"(實權利者)라 한다]가 타인과의 사이에서 대내적으로는 실권리자가 부동산에 관한 물권을 보유하거나 보유하기로 하고 그에 관한 등기(가등기를 포함한다. 이하 같다)는 그 타인의 명의로 하기로 하는 약정[위임·위탁매매의 형식에 의하거나 추인(追認)에 의한 경우를 포함한다]을 말한다. 다만, 다음 각 목의 경우는 제외한다.
   가. 채무의 변제를 담보하기 위하여 채권자가 부동산에 관한 물권을 이전(移轉)받거나 가등기하는 경우
   나. 부동산의 위치와 면적을 특정하여 2인 이상이 구분소유하기로 하는 약정을 하고 그 구분소유자의 공유로 등기하는 경우
   다. 「신탁법」 또는 「자본시장과 금융투자업에 관한 법률」에 따른 신탁재산인 사실을 등기한 경우
2. "명의신탁자"(名義信託者)란 명의신탁약정에 따라 자신의 부동산에 관한 물권을 타인의 명의로 등기하게 하는 실권리자를 말한다.
3. "명의수탁자"(名義受託者)란 명의신탁약정에 따라 실권리자의 부동산에 관한 물권을 자신의 명의로 등기하는 자를 말한다.
4. "실명등기"(實名登記)란 법률 제4944호 부동산실권리자명의등기에관한법률 시행 전에 명의신탁약정에 따라 명의수탁자의 명의로 등기된 부동산에 관한 물권을 법률 제4944호 부동산실권리자명의등기에관한법률 시행일 이후 명의신탁자의 명의로 등기하는 것을 말한다.

[전문개정 2010. 3. 31.]

제3조 【실권리자명의 등기의무 등】 ① 누구든지 부동산에 관한 물권을 명의신탁약정에 따라 명의수탁자의 명의로 등기하여서는 아니 된다.

② 채무의 변제를 담보하기 위하여 채권자가 부동산에 관한 물권을 이전받는 경우에는 채무자, 채권금액 및 채무변제를 위한 담보라는 뜻이 적힌 서면을 등기신청서와 함께 등기관에게 제출하여야 한다.

[전문개정 2010. 3. 31.]

제4조 【명의신탁약정의 효력】 ① 명의신탁약정은 무효로 한다.

② 명의신탁약정에 따른 등기로 이루어진 부동산에 관한 물권변동은 무효로 한다. 다만, 부동산에 관한 물권을 취득하기 위한 계약에서 명의수탁자가 어느 한쪽 당사자가 되고 상대방 당사자는 명의신탁약정이 있다는 사실을 알지 못한 경우에는 그러하지 아니하다.

③ 제1항 및 제2항의 무효는 제3자에게 대항하지 못한다.

[전문개정 2010. 3. 31.]

제5조 【과징금】 ① 다음 각 호의 어느 하나에 해당하는 자에게는 해당 부동산 가액(價額)의 100분의 30에 해당하는 금액의 범위에서 과징금을 부과한다.

1. 제3조제1항을 위반한 명의신탁자
2. 제3조제2항을 위반한 채권자 및 같은 항에 따

른 서면에 채무자를 거짓으로 적어 제출하게 한 실채무자(實債務者)

② 제1항의 부동산 가액은 과징금을 부과하는 날 현재의 다음 각 호의 가액에 따른다. 다만, 제3조제1항 또는 제11조제1항을 위반한 자가 과징금을 부과받은 날 이미 명의신탁관계를 종료하였거나 실명등기를 하였을 때에는 명의신탁관계 종료 시점 또는 실명등기 시점의 부동산 가액으로 한다.

1. 소유권의 경우에는 「소득세법」 제99조에 따른 기준시가
2. 소유권 외의 물권의 경우에는 「상속세 및 증여세법」 제61조제5항 및 제66조에 따라 대통령령으로 정하는 방법으로 평가한 금액

③ 제1항에 따른 과징금의 부과기준은 제2항에 따른 부동산 가액(이하 "부동산평가액"이라 한다), 제3조를 위반한 기간, 조세를 포탈하거나 법령에 따른 제한을 회피할 목적으로 위반하였는지 여부 등을 고려하여 대통령령으로 정한다.

④ 제1항에 따른 과징금이 대통령령으로 정하는 금액을 초과하는 경우에는 그 초과하는 부분은 대통령령으로 정하는 바에 따라 물납(物納)할 수 있다.

⑤ 제1항에 따른 과징금은 해당 부동산의 소재지를 관할하는 특별자치도지사·특별자치시장·시장·군수 또는 구청장이 부과·징수한다. 이 경우 과징금은 위반사실이 확인된 후 지체 없이 부과하여야 한다. 〈개정 2016. 1. 6.〉

⑥ 제1항에 따른 과징금을 납부기한까지 내지 아니하면 「지방행정제재·부과금의 징수 등에 관한 법률」에 따라 징수한다. 〈개정 2013. 8. 6., 2020. 3. 24.〉

⑦ 제1항에 따른 과징금의 부과 및 징수 등에 필요한 사항은 대통령령으로 정한다.

[전문개정 2010. 3. 31.]

제5조의2【과징금 납부기한의 연장 및 분할 납부】 ① 특별자치도지사·특별자치시장·시장·군수 또는 구청장은 제5조제1항에 따른 과징금을 부과받은 자(이하 이 조에서 "과징금 납부의무자"라 한다)가 과징금의 금액이 대통령령으로 정하는 기준을 초과하는 경우로서 다음 각 호의 어느 하나에 해당하여 과징금의 전액을 일시에 납부하기가 어렵다고

인정할 때에는 그 납부기한을 연장하거나 분할 납부하게 할 수 있다. 이 경우 필요하다고 인정할 때에는 대통령령으로 정하는 바에 따라 담보를 제공하게 할 수 있다.

1. 재해 또는 도난 등으로 재산에 현저한 손실을 입은 경우
2. 사업 여건의 악화로 사업이 중대한 위기에 처한 경우
3. 과징금을 일시에 내면 자금사정에 현저한 어려움이 예상되는 경우
4. 과징금 납부의무자 또는 동거 가족이 질병이나 중상해(重傷害)로 장기 치료가 필요한 경우
5. 그 밖에 제1호부터 제4호까지의 규정에 준하는 사유가 있는 경우

② 과징금 납부의무자가 제1항에 따른 과징금 납부기한의 연장 또는 분할 납부를 신청하려는 경우에는 과징금 납부를 통지받은 날부터 30일 이내에 특별자치도지사·특별자치시장·시장·군수 또는 구청장에게 신청하여야 한다.

③ 특별자치도지사·특별자치시장·시장·군수 또는 구청장은 제1항에 따라 납부기한이 연장되거나 분할 납부가 허용된 과징금 납부의무자가 다음 각 호의 어느 하나에 해당하게 된 때에는 그 납부기한의 연장 또는 분할 납부 결정을 취소하고 일시에 징수할 수 있다.

1. 납부기한의 연장 또는 분할 납부 결정된 과징금을 그 납부기한 내에 납부하지 아니한 때
2. 담보의 변경, 그 밖에 담보 보전에 필요한 특별자치도지사·특별자치시장·시장·군수 또는 구청장의 요구를 이행하지 아니한 때
3. 강제집행, 경매의 개시, 파산선고, 법인의 해산, 국세 또는 지방세의 체납처분을 받은 때 등 과징금의 전부 또는 잔여분을 징수할 수 없다고 인정되는 때

④ 제1항부터 제3항까지의 규정에 따른 과징금 납부기한의 연장, 분할 납부 또는 담보의 제공 등에 필요한 사항은 대통령령으로 정한다.

[본조신설 2016. 1. 6.]

제6조 【이행강제금】 ① 제5조제1항제1호에 따른 과징금을 부과받은 자는 지체 없이 해당 부동산에 관한 물권을 자신의 명의로 등기하여야 한다. 다만, 제4조제2항 단서에 해당하는 경우에는 그러하지 아니하며, 자신의 명의로 등기할 수 없는 정당한 사유가 있는 경우에는 그 사유가 소멸된 후 지체 없이 자신의 명의로 등기하여야 한다.

② 제1항을 위반한 자에 대하여는 과징금 부과일(제1항 단서 후단의 경우에는 등기할 수 없는 사유가 소멸한 때를 말한다)부터 1년이 지난 때에 부동산평가액의 100분의 10에 해당하는 금액을, 다시 1년이 지난 때에 부동산평가액의 100분의 20에 해당하는 금액을 각각 이행강제금으로 부과한다.

③ 이행강제금에 관하여는 제5조제4항부터 제7항까지의 규정을 준용한다.

[전문개정 2010. 3. 31.]

제7조 【벌칙】 ① 다음 각 호의 어느 하나에 해당하는 자는 5년 이하의 징역 또는 2억원 이하의 벌금에 처한다. 〈개정 2016. 1. 6.〉

1. 제3조제1항을 위반한 명의신탁자

2. 제3조제2항을 위반한 채권자 및 같은 항에 따른 서면에 채무자를 거짓으로 적어 제출하게 한 실채무자

② 제3조제1항을 위반한 명의수탁자는 3년 이하의 징역 또는 1억원 이하의 벌금에 처한다. 〈개정 2016. 1. 6.〉

③ 삭제 〈2016. 1. 6.〉

[전문개정 2010. 3. 31.]

제8조 【종중, 배우자 및 종교단체에 대한 특례】 다음 각 호의 어느 하나에 해당하는 경우로서 조세 포탈, 강제집행의 면탈(免脫) 또는 법령상 제한의 회피를 목적으로 하지 아니하는 경우에는 제4조부터 제7조까지 및 제12조제1항부터 제3항까지를 적용하지 아니한다. 〈개정 2013. 7. 12.〉

1. 종중(宗中)이 보유한 부동산에 관한 물권을 종중(종중과 그 대표자를 같이 표시하여 등기한 경우를 포함한다) 외의 자의 명의로 등기한 경우

2. 배우자 명의로 부동산에 관한 물권을 등기한 경우

3. 종교단체의 명의로 그 산하 조직이 보유한 부동산에 관한 물권을 등기한 경우

[전문개정 2010. 3. 31.]

[제목개정 2013. 7. 12.]

제9조 【조사 등】 ① 특별자치도지사·특별자치시장·시장·군수 또는 구청장은 필요하다고 인정하는 경우에는 제3조, 제10조부터 제12조까지 및 제14조를 위반하였는지를 확인하기 위한 조사를 할 수 있다. 〈개정 2016. 1. 6.〉

② 국세청장은 탈세 혐의가 있다고 인정하는 경우에는 제3조, 제10조부터 제12조까지 및 제14조를 위반하였는지를 확인하기 위한 조사를 할 수 있다.

③ 공무원이 그 직무를 수행할 때에 제3조, 제10조부터 제12조까지 및 제14조를 위반한 사실을 알게 된 경우에는 국세청장과 해당 부동산의 소재지를 관할하는 특별자치도지사·특별자치시장·시장·군수 또는 구청장에게 그 사실을 통보하여야 한다. 〈개정 2016. 1. 6.〉

[전문개정 2010. 3. 31.]

제10조 【장기미등기자에 대한 벌칙 등】 ① 「부동산등기 특별조치법」 제2조제1항, 제11조 및 법률 제4244호 부동산등기특별조치법 부칙 제2조를 적용받는 자로서 다음 각 호의 어느 하나에 해당하는 날부터 3년 이내에 소유권이전등기를 신청하지 아니한 등기권리자(이하 "장기미등기자"라 한다)에게는 부동산평가액의 100분의 30의 범위에서 과징금(「부동산등기 특별조치법」 제11조에 따른 과태료가 이미 부과된 경우에는 그 과태료에 상응하는 금액을 뺀 금액을 말한다)을 부과한다. 다만, 제4조제2항 본문 및 제12조제1항에 따라 등기의 효력이 발생하지 아니하여 새로 등기를 신청하여야 할 사유가 발생한 경우와 등기를 신청하지 못할 정당한 사유가 있는 경우에는 그러하지 아니하다.

1. 계약당사자가 서로 대가적(代價的)인 채무를 부담하는 경우에는 반대급부의 이행이 사실상 완료된 날

2. 계약당사자의 어느 한쪽만이 채무를 부담하는 경우에는 그 계약의 효력이 발생한 날

② 제1항에 따른 과징금의 부과기준은 부동산평가액, 소유권이전등기를 신청하지 아니한 기간, 조세를 포탈하거나 법령에 따른 제한을 회피할 목적으로 하였는지 여부, 「부동산등기 특별조치법」 제11조에 따른 과태료가 부과되었는지 여부 등을 고려하여 대통령령으로 정한다.

③ 제1항의 과징금에 관하여는 제5조제4항부터 제7항까지 및 제5조의2를 준용한다. 〈개정 2016. 1. 6.〉

④ 장기미등기자가 제1항에 따라 과징금을 부과받고도 소유권이전등기를 신청하지 아니하면 제6조제2항 및 제3항을 준용하여 이행강제금을 부과한다.

⑤ 장기미등기자(제1항 단서에 해당하는 자는 제외한다)는 5년 이하의 징역 또는 2억원 이하의 벌금에 처한다. 〈개정 2016. 1. 6.〉

[전문개정 2010. 3. 31.]

제11조【기존 명의신탁약정에 따른 등기의 실명등기 등】 ① 법률 제4944호 부동산실권리자명의등기에관한법률 시행 전에 명의신탁약정에 따라 부동산에 관한 물권을 명의수탁자의 명의로 등기하거나 등기하도록 한 명의신탁자(이하 "기존 명의신탁자"라 한다)는 법률 제4944호 부동산실권리자명의등기에관한법률 시행일부터 1년의 기간(이하 "유예기간"이라 한다) 이내에 실명등기하여야 한다. 다만, 공용징수, 판결, 경매 또는 그 밖에 법률에 따라 명의수탁자로부터 제3자에게 부동산에 관한 물권이 이전된 경우(상속에 의한 이전은 제외한다)와 종교단체, 향교 등이 조세 포탈, 강제집행의 면탈을 목적으로 하지 아니하고 명의신탁한 부동산으로서 대통령령으로 정하는 경우는 그러하지 아니하다.

② 다음 각 호의 어느 하나에 해당하는 경우에는 제1항에 따라 실명등기를 한 것으로 본다. 〈개정 2011. 5. 19., 2016. 1. 6., 2019. 11. 26.〉

1. 기존 명의신탁자가 해당 부동산에 관한 물권에 대하여 매매나 그 밖의 처분행위를 하고 유예기간 이내에 그 처분행위로 인한 취득자에게 직접 등기를 이전한 경우

2. 기존 명의신탁자가 유예기간 이내에 다른 법률에 따라 해당 부동산의 소재지를 관할하는 특별자치도지사·특별자치시장·시장·군수 또는 구

청장에게 매각을 위탁하거나 대통령령으로 정하는 바에 따라 「한국자산관리공사 설립 등에 관한 법률」에 따라 설립된 한국자산관리공사에 매각을 의뢰한 경우. 다만, 매각위탁 또는 매각의뢰를 철회한 경우에는 그러하지 아니하다.

③ 실권리자의 귀책사유 없이 다른 법률에 따라 제1항 및 제2항에 따른 실명등기 또는 매각처분 등을 할 수 없는 경우에는 그 사유가 소멸한 때부터 1년 이내에 실명등기 또는 매각처분 등을 하여야 한다.

④ 법률 제4944호 부동산실권리자명의등기에관한법률 시행 전 또는 유예기간 중에 부동산물권에 관한 쟁송이 법원에 제기된 경우에는 그 쟁송에 관한 확정판결(이와 동일한 효력이 있는 경우를 포함한다)이 있은 날부터 1년 이내에 제1항 및 제2항에 따른 실명등기 또는 매각처분 등을 하여야 한다.

[전문개정 2010. 3. 31.]

제12조【실명등기의무 위반의 효력 등】 ① 제11조에 규정된 기간 이내에 실명등기 또는 매각처분 등을 하지 아니한 경우 그 기간이 지난 날 이후의 명의신탁약정 등의 효력에 관하여는 제4조를 적용한다.

② 제11조를 위반한 자에 대하여는 제3조제1항을 위반한 자에 준하여 제5조, 제5조의2 및 제6조를 적용한다. 〈개정 2016. 1. 6.〉

③ 법률 제4944호 부동산실권리자명의등기에관한법률 시행 전에 명의신탁약정에 따른 등기를 한 사실이 없는 자가 제11조에 따른 실명등기를 가장하여 등기한 경우에는 5년 이하의 징역 또는 2억원 이하의 벌금에 처한다.

[전문개정 2010. 3. 31.]

제12조의2【양벌규정】 법인 또는 단체의 대표자나 법인·단체 또는 개인의 대리인·사용인 및 그 밖의 종업원이 그 법인·단체 또는 개인의 업무에 관하여 제7조, 제10조제5항 또는 제12조제3항의 위반행위를 하면 그 행위자를 벌하는 외에 그 법인·단체 또는 개인에게도 해당 조문의 벌금형을 과한다. 다만, 법인·단체 또는 개인이 그 위반행위를 방지하기 위하여 해당 업무에 관하여 상당한 주의와 감독을 게을리하지 아니한 경우에는 그러하지 아니하다.

[본조신설 2016. 1. 6.]

제13조【실명등기에 대한 조세부과의 특례】 ① 제11조에 따라 실명등기를 한 부동산이 1건이고 그 가액이 5천만원 이하인 경우로서 다음 각 호의 어느 하나에 해당하는 경우에는 이미 면제되거나 적게 부과된 조세 또는 부과되지 아니한 조세는 추징(追徵)하지 아니한다. 이 경우 실명등기를 한 부동산의 범위 및 가액의 계산에 대하여는 대통령령으로 정한다.

1. 종전의 「소득세법」(법률 제4803호로 개정되기 전의 법률을 말한다) 제5조제6호에 따라 명의신탁자 및 그와 생계를 같이 하는 1세대(世帶)가 법률 제4944호 부동산실권리자명의등기에관한법률 시행 전에 1세대1주택 양도에 따른 비과세를 받은 경우로서 실명등기로 인하여 해당 주택을 양도한 날에 비과세에 해당하지 아니하게 되는 경우

2. 종전의 「상속세법」(법률 제5193호로 개정되기 전의 법률을 말한다) 제32조의2에 따라 명의자에게 법률 제4944호 부동산실권리자명의등기에관한법률 시행 전에 납세의무가 성립된 증여세를 부과하는 경우

② 실명등기를 한 부동산이 비업무용 부동산에 해당하는 경우로서 유예기간(제11조제3항 및 제4항의 경우에는 그 사유가 소멸한 때부터 1년의 기간을 말한다) 종료 시까지 해당 법인의 고유업무에 직접 사용할 때에는 법률 제6312호 지방세법중개정법률 부칙 제10조에도 불구하고 종전의 「지방세법」(법률 제6312호로 개정되기 전의 법률을 말한다) 제112조제2항의 세율을 적용하지 아니한다.

[전문개정 2010. 3. 31.]

제14조【기존 양도담보권자의 서면 제출 의무 등】 ① 법률 제4944호 부동산실권리자명의등기에관한법률 시행 전에 채무의 변제를 담보하기 위하여 채권자가 부동산에 관한 물권을 이전받은 경우에는 법률 제4944호 부동산실권리자명의등기에관한법률 시행일부터 1년 이내에 채무자, 채권금액 및 채무변제를 위한 담보라는 뜻이 적힌 서면을 등기관에게 제출하여야 한다.

② 제1항을 위반한 채권자 및 제1항에 따른 서면에 채무자를 거짓으로 적어 제출하게 한 실채무자에 대하여는 해당 부동산평가액의 100분의 30의 범위에서 과징금을 부과한다.

③ 제2항에 따른 과징금의 부과기준은 부동산평가액, 제1항을 위반한 기간, 조세를 포탈하거나 법령에 따른 제한을 회피할 목적으로 위반하였는지 여부 등을 고려하여 대통령령으로 정한다.

④ 제2항에 따른 과징금에 관하여는 제5조제4항부터 제7항까지 및 제5조의2를 준용한다. 〈개정 2016. 1. 6.〉

[전문개정 2010. 3. 31.]

제15조 삭제 〈1997. 12. 13.〉

부칙

〈제17091호, 2020. 3. 24.〉 (지방행정제재·부과금의 징수 등에 관한 법률)

제1조【시행일】 이 법은 공포한 날부터 시행한다. 〈단서 생략〉

제2조 및 제3조 생략

제4조【다른 법률의 개정】 ① 부터 ㊳까지 생략

㊴ 부동산 실권리자명의 등기에 관한 법률 일부를 다음과 같이 개정한다.

제5조제6항 중 "「지방세외수입금의 징수 등에 관한 법률」"을 "「지방행정제재·부과금의 징수 등에 관한 법률」"로 한다.

㊵부터 〈102〉까지 생략

제5조 생략

EBS  공인중개사

정오표·개정 법령 확인

랜드하나 홈페이지를 통해 정오표 및 개정 법령, 교재 내용 문의 등의
다양한 서비스를 제공하고 있습니다.

EBS ◖◗● 편성표

강좌명	방송채널	방송	방영시간	방영일
2025년도 EBS공인중개사 기본이론강의	EBS PLUS2	본방송	07:00~07:30	2025년 2월~5월 월~금 (주 5회)
		재방송	08:30~09:00	2025년 2월~10월 월~금 (주 5회)

본 프로그램 방송채널 및 방영일시는 EBS 편성에 따라 조정될 수 있습니다.

기본이론 60편(12주, 주5회)